心理学的邀请

概念地图

14 张心理学概念地图,轻松掌握心理学完整脉络

目 录

第一章　心理学是什么 002

第二章　人格理论 004

第三章　毕生发展 006

第四章　神经元、激素和大脑 008

第五章　身体节律和心理状态 010

第六章　感觉与知觉 012

第七章　思维和智力 014

第八章　记忆 016

第九章　学习和条件反射 018

第十章　社会和文化情境中的行为 020

第十一章　心理障碍 022

第十二章　治疗的途径与疗法 024

第十三章　情绪、压力与健康 026

第十四章　生活中的主要动机：饮食、爱情、性欲与工作 028

心理科学

心理学（psychology）是一门研究心理过程和行为及其如何受有机体的生理、心理状态和外部环境影响的科学。与研究行为的伪科学方法不同，它依赖于**实证的**（empirical）证据。

现代心理学的诞生

威廉·冯特（Wilhelm Wundt）于1879年在德国莱比锡建立了第一个心理学实验室，并强调通过训练有素的内省来分析经验。

美国人**威廉·詹姆斯**（William James）强调行为的适应性本质，这种方法被称为**机能主义**（functionalism）。

西格蒙德·弗洛伊德（Sigmund Freud）在奥地利的维也纳发展了**精神分析**（psychoanalysis），这是一种早期的心理治疗形式。

当代的五大主流理论观点

- **生物学的观点**（biological perspective）聚焦于生理事件如何与外部环境相互作用，从而影响行为、情绪和思想。
- **学习的观点**（learning perspective）强调环境对行为的影响。
- **认知的观点**（cognitive perspective）强调在推理、记忆、理解语言、解决问题和信念方面的心理过程。
- **社会文化的观点**（sociocultural perspective）关注社会和文化力量对行为的影响。
- **心理动力学的观点**（psychodynamic perspective）着眼于无意识的动力，如内驱力、冲突和本能的能量。

心理学家做些什么

- 进行**基础心理学**（basic psychology）的研究，为自己获取知识；以及进行**应用心理学**（applied psychology）的研究，去发现知识的实际用途。
- 教学。
- 提供心理健康服务（心理学实践）。
- 与企业、政府和其他团体协商，应用研究结果。

- 心理治疗师是一个不受管制的术语。
- 临床心理学家需要有哲学博士学位、教育博士学位或心理学博士学位。
- 精神病医生需要有医学博士学位。
- 精神分析学家需要完成在精神分析机构的培训。

心理学中的批判性思维和科学思维

批判性思维建立在八个基本原则之上：
- 问问题。
- 定义术语。
- 检验证据。
- 分析假设（被认为是理所当然的信念）和偏见（阻止我们公正地考虑证据的信念）。
  - **证伪原则**（principle of falsifiability），以一种可以被反证反驳的方式对假设的陈述。
  - **证实偏见**（confirmation bias），指倾向于寻找和接受支持我们信念的证据，而忽略不支持它们的证据。
- 避免感性推理。
- 切忌过分简单化。
- 考虑其他可能的解释。
  - 在科学中，目标是发展一种理论，一种有组织的假设和原则体系，用来解释一系列现象及其相互关系。
- 容忍不确定性。
  - 在科学领域，不要妄下定论，除非其他人也进行了同样的研究并得到了同样的结果。

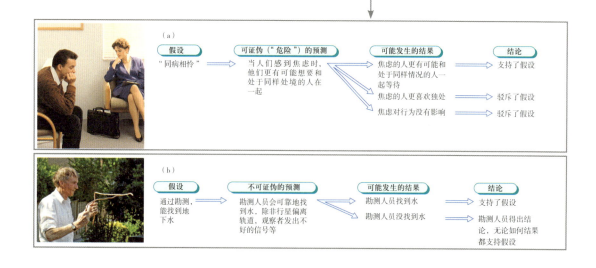

心理学研究方法

代表性样本

代表性样本（representative sample）是指从要研究的总体中抽取出来的，在年龄、性别等重要的个人品质上与总体相一致的群体。

描述性研究：确立事实

- **个案研究**（case study）：对需要研究或治疗的特殊个体进行详细描述的研究。
- **观察法**（observational study）：研究者在不影响被观察者的情况下，对其行为进行系统而精细的观察和记录的方法，包括自然观察和实验室观察两类。
- **心理测验**（psychological test）：用来测量人格特质、情绪状态、智力、兴趣、能力和价值观等的方法和手段。
- **调查**（survey）：通过问卷或访谈的形式直接收集有关人们的经历、态度或观点等方面的信息。

相关性研究：探索关系

正相关（positive correlation）或**负相关**（negative correlation）是对两个变量间关联程度的度量。

- **相关系数**（coefficient of correlation）概括了一种关系的强度和方向。
- 相关性并不能确定因果关系。

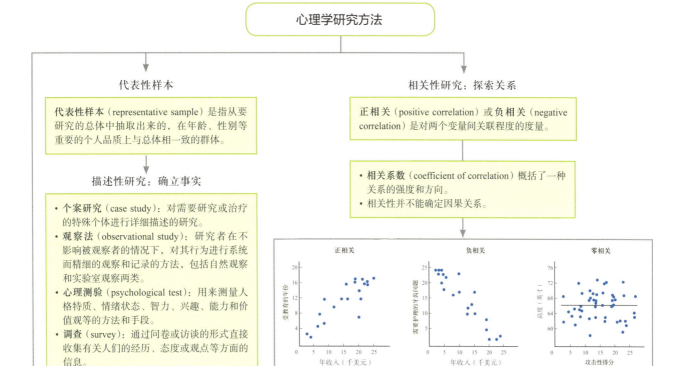

实验：寻找原因

- **实验**（experiment）允许研究人员控制情况的所有方面，但**自变量**（independent variable）除外，独立变量可通过操作来确定其对**因变量**（dependent variable）的影响。

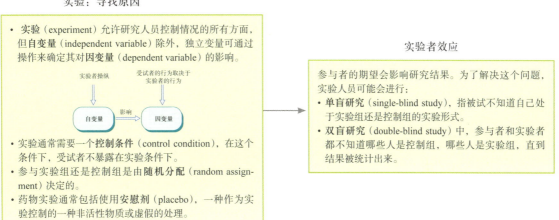

- 实验通常需要一个**控制条件**（control condition），在这个条件下，受试者不暴露在实验条件下。
- 参与实验组还是控制组是由**随机分配**（random assignment）决定的。
- 药物实验通常包括使用**安慰剂**（placebo），一种作为实验控制的一种非活性物质或虚假的处理。

实验者效应

参与者的期望会影响研究结果。为了解决这个问题，实验人员可能会进行：
- **单盲研究**（single-blind study），指被试不知道自己处于实验组还是控制组的实验形式。
- **双盲研究**（double-blind study）中，参与者和实验者都不知道哪些人是控制组，哪些人是实验组，直到结果被统计出来。

评估结果

- **描述统计**（descriptive statistic）（包括**算术平均值** [arithmetic mean] 和**标准差** [standard deviation]）组织和总结数据。
- **推论统计**（inferential statistic）有助于确定研究结果的意义。
- **显著性检验**（significance test）测量研究结果偶然发生的概率。
- 对研究结果的解释可能需要等待使用不同方法的研究。例如，**横断研究**（cross-sectional study）比较不同年龄的受试者；**纵向研究**（longitudinal study）跟踪研究对象多年。

- 统计程序可以揭示**效应量**（effect size），自变量的效力。
- **元分析**（meta-analysis）结合并分析了许多研究的数据，以确定在所有研究中有多少差异可以用一个特定的变量来解释。

- **人格**（personality）是刻画个体行为、思想、动机和情绪的独特且相对稳定的模式。
- **特质**（trait）是描述个体习惯化的行为、思维和感受方式的个体特征。

人格的心理动力学理论

心理动力学（psychodynamic）强调无意识过程，童年经历及无意识冲突的作用。

西格蒙德·弗洛伊德

根据弗洛伊德的观点，人格由三个系统组成，理想情况下，这三个系统应处于平衡。
- **本我**（id）
- **自我**（ego）
- **超我**（superego）

防御机制（defense mechanisms），如压抑、否认和投射，作用是保护自我不受冲突的伤害，但却可能会歪曲现实，导致自挫行为。

卡尔·荣格

荣格认为所有人共享**集体无意识**（collective unconscious），它由普遍的记忆与**原型**（archetype）组成，包括普遍的记忆、符号、图像和神话故事等。

客体关系学派

客体关系学派（object relations school）强调出生头两年和形成关系的重要性，特别是与母亲关系的重要性。

人格发展的心理性欲阶段：
- 口唇期
- 肛门期
- 性器期
- 潜伏期
- 生殖期

评价心理动力学理论

这些理论存在三种科学缺陷：
- 违反了可证伪性原则。
- 从少数非典型病人的经验中得出普遍性原则。
- 人格发展的理论建立在成年人的回溯性解释上。

一些心理动力学观点得到了实证支持：
- 无意识过程。
- 一些防御机制（如否认）。
- 意识和躯体在压力相关病症中的交互作用。

关于人格的现代研究

测量人格特质

核心人格特质

- 许多流行的人格测验，特别是那些说明"类型"的测验缺乏信度和效度。
- **客观测验**（objective test）（量表）是关于需求、价值观、兴趣、情绪问题、应对情境的典型方式以及人格特质等的标准化问卷。

人格特质的核心集群

- 雷蒙德·B. 卡特尔采用**因素分析**（factor analysis）的方法确定了人格特质的核心集群。
- 当今，因素分析的研究支持了基本人格维度的存在，如"大五"：
  —— 外向性与内向性
  —— 神经质（消极情绪）与情绪稳定性
  —— 随和性与对抗性
  —— 谨慎性与冲动性
  —— 对经验的开放性与对新经验的抵制

"大五"已被世界多数地区接受为主要人格维度。不论要求被试自我报告或由他人评定，"大五"人格因素均得以表露。"大五"在一生中相当稳定，尽管神经质和谨慎性有所变化。

遗传影响

动物的人格
一些研究者通过研究其他物种的特质以理解人格的生物基础。他们在章鱼、熊和狗身上都发现了"大五"的证据。

遗传和气质
婴儿自出生起，在关键气质（temperament）上就有所差别，如反应性和平静性。这可能是后来人格特征的基础。

遗传和特质
- 一些研究者通过对双胞胎与被收养儿童的**遗传率**（heritability）研究，考察遗传对人格的贡献。
- 来自这些研究的**行为遗传学**（behavioral genetics）数据表明多数特质的遗传率在 0.2～0.5 之间。

评价遗传理论
- 遗传易感性并不意味着遗传必然性。
- 现在，几乎所有研究人格的心理学家认为生物和经验的影响是交互的。

环境影响

社会认知学习理论（social-cognitive learning theory）：
- 人格特质在某种程度上取决于个体的学习经验及由此产生的期望与信念。
- 强调**交互决定论**（reciprocal determinism）：个体品质与特定情境需求的双向作用。
- **非共享环境**（nonshared environment）指不与父母、兄弟姐妹共享的独特的偶然的事件。它对个体人格影响最大。

父母的力量及其限制
- 父母的教养方式往往变化很大。
- 即使父母努力保持一致，其行为与孩子的表现通常关系不大。
- 父母影响孩子的兴趣、自尊、宗教观念以及其他价值观，他们还可以改变孩子的遗传倾向。

同伴的力量
在人格发展中，同伴的影响大于父母的影响。

文化影响

文化（culture）是指支配一个社区或社会成员行为的共同规则或价值观念。
- 在**个体主义文化**（individualist culture）中，个体的独立往往超越群体的需求。
- 在**集体主义文化**（collectivist culture）中，群体的和谐先于个人愿望。

文化和特质
- 当人们不了解文化对行为的影响时，他们可能错误地把某个人的行为归因于人格。例如，不同的文化对清洁、乐于助人以及守时的要求不同。
- 男性攻击力更多地取决于文化标准，而不是睾丸素或人格。它由该文化的经济与男性荣誉观决定。

评价人格的文化视角
- 文化心理学家面对的问题是，如何不带偏见地描述文化对人格的影响。
- 个体受到他们所处的文化的影响，但是在特定的文化背景下个体也有差异。

内在经验

人本主义心理学（humanist psychology）强调自我的主观意识。
- 亚伯拉罕·马斯洛提出了**高峰体验**（peak experiences）和**自我实现**（self-actualization）的概念。
- 卡尔·罗杰斯强调**无条件的积极关注**（unconditional positive regard）。
- 罗洛·梅的**存在主义**（existentialism）强调自由意志衍生的人类固有的挑战。

许多人本主义学者的设想是无法验证的且很难操作的，但是人本主义关于积极人格特质——如勇气和耐受性——的思想，平衡了人格的研究。

发展心理学（developmental psychology）研究人的成长和一生中的变化。一些心理学家关注儿童的心理和社会发展，包括**社会化**（socialization），即儿童学习社会对他们所期望的行为、规则的过程。

从怀孕到出生后第一年

产前发育阶段
- 胚芽
- 胚胎
- 胎儿

产前影响
- 一些疾病，包括德国麻疹和性传播疾病。
- 香烟、毒品、酒精（可能导致胎儿酒精综合征）。
- 暴露在 X 射线或有毒化学物质下。

婴儿的世界
- 婴儿出生时具有运动反射，包括吮吸和抓握。
- 新生儿也有一些天生的感（知）觉能力。
- 文化会影响一个人成长的里程碑，比如婴儿能否单独睡上一整夜。

依恋
依恋始于**接触安慰**（contact comfort），即被父母或其他看护者触摸和抱着的令人安心的快乐。

在 6～8 个月大的时候，如果主要照顾者暂时离开，婴儿会产生**分离焦虑**（separation anxiety）。

依恋的类型不受正常育儿方式和孩子是否去日托所影响。导致不安全依恋的因素有：在生命的头一两年里被遗弃和被剥夺；由于父母暂时不负责任或者是临床上的抑郁，导致其养育方式是虐待、忽略或者反复无常；孩子本身的受遗传影响的气质；儿童家庭中的紧张气氛。

婴儿可能有安全或不安全的依恋。不安全依恋的婴儿可能是回避型或焦虑矛盾型。

认知发展

语言（language）是一组规则，用来将本来没有意义的元素组合成表达意义的话语。

语言发展

- 婴儿在子宫里就开始学习语言，因为新生儿在怀孕期间就能识别母亲说的语言。
- 头几个月：婴儿咿呀学语，并对声音中的节奏和情绪做出反应。
- 4～6 个月：婴儿开始识别他们母语中的关键辅音和元音。
- 6 个月到 1 岁：婴儿能够从一连串的讲话中分辨出词。
- 1 岁结束：婴儿开始根据熟悉的概念给事物命名，并使用象征性的手势进行交流。
- 18～24 个月：孩子开始用两个或三个单词的短语（**电报式语言** [telegraphic speech]）说话，并能根据上下文理解动词。
- 2～6 岁：儿童能迅速掌握新单词，并能从他们所听到的语法和社会语境中推断出它们的意思。

诺姆·乔姆斯基（Noam Chomsky）认为，人脑中含有一个先天的心理模块，该模块包含一种普遍语法，这使得幼儿能够容易地习得语言。孩子们学习理解句子的表面结构，并运用语法规则来推断包含句子意义的深层结构。

这些发现支持乔姆斯基的观点：
1. 不同文化背景下的儿童经历了相似的语言发展阶段。
2. 儿童以成年人从未用过的方法组合字词。
3. 成年人并未始终如一地纠正孩子的语法，儿童还是正确地学会了说话或手语。
4. 没有接触到成年人语言的儿童可能会发明自己的语言。
5. 7 个月大的婴儿就能够从一系列的声音中获得简单的语言规则。

这些发现与乔姆斯基的观点相矛盾：
1. 计算机程序虽然不能继承先天的心智模块，但却能获得语言的许多特征。
2. 成年人确实经常纠正孩子们的讲话，并告诉他们正确的语言用法。
3. 不从小接触语言的孩子很少能完全掌握正常的语言。

认知发展

皮亚杰认为，认知发展依赖于成熟和儿童经验之间的相互作用，并通过同化和顺应来适应。

皮亚杰的认知发展有四个阶段：
1. 感觉运动（出生至 2 岁）：儿童获得客体永久性。
2. 前运算（2～7 岁）：儿童对符号和语言的使用得到加速发展。
3. 具体运算（7～12 岁）：理解守恒、同一性和序列顺序。
4. 形式运算（12 岁至成年）：发展抽象推理能力。

这些发现挑战了皮亚杰的许多观点：
1. 认知能力是以一种连续的、重叠的、波浪式的方式发展的，而不是一些离散的步骤或阶段。
2. 学龄前儿童并不像皮亚杰认为的那样**以自我为中心**（egocentric）。3～4 岁的孩子就开始发展一种**心理理论**（theory of mind），即一种关于他们自己和他人心智如何运作的信念体系。
3. 儿童甚至是婴儿表现认知能力发展的时间早于皮亚杰所认为的发展阶段。
4. 认知发展依赖于儿童的文化背景。

遗传影响

动物的人格
一些研究者通过研究其他物种的特质以理解人格的生物基础。他们在章鱼、熊和狗身上都发现了"大五"的证据。

遗传和气质
婴儿自出生起，在关键**气质**（temperament）上就有所差异，如反应性和平静性。这可能是后来人格特征的基础。

遗传和特质
- 一些研究者通过对双胞胎与被收养儿童的**遗传率**（heritability）研究，考察遗传对人格的贡献。
- 来自这些研究的**行为遗传学**（behavioral genetics）数据表明多数特质的遗传率在 0.2~0.5 之间。

评价遗传理论
- 遗传易感性并不意味着遗传必然性。
- 现在，几乎所有研究人格的心理学家认为生物和经验的影响是交互的。

环境影响

社会认知学习理论（social-cognitive learning theory）：
- 人格特质在某种程度上取决于个体的学习经验及由此产生的期望与信念。
- 强调**交互决定论**（reciprocal determinism）：个体品质与特定情境需求的双向作用。
- **非共享环境**（nonshared environment）指不与父母、兄弟姐妹共享的独特的偶然的事件。它对个体人格影响最大。

父母的力量及其限制
- 父母的教养方式往往变化很大。
- 即使父母努力保持一致，其行为与孩子的表现通常关系不大。
- 父母影响孩子的兴趣、自尊、宗教观念以及其他价值观，他们还可以改变孩子的遗传倾向。

同伴的力量
在人格发展中，同伴的影响大于父母的影响。

文化影响

文化（culture）是指支配一个社区或社会成员行为的共同规则或价值观念。
- 在**个体主义文化**（individualist culture）中，个体的独立往往超越群体的需求。
- 在**集体主义文化**（collectivist culture）中，群体的和谐先于个人愿望。

文化和特质
- 当人们不了解文化对行为的影响时，他们可能错误地把某个人的行为归因于人格。例如，不同的文化对清洁、乐于助人以及守时的要求不同。
- 男性攻击力更多地取决于文化标准，而不是睾丸素或人格。它由该文化的经济与男性荣誉观决定。

评价人格的文化视角
- 文化心理学家面对的问题是，如何不带偏见地描述文化对人格的影响。
- 个体受到他们所处的文化的影响，但是在特定的文化背景下个体也有差异。

内在经验

人本主义心理学（humanist psychology）强调自我的主观意识。
- 亚伯拉罕·马斯洛提出了**高峰体验**（peak experiences）和**自我实现**（self-actualization）的概念。
- 卡尔·罗杰斯强调**无条件的积极关注**（unconditional positive regard）。
- 罗洛·梅的**存在主义**（existentialism）强调自由意志衍生的人类固有的挑战。

许多人本主义学者的设想是无法验证的且很难操作的，但是人本主义关于积极人格特质——如勇气和耐受性——的思想，平衡了人格的研究。

发展心理学（developmental psychology）研究人的成长和一生中的变化。一些心理学家关注儿童的心理和社会发展，包括**社会化**（socialization），即儿童学习社会对他们所期望的行为、规则的过程。

从怀孕到出生后第一年

产前发育阶段
- 胚芽
- 胚胎
- 胎儿

产前影响
- 一些疾病，包括德国麻疹和性传播疾病。
- 香烟、毒品、酒精（可能导致胎儿酒精综合征）。
- 暴露在 X 射线或有毒化学物质下。

婴儿的世界
- 婴儿出生时具有运动反射，包括吮吸和抓握。
- 新生儿也有一些天生的感（知）觉能力。
- 文化会影响一个人成长的里程碑，比如婴儿能否单独睡上一整夜。

依恋
依恋始于**接触安慰**（contact comfort），即被父母或其他看护者触摸和抱着的令人安心的快乐。

在 6~8 个月大的时候，如果主要照顾者暂时离开，婴儿会产生**分离焦虑**（separation anxiety）。

依恋的类型不受正常育儿方式和孩子是否去日托所影响。导致不安全依恋的因素有：在生命的头一两年里被遗弃和被剥夺；由于父母暂时不负责任或者是临床上的抑郁，导致其养育方式是虐待、忽略或者反复无常；孩子本身的受遗传影响的气质；儿童家庭中的紧张气氛。

婴儿可能有安全或不安全的依恋。不安全依恋的婴儿可能是回避型或焦虑矛盾型。

认知发展

语言（language）是一组规则，用来将本来没有意义的元素组合成表达意义的话语。

语言发展
- 婴儿在子宫里就开始学习语言，因为新生儿在怀孕期间就能识别母亲说的语言。
- 头几个月：婴儿咿呀学语，并对声音中的节奏和情绪做出反应。
- 4~6 个月：婴儿开始识别他们母语中的关键辅音和元音。
- 6 个月到 1 岁：婴儿能够从一连串的讲话中分辨出词。
- 1 岁结束：婴儿开始根据熟悉的概念给事物命名，并使用象征性的手势进行交流。
- 18~24 个月：孩子开始用两个或三个单词的短语（**电报式语言** [telegraphic speech]）说话，并能根据上下文理解动词。
- 2~6 岁：儿童能迅速掌握新单词，并能从他们所听到的语法和社会语境中推断出它们的意思。

诺姆·乔姆斯基（Noam Chomsky）认为，人脑中含有一个先天的心理模块，该模块包含一种普遍语法，这使得幼儿能够容易地习得语言。孩子们学习理解句子的表面结构，并运用语法规则来推断包含句子意义的深层结构。

这些发现支持乔姆斯基的观点：
1. 不同文化背景下的儿童经历了相似的语言发展阶段。
2. 儿童以成年人从未用过的方法组合字词。
3. 成年人并未始终如一地纠正孩子的语法，儿童还是正确地学会了说话或手语。
4. 没有接触到成年人语言的儿童可能会发明自己的语言。
5. 7 个月大的婴儿就能够从一系列的声音中获得简单的语言规则。

这些发现与乔姆斯基的观点相矛盾：
1. 计算机程序虽然不能继承先天的心智模块，但却能获得语言的许多特征。
2. 成年人确实经常纠正孩子们的讲话，并告诉他们正确的语言用法。
3. 不从小接触语言的孩子很少能完全掌握正常的语言。

认知发展
皮亚杰认为，认知发展依赖于成熟和儿童经验之间的相互作用，并通过同化和顺应来适应。

皮亚杰的认知发展有四个阶段：
1. 感觉运动（出生至 2 岁）：儿童获得客体永久性。
2. 前运算（2~7 岁）：儿童对符号和语言的使用得到加速发展。
3. 具体运算（7~12 岁）：理解守恒、同一性和序列顺序。
4. 形式运算（12 岁至成年）：发展抽象推理能力。

这些发现挑战了皮亚杰的许多观点：
1. 认知能力是以一种连续的、重叠的、波浪式的方式发展的，而不是一些离散的步骤或阶段。
2. 学龄前儿童并不像皮亚杰认为的那样**以自我为中心**（egocentric）。3~4 岁的孩子就开始发展一种**心理理论**（theory of mind），即一种关于他们自己和他人心智如何运作的信念体系。
3. 儿童甚至是婴儿表现认知能力发展的时间早于皮亚杰所认为的发展阶段。
4. 认知发展依赖于儿童的文化背景。

```
                          ┌─────────┐
                          │ 学会做好 │
                          └────┬────┘
                               ↓
                           道德发展
```

父母管教孩子的方法往往会对孩子的道德行为产生不同的影响。
- **权力施加**（power assertion）与那些好斗且没有内化道德标准的孩子有关。
- **诱导**（induction）与有同理心、内化道德标准、能抵抗诱惑的孩子有关。
- 儿童控制冲动的能力与后来内化的道德标准和良心有关。

性别发展

性别认同（gender identity）指的是对身为男性或女性的基本认识，认为自己属于一种性别而不是另一种性别。
性别定型（gender typing）是儿童进入性别角色的社会化过程。
雌雄间性（intersex condition）：在这种情况下，孩子出生时就有不明确的生殖器，或者与染色体相冲突的生殖器；成年后，他们可能会认为自己是**跨性别者**（transgender）。

- **生物学心理学家**（biological psychologist）从基因和产前激素的角度解释了行为上的性别差异。
- **认知心理学家**（cognitive psychologist）研究儿童如何发展男性和女性品质的**性别图式**（gender schema），这些性别图式塑造了他们的性别行为。
- **学习理论家**（learning theorist）研究直接和微妙的强化因素和社会信息，如何促进性别类型的形成。
- 随着新的经历和社会变化，人们的性别模式、态度和行为在他们的一生中不断演变。

青春期

生理变化

- 青春期开始于**发育期**（puberty）的生理变化，包括女性的**初潮**（menarche）和男性的生殖器成熟。
- 随着脑细胞之间新的连接的增加和其他连接的删除，大脑经历了重大的发展。

心理问题

- 对大多数青少年来说，关于青春期的混乱、反叛和痛苦的刻板印象是不准确的。然而，与父母的冲突、情绪波动和违规行为确实增加了。
- 同龄人变得尤为重要。

成年期

埃里克·埃里克森的阶段

- 信任对不信任
- 自主（独立）对羞怯和怀疑
- 主动对内疚
- 胜任对自卑
- 同一性对角色混乱
- 亲密对孤独
- 繁衍对停滞
- 自我整合对绝望

生命的变迁

- "成年初显期"指的是发生在18~25岁之间的人生阶段，在这个阶段，年轻人承担了成年期的一些责任，并推迟了其他责任。
- 中年是大多数人生命中的黄金时期。**绝经**（menopause）开始于40多岁或50岁出头的女性，会引起一些身体上的症状，但很少像媒体描述的那样有很多情绪上的困扰。男性在中年阶段，雄性激素和精子数也会逐渐下降。
- 人们对老龄化的看法受到他们所生活的文化和用来延长寿命和健康的技术的承诺——现实的和不现实的——的影响。

老年期

- **老年学**（gerontology）领域的研究表明，**流体智力**（fluid intelligence）在其最终衰退过程中与其他生理能力相似，而**晶体智力**（crystallized intelligence）往往在人的一生中保持稳定甚至是提高。
- 年老时的衰老、抑郁和身体虚弱往往是疾病、药物、营养不良、缺乏刺激和缺少对环境的控制的结果。即使到了老年，锻炼和精神刺激也能促进大脑突触的生长。

第四章 神经元、激素和大脑

神经心理学家研究大脑和神经系统的其他部分，以便更好地理解意识、知觉、记忆、情绪、压力、心理障碍和自我认同。

神经系统：基本蓝图

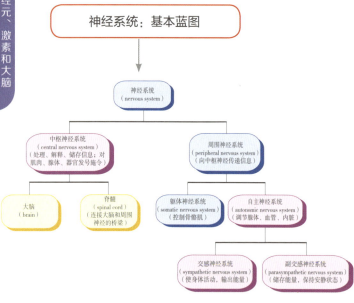

神经系统的信息交流

神经元之间信息如何传递

- **神经元**（neuron）：神经系统的基本单位，由**树突**（dendrite）、**细胞体**（cell body）和**轴突**（axon）组成。
- **神经胶质**（glia）：将神经元固定在适当的位置，同时滋养、隔离和保护它们。
- **神经**（nerve）：周围神经系统的轴突和树突束。
- **髓鞘**（myelin sheath）：加速神经脉冲的传导，防止相邻的细胞相互干扰。
- **干细胞**（stem cell）：似乎会在整个成年期产生新的神经元（神经发生 [neurogenesis]）。

神经元之间的交流发生在突触上，而大多数突触是在出生后发育的：
1. **动作电位**（action potential）：神经元受到刺激时的暂时的电位变化，有助于产生电冲动。
2. **神经递质**（neurotransmitter）：传递神经冲动的神经元在突触处释放的化学物质，能改变接收神经元的活动。
3. 接收到信号的神经元更容易或更不容易发出信号。

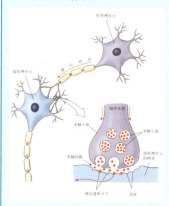

大脑成像

研究大脑的方法：
- 观察脑损伤患者；机能障碍法（lesion method）。
- 脑电图（electroencephalogram, EEG）：脑电波记录。
- 经颅磁刺激（transcranial magnetic stimulation, TMS）：作为一种"虚拟"机能障碍法。
- 正电子放射断层造影术（positron-emission tomography, PET）：分析大脑生化活动的方法。
- 磁共振成像（magnetic resonance imaging, MRI）：利用磁场和特殊的无线电接收装置研究机体和脑组织的方法。

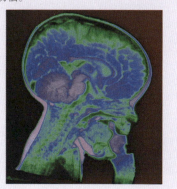

神经系统中的化学信使

神经递质如 5-羟色胺、多巴胺和乙酰胆碱，在情绪、记忆和心理健康中起着关键作用。
1. **内啡肽**（endorphin）改变神经递质的作用，以减少疼痛和促进快乐。
2. **激素**（hormon），主要由**内分泌腺**（endocrine gland）产生的化学物质，被释放到血液中，影响许多器官和细胞。
- **褪黑素**（melatonin）能促进睡眠。
- **催产素**（oxytocin）在依恋和信任中起作用。
- **肾上腺激素**（adrenal hormon），如肾上腺素（epinephrine）和去甲肾上腺素（norepinephrine），与情绪、记忆和压力有关。
- **性激素**（sex hormon）与青春期的生理变化有关；雌性激素（estrogen）和孕酮（progesterone）与月经周期有关，睾丸素（testosterone）与性兴奋有关。

脑的可塑性

- 学习和刺激的环境增加了突触连接的复杂性，而未使用的连接则被修剪掉。
- 大脑适应环境的灵活性被称为**可塑性**（plasticity），它可以解释大脑损伤后技能恢复的许多例子。

漫游大脑

所有的现代大脑理论都假设了**机能定位**（localization of function）。

- **脑干**（brain stem）位于大脑下部。
- **延髓**（medulla）控制自动功能，如心跳和呼吸。
- **脑桥**（pons）参与睡眠、清醒和做梦。
- **网状激活系统**（reticular activating system, RAS）是一个由神经元组成的密集网络，它过滤输入的信息并负责警觉性。

- **小脑**（cerebellum）有助于平衡和肌肉协调。
- **丘脑**（thalamus）负责指挥感觉信息。
- **下丘脑**（hypothalamus）参与情绪活动，对生存至关重要，并控制自主神经系统的运作。它控制**垂体**（pituitary gland）（主腺）。
- **边缘系统**（limbic system）是一组涉及情绪反应和动机行为的大脑区域。
- **杏仁核**（amygdala）负责评估感觉信息，迅速确定情绪的重要性，并有助于初步做出接近还是避开一个人或一种情境的决定。
- **海马**（hippocampus）在事实和事件的长期记忆中起着至关重要的作用。
- **大脑**（cerebrum）包含了大脑的大部分回路；它被分成两个**大脑半球**（cerebral hemisphere），由一束叫作**胼胝体**（corpus callosum）的纤维连接。大脑被**大脑皮层**（cerebral cortex）的细胞薄层所覆盖。

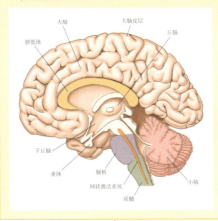

皮层的脑叶

- **枕叶**（occipital lobe）包含视觉皮层。
- **顶叶**（parietal lobe）包含躯体感觉皮层，它接收关于压力、疼痛、触觉和温度的信息。
- **颞叶**（temporal lobe）涉及记忆、知觉和情绪。
- **额叶**（frontal lobe）参与社会判断、计划的制定和执行以及决策。还包括控制自主运动的运动皮层和控制语言产生的布洛卡区。
- **联合区**（association cortex）似乎负责高级心理过程。

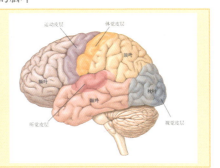

大脑的两个半球

裂脑

- **单侧化**（lateralization）是每个半球的专门化。
- 左半球在处理语言、逻辑和符号顺序任务时更为活跃。
- 右半球负责处理空间视觉任务、面部识别、艺术和音乐的创作和欣赏，以及处理负面情绪。
- 在大多数心理活动中，半球双方都要合作。

大脑研究的两个难题

自我在哪里

关于"自我"在大脑中的位置的问题还没有得到解答，一些研究人员将大脑看作独立模块或心理系统的一个集合，其中一个模块或系统可能具有翻译功能。前额叶皮层的一个区域可能将感知和记忆联系在一起，从而产生自我意识。

"他"和"她"的大脑存在差异吗

脑部扫描显示了男性和女性大脑的一些解剖学上的差异，以及语言任务中侧化的性别差异。然而，这些和其他发现的现实意义还不清楚：

- 大多数假设的性别差异都是刻板印象；两性之间的重叠大于差异。
- 磁共振成像研究中发现的微小差异通常与男性和女性的实际行为或测试成绩无关。
- 大脑的差异可能是行为和经验上的性别差异的结果，而不是原因；经验不断塑造大脑。

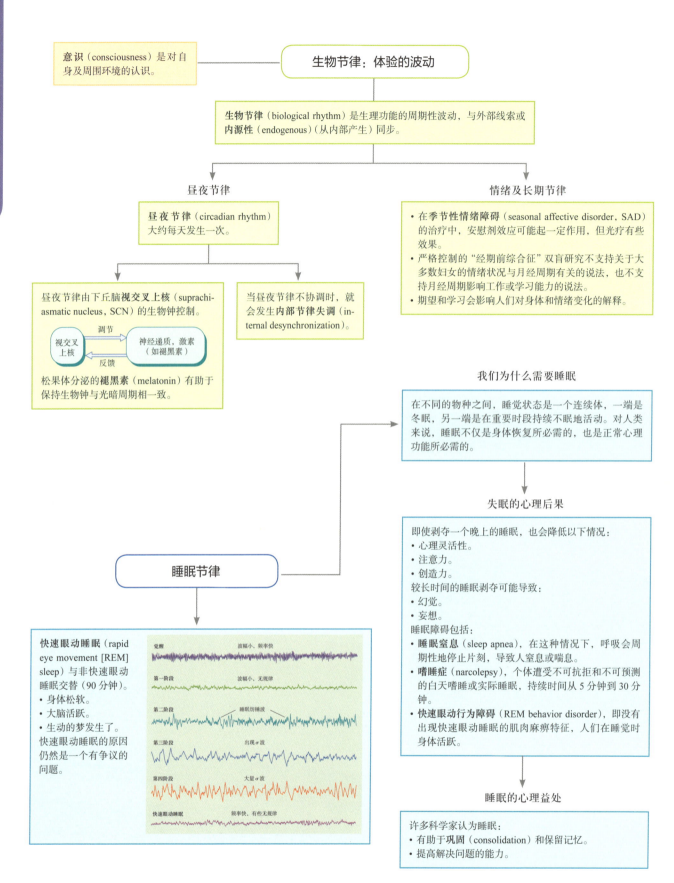

探索梦的世界

梦是一个迷人的心理奥秘。它们似乎超出了我们的控制范围，尽管有些人说他们有**明晰的梦**（lucid dream），在梦中他们控制着行动。梦有四种主要理论：
1. 精神分析理论认为梦能够使被禁止的愿望或不现实的愿望得到满足，这些愿望平时被压抑在无意识的心理之中。
2. 梦的以解决问题为中心理论认为，梦反映了清醒生活中持续存在的有意识的担忧，并可能帮助我们解决这些问题。
3. 认知理论认为梦是我们清醒时认知活动的一种变体。
4. **激活－整合理论**（activation-synthesis theory）认为，当大脑试图对脑桥神经元的自发放电做出解释时，便产生了梦。

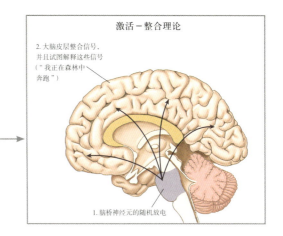

激活－整合理论

催眠的奥秘

催眠（hypnosis）就是施术者对使被催眠者施加暗示，而被催眠者试图服从于这种暗示，从而使感觉、知觉、思维、情感或行为发生变化的过程。

- 催眠中起关键作用的是被催眠者的努力和素质而不是催眠师的技巧。
- 即便在催眠状态下，也不能强迫被催眠者做那些违背他们意愿的事。
- 催眠状态下能够做到的超常行为，在没有催眠但动机足够强的情况下也能做到。
- 催眠不会提高记忆的准确性，也不会对很久以前的事件产生真实的再现。
- 催眠暗示被有效地应用于许多医疗或心理研究目的。

催眠理论

1. **意识分离**（dissociation）的观点是，催眠是意识的一种分裂，介于意识的催眠部分和隐藏观察者或执行控制系统之间。

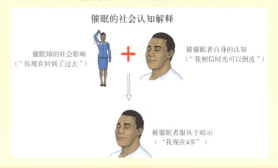

2. **社会认知**（sociocognitive）的观点认为，被催眠者运用认知策略——其中包括想象——来迎合催眠师的暗示。

改变意识状态的药物

心理药物（psychoactive drug）通过改变身体的生化反应来改变人们的知觉、情绪、思维、记忆或行为。

药物分类

根据药物对中枢神经系统的影响，药物分类包括：
- 兴奋剂
- 镇静剂
- 阿片剂
- 迷幻剂

大麻可能位于这些分类之外。

药物的生理和心理作用

药物的生理作用：
- 使用一些心理药物可能导致**耐受性**（tolerance）：增加对药物作用的抗药性。
- 当大量使用者停止服用药物时，他们可能会出现严重的**退行性症状**（withdrawal symptom）。

药物的心理作用可能有所不同，具体取决于：
- 个体的用药经验。
- 个体的身体状态。
- 环境设施。
- 个体的心理定势或期望。

第六章 感觉与知觉

感觉（sensation）是对物体发出或反射的物理能量的觉察。
知觉（perception）是大脑组织并解释感觉信息的过程。

感觉

- 感觉始于**感受器**（sense receptor），它将刺激的能量转换成电脉冲，然后沿着神经传递到大脑。
- 解剖代码（根据**神经特殊能量理论** [doctrine of specific nerve energies] 所提出的）和神经系统中的功能密码解释了不同的感觉。然而，在少数情况下，感觉交叉导致**联觉**（synesthesia）。

感觉测量

- 专门从事心理物理学的心理学家通过测量**绝对阈限**（absolute threshold）和**差别阈限**（difference threshold）研究了感觉敏感度。
- **信号检测理论**（signal-detection theory）认为，被试的反应既包括感觉过程，也包括决策过程，并随人的动机、警觉性和预期而变化。

感觉适应

- **感觉适应**（sensory adaptation）发生在感觉不变的时候。
- 刺激过少会导致**感觉剥夺**（sensory deprivation）。

无感觉知觉

- 我们使用**选择性注意**（selective attention）来避免感官过载。
- **非注意盲视**（inattentional blindness）是指你没有注意到你正在看的东西而没有有意识地感知到它。

听觉

听觉（audition）的刺激是压力波或压缩空气的释放。

我们听到了什么

- 强度与**响度**（loudness）的体验相对应。
- 频率与**音调**（pitch）的体验相对应。
- 复杂性与**音色**（timbre）的体验相对应。

听觉感受器是位于**耳蜗**（cochlea）内部**柯蒂氏器**（organ of Corti）基底膜上的**毛细胞**（hair cell [cilia]）。

视觉

刺激视觉的是光，它以波的形式传播。

我们看见了什么

- 光的波长产生对**色调**（hue）的体验。
- 光的强度产生对**明度**（brightness）的体验。
- 光的复杂性产生了对**饱和度**（saturation）的体验。

视觉感受器

视觉感受器位于眼睛的**视网膜**（retina）上，向神经节细胞发送信号，最终到达视神经。
- **视杆细胞**（rod）负责在昏暗光线下的视觉。
- **视锥细胞**（cone）负责颜色视觉。
- 视杆细胞和视锥细胞需要时间来适应昏暗的照明，这个过程被称为**暗适应**（dark adaptation）。
- 来自视杆细胞和视锥细胞的信息由神经节细胞（ganglion cell）处理和传递，神经节细胞的轴突会聚形成视神经。
- 位于大脑视觉皮层上的**特征觉察器**（feature-detector）细胞检测环境的特定方面，比如线的方向。
- 一些研究人员认为某些脑细胞组成了一个面孔模块（face module）。

颜色识别

- **三色理论**（trichromatic theory）解释了发生在视网膜上的第一阶段的颜色处理，在那里有三种视锥细胞对不同波长的光做出反应。
- 在颜色处理的第二阶段，视网膜和丘脑中的**对立过程**（opponent-process）细胞对短波长光的反应是相反的。

格式塔原则

格式塔原则，如接近律、闭合律、相似律和连续律，描述了大脑感知形式、距离和深度的视觉策略。

深度知觉和距离知觉

- **双眼线索**（binocular cue）包括**辐合**（convergence）和**视像差**（retinal disparity）。
- **单眼线索**（monocular cue）包括光和影、遮挡、运动视差、相对大小、纹理梯度、相对清晰和线性透视。

恒常性和错觉

- **知觉恒常性**（perceptual constancy）是指对物体的准确感知，即无论其大小、形状、位置、亮度和颜色如何变化，物体都是稳定的。
- 当感官线索被误导或被我们误解时，就会出现**错觉**（perceptual illusion）。

其他感觉

味觉

味觉 (taste, gustation) 是一种化学感觉。

- 舌尖上的乳头状小体 (papillae) 含有味蕾 (taste bud), 味蕾包含味觉感受器。
- 咸、酸、苦、甜这些基本的味道是由不同的化学物质产生的。第五种味道, 鲜味, 是一种发生在肠道而不是口腔的条件偏好, 并不是固定的。
- 基因和文化的差异会影响对特定口味的反应。

嗅觉

嗅觉 (smell, olfaction) 也是一种化学感觉。

- 有多达一千种不同的感受器。
- 不同的气味会激活不同的感受器组合。
- 文化和个体差异影响人们对气味的反应。

肤觉

基本肤觉包括触觉（或压觉）、温觉、冷觉和痛觉。在这四种类型之间还有各种变形, 如痒、抓痒和灼痛。

痛觉

疼痛既是皮肤的感觉也是内在的感觉。

闸门控制理论 (gate control theory) 认为, 疼痛的体验取决于神经冲动是否通过脊髓的门到达大脑。

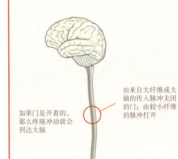

如果门是开着的, 那么疼痛冲动就会到达大脑

由来自大纤维或大脑的传入脉冲关闭的门; 由较小纤维的脉冲打开

在闸门控制理论中, 即使没有来自感觉神经元的信号, 大脑也能产生疼痛, 因为大脑中庞大的神经元网络使我们获得对躯体或其他躯体部位的感觉。当这个网络中发生异常的活动模式时, 就产生了疼痛。

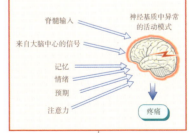

对幻痛 (phantom pain) 的一种主要解释是, 大脑重新组织了自己, 错误地将神经元带来的信息解释成其来自缺失的那部分肢体。

内部环境

动觉 (kinesthesis) 告诉我们身体部位的位置。
平衡觉 (equilibrium) 告诉我们身体作为一个整体的方向, 它依赖于内耳的三个半规管 (semicircular canal)。

知觉能力

天生的能力

- 视崖 (visual cliff) 实验表明, 即使在 6 个月大的时候, 婴儿也有深度知觉。
- 在关键期 (critical period) 没有某些经验, 知觉就会受损。

心理对知觉的影响

- 对知觉的心理影响包括需求、信念、情绪和期望（产生知觉定势 [perceptual set]）。
- 这些影响受到文化的影响。

无意识觉察

- 在启动 (priming) 中, 先向人们呈现内隐或外显的信息, 随后进行测试, 考察先前呈现的信息是否会影响人们在测试中的表现。这种方法经常被用来测量无意识的认知过程, 包括知觉。
- 当使用简单的刺激时, 阈下启动可以影响某些行为、判断和动机状态。
- 然而, 并没有证据表明在商业营销的潜意识广告和传递复杂信息的磁带中存在潜意识说服。

认知的成分

- **思维**（thinking）是对信息的心理操作。
- **概念**（concept）是把具有相同属性的物体、关系、活动、抽象物或者品质进行分类的一个心理范畴。
- **概念的原型**（prototypical），即此实例比其他实例更具代表性。
  —— **基本概念**（basic concept）有适量样例，相比那些样例更少或更多的概念，人们更易获得。
- 用于表达概念的词汇和语法规则会影响我们思考它们的方式。
- **命题**（proposition）指由概念组成并能表达一个单一观点的意义单元。关联起来的命题可形成**认知图式**（cognitive schema），认知图式可作为有关世界某方面知识的心理模型。
- **心理表象**（mental image）在思维中也起作用。

思维有多有意识？

- **下意识过程**（subconscious process）指处于意识之外，但如果需要就能回到意识之中的心理过程。
- 由于自动化加工的能力，许多人认为他们是优秀的多任务操作者，但是实际上多任务状态不仅削弱记忆与注意，还会增加压力、错误和反应时间。
- **无意识过程**（nonconscious process）在意识之外，但它会表现在我们所谓的"直觉"和**内隐学习**（implicit learning）中。
- 意识上的不用心的混沌状态（mindlessness）使人们无法认识到需要根据情境的变化，改变行为。

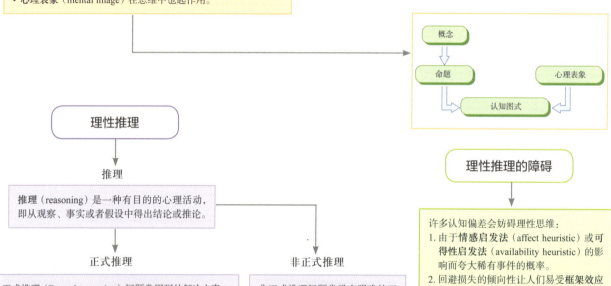

理性推理

推理

推理（reasoning）是一种有目的的心理活动，即从观察、事实或者假设中得出结论或推论。

正式推理

正式推理（Formal reasoning）问题常用到的解决方案：
- 运用**算法**（algorithm），一种保证能产生解决方案的问题解决策略。
- 运用逻辑加工。
- 运用**演绎推理**（deductive reasoning）。

- 运用**归纳推理**（inductive reasoning）。

非正式推理

非正式推理问题常没有明确的正确解决方式。
- **启发法**（heuristic）是一种拇指规则，它能提出行动过程或者指导问题解决，但不能确保最理想的解决方案。
- **辩证推理**（dialectical reasoning）指通过权衡或比较对立面或对立观点来确定最好的解决方案或解决分歧的过程。

反省性判断

反省性判断（reflective judgment）是一种评价、整合证据，并能考虑其他可能解释以得出最合理结论的能力。

理性推理的障碍

许多认知偏差会妨碍理性思维：
1. 由于**情感启发法**（affect heuristic）或**可得性启发法**（availability heuristic）的影响而夸大稀有事件的概率。
2. 回避损失的倾向性让人们易受**框架效应**（framing effect）的影响；一般来说，在面对损失框架时，人们做决策更谨慎。
3. **公平偏好**（fairness bias）。
4. **事后聪明偏差**（hindsight bias）。
5. **证实偏差**（confirmation bias）。
6. **心理定势**（mental set）的形成。
7. 避免**认知失调**（cognitive dissonance）：当面对两种认知冲突或某种认知与行为冲突之时，人们有减少这种紧张感的动机。人们通过多种方式减少决策后冲突（postdecision dissonance），其中包括**合理化努力**（justification of effort）。

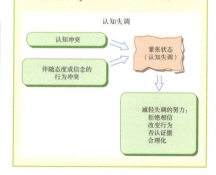

智力

智力（intelligence）是个体的一种推断特征，经常被定义为从经验中获益、习得知识、抽象思考、有目的地活动或适应环境变化的能力。

测量智力

智力的**心理测量**（psychometric）方法聚焦于人们在标准化能力测验上的表现。
- 使用**因素分析**（factor analysis）可以判别测量某些一般能力的测验中高度相关项目中存在的集群，如智力中的 **g 因素**（g factor）。
- 阿尔弗雷德·比奈想出了测量人们**心理年龄**（mental age）的方法。心理年龄是智力发展的一种衡量方法，以特定年龄的平均智力水平来表示。
- **智 商**（intelligence quotient, IQ）来源于标准化智力测验常模的智力测量。
- 测验编制者为建构超越文化的测验所做出的努力，仍然不尽如人意。
- **刻板印象威胁**（stereotype threat）会影响女性和少数民族群体的测验表现。

剖析智力

认知理论强调问题解决策略以及智力的多种成分，而非一个 g 因素。

智力三元论（triarchic theory of intelligence）假设智力有三个方面：
- 合成智力（包括元认知 [metacognition]）。
- 经验（创造性）智力。
- 情境（实用性）智力。（允许个体获得**缄默知识** [tacit knowledge]。）

其他理论假设智力有多维度。主要的一个理论强调情商（emotional intelligence）

智力的起源

行为遗传学研究表明，智商测验评估的智力，其**遗传率**（heritability）高。

组间差异的问题

- 黑白人种智商差异的基因解释不恰当地使用了基于白色人种样本的遗传率估计。
- 影响智力的环境因素：
  —— 不良产前照料。
  —— 营养不良。
  —— 暴露于毒素之中。
  —— 紧张的家庭环境。

动机、努力和智力成就

- 动机和自律对智力表现有很大影响。
- 反过来，上述因素受到文化（父母）期待、对教育的态度、有关心智能力起源的信念的影响。

动物心智

动物智力

认知习性学（cognitive ethology）研究自然环境中动物的智力、认知和行为：
- 一些动物能使用初级工具。
- 黑猩猩能学会使用数字和符号。
- 学者们争论的主题是动物是否具有**心理理论**（theory of mind）。一些理论学家主张大猩猩甚至一些其他动物能理解它们自身及其他同类成员的心智。

动物和语言

在一些研究中，灵长类动物和其他动物能习得人类语言的某些方面。

在探讨动物认知时，我们不仅要避免拟人说（anthropomorphism）也要避免否定拟人说（anthropodenial）。

第八章 记忆

记忆（memory）指保持和提取信息的能力以及建构解释该能力的过程。

重构过去

记忆的重构

- 人类的记忆是重构的：包括增加、删除和改变内容。
- **信息来源认定错误**（source misattribution）：不具备将关于事件的准确记忆从经历过的其他事件中分离出来的能力。
- 即使是闪光灯记忆（flashbulb memory），虽然情感上强大而生动，也常常会随着时间的推移而被修饰或改变。

虚构的条件

虚构（confabulation）是指混淆发生在他人身上的事件与发生在自己身上的事件，或者相信自己记得一些从未真正发生的事情。虚构更有可能在以下情况下发生：

- 多次思考、想象或告诉他人的事件。
- 事件的表象包含很多让人感觉是真实的细节。
- 事件是容易想象的。

记忆和暗示的力量

审讯目击证人

目击证人的证词特别容易出错，当：

- 犯罪嫌疑人与目击证人的种族不同时。
- 向目击证人提引导性问题时。
- 误导信息对目击证人产生影响时。

儿童证词

儿童易受暗示，当：

- 询问中使用引导性问题、暗示技术或迫使儿童给出特定答案时。
- 谣言和传闻产生影响时。

记忆的研究

测量记忆

- 在**外显记忆**（explicit memory）或有意识的回忆测试中，**再认**（recognition）通常比回忆（recall）要好。
- 在**内隐记忆**（implicit memory）的测试中，过去的经历可能会影响当前的想法或行为。内隐记忆是通过**启动**（priming）和**重学法**（relearning method）等间接方法来测量的。

记忆的模型

- 在信息加工模型（information-processing model）中，记忆包括编码、存储和提取。
- **并行分布加工模型**（parallel distributed processing [PDP] model）：一种记忆模型，它将知识表征为分布于一个巨大网络中而且并行运行的无数相互作用的加工单元的连接。

记忆的三箱模型

记忆系统

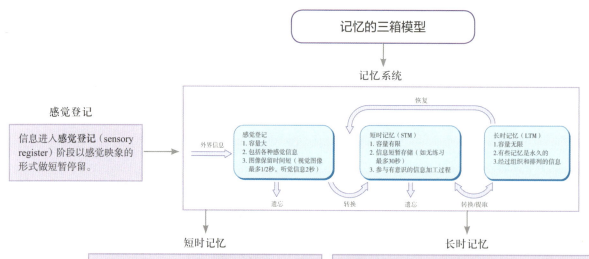

感觉登记

信息进入**感觉登记**（sensory register）阶段以感觉映象的形式做短暂停留。

短时记忆

- **短时记忆**（short term memory, STM）：保持信息约30秒，特殊任务大概增加到几分钟。
- **组块**（chunk）可以扩大短时记忆的容量。
- **工作记忆**（working memory）：在许多记忆模型中，短期记忆的一种复杂的认知形式，它涉及积极的心理过程，控制从长期记忆中检索信息，并对特定任务适当地解释信息。

长时记忆

长时记忆（long-term memory, LTM）的信息以相互联系的概念网络形式组织起来，包括：

- **程序性记忆**（procedural memory）。
- **陈述性记忆**（declarative memory）。
  - ——语义记忆（semantic memory）。
  - ——情景记忆（episodic memory）。

系列位置效应（serial-position effect）是回忆列表开始和末尾项目要好于中间项目的倾向。

我们如何记忆

- 复述使得信息在短时记忆中保持的时间更长且增加了存储的可能。
- **精细复述**（elaborative rehearsal）与**保持性复述**（maintenance rehearsal）相比更有可能使信息进入长时记忆。
- 通常来说**深加工**（deep processing）比浅加工更有效。
- **阅读—背诵—复习策略**（read-recite-review strategy）和提取练习比被动地阅读材料有效。
- **记忆术**（mnemonics）是用于提高记忆的策略和技巧。

记忆的生理机制

神经元和突触的变化

- 短时记忆中，神经元短时间内发生变化并释放神经递质。
- 长时记忆中，树突生长并延伸，一些突触的数量增加且路径更易兴奋。这种神经元的变化叫作**长时增强**（long-term potentiation）。完成上述变化需要一定的时间，记忆从而得以**巩固**（consolidation）。

记忆的定位

- 杏仁核在害怕或其他情绪类事件记忆的形成、巩固和提取过程中起着重要的作用。
- 额叶参与短时记忆和工作记忆过程。
- 海马是形成长时陈述性记忆的关键。
- 小脑帮助形成和存储某些程序性记忆。
- 程序性记忆可能与部分大脑皮层有关。

激素、情绪和记忆

- 肾上腺释放激素可以增强记忆。
- 过度唤醒不利于记忆。

遗忘的原因

- **消退理论**（decay theory）认为信息未被提取最终会消失，此理论适用于感觉登记和短时记忆。
- 第二种理论强调新的信息代替旧的信息。
- 第三种理论认为信息存储和提取过程中存在**前摄抑制**（proactive interference）和**倒摄抑制**（retroactive interference）的干扰。
- **线索依存遗忘**（cue-dependent forgetting）可能是所有类型中最普通的一种，是由于缺乏回忆线索造成的。记忆者的生理或心理状态作为提取线索时，此记忆称为**状态依存记忆**（state-dependent memory）。当经历与当前情绪一致时，此记忆称为**心境一致性记忆**（mood-congruent memory）。

关于压抑的争论

- **失忆症**（amnesia）往往是由大脑疾病或大脑受损导致的，通常是暂时性的。
- **心因性失忆症**（psychogenic amnesia）是心理问题造成的，会导致个体同一性的丧失。
- **创伤性失忆症**（traumatic amnesia）涉及对存在于多年前的特定的创伤性事件的遗忘，它和**压抑**（repression）之间存在较大的争议。
- 批评者认为有些治疗师并不知道暗示的力量和虚构的危险，反而促成受害者产生错误记忆。

自传体记忆

儿童期遗忘症

儿童期（幼儿期）遗忘症（childhood [infantile] amnesia）的原因：
- 参与记忆的脑区尚未发育成熟。
- 认知因素，如自我概念缺乏和形成认知地图所需的语言技能有限。
- 社会因素，如陈述事件的社会规则掌握得不够。

记忆和叙事

叙事（narrative）（人生故事）就是组织生活中的事件并为其赋予意义。
成年人对现在和过去的记忆相差无几。

- 学习（learning）是由于经验而导致的行为相对稳定的改变。
- 行为主义（behaviorism）将学习解释为观察的结果，不涉及诸如"心理""意志"的心理实体。
- 条件反射（conditioning）涉及环境刺激与反应之间的联结。

经典条件反射

来自旧反射的新反射

经典条件反射（classical conditioning）的程序是：最初的中性刺激通过与能诱发相似或相关反应的刺激相结合而获得诱发反应的能力（首先由伊万·巴甫洛夫研究）。
- **无条件刺激**（unconditioned stimulus，US）：与生俱来的能诱发反射反应的刺激。
- **无条件反应**（unconditioned response，UR）：与生俱来的由刺激引起的反射反应。
- **条件刺激**（conditioned stimulus，CS）：指与无条件刺激结合后能诱发条件反应的最初中性刺激。
- **条件反应**（conditioned response，CR）：指由条件刺激引起的反应，它发生于条件刺激与无条件刺激结合之后。

经典条件反射的原理

- **消退**（extinction）：当条件刺激不再伴随无条件刺激，习得反应就会逐渐消失。
- **逆条件反射**（counterconditioning）：将条件刺激与其他刺激相结合，引起与不需要的反应不相容的反应。
- **高级条件反射**（higher-order conditioning）：通过与已建立的条件刺激相结合，中性刺激变成条件刺激的过程。

- **刺激泛化**（stimulus generalization）：当一种刺激成为某种反应的条件刺激后，其他的相似刺激也可能产生相似反应的倾向。
- **刺激分化**（stimulus discrimination）：对两个或更多的相似刺激产生不同反应的倾向。

经典条件反射实际上教给了我们什么？
- 要使经典条件反射最为有效，必须使条件刺激在无条件刺激之前而非之后出现，或者两者同时出现。因为在经典条件反射中，条件刺激应当成为无条件刺激的信号。
- 经典条件反射是一种进化性适应，允许有机体对重要事件做出生物性准备。

现实生活中的经典条件反射

经典条件反射在下列问题中起重要作用：
- 对特别物或事件的积极情感反应。
- 习得恐惧和恐惧症（正如小艾伯特的研究）。
- 习得性味觉：喜欢和不喜欢特殊食物和特殊气味。
- 对与治疗相联结的刺激的不愉快反应和安慰剂的反应。

行为的结果

- **强化**（reinforcement）：加强反应或使之更可能发生。

反应变得更可能发生

- **惩罚**（punishment）：削弱反应或使之更不可能发生。

不！ 反应变得不太可能发生

一级和次级强化物和惩罚物

- **一级强化物**（primary reinforcer）天生具有强化作用，特别是满足生理需要。
- **次级强化物**（secondary reinforcer）由于与另一个强化物结合而加强了反应。
- **一级惩罚物**（primary punisher）是天生具有惩罚作用的刺激。
- **次级惩罚物**（secondary punisher）是通过与其他惩罚物联结而获得后天的惩罚性质的刺激。

正负强化物和惩罚物

- **正强化**（positive reinforcement）：反应后跟随一些愉快的东西。
- **负强化**（negative reinforcement）：反应后去除了一些不愉快的东西。
- **正惩罚**（positive punishment）：反应后跟随一些不愉快的东西。**负惩罚**（negative punishment）：一些愉快的东西被去除。

操作性条件反射

操作性条件反射（operant conditioning）的程序是：行为依赖于其结果而变得更可能发生或更不可能发生；与 B. F. 斯金纳的研究紧密联系在一起。

操作性条件反射的原理

- **消退**（extinction）：当反应不再伴随强化物时，习得反应会减弱或最终消失。
- **刺激泛化**（stimulus generalization）：在操作性条件反射中，已经被一种刺激强化（或惩罚）的反应在出现（或抑制）其他类似刺激时也会发生的倾向。
- **刺激分化**（stimulus discrimination）：在操作性条件反射中，只对一种刺激而不对其他在某些维度上不同的类似刺激发生反应的倾向。
- 强化的程序：
  —— **连续强化**（continuous reinforcement）：总是强化特定反应的强化程序。
  —— **间隔（部分）强化程式**（intermittent [partial] schedule of reinforcement）：有时而非总是强化特定反应的强化程序。
- **塑造**（shaping）：通过强化和**连续接近**（successive approximation）训练行为，直到所期望的行为发生。
- **本能化倾向**（instinctive drift）：在操作性学习过程中，有机体复演本能行为的倾向。

现实生活中的操作性条件反射

- **行为矫正**（behavior modification）（也叫应用行为分析 [applied behavior analysis]）：应用条件反射技术教导新反应或减少行为问题。

惩罚的利弊

惩罚可以有效地减少行为问题，但这种方法常常会失败，究其原因，有以下几种：
- 它经常被使用不当。
- 接受者常常感到焦虑、恐惧和愤怒。
- 效果只是短暂的，并依赖于实施惩罚的人。
- 因为大多数惩罚不得不推迟实施，因而影响其有效性。
- 惩罚不会传递给人或动物正确的行为方式。
- 带来惩罚的行为因其引起了注意反而会有强化作用。

奖赏带来的问题

- 奖赏经常被不加区分地误用。
- 过分依赖**外在强化**（extrinsic reinforcement）有时会削弱**内在强化**（intrinsic reinforcement）的力量，如对任务本身的喜欢。然而，外在强化物的作用依赖许多因素，如个人的内在动机、任务情景、进步是否得到强化等。

学习和心理

潜伏学习

- **潜伏学习**（latent learning）不直接表现在行为上。
- 无须明显的强化物即可发生。
- 它涉及获得关于达到目标的更好方法的知识和反应。

社会认知学习理论

- **社会认知学习理论**（social-cognitive theory）关注**观察（替代）学习**（observational [vicarious] learning）及信念、对事件的解释和其他认知的作用。

- 社会认知学习理论家认为由于人们认知和信念的不同，对于同样的情况会有不同的反应，如媒体暴力的影响。

第十章 社会和文化情境中的行为

- 社会心理学研究社会角色、态度、关系和群体如何影响个人。
- 文化心理学研究文化对人类行为的影响。

角色和规则

规范（norm）：规范社会生活的规则，包括明确的法律和隐含的文化习俗。
角色（role）：一个给定的社会地位，由一套为适当行为而定的规范所控制。
社会角色由**文化**（culture）、一套社区或社会的共同规则和价值观所塑造。

两个经典研究

- 在米尔格莱姆的服从研究中，大多数人因为实验者的权威而对另一个人施加他们认为是极端的电击。
- 在津巴多的监狱研究中，学生迅速扮演了"囚犯"或"警卫"的角色。

人们为何服从

有几个因素导致人们服从，包括：
1. 不服从的不愉快后果和服从的好处。
2. 对权威的尊重。
3. 想要有礼貌或被人喜欢。
4. **诱捕**（entrapment）：个体在自己所投入的时间、金钱和精力的基础上逐渐增加承诺的过程。
5. 将责任分配给权威。

社会对信念和行为的影响

社会认知（social cognition）：社会心理学的一个研究领域，主要关注社会对思维、记忆、知觉和信念的影响。

归因

归因理论（attribution theory）：人们通过把行为原因归为情境（situation）或素质（disposition）来解释自己和他人行为的理论。
- **基本归因错误**（fundamental attribution error）：一种在解释别人的行为时会高估人格因素而低估情境因素的倾向。

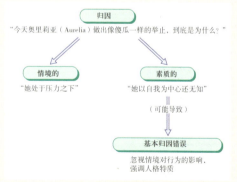

归因
"今天奥里莉亚（Aurelia）做出像傻瓜一样的举止，到底是为什么？"
情境的 "她处于压力之下"
素质的 "她以自我为中心还无知"
（可能导致）
基本归因错误
忽视情境对行为的影响，强调人格特质

三种认知偏差导致了基本归因错误：
- 对自己的失误选择最讨人喜欢的且最宽容的归因的偏差。
- 认为我们比别人更好、更聪明、更善良的偏见。
- 相信世界是公平的偏见。（**公平世界假设** [just-world hypothesis]）

态度

- 态度可以是内隐的（implicit）（无意识的）或外显的（explicit）（有意识的）。
- 它们可能会被改变，因为需要减少**认知失调**（cognitive dissonance）。

观念转变与基本信念

- 让人们改变态度的努力往往依赖于熟悉效应（familiarity effect）和效度效应（validity effect）。
- 有些态度是高度遗传的（例如，宗教虔诚和某些政治观点），因此抗拒改变，但许多态度受到非共享环境的影响。

说服或"洗脑"

- 自杀式炸弹袭击者的例子说明了恐怖分子形成过程中普遍存在的社会心理因素。
- 人受到诱捕。
- 问题用简单的归因来解释（是那些坏人的错）。
- 这个人被提供了一个新的身份和救赎。
- 这个人对不协调信息的接触受到严格控制。

群体中的个体

从众

阿希的实验表明,大多数人会遵从别人的判断,即使别人的判断明显是错的。

群体思维

群体思维(groupthink)是从众心理的一种极端形式,它会导致错误的决策,因为群体成员容易受到群体心理的影响:
- 无懈可击的错觉。
- 自我审查。
- 施压使不同意者遵从。
- 全体一致的错觉。

匿名的人群

当人们是大型匿名组的一部分时,可能会发生两个过程:
1. **责任扩散**(diffusion of responsibility),责任在许多人之间的分散。这会导致旁观者冷漠(bystander apathy)。
2. **去个性化**(deindividuation),失去对自己个性的认识。
    —— 随群体变大而增加。
    —— 当团队成员戴口罩或穿制服时增加。
    —— 可能会增加有益性和破坏性,这取决于社会规范。

利他主义和提出异议

情境因素可以影响利他主义和异议,包括:
- 知觉到介入或帮助的需要。
- 文化规范鼓励你采取行动。
- 有同盟存在。
- 陷入帮助或反对的承诺中。

我们对他们:群体同一性

社会同一性(social identity)是基于一个人对国家、宗教、政治团体或其他重要组织的认同。

民族同一性

人们往往面临着**民族同一性**(ethnic identity)、对宗教或民族群体的紧密认同和**文化适应**(acculturation)、对主流文化的认同的两难境地。

民族优越感

民族优越感(ethnocentrism),即认为自己的民族或国家优于其他民族的信念,会使我们产生"我们—非我们"的思想和敌对竞争。

刻板印象

刻板印象(stereotype)可以是对其他群体有效的认知总结,但它们可能会扭曲现实:
- 夸大群体之间的差异。
- 生产选择性知觉。
- 低估了其他群体之中的差异。

群体冲突和偏见

偏见(prejudice)包含消极的刻板印象,强烈地、莫名地不喜欢或憎恨一个群体。

偏见的起源

1. 心理原因:偏见消除了焦虑和怀疑的感觉,简化了复杂的问题,增强了自尊。
2. 社会原因:偏见将人们与他们的社会群体和国家联系在一起。
3. 经济原因:偏见为多数群体的经济利益辩护,使战争合法化。
4. 文化和民族原因:偏见将人们与自己的群体联系在一起,并助长其他群体非人化的观念。

定义和测量偏见

- 界定和衡量偏见是一种挑战,例如,敌意的性别歧视和善意的性别歧视是不同的,虽然两者都合理化了性别歧视。
- 对于种族主义和其他偏见是在减少,还是只是有了新的形式,心理学家意见不一。
- 一些研究人员正试图间接地衡量偏见:
    —— 通过测量社会距离,一种衡量人们不愿意接近另一组人的方法。
    —— 通过观察人们在受到压力或侮辱时是否更有可能对目标表现出攻击性。
    —— 通过观察大脑的变化。
    —— 通过评估与一组人有关的无意识的积极或消极联想,如**内隐联想测验**(implicit association test, IAT)。然而,有人批评 IAT 没有抓住真正的偏见。

减少冲突和偏见

社会心理学家研究了减少群体之间的偏见和仇恨的条件:
1. 双方必须有机会一起工作和社交(**接触假设** [contact hypothesis])。
2. 双方必须具有平等的法律地位、经济地位和权利。
3. 双方都必须得到当局和文化机构在道德、法律和经济上的支持。
4. 双方必须为一个共同的目标而努力。

心理障碍的界定和诊断

界定心理障碍很困难,大多数心理健康专家认为**心理障碍**(mental disorder)是个体遭受痛苦、自我挫败,工作和与他人相处的能力严重受损、危及他人或社会的任何情形。

诊断的困境

《心理障碍诊断与统计手册》(DSM)旨在为诊断心理障碍提供标准和类别。

DSM 的问题包括:
- 过度诊断的危险。
- 诊断标签本身的影响。
- 将严重心理障碍和一般问题混淆。
- 具有客观性的幻觉。

DSM 的优点包括:
- 致力于提高诊断信度。
- 识别出许多广泛的障碍和**文化依存症候群**(culture-bound syndrome)。

障碍的测量

像罗夏墨迹测验这样的**投射测验**(projective test),其信度、效度较低。

客观测验(量表)(objective test [inventory]),如《明尼苏达多项人格量表》,其信度、效度较高。

心境障碍

- **重度抑郁**(major depression)包括长时间的悲伤、绝望,缺乏精力和食欲以及对活动的兴趣
- **双相障碍**(bipolar disorder)包括抑郁和躁狂(过度愉悦)的交替发作。

抑郁的起源

易感性—应激模型(vulnerability-stress model)着眼于个人脆弱和压力体验之间的相互作用。

引起重度抑郁的四个主要因素:
1. 遗传素质。
2. 暴力、童年躯体虐待和父母的忽视。
3. 重要关系的丧失。
4. 认知习惯,如相信不愉快是永久的和不可控的,反复思考问题,感到绝望。

焦虑障碍

- **广泛性焦虑障碍**(generalized anxiety disorder)包括持续的慢性焦虑。
- **创伤后应激障碍**(posttraumatic stress disorder, PTSD)包括反复侵入性的创伤闪回、分离感、生理唤醒度提高。
- **惊恐障碍**(panic disorder)是对特定情形、活动或事物的不现实的恐惧,广场恐惧症是害怕无法逃离到安全地点。
- **恐怖症**(phobia)是对特定情境、活动或事物的夸大的、不切实际的恐惧。或者,对于**广场恐惧症**(agoraphobia)来说,是指远离一个安全的地方。
- **强迫症**(obsessive-compulsive disorder, OCD)包括反复出现的、意想不到的想法或意向(强迫思维 [obsession])和重复的、仪式化的行为(强迫行为 [compulsion])。

人格障碍包括引起极大痛苦或不能与他人相处的适应不良性特质，如**边缘性人格障碍**（borderline personality disorder）。

反社会/变态人格障碍

- **心理变态**（psychopathy）是以缺乏自责、同情、焦虑和其他社会情绪，使用欺骗和手段，以及寻求冲动刺激为特征的人格障碍。
- **反社会人格障碍**（antisocial personality disorder, APD）是一种人格障碍，其特征是终生做不负责、反社会的行为，如违法、暴力和其他冲动、鲁莽的行为。
- 有关这两种障碍有多大程度重叠的争论一直在持续。然而，与"终生持续犯"的核心特点有关的因素有：
  —— 中枢神经系统异常。
  —— 额叶功能受损。
  —— 基因影响。
  —— 环境事件。

药物滥用和成瘾

药物滥用

药物滥用的特点：
- 工作或与他人相处的能力受损。
- 在危险情境下用药。
- 因使用药物与他人频繁发生冲突。

学习、文化与成瘾

生物模型（biological model）认为，有些人因遗传而容易上瘾，或者成瘾是由于严重滥用药物导致大脑的生物变化造成的。

学习模型（learning model）认为，大多数成瘾源于鼓励或阻止药物滥用。证据有：
1. 成瘾类型依文化实践不同而各异。
2. 整体戒酒政策倾向于增加而不是减少成瘾的发生率。
3. 不是所有成瘾者在停止使用药物时都会出现戒断症状。
4. 成瘾不仅有赖于药物的属性，而且有赖于吸食的原因。

分离性身份障碍

分离性身份障碍（dissociative identity disorder），以前称作多重人格障碍（multiple personality disorder, MPD），指的是同一个身体上有相互分离的两个或两个以上身份。
- 一些临床工作者认为，MPD 是常见的，源自童年创伤；另一些则认为，是临床工作者自身的建议制造了 MPD。
- 媒体报道促使了 MPD 诊断率的升高。
- MPD 的社会认知解释认为这种障碍仅仅是我们每个人都有的在他人面前呈现不同侧面的能力的极端形式。

精神分裂症

精神分裂症（schizophrenia）一种以妄想、幻觉、言语紊乱、行为不当和认知障碍为特征的心理障碍。这是**精神错乱**（psychosis）的一种，涉及对现实感知的歪曲和在生活的多个侧面丧失功能。

精神分裂症症状：
- 奇异的妄想。
- 幻觉，有时是视觉的，通常是听觉的。
- 散乱、不连贯的语言（词汇沙拉）。
- 整体上散乱和不适当的行为。
- 受损的认知能力。

精神分裂症的原因

精神分裂症是一种大脑疾病，包括前额叶皮层和颞叶灰质体积的减少，海马异常，神经递质、神经活动异常，记忆、决策和情绪加工等认知功能脑区的神经元间连接损坏。大多数精神分裂症患者的脑室（大脑中充满脑脊液的部位）扩大。

精神分裂症的原因包括：
1. 遗传倾向。
2. 产前因素或出生并发症。
3. 青少年时期的脑发育变异。

心理障碍的生物疗法

药物

心理障碍的常用处方药包括：
- **抗精神病药物**（antipsychotic drug），用于治疗精神分裂症和其他精神疾病。
- **抗抑郁药物**（antidepressant drug），用于治疗抑郁、焦虑障碍、强迫症等。
- **镇静剂**（tranquilizer），用于治疗情绪问题。
- **碳酸锂**（lithium carbonate），治疗双相障碍的一种盐。

关于药物治疗的警示

药物治疗的缺点包括：
- 安慰剂效应。
- 高脱失率和复发率。
- 忽视有效的非药物治疗。
- 制定最佳剂量有困难。
- 未知的长期风险。
- 未经测验地把药用在标示外的病症上。

直接的脑部干预

- **电抽搐疗法**（electroconvulsive therapy, ECT），使用经过脑部的短暂电流，用于治疗自杀性抑郁，但是其疗效短暂，抑郁通常会复发。ECT治疗其他障碍的效果不明显。
- **经颅磁刺激**（transcranial magnetic stimulation, TMS），在人的左侧前额叶皮层使用脉冲式磁性线圈，用于治疗抑郁，其效果仍是未知的。

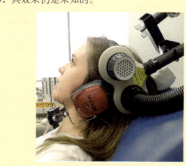

心理疗法的主要流派

心理动力疗法

心理动力疗法（psychodynamic therapy），包括弗洛伊德精神分析疗法和其现代的诸多变体，通过**移情**（transference）等技术探索无意识。

人本主义和存在疗法

人本主义疗法（humanist therapy）关注自我完善和自我实现的潜能。
- 卡尔·罗杰斯的**来访者中心**（非指导性）疗法（client-centered [nondirective] therapy）强调治疗师提供的无条件积极关注的作用。
- **存在疗法**（existential therapy）帮助人们应对生命意义等哲学问题。

行为与认知疗法

行为疗法（behavior therapy）采用了经典条件反射和操作性条件反射的原理，帮助改变问题行为。所用方法有：
- **逐渐暴露**（graduated exposure）与**满灌**（flooding）。
- **系统脱敏**（systematic desensitization）。
- **行为的自我监控**（behavioral self-monitoring）。
- **技能训练**（skills training）。

认知疗法（cognitive therapy）是识别非理性的、非建设性的思考方式，以减少负性情绪和行为后果。在实践中，它常与行为疗法相结合，因此称作认知行为治疗（CBT）。
- 一种主要方法是埃利斯的**理性情绪行为疗法**（rational emotive behavior therapy, REBT）。
- 目前有一种CBT方法是基于正念和接纳的；来访者学会识别并接纳不想有的、不愉快的想法和感受，而不是试图消除它们。

家庭与伴侣疗法

- 家庭治疗在于采用**家庭系统观**（family-systems perspective），了解个人行为会影响整个家庭这一点。
- 伴侣疗法在于帮助伴侣理解和解决存在于关系中的不可避免的冲突。

评价心理疗法

科学家—从业者鸿沟

科学家—从业者鸿沟（scientist–practitioner gap）的增大导致了未经科学证实的心理疗法的繁殖，如危机事件压力事后报告。

评价心理治疗须控制以下几方面：
- 安慰剂效应。
- 努力合理化。

应依赖**随机对照试验**（randomized controlled trial）进行科学评价。

- 成功的心理治疗依赖于治疗师和来访者的关系，称为**治疗联盟**（therapeutic alliance）。
- 治疗师和来访者应对可能引起误解的文化差异保持警惕。

治疗什么时候有效

认知行为疗法（cognitive-behavior therapy, CBT）对下列障碍最有效：
- 抑郁。
- 自杀意图。
- 焦虑障碍。
- 愤怒和冲动性暴力。
- 健康问题。
- 儿童和青少年行为问题。
- 复发。

有必要结合其他方法帮助特殊个体或治疗疑难病症，如对顽固的暴力青少年采用多系统治疗，对双相障碍或精神分裂症患者联合使用药物或家庭治疗。

治疗什么时候会造成伤害

心理治疗可能是有害的，如果治疗师：
1. 采用未经实证检验、有潜在危害的技术。
2. 通过给建议无意间制造障碍或新症状。
3. 对来访者有偏见。
4. 不道德。

表12.2 心理治疗主要流派的异同

	主要目标	方法
心理动力	洞察使症状得以延续的无意识动机和情感	探查无意识动机和幻想，探索童年经历，识别来访者生活中反复出现的主题，探索由移情带出的问题和情绪。
认知行为		
行为的	矫治自我挫败行为	逐步暴露（满贯）、系统脱敏、行为记录、技能训练。
认知的	矫正不理性的或无效的观念	促使来访者检验缺乏证据的信念，揭示灾难化观念中的错误推论，帮助来访者接受那些不愉快的想法和感觉并与之共处。
人本和存在		
人本主义	洞察；自我接受和自我完善；关于自我和世界有新的、乐观的感受	提供一个非评判性的环境来讨论生活的观点，治疗师运用同理心和无条件积极关注。
存在主义	找到生活的意义，接受不可避免的丧失	根据治疗师的不同而有差异；进行关于生命意义、来访者目标的哲学讨论，找到遭遇不幸和丧失后生存的勇气。
家庭和伴侣		
家庭治疗	改变家庭模式	可用任何一种前述疗法来改变引发问题和冲突的家庭模式。
伴侣疗法	解决冲突，打破坏习惯	可用任何一种前述疗法帮助夫妻更好沟通、解决冲突、接纳差异。

情绪的本质

情绪（emotion）涉及面部、大脑和身体的生理变化；认知过程，如对事件的解释；文化对个体体验和情绪表达的影响。

情绪和身体

- **初级情绪**（primary emotion）是基于生物学的，被认为是普遍存在的。
- **次级情绪**（secondary emotion）包括情绪的各种变化及混合情绪，它随着个体认知的成熟而逐渐发展，并随文化的不同而变化。

一些面部表情被不同文化所认可，因此似乎反映了一系列主要的情绪：生气、高兴、恐惧、惊奇、厌恶、悲伤和鄙视，可能还有骄傲。

面部表情的功能包括：
- 通过**面部反馈**（facial feedback）识别我们自己的情绪。
- 情感交流。
- 让我们对自己的真实感受撒谎。

大脑中与情绪相关的区域：
- 杏仁核评估传入的情绪，特别是愤怒和恐惧。

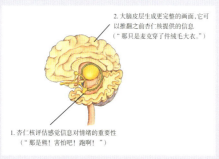

1. 杏仁核评估感觉信息对情绪的重要性（"那是熊！害怕吧！跑啊！"）
2. 大脑皮层生成更完整的画面，它可以推翻之前杏仁核提供的信息（"那只是麦克穿了件绒毛大衣。"）

- 左侧前额叶专门负责接近动机和积极情绪；右侧前额叶专门负责逃避和负性情绪。
- **镜像神经元**（mirror neuron）是一种脑细胞，当动物或人看到别人在做某项特定任务时就会被激活；他们参与了移情、模仿、非言语交流和情绪传染。

在经历任何情绪时，有两种激素会产生兴奋状态：肾上腺素和去甲肾上腺素。

情绪和心理

人们对事件的感知、信念和解释会产生不同的情绪。
- 有些情绪在认知上是原始的。
- 随着大脑皮层的成熟，认知能力变得更加复杂，从而产生了更复杂和更具自我意识的情绪，如羞耻和内疚。

生物学和欺骗

- 测谎仪被认为是用来检测谎言的，但它实际上是一种情绪唤醒的测量方法。
- 测谎仪通常能正确地识别说谎者和有罪的人，但其主要问题是错误地指控无辜的人撒谎的比率很高。
- 目前还没有任何技术可以直接、可靠地确定某人是否在说谎。

情绪与文化

- 大多数心理学家认为，所有的人类都有体验基本情绪的能力。
- 一些心理学家认为，文化影响情绪体验的方方面面。

交流情绪

- **表现规则**（display rule）调节人们如何以及是否表现情绪。
- **肢体语言**（body language）非语言性地传达情感。
- **情绪操作**（emotion work）是因角色需要而非个人的真实感受所进行的一种情绪的表达。

性别与情绪

- 两性在感受日常情绪的频率上并无差异。
- 北美女性在语言和非语言表达方面都比男性强。
- 男人更倾向于对陌生人表达愤怒。

以下情况可以超越性别规则：
- 当生气的对象是拥有较高地位或权势的人时，男性会像女性一样控制他们的情绪。
- 当情境或工作需要时，两性会表现出相似的"情绪操作"。
- 一些情境促进每个人的情绪。
- 性别差异因文化而异。

压力的本质

压力和身体

汉斯·塞里（Hans Selye）把身体对外部各种应激源的反应描述为一**般适应综合征**（general adaptation syndrome），即身体一般会产生三个阶段的生理反应：
1. 警觉（alarm）
2. 阻抗（resistance）
3. 衰竭（exhaustion）

应激激素升高 → 血流量增加、心率加快、消化减慢、肌肉绷紧

免疫系统：心理神经免疫学

对**心理神经免疫学**（psychoneuroimmunology，PNI）感兴趣的研究人员研究心理因素和生理变化（如不同程度的免疫系统功能）如何相互作用，以保护健康或增加患病风险。

物理变化

当一个人处于压力之下时，下丘脑通过两条主要途径向内分泌腺发送信息：
1. 激活交感神经系统进行战斗或逃跑。
2. 沿着**肾上腺轴**（HPA axis）启动活动，释放化学递质，刺激皮质醇（cortisol）和其他激素的产生，以释放能量。

影响免疫系统、增加患病风险的慢性压力包括：
- 失业和工作相关的问题。
- 贫穷、无力和地位低下。

心理因素

这两个心理因素可以增加一个人忍受疼痛、忍受持续的问题以及从疾病中康复的能力：
- 保持乐观的心态。
- 有内部**控制点**（locus of control）。

健康和幸福可能取决于以下因素的结合：
- **初级控制**（primary control），试图改变紧张的情况。
- **次级控制**（secondary control），学习接受和适应压力的情况。

压力与情绪

以下情绪因素会增加患心脏病和其他疾病的风险：
- 愤世嫉俗或对抗性的敌意。
- 慢性抑郁。
- 长时间抑制负性情绪。

两种释放负性情绪的方法：
1. 坦白：透露个人的想法和感受。
2. 宽恕：接受不公正。

真心宽容

（图：心率 — 表象 / 再次想起；4秒的间隔；节拍/最小变化分数；重复讲述所受的伤害、满怀一种怨恨、同情、宽容）

缓解压力

1. 减少负性情绪和压力对身体的影响，比如通过按摩、冥想、放松和锻炼。
2. 依赖于聚焦问题的应对，而不是聚焦情绪的应对。
3. 重新思考这些问题：
   - 重新评估情况。
   - 从经验中学习。
   - 将你自己与他人对比。
4. 利用或给予他人社会支持可以加速疾病的康复，尽管错误的社会支持可能是有害的。

第十四章 生活中的主要动机：饮食、爱情、性欲与工作

动机（motivation）是指一个人或动物内部的一种推断过程，它使有机体朝着一个目标或远离一个不愉快的情况。
- **内部动机**（intrinsic motivation）是为了活动的内在乐趣。
- **外部动机**（extrinsic motivation）是为了外在的回报，如金钱或名誉。

饥饿的动物：觅食动机

体重生物学

饥饿、体重和饮食是由一个受基因影响的定点（set point）控制的，这个设定值控制着食物摄入、脂肪储备和基础代谢率。基因也会影响：
- 体形。
- 增重程度。
- 身体脂肪的百分比和分布。
- 某些类型的肥胖。
  - 肥胖（ob）基因使脂肪细胞分泌莱普汀（leptin），帮助下丘脑调节食欲。
  - 其他基因和化学物质与食欲、新陈代谢和体重增加有关。

影响体重的环境因素

造成世界范围内超重和肥胖流行的主要环境原因是：
- 市面充斥着大量的快餐和加工食品。
- 广泛消耗高糖、高热量的软饮料。
- 锻炼以及其他消耗能量的活动在急剧减少。
- 饮食比例的增加。
- 食物的多样化。

文化对体重的影响

- 饮食习惯受到理想身材的文化标准的影响，如肥胖、苗条、柔软、肌肉发达。
- 这些标准因文化而异，在一个文化中也可能发生变化（例如，随着性别角色变化）。
- 当人们认为他们的身体不符合文化理想时，饮食失调——如**神经性贪食症**（bulimia nervosa）和**神经性厌食症**（anorexia nervosa）——可能会增加。
- 饮食失调在女性中比在男性中更常见，尽管身体形象失调在男性中正在增加。

欲望性动物：寻求性的动机

欲望生物学

- 睾丸素影响两性的性欲，但不会导致性行为。
- 金赛对男性和女性性行为的调查以及马斯特斯和约翰逊的实验室研究都表明了：
  - 在性生理方面有许多个体差异。
  - 两性都有性唤起和性反应的能力。

性和性冲动：
- 平均而言，男性比女性有更高频率的性行为。
- 一些研究人员认为，造成这种差异的原因是男性的性欲更强。
- 另一些人认为，这种差异是角色和文化规范不同的结果。

进化和性

进化心理学家认为，男性和女性进化出了不同的性策略和行为，以应对遥远的过去所面临的生存问题。

从这个角度来看，雄性进化为：
- 随意滥交。
- 被年轻的伴侣所吸引。
- 想要性新奇。

从这个角度来看，雌性进化为：
- 一夫一妻制。
- 对伴侣挑剔。
- 比起新奇，更喜欢安全感。

批评者反驳说：
- 男性滥交而女性挑剔的假设是一种刻板印象；在许多物种中，雄性照顾幼崽，而雌性有多个伴侣。
- 人类的性行为千变万化，无法用单一的进化论来解释。
- 人类的性行为随着文化的变化而变化。
- 人们所说的理想伴侣不一定是他们选择的对象。

欲望心理学

关于性动机的研究强调价值观、信念、期望和幻想的影响。做爱的许多动机包括：
- 愉悦。
- 亲密。
- 自我肯定。
- 伴侣认同。
- 同伴认同。
- 达成目的。

性行为的外在动机（例如，为了得到同伴的认可或害怕失去关系）与危险的性行为和同意不想要的性行为有关。

性取向之谜

- 同性恋不是心理因素或有同性恋父母的结果。
- 已有约四百五十个物种记录了同性行为。
- 有一些证据表明，先天因素和基因因素与同性恋有关，但迄今为止，生物学还不能解释大多数男同性恋和女同性恋的性取向。

欲望的文化

文化的不同决定了：
- 哪些身体部位被认为是色情的。
- 哪些性行为被认为是色情的。
- 性本身是好是坏。

文化通过性规范来传播：
- 性别角色。
- 性脚本。

性强迫和强奸

女性和男性对强奸和性强迫的看法不同。强奸的动机包括：
- 自恋和敌视女性的人格特质。
- 支配、羞辱或惩罚受害者的欲望。
- 性虐待狂。

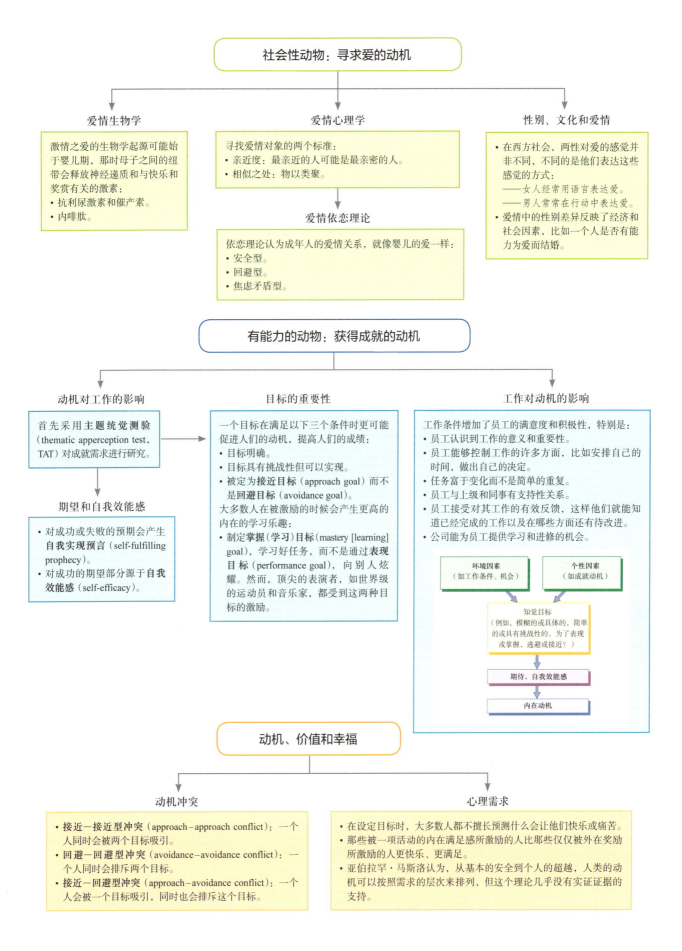

心理学的邀请

INVITATION TO PSYCHOLOGY
(Fifth Edition)

（第五版）

CAROLE WADE
CAROL TAVRIS

〔美〕 卡萝尔·韦德 著
卡罗尔·塔佛瑞斯

白学军 等 译

著作权合同登记号　图字：01-2013-6666

图书在版编目(CIP)数据

心理学的邀请：第五版 /（美）卡萝尔·韦德，（美）卡罗尔·塔佛瑞斯著；白学军等译. — 北京：北京大学出版社，2021.6

（大学的邀请）

ISBN 978-7-301-31695-5

Ⅰ.①心… Ⅱ.①卡… ②卡… ③白… Ⅲ.①心理学－研究 Ⅳ.① B84

中国版本图书馆 CIP 数据核字（2020）第 201587 号

Authorized translation from the English language edition, entitled INVITATION TO PSYCHOLOGY, 5th Edition by WADE, CAROLE;TAVRIS, CAROL, published by Pearson Education, Inc, Copyright © 2012 Carole Wade, Carol Tavris
ISBN: 978-0-205-03519-9
All rights reserved. No part of this book may be reproduced or transmitted in any form or by any means, electronic or mechanical, including photocopying, recording or by any information storage retrieval system, without permission from Pearson Education, Inc.

CHINESE SIMPLIFIED language edition published by PEKING UNIVERSITY PRESS LTD., Copyright © 2021.

本书中文简体字版经授权由北京大学出版社限在中华人民共和国境内（不包括香港特别行政区、澳门特别行政区和台湾）独家出版发行。

本书封面贴有 Pearson Education（培生教育出版集团）激光防伪标签。
无标签者不得销售。

书　　　名	心理学的邀请（第五版）	
	XINLIXUE DE YAOQING（DI-WU BAN）	
著作责任者	〔美〕卡萝尔·韦德（Carole Wade）〔美〕卡罗尔·塔佛瑞斯（Carol Tavris）　著　白学军 等译	
责 任 编 辑	李书雅	
标 准 书 号	ISBN 978-7-301-31695-5	
出 版 发 行	北京大学出版社	
地　　　址	北京市海淀区成府路 205 号　100871	
网　　　址	http://www.pup.cn　新浪微博：@北京大学出版社 @培文图书	
电 子 信 箱	pkupw@qq.com	
电　　　话	邮购部 010-62752015　发行部 010-62750672　编辑部 010-62750883	
印 刷 者	天津光之彩印刷有限公司	
经 销 者	新华书店	
	889 毫米 ×1194 毫米　16 开本　41.25 印张　1104 千字	
	2021 年 6 月第 1 版　2022 年 12 月第 2 次印刷	
定　　　价	239.00 元	

未经许可，不得以任何方式复制或抄袭本书之部分或全部内容。
版权所有，侵权必究
举报电话：010-62752024　电子信箱：fd@pup.pku.edu.cn
图书如有印装质量问题，请与出版部联系，电话：010-62756370

《心理学的邀请》（第五版）
翻译与校对人员

翻译：

白学军（前言）

杨海波（第一章、第六章）

白学军、陈怡馨（第二章）

郝嘉佳（第三章、第十章）

白学军、周菘（第四章、第五章）

白学军、贺斐（第七章）

李馨（第八章、第九章）

毋嫘（第十一章、第十二章）

赵黎明（第十三章、第十四章）

章鹏（附录）

校对：

郝嘉佳（第一章、第二章）

李馨（第三章、第四章）

杨海波（第五章、第七章）

陈怡馨（第六章）

李士一（前言、第八章、第九章）

贺斐（第十章）

赵黎明（第十一章、第十二章）

毋嫘（第十三章、第十四章）

简明目录

作者的话　007
指导性原则和特色　009
第五版的新颖之处　014
作者致谢　015
关于作者　022

第一章　心理学是什么　003
第二章　人格理论　043
第三章　毕生发展　081
第四章　神经元、激素和大脑　127
第五章　身体节律和心理状态　165
第六章　感觉与知觉　205
第七章　思维和智力　251
第八章　记忆　297
第九章　学习和条件反射　337
第十章　社会和文化情境中的行为　373
第十一章　心理障碍　415
第十二章　治疗的途径与疗法　453
第十三章　情绪、压力与健康　483
第十四章　生活中的主要动机：饮食、爱情、性欲与工作　521

附录　统计方法　562
词表　572
参考文献　583
版权所有　622
名称索引　625

目录

作者的话　007
指导性原则和特色　009
第五版的新颖之处　014
作者致谢　015
关于作者　022

第一章　心理学是什么　003
科学心理学　004
心理学家做些什么　010
心理学中的批判性思维和科学思维　014
描述性研究：确立事实　020
相关研究：探索关系　025
实验研究：寻找原因　028
评估结果　033
回顾新闻中的心理学　036
学以致用：心理学能为你做些什么　037

第二章　人格理论　043
人格的心理动力学理论　044
关于人格的现代研究　052
遗传对人格的影响　055
环境对人格的影响　061
文化对人格的影响　065
内部经验　071
回顾新闻中的心理学　074
学以致用：怎样避免"巴纳姆"效应　075

第三章　毕生发展　081
从怀孕到出生后第一年　082
语言发展　089
认知发展　094
道德发展　099
性别发展　102
青春期　108

成年期　111
复原力的源泉　119
回顾新闻中的心理学　120
学以致用：抚养孩子　121

第四章　神经元、激素和大脑　127
神经系统：基本蓝图　128
神经系统的信息交流　131
大脑成像　140
漫游大脑　143
大脑的两个半球　150
大脑研究的两个难题　154
回顾新闻中的心理学　158
学以致用：神经学的化妆品——修整大脑　159

第五章　身体节律和心理状态　165
生物节律：体验的波动　166
睡眠节律　174
探索梦的世界　180
催眠的奥秘　186
改变意识状态的药物　191
回顾新闻中的心理学　198
学以致用：如何获得良好的睡眠　200

第六章　感觉与知觉　205
我们的感觉　207
视觉　213
听觉　226
其他感觉　229
知觉的来源和知觉的作用　238
无意识觉察　243
回顾新闻中的心理学　245
学以致用：超感觉知觉存在吗　246

第七章　思维和智力　251
思维：利用我们所知道的　252
理性推理　257
理性推理的障碍　261
测量智力：心理测量方法　269
剖析智力：认知理论　274
智力的起源　277
动物的心智　283
回顾新闻中的心理学　290
学以致用：让自己变得更有创造性　291

第八章　记忆　297
重构过去　298
记忆和暗示的力量　302
记忆的研究　306
记忆的三箱模型　309
记忆的生理机制　315
我们如何记忆　318
我们为什么会遗忘　321
自传体记忆　328
回顾新闻中的心理学　331
学以致用：如何记住你所学到的知识　332

第九章　学习和条件反射　337
经典条件反射　338
现实生活中的经典条件反射　343
操作性条件反射　348
操作性条件反射的原理　352
现实生活中的操作性条件反射　357
学习和心理　363
回顾新闻中的心理学　367
学以致用：媒体暴力会使你变得暴力吗　368

第十章　社会和文化情境中的行为　373
角色和规则　374
社会对信念和行为的影响　382
群体中的个体　390
我们对他们：群体同一性　396
群体冲突和偏见　400
回顾新闻中的心理学　408
学以致用：应对文化差异　410

第十一章　心理障碍　415
心理障碍的界定和诊断　416
焦虑障碍　423
心境障碍　428
反社会/变态人格障碍　432
药物滥用和成瘾　435
同一性分裂障碍　441
精神分裂症　443
回顾新闻中的心理学　447
学以致用：当一个朋友自杀的时候　448

第十二章　治疗的途径与疗法　453
心理障碍的生物疗法　454
心理疗法的主要流派　461
评价心理疗法　470
回顾新闻中的心理学　477
学以致用：成为一个聪明的心理治疗的消费者　478

第十三章　情绪、压力与健康　483
情绪的本质　484
情绪与文化　494
压力的本质　499
压力与情绪　506
应对压力　510
回顾新闻中的心理学　515
学以致用：生气的窘境——"发泄"还是"控制"　516

第十四章　生活中的主要动机：饮食、爱情、性欲与工作　521
饥饿的动物：觅食动机　522
社会性动物：寻求爱的动机　529
欲望性动物：寻求性的动机　535
有能力的动物：获得成就的动机　547
动机、价值和幸福　555
回顾新闻中的心理学　557
学以致用：如何实现目标　558

附录　统计方法　562
词表　572
参考文献　583
版权所有　622
名称索引　625

作者的话

每次修订这本教科书的时候，我们对心理学的热情都会被重新点燃。对于心理学的教师和学生来说，这些时刻尤其令人兴奋，因为在科学和社会的生物医学革命的激发下，这一领域充满了新的思想、可能性和争议。生物学的研究结果使心理学专业内的各个分支得以整合，同时也促进了各个领域与其他研究领域的合作：神经科学家、行为遗传学家正在与社会心理学家、行为主义研究者、认知心理咨询师、发展心理学家、经济学家以及其他领域的学者一起工作，以便更好地理解人类的行为。

然而，毫无思考和批判地迎合潮流是不明智的选择。当我们第一次写这本书时，心理学正经历着一场特殊的革命：研究人员开始了解使心理学成为一门研究所有人的学科的重要性，而不仅仅是——如当时流传的一个笑话所言——心理学是一门只研究儿童、白人、大二学生、男性或者老鼠的学科。对我们来说，将蓬勃涌现的基于不同性别、不同文化的研究结果整合起来，是一个令人振奋的挑战。向学生展示"文化"不仅仅是人类行为的装饰品，更是一个能够从各个方面深刻地塑造我们行为的重要因素——从人们认为自己应该多久洗一次澡，到何种情景能让一个男子为了捍卫自己的尊严而愤怒地杀人，再到一个人在群体中更愿意鹤立鸡群还是默默无闻——是一件重要且有趣的事情。但我们仍使用批判性的眼光来看待这些研究，拒绝简单地把"考虑文化和性别因素"等同于"只要存在差异就归因于性别和文化，而不去考察这些差别的重要性以及可能的原因"这种实践中常见的做法。

同样，我们认为至关重要的是，对生物医学革命进行批判性思考，而不只是简单地报告新的发现。正电子放射断层造影术（PET）和功能性磁共振成像（fMRI）是令人惊叹的工具，但与所有其他工具一样，它们可能被滥用、扭曲或夸大。进化心理学确实有趣，但有些人倾向于将其无差别地应用于所有行为或他们感兴趣的现象（"脱发、粉刺和收集陶瓷羊这些行为都有适应进化的合理性"）。一般来说，对生物学研究的兴奋往往会促进产生一种流行的还原论，在这种还原论中，许多人开始认为生物学解释了几乎所有的事情。

基于这些原因，我们认为，本书的最初目标——将批判性和科学思维融入具体内容——比以往任何时候都更重要。普通的公众，尤其是学生，需要了解神经科学令人惊讶的新进展，但他们也需要学会聪明地对这些内容进行思考。并不是所有这些研究进展都像大众媒体上呈现的那样有戏剧性或应用价值。并不是所有结果都基于完备的科学，无论得到这些结果的工具有多厉害。

总之，教科书不是研究结果的清单，也不是对已有知识的罗列。对于我们来说，心理学教科书的首要任务是帮助学生们像心理学家一样去思考，同时去理解为何科学性和批判性思维对他们要做的所有事——从日常生活中的决定，到警惕互联网骗局、诈骗和病毒恐慌——都很重要。

对"心理学的邀请"的邀请

本书的十四个章节涵盖了心理学导论中的所有主要课题，但内容编排与我们出版的另一个版本（共十六章）明显不同。我们想做两件事情：快速吸引学生，同时提供心理学不同领域的逻辑"支架"。在第一章中，我们给学生介绍了什么是心理学，以及批判性思维的基本原则，在随后的六个部分中，每一部分通常包括两章（其中一个部分包括三章）。每部分的标题旨在让读者思考心理学的原理如何能解释自己生活的某些方面，同时为使读者更好地理解这些信息提供了个人化的参照框架。

- **第一部分：自我**探讨了人格（第二章）和毕生发展（第三章）的主要理论。这些令学生很感兴趣的话题，能将他们直接吸引到课程中来。而且，这样的安排避免了对主要心理学学派（包括生物学的、学习的、认知的、社会文化的和心理动力学的）的重复介绍。因此，不同于其他教材在第一部分对流派进行介绍，然后在非常靠后的章节对此再进行重新介绍的模式，我们在这一部分只进行一次介绍。
- **第二部分：身体**从多方面揭示大脑、神经元、激素对心理机能（第四章）、身体节律和心理状态（第五章）的影响，以及感觉、知觉（第六章）的神经基础和心理基础。
- **第三部分：心理**讨论人类的思维和推理，以及为什么人们常常在思考和推理时出现失误（第七章）。揭示了记忆的悖论，以及为何人们的回忆不像机器那样精确（第八章）。
- **第四部分：环境**包括学习的基本原理（第九章）与社会和文化情境对行为的影响（第十章）。将学习心理学与社会心理学放在一个部分的确与传统相左，但我们认为这是非常合理的：这两个领域都强调外部因素对行为的影响。
- **第五部分：心理健康**总结了主要的心理与情绪障碍（第十一章），评价了治疗这些障碍的方法（第十二章）。
- **第六部分：生活**介绍了心理、身体、环境如何影响情绪、压力和健康（第十三章），以及基本的驱使人们行动的生物、社会、文化因素，例如，食与欲、爱与性、工作与成就（第十四章）。

当然，与篇幅较长的教材相比，本书可能没有包含所有的话题，但是本书包含了心理学导论中最重要的基本内容。在大多数情况下，你能在每一章中找到自己所需要的东西，但也有一些例外。例如，饮食障碍没有在心理障碍这一章中进行讨论。不过，我们在"饥饿的动物：觅食动机"这一板块中对此进行了探讨（第十四章）。我们不仅在社会心理学（第十章）中对认知失调做出了探讨，也在"理性推理的障碍"这一板块中对此进行了讨论（第七章）。所以，如果在一开始，你没有找到自己感兴趣的话题，恳请你查看一下目录或索引。

接下来的部分，我们将首先为新读者介绍全书的概要，指明"心理学的邀请"的六个指导性原则和特色：努力使内容生动有趣且相互关联，鼓励批判性思维，探索生物学和神经科学中的新研究，重视文化与性别差异，面对争议，使学生参与到学习材料中来。再次，我们将告诉前几个版本的老读者，本修订版的主要变化和更新。我们邀请大家一起来"邀请"。

指导性原则和特色

生动有趣且相互关联

著名作家弗吉尼亚·伍尔芙（Virginia Woolf）曾说，小说不会像石子一样坠落到地上，而是像蜘蛛网一样紧紧地联结在生活的四角。好的教科书写作也要遵循一样的原则。作者们在各个层面都有机会将学者固有的严谨与权威，同在传递已有的关于生活困扰的知识时的温暖与同情融合起来。

从一开始，我们就希望学生能认识到，心理学能够加深我们对这些生活中的困境和困扰的了解。它的原理适用于全世界和我们作为个体的每个人。因此，每个章节都以一个叫作"**新闻中的心理学**"的栏目开始，栏目中摘取了世界各地真实发生的新闻，包括：一个七十岁印度妇女分娩；一个成为植物人多年的病人有了复苏的迹象；强奸案中目击者的错误证词让一个无辜的人入狱多年；一个小男孩由于携带野营用具到学校而在"零容忍"的政策下被暂停学业；名人丑闻重新引发了关于性成瘾的争论；一名男子因感到愤怒和挫败而将飞机坠毁在奥斯汀（Austin）的国税局大楼里，炸死了自己和两名工作人员。

我们通过这些新闻来引入在相应章节中将要讨论的问题。在章节的末尾，我们会重新回顾这些新闻，并探讨已有概念与知识是如何阐明相应问题的。我们认为这样的设置有助于促进学生批判性思维的发展，同时也能帮助学生理解心理学确实"紧紧地联结在生活的四角"。

批判性地思考"批判性思维"

在一本教科书中，真正的批判性思维不能被简化为一组符合逻辑的问题、一个介绍特色的专栏，或是一个分析研究的公式；批判性思维必须被无缝地"编织"进行文叙述中去。我们进行批判性和创造性思考的重要方法是"三步走"：找到定义、进行举例、尝试练习。

第一步是定义什么是批判性思维，什么不是。第一章介绍了批判性思维的八条基本原则，这些原则将贯穿全书，作为我们评价研究和流行观点的准则。

心理学中的批判性思维和科学思维

批判性思维 基于充分的理性和事实，而非感性和传闻来进行理论评估与客观评价的能力与意愿。

学习心理学最大的好处在于，不仅能了解大脑运作的一般知识，还可以运用批判性思维来思考问题。**批判性思维**（critical thinking）是一种基于充分的理性和客观事实而进行理论评估与客观评价的能力与意愿，它不为感性和无事实根据的传闻所左右。具有批判性思维的人能在辩论中发现漏洞，并能抵制毫无根据的想法。他们认为，批评一种观点并不等于批评持有此种观点的人。他们非常热衷于进行激烈的辩论，以探明一种观点的合理性。不过，批判性思维也并非仅仅是一种否定性思维，它还具有创造性和建设性的能力。批判性思维能够对一件事情给出更多可选择的解释，思考研究结果的意义，并能运用所获得的新知识来解决社会和个人问题。

第二步是举例说明这些基本原则在对具体的研究和流行观点进行评价时的应用。大多时候（并非所有），本书中的批判性思维讨论都由页边的一个灯泡图标＋"对……进行批判性思考"来标识，这些标识作为批判性分析的指针，从而邀请读者参与讨论。

对心理动力学理论观点进行批判性思考

评价心理动力学理论

尽管现代心理动力学理论者在许多方面都有所不同，但他们却共有一个基本信念——要理解人格，我们必须探究其无意识动力和根源。不过，许多其他领域的心理学家都将大多数心理动力学观点视作一种文学上的比喻，而非科学的解释。（Cioffi, 1998; Crews, 1998）他们指出精神分析理论中的许多基本假设尚未被系统地证实，如意识"压抑"创伤经历。（McNally, 2003; Rofé, 2008）（见第八章）客体关系学者提出各种关于婴儿感想的假设，他们又是如何知道"真自我"受到抑制的呢？

心理学家表明，心理动力学理论存在三种科学缺陷：

1 违背了可证伪性原则。如我们在第一章看到的，一个在原则上不可证伪的理论是不科学的。许多关于无意识动机的心理动力学的概念实际上都是不可能被确定或被证伪的。追随者们接受一个观点往往是因为在直觉上认为它是对的或者是他们的经验似乎支持这一观点。任何怀疑这种观点或提出否定证据的人都被指控是"处于守势"或"拒不接受的"。

第三步是让学生有机会去实践我们提倡的思维方式。每个章节都包含快速测验，鼓励学生检查他们的掌握情况，并在必要时进行复习。这些测验不只是对概念记忆效果的测试，它们能够检查学生是否理解这些问题。其中有许多需要批判性思考的项目，我们再次用灯泡图标示意。这些项目鼓励学生反思研究结果的含义，并考虑心理原则应如何解释现实生活中的问题。

快速测验

任何年龄的人均能回答这些问题。

一、埃里克森说，青春期时关键的心理问题是 _____ 危机。
二、因为人口变化，出现了什么人生发展的新阶段，它覆盖的年龄范围有哪些？
三、绝大多数女性对绝经做出的反应是（　　）
　　A. 感到沮丧　　　　B. 对女性特质的丧失感到惋惜
　　C. 会有点疯狂　　　D. 感到释然或态度中立
四、下列关于老年期心理能力衰退的陈述中哪个是错误的（　　）
　　A. 经常训练能减轻衰退
　　B. 衰退不可避免，心理能力会大幅降低
　　C. 衰退有时是因为营养不良、药物或疾病，而不是因为年龄增大
　　D. 当人们生活在刺激丰富的环境中，衰退会减缓
五、突然间，你80岁的祖母变得糊涂并有妄想。在做出她因为年龄大了而衰老的这个结论前，你需要排除哪些其他的解释？

答案：一、认同 二、成年初显期，18～25岁 三、D 四、B 五、营养或激素失调，药物的副作用，有些非年龄相关的可治疗的疾病。

探索生物学和神经科学中的新研究

涉及生物学研究的例子，见以下讨论：

- 基因和人格（pp. 49—54）*
- 非编码 DNA（pp. 49—50）
- 干细胞和新神经元（pp. 118—119）
- 精神分裂症（pp. 393—396）
- 性冲动和行为（pp. 479—481）
- 体重和体型（pp. 468—470）

人类基因组计划的发现、行为遗传学的研究、关于大脑的发现、正电子放射断层造影术和功能性磁共振成像等技术的发展，以及治疗心理障碍的药物的普及，已对我们理解人类行为产生了深刻的影响，并有助于人们对一些长期性问题进行干预。我们不可能仅在某一章中对这些研究成果加以介绍。因此，我们将在本书各相关话题中，比如，在我们讨论大脑、记忆、情绪、应激、儿童发展、老年化、心理疾病、人格和许多其他话题时，介绍来自生物学前沿领域的最新研究成果。

重视文化与性别差异

本书的第一版出版之时，一些人认为将性别和文化研究纳入心理学的研究目标过于激进，认为这是对政治正确性的迎合，或认为这样立论肤浅，仅为追求风尚。当今，问题已不再是是否引入这些主题，而是如何做到最好。自始至终，我们都是把与讨论内容相关的性别和文化研究包括在正文内，而不是将它们淹没在其他不重要的地方。

关于如何对待性别问题的例子，见以下讨论：

- 大脑中的性别差异（pp. 136—137）
- 性别和情绪（pp. 444—445）
- 性别和英雄气概（pp. 348—349）
- 性别和跨性别者（pp. 91—93）
- 性行为的进化理论（pp. 481—482）
- 女性、男性的体重和饮食障碍（pp. 471—473）

近年来，很多心理学家开始关注文化对我们生活各方面（从非言语行为到关于世界应该是怎样的深刻态度）的影响。因此，在整本书中我们引用了关于文化和民族的研究发现作为该话题的证据。此外，本书在第十章强调了心理学中的社会文化视角，并进一步讨论了民族优越感、偏见和跨文化的关系。在我们看来，文化的研究应该增进学生对文化的理解，了解为何种族或民族群体之间存在差异，以及为何没有群体与其他群体相比天性上更优越、更友善或更道德。因此，我们试图将批判性思维应用到对文化的媒体报道中，从而避免来自民族优越感和刻板印象的双重诱惑。

关于如何对待文化问题的例子，见以下讨论：

- 文化对人格的影响（pp. 58—62）
- 民族优越感（pp. 351—352）
- 控制的文化和概念（pp. 335—337）
- 文化与心理障碍的诊断（pp. 370—375）
- 成瘾率和药物滥用（pp. 388—390）
- 对成就的态度（pp. 248—249）

面对争议

心理学总是充满了生动的、有时是令人愤怒的争议。我们认为学生不应逃避，正是这些辩论使得心理学变得如此有趣！本书坦率地阐述了心理学领域的争议，试图说明其原因并做出解答。

---

* 此页码为原英文版图书页码，可见本书边码。

关于如何处理心理学中重要争议的例子，见以下讨论：

- 性行为的进化理论（pp. 484—485）
- 关于精神类药物的科学和法律争议（pp. 408—410）
- 父母对孩子人格的影响（pp. 55—56）
- 心理障碍的药物治疗（pp. 406—408）
- 科学家与从业者的差距（pp. 420—422）
- "神经学美容"和神经伦理学（pp. 139—140）

应用与主动学习：参与进来

关于学习的最主要的发现之一，是在学习的过程中不能像和尚坐着念经那样，而是应该主动地实践新技能、编码新材料。在本书中，我们始终牢记这一点，通过下列有特色的教学方法来鼓励学生主动参与学习活动。

每章节中"参与进来"的练习为主动学习提供了有趣的形式。它们包括快速演示、小研究或帮助学生认识课本中的内容与实际生活的关系。教师可以在课堂上安排一些练习，并让学生对结果和意义加以讨论。

参与进来 | 变化的心

自己在纸上画一个心形图，里面的心是绿色的，外面一圈为黄色，心形图中间再画一个黑色的圆点。当绿色刺激移除后，对绿色刺激启动或抑制反应的对立细胞会发送一个对立的信息（红）并产生负后像。请盯住这颗心中间的黑点（至少20秒），随后将你的视线转向白纸或白墙。你看到一颗"变化的心"了吗？你将看到一颗红心或者是一颗镶有蓝边的粉心。

"学以致用"部分，是本书的另一特色，阐述关于个体、群体和社会的心理学研究的实际意义。对于这一部分，出于对批判性思考的关注，我们选择的是与多数学生相关、他们感兴趣的一些主题。

学以致用

怎样避免"巴纳姆"效应

看看下面这段文字对你描述得怎么样？

你的一些愿望往往是非常不现实的。有时你是外向的、和蔼可亲的、好交际的，然而有时你又是内向的、谨慎的、有所保留的。你对自己能独立思考、不轻易接受他人没有充分证据的观念而骄傲。你喜欢有一定程度的改变和变化，你对受制于各种限定和条条框框感到不满。有时，你非常怀疑自己是否做出了正确的决定或做了正确的事。

判断一份文件是否伪造的训练。笔迹学家就像占星家一样，通常对科学方法、如何排除偏见以及如何用实证检验他们的观点一无所知。这也是为什么许多不同取向的笔迹学的观点通常是互相矛盾的。例如，根据一种系统，交叉写的"t"表明这个人是邪恶而残暴的；根据另一种系统，它又表明了这个人是个恶作剧者。（Beyerstein, 1996）

不论何时，笔迹学的这套理论都经不起实际检验。一项对200个公开发表的研究进行的元

"你将会学到"由一组学习目标组成，涵盖本章中每一节的主要内容。

你将会学到

- 为什么一些人不能够认同自己是男性或是女性？
- 大多数小男孩和小女孩"性别化"地选择玩具的生物学解释。
- 孩子是什么时候以及如何知道自己是男性还是女性的？
- 童年期行为中的一些典型性别差异的学习理论解释。

性别发展

没有哪位父母会激动地给亲戚打电话宣布："是个婴儿！是个7.5磅（约3.4千克）、黑头发的婴儿！"婴儿的性别是每个人关注和宣布的头一件事。除非出现罕见的异常情况，绝

指导性原则和特色　013

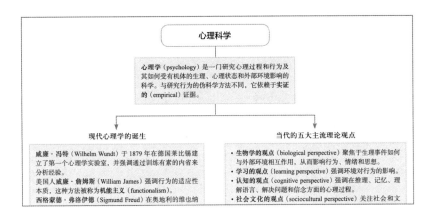

本书还带有独立成册的"**概念地图**",系统地绘制了材料与主题之间的关系。这部分内容每章两页,一目了然。教师和学生都发现了这种呈现材料的方式对于学习有很大帮助。这些概念地图以段落的形式呈现,因此学生可以使用两种方式复习材料。

为帮助学生更好地研究学习而设计的其他教学特性包括一个**随正文流动的术语表**,在出现术语的页面上给加粗了的术语进行定义,以便参考和学习;"**关键术语**",则是在每章的结尾处列出关键的术语,并给出该术语出现的页码[*];以及每章的末尾会有"**本章总结**",用于概括前文提及的内容和概念。

最后,通过讲述每章开篇故事的"新闻中的心理学"和每章结尾的"回顾新闻中的心理学"专栏塑造框架效应,这样的回顾方式有利于材料的整合,这样可以向学生展示他们之前阅读过的材料如何帮助他们理解现实生活中所接触到的各类事件、谜团。

[新闻中的心理学]

在一些被诊断为植物人的病人身上发现了意识的痕迹

2010 年 2 月 4 日,来自比利时列日(Liège)的消息。一名 29 岁的男子在一场车祸后被认为处于持续植物人状态达 5 年之久,他在回应医生的问题时显示出大脑活动的迹象。大多数处于植物人状态的病人可以睁开眼睛、活动眼睛,可以发出声音,可以做出面测试显示,他也可能有一些意识,而脑部扫描显示,他的大脑活动接近正常。治疗师给胡本提供了一个电脑触摸屏,似乎可以让他通过拼写单词进行交流。但怀疑者指出,胡本的所有信息都是在助手的帮助下打字打出来的,助手支持并引导着他的手。科学

回顾新闻中的心理学

看完本书第一章,你便为更深入地探索人类行为做好了准备。在接下来的各章里,我们会先呈现一些新闻中报道过的真实故事,再由这些故事引出一些有趣的心理学问题。然后在每章的最后,我们会重新回顾那些故事,看看所学的知识是否有助于你解决那些问题。如果你和我们一样对研究人类的行为充满热情;如果你喜欢神秘的事物;如果你不仅想了解人类的行为,还想知道人类行为的原因;如果你乐意重新考虑你所思考的问题……请继续读下去。

---

[*] 此页码为原英文版图书页码,可见本书边码。

第五版的新颖之处

在《心理学的邀请》第五版中，我们保留了之前的行文方式和教学方法。我们这样做是以不变应万变。本书的许多特色经过时间的检验和学生的反馈，结果表明，学生和教师喜欢这种形式。

在每章中，我们对研究进行了更新，删除了一些不够严谨的研究发现，增添了新的内容并扩展了其他内容。以下为新增的一些研究亮点：

- 第二章（"人格理论"）包括关于**非编码DNA**（之前被认为是"垃圾DNA"）的信息，同卵双胞胎的基因差异以及遗传学新研究的其他发现。
- 第四章（"神经元、激素和大脑"）的新研究包括**诱导多能干细胞**。本章还讨论了提升认知能力的药物和消除大脑记忆的可能方法，作为对**神经伦理学**领域的介绍。
- 第六章（"感觉与知觉"）介绍了瑞典研究者关于身体互换错觉的研究，并讨论了对幻痛的主流解释，以及新兴的、令人振奋的镜像疗法（该疗法的优势是简单且价格低廉）。
- 第八章（"记忆"）包括关于工作记忆的新研究，以及工作记忆对完成任务的重要性；海马在记忆形成和回忆中的作用的生物学研究；在伦敦地牢里的恐怖迷宫中进行的关于过度唤醒对记忆影响的研究；以及阅读—背诵—复习策略和记忆提取练习的有效性研究。
- 第十二章（"治疗的途径与疗法"）提供了关于情绪障碍治疗药物的最新讨论和扩展讨论：新药物的批判性评估，处方药混合使用的增多，利益冲突，安慰剂效应，以及医学研究发表偏倚。新增的材料包括：深脑刺激和经颅磁刺激（TMS），对伊拉克战争的退伍军人使用虚拟现实疗法，新一代认知行为疗法专注于正念和接纳，一份新出的、未经证实且存在潜在危害的疗法清单。

其余内容做出的更改元素过多，无法在此一一赘述。第四版的沿用者可以获得本版中所有关于删除、添加和修改的详细解释，使每位读者能够了解我们为何做出这些更改，尽可能地实现版本之间的轻松转换。这些内容可以通过电子邮件向市场部执行经理发送请求（jeanette.koskinas@pearson.com）。

作者致谢

我们非常感谢以下审稿人在《心理学的邀请》的编写和修订过程中提出了许多有见地的、实质性的建议，以及他们在附录方面的工作。（现今，一些人的人事关系可能已经改变了。）

Paul Ackerman, Wichita State University

Nelson Adams, Winston-Salem State University

Debra A. Ahola, SUNY Schenectady County Community College

Benton E. Allen, Mt. San Antonio College

Susan M. Andersen, University of California, Santa Barbara

Lloyd Anderson, Bismarck State College

Lynn R. Anderson, Wayne State University

Susan A. Anderson, University of South Alabama

Emir Andrews, Memorial University of Newfoundland

Richard Anglin, Oklahoma City Community College

Kevin J. Apple, James Madison University

Eva Glahn Atkinson, Brescia University

Alan Auerbach, Wilfrid Laurier University

Lynn Haller Augsbach, Morehead State University

Harold Babb, Binghamton University

Brian C. Babbitt, Missouri Southern State College

MaryAnn Baenninger, Trenton State College

Ronald Baenninger, Temple University

Judith Barker, Cuyahoga Community College

Patricia Barker, Schenectady County Community College

Ronald K. Barrett, Loyola Marymount University

Nazira Barry, Miami Dade College

Allan Basbaum, University of California, San Francisco

Linda M. Bastone, SUNY-Purchase College

Carol Batt, Sacred Heart University

William M. Baum, University of New Hampshire

Gordon Bear, Ramapo College of New Jersey

Peter A. Beckett, Youngstown State University

Bill E. Beckwith, University of North Dakota

Helen Bee, Madison, Wisconsin

Jim Beers, John Jay College of Criminal Justice

Dan Bellack, Trident Technical College

David F. Berger, SUNY at Cortland

Michael Bergmire, Jefferson College

Philip J. Bersh, Temple University

Kathleen Bey, Palm Beach Community College

Martin Bink, Western Kentucky University

Randolph Blake, Vanderbilt University

John Bouseman, Hillsborough Community College

Richard Bowen, Loyola University of Chicago

Laura L. Bowman, Kent State University

Edward Brady, Southwestern Illinois College

Lynn Brandsma, Chestnut Hill College

Ann Brandt-Williams, Glendale Community College

John R. Braun, University of Bridgeport

Sharon S. Brehm, SUNY at Binghamton

Sylvester Briggs, Kent State University

Gwen Briscoe, College of Mt. St. Joseph

Michael A. Britt, Marist College

Barbara L. Brown, Georgia Perimeter College

Kimberly Brown, Ball State University

Robert C. Brown, Jr., Georgia State University

Robert Bruel, Kean College

Dan Brunsworth, Kishwaukee College

Linda L. Brunton, Columbia State Community College

Stephen R. Buchanan, University of South Carolina, Union

Peter R. Burzvnski, Vincennes University

Cheryl Busbee, CUNY BMCC

Frank Calabrese, Community College of Philadelphia

Sharon K. Calhoun, Indiana University–Kokomo

Jean Caplan, Concordia University

Thomas Capo, University of Maryland

Bernardo J. Carducci, Indiana University Southeast

David N. Carpente, Southwest Texas State University

Sally S. Carr, Lakeland Community College

Charles Carver, University of Miami

Michael Catchpole, North Island College

Paul Chance, Seaford, Delaware

Alex Chapman, Simon Fraser University

Loren Cheney, Community College of Rhode Island

Herbert H. Clark, Stanford University

Russ Clark, University of North Texas

Job B. Clément, Daytona Beach Community College

Samuel Clement, Marianopolis College

Richard Coelho, Lansing Community College

Eva Conrad, San Bernardino Valley College

Richard L. Cook, University of Colorado

Robert Cormack, New Mexico Institute of Mining and Technology

Paul Costa, National Institutes of Health

Wendi Cross, Ohio University

Norman Culbertson, Yakima Valley College

Mark Cummins, Dason College

William Curtis, Camden County College

Gregory Cutler, Bay de Noc Community College

Dean Daniel, Wayland Baptist University

Betty Davenport, Campbell University

Gerald Davidson, University of Southern California

Gaylen Davidson-Podgorny, Santa Rosa Junior College

Robert M. Davis, Purdue University School of Science, IUPUI

Shawn Davis, University of Houston, Downtown

Nat DeAnda, Los Medanos College

Michael William Decker, University of California, Irvine

Katherine Dernitrakis, Albuquerque Technical-Vocational Institute

Virginia Diehl, Western Illinois University

Geri Anne Dino, Frostburg State University

Lynn Dodson, Seattle Central Community College

William Domhoff, University of California, Santa Cruz

Evelyn Doody, Community College of Southern Nevada

Kimberly Duff, Cerritos College

Chris Dula, University of Memphis

Laurel End, Mt. Mary College

Susan H. Evans, University of Southern California

William Fabricius, Arizona State University

Fred Fahringer, Southwest Texas State University

Bryan Fantie, American University

Dan Fawaz, Georgia Perimeter College

Vivian Ferry, Community College of Rhode Island

Ronald Finke, SUNY at Stony Brook

Deborah Finkel, Indiana University Southeast

John H. Flowers, University of Nebraska, Lincoln

William F. Ford, Bucks County Community College

Donald G. Forgays, University of Vermont

Sheila Francis, Creighton University

Howard S. Friedman, University of California, Riverside

Perry Fuchs, University of Texas at Arlington

Charles A. Fuller, University of California, Davis

Grace Galliano, Kennesaw State College

Maryanne Garry, Victoria University of Wellington

Mary Gauvain, Oregon State University

Andrew Geoghegan, Longview Community College

Leonard George, Capilano College

Ron Gerrard, SUNY at Oswego

David Gersh, Houston Community College

Eugene Gilden, Linfield College

Jessica B. Gillooly, Glendale Community College

Richard Girard, New Hampshire Community Technical College

Margaret Gittis, Youngstown State University

Randy Gold, Cuesta College

Carlos Goldberg, Indiana University, Purdue University at Indianapolis

Peter Graham, Pensacola Junior College

Carol Grams, Orange Coast College

Vincent J. Granito, Lorain County Community College

Patricia Greenfield, University of California, Los Angeles

Richard A. Griggs, University of Florida

David Grilly, Cleveland State University

Jed Grodin, University of Southern California

Bea Gattuso Grosh, Millersville University

Laura Gruntmeir, Redlands Community College

Andrew Guest, University of Portland

Sarmi Gulgoz, Auburn University

Jimmy G. Hale, McLennan Community College

Pryor Hale, Piedmont Virginia Community College

Len Hamilton, Rutgers University

Connie Hammond, University of California, Los Angeles

George Hampton, University of Houston

Judith Harackiewicz, University of Wisconsin, Madison

Eddie Harmon-Jones, University of Wisconsin, Madison

Jack Harnett, Virginia Commonwealth University

Roger Harnish, Rochester Institute of Technology

Algea Harrison, Oakland University

James E. Hart, Edison Community College

Susan M. Harvey, Delta College

Elaine Hatfield, University of Hawaii

Neil Helgeson, The University of Texas at San Antonio

John E. Hesson, Metropolitan State College

Rex Hieser, University of Wisconsin, Fox Valley

Robert Higgins, Oakland Community College

Peter C. Hill, Grove City College

James Horn, Saint Louis University

Susan Horton, Mesa Community College

John P. Hostetler, Albion College

Amy Hotchkin, Benedictine University

Kenneth I. Howard, Northwestern University

Charles Huffman, James Madison University

John Hunsley, University of Ottawa

William G. Iacono, University of Minnesota

Gene Indenbaum, SUNY-Farmingdale

David E. Irwin, University of Illinois

Linda A. Jackson, Michigan State University

Sherri Jackson, Jacksonville University

Craig Johnson, Towson State University

Douglas Johnson, Western Michigan University

James Johnson, University of North Carolina at Wilmington

Robert D. Johnson, Arkansas State University

Timothy P. Johnston, University of North Carolina at Greensboro

Jim Jokerst, Aims Community College

James Jordan, Lorain County Community College

Susan Joslyn, University of Washington

Chadwick Karr, Portland State University

Yoshito Kawahara, San Diego Mesa College

Patricia Kemerer, Ivy Tech Community College

Michael C. Kennedy, Allegheny University

Geoffrey Keppel, University of California, Berkeley

Janet E. Keubli, St. Louis University

Harold O. Kiess, Framingham State College

Steve Kilianski, Rutgers University

Gary King, Rose State College

Jack Kirschenbaum, Fullerton College

David Klein, Stark State College of Technology

Donald Kline, University of Calgary

Katherine Kocel, Jackson State University

Anne Kollath, Allan Hancock College

James H. Korn, Saint Louis University

Stephen M. Kosslyn, Harvard University

Martha Kuehn, Central Lakes College

Michael J. Lambert, Brigham Young University

Travis Langley, Henderson State University

George S. Larimer, West Liberty State College

Andrea Lassiter, Minnesota State University

Patsy Lawson, Volunteer State Community College

Herbert Leff, University of Vermont

Patricia Lefler, Lexington Community College

S. David Leonard, University of Georgia

Gary Levy, University of Wyoming

Robert Levy, Indiana State University

Lewis Lieberman, Columbus College

Scott Lilienfeld, Emory University

John F. Lindsay, Jr., Georgia College and State University

R. Martin Lobdell, Pierce College

Walter J. Lonner, Western Washington University

Karsten Look, Columbia State Community College

Nina Lott, National University

Bonnie Lustigman, Montclair State College

James E. Maddux, George Mason University

Laura Madson, New Mexico State University

Brian Malley, University of Michigan

Peter Maneno, Normandale Community College

Donna B. Mantooth, Georgia Highlands College

G. Alan Marlatt, University of Washington

Marc Marschark, University of North Carolina, Greensboro

Monique Martin, Champlain Regional College

Lyla Maynard, Des Moines Area Community College

Debra Moehle McCallum, University of Alabama, Birmingham

Jason McCartney, Salisbury University

Phil McClung, West Virginia University at Parkersburg

Cynthia McCormick, Armstrong Atlantic State University

D. F. McCoy, University of Kentucky

C. Sue McCullough, Texas Woman's University

Elizabeth McDonel, University of Alabama

Susanne Wicks McKenzie, Dawson College

Mark B. McKinley, Lorain County Community College

Judith McLaughlin, Montana State University, Billings

Ronald K. McLaughlin, Juniata College

Richard J. McNally, Harvard University

Holly McQuillan, Porterville Community College

Frances K. McSweeney, Washington State University

Mary Jo Meadow, Mankato State University

Elizabeth Meadows, Central Michigan University

Linda Mealey, College of St. Benedict

Joseph Melcher, St. Cloud State University

Ronald Melzack, McGill University

Rafael Mendez, Bronx Community College

Dorothy Mercer, Eastern Kentucky University

Laura J. Metallo, Five Towns College

Judi Misale, Truman State University

Denis Mitchell, University of Southern California

Timothy H. Monk, University of Pittsburgh Medical Center

Maribel Montgomery, Linn-Benton Community College

Douglas G. Mook, University of Virginia

T. Mark Morey, SUNY College at Oswego

Joel Morgovsky, Brookdale Community College

Karen Mottarella, University of Central Florida

Micah Mukabi, Essex County College

Sarah Murray, Kwantlen University College, Vancouver, BC

Tamara Musumeci-Szabo, Rutgers University

Diana P. Nagel, Northwest Arkansas Community College

James S. Nairne, University of Texas at Arlington

Michael Nash, University of Tennessee, Knoxville

Douglas Navarick, California State University, Fullerton

Robert A. Neimever, Memphis State University

Todd Nelson, California State University, Stanislaus

Benjamin Newberry, Kent State University

Nora Newcombe, Temple University

J. Ken Nishita, California State University, Monterey Bay

Jack Nitschke, University of Wisconsin, Madison

Linda Noble, Kennesaw State College

Peggy Norwood, Metro State College of Denver

Keith Oatley, Ontario Institute for Studies in Education, Toronto

Dina Y. Olave, Washington State University

Orlando Olivares, Bridgewater State College

Peter Oliver, University of Hartford

Patricia Owen-Smith, Oxford College

Elizabeth Weiss Ozorak, Allegheny College

David Page, Nazareth College

Kristine R. Palmer, Richland Community College

M. Carr Payne Jr., Georgia Institute of Technology

Letitia A. Peplau, University of California, Los Angeles

Edison Perdomo, Michigan State University, Mankato

Dan G. Perkins, Richland College

David Perkins, College of St. Elizabeth

Gregory Pezzetti, Rancho Santiago Community College

Wade Pickren, Southeastern Oklahoma State University

Michelle Pilati, Rio Hondo College

Tamar Pincus, Royal Holloway, University of London

Claire St. Peter Pipkin, West Virginia University

Robert Plomin, Institute of Psychiatry, King's College, London

Devon Polaschek, Victoria University of Wellington

Wayne Poniewaz, University of Arkansas, Monticello

Debra Poole, Central Michigan University

Paula M. Popovich, Ohio University

Lyman Porter, University of California, Irvine

Amy Posey, Benedictine College

Jack Powell, University of Hartford

Judith Pratt, Longview Community College

Shirley Pritchett, Northeast Texas Community College

Robert Prochnow, St. Cloud State University

Janet Proctor, Purdue University

Barbara Lane Radigan, Community College of Allegheny County

John Ramirez, Middlesex County College

Richard Rapson, University of Hawaii

Donald Ratcliff, Vanguard Unviersity

Jeffery A. Ratliff-Crain, University of Minnesota,

Morris

Eric Ravussin, Obesity Research & Clinical Investigation, Lilly Research Laboratories

Reginald L. Razzi, Upsala College

Steven Richman, Nassau Community College

Mark P. Rittman, Cuyahoga Community College

Sheena Rogers, University of Wisconsin, Madison

Jayne Rose, Augustana State College

Gary Ross-Reynolds, Nicholls State University

Peter J. Rowe, College of Charleston

Gerald Rubin, Central Virginia Community College

Joe Rubinstein, Purdue University

Denis Sabat, Mary Washington College

Traci Sachteleben, Southwestern Illinois College

Karen P. Saenz, Houston Community College, Southeast

Moises Salinas, Central Connecticut State University

Nancy Sauerman, Kirkwood Community College

Spring Schafer, Delta College

Kraig Schell, Angelo State University

H. R. Schiffman, Rutgers University

Lael Schooler, Indiana University

Lee Schrock, Kankakee Community College

David A. Schroeder, University of Arkansas

Suzanne Schultz, Umpqua Community College

Marvin Schwartz, University of Cincinnati

Shelley Schwartz, Vanier College

Joyce Segreto, Youngstown State University

Kimron Shapiro, University of Calgary

Phillip R. Shaver, University of California, Davis

Arthur Shimamura, University of California, Berkeley

Susan A. Shodahl, San Bernardino Valley College

Dale Simmons, Oregon State University

Angela Simon, El Camino College

Christina S. Sinisi, Charleston Southern University

Art Skibbe, Appalachian State University

Charles Slem, Cal Poly-San Luis Obispo

William P. Smotherman, SUNY at Binghamton

Samuel Snyder, North Carolina State University

Barbara A. Spellman, University of Texas at Austin

Larry R. Squire, University of California, San Diego

Keith Stanovich, University of Toronto

Tina Stern, Georgia Perimeter College

A. Stirling, John Abbott College

Holly Straub, University of South Dakota

Milton E. Strauss, Johns Hopkins University

Jutta M. Street, Barton College

Judith Sugar, Colorado State University

Rose Suggett, Southeast Community College, Lincoln

Alan Swinkles, St. Edwards University

Granville L. Sydnor, San Jacinto College North

Nichole Thomas, Chesapeake College

Shelley E. Taylor, University of California, Los Angeles

Cheryl Terrance, University of North Dakota

Dennis C. Turk, University of Washington

Barbara Turpin, Missouri State University

Ed Valsi, Oakland Community College

Tim VanderGast, William Paterson University

Lynda Vannice, Umpqua Community College

Ronald J. Venhorst, Kean University

Wayne A. Viney, Colorado State University

Benjamin Wallace, Cleveland State University

Phyllis Walrad, Macomb Community College

Charles R. Walsmith, Bellevue Community College

Phillip Wann, Missouri Western State College

Connie Watson, Delta College

Sheree Watson, University of Southern Mississippi

David E. Waxler, Widener University

Thomas Weatherly, Georgia Perimeter College

Mary Wellman, Rhode Island University

Gary L. Wells, University of Alberta

Matthew Westra, Longview Community College

Fred Whitford, Montana State University

Todd Wiebers, Henderson State University

Warner Wilson, Wright State University

Loren Wingblade, Jackson Community College

Judith K. Winters, DeKalb College
Rita S. Wolpert, Caldwell College
James M. Wood, University of Texas, El Paso
Jean Wynn, Manchester Community College
Karen Yanowitz, Arkansas State University
Phyllis Zee, Northwestern University Medical School
Edmond Zuromski, Community College of Rhode Island

培生优秀的编辑和制作团队在这本复杂的书的每个版本中都为我们带来了成功。我们最深切地感谢主编杰茜卡·莫舍（Jessica Mosher）和执行主编斯蒂芬·弗赖（Stephen Frail），感谢他们提出了宝贵而富有创造性的意见。感谢执行主编朱迪·卡西洛（Judy Casillo）出色地修订了从开始到结束的每一个细节！感谢市场经理珍妮特·科斯金斯（Jeanette Koskinas）的编辑和营销稿件。这些优秀的人提供了无数优质建议，提供了道德和实际的支持，我们感谢他们为我们和这本书所做的一切。制作团队也非常出色，尤其是培生公司的执行编辑莫琳·理查森（Maureen Richardson）和项目经理玛丽安娜·彼得斯-赖尔登（Marianne Peters-Riordan），以及麦克米伦（Macmillan）出版解决方案公司的项目经理吉尔·特劳特（Jill Traut）。其中，朱迪·卡西洛和吉尔·特劳特以非凡的效率和耐心协调了编辑和制作阶段的所有细节。特别感谢希瑟·麦克尔韦恩（Heather McElwain）出色的编辑工作。我们对设计团队的工作也感到满意，由艺术总监西米纳·塔姆瓦科普尔思（Ximena Tamvakopoulos）带领，他创造了温暖、干净的文字设计和封面。

和以往一样，我们向霍华德·威廉斯（Howard Williams）和罗南·欧凯西（Ronan O'Casey）表达我们的爱意，多年来，他们用他们的爱、幽默、快乐和上等的咖啡支持了我们。

我们希望你会喜欢阅读和使用《心理学的邀请》，你的学生将会发现自己真正被邀请到我们所喜爱的这一领域之中。

卡萝尔·韦德
卡罗尔·塔佛瑞斯

关于作者

卡萝尔·韦德

斯坦福大学认知心理学博士。她在新墨西哥大学开始她的学术生涯，在那里她教授心理语言学课程，并开发了第一门关于性别心理学的课程。她在圣迭戈梅萨学院当了十年心理学教授，然后在马林学院和加州多明尼克大学任教。除了这本书，她和卡罗尔·塔佛瑞斯还合著了《心理学》（*Psychology*）、《心理学透视》（*Psychology in Perspective*）和《最长的战争：性别差异透视》（*The Longest War: Sex Differences in Perspective*）。韦德博士长期以来致力于让学生和公众都能接触到心理学。尤其是，她致力于批判性思维技能、多样性问题的教学和推广，以及加强心理学本科教育。她主持了美国心理学会（American Psychological Association，APA）教育事务委员会的任务小组，研究大学前和大学阶段心理学教育的多样性问题；担任美国心理学会公共信息委员会主席；担任美国心理学会 G. 斯坦利·霍尔（G. Stanley Hall）讲师；并在国家心理学教学研究所（National Institute on the Teaching of Psychology）的指导委员会任职。韦德博士是美国心理学会和心理科学协会（Association for Psychological Science）的会员。工作之余，她会在加利福尼亚州北部的小路上，骑着她的摩根马麦格雷戈（McGregor），或者它的阿拉伯马同伴康德（Conde）或跳弹（Ricochet）。

卡罗尔·塔佛瑞斯

密歇根大学社会心理学跨学科项目博士。作为作家和讲师，她一直致力于向公众宣传心理学中批判性思维和科学思维的重要性。除了本书，她和卡萝尔·韦德还合著了《心理学》《心理学透视》和《最长的战争：性别差异透视》。塔佛瑞斯博士还与埃利奥特·阿伦森（Elliot Aronson）合著了《错误已经铸成（但不是我铸成的）：为什么我们要为愚蠢的信念、错误的决定和伤害他人的行为辩护》（*Mistakes Were Made [But Not by Me]: Why We Justify Foolish Beliefs, Bad Decisions, and Hurtful Acts*）。她也是《误测女性》（*The Mismeasure of Woman*）、《愤怒：被误解的情绪》（*Anger: The Misunderstood Emotion*）等书的作者。她为各种杂志、期刊、选编书籍和报纸撰写过有关心理学的文章，其中一些被收录在《心理呓语与生物胡说：用心理学科学批判性地思考大众心理学》（*Psychobabble and Biobunk: Using Psychological Science to Think Critically about Popular Psychology*）一书中。塔佛瑞斯博士的演讲内容广泛，包括心理学和精神病学中的科学与伪科学；她还为公众撰写关于科学的文章，以及许多当代感兴趣的其他主题。她曾任教于加州大学洛杉矶分校的心理学系和纽约社会研究新学院的人际关系中心。她是美国心理学会会员、心理科学协会会员、心理科学协会期刊《公共利益心理学》（*Psychological Science in the Public Interest*）编委会成员，也是科学与人类价值研究所（Institute for Science and Human Values）国际咨询委员会的成员。

心理学的邀请
Invitation to Psychology

[新闻中的心理学]

在帕萨迪纳（Pasadena）的"捣蛋"游行上，什么事情都可能发生

2010年5月1日，来自加利福尼亚州帕萨迪纳的消息。第三十三届帕萨迪纳"捣蛋"游行在今天举行，其目的是庆祝有趣的荒诞事件，它被人们称为另类游行。这个活动鼓励人们释放天性，以自己最开心的方式穿上最古怪的衣服走上街头。游行中最受欢迎的队伍有：休闲同步午睡队，龙舌兰、嘲笑鸟&皇家搞笑管弦乐队，外太空小丑医生队。

帕萨迪纳的"捣蛋"游行

经过五年的法庭辩论，巴西男孩与父亲团聚

2009年12月27日，来自佛罗里达州奥兰多（Orlando）的消息。经过一场长达五年的诉讼，戴维·戈德曼（David Goldman）终于在巴西法庭上赢得了儿子的监护权。现年9岁的肖恩（Sean）得以回到美国。肖恩的母亲在他小时候将他带回了自己的祖国巴西，在母亲意外去世后，母亲的家人拒绝其父亲行使监护权。戴维说，孩子还没有叫过自己爸爸，但他相信"现在我们在一起了，一切会好起来的"。

墨西哥城的同性婚姻合法化

2009年12月24日，来自墨西哥城的消息。墨西哥城成为拉美地区第一个允许同性恋人结婚的城市。同时，从法律上确认了同性婚姻与异性婚姻具有同等权利，包括领养孩子的权利。金·卡特达（Kin Castañeda）说："经过了这么多年的不懈斗争，这是一个巨大的胜利。"但是，该消息同时也激发了保守派人士和教会人员的强烈不满。罗马天主教墨西哥城的大主教认为刚颁发的这部法律是不道德的、罪恶的。比利时、荷兰、西班牙、加拿大也承认了同性婚姻的合法性，但同样时常有反对的声音。

法庭认为没有证据显示，接种疫苗与自闭症有关

2010年3月13日，来自华盛顿的消息。近日，在联邦特别法庭上，由"特别专家"组成的审判团宣布，驳回三组父母指控因接种MMR疫苗（为儿童预防麻疹、腮腺炎和风疹的疫苗）导致其子女患上自闭症的诉状。过去几年，许多自闭症患儿的父母都认为是由于接种MMR疫苗才导致了这种可怕的疾病。但是，一位特别专家说道："支持这种说法的证据是微弱的、自相矛盾的，没有说服力。"然而，一些自闭症宣传组织依然对该判决表示了失望，并声称他们依然相信这个关联是存在的。

一男子因试图炸毁飞机被起诉

2009年12月25日，来自底特律的消息。一名23岁的尼日利亚男子奥马尔·法鲁克·阿布都穆塔拉布（Umar Farouk Abdulmutallab）被指控试图在平安夜摧毁一架西北航空的飞机。当时，这架飞机载着278名乘客和11名机组人员，正准备降落到底特律机场。阿布都穆塔拉布在2008年之前是伦敦大学学院的学生，学习工程专业，居住在高档社区的一间豪华公寓内。他被指控试图用缝在衣服里的燃料引爆一枚炸弹。他的计划并没有成功，因为炸弹引爆失败，发出的声响和火花被周围的乘客注意到。一名32岁的乘客贾斯珀·舒林加（Jasper Schuringa）立即跳了起来，越过几排座位将火扑灭并将阿布都穆塔拉布压制住了。贾斯珀对采访人员说："我当时一点儿也没有犹豫，只是想尽我所能阻止正在发生的事情。"

墨西哥城的同性恋伴侣们在庆祝

第一章

心理学是什么

What Is Psychology

当今新闻里充满着英雄事迹和懦夫的故事、对现存法律和社会准则的质疑、有趣的娱乐活动或残忍的恐怖行为、人类的非凡创造或愚蠢表现。这些内容到底与心理学有哪些关系呢?

答案是:都有关系。

人们通常把心理学与心理障碍、情绪失调、个人问题和心理治疗等联系起来。其实,心理学家的研究对象包括人们所做的一切美好或邪恶的事情——那些你天天耳闻目睹的事情。他们想要知道为什么在"捣蛋"游行中,那些快乐的游行者通常是性格外向的人,而性格内向的人们通常都以遵从社会传统为原则而安于默默无闻地生活?他们调查了为什么人们会成为异性恋者、同性恋者或双性恋者,为什么一些异性恋者害怕或是厌恶同性恋者,为什么人们对同性恋结婚有不同的态度。他们探究为什么一些在富裕的环境中长大、受过良好教育的人会做出牺牲数百无辜者生命的恐怖行为,而另一些人则自愿冒着生命危险去解救他人。为什么有的儿童能够摆脱早期的创伤成长为健康的成年人,而有些人却一直无法摆脱伤痛。心理学家在探索,当科学研究表明自闭症儿童的家长不用为给孩子注射了疫苗而自责时,为什么他们的情绪没有得到缓解反而更加恼火了。

在本书中,我们将会讨论一些由新闻故事引发的心理学主题。但是,心理学并不仅仅只是关注这些有新闻价值的行为。心理学家对普通人的生活同样感兴趣,并试图研究人们的学习、记忆、情感、问题解决和人际交往等问题。因此,他们往往会去研究人们的一些日常经历,如抚育孩子、闲聊、记住一份购物清单、白日梦、性生活和挣钱谋生等。

如果你曾想探究他人做某种事情的原因,或想对自己的行为有更深入的了解,那么你正走在正确的道路上。现在我们就邀请你走进心理世界的大门,并带你一同探索这个星球上最为复杂的主题:人。

> **你将会学到**
>
> - 心理学与已有的常识有哪些不同?
> - 心理学家的那些非科学的对手,比如占星家和超能力者,他们错在哪里?
> - 心理学何时及如何成为一门正式学科的?
> - 心理学的三所早期学校。
> - 心理学中的五大主流观点是什么?

科学心理学

心理学 一门研究心理过程和行为及其如何受有机体的生理、心理状态和外部环境影响的科学。通常用希腊字母"Ψ"(读作"sy")表示。

心理学(psychology)是一门研究心理过程和行为及其如何受有机体的生理、心理状态和外部环境影响的科学。不过这一定义也存在一定的局限性——这就好比是将一辆小汽车解释成"把人从一个地方运载到另一个地方的交通工具",它既不能说明小汽车与火车或公共汽车的区别,也不能说明福特牌与法拉利牌小汽车的区别,更不能解释其催化式排气净化器是如何工作的。因此,如果你想真正弄清楚心理学是什么,你就需要对它的研究方法、研究结果以及解释结果的方式有一定的了解。

心理学、伪科学和常识

让我们先从什么不是心理学开始谈起。首先，真正的心理学与那些自助书籍及电视谈话节目中的大众心理学（pop psych）相去甚远。近年来，公众对心理学知识的需求日益增长，这为"心理呓语"（psychobabble）的发展提供了一个巨大的市场。"心理呓语"指的是披着心理学术语言外衣的一种伪科学和骗术。这种伪科学声称可以快速解决生活中的问题。譬如，重新体验一遍童年时可能遭受的精神创伤就可解决当前的苦恼，或者可以对你的大脑进行重新编程使它更加富有创造性。我们认为，真正的心理学要比伪科学更为复杂、有更多内涵，并且更为有用，因为它基于严谨的研究和**实证的**（empirical）证据而产生，而且这些证据都是通过精心观察、实验和测量得到的。

> **实证的** 依据观察、实验或测量得出的。

其次，心理学与诸如笔迹学（笔迹分析）、算命、数字命理学（根据出生日期等数字来解释人的性格或占卜祸福）以及广为流行的占星术等非科学存在本质的区别。这些从业人员与心理学家一样，都试图解释人们遇到的问题并对其行为做出预测。比如，当你遇到恋爱情感问题时，占星家也许会劝你最好选择白羊座而不要选择水瓶座的恋人；而轮回论者也许会告诉你，你现在的感情受挫是因为你在前世抛弃过恋人。这类伪科学的信奉者越来越多。然而，无论是通灵者还是占星家，他们的预测都是极尽可能地模糊，以至于那些话要么都是废话，要么根本就是错误的。(Radford, 2010; Shaffer & Jadwiszczok, 2010) 在2008年，一个举世闻名的加拿大超能力者曾预言，乔治·克鲁尼（George Clooney）将会结婚生子；西恩·潘（Sean Penn）将会在中东受伤；在希拉里·克林顿（Hillary Clinton）退出竞选后，约翰·爱德华兹（John Edwards）将赢得美国总统大选。很明显，她都预测错了。而且，与你在电视上的通灵节目或者通灵网站看到的相反，没有哪个通灵者曾经使用超能力找到过失踪的孩子，他们也没有查出连环杀手或帮助警察侦破任何犯罪案件。他们的线索只会徒增受害者家属的伤感。

最后，心理学并不是常识的代名词。心理学的研究结果往往会否定人们的常识。这本书中就有很多这样的例子。例如，被压抑的痛苦记忆能否在几年之后，像倒带一样清晰地回忆出来？大多数女人都患有经前综合征吗？限酒政策能降低酗酒率吗？婴儿会因为你为她弹奏贝多芬交响曲而变聪明吗？此类常识性的观念早已被心理学的实证证据所否定。

在开始上普通心理学课程前，许多学生持有的观念都基于大众文化、个人经验或者生活常识，它们都没有任何科学理论依据。两名老师在上课的第一天给90名选修普通心理学的学生发放了一份问卷，要求学生对心理学知识进行真假判断。这个问卷中的所有命题都是假命题，例如，"无论在什么时候，我们都只使用了我们大脑的10%"或者"在催眠状态下，你能表现出在其他情况下所不能表现出的成就"。调查结果显示，学生们的正确率仅在38.5%，比靠运气猜测的概率还要低。(Taylor & Kowalski, 2004) 但是，在课程的最后一周，当同学们重做这份测试后，他们整体的准确率提升到了66.3%，虽

我看你以后不会那么容易上当受骗了

然他们还有可改进的空间，但他们已经对先前持有的错误观念失去了信心，这表明他们正在抛弃错误观念的路上。如果是这样的，那么他们学到了科学中的最重要的一课：对没有检验过的假设抱有怀疑的态度，这会是一件好事。

这本书和你的普通心理学课程一样不断地让你明白，大众的观点和常识并不能总为人们的行为提供可靠的指导。你所看到的科学研究也并不总是能为你提供你所期待的答案，而且有时没有明确的解答。但是，我们的目标是要告诉你，为什么我们最重视的科学研究对现实做出的解释比常识要正确得多。当然，心理学的研究结果并不一定非要出人意料，但却具有重要的意义。与其他领域的科学家一样，心理学研究者不仅致力于探索新的现象或纠正错误观点，而且也在通过明确爱的类型、暴力的起源、性的非生理性动机和记忆的秘密等，来不断加深我们对这个自认为非常熟悉的世界的理解。

现代心理学的诞生

颅相学 一种目前看来不科学的理论，它主张不同的性格和人格特质对应于大脑的不同部位，我们可以根据头骨上的隆骨将这些特质"读"出来。

从亚里士多德到琐罗亚斯德（Zoroaster），历史上许多伟大的思想家都曾思考过我们今天称之为心理学的问题。他们想弄清楚人们如何通过各种感官来获取外部信息，然后利用这些信息来解决各种问题，并在不同动机的影响下产生不同的表现。他们也曾探索过情绪的本质，想了解到底是情绪在控制我们，还是我们在控制情绪。像心理学家一样，他们想对人类的行为进行描述、预测、理解和修正，以便丰富人类的认识并使人们能够变得更加快乐。不过与现代心理学家有所不同的是，以前的学者从不注重实证证据，他们经常只是对一些奇闻逸事或个案进行描述。

当然，这并不意味着这些现代心理学的先驱总是错的。相反，他们都很有远见，他们的观察结论往往都为后来的研究所证实。被称为现代医学之父的希腊医生希波克拉底（Hippocrates，前460—前377）通过观察脑部受到损伤的病人，推断出大脑是"我们愉快、喜悦、欢乐以及痛苦、悲伤、哀痛的根源"。早在公元1世纪，斯多葛学派的哲学家们就通过观察发现，人类生气、悲伤、忧虑不是因为某些具体的事件，而是因为他们对那些事件的看法和解释。后来的研究也证实了他们的观点。

但是，由于缺少实验方法的支持，他们也会犯一些严重的错误。19世纪早期在美国和欧洲广为流行的**颅相学**（phrenology，希腊语义为"大脑研究"）就是一个明证。据奥地利医生弗朗茨·约瑟夫·加尔（Franz Joseph Gall，1758—1828）的文章记载：颅相学家认为不同的性格和人格特质可以用大脑的不同部位来解释。按照这种观点，从隆起的头盖骨就可以判断一个人的性格和人格特征，比如"吝啬"和"虔诚"。例如，他们认为窃贼的耳朵上方有一块大的隆骨。若是碰到有"窃骨"特征的而非窃贼的人，

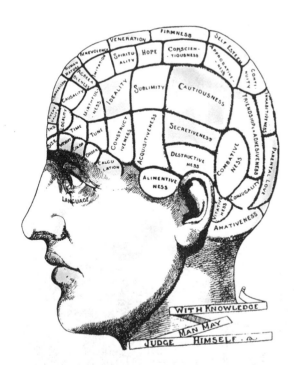

流行于19世纪的伪科学——颅相学——将人的个性特质归因于不同的头骨隆起。上图是颅相学的图示，请注意其中"自尊"（self-esteem）只占很小的一部分，而"谨慎区"（cautiousness）却有一大片

他们就解释说那是因为这些人有别的隆骨，抑制了偷窃的欲望。在美国，有为数不少的家长、老师和雇主都向颅相学家寻求意见。（Benjamin，1998）而实际上颅相学是一种典型的极为荒谬的伪科学。

就在颅相学广为流行的时候，欧洲和美国的一些心理学先驱开始用科学的方法来研究心理问题。1879年，**威廉·冯特**（Wilhelm Wundt，1832—1920）在德国莱比锡成立了第一个心理学实验室。冯特早年研究医学和哲学，后来转向精神问题的研究并开创了**经过训练的内省法**（trained introspection）。通过这种方法，他训练参与者仔细地观察，然后分析并描述出自己的感受、想象和情绪反应。内省法需要的时间较长，有可能实验仅1.5秒，内省者则要花20分钟报告自己的内在体验。这种方法就像化学家将水分解成氧气和氢气一样，目的在于将行为分解成最基本的元素。由于内省法主观性太强，后来大多数心理学家都反对这种方法。尽管如此，冯特仍受到后人的敬仰，因为是他正式开创了心理学科学化的进程。在北美，很多早期的心理学家都在冯特的实验室接受过训练。

科学心理学的另一研究取向是**机能主义**（functionalism）。这一取向着重研究行为的机能，而不是对行为进行分析和描述。机能主义的创始人之一是**威廉·詹姆斯**（William James，1842—1910），他是一名美国哲学家、医生和心理学家。他曾写到（1890/1950），尝试通过反省的方法来掌握思维的本质，"就像抓住陀螺的顶端来捕捉它的运动，或快速地打开煤气灯来看清黑暗是什么样子"（他也是一位有才华的作家）。受英国自然学家查尔斯·达尔文（Charles Darwin，1809—1882）进化论的启示，詹姆斯和其他机能主义者开始研究不同的行为是如何帮助人类和动物适应环境的。机能主义注重研究行为的原因和结果，这加速了心理学科学化的进程。

机能主义 一种早期的心理学观点，它强调行为和意识的功能或目的。

奥地利维也纳是心理学的发源地之一，同时还是心理学作为一种心理疗法首次被提出的地方。当其他心理学家为建立科学心理学而在实验室里努力从事研究的时候，当时还不怎么有名的神经学家**西格蒙德·弗洛伊德**（Sigmund Freud，1856—1939）则在他的工作室里倾听患者对自己的抑郁、紧张情绪和强迫性习惯的报告。他总结出，患者的痛苦源于他们童年早期的冲突和情感创伤。他们无法在意识层面记住这些冲突或创伤，因为它们太具威胁力，例如，对父母有性感受是被禁止的。弗洛伊德的观点后来发展成为一门人格理论，他的理论及其治疗患者情绪问题的方法构成了**精神分析**（psychoanalysis）的基础。

精神分析 由西格蒙德·弗洛伊德发展的人格理论和心理治疗方法，强调对无意识动机和冲突的探索。现代心理动力疗法同样强调这一点，但与弗洛伊德的分析有许多不同之处。

到此为止，心理学已由早期依附于哲学、自然科学和医学领域，最终发展成为一门具有不同专业、理论取向以及研究方法的复杂学科。（在其他章节里，你将会学到关于心理学发展史的更多知识，以及在心理学发展进程中起重要作用的人物。）当代心理学领域很像一个毫无秩序的大家庭，家庭成员有一个共同的祖先，然而，有些表亲之间关系亲密，有些相互争吵，还有的则老死不相往来。

当代心理学

心理学的不同研究取向最终形成了当代的五大主流理论观点。这些观点探讨了人类行为的不同方面，并对大脑如何工作提出了不同的假设，而且最重要的是，它们对人类行为的原因做出了不同的解释。

生物学的观点 一种注重研究那些与行为、情绪、思想有关的生理事件及其变化的心理学理论观点。

1　**生物学的观点**（biological perspective）。主要关注生理事件如何影响行为、情绪和思想。电脉冲沿着复杂的神经通路发出，激素通过血液的流动控制内脏的工作频率，化学物质在人体内狭小的空隙中穿梭流动以区分不同的大脑微型细胞。生物心理学家通过对这些生理事件的研究，了解它们如何与外部环境相互作用，如何使人类产生知觉、记忆、情绪和许多其他的行为特征。同时，他们还研究有关基因和其他生物因素对能力和人格特质发展的作用。受机能主义影响所产生的**进化心理学**（evolutionary psychology）是一门新兴的热门专业。这一学派关注那些在人类进化过程中因其功能和对环境的适应性而被遗传下来的行为是如何体现于我们当前的行为、心理过程和人格特质中的。生理学方法的理念是，如果我们不了解我们的身体，那么我们就不能了解真正的自己。

进化心理学 注重研究进化机制的心理学领域，它可能有助于解释人们在认知、发展、情绪、社会实践和其他行为领域中的共性。

学习的观点 强调环境和经验如何影响人或动物的行为的心理学取向。持有这种观点的理论主要有行为主义和社会认知学习理论。

2　**学习的观点**（learning perspective）。研究环境和经验怎样影响个体（人或动物）的行为。持有这种观点的主要有行为主义和社会认知学习理论。**行为主义学家**（behaviorist）重视在环境中能够保持或抑制特定行为的那些奖励和惩罚。他们不借助心理因素来解释行为，而只研究环境中发生的行为和事件，因为这些行为和事件才是他们唯一能观察到并可直接进行测量的。例如，你有过不能坚持完成计划、无法集中注意力学习，或者情绪失控等方面的经历吗？行为主义学家可能会分析环境中让你分心或让你情绪爆发的因素。**社会认知学习理论家**（social-cognitive learning theorist）则综合了行为主义与有关思维、价值观和目的的研究，认为人类不仅可以通过让自身行为去适应环境来学习，也可以通过模仿他人及思考周围发生的事件来学习。就像我们将会在其他章节中看到的那样，学习的观点有很多实际的用处。

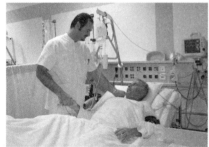

心理学家研究人类行为的许多难题。为什么人类的接触可以减少焦虑，让人感觉如此舒服？为什么有些人尽管身体有残疾也能成为冠军运动员？是什么导致一个人变得厌食，甚至愿意饿死？是什么促使普通人折磨和羞辱囚犯，就像伊拉克臭名昭著的阿布格莱布监狱（Abu Ghraib）的士兵所做的那样？心理学家从生物学、学习、认知、社会文化和心理动力学五个主要角度来研究这些问题和其他问题

3 认知的观点（cognitive perspective）。主要研究人脑中发生了什么——人们是怎样推理、记忆、理解语言、解决问题、解释经验、获得道德标准并形成信念的。（在拉丁文中，"认知"就是"去了解"的意思。）认知心理学家运用巧妙的研究方法，通过可观察的行为来推断人们的内在心理过程。他们能够研究那些曾经仅能推测的心理过程，如情绪、动机和洞察力。他们设计的电脑程序能够模拟人们如何完成复杂作业，揭示婴儿思维的变化，不使用传统的 IQ 测试便能区分智力类型。认知的观点是心理学中最强大的力量之一，它开启了对人类错综复杂的心智进行的一系列研究。

> **认知的观点** 强调人类知觉、记忆、言语、问题解决和其他行为的心理过程的心理学取向。

4 社会文化的观点（sociocultural perspective）。着重研究个体之外的社会和文化的力量影响个体行为的过程。从接吻的方式到用餐的种类和地点等都是可研究的对象。我们如何感知世界、表达喜怒哀乐、与家人相处、对待朋友和敌人等日常行为，都会受到周围人、社会背景和文化规范的影响——很多人往往低估了这种影响力。我们就像那些不知道自己终日生活在水中的鱼一样。社会文化心理学家的研究对象就是"水"——人们每天都在其中游来游去的社会和文化环境。由于人类是深受所处文化世界影响的社会性动物，所以社会文化学观点使心理学成为一个更具有代表性、更严谨的学科。

> **社会文化的观点** 强调社会和文化影响行为的心理学取向。

5 心理动力学的观点（psychodynamic perspective）。关注的是个体的无意识动力因素，如内驱力、冲突或本能等。它源于弗洛伊德的精神分析理论，如今，这种观点存在许多不同的派别。心理动力学理论学家把自己看成是精神的考古学家，他们试图从人的表面行为里发掘出人格的根源。读完第二章你会发现，如果说心理学是一只手，那么心理动力学理论就是这只手的大拇指——它与其他手指融为一体又彼此分离，因为它与其他理论在术语运用、研究方法和评判事实的标准上迥然不同。许多心理学家都认为，心理动力学观点应属于哲学或文学，而不是理论心理学。然而，一些心理治疗师和外行人却往往对心理动力学观点所强调的如性的力量、对死亡的普遍恐惧等这些极为重要的心理学问题很感兴趣。

> **心理动力学的观点** 强调个体内部诸如内驱力、冲突或本能活动等无意识动力的心理学取向。

快速测验

这是你的第一个快速测验。试一试，你不会被评分的！

一、看看心理学的过去是否还存在于你的记忆中。
1. 真或假？心理学的先驱们严重依赖实证证据。
2. 建立现代科学心理学的功劳通常归于_____。
3. 早期的心理学家强调行为如何帮助有机体适应环境，这被称为_____。

二、为了弄清楚你是否理解了心理学的五大观点，将左边的每一种可能的焦虑解释与右边的每一种对应起来。
1. 焦虑的人经常以扭曲的方式思考未来。　　　　　　　　　　　　　A. 学习
2. 焦虑源于被禁止的、无意识的欲望。　　　　　　　　　　　　　　B. 心理动力学
3. 焦虑症状通常会带来隐藏的"奖励"，比如考试不及格。　　　　　C. 社会文化
4. 过度的焦虑可能是由化学失衡引起的。　　　　　　　　　　　　　D. 生物学
5. 一个国家对竞争和成功的强调促进了对失败的焦虑。　　　　　　 E. 认知

答案：一、1.假 2.冯特 3.机能主义 二、1.E 2.B 3.A 4.D 5.C

当然，并不是所有的心理学家都坚决拥护一种观点，许多心理学家都会吸收不同学派中他们认为最合理的部分。此外，许多心理学家还受到了社会变化和文化趋势的影响，如人本主义和女权主义，这些都不完全符合于任何一种流派的主要观点，或者贯穿所有的理论流派。

尽管心理学的理论取向存在着多样化的特点，但大多数心理学家在学科内部的基本规范和标准上都是一致的。几乎所有的心理学家都反对对事件进行超自然的解释——邪恶的灵魂、通灵力量、奇迹等。大部分心理学家都强调收集实证证据的重要性，认为不能简单地依赖于个人直觉或信念的力量。正是这种坚持实证的严格标准，将心理学与其他对人类经验所做的非科学的解释区别开来。

你将会学到

- 为什么你不能认为所有的治疗师都是心理学家，也不能认为所有的心理学家都是治疗师？
- 心理学家专业活动的三个主要领域。
- 临床心理学家和精神病医生有何区别？

心理学家做些什么

现在你已经了解了心理学家所研究的几大理论观点。可是心理学家究竟整天都在干些什么呢？

心理学家的工作大致可分为三大类：一是在学院或大学里教学并从事研究工作；二是提供健康或心理健康服务，通常被称为**心理学实践**（psychological practice）；三是从事研究工作，并将研究成果应用于非学术领域，如商业、体育、政府、立法和军事等。（见表1.1）有些心理学家在这三个方面都能应对自如。例如，一个研究者可能在诊所或医院里提供心理健康方面的咨询服务，在一所大学里从事教学和研究工作，同时兼任法律顾问。

表1.1 心理学家都做些什么

心理学家除了从事临床工作外，还在研究、教学、商业或咨询领域里就职。取得博士学位的专业心理学家的工作大致可分为三类：

理论/研究型心理学家	临床心理学家	在工业、法律和其他领域工作的心理学家
专门从事各领域基础心理学或应用心理学的研究。例如：	从事心理治疗工作，有时也做研究。可能就职于下列机构：	做研究，或从事机构的顾问工作。例如：
发展心理学	私人诊所	体育
心理测量学（测验）	心理健康中心	用户研究
健康	综合医院	广告
教育	精神病院	组织问题
工业/组织心理学	研究实验室	环境问题
生理心理学	学院或大学	国家政策
感觉和知觉		民意调查
工艺设计和运用		军事训练
		动物行为
		法律问题

心理学研究

大多数从事研究的心理学家都有博士学位——哲学博士（Ph.D）或教育学博士（Ed.D）。一些人由于对探索知识感兴趣而从事**基础心理学**（basic psychology）方向的研究工作；一些人则本着学以致用的观点选择了**应用心理学**（applied psychology）方向。两者的研究角度有所不同，例如，在研究同伴压力时，基础心理学家思考的是"同伴压力怎样影响人们的态度和行为"，而应用心理学家就可能会问："如何利用关于同伴压力的知识来减少学校中的酗酒行为？"

基础心理学家和应用心理学家的研究为许多学科领域的发展做出了重要贡献，如保健、教育、儿童发展、测试、冲突解决、市场营销、工业设计、劳动力以及城市规划等。他们的发现是这本书以及我们所学课程的焦点。然而，科学研究是这门学科的一个方面，却很少被公众认识和理解。（Benjamin, 2003）我们希望当你读完这本书的时候，能够对心理学家所做的研究以及他们对人类知识和福利做出的贡献有更深入的理解。

基础心理学 单纯为了追求知识而非实际运用的心理学研究。

应用心理学 对具有直接的实际意义的问题进行研究，也包括对心理学研究成果的运用。

心理学实践

心理学实践者的目标在于了解并改善人们的生理和心理健康状况。他们通常在精神病院、综合医院或诊所、学校、咨询中心、司法系统和私人诊所中工作。20世纪70年代末以来，心理学实践者的人数比例稳步上升，如今已有超过2/3刚毕业的心理学博士和美国心理学会（American Psychological Association, APA, 美国最大的心理学专业机构）成员从事这一方向的工作。

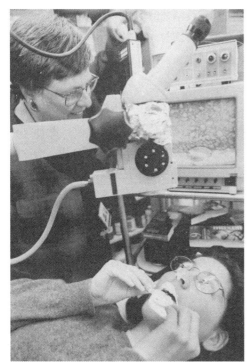

心理学研究者和实践者在各种场所工作。（左图）琳达·巴托斯萨克（Linda Bartoshuk）正在研究舌头的生理构造是如何影响我们的味觉经验的。（右上图）一位临床心理学家正用心理疗法帮助一对夫妇解决问题。（右下图）路易斯·赫尔曼（Louis Herman）正在研究海豚对以手势动作为主的人工语言的学习能力。在依次理解了"人"和"跃过"的手势后，海豚能够跃过水池中的那个人

心理学实践者中有一些人是**心理咨询师**（counseling psychologist），他们主要帮助人们解决日常生活中的心理问题，如考试焦虑、家庭冲突或工作倦怠等。还有一些人是**学校心理学家**（school psychologist），在学校里与家长、老师和学生一起工作来帮助学生提高学业表现和解决情绪问题。不过，大多数心理学实践者是**临床心理学家**（clinical psychologist），他们对心理或情绪问题进行诊断、治疗和研究。经过训练的临床心理学家主要为那些存在严重心理困扰的人提供心理治疗，当然，他们也接待有一些简单的烦恼或不愉快的人和一些想更好地处理问题的人。

在美国，几乎每个州都要求从事临床心理的人拥有博士学位。大多数临床心理学家都拥有哲学博士学位，有些人拥有教育学博士学位，还有为数不多但人数正呈上升趋势的人则获得了心理学博士学位（Psy. D）。临床心理学家需要进行四五年的课题研究，另外还要在一位临床心理学家的指导下进行至少一年的实习。要获得临床方向的哲学博士或教育学博士学位，必须做好成为一名科学家和实践者的准备。他们必须完成学位论文，这是一项对所研究领域有所建树的学术必修课程（通常包括研究）。而心理学博士则一般不要求完成论文，虽然也要求学生做实验研究、进行理论探讨或文献综述等，但其重点在于一些专业实践。

人们经常将临床心理学家与其他三种职业——**心理治疗师**（psychotherapist）、**精神分析学家**（psychoanalyst）和**精神病医生**（psychiatrist）——相混淆。实际上，这些术语所指代的意义是不同的：

- **心理治疗师**是指任何从事心理治疗的人，这一术语不受法律的约束。事实上，在美国大多数州，任何人不需要经过任何训练就可以自称为某类"治疗师"。
- **精神分析学家**从事的是一种特殊形式的精神分析治疗。要成为一名精神分析学家，不光需要拥有较高的学历，还要在一家精神分析机构里接受专门的训练，同时还得对自己进行深入的自我分析。
- **精神病医生**需要获得医学博士学位，有三年的精神病住院医生的经历，并要在富有经验的医生的指导下学会如何诊断和治疗心理障碍。与一些临床心理学家一样，一些精神病医生也不与病人打交道，而是从事一些诸如抑郁症或精神分裂症等有关精神疾病方面的研究。精神病医生与临床心理学家的工作有几分相像。但由于精神病医生接受过医学训练，他们更多地关注心理疾病的生理因素并习惯用药物治疗。精神病医生可以开处方，而美国除了新墨西哥州，任何其他州的临床心理学家都没有处方权。（有几个州正在着手考虑批准临床心理学家享有这种特权。）另外，精神病医生往往缺乏心理学理论和方法方面的专业培训，对心理学的前沿研究也不甚了解。（Luhrmann, 2000）

执业临床社工（LCSW）、各种专业领域的顾问以及婚姻、家庭、儿童问题顾问（MFCC）都可以从事心理保健工作。他们通常需要解决的是一些常见的心理问题，而非严重的心理疾病，尽管他们的工作很可能会使他们必须去面对那些存在严重心理问题的人，如暴力罪犯、毒品成瘾者、性犯罪者、存在家庭暴力和虐待儿童的家庭中的成员等。美国各州对许可证的要求不一，但一般都要求具有心理学或社会学硕士学位和一到两年被督导的经验。（心理治疗师的种类及其需要接受的培训见表1.2。）

表 1.2　心理治疗师的种类

如同不是所有的心理学家都是心理治疗师一样，也不是所有的心理治疗师是临床心理学家。以下是从事心理健康的几种主要职业：	
心理治疗师	开展各种形式的心理治疗，对从业人员没有学历要求，无规范可言。
临床心理学家	对各种心理和情绪问题进行诊断、治疗和研究；从业人员具有哲学博士、教育学博士或心理学博士学位。
精神分析学家	一般要求取得医学或哲学博士学位；经过精神分析疗法方面的训练；可治疗各种情绪失常或病态。
精神病医师	与临床心理学家的工作相似，但需要更多的医学知识背景和训练；要求具有精神病专业的医学博士学位。
执业临床社工；婚姻、家庭、儿童问题顾问	主要针对普遍的个人和家庭问题，但有时也处理一些诸如成瘾和虐待等严重问题。执业要求不一，但一般来说至少需要取得心理学或社会学硕士学位。

越来越多没有受过心理学研究方法与实验室研究培训的人担任心理治疗师，使用未经检验的、过时的或者无效的治疗方法，许多心理学研究者和一些实践家都对此感到担忧。（Baker, McFall & Shoham, 2008；Lilienfeld, Lynn & Lohr, 2003）这种担心促成了心理科学协会（Association for Psychological Science, APS）的诞生，这是一个促进和保持心理学科学化的机构。对于所有的临床心理学家来说，在他们获得职业资格之前，心理科学协会都会坚持不懈地对他们进行科学的训练。（Bootzin, 2009）然而，一些实践者则认为心理治疗是一门艺术，那些学术研究成果与他们的咨询工作相去甚远。关于科学家和许多治疗学家在培训工作和理论观念上的巨大分歧，我们将在第十二章中进行更详细的研讨。

心理学在社区

20 世纪后半叶，心理学在出版物方面和专业领域里取得了飞速发展，学者数量日益增多。美国心理学会如今已有 53 个分支（截至 2010 年）。其中一些分支涉及发展心理学、生理心理学等主流心理学领域，而另一些分支则负责一些特定领域的研究，如男性心理学、女性心理学、少数民族问题、体育、艺术、环境问题、男性或女性同性恋、和平、心理学与法律，以及健康等。

随着心理学的不断发展，心理学家也在你所能想到的很多领域里为他们自己的社区做出了贡献。他们与企业协商以提高雇员的满意度和工作效率；建立有利于改善民族关系，

快速测验

幸运的是，你对学生的定义并不模糊，所以试试这个测试。

你能将左边的职业与右边的定义凭证和方法相匹配吗？

1. 心理治疗师　　　A. 接受由弗洛伊德开创的治疗方法训练。
2. 精神病医师　　　B. 有哲学或心理学或教育学博士学位，并且对心理健康问题进行研究或心理治疗。
3. 临床心理学家　　C. 可能有证书，也可能没有。
4. 研究型心理学家　D. 拥有较高的学位（通常是博士学位），从事应用或基础研究。
5. 精神分析学家　　E. 有医学博士学位，倾向于用医学方法来解决情绪问题。

答案：1.C　2.E　3.B　4.D　5.A

减少民族紧张的社会系统；向委员会提出污染和噪声会影响人们心理健康的警告；帮助患有生理及心理疾病的人们走向康复；为法官和陪审团提供关于目击证词的知识；协助警察处理有关人质和精神病罪犯的紧急情况；进行民意调查；开通预防自杀的热线；为动物园提供关于如何饲养和训练动物的意见；帮助教练提高运动员的竞技水平；等等。难怪人们现在已经弄不清楚何谓心理学家了。

你将会学到

- 批判性思维是什么？
- 为什么所有的观点都不是一样的？
- 评估心理学主张的八个标准。
- 为什么如果一个心理学理论能确切地解释任何事物，那它就是不科学的？
- 通过收集趣闻逸事来对行为下结论这一做法有何不妥？

心理学中的批判性思维和科学思维

批判性思维 基于充分的理性和事实，而非感性和传闻来进行理论评估与客观评价的能力与意愿。

　　学习心理学最大的好处在于，不仅能了解大脑运作的一般知识，还可以运用批判性思维来思考问题。**批判性思维**（critical thinking）是一种基于充分的理性和客观事实而进行理论评估与客观评价的能力与意愿，它不为感性和无事实根据的传闻所左右。具有批判性思维的人能在辩论中发现漏洞，并能抵制毫无根据的想法。他们认为，批评一种观点并不等于批评持有此种观点的人。他们非常热衷于进行激烈的辩论，以探明一种观点的合理性。不过，批判性思维也并非仅仅是一种否定性思维，它还具有创造性和建设性的能力。批判性思维能够对一件事情给出更多可选择的解释，思考研究结果的意义，并能运用所获得的新知识来解决社会和个人问题。

　　大部分人都知道要保持体形必须坚持锻炼，殊不知保持清晰的思维同样需要努力锻炼。在我们周围可以看到很多惰性思维的例子。人们有时懒得思考，还往往得意地告诉他人自己的思想有多开放。很多科学家反驳道，思想开放固然不错，但也不能放弃思考！如果与本田雅阁的外形相比，你更喜欢雪佛兰的车型，那么没有人会质疑你的个人品位。但是如果你说"雪佛兰车型不但比本田雅阁好看，而且还能够驾驶得更远"，那么你表达的便不仅仅是一个观点了。现在你不得不收集汽车稳定性、里程数、安全记录等证据来支持你的论断。（Ruggiero, 2004）如果你说"雪佛兰汽车是世上最好的车，而本田车并不存在，它只是日本政府的一个阴谋"，那么你便放弃了认真对待自己观点的权利。如果它违背了事实，那么它不能同他人的观点一样被平等对待。

　　批判性思维不仅在日常生活中是不可缺少的，它还是包括心理学在内所有科学的基础。通过批判性思维的训练，你就能把真正的心理学同那些散布于电台和书店里的伪科学区分开来。批判性思维不仅需要逻辑能力，拥有许多其他的能力与性格倾向也很重要。（Anderson, 2005; Halpern, 2002; Levy, 2010; Stanovich, 2010）下面是我们将要在整本书中强调的培养批判性思维的八条基本原则。

1 提问与求知的欲望。 家长最烦孩子提出这样的问题——"妈妈，为什么天空是蓝的？""为什么飞机不会从天上掉下来？""为什么猪没有翅膀？"……不幸的是，当孩子长大后他们便不再问"为什么"之类的问题了。（你知道这是为什么吗？）但是批判性和创造性思维是从问"为什么"开始的。这种教育模式不起作用，为什么？我想戒烟并想提高自己的成绩，但是我似乎做不到，这是为什么？我做事情的方式是选择按照最佳的方法，还是仅仅采用我最为熟悉的方式？具有批判性思维的人愿意质疑已有的智慧——"我们之所以这样做，是因为我们几乎所有的事情都是这样做的"。他们会从本质上问问题——"噢，是吗？那为什么要这样做呢？"

在科学界，只有问问题才能推动知识的进步。意识的生理学基础是什么？记忆是如何存储和提取的？为什么我们睡觉做梦？为什么语言学习存在关键期？什么导致了精神分裂症？文化对成瘾行为有什么影响？批判性思维者不会因问题尚无明确答案而泄气，他们会将其视为一个有趣的挑战。

2 定义你的术语。 一旦提出了问题，下一步就是用一些清楚、具体的术语来界定它。"什么使人快乐"这是一个非常适合午夜遐想的好问题。但是，如果不能为"快乐"下个定义，我们就无法找到问题的答案了。你认为快乐是指生活中大部分时间都处于狂喜状态，还是指对生活感到满足？抑或是一种摆脱问题或疼痛的快感？定义不清或使用比较模糊的术语会令人产生误解，或者因此产生不完整的答案。举个例子，偏见在减少吗？这就要看你如何定义偏见了。意识到的不喜欢可以等同于对一个群体规则或信条的不满意吗？倘若一个人并没有意识到自己所存在的偏见观念，但测试结果却显示他（她）存在无意识偏见，那么这又意味着什么呢？（我们将在第十章讨论这个问题。）

对于科学家来说，下定义是对自己所要研究的问题抱持严谨态度的表现。一项研究通常从假设开始，**假设**（hypothesis）是对一种行为进行描述性或解释性的陈述。最初，可以对假设进行一般化概括，如"同病相怜"。但如果开始进行研究，则需要更为精确的假设。"同病相怜"可以被陈述为"人们若在某种危险情境下感受到焦虑，那么他们通常愿意与面临同样威胁、遭受类似焦虑的人在一起"。

假设其实就是对特定条件下可能发生的事情做出准确的预测。在预测的过程中，对于一些术语如焦虑、危险情境等，必须下**操作定义**（operational definition），这样才能具体指明如何观察和测量问题所涉及的现象。焦虑可以被操作定义为焦虑调查表上得分的高低，而危险情境则可以用遭受电击的强度进行定义。这样，就可以做出一个假设："如果你通过告诉被试他们将会受到电击来增强其焦虑程度，然后给他们两种选择——在同样的情境下，可以单独等待，也可以选择和同伴在一起，那么高焦虑的人将会比低焦虑的人更倾向于选择和同伴在一起。"然后，你就可以根据一系列的方法对这一预测进行证实。

> **假设** 一种试图对一系列现象做出预测或说明的陈述。科学假设要表明事物或变量之间的关系，并可以经实证检验。
>
> **操作定义** 假设中对某一术语的严格定义，它指明了对被定义的过程或现象的观察和测量的操作。

我们经常听到，所有的观点都应该以公平和开放思想的名义传授给学生，但并不是所有的看法、理论和观点都同样有效或有证据支持

当出现"悬浮"或其他假想的神奇现象时,像高安德(André Kole)这样的幻术师会利用人们对亲眼所见证据的偏向性,误导人们相信眼见为实。但是具有批判性思维的人往往会针对这一现象询问该证据的自然性和可靠性

3 检验证据。你是否曾听过这样一些激烈的争论:"我只知道这是真的,不管你说什么"或"那是我个人的观点,无论如何都不会改变"。你自己做出过这样的声明吗?在毫无证据的条件下接受一个结论或者期待他人也这样做,是惰性思维的明证。一个具有批判性思维的人会问:"支持或反驳这一论断的证据何在?与其对立的观点是什么?这些证据的可靠性怎样?你是否曾经收到过朋友发来的邮件,写着可怕的警告或者"我发誓,它是真的"的奇闻逸事,然后转发给通讯簿中所有的人或将其张贴到社交网络上,事后才发现这只是一个恶作剧或是一个民间故事?一个具有批判性思维的人就会说:"在我把这个故事告诉我最私密的九万个朋友之前,我通常会在 snopes.com 的网站上核对一下。"

在科学研究中,一个具有可行性、创造性和吸引力的想法最初总是会让人激动,但要想使其成为一个严谨正确的观点,归根结底必须有实证证据的支持,而不能单凭传闻或盲目崇拜权威。当然,有时直接检查证据的可靠性是不实际的。在这种情况下,具有批判性思维的人就会考虑它的来源是否可靠。可靠的信息源本身就运用了批判性思维。[这些信息源背后的人]都在其专业的领域上接受过教育和训练。他们不会强迫他人同意他们的观点,也被此领域的其他专家所信任。他们公开分享他们的证据。他们的研究在专业的杂志上公开发表,并接受其他专家的客观审查,而不是仅以出版物或博客的形式公布给公众。

4 分析假设和偏见。假设是需要求证的观点,而偏见则会阻碍我们公正地进行评价,甚至会导致完全忽略有关证据。批判性思维者试图对每日所读到的书籍、所听到的政治演讲以及充斥在我们周围的电视广告信息中的理论观点和假说进行鉴定和评估。与其他领域一样,科学的发展就是不断质疑的过程。历史上许多伟大的科学进步都是由那些敢于对一些看似符合常理的事情提出质疑的人发现的,比如太阳围绕地球旋转、水蛭吸血能治病、精神病是由于魔鬼附身等问题,都已被证明是谬误。

批判性思维者不但乐于分析和检验他人的假设,对自己的假设也不例外,只不过后者做起来要更为困难些。研究者检验某一假设,关键看其在逻辑上是否存在被反驳、被证伪的可能性,这就是**证伪原则**(principle of falsifiability)。证伪原则并不意味着假设必须被证伪,而是说如果发现相反的证据时可能被证伪。

换句话说,在假设成立的基础上,科学家对将要发生或不可能发生的事进行预测的时候,必定冒着被驳斥的风险。在关于"同病相怜"的研究中,其假设是建立在"高焦虑的人喜欢和有相同经历的人在一起"的基础上的。反之,如果发现高焦虑的人喜欢独自生气或担忧,或者这种焦虑丝毫不影响他们的行为,那么研究结果就不支持这一假设。(如图1.1)这种有可能面临的被驳斥的风险,迫使科学家必须认真地对待否定性的证据,以此来避免错误假设。任何拒绝这样做的研究者都不能算是一位真正的科学家。

证伪原则 科学理论必须做出相当精确的预测,以使该理论暴露于不一致的可能性。这一原则就是证伪原则。

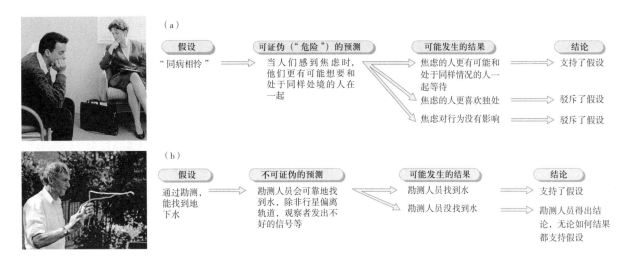

图 1.1 证伪原则
科学的方法要求研究人员应使自己的观点受到证伪可能性的检验，如（a）所示。反之，有些人则强调精神的力量，比如某些勘测人员（他们声称可以使用一种水源出现时会发生弯曲的"勘测杆"来找到地下水）总是能对所有可能的结果做出解释，来支持自己的断言，如（b）所示。他们的主张是没法被证伪的

证伪原则在日常生活中经常被违反，因为我们所有人都容易受到**证实偏差**（confirmation bias）的影响：我们经常会寻找并接受那些支持我们信念的理论或假设，而忽视或拒绝那些违背我们想法的证据。比如，当警方坚信一名嫌疑人是罪犯时，即使其自称无罪，警方也只会将它当作谎言，甚至是犯罪的证据。（当然，很多罪犯都会声称自己无罪。）（Leo，2008）但是，万一这个嫌疑人是无辜的呢？证伪原则就驱使科学家和我们去抵抗这种证实偏差，考虑反向证词。

证实偏差 是指寻找或关注证实自己想法的信息，忽视、轻视或是忘掉那些与自己观点相悖的信息的倾向。

5 避免感性推理。在批判性思维和科学思维中，情绪因素都占有一席之地。对一种观点的强烈责任感能促使人们进行大胆思考，为那些冷僻的观点进行辩护，并为新理论的创立寻找证据。但是纯感性的认识是不能解决问题的。你强烈地感到某些事是真的，或是希望它是真的，并不能让它变成真的。

当我们最真实的想法或坚信的行为方式受到了实证证据的挑战时，我们都会感到威胁，并做出防御。（Tavris & Aronson, 2007）此时，将情绪推理部分从总体中分离出去就显得尤为重要。在本章开始的故事中，关于疫苗不能导致自闭症的推断，其中一个法官就对那些需要照顾自闭症儿童的父母表示了同情和钦佩；但同时，他也强调，"我必须在处理这起案子的时候，排除感情的干扰，客观地分析证词"。另一位法官总结道，"难过的是，请愿者只关注有助于上诉的证据，而不是提升对自闭症的医学和科学的理解。这些请愿者已经成为那些糟糕科学的受害者"。（在本章的后面，我们将了解父母是如何得出疫苗导致儿童患自闭症这种错误结论的。）

对诸如子女教养、毒品、犯罪原因、种族歧视、智力起源、性别差异、同性恋等心理学家所关注的问题，你也许已经有了自己的看法和观点。而当你阅读这本书时，你很可能会发现一些令你不能接受的研究结果。持有不同的见解是件好事，这说明你积极主动地阅读了这本书，并对书中的材料进行了思考。你可以思考一下，为什么你会持有不同的见解呢？是因为证据没有说服力，还是因为那些结果使你感到焦虑不安？

6 切忌过分简单化。 批判性思维者反对并拒绝简单的概括和思考，他们的思维绝不停留在理所当然的判断上。例如，你是否觉得自己最好能控制所有发生在自己身上的事情呢？或是认为应该平静地接受生活中的每一件事？实际上，这两种想法都太过于简单化。就像我们在第十三章里将会谈到的那样，对生活有所控制是很重要的，但有时顺其自然也很不错。

"过分简单化"（oversimplification）最常见的形式便是逸闻推论（argument by anecdote）——将个人经验或少数事例推论于所有人。例如，仅凭一个罪犯假释后又犯了罪就认为应该废除假释政策；只因为一个朋友厌学就推论说所有人都厌学；或者一个朋友信誓旦旦地说海藻治愈了她的头疼，就推论说海藻对所有人都有效等。逸闻往往会导致刻板印象的形成：比如，因为有个母亲骗取救济金就认为其余所有母亲也都是骗子，或是因为碰上了一位行为异常的加利福尼亚州人就认为所有加利福尼亚州人都很古怪。有批判性的、科学的思维者需要较多的证据来进行全面的推论，而不是仅凭一两个事例就得出结论。

7 考虑其他可能的解释。 一个批判性思维者所阐述的假设是富有创造性的，它能够为相关的事物提供合理的解释。在科学领域，建立假设的目的是为了创立**理论**（theory），即能够解释特定现象及其关系的系统假说和原理。人们有时会说："这不过是一种理论。"但一种科学的理论绝不只是某个人的观点。在科学领域中，一种理论要想被科学界所接受，就必须建立尽可能少的假设，同时要有详尽的实证证据。

> **理论** 能解释特定现象及其关系的系统假说和原理。

当要对某些行为进行明确的解释时，批判性思维者不会随意地排除其他可能的解释。他们在选出一个最为合理的解释之前，会尽可能多地概括出对实证证据的各种解释。例如，一份新闻杂志报道说，慢性抑郁症患者比没有抑郁症的人更容易得癌症，那么在得出"抑郁导致癌症"这一结论之前，你应该考虑一下其他可能的解释。也许抑郁的人们大都吸烟或酗酒，这些不健康的习惯才是癌症危险性增加的原因；也许未发现的癌症生理变化产生了抑郁的躯体或情绪症状，所以只有通过进一步调查研究排除这种变化解释后，才能得出抑郁导致癌症的结论。

8 容忍不确定性。 最后，批判性思维可以教会我们人生中最难的一课：如何在不确定性中生活。在我们所处的日常生活中，有时只有少数的证据可以进行验证，有时甚至根本就没有可靠的证据可以进行验证，有时证据只是一些试验性的结论，有时一些证据看似足以支持一个结论，实则不然……更让人恼火的是，有时新证据的出现还会打乱我们先前的信念。批判性思维者甘愿容忍这种不确定性的状态。他们不害怕说出"我不知道"或"我不确信"。

在科学研究中，对不确定性的容忍，意味着在其他科学家没有对自己的研究进行**重复验证**（replicate）并得出相同的结果之前，研究者应该力图避免做出一个确定的结论。保密是科学的大忌，你必须乐于公开自己观点的来源以及得出结论的过程，以便他人能够对其正确性

传统观点将催眠视为一种恍惚状态，在这种状态下人们会不由自主地去做那些他们在日常生活中不能做或不会做的事情。但是，对于被催眠的人经常做的那些令人惊讶的事情，可能有另一种解释吗？（我们将在第五章给出完整的解释。）

加以检验。重复验证是科学研究过程中必要的成分，因为有时一些现象纯属偶然因素所致。

接受一定程度的不确定性并不意味着我们必须抛弃所有的假设、观点和信念，这也是不可能的。不管怎么说，我们都需要能够指导我们行为的价值观和原则。问题不在于人们坚持自己的信念，而在于人们拒绝放弃那些过时的、危险的、愚蠢的或甚至是错误的信念。

批判性思维是引导我们终身探求真相的工具，我们必须时刻保持敏锐。没有人能成为一个完美的批判性思考者，完全不受情感推理和主观愿望的影响。我们都没有我们以为的那么开明。在别人的论点上戳个洞比批判和审视自己的观点要容易得多。然而，我们认为这个过程是非常有价值的脑力活动，因为批判性思维能力会用为你省钱到改进你的人际关系等数不尽的方式来帮助你。

当你读这本书的时候，请记住我们所说的八条基本原则。批判性思维的练习能帮助你强壮自己的"思维肌肉"，更好地理解心理学的概念，使你自己能够批判性地思考一些心理学理论和影响我们心理与行为的个人和社会问题。书中的灯泡图标（如右图）会不时地提醒你运用所学的批判性思维原则对一些相关内容进行思考。在小测验中，灯泡图标的出现要求你应用批判性思维原则来思考这一问题。当然，批判性思维对全书都很重要，而不仅仅是在灯泡出现的地方。最后，在每一章的最后，一个叫作"学以致用"的专栏，将帮助你把批判性思维应用到这一章的某个话题里，将所学到的知识应用于生活中。

对……进行批判性思考

快速测验

通过回答这些问题来增强你的思维能力。

一、描述批判性思维的指导原则是如何在下面的每一个案例中被违反的：

1. 多年来，作家诺曼·卡曾斯（Norman Cousins）讲述了他如何通过幽默和维生素的结合治愈了一种罕见的、危及生命的疾病。在一本畅销书中，他向其他人推荐了同样的方法。
2. 18世纪的内科医生本杰明·拉什（Benjamin Rush）认为，黄热病应该通过放血来治疗。他的许多病人都死了，但拉什并没有对他的方法失去信心，他将每次康复归因于治疗，将每次死亡归因于疾病的严重程度。（Stanovich, 2010）

二、阿梅莉亚（Amelia）和哈罗德（Harold）在为死刑争论不休。哈罗德说："我只是强烈地感到这是野蛮的、无效的、错误的。"阿梅莉亚说："你疯了，我相信以眼还眼，而且，我绝对相信这能阻止更多的犯罪。"阿梅莉亚和哈罗德犯了哪些违反批判性思维的错误？

答案：

一、1. 卡曾斯战胜了他的病，他用幽默和维生素来治疗——这些对他的病甚至所有疾病都有治疗作用吗？他可能是在其他治疗方法——中草药等——中变好的，他可能是在他自己的身体情况改善时变好了。2. 拉什不能分析和批判他的假设，他可能是对的，也可能是错的。因为没有考虑到其他的可能性，我们没有办法知道他是对了还是错了。并且说服人们使人死亡的人轻易无罪有点太好了。（顺便说一句，这个推理是错误的，这样当所有上帝都站在你这一样。）二、哈罗德和阿梅莉亚正在支持他们的信念（非关其他证据道理），所以很有点像（当然是错的）人在引用未经检验的假设的情况下的。关于死刑和犯罪之间是什么关系，但亚当已经了什么？尤其是人类已经研究那个有多少年了？我们是有自己的想法的，而且我们可能对自己的情感做出反应；他们为什么没有引用确凿的证据？这是为了防止他们的情愿的影响并聚焦目的。

> **你将会学到**
> - 心理学研究是如何选择被试的？为什么选择被试很重要？
> - 心理学家用什么方法描述行为？
> - 各种描述性方法有什么优缺点？

描述性研究：确立事实

根据研究问题的不同，心理学家利用不同的方法收集证据来支持自己的假设。不过，这些方法彼此之间并不是相互排斥的。这就好比办案时需要检验DNA样本和指纹，同时要对嫌疑人进行审问，以确定谁是犯人。在研究的不同阶段，心理学家往往使用不同的方法和手段。

无论你使用何种方法，研究者面对的最大困难在于如何选择实验参与者（有时也叫作被试），也就是如何获取能准确代表研究者想要描述的较大总体的**代表性样本**（representative sample）。假设你想了解大学二年级学生的药物滥用情况，你不可能对每所大学的二年级学生都进行调查。这时你就需要抽取一个能够代表这个总体的样本。抽样必须依据特定的程序，以保证所得样本的男女比例、黑人和白人的比例、经济和宗教状况等一切相关特征都与大学二年级学生这个总体相一致。即使这样，你所抽取的样本也很可能只是来自你所在的学校或城市，并不能代表整个州或全国大学二年级学生的状况。

大部分实验研究都是基于非代表性样本获得的。我们在新闻报纸上看到这样一项研究：美国医学会调查了在线投票的664名女性，结果显示，在寒假期间，酗酒行为或不安全性行为在女大学生群体中泛滥。但是这个研究的被试样本来自那些愿意填写问卷的女性，并且其中的1/4曾寒假出游，样本不具代表性或样本不是来自普通女大学生群体，所以这一调查结果无法说明全国女大学生的行为现状。（Rosenthal, 2006）

样本的代表性其实远比样本大小重要得多。一个有代表性的小样本往往可以得出准确的结果，反之，一个调查或民意测验如果没有使用合适的取样方法，不管样本有多大，其结果还是不准确的。在实践中，心理学家经常要判断基于此样本的研究结果能推广到哪些人群，不能推广到哪些人群。一般情况下，人们大部分的心理过程都是相似的，如基本的知觉或记忆过程。然而，在某些方面，学生群体与非学生群体是存在差异的，所以基于学生群体的研究结果就不适用于更大的群体。

现在我们开始探讨心理学研究中最常用的一些具体方法。当你学习这些方法时，为了更好地理解和记忆，不妨将它们各自的优点和缺点列一个表，然后与第32页上的表1.3进行核对。我们先从**描述性方法**（descriptive method）谈起。研究者通过它可以对行为进行描述和预测，但描述性方法不能帮助我们从不同的解释中做出选择。

个案研究

个案研究（case study），也称个人历史法，是指在仔细观察和正式的心理学测验的基础上，对特定个体进行详细的描述。它主要包括能够洞察个体行为的有关信息，如童年经历、

代表性样本 从要研究的总体中抽取出来的，在年龄、性别等重要的个人特征上与总体相一致的群体。

描述性方法 可以对行为进行描述，但却不能做因果分析的方法。

个案研究 对需要研究或治疗的特殊个体进行详细描述的研究。

梦境、幻想、经验、人际关系和愿望等。个案研究大多用于临床诊断，但有时理论心理学研究者也采用这种研究方法，尤其是当他们刚开始研究某一课题，或是出于实际的或伦理道德的原因无法通过其他途径收集信息的时候。

例如，假设你想了解生命的最初几年对母语习得是否起关键作用，想知道那些在幼儿时期错过听觉言语的儿童（或者说，能看见手势信号的耳聋儿童）在以后是否能弥补这一缺陷。显然，心理学家不能通过隔离儿童以观其后的发展来回答这一问题。因此，他们只能对被剥夺语言的特殊个案进行研究。

上图是由"基妮"——这个曾经遭受多年隔离和虐待的女孩画的。这代表着一段她过去感到最快乐的时光：正在听研究者苏珊·柯蒂斯（Susan Curtiss）弹钢琴。"基妮"的画与其他的相关材料一起被用来研究其心理和社会性发展水平

有这样一个案例：一个 13 岁的小女孩从婴幼儿期起就被残忍地锁在一间小屋里，她的母亲受尽了丈夫的虐待，也不怎么照顾她，家里没有任何人和她说话。如果她发出任何一点哪怕是极轻微的声音，都会遭到父亲那根大木棒的毒打。获救后，研究人员给她取名为基妮（Genie），但她都不知道如何咀嚼、如何直立行走，她能发出的唯一的声音就是尖锐的呜咽声。后来，她学会了部分社会行为准则，渐渐地能够听懂短句，会用单词表达她的需要或描述她的情绪，甚至说谎。但多年之后，她的语法和发音仍不正常。她从来不会使用正确的代词，不会提问，不能正确地使用否定句，只能使用几个词尾表示时态和所有格。(Curtiss, 1977, 1982; Rymer, 1993) 这类悲惨的案例提示我们，语言发展确实存在关键期。而且掌握母语的能力有可能在童年早期就开始稳定地衰减，到青春期时则急剧衰退。(Pinker, 1994)

在某种程度上，个案研究举例说明了心理学的原理，这是抽象的概括和冷冰冰的统计所做不到的。同时，与其他方法相比，它能提供更为详细的个体信息。在生物学研究中，那些对脑部受伤病人的个案研究，为解释大脑如何进行组织的问题提供了重要的线索。（见第四章）但是在很多情况下，个案研究也存在严重的缺陷，如收集的信息经常会缺失，并且难以解释，例如，没人知道基妮是否存在先天的心理缺陷。观察者的偏见可能会导致他或她注意到某些事实，却忽略了另一些事实。而且研究对象可能会有选择地进行报告，或不准确地回忆，这严重影响了研究结果的可靠性。另外，研究对象可能对要研究的总体没有代表性，这便限制了个案研究对一般行为准则的推测。基于上述原因，个案研究法通常只为假设收集数据资料，而不能作为检验假设的方法。

所以对那些仅以生动案例作为证据的大众心理书籍和电视节目，你要多加小心。这些案例只能算作奇闻逸事。我们知道，任何事物的准确结论都不是从奇闻逸事中获得的。

观察法

观察法（observational study）是指研究者在尽量不影响被观察者（人或动物）的情况下，对其行为做观察、测量和记录。**自然观察法**（naturalistic observation）的主要目的是为了观察人或动物在各自正常的社会环境中的行为表现。心理学家则用这种方法在任何人类活动的场所中进行观察，如家中、游乐场、街道、学校或者办公室。观察者还必须进行伪装，避免将自己的行为目的暴露在外，从而才能获得被观察者自然发生的行为反应。不过，

观察法 研究者在不影响被观察者的情况下，对其行为进行系统而精细的观察和记录的方法，包括自然观察和实验室观察两类。

心理学家往往更喜欢在实验室情境下进行观察。在**实验室观察法**（laboratory observation）中，研究者可以进行较多的控制。他们可以利用精密先进的仪器，确定观察对象的人数，并能保证观察时视野的清晰度等。

如果你想了解不同年龄的婴幼儿单独面对陌生人时的反应，最有效的方法就是进行实验室观察。你可以先让父母带着孩子到有单向玻璃的实验室中玩上一会儿，然后让陌生人进入，几分钟后再让父母离开——这时你就可以在单向玻璃后观察儿童的反应。你可以记录他们不安的迹象、与陌生人的互动和其他的行为，然后将其与其他观察者的结果相对照以确保观察的准确性。通过观察你会发现，非常小的婴幼儿会继续快活地玩他们正在玩的东西，对父母的离开没有反应；而8个月大的婴幼儿则经常会出现哭泣或其他被心理学家称为"分离焦虑"的行为表现。（见第三章）

心理学家通过实验室观察，已经收集了有关睡眠期间大脑和肌肉活动的有价值的信息

实验室观察也存有缺陷。观察者的出现和一些特殊仪器的使用有可能会使参与者的行为与自然情境下的表现不一致。另外，同其他描述性研究方法一样，观察研究更多地适用于对行为进行描述，而不是解释。例如，如果我们观察到婴儿对父母的离开有所抗议，我们并不能确定他们抗议的原因是因为婴儿已经开始依恋父母并希望待在父母的身边，还是因为他们从经验中得知自己的哭闹能得到一块甜点或一个拥抱？要想回答这样的问题，单靠观察法无能为力。

测验法

心理测验 用来测量人格特质、情绪状态、智力、兴趣、能力和价值观等的方法和手段。

心理测验（psychological test），也称评估手段（assessment instrument），是用来测量和评价人格特质、情绪状态、智力、兴趣、能力和价值观等的手段。通常，测验需要人们回答一系列书面或口头问题，再将答案合成一个或多个分数。客观性测验（调查表）是对个体意识到的信念、感受或行为的测量；而投射测验则被用来测量个体无意识的情感或动机。（见第十一章）

参与进来 ｜ 人际空间的调查

自己试着进行自然状态下的观察。请你选择一个可以坐着聊天的公共场所，如电影院或有大桌子的自助餐厅。你可以召集一些朋友来帮你完成这个调查。你可以将这个公共场所分成几个小区域，并指定你的朋友单独或成对地坐在某个小区域内，让他们负责记录他们与旁边人之间的空座个数。人们一般与陌生人保持多远的距离呢？一旦你得到答案，你又能想出多少种可能的解释呢？

你一定做过有关人格、成就或职业倾向的测验。如今，许多心理测验都已被广泛应用于工业、教育、军事和就业指导中。其中有些属于个别测验，有些则属于团体测验。这些测验有助于了解个体之间的差异，以及同一个体在不同情境或者不同年龄阶段中的不同反应。心理测验能够促进个体自我认识，评估治疗的效果和程序，在科学研究中帮助心理学家对人类的行为进行归纳和概括。由于大多数人都不能准确认识自己的能力和性格特性，所以编制良好的心理测验能够避免过于简单化的自我评估。在工作场所，员工一般会高估自己的技能，CEO们会对自己的判断过分自信。无论是在学校还是在工作中，人们经常意识不到自己能力上的缺陷。（Dunning, Heath & Suls, 2004）

判断一份测验是否良好的标准在于它是否符合**标准化**（standardization），即是否有一套严格统一的施测和计分程序。如果提供给被试的指导语详略不一，测验时间有长有短，那么最后的结果一定是不合理的。施测人员必须非常熟悉指导语、测验时限和所用材料。测验分数通常与**常模**（norm）进行比较，或是确定成绩的标准分数。建立常模的一般步骤是在研究者感兴趣的对象中选择一个大样本来进行施测。通过与常模分数的比较，可以看出个体的成绩是处于高水平、低水平还是平均水平上。

标准化 在编制测验中，确定一套严格统一的施测和计分程序。

常模 在测验编制中所建立的成绩标准。

测验编制主要面临两个主要挑战：第一，一项测验必须有**信度**（reliability），也就是说，在不同时间和不同地点所得结果应该一致。如果一份职业测验告诉汤姆，他非常适合做一名工程师而不适合做一名记者，一周后，采用同样的问卷对汤姆进行再测，却得到了相反的结果，那么这份测验的信度就不高。同样地，如果同一被试在两份等值测试中获得不一致的结果，也可说明此份测验的信度不高。第二，要成为一个有用的测验，还需要有**效度**（validity），即测验必须能够测量出研究者所要测量的内容。如果一份创造力测验实际上测量的是能言善辩的能力，那么这份测验的效度就不高。一般多是将一份测验对其他独立的测验或效标的预测能力作为该测验的效度衡量指标。学业能力测验可以用大学成绩作为效标，而一份关于羞怯的测验则可能会以社会情境下的行为作为效标。即使是一些应用非常广泛的测验，如标准化智力测验和（美国）学业能力倾向测验（Scholastic Aptitude Test，SAT），不同的心理学家对它们的效度都存有争议。

信度 在测验编制中，测验分数在不同时间和不同地点的一致性。

效度 测验能够测出研究者想要测量的变量的能力。

调查 通过问卷或访谈的形式直接收集有关人们的经历、态度或观点等方面的信息。

对心理测验的批判和再评价能够保证心理评估的真实性和科学的严谨性。相反，那些遍布于报纸、杂志和网络中的大众心理测验通常都不考虑信度和效度问题。那些题为"你最喜欢喂养哪种类型的狗"或"恋人的七种类型"的问卷，其中的项目只是编写者自我感觉不错而已。

调查法

心理测验通常都是间接地去获取人们的相关信息。与之相反，**调查**（survey）则是通过问卷或访谈的形式直接收集有关人们的经历、态度或观点等方面的信息。我们大多数人对民意调查都很熟悉，如盖洛普（Gallup）调查和罗佩尔（Roper）调查。调查涉及的内容非常广泛，从网络的用途到

©The New Yorker Collection 1998 Roz Chast from cartoonbank.com All Rights Reserved.

许多人很重视他们的考试成绩

性取向等，都可进行调查。

调查可以为我们提供大量的数据，但是要进行一项很好的调查并不容易。其中最大的困难就在于样本的代表性问题。例如，一个电台访谈节目与电视上的名人分别在他们的网站上调查观众对某个政治事件的看法。即使有数以千计的人参加这项调查，其结果也必然不能推广到所有的人。因为喜欢收听比尔·奥赖利（Bill O'Reilly）节目的听众所持观点，有可能与乔恩·斯图尔特（Jon Stewart）的粉丝所持观点大相径庭。

 对民意测验及调查进行批判性思考

志愿者偏向 指通过志愿者样本而不是有代表性的样本而导致的调查结果的缺陷。志愿者有可能与非志愿者的观点大不相同。

民意测验或调查研究（如想调查女大学生寒假的活动情况）也会受到**志愿者偏向**（volunteer bias）的影响。那些主动表达自己观点的人与那些保持沉默的人所持的观点起码在强度上就有所不同。在你阅读一份调查（或任何其他形式的研究）时，始终都要记着询问一下被试的信息。当然，一个有偏差且不具有代表性的样本也不一定就意味着这份调查毫无价值或没有趣味性，它只是表明，这些结果可能并不适用于其他群体。

调查方法面临的另一个问题是人们有时会说谎，尤其是当调查涉及敏感性问题（"什么？我做过令人厌恶/不诚实的事？从来没有！"）或非法行为（如使用禁用药物）时，人们往往不会说真话。（Tourangeau & Yan, 2007）减少谎言的一个办法是保证匿名调查。另外，研究者也可以通过运用不同措辞，反复询问被试同样的问题进行测试。在这一点上，计算机技术可以帮助我们，因为人们面对电脑答题会比面对纸笔形式的问卷时更容易感到隐蔽和安全。（Turner 等，1998）

当你得知一项调查或民意测验的结果时，你应注意问卷中所问的问题及其表述的形式。研究者所提的问题可以反映出他们关于调查主题的假设，或者可能是为鼓励在某个特定方向上反应而设计的，例如，"你赞成通过提高自己

你是 A. 满足的 B. 幸福的 C. 非常幸福的 D. 极度幸福的 E. 精神错乱的幸福

快速测验

你如何描述你对描述性方法的理解？

一、哪一种描述方法最适合研究下列主题？（顺便说一下，他们都已经被心理学家研究过了。）

1. 男孩和女孩游戏的不同之处　　　　　　　　　　　　　　　　A. 个案研究
2. 一部关于核毁灭的电视或电影之后，人们对核裁军的态度发生了变化　　B. 自然观察法
3. 美国和日本孩子的数学能力　　　　　　　　　　　　　　　　C. 实验观察法
4. 当人们观看暴力电影时发生的生理变化　　　　　　　　　　　D. 调查
5. 在一次常规手术中，一名男婴的阴茎意外被烧断，随后他被当作女孩抚养长大　　E. 测验

二、混乱（Flummox）教授在今年年初对她的心理学学生进行了新的心理学学习能力测试。到了年底，她发现那些测试成绩好的学生在这门课上的平均成绩只有C。测试缺乏_____。

答案：一、1.B 2.D 3.E 4.C 5.A 二、效度

的财产税，用以筹集数百万美元修建当地的学校吗？"相较于"你赞成重建那破旧不堪、缺乏供暖系统、老鼠乱跑的学校吗？"唤起了更多的否定回答。多年前，著名性学专家阿尔弗雷德·金赛（Alfred Kinsey）在调查中经常会问："你有多少次（手淫行为、婚外性行为等）？"而不是问："你曾有过（手淫行为、婚外性行为等）吗？"前一种提问方式比后者更容易得到真实的答案，因为前一种问法降低了人们对那些行为潜在的自我意识，而后一种问法则很容易使回答者感到尴尬并做出简单却不诚实的回答——"没有"。

综上所述，虽然调查法很有用处，但在进行调查和对其做出解释时一定要谨慎。

你将会学到

- 若两个事件之间存在负相关，如学习成绩和看电视的时间，这两个事件之间会有怎样的关系？
- 若个体看电视和多动呈正相关，是否也就意味着看电视太多会导致孩子多动？

相关研究：探索关系

在描述性研究中，心理学家通常对两种或两种以上现象之间的相互关系感兴趣。例如，学生在学校的总平均成绩是否与他们看电视、玩游戏、学习的时间长短有关？要想证明这一点，心理学家就需要进行**相关研究**（correlational study）。

相关研究　一种探寻两种现象间一致性关系的描述性研究。

相关的测量

相关（correlation）一词是关系的同义语。在学术上，相关是用数字来表达两件事情之间的关系强度。"事情"可能指事件、分数，也可能是指任何可以记录和计算的事物；在心理学研究中，这些事情因其可计量而被称为**变量**（variable）。像身高、体重、年龄、收入、IQ 分数、在记忆测试中所回忆的项目数或在某段时间内微笑的次数等凡是能被测量、排序或者计分的事物都可被称为变量。

相关　对两个变量间关联程度的度量。

变量　可以测量或数量化的行为或经验特征。变量在科学研究中可以操纵和评估。

正相关（positive correlation）是指两个变量变化的方向一致，一个变量增大另一个变量个也增大，一个变量减少另一个变量也随之减少。例如，身高与体重、智商与学业成绩之间便是正相关。不过，基本上不存在完全的正相关。就像有些人虽然长得很高，但其体重还不如某些个子矮的人；有些学生智商中等，但其学业成绩却是一流的，而有些学生虽然智商很高，但其学业成绩却不佳。图 1.2（a）给出了男性受教育程度与其年收入之间的正相关关系。

正相关　两变量同时升高或同时降低，则二者关系为正相关。

负相关（negative correlation）是指两个变量变化的方向相反，即一个变量增大，另一个变量却在减少。

图 1.2（b）给出了 100 个家庭中的平均收入和其成员患牙科疾病之间的负相关关系。如图所示，家庭收入越高，其成员患牙科疾病的概率就越低。在生活中，负相关的现象比比皆是：在汽车

负相关　两变量呈反方向变化，则二者关系为负相关。

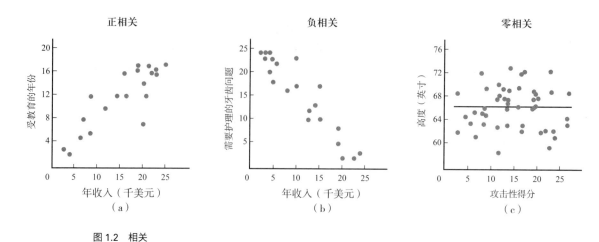

图 1.2　相关
图（a）是正相关：一般而言，收入越高，受教育程度也越高。图（b）是负相关：一般而言，收入越高，牙科疾病就越少。图（c）是零相关：身高和攻击性之间没有关系

业中，除非汽车的款型具有收藏价值，一般来说汽车的款式越古老，其价格也就越低。人的年龄越大，其跑步的能力、犯罪的概率和头发的数量都会下降。还记得前面提到过的看电视时间的长短和学生学业成绩之间的相关吗？它们也是一种负相关关系。即一名学生花在看电视上的时间越长，其在学校中的平均成绩就越低。（Potter, 1987; Ridley-Johnson, Cooper & Chance, 1983）你也可以想一想，在日常生活中还有没有其他变量之间存在负相关的情况。不过，需要记住，负相关仍然意味着两个事物之间存在着一定的关系。如果两个变量之间没有关系，如图 1.2（c）所示，我们就将其称为零相关。一个人所穿的鞋的尺码与其 IQ 分数之间就是零相关。

> **相关系数**　相关系数是表示相关的度量方式，数值在 –1 和 +1 间变化。

在统计学上，用**相关系数**（coefficient of correlation）来表示两个变量之间的关系程度。它既能说明相关的程度，又能说明相关的方向。完全正相关，其相关系数是 +1，完全负相关，其相关系数是 –1。假设有 10 个人，将他们的身高从高到低排序列表，再将他们的体重从重到轻排序列表。如果两张表的顺序完全一致，则表明身高和体重之间的相关系数为 +1。若两个变量的相关系数为 0.8，则表明二者之间有较强的正相关。若两个变量的相关系数为 – 0.8，则表明二者之间同样有较强的相关，不过是负相关。当两个变量没有关系时，其相关系数就为零或接近于零。

谨慎看待相关

相关研究在心理学中普遍存在，在新闻报道中也常有涉及。但要小心，媒体或互联网报道中提及的相关大部分都是从谣言或传闻的基础上得出的。一些根据偶然事件得到的相关称为错觉相关，它们是不存在的或无意义的。

疫苗与儿童自闭症之间的关系就是一种错觉相关。事实是儿童自闭症症状出现的时间与儿童接种疫苗的时间恰好出在同一时间点上。还有些人认为，与自闭症有关的并不是疫苗本身，而是疫苗中的防腐剂硫柳汞。自 1999 年后，儿童疫苗中便不再添加此物质，目前只有极少数疫苗中含有微量硫柳汞。但仍没有令人信服的证据证明硫柳汞与自闭症相关，

幼儿小时候看电视的时间与其 7 岁患多动症的风险呈正相关，这能说明看电视会导致多动症吗？对于这种相关还可能存在其他的解释吗

硫柳汞从疫苗中移走后，自闭症的患病率也没有下降。另外，国际上的相关研究也未发现疫苗和自闭症之间存在任何因果联系。(Offit，2008) 例如，有一项研究调查了 50 多万个出生于 1991—1998 年的丹麦儿童，发现事实上接种疫苗儿童的自闭症发病率比未接种疫苗儿童的发病率还要低一点。(Madsen 等，2002) 可悲的是，如果父母拒绝为儿童接种疫苗，便导致麻疹的患病率上涨，这种疾病几乎是致命的。

即使两者之间的相关是有意义的、联系紧密的，相关关系并不能表明存在因果关系。若通过 A 的出现就能预测 B 的出现，人们一般就会想当然地认为，是 A 导致了 B，即 A 是 B 发生的原因。但是，事实却并非如此。例如，1 到 3 岁儿童看电视的时间与他们 7 岁患多动症（冲动、注意困难、注意力不集中）的风险之间呈正相关（Christakis 等，2004），这就意味着看电视就会增加患多动症的风险吗？可能是这样的，但是也可能是有多动倾向的儿童更容易被电视所吸引。可能容易分心的儿童的父母更加忙碌，比其他父母更可能依赖电视来作为儿童的照看者。或者也许存在一些其他变量间接地影响儿童患多动症的风险。例如，那些允许孩子看很多电视的父母自身可能就存在注意方面的缺陷，因此这种家庭环

> **快速测验**
>
> 根据你的经验，参加小测验和取得好成绩是正相关的。
>
> 一、将下列各项分别确定为正相关或负相关。
> 　1. 雄性猴子的睾丸素水平越高，就越有可能表现出攻击性。
> 　2. 年龄越大，发生性行为的频率越低。
> 　3. 天气越热，针对人的犯罪率就越高，比如抢劫。
>
> 二、现在看看你是否能对前面的每一个发现产生两个或三个可能的解释。
>
>
>
> 答案：一、1. 正相关。 2. 负相关。 3. 正相关。 二、1. 这种联系可能反映出睾丸水平较高的猴子与其他猴子有更多三角关系，故表现出攻击性；睾丸素水平可能增强肌肉的发达和体积。 2. 与年龄相关的健康问题可能更严重；由于更多的人入睡；有些性功能可能变得更糟。 3. 天气热可能使人烦躁，其抢劫的人口可能更多；在温暖的天气里，人们可能花更多时间在户外，潜在的被抢劫者和可能的犯罪者接触更多；贫穷的人们更可能没有空调，因此会在街道上闲逛。（我们对这些相关性的解释并不是唯一可能的。）

境可能会促使多动症或注意力不集中的发生。同理，关于看电视时间的长短与学生在校学业成绩之间存在负相关，这既可能是因为那些爱看电视的学生没有太多的时间来学习，也可能是因为一些个性因素导致他们不爱学习而喜欢看电视，又可能是因为他们想通过看电视来缓解学习成绩差这一压力……当然，你还可以说出其他一些你自己的看法。

综上所述，当两个变量之间存在关系时，其中一个可能是另一变量的原因，也可能不是。

你将会学到

- 为什么心理学家如此重视实验研究？
- 控制组到底要控制什么？
- 在单盲或双盲实验中，谁是"盲"者？不想让他们"看见"什么？

实验研究：寻找原因

通过描述性研究方法，研究者可以获得很多信息。但是当要寻找某种行为产生的原因时，研究者就需要较多地依赖实验研究。在**实验**（experiment）中，实验者可以控制和操纵研究中的情境。实验者不是消极地记录被试的反应，而是主动采取一些他们认为可以影响被试行为的措施，然后观察所发生的行为。依据这种实验程序，实验者得出关于原因与结果的因果结论，即可弄清何谓因、何谓果。

> **实验** 一种对假设所进行的控制性检验。实验者通过对一个变量的控制得出它对另一变量的影响。

所有的心理学研究都必须遵循一定的伦理道德准则，由于实验研究存在需要操纵某些要素的问题，所以伦理道德准则在实验研究中也就显得尤为重要。在多数大学里，所有的研究项目都必须通过审查委员会的审查才能进行。研究中的被试（也叫参与者）必须是自愿参与，同时研究还要符合**知情同意**（informed consent）的原则，即需要让被试对所进行的研究有充分的了解，以便使其做出理性的选择。研究人员必须保证被试在参与实验的过程中，不会在生理和心理上感到不适或受到伤害，必须让被试知道所有可能存在的风险；而且任何时候只要被试想终止实验，实验就必须停止。

> **知情同意** 在人类研究中，被试自愿参加实验且对实验有足够的了解后决定是否参加实验的文件证明。

伦理准则也涉及动物研究的人性化问题。虽然动物实验只被运用在极少数的心理学领域中，但是它对这些领域的发展却起着极为重要的作用，尤其是对生理心理学和行为研究而言。由于在有关动物的权益和应享有的待遇方面存在激烈的争论，近些年来美国心理学会的准则手册中有关如何使用动物这一方面的规定也越来越完善。另外，联邦法规也正在加强对动物居住环境和日常护理的改善。

实验变量

想象一下，你现在是一个对复杂任务感兴趣的心理学家。人们几乎每天都在进行着复杂的任务活动，你想知道这对人们来说是一件好事还是一件坏事。具体来说，你想了解边开车边打电话是否容易致使交通事故发生。机动车的统计数据显示，边开车边打电话与交通事故数量之间呈正相关关系。但交通事故的发生也有可能是由激进冒险人格或缺乏驾驶经验导致的。接下来你会写下与研究问题有关的所有原因与结果，决定做个实验来探究它们之间的关系。

在实验室中，你让人们用配备了自动换挡、方向盘、油门和刹车踏板的计算机模拟设备"开车"，要求他们在一个繁忙的高速公路上开出最远的距离，并且要注意别撞车。其中一些人会与隔壁房间的实验助手电话交谈他们共同感兴趣的话题，交谈时间为15分钟；而另一些被试则只开车不交谈。然后你比较两组人撞车的次数。图1.3是实验设计的示意图，它可以帮助你理解以下几页的内容。

在一个实验情境中，研究者操纵使其变化的方面称为**自变量**（independent variable）。被试的反应，即研究者想要预测的行为称为**因变量**（dependent variable）。每个实验至少有一个自变量和一个因变量。在上一个实验中，自变量是移动电话的使用，即一组人使用而另一组没用；因变量则是撞车的次数。

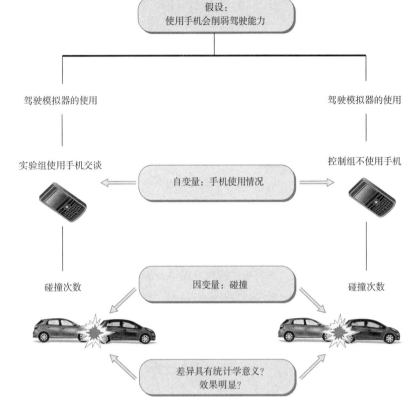

图1.3　打电话对驾驶有影响吗
以上是为检验打电话是否会影响驾驶技术从而导致交通事故所做的实验设计

在理想状态下，实验情境中除了自变量之外的所有因素都应该保持恒定，也就是说，要保证所有被试都面对同样的实验条件。你不能让其中一些人用手动换挡杆，而另一些人用自动换挡器（除非你把换挡杆看作一个自变量）。类似地，你也不能让其中一些人单独完成实验任务，而让另一些人在旁人的注视下完成任务。你必须使因变量之外的所有因素都保持恒定，这样才能保证随后的结果是由于研究者的操纵而不是其他因素产生的。

自变量　实验者操纵的变量。

因变量　实验者想要预测并通过操纵自变量而引起变化的变量。

许多学生常常不能正确地辨别出自变量和因变量，这是可以理解的。你可以这样想：因变量是研究的结果，它依赖于自变量。当心理学家设计一个实验时，他们会想："如果我做X，那么被试就会做Y。"X代表自变量，Y代表因变量：

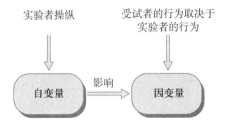

大多数变量既可以是自变量也可以是因变量，具体是什么取决于实验者的研究目的。如果你想知道吃巧克力是否会使人紧张，那么巧克力的食用量就是自变量；如果你想知道人们是否因为感到紧张而吃巧克力，那么巧克力的食用量就是因变量。

实验条件和控制条件

控制条件 在实验中，为了与实验条件相比较而让被试接受与实验处理不一样的一种条件。

实验通常由实验条件和对照条件构成，后者也被称为**控制条件**（control condition）。在控制条件下，人们除了不接受自变量的处理，其他方面和在实验条件下都一样。若没有控制条件，你就不能确定你所要研究的行为在没有实验处理的情况下是否也会发生。在一些研究中，实验条件和控制条件可以用同一批被试。而在另一些研究中，人们要么被分在**实验组**（experimental group），要么被分在**控制组**（control group）中。

在前面关于打电话影响驾驶的实验（电话研究）中，根据我们的实验设计，将边开车边打电话的被试视为实验组，只开车的被试视为控制组。我们应尽量使这两组人的开车技术大致相同。如果实验组的被试开车鲁莽、横冲直撞，而控制组都是行动迟缓、慢条斯理的人，这样肯定是不行的。我们还应该尽量使两组被试的年龄、受教育程度、驾龄和其他特征都比较相似，这些变量就不会影响我们的实验结果了。要做到这一点，其中一个方法是将被试**随机分配**（random assignment）到每组中去。例如，给被试随机分配编号，并将偶数号的被试分到一组，将奇数号的被试分到另一组。如果我们的被试人数足够多，那么可能影响结果的个体特性就大致平衡分布于两组中，这样我们就可以忽略因个体特性所带来的误差。

随机分配 每个被试分配到实验组或控制组的机会都相同的一种分配程序。

有时研究者会设置几个实验组或控制组。在我们的研究中，如果想探究谈话时长（时间长、时间短）或谈话内容（比如工作、个人事务或个人隐私）对结果的影响，我们就需要多设置几个实验组同控制组比较。在我们假定的这个研究中，我们虽然只有一个实验组，但是要求实验组被试谈话时长为15分钟，谈话内容为自选内容。

上述描述并没有涵盖研究者使用的所有步骤。在某些实验中，控制组的被试会得到**安慰剂**（placebo），安慰剂是一种虚假的实验处理或者是一种看起来、尝起来或闻起来像真实药剂的假糖丸。如果安慰剂产生了同使用真实药剂时一样的结果，那么原因一定来自被试者的期望而不是药剂本身。由于被试者的乐观作为一个潜在因素影响着治疗效果，所以安慰剂对测试新药品的有效性十分重要。安慰剂不含有活性成分，通常被制成药片或注射剂。图1.4中的研究表明了安慰剂在研究伟哥对女性的性问题中所起的作用。

安慰剂 作为实验控制的一种非活性物质或虚假的处理。

顺便提一下，控制组在非实验研究中也很重要。有些心理治疗师曾在他们的出版物中提到过女生进入青春期往往会出现自尊或自信问题。除非作者检验或调查了一组可比较的青少年男孩，否则无法得知究竟低自尊普遍困扰着青少年，还是在女生中更常见（事实证

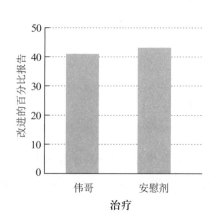

图1.4 "伟哥"对女性有用吗

当一种新药产生良好的疗效时，为了判定这种作用是由药品本身引起的还是由人们对药品良好效用的期待引起的，我们可以使用安慰剂。在一项研究中，有41%的女性服用"伟哥"后报告自己的性生活得到了改善。这一数字听起来很是让人振奋；可是有43%的女性在服用了安慰剂之后也报告自己的性生活得到了改善。（Basson等，2002）

明，并不是这样的）。如果有人提出了一种新的治疗方法，声称男女生在某些心理反应上存在差异，或者吹嘘新药品的有效性时，我们都要问一句：控制组有什么表现呢？

实验者效应

由于期望会影响实验结果，所以不应让被试知道自己是在实验组还是在控制组，这样的研究叫**单盲研究**（single-blind study）。可是，不仅被试会对实验产生期望，研究者也会如此。研究者对某种结果的期望可能会通过自己的表情、姿势、语调或者其他线索等在不经意间就影响了被试的反应。这种**实验者效应**（experimenter effect）的影响是非常明显的，甚至研究者一个善意的微笑都会影响被试的反应。

单盲研究 被试不知道自己处于实验组还是控制组的实验形式。

实验者效应 由于实验者不经意间所给出的提示而使得被试行为发生的无意识的变化。

解决实验者效应的一个方法就是**双盲研究**（double-blind study）。在双盲研究中，在数据被收集前，实验者以及与被试有关的人员都不知道被试正在接受的是哪一种实验处理。在药物研究领域中有标准的双盲程序。所有的用药都用某种方式做了记号，服药的人只在实验结束后才会知道记号的意义。如果我们的"电话研究"要采用双盲范式的话，需要用模拟器来自动记录碰撞次数，而且研究者要在不知道是哪组被试的情况下通过对讲机向他们讲述实验要求。这样研究者只有到实验结束后才知道哪组被试与哪种实验处理相对应。

双盲研究 收集数据之前，主试和被试都不清楚被试的分配情况的一种实验。

实验的优点和缺陷

由于实验不仅可以帮助我们确定因果关系，而且通过使用安慰剂还能确定实验变量的真正效应，所以长期以来实验研究一直都是心理学主要的研究方法之一。

不过，同其他所有的方法一样，实验方法也有其自身的局限性。第一，实验中的被试并不总能代表所要研究的总体。第二，在实验中研究者负责提问和记录行为，而被试只是尽力按照实验要求去做。他们有时想要表现出合作、增长科学知识或是展现自己最好的一面，因而，在实验中被试往往会表现得与平常不大一样。（Kihlstrom, 1995）

现场研究 在实验室外的自然情景中进行的描述或实验研究。

这样，心理学研究者便面临着一个两难的局面：他们对实验控制越多，实验情境离现实生活就越远。因此，很多心理学家都开始更多地提倡**现场研究**（field research，也叫 field study）。现场研究是指运用描述和实验方法，在诸如学校或工作地点等自然情境下进行精细的研究。在人们的刻板印象中，女性比男性更健谈，你有没有想过，事实是否如此？对人们日常生活的现场研究是解答此问题的最好方法。该研究可以这样做：给被试带上一个不起眼的录音设备，记录下他们在日常活动中的谈话聊天。最终研究者发现在"健谈"方面不存在性别差异。（Mehl 等，2007）

每种研究方法都有其优点和局限性。你有没有照本节前面所说的，将每种方法的优缺点列出来呢？如果你这样做了，现在你就可以把它们和表 1.3 进行一番比较。

心理学家用现场研究方法调查了各种各样的问题。例如，人们讲话的多少是否存在性别差异，或者探究人们在拥挤环境下如何调整他们的目光或体态来保持私密感

表1.3　心理学研究方法的优缺点

方法	优点	缺点
个案研究	·为假设提供来源。 ·提供个体详细深入的信息。 ·当研究违反道德或不具操作性时，异常个案可以使一些问题和情境变得清晰。	·可能会遗漏重大的信息，从而很难对个案做出解释。 ·研究对象的回忆可能是选择性的或不准确的。 ·个体可能不具有代表性或典型性。
自然观察	·可以描述发生在自然环境下的行为。 ·通常在研究初期非常有用。	·研究者几乎无法控制研究情境。 ·观察可能存在偏向。 ·无法做出有关因果关系的定论。
实验室观察	·比自然观察有更多的可控性。 ·可以使用一些精密的仪器。	·研究者对研究情境的控制非常有限。 ·观察可能存在偏向。 ·无法做出有关因果关系的定论。 ·其中发生的行为可能与自然情境下的行为不同。
测验	·收集有关人格特质、情绪状态、智力、兴趣、能力等方面的信息。	·很难编制一个既可靠又有效的测验。
调查	·通过大量的被试可获得大量的信息。	·若样本无代表性或有偏向，其结果就无法推论到总体中去。 ·回答有可能不精确或不准确。
相关研究	·表明两个或几个变量间是否相关。 ·可进行一般性预测。	·无法进行因果推论。
实验	·研究者可以控制实验情境。 ·可以做出因果判断，还可以区分出安慰剂效应和实验处理效应。	·由于实验情境的人工化，结果可能与现实中的实际情况有所不同。 ·有时很难避免实验者效应。

快速测验

做这个测试有很多好处也没有坏处。

一、列出研究中为回答以下问题而设计的自变量和因变量。

1. 学习一首诗后睡觉是否有助于提高对这首诗的记忆。
2. 其他人的存在是否会影响一个人帮助处于困境中的人的意愿。
3. 人们是否会因为听重金属音乐而变得烦躁不安。

二、在一个访谈节目中，贝立尼克（Blitznik）博士宣布了一个令人难以置信的新项目：巧克力浸泡疗法（CIT）。贝立尼克博士称，那些一周中有一天除了吃巧克力什么都不做的人的饮食失调、抑郁、滥用药物和不良的学习习惯很快就能被治愈。在你参加CIT疗法之前，你应该了解些什么呢？

答案：

一、1. 学习后的睡眠和对这首诗的记忆。2. 他人的存在是自变量，伸出援助的人的意愿是因变量。
3. 接触重金属音乐是自变量，烦躁不安是因变量。
二、有一些问题值得思考：是否有些被试接受该疗法后病情更糟？（如果这一疗效被证实了，那么CIT并没有被很好地控制。）有多少人参加？他们有明显的被选择吗？他们是自愿的，但这不一定。有多少人实际相信它有效？如果病人相信该疗法非常有效，那种叫做安慰剂效应的东西就起作用了。

> **你将会学到**
> - 在心理学研究中，为什么有时平均数会使人产生误解？
> - 心理学家怎样判定一项研究成果的价值？
> - 为什么一些研究结果在统计学上是显著的，但是在实际条件下却并不重要？
> - 心理学家如何将多种研究结果结合起来以便更好地解决问题？

评估结果

如果你是一位仅仅完成了观察、调查或实验的心理学家，那么你的工作还只是刚刚起步。一旦你的手头上收集到一些数据，你还必须做三方面的事情：(1) 描述数据；(2) 评估数据的可靠性和意义；(3) 对数据做出合理的解释。

为什么心理学家使用统计学

在电话研究中，假设实验组（experimental group）和控制组（control group）各有被试30人，这样我们就有60个撞车次数的数据。现在我们应该怎样去处理这些数据呢？

第一步是概括数据。研究的目的并不是要得知每个人的撞车次数，而是要了解实验组（使用移动电话组）和控制组（不使用移动电话组）到底发生了什么。为了获得这一信息，我们需要对数据求和。这就是进行**描述统计**（descriptive statistic）。描述统计通常用表格或图的形式来表示。

描述统计 组织和概括研究数据的统计。

概括数据的一种较好的方法是计算各组的平均数。最常用的平均数是**算术平均数**（arithmetic mean）。（另外两种平均数在附录中有介绍。）通过把所有个体的分数相加再除以分数的个数即得平均数。例如，我们将上例中实验组的30名被试的成绩相加再除以30，就得出了这组的平均数。同理也可得到控制组成绩的平均数。这样一来，我们就把60个数据简化成了两个。为了举例的需要，我们假设实验组的平均数是10，控制组的平均数是7。

算术平均数 将一组数据求和再除以数据个数而获得的一种平均数。

算出平均数后，必须注意如何解释它们。在我们的实验组中可能没有任何人实际撞车10次，也许有一半人是飞车迷，撞车次数为15；而另一半人开车谨慎，撞车次数仅为5。或者所有人的成绩都为9或10或11，或是从0到15都有。平均数并不能说明被试成绩的变异性。因此，我们需要另一种描述统计。**标准差**（standard deviation）就可以告诉我们个

标准差 一种常用的变异量数。它表示在一个分布中，所有分数与其平均数之间的平均差值。

© 1990 Creators Syndicate Inc. By permission of Mell Lazarus and Creators Syndicate.

当你不知道事件围绕统计平均数的偏离程度或者它的分布情况时，你往往会被此事件的平均数所误导

体分数围绕平均数分布的离散程度；分数越分散，平均数所具有的代表性就越小。（详见附录）遗憾的是，晚间新闻或报纸报道中的研究通常都只有平均数。

在我们的电话研究中，若一组平均数为10，另一组为7，这时我们就能将结果公之于众——使它上电视或者将其告知家长吗？请先别这样做。如果我们所得的数据一个为15，另一个为1时，也许我们可以激动一下。但很少有哪项心理学研究的结论可以明显到用肉眼就能对其做出判断的地步。在大多数情况下，两组的差异可能只不过是由偶然因素造成的。就像在电话研究中，有可能实验组的被试碰巧都有点易出事故的倾向，所以他们的撞车行为可能与打电话没有任何关系。

推论统计 使研究者对统计上有意义的结果进行推论的一种统计程序。

心理学家运用**推论统计**（inferential statistic）来揭示数据的总体特征。推论统计不仅可以描述或概括数据，还可以帮助研究者对结果的意义做出推论（基于事实的推论）。同描述统计一样，推论统计在处理数据时，也需要运用数学公式。（见附录）

显著性检验 对研究结果因偶然因素而发生的概率进行的统计检验。

最常用的推论统计是**显著性检验**（significance test），它可以向研究者表明研究结果偶然出现的可能性有多大。在电话研究中，运用显著性检验我们就能得知实验组和控制组的差异是否由随机因素造成。虽然不能完全排除偶然因素，但是如果一个结果因随机因素而出现的概率非常低，我们就认为此结果在统计上显著。

心理学家一致认为，如果一项研究重复进行100次，出现某一结果的次数不超过5，我们就说这一结果在统计学上是显著的，即这个结果在0.05（"point oh five"）水平上显著。如果一项研究重复100次后，结果有6次没发现变量间存在差异，那么这一结果就不能支持研究假设，即我们所获得的差异很可能是随机因素造成的——尽管我们可能还想通过进一步研究来验证这一结果。你可以看到，心理学家拒绝被任何旧的结果所打动。

顺便提一下，很多研究和我们的假设很相似，证实了开车时打电话的危险。在一项研究中，无论是否使用手持设备，手机使用者的驾驶能力都会受到影响，变得像醉酒司机那样。（Strayer, Drews, & Crouch, 2006）这些研究结果致使美国某些州出台了这样的条例：开车时打电话属非法行为。有些人在考虑驾驶过程中使用任何手机都是非法的。我们将在第七章继续讨论这个话题和多任务处理的一般性问题。

快速测验

开车或做其他事情时不要做这个测试！

通过在脑海中给每个短语的相应栏打一个勾来检查你对描述性、推断性区别的理解：

	描述统计	推论统计
1. 总结数据	____	____
2. 给出数据偶然出现的可能性	____	____
3. 包括均值	____	____
4. 给出统计显著性的度量	____	____
5. 告诉你是否打电话告诉你妈妈你的成绩	____	____

答案：1. 描述 2. 推论 3. 描述 4. 推论 5. 都不是

从实验室到现实世界

研究的最后一步是确定研究结果意味着什么。试图从未加解释的数据结果中理解行为,就好比想通过看瑞—英字典说出流利的瑞典语。就像需要一本瑞典语法书帮助你了解词语是怎样组合的,心理学家则需要假设和理论来帮助解释研究中的客观事实是怎样整合在一起的。

选择最佳解释

有时候,要从两个互相竞争的解释中做出选择是很困难的。对打电话影响驾驶存在多种解释:破坏了协调能力,增加了分心刺激,干扰了信息处理过程,歪曲了对危险的知觉,或者是以上因素都有。如果同时有好几种解释都能对结果做出合理的解释,那就说明我们还需要进一步研究以确定哪种解释最为合理。

在研究中,有时直到一个假设经受了不同方法的检验才能确定哪一种解释最为合理。如果通过不同的方法验证了同一个假设,那么我们就有理由认为假设是成立的。反之,如果运用不同的研究方法却得到了互相矛盾的结果,研究者就必须重新修改假设或做进一步研究。

例如,当研究者对青年人和老年人的智力测验得分进行比较时,通常会发现青年人的分数明显高于老年人。在**横断研究**(cross-sectional study)中,研究者在同一时期对不同组的被试进行比较。

横断研究 同一时间对不同年龄的个体进行比较的研究。

但是,另外一些心理学家更喜欢研究生命全程的智力发展。在**纵向研究**(longitudinal study)中,研究者将对同一组个体进行持续的观察和测试,并且每间隔一定的时间就会进行一次重测。

纵向研究 对个体进行追踪并且在一定时间内定期进行重测的研究。

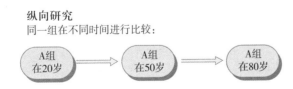

与横断研究的结果不同,纵向研究结果表明,随着人们年龄的增长,其智力测验分数有时和从前相比变化不大。直到人们七八十岁的时候,智力才出现普遍下降。(见第三章)为什么两种类型的研究结果相互矛盾呢?也许是因为横断研究中测量的是代际差异;年青一代比老年人成绩好,是因为他们受到过良好的教育,或者对类似的测验更为熟悉。所以,如果没有纵向研究,我们可能就会错误地得出结论:各种能力都不可避免地随着年龄的增长而迅速衰退。

判断结果的重要性

有时心理学家们会对一项研究成果的信度及其含义达成共识,但对其与理论或实践应用的根本关联却存有异议。一个研究结果有可能在 0.05 水平呈现统计学上的显著性,但由于它的自变量并不能解释人们行为的变异性,所以其实际应用价值并不大。(Cumming 等,2007; Erceg-Hurn & Mirosevich, 2008)另一方面,一个数据也许在统计学上没有达到显著性水平,但却仍值得进行进一步研究。由于存在上述问题,许多心理学家都倾向于用其他统计程序来揭示**效应量**(effect size)——自变量的效力,即自变量能够在多大程度上说明数据的变异性。如果自变量只能说明 5% 的变异,即使结果达到统计学上的显著,它也没有太大的说服力;如果自变量能够解释 40% 的变异,那么此自变量就相当有效力了。

元分析(meta-analysis)是一种应用广泛的统计技术。它不是分别评估每项研究的结果,而是对某个特定主题的多项研究成果进行整合和综合分析。研究者可以通过元分析了解一个特定的变量能够在多大程度上解释所有研究结果的变异性。假设我们做了 10 项关于学科偏好的性别差异的研究。我们可能会得到一些相互矛盾的结果,有些研究结果达到统计显著水平,有些研究结果不显著。这时元分析可以帮助我们,为我们提供一个清晰的答案。

例如,是什么原因导致数学成绩中的性别差异?而这一差异在某些国家存在,另外一些国家不存在。数学成绩的性别差异主要是由于,男性生来就在数学方面表现优异,(如同人们的刻板印象所认为的那样,)还是由于男女在受教育机会或专业学习机会中的差异影响了他们在数学任务中的表现。一项横跨 69 个国家,样本接近 50 万个 14~16 岁学生的元分析研究发现,尽管男性在数学任务中比女性表现出更多的积极态度,但性别因素对数学成就的影响还是比较小的;但是结果却显示国籍是一个值得考虑的变量,某些国家中的男女数学成就差异大于其他国家。对于各个国家都存在的数学成绩的性别差异而言,最有力的预测指标为男女被学校录取的可能性是否相同,科研工作中的女性工作者占总体人数的比例为多少,在国家政府机构中有多少位女性代表。(Else-Quest, Hyde, & Linn, 2010)

类似于元分析的技术是非常有用的,因为在心理学和其他领域中,单凭一项研究证明不了什么。这也是为什么你应对那些仅凭一项研究就宣称获得了重大发现和突破的文章保持清醒认识的原因所在。

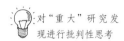
对"重大"研究发现进行批判性思考

效应量 在一项研究中,由自变量引起的分数变异的总和,用于测量自变量的效力。

元分析 一种对多个研究成果进行综合分析的程序。它可以判定一个特定的变量能够在多大程度上解释所有研究结果的变异性。

回顾新闻中的心理学

看完本书第一章,你便为更深入地探索人类行为做好了准备。在接下来的各章里,我们会先呈现一些新闻中报道过的真实故事,再由这些故事引出一些有趣的心理学问题。然后在每章的最后,我们会重新回顾那些故事,看看所学的知识是否有助于你解决那些问题。如果你和我们一样对研究人类的行为充满热情;如果你喜欢神秘的事物;如果你不仅想了解人类的行为,还想知道人类行为的原因;如果你乐意重新考虑你所思考的问题……请继续读下去。

学以致用

心理学能为你做些什么

如果你想成为一名心理学家或者一名心理健康专家，很显然，你需要学习心理学课程。但无论你是否想从事心理学方面的工作，心理学对你的生活在许多方面都是极为有用的。以下就是一些心理学能为你做的事情：

有助于你成为一个博学的人。 教育的目的之一在于使人们熟知人类的文化遗产以及人类在文学、艺术和科学等方面所取得的成就。心理学在当今社会扮演了很重要的角色，所以要成为一个博学的人，就必须对心理学的研究方法和研究成果有所了解。

满足你关于人类本性的好奇心。 当希腊哲学家苏格拉底敦促自己的学生要"认识自己"时，他只是告诉他们去做那些大多数人想做的事情。心理学连同文学、其他社会科学，如历史、哲学，能让你更好地了解自己和他人。

帮助你更好地控制自己的生活。 心理学虽不能帮你解决所有的问题，但它确实能提供一些有用的技巧来帮助你调控自己的情绪、增强记忆力和改掉一些不良习惯。同时，它还能使你形成一种有助于分析自己的行为以及与他人的关系的客观态度。

帮助你找份好工作。 一个心理学学士学位对从事福利社工或是康复顾问等辅助性工作是很有用的。除此之外，那些担当护士、医生、神职工作人员、警察或教师的人在工作中也需要运用心理学。另外，像酒店或旅馆服务员、航空服务员、银行出纳员、推销员和招待员等这些从事服务工作的人也需要心理学知识。心理学对那些需要预测人们行为的工作也有帮助，像劳工谈判代表、政客、广告文案编辑、管理人员、产品设计师、采购员、市场研究人员、魔术师……

对政治和社会事件有更深的洞察力。 犯罪、滥用药品、种族歧视和战争不仅是社会问题，同样也与心理学有关。虽然仅靠心理学知识并不能解决祸害社会的一些复杂的政治、社会和道德问题，但它却能指导人们做出有价值的判断。例如，如果你了解社会和文化因素如何影响药物的使用率或滥用率，这些知识可能就会影响你对禁毒的看法。

我们对心理学的地位和作用充满信心，但我们想要提醒你的是，有时人们会期待心理学实现一些它并不具有的功能。比如说，心理学不能回答生命的意义。一个研究人生意义的哲学家不仅需要有深厚的哲学知识，更应该有对生活进行反省和思考的意愿。心理学知识不能解除人们对自己行为的责任感。假如你知道自己性格上的缺陷可能源于你不幸的童年时，你并不能以此为借口迁怒于你的家庭，或因此而虐待你的子女。更重要的是，对于那些复杂的问题，心理学并不会给出一个简单的答案。

除了研究人类复杂的行为及其相关的问题，心理学家在探索人的大脑、精神和感情方面的奥秘中也取得了巨大的进展。心理学的研究将为你提供完善的信息、实证研究的结果以及批判性思考的能力，这些都会引导你的思想和你的决定。在本书每章的最后都会有"学以致用"这一小专栏，它能告诉你如何将心理学知识应用到学校、工作和人际交往等日常生活中去。

"我仍然没有所有的答案，但我开始问正确的问题。"

本章总结

科学心理学

- 心理学是一门研究心理过程和行为及其如何被有机体内、外部环境所影响的科学。心理学拥有自己的研究方法并且注重实证证据,以使自己与伪科学和"心理呓语"区分开来。
- 心理学的研究结果有时会证实"常识",但通常都会否定"常识"。一门介绍心理学的课程可以修正许多与人类行为有关的错误观念。结果并不一定要出人意料,但要有重要的意义。
- 心理学的先驱们进行了一些有效的观察,获得了一些有益的见识。但由于缺乏科学的实验方法,他们在描述和解释行为时也曾犯过一些严重的错误,如颅相学的产生。
- 科学心理学的正式创立者是威廉·冯特。他于1879年在德国莱比锡建立了第一个心理学实验室。他主张通过"受过训练的内省法"将经验分解成基本的元素。另一个与之对立的取向是机能主义,它受到查尔斯·达尔文进化论的启发,着重研究行为的机能。机能主义的先驱者之一是威廉·詹姆斯。
- 伴随着弗洛伊德的工作及其创建的精神分析理论,心理学开始作为一种心理疗法在维也纳诞生。
- 当代心理学的五大主流观点:生物学观点强调与行为、思想和情绪相联系的生理事件以及遗传对行为的作用,在机能主义影响下产生的进化心理学是该观点中的一个新兴专业,作为机能主义者,他们强调的是行为的目的及功能。学习的观点强调环境和个人经验对行为的影响。此观点包括行为主义和社会认知学习理论,前者反对心理解释,而后者则综合了行为主义和有关思维、价值观和目的的研究。认知的观点强调知觉、问题解决、观念形成和其他人类活动的心理过程。社会文化观点探索的是社会背景和文化规范对个体的信念和行为有何影响。心理动力学观点源于弗洛伊德的精神分析理论,它注重研究无意识动机、冲突和欲望,它在研究方法和评估标准上与其他研究取向大不相同。
- 每一种研究取向都促进了心理学的发展,但即便不是绝大多数,也有许多心理学家不局限于一种学派。

心理学家做些什么

- 心理学家在学校里从事研究和教学工作,或者提供心理健康方面的服务(心理学实践),还在广泛的非学术领域里开展研究并应用这些研究成果。应用心理学是指对心理学知识的实际应用。基础心理学则关注本领域的知识本身。
- 心理治疗师泛指那些从事心理治疗工作的人,也包括那些没有证书,或者根本未接受过训练的人。根据所受训练和所用方法的不同,注册治疗师也分为好多类。临床心理学家需要获得哲学博士、教育学博士或心理学博士学位;精神病医生需要获得医学博士学位;精神分析学家需要在心理分析机构里接受训练;执业临床社工、各专业领域的顾问和婚姻、家庭、儿童问题顾问则可以是在不同领域内获得研究生学历的人。许多心理学家比较担忧的是,在心理治疗师这一群体里,没有文凭、未受过训练并且缺乏扎实的研究方法和研究成果的人数正日益增多。

心理学中的批判性思维和科学思维

- 学习心理学有助于培养你的批判性思维能力和态度。批判性思维者善于提问、为术语下明确的定义、检验证据、分析假设和偏向、避免感性推理、避免过分简单化、考虑不同的解释并容忍不确定性。以上这些方面不仅对日常生活具有十分重要的意义,而且也是科学研究方法的基础。例如,科学家要建立假设、做出明确的预测、对涉及的概念做出明确的操作定义(下定义);要收集实证证据;遵从证伪原则(分析假设);谨慎地创建理论(考虑不同的解释);在重复验证结果之前,避免做出肯定的结论（容忍不确定性）。

描述性研究：确立事实

- 心理学家尽可能使用具有代表性的样本（能够代表他们希望测量的那部分人群）。在实践中，我们大部分实验都是基于大学生被试获得的，在大多数情况下，根据大学生被试获得的结果可以推广到更大的人群中。但在有些情况下却不行，除非我们将非大学生作为被试再重复一遍实验，结果才能被接受。

- 描述性方法可以对行为进行描述和预测，但却无法帮助我们从不同的解释中做出选择。描述性方法包括个案研究、观察研究、心理测验、调查和相关研究方法。

- 个案研究是对个体的详尽描述，临床医生通常采用这种方法。个案研究对探索新课题和解决一些难以研究的问题很有用处。但由于存在着信息容易缺失并且难以解释、研究对象可能对普通群体没有代表性等问题，个案研究一般只宜作为典型资料的来源，而不能用来检验假设。

- 在观察研究中，研究者在不影响观察对象的基础上，对行为进行系统的观察和记录。自然观察着重研究在自然情境下人们的行为特征。实验室观察则使用特定的仪器并进行较多的控制。不过，人们在实验室中的行为和自然情境下的行为还是有所不同的。

- 心理测验是用来测量和评估个体的人格特质、情绪状态、智力、兴趣、能力和价值观等方面的方法和手段。一份良好的测验不仅需要标准化，使用常模来计分，还要具有信度和效度。批判性思维者敢于质疑测验的信度和效度，哪怕这些测验已经得到广泛的使用，如智力测验或（美国）学业能力倾向测验（SAT）。

- 调查法以问卷或访谈的形式直接收集有关人们的经历、态度或观点等方面的信息。研究者必须保证抽取的样本对于要研究的总体来说具有代表性，并要考虑志愿者偏向对研究结果的影响。除此之外，问题容易让人误解、被试说谎、记忆错误或误解题意也都会对结果产生一定的影响。

相关研究：探索关系

- 在描述性研究中，探索现象之间相互关系的研究称为相关研究。相关是指对两个变量之间正负关系的强度的测量，用相关系数表示。相关并不表明变量间存在因果关系。

实验研究：寻找原因

- 实验研究允许研究者控制所要研究的情境，操纵自变量，然后通过因变量评估实验操纵的效果。由于需要操纵变量，所以在实验研究中，伦理标准是十分重要的。这些标准要求实验研究给予人类被试知情权，对动物被试给予人性化的对待。

- 实验研究通常需要有比较条件或控制条件，同时要求被试被随机分配到实验组和控制组中去。在某些研究中，控制组的被试要接受安慰剂。为了避免主试和被试产生期望效应，可以采用双盲或单盲实验程序。由于通过实验研究可以确定因果关系，所以它是心理学家长期以来经常使用的研究方法。不过，同实验室观察一样，实验中特定条件下发生的行为很可能会与其他情境中的行为有所出入。所以心理学家也开始更多地开展现场研究。

评估结果

- 心理学家运用描述统计（如算术平均数和标准差）来概括数据。用推论统计来揭示数据的总体特征。显著性检验可以向研究者表明研究结果因偶然因素而发生的可能性有多大，如果发生的概率很低，那么这一结果就具有统计学上的显著性。

- 研究者很难从一些互相对立的解释中选择一种最合理的解释，同时还要注意解释的范围不能超越研究事实。有时，一个假设需要经过多种方法的检验，才能确定最合理的解释。例如，可以采用横断研究法和纵向研究法来检验假设。

- 统计上的显著性也不总是具有重要的现实意义，因为特定的变量也许只能解释很少的数据变异量。

反之，那些没有达到显著性水平的结果则很可能具有潜在的价值。因此，很多心理学家现在都在转向其他的统计方法，例如，元分析技术就可以揭示出一个特定的变量能够在多大程度上解释不同研究结果的变异性。

学以致用：心理学能为你做些什么

- 心理学对你的生活、你的职业或你对世界的理解等许多方面都是极为有用的。批判性思维者认识到心理学不能解决人们的所有问题，也不能为他们的错误或过错摆脱责任。

关键术语

通过下列一览表可以检验你对本章术语和人物的理解。如果你在理解上存在困难，可以根据后附的页码查找一下原文。

心理学（psychology）4*

实证的（empirical）4

颅相学（phrenology）5

威廉·冯特（Wilhelm Wundt）6

经过训练的内省法（trained introspection）6

机能主义（functionalism）6

威廉·詹姆斯（William James）6

西格蒙德·弗洛伊德（Sigmund Freud）6

精神分析（psychoanalysis）6

生物学的观点（biological perspective）6

进化心理学（evolutionary psychology）6

学习的观点（learning perspective）7

行为主义学家（behaviorist）7

社会认知学习理论家（social-cognitive learning theorist）7

认知的观点（cognitive perspective）7

社会文化的观点（sociocultural perspective）8

心理动力学的观点（psychodynamic perspective）8

心理学实践（psychological practice）9

基础心理学（basic psychology）9

应用心理学（applied psychology）9

心理咨询师（counseling psychologist）10

学校心理学家（school psychologist）10

临床心理学家（clinical psychologist）10

心理治疗师（psychotherapist）10

精神分析学家（psychoanalyst）10

精神病医生（psychiatrist）11

批判性思维（critical thinking）12

假设（hypothesis）13

操作定义（operational definition）13

证伪原则（principle of falsifiability）14

证实偏差（confirmation bias）14

理论（theory）15

重复验证（replicate）16

代表性样本（representative sample）17

描述性方法（descriptive method）18

个案研究（case study）18

观察法（observational study）19

自然观察法（naturalistic observation）19

实验室观察法（laboratory observation）19

心理测验（psychological test）19

标准化（standardization）20

常模（norm）20

信度（reliability）20

效度（validity）20

调查（survey）20

志愿者偏向（volunteer bias）21

相关研究（correlational study）22

相关（correlation）22

变量（variable）22

正相关（positive correlation）22

---

* 此页码为原英文版图书页码，可见本书边码。

负相关（negative correlation）22
相关系数（coefficient of correlation）23
实验（experiment）24
知情同意（informed consent）24
自变量（independent variable）25
因变量（dependent variable）25
控制条件（control condition）25
实验组（experimental group）25
控制组（control group）25
随机分配（random assignment）26
安慰剂（placebo）26
单盲研究（single-blind study）26

实验者效应（experimenter effect）26
双盲研究（double-blind study）26
现场研究（field research）27
描述统计（descriptive statistic）29
算术平均数（arithmetic mean）29
标准差（standard deviation）29
推论统计（inferential statistic）29
显著性检验（significance test）29
横断研究（cross-sectional study）30
纵向研究（longitudinal study）30
效应量（effect size）31
元分析（meta-analysis）31

[新闻中的心理学]

迈克尔·杰克逊纪念馆人潮涌至

2009年7月,来自洛杉矶的消息。

无数的朋友、家人和粉丝集聚在斯台普斯中心（Staples Center），向迈克尔·杰克逊（Michael Jackson）——流行音乐之王致敬。6月25日,杰克逊在他租住的豪宅里死于心脏骤停,享年50岁。

纪念馆组织人员通过线上抽奖活动向粉丝发放了17500张免费门票,该网页在24小时之内吸引了超过120万名申请者以及50多亿次的点击量。

在仪式上,杰克逊11岁的女儿帕丽斯（Paris）含泪告诉人们:"自我出生以来,爸爸就是一位超乎想象的好父亲。"摩城唱片公司的创始人贝里·戈迪（Berry Gordy）称赞他为"史上最伟大的表演者"。

在杰克逊的一生中,他曾饱受争议。许多人认为他是一位极具天赋的艺人,他改造了音乐视频并创作了独特的舞蹈风格；另一些人则认为他是一位慈善家,他为几十个慈善机构筹得了3亿多美元的善款并建立了自己的拯救世界基金会（Heal the World Foundation）。伊丽莎白·泰勒（Elizabeth Taylor）——杰克逊最亲密的朋友之一,在听到他的死讯之后说道:"我们之间所拥有的是'最纯净、最无私的爱',我无法想象没有他的生活。"

然而,杰克逊同样也是许多耸人听闻的报道和谣言的焦点,这些报道指向了截然不同的画面：他雌雄难辨的外观、皮肤从深褐色变为淡白色以及面部特征的显著变化,这些都引起了关于他性别以及种族的争论。（杰克逊说,皮肤颜色的变化是由于对皮肤病的治疗。他只承认做过两次隆鼻手术。）围绕这位明星的最大争议是关于儿童性虐待的指控。一名13岁的男孩和他的父亲指控杰克逊虐待,但杰克逊的保险公司与其达成庭外和解,杰克逊因而未被起诉。之后,另一个男孩做了类似的指控并控告杰克逊犯有七项猥亵儿童罪。他最终被宣告无罪。

杰克逊曲折而又离奇的一生使一些人称他为"怪胎杰克"（Wacko Jacko）,杰克逊对此曾表示不满。但在纪念馆,牧师阿尔·沙普顿（Al Sharpton）告诉杰克逊的子女:"爸爸并不奇怪,奇怪的是爸爸要面对的事情。"阿尔因此获得了全场的掌声。

杰克逊五兄弟中的迈克尔·杰克逊（前左一）以及成名后的杰克逊

第二章

人格理论
Theories of Personality

迈克尔·杰克逊是谁？一位天生的表演家？幼年受父亲虐待的经历对他一生的影响有多大？他人格的主要特点是什么？他的性格特点主要是像伊丽莎白·泰勒这样的朋友看到的慷慨、友善，还是他应对世界赋予他的名气时的神经质，还是他对孩子的天真的吸引力，或是其他的因素？究竟谁才是真正的迈克尔·杰克逊？有真正的迈克尔·杰克逊吗？

在本章中，我们就来看一看心理学家是怎样解答这些问题的，即他们如何定义与研究人格。在心理学中，**人格**（personality）是指随时间、空间推移，刻画个体行为、个人风格、思想、动机和情绪的独特模式。这种模式包含许多独特的**特质**（trait），习惯化的行为方式、思维方式及感受方式：害羞的、外向的、友好的、敌意的、沮丧的、自信的，等等。

> **人格** 刻画个体行为、思想、动机和情绪的独特且相对稳定的模式。
>
> **特质** 描述个体习惯化的行为、思维和感受方式的个体特征。

我们将从心理动力学这一最古老的人格理论开始介绍，以便你能对它曾经具有的影响力、现在仍能吸引这么多人以及为什么它的许多观点过时的原因有所了解。接下来我们将讨论最新理论的证据，即遗传的观点。很少有科学家认为婴儿仅是一团人格完全由经验塑造的"泥土"，或者认为父母能独自决定他们的孩子将成为冒险家、牢骚满腹的人或杞人忧天的人……或是成为迈克尔·杰克逊。再者说，如果人格特质的变化仅有半数是由遗传引起的，那影响人格的另一半又是什么呢？

为了回答这一问题，随后我们将要分析一些既非心理动力学也非遗传学的主要人格观点，其中包括强调社会学习、境遇、父母及同伴在人格形成中的作用的环境观；强调文化对特质和行为的影响的文化观；强调自我决定和自由意志的人本主义观点。理论观点分析完毕后，我们将回到迈克尔·杰克逊的问题并分析其人格形成的原因。

你将会学到

- 弗洛伊德的人格发展与人格结构理论。
- 荣格的集体无意识理论，及其他是如何适用于哈利·波特的主要敌人——伏地魔的。
- 客体关系理论中"客体"的本质。
- 为什么许多心理学家不接受大多数心理动力学的观点？

人格的心理动力学理论

一个男人为他把工作中的挫折"转移"到家里的行为道歉。一个女人怀疑她"压抑"了自己儿童期的精神创伤。一个酗酒者说他不再"否认"酗酒的事情。一个老师告诉一对正在离婚的夫妻，他们8岁的孩子"退化"了，有不成熟的行为。所有这些语言——转移、压抑、否认和退化——都可以追溯到最早提出的关于人格的心理动力学理论，即弗洛伊德的**精神分析**（psychoanalysis）理论。

> **精神分析** 由西格蒙德·弗洛伊德发展的人格理论和心理治疗方法，强调对无意识动机和冲突的探索。现代心理动力疗法同样强调这一点，但与弗洛伊德的分析有许多不同之处。
>
> **心理动力学** 一种从个体内在的无意识动力角度来解释行为和人格的理论。

弗洛伊德的理论之所以被称作**心理动力学**（psychodynamic），是因为他强调人内在的心理能量的运动是以依恋、冲突和动机的方式进行的。心理动力学中"动力"一词不同于现代的定义，它不意味着力量或能量，而是来源于物理学术语，指的是在外部或内部力量作用下系统的运动与平衡。虽然今天的心理动力学理论与弗洛伊德的理论已经有所不同且各有特点，但它们都强调个体大脑中的无意识过程，也都认为成年人的人格和不断出现的问题主要来源于儿童早期的经验。这些经验产生了无意识的思想和情绪，之后便会逐渐形成特有的习惯、冲突和自我挫败的行为。

弗洛伊德和精神分析

进入弗洛伊德的世界，就是要进入无意识的动机、激情、隐秘的内疚感（或负罪感）、难以言语的渴望以及欲望和责任之间的冲突这一领域。弗洛伊德相信，这些看不见的力量要比我们能够意识到的意图对我们的人格更有影响力。他认为，无意识在艺术、梦、玩笑、意外事件和口误（也称弗洛伊德式错误）中都能表现出来。据弗洛伊德所述（1920/1960），当英国议会成员在说"来自赫尔（Hull）的尊贵成员"时却说成"来自地狱（hell）的尊贵成员"，表明了他潜意识中对同事的真实评价。

西格蒙德·弗洛伊德（Sigmund Freud，1856—1939）

人格结构

在弗洛伊德的理论中，人格由三个主要系统组成：本我、自我和超我，我们所采取的任何行动或产生的问题都是由这三个系统间的相互作用和平衡程度引起的。（Freud，1905，1920/1960，1923/1962）

本我（id），从人一出生即出现，是无意识心理能量和趋乐避苦动机的储藏库。本我包括两个竞争的本能：生的本能或性的本能（由叫作**力比多**［libido］的心理能量来维持）及死的本能或攻击的本能。当能量在本我中不断积累时会导致紧张。本我中的紧张可以通过反射活动、身体症状或不受控制的精神意象及自发产生的观念等形式体现出来。

自我（ego），第二个出现的系统，是本能需求和社会需求之间的调节者。它屈从于生活现实，限制本我对性与攻击的欲望，使其在适当的、社会允许的形式下得到满足。弗洛伊德认为，自我既是无意识的也是有意识的，它代表了"理智和良好的判断力"。

超我（superego），人格发展的最后系统，它为良心发声，代表了道德和父母的权威。超我评判本我的行为，当你做了一些好事时，超我会产生自豪和满足感；而当你破坏规则时，超我就会产生内疚感及羞愧感。超我一部分是有意识的，但大部分是无意识的。

根据弗洛伊德的观点，健全的人格必须是三种系统的平衡，过度受本我控制的个体易被冲动和自私的欲望支配，过度受超我控制的个体表现得僵化、爱说教及专横。自我比较脆弱的个体则难以在个人需求、愿望与社会责任及现实枷锁中找到平衡。

当一个人因其本我与社会规则发生冲突而感到焦虑或受威胁时，自我有其缓解焦虑的武器。这些称作**防御机制**（defense mechanism）的无意识策略，会使个体否认或歪曲现实，它们可以躲避冲突和焦虑。只有当这些无意识策略导致了自我挫败行为和情绪问题时，人们才会变得不健康。下面是由弗洛伊德和他的女儿安娜·弗洛伊德（Anna Freud）以及后来的精神分析学家定义的一些基本防御机制。（A. Freud，1967；Vaillant，1992）

1 压抑（repression）是指阻止一种危险的观点、记忆或情绪进入意识之中。例如，一个妇女有着受惊吓的童年经历但她自己却不记得，即被认为是她压抑了对这一经历的记忆。

本我 在精神分析中，人格中包括的与生俱来的心理能量，特别是性本能和攻击本能的部分。

力比多 在精神分析理论中，维持本我的生本能或性本能的心理能量。

自我 在精神分析理论中，人格中代表理智、良好的判断力和理性的自我控制的部分。

超我 在精神分析理论中，人格中代表良心、道德和社会标准的部分。

防御机制 自我用来防止无意识焦虑或危险的思想进入意识层面的方法。

弗洛伊德利用压抑这一术语，来表示个体无意识地将令人不安的材料从意识中驱逐出去及对这些材料进行有意识的抑制。但是现代分析学家则倾向于认为，压抑仅仅是一种无意识的防御机制。

2 投射（projection）是指一个人把自己不能接受或者具有危险性的情感压抑后，却可能将其归因于其他人。例如，一个因为自己对不同种族的人产生了性幻想而感到羞愧的人，把这种不舒服的感觉投射到这些种族的人身上，并说"那些人的心灵肮脏而且性欲过剩"。

3 替代（displacement）是指人们把其情绪（尤指愤怒）转向物品、动物或其他并非其情绪真实对象的人。例如，一个男孩不能向他的父亲发火，他可能把气撒在玩具或他的小妹妹身上。当转移起到更高级的、对文化或社会有益的作用，如艺术创作或发明创造时，就叫作**升华**（sublimation）。弗洛伊德认为，为了达到文明的目的，社会有责任来帮助人们升华那些不被接受的冲动。他还观察到，性激情通常可以升华为艺术或文学创作。

4 退化（regression）是指一个人返回到他心理发展的早先阶段。一个8岁的孩子由于担心他的父母离婚就可能出现退化行为，如表现出吸吮大拇指或缠人的行为。当成年人处于压力下时，也可能退回到不成熟的行为上，例如，如果没有达到目的，他们就勃然大怒。

5 否认（denial）是指人们拒绝承认不愉快事情的发生，比如被配偶虐待；拒绝承认他们有问题，比如酗酒；或者拒绝承认他们有不被允许的情绪，比如生气。否认保护了一个人的自我形象，并且维持了不受伤害的错觉："这不可能发生在我身上。"

"很好，我来介绍你。自我遇到本我。现在回去工作吧。"

"对不起，我今晚不跟任何人讲话。我的防御机制似乎出了问题。"

人格发展

弗洛伊德认为人格发展包括一系列的**心理性欲阶段**（psychosexual stage）。在这些发展阶段，性能量随着儿童逐渐长大成熟呈现出不同的形式。每一个新的阶段都会产生一定量的挫折、冲突和焦虑。如果这些问题没得到恰当的解决，正常的发展就会被中断，儿童就会在当前阶段保持固着（fixated）或停滞。弗洛伊德认为，**口唇期**（oral stage）通常产生于出生后的第一年，婴儿通过嘴部体验世界。一些人在口唇期保持停滞，成年后，他们通过抽烟、暴食、咬指甲或铅笔获取口唇满足；还有一些会变得依赖和黏人，像个吃奶的孩子。如厕训练和身体排泄控制是**肛门期**（anal stage）（2～3岁）的主要任务，一些人在肛门期保持停滞，肛门期停滞可表现为"肛门滞留"（anal retentive），即控制每件事，对整洁和干净过分关注；或恰好相反——"肛门排出"（anal expulsive）则表现为杂乱与无序。

不过，在弗洛伊德看来，人格形成最关键的阶段是**性器期**（phallic/oedipal stage），这一阶段差不多从3岁一直持续到五六岁。弗洛伊德说，在这个阶段，儿童会无意识地渴望占有异性的父母，并排斥同性的父母。儿童经常会自豪地宣布，"等我长大后，我要和爸爸（妈妈）结婚"，同时他们还排斥同性的"竞争对手"。弗洛伊德将这种现象命名为**俄狄浦斯情结**（Oedipus complex），这一名字来源于古希腊神话中俄狄浦斯国王无意地杀死了自己的父亲并与母亲结婚的情节。

弗洛伊德认为，男孩和女孩经历性器期的过程是不一样的。男孩对拥有阴茎感到自豪和高兴，所以当他们第一次看到一个裸体的女孩时，他们非常惊恐，其无意识告诉他们："（实际上）她的阴茎被割掉了！谁会对她做这样的事？为什么？这么做的一定是她强大的父亲。如果他父亲对她那样做，我父亲也会对我那样做！"弗洛伊德说，这种认识导致男孩压抑了其对母亲的欲望并认同他的父亲。他接受了父亲的权威、父亲的意识以及道德标准，这时超我就已经出现了。

弗洛伊德承认，他也不完全知道如何从女孩的角度去理解俄狄浦斯情结——女孩没有阴茎，因而无法经历与男孩相同的环节。他推测，通过对男性身体结构的了解，女孩会感到恐慌，因为她仅仅拥有一个微不足道的阴蒂，而不是一个壮观的阴茎。她的结论是她早就失去了自己的阴茎。弗洛伊德说，由于上述原因，男孩具有强大的动力性恐惧而放弃恋母情结并发展超我，女孩则没有类似的恐惧，她们仅仅有一种挥之不去的"阴茎嫉妒"感。

弗洛伊德相信当俄狄浦斯情结解决后，也就是大约五六岁时，儿童的人格已经基本形成。与父母的无意识冲突、未解决的固着和负罪感，以及对同性和异性的态度，都将会在他们的一生中持续重演。之后孩子会进入一个假定的无性别**潜伏期**（latency stage），为**生殖期**（genital stage）做准备。生殖期始于青春期并可导致成年人的性行为。

根据弗洛伊德的观点，你成人后的人格决定于你在早期的性心理阶段的发展状况、你为降低焦虑发展起来的防御机制，以及你的自我是否足够强大以平衡本我（你想做什么）和超我（你的良

心理性欲阶段 在弗洛伊德的理论中，性能量随着儿童生长发育表现出不同的形式，分别经历口唇期、肛门期、性器期、潜伏期和生殖期5个阶段。

俄狄浦斯情结 在精神分析中，指在性器期出现的冲突。在这个阶段儿童对异性父母产生欲望并把同性的父母看作竞争对手。

弗洛伊德相信，在俄狄浦斯阶段，小男孩幻想能够娶自己的母亲并把父亲视作竞争对手

心）之间的冲突。

正如你所料，弗洛伊德的观点那时并不能完全被人们接受。什么？5岁的孩子就有性的感受？！人格高尚的人压抑了自己的欲望？！无意识的想法反映在梦里？！阴茎嫉妒？！但这都是在20世纪早期很有影响力的观点，而且不久以后精神分析的思想便在欧洲和美洲得到了公众的接纳。但是它也与当时正在兴起的经验主义心理学流派形成了明显的反差。

直到今天人们仍在用这种差异来划分学者。许多人相信，即使弗洛伊德的某些观点被证明是错误的，但其总体的理论框架是永恒的、光辉灿烂的。（Westen, 1998）还有一些人则认为精神分析理论就是缺乏实证支持的胡说八道，弗洛伊德并不是伟大的理论家、公正的科学家或者是他自称的成功的临床医生。相反，他们认为，弗洛伊德经常恐吓其患者接受他对患者症状的解释，并忽略了所有驳斥其观点的证据。（McNally, 2003; Powell & Boer, 1995; Webster, 1995）

从积极的一面来看，弗洛伊德鼓励女性从事精神分析职业，并雄辩地论述了社会对女性性欲压抑带来的破坏性后果。他超前地认为，同性恋既不是罪过也不是变态，而是"一种性功能的变异"，而且"无须为此感到羞耻"。（Freud, 1961）弗洛伊德因此也是一个智慧与愚昧、敏感与自大的混合体。他富有争议的观点给心理学留下了一笔巨大的遗产——使他人可以直接开始肆意地修补。

> **快速测验**
>
> 弗洛伊德提出的概念进入你的潜意识了吗？下面的事件分别体现了弗洛伊德的哪些观点？
> 1. 一个4岁的小女孩想依偎在父亲的大腿上，但是拒绝亲吻她的母亲。
> 2. 一位独身的牧师写关于性欲的诗歌。
> 3. 一个对上司心怀怨恨的男人怒吼自己吵闹的孩子。
> 4. 一个种族主义者为种族隔离辩护说，黑人男性只对与白人女性发生性关系感兴趣。
> 5. 一个搬入新城市的9岁男孩变得爱发脾气。
>
> 答案：1. 恋父情结。2. 升华。3. 替代。4. 投射。5. 退化。

其他心理动力学理论

一些弗洛伊德的追随者仍然保留着精神分析的传统，并从内部改进了弗洛伊德的理论。如你所想，女性不喜欢"阴茎嫉妒"这一说法。**克拉拉·汤普森**（Clara Thompson, 1943/1973）和**卡伦·霍妮**（Karen Horney, 1926/1973）认为，声称人类的一半都对她们的身体构造不满意是侮辱人的，是亵渎科学的。她们认为，当女性感到不如男性时，我们应当从女性生存的不利处境和社会从属地位来寻找解释。另一些人摆脱了弗洛伊德的束缚，或者被弗洛伊德逐出门户，开创了他们自己的流派。

荣格的理论

卡尔·荣格（Carl Jung, 1875—1961）最初是弗洛伊德的亲密朋友和弗洛伊德内部圈子里的成员，但是他们最终却由于在无意识问题上的激烈争论而分道扬镳。荣格认为（1967），除了个体自身的无意识之外，所有的人类还共享一个巨大的**集体无意识**（collective unconscious），其中包括普遍的记忆、符号、图像和神话故事等，这些荣格都称为**原型**（archetype）。

一个原型可以是一幅图像，比如"魔法圈"，在东方宗教中叫作曼陀罗（mandala），荣格想用它来表示生命的统一和"自我的总和"。原型可以是神话故事、传说或流行故事里的形象，比如英雄、养育我们的大地母亲、强大的父亲，或者是邪恶的巫婆。原型甚至可以是自我的一个方面。例如，**阴影**（shadow）原型反映了史前对野生动物的恐惧，并代表了人性中兽性的、罪恶的方面。学者们已经发现了一些基本的原型，比如英雄和大地母亲确实在每个社会的故事和形象中都出现过。（Campbell，1949/1968；Neher，1996）荣格的理论可能把达斯·维德（Darth Vader，《星球大战》[*Star Wars*]中的大魔头）、德古拉（Dracula，《惊情四百年》[*Dracula*]中的吸血鬼）、黑暗之王撒隆（Sauron，《指环王》[*The Lord of the Rings*]）和《哈利·波特》中的伏地魔看作阴影原型的表征。

在《绿野仙踪》（*The Wizard of Oz*）里，西方女巫是邪恶的原型中人们喜欢用的一个例子

尽管荣格和弗洛伊德在人格的黑暗面上的认识是一致的，但荣格对自我中积极、前进的力量有更多的信心。他认为，激励人们行为的不仅仅是过去的冲突，还有他们未来的目标和实现自我的愿望。荣格也是最早将外向/内向看成人格基本维度的学者之一。虽然如此，与经验主义心理学相比，荣格的许多观点更具有神秘主义和哲学化的倾向，这也很可能是荣格的诸多观点在21世纪运动中开始盛行的原因。

集体无意识 人类普遍的记忆和经验，可以表现在各种文化通用的符号、故事和意象（原型）中。

客体关系学派

从本质上讲，弗洛伊德认为儿童是由其独立、贪婪的本能欲望所控制的小生物体，其他人只是在满足或阻止其婴儿期的驱力方面与之发生关系。但到20世纪50年代，随着对人类依恋重要性的不断认识，从而产生了对婴儿期的不同认识。**客体关系学派**（object relations school）由梅拉妮·克莱恩（Melanie Klein）、D. W. 温尼科特（D. W. Winnicott）以及其他一些学者在英国提出并发展。对客体关系理论者而言，生活的中心问题是找到独立需求与依赖他人需求之间的平衡。这种平衡需要对分离和损失不断地进行调整，例如，争吵时发生的轻度分离和损失、初次离家时的中度分离和损失、离婚或死亡时产生的重度分离和损失。根据客体关系分析学家的观点，我们应对这些分离的方式主要取决于出生后头一两年的经历。为寻求母亲的认同，婴儿的部分自我来源于母亲的赞赏。假如婴儿寻求认同的需求被忽视，其人格将发生扭曲。由于"真自我"的某些部分未充分发育，婴儿还可能发展出"假自我"。（Orbach，2009）

客体关系学派 是一种心理动力学取向，强调婴儿前两年的重要性和婴儿与他人尤其是母亲建立关系的重要性。

在客体关系学派中，使用"客体"而不使用"人类"或"父母"这类更温暖的词是因为婴儿不仅仅依恋一个真实的人（通常是母亲），而且还依恋婴儿对他人不断发展的感知。儿童创造了一个对母亲的**心理表征**（mental representation）——仁慈的或残酷的、保

根据客体关系理论，婴儿会建构对父母的无意识表征，该表征将影响其一生与他人的关系

护的或拒绝的形象。儿童建构的对其具有重要影响的成年人的表征，不论是真实的或是歪曲的，都会终身对其人格产生无意识的影响，影响其与他人的关系：对他人信任还是猜疑，接受还是批判。

客体关系学派也是从弗洛伊德关于男性和女性发展的本质的理论中分离出来的。(Sagan, 1988; Winnicott, 1957/1990) 从客体关系的观点来看，不论哪种性别的儿童都是首先认同母亲。女孩与母亲性别一致，因而不需要与母亲分离；母亲把女儿看作自己的延伸。但是男孩为了要发展男性特性，就必须从母亲那里脱离出来；母亲也鼓励儿子独立自主。根据这种观点，与女性相比，男性在自己与他人之间建立起了更为严格的界限。

评价心理动力学理论

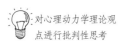
对心理动力学理论观点进行批判性思考

尽管现代心理动力学理论者在许多方面都有所不同，但他们却共有一个基本信念——要理解人格，我们必须探究其无意识动力和根源。不过，许多其他领域的心理学家都将大多数心理动力学观点视作一种文学上的比喻，而非科学的解释。(Cioffi, 1998; Crews, 1998) 他们指出精神分析理论中的许多基本假设均未被系统地证实，如意识"压抑"创伤经历。(McNally, 2003; Rofé, 2008)（见第八章）客体关系学者提出各种关于婴儿感想的假设，他们又是如何知道"真自我"受到抑制了呢？

心理学家表明，心理动力学理论存在三种科学缺陷：

1 违背了可证伪性原则。如我们在第一章看到的，一个在原则上不可证伪的理论是不科学的。许多关于无意识动机的心理动力学的概念实际上都是不可能被确定或被证伪的。追随者们接受一个观点往往是因为在直觉上认为它是对的或者是他们的经验似乎支持这一观点。任何怀疑这种观点或提出否定证据的人都被指控是"处于守势的"或"拒不接受的"。

2 从少数非典型病人的经验中得出普遍性原则。弗洛伊德和其大多数追随者把从少数个体，通常是一些接受治疗的病人身上得出的结论泛化到整个人类身上。当然，个案研究有时也能产生对人类行为的深刻见解，但是当观察者不对更具代表性的大样本进行研究，以及缺乏适当的控制组时，问题就出现了。例如，一些心理动力学倾向的治疗师，由于接受了弗洛伊德的儿童发展"潜伏期"观点，会认为如果一个儿童手淫或参加性游戏，那么很可能这个孩子曾受过性虐待。但手淫和性好奇行为绝不仅仅在受虐儿童中很典型，它们在大多数儿童中都是常见的、一般的行为。(Bancroft, 2006; Friedrich 等, 1998)

3 人格发展的理论建立在成年人的回溯性解释上。大多数心理动力学理论家都没有像现代儿童心理学家那样，为了建立他们的发展理论，而去观察不同年龄阶段的随机样本。恰好相反，他们是在收集成年人对其童年经验回忆内容的基础上来创造理论。对记忆的分析是一种很有启发性的方法，可以帮助我们了解生活；事实上，它也是我们能思考自己生活的唯一方法。但正如我们将在第八章看到的，记忆常常是不准确的，并会受到现在或过去发生事件的影响。如果你现在与母亲相处得不融洽，你可能会记住所有她对你的严厉，而忘记她对你好的方面。

回溯性分析还有另外一个问题：它会引起对事件之间**因果关系错觉**（illusion of causality）。人们经常假定如果 A 发生在 B 之前，那么一定是 A 引起 B。比如，如果你母亲在你 5 岁时曾住院三个月，而你现在在大学里感到害羞和缺乏安全感，客体关系分析者很可能将这两个因素联系起来。但实际上有许多其他的事情也会引起你的害羞和不安，比如第一次远离家庭，独自生活在一个很大的、无人情味的大学里。当心理学家开展从儿童期追踪到成年的纵向研究时，通过从后向前回顾，他们经常会得出截然不同的因果关系。（见第三章）

一些心理动力学理论可以通过实证来检验，例如，弗洛伊德相信，参与或观察攻击性的运动会将侵略性的能量转化为社会可接受的形式。但实证研究的结果恰好相反：攻击性运动往往增加参与者和观察者的敌意和攻击性，比如这些足球球迷

尽管心理动力学存在诸多问题，其部分概念经实证分析仍得到了验证。研究者已经确认了思想、记忆和行为存在无意识过程（Bargh & Morsella, 2008），他们还找到了许多防御机制的证据，例如，投射、否认和替代的证据（Baumeister, Dale, & Sommer, 1998；Cramer, 2000；Marcus-Newhall 等, 2000），意识和躯体在压力相关病症中的交互作用也被证实。另外，他们还认同了心理动力学的一个主要观点，即我们往往不了解自己莫名其妙或弄巧成拙的行为背后的动机。

快速测验

对于回答下列问题你是否感到防备？

一、有一个不听老师话还打其他同学的 8 岁男孩，下列哪一项关于他行为的解释分别来源于弗洛伊德、荣格，或客体关系学派？
1. 这个男孩表现的是他的阴影原型。
2. 这个男孩表现的是本我的攻击性能量，他没有发展出足量的自我控制。
3. 这个男孩无法与母亲分离，只好通过攻击性行为进行代偿。

二、心理学家会对上述三种解释提出怎样的批评？

三、在 20 世纪五六十年代，许多心理治疗师通过观察寻求治疗的同性恋者，做出同性恋是一种心理疾病的论断。他们的行为为什么违反了科学方法？

答案：一、1. 荣格。2. 弗洛伊德。3. 客体关系学派。 二、上述三种解释都难以证伪或证实，也都基于事后诸葛式的回溯性分析。 三、治疗师们没有对照组。他们应该同样本中与寻求治疗的同性恋者相匹配的异性恋者，以及不需要治疗的同性恋者进行比较。当他们这样做时，发现他们的同性恋样本并不比其他样本更不健康（Hooker, 1957）。

> 你将会学到
> - 那些告诉你你是什么"人格类型"的测验可靠吗?
> - 心理学家是如何得出哪一个人格特质比其他特质更核心或更重要的?
> - 哪五个人格维度可以描述世界上所有的人?

关于人格的现代研究

人们总是喜欢把自己和朋友归到某种"类型"里。古希腊哲学家提出,根据体内不同液体的混合可以把人格划分为四种类型。例如,如果你是一个易怒型的人,你就很可能拥有过多的胆汁。即使到现在胆汁质(choleric)这个词也被用来形容行为鲁莽的人。如果你是一个动作拖沓、非情绪化的人,你很可能拥有过多的黏液,那么你就是"黏液质类型"。

大众人格测试

对人格测试进行批判性思考

客观测验(量表) 要求书面答复的标准化客观问卷,它们通常包括一些量表,即人们被要求评价自己。

虽然上述人格测试理论已经不存在了,但其他不科学的人格类型测验依然存在,它们旨在预测人们在工作中的表现、与他人的相处关系,或能否成为领导。目前,存在一个这种类型的测试,即迈尔斯—布里格斯类型指标(Myers-Briggs Type Indicator),它在商业、励志讲座以及相亲服务中很是流行,每年至少有250万美国人参加这个测试。(Gladwell, 2004)根据个体在内向性或外向性、逻辑性或直觉性维度上的得分,该测试把人们归属到16种不同的类型之中。遗憾的是,迈尔斯—布里格斯类型指标并不比测量体液更可靠。一项研究发现,在5周后再做这个测试时得到的类型与原来一样的人还不到一半。另外,几乎没有证据表明通过测试一个人的人格类型可预测其在工作或人际关系中的行为表现。(Barbuto, 1997; Paul, 2004; Pittenger, 1993) 同样,一些企业和政府机构要求雇员接受的测试有许多也是无用的,例如,预测哪种"类型"的人更容易偷窃、吸毒或对工作不忠诚的测验。(Ehrenreich, 2001)

另一方面,也有许多人格特质测验在科学上是有效的,并且对研究有一定帮助。这些**客观测验**(objective test),又称**量表**(inventory),是一种要求书面填答的标准化问卷,一般由多项选择题或是非题组成。它提供了人格的数百种不同方面的信息,包括需要、价值观、兴趣、自尊、情绪问题以及应对情境的特有方式。心理学家采用结构合理的量表,已经确定了从"寻求刺激"(冒险的快乐)到"性恐惧"(对性的害怕)等数百种特质。

四种基本的人格类型

核心人格特质

是否存在一些人格特质比其他特质更核心、更重要呢？是否有些特质是重叠或聚合在一起的呢？对**戈登·奥尔波特**（Gordon Allport）来讲，上述两个问题的答案都是肯定的。奥尔波特是人格经验主义研究中最有影响力的心理学家之一。奥尔波特（1961）认识到，在人们的生活中，并非所有的特质都是同等重要的。他说，大多数人都有 5～10 个能够反映出自身行为、与他人关系和应对新情景的特有方式的**核心特质**（central trait）。例如，一些人将世界看作敌对的、危险的地方，而另一些人则把它看成是有趣的、欢乐的地方。相比较而言，**次要特质**（secondary trait）是人格中相对较易改变的部分，比如音乐爱好、习惯、随意的主张，诸如此类。**雷蒙德·B. 卡特尔**（Raymond B. Cattell, 1973）通过使用被称为**因素分析**（factor analysis）的统计方法推进了对这个问题的研究。进行因素分析就像给面粉里加水，面粉因水的加入而团成小球。用它来解释特质问题，就是通过因素分析的方法将那些看起来似乎在测量某些共同的潜在因素的相关项目聚为一类。今天，数百个因素分析的研究均支持了五个主要的"强大因素"，即**大五人格特质**（Big Five personality trait）的观点。（McCrae & Costa, 2008；McCrae 等，2005；Paunonen, 2003；Roberts & Mroczek, 2008）

因素分析 一种分析不同测验及测验成绩之间的内部相关性的统计方法；具有高相关性的测验或测验成绩的聚类，被认为是测量了相同的根本特质或能力。

1 外向性与内向性描述了个体外向或害羞的程度。它包括社会化或隐居化、冒险或谨慎、社交上主导或被动、渴望成为引人注目的中心还是倾向于躲在阴影中等特质。

2 神经质（消极情绪）与情绪稳定性描述了个体焦虑、不能控制冲动及体会生气、内疚、轻视和怨恨等消极情绪的程度。即使没有什么大问题，神经质的个体总是易于焦虑、抱怨与悲观。他们永远只看得到生活的辛酸，而感受不到一丝甜蜜。

3 随和性与对抗性描述了个体和蔼或易怒、合作或摩擦、安全或疑心乃至嫉妒的程度。它反映了个体倾向于友好或敌对的人际关系。

4 谨慎性与冲动性描述了个体负责任或不可靠、不屈不挠或半途而废、坚定踏实或变化无常、整洁或粗心、自律或冲动的程度。

5 对经验的开放性与对新经验的抵制描述了个体好奇、富于想象、好质疑及具有创造性，或是顺从、缺乏想象、可预见及对新鲜事物感到不舒服的程度。

文化可以影响这些人格因素的凸显以及它们在语言上的体现（Toomela, 2003），尽管存在一些语义和文化上的差异，"大五"已被世界多数地区，包括英国、加拿大、捷克、中国、埃塞俄比亚、土耳其、荷兰、日本、西班牙、菲律宾、德国、葡萄牙、以色列、韩国、俄罗斯和澳大利亚

你认为这个人的外向性会达到什么程度

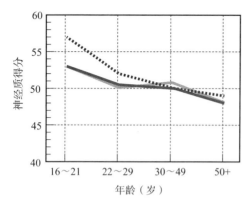
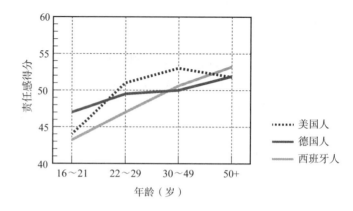

图 2.1 人格的一致性和变化

虽然"大五"特质相当稳定,但也会发生一定的变化。正如你所看到的,年轻人在神经质(消极情绪)上得分最高,后随年龄增长而逐渐降低;而年轻人在责任感上得分最低,后又随年龄增长而稳步上升。(Costa 等,1999)

接受为主要人格维度。(Digman & Shmelyov,1996;Katigbak 等,2002;McCrae 等,2005;Somer & Goldberg,1999)一项经典的研究从 50 种文化中收集到了大量数据,这项庞大的研究项目与许多较小的研究项目的结果一样,不论要求被试自我报告或由他人评定,大五人格因素均得以表露。(McCrae 等,2005;Terracciano & McCrae,2006)

尽管"大五"特质在人的一生中相对稳定,特别是一个人到了 30 岁的时候,但仍有一些例外存在,比如,在成年后期,人们倾向于变得不那么外向,更不愿意接受新的经历(见图 2.1);青年人若有正向的经历,也会变得更加自信、稳重。(Roberts & Mroczek,2008)此外,对一些暴躁的神经质人群,特别是年轻的神经质人群来说,也有一些好消息。

参与进来 | 评价你的特质

阅读下列的十个条目,写下 1~7,依次表明你认为该条目描述的特征与自身的符合程度。1 表示你强烈不同意;7 表示你强烈同意;4 表示你既不同意也不反驳,即态度中立。(本自评测试由塞缪尔·D. 戈斯林[Samuel D. Gosling]设计。)

1. 外向,热情　　　　（　　）
2. 批判的,爱争吵的　（　　）
3. 踏实,自律　　　　（　　）
4. 焦虑,易沮丧　　　（　　）
5. 开放,复杂　　　　（　　）

6. 保留,安静　　　　　　（　　）
7. 富有同情心的,友善　　（　　）
8. 缺乏组织的,粗心的　　（　　）
9. 冷静的,情绪稳定的　　（　　）
10. 传统的,缺乏创造性的（　　）

"大五"特质打分

外向性与内向性:　　　　　　　　　　问题 1 为高分,问题 6 为低分
神经质(消极情绪)与情绪稳定性:　　问题 4 为高分,问题 9 为低分
随和性与对抗性:　　　　　　　　　　问题 7 为高分,问题 2 为低分
谨慎性与冲动性:　　　　　　　　　　问题 3 为高分,问题 8 为低分
对经验的开放性与对新经验的抵制:　 问题 5 为高分,问题 10 为低分

现在让你的朋友或家人依据上述十个条目做出评定。该评定与你自己的评定在多大程度上相符合呢?如果有差异,可能的原因是什么?

在 10 个国家中对上千人进行研究并对 92 个纵向研究进行元分析发现，年龄在 16～21 岁的年轻人最为神经质（消极情绪），且最不随和、最不谨慎。然而当这些年轻人长到三四十岁时，他们倾向于变得更加随和与谨慎，并且消极感也有所下降。（Costa 等，1999；Roberts, Walton, & Viechtbauer, 2006）因为在许多不同的国家中均发现此现象，所以这可能反映了人一生发展中诸如工作与家庭责任等的一般变化。

当然，"大五"人格特质并没有提供一幅完整的人格画面。临床心理学家就认为其中缺少了心理障碍中的重要特质，比如精神变态（缺乏同情心）、自私与强迫。（Westen & Shedler, 1999）人格研究者还指出了其他一些缺失的重要特质，比如虔诚、不诚实、幽默、独立及老套。（Abrahamson, Baker, & Caspi, 2002；Paunonen & Ashton, 2001）但是大多数研究者都同意"大五"特质是人类个体乃至非人类个体人格变量的核心内容这一观点。

> **快速测验**
>
> 通过本测验表明你是否具备责任心这一特质。
> 一、与投射测验相比，用量表测量人格有哪些优势？
> 二、雷蒙德·卡特尔通过下列哪一项提出了人格的研究（　　）
>   A. 发展案例分析研究　　B. 采用因素分析　　C. 修订迈尔斯—布里格斯类型指标
> 三、下列哪些不属于"大五"人格因素（　　）
>   A. 内向性　　B. 随和性　　C. 精神质　　D. 对经验的开放性　　E. 智力　　F. 神经质　　G. 责任心
> 四、下列"大五"特质的哪一项通常到了 40 岁以后随年龄减弱（　　）
>   A. 随和性　　B. 外向性　　C. 对经验的开放性　　D. 神经质
>
> 答案：一、一致地真实，它们有更明确的信度和效度。二、B　三、C E　四、D

> **你将会学到**
> - 动物是否和人类一样具有"人格"？
> - 个体气质与人格差异在多大程度上是受遗传差异影响的？
> - 个体由遗传得来的人格特质会永远伴随此个体吗？

遗传对人格的影响

我们认识的一位母亲曾这样描述她的两个孩子："我女儿总是很难相处、易激动且易怒。但是，我儿子正好相反，他总是安静且友善的。他们天生就是这样。"这位母亲的说法正确吗？孩子可能天生就爱发脾气或者天生脾气好吗？人格的哪些方面可能有遗传的成分？

长久以来，人们对人与人之间差异的思索已从生物学原因（"存在于本性中，他们生来如此"）转向学习和环境因素（"全部是教育的产物——他们如何被养大以及他们拥有的经历"）。在哲学和心理学领域中，天性—教育（nature-nurture）之争由来已久。爱德华·L. 桑代克（Edward L. Thorndike），20 世纪早期的心理学领袖人物之一，通过声称"在实际的生活岁月中……决定因素是遗传"（1903），公开地阐述了他的先天论倾向。但与其同时代的行为主义学家约翰·B.华生（John B.Watson）则坚持认为，经验可以在空白的人性上书写任何信息。（1925）他说道：

> 给我一打健康的婴儿，在我自己的特殊世界里把他们养大，我可以保证，随便挑出一个儿童，不论他们的天赋、兴趣、倾向、能力、才能以及种族如何，我都能把他培养成任何类型的专家——医生、律师、艺术家、商人，甚至乞丐和小偷。

今天，几乎所有的心理学家都会说天性－教育之争已然结束，答案是两者都有影响。生物因素与经验、基因与环境相互产生影响，随着时间的推移不断发生交互。（Johnson等，2009）在本章节及下一节，我们将会考察天性和教育对人格的交错性影响。

基因 遗传的功能单元，由DNA组成并限定蛋白质的构造。

遗传会怎样影响人格呢？遗传的基本单元**基因**（gene）由DNA（脱氧核糖核酸）元素组成。这些元素组成合成蛋白质的化学编码，蛋白质反过来又会影响从身体结构到保持身体运行的化学成分的每个方面。基因通过影响婴儿大脑和神经系统发育来影响我们称为"人格"的行为。它们也可以通过开启或关闭其他基因，直接或间接地影响成年人大脑与神经系统的功能。有趣的是，我们总DNA的98.8%存在于基因之外，称为非编码DNA。当时科学家认为它并不重要，这个DNA曾经被认为是"垃圾DNA"。然而这种理念正在迅速发生变化。非编码DNA可能影响关键基因的表达（活动），其中发生的基因突变也可能与常见疾病相联系。这条令人兴奋的研究线索表明，基因并不能提供个体发展的静态蓝图，相反，我们的遗传基因更像是一个相互联系、不断变化的网络系统，包括环境因素在内，对个体整个生涯产生影响。（Feinberg, 2008）

目前，研究者测量基因对人格的贡献的方式主要有三种：研究其他物种的人格，研究人类婴儿及儿童的人格特质，对双胞胎和被收养儿童进行遗传研究。在将来的岁月，你会听到更多关于基因发现的报道，所以理解它们意味着什么和不意味着什么是相当重要的。

小狗和人格

在1993年，科学家发表了第一篇关于非人类物种人格的学术文章。你能猜到它是什么物种吗？狗？还是马？不，它是卑微的、黏糊糊的章鱼！当研究人员把螃蟹丢进一池子章鱼里，有观察者注意到，一些章鱼会立马激烈地抢夺晚餐；而另一些章鱼似乎更为被动，它们等着螃蟹游近；还有一些章鱼等到没有人观看时才对螃蟹发起攻击。（Mather & Anderson, 1993）显然，你不必是人类也可以拥有人格，你甚至不需要是灵长类动物。

近年来，为了更好地了解人类人格特质的进化与生物学基础，科学家在生理学、遗传学、生态学以及动物行为学（在动物的自然栖息地的研究）领域进行了研究。这些研究者认为，正如人类以不同的方式应对环境有其进化上的益处一样，动物也是如此。对于某特定物种而言，一些成员有面对陌生人或尝试新事物的勇气和冲动，而另一些成员则更加谨慎，这是有一定好处的。

在一系列富有想象力的研究中，塞缪尔·D.戈斯林（Samuel D. Gosling）和他的同事在当地某公园招募了一些狗及它们的主人。(2003)在第一项研究中,狗主人对他们的狗进行了人格评估并为他们自己填写了同样的人格清单。然后,狗主人指定某个可以对自己和狗狗进行人格评判的熟人。在第二项研究中,狗主人把他们的狗带到公园的一个封闭区域,在那里会有三个独立的观察者对狗进行评价。因此,研究者可以将观察者的评价与狗主人的判断相比较。结果表明,狗主人、他们的朋友以及中立的观察者对狗在"大五"特质的四个维度上的评价保持一致:外向性、随和性、情绪反应性(神经质)以及对经验的开放性。

狗狗的家庭画像。和人一样,狗也有不同的人格:有人无聊,有人和同伴靠在一起,还有人在闹脾气

迄今为止,戈斯林和他的同事在章鱼、熊、狗、猪、鬣狗、山羊、猫,以及灵长类动物等64个不同的物种中均发现了"大五"的证据,所有的动物都具备可与其同伴区分的、独特的行为方式。(Weinstein, Capitanio, & Gosling, 2008)这些研究结果指出了"大五"在进化上的重要性以及它们的生物学基础。所以,当你听到爱狗、爱马或爱猫的朋友说,"布鲁托是一个容易害羞和紧张的家伙,而佩珀是外向、友好的"时,你的朋友可能是一个相当准确的观察家。

遗传和气质

现在,让我们来谈谈人类的人格。即便在刚出生后的几个星期里,婴儿在活跃水平、情绪、反应性、心率以及注意广度上都有差异。(Fox 等, 2005a)有些孩子是易怒的、暴躁的;有些孩子是平静的、温和的;有些被大人抱着,依偎在大人的怀里;有些则扭动不安,好像他们不能忍受约束;有些孩子爱笑;有些则爱大惊小怪和哭闹。

即使控制了出生前可能的影响,比如母亲的营养、药物使用或妊娠问题,这些差异也会出现。这是由于婴儿一出生就具有由遗传决定的**气质**(temperament)以及以特定方式应对环境的倾向。(Clark & Watson, 2008)气质包括反应性(一个婴儿激动、觉醒或反应的程度)、平静性(使一个不安的孩子平静下来的容易程度)及积极或消极情绪性。气质是相当稳定的,并可能在日后构成特定人格特质的基础。(Clark & Watson, 2008; Else-Quest 等, 2006; Rothbart, Ahadi, & Evans, 2000)

气质 以特定方式对环境做出反应的生理倾向。它们在婴儿时期就会表现出来,而且被认为是先天的。

例如,高反应性的婴儿,即使才四个月大也表现得易激动、紧张和害怕;他们对任何细小的事物都过度反应,哪怕只是在他们前面放置一张多彩的图片。蹒跚学步时,即使母亲就在旁边,高反应性的婴儿仍倾向于警惕和害怕接触新事物,如制造噪声的玩具、有着奇怪长相的机器人。到5岁时,这种孩子中的大部分在新环境与陌生人群中仍然容易感到胆怯和不安。(Hill-Soderlund & Braungart-Rieker, 2008)到7岁时,即使没有任何形式的创伤经历,他们中的大部分仍有焦虑的症状,他们害怕被绑架、需要开灯睡觉以及害怕在陌生的房子里睡觉。

相反,非反应性的婴儿则非常放松。他们总是安静地躺着,很少哭,学说话时也很快乐。蹒跚学步时,他们对新玩具与新事物都很好奇,在整个童年,他们始终保持随和与外极端羞涩和恐惧新情境是有遗传基础的、稳定的气质——对人类和猴子来说都是如此。右图中一只胆小的幼猕猴（又叫恒河猴）在一个外向友好的陌生者面前，胆怯地畏缩在一个朋友的身后

向。（Fox 等，2005b；Kagan，1997）处于这两种极端的儿童在生理上也有差异。在轻度紧张的任务中，反应性儿童比非反应性儿童更容易出现心率增加、大脑活动增强以及应激激素升高的现象。

你可以发现，基于生物学上的气质可能是后来人格特质（外向性、随和性或神经质）的基础。

遗传和特质

遗传率 指某群体中个体的某些归为遗传变异的特质在总变异中所占比率的统计估计。

行为遗传学 这是一个跨学科的研究领域，研究行为和个性中个体差异的遗传基础。

另一种研究遗传对人格贡献的方法是在儿童或成年人群体内估算一些特定特质的**遗传率**（heritability）。这种方法是**行为遗传学**（behavioral genetics）领域的核心，该领域试图确定个体在人格、行为和心智能力方面的差异的遗传基础。在任何一个群体内，个体在害羞、高兴、冲动或其他任何品质方面都会有所不同。基于群体内遗传变异，遗传率可给出某个性状（特质）总变异比率的统计估计。因为一个特质的遗传可能性是以比率的方式来表达的（如 0.60 或 60/100），所以它的最大值是 1.0（意味着特质中百分之百的变异都是由遗传变异引起的）。

由于遗传率初看起来是一个很难理解的概念，因而本文将给出一个例子对其予以说明。假定你给心理专业的某个班都做了羞耻感测验，你计算了这个组的平均羞耻感成绩。有些学生的成绩接近平均值，而另一些学生的成绩则比平均值高或低很多。遗传率可以使你估计该班级在羞耻感上的变异多大程度上是由参加测试学生的遗传差异所致。需要注意的是，这种估计仅适用于该群体为一个整体的情况。它并没有告诉你遗传对一个特定个体的羞耻感或外向性有什么作用。你害羞可能主要是因为你的基因，而你的朋友害羞则可能是因为她 8 岁时在学校表演的一次尴尬经历。

有另外一种遗传性疾病，在皇室家族中沿袭。你的爷爷是一个固执的傻瓜，你的父亲是一个固执的傻瓜，你也是一个固执的傻瓜

高遗传特质的一个很明显的例子是身高：在一组具有同等营养状况的个体中，他们中大多数的变异都可以由其遗传差异来解释。相比较而言，饭桌礼仪就具有很低的遗传性，因为个体间的多数变异都可由他们在被抚养过程中的差异来解释。尽管身高具有高达 90% 的遗传性，但营养不良的儿童仍不会达到其在充分营养状态下应达到的身高。反过来，

如果孩子们吃的东西很有营养,他们可达到的身高就可能超出预估水平。例如,朝鲜与韩国人民有相同的遗传背景,然而他们 2008 年左右的平均身高差约为 6 英寸(15.24 厘米)。(Schwekendiek,2008)

计算遗传率

科学家们无法直接估计某个特质或行为的遗传率,所以他们必须通过研究已知遗传水平相似的人们来推断遗传率。你可能认为最简单的方法就是比较家族内的血亲,每个人都知道一些在天赋或人格方面很出名的家族。但事实上,一个特质在家族里的"传递"并不能说明太多问题,因为很近的亲戚之间通常也有相似的环境和基因。如果卡洛的父母及兄弟姐妹都喜欢吃宽面条,那并不意味着喜欢吃宽面条的口味是遗传的。同样,如果卡洛家里每个人都是害羞的、情绪化的或喜爱音乐的,也并不意味着这些都是遗传的。

一个比较好的方法是研究收养儿童。(例如,Loehlin, Horn, & Willerman, 1996; Plomin & DeFries, 1985)这些孩子有其亲生父母各一半的基因,但他们与亲生父母分开,在不同的环境里长大。另一方面,他们与养父母和养父母家的兄弟姐妹共处一个相同的环境,但是基因不同。研究者可以比较这些儿童分别与有血缘关系和无血缘关系的亲属在特质上的相关,并用这些结果来估计遗传率。

另一个方法是比较同卵双胞胎和异卵双胞胎。当一个受精卵分裂成两部分,然后转变为独立的胚胎时,同卵双胞胎(identical twins)就产生了。因为同卵双胞胎来自同一个受精卵,科学家总是假定他们共享所有的基因。然而,最近的研究表明,DNA 中重复或缺失的组块可在同卵双胞胎的一方有体现而另一方无体现(同卵双胞胎因产前经历不同,出生时也可能有轻微差异,如血液供应的差异或其他偶然因素)。虽然如此,同卵双胞胎在基因上的相似性远大于其他的兄弟姐妹。

相反,当女性的卵巢释放两个卵子,且每一个卵子由不同的精子授精时,异卵双胞胎(fratenal twins)就会产生。异卵双胞胎虽然同时生长于一个子宫,但是他们之间并不比其他的兄弟姐妹在基因上更相似(平均起来,他们仅有一半的基因相同),而且他们也可能是不同的性别。

行为遗传学家(behavioral geneticist)可以通过比较同性别异卵双胞胎和同卵双胞胎来估计一个特质的遗传率。假设条件是,如果同卵双胞胎比异卵双胞胎表现得更为相似,那么相似性必定是由遗传导致的。不过,人们对待同卵双胞胎和异卵双胞胎的方式可能并不相同。为了避免这些问题,研究者们研究了在早期就被分开抚养的同卵双胞胎。(直到最近,收养法和对非婚生子女的态度才允许这种分离发生。)从理论上来说,被分离的同卵双胞胎共享所有的基因,但不共享环境。因此他们之间的任何相似性基本上都是由遗传决定的,并且可以直接由此对遗传率做出估计。

然而,这里仍然存在另一个问题。一些心理学家认为,包括被分离的双胞胎的收养家庭的环境,范围相当狭窄,因为

从出生就被分开,马力福特(Mallifert)双胞胎偶然地遇见了彼此

同卵双胞胎杰拉尔德·利维（Gerald Levey）（左）和马克·纽曼（Mark Newman）自出生就被分开并在不同的城市长大。当他们在31岁重聚时，他们发现了一些惊人的相似之处。杰拉尔德和马克都是志愿消防员，他们留着一样的八字胡，并且都是未婚。除此之外，他们都喜欢打猎、看老约翰·韦恩（John Wayne）电影和吃中国菜。他们喝的是同一种牌子的啤酒，并都有着把小手指圈住啤酒罐以及喝酒后压碎瓶罐的小习惯。我们很容易得出"遗传决定了这些相似之处"的结论，但是我们也应该考虑其他的解释：有些可能是由于共同的环境因素造成的，如社会阶层和教养；有些可能仅仅是偶然的。对于任何既定的双胞胎，我们永远不能百分百确定他们的相似究竟来源于什么

大多数收养者都经过一定筛选以确保他们有安全的收入、心理稳定等。因此，被收养儿童所处的环境并没有太多的变化，这一事实也虚假地扩大了由遗传造成的变异。（Nisbett，2009）当环境相似时，个体间的任何差异似乎都是可遗传的；一旦环境不同，遗传对个体的影响比例也随之减弱。（Johnson 等，2009）

人格特质是怎样遗传的

尽管如此，收养和双胞胎研究的结果涵盖了大约80万对双胞胎以及50多个不同的研究样本，这为遗传对人格的贡献提供了强有力的支持。（Johnson 等，2009）结果表明，被分开抚养的同卵双胞胎在手势、动作和情绪方面往往非常相似；事实上，他们在人格上的相似与其身体特征上的相似好像并无差别。如果双胞胎中的一个倾向于乐观、忧郁或易激动，另一个很可能也是如此。（Braungert 等，1992；Plomin 等，2001）

行为遗传研究已经在特质的遗传可能性上取得了显著一致的结果。不论要研究的特质是属于"大五"特质，还是属于其他的从攻击性到总体幸福感这些特质，遗传可能性的变化范围均为 0.20～0.50。（Bouchard，1997a；Jang 等，1998；Lykken & Tellegen，1996；Waller 等，1990；Weiss, Bates, & Luciano，2008）这就意味着，在一组人群中，这类特质中50%的变异可以归结于群体内个体间的遗传差异。这些研究结果在许多国家都得到了验证。

评价遗传理论

心理学家相信，智慧地使用这些行为—遗传方面的发现能够帮助人们更好地接受自己及其孩子。尽管我们都可以学着提高和修正我们的人格，但由于遗传倾向与性情的作用，绝大多数人的人格可能永远都无法完全改变。

💡 对遗传必然性进行批判性思考

另一方面，我们也不能过分简单化地强调"基因就是一切"，遗传易感性（predisposition）并不一定意味着遗传必然性（inevitability）。一个人可能有易患抑郁的基因，但是没有特定的压力环境，这个人可能永远不会变得抑郁。当人们过度简单化时，他们就会错误地假设有遗传根源的人格问题是没救了——一些人是"生来就坏"或永远都是坏脾气。这种信念会影响他们的行为甚至使事态越发糟糕。（Dweck，2008）过分简单化也会使人们错误地假定：如果问题出现，比如抑郁或是害羞，它们有遗传因素的影响，那么它们只会对药物产生反应，采取其他形式的干预也没有意义。我们会在第十二章中讨论这种观点的错误性。

几乎每年都会出现所谓的某些基因可以解释一种人类特质的报告。几年前，报纸甚至宣布发现了"忧虑基因"。别担心！大多数人类特质，甚至是身高和眼睛颜色也不只受到

一种基因的影响。尤其是心理特征更可能取决于多重基因，每个基因只解释不同人差异的一小部分。相反，任何一个基因都容易影响许多不同的行为。所以在这一点上，所有关于"××基因"的论断都应被谨慎地看待。

英国一流的行为遗传学家罗伯特·普洛闵（Robert Plomin）曾说过（1989）："对于遗传影响行为的接受，正逐渐危及研究所传达的第二种信息：这些相同的数据提供了环境影响重要性的可靠证据。"下面就让我们来看看这些影响可能是什么。

> **快速测验**
>
> 我们希望你有一些"参加测验的基因"。
> 一、哪三种研究支持了人格差异部分是由基因差异所导致的假设？
> 二、在行为—遗传研究中，人格特质（包括"大五"）的遗传率，通常是（　　）。
>   A. 0.5　　　　B. 0.9　　　　C. 0.2　　　　D. 0
> 三、研究人员宣布，他们对同卵双胞胎的研究显示出离婚的遗传率很高。（McGue & Lykken, 1992）考虑到我们的史前祖先还没有发明婚姻，更不用说离婚，这个发现究竟意味着什么？
>
> （Rogge 等，2006）
> 答案：一、关于动物人格的研究；对人类个体所做的选择性遗传培育的研究；双胞胎研究。二、A。三、基因"影响婚姻"，也许是因为人格差异的部分，例如，神经质和秩序性，使一个人与其伴侣的重新组合，因此离婚的可能性增加；或是因为此类人格兼有遗传性的影响。

你将会学到

- 社会认知学习理论如何解释不同情境中人格的明显变化？
- 父母在多大程度上可以或不可以塑造孩子的人格？
- 同伴是怎样影响你的人格的？

环境对人格的影响

"环境"可以解释人格中一半的变异，但到底什么是环境呢？在这一部分，我们将讨论环境的三个主要方面：特定情境、父母的教养和同伴的影响。

情境和社会学习

特质的定义是指其在不同的情境下具有一致性。但是个体通常在父母面前的表现与在朋友面前的表现完全不同，在家里是一类行为表现，在其他情境下又是另一类行为表现。在行为学习的理论术语中，这种差异是由于不同的行为在不同的情境下分别受到了奖励、惩罚或忽视。（在第九章中，我们将更深入地讨论行为主义理论的重要原则。）例如，你在一群美国偶像的欢呼雀跃的粉丝中，就可能比在家里更加外向，因为家人更多地对这种噪声持警告与谴责态度。由于我们的行为会随环境发生诸如此类的变化，严格的行为主义者认为，谈论"人格"毫无意义。在他们看来，人们没有"特质"，他们只是在某种情境下表现出特定的行为模式。

社会认知学习理论 一种强调行为是通过观察和模仿他人、积极后果，和诸如计划、预期、信念的认知过程而学会和保持的理论。

一种当代主要的学习观点，**社会认知学习理论**（social-cognitive learning theory），认为人格特质在某种程度上取决于个体的学习经历及由此产生的期望和信念。一个学习努力的孩子取得了好成绩，得到了老师的注意、朋友的羡慕和父母的表扬，这些会使他期望在其他情境下努力工作也得到报答。从人格特质的角度讲，这个孩子会变得"有雄心"和"勤奋"。反之，一个孩子学习很努力但是成绩不好、被老师和父母忽视或被朋友拒绝，这些会使他认为根本不值得努力学习，他就会变得（在其他人看来）"没有抱负"或"懒惰"。

当今大部分的人格研究者认识到，个体有一系列稳定的核心特质，且他们的行为会随情境发生变化。（Fleeson, 2004）特定的品质和所处情境之间存在持续的交互作用。你的气质、习惯和信念会影响你如何应对他人、与谁一起交往以及寻求什么样的情境。（Bandura, 2001; Cervone & Shoda, 1999; Mischel & Shoda, 1995）情境又反过来影响你的行为和信念，奖励某些行为而消除另一些行为。在社会认知学习理论中，这一过程称为**交互决定论**（reciprocal determinism）。

交互决定论 指在社会认知学习理论中，在塑造人格特质时，环境和个体两方面的双向交互作用。

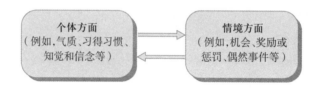

交互决定论的双向过程（与"基因决定一切"或"一切都是习得的"的单向决定论相反）帮助回答了每个有兄弟姐妹的人都在问的问题：除了基因之外，是什么使得在同一个家庭里长大的孩子如此不同？答案似乎是：对每个孩子有着不同影响的各种经验、不可预计的偶然事件、儿童所处的情境及儿童所属的同龄群体使然。（Harris, 2006; Plomin, Asbury, & Dunn, 2001; Rutter 等, 2001）行为遗传学家将这些独特的、偶然的且不与其他家庭成员共享的环境称为**非共享环境**（nonshared environment）。例如，四年级的时候就读于米勒夫人（Mrs. Miller）的班级（可能激励你成为科学家），在学校戏剧表演中拔得头筹（可能把你推向表演的职业生涯），或在学校被欺负（可能使你觉得自己弱小无力）。所有这些经历都与你自己对它们的解释、你的气质和你的知觉（米勒老师的班级使你兴奋还是令你厌烦？）在交互发挥作用。

非共享环境 个体不与家庭其他成员共享的环境和经验上的特有部分。

记住这种交互决定的概念，让我们来看一看在人们的生活中最有力度的两个环境影响因素：父母和朋友。

父母的力量及其限制

假如你翻看一下育儿书籍或是在网上阅览相关内容，你会发现尽管它们提供了无数的建议，但其中都有一个根深蒂固的观点：父母养育是影响孩子人格发展的最大因素，甚至可能是唯一的因素。几十年来，很少有心理学家质疑该观点，许多人仍对此持接受态度。但是在三条证据的重压下，人格主要由父母对孩子的教养方式决定的观点已经开始瓦解。（Harris, 2006, 2009）

对父母的影响进行批判性思考

苏珊·鲍尔（Susan Boyle）是一个用伟大嗓音征服世界的平凡女人，还是一个害羞、谦虚、内向或自信的表演者？社会认知学习理论认为遗传倾向与人格特质——如鲍尔作为歌手的非凡技巧——致使人们偏向某些情境。但是情境——比如鲍尔在"英国才艺秀"上的表演——反过来又影响人们人格的表达

1 如果说家庭的共享环境对人格有影响的话，其影响也是很小的。在行为遗传研究中，"共享环境"包括了你成长的家庭及你与兄弟姐妹和父母所共有的经历和背景。假如这些方面确实具有通常认为的强大影响力，那么研究应当发现收养儿童和其养父母的人格特质之间有很强的相关。事实上，这种相关几乎不存在，这说明与遗传相比，儿童教养方式和家庭生活的影响十分微弱。（Cohen, 1999; Plomin, Asbury, & Dunn, 2001）

2 很少会有父母在不同的时期对所有的孩子都使用一种单一的教养方式。发展心理学家经过多年努力，试图确定特定教养方式对儿童人格特质的作用。但问题是，父母在日复一日、年复一年中的做法是不一致的。他们教养方式的变化取决于他们自己的压力、情绪和婚姻满意度。（Holden & Miller, 1999）正如我们所认识的一个孩子对其愤怒的母亲所说："为什么你今天对我这么不好，妈妈？我每天都这么淘气。"而且，父母倾向于根据孩子的脾气调整教育方式；他们通常对懒散的孩子更宽容，对爱惹麻烦的孩子则会给予更多的惩罚。

3 即使父母想在对待孩子的方式上保持一致，他们的行为与孩子的表现也几乎没有关系。一些儿童虽然出身于问题家庭，但他们却很有韧性，也没有遭受持续的情感损伤（在第三章中有讨论）；而一些儿童的父母虽然极其慈爱、有教养，但这些儿童却屈从于毒品、心理疾病或帮派团伙。

诚然，父母确实在许多与孩子人格无关的方面产生影响，如宗教信仰、智力、职业兴趣、成功动机、技能、价值观以及秉承传统或现代的男女观。（Beer, Arnold, & Loehlin, 1998; Krueger, Hicks, & McGue, 2001）最重要的是，父母所做的事情能够深刻地影响他们与孩子之间关系的质量——他们的孩子是能感受到被爱、安全、有价值或羞辱、恐惧、无价值的。（Harris, 2009）一些高遗传性的特质在某些程度上也受到父母的影响。一项从 3 岁追踪到 21 岁的纵向研究发现，那些在 3 岁时冲动的、难以控制自己、有攻击性的孩子，比

安静的孩子长大后更冲动、不可靠及反社会，而且更容易犯罪。（Caspi, 2000）早期的气质是后来人格特质的一个有力而一致的预报。但也并不是每个孩子都表现得一模一样。那么又是什么保护了一些处在危险中的孩子，并帮助他们朝着健康的方向发展呢？父母确保孩子待在学校并对其密切监督，同时给予他们一贯的纪律约束是该问题的答案。

尽管如此，通常父母对子女人格的影响远比大多数人认为的要少。由于交互决定论的作用，二者的关系为双向且持续不断的互相影响。一旦孩子离开家，开始学业，父母对其在家庭外的行为影响开始减弱。非共享环境——同龄人、偶然事件及环境就开始发挥作用。

同伴的力量

两位心理学家对康奈尔大学的 275 名新生进行了调查，他们发现这些新生中大部分都有从未向父母展露过的秘密生活与自我。（Garbarino & Bedard, 2001）在脸谱网（facebook）也是如此，许多青少年都报告有犯罪、酗酒、吸毒、在学校作弊、发送色情短信以及性交的行为，所有的这些父母毫不知情（他们错误地认为这些内容是"私密的"，只有他们的朋友知道）。这种向父母展现人格的一面，向朋友展现完全不同的另一面的现象在青少年中尤为明显。

> **参与进来** ｜ **情境与自我**
>
> 你独处时与你和父母在一起、和朋友在一起、在教室里或是在聚会上时是不同的自己吗？如果是，在哪些方面不一样呢？你有没有不告诉家人的秘密自我？在回答这些问题时，考虑一些"大五"因素或其他一些你认为重要的人格特质。

你是否有被排外或孤立的经历？据青少年报告，同伴拒绝是最为痛苦的经历之一

像大人一样，儿童也生活在两种环境中：家里及家以外的世界。在家里，他们学习父母想让他们习得的行为方式及可以逃脱惩罚的方式；然而，一旦离开家，他们便附和同伴们的服饰、习惯、语言和规则。多数成年人仍记得被同学嘲笑"用错误的方法"读出一个单词或是做一些"蠢事情"（不是其他孩子所做的）的糟糕感觉，许多人仍可回想起被排外的痛苦感。为避免被嘲笑或排斥，多数儿童会尽可能地遵守同伴群体的规范与准则。（Harris, 2009）在五年级遵守法律的孩子可能从高中开始触犯法律，如果他们这么做或者以为这么做可以赢得同伴的尊重的话。

由于父母通常会设法安排好所有事情，以使孩子所处的环境与自己的价值观和习惯相符合，所以父母与同伴的影响往往很难区分。若要了解父母与同伴中哪一项对人格和行为的影响更大，则必须关注二者价值观相冲突的情境。例如，父母看重孩子的学习成绩而同伴们并不看重，谁赢呢？一般来说，答案是同伴。(Arroyo & Zigler, 1995; Harris, 2009) 相反，如果孩子的父母不鼓励成功而同伴却疯狂学习以考上大学，这样的孩子也会开始努力。

因此，同伴在我们的人格特质和行为塑造过程中发挥着至关重要的作用，致使我们强调某些能力或属性而忽视其他的方面。正如交互决定论所预测，我们的气质与倾向也会促成我们选择特定的同伴群体（如果这些群体存在），并进一步影响我们在群体内的行为方式。但是一旦我们处于该群体之中，我们之中绝大多数都会选择附和群体，在群体的压力下铸造人格的多面性。

总的来说，核心人格特质可能来源于遗传倾向，但是它们还深受学习、同伴、情境、经验以及我们接下来看到的最大的环境——文化——的影响。

快速测验

你的同伴会参加这些测验吗？他的答案会决定你的答案吗？

一、哪三条证据挑战了父母是孩子人格形成的主要影响因素这一观点？

二、哪一项对兄弟姐妹中人格特征的改变影响最大（　　）

A.他们不与家庭共享的独特经历　B.他们共享的家庭环境　C.父母不同的教养方式

三、8岁的德维恩在家里很害羞，他是六个孩子中间的一个，但他在学校里性格很外向，在那里他是朋友的领袖。他性格明显变化的可能原因是什么？

答案：一、并非所有家庭都有孩子，没有什么明显的影响；即便父母共有一套明显的价值观，他们的孩子表现的却很不一样；同伴推崇体系极影响他人格特征的塑造。二、A。三、同伴推崇体系极影响他人格特征的塑造；家里人格特征上有兄弟姐妹的影响，但他可以对朋友表现出家里所尊重的情境。

<58> **你将会学到**

- 文化是怎样影响你的人格的？甚至你是否认为自己有稳定的自我？
- 在受到侮辱时，为什么美国南部和西部的男人比其他地方的男人更容易生气？
- 如何客观地评判文化对人格的影响？

文化对人格的影响

如果你应邀参加晚上7点开始的聚会，你实际上会在什么时间到达那里？如果有人对你伸出指头或很粗鲁地称呼你，你会愤怒反击还是一笑了之？大多数心理学家把惜时与易怒视为一定程度上来源于遗传倾向或经验的人格特质。但是文化同样对个体的行为、态度以及他们所看重或鄙夷的特质有着深远的影响。**文化**（culture）是支配一个社区或社会成员行为的共同规则及社会多数成员所共有的、代代相传的一整套价值和信念体系。它提供了无数的规则来规范我们的行为，塑造我们的信念。（见第十章）就像任何生物过程一样，它对人格和行为的影响同样强大。

文化 支配一个社区或社会成员行为的共同规则，及社会多数成员所共有的一套价值、信念和态度体系。

文化、价值和特质

快！回答这个问题：你是谁？

你对"我是谁？"的回答会受到你的文化背景的影响，特别是会受到你的文化是强调个人主义还是集体主义的影响。（Hofstede & Bond, 1988; Kanagawa, Cross, & Markus, 2001; Markus & Kitayama, 1991; Triandis, 1996, 2007）在**个人主义文化**（individualist culture）中，个人的独立优先于集体的需要，自我经常被定义为人格特质的集合（"我是开朗的、令人愉快的、有抱负的"）或用职业来表达（"我是心理学家"）。在**集体主义文化**（collectivist culture）中，集体的融洽优先于个人的愿望，自我常在相互关系或社会背景下被加以界定（"我是农民的儿子，我母亲那边三代是说书的，而我父亲那边五代都是农民……"）。一项有趣的研究展示了个体—集体这一维度如何嵌入语言以及它如何塑造我们的思想，出生在中国的双语者在回答"我是谁"这一问题时，他们用英语写的时候依据自己的个体属性界定自我，用中文写的时候则依据与他人的关系来界定自我。（Ross, Xun, & Wilson, 2002）

如表 2.1 中所示，个人主义和集体主义定义自我的方式会影响个体生活的许多方面，包括重视哪种人格特质，我们如何以及是否表达情感，我们有多重视拥有人际关系或保持自由，以及我们如何自由地表达愤怒或攻击性情绪。（Forbes 等，2009；Oyserman & Lee, 2008）个体主义和集体主义取向以无数微而有力的方式影响着我们。例如，在一项研究中，中国人和美国人必须组队玩一种沟通游戏，该游戏要求每个合作方都能接受对方的观点。眼睛注视的研究结果显示，中国选手几乎总是能够从对方的视角观察目标，而美国球员则常常在这个任务上以失败告终。（Wu & Keysar, 2007）

个人主义文化 一种自我被认为是自主的、个人目标和愿望高于义务和与他人关系的文化。

集体主义文化 一种自我被认为是嵌于人际关系中，与群体关系的融洽高于个人目标和愿望的文化。

表2.1 个人主义文化和集体主义文化的一些平均差异

个人主义文化	集体主义文化
定义自我为自主的，独立于群体的。	将自我定义为群体中相互依赖的一部分。
优先考虑个体及个人目标。	优先考虑团队的需求和目标。
重视独立性、领导力、成就和自我实现。	重视群体和谐、责任、义务和安全。
对个人态度和偏好的重视程度要高于对群体行为规范的重视程度。	在解释行为时，更重视群体规范而不是个人态度。
关注人际关系的收益和成本；如果成本超过收益，该个体可能会放弃这段关系。	照顾群体成员的需要；如果一段关系对集体有利，但对个人来说代价高昂，那么该个体很可能倾向于维持这段关系。

当然，两种文化的成员都明白他们对事物的看法和另一个人的区别，但以集体为导向的中国人更关注他人的非语言表达，以更好地监测和修改自己的反应。处于这两种文化传统的个体也倾向于发展出不同的认知风格：西方人着重分析思维，例如，把注意力放在个人身上，把个人视为事件的起因；亚洲人着重整体思维，关注情境与关系。（Varnum 等，2010）

因为来自集体主义文化的个体关心的是根据社会背景调整自己的行为，与个人主义文化个体相比，他们倾向于更灵活地看待人格和自我意识。一项对日本人和美国人进行比较的研究颇有启发性：美国人报告，他们在不同的情境中对自我的感觉只有 5%～10% 的变

个人主义的美国人通过跑步、走路、骑自行车和滑冰的方式锻炼,每个人运动的方向不同并穿着不同的衣服。集体主义的日本雇员在他们的雇佣典礼上以同样的方式锻炼

化,而日本人则说,他们对自我的感觉有 90%～99% 的变化。(de Rivera, 1989)对于具有群体导向的日本人来说,为了正确地扮演社会角色以便和其他人融洽相处,具有一种设身处地为他人着想的立场(tachiba)是很重要的。相反,美国人则注重"对自己忠诚"并拥有"核心特征"。

文化和特质

当人们不理解文化对行为的影响时,他们经常会把其他人的神秘或讨厌的行为归结为个人的人格特质,而实际上这些行为是由文化标准导致的。以清洁为例,你多久洗一次澡?一天一次?每周一次?你认为沐浴是健康的、令人鼓舞的,还是恶心地泡在脏水里?你经常在哪里洗手或脚?一个人在一种文化里看起来很爱干净,而在另一种文化中则可能显得脏兮兮。(Fernea & Fernea, 1994)

或者考虑一下乐于助人。很多年前,在一个经典的跨文化研究中,研究人员以肯尼亚、印度、墨西哥、菲律宾、美国、日本以及其他五种文化的儿童为研究对象,对他们的利他(提供帮助、支持和无私的建议)或利己(寻求帮助与关心或想要支配他人)表现进行测量(Whiting & Edwards, 1988; Whiting & Whiting, 1975),结果表明美国孩童最为利己而最不利他。利他性最高的孩子来自分配给孩子们许多任务的社会,如照顾年幼的弟弟妹妹、收集和准备食物。这些孩子知道他们的工作为家庭的幸福与生存做出了真正的贡献。在重视个人成就和自我提升的文化中,作为一种人格特质的利他性并没有被培养到同样的水平。

或者以迟到为例,不同的人对他们是否想按时到达某地或总是迟到的看法不同,但文化标准首先影响个体如何看待时间。在北欧、加拿大和美国以及其他大多数个体主义文化中,时间被组织成线性片段,即人们在某个时刻做一件事。(Hall, 1983; Hall & Hall, 1990; Leonard, 2008)一天被划分为预约、时间表和日常事务,而且因为时间是一种宝贵的商品,人们不喜欢浪费时间或在任何一件事情上耗费太久(因此多重任务开始流行)。所以,在这种文化中,准时被看作有责任心或深思熟虑的标志,迟到则意味着漠不关心或有意的不尊重。因此,让别人等待被认为是极其无礼(或摆架子)的。但是在墨西哥、南欧、中东、南美和非洲,时间是沿平行线组织的。人们会在同一时间做很多事情,朋友和家庭的需要比单纯的约会更加重要。拉美人和中东人认为,花好几个小时或几天等着见某个人并不是什么稀罕事儿。他们认为，那种必须"准时"到达某地的概念，就好像事件比人更重要，这是不可思议的。

文化与暴力：男性攻击力的培养

许多人认为，男性比女性更暴力是因为男性的睾丸素水平较高。鉴于不论何处的男性都有睾丸素，若事实真是如此，为何男性的攻击性在不同的文化与历史背景下变化巨大？为什么美国有些地区的犯罪率比其他地区高？

为了回答这些问题，理查德·尼斯比特（Richard Nisbett, 1993）通过查阅历史记录发现，美国南部以及一些最初由南方人定居的西部地区比其他地区有更高比率的白色杀人案以及其他暴力，但是这种暴力仅限于特定种类，包括使用拳头或枪支保护男人的荣誉感、保护财产或回应受到的侮辱。尼斯比特考虑了多种解释，比如贫穷或种族紧张。但当他把贫困地区差异和黑人占总人口的比例进行控制时，南部地区仍然是一个独立的杀人预测指标。尼斯比特还排除了将奴隶制的历史作为一个解释：过去奴隶集中程度最高的南部地区，现在的白色杀人案比率最低。

在许多文化中，孩子们被期望为家庭需要做出贡献，照顾他们的弟弟妹妹或者做一些增加家庭收入的重要工作。这些经历会鼓励利他性而不是利己性

尼斯比特进一步假定南部较高的暴力比率可能来源于经济原因：高比率的暴力发生在游牧文化而不是农耕文化的基础上，为什么？以农业为经济基础的人们为了生存趋向于培养合作精神；但是以游牧为生的人们则极易受攻击，一旦其牲畜被偷窃，他们就会瞬时丧失生计。尼斯比特说，为了降低偷窃的可能性，牧人们学会了对任何可能威胁他们的行为都保持高度警惕并立即用武力做出反应。这就解释了为什么牛、马偷窃在美国旧西部是资本犯罪，以及为什么地中海和中东的游牧文化即使在今天对男性攻击性也有大的影响。事实上，当尼斯比特研究南方的农业实践时，他发现在山区和干旱地区（放牧发生的地方），凶杀率是农业地区的两倍多。

游牧文化对攻击性和警惕性的强调，反过来又培养了一种**荣誉文化**（culture of honor），即使很小的争论或微不足道的侮辱（即在其他文化中对人们而言是微不足道的侮辱）也可以使一个男人的名誉受到威胁，从而要求他以暴力做出回应以恢复他的名誉。（Cohen, 1998）尽管游牧经济在南部和西部地区已经不那么重要了，但其荣誉文化的遗产仍然保留着。与美国其他地方相比，这些地区与荣誉有关的凶杀率（例如，凶手为了报复对其家族的侮辱）比该国家的其他地区高五倍之多。与其他州的学生相比，荣誉文化背景下各州的高中生更可能携带武器上学并使用该武器：他们的校园枪击案是其他州的两倍多。（Brown, Osterman, & Barnes, 2009）荣誉文化之下也有较高的家庭暴力率。荣誉文化下的男性和女性都认为，如果一个男人相信一个女人使他的荣誉或声誉受到威胁——也就是说，对他不忠诚或离开他——那么这个男人打这个女人就是合理的。

尼斯比特和他的同事们还试图展示这些外部文化规范如何深入影响生理和人格，他们把北方和南方共173名男学生带入他们的实验室，通过3次实验观察这些学生在心理和生理上对被侮辱的反应。（Cohen等, 1996）他们解释说，为评估学生在不同任务上的表现，

许多人认为,由于生理原因,男人的暴力倾向是不可控的。然而,平均而言,在农业经济中的男人远比在游牧经济中的男人更加倾向于合作与非暴力。阿米什(Amish)农民一直是低暴力率,而在旧西部,放牧牛仔文化是暴力的文化。(幸运的是,图中的枪战仅是一个场景重现。)

实验人员将提取唾液样本来测量整个过程中每个人的血糖水平。事实上,唾液样本是用来测量皮质醇水平的,这是一种与高压力有关的睾丸素,与支配性和攻击性有关。在实验的某一节点上,实验者扮作学生参与者,与每个人发生碰撞并给对方起一个侮辱性的名字(如果你想知道的话,这是一个"a"开头的、7个字母的单词)。

如图2.2所示,北方人在侮辱面前表现平静,他们认为这很有趣。但是许多南方人就会立刻火冒三丈,且应激激素和睾丸素水平急剧上升,他们更可能感到男性荣誉受到威胁,而且他们比北方人更有可能采取报复行动。没有受到侮辱的南方人和北方人在大多数方面都相似,但南方人实际上更为礼貌和恭敬。看起来他们似乎比北方人更有礼貌——直到他们被侮辱。

然而,在荣誉文化下长大仅是男性好斗的原因之一,另一个原因与文化所面临的危险有关。在资源竞争激烈、生存困难的文化中,男性"更加坚强"并努力去承担风险,即使是以身犯险。(Gilmore,1990)相比之下,在资源丰富、没有什么重大危险或敌人需要去担心的文化中——例如,伊法利克(Ifaluk)、塔希提(Tahitian)和距新几内亚很近的东南岛(Sudest Island)——男人不需要证明自己,他们的粗暴和攻击也不会得到称赞。(Lepowsky,1994;Levy,1984)当一个社会变得更加和平时,处在该社会里的男人也会更加平和。

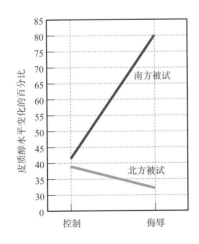
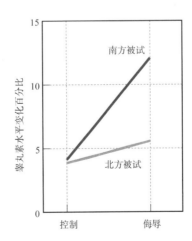

图 2.2 攻击和荣誉文化

如图所示,实验中当来自北方各州的年轻人受到侮辱时他们耸耸肩,认为这是有趣的或不重要的。但年轻的南方男性的应激激素和睾丸素水平急剧上升,更可能采取报复行动

评价人格的文化视角

一位我们认识的妇女，原先是英国人，后来嫁给了一个黎巴嫩男子。他们在一起很愉快，但也有一般婚姻中常有的误解和争论。几年后，他们参观了他在黎巴嫩的家乡，这个地方她以前从未去过。"我惊呆了，"她告诉我们，"我原先以为他做的所有事情都是由他的人格导致的，其实都因为他是黎巴嫩人！那里的每个人都像他一样！"

这位朋友的反应说明了人格文化研究的贡献和不足。她认识到她丈夫的有些行为是由于文化差异导致的，这一点是正确的，例如，她的黎巴嫩丈夫对时间的观念与她这个英国人是不同的。但是她推断所有的黎巴嫩人都"像他一样"，这一点认识是不对的：个体受其文化的影响，但是在同一文化中个体的表现又有不同。

对文化和人格进行批判性思考

文化心理学家面对的问题是，如何不带偏见地描述文化对人格的影响。（Church & Lonner, 1998）就像我们的一位学生所提出的："为什么当我们的学生说到'这些'日本人或'这些'黑人或'这些'白人或'这些'拉美人时，就叫作刻板印象，而当你们这样做的时候，这就叫作'跨文化心理学'？"这个问题显示出了非常好的批判性思维！对文化的研究，不能先假定在一个文化中所有成员的行为方式都一样或他们都具有相同的人格特质。正如我们在本章中所提到的，由于气质、信念和学习经历不同，人们的行为、思想等也都各不相同，而且在每种文化中都会产生这种变化。

此外，每个社会中还有区域差异。美国总体上可能是一种"个体主义文化"，但是纵深的南部地区，由于其长久以来的强烈的地区特性，就比有着崎岖的、独立地形的西部更倾向于集体主义。（Vandello & Cohen, 1999）中国人和日本人都很看重群体和谐，但是中国人更可能促进个人成就，而日本人则更可能为了群体利益而努力。（Dien, 1999; Lu, 2008）而且非裔美国人比白人能更好地融合美国个人主义和非洲集体主义的元素。这一差异可能有助于解释为什么一种个人主义哲学可预测白人学生的平均绩点，但集体主义价值观却是黑人学生更好的预测指标。（Komarraju & Cokley, 2008）因此，不以平均主义来看待跨文化差

快速测验

此刻，你生活在一种重视测验的文化。

一、将"自我"看作一系列稳定人格特质集合的文化成员是（个人主义/集体主义）的。

二、下列哪一种文化实践倾向于培养助人和利他的特质（　　）

　　A．所有的家庭成员"做自己的事情"
　　B．父母坚持要孩子服从
　　C．孩子为家庭幸福做贡献
　　D．父母经常提醒孩子要乐于助人

三、根据一种理论，为什么来自美国南部和西部的男性比美国其他地区的男性对侮辱的反应更为激烈？

答案：一、个人主义　二、C　三、这两个人来自那些历史上被称为荣誉的地区，从而使得了荣誉文化，而荣誉文化鼓励对侮辱的强烈报复。

异非常重要，即使是在个人－集体主义维度上，也同样如此。(Oyserman & Lee, 2008)

最后，尽管文化有差异，但它还包含许多人类共有的需要和共同关心的问题——爱、依恋、家庭、工作和宗教或公共传统。但是，一般来看，正是文化标准使得瑞典人不同于贝都因人，柬埔寨人不同于意大利人。我们所看重的特质，我们对自我或社会的感觉，以及我们关于正确行事的观念——这些所有人格的关键方面——都始于我们成长的文化。

> **你将会学到**
> - 对人性问题，人本主义视角与行为主义和精神分析视角有何不同？
> - 亚伯拉罕·马斯洛、卡尔·罗杰斯和罗洛·梅对于理解我们的内心世界做出的贡献。
> - 心理学家如何评价人本主义观点？

内部经验

考察人格的最终办法是从个人自己的观点开始。生物性可以传给我们促进或限制我们的气质倾向，环境可以带给我们艰难或幸运的经历，父母对待我们的方式可能是我们想要的，也可能不是我们想要的。但是人格的总和是个体如何将所有的这些元素拼凑为一个**生活叙事**（life narrative）——一个讲述我们自己以及使我们经历有意义的成长故事。(Bruner, 1990; McAdams, 2008; McAdams & Pals, 2006; Sarbin, 1997)

人本主义理论

人本主义心理学（humanist psychology）是在20世纪60年代早期作为一种运动发起的。这一运动的主要领导人有亚伯拉罕·马斯洛（1908—1970）、卡尔·罗杰斯（1902—1987）和罗洛·梅（1909—1994），他们认为用"第三势力"来代替心理学中的精神分析和行为主义的时候到了，"第三势力"可以勾画出人类潜能和人格的更完整的图画。坚持人本主义理论观点的心理学家强调人类独有的决定自身行为与未来的能力。

人本主义心理学 一种强调个人成长、愉快的心情和人类潜能发挥的心理学理论。

亚伯拉罕·马斯洛

亚伯拉罕·马斯洛（Abraham Maslow, 1970, 1971）说，心理学面临的困境是它忽略了生活中的许多积极方面，例如，欢乐、笑、爱、幸福和**高峰体验**（peak experience），即由极好或完美经历所引起的少有的狂喜时刻。马斯洛认为，对人格而言最重要的特质不是"大五"，而是**自我实现**（self-actualization），自我实现者是指为了寻求有意义的、具有挑战性的、使人满意的生活而努力奋斗的人。

对马斯洛而言，人格发展可以看作一个朝着自我实现发展的渐进过程。他认为，大多数心理学家对人性都有一种偏斜的看法，其结果也就导致他们强调研究情绪问题或负性特质，比如神经质或不安全感。正如马斯洛（1971）写的那样："当你为了仔细研究而选择出非常优秀的、健康的、强壮的、有创造性的人们……你就会对人类得出一个完全不同的观点。你会问人们能长多高，人会变成什么样。"

卡尔·罗杰斯

作为一名临床医生，卡尔·罗杰斯（Carl Rogers，1951，1961）感兴趣的不仅是为什么有些人的功能不能很好地发挥，他还对他称为功能充分发挥的个体也感兴趣。罗杰斯说，你的行为方式依赖于你的主观现实，而不是你周围的外在现实。功能充分发挥的人能够在他们投射到其他人身上的意象和自己的真实情感或愿望之间体验到一致（congruence）或和谐。他们是可信赖的、温暖的、对他人开放的，而不是自我防御的或偏狭的。他们对自己的信念是现实的。

无条件的积极关注 对卡尔·罗杰斯来讲，即没有任何附加条件地给予他人的爱或支持。

罗杰斯主张，要成为功能充分发挥的人，我们都需要**无条件的积极关注**（unconditional positive regard），即没有任何附加条件的爱和支持。这并不意味着当威妮弗·雷德生弟弟的气时就可以踢弟弟或威尔伯因为不喜欢吃炖制的食品就可以把晚餐扔出窗户。在这些例子中，父母可以纠正孩子的行为，但仍然爱他们的孩子。这样孩子就会学到是这些行为而不是他们本身不好。"家庭准则是'非暴力的'，孩子"与"你的行为如此恶劣，真是个讨厌的孩子"传递给儿童的是两种完全不同的信息。

不幸的是，罗杰斯观察到许多儿童都是在有条件的积极关注下长大的："如果你做得好，那么我就爱你；如果你做得不好，那么我就不爱你。"成年人也经常以这种方式相互对待。于是在有条件的关注下的人们就开始压抑或否定他们认为不能被他们所爱的人所接受的情感或行为。罗杰斯说，其结果就是不一致感，即一种无法体验到自己的情绪以及背叛真我的感觉，而这种感觉又会反过来导致低自我关注，产生防御感和不幸福感。体验到不一致感的人们在神经质上得分较高，而且会变得越来越痛苦和消极。

存在主义 一种强调人生中不可避免的两难选择和挑战的哲学观点。

罗洛·梅

罗洛·梅（Rollo May）与人本主义者共享自由意志的信念，但他也强调了人类生活中一些固有的困难和悲剧性的部分，包括孤独、焦虑和疏离。

梅把欧洲的**存在主义**（existentialism）哲学带到了美国心理学中。这一学说强调人类存在所不可避免的挑战，比如寻找生命的意义、需要面对死亡、需要为我们的行为负责等。

然而，自由意志往往伴随着焦虑和失望，这就是为什么有这么多人试图从自由中逃离到狭窄的确定性中，并把他们的不幸归咎于他人。对梅而言，我们的人格反映出我们努力找寻生存意义、智慧地使用我们的自由及勇敢面对痛苦和死亡的应对方式。梅通过宣扬我们可以利用爱和勇气这样的内部资源来塑造最好的自己，使得人本主义的观念广为流行。但是他也补充到，我们永远不能逃离生活和损失共存的残酷现实。

你要自我实现永远都不会太迟。胡尔达·克鲁克斯（Hulda Crooks）从54岁时开始爬山运动，图中是她91岁时爬富士山的情景。她说："当我从山上下来时，我觉得我可以再次战胜山峰。"她活到101岁去世

评价人本主义理论

与心理动力学理论一样，对人本主义的主要批评也是它的许多假设是不可验证的。弗洛伊德看到了人性中破坏性的驱力、自私和性欲。马斯洛和罗杰斯看到了人性中的合作、无私和爱。梅看到了人性中对自由的恐惧、孤独和对意义的追求。批评家们认为，这些差异可能更多地反映出的是观察者自己的角度，而不是观察的事情本身。

许多人本主义的概念，尽管直觉上看起来是很吸引人的，但却很难从操作上给其下定义。（见第一章）我们怎样才能了解一个人是自我满足的（self-fulfilled）还是自我实现的（self-actualized）？我们怎样才能区别一位妇女辞职成为职业牛仔竞技表演者是代表了一种"从自由中逃离"还是一种自由选择？到底怎样才是无条件的积极关注？如果把它定义为在孩子努力掌握新技能时对孩子毫无疑问的支持，或者定义为不管孩子是否有过错都确定爱他，那这无疑是一个好观点。但是在大众文化中，无条件的积极关注经常被解释为不愿对孩子说"不"，或者不愿提出孩子所需要的建设性的批评和行为限制。

对检验人本主义思想进行批判性思考

尽管存在上述问题，人本主义心理学家还是为人格研究增加了平衡。一个被称作**积极心理学**（positive psychology）的当代专业步人本主义的后尘，也将其研究重心集中在人们面对压力时仍保持高兴、乐观的品质上。（Gable & Haidt, 2005; Seligman & Csikszentmihaly, 2000）受到人本主义的影响，心理学家研究了许多积极的人类特质，如勇气、对他人的帮助、超越他人的动机和自信。发展心理学家正在研究培养儿童同理心和创造性的方法；社会心理学家则正在研究存在的对死亡的恐惧对情绪与行为的影响。（Cohen 等, 2009; Pyszczynski, Rothschild, & Abdollahi, 2008）

人本主义人格观与存在主义人格观共有一个中心思想：即使注定悲剧，我们也有权选择自己的命运。在心理学中，这种信念培养了我们面对逆境时的耐受性。

快速测验

正如人本主义学家所建议的，完成本测验可以训练你的自由意志。

一、根据卡尔·罗杰斯所说，一个只有在妻子最好看的时候才爱她的男人给予自己妻子的是（　　　）的积极关注。

二、下列哪一位人本主义学家描述了高峰体验的重要性（　　　）
　　A. 马斯洛　　　　B. 罗洛　　　　C. 罗杰斯

三、人本主义者和弗洛伊德学派的精神分析学家争论人性的本质，他们会把什么观点带入他们的讨论中？他们如何解决分歧？

回顾新闻中的心理学

在迈尔克·杰克逊的例子中，他的朋友、粉丝以及评论家对其看法迥异，这些人格上的不同维度又是如何整合到一起的呢？在本章中介绍的人格理论如何帮助我们理解这个有魅力的男人以及他非凡的生活？

心理动力学者会强调用杰克逊早年的经历和无意识的动机去解释他与儿童彼得·潘（Peter Pan）式的友谊以及他创造的梦幻庄园。杰克逊出生在一个工人阶级家庭，在十个兄弟姐妹中排行第八，他和他的父亲乔（Joe）有一段混乱的关系，乔在排练时经常对他实施身体与心理的双重虐待。1993年，在接受奥普拉·温弗里（Oprah Winfrey）的采访时，迈克尔说，当他看到他的父亲时，他有时甚至会呕吐。他创造的梦幻岛是无意识地去捕捉他从未有过的童年吗？那么，杰克逊越来越中性化的、女性化的外表和声音又是如何呢？心理动力学者想要了解杰克逊的性心理发展：他是否仍然停留在童年时期，无法想象成年人的性行为？

对人格持生物学观点的心理学家会强调遗传对杰克逊独特的天赋及其外向性的贡献——他渴望站在聚光灯下，这在早期就很明显。1964年，当杰克逊还只有6岁的时候，他加入了他哥哥们的乐队，也就是后来的"杰克逊五兄弟"；到8岁时，他开始做主唱；到10岁时，乐队已经和摩城（Motown）唱片公司签订了合同。在他的一生中，他培养了自己的公众形象，有时还会泄露一些关于他的耸人听闻的故事。他以华丽的服装和偶尔的性编舞而出名，在他的专辑 Bad 的视频中，出现了抓取或触摸胯部的画面。

具有学习或环境视角的心理学家会考察环境对杰克逊人格的影响，或许最有影响力的环境因素就是他父亲的虐待。但是基于杰克逊台上外向、台下羞涩这一事实，他们指出，根据所处的环境以及我们和谁在一起，所有人都会展现出自我的不同部分。社会认知学习理论会格外强调交互决定的过程：正如他的音乐生涯与名望鼓励了某些特质和属性（如自我提升、奢侈和浮华），他自己本身的特质和属性也会吸引他进入音乐世界。

文化心理学家可能观察到，美国鼓励人们不断地重塑自我，而杰克逊正是以这种方式出名。在这种文化中，形象超越现实、短暂超越永恒、名誉超越默默无闻。它促使人们相信人们可以改变他们的身体、人格以及情绪问题，药物或非法药物可以治疗任何困扰我们的东西。然而，名人文化可以吞噬那些成功的受益者。杰克逊说，因为他有一个充满爱的家庭、坚定的信仰以及支持他的朋友和粉丝，他可以自如地应对世界各地的名流。但是他对强药性的处方药的明显依赖——据说是为了帮助他睡觉以及他所进行的整容手术——诠释了美国梦的黑暗之处。

最后，在人本主义者看来，我们所有人都可以自由书写和改写我们的生活故事，选择指引我们生活的信仰与价值观，迈克尔·杰克逊也不例外。但是人本主义学者同样也会提醒我们：我们并不了解杰克逊的内心及其私密自我，杰克逊的私密自我可能与他的公众形象截然不同。

总之，我们只能猜测"真正"的迈克尔·杰克逊是怎样的。不过，我们每个人都能运用本章中所提到的理论家的观点，更好地理解我们自己和我们所爱的人。我们每个人都是一个包含了基因影响、习得习惯、同辈压力、新经验、文化规范、无意识的恐惧和冲突以及我们自己对可能性的隐蔽认识在内的混合体。这种混合为我们每个人的人格都贴上了一个标签，使我们能够感受到一个独特的自己。

学以致用

怎样避免"巴纳姆"效应

看看下面这段文字对你描述得怎么样？

> 你的一些愿望往往是非常不现实的。有时你是外向的、和蔼可亲的、好交际的，然而有时你又是内向的、谨慎的、有所保留的。你为自己能独立思考、不轻易接受他人没有充分证据的观念而骄傲。你喜欢有一定程度的改变和变化，你对受制于各种限定和条条框框会感到不满。有时，你非常怀疑自己是否做出了正确的决定或做了正确的事。

当人们相信上述描述正是为他们写的，就像个人化占星术或笔迹分析得出结果时一样，他们都会说同样的话："它对我描述得非常准确！"每个人都相信这个描述是准确的，因为这段描述模糊到几乎可以适用于每个人。（我们不都是自以为是"独立思考者"吗？）

这就是为什么有很多心理学家会担心"巴纳姆（Barnum）效应"的原因所在。（Snyder & Shenkel，1975）P. T. 巴纳姆（P. T. Barnum）是一个有名的马戏演员，他曾说过："每分钟都有一个傻瓜产生。"他知道成功的规则是"具有每个人身上的一点东西"——这也正是不科学的人格勾画、占星和笔迹分析（笔迹学）的共性。它们"具有每个人身上的一点东西"，因此绝不会有错！

例如，笔迹分析者认为，他们能够从你写的字的形状和分布中识别出你的人格特质。字间距宽意味着你感到孤独和寂寞。如果写字总是整行向上倾斜，那么你是个情绪高涨的乐观主义者；如果字整行向下倾斜，那你就是感到自己被"往后拽"的悲观主义者。如果你将大写字母"I"写得很大，那么你就是具有一个巨大的自我。

笔迹学家不同于手写专家，手写专家接受过判断一份文件是否伪造的训练。笔迹学家就像占星家一样，通常对科学方法、如何排除偏见以及如何用实证检验他们的观点一无所知。这也是为什么许多不同取向的笔迹学的观点通常是互相矛盾的。例如，根据一种系统，交叉写的"t"表明这个人是邪恶而残暴的；根据另一种系统，它又表明了这个人是个恶作剧者。（Beyerstein，1996）

不论何时，笔迹学的这套理论都经不起实际检验。一项对200个公开发表的研究进行的元分析发现，笔迹学在预测人的工作成绩、才干或人格上没有效度和信度。笔迹学的各个派别在这点上都毫不例外，面对同样的材料，笔迹学家的表现也不会比没有受过任何专业培训的业余爱好者靠猜测得出的结果好多少。（Dean，1992；Klimoski，1992）

如果笔迹分析仅仅是一项有趣的游戏的话，没人会为此担心。不幸的是，它可以产生严重的后果。笔迹分析者已被许多公司雇用来预测一个人的领导才能、对细节的注意、团队合作精神、诚实，甚至犯罪倾向。如果你被一项工作拒绝，仅仅是因为某个笔迹学家透过你写的"S"分析你具有"占有欲"，从而认定你是个潜在的贼，你又会有何感想呢？

如果你不想为笔迹学家或者其他很多依靠"巴纳姆效应"进行的所谓"人格"评定所蒙骗，研究向你提供了以下建议：

当心那些适用于任何人的"万能"描述。有时，你会怀疑自己的决定，但我们谁不会呢？有时你感到自己很外向，有时又感到害羞，谁又不会呢？你是否"有一些自己害怕承认的性秘密"？当然有。这类秘密几乎人人都有。

> **当心自己的选择性知觉**。我们当中很多人往往会被占星师、装神弄鬼者或者笔迹学家偶尔说对的事情所打动，从而忽视了其描述中一些显而易见的错误。当心确认偏误（confirmation bias）——为所有与事实不符的描述进行辩解的倾向。
>
> **抵制恭维和情绪化的推理**。这很难做到！拒绝将自己描述成自私或愚蠢很容易。但一定要警惕那些称赞你多棒、多聪明，说你会成为一名伟大的领导者或你对自己的能力多么谦虚这类的恭维。
>
> 如果你能保持自己的批判性思考的能力，你就不会不断地花钱去获得那些万金油式的答案，或者选择一个你根本不喜欢的工作就因为它适合你的"人格类型"。换句话说，你将会证实"巴纳姆效应"是错误的。

本章总结

- 人格指个体独特的而又相对稳定的行为、动机、思想和情绪模式。人格由许多不同的特质——即描述一个人在不同情境下的特性——组成。

人格的心理动力学理论

- 西格蒙德·弗洛伊德是精神分析学派的奠基人，精神分析是心理动力学流派的第一个理论，现代心理动力学理论与传统精神分析一样，强调无意识过程，相信儿童早期经验以及无意识冲突对人格形成的作用。

- 在弗洛伊德看来，人格由本我（性驱力［力比多］和攻击本能的源泉）、自我（理性的源泉）和超我（良心的源泉）构成。防御机制保护自我避免无意识焦虑。防御机制包括压抑、投射、替代（其中一种形式就是升华）、退化以及否认。

- 弗洛伊德认为人格发展需遵循一系列的心理性欲阶段，其中性器期（恋父或恋母情结）最为关键。他认为，这一时期，恋父或恋母情结出现，孩子对父母中的异性一方充满了渴望而对同性的一方充满敌意。当恋父或恋母情结得到解决，孩子将认同父母中同性的一方，但女孩会产生一种持续的自卑感和"阴茎嫉妒"——这一观点后来为女性精神分析学家如克拉拉·汤普森和卡伦·霍妮所质疑。

- 卡尔·荣格认为，人类共有一种集体无意识，包括普遍的记忆、意象或者原型。如阴影（邪恶）和地球母亲。

- 客体关系学派强调两岁前生活的重要性，而不是恋父或恋母情结阶段；强调婴儿与重要人物尤其是母亲的关系，而不是性需要和性驱力；以及强调男性成长中与母亲分离的问题。

- 心理动力学理论因为违背了可证伪性原则、将病例过度泛化到每个人、其理论基础是病人的不可靠的记忆和回忆会造成因果关系的错觉等而遭到批评。但是一些心理动力学观点也获得了实践的支持，包括无意识过程和防御机制的存在。

关于人格的现代研究

- 大部分将人格划分成"类型"的流行测验都缺乏信度和效度。在研究中，心理学家往往依赖客观测试（量表）来识别和研究人格特质与人格障碍。

- 戈登·奥尔波特认为，人们的人格中有几个起关键作用的核心特质，另有大量的次要特质。雷蒙德·卡特尔运用因素分析法识别出他认为是人格基本组成部分的特质群。当今已有强有力的证据支持人格的"大五"维度：外向性与内向性、神经质（消极情绪）与情绪稳定、随和性与对抗性、谨慎性与冲动性，以及对经验的开放性与对新经验的抵制。尽管这些维度随时间和环境的变化表现十分稳定，但其中一些因素在整个生命历程中也确实会发生变化，这反映了人格发展的成熟过程以及普遍的成年责任。

遗传对人格的影响

- 天性与教养之争是哲学与心理学领域中一个古老的辩题，但在实质上已较从前有了很大的超越。今天大多数心理学家都已认识到遗传的基本单位——基因，能解释人类特质中大约一半的变异，而环境和经验则能解释另一半变异。基因由DNA（脱氧核糖核酸）组成，但我们的大部分DNA（称为非编码DNA）位于基因之外，可能存在着更大的影响。
- 人格差异的生物学起源的证据之一来自对许多其他物种的研究，包括章鱼、猪、鬣狗、熊、马、狗和所有灵长类动物，这些研究揭示了许多与人类相同的特征的变异。
- 个体在气质（即对环境的反应方式、可抚慰性、消极或积极情绪）上的差异表现出先天性，其在生命早期就会显现并影响随后的人格发展。在极端活跃和极端不活跃的孩子身上所表现出的气质差异，可能缘于他们应对变化或新事物时交感神经系统的生理变化。
- 来自双胞胎和收养儿研究的行为遗传学数据表明，许多成年人人格特质的遗传率大约占0.50。基因影响决定并限制着具体特质的外在表现。但即便是高遗传性特质，也往往会在一个人的一生中因环境、机遇及学习而改变。

环境对人格的影响

- 人们的行为经常会在不同的环境中表现得不一致，这是因为在一种场合受到嘉奖的行为可能在另一种场合遭到惩罚或忽略。根据社会认知学习理论的观点，人格形成于环境与个体的相互作用，即一种交互决定论模式。
- 行为遗传学家发现影响人格的一个重要因素是非共享环境，即每个孩子在自己家庭生活中所拥有的独特的经历。
- "父母对孩子的人格和行为影响最大"是一广为流行的假设，质疑此假设的三条证据是：第一，行为遗传学研究发现，共享的家庭环境对人格即便有影响，其影响也甚微；第二，几乎没有哪对父母会长时期地对所有孩子都使用一致的教养方式；第三，即使父母想要保持一致，在父母的教养与孩子的变化之间也没有多大的关系。不过，家长能够改变孩子的性格，防止孩子因为选择了反社会的道路而产生过失行为并犯罪，家长能够影响孩子的许多价值观和态度，教育他们友善并乐于助人。当然，父母的言行举止也会深刻地影响他们与孩子之间关系的质量。
- 环境对人格影响的一个主要方面是同伴群体，其影响力甚至比父母的更大。大部分少年儿童在父母面前的行为表现和在同伴面前的不同。

文化对人格的影响

- 被西方心理学家看作个体人格特质的许多特性在很大程度上都受到文化的影响。来自个人主义文化背景下的人对自己的定义不同于集体主义文化背景下的人，前者感觉他们的"自我"在不同的环境中更加稳定。不同的文化有不同的行为标准，如干净、时间观念以及对乐于助人的期望。需要孩子为家庭幸福或生存贡献的文化鼓励儿童的利他性发展。
- 男性的攻击性不仅仅是雄性激素的结果，它还受到个体成长文化内经济要求的影响，并反过来塑造了男性用暴力应对侮辱的倾向及其关于暴力的信念。游牧经济比农业经济更能促进男性的攻击性。与其他文化相比，荣誉文化（包括美国南部和西部的某些地区）下的男性在他们觉得受到侮辱时更容易生气，并更容易采取攻击性行为来夺回荣誉感，同时，他们的皮质醇和睾丸素水平会迅速上升，而来自美国其他文化地区的男性则没有出现这种反应。
- 人格文化理论面临的问题是，如何在不促成刻板印象或忽视人类一般需要的情况下描述宽泛的文化差异及其对人格的影响。

内部经验

- 人本主义心理学家将研究重点放在一个人对自我

的主观感受、寻求改变的自由意志以及个体创作的生活故事上。他们强调人的潜能以及人性的力量，如亚伯拉罕·马斯洛提出的高峰体验和自我实现的概念；卡尔·罗杰斯强调无条件的积极关注在创造一个功能充分发挥的人上的重要性；罗洛·梅将存在主义的概念引入心理学，强调人类存在的一些固有的挑战，这些挑战来自自由意志，如对生命意义的探索。

- 人本主义心理学的一些观点过于主观且难以测量，但也有一些观点促进了积极心理学的研究，积极心理学强调人格的积极方面，如乐观、希望以及逆境下的耐受性。另一些心理学家则在研究存在的对死亡的恐惧对情绪和行为的影响。

回顾新闻中的心理学

- 基因影响、生活经验和习得习惯、文化规范、无意识的恐惧与冲突，以及我们对于"内在自我"的个人感受，所有这些因素以错综复杂的形式相互融合，形成了我们独特的人格。

学以致用：怎样避免"巴纳姆"效应

- 批判性思考者可以学习避免"巴纳姆效应"——假的量表、占星术、笔迹分析和其他伪科学人格"测试"。

关键术语

人格（personality）39

特质（trait）39

西格蒙德·弗洛伊德（Sigmund Freud）40

精神分析（psychoanalysis）40

心理动力学（psychodynamic）40

本我（id）41

力比多（libido）41

自我（ego）41

超我（superego）41

防御机制（defense mechanism）42

压抑（repression）42

投射（projection）42

替代和升华（displacement and sublimation）42

退化（regression）42

否认（denial）42

心理性欲阶段（口唇期、肛门期、性器期、潜伏期、生殖期）（psychosexual stage [oral stage, anal stage, phallic stage, latency stage, genital stage]）43

俄狄浦斯情结（Oedipus complex）43

克拉拉·汤普森和卡伦·霍妮（Clara Thompson and Karen Horney）43

卡尔·荣格（Carl Jung）43

集体无意识（collective unconscious）43

原型（archetype）43

阴影（shadow）43

客体关系学派（object relations school）43

心理表征（mental representation）44

因果关系错觉（illusion of causality）45

客观测验（量表）（objective test [inventory]）46

戈登·奥尔波特（Gordon Allport）46

核心特质（central trait）46

次要特质（secondary trait）47

雷蒙德·B. 卡特尔（Raymond B. Cattell）47

因素分析（factor analysis）47

"大五"人格特质（Big Five personality trait）47

基因（gene）49

气质（temperament）51

遗传率（heritability）51

行为遗传学（behavioral genetics）51

社会认知学习理论（social-cognitive learning theory）54

交互决定论（reciprocal determinism）55

非共享环境（nonshared environment）55

文化（culture）58

个人主义文化（individualist culture）58

集体主义文化（collectivist culture）58

荣誉文化（culture of honor）61

生活叙事（life narrative）63

人本主义心理学（humanist psychology）63

亚伯拉罕·马斯洛（Abraham Maslow）63

高峰体验（peak experience）63

自我实现（self-actualization）63

卡尔·罗杰斯（Carl Rogers）63

一致（congruence）63

无条件的积极关注（unconditional positive regard）63

罗洛·梅（Rollo May）63

存在主义（existentialism）63

积极心理学（positive psychology）64

[新闻中的心理学]

70岁生育，打破生育年龄纪录

世界上最高龄的产妇，70岁的奥姆克里·潘瓦尔和她77岁的丈夫查兰·辛格·潘瓦尔抱着一个月前出生的儿子和女儿。潘瓦尔夫妇有两个女儿和五个外孙，但他们想要一个男性继承人

2008年7月5日，来自印度穆扎法尔讷格尔（Muzaffarnagar）的消息。70岁的奥姆克里·潘瓦尔（Omkari Panwar）通过剖宫产手术诞下一对龙凤胎，成为全球最高龄产妇。

潘瓦尔女士和她77岁的丈夫查兰·辛格·潘瓦尔（Charan Singh Panwar）已经有两个成年的女儿和五个外孙，但他们决心要一名男性继承人。为了支付体外受精的费用，这位退休的农民查兰卖掉了他的牛，抵押了他的土地，花掉了他的积蓄，并贷了一笔款。他的家人现在依靠朋友的接济生活，但他说他会开心地死去，因为他终于有了一个儿子。

世界各地都有一些妇女在60岁之后生孩子。在1997年的洛杉矶，63岁的阿什利·葛（Arceli Keh）生下了一个由丈夫贡献精子的女儿。在2003年的印度，一位65岁的学校老师萨提亚芭玛·马哈帕特拉（Satyabhama Mahapatra）在经历了50年的婚姻后，用她丈夫的精子和26岁侄女的卵子，通过人工受孕生下了她的第一个孩子，一个男孩。在2005年的罗马尼亚，一名66岁的未婚文学教授阿德里安娜·伊利埃斯库（Adriana Iliescu）通过匿名捐赠者的精子和卵子成功体外受孕。而在2006年的西班牙，没有丈夫和孩子的卡梅拉·布萨达（Carmela Bousada）在她67岁生日的前一个星期生下了一对双胞胎。

在全球范围内，各国都在努力解决由体外受精所产生的复杂的生物学、伦理和法律问题。一些欧洲国家立法禁止在50岁以后进行体外受精，但是反对这种限制的人指出，没有一个国家禁止年龄较大的男性生育孩子，因此，只要她们足够健康，能够进行妊娠，就不应该对女性有任何限制。

第三章

毕生发展

Development Over the Life Span

一对70多岁的夫妇生了双胞胎，你对此做何反应？如果这位母亲"只有"65岁或者60岁，你的反应会有所不同吗？如果他们的动机是为了延续子嗣以外的其他原因，你的想法会不一样吗？如果这对夫妻没有其他孩子，你又会怎样想？你对老年爸爸和老年妈妈的感受一样吗？

詹姆斯·杜汉（James Doohan）是《星际迷航》(*Star Trek*)早期系列及电影中斯科蒂（Scotty）的扮演者，他以80岁的高龄第四次当上父亲（当时他的第二任妻子温德［Wende］43岁）的五年后，因肺炎和阿尔兹海默症去世。对于杜汉来说，80岁时成为一个孩子的父亲，这是有爱的、自然的，还是自私的、不道德的？卡梅拉·布萨达的母亲在101岁时去世，当时布萨达66岁，她认为这是拥有孩子的"适当时机"。

做父母有"适当的"年龄吗？同样，在生命中做任何事——比如上学、结婚、退休……死亡——都有"适当的"年龄吗？相比现在而言，过去人们从出生到死亡的普遍的人类旅程更容易预测。上大学，选择一份工作，开始组建自己的家庭，进入退休行列，这些事件都是按照一定的顺序发生的。但是由于人口变迁、不可预测的经济和生育技术的进步，以及许多其他推动力量，上百万的人们正在打乱顺序做这些事情，如果他们要完成所有这些事件的话。现在看来，上大学、有自己的孩子、改变自己的职业或者组建自己的家庭，这些事情在成年期的任何一个十年中都有可能发生。**发展心理学**（developmental psychology）研究生命全程中生理和认知的变化，还有它们如何受到遗传、文化、环境和经验的影响。一些心理学家关注儿童的心理和社会发展，包括**社会化**（socialization），即儿童学习社会对他们所期望的行为、规则的过程。其他心理学家专注于青少年、成年人或者是老年人的研究。在这一章中，我们将会探讨他们的重大发现，从人类发展的最开始，也就是出生前开始，到成年期和老年期。在这章的最后，你就会知道当老年妈妈有了自己的孩子之后，在她们身上会发生什么。

社会化 儿童学习他们的社会或文化所期望的行为、态度的过程。

> **你将会学到**
>
> - 胎儿发展阶段以及在怀孕期间会伤害胚胎或胎儿的一些因素。
> - 文化如何影响婴儿的生理成熟？
> - 为什么接触、安慰和依恋对婴儿（甚至是成年人）很重要？
> - 婴儿依恋的多样性。

从怀孕到出生后第一年

婴儿出生前后的发展是一个令人惊奇的**成熟化**（maturation）过程，受遗传影响的行为和生理特征逐渐地显现出来。在母亲怀孕的短短10个月里，一个细胞从一个点儿那么大发育成一个看起来像是萨拉姑妈（Aunt Sarah，迪斯尼动画片《小姐和流浪汉》[*Lady and the Tramp*]中的老太太角色）的哭哭啼啼的、皱皱巴巴的小东西。在接下来的15个月里，这个小婴儿长成一个咿呀学语、蹒跚学步的幼儿，好奇地关注着每件事。在人类的发展历程中再没有哪一个时期会有如此多、如此快的变化。

胎儿期的发展

胎儿期的发育可分为三个阶段：胚芽期、胚胎期和胎儿期。**胚芽阶段**（germinal stage）开始于怀孕，当男人的精子和女人的卵子结合时，形成了受精的单细胞卵，称为**受精卵**（zygote）。受精卵迅速分裂，在 10 到 14 天内变成一簇细胞并附着在子宫壁上。这一簇细胞的外壁蛋白会形成脐带和胎盘的一部分，内层蛋白形成胚胎。胎盘通过脐带和胚胎相连接，功能是从母亲体内获取营养用于胚胎的发育。胎盘能输入营养并排出废物，还可以将一些有害物质，但并非全部的有害物质，阻挡在外。

一旦受孕完成，大约孕后 2 个星期，**胚胎阶段**（embryonic stage）就开始了。这一阶段将一直持续到孕后 8 个星期，这时胎儿只有 1.5 英寸（3.81 厘米）长。从第 4 周到第 8 周，那些在基因上是男性的胚胎会由未发育的睾丸分泌睾丸素；没有这种激素，胚胎将发育成为解剖学意义上的女性。8 周后，**胎儿阶段**（fetal stage）开始。被称为**胎儿**（fetus）的有机体会进一步发展那些在胚胎阶段就已初步成形的器官和系统。

发展心理学家研究各个年龄段的人。这个六世同堂的家庭为发展心理学家提供了一个活生生的实验室。其中包括：萨拉·克瑙斯（Sara Knauss）（中间），118 岁；她的女儿（右侧），95 岁；他的孙子（中间），73 岁；她的重孙女（站立者），49 岁；她的曾孙女（地板上），27 岁；玄孙，3 岁

尽管子宫对于发育中的胚胎或胎儿来讲是一个相当坚固的保护地，但是胎儿的环境——受母亲自身的健康、过敏和饮食的影响——也能够影响胎儿发展的过程，例如，导致婴儿先天倾向于出现肥胖和免疫问题。（Coe & Lubach, 2008）尽管大部分人没有意识到，但是爸爸们在胎儿的发展阶段也起着非常重要的作用。超过 50 岁的爸爸孕育有精神分裂症的孩子的风险概率是 25 岁以下的爸爸们的 3 倍（Malaspina, 2001）；青少年爸爸的孩子早产或者是低出生体重的风险相对更高一些；在工作场所经常接触溶剂和其他化学药品的爸爸们的孩子更有可能流产、死胎，或者之后得癌症；年老的爸爸们会增加孩子得自闭症的可能性。（Frans 等，2008；Reichenberg 等，2006；Saey, 2008）

在女性怀孕期间，某些有害因素仍会透过胎盘屏障。（O'Rahilly & Müller, 2001）主要包括以下因素：

1 德国麻疹（风疹）会影响胎儿的眼睛、耳朵和心脏，尤其是在怀孕早期。最常见的结果是耳聋。如果孕前 3 个月母亲接种疫苗，则可预防风疹。

2 X 射线或其他放射线和有毒化学物质会导致胎儿畸形和持续终生的认知失常。暴露在铅和汞的环境下会导致注意问题和低智商分数，这种情况在受污染的鱼类中常常发现。（Newland & Rasmussen, 2003）

3 性传播疾病会导致胎儿心理发育迟滞、失明以及其他生理障碍。生殖器疱疹只有在母亲生产时发病才会影响胎儿，此时新生儿通过产道时会接触到病毒。（这种危险可以通过剖宫产避免。）艾滋病病毒（HIV）会导致艾滋病（AIDS），也会传递给胎儿，尤其是如果母亲患有艾滋病但从未接受过治疗。

许多父母都希望在宝宝出生之前就能影响他们

4 孕期吸烟会增加流产、早产、胎儿心跳异常以及低体重儿的可能性。这种负面影响可能在婴儿出生后还会持续很久，表现为婴儿患病和婴儿猝死综合征的概率增加，以及儿童后期出现多动症、学习障碍、哮喘，甚至是反社会行为的比率增高。（Button, Thapar, & McGuffin, 2005）

5 经常的酒精摄入会杀死胎儿正在发展的大脑中的神经元，并且会损害儿童后期的心理能力、注意广度和学业成就。（Ikonomidou 等, 2000; Streissguth, 2001）每天喝酒超过两次，婴儿患**胎儿酒精综合征**（fetal alcohol syndrome, FAS）的风险就会显著增加。患胎儿酒精综合征的婴儿比正常婴儿体重更低、大脑更小、面部畸形、不协调，而且心理发育迟滞。因为酒精会影响胎儿脑部发育的许多不同方面。绝大多数专家都建议，怀孕女性应完全禁止饮酒。

6 除了酒精，药物也会对胎儿有害。无论是违禁药物，如吗啡、可卡因、海洛因，还是常用的正当药物，如抗生素、抗组胺药、镇静剂、粉刺治疗药和减肥药。可卡因会对儿童的认知能力和语言能力造成轻微的损伤，对冲动和挫折管理能力的损伤则更大一些。（Lester, LaGasse, & Seifer, 1998; Stanwood & Levitt, 2001）

这些沉痛的教训告诉我们，怀孕的女性最好停止吸烟、喝酒，除治疗所必须使用的且充分证明是安全的药物外，不要服用其他任何药物，然后接受这个事实——你的孩子将绝不会感谢你们为此做出的牺牲！

婴儿的世界

新生儿不可能独自生存，但他们也并不是完全被动和没有行动能力的。许多能力、倾向和特性都是人类普遍具有的，而且一出生就能表现出来，或者在一定的环境下很早就得到了发展。的确，环境在塑造婴儿的心理、大脑和基因表达中起着非常关键的作用。与有充足拥抱接触的同龄新生儿相比，几乎没有什么接触的新生儿会成长得很缓慢、释放更少的生长激素。而且，在他们的整个生命周期中，对压力的反应更强烈，更容易抑郁和有认知缺陷。（Diamond & Amso, 2008; Field, 2009）

生理和认知能力

新生儿一出生就具有几种**运动反射**（motor reflex），即一些对于生存所必要的自主行为。他们吮吸任何能吮吸的东西，如奶头或手指。他们会紧紧地抓住一个压在他们手掌上的指头。他们会将头转向被触摸的脸颊或嘴角处，并寻找东西去吸吮，一个快速的"觅食反射"使得他们去寻找乳房或奶瓶。许多这样的反射最终会消失，但其他一些反射，如膝跳反射、眨眼反射和喷嚏反射等仍然会保持下来。

婴儿也具备一系列先天的感（知）觉的能力。他们会看，会听，会触摸，会嗅和品尝味道（接受香蕉和糖水的味道，排斥臭鸡蛋的味道）。一个新生儿视觉聚焦的距离仅仅是 8 英寸（20.32 厘米），平均距离就是婴儿和抱他（或她）的人的脸之间的距离，但视觉能力发展得很快。新生儿能分辨对比、阴影和边缘。他们靠嗅觉、视觉或听觉几乎能立即分辨出母亲或其他早期照顾者。

婴儿从一出生就有抓握反射，他们会紧紧抓住递过来的手指。他们需要安抚的触摸，这正是成年人照料者喜欢做的

文化和成熟

尽管任何地方的婴儿都依照相同的成熟顺序发展，但婴儿发展的许多方面还依赖于文化习俗，这些习俗支配他们的父母如何抱孩子、如何触摸、如何喂养以及如何与他们交流。（Rogoff，2003）在美国、加拿大、德国和其他大部分欧洲国家，要求 4～5 个月大的婴儿尽可能单独睡 8 小时。这被看作是神经成熟的标志，尽管当父母在夜里把婴儿放在婴儿床上，离开婴儿的房间时，许多婴儿都会啼哭。

但在玛雅印第安人、意大利的乡村人、非洲的某些部落和日本城市人中间，就绝不会发生这种夜间的意志冲突，因为在出生后的前几年，婴儿都是与其母亲一起睡，母亲每四小时醒来并哺乳一次。婴儿睡眠安排中的这些差异反映了不同的文化差异和父母价值观。在上述这些文化中的母亲相信，和婴儿睡在一起很重要，可以建立亲密关系；相反，许多北美和德国父母则认为尽早培养孩子的独立性是很重要的。（Keller 等，2005；Morelli 等，1992）

依恋

情感依恋是所有灵长类动物都有的一种普遍能力，而且对其一生的健康和生存都很重要。妈妈通常是婴儿第一个和主要的依恋客体。但是在许多文化（和其他物种）中，婴儿只会对爸爸、兄弟姐妹和祖父母产生依恋。（Hrdy，1999）

对早期依恋重要性的研究开始于英国精神病学家约翰·鲍尔比（John Bowlby，1969，1973），他观察了没有接触和拥抱对那些在孤儿院长大的婴儿和在极端剥夺和忽视环境中成长的孩子的毁灭性影响。这些婴儿生理上很健康，但是情感上绝望、疏远、没有秩序。鲍尔比说，通过对主要抚养者的依恋，儿童获得了一个安全的基地去探索环境，当感觉害怕时，能够回到这个安全的地方。最理想的情况是，婴儿会找到一种平衡，一方面是对照顾者的依恋感，另一方面是在新环境中探索和学习的自由感。

接触安慰

接触安慰 在灵长类动物中，天生的快乐来自身体的亲密接触；这是婴儿第一次依恋的基础。

依恋开始于父母和孩子之间在身体上的触摸和拥抱。**接触安慰**（contact comfort）即被接触和拥抱之后的愉悦感，它不仅仅对新生儿很重要，在人一生的发展中都很重要，能够让人释放产生愉悦感和降低压力的内啡肽。（见第十四章）在医院环境下，即便是护士和医生对病人的胳膊或额头的一般接触也会使病人产生较低的血压。

玛格丽特（Margaret）和哈里·哈洛（Harry Harlow）通过用两种人造母亲来抚养幼恒河猴的方式，首次证明了触摸、接触安慰的重要性。（Harlow，1958；Harlow & Harlow，1966）第一个人造母亲叫作"铁丝妈妈"，是一个由金属丝和保温灯构成的冷酷无情的结构，旁边还连着一个奶瓶。第二个人造母亲叫作"绒布妈妈"，也是由金属丝制成的，但外面包裹着泡沫橡胶和温暖舒适的毛绒布。（见图3.1）当时，许多心理学家都认为婴儿依恋母亲只是因为母亲给他们提供食物（Blum，2002），但哈洛的幼猴在受到惊吓和恐吓后却跑向有毛绒布包裹的"母亲"，抱住它直到自己平静下来。人类儿童在处于一个陌生的环境中、受到噩梦惊吓或者跌倒受伤时，也经常会寻找接触安慰。

图 3.1 接触安慰
婴儿需要拥抱就像他们需要食物一样。在玛格丽特和哈里·哈洛的研究中，幼恒河猴与一个"绒布妈妈"（右）和一个提供奶水的"铁丝妈妈"（左）在一起。幼猴在不需要喂食时会依偎着"绒布妈妈"，而且当它们感到害怕时，它们会跑向"绒布妈妈"寻求安慰

分离和安全感

一旦婴儿已从情感上依恋他（她）的母亲或其他看护者，分离就会成为一种痛苦的经历。在6～8个月之间，婴儿会变得警惕或者害怕陌生人。如果把他们放到一个陌生的环境中或将其留给不熟悉的人，他们就会哭。而且，如果主要看护者暂时离开他们，他们就会表现出**分离焦虑**（separation anxiety）。这种反应通常会一直延续到两岁中期，但许多孩子直到大约3岁时对父母的离开都还会显现出忧虑的征兆。（Hrdy，1999）尽管不同文化中抚养儿童的方式会影响儿童感受焦虑的强度和持续时间，但所有的儿童都会经历这一阶段。在一些文化中，婴儿与许多成年人和其他儿童在一起成长，而在另一些国家中婴儿主要对或只对母亲形成依恋，前者的分离焦虑就没有后者那么强烈和持久。（Rothbaum等，2000）

分离焦虑 大多数儿童在6～8个月大时，当他们的主要照顾者暂时把他们留给陌生人时，他们就会产生这种痛苦。

为了研究母婴依恋的本质，玛丽·安斯沃思（Mary Ainsworth，1973，1979）设计了一个称为**陌生情境**（strange situation）的实验方法。一位母亲将孩子带进一个有很多玩具的陌

生房间。过一会儿进来一个陌生人并设法和孩子玩。母亲将孩子留给陌生人，自己离开。随后她回来并和孩子玩，而陌生人离开。最后，母亲将孩子单独留下来，3 分钟后再转回。在每一种情形下，观察者都仔细地记录下孩子和母亲在一起、和陌生人在一起及独自一人时的行为表现。

安斯沃思依据儿童对陌生情境的反应将其分为三类。一些婴儿是**安全依恋**（securely attached）：如果母亲离开房间他们就哭或抗议，他们欢迎母亲回来然后又高兴地玩，他们显然对母亲比对陌生人更加依恋。其他婴儿是**不安全依恋**（insecurely attached），这种不安全依恋又可分为两种类型。那种可能是**回避型**（avoidant）的孩子，并不关心母亲是否离开房间，在母亲回来时几乎不去寻求和母亲接触，对陌生人和对母亲一样。另一种可能是**焦虑或矛盾型**（anxious or ambivalent）的孩子，在母亲返回时抵制与母亲接触，但若母亲离开时就会大声抗拒。焦虑或矛盾型的婴儿可能会哭着要人抱起，然后又要求放下自己，或者他们可能会表现得像是对母亲很生气并抵制母亲来安慰自己。

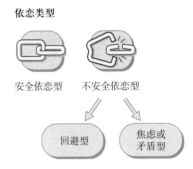

形成不安全依恋的原因是什么

安斯沃思认为安全型依恋、回避型依恋、焦虑或矛盾型依恋之间的差异主要是由母亲在头一年对待婴儿的方式造成的。她说，对婴儿的需要敏感和有责任心的母亲会使婴儿形成安全依恋，对婴儿不敏感或者与婴儿相处不融洽的母亲则会使婴儿形成不安全依恋。在许多人看来，这里隐含的假设是：为使婴儿形成安全依恋，从一开始就需要有"恰当类型"的母亲，并且将孩子放进日托中心会妨碍这一重要能力的发展——这是许多母亲所认为的会导致不安全依恋的观念！

但是，安斯沃思关于依恋的测量没有考虑到婴儿的经验。那些与多个成年人建立依恋的婴儿，由于在大家庭中或者在日托中心里会接触很多成年人，妈妈离开时他们可能不会惊慌，因此在陌生情境中看起来像是回避型。但是，他们可能已经学会了和陌生人友好相处。更进一步说，尽管母亲的敏感性和孩子的安全依恋之间有一定的相关性，但这并没有告诉我们两者何谓因、何谓果，抑或是其他什么因素共同影响敏感性和依恋。一些项目帮助新母亲减少焦虑使其与孩子之间更加协调，这确实有助于一些妈妈变得更加"敏感"，但这对儿童的安全依恋程度也只有轻微的影响。（Bakermans-Kranenburg 等，2008）

强调母亲的敏感性还忽略了一个事实，即尽管在母亲实际抚养儿童的方式上存在很大差异，但绝大多数孩子都形成了一种对母亲的安全依恋。（LeVine & Norman，2008；Mercer，2006）德国的婴儿就经常被母亲独自留下连续几个小时，因为这些母亲相信即使是婴儿也应该学着自力更生。在非洲的 Efe 族中，婴儿有一半的时间都是离开自己的母亲的，由其他大孩子或大人照顾。（Tronick, Morelli, & Ivey，1992）然而德国和 Efe 族的儿童并没有形成不安全型依恋，他们成长得和与母亲长时间在一起的孩子一样正常。

同样，在日托中心度过大部分时间，对孩子依恋的安全性也没有影响。在一项超过 1000 个儿童的纵向研究中，研究者从婴儿 3 个月大追踪到 15 个月大，比较了每周在托儿所中待 30 小时以上和少于 10 小时的婴儿。研究发现，两组儿童在关于依恋型的任何测量中都没有差异。（NICHD, Early Child Care Research Network，2006）（尽管托儿所中的儿童更加激进和叛逆，但是托儿所中的儿童在社交、语言和认知发展测量上的表现比待在家里的儿童更好。）

那么究竟是什么因素导致了不安全依恋呢？

- 在生命的头一两年里被遗弃和被剥夺。被公共机构收容的孩子要比被家庭收养的孩子更有可能在后期存在依恋问题。在一岁或者两岁前被收养的婴儿和正常婴儿一样会形成安全的依恋。（Rutter 等，2004；van den Dries 等，2009）
- 由于父母暂时不负责任或者是临床上的抑郁，导致其养育方式是虐待、忽略或者反复无常。南非的一个研究团体观察了147位有2个月大的婴儿的母亲，并且一直追踪到婴儿18个月大。许多产后抑郁的母亲对待她们的婴儿要么是太干涉，要么就是疏远的、不敏感的。进一步来说，在婴儿18个月时他们就很有可能形成不安全的依恋。（Tomlinson, Cooper, & Murray, 2005）
- 孩子本身的受遗传影响的气质。从一出生就担心害怕和易于哭闹的婴儿比平静的婴儿在陌生情境中更可能表现出不安全依恋的行为，这就表明他们之后的不安全依恋可能反映了其气质倾向。（Belsky 等，1996；Gillath 等，2008；Seifer 等，1996）
- 儿童家庭中的紧张气氛。如果儿童的家庭正处于某一段压力之中，如父母离异或者父母一方得了慢性疾病，婴儿和年龄较小的儿童可能会暂时从安全依恋转向不安全依恋，总是缠着父母并害怕被单独留下来。（Belsky 等，1996；Mercer，2006）

但是，基本状况是，婴儿从生理上决定了会对其看护者产生依恋，同时，尽管不同文化、家庭和个体在抚养儿童的方式上存在明显的差异，但在大多数情况下都会形成健康、正常的依恋。虽然在胎儿期和出生后的第一年发展过程中或许会出现一些错误，但是大脑的可塑性和人类的复原力能够克服早期的剥夺甚至是伤害。在本章的最后，我们将会回到对复原力的阐述上。在"学以致用"部分我们将会介绍一些相关的信息，来缓解许多父母对他们自己做得是否正确的焦虑。

> ### 快速测验
>
> 你对测验感到安全、焦虑还是回避？
> 一、尽可能多地说出影响胎儿发展的潜在的有害因素。
> 二、梅拉妮（Melanie）正在日托中心的游戏架愉快地玩耍，这时，她突然摔倒并且擦伤了膝盖。她跑向她的抚养者获取安慰的拥抱，她在寻求_____。
> 三、当婴儿的妈妈离开屋子时，留在陌生情境的婴儿不会反抗，而当妈妈返回时，他看起来也不在乎。根据安斯沃思的观点，他的行为反映的是哪种依恋类型？
> 四、在第三题中，除了婴儿的依恋类型之外，还有哪些因素可能影响儿童的反应？
>
>
>
> 答案：一、你应该指出风险，控制其他的相关因素，你举几例，母亲大量吸烟、吸毒或饮酒，营养不良。二、接触。三、业余接触型依恋（回避型）。四、儿童本身的气质，儿童习得的其他的安抚方式。

> **你将会学到**
> - 语言是什么——我们人类可以有语言而其他动物却不可以。
> - 在语言发展阶段,"父母语"的重要性。
> - 语言发展的里程碑。
> - 语言获得的先天方面和习得方面。

语言发展

试着大声朗读下面这个句子:

Kamaunawezakusomamanenohayawewenimtuwamaanasana.

你能说出一个单词的开始和结尾吗?除非你知道斯瓦希里语,否则这个句子的音节听起来就像乱语。(在斯瓦希里语中,这句话的意思是:"如果你能读懂这些文字,你就是一个了不起的人。")

对于每一个学习母语的婴儿来说,起先,每一个句子想必都是乱语。那么,一个婴儿在几乎不理解词意的情况下,是如何从其身边环境中杂乱的声音里找出不连续的音节和单词的?同时,儿童又是如何在短短几年的时间里,不仅能理解成千上万的词,还能产生和理解无穷无尽的新的组合词的呢?人类大脑是否有一些特殊的构造,能够使婴儿发现语言是如何工作的?达尔文(Darwin, 1874)是这样想的。他写道,语言是人类先天的独特的能力。

为了评估达尔文的观点,我们必须理解**语言**(language)不仅仅是一种交流系统,它还是一个将无意义的元素整合成表达意义的语句的相关规则的集合。这些元素通常是声音,但是它们也可以是美国手势语言(ASL)和其他聋哑和听力受损的人们的手势语言。因为语言,我们不仅仅能表达此刻和现在,还能表达过去和将来的事件以及不在场的人和事物。语言,无论是说的还是写的,都能够使人们表达和理解无数的新颖言辞。这种能力很关键。除了一些固定的短语("How are you""Get a life")之外,大部分我们产生的和听到的语言都是新的。

当今许多心理学家认为人类天生具有的语言能力之所以能在进化过程中得到发展,因为它是极其有好处的。(Pinker, 1994)它使我们的祖先能表达关于时间、空间和事件的精确信息("你们今天是要去猎猛犸象吗?"),还能为了必要的生存而进行协商("如果你跟我们分享坚果和浆果,我们就会和你分享猛犸象。")。语言的发展还可能是因为它给人们提供了相当于其他灵长类动物形成社会契约所依赖的互相"梳理"的方式。(Dunbar, 2004; Tomasello, 2008)正如其他灵长类动物将互相清洁、轻抚和毛发梳理作为喜欢和联系的标志,人类朋友能够坐下来喝咖啡聊天好几个小时。猩猩和人类"轻抚"形式之间的差异就在于语言使我们能够在更大的团体中保持合作的社会关系。

> **语言** 一种将声音或手势等无意义的元素组合成有组织的表达意义的话语的系统。

从咿呀学语到交流

语言的获得可能开始于子宫。加拿大心理学家让新生儿在10分钟内轮流听英语和塔加拉族语（Tagalog，菲律宾的主要语言）这两种语言，并测量婴儿吮吸橡胶奶嘴的次数。如果妈妈在怀孕期间只说英语，那孩子在听见英语时的吮吸次数就较多，显示出对英语更加偏爱。双语妈妈的孩子则显示出对这两种语言相同的偏爱。（Byers-Heinlein, Burns, & Werker，2010）

因此，婴儿已经能对语言的音高、响度和语音做出应答，同时他们也能对声音中的情感和韵律做出反应。大多数成年人对婴儿说话时的音调都会比平时高而且富有变化，语调也会有些夸张。成年人在与婴儿进行交谈时使用的语言，研究者称为**父母语**（parentese），这种现象在世界各地都有。事实上，南美无文字的狩猎—采集文化的舒阿尔（Shuar）族成年人，能够通过语调准确地辨别美国妈妈的婴儿定向的谈话和成年人定向的谈话。（Bryant & Barrett，2007）父母的"父母语"可以帮助婴儿学习母语的音调和韵律。（Fernald & Mazzie，1991）

在一项曾经备受推崇的研究项目中，3位研究者比较了母亲对婴儿和对宠物（也容易激起人们的"父母语"）的说话方式。他们发现母亲对婴儿说话时夸大了元音的发音，但对狗和猫却没有这样做。研究结果表明，父母的"父母语"确实是婴儿习得语言的一种方式。（Burnham, Kitamura, & Vollmer-Conna，2002）

4～6个月大时，婴儿常常能辨别出自己的名字和其他常说的带有情绪性的词，如"妈妈""爸爸"。他们也知道母语中许多关键的辅音和元音的发音，并能将其与其他语言中的声音区分开（Kuhl等，1992）。随着时间的推移，总是处在母语环境中会降低儿童对其他语言发音的感知能力。因此，日本的婴儿能听出英语中la和ra发音的不同，但年龄大的日本儿童和成年人就不能，因为在他们的语言中不存在这种差异，他们对此已变得不敏感。

在6个月到1岁之间，婴儿对母语的发音结构愈加熟悉。他们能从一串语音中分辨出词。他们会花更长的时间去听那些与他们期望的词的发音相违背的词，甚至在听到与他们对所期望的句子结构相违背的句子时也会听更长时间。（Jusczyk，2002）他们开始牙牙学语，发出许多"ba ba"和"goo goo"的声音，无休止地重复一些声音和音节。在7个月时，他们开始记住他们听到的单词，但是因为他们也关注说话者的语调、说话速度以及音量，所以当不同的人说话时，他们常常不能够识别相同的单词。（Houston & Jusczyk，2003）在10个月时，他们就突然能做到了，在仅仅3个月里就有了显著的飞跃。在大概1岁时，儿童开始对事物命名，尽管在这个时间点上有很大的个体差异。儿童对熟悉的人和物已经有了一些心理概念，他们最早学会的词就代表了这些概念（"妈妈""狗狗""车车"）。

在第一年后期，婴儿发展出了一个象征性手势的指令系统，这是另一个重要的交流工具。他们做出手势来指代物体（如吸鼻子表示"花"）、提出需求（如咂巴嘴要"食物"）、描述物体（如张开胳膊表示"大"），或回答问题（如打开手掌或耸耸肩表示"我不知道"）。看到喜欢的事物的图片，他们会

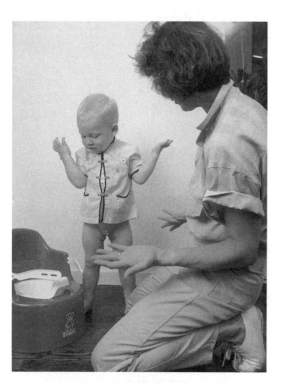

象征性手势在很早的时候就出现了

以拍手做出回应。那些被父母鼓励着用手势获取大量词汇的儿童比那些不被鼓励的儿童有更好的理解力，也是更好的听众，并且在试图交流中也更少产生挫败感。（Goodwyn & Acredolo, 1998; Rowe, & Goldin-Meadow, 2009）当婴儿开始说话后，他们仍然会用一些手势伴随他们的语言，正如成年人说话时的手势，这表明，手势并不是语言的替代品，而是深刻关系到语言的发展，以及思维和问题解决的发展。（Goldin-Meadow, Cook & Mitchell, 2009）

一个令人惊奇的发现是，那些观看"大脑刺激"录像的婴儿在获得语言上要比没有观看的婴儿更慢！在对1000组父母和他们的婴儿的研究中，研究者发现，那些每天看一小时录像的8～16个月大的婴儿，比其他孩子少习得6～8个单词。（Zimmermann, Christakis, & Meltzoff, 2007）父母把单词读给他们，或者和他们一起观看录像并且讨论他们看到了什么，这些行为会使孩子有更大的词汇量。

在18个月到两岁之间，学步儿童开始说出两个或三个单词组合在一起的词（"妈妈这里""臭虫走""我的玩具"）。儿童最早的单词组合被称为**电报式语言**（telegraphic speech）。由于人们要对电报中的每一个词付费，因此他们很快就学会去除不必要的冠词（a、an或the）和系动词（如is、are）。同样，学步儿童的双字词"电报"也忽略了冠词、系动词、词的结尾以及言语中的其他部分，但它们仍然非常精确地传达了信息。儿童使用双字词"电报"来给物体定位（"那里玩具"），提出要求（"还要牛奶"），否定一种行为（"不要""奶都走开"），描述物体（"漂亮衣服"），表示拥有（"妈妈的衣服"），提问（"爸爸哪儿？"）。这对小孩子来说非常好，难道不是吗？

电报式语言 儿童最早的单词组合，它省略了不必要的词（如电报所做的）。

到6岁时，儿童平均掌握了8000～14000个单词，这意味着儿童在2～6岁间每天都会习得一些新词（你最近是什么时候在一天中学习并使用5个新单词？）。他们一听到新词就注意到它，并通过他们的语法背景知识和构词规则很快推测这个词的意义（Golinkoff & Hirsh-Pasek, 2006; Rice, 1990）。（表3.1总结了语言发展的早期阶段）那么儿童到底是如何做到这些的呢？

表3.1 语言的早期发展

最初几个月	宝宝啼哭、发出咕咕的声音，他们对声音中情绪和韵律做出反应。
4～6个月	宝宝开始识别他们母语中关键的元音和辅音。
6个月到1岁	婴儿对他们母语中的声音结构更加熟悉，他们可以从一串话语中分辨出词汇。
1岁末	婴儿开始基于他们熟悉的概念对事物命名，运用象征性手势进行交流。
18～24个月	儿童开始说两三个词的短语（电报式语言），能够理解语境中的动词。
2～6岁	儿童快速地习得新词，他们从听到的语法和社交语境来推断新词的意义。

语言的先天能力

大多数心理学家都曾假设，儿童是通过模仿成年人和关注成年人纠正他们的错误获得语言的。随后语言学家诺姆·乔姆斯基（Noam Chomsky, 1957, 1980）认为，语言太复杂了，很难一点一滴学来，就像学习一串世界各国的首都一样。

乔姆斯基指出，语言并不只是一种古老的交流系统，它是一个使我们将本身无意义的元素组合成传达意义的话语，同时摒弃我们母语中无法接受的话语的系统。它可以使我们表达和理解大量的、即时发挥的新奇话语。这是必要的，因为除了一些固定的短语（如"你好吗？"等），我们一生所产生和听到的大多数话都是新的。

乔姆斯基说，儿童面对的任务远比仅仅区分出哪种声音可以构成词更复杂。他们还必须明白句子的**表层结构**（surface structure），即实际所说和所写的句子，并且应用语法（**句法**[syntax]）规则去推断包含意义的**深层结构**（deep structure）。例如，尽管"玛丽吻了约翰"和"约翰被玛丽吻过"具有不同的表层结构，但是任何一个5岁的孩子都知道这两个句子具有本质上相同的深层结构，即玛丽是行动者而约翰得到了吻。

乔姆斯基说，因为实际上在我们蹒跚学步时并没有人教我们语法，因此人脑中一定含有一个先天的心理模块，使得幼儿只要在一个适当的交谈环境中就可以发展语言能力。儿童先天具有一种**普遍语法**（universal grammar），也就是说儿童的大脑对所有语言所共同的核心特征比较敏感，如名词和动词、主语和宾语、否定词。甚至那些看上去很不一样的语言，如英语和莫霍克语，或者日语和保加利亚语，也都有这些共同特征。（Baker, 2001; Clinque, 1999; Pesetky, 1999）在英国，即便是两岁的儿童也会使用句法帮助他们习得文章中的新动词。他们理解"Jane blicked the baby!"中包括了两个人，但是在"Jane blicked!"中虽使用了相同的动词，但仅仅包括Jane一个人。（Yuan & Fisher, 2009）

在数年中，语言学家们收集了许多证据来支持乔姆斯基的观点。

<82>

1 不同文化背景下的儿童经历了相似的语言发展阶段。例如，他们经常会简单地在句首或句末增加no或not来构成他们的第一个否定句（"No get dirty."不要弄脏）。在以后的阶段，他们会使用双重否定（即使在其语言中没有这样的句法结构）（"He don't want no milk."他不会不要牛奶；"Nobody don't like me."没人不喜欢我）。（Klima & Bellugi, 1966; McNeill, 1966）

2 儿童以成年人从未用过的方法组合字词。他们将父母的句子（"Let's go to store!"我们去商店吧！）简化为自己的双词句（"Go store!"去商店），同时犯下许多成年人不会犯的可爱的错误（"The alligator goed kerplunk."美洲鳄扑扑通通地走；"Daddy taked me."爸爸带了我；"Hey, Horton heared a Who?"嗨，霍顿听到了谁？）。（Ervin-Tripp, 1964; Marcus等, 1992）像这种错误被心理语言学家称为**过度规则化**（overregularization），它们不是随机产生的，而是显示了儿童已经掌握了语法的规则（增加t或d使得动词成为过去时，如walked和hugged），只是把它过度概括化了（taked, goed）。

即使家长有时尝试更正儿童的句法，也往往不起作用

3 成年人并未始终如一地纠正孩子的语法，儿童还是正确地学会了说话或手语。认为语言获得是后天习得的观点假定，儿童说正确的词时受到奖励，而说错时受到惩罚。但只要父母能明白孩子想要说的话，他们并不会停下来去纠正孩子言语中的每一个错误。（Brown, Cazden, & Bellugi, 1969）事实上，父母还经常奖励孩子不正确的表述。一个两岁的孩子说"want milk!"（要牛奶）很可能就会得到牛奶，绝大多数父母并不期待一个更加合乎语法的（或更礼貌的）要求。

4 没有接触到成年人语言的儿童可能会发明自己的语言。从未学过标准语言（不论手语还是口语）的失聪儿童创造了他们自己的手语，而且在美国、西班牙和土耳其不同的文化背景下，这些语言在句子的结构上都显现出相似性。（Goldin-Meadow, 2003）最令人震惊的例子来自尼加拉瓜，一个特殊学校的聋哑儿童们创造出了一种自己本土的手势语言，语法复杂却与西班牙语无关。（Senghas, Kita, & Özyürek, 2004）

这些失聪的尼加拉瓜儿童发明了他们独有的语法复杂的语言，这种语言与西班牙语或者其他任何一种手语都不相关

5 7个月大的婴儿就能够从一系列的声音中获得简单的语言规则。如果婴儿重复地接触 ABA 模式的人造句子，比如"Ga ti ga"或者是"Li na li"，直到他们厌烦为止，他们就会更偏爱 ABB 模式的新句子（比如，"Wo fe wo"）。（相比于与熟悉模式相关的闪光，婴儿对与新颖模式相关的闪光的注视时间更长。）相反地，当最初的句子是 ABB 的模式时，婴儿更加偏好 ABA 模式的句子。对许多研究者来说，这些反应揭示了婴儿能够辨别不同的句子结构类型。（Marcus 等，1999）令人吃惊的是，这种能力早在他们能够理解或创造单词之前就出现了。

学习对语言的影响

尽管全世界的人类在语言获得上具有一些普遍性，但是也有一些重大差异是不能用一种普遍的语法来解释的。（Gopnik, Choi, & Bamberger, 1996）因此，许多研究者提出，至少经验在语言发展中起了很大作用。他们认为儿童并不是由于与生俱来的能力来推测语法规则的，儿童是在学习一个给定的单词或音节出现在另一个单词或音节之后的概率，8个月大的婴儿就能做到这些事情。（Seidenberg, MacDonald, & Saffran, 2002）以这种观点来看，婴儿更像是一个统计者，而不是一个语法者，而且他们的统计依赖于他们的经验。（Gerken, Wilson, & Lewis, 2005; Lany & Gomez, 2008）

一些理论家已经能够通过计算机设计大脑的数学模型，这些数学模型不需要预先存在的心理模块或预先制定的语法规则就能获得语言的某些方面，比如规则和不规则的过去时态的动词。这些计算机程序仅仅调整了对输入数据做出反应的假设神经元之间的联系，比如重复单词的过去时态形式。这些计算机模型的成功也揭示了儿童或许能够在没有先天的大脑模块的情况下获得一些语言特性。（Rodriguez, Wiles, & Elman, 1999）

即使是强调先天语法能力的理论家们，也了解对于任何和语言一样复杂的行为，后天

因素也必然起作用。尽管大部分儿童都有从接触的事物中获得语言的能力，但是父母也在帮助他们。父母不可能整日反复更正孩子的言语，但是他们会重新组织或者拓展儿童的不恰当的或不符合语法的句子（"Monkey climbing!" 猴子爬。"Yes, the monkey is climbing the tree." 是的，猴子在爬树）。孩子们更可能反过来去模仿成年人重造的句子或延长的句子，这表明他们正在学习成年人说话。（Bohannon & Symons, 1988）

因此，语言既依赖先天的生物基础，也依赖社会经验。在成长早期未接触语言的受虐儿童（如我们在第一章里所提到的基妮），几乎不能正常交谈或听懂合乎语法的句子。这样惨痛的证据表明，在生命的头几年或可能头十年是语言发展的关键期。在这段时间，儿童需要接触语言并且需要有机会在和他人的交谈中练习他们刚刚显现出来的语言技能。

快速测验

使用你的语言能力来回答这些问题：

一、人类语言和其他交流系统之间主要的区别是（　　）
　　A. 能够产生无限的新的句子　　　　　　B. 说
　　C. 只有在外显的训练之后才能习得　　　D. 通过表层结构直接表达意思
二、根据乔姆斯基的观点，为什么儿童能够又快又容易地获得语言？
三、支持先天普遍语法存在的 5 个发现是什么？
四、否认乔姆斯基观点的人们认为，当我们获得语言时不是发现了语法的规则，而是儿童学习了_____。

你将会学到

- 皮亚杰的认知发展阶段及其标志。
- 儿童心理发展的现代理论取向。

认知发展

儿童和成年人思考问题的方式不同。对于大部分 1 岁的婴儿来说，如果物体不在视线内，那么他们就不会去想它。如果你把婴儿最喜欢的玩具用一块布盖上，那么婴儿就会认为它消失了，并且不会寻找它。4 岁时的儿童会由于杯子的形状而非果汁的不同发出抗议，因为他们认为其他兄弟姐妹的果汁更多。

但是儿童自己的思维方式也是很聪明的。就像小小的科学家，儿童常常测试他们的关于东西是怎样运作的理论。（Gopnik, 2009; Gopnik, Meltzoff, & Kuhl, 1999）当你在喂一个学步期的幼儿时，她第六次把勺子扔在地上，你说："够了，我不会再给你捡起勺子了。"幼儿马上就会验证你的话。你是认真的吗？你是生气了吗？如果再把勺子扔在地上会发生什么？她做这些不是在让你发疯，而是她正在学习她的期望和你的期望之间的不同，有时候这些差异是很重要的，有时候不重要。

儿童的思维是如何变化的，为什么会有这些变化？在20世纪20年代，瑞士心理学家让·皮亚杰（Jean Piaget, 1896—1980）提出，儿童的认知能力是自然发展的，就像一朵花的开放，几乎独立于在他们的生命中发生的其他事情。皮亚杰对儿童的敏锐观察和其伟大的理念引起了人们对思维发展认识上的革命。皮亚杰的伟大见解在于，发现儿童的错误和发现他们的正确反应一样有趣。儿童会对大人说些可爱的或非常没有逻辑性的事情，但皮亚杰认为，儿童用来思考和解决问题的策略并不是随意的或没有意义的。它们反映了儿童的成熟化阶段和其在现实世界中的经验之间的一种具有可预见性的交互作用。尽管这些年来皮亚杰的许多具体结论被否定或者是被修订，但是他的思想激励了许多研究者开展了上千项的研究。

皮亚杰的认知阶段理论

按照皮亚杰（1929/1960，1984）的观点，随着儿童的发展，他们必须不断地进行心理调整以适应新的环境和经验。有时候他们**同化**（assimilate）新的信息进入已存在的心理结构中，因此，德国牧羊犬和小猎犬都归属于"狗"的类别。但是在其他时候，儿童必须改变他们的心理结构来**顺应**（accommodate）新的环境，小猫不属于狗的类别，这就需要一个关于小猫的新的类别。皮亚杰提出，这两个过程是相互作用的，儿童会经历认知发展的四个阶段。

这个孩子并不是有意惹他的父母生气，他像一个小科学家一样，试着找出因果联系：如果我扔了这个盘子，会发生什么事情？会有很大的响声吗？妈妈会很快过来给我把这个盘子捡回来吗？她会帮我捡几次

1 感知运动阶段（sensorimotor stage）（0～2岁）。在这一阶段，婴儿通过具体的动作学习，主要包括看、触摸、听、把东西放进嘴里、吮吸、抓握。"思维"由与身体运动相协调的感觉信息构成。随着儿童对环境的不断探索以及学会了特定的运动会产生特定的结果后，他们的这些运动也就逐渐变得更加有目的。拿开一块布会发现一个藏起来的玩具，松开毛绒玩具鸭子会使它跌落而无法够到，用汤勺敲桌子会得到晚餐（或者是妈妈把汤勺拿走）。

皮亚杰说，这一阶段的主要成就是获得**客体永久性**（object permanence），即理解了有些物体尽管你看不见或摸不着但仍然存在。他观察到，婴儿在头几个月，会专心看一个小玩具，但如果你把玩具藏在纸后面，他们不会看纸的后面，或再试图去找到玩具。不过，大约6个月时，婴儿就开始掌握客体永久性概念，即无论他们能否看见，玩具都是存在的。如果一个玩具从婴儿的玩具围栏里掉出，处于这一年龄阶段的婴儿会四下寻找；他们也会翻看下面确实藏着玩具的布去寻找玩具。到1岁时，绝大多数的儿童都发展出了客体永久的意识：即使玩具被衣服盖着，它也肯定在那儿。此时儿童很喜欢玩躲猫猫游戏。皮亚杰说，客体永久代表了儿童使用心理表象和符号能力的开始。这时儿童能在思想上保存一个概念，意识到"苍蝇"代表一个恼人的、嗡嗡作响的生物，"爸爸"代表一个友好的、十分有趣的人。

客体永久性 在出生第一年中形成的一种理解，即一个物体即使在你看不见或摸不到它的时候仍然存在。

2 前运算阶段（preoperational stage）（2～7岁）。这一阶段，儿童对符号和语言的使用得到加速发展。皮亚杰之所以称之为前运算阶段，是因为他认为儿童依然缺乏理解抽象

原则和**心理运算**（mental operation）所必要的认知能力。一个运算是一串思维过程，这个过程可以从前往后，也可以从后往前。2 乘以 6 得到 12 是一种运算；反过来，12 除以 6 等于 2，这也是一种运算。前运算阶段的儿童知道杰茜是他的妹妹，但是他不知道相反的运算，即他是杰茜的哥哥。皮亚杰还认为，前运算阶段的儿童不能采纳别人的观点，因为他们的思维是**自我中心**（egocentric）的，他们仅仅从自己的参照体系中看世界，难以想象其他人看到的是不同的世界。（这在我们看来是错误的。）

守恒 即使物体的形状或外观发生变化，物体的物理属性（如簇中的项目数或玻璃中的液体量）也可以保持不变。

皮亚杰进一步说，前运算阶段的儿童还未掌握**守恒**（conservation）的概念，即当物体的外观或形式改变时，其物理属性不变。这一阶段的儿童还不能理解，即使你将液体从一个瓶子倒到另一个大小不同的瓶子或将积木堆起来，液体的量和积木的数目仍是一样的。（见图 3.2）如果你将液体从一个矮的、宽的杯子倒进一个高的、细的杯子中，前运算阶段的儿童会说第二个杯子中的液体多。他们专注于液体的表面现象（它们在杯子中的高度）去判断它的量，因此被误导了。

3 具体运算阶段（concrete operations stage）（7～12 岁）。皮亚杰说，在这一阶段，儿童的思维仍然基于具体的经验和概念，而不是抽象的事物或逻辑推理。他之所以称之为具体运算阶段，是因为儿童的心理能力所加工的信息是具体的，也就是说是已经发生的经验和具有实际意义的概念。当要求这一阶段的儿童思考抽象的概念，比如，爱国主义或将来的教育，他们会做出错误的推理。不过，在这段时期，他们的认知能力会迅速发展。他们开始理解守恒原理、可逆性和因果关系；学会了心理运算，如加法、减法和除法；学会了给事物分类（如松树属于树）和按从小到大、从亮到暗、从低到高的顺序排列事物。

4 形式运算阶段（formal operations stage）（12 岁到成年人）。在这一阶段，青少年开始具有抽象推理能力。他们能对没有直接经历的情境进行推理，而且能想到未来的可能性；他们能系统地寻求问题的答案；他们还能从其文化和经验的共同前提下得出合乎逻辑的结论。

图 3.2 皮亚杰的守恒原则
在一个关于数的守恒的典型测验中（左），两套积木的数量一样多，但是其中一套散开放置，要求儿童判断哪一套积木多。前运算阶段的儿童认为占用空间多的那套积木多。在另一个关于量的守恒的测验中（右），儿童指出两个矮玻璃杯里的液体一样多。然后，将一个玻璃杯中的液体倒入一个细高的玻璃杯中，让儿童判断是否一个杯子里的液体比另一个杯子多。许多前运算阶段的儿童不能理解从矮杯子倒入细高杯子的液体量没有发生变化，他们仅仅以玻璃杯中液体的高度来做出判断

> **参与进来** | 一个关于守恒的测验
>
> 如果你认识年幼的儿童，那么就让他们进行皮亚杰的守恒实验。简单的一个实验就是将 7 个扣子或者硬币排成两排，分布相同。问儿童是否有一排扣子或者硬币更多一些。然后，将其中一排扣子的距离隔得稍远些，问儿童是否有一排更多些。如果儿童回答"是的"，就再问他是哪排多？为什么？尝试让 3 岁和七八岁的儿童来做这个实验。你就会发现他们答案的不同。

认知发展的新近观点

皮亚杰是一位卓越的儿童观察家，他的主要观点已经得到证实：新的推理能力依赖于先前能力的出现，在你会数数之前你无法学会代数，在你理解逻辑之前你无法理解哲学。但是，从皮亚杰的最初研究以来，发展心理学领域经历了一场富有创造力的研究的大爆发，这让研究者得以探查甚至是最小的婴儿的心理。它的成果就是对皮亚杰观点的修订。一些科学家甚至说皮亚杰的观点已经被推翻了。以下是他们的理由：

1 认知能力是以一种连续的、重叠的、波浪式的方式发展的，而不是一些离散的步骤或阶段。如果你像皮亚杰一样观察不同年龄的儿童，似乎他们的推理方式各不相同。但如果你研究任一年龄的儿童每日的学习，你会发现一个儿童可能会用几种不同的策略解决一个问题，其中一些策略要比其他策略更复杂和精确。（Siegler, 2001）学习是渐进的，在向新的思维方式前进的同时也会退后到先前的思维方式。儿童的推理能力也依赖于环境因素——如提问者、所使用的单词、所用的材料以及他们正在推理的事情——而不仅仅依赖于他们所处的阶段。简言之，认知的发展是连续的；当儿童处于一个特定年龄时，新的能力不是简单地突然出现的。（Courage & Howe, 2002）

2 学龄前儿童并不像皮亚杰所想的那样以自我为中心。多数 3～4 岁的儿童都能采纳他人的观点。（Flavell, 1999）例如，当 4 岁的儿童和两岁的儿童在一起玩时，他们会修正和简化自己的言语以使年龄小的儿童能明白。（Shatz & Gelman, 1973）我们认识的一个学龄前儿童给老师看一张画，画的是一只猫和一个无法鉴别的斑点。老师说："这只猫很可爱，但是这是什么？"儿童说："那和您没关系，那是猫正在看的。"

3～4 岁的儿童也开始理解，仅仅通过观察环境和了解事实并不能预测一个人将要做什么，还必须去了解这个人的感觉和思维，这个人甚至是在说谎。他们开始问，为什么其他人会做出某些行为（为什么约翰如此吝啬？）。简而言之，他们正在形成一种**心理理论**（theory of mind），即关于他们自己和他人的思维方式和人们是怎样受到他们信念和情绪的影响的信念系统。他们开始使用"思考"和"知道"这些动词，到 4 岁时，他们理解别人想的和自己的信念可能不一样。（Flavell, 1999; Wellman, Cross, & Watson, 2001）理解人们也会有错误信念的能力是一块奠基石，因为它意味着儿童正在开始质疑我们对事物的认知，这是后期高级思维的基础。

3 儿童甚至是婴儿表现认知能力发展的时间早于皮亚杰所认为的发展阶段。基于儿

心理理论 关于他们自己和他人的思维方式和人们是怎样受到他们信念和情绪的影响的信念系统。

可能的事件

不可能的事件

图 3.3 测验婴儿的知识
在这个设计精巧的程序中，婴儿看着一个盒子沿着一个直条纹的平台被从左推到右。这个盒子被推到平台的末端（可能事件）或被推到只有一点搁在平台上（不可能事件）。婴儿对不可能事件的注视时间长，暗示他们对此感到惊奇。不知何故他们知道一个客体需要物理支持，而且不能飘浮在空中。（Baillargeon，1994）

童对新奇的和令人惊讶的刺激比熟悉的刺激看的时间长这一事实，心理学家设计了一些十分具有创造性的测验婴儿理解力的方法。这些方法揭示了婴儿可能天生具有感知数字、客体空间关系、一些基本的分类和自然世界其他特征的心理模块或核心知识系统。（Izard 等，2009；Spelke & Kinzler，2007）

例如，假如一个球似乎要滚过一个坚固的障碍物、在两个平台之间跳跃，或者悬挂在半空中时，仅 4 个月大的婴儿盯着球看的时间会比当球遵循物理法则（即表现平常）时看的时间长。这一现象表明，不寻常的事情正使得他们惊讶。（见图 3.3）两个半到三个半月的婴儿能意识到被其他物体掩盖的物体仍然存在，这是皮亚杰从未想到的会在如此小的婴儿身上发生的客体持久性现象。（Baillargeon，2004）并且对皮亚杰婴儿自我中心的观点最具挑战的是，即便是 5 个月大的婴儿都能够有目的地知觉其他人的行为。他们能够发现一个正在用手够玩具的人和偶然地用棍子碰到玩具的人之间的差异。（Woodward，2009）甚至是 3 个月大的婴儿也能够学会这个。

4 认知发展依赖于儿童的文化背景。文化，包括工具、语言、宗教仪式、信仰、游戏和社会制度，深刻地影响和建构了儿童的认知发展，培养了儿童的某些能力而不是另一些能力。（Tomasello，2000）游牧民族的人在空间能力上表现很出色，因为空间定向对寻找水源和成功的狩猎路线很关键。相反，居住在农业社会中的儿童，如象牙（Ivory）海岸的巴洛族人（Baoulé）在定量化能力上发展迅速而在空间推理上发展较慢。

尽管研究者对皮亚杰的理论进行了这些修订，皮亚杰还是留下了一份不朽的遗产。他告诉我们，儿童不是被动地接受教育和经验的容器。儿童在其成长历程中一直都在积极地解释他们的世界，用他们发展起来的图式和能力去同化新信息并领会事物。

经验和文化会影响认知发展。整天与陶土、木头和其他材料打交道的儿童，例如，这位印度的小陶工，往往比其他没有手工经验的儿童更快地理解守恒概念

快速测验

请运用语言（和思维）来回答这些问题。

一、"更多蛋糕"和"妈妈来"是 _____ 语言的例子。
二、理解两排的六个分币在数量上是相等的，即便一排宽一排窄，这是什么的例子。
三、理解即使妈妈把玩具放在包里，它也是存在的，这是什么的例子。
四、一个5岁的男孩告诉他爸爸："莎莉说她看见了一只兔子，但是她在说谎。"他形成了 _____ 。
五、列出4个拓宽或者修订皮亚杰理论的当代儿童认知发展研究发现。

答案：一、电报式。二、守恒。三、物体永存。四、心理理论。五、幼儿能力超乎皮亚杰的认为而且婴儿很聪明；年龄段的划分没有那么清楚；儿童看起来更加专业化而非在思维上发生了整体变化；皮亚杰的理论也许可以用于其他领域和文化的研究。

你将会学到

- 道德情感和道德行为是如何形成的？
- 为什么大喊"因为我说了要这样"并不能让大部分儿童做出良好的行为？
- 儿童延迟满足能力的重要性。

道德发展

儿童是如何学习辨别是非、抵制自私行为的诱惑并且遵守社会行为规则的？在20世纪60年代，劳伦斯·科尔伯格（Lawrence Kohlberg, 1964）在皮亚杰的研究启发下，提出理解是非的能力伴随着其他认知能力的发展经历了三个水平。在儿童关于道德两难情境的推理研究中，他发现非常小的儿童遵守规则是因为他们害怕不遵守规则会受惩罚，再大一些是因为他们认为遵守规则是最实惠的。在10岁左右，遵守规则从基于对他人的顺从和忠诚转变为基于对法律和公正的理解。在成年期，少数人基于普遍人权发展其道德标准：马丁·路德·金（Martin Luther King）反对种族歧视的法律；莫罕达斯·甘地（Mohandas Gandhi）倡导在印度采用非暴力解决不公平；苏珊·B. 安东尼（Susan B. Anthony）为妇女拥有选举权而斗争。

科尔伯格是正确的，道德推理能力会随着儿童受教育程度而提高。不幸的是，欺骗、撒谎、暴力和使这些行为变得合理的认知能力也会随之提高。正如托马斯·里克纳（Thomas Lickona, 1983）所总结的那样："我们能够达到道德推理的高水平，但行为上却不是如此。"因此，发展心理学家重点强调儿童如何学会管理自己的情绪和行为。（Mischel & Ayduk, 2004）大部分儿童会抑制某些愿望，比如打他们的弟弟妹妹、偷同学的玩具、达不到目标就大声尖叫。儿童辨别是非并据此做出行为的能力的出现依赖于道德心和道

儿童如何内化道德规则？他们怎么知道作弊、偷窃和抢弟弟妹妹的玩具是错误的呢

德情感，比如，羞愧、羞耻和同情。（Kochanska 等，2005）

正如我们在讨论对皮亚杰理论的批判中所看到的那样，即使是很小的儿童都能够与他人共情并且理解他人的观点。儿童遵守规则不仅仅是因为害怕如果不遵守规则会发生什么，还因为他们知道辨别是非。在 5 岁时，他们知道伤害一个人是不对的，即使老师让他们去这样做。（Turiel, 2002）因此，许多心理学家得出这样的结论，懂得辨别是非的能力和语言一样，是先天具有的。杰罗姆·卡根（Jerome Kagan, 1984）写道："没有这种 19 世纪的观察者们称之为'道德感'的人类基本能力，儿童就不可能被社会化。"进化心理学家认为，这种道德感是基本的信念、判断和行为的基础，它起源于那些让我们的祖先得以解决冲突并和睦相处的合作的、利他的策略。（Krebs, 2008）

> 对育儿假设进行批判性思考

道德感和与他人良好相处的愿望会被特定的教养方式培育或压制吗？几十年以来，大部分发展心理学家假定的答案是："当然！"。他们开始研究哪种教养方式能培养出行为良好的、善良的、不自私的儿童。随后，大量的行为遗传学研究得出了一个非常不同的假设：父母的教养方式对儿童的影响当然是取决于儿童自身的类型。儿童会注意纪律还是会变得更加敌对和反抗？儿童是好相处的还是难以相处的？

现在，许多研究者通过研究基因－环境的交互作用寻找一个中间地带。（Schmidt 等，2009）一个有争议的假设是，忧虑和易怒水平较高的婴儿与容易相处的婴儿相比，更容易对不同的教养方式做出回应，也更容易受到家庭教养方式的影响。当气质困难型的婴儿拥有不耐心、喜欢拒绝、或强制性的父母时，他们后期就会变得具有攻击性，甚至是更加难以相处和喜欢挑衅。当他们拥有耐心、支持性、坚定的父母时，他会变得更加顺其自然和快乐。相反，容易相处的婴儿可能不会从好的教养方式中受益，也不会从不好的教养方式中受害，因为他们是好的、随和的。（Belsky, Bakermans-Kranenburg, & van IJzendoorn, 2007; Belsky & Pluess, 2009a）

为了记住其中的复杂性，让我们来看看在道德感和道德行为的发展中，父母的管教方式是如何与孩子的气质相互作用的。

使孩子变好

当你是个小孩时，如果做了错事，家里大人是打你、冲你大喊大叫、惩罚你，还是给你解释你行为中的错误呢？父母最常采用的强制推行道德标准和好行为的方法之一就是**权力施加**（power assertion），包括恐吓、体罚、剥夺孩子权利，并且通常都会利用自己较大、较强壮和更有权力的优势来管教孩子。当然，如果孩子因太小而不理解规则或总是顽皮地试图打破这种规则，父母可能除了说"就照我说的这么做"外别无选择。更进一步说，规则发生的文化和环境起着非常巨大的作用。亲子关系根本上是爱和信任，还是充满敌意和斗争？儿童把父母的行为看作公平的、体贴的，还是不公平的、残忍的？

权力施加 父母用惩罚和权威来纠正孩子的不端行为的一种育儿方法。

但是当权力施加由纯粹的父母欺凌、残忍的责骂（"你真是愚蠢，真希望没有生你。"）和经常性的体罚组成时，就会与儿童更高的攻击性和反社会行为有关，并且会降低他们的同情心和道德推理能力。（Alink 等，2009; Gershoff, 2002; Moore & Pepler, 2006）正如我们在第九章讨论的那样，体罚经常会充满火药味，尤其是使用的体罚不合理时。它也很可能会失控，使儿童变得很气愤。进一步说，苛刻但是无效的方法经常会传给下一代：攻击性

权力施加是使用恐吓、体罚或其他类型的权力让孩子服从。例如，"照我说的做！""马上停止！"孩子可能会服从，但是仅仅当父母在场时才会这样，而且孩子常常会感到愤恨，并等待机会再次犯错

采用诱导方式的父母调动孩子好的天性、同情心，让其爱父母、对他人有责任感并且提供关于规则的解释。例如，"你已经是个大孩子了，不能那么做了。""打斗会弄伤你的弟弟。"孩子往往会将其内化为良好行为的理由

的父母管教自己孩子的方式就很具有攻击性。（Capaldi 等，2003）

第二种选择是什么？与权力施加相反，父母可以使用**诱导**（induction）的方法，即调动孩子自己的能力、善良的本性、同情心、对他人的喜爱以及责任感（"你把道格惹哭了""咬人不好""你绝不可刺别人的眼睛，那样会严重地刺伤别人"），或者调动孩子自身的助人倾向（"我知道你是一个喜欢对别人好的人"），这样做的效果远比使用外在理由（"你最好表现得好一点，要不就不给你吃甜点"）更有效。

诱导 父母利用孩子自身的资源、能力、责任感和对他人的感情来纠正孩子的不良行为，是一种养育孩子的方法。

自控和道德心

儿童需要获得的最重要的社交情绪技能之一是**自我管理**（self-regulation），即抑制自己想做某些事情的最初愿望而去做其他一些不那么有趣的事情的能力。这种能力可以预测儿童为了之后更大的奖励而延迟满足的能力，以及控制负性情绪、专注手头工作、从幼儿园到大学中具有良好表现的能力。（Eigsti 等，2006；Ponitz 等，2009）

为了探索父母教养方式和儿童的自我管理与道德心出现之间的联系，两位心理学家以年龄为 22、33、45 个月大的 106 名儿童为被试开展了纵向研究。（Kochanska & Knaack，2003）当儿童在 56 个月和 73 个月大时，研究者通过给儿童呈现一系列像游戏一样的有趣测试，测量了道德心的发展。一些游戏需要儿童小声说话而不是大喊，用走取代跑，忽视图中突出的图像而找到一个更加精细的图案，通过不立即取得杯子下面的糖果或是抑制自己打开袋子取得玩具的冲动来延迟满足。研究者还观察到当父母被要求让他们的孩子打扫玩耍区域或者阻止孩子玩耍一些有吸引力且容易获得的玩具时妈妈做了什么。妈妈是解释了她们对孩子的要求（诱导）还是进行了严格的命令（权力施加）？在与孩子互动之后，妈妈离开了房间，儿童遵守或不遵守妈妈的要求都是自由的。研究者观察到妈妈不在场的情况下孩子的表现。

当孩子 56 个月时，研究者评估了孩子在若干道德领域的道德心，包括道歉、同情、为别人的错事担心、在犯错之后的内疚情绪、关心父母的感受。研究者还测量了儿童的行为，比如在玩球的游戏中是否作弊。然后研究者为每个儿童计算了一个合成的道德心分数。最后，当孩子 73 个月时，他们的妈妈评估了儿童反社会问题行为的发生概率，比如易激惹、

儿童控制自己冲动、延迟满足的能力是其道德心和道德行为发展的里程碑

迅速脱离掌控、弄伤自己或者是和别的孩子打架。

那些在早期能够控制自己冲动的孩子在后期很少打架或破坏事物而使自己陷入麻烦当中，而且更可能在 56 个月时就得到了很高的道德心分数。自我控制与妈妈的权威施加呈现负相关，也就意味着那些命令孩子行为的妈妈倾向于育有冲动和攻击性的孩子。（也见于 Alink 等，2009）但是因果关系是双向的：一些妈妈依赖于权威施加，是因为她们的孩子是冲动的、反叛的、富有攻击性的，不听她们的话。这种模式让我们避免得出"都是妈妈的错""这就是孩子的人格"的结论，而过度简单化。看起来，妈妈和孩子"养育"了彼此。

> **快速测验**
>
> 通过做这个测试来锻炼自我管理能力。
> 一、道德推理的认知发展理论中理解儿童如何发展道德心时的主要限制是什么？
> 二、对于正在打弟弟的孩子采取哪种方式才最有可能教会他同情（　　）
> 　　A. 诱导　　　　B. 放纵　　　　C. 打屁股
> 三、能够预测之后的道德心发展的早期能力是什么？
>
> 答案：一、没考虑行为水平与道德推理水平有关。二、A。三、自我管理，抑制自己不去做坏事的能力。

> **你将会学到**
>
> - 为什么一些人不能够认同自己是男性或是女性？
> - 大多数小男孩和小女孩"性别化"地选择玩具的生物学解释。
> - 孩子是什么时候以及如何知道自己是男性还是女性的？
> - 童年期行为中的一些典型性别差异的学习理论解释。

性别发展

没有哪位父母会激动地给亲戚打电话宣布："是个婴儿！是个 7.5 磅（约 3.4 千克）、黑头发的婴儿！"婴儿的性别是每个人关注和宣布的头一件事。除非出现罕见的异常情况，绝大多数婴儿一生下来就具有明确的男或女的性别——这是一种解剖学上的差异。但儿童是如何学习男性或女性的规则，认识到男孩所做的事与女孩所做的事不同的？就像我们的一位朋友所观察到的，为什么会有如此多的学龄前儿童表现出像"性别警察"的行为，坚持说男孩子不能当护士、女孩子不能当医生呢？为什么一些儿童渐渐感觉到他们并不属于其他人都认为他们所属的性别呢？

性别认同

首先，我们会解释一些术语。**性别认同**（gender identity）指的是对身为男性或女性的基本认识，认为自己属于一种性别而不是另一种性别。**性别定型**（gender typing）是儿童进入性别角色的社会化过程，反映了社会关于哪种能力、兴趣、特质和行为分别适合于男性或女性的观点。一个人可以有强烈的性别认同而不表现典型的性别角色。一个男人可能会对他是个男性很自信，但是当他做一些非男性的事情时，比如涂指甲油，他也不会感到危机感；一个女人可能对她是个女性很有自信，但是当她做一些非女性的一些事情时，比如搏斗，她也不会感到危机感。

在过去，心理学家经常用生理性别（sex）和社会性别（gender）两个术语来表述两性在解剖和行为上的差异。现在，这两个术语依然没有改变，因为正如我们在这本书中所提到的，先天和后天是难解难分地联系在一起的。

生理性别和社会性别发展的复杂性在那些不适合人们熟知的女性和男性分类的人当中是更加明显的。每年，有成千上万的婴儿出生时是**雌雄间性**（intersex condition）的状态，也就是之前人们所认为的雌雄同体（双性人）。这种情况是由于染色体或激素分泌异常导致孩子出生时是模糊的性征，或者性征与染色体相矛盾，孩子就变成了"性别多样"的个体。在遗传上是女性的孩子出生时可能有看起来像阴茎的大阴蒂。遗传上是男性的孩子出生时可能会缺乏雄性激素，导致他的生殖器看起来像是女性的。

作为成年人，许多双性人把他们自己称为**跨性别者**（transgender），这个术语描述了一个更宽泛的范畴，用来描述那些不适合用惯常的男性－女性和男性化－女性化来分类的人。有些跨性别者对在身体里有两种性别感到很自在，把自己当作"性别酷儿"（gender queer），甚至拒绝用他或她来指代自己。有些跨性别者则对此感到不舒服，他们希望自己是其他性别。你可能听过**变性者**（transsexual）这个术语，它指的是那些生理上并非双性人，但是身体是女性却自认为是男性的人，以及身体是男性却自认为是女性的人，他们的性别认同

> **性别认同** 作为男性或女性的基本感觉，它独立于一个人是否符合社会和文化的性别规则。

> **性别定型** 儿童在他们的文化中学习与男性化或女性化相关的能力、兴趣和行为的过程。

> **雌雄间性** 染色体或激素异常导致孩子出生时生殖器模糊不清，或生殖器与婴儿的染色体相冲突的情况。

纵观不同的历史和文化，一直有一些人打破传统的性别分类。像18世纪的海盗安·邦尼（Ann Bonny）和玛丽·里德（Mary Read）（左图）一样，一些女人像男人一样生活，而一些男人则像女人一样生活。在墨西哥的瓦哈卡州，墨沙耶斯（Muxes，发音为 moo‑shays）男人们认为自己是女人，他们像女人一样生活，而且他们是一个被社会接受的类别。卡梅洛·洛佩斯·贝尔纳尔（Carmelo Lopez Bernal）（中图），13岁，在小镇一年一度的墨沙耶（muxe）庆典上首次出现在公众面前。卢克·伍德沃德（Luke Woodward）（右图）生来是女性并被作为女性抚养大，现在却变成了男性，她正积极参与一些校园运动以期改善跨性别学生境遇

和他们在解剖学上的生理性别或者外形是不一致的。许多变性者尝试着通过手术变成另一种性别。在历史上，在所有的文化中都发现了双性人和变性者。（Denny，1998；Roughgarden，2004）

性别发展的影响因素

为了理解性别发展的典型过程及其变化，发展心理学家研究了生物学、认知和学习对性别认同和性别定型的交互影响。

生物学影响

从学龄前开始，男孩和女孩就主要和其他同性别的孩子聚在一起。如果要求他们与异性孩子一起玩，他们也会一起玩，但假如让他们自由选择，他们通常还是会选择和同性的孩子玩。全世界都是这样一种倾向，几乎与成年人对待儿童的方式（例如，成年人是鼓励男孩和女孩一起玩还是分开玩）无关。（Lytton & Romney，1991；Maccoby，1998，2002）同样，许多家长也都感叹说，尽管他们试着给孩子们同样的玩具，但却没什么差别——仍旧是他们的儿子们要卡车而他们的女儿们要洋娃娃。

生物学研究者相信，这些游戏和玩具的偏好基于孕期的激素水平，尤其是雄性激素的有和无。出生前在子宫中受到高水平雄性激素影响的女孩比未接触雄性激素的女孩更喜欢"男孩的玩具"，如汽车和消防车，她们也比其他女孩更具身体攻击性。（Berenbaum & Bailey，2003）对超过200个健康孩子的研究也发现了胎儿的睾丸素水平和玩耍类型的相关（睾丸素在两种性别的胎儿中都会有，在男性中的平均水平更高）。通过测量妈妈孕期的羊水，胎儿睾丸素的水平越高，儿童后来在典型男性游戏中的分数也就越高。（Auyeung等，2009）在恒河猴的研究中，年幼的恒河猴当然不会受到它们父母可能的性别偏向的影响，研究发现雄性猴子就像人类男孩一样更加偏爱于玩带有轮子的玩具而不是抱着玩的毛绒玩具，而雌性猴子就像人类女孩一样在玩具的偏爱上更加多样化。（Hassett，Siebert，& Wallen，2008）

这些研究发现是否与性别认同，即作为男性或者女性的核心意识有关系？在过去，性别认同被认为完全是习得的，是儿童社会化和学习的结果。之后一个公开发表的个案研究表明性别认同在大脑中是预先设定的。一个基因和激素方面都是男性的儿童在他7个月大时，在一个外科手术医疗事故中失去了阴茎。当他两岁大时，他绝望的父母听从了一个性别认同领域前沿科学家的建议，同意将他作为一个女孩抚养，给她重新取名为布伦达（Brenda）。但是，布伦达更喜欢玩男孩的玩具。在14岁前，她一直作为一个女性来生活。父亲告诉了她真相后，布伦达如释重负，转而建立了男性的性别认同。（Diamond & Sigmundson，1997）

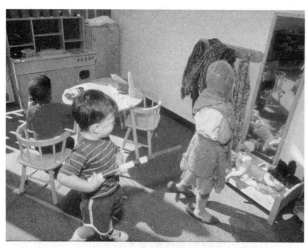

看起来很熟悉吧？许多托儿所和家中都能看到的一个典型场景是，男孩子用他所能找到的任何东西造一把枪，女孩子穿上她所发现的任何一件漂亮衣服。这些行为是基于生物学因素吗？只有得到文化规则的强化，早期的性别定势才必然会持续到成年期

他把自己的名字改成戴维（David），并通过外科手术做了一个阴茎，而且在他20岁时结婚。但是故事结局并不圆满。当他患有精神分裂症的双胞胎哥哥自杀后，他丢掉自己的工作、和妻子离婚，后来他变得十分抑郁。在38岁时，戴维自杀了。

不幸的是，上述戏剧化的个案研究并不能真正地告诉我们性别认同是否在胎儿期就固定下来了。或许戴维的经历是非典型的。或许在出生之后，性别认同的发展有一个关键期（戴维的父母直到他两岁时才把他当作女孩养）。一个心理学家回顾了数百种在抚养方式和解剖学或基因性别方面有差异的案例，发现这种情况是复杂的：一个人的性别认同依赖于基因、孕期性激素、生理结构和生活经验的交互作用。（Zucker，1999）结果，任何一个特殊案例的结果都是难以预测的。

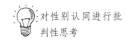
对性别认同进行批判性思考

<93> **认知的影响**

认知心理学家通过研究儿童认知能力的改变来解释儿童的性别分离与玩具和游戏偏好的秘密。儿童甚至是在学会说话之前，就能够认识到存在两种性别。9个月大时，大多数儿童能分辨不同性别的面孔（Fagot & Leinbach，1993），而且他们还能将女性的声音和女性的面孔匹配在一起。（Poulin-Dubois等，1994）18～20个月大时，大部分幼儿具备了性别的概念。他们可以很精确地从图画书中识别出里面人物的性别，并且开始准确地使用男孩、女孩还有男人这些词汇（有趣的是，女士和女人这些词是后来出现的）。（Zosuls等，2009）

在快到两岁时，一旦儿童把自己和他人一致性的标签定为男孩或者女孩，他们就会改变自己的行为来遵从他们所属的类别。不用明确地教，他们就开始偏好同性别的玩伴和符合传统性别角色的玩具。（Martin, Ruble, & Szkrybalo，2002；Zosuls等，2009）与那些还不能稳定地标签男性和女性的儿童相比，他们会在玩具、游戏、攻击性和语言技能上表现出更明确的性别定型。其中表现最明显的是，女孩停止了攻击性行为。（Fagot，1993）这比较像是，她们在行为表现上一直同男孩一样，直到知道自己是女孩时，她们的行为立刻变了。从那以后，她们好像下定了决心："女孩不做这个，我是个女孩，我最好不要那样做。"

通过观察3～5岁的儿童，指出是什么导致了男孩和女孩之间的差别，是一件有趣的事情。一个4岁女孩给她的姑姑解释她的画时说："有睫毛的是女孩，男孩没有睫毛。"在意大利餐馆吃完晚饭之后，一个4岁男孩告诉他的父母说他知道答案了："男人吃比萨，女人不吃比萨。"（Bjorkland，2000）

大约在5岁时，大多数儿童都发展出了稳定的性别认同，这是一种无论穿什么衣服、做出怎样的行为都能一贯地将自己知觉为男性或者女性的意识。只有这样，他们才能够理解男孩和女孩所做的行为并不一定表明他们的性别。女孩即使会爬树（或者是会吃比萨！），也依然是女孩；男孩即使留长发，也依然是男孩。在这个年龄阶段，儿童将自己的知识，包括所有的错误观点在内，整合到性别图式中。**性别图式**（gender schema）是一个信念和期望的心理网络，它是关于男性和女性应该是什么样，每种性别的人应该穿什么、做什么、感觉什么和想什么的网络。（Bem，1993；Martin & Ruble，2004）性别图式甚至包括隐喻：在4岁之后，男孩和女孩都常常认为粗野的、尖刻的、黑色的或者是机械类的事物都是雄性的，而柔软的、粉色的、有绒毛的或者是鲜艳的东西都是雌性的。（Leinbach，

性别图式 一种认知图式（心理网络），包括知识、信念、隐喻和对男性或女性的期望。

贾森，我想让你一起玩，但是踢足球是女孩的游戏

Hort, & Fagot, 1997）在 5 岁和 7 岁之间，儿童的性别图式是最严格的。在这个年龄阶段，很难改变儿童所持有的男孩和女孩能做什么的观点。（Martin, Ruble, & Szkrybalo, 2002）小女孩或许会告诉你"女孩不能成为医生"，即使她自己的妈妈就是一名医生。

许多人在他们的一生中都保持着顽固的性别图式，对于打破传统性别角色的男性或女性感到不舒服或者是很气愤，更不用说那些并不属于任何性别的跨性别者和想要改变自己性别的变性者。不过，随着经验和认知的成熟，年长儿童的性别图式变得越来越灵活，当他们有一些异性朋友和他们的家庭和文化鼓励这种灵活性时尤为如此。（Martin & Ruble, 2004）儿童开始修正他们的性别图式，开始理解女人可以做工程师，而男人也可以做厨师。

不同的文化和宗教的男性和女性角色图式也有所不同。在所有的西方国家、工业化的国家，女性和男性一样接受教育，而且被认为是理所当然的。事实上，法律对两性接受教育的最低限度也都做了规定。但是在阿富汗，即使塔利班政权及其禁止女性受教育的制度被推翻之后，许多想上学的女孩仍会受到死亡恐吓，还有一些女孩的脸上被泼硫酸。性别图式可能是很强大的，任何挑战其合理性的事件都可能是非常危险的。

> **参与进来** ｜ 性别和世代
>
> 性别规范正在快速改变，一个你自己来了解这种变化的途径是采访你的家庭中年长的成员。至少采访一名男性和一名女性，问他们这些问题："第一，在你们的成长过程中，你的父母是否会由于你的性别而不允许你做某些事情？""第二，你们认为有没有哪些工作是不适合男性或女性的？""第三，你是否曾经由于自己的性别而被差别对待过？"接下来，你来思考一下自己会如何回答这些问题。你的答案和他们的答案是一致的吗？为什么？

学习的影响

对性别发展产生影响的第三个因素是环境，其中充满着各种微妙或不那么微妙的信息，向你暗示男孩和女孩应该怎么做。行为主义和社会认知学习的理论者们研究了性别社会化过程是如何将这些信息灌输给儿童的。他们发现，性别社会化的过程从一出生就开始了。父母倾向于把他们刚出生的女儿描述为温柔的和娇弱的，而把男孩描述为好动的和强壮的，尽管很难知道一个刚出生的男孩究竟如何好动，而且所有的新生儿其实都很娇弱。（Karraker, Vogel, & Lake, 1995）许多父母都很小心地以适合孩子性别的"正确"颜色和款式精心地打扮他们。当然，颜色对于新生儿来说并不重要，但对成年人而言却是如何对待孩子的标志。大人们对同一个婴儿的反应也常常不一样，具体依赖于孩子是男孩打扮还是女孩打扮。

在不知不觉中，父母、老师还有其他的成年人就传达给了孩子关于性别的信念和期望。例如，当父母认为，男孩天生就擅长数学或运动，而女孩天生擅长英语时，他们在对

看到这些图片会觉得很震惊,还是觉得没什么?女性参军或者男性当幼儿园老师可能曾经会让大多数人觉得震惊或者被冒犯。当女性士兵变得常见,人们就不再震惊了,至少她们仍然是在从事服务行业。但是伊拉克和阿富汗战争再次改变了性别规则,开启了一个女性士兵和他们的男性同伴一起在前线打仗的时代。在左侧的照片中,2009年在伊拉克,参谋军士帕特里夏·布拉德福德(Patricia Bradford)和专门医师珍妮弗·赫普纳(Jennifer Hoeppner)正在外出巡逻前了解简报

待孩子的成功和失败上,就会在无意中将这一信念表达出来。他们可能会告诉擅长数学的儿子:"你天生就是个数学能手,约翰尼!"但如果女儿得了好成绩,他们就会说:"哇,你确实在数学上下功夫了,珍妮,这就是证据!"这里隐含的意思是,女孩必须在数学上下功夫而男孩则有数学天赋。像这样的信息对儿童不会没有一点影响——他们会失去对不具"天赋"的活动的兴趣,即使他们一开始的能力是相等的。(Dweck, 2006; Frome & Eccles, 1998)

在今天这个快速发展的社会中,社会文化关于男性和女性的信息也一直在转变。因此,性别发展已成为一个毕生的过程。在这个过程中,随着新经验的增加以及社会本身的变化,

> **快速测验**
>
> 本测验适用于各种生理性别和社会性别的个体。
>
> 一、一个3岁的男孩认为如果他从穿裤子改为穿裙子,他就会变成一个女孩。他还缺乏一个稳定的_____。
>
> 二、判断对错:所有的双性者都是变性者。
>
> 三、一个生物心理学家会说,3岁男孩喜欢"呜呜、呜呜"地组装卡车可能是_____的结果。
>
> 四、下面哪种关于性别图式的陈述是错误的(　　)
> A. 性别图式的早期形式在1岁时就会表现出来
> B. 性别图式是一个持久的关于男性和女性意义的理解
> C. 最终可能会延伸至包括许多与身为男性或女性相关的特征
> D. 可能反映了男性和女性的社会地位
>
> 五、赫布希望他4岁大的女儿将来当一名医生,但是女儿拒绝了赫布买给她的听诊器玩具,并坚持她长大会成为一位王妃。关于女儿未来的职业,赫布能得出什么样的结论?

答案:一、性别认同 二、错 三、进化压力或基因 四、B 五、借用出什么性别图式,女儿的性别图式现在可能偏向传统女性的角色,但是这并不一定能预测她将来作为成年人的职业兴趣和选择。

人们的性别图式、态度和行为也会发生转变。5 岁的儿童在试图搞清楚男性和女性分别意味着什么的时候，或许会表现出性别歧视。他们的行为是由染色体、基因、认知图式、家庭和社会的教育、宗教、文化习俗以及经验结合起来进行塑造的。但是，5 岁儿童的性别定型的行为与他们在 25 岁或者 45 岁将会有什么样的行为表现之间没有关系。实际上，在成年早期，男性和女性在认知能力、人格特质、自尊或者是心理幸福感上没有很大的不同。（Hyde，2007）儿童可能会在一个极端性别定型的家庭中长大，然而到成年人时，他们就会发现，自己在职业和人际关系中的表现是他们以前绝对想象不到的。如果一个人在 5 岁时是"性别警察"，那么到了成年，他们可能会触犯"法律"（译注：这里的"触犯'法律'"指打破他们当时顽固执行的性别角色图式）。

> **你将会学到**
> - 青春期的生理变化。
> - 青春期的心理问题。
> - 青春期大脑发展的研究发现。

青春期

发育期 个体能够繁殖的年龄。

青春期指的是从**发育期**（puberty，个体能够繁殖的年龄）到成年期之间的一个发展阶段。在某些文化中，青春期和成年期之间的时间间隔仅仅有几个月。只要是性发育成熟的男孩或女孩，就会被期望可以结婚并完成成年人的任务。不过现代西方社会认为，青少年在情感上还不够成熟，不足以承担成年人的权利、责任和角色。

青春期生理学

在青春期前，男孩和女孩会产生大概同一水平的"男性激素（雄性激素）"和"女性激素（雌性激素）"。直到青春期，脑垂体开始刺激肾上腺和生殖腺分泌激素。也正是从那时起，男孩的雄性激素水平开始高于女孩，女孩的雌性激素水平开始高于男孩。

发育期的开始

初潮 发育期的月经初潮。

男孩的生殖腺是睾丸，它释放精子；女孩的生殖腺是卵巢，它产生卵子。在青春期，这些性器官发育成熟，个体具有了生育能力。女孩胸部的发育和**初潮**（menarche，即**月经**［myelinization］的开始），男孩的夜间遗精以及睾丸、阴囊和阴茎的发育，都是性成熟的标志。激素也是**第二性征**（secondary sex characteristic）出现的原因。例如，男孩的声音变粗、面部和胸部长出毛发，两性都长出阴毛。

青春期的开始依赖于生物和环境两种因素。例如，初潮开始的条件是女性须有达到临界水平的身体脂肪，这对于维持妊娠也是必要的，而且身体脂肪激发了与性成熟有关的激素的变化。发达国家儿童身体脂肪的增加，在一定程度上可以解释欧洲和北美性成熟的平均年龄在 20 世纪中叶有所下降的原因。现在，白人女孩初潮的平均年龄是 12 岁零 6 个月，黑人女孩比这还要早几个月。

在青春期的开始和延续时间上，往往存在很大的个体差异。有的女孩在 9 岁或者 10 岁就有了初潮，有的男孩在 19 岁之后身高还在增长。早熟的男孩通常对其身体有更积极的看法，而且较高的体形和较大的力量会推动他们去从事体育运动，成为一名优秀的运动员，同时也会带给青年小伙子威信。但相比发育较晚的儿童，他们也更可能会抽烟、喝酒、滥用药物及违反法规。（Cota-Robles，Neiss，& Rowe，2002；Duncan 等，1985）一些早熟的女孩则在社交中更受欢迎，但是可能由于同伴群体中的其他人认为她们性早熟，她们也更可能与父母发生冲突、逃学、对身体形象持消极认识、愤怒或者抑郁。性早熟本身并不会引起这些问题，更确切地说，它往往强化了现有的行为问题和家庭冲突。相反，性晚熟的女孩，刚开始会有一段困难时期，但到青春期结束时，她们中的许多人都会比早熟的同班同学更快乐也更受欢迎。（Caspi & Moffitt，1991；Sattin & Magnusson，1990）

让孩子尴尬的是，他们进入发育期的时间是不一样的。大部分年龄一样的女孩，在生理成熟上存在着很大差异

大脑发育

当人们想到青春期的生理变化时，通常会想到身体的成熟和激素。然而，大脑也产生了显著的发育变化，尤其是神经联结的修剪。这些修剪主要发生在负责冲动控制和计划的前额叶皮层，以及参与情感加工的边缘系统。（Spear，2000）在第十一章中我们将会看到，青少年时期大脑修剪过程中发生的失误很可能与易感个体的精神分裂症发病有关。

大脑的另一种变化涉及髓鞘化，它可以为一些细胞提供绝缘的脂肪保护层。（见第四章）髓鞘化可以增强情绪边缘系统和复杂推理的前额叶系统之间的联结。髓鞘化过程或许会持续到青少年晚期直到 20 岁左右，这能够帮助我们解释为什么青春期强烈的情绪常常会压倒理性决策并导致青少年比成年人更容易冲动。（Steinberg，2007）这可以解释为什么青少年更容易受到同伴压力的影响，去做一些冒险的、愚蠢的和危险的事情。因此，"我敢打赌你不敢！""你就是个胆小鬼！"这些嘲讽对 15 岁的青少年来说要比对 25 岁的成年人更起作用。甚至青少年知道他们正在做错事，但是许多人都缺乏预测行为后果的推理能力。（Reyna & Farley，2006）

在 2005 年，美国高级法院禁止对青少年判处死刑这种残忍的不寻常的惩罚，其中部分是由于以下证据：青少年经常因为大脑神经不成熟而闯祸。（Steinberg，2007）一些研究者甚至得出结论，应当考虑到许多犯罪的青少年"由于处于青春期而很少内疚"。（Steinberg，Scott，2003）你同意这些说法吗？

青春期心理学

媒体很喜欢那些耸人听闻的故事，在这些故事中，青少年愤怒、暴力、情绪骚动、孤独、痛恨父母、放荡。蒂拉·班克（Tyra Bank）和欧普若·温弗里（Oprah Winfrey）提醒父母要注意关注所谓的青少年"性危机"，即在年龄更小的时候就会有性体验。父母和检察官要注意"色情短信"，即给朋友发送裸体照片。（目前为止，在美国10个州中，有14～15岁的青少年因为制造和散播儿童色情被逮捕。）一些观察者还担心青少年自尊太低，导致他们一直闯祸；另一些人担忧的是，由于自尊运动，青少年有了过多的自尊。一位心理学家提出，现在的年轻人变得很自恋，他们应该被称为"自我的一代"。（Twenge 等，2008）

以上对于青少年的描述有多真实呢？并不是很真实。从1993年开始，青少年的犯罪率已经稳步下降了。无论哪种性别，青少年的犯罪率并不会在13岁之后骤然下跌。（Gentile 等，2009；Kling 等，1999）自尊过度又是什么样的情况呢？一个研究团队调查了大量的高中高年级学生（将近50万的学生），从1976年到2006年每年进行测查。除了看自恋人格问卷（测量不切实际的重要性和存在感）的分数之外，他们还编制了另外一个自恋测验，用以评估不合理的自我提升。测量的指标是实际的学术能力和你认为自己多好之间的不一致。研究者发现在几十年中，任何一个量表上的自恋分数都几乎没有变化。（Trzesniewski, Donnellan, & Robins, 2008）他们还发现，自尊、控制感、希望、幸福感、生活满意度、宗教的重要性以及其他许多品质几乎都没有什么变化。（Trzesniewski & Donnellan, 2010）其他调查者得出的结论是，所有的年轻人都要比年长者更加自恋，这仅仅是因为青少年和青年人所处的发展阶段正是要思考自我及未来的阶段，并不能因此将他们称为"自我的一代"。（Roberts, Edmonds, & Grijalva, 2010）

与性有关的情况是什么样的？根据国家年轻人冒险行为调查，现在的青少年要比他们的父母处在这个阶段的时候更加保守。在1991年，54.1%的高中生已经有过性经验；在2007年，少于一半的学生（47.8%）有过性经验，仅有1/3的学生在调查当时是性活跃的。（Eaton 等，2008）性同伴的数量也在减少。（Bogle, 2008）这些年来，仅仅是女性青少年怀孕的比率在上升，这是因为没有使用避孕措施。

类似地，具有代表性的关于青少年的样本研究发现，只有一小部分青少年是爱惹麻烦的、愤怒的或者不高兴的。大多数青少年拥有支持性的家庭环境、目标感、自信、好朋友以及处理问题的技能。但是，在青春期有三种问题要比成年期更加普遍：和父母之间的冲突，情绪波动和抑郁，还有正如我们所看到的，粗鲁、破坏规则还有冒险行为的概率越来越高。（Steinberg, 2007）因为青少年正在通过尝试采用同伴的而非父母的风格、行为和态度来形成自己的标准和价值观，所以常常会破坏规则。

同伴对青少年来说变得尤其重要，因为同伴群体代表着他们所认同的一代人的价值观和风格，代表像成年人一样分享经验的一代人。（Bukowski, 2001; Harris, 2009）

所以一切都怪你——这是谁的错

许多人都报告说，青春期同伴的拒绝比父母的惩罚更具破坏性。根据政府发布的关于网络技术是否以及如何影响儿童安全的研究报告，青少年所面临的最频繁的危险不是色情或色情短信，甚至不是巧取豪夺的成年人。研究报告指出："无论是线上还是线下，欺凌和骚扰是大多数人主要面临的威胁，这些欺凌和骚扰大多数都来自同伴。"（Berkman Center for Internet & Society，2008）

那些感到孤独、抑郁、担忧或愤怒的青少年趋向于用符合自己性别特征的方式表达这些问题。男孩比女孩更可能在攻击性和其他反社会行为中外化他们的情绪问题。女孩则更可能将她们的问题内化，如变得退缩或发展成进食障碍。（Wicks-Nelson & Israel，2003）尽管正如我们所说的，在整体的自尊水平上没有性别差异，但在青春期出现了自尊特定领域上的性别差异，这反映了男孩和女孩在应对习惯上采用内化或者外化的差异。与男孩相比，女孩对自己的身体和外貌更加不满意；与女孩相比，男孩对自己在学校与朋友之间的社交行为更加不满意。（Gentile 等，2009）

> **快速测验**
>
> 如果你没有处于青春期的混乱之中的话，请尝试回答下列问题。
> 一、发育期（puberty）和青春期（adolescence）的区别是什么？
> 二、青春期的极端混乱和叛逆是（ ）
>   A.几乎是普遍的   B.是个例而非规律   C.罕见的
> 三、判断对错：青少年中男孩比女孩有更高的自尊。
> 四、在青春期，大脑发生了什么变化？
>
> 答案：一、发育期（puberty）是指性成熟的生理过程，青春期（adolescence）是指儿童期和成年期之间的社会阶段。二、B。三、错。四、神经联系再修剪、髓鞘化，以及边缘系统和前额皮质发育的变化。

你将会学到

- 埃里克森关于成年人发展的阶段理论。
- "成年初显期"（18～25 岁）的典型态度和经验。
- 男性和女性在中年期的一些常见变化。
- 哪些能力在老年期会下降，哪些能力不会？

成年期

按照古希腊传说，斯芬克斯（Sphinx）是一个人面狮身的怪物，常恐吓路过底比斯（Thebes）的人。斯芬克斯会问每个过路人一个问题，然后杀死那些回答错误的人。（斯芬克斯是一个相当严厉的评判者。）他所提的问题是：什么动物早上用四条腿走路，中午用两条腿走路，晚上用三条腿走路？只有一个过路人俄狄浦斯（Oedipus）正确答出了谜底。他说那动物是人，在婴儿时用四肢爬行，成年人后直立行走，老年后拄着拐杖跛行。

斯芬克斯是第一个毕生发展理论家。从那以后，许多哲学家、作家和科学家都在思索成年人发展的历程。成年期的变化也像儿童期一样可以预测吗？成年人生活中的主要心理问题是什么？老年时心理和生理的退化是不可逃避的吗？

阶段和年龄

最早提出毕生心理发展观的现代理论家之一是精神分析学家**埃里克·H. 埃里克森**（Erik H. Erikson, 1902—1994）。埃里克森（1950/1963, 1982）写到，所有人一生中要经历8个阶段。每个阶段都面临一个特定的心理挑战，埃里克森称之为"危机"。在理想状态下一个挑战应该在个体进入下一阶段前得到解决。

1 信任对不信任是婴儿出生后第一年所面临的挑战。这时婴儿依靠他人提供食物，给以安慰、拥抱和温暖。如果这些需求没有获得满足，儿童就可能无法发展出与他人相处所必要的信任，而这是生活在世界上所必需的。

2 自主（独立）对羞怯和怀疑是在儿童学步时面临的挑战。这时儿童正在学习独立，而且必须在学会独立的同时还不能对自己的行动感到过分害羞或没有把握。

3 主动对内疚是儿童学前期面临的挑战。这时儿童正在获取新的身体和心理技能、制定目标、享受着新发现的才能的乐趣，但也必须学会控制冲动。此时的危机在于对自己的愿望和幻想产生过强的内疚感。

4 胜任对自卑是学龄儿童面临的挑战。这时他们正在学习做事、使用工具并获得为成年人生活做准备的技能。在这一阶段，没有掌握和胜任这些技能的孩子可能会感到能力不足和自卑。

5 同一性对角色混乱是青春期个体面临的最大挑战。这时青少年必须对他们是谁、他们将要到哪里去以及所希望的未来生活做出决定。埃里克森使用**同一性危机**（identity crisis）这一术语来描述他所认为的这一阶段最主要的冲突。在这一发展阶段，解决了这些危机的人将会具有一个稳固的角色认同，并对未来做好准备。那些没有解决危机的人将会陷入彷徨迷失中，不能做出抉择。

6 亲密对孤独是年轻成年人面临的挑战。埃里克森说，一旦你决定了你是谁，你就必须要和他人分享自己，并学会承担义务。不论你在工作中多么成功，直到你能与人亲密相处之前你都不能算是完成此阶段挑战。

7 繁衍对停滞是人到中年面临的挑战。既然你已经知道了你是谁，而且有了亲密关系，你会沉浸于自满和自私中吗？或者你会体验到"繁衍"（即创造和延续）吗？父母身份是繁衍的最常见方式，但是人们在其工作中或与年青一代的人际关系中，也能用其他方式完成生产、创造和培育。

8 自我整合对绝望是老年人面临的挑战，也是人生的最后一个挑战。随着逐渐变老，人们在为达到智慧、精神安宁和接纳自己的生活这些最终目标而奋斗。埃里克森说，正如健康的孩子不害怕生活一样，健康的成年人也不会畏惧死亡。

埃里克森认识到，在这些阶段中文化和经济因素会影响人们发展。在一些社会中，这些发展过程会相对容易。如果你知道你会像你父母一样成为农民，而且别无选择，那么你可能不会有青春期同一性危机（除非你憎恨务农）。然而，如果你有许多选择，就像城市中的青少年面临的那样，这个转变过程就可能会延长。（Schwartz，2004）同样，将独立和个人主义置于很高地位的文化，将会使这一文化中的许多人难以解决埃里克森所说的第六个危机，即亲密与孤独。

根据埃里克森的观点，儿童必须克服胜任感危机，而成年人必须解决繁衍感的挑战。这个孩子和他的祖母正在帮助彼此完成他们各自的发展任务。但是，胜任感和繁衍感只是在生命中的某一个阶段才重要吗

尽管埃里克森没有强调，但他已认识到一生的心理主题和危机会不按次序地出现。随着人们的生活变得越来越远离传统和不可预测，后来的研究者揭示出了人们的心理危机会如何不按次序地出现。例如，现在同一性危机并不仅限于青少年。在一个工作岗位上工作了20年的人在45岁时被解雇，之后他必须找到一份全新的职业，那么他可能也会遇到同一性危机。同样，胜任感也不是在儿童期可以一劳永逸获得的。在整个生命历程中，人们一直都在不断学会新技能并放弃旧技能，他们的胜任感也一直都在相应地提高和下降。此外，在致力于帮助他们所处的群体或下一代方面，有较高繁衍力的人倾向于做志愿工作或选择那些终生为社会发展做贡献的职业。（McAdams，2006）

因此，人们认为阶段理论不能充分描述成年人在生命历程中是如何成长、变化或保持不变的。然而，埃里克森正确地揭示了发展不会停留在青春期或者成年早期，发展是一个不断持续的过程。因为埃里克森把成年期的发展放在家庭、工作和社会的环境之下，他详细地说明了成年期永恒的普遍的担忧：信任、胜任、认同、繁衍以及享受生活和接受死亡的能力，所以他的观点很重要。（Dunkel & Sefcek，2009）

生命的变迁

一些事件倾向于在生命的某个特定时期发生：到学校学习、学习驾驶汽车、生儿育女和退休。当几乎你的每个同龄人都在经历相同的事情或者是同时进入一个新角色时，适应这些转变就会相对简单。如果你不做这些事情，而你认识的人也不做这些事情，你也不会感到不合拍。但是，在现代社会中，大部分人都面临着不可预期的转变，有些事情会毫无征兆地发生，例如，因为裁员而丢掉工作。还有许多人不得不去处理那些自己期望发生而未发生的事情，例如，在大学毕业之后没有找到工作、没有在他们期望的年龄结婚、工作没有得到晋升、积蓄不能够负担退休之后的开销或者是得知他们不能生育。（Schlossberg & Robinson，1996）带着这些想法，让我们来看一下生活中的一些重大转变。

成年初显期

在工业化国家，主要的人口变化已经使职业抉择、结婚或同居，以及为人父母的时间都平均延迟到了 20 岁之后甚至是 30 岁。许多 18～25 岁间的年轻人正在上大学，至少经济上部分依赖于父母。这种现象创造了一个生命时期，一些研究者称之为"成年初显期"（emerging adulthood）。(Arnett, 2000) 当询问这个年龄阶段的人们是否感到自己已成年，多数人的回答是：在某些方面是，某些方面不是。（见图 3.4）

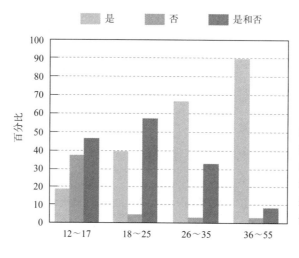

图 3.4 你成年了吗
当人们被问道："你认为自己成年了吗？"回答"是的"的人数比例随着年龄增长越来越多。但是，正如你看到的，处于成年人初显期的 18～25 岁的人们更有可能回答"是，但也不是"

在某些方面，初显期成年人已经从青春期进入成熟期，变得更能控制情绪、更自信、更少依赖，以及更少生气和疏远他人。(Roberts, Caspi & Moffitt, 2001) 但他们也最有可能是生活不稳定、缺少根基感的群体。初显期成年人比其他群体流动得更频繁，他们一会儿回到父母家，一会儿又搬出去，从一个城市搬到另一个城市，一会儿跟人同住一会儿又单独住。他们产生冒险行为（如酗酒、不安全性行为、飙车或酒后驾车）的比率高于包括青少年在内的其他任何年龄的群体。(Arnett, 2004)

当然，不是所有这一年龄段的年轻人都一样。一些生活在较大社会中的群体，如摩门教徒，就提倡早婚和早育。那些贫穷的、辍学的、16 岁就生孩子的，或极少有机会找到好

《杜恩斯比利》《Doonesbury》　　　　　　　　　　　　　　　　　　BY GARRY TRUDEAU

DOONESBURY © G.B.Trudeau. Reprinted with permission of UNIVERSAL PRESS SYNDICATE. All rights reserved.

工作的年轻人，也不会有金钱或时间去探寻许多可能的选择。但所有工业化国家向全球经济的全方位转变，教育的提升、职业和成家抉择的延迟，意味着成年初显期作为一个延长探险和自由时间的独特阶段，其重要性可能在增加。

中年时期

对于大多数人来说，35～65岁这段中年时期在生命中是最重要的。（MacArthur Foundation, 1999; Mroczek & Sprio, 2005; Newton & Stewart, 2010）这一阶段通常是幸福感、健康、繁衍和社会参与最多的时期，也是反思和重新评价的阶段。人们追溯他们已经取得的成就，盘点他们后悔没做的事情，并思考他们在人生剩余时间想要做的事。当危机发生时，其原因与年龄无关，而与特定的生活变化事件有关，如疾病、失业或丧偶。（Wethington, 2000）

但是**绝经**（menopause）会造成多数中年妇女变得抑郁、易怒和缺乏理性吗？绝经通常发生在45～55岁之间，指在卵巢停止产生雌性激素和孕激素后停止月经。绝经确实会使许多妇女产生躯体症状，特别是当血管系统适应雌性激素水平下降时产生的"潮热"。但在所有的妇女中，仅有10%会有异常严重的躯体症状。

绝经 停止月经和卵子的产生，这通常是一个持续数年的渐进过程。

认为绝经作为一种综合征，会导致女性产生抑郁和其他负性情绪反应的消极观点，是基于对那些在子宫切除后提前绝经或有过抑郁病史的女性的观察得出的。但这些妇女并不具有代表性。以总人口中随机选择的大量健康女性为被试的众多调查表明，绝大多数女性都将绝经视为一种解脱，因为她们不用再担心怀孕或来月经。绝大多数人仅有少量躯体症状（让人感到厌烦苦恼，但短暂存在后消失），而且没有变得抑郁。平均只有3%的被试报告对进入绝经期感到惋惜。（McKinlay, McKinlay, & Brambilla, 1987）一项以1000名绝经女性为被试的研究发现，不到一半的人报告说有躯体症状，只有5%的人抱怨情绪症状。（Ness, Aronow, & Beck, 2006）与人们的刻板印象相反，40～50岁的女性通常报告说在埃里克森提出的认同、亲密和繁衍的问题上感到非常满意。（Newton & Stewart, 2010）

尽管女性在绝经之后会失去生育能力，而男性在理论上会终身保持生育能力，但男性也有一个"生物钟"。虽然不像女性体内的雌性激素下降得那样急剧，但男性体内的雄性激素也会有所降低，精子数也会逐渐下降。而且正如之前我们所看到的那样，留存的精子很容易产生基因突变，从而增加了高龄父亲所生的孩子患上某些疾病的风险。（Wyrobek等，2006）

并不能从中年时期的躯体变化本身来预测人们会如何感受老化或他们将如何应对老化。（Schaie & Willis, 2002）人们对老化的看法受到他们所生活的文化以及科技延长寿命和健康的希望（一些已经成为现实，一些仍停留在科幻小说中）的影响。人们能欣然接受老化是自然的且不可避免的吗？还是要用我们手中的一切化学武器、外科手术和基因武器，竭尽全力与之抗争？社会对生命延迟的干预应该到什么程度？这些问题将在接下来的几年中被激烈讨论。

老年期

老年期从什么时候开始呢？就在不久前，60岁后就会被认为进入了老年期。当今，在北美的人口分布中增长最快的是85岁以上的群体。2000年，85岁及以上的美国人口是400万。美国人口普查局预测，到2050年这部分人口可能会有3100万之多，而且将会有近100万的美国人年龄超过100岁。那么这些人到那时将会如何生活呢？研究老化问题和老年人的**老年学**（gerontology）专家已经给出了一些答案。

第一个预测是，因为人口变化对老年人的影响，他们退休之后的生活将会发生显著变化。当人们预计只能活到70岁出头的时候，65岁退休就意味着失去工作，无法从事有意义的活动，除了生病和老去，没有什么可以期待的。现在，幸好有了婴儿潮这一巨大群体的到来以及经济的改善，退休生活可能会持续二三十年。因此，从工作到不工作不再是一个简单的生活转变。一些心理学家将此阶段称为"积极的退休"，这个阶段的人们经常会找到一个新的职业、志愿者的工作，或者是新的引人入胜的活动。（Halpern, 2008）

人的智力、记忆和其他形式的心理机能的各个方面，都会随着年龄的增长而出现显著下降。老年人在推理、空间能力和复杂问题解决的测试上的得分都比年轻人低。生成和拼写熟悉单词的能力下降，这一改变经常会引起老年人极大的挫败感和苦恼。（Burke & Shafto, 2004）老年人在提取姓名、日期和其他信息上花费的时间更长。事实上，老年人认知加工的速度总体上都有所降低。但是，这一现象存在明显的个体差异，一些人的加工速度下降显著，一些人的加工速度仍很快。（Salthouse, 2006）

幸运的是，并非所有的认知能力都随年龄增长而退化。**流体智力**（fluid intelligence）指演绎推理的能力和运用新信息去解决问题的能力。它在某种程度上反映出一种遗传倾向，

流体智力 演绎推理能力和运用新信息解决问题的能力。它相对独立于教育，并在老年时趋于下降。

两幅老年人的图片表明：越来越多的老人正在健康地、主动地、充满生机地生活着。但是，随着寿命的延长，许多人也陷入慢性疾病（如阿尔兹海默症）的折磨之中

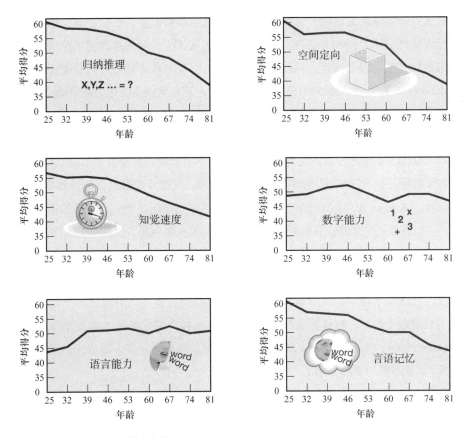

图 3.5 心理功能的终身变化
正如这些图表显示的，一些智力能力随年龄的增长而下降，但数字和应用语言能力则相对保持平稳

并且在其发展和后期的下降上与其他生理能力同时进行。（Bosworth & Schaie，1999；Li 等，2004）**晶体智力**（crystallized intelligence）由毕生所习得的知识和技能组成，是一种使我们能计算、定义词汇或者选择政治立场的智力。它主要依赖于教育和经验，并在一生中都趋于稳定甚至有所提高。（见图 3.5）这就是为什么医生、律师、老师、农民、音乐家、保险代理、政客、心理学家以及从事许多其他行业的人在进入老年期后仍然能继续很好地工作的原因。（Halpern，2008）

晶体智力 一生中获得的认知技能和特定信息知识，它严重依赖于教育，并在一生中保持稳定。

许多躯体和心理机能丧失确实发生在老年期，这是具有遗传基础的，而且在生活中随处可见。但是还有一些丧失却与文化、行为和心理因素相关。（Park & Gutchess，2006）而且，心理学家在区分那些曾被认为是老年人不可避免的情况与那些可预防或治疗的情况方面取得了很大进步。

- 老年人明显的衰老经常是由营养不良、处方药物、有害的药物组合，甚至非处方药物（如安眠药和抗组胺药）所导致的，所有这些都会对老年人造成危害。
- 虚弱、脆弱还有许多和老年相关的疾病，经常由不活动和久坐引起。（Booth & Neufer，2005）
- 抑郁、消极和记忆问题可能是因为丧失了有意义的活动、智力刺激、追寻目标和对事件的控制造成的。（Hess，2005；Schaie & Zuo，2001）

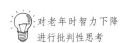
对老年时智力下降进行批判性思考

根据这些研究结果的预测，老年人可以从有氧运动和力量训练中受益，这些运动可以使老年人保持身体力量和灵活性、促进大脑的血氧供应、促进新细胞的形成，甚至可以抑制多种疾病的基因易感性，从而改善诸如计划、专心和规划等这些技能中的认知功能。(Colcombe & Kramer, 2003; Hertzog 等, 2008)心理刺激也会促进大脑中神经联结的生长，甚至进入老年期也是如此。当给予老年人指导和训练时，他们有时候在记忆测验上的表现和20多岁的人一样好。在一项跨14年的研究中，研究人员向归纳推理和空间能力降低的老年人提供5小时此方面的技能训练。这个简单的干预显著改善了2/3样本的相关技能，许多人和他们14年前的表现持平甚至更好。更令人印象深刻的是，改善效应在7年之后依然显著。(Kramer & Wiliis, 2002)认知刺激丰富并不能阻止绝大多数认知退化和痴呆的发生，它们经常是受遗传的强烈影响或者甚至由基因直接引起，但是衰退或许会被推迟。(Gatz, 2007; Hertzog 等, 2008)

或许最好的消息是，当人们变老时，多数人能更好地调节负性情绪并增强正性情绪。强烈的负性情绪发生频率的高峰是在18～34岁之间的人群，之后会急剧下降，直到65岁。65岁后就趋于稳定，仅在面临患病和丧失亲人这样大的危机时才略有升高。(Charles & Carstensen, 2004; Charles, Reynolds, & Gatz, 2001)显然，许多人随着年龄增长确实变得更明智了，至少变得更加平和了。

一些研究老化的学者也因此而变得乐观起来。在他们看来，那些拥有挑战性的职业和兴趣、头脑活跃、定期锻炼、灵活地适应变化与丧失的人，更可能保持其认知能力和健康幸福。他们说："使用它，否则就会失去它。"不过，其他研究者对此却并不乐观。他们回应说："当你已经真的失去它了，你就不可能再用它了。"他们对90多岁甚至更长寿的老年

快速测验

任何年龄的人均能回答这些问题。

一、埃里克森说，青春期时关键的心理问题是 _____ 危机。

二、因为人口变化，出现了什么人生发展的新阶段，它覆盖的年龄范围有哪些？

三、绝大多数女性对绝经做出的反应是（　　）

    A. 感到沮丧　　　　B. 对女性特质的丧失感到惋惜

    C. 会有点疯狂　　　D. 感到释然或态度中立

四、下列关于老年期心理能力衰退的陈述中哪个是错误的（　　）

    A. 经常训练能减轻衰退

    B. 衰退不可避免，心理能力会大幅降低

    C. 衰退有时是因为营养不良、药物或疾病，而不是因为年龄增大

    D. 当人们生活在刺激丰富的环境中，衰退会减缓

五、突然间，你80岁的祖母变得糊涂并有妄想。在做出她因为年龄大了而衰老的这个结论前，你需要排除哪些其他的解释？

答案：一、认同　二、成年初显期，18～25岁　三、D　四、B　五、老年痴呆症确实是一种可能，但有非药物反应的可能性、服用药物过量的反应、心脏病、脑卒中、营养不良、抑郁或其他疾病的可能性。

人数目的增多感到担忧，因为这个年龄认知损伤和痴呆的发生率会急剧增长。社会面临的挑战是做好应对人数众多的高龄老人的准备，帮助尽可能多的老人使用他们的大脑而不是失去它们。

> **你将会学到**
> - 为什么糟糕的童年期经验并不是必然会影响人的一生？
> - 是什么因素使多数儿童在面对不幸时表现得很有韧性？

复原力的源泉

大多数人都会想当然地认为，从童年期到青春期再到成年期是一条相当笔直顺畅的道路。我们认为父母教给了我们持久的态度、习惯和价值观。即使我们和家人发生了争执，我们也一直深深地依恋他们。也有许多人则是带着童年时遭受的情感创伤的伤疤。被父母打过、受到忽略，或者不断遭受言语和身体虐待的儿童比其他儿童更可能出现情感问题、变得具有违法与暴力倾向、犯罪、低智商、辍学、发展出诸如抑郁等心理障碍，以及罹患与压力有关的慢性疾病。（Emery & Laumann-Billings, 1998; Margolin & Gordis, 2004; Repetti, Taylor, & Seeman, 2002）

然而，当心理学家开始对"早期的创伤总是具有持久的不良影响"这一根深蒂固的假设提出质疑，并考虑其他可能解释的证据时，他们得到了相当不同的结果。研究者发现，绝大多数儿童都是有韧性的，他们最终克服了战争、儿童期疾病、父母酗酒或对其虐待、早期剥夺或被性侵犯的影响。（Kaufman & Zigler, 1987; Nelson 等, 2007; Rathbun, DiVirgilio, & Waldfogel, 1958; Rind, Tromovitch, & Bauserman, 1998; Rutter 等, 2004; Werner, 1989; West & Prinz, 1987）

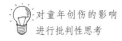
对童年创伤的影响进行批判性思考

心理学家安·马斯滕（Ann Masten, 2001）观察到，大多数人都认为的那些能让人从不幸中恢复过来的东西是一些特殊和罕见的东西。但是安·马斯滕总结说，她的这项研究得出了让人惊讶的结论，复原力是如此的普通。许多经历过早期剥夺和创伤的孩子拥有随和的性格、自我效能感和自我控制感等人格特质，这些能帮助他们逃过异常严重的打击。他们有安全型依恋风格，这有助于他们以治愈创伤、恢复希望和情感平衡的方式应对创伤性事件。（Mikulincer, Shaver, & Horesh, 2006）如果孩子缺少对父母的安全依恋，他们或许被来自兄弟姐妹、同伴、大家庭成员或其他成年人照料者的爱和关注所挽救。一些儿童在家庭之外的学校、做礼拜的地方或者其他组织获得胜任感、精神支持、慰藉、宗教信仰和自尊。（Cowen 等, 1990; Garmezy, 1991）

为什么这么多孩子具有复原力？为何我们一生都在不断变化？或许对此最有力的解释是，我们都在不断地对我们的经历做出解释。我们可以决定去重蹈父母所犯过的错误或摆脱他们所犯的错误。我们可以决定继续做童年不幸经历的囚徒或选择在20岁、50岁或70岁时开辟人生的新方向。我们可以为自己来决定是延续童年的不幸还是要把握成年期的各种可能性而解放自己。

回顾新闻中的心理学

我们对毕生发展过程的回顾是否有助于你理清自己对在六七十岁时生孩子的女性和男性的看法？正如我们所看到的，在生命周期中关于自然的、受限制的阶段这一整体概念正在发生变化。在40岁的时候生孩子和在60岁的时候生孩子曾经一样被看作不可思议的和不自然的，但是现在看来是很普通的。在50岁之后生孩子是否会以同样的方式被看待？毕竟，青春期已经延展到"成年初显期"，退休已经拓展为"积极的退休"。生孩子几乎可以发生在任何年龄。如果我们可以活到100岁，为什么就不能在70岁的时候生孩子呢？

阿德里安娜·伊利埃斯库在她66岁时有了自己的女儿，在孩子1岁生日的时候举办了一个聚会，并且告诉媒体："当我亲吻、拥抱我的女儿时，那种感觉是不能描述出来的。那是一种很特别的感觉。抚养她并不像我之前所想的那么艰难。"在写这本书时，伊利埃斯库还活着并且还在照顾自己的女儿。但是当孩子16岁时，她将有一个82岁的妈妈，情况会如何？如果她的妈妈生病

阿德里安娜·伊利埃斯库与1岁的伊丽莎·玛丽亚（Eliza Maria）

了怎么办？伊利埃斯库并没有结婚，也没有一个大家庭和很多朋友，她承认如果她将来生病了，就不能去照顾她的孩子了，她对自己的孩子没有任何计划。相反，阿什利·葛有孩子的时候只有63岁，有丈夫和可以照顾孩子的大家庭。

在这章开篇所提到的印度夫妇在70岁生孩子的故事又是怎样的呢？他们能活到看着自己的双胞胎孩子度过儿童期的时候吗？卡梅拉·布萨达的例子具有借鉴性。布萨达在她67岁生日的前一个星期生下了一对双胞胎男孩。因为布萨达的妈妈是在101岁时去世的，以及她觉得自己的身体很健康，所以她推测自己会活很长时间。但是单身的布萨达在69岁时因为癌症去世了，那时候她的双胞胎孩子才只有两岁。

一些生育专家和伦理学家对在生命晚期怀孕并抚养孩子的医疗、社会和心理的代价十分担忧。他们担心老人生孩子的故事会使妇女们的期望达到一种不切实际的高度，并产生错误的希望，认为科学技术可以轻易地突破生理上的局限。在每一位成功怀孕的老年女性背后，都有成千上万的失败者。而且，女性年龄越大，其在受孕中发生医学问题的概率越高（比如，妊娠期糖尿病和高血压）。除此之外，我们已经看到年老会使得某些认知和生理能力降低，增加痴呆的可能性。因此，对年老的父母是否还有心理资源和精力去教导他们的孩子度过童年期和青春期的重重障碍的担心是合理的。另一方面，尽管女性选择在她们六七十岁生孩子的确实稀少，但是数百万的老人因为无法预料的情况而需要去抚养自己的孙子，也已成为一个挑战。

在未来的几十年里，随着世界变幻莫测的发展，成年期的疆域将会继续扩展，从而带来新的边界，同时指引我们的路标和路线图则会越来越少。越来越明确的是，老年期是由我们创造的。

学以致用

抚养孩子

大约每年都会有一本畅销书出版，告诉父母他们所做的完全错了。数不清的育儿书籍都建议父母要用特定的方式对待孩子，其中很多都是矛盾的：把孩子抱起来，别把孩子抱起来；对孩子的哭要积极反应，不要理睬孩子的哭；让孩子和你一起睡，千万不要让孩子和你一起睡；对孩子要温柔，对孩子要严厉；对孩子的每个需求都要高度敏感以使他们与你形成安全依恋，不要对他们的每一个情绪或抱怨都过度反应否则就会惯坏他们。一个价值亿万的行业出现了，它提供昂贵的折叠式婴儿车、玩具、"胎教"以及宝宝手语节目，所有的这些都是为了成就一个完美的婴儿，这些平复（或加剧）了父母的担忧。（Paul, 2008）

无须恐慌。批判性思考者在这章中提出了两条证据，保护自己不受到内疚的传播者和商人的伤害。一条证据是婴儿和小孩子在各种各样的抚养方式下都能茁壮成长。另一条证据是儿童自身的气质和其他遗传素质影响了何种方式抚养他们最好这一问题。对大部分孩子来说诱导教育最好，但对有些孩子来说给予更严格的约束对他们来说最好。

那么，你应该如何对待你的孩子呢？是该严厉还是仁慈，该强压还是宽容？你应该要求你的孩子停止发脾气、打扫自己的房间、要有礼貌吗？你应该说"总之，我做什么事都不要紧"吗？还是说"如果我不能在每个要求上获得百分百的服从，孩子就会被送去训练营改造"？儿童发展研究的确可以给出一些总体方针，帮助父母找到折中的教育方式来培养孩子的自信心和助人之心。

建立适合于儿童年龄和气质的高期望，然后教他们如何达成。一些父母对孩子几乎没有什么要求，这或是无意识的，或是因为他们相信父母不应该给孩子强加标准。另一些父母则提出许多要求，例如，要求孩子有礼貌、帮助做家务、控制自身愤怒、关心他人以及在学校表现良好。父母不提要求的孩子，倾向于好斗、冲动和幼稚。父母对其抱有符合现实的高期望的孩子，则倾向于乐于助人，并且在一般能力和自信心上都高于平均水平。（Damon, 1995）

解释、解释、再解释。通过告诉孩子为什么你要使用规则来诱导孩子，教孩子做一个负责任的人。惩罚的方法（"做这件事，否则我打你屁股"）可能会使孩子屈服，但一旦你不在跟前，孩子就不遵从了。解释也能教会孩子如何推论和理解。在给孩子制定标准时，你也可以允许他们表达不同意见和感受。当然这并不意味着你必须和4岁的孩子讨论就餐礼仪的优点，或是允许他们做出破坏性和反社会的行为。但是一旦你对一个规则做出了解释，你就需要始终坚持。

鼓励共情。让孩子注意其行为对他人产生的影响，引发孩子对公平游戏的兴趣和表现良好的愿望。正如我们所见，每个幼儿都具有共情的能力。给孩子诸如"别打架"这样含糊的命令，不如给孩子解释打架会如何破坏和他人的关系并伤害到他人更有效。

关注、赞扬和奖励好行为。许多家长都会对他们不喜欢的行为进行惩罚，这可能成为一种给予孩子关注的形式。对你确实期望的行为进行表扬会更有效，它可以教会孩子什么行为是被期望的。

记住使用"不要过度单纯化"这一批判性思维。挑战是为了避免两种谬论：一种是"都是遗传决定的"，另一种是"如果我做了所有正确的事情，那么无论遗传怎样，我的孩子都会是聪明的、友好的并且成功的！"即便具备最好的技能和意图，你也不能控制发生在孩子身上的所有事情或者是重新塑造孩子的气质倾向。除此之外，随着孩子的成长，他们会被他们的同伴、同辈以及特殊经历所影响，而这些会塑造他们的兴趣和动机。但是，你拥有使自己的孩子生活得痛苦或者安全的力量。你也拥有在孩子的整个成长过程中去深刻影响你和孩子之间的关系的力量：一种充满冲突怨恨，一种充满相亲相爱。

本章总结

- 发展心理学家研究毕生发展过程中人们是如何成长和改变的。许多研究探讨社会化，也就是孩子学习社会所期望的规则和行为的过程。

从怀孕到出生后第一年

- 成熟是指受遗传影响的行为和特征的发展变化过程。出生前的发展由受精、胚胎和胎儿阶段组成。会破坏胎儿正常发育的有害因素包括风疹、有毒的化学物质、一些性传播疾病、香烟、酒精（会造成胎儿酒精综合征和认知缺陷）、违禁药品，甚至是非处方药品。父亲也会影响胎儿的发育；青少年男性和超过50岁的男性的精子可能会增加流产、出生缺陷和某些疾病的风险。

- 婴儿生来就具有运动反射和许多感知能力。文化实践是影响生理发育的里程碑进程。婴儿对接触安慰的天生需求引起了对照顾者的情感依恋，到6～8个月时，婴儿开始能感到分离焦虑。对陌生情境的研究区分出了安全依恋和不安全依恋两种类型；不安全依恋又有两种形式，回避反应或焦虑—矛盾反应。

- 依恋的形式相对来说不受正常范围内儿童教养方式的影响，也不受婴儿在日托中心时间长短的影响。婴儿的不安全依恋受父母的拒绝、虐待或遗弃以及母亲产后抑郁的影响，母亲产后抑郁会影响她对婴儿的照顾；也受孩子自身的恐惧、不安全的气质特征的影响，或者是受家庭环境压力的影响。

语言发展

- 人类是唯一使用语言来表达和理解无限多的新颖的表达方式、思考过去和将来、描述不在眼前的事物和人的物种。语言的先天能力在人类发展中的进化可能是因为它可以提高生存和建立社会关系的机会。

- 语言获得或许开始于子宫，即便是新生儿都能够区分妈妈在怀孕期间说的话和另外的不熟悉的语言。婴儿对语言的音调、强度和响度都有反应，这可能就是为什么在许多文化中成年人都用"父母语"的原因，即使用较高音调的词和夸张的语调对婴儿说话。4～6个月大时，婴儿开始能识别自己名字和其他一些经常带着感情说出的词。从6个月到1岁要经过一个咿呀学语的阶段，大约到1岁时，幼儿开始能说单字并使用象征性手势。两岁时，儿童能用电报式的双词或三词句表达各种各样的信息。

- 乔姆斯基认为获得任何语句的表层结构以及应用句法规则去推断潜在的深层结构的能力必定依赖于一种先天的语言能力，一个对普遍语法（所有语言的普遍特征）敏感的心理模块。许多研究都支持下列观点：不同文化背景下的儿童经历相似的语言发展阶段；儿童的语言充满了反映其语法规则的过度规则化；成年人并不始终如一地纠正儿童的句法结构；从未接触到成年人语言的儿童经常创造自己的语言。幼小的婴儿能够从一系列的声音中获取语言的规则。

- 另外，一些科学家设计出语言获得的计算机模型，这种模型并不认为语言习得是天生的能力。一些人认为儿童是在学习一些词汇和音节跟在另一些词汇和音节之后的统计概率，而不是推理语法规则。养育实践也会帮助儿童获得语言。在语言发展中，生理上的准备和经验相互作用。

认知发展

- 皮亚杰认为，认知发展依赖于儿童的成熟和其在世界中的经验之间的交互作用。儿童的思维通过同化和顺应得以发展和变化。皮亚杰提出了认知发展的四个阶段：一是感知运动阶段（从出生到两岁），在此期间，儿童学会了客体永久性；二是前运算阶段（2～7岁），在此期间，尽管儿童在推理上依然是自我中心，在心理运算上有些困难，但是儿童的语言和符号性思维得到发展；三是具体运算阶段（7～12岁），在此期间，儿童开始理解守恒、同一性和系列顺序；四是形式运算阶段（12岁到成年人），在此期间，抽象推理能力得到发展。
- 现代研究者已发现，从一个阶段到另一个阶段的发展变化并不像皮亚杰所划分的那样清晰；发展是连续的、重叠的。更重要的是，幼小儿童在早期就具有了比皮亚杰所观察到的更多的认知能力，或许是因为他们天生具有核心的知识。小孩子的思维也不总是以自我为中心的。在4岁或者5岁时，他们已经发展了心理理论来解释自己和他人的行为。文化习惯会影响认知发展的速度和内容。

道德发展

- 劳伦斯·科尔伯格提出，随着儿童认知的成熟，他们要经历道德推理的3个水平。然而，人们可以做出道德推理，但不一定做出道德行为。发展心理学家研究儿童如何内化正确和错误的标准以及如何以此来做出行为。这种能力依赖于道德心的出现和羞愧、愧疚、同情等道德情感，以及儿童学会控制自己的冲动、期望和感受的能力。
- 作为一种教导儿童行为的策略，父母使用权力施加是和儿童的攻击性和缺乏同情心联系在一起的。而诱导则和儿童养成同情心、内化道德标准还有抵制诱惑相关联。但是，所有的管教方法都和儿童自己的气质交互作用。
- 幼儿自我管理的能力与内化的道德标准和道德心相联系。母亲使用诱导作为主要的管教形式会促进这种能力的发展。这也可能反映出一个人的气质，因为这种能力往往在生命的早期就出现，而且随着环境和时间的推移表现出一致性。

性别发展

- 性别发展包括出现性别认同和性别定型。性别认同是指能够从认识上理解一个人是男性还是女性，而不论其穿着和行为方式；性别定型是男孩和女孩学习男性化和女性化的意义的过程。一些个体天生具有两性的生理条件，以两种性别的生理属性生活，他们把自己称为跨性别者。变性者认为自己是男性，只不过是女性的身体，或者相反。他们的性别认同和生理上的结构是相反的。
- 普遍来说，男孩和女孩偏好不同的玩具和游戏，而且喜欢与同性别的孩子一起玩。生物心理学家从基因和孕期雄性激素水平来对这种现象进行解释，基因和孕期雄性激素水平似乎会影响性别定型的游戏。认知心理学家研究儿童如何发展出关于"男性"和"女性"类别的性别图式，性别图式又反过来塑造他们的性别定型行为。性别图式起初比较顽固。但是，如果儿童生活在一个鼓励灵活的性别图式的文化中，随着儿童认知成熟和对新信息的同化，其性别图式往往会变得更加灵活。学习理论者们研究那些促进性别定型的直接和间接的强化因素和社会信息，发现性别发展的变化贯穿于个体一生，它依赖于人们在工作和家庭生活中的经验以及社会和文化中的重大事件。

青春期

- 青春期开始于该时期的生理变化。对女孩而言，青春期以初潮和胸部发育为标志；对男孩而言，青春期始于夜间遗精以及睾丸和阴囊的发育。激素引发了第二性征。例如，阴毛出现和男性声音变粗。
- 青少年的大脑经历了神经联结的重大修剪，主要是在前额叶和边缘系统；而且还经历了髓鞘化，提高了神经传导效率，增强了大脑区域之间的联结。或许到20岁时神经的改变才会完成，这也有助于解释为什么在青春期冲动的情绪会压倒理性的决策，为什么青少年经常表现得比成年人更加冲动。这个证据或许对应该如何对待触犯法律的青少年有一些启示。
- 大多数美国青少年都不会经历极端的情绪波动、愤怒或反叛、不喜欢他们的父母。他们几乎没有遭受不寻常的低自尊或者极端的自恋。但是，和父母闹矛盾、心情阴晴不定、抑郁、粗鲁或者是违规的行为在青少年中增多。同伴群体变得十分重要，无论是线上线下，同伴欺凌常常是青少年不幸福的主要来源。男孩倾向于从攻击性行为和反社会行为中表现出他们的情绪问题；女孩则倾向于通过变得抑郁或发展成进食障碍而内化她们的问题。

成年期

- 埃里克·埃里克森提出，生命历程由8个阶段组成，每个阶段都面临一个独特的必须加以解决的心理挑战或危机，如青春期的同一性危机。埃里克森指出了成年期的许多基本问题，并认识到发展是一个毕生的过程。然而，心理问题或危机并不局限在某个特定的实际年龄或阶段。当某个年龄群体的多数人大约在同一时间都经历同样的事情时，相比于那些感到"不合步调"的人，适应生活的变迁会更容易。在工业化国家，主要的人口变化已经使职业抉择、结婚或同居以及为人父母的时间都延迟。许多人在18～25岁之间，尤其是在他们经济不独立的时候，会发现自己处于一个生命阶段，"成年初显期"。在许多人看来，这一阶段与青春期和成年期有着本质的不同。
- 中年总体上并不是一个混乱或危机的时期，而是多数人生活的精华时期。在女性中，绝经多发生在45～55岁之间。许多女性都有暂时的生理症状，但多数女性不会对生育力的结束感到惋惜或变得抑郁和易激怒。中年男性的激素水平缓慢下降但生育力仍继续保持，但是胎儿畸形的风险增加。
- 由于人们的寿命已越来越长而且身体越来越健康，研究老年学的专家已经修正了我们关于老年的观念。到老年期，人的认知加工速度减慢，流体智力在最后的衰退上与其他的生物能力相平行。相反，晶体智力主要依赖于文化、教育和经验，并在一生中趋于稳定甚至还有可能提高。
- 许多以往被认为是老龄化无法避免的结果，例如，老态龙钟、抑郁、身体虚弱，实际上经常是疾病、药物、营养不良，以及缺少刺激、失去对事件的控制和缺乏锻炼造成的。尽管一些心理缺失不可避免，但锻炼和心理刺激会促进人脑神经突触的生长，甚至是在进入老年期后也是如此。

复原力的源泉

- 经受过暴力或忽视的儿童具有在之后的生活中面对许多严重问题的风险。但多数儿童都是有复原力的，能够克服早期的创伤性经验。心理学家现在不仅研究因忽视、贫穷和暴力而导致的不幸后果，也研究在逆境中产生复原力的原因。

学以致用：抚养孩子

- 许多儿童抚育专家指出了一种使孩子更加聪明、友好和更加成功的方式。关于儿童发展的研究能够帮助人们批判性地思考一些问题，并提供一些一般的指导：设定较高的、但现实的期望，解释你的原则，鼓励同情心和对好的行为进行奖励。

关键术语

发展心理学（developmental psychology）73

社会化（socialization）73

成熟化（maturation）74

胚芽、胚胎和胎儿阶段（germinal, embryonic, and fetal stages）74

受精卵（zygote）74

胎儿（fetus）74

胎儿酒精综合征（fetal alcohol syndrome, FAS）75

运动反射（motor reflex）75

接触安慰（contact comfort）76

分离焦虑（separation anxiety）76

陌生情境（strange situation）77

安全、回避和焦虑—矛盾依恋（secure, avoidant, and anxious-ambivalent attachment）77

语言（language）79

父母语（parentese）80

电报式语言（telegraphic speech）81

表层结构（surface structure）81

句法（syntax）81

深层结构（deep structure）81

普遍语法（universal grammar）81

过度规则化（overregularization）82

让·皮亚杰（Jean Piaget）84
同化（assimilation）84
顺应（accommodation）84
感知运动阶段（sensorimotor stage）84
客体永久性（object permanence）84
前运算阶段（preoperational stage）84
<109> 心理运算（mental operation）84
自我中心思维（egocentric thinking）84
守恒（conservation）84
具体运算阶段（concrete operations stage）85
形式运算阶段（formal operations stage）85
心理理论（theory of mind）86
权力施加（power assertion）88
诱导（induction）89
自我管理（self-regulation）89
性别认同（gender identity）91

性别定型（gender typing）91
雌雄间性（intersex condition）91
跨性别者（transgender）91
变性者（transsexual）91
性别图式（gender schema）93
发育期（puberty）95
初潮（menarche）95
月经（myelinization）95
第二性征（secondary sex characteristic）96
埃里克·H. 埃里克森（Erik H. Eriksen）98
同一性危机（identity crisis）98
成年初显期（emerging adulthood）100
绝经（menopause）101
老年学（gerontology）101
流体智力（fluid intelligence）102
晶体智力（crystallized intelligence）102

[新闻中的心理学]

在一些被诊断为植物人的病人身上发现了意识的痕迹

2010年2月4日，来自比利时列日（Liège）的消息。一名29岁的男子在一场车祸后被认为处于持续植物人状态达5年之久，他在回应医生的问题时显示出大脑活动的迹象。大多数处于植物人状态的病人可以睁开眼睛、活动眼睛，可以发出声音，可以做出面部表情，但是他们对自己和周围的环境没有意识，不能思考或推理。

这名男子是54名严重脑损伤患者中的一员，这些患者要么处于植物人状态，要么处于最低程度的意识状态。一个由英国和比利时科学家组成的国际团队正在对这些患者进行研究。研究人员让他们想象自己在打网球或在他们长大的房子里散步，同时对他们的大脑进行功能性磁共振成像（fMRI）扫描。54人中有5人能够像控制组的健康人一样，根据这些提示有意识地调节自己的大脑活动。然后，研究人员让这5名患者回答"是"或"不是"的问题，方法是使用心理意象（打网球或在屋子里走来走去）来回答"是"或"不是"。只有在车祸中受伤的那个人能成功地做到这一点。对于一些简单的问题，比如他父亲的名字是保罗（Paul）（是）还是亚历山大（Alexander）（不是），以及他是否去过美国等，他都能做出准确的回答。然而，在一个熟练的临床团队的床边评估（bedside evaluation）中，他没有表现出任何意识或沟通能力。

专家们仍在争论这些发现对病人的认知和意识状态意味着什么。2009年，另一名车祸受害者罗姆·胡本（Rom Houben）似乎昏迷了23年。神经学测试显示，他也可能有一些意识，而脑部扫描显示，他的大脑活动接近正常。治疗师给胡本提供了一个电脑触摸屏，似乎可以让他通过拼写单词进行交流。但怀疑者指出，胡本的所有信息都是在助手的帮助下打字打出来的，助手支持并引导着他的手。科学研究已经否定了这种便利的交流，并发现类型化的信息来自协调人，而不是病人。生物伦理学专家阿瑟·卡普兰（Arthur Caplan）在观看了一段由引导者引导胡本的手进行交流的视频后评论说："这是显灵板的事情。"

尽管如此，这些研究表明，在极少数情况下，脑损伤患者的意识程度可能比之前认为的要高。"随着进一步的发展，"研究人员得出结论，"这项技术可以让一些病人表达他们的想法，控制他们的环境，并提高他们的生活质量。"

从被锁住的身体中传递信息
脑成像测试为之前被认为处于植物人状态的人提供了初步的希望

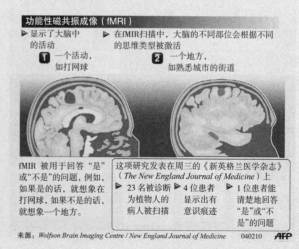

来源：Wolfson Brain Imaging Centre / New England Journal of Medicine

第四章

神经元、激素和大脑

Neurons, Hormones, and the Brain

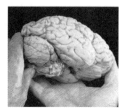

对这个神秘的 3 磅（约 1.36 千克）重的器官的研究提出了许多具有挑战性的问题。为什么大脑回路中的一个小故障对一些人来说是毁灭性的，而对另一些人来说却只是相对严重的损害呢？经历如何改变我们的大脑？在这个细胞和回路的集合中，我们的思想和自我意识就在那里

没有什么比在一个瘫痪的身体里存活着一个有意识的大脑，这个大脑虽然有意识而且仍然运作，却不能与外界交流更让人类觉得恐惧的了。所以，故事中的那些从昏迷状态或者许多年的植物人状态中恢复过来的人，或是那些之前被认定为脑死亡却在大脑活动中显示出信号的人，既是令人兴奋的又是让人恐惧的，这不足为奇。

有明显意识的植物人引起了各种各样的医学、心理和伦理的问题。我们怎么能确切地知道一个人是否不具备更高的心智功能？脑部扫描技术是提供了一个答案还是仅仅提供了一个可能的线索？有关意识的稀有病例将会给家庭带来虚假希望吗？——他们深爱的人"确实就在那里"，但实际上他已经失去了所有的认知功能。一个病人对是或不是问题的明显反应，是否应该拿来推断他是深陷痛苦中，还是想活下去或是想一死了之？

脑损伤和脑疾病的例子使我们想起了在脑壳里的这个 3 磅（约 1.36 千克）重的器官，它为我们提供了一个我们所做、所感、所想的基础。神经心理学家还有其他学科的一些神经科学家研究大脑和其余的神经系统，希望能更好地理解正常的行为和这个器官可能产生的影响。他们关注的是意识、感知、记忆、情绪、压力和心理障碍的生物学基础，事实上，他们关注的是人类感觉和行为的一切。我们将在本章探讨大脑的结构和其余的神经系统，作为以后要讨论这些或是其他话题的背景知识。

此时此刻，你的大脑在神经系统及其他部分的帮助下正在忙碌地理解这些话。不管你是感到兴奋、好奇，还是感到无聊，你的大脑正在登记一些情绪反应。当你继续读下去时，你的大脑将会储存这一章的许多信息。不久，你的大脑可能会使你能够闻一阵花香，能够爬楼梯、问候朋友、解决一个问题，或是因一个笑话咯咯笑。大脑最惊人的成就是它在加工与这些事情有关的知识。这种自我意识使得大脑研究不同于世界上的其他科学。科学家必须用他们自己大脑中的细胞、生物化学过程、回路，去理解大众大脑中的细胞、生物化学过程、回路。

威廉·莎士比亚（William Shakespeare）称大脑为"灵魂的脆弱居所"。事实上，这个不可思议的器官更像一个由许多壁橱和通道构成的房子中的主房间——"房子"即整体的神经系统。在熟悉这所房子的窗户、墙壁和家具之前，我们先要对房子的平面图有所了解。

> **你将会学到**
>
> - 为什么你能"不假思索地"把手从热的东西上拿开？
> - 遇到紧急情况时，你神经系统的哪一部分会立即做出反应？

神经系统：基本蓝图

神经系统的功能是收集和加工信息，引起对刺激的反应，以及对不同细胞的工作进行整合，就连最低级的水母和蠕虫都具有这种系统的初级形式。对于只需移动、进食、排泄的低等生物，其神经系统可能只有一两个神经元。而对于能跳舞、烹饪和上心理学课等进

行这些复杂活动的人类而言，其神经系统就包含几十亿个神经元了。科学家把这个复杂的网络分为两大部分：中枢神经系统和周围（周边的）神经系统。（见图4.1）

中枢神经系统

中枢神经系统（central nervous system, CNS）接收、处理、解释和储存来自外界的感觉信息，如味道、声音、气味、颜色、施加在皮肤上的压力，以及身体内部器官的状态等。中枢神经系统通常分为脑和**脊髓**（spinal cord）两部分。脊髓其实是脑的延伸，由脊柱保护，它从大脑底部向下延伸，起着沟通大脑和颈部以下身体部位的桥梁作用。

没有大脑参与时，脊髓也可以自主支配一些活动。**脊反射**（spinal reflex）是自发进行的，无须意识控制。例如，你偶然碰到一块烧热的铁块，在大脑还没来得及意识到发生了什么以前，你就立即将手移开了。神经冲动给脊髓传来一个"烫"的信息，脊髓马上就通过神经冲动发出命令，通知手臂上的肌肉，将手从烧热的铁块上移开（颈部之上的反射如打喷嚏、眨眼等，与大脑的低级部分有关，与脊髓没有联系）。

脊反射的基础是神经回路，它们与进出大脑、上行和下行于脊髓的其他神经通路相连接。正是因为这些联系的存在，思想和情绪才能对某些反射有所影响。以男性的勃起为例，这种脊反射可被焦虑或精神涣散抑制，也可由与性欲有关的想法唤起。还有一些反射能在意识控制之下发生。当集中注意力时，如果有人敲你的膝盖，你可以控制使它不产生膝跳反射，而在通常情况下却不行。类似地，大多数男性也都能学会控制延迟射精这一脊反射（是的，他们能）。

周围神经系统

周围神经系统（peripheral nervous system, PNS）负责中枢神经系统的输入与输出，它由除大脑与脊髓外的所有神经系统组成，其分布是从头到脚遍布全身。如果你的大脑不通过周围神经系统收集关于世界的信息，那它就会像一部没有接受器的收音机。在周围神经系统中，**感觉神经**（sensory nerve）将位于皮肤、肌肉和其他内外部感觉器官的特定接收器所接收的信息经由脊髓传入大脑，这些神经使得我们将外部世界和自身机体活动联系起来，**运动神经**（motor nerve）把中枢神经系统的指令信息传导到肌肉、腺体和躯体内器官，这样才可以支配我们运动，引起腺体收缩和分泌，包括我们称之为激素（hormone）的化学物质。

科学家进一步将周围神经系统分为躯体神经（身体的）和自主神经（植物性神经）两部分。**躯体神经系统**（somatic nervous system）又称为骨骼神经系统，由连接感受器（使你能够感知世界的细胞）和骨骼肌（允许你随意行动）的神经组成。当你感到手臂上有虫子，或当你关灯时，或当你写名字时，你的躯体系统就处于活动状态。**自主神经系统**（autonomic nervous system）调节血管、腺体、内脏（膀胱、胃和心脏等）的机能。当你见

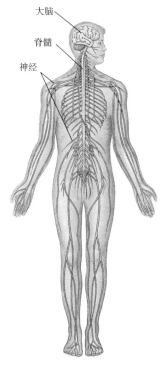

图 4.1 中枢神经系统和周围神经系统
中枢神经系统包括脑与脊髓。周围神经系统由43对神经组成，负责中枢神经系统信息的输入和输出。12对脑神经直接与大脑相连，31对脊神经由椎骨和脊柱之间的空隙进入脊髓

中枢神经系统 由脑和脊髓组成的神经系统的一部分。

脊髓 由大量神经元与从大脑底部延伸到背部中央、起支撑作用的组织组成，受脊柱保护。

周围神经系统 脑和脊髓之外的神经系统的所有部分，包括感觉神经和运动神经。

躯体神经系统 周围神经系统的子成分，连接感觉接受器和骨骼肌，有时又称为骨骼神经系统。

自主神经系统 周围神经系统的子成分，调节人体内部器官和腺体。

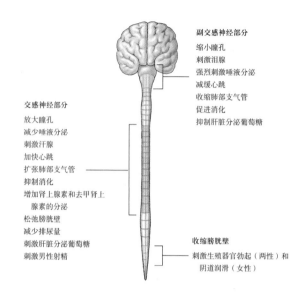

图 4.2 自主神经系统

通常来说,自主神经系统的子系统交感神经系统能够使机体消耗能量,而副交感神经系统则促使机体储存并保持能量。本图中,从脊髓中发出的交感神经以深色表示,从大脑底部和脊髓中发出的副交感神经以浅色表示

交感神经系统 自主神经系统的子系统,调动机体资源,增加激动和压力状态下的能量输出。

副交感神经系统 自主神经系统的子系统,于机体放松状态下运行,保存能量。

到让你着迷的那个人时,你会心跳加快、手心出汗、脸颊发热,这就是你的自主神经系统发挥作用的结果。

自主神经系统又可分为**交感神经系统**(sympathetic nervous system)和**副交感神经系统**(parasympathetic nervous system)两部分。这两个系统从两个恰好相反的角度,共同调节着机体适应不断变化着的环境。(见图4.2)交感神经就像是汽车的加速器,促使机体进行运动和能量输出。它使人脸红、出汗、深呼吸,还能提高心率、升高血压。就像在第十三章中讲到的,当你处于需要战斗、躲避、竞争的情形中,交感神经系统立即对此产生反应。

快速测验

现在请暂停阅读,检查一下你对已学知识的记忆。请在下面神经系统"房子"中,填补其缺失的部分。然后看一下自己能否简洁地描述出神经系统的各个部分都是怎样工作的。

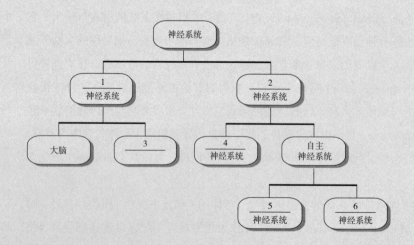

答案:1. 中枢;2. 外周;3. 脊髓;4. 躯体;5. 交感;6. 副交感。

而副交感神经更像是汽车的刹车器:它固然不能阻止生理反应的产生,但却能抑制体内各器官过度兴奋,使其保持平稳,以便使机体可以保持并储存精力。当你驾驶着不断加速的汽车飞驰时,正是交感神经提高了你的心率。然后,副交感神经再使你的心率降低,使它恢复正常的节奏。

你将会学到

- 哪种细胞是神经系统的"联络专家",它们如何互相"交谈"?
- 大脑中数量最多的细胞——神经胶质细胞的功能。
- 为什么研究者对干细胞的发现如此兴奋?
- 学习与经验是如何改变大脑神经通路的?
- 大脑的化学物质(神经递质)水平过低或过高时会有什么影响?
- 大脑中哪种化学物质可以模拟吗啡的功效,既缓解疼痛也可促进快感?
- 哪种激素对心理学家有着特殊的意义,为什么?

神经系统的信息交流

刚才我们只对神经系统的结构进行了大致描述,现在我们要对此给予详细解释。

神经系统由**神经元**(neuron)——或称之为神经细胞——组成。神经元是大脑的联络专家,能使信息传入和传出中枢神经系统,并在中枢神经系统内部传导。它们由占大脑细胞90%的**神经胶质**(glia [GLY-uh or GLEEuh])——或称之为神经胶质细胞(来源于希腊语"glue")——固定在适当位置。

> **神经元** 传导电化学信号的细胞,组成神经系统的基本单位,也称为神经元。

很长时间以来,人们认为神经胶质细胞仅仅为那些更为重要和活跃的神经元提供活动的平台。然而,现在我们知道,神经胶质细胞还能为神经元提供营养物质、隔离各个神经元、保护大脑不受有害物质侵害,以及当细胞死亡时,负责移走其残骸。而且神经胶质细胞还能以化学方式实现其互相之间,及其与神经元之间的联络,并协助神经元之间的联系。有一种神经胶质细胞似乎可以向神经元发出开始指令,以使其之间展开"交谈"。(Ullian, Christopherson, & Barres, 2004)神经胶质细胞还可帮助确认哪条神经连接变强或者变弱,这对学习与记忆功能有着非常重要的影响。(Fields, 2004)

> **神经胶质** 支持、培育和隔离神经元的细胞,在神经元死亡时清除碎屑,增强神经连接的形成和维持,并改变神经元的功能。

尽管神经元常被称为神经系统的建筑材料,但在结构上却更像雪花而非石块,它们设计精巧,彼此在大小与形状上都不相同。(见图4.3)在长颈鹿身上,一个起始于脊髓终止于后腿的神经元,长度可达到9英尺(约2.74米)。而人类大脑中的神经元却精微到只

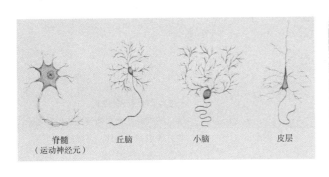

脊髓　　　　丘脑　　　　小脑　　　　皮层
(运动神经元)

图4.3 不同种类的神经元
神经元的大小和形状取决于它们的位置和功能。在哺乳动物身上已经发现了200多种神经元。这张照片显示了大脑外层的神经元

有通过显微镜才能看见。我们很难确定大脑中到底有多少个神经元，现在人们普遍认为是1000亿个，这和宇宙中星球的数目相似；而也有人估计，大脑神经元的数目可能会更多。

神经元的结构

树突 神经元的分支，接受其他神经元传递的信息，将这些信息传递至细胞体。

细胞体 是神经元的一部分，能保持神经元活性并决定神经元是否应该传导神经冲动。

轴突 神经元的较长的纤维，其功能是将神经冲动从细胞体传至其他神经元或肌肉和腺体。

髓鞘 围绕在神经元轴突上的脂肪组织。

神经 在周围神经系统中的一束神经纤维（轴突，有时是树突）。

从图 4.4 中可以看到，一个神经元由三个主要部分组成：树突、细胞体和轴突。**树突**（dendrite）呈树枝状（这个词在希腊语中的确就有"小树"的意思），它像触角一样，能接收多达 10000 个其他神经元的信息，然后将这些外部信息传入细胞体，并对其进行某些初步的加工。**细胞体**（cell body）的形状很像个圆球或纺锤，其内部包含着保持神经元活性的生化装置。后面的内容还将谈到，它也能决定神经元是否应该"传导神经冲动"，即根据其他神经元传递来的信息决定是否将一个信息传递给别的神经元。**轴突**（axon）的功能是将神经冲动从细胞体传至其他神经元或肌肉和腺体。轴突在末端通常被分为几个分支，我们将其称为**轴突末梢**（axon terminal）。成年人神经的轴突长度从 1/4000 英寸到几英尺（十几微米到一米多）长。树突与轴突使得每个神经元扮演着双重角色：正如一位研究者说的那样，每一个神经元都先做接球手，再做击球手。（Gazzaniga, 1988）

许多轴突，尤其是较大的轴突，被一层称为**髓鞘**（myelin sheath）的脂肪物质包围而与外界隔离，髓鞘由神经胶质细胞组成。而轴突的节点（郎飞氏节）没有髓鞘覆盖，因此轴突被分成一节一节的，就好像一串串香肠那样。（见图 4.4）髓鞘的一个功能是防止神经元的信号相互干扰。此外，正如我们即将看到的，髓鞘还起着加快神经冲动传导的作用。多发性硬化症（multiple sclerosis）患者的轴突由于缺乏髓鞘覆盖，而使神经信号混乱，从而导致知觉丧失、身体虚弱或瘫痪、缺乏协调性或存在视觉障碍。

周围神经系统中所有神经元的神经纤维（轴突，有时是树突）统称为**神经**（nerve），类似电话电缆中的电线。人体有 43 对周围神经，每对神经中的两支神经分别位于身体的左右两侧。这些神经大部分由脊髓发出，只有 12 对由脑发出，称为脑神经，与大脑直接相连。我们将在第六章讲述与味觉、听觉、视觉有关的脑神经。

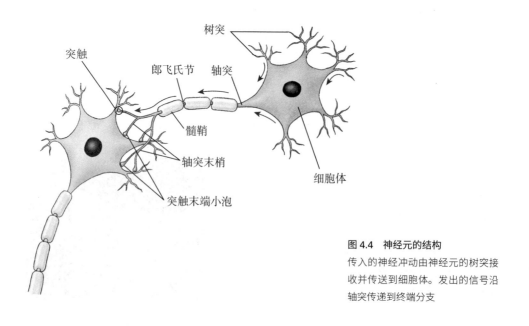

图 4.4 神经元的结构
传入的神经冲动由神经元的树突接收并传送到细胞体。发出的信号沿轴突传递到终端分支

新闻中的神经元

在20世纪的大部分时间里,神经科学家认为,中枢神经系统中的神经元受伤或被损后就不能再生。但如今这种传统观念已被打破。动物实验表明,一些脊髓的轴突经过某些神经系统化学物质的处理是能够再生的。(Schnell & Schwab, 1990)研究者试图控制这个过程,希望将来可以利用轴突的这种再生性,使脊髓受伤的人能再次使用他们的四肢。

在过去的二十年里,科学家也不得不重新思考另一个根深蒂固的假设:哺乳动物在婴儿期后不会产生新的中枢神经细胞。在20世纪90年代早期,加拿大神经科学家将老鼠大脑里发育中的细胞取出,将其浸入生长促进蛋白(growth-promoting protein)中,结果显示这些细胞可以通过一种被称为**神经发生**(neurogenesis)的过程产生新的神经元。更令人惊奇的是,这些新的神经元还能继续分裂和繁殖。(Reynolds & Weiss, 1992)从那时起,科学家发现人类大脑和其他身体器官也包含这种现在通常被称为**干细胞**(stem cell)的细胞。与学习、记忆有关的干细胞似乎在整个成年期都不会停止分裂和成熟。在动物实验中,身体运动和心理活动促进了这些新细胞的产生,并且有助于它们的存活。相反,老化和压力则能抑制新细胞的生成,而尼古丁更可以置新生细胞于死地。(Berger, Gage, & Vijayaraghavan, 1998; Kempermann, 2006; Shors, 2009)

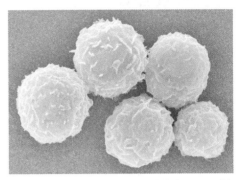

像这样的微小干细胞(在这张照片中放大了1200倍)引起了人们的兴奋和争议

神经发生 由未成熟的干细胞产生新的神经元。

干细胞 自我更新并有潜力发展成成熟细胞的未成熟细胞;在有利的环境下,来自早期胚胎的干细胞可以发育成任何类型的细胞。

干细胞研究既是生物学和神经科学领域最热门的研究之一,也是当前人们争论的一个焦点。在美国,反堕胎激进人士就强烈反对将联邦政府的资金投入干细胞的研究。其原因在于:科学家更愿意使用因堕胎而夭折的胎儿和只有少数细胞生成的几天大的胚胎进行研究(大医院拥有大量这种最终会被丢弃的胚胎,因为医院会为每对尝试人工受孕的夫妇制造许多像这样的"试管婴儿")。胚胎干细胞是非常有用的,因为它们能分化成从神经元到肾脏细胞等任何类型的细胞,但能从成年人身上取到的干细胞是有限的,而且不易存活。科学家已将成年人身体组织上的细胞成功转化为干细胞,其中用得最多的要数皮肤细胞。(例如,Takahashi等,2007;Yu等,2007)同胚胎干细胞一样,这些"诱导多能干细胞"(induced pluripotent stem[iPS]cell)似乎可以生产多种类型的细胞,尽管目前还不清楚它们是否同样具有多种用途。在一项对比测试中,胚胎干细胞造出多于诱导多能干细胞的产出一千多倍的目标细胞。(Feng等,2010)还有些科学家直接将老鼠尾巴的皮肤细胞转换成神经元,而没有预先转换成诱导多能干细胞。(Vierbuchen等,2010)下一步的目标即是研究人类细胞是否同样适用。

宣传组织呼吁这种研究必须继续开展下去,因为移植干细胞最终能帮助大脑、脊髓和身体其他部分受损的病人(如帕金森病患者)康复。科学家已在动物身上取得突破。在一项研究中,一只近期脊椎损失的老鼠在获取从人类胎儿脑组织中提取的干细胞之后,重新获得了正常行走能力。宏观分析显示,多数细胞可转换成神经元,也可成为某种类型的胶质细胞。(Cummings等,2005)2009年,美国食品和药物管理局(FDA)批准了首批关于脊髓损伤病人的小规模研究。(Couzin, 2009)

在与学习和记忆有关的脑区，不成熟的干细胞分裂出新的细胞，来自生理和心理的刺激能促进这些新细胞的生成和存活。这些老鼠有玩具可以玩，有隧道可以探索，有轮子可以跑，还有其他老鼠可以分享它们的笼子。它们比单独生活在标准笼子里的老鼠生长出更多的细胞

突触 神经冲动从一个神经元传递到另一个神经元的部位，包括轴突末梢、突触间隙以及位于接收冲动的神经元的膜上的受体。

动作电位 神经元受到刺激时的暂时的电位变化，有助于产生电冲动。

神经递质 传递神经冲动的神经元在突触处释放的化学物质，能改变接收神经元的活动。

在干细胞研究为人类患者带来实际利益之前，还有很长的路要走，还有很多令人生畏的技术障碍需要克服。增加神经发生率可能缓解或改善某些疾病，但对其他疾病的治疗有负面影响或没有影响。（Scharfman & Hen，2007）我们生活在一个激动人心的时代。每年都有更多关于神经元的令人难以置信的发现，这些发现在很短的一段时间内还像是科幻小说。

神经元之间信息如何传递

神经元并非直接互相接触，首尾相连。事实上，它们之间存在一个被称为**突触间隙**（synaptic cleft）的狭窄空间，在此，一个神经元的轴突末梢几乎与另一个神经元的树突或细胞体相接触。在结构上，**突触**（synapse）是由轴突末梢、突触间隙和位于接收冲动的神经元的膜上的受体构成。由于一个神经元的轴突可能有几百个甚至上千个末梢，一个神经元就可能和很多神经元发生突触联系。因此，神经系统中的通信连接数量可达数万亿，甚至千万亿。

神经元之间相互交流，或者在某些情况下与肌肉或腺体交流，都是通过电或化学性质的语言。当神经细胞受到刺激时，细胞内外的电位就会发生变化。这一过程的物理过程包括带正电荷的钠离子突然瞬间穿过细胞膜流入，然后带正电荷的钾离子流出。其结果是电压的短暂变化，这被称为**动作电位**（action potential），动作电位产生电流或脉冲。

如果一个轴突没有髓鞘，其轴突每个节点上的动作电位都将引起下一个节点新的动作电位，这就有点像是火苗沿着鞭炮的火线行进。而在有髓鞘的轴突上，这个过程就有些不同了。神经冲动在髓鞘下传导是不可能的，部分原因是钠和钾离子，除了在髓鞘"香肠"之间的裂口（节点）外，不能穿过细胞膜。所以，动作电位从一个节点（郎飞氏结 Ranvier's node）"跳跃"到另一个节点。（更精确地说，动作电位在每一个节点上再次出现。）动作电位必须在轴突上的每一节点再生，这种安排使得脉冲的传播速度要快得多。婴儿身上的神经冲动要比更大点的儿童和成年人身上的神经冲动传导得慢。原因在于，新生儿轴突上的髓鞘还未经过充分发育。

一个神经冲动抵达轴突末端的突触小体（buttonlike tip）时，必须通过突触间隙将冲动传递给另一个细胞。位于轴突末梢的细小**突触小泡**（synaptic vesicle）在这时破裂，并释放出上千个被称为**神经递质**（neurotransmitter）的化学物质分子。然后，就像水手把信息从一个岛屿带到另一个岛屿一样，这些分子将分别越过突触间隙。（见图4.5）

当它们到达另一边时，神经递质与**受体**（receptor site）短暂结合，受体是接收信号的神经元树突（有时是细胞体）膜上的特殊分子，与这些受体结合就像钥匙与锁结合一样。于是，接收神经元的膜发生变化而最终导致两种结果：兴奋（电位升高）或抑制（电位降低），这主要取决于哪种受体被激活了。如果影响是兴奋性的，接收神经元继续传导的可能性就会增加，而如果是抑制性的，则相反。神经系统的抑制是非常重要的。没有这种抑制，

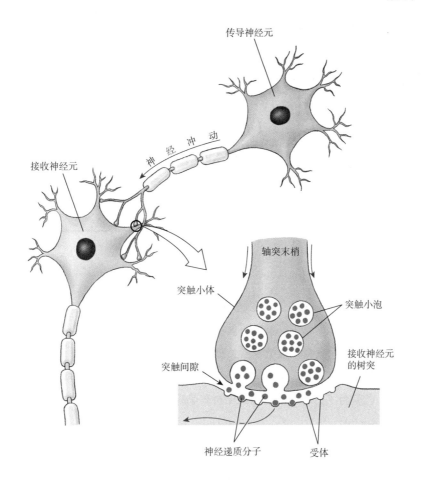

图 4.5 神经递质通过一个突触

神经递质从位于传导神经元轴突末梢的突触小泡中被释放,进入两个神经元的突触间隙中,然后与接收神经元上的受体相结合。于是,接收神经元的电位发生变化,变得可能更容易发动一次神经冲动,而这取决于神经递质的类型

我们就没有睡眠,不能调整自己的运动,如果神经系统的兴奋作用占据了绝对优势,就会导致人的痉挛。

任何特定神经元在任一特定时刻的状态,取决于从另一神经元上接收到的所有信息的整体效果。只有当神经元的电位差达到刺激阈限时才能产生动作电位。包括兴奋性和抑制性的上千种信息可能同时进入神经元,而神经元必须使它们保持相互平衡。信息能否最终到达目的地取决于动作电位由哪个和多少个神经元产生,以及产生这个动作电位的神经元类型和位置,并与神经元产生动作电位的强度无关,因为一个神经元不是一直产生动作电位。就像打开灯的开关,神经元以全或无的方式产生动作电位。

脑的可塑性

当我们出生时,大部分突触还没有形成,但是在婴儿期,就会有大量的新的突触形成。(见图 4.6)轴突与树突继续生长,在树突末梢形成细小的突出部分,被称为树突棘(dendritic spine)。树突与轴突在大小和数量上的增长使得大脑的神经元之间形成错综复杂的联结关系。新学习的知识与有刺激性的环境能促进新神经元的生长,并使得突触的复杂性极大增强。(Diamond, 1993; Greenough & Anderson, 1991; Greenough & Black, 1992; Rosenzweig, 1984)在个体整合和巩固早期经验的过程中,无用的突触逐渐消失,从而最终保留一个更有效率的神经网络。该变化可作为生命早期发生的感觉和认知能力存在发展关

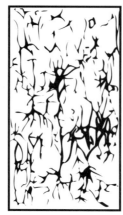

图 4.6 形成连接
新生儿脑内的神经元有间隔地分布，但很快它们就会在互相之间建立联系。这些图片显示，神经元的大小和数量在从出生到15个月中显著增长

出生时　　　3个月时　　　6个月时　　　15个月时

键或者敏感期的又一个例证。在这些时期，习得这些技能的速度是惊人的快，但当这个时期结束时，学习就变慢了，甚至可能变得不可逆转。（Thomas & Johnson, 2008）（语言发展的关键期可参考第三章，视觉发展关键期将在第六章讨论。）可是，突触密度的减少和增加不限于童年期。青春期时会迎来另一个重要发展期，也许这种变化会持续终生。从很大程度上讲，大脑为了适应新生活始终保持着某种灵活性，神经科学家把这种适应能力称为**可塑性**（plasticity）。

可塑性 大脑通过重组或发展新的神经连接来改变和适应经验的能力。

这种惊人的可塑性（适应性）有助于解释为什么有些人大脑受损后却能不可思议地康复；为什么有些人中风后，不能立即回忆出简单的词语，却可以在大约几个月后正常交谈；为什么一些脑部受伤后手臂不能移动的患者却能在物理治疗后手臂使用自如。他们的大脑显然进行了重新整合来适应损伤带来的伤害。（Liepert等，2000）

那些刚出生时或者在生命早期时就很难分辨声源位置的人如何加工视觉信息呢？正常人情况又如何呢？一些盲人的视觉加工区域有可能用来加工其他的感觉输入吗？一个研究小组使用了大脑扫描技术研究了人们定位扬声器声音时所用的脑区。（Gougoux等，2005）其中一些被试视觉正常，另一些在他们很小的时候就成了盲人。当参与者通过双耳听到声音时，有视力的人与视觉相关的枕叶皮层的活动减少，但盲人没有。当一只耳朵被塞住时，那些擅长定位声音的盲人参与者在枕叶皮层的两个区域显示出活动；视力正常的人和定位声音的能力一般的盲人都没有表现出这种激活。激活程度与盲人定位的准确度有关，这说明他们的大脑已经适应了视觉受损的情况，他们利用视觉区域加工听觉等刺激，这是大脑可塑性的典型例证。

通过以上研究，科学家想知道如果正常人被剥夺视觉5天会发生什么状况。在遮住正常被试前，通过扫描发现他们的视觉脑区在涉及听觉和触觉的任务中没有被激活。到第五天时，这些区域竟然在上述任务中被激活了。再次恢复他们的视觉后，视觉区重新恢复正常，不会被听觉等不相关任务激活。（Pascual-Leone等，2005）大脑的视觉区域显然拥有处理非视觉信息所必需的计算机制，但这个机制一直处于休眠状态，直到需要它激活的情况出现。（Amedi等，2005）对那些此生将在黑暗中度过的人来说，大脑会产生新通路，并持续产生结构性调整。

这项研究告诉我们，大脑是一个动态的器官：它的回路不断地被修改，以回应信息、挑战和环境的变化。随着科学家对这一过程的了解越来越深入，他们也许能够运用他们的知识，为那些有感官障碍、发育障碍和脑损伤的人设计更好的康复方案。

神经系统中的化学信使

神经系统这所"房子"如果没有神经递质这种化学信使的存在，就会永远黑暗、毫无生气。下面我们就来更深入地了解这些物质，以及化学信使的另外两种类型：内啡肽和激素。

神经递质：全能的信使

如前所知，是神经递质使一个神经元对另一个神经元的兴奋或抑制产生作用成为可能。神经递质不仅存在于大脑，也存在于脊髓、周围神经系统和某些腺体之中。通过对特定神经通路的作用，这些物质可以影响人的心境、记忆和主观幸福感。这种影响的性质取决于神经递质的类型、位置和水平。被确认或猜想为神经递质的物质已有上百种，而这个数目仍在不断增加。下面列出一些人们较为熟知的神经递质以及它们的一些已被了解或推测的影响：

- 5-羟色胺（serotonin）对神经元的影响包括睡眠、食欲、感知觉、体温节律、疼痛抑制、心境。
- 多巴胺（dopamine）对神经元的影响包括随意运动、学习、记忆、情绪，以及对新鲜事物可能的反应。
- 乙酰胆碱（acetylcholine）对神经元的影响包括肌肉运动、认知功能、记忆和情绪。
- 去甲肾上腺素（norepinephrine）对神经元的影响包括应激时提高心率并减少肠的蠕动、记忆、梦、从睡眠中觉醒以及情绪。
- γ-氨基丁酸（gamma-aminobutyric acid，GABA）是大脑的主要抑制性神经递质。
- 谷氨酸（glutamate）作为大脑中的主要兴奋性神经递质而起作用。

当神经递质水平过高或过低时，就会产生有害影响。γ-氨基丁酸水平异常与睡眠和饮食紊乱以及包括癫痫在内的惊厥性疾患有关。患了阿尔兹海默症的人缺乏制造乙酰胆碱的脑细胞，这会损害他们的记忆功能。产生多巴胺的细胞的缺失是导致帕金森症患者震颤和僵直的原因。多发性硬化症患者的免疫细胞制造了过量的谷氨酸，这种氨基酸会破坏甚至杀死制造髓磷脂的神经胶质细胞。

但是需要注意的是，控制神经递质异常与行为失调之间的关系是非常困难的。每一种神经递质都同时起着多种作用，而且不同神经递质的功能也有相同之处。进一步说，通常更可能是行为失调导致了神经递质水平的异常，而不是神经递质水平异常导致行为失调。尽管使用药物能提高或降低

前重量级拳王穆罕默德·阿里（Muhammad Ali）和演员迈克尔·J. 福克斯（Michael J. Fox）都患有帕金森症，包括多巴胺产生细胞的缺失。他们用自己的名声来引起公众对这一疾病的关注

相应神经递质水平从而有效治疗行为失调，但这并不能说明这种失调是由异常神经递质水平所引起的。毕竟，虽然阿司匹林能缓解头痛，可头痛却不是因为缺少阿司匹林呀！

我们很多人经常摄取影响自己神经递质的东西。即使是普通的食物也会影响大脑中神经递质的可用性。大多数消遣性药物是通过阻断或增强神经递质的作用来产生药效的。还有一些草药也是如此。圣约翰草（St. John's wort）常被用于治疗抑郁症，它阻止释放5-羟色胺的细胞重新吸收残留在突触间隙中的多余分子，因此，5-羟色胺水平会上升。许多人没有意识到，这些药物会影响神经系统的生物化学反应，会与其他药物相互作用，剂量大了就会有害。

内啡肽：大脑的天然镇静剂

另一群令人感兴趣的化学信使被统称为"内源性阿片样肽"（endogenous opioid peptide），也常被称为**内啡肽**（endophin [en-DORfin]）。内啡肽的作用类似于阿片制剂药物，就是说，它们能缓解疼痛而增加愉悦感。它们也对食欲、性活动、血压、情绪、学习以及记忆起作用。某些内啡肽的功能类似于神经递质，但是大多数内啡肽必须通过如限制或延长等方式来改变神经递质的影响而起作用。

在人或动物感到害怕或处于压力中时，内啡肽的水平似乎会迅速升高。这并非偶然，通过在不利情境中忍受苦痛的方式，内啡肽赋予一个种族进化上的优势。有机体受到威胁时，需要做出一些快速的反应。然而，疼痛会妨碍行动：如果老鼠停下来去舔受伤的爪子，它就可能成为猫的晚餐；如果士兵不能克服受伤带来的疼痛，他也许再也不能离开战场。当然，机体对抗疼痛的内在系统仅是在一定程度上发挥了作用，尤其是当导致疼痛的刺激持续出现时，它就可能束手无策了。

在第十四章中，我们会了解到内啡肽与人类依恋之间的关系。有关动物的研究发现婴儿与母亲之间的频繁接触刺激了内啡肽的分泌，进而强化了亲子之间的亲密关系。一些研究人员认为，在成年人之间的激情之爱的早期阶段，内啡肽分泌量会迅速增加，这也是坠入爱河中的人们具有欣快感的原因。（Diamond，2004）

内啡肽 神经系统中在结构和作用上类似阿片剂的化学物质，它们参与缓解疼痛、增强愉悦感以及记忆过程，在技术上被称为内源性阿片样肽。

看，内啡肽——它们非常合法

激素：长途信使

激素（hormone）是第三类化学信使，主要由**内分泌腺**（endocrine gland）分泌。它们被直接分泌到血液之中，然后由血液把其运送到可能远离其分泌部位的各器官和细胞中。激素具有很多的功能，比如促进机体生长、帮助消化和调节新陈代谢。神经递质和激素的化学成分并无严格区分，这两种类别就像是两个俱乐部，允许有相同的成员。特殊的化学物质，如去甲肾上腺素，可能就不只属于一个类别，其类别取决于其位置和执行的功能。大自然能充分赋予一些物质多种功能。

接下来我们讲述几种心理学家最感兴趣的激素：

激素 由被称为腺体的器官分泌、能影响其他器官的功能的化学物质。

内分泌腺 分泌激素并将其释放到血液中的内部器官。

1 褪黑素（melatonin），由处于脑内深处的松果体分泌，有助于调节日常生物节律、促进个体睡眠，我们将在第五章详细阐述其功能。

褪黑素 松果体分泌的一种能调节人体日常生物节律的激素。

2 催产素（oxytocin），由脑垂体——这是大脑中另一个较小的腺体——分泌，它既有利于分娩时的子宫收缩，还有利于育婴期的母乳生成。由于催产素与**抗利尿激素**（vasopressin）对促进信任与归属，改善两性关系有帮助，所以心理学家对该激素也很有兴趣。（见第十四章）

催产素 由脑垂体分泌，它既有利于分娩时的子宫收缩，还有利于育婴期的母乳生成。可能有助于促进信任与归属，改善两性关系。

3 肾上腺激素（adrenal hormone），由肾上腺（adrenal gland，位于肾脏上方）分泌，与情绪和压力相关。（见第十三章）这些激素的水平在没有情绪反应出现时也会升高，如受热、遇冷、疼痛、受伤、被灼伤、进行体育运动时，这种反应同样出现于摄取如咖啡因和尼古丁等这类麻醉剂的时候。每个肾上腺的外侧会产生**皮质醇**（cortisol，它能提高血糖水平，增加能量），内部会产生**肾上腺素**（epinephrine）和**去甲肾上腺素**（norepinephrine）。当肾上腺激素在你体内被释放，被交感神经系统激活时，它们会提高你的觉醒水平，让你为行动做好准备。肾上腺激素也能增强记忆，我们将在第八章中讨论。

肾上腺激素 肾上腺分泌的激素，与情绪和压力有关。

4 性激素（sex hormone），由性腺组织（男性为睾丸，女性为卵巢）及肾上腺分泌；包括三种主要类型；两性在青春期开始后都会分泌这三种类型的性激素，但在数量和比例上有所不同。**雄性激素**（androgen，睾丸素[testosterone]中最重要的一种）是主要由睾丸、同时也由卵巢和肾上腺分泌的男性激素。雄性激素引起男性青春期时的生理变化——如声音变粗，出现胡须和胸毛——并导致男女阴毛和腋毛的生长。睾丸素也影响着两性的性唤起。**雌性激素**（estrogen）是引起女性青春期时生理变化——如促使乳房发育、月经来潮——的雌性激素，并影响着月经的周期。**孕酮**（progesterone）最主要的作用是使子宫内

性激素 调节生殖器官的发育和功能、促使两性性征发展的激素，包括雄性激素、雌性激素和孕酮。

快速测验

通过做这个测验，使你神经递质中的谷氨酸发挥作用。

一、括号中的哪个词语最适合下列定义？
1. 神经系统的基本建筑材料（神经/神经元）
2. 接受神经冲动的细胞部分（轴突/树突）
3. 神经元之间传递信息的位置（突触/髓鞘）
4. 大脑中类似阿片剂的物质（多巴胺/内啡肽）
5. 使得神经元可以传递信息的化学物质（神经递质/激素）
6. 与情绪兴奋密切相关的激素（肾上腺素/雌性激素）

二、想象你正处于抑郁之中，然后你听说有一种药物能通过影响一些被认为与这种情绪失调相关的神经递质水平治疗抑郁。根据所学知识，在决定是否尝试这种药物之前你应该询问哪些问题？

答案：一、1.神经元 2.树突 3.突触 4.内啡肽 5.神经递质 6.肾上腺素 二、你可能需要问，该药有什么副作用（每种神经递质都有好几种功能，这些功能都可能受到药物的影响），所学知识的依据是什么，以及是否有其他治疗的神经递质水平的非药物治疗方案并且其作用同样有效。

膜发育并维持其正常功能，从而为受精卵着床做好准备。雌性激素和孕酮主要由卵巢分泌，同时睾丸和肾上腺也能分泌。

目前，研究人员正就性激素在与性和生殖无直接联系的行为中的可能作用展开研究。例如，很多研究者认为，机体自然分泌的雌性激素能通过促进大脑特定区域突触的形成，来改善人的学习和记忆能力。(Lee & McEwen, 2001; Maki & Resnick, 2000; Sherwin, 1998a) 对于性激素的无性效应，人们普遍接受的看法是，它能使雄性激素和雌性激素的水平发生不规则的变化，从而引起女性月经前的"情绪化"反应。正如我们将在第五章中看到的，对于这一观点，目前还没有研究加以证明。

> 你将会学到
>
> - 为什么大脑中的（生物）电活动方式被称为"脑电波"？
> - 使用什么扫描技术能看出人在听音乐和做数学题时大脑活动的变化？
> - 研究脑时扫描技术的局限性。

<124>

大脑成像

我们现在来到神经系统这所房子的"主房间"——大脑。把从人体中取出的大脑储存在一个充满甲醛溶液的容器里，这并不让人兴奋——它看起来只是一团有点儿像大胡桃的、灰色的、充满褶皱的组织。需要发挥一些想象力，想象正是这个朴实的器官创作了《哈姆雷特》、发现了镭、发明了回形别针。

脑电图 由电极探测到的神经活动的记录。

当然，活人的大脑装在厚的、可以起保护作用的颅骨内。那么科学家如何研究大脑呢？一种方法是研究那些因疾病或受伤而部分大脑受损或被切除的患者。另一种是通过破坏或切除动物的部分大脑，而后观察其影响来进行研究。

电磁检测

我们也可以使用一种称为**电极**（electrode）的装置来研究大脑。某些电极外形如同硬币，较易在头皮上粘贴固定，它们可以探测到大脑特定区域的上百万个神经元的生物电活动，已被广泛应用于研究和临床诊断。电线把电极连接到一台可将生物电能转换成记录纸或屏幕上的线状波形图的机器上。这就是大脑内的电活动方式被称为脑电波的原因。在睡眠、放松和精神集中等不同情况下的脑电波图形是不同的。（见第五章）

脑电波记录的数据被称为**脑电图**（electroencephalogram, EEG）。一个标准的脑电图虽然实用但并不精确，因为它所反映的是大量神经元的同时活动。通过一台脑电图仪来"倾听"大脑的活动，就好像人站在运动场外：你能知道里面有些事情正在发生，但却不能确定发生

电极被用来产生大脑不同区域的电活动的整体图像

的是什么以及是谁使其发生。幸运的是，计算机技术可以与脑电图技术相结合，从而获得与特定事件和心理过程相关的大脑活动模式的更清晰的图像。计算机禁止所有的背景"噪声"，只留下用于研究的事件相关电位数据。

为得到更精确的信息，研究者使用能插入裸露的大脑或通过颅骨上的小洞插入大脑的针形电极（needle electrode）、极细的导线和空心玻璃管。虽然大脑本身处理着人体所有的感觉和情绪，但当它自己被碰触时，竟然不会产生任何感觉，所以只需对颅骨和脑膜进行麻醉即可。因此患者或动物可以清醒地经历这一过程，而不会感到痛苦。针形电极不仅能被用来记录脑电的活动，还能以微弱的电流刺激大脑。对特定区域的刺激常会导致个体产生特定的感觉或动作。微电极极其精细以至于能被插入到单个神经元之中。

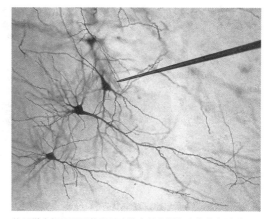

使用微电极记录下的猴子大脑中单个细胞产生的电冲动

作为刺激脑细胞的一种较新的方法，**经颅磁刺激**（transcranial magnetic stimulation，TMS）通过放置在头部的线盘产生强电流。电流产生的磁场约为地球自然磁场的 40000 倍。此间会使线盘下的神经元放电。它可以用来产生运动反应（比如，拇指抽搐或膝盖痉挛），也可以被研究人员用来短暂地使某个区域失去活动，并观察其对行为功能的影响，实际上，这是一种虚拟（和暂时的）机能障碍法（lesion method）。它的缺点就是当神经元放电时，会激活其他无关神经细胞，所以常常很难分清哪些神经元是与任务相关的。经颅磁刺激还可以用于抑郁症的治疗（见第十二章），但目前它的效力还需要进一步证明。

经颅磁刺激 一种刺激脑细胞的方法，使用放置在头部上的线圈产生的强大磁场；它被研究人员用来暂时地使神经回路失活，也被用于治疗。

扫描大脑

20 世纪 70 年代中期以来，人们发现了更多令人惊奇的研究大脑的途径。**正电子放射断层造影术**（positron-emission tomography，PET）使用与解剖学截然不同的方法来研究大脑的生化变化。一种类型的 PET 扫描是利用了这个事实：神经元代谢作为人体主要能量来源的葡萄糖，使之转化为能量。研究者在被试体内注入一种含有无害的放射性成分的类似葡萄糖的物质。这种物质在特别活跃、能快速消耗葡萄糖的脑区累积。扫描装置依次探测其放射出的射线，然后得到经计算机处理的图像。这种显示在显示屏上的图像表示了大脑的生化活动状况，不同的颜色表示活动的不同水平。其他类型的 PET 扫描通过测量血流量或氧的消耗量来反映大脑某一区域的活动状态。

正电子放射断层造影术 一种分析大脑生化活动的方法，其中一种方法使用注射含有放射性元素的类葡萄糖物质。

最初设计用来诊断大脑功能异常的 PET 扫描显示出，那些情绪障碍患者的一些大脑区域要么异常安静，要么异常活跃。PET 技术也能显示在正常活动或情绪状态下，大脑中的哪些区域活跃。研究人员可据此判断，人在听歌、回忆伤心往事、解决数学问题、将注意力由一个任务转向另一个任务、看着自己的恋人走进房间等不同情境中，其大脑的哪些区域最活跃。图 4.7（a）的 PET 扫描图显示了完成不同任务时正常大脑的活动状况。

磁共振成像（magnetic resonance imaging，MRI）技术是另一种研究大脑功能的技术，它不通过注射化学物质就能探测到大脑的"内部空间"。强大的磁场和无线电频率被用来在组成人体器官的原子核中产生振动。这种振动被特殊的接收器接收为信号。计算机分析这

磁共振成像 利用磁场和特殊的无线电接收装置研究机体和脑组织的方法。

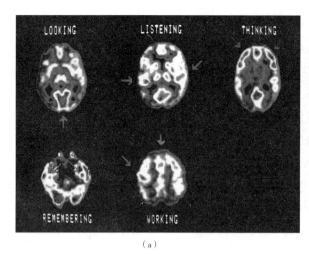
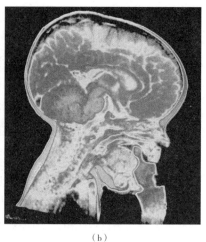

图 4.7　扫描大脑

在左侧的正电子放射断层造影中，箭头指向的地方表示一个人做不同的事情时大脑活动最多的区域。右侧的磁共振成像显示了孩子的大脑，以及在获取图像时他用来喝水的瓶子

些信号，考虑它们的强度和持续时间，然后将它们转换成一个高对比度的器官图像。（见图4.7b）一种超快版本的磁共振成像被称为**功能性磁共振成像**（functional MRI, fMRI），它可以在人执行一项任务——比如读句子或解谜——时每秒多次捕捉到大脑的变化。如今，美国各地的数千家机构都在使用磁共振成像进行研究和评估。

其他的方法也随着时间的流逝而变得可行。研究人员正在使用 fMRI 扫描，将特定大脑区域的活动与从种族态度到道德推理到精神冥想的一切事物联系起来。一个被称为神经营销学的应用领域的研究人员甚至利用它们来研究当人们看电视广告或政治广告时大脑的哪个部分被激活。

争议和警示

尽管这些发展和技术振奋人心，需要我们清醒的是，技术不能替代批判性思维。（Wade, 2006）由于脑成像技术更加科学，更加接近"真相"，以至于很多人忘记了这样一个事实，脑成像会得出过分简单化，有时甚至是有误导性的信息。使用 PET 技术时，通过调节色度，可加强或者削弱脑间对比。小的差异会显得更加突出，而较大的则会更加模糊。因使用色度不同，被试的脑图像可能会完全不同，如图 4.8 所示。（Dumit, 2004）

此外，在 fMRI 研究中，有问题的统计程序常常会产生大脑活动与人格和情绪测量之间高度夸大的相关性。（Vul 等，2009）但是媒体常常会片面地报道这些结果，给人们造成的错觉是神经科学家懂得很多有关脑与心理活动关系的知识，可实际上这些报道言过其实了。

最后一个需要我们保持谨慎态度的理由是：到目前为止，脑成像技术还没有明确地说明我们头脑里面到底发生了什么，不管是心

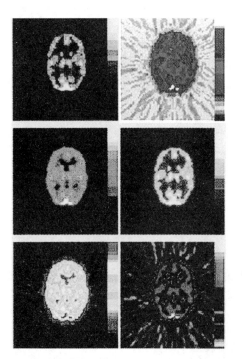

图 4.8　着色大脑

通过改变 PET 扫描中使用的颜色，研究人员可以创建出明显的大脑差异外观。但这些扫描实际上是同一大脑的图像

理还是生理的。我们只能知道发生的位置但不清楚原因和方式——不同的神经回路是如何生成行为的。对技术的热情带来了大量的发现，但它也导致了一些关于大脑中枢，或这种或那种行为的关键回路的毫无根据的结论。如果当你对爱人有火热之情时，你知道大脑的一部分在活动，你将如何看待爱情？当你观看一些电影中的类似情节时，或者看到一杯热溶圣代时，抑或是骑着自己心爱的骏马穿越山丘时，这个区域是否同样会被激活呢？

对大脑扫描技术进行批判性思考

由于这些原因，心理学家把这种对大脑中心和通路的探索称为"新颅相学"。（Uttal, 2001）一位科学家（引自 Wheeler, 1998）做出这样的类比：一个研究者扫描了一些爱嚼口香糖的志愿者的大脑，发现了他们嚼口香糖时活跃的脑区，然后就声称自己找到了大脑中的"嚼口香糖中枢"！

尽管的确有一个"嚼口香糖中枢"，但你的和其他人的却不在一个地方。每个大脑都是独一无二的，因为，首先在我们出生时都有一个独特的基因包，其次生活中的经历在持续地改变着大脑的生化和神经网络。因此，如果你是一个弦乐音乐家，你脑中与音乐有关的区域应该比非专业人士大一些，你演奏的时间越长，相应的区域就会越大。（Jancke, Schlaug, & Steinmetz, 1997）假如你是个出租车司机，负责环境中视觉表征的海马区通常也会大于普通人。（Maguire 等, 2000）技术的进步也常常会造成误解：所有的大脑都差不多——只要我们扫描几个被试，就可以了解所有人的大脑。

使用大脑扫描技术所进行的描述性研究只是了解大脑加工过程的第一步，却振奋人心。我们将在本书中报告许多利用 PET 扫描和 MRI 研究得到的发现。大脑再也不能躲在头骨的堡垒后面躲避研究人员了。

> **你将会学到**
>
> - 大脑的主要组成部分及其功能。
> - 为什么说大脑表面有许多褶皱是一件好事？
> - 19 世纪的一桩奇异事件是如何说明额叶的功能的？

漫游大脑

大多数大脑现代理论推测人脑的不同部分执行不同的（尽管也有相同的）任务。这种被称为大脑皮层**机能定位**（localization of function）学说的观点，最早可追溯到约瑟夫·加尔（Joseph Gall, 1758—1828），这位奥地利解剖学家认为，人格特质反映在大脑特定区域的发展中。加尔的这种颅相学理论虽然是完全错误的，但他关于大脑机能分区的思想却有一定的价值。

机能定位 特殊的大脑区域用于特殊的功能。

为了了解各种脑组织的功能，让我们在大脑中进行一次想象中的漫游。现在想象你变得极其微小，从位于脊髓上部的大脑最靠下的部分开始，漫步于通过"灵魂的脆弱居所"的路上。图 4.9 显示了我们将在这次漫游中遇到的主要结构，在接下来的学习中你也许需要查阅此图。但谨记，在任何活动中——感受一种情绪、产生一个想法、执行一项任务——许多不同的结构都会有所涉及。因此，我们在此只进行简单描述。

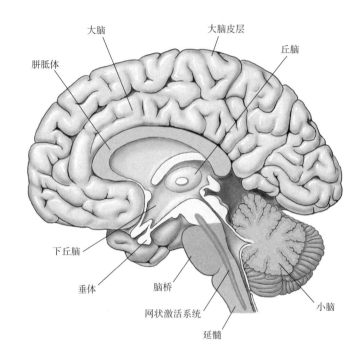

图 4.9 人脑的主要结构
这个横截面描绘的大脑好像被分成了两半。视图是右半部分的内表面，它显示了文本中描述的结构

脑干

脑干 位于脊髓顶部的大脑部分，包括延髓和脑桥。

脑桥 包含在脑干中的一个结构，与睡眠、觉醒、梦等活动有关。

延髓 脑干中的一个结构，负责某些无意识机能，如呼吸、心跳等。

网状激活系统 位于脑干中心的神经元密集网络，负责唤醒皮层及过滤输入信息。

我们就从位于颅骨底端的**脑干**（brain stem）讲起。脑干看起来就像脊髓发出的一个叶柄，上位脑区的输入和输出通路都要通过脑干的两个主要部分：延髓和脑桥。**脑桥**（pons）与睡眠、觉醒、梦有关（还有其他的功能）。**延髓**（medulla [muh-DULuh]）负责不需要意识努力的身体机能，如呼吸、心跳等。很久以前，绞刑就作为一种处决犯人的方法而被使用，正是因为脖子被勒住时，来自延髓的神经通路被切断，呼吸就会停止。

从脑干中心向上的延伸就是**网状激活系统**（reticular activating system，RAS）。这种神经元密集网络，从脑干上方延伸至大脑中枢，并与脑内更靠上的区域相连，它负责筛选输入的信息，并维持高级中枢对需要注意事件的唤醒状态。如果没有网状激活系统，我们就不能保持警觉甚至也许不能产生意识。

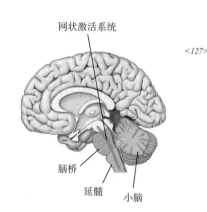

小脑

小脑 调节运动和平衡的脑结构，与某种高级认知活动有关。

站在脑干顶部，面朝脑的背部，我们能看到一个小拳头大小的结构，这就是**小脑**（cerebellum），或者说"次要的脑"，它起着维持身体平衡、协调肌肉运动以使动作流畅精确的作用。如果小脑受损，你就会变得非常笨拙，而且动作不协调。你可能在使用铅笔、穿针引线，甚至行走时都会发生困难。另外，小脑也与某些简单技能的记忆和条件反射有关。并且，许多迹象表明，小脑不像人们以前所认为的那样只是一个运动中枢，也不像它的名字所暗含的那样"次要"：它似乎也参与复杂的认知任务，如分析感觉信息、解决问题和理解语词等。

丘脑

深入到大脑内部，我们能看到**丘脑**（thalamus），这个忙碌的大脑交通官。感觉信息传导到大脑时，丘脑指挥它们进入高级中枢。例如，丘脑指挥日落景象所发出的信号传入视觉区，指挥双簧管的乐音产生的信号传入听觉区。唯一不通过丘脑的感觉信息是嗅觉，它拥有自己独特的转换站，即**嗅球**（olfactory bulb）。嗅球位于情绪区附近，也许这就是为什么特殊的气味——如刚洗熨过的衣服所发出的气味、栀子花的清香、烤肉架上滋滋作响的烤肉的香味——常能使人回忆起重要的个人经历。

丘脑 传递感觉信息至大脑皮层的脑结构。

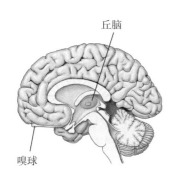
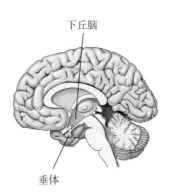

下丘脑与垂体

位于丘脑的下部的结构被称为**下丘脑**（hypothalamus）。下丘脑与个人和种族的基本生存动机有关，如饥饿、干渴、情绪、性及繁殖。下丘脑通过出汗或发抖来调节体温，并控制自主神经系统的复杂操作过程。它还包含能控制人体日常节律的生物钟。（见第五章）

在下丘脑的下部，悬挂着一个樱桃大小、被称为**垂体**（pituitary gland）的内分泌腺，通过一个短茎与下丘脑相连。因为能分泌影响许多其他内分泌腺的激素，垂体又常被称作机体的"主腺"。但这个所谓主管其实只是一位监督者，真正的老板是运送化学物质到垂体的下丘脑，它向垂体表明应该何时与其他内分泌腺"交谈"。接下来，垂体就将分泌的激素信息运送到这些内分泌腺。

我们通常认为，是下丘脑和我们接下来要讲的两个部分，组成了一个内部连接松散的结构，即**边缘系统**（limbic system），如图 4.10 所示。（limbic 一词来自拉丁文，有"边界"的意思：这些结构形成了一个上脑区和下脑区之间的边界。）一些解剖学家也将丘脑的一些部分归于这个系统。这个区域的结构与人类和动物所共有的，诸如愤怒和恐惧这类情绪关系密切。（MacLean，1993）目前对于边缘系统作为一套整体结构的有效性还存在着争议，因为这些结构还具有其他功能，而且边缘系统外部的一些脑区也与情绪有关。但是，边缘系统这个术语仍在研究者中间广泛使用，因此我们对此进行了介绍，以便你了解这些有关边缘系统的知识。

下丘脑 与如恐惧、饥渴、繁殖等情绪和基本生存动机有关，并能调节自主神经系统的脑结构。

垂体 位于大脑底部、体积较小的内分泌腺，能分泌多种激素，并能调节其他内分泌腺的活动。

边缘系统 与情绪反应和由动机启动的行为有关的一些脑区。

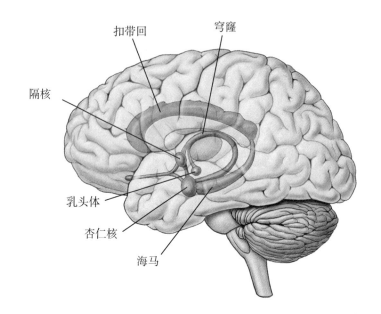

图 4.10 边缘系统
边缘系统的结构在记忆和情绪方面起着重要的作用。文章描述了其中的两个结构，杏仁核和海马。下丘脑也经常作为边缘系统的一部分

杏仁核

杏仁核 与唤起和调节情绪、对感觉信息进行最初情绪反应有关的脑结构。

杏仁核（amygdala［uh-MIGdul-uh］）（来源于古希腊语中"杏仁"一词）似乎负责评估感觉信息，迅速确定情绪的重要性，并有助于初步做出接近还是避开一个人或一种情境的决定（见第十三章），如立即对危险或威胁做出判断。杏仁核也对调解焦虑和抑郁有重要的作用，PET 扫描显示抑郁和焦虑症患者的边缘系统的神经活动较多。（Davidson 等，1999；Drevets，2000）此外，杏仁核还参与了情绪记忆的生成和检索。（见第八章）

海马

海马 与储存记忆中的新信息有关的脑结构。

另一个传统上被认为属于边缘系统的区域是**海马**（hippocampus），由于外形很像海马而得名。这个结构可将感觉信息和大脑中已有知识进行对比，以此对外部环境进行预期。当预期与实际符合时，海马就告诉网状激活系统保持"平静"。这是因为，神经的警铃没有必要每次在有车经过、鸟叫或者你感到唾液从喉咙里流下来时都开启！

海马也常被称为"记忆之门"，它可使我们形成空间记忆，因此我们才能在周围环境中准确地辨认方向。而且，海马可以与周围的脑区一起，使我们能够形成关于行为和事件的新的记忆，即识别一朵花、讲述一个故事或者回忆一次假期旅行之类的信息。然后，这个信息就被储存在大脑皮层，以供我们使用。例如，当你回忆昨天遇到的某人时，这个记忆的各个方面——此人的问候、说话的语调、外貌和地点等信息——很可能储存于大脑皮层的不同区域。若没有海马，这些信息就永远不会抵达目的地。这种结构与回忆式的信息检索也有密切关系，我们将在第八章进行讨论。

大脑 位于脑的上部，是体积最大的脑结构，负责大部分感觉、运动和认知加工。"大脑"一词来源于拉丁文"脑"。

大脑

继续向上漫游，我们来到人脑中体积最大的部分——**大脑**（cerebrum［suh-REEbrum］）。

大脑有着花椰菜一样的外观，它是高级思维形式的发生地。人脑神经通路的复杂性远远超过当今世界上的任何一部电脑，其复杂神经通路的大部分就包含在大脑之中。与其他生物相比，人类也许更笨拙、脆弱，皮肤也更薄一些，但发育充分的大脑能使我们克服所有这些缺陷，并能创造性地控制我们周围的环境（也有些人认为是在破坏环境）。

大脑分为左右两个独立的部分——**大脑半球**（cerebral hemisphere），并由**胼胝体**（corpus callosum [CORE-puhs cah-LOWsuhm]）——粗大的纤维束连接。一般来说，右半球负责左侧身体，左半球负责右侧身体。正如我们即将看到的，两个半球承担着某些不同的任务和功能，这种现象就是大脑的**单侧化**（lateralization）。

大脑皮层

通过脑的顶部，继续漫游，我们就会发现大脑的表面包裹着若干层结构紧密的细胞薄层，这就是**大脑皮层**（cerebral cortex）。像其他脑区一样，大脑皮层的细胞体能产生一种灰色的组织，灰质（gray matter）这个术语因此而得名。在大脑的其他部分（以及神经系统的其余部分），大量较长并有髓鞘覆盖的轴突汇集成脑的白质。尽管大脑皮层的厚度只有 3 毫米，但它却包含了人脑中约 3/4 的神经元。大脑皮层有许多沟、裂和褶皱，这种构造使得皮层能容纳下它的几十亿个神经元，而不需要我们长出巨人般的脑袋——因为脑袋太大，我们无法出生。其他哺乳动物所拥有的神经元要比人类少很多，其大脑皮层的褶皱也较少，例如，老鼠的大脑皮层就相当平滑。

皮层的脑叶

在每个大脑半球中，较深的沟裂将皮层分成四个不同的区域，我们将其称为脑叶（见图 4.11）。

- **枕叶**（occipital [ahk-SIP-uhtuhl] lobe）（来自拉丁文 "头部之后"）位于脑后靠下的位置。除此之外，枕叶还包含着**视觉皮层**（visual cortex），视觉信号在此接受加工。视觉皮层受损会削弱视觉的识别功能，甚至致盲。

大脑半球 大脑的两半。

胼胝体 连接大脑两半球的神经纤维束。

单侧化 大脑两半球进行精细操作的专门化。

大脑皮层 覆盖于大脑表面的数层细胞薄层，主要负责高级心理机能活动。"皮层"一词来源自拉丁文"树皮"或"外壳"。

枕叶 大脑皮层后部靠下部分的脑区，包括接收视觉信息的区域。

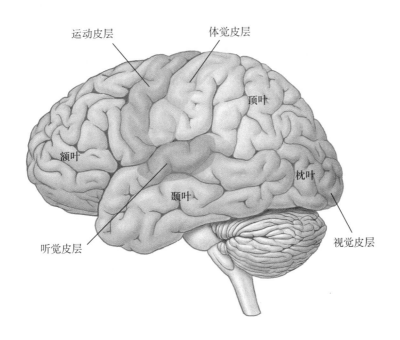

图 4.11 大脑的脑叶
较深的沟裂将大脑半球的皮层分为四个区域

顶叶 大脑皮层顶部的脑区，包括接收与压力、疼痛、触觉及温觉有关的信息的区域。

颞叶 大脑皮层两侧的脑叶，与听觉、记忆、知觉、情绪，以及言语理解（一般出现在左颞叶）有关。

额叶 大脑皮层前方的脑叶，与短时记忆、高级思维、自主、社会判断，以及言语生成（一般出现在左额叶）有关。

- **顶叶**（parietal [puh-RYE-uhtuhl] lobe）（来自拉丁文"固定在墙上"）位于脑的顶部。顶叶包含**躯体感觉皮层**（somatosensory cortex），接收来自全身的、有关压力、疼痛、触觉和温觉的信息。接收手部和面部信号的躯体感觉皮层区域大得不成比例，因为这些身体部位特别敏感。

- **颞叶**（temporal lobe）（来自拉丁文"太阳穴附近"）位于大脑两侧，耳朵之上、太阳穴以下的区域。颞叶与记忆、知觉、情绪有关，并包含处理声音刺激的**听觉皮层**（auditory cortex）。左侧颞叶的一个区域被称为**威尔尼克区**（Wernicke's area），与语言理解能力有关。

- **额叶**（frontal lobe），就像其名字所指，额叶位于脑的前部，额部颅骨的下方。额叶包含**运动皮层**（motor cortex），对人体产生随意运动的六百多块肌肉发出指令。在左侧额叶，**布洛卡区**（Broca's area）控制着言语生成。在短时记忆任务中，额叶非常活跃。额叶也与制订计划、创造性思考和主动行动等能力有关。

由于具有不同的功能，大脑皮层的各脑叶受到刺激时的反应会有所不同。如果一个外科医生对你的躯体感觉皮层施以电刺激，你会感到皮肤上有刺痛的感觉，或感到被轻轻地碰触。如果你枕叶中的视觉皮层受到与电有关的刺激，你会感到闪光划过或色彩旋动。但奇怪的是，皮层的许多区域受到刺激时，却没有任何反应。这些"沉默"的区域有时被称为**联合区**（association cortex），因为它们与高级心理过程有关。

前额叶皮层

心理学家对额叶最前端的部分，即**前额叶皮层**（prefrontal cortex）特别感兴趣。在老鼠的大脑中几乎没有前额叶皮层，前额叶皮层只占猫的大脑皮层的3.5%，占狗的大脑皮层的7%，但却占到人的大脑皮层的1/3。它是我们大脑最新进化的部分，与推理、决策、计划等复杂能力有关。

科学家很早就认识到，额叶，特别是特定区域的前额叶皮层，很可能与人格有关。第一个线索出现在1848年，一次偶然的事故使一根1英寸（2.54厘米）宽、3.5英尺（约1.07米）长的铁棍穿过了一个名叫菲尼亚斯·盖奇（Phineas Gage）的年轻铁路工人的头部。正如你在下图中看到的，这根铁棍（它现在与盖奇的颅骨一起在哈佛大学展览）从盖奇左眼下方穿入，从头顶穿出，毁掉了他的大部分前额叶。（H. Damasio 等，1994）不可思议的是，盖奇竟从这次损伤中活了下来，并且保持着讲话、思考和记忆的能力。但是根据这起事故的报告，他的朋友抱怨说他"不再是盖奇了"。在一种双面人（Jekyll-and-Hyde）转换中，他从一位温和、友善、有效率的工作者变成了一个满口脏话、坏脾气、靠不住、不能坚持一份稳定的工作或计划的笨蛋。老板开除了他，他不得不以马戏团的形象来展示自己。

现在，人们对这个不幸事件的细节存在一些争议。但是许多其他有关脑损伤的案例支持了大多数科学家从盖奇病例中得到的结论：额叶的一些区域与人的社会判断、理性决策，以及树立目标、制订并执行计划的能力有关。就像盖奇那样，这些区域存在脑损伤的人有时会对财务处置失当、失业和背弃朋友。有趣的是，由脑损伤产生的心理障碍通常伴随着

 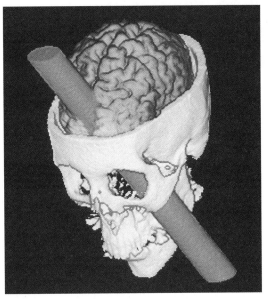

左边是目前所知的菲尼亚斯·盖奇的唯一一张照片,这张照片是他从一次事故中康复后拍摄的,一根铁棒穿透了他的头骨,极大地改变了他的行为和性格。大约一个半世纪以来,大脑损伤的确切位置一直存在争议,直到汉娜(Hanna)和安东尼奥·达马西奥(Antonio Damasio)和他们的同事(1994)通过测量盖奇的头骨和观察正常大脑的磁共振成像来绘制杆子可能的轨迹。右侧的重建显示,损伤发生在与情绪处理和理性决策相关的前额皮层

某些症状,如情绪和感觉的淡漠,这说明正常的情绪体验是日常推理与反省能力的必需品。(Damasio,1994,2003;Levenson & Miller,2007)

额叶还可以支配人们从事以恰当顺序排列的连续任务,并在合适的时间使其停止。苏联心理学先驱亚历山大·鲁利亚(Alexander Luria,1980)研究了许多因大脑额叶损伤而导致这些能力存在缺陷的案例。鲁利亚观察的一个被试总是试图点燃已经烧着的火柴,还有一个被试,总是在医院的木工商店刨木板,木板被刨光,他就继续刨工作台!

快速测验

又到了了解你的大脑如何工作的时间了。

将左侧的描述与右侧的术语进行匹配。

1. 过滤不相关的信息　　　　　　　　　　　　A. 网状激活系统
2. 被看作"记忆之门"　　　　　　　　　　　B. 大脑
3. 控制自主神经系统,与和生存有联系的动机有关　C. 海马
4. 由两个半球组成　　　　　　　　　　　　　D. 大脑皮层
5. 大脑表面的褶皱状覆盖物　　　　　　　　　E. 额叶
6. 包括运动皮层,与计划和自主行为有关　　　　F. 下丘脑

答案:1.A 2.C 3.F 4.B 5.D 6.E

你将会学到

- 如果大脑两半球失去联系,它们能感觉不同的情绪,思考不同的问题吗?
- 为什么研究者常称左半球为"优势半球"?
- 为什么"左脑人""右脑人"是夸大其词?

大脑的两个半球

我们已经了解大脑被分为两个半球,控制身体相对的两边。尽管两个半球结构相似,但其先天的能力有所不同,或者说是各个区域都有其特定的功能。

裂脑:房子分成两半

每个正常大脑的两个半球都是通过胼胝体——连接两个半球的神经纤维束——互相联系的,在一个半球中发生的事情即刻就传递到另一个半球。那么如果切断两个半球的联系,会发生什么呢?

1953年,罗纳德·E. 迈尔斯(Ronald E. Myers)和罗杰·W. 斯佩里(Roger W. Sperry)迈出了这方面研究的第一步,他们切断了猫的胼胝体。通常,每只眼睛(无论是猫的还是人的)将信息同时传递到两个半球。(见图4.12)但是胼胝体被切除后,猫的左眼就只能将信息传送到左半球,而右眼也只能将信息传送到右半球。

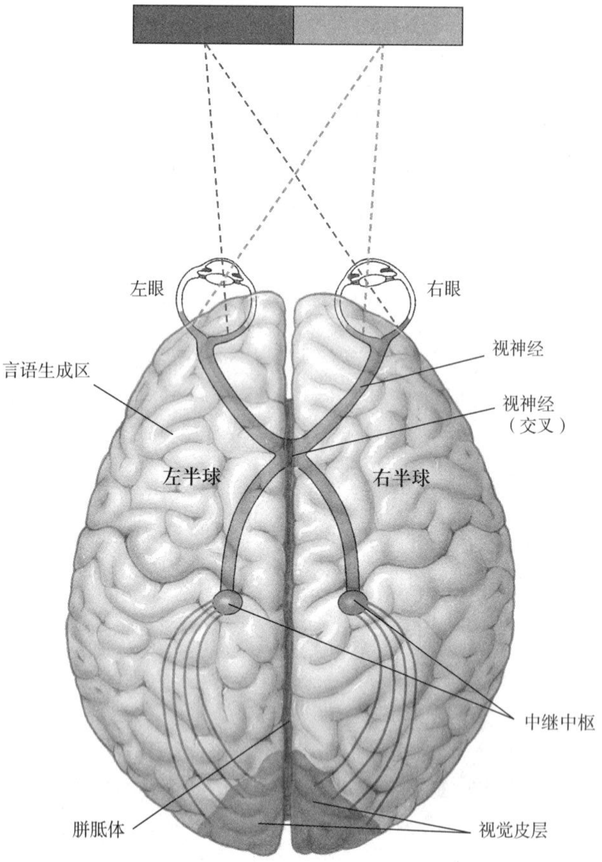

最初,这种彻底的手术似乎并未对这些猫产生多大影响,但是迈尔斯和斯佩里发现,一些具有深远意义的事情发生了。他们训练这些猫蒙上一只眼睛来完成任务,如一只猫想得到食物必须按压一个四方形的按键,但是同时要避免碰到另一个圆形按键。然后研究者蒙上猫的另外一只眼睛,再进行测试,这只猫表现得好像是从来没有学习过这个任务一样。很明显,一侧大脑半球并不清楚另一侧的半球在做什么,这好比一个身体里存在着两个灵魂。之后的一些研究使用其他种类的动物(包括猴子)证实了这一结果。(Sperry, 1964)

在所有的切除胼胝体的动物研究中,一些动物的如吃食和行走这样的日常行为仍保持正常。20世纪60年代早期,一些受到这一发现激励的外科医生决定尝试切除一位深受癫痫症折磨、相当虚弱、无法自控的患者的胼胝体。这种病症最严重的情况是,紊乱的脑电活动会从受损脑区传导到大脑的其他部位。这些外科医生因而推论,切断其大脑两半球的联系,也许能阻止脑电活动从一个半球向另一个半球传导。这个手术当然是为

图4.12 视觉通路
每个大脑半球都接收来自眼睛的关于视野另一侧的信息。因此,如果你直接盯着房间的角落,接缝左边的所有东西都在你的右半球,反之亦然。这是因为每条视神经中有一半的轴突(在视神经交叉处)交叉到了大脑的另一边。正常情况下,每个大脑半球会立即与另一个半球分享信息,但在裂脑患者中,胼胝体的切断会阻碍这种交流

了那个绝望的患者的利益而进行的，而科学家得到的奖励是能够查明切断大脑两半球后会发生些什么。

总的来说，此次**裂脑手术**（split-brain surgery）是成功的，患者癫痫发作的次数减少了，有时甚至完全消失。在日常生活中，裂脑人似乎并没有因为大脑两半球无法相互联系而受到很大的影响。他们的人格和智力没有受到损害，他们能行走、交谈，过正常人的生活。很明显，大脑深处未被分开的部分使运动和其他身体机能保持正常。但是在一系列更加精细的研究中，斯佩里和他的同事（以及之后其他的一些研究者）发现，患者的知觉和记忆确实受到了影响，这正与他们早期的动物实验的结果一致。由于在这项研究中的出色工作，斯佩里获得了诺贝尔奖。

人们现在已经知道，大脑两半球并非仅仅为彼此的镜像。对于大多数人来说，其言语主要由左半球负责，因此，一个因脑血管梗死或破裂而导致大脑受损的人，其损伤如果发生在左半球，比损伤发生在右半球出现言语障碍的可能性更大。切断大脑两半球的联系，将对人的言语和其他能力产生怎样的影响呢？

要理解这项研究，你必须知道神经是如何连接眼睛和大脑的。（与迈尔斯和斯佩里的猫不同，裂脑人的这些神经未被切断。）如果你向前直视，那么你面前所有左侧的景象——"视野"（visual field）——会进入你大脑的右半球，而右边的景象会进入你的左半球。两只眼睛的功能都符合这个规律。（再次参考图4.12。）

实验程序是只向被试（裂脑人）的一侧脑区呈现刺激。在一项早期的研究中，研究者将拍摄的人脸照片切分为两半，然后将不同的人脸组合在一起（Levy, Trevarthen, & Sperry, 1972），并用幻灯机呈现。（见图4.13）被试被要求盯着屏幕中间的一个点，这样图像的一半落在这个点的左边，另一半落在右边。每一幅图像都快速闪过，以至于他们

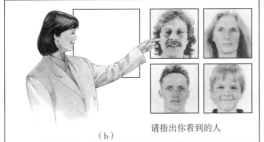

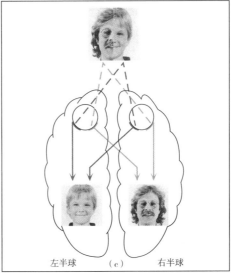

图4.13 分裂的观点
向裂脑人呈现合成照片（a），然后要求他们从一系列完整的照片（b）中选出先前看过的。被试报告说自己曾见过合成照片中右侧的人脸——却用左手指出照片左侧的人脸。由于裂脑人的大脑两半球无法联系，负责言语的左半球只能意识到照片的右半边，而相对沉默的右半球也只能意识到照片的左半边（c）

没有时间移动眼睛。当患者被要求说出他们所看到的东西时，他们会说出图像右侧的人的名字（图 4.13 中的小男孩）。但是当他们被要求用左手指着他们看到的脸时，他们选择了图片左边的那个人（图中的小胡子男人）。此外，他们声称在原始照片上没有发现任何异常！大脑的每一边都看到了不同的半图像，并自动补上了缺失的部分。双方都不知道对方看到了什么。

为什么被试能说出图片的一侧却指向另一侧呢？这是因为语言中枢位于大脑的左半球。当人们以言语形式做出反应时，是左侧大脑进行了谈话，而当被试用由右侧大脑控制的左手对图片进行指认时，却是右半球提供了被试曾见过的信息。

在另一项研究中，研究者在用幻灯片向被试呈现一些普通物品后，突然快速在屏幕上呈现一个裸体女人。此时，被试的大脑两侧均感到了愉悦，但由于只有左侧大脑具有言语功能，所以大脑两侧的反应不同。当向一名女性被试的大脑左半球快速呈现此图片时，她就会发笑，并辨别出这是一个裸体人像。如果向她的大脑右半球快速呈现该图片，她就只是轻轻一笑，什么也不说。如果问她笑什么，她就回答说："我不知道……没有什么……啊——那台奇怪的机器。"大脑右半球不能对所看到的东西进行描述，但是可以进行与左半球看到图片时相同的情绪反应。（Gazzaniga，1967）

大脑的两个半球：统一还是对立

目前，这种裂脑手术仍在实施，对裂脑人的研究也在继续。有人对正常人的大脑左右半球之间的差异也进行了研究（Springer & Deutsch，1998），使用电极和大脑扫描技术来测量被试在完成不同任务时，其大脑左右半球的活动。结果表明，几乎所有的右利手者和大多数左利手者，其语言中枢主要位于左半球。左侧大脑在完成一些如解决数学问题和理解技术材料等逻辑、符号和序列任务时，活动会更加活跃。

由于左半球具有的认知才能，许多研究者因此提出了左半球优势说，他们认为通常左半球的影响力要大于右半球。一位裂脑方面的知名研究者迈克尔·加扎尼加（Michael Gazzaniga，1983）曾认为，若没有左半球的协助，右半球的心理机能很可能"比黑猩猩的认知能力还要差"。他和其他的研究者还认为，存在于左半球的一个心理"模块"总是试图去解释那些以非语言和非意识的形式工作的脑区所产生的行为和情绪。就像一个神经心理学家描述的那样，左半球是大脑的媒体顾问。（Brokes，2004）

> **参与进来** | 敲击小实验
>
> 请让一位右利手朋友用右手握住一支铅笔，然后在一张纸上不停地敲击一分钟。然后换一张纸，再让这位朋友用左手继续敲击。最后，重复这个程序，让这位朋友边讲话边敲击。对大多数人来说，说话会降低其敲击的速度，但对于右手敲击时的影响更加明显。这也许是因为敲击与说话两个活动使用了相同的大脑半球，使这两种活动之间存在着"竞争"（对于左利手者，实验结果取决于其语言中枢是哪个半球，所以结果难以预测）。

包括斯佩里（Sperry,1982）在内的其他研究者极力为右半球辩护。他们指出，右半球并非傀儡，它具有出众的空间—视觉能力，你就是运用这种能力来看地图、跟随服装的潮流，而且它在人面识别和理解面部表情的能力方面也优于左半球。右半球在进行创造、欣赏艺术和音乐时比较活跃。它能识别非言语的声音，如狗吠。右半球它也具有一些言语能力，通常能阅读快速呈现的单词并且能理解实验者发出的指令。少数裂脑人的右半球的言语能力得到充分发展，就表明大脑的单侧化存在着个体差异。左右大脑各有其（半球）**优势**（[hemispheric]dominance）。

一些研究者相信，与左半球的理智和善推理相比，右半球的认知风格是直觉的和整体的。多年来，这种观点通过教科书和那些承诺通过开发右脑来使人们更有创造力的项目受到了过分夸大的宣传。右半球并不总是表现得像个"英雄"：例如，它包含了前额叶的恐惧和悲伤的过程，这些情绪经常导致我们远离他人。进一步来说，大脑两半球之间的差异是相关而非独立的——只是在程度上有所不同。在现实生活的大多数活动中，这两个半球自然而然地进行协调，每一个半球都做出了有意义的贡献。就像斯佩里（1982）自己曾指出的："大脑左右半球功能独立说是一种很危险的想法。"

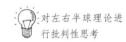
对左右半球理论进行批判性思考

快速测验

尽量使用你的大脑来回答这些问题。

一、谨记大脑两半球同时参与大多数活动的进行，现在请你判断下列哪些是需要两个半球参与的（　　）

　　A. 欣赏音乐唱片　　B. 晃动你的左脚大拇指
　　C. 在班级中演讲　　D. 对支票簿进行结算
　　E. 认出很久没联系的朋友

二、很多人参加承诺能发展右半球"创造力"和"直觉"的课程或购买这类的磁带。人类思想的哪些特征能解释某些人美化"右脑潜能"而贬低"左脑"（反之亦然）的原因？

答案：一、C D。二、一个可能的解释者：人类常寻求某些事物的原因，当一个小发现被耀眼夺目的光身分所淹没之后，这种非此即彼的观点变成时尚（例如），便"右脑"变成时尚了，便化了人们自己开心，便也出卖产品赚钱好了！

你将会学到

- 为什么一些大脑研究者认为，统一的"自我"只是一种不切实际的幻想？
- 大脑中的性别差异及其悖论。

大脑研究的两个难题

如果已经掌握了本章的定义和说明，你就可以了解神经心理学中一些较为流行的新观点了。但有关大脑如何工作还存在许多疑问，在本章结束的部分，我们要探讨其中的两个问题。

自我在哪里

对大脑和自我进行批判性思考

当你说"我感到不高兴"时，你的大脑左半球、5-羟色胺受体、内啡肽，以及所有其他的脑区和加工处理信息的结构都被激活了，但是，产生这种感觉的"我"到底是谁呢？当你说，"我的思想跟我开了个玩笑"，那么看着你的思想跟你开玩笑的"我"是谁呢？又是谁被开了玩笑？自我观察不是有点像指头指出自己的指尖吗？由于大脑是自我意识的住所，人们甚至都不知如何用语言描述它。如果我们说"你"的大脑储存事件或记录情绪，我们的意思就是一个独立的"你"在使用那个大脑。但如果我们把你排除在外，只说是大脑在做这些事情，我们就有可能忽视动机、个性特征和社会环境，这些因素会对人们的行为和你的行为产生巨大影响。

许多宗教教诲其信徒相信，不朽的自我，或者说灵魂，完全存在于终有一死的大脑之外，以此来解决这个难题。然而，当代的脑科学家通常将心理视为大脑这一物质的产物。他们也许对关于灵魂的个人信仰，对大自然的神秘和错综复杂的关系感到敬畏，但是大多数还是认为，我们称之为"心理""意识"或"自我意识"的东西可以用生理学术语中作为大脑皮层的产物来解释。

我们关于统一的自我的有意识的理解甚至也许只是一种幻想。神经科学家理查德·雷斯塔克（Richard Restak, 1994）曾指出，我们的许多行为和选择的发生并没有受意识本身的指挥。他推断："也许所有生物的大脑都是按多个核心和多种水平组织的。"认知科学家丹尼尔·丹尼特（Daniel Dennett, 1991）提出大脑或心理由各自独立的部分组成，处理不同方面的思想和知觉，并不断地交换信息，并对照现实修改其"草图"。同样地，迈克尔·加扎尼加也认为，大脑是由一个不同模块或心理系统的松散联盟组织起来的，这些模块并行工作，它们中的大部分处理意识以外的。像我们看到的那样，加扎尼加相信一个言语模块——"解释器"（通常在左半球）——会不断解释其他模块产生的行为、状态和思想。（Gazzaniga, 1998; Roser & Gazzaniga, 2004）其结果就是一个统一的自我感。

自我是一种幻觉的观点与许多东方精神传统的教义相呼应，比如佛教。佛教教导我们，自我不是一个统一的、有形的东西，而是思想、感知、概念和感觉的集合，这些思想、感知、概念和感觉每时每刻都在变化。对佛教徒来说，自我的统一和永恒只是一个幻影。当然，这些观念与大多数西方人（包括心理学家）一直以来对自己的看法相反。

尽管我们不知道是否真的存在自我，但我们都有对自我的感觉，否则我们就不需要 I 和 me 这两个单词。这个心理-脑之谜依然继续困扰着哲学家和科学家们。即使在技术现代化的今天，我们仍不清楚负责自我感觉的神经通路的一些细节问题。尚没有人清楚心理的内部世界或主观体验的感觉是如何与脑的生理过程相联系的。一些神经科学家

<138> 认为某组特定的神经元构成某种神经元组合，用于观看红色的食物，或者见你的祖母、感受快乐等。(Koch, 2004) 其他研究人员则强调脑中较大区域内的瞬间同步性，神经元会随时间同步变化。(Greenfield & Collins, 2005) 但无论如何，当一个人看到心爱的祖母戴着一顶新的红帽子时，大脑活动是如何引起喜悦的，我们不知道。我们也不明白为什么一些额叶严重退化的患者的记忆和语言没有受损，却经历了一种与菲尼亚斯·盖奇的转变相当的自我变化。(Levenson & Miller, 2007) 这些患者既可以走路、说话，还可以完成一些日常基本的活动，但是他们的家人和朋友却不认识他们了，他们不再是自己。

心理学家、神经科学家、认知科学家和哲学家都希望更多地了解我们的大脑和神经系统是如何产生自我的。同时，你对自己的存在和位置有什么看法……谁在思考这个问题呢？

那就同意了——你不能没有脑而有心理，但是你可以有脑而没有心理

"他"和"她"的大脑存在差异吗

脑科学家关注的另一个难题是大脑的性别差异。在这个问题上，非此即彼的思考是一个巨大的诱惑。由于几个世纪以来人们对女性的偏见，以及对性别差异的偏见研究，一些科学家和外行甚至不愿考虑平均而言，男性和女性的大脑在某些方面可能存在差异的可能性。另一些人则在相反的方向上走得过头了，他们认为，即使不是全部，但大部分的性别差异实际上都存在于大脑中。每年都有更多的书声称女性的大脑和男性的大脑就像西红柿和洋蓟一样不一样。要明智地评估这个问题，我们需要问两个独立的问题：男性和女性的大脑有区别吗？如果有的话，这种差异与男性和女性的行为、能力或解决问题的方式有什么关系呢？

让我们考虑第一个问题。在动物大脑中已经发现了许多解剖和生化方面的性别差异，科技的进步也揭示了人类大脑中一些有趣的差异。在对9个被解剖的大脑的研究中，研究人员发现，女性大脑皮层中处理听觉信息的区域平均要多出11%的神经元；事实上，所有的女性都比男性拥有更多的这些神经元。(Witelson, Glazer, & Kigar, 1994) 脑部扫描显示，相对于大脑的整体大小，女性的部分额叶和边缘系统要大一些，而男性的部分顶叶皮层和杏仁核要大一些。(Goldstein 等, 2001; Gur 等, 2002) 而女性在额叶和顶叶部分有更多的褶皱。(Luders 等, 2004)

科研人员使用脑成像技术研究了特定任务中平均的性别差异。在一项研究中，19名男性与19名女性被试需要对无意义词对是否押韵做出判断，他们需加工并比较词对的发音。磁共振成像显示男女在左脑前侧部分区域都有激活。但11名女性被试的右侧对应脑区也被激活，可没有1名男性被试对应脑区出现反应。(Shaywitz 等, 1995) 在另一项磁共振成像研究中，10名男性和10名女性被试收听大声朗读的约翰·格里沙姆（John Grisham）的恐怖小说。正如你可以从图4.14看到的，男性和女性的左侧颞叶同样活跃，同时女性的右侧颞叶也相当活跃。(Phillips 等, 2001) 这个发现和其他的研究一起提供了大脑功能单侧化方

图 4.14 性别与大脑

男性和女性收听大声朗读的约翰·格里沙姆的恐怖小说时,他们的左颞叶都显示出兴奋,而女性的右颞叶也相当活跃。(Phillips 等,2001)(由于这些磁共振成像的定位,左半球显示在右边。)这些结果和其他的证据表明,包括言语在内的大脑任务的单侧化存在着性别差异

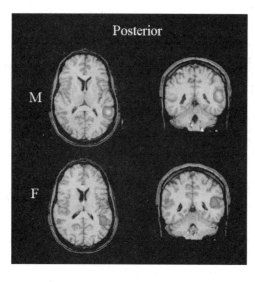
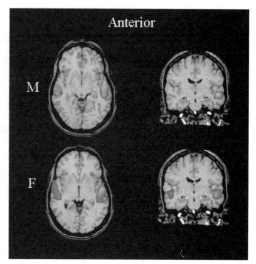

对大脑中的性别差异进行批判性思考

面存在性别差异的证据:对某些类型的任务,尤其是和言语相关的任务,男性似乎更依赖于大脑的一侧,而女性则倾向于使用双侧大脑。

因此我们第一个问题的答案是"yes",平均的性别差异的确存在,我们仍然需要保留我们的第二个疑问:现实生活中,这些差异对男性和女性的行为意味着什么?一些流行小说作者马上就会设想出大脑的这种差异能解释这些:女性敏锐的直觉,女性喜欢谈论情感而男性喜欢谈论运动,女性具备更高的语言天赋,而男性的数学能力具有优势,以及为什么男性在迷路时也不愿意问路。但是这些结论至少存在三个问题:

1 许多假设的性别差异(在直觉、能力等方面)是刻板印象,这是误导,因为两性之间的相同之处通常比他们之间的差异更大。正如我们在第一章中看到的,即使具有统计上的显著性,这种差异在实际生活中其实是非常不起眼的。一些预想的差异在仔细研究时发现它们并不存在。例如,正如心理大众读物所言,女性是否比男性更健谈?为了检验这一假设,科学家找来了一些男女被试,使用录音机来追踪他们的日常对话。结果发现他们在所言词汇的数量上并不存在显著差异:男性与女性一样,每天平均说16000个单词,只不过个体间差异明显。(Mehl等,2007)同样男孩与女孩的数学成绩差异正在缩小,甚至在一些科目上几乎不存在差别。(Else-Quest, Hyde, & Linn, 2010)

2 生物学上的差异并不与行为或表现上的差异存在必然的联系。很多研究发现,男人和女人做一些事,或者做能力测验时,其大脑存在不同的激活模式,但他们在行为或能力上却没有表现出不同,这也许正是需要我们解释的问题。在韵脚判断任务中,男女做得同样出色,但他们的磁共振成像模式不同。另一个研究小组使用磁共振成像测试了有同样智商分值的男女的脑活动情况。女性大脑有更多与智力有关的白质,而男性则是灰质较多,除此之外还有其他的一些差异。(Haier 等,2005)研究人员得出结论:大脑结构不同,但也许会产生相同的智力水平。

3 大脑的性别差异很可能是行为差异的结果,而不是原因。生活经验不断地改造着大脑的神经通路,影响着大脑的组织和运行方式。当然,男性和女性的生活经历通常不同,

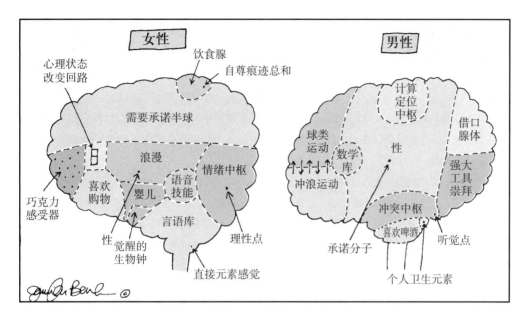

像这样的漫画会让大多数人发笑，因为男人和女人在对购物的热爱和对电动工具的崇拜上确实存在平均差异。但是，关于大脑中的性别差异，研究表明了什么？以及它们对人们在现实生活中的行为意味着什么

这可能逐渐改造了他们的大脑。这就是为什么在评论人们收听约翰·格里沙姆小说的实验时，其中一个研究者谈道："我们不知道这种差异是由我们被抚养的方式引起的，还是大脑所固有的。"（引自 Hotz, 2000）

总的来说，我们第二个问题，即生理差异是否与行为、能力相关，其答案是"没有人真正了解"。动物研究给我们提供了有意思的线索，即大脑的性别差异影响对急性和慢性压力的反应、罹患注意力障碍／多动症的概率、情绪记忆、环境搜索策略及其他表现行为。（Cahill, 2005; Becker 等, 2008）但我们还不知道，这些发现中哪些对人类男性和女性如何管理他们的日常生活、工作、关系、家庭是重要的。对大脑中性别差异的新发现保持开放的心态是好的，但是因为这些发现的实际意义（如果有的话）我们还不清楚，同样重要的是不要过分简化，就像一本又一本的畅销书一直在做的那样。大脑的性别差异是一个性感的话题，而这一领域的研究很容易被夸大和误用。

<138>

快速测验

男性和女性拥有能回答下列问题的相似的大脑。

一、许多脑研究者和认知科学家相信，自我并不是一个统一的"东西"，而是_____的集合。
二、最近有11名被试参加了一项研究，其中6名女性被试中的4和5名男性被试中的2名的脑中发现了多种巧克力受体。（注：这是我们造的词，其实没有叫巧克力受体的物质！）研究人员认为这项发现可以对女性青睐巧克力做出解释。作为一个辩证性思考者该如何看待该问题呢？

答案：一、能力的模块或过程。二、样本太小，结论可靠吗？性别的差异有如此重要吗？其他不喜欢用巧克力的女性怎么解释呢？更重要的是，受体的发现是否与女性青睐巧克力有关系？

回顾新闻中的心理学

现在你对大脑的运作有了更多的了解，让我们回到开始的故事，关于那些处于植物人状态或最低意识状态的患者，他们似乎有一些大脑功能。关于丧失行为能力的人的权利、自然死亡的意义，以及如果一个人没有留下书面指示，生命应何时结束的问题，政治和宗教辩论仍在继续。我们无法在这里解决这些争论，但这一章的信息，以及对大脑不断加深的理解，可以帮助我们把患者心理能力的真实情况和我们所希望的情况区分开来。

以特丽·夏沃（Terri Schiavo）的悲剧为例，她的父母和丈夫为是否结束她生命争吵不休。由于心脏病发作导致大脑缺氧，她已经处于植物人状态长达15年之久。在夏沃去世前几年，对她大脑的扫描显示，她大脑皮层的脑细胞被大面积破坏，取而代之的是脑脊液。但她的父母相信她能认出他们，并能回答问题。

对于一个充满爱和希望的家庭来说，这些间歇性的、罕见的反应似乎是认知和心理功能的迹象。但他们不能接受的是，脑干的活动可以产生反射性反应，如面部表情和眼球运动，而患者并没有任何意识或想法，也没有和任何环境事件相联系。最终，一位法官给予特丽的丈夫许可，允许他移除妻子的喂食管，之后不久她平静地死去。

那么，那个通过想象在大脑中产生不同活动模式来回答"是"或"不是"问题的男人呢？他的大脑反应显示，他确实有一些意识。他的案例提供了令人好奇的可能性，功能性磁共振成像技术将最终帮助医生分辨确实拥有意识，拥有少量意识，以及持续的植物人状态的患者。（Monti等，2010）

但是仍然存在着许多挑战，并且在目前我们必须忍受有关这些调查的含义的不确定性。意识具有许多形式，包括：当你面对危险或者测验时，强烈的警觉性；当你沉浸在一本好书或电影中时，自我意识的缺失；以及在睡着和清醒之间的飘浮状态。大脑扫描并不能揭示由于事故或疾病造成大脑损伤的人的意识形态。大脑皮层活动的证据并不能证明内在有意识思维流。（Ropper，2010）正如我们在本章中看到的，意识的神经关联仍然模糊不清，此外，大脑扫描并不能确切地告诉我们一个人在想什么或理解什么。我们也看到，大脑需要刺激才能存活。我们还不知道数年的单独"监禁"会如何影响患者的大脑。

对我们最神奇的器官——大脑——的研究，可以帮助我们更好地理解大脑损伤的影响，并激励我们对未来的发现将带来的好处充满希望。但它也教导我们，对那些成为新闻的戏剧性发现的医学和伦理意义，要谨慎和怀疑。令人心动的报道称，罗姆·胡本（在我们的开篇故事中也曾提及）通过"促进交流"与他的母亲和他的神经科医生进行了交流，在独立科学家毫不含糊地证明胡本的交流来自促进者而不是胡本之前，此报道已经在全球范围内闪现。例如，当研究人员遮住主持人看着键盘的眼睛时，胡本开始输入乱码。（Boudry, Termote, & Betz, 2010）

对我们最神奇的器官——大脑——的研究，能帮助我们理解人类赖以生存的能力以及能使我们称之为人的记忆和情绪。但是仅从生理学角度来分析人类是不妥的，这就像只以修建泰姬陵所使用的材料来分析泰姬陵一样。即使我们能监控大脑的每个神经元和通路，我们仍然需要理解环境、思想和文化习惯，是它们影响着我们是否会陷入仇恨、受不幸折磨、因爱而成长，以及为生活中具有卓越意义的"发现时刻"而狂喜。

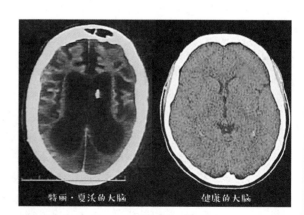

扫描图的左侧是特丽·夏沃去世前三年拍摄的，显示了在她的脑内有大量萎缩。黑暗的区域是大量的脑腔室中充满脑脊液，这些脑脊液代替了她脑皮层的大部分。右侧的是正常人的脑，显示正常的少量腔室

学以致用

神经学的化妆品——修整大脑

健康人应该被允许，甚至被鼓励接受"大脑爆炸"或者"精神振奋"——服用药品以促进注意力集中和记忆——吗？一粒可以抹去创伤记忆的药丸怎么样？假如整容手术能够改变你不喜欢的身体部位，那么允许整形手术对你的大脑的一部分进行修整，你认为有何不妥呢？

几个世纪以来，人们一直在寻找方式去刺激他们的大脑以提高效率，服用咖啡已经成为一种很流行的选择。调查表明饮食和运动能够提高学习和记忆效率，对此没有人反对。在一些种类的鱼体内我们发现了欧米加3（omega-3），这可能有助于应对与年龄有关的智力下降，对此发现人们也没有异议。（Beydoun 等，2007；van Gelder 等，2007）但说到能提高警觉性或增强记忆和其他认知功能的药物，可以说，就是另一回事了。

批判性思考者应该问什么问题，以及需要什么样的证据才能就使用此类药物做出明智的决定？一项新的跨学科的专业——**神经伦理学**（neuroethics）——形成了解决包括法学、伦理学和通过大脑研究提出的科学问题的方法，这些科学问题还包括随着神经增强性药物的发展而出现的问题。（Gazzaniga，2005）

大多数的争论聚焦在"不夜神"（Provigil，莫达菲尼［modafinil］）上，这种药物有助于治疗嗜睡发作和其他睡眠障碍；还有利他林（Ritalin）和阿德拉（Adderall），它们有助于治疗注意力缺损。许多学生、政客、商人和背包客服用这些药物，通过处方药或者朋友、互联网等非法渠道。自然，大多数的服用者宣称这些药物能够帮助他们，并且有人在复习课业时总结道："不夜神"确实能够提高记忆力，并且可能对其他认知能力也有帮助。（Minzenberg & Carter，2008）

但不幸的事实是，所有的药物都有副作用，却极少被报道出来，特别是那些新的药物，它们承诺能够轻易地解决老年人的问题，但却没有被长年验证过。阿德拉，像所有的安非他命类一样，能够引起焦虑、头痛、失眠、过敏性红疹和食欲减退，并且如同标签所述它有"高度的潜在依赖性"，"不夜神"也是依赖性药物。另一些提高记忆力的药物，以脑内的一种谷氨酸受体为靶子。这种药物能明显提高短时记忆——却以损害长时记忆为代价。（Talbot，2009）

即使该药物对大多数服用者来说是良性的，它也可能有一些意想不到的不良后果。例如，认知心理学家发现，一个人的注意力越集中在一项任务上（服用兴奋剂的首要原因），他的创造力就越低。毕竟，创造力来自让我们的思想自由自在地漫游。因此，一位神经学家担心，学生们日常使用增强思维的药物会培养出一代"非常专注的会计"。（引自 Talbot，2009）

一些生物学家和神经学家感到，认知的提高是很好的，因为努力提高自己是人类的天性，并且假如人类能够学得更快、记得更多，社会也会从中获益。毕竟，我们使用眼镜去提高视力，使用助听器提高听力；为什么不能使用药物提高我们的记忆力和其他心理技能呢？一个科学团队认为，正确使用药物提高脑功能是不应该再被反对的。他们曾经写道："在一个人类工作范围和生活范围不断扩大的世界，提高认知的工具将有效提高生活质量、扩大工作产量、延缓一般的和与年龄有关的生理性认知减退。"（Greely 等，2008）

但是，其他科学家和社会评论家认为，神经修整将是一种欺骗行为，它将会给那些使用药物的人带来一种不公平的优势和额外的社会经济不公平。他们认为这和在田径场上禁止使用违禁类固醇没有不同。的确，人们使用眼镜和助听器，但是眼镜和助听器没有副作用，不会对其他事物有不利影响。很多神经伦理学家也担心，有些父母会给孩子服用药物，试图使孩子的学习成绩有显著提高，却不顾及可能对孩子正在发育的大脑产生危害。一位记者在报道精神提高物的优缺点时总结道：所有这些都可能会导致一种社会：这个社会中我们更加过度工作，并且被技术所驱使，而不是我们已经准备好了，我们不得不一直使用药物以保持这种状态，我无法确定我想生活在其中。（Talbot, 2009）

假如使用药物不是为了提高记忆力，而是为了消除记忆，特别是悲伤的和创伤性的事情呢？通过在白鼠和老鼠身上调整其脑内的生物化学物质，或者使用毒素杀死受体细胞，调查者已经能够消除动物已学习的记忆，如消除他们回忆一个已习得恐惧的能力，或者消除他们对先前见过物体的记忆，同时其他记忆完好无损。（Cao 等，2008; Han 等，2009; Serrano 等，2008）假如这些结果最终被应用到人类身上，又意味着什么呢？

一些性侵害或受虐待的受害者、战后应激症者、突发灾难受害者，可能会对这种能够摆脱他们痛苦记忆的机会表示欢迎。但是这个大脑内的"消除键"能被经常使用吗？改变、塑造我们的记忆又使我们变成谁呢？消除记忆会被不良政府利用以缩小异议吗，如同乔治·奥韦尔（George Orwell）在他1984年出版的著名小说中指出的一样吗？我们是否应该抹去那些唤起尴尬或内疚的记忆，那些不愉快但却能让我们发展和保留道德感并从错误中吸取教训的情绪？正是那些塑造了现在的我们，我们会后悔删除了那些生活的片段吗？这种担忧可能是大多数人在被问及是否会用吃药来消除痛苦记忆时，大声而清晰地回答"不，谢谢"的原因。（Berkowitz 等，2008）

相反，很多人可能对增强大脑的药物回答"是的，请这么做"。但是在他们这么做之前，他们需要周密地思考——通过分辨逸事和数、真正的危险和虚假的警告，以及当前的利益和长远的危险。从精神促进物中能获得什么，以及可能会失去什么。

本章总结

- 大脑是人类意识、知觉、记忆、情绪和自我意识的物质基础。

神经系统：基本蓝图

- 神经系统的功能是收集和加工信息，产生对刺激的反应以及对不同细胞的工作进行整合。科学家将其分为两大部分：中枢神经系统（CNS）和周围神经系统（PNS）。中枢神经系统由大脑和脊髓（能产生脊髓反射）两个组成部分，它们负责接受、处理、解释和储存接收到的感觉信息，并将信息传导到肌肉、腺体和器官。周围神经系统通过感觉神经和运动神经将信息输入或输出到中枢神经系统。

- 周围神经系统由自主神经系统和躯体神经系统构成。前者调节血压、腺体和内脏器官；后者控制感觉和自主活动。自主神经系统的功能不受意识控制。自主神经系统分为交感神经系统和副交感神经系统。前者动员身体活动，后者保存能量。

神经系统的信息交流

- 神经元是神经系统的基本单位。胶质细胞给神经元提供营养和保护，同时把它们隔离开来，使它们能正常发挥功能。每一个神经元由树突、细胞体和轴突组成。在周围神经系统中，轴突（和一些树突）成束地结合在一起，形成神经。许多轴突被髓鞘绝缘起来，这就增加了神经冲动传导的速度，同时也避免了相邻细胞间信号的互相干扰。

- 当前的研究对两个传统设想——中枢神经系统的神经元不会再生，在婴儿期后个体就不能再有新的神经元产生了——提出了挑战。实验室研究发现，中枢神经系统的神经元可以再生，而且科学家已经知道和学习、记忆相关的大脑干细胞在整个成人期都能产生新的神经元，并且会不断地分裂和成熟。刺激丰富的环境似乎能够加强这一过程。

- 两个神经元通过突触发生联系。在人出生时许多突触之间的联系还没有形成，在发育过程中，随着生理成熟和对外部世界经验的积累，轴突和树突不断地生长。在人的一生中，新的知识会激发大脑中新的突触联系。因此，大脑通路并不是固定的，也不是永恒不变的，而是经常会作为对信息、挑战和环境变化的反应而发生改变，这种现象被称为大脑的可塑性。

- 当动作电位的冲动抵达轴突末端时，神经递质就被释放出来，进入突触间隙。这些分子被接收神经元的受体接收后，神经元可能会变得更加容易兴奋，也可能变得更加抑制。信息是否能被传送到目的地也取决于特定神经元兴奋的频率、有多少神经元兴奋、哪一种类型的神经元兴奋以及它们所在的位置。

- 由于神经递质对神经通路的影响，神经递质对情绪、记忆和心理健康有着重要的作用。异常的神经递质水平与几种心理疾病有关，如抑郁症、阿尔兹海默症和帕金森症。

- 内啡肽的作用主要是调节神经递质的功能，缓解疼痛和增加愉悦感。内啡肽水平在人或动物受到惊吓或处于压力中时会迅速增高。

- 激素主要由内分泌腺分泌来影响神经系统，同时也受神经系统的影响。心理学家对褪黑素非常感兴趣，这种激素能促进睡眠，有助于调整人们的日常生活节律；肾上腺分泌的激素如肾上腺素和去甲肾上腺素和人的情绪、记忆及压力有关；性激素与青春期的生理变化、月经周期（雌性激素和孕酮）和性唤起（睾丸素），以及一些非生殖功能，包括一些研究人员认为的心理功能有关。

大脑成像

- 研究人员研究大脑的方法包括观察脑损伤患者，损毁或移除动物脑组织来观察结果，同时还使用脑电图（EEG）、正电子放射断层造影术（PET）、经颅磁刺激（TMS）、磁共振成像（MRI）和功能性磁共振成像（fMRI）等技术。

- 大脑扫描能揭示不同任务中哪一个脑区较为活跃，但不能准确告诉我们这种任务引起大脑物质的或心理的变化。它们没有揭示某种功能的集散"中心"，因此在解释时一定要小心。

漫游大脑

- 现代所有关于大脑的理论都是基于大脑皮层机能定位的假设。尽管一个区域会对应很多功能，而一个功能也会涉及多个区域。

- 脑干位于脑的最底端，延髓控制自主性反应，如心跳、呼吸，脑桥与睡眠、觉醒和梦有关。网状激活系统筛选输入的信息，并使人保持觉醒状态。小脑与人体平衡、肌肉协调有关，并似乎与一些更高级的心理操作有关。

- 丘脑将感觉信息导向相应的高级中枢。下丘脑参与和生存相关的情绪和驱动。下丘脑还控制情绪及自主神经系统的操作过程，释放激素进入垂体，告诉它什么时候去和其他内分泌腺"交谈"。下丘脑和其他结构，如海马与杏仁核，常被认为是边缘系统的组成部分。边缘系统和人与其他动物共有的情绪有关。但是，目前将边缘系统是否看成是一个整体结构还存在着争议。

- 杏仁核负责衡量感觉信息，能迅速判断情绪的重要性，并有助于形成初步的决定，即接近还是避开一个人或一种情形。例如，杏仁核能立即判断危险或威胁。海马被称为"记忆之门"，因为它在对事实和事件的长期记忆形成中起关键性的作用。同下丘脑一样，海马按照惯例通常隶属"边缘系统"。

- 大部分神经通路与大脑相连，大脑分为两个独立的部分，被称为大脑半球，其表面包裹着薄薄的数层结构紧密的细胞，此即大脑皮层。皮层的枕叶、顶叶、颞叶及额叶都其有专门的功能（但有部分交叉）。联合区与更高级的心理活动有关。额叶，尤其是前额叶与人做出社会性判断、制订与执行计划、理性的决策有关。

大脑的两个半球

- 对胼胝体被切断的裂脑病人的研究表明，大脑的两个半球有一些不同的才能。对大多数人来说，语言主要在左半球处理，而左半球通常专门处理逻辑、符号和顺序任务。右半球与完成空间—视觉任务、人面认知、创造力、对艺术和音乐的鉴赏以及消极情绪有关。但在大多数心理活动中，两个半球就像是合作者那样在共同地工作，每个半球都发挥着重要的作用。

大脑研究的两个难题

- 在大脑研究中，有一个古老问题是"自我"在哪里。有一些脑科学工作者和认知心理学家认为，一个整体意义上的自我意识也许只是一种错觉。有些人认为，大脑是独立模块或心理系统的集合，也许其中一个语言模块的功能确实能起到一个"解释器"的作用。关于大脑与心理的关系还有许多方面有待进一步探讨。

- 扫描技术揭示出了两性大脑的一些差异，尤其是在语言功能的大脑偏侧性方面（女性更多使用双侧半球）。但存在争议的是，这些差异在实际生活中有什么意义。人们通常认为，在行为或认知方面的性别差异较小且不显著。生理上的差异不一定就能解释两性行为上的差异，而且两性经历的不同比其他方面对大脑结构的影响要更大。

回顾新闻中的心理学

- 对大脑的了解可以帮助医生评估严重脑损伤的后果，并改善他们诊断处于持续性植物人状态、最低意识状态或有意识状态的患者的方法。意识本身有许多不同的形式，迄今为止，大脑扫描并不能确切地告诉我们一个人在想什么或理解什么。对大脑的研究可以帮助我们更好地理解大脑损伤的影响，也教会我们对那些成为新闻的戏剧性发现的医学和伦理意义充满希望，但也要谨慎。

学以致用：神经学的化妆品——修整大脑

- 神经伦理学是一门新兴学科，为了解决两个问题而生："美容神经学"以及名为"神经增强器"的药品的研发所带来的问题。

关键术语

中枢神经系统（central nervous system, CNS）114

脊髓（spinal cord）114

脊反射（spinal reflex）114

周围神经系统（peripheral nervous system, PNS）115

感觉神经（sensory nerve）115

运动神经（motor nerve）115

躯体神经系统（somatic nervous system）115

自主神经系统（autonomic nervous system）115

交感神经系统（sympathetic nervous system）115

副交感神经系统（parasympathetic nervous system）115

神经元（neuron）117

神经胶质（glia）117

树突（dendrite）117

细胞体（cell body）117

轴突（axon）117

轴突末梢（axon terminal）118

髓鞘（myelin sheath）118

神经（nerve）118

神经发生（neurogenesis）118

干细胞（stem cell）118

突触间隙（synaptic cleft）119

突触（synapse）119

动作电位（action potential）119

突触小泡（synaptic vesicle）119
神经递质（neurotransmitter）119
受体（receptor site）119
可塑性（plasticity）120
内啡肽（endophin）122
激素（hormone）122
内分泌腺（endocrine gland）122
褪黑素（melatonin）113
催产素（oxytocin）123
抗利尿激素（vasopressin）123
肾上腺激素（adrenal hormone）123
皮质醇（cortisol）123
肾上腺素（epinephrine）123
去甲肾上腺素（norepinephrine）123
性激素（雄性激素、雌性激素、孕酮）（sex hormone［androgen, estrogen, progesterone］）123
机能障碍法（lesion method）124
电极（electrode）124
脑电图（electroencephalogram, EEG）124
经颅磁刺激（transcranial magnetic stimulation, TMS）124
正电子放射断层造影术（positron-emission tomography, PET）125
磁共振成像（magnetic resonance imaging, MRI）125
功能性磁共振成像（functional MRI, fMRI）125
机能定位（localization of function）126
脑干（brain stem）126
脑桥（pons）126
延髓（medulla）126

网状激活系统（reticular activating system, RAS）127
小脑（cerebellum）127
丘脑（thalamus）127
嗅球（olfactory bulb）127
下丘脑（hypothalamus）127
垂体（pituitary gland）128
边缘系统（limbic system）128
杏仁核（amygdala）128
海马（hippocampus）128
大脑（cerebrum）129
大脑半球（cerebral hemisphere）129
胼胝体（corpus callosum）129
单侧化（lateralization）129
大脑皮层（cerebral cortex）129
枕叶（occipital lobe）129
视觉皮层（visual cortex）129
顶叶（parietal lobe）129
躯体感觉皮层（somatosensory cortex）129
颞叶（temporal lobe）129
听觉皮层（auditory cortex）129
威尔尼克区（Wernicke's area）129
额叶（frontal lobe）129
运动皮层（motor cortex）129
布洛卡区（Broca's area）129
联合区（association cortex）130
前额叶皮层（prefrontal cortex）130
裂脑手术（split-brain surgery）132
（半球）优势（［hemispheric］dominance）133
神经伦理学（neuroethics）139

[新闻中的心理学]

在加利福尼亚州奥克兰市的一家大麻买家合作社里,顾客肯·埃斯蒂斯(Ken Estes)选择了一个大麻松饼。由于摩托车事故,埃斯蒂斯已经瘫痪22年了

大麻合法化的议案在加利福尼亚州失败了

来自洛杉矶的消息,2010年11月3日,一项旨在使加利福尼亚州成为第一个将少量大麻用于娱乐活动合法化的议案在昨天的民意测验中失败了。有54%的人反对合法化,46%的人赞成。

这项名为"第19号提案"的提案将允许任何21岁或以上的人拥有最多一盎司的大麻,并在25平方英尺(约2.32平方米)的区域种植大麻,只要这种药物是针对个人使用的。此外,市和县将能够通过法律,允许生产和销售大麻,并对其征税。大多数执法团体、许多神职人员、加利福尼亚州城市联盟(the California League of Cities),以及反对酒后驾车的母亲们都反对这项议案。加利福尼亚州青年民主党(the California Young Democrats)、共和党自由党团(the Republican Liberty Caucus)、加利福尼亚州教会理事会(California Council of Churches)、一些执法官员和几个大型工会都对这项议案表示支持。

尽管这项议案被否决,轮椅上靠药用大麻为生的富翁理查德·李(Richard Lee),称这项努力是"巨大的道德胜利",因为数百万加利福尼亚州人投了赞成票。李是这项议案的主要资金来源。李在1990年的一次事故中腰部以下瘫痪,他在奥克兰(Oakland)拥有几家药用大麻公司。他说,事故发生后,大麻帮助控制了他严重的背部痉挛。他成功的药房为奥克兰市中心的部分地区的复兴做出了贡献。

自1996年以来,将大麻用于医疗目的在加利福尼亚州是合法的,2010年1月,一项新的法律把拥有一盎司以下的大麻从刑事轻罪改为民事违法行为。但是加利福尼亚州的法律与联邦法律相冲突,而且在州内,态度和政策经常发生冲突。一些城市允许经营大麻俱乐部,有些城市在出台监管规定之前会暂停执行,还有一些城市干脆禁止。

在圣地亚哥,地区检察官办公室认为大麻的任何用途都是非法的,然而那里的一个陪审团最近宣布一名经营医用大麻药房的海军老兵无罪。在洛杉矶,法律将药房的数量限制在70家,并豁免了2007年现有的100家药店,但现在禁止了在此之后设立的800多家药房。

第五章

身体节律和心理状态

Body Rhythms and Mental States

几年前，在加利福尼亚州，大麻就被投票通过允许用于医学，但是依然保持其娱乐用途的违法性，然而，不管是合法的还是非法的，很多人还将继续使用大麻，同时，其他人还将一如既往地努力去反对它。

人们使用许多种药物来改变自己的**意识**（consciousness），改变对自身及周围环境的认识，而在众多药物之中，大麻只不过是其中的一种而已。在没有任何药物作用的情况下，意识状态也可以按照可预期的方向发生变化。我们每天都会体验到自己情绪、觉醒程度及工作效率的波动。在每一个夜晚，当日常生活中的逻辑和规则在梦的世界里受到冷遇时，人们都会经历意识状态的剧烈改变。行为和情绪也有自己的周期，只是它们的周期更长，有时是一个多月，有时甚至能达到一个季度。

本章我们将要讨论影响意识状态的心理和生理因素，这些因素就像阳光和阴影一样交织在一起：主观体验的波动与大脑活动及激素水平的起伏息息相关。首先让我们来讨论一下随着时间推移而不断变化的身体的自然节律。接下来我们将探讨梦这种非常神奇的意识状态。然后让我们来看一看心理学家对于两种可以用来主动改变意识状态的方式有哪些认识，这两种方式是催眠和使用药物。我们的目的是让你更好地理解人类的各种意识状态，了解为什么那么多人着迷于药物的迷幻世界。

所有药物都一样危险吗？应该有不同的政策来规定它们是否该用于医学、消遣或宗教吗？我们现有的药物管理政策是否合理？在本章结束的时候，我们将讨论这些问题。

> **你将会学到**
>
> - 生物节律是如何影响我们的心理和身体表现的？
> - 乘坐飞机跨时区飞行或在工作中轮班时，为什么会感到与正常的生活脱轨？
> - 如果你在冬天感到悲伤，是否意味着你患有季节性情绪障碍？
> - 文化与学习对"经期前综合征"的影响及其后果。

生物节律：体验的波动

有时你可能会在互联网上看到一种宣传叫作"生物节律预测表"产品的广告，据说它可以预测你一生当中的情绪波动、觉醒程度和体力状态，而这一切完全是靠你的出生日期来进行的。它们甚至会提醒你将在什么时候可能会遭遇事故、会犯错、会生病。在这里，我劝你最好省下你的钱：这种所谓的"生物节律预测表"纯属伪科学。（Hines, 1998）

然而，在一天、一周、一年的时间里，人体确实在生理功能方面存在一些有规律的起伏，这就是科学家们所说的**生物节律**（biological rhythm）。人脑中的生物钟掌管着这一切：调节激素水平的高低、尿液容量、血压甚至脑细胞对刺激反应的敏感程度。生物节律通常与外部时间信号相一致，如时钟时间、温度和白天的变化。即便没有外界的线索，这些节律中有许多也会自行发挥作用。因此说，这些节律是**内源性**（endogenous）的，是由身体内部的原因所导致的。

生物节律 生物体内相对有规律的波动周期，有些生物节律有心理意义，有些则没有。

内源性 由内部原因而不是外部原因引起的。

有些生物节律以 24 小时为周期，叫作**昼夜节律**（circadian [sur-CAYdee-un] rhythm）。最广为人知的昼夜节律是睡眠—觉醒周期，但除此之外，还有数以百计的其他昼夜节律影响生理和行为表现。例如，体温每天会有约 1 摄氏度的波动，平均来说，在傍晚时刻最高，并在清晨很短的时间内达到最低点。还有一些节律发生的频率低于一天一次，可能是一月一次，也可能是一季度一次。在动物的世界里，季度的节律是常见的。候鸟在秋季迁徙到南方，狗熊在冬天冬眠，海洋里的动物根据 2 月一次的潮汐变化而变得活跃或者怠惰。对于人类来说，平均而言，女性的月经周期是以 28 天为一个周期的。也有一些节律的周期比昼夜节律还要频繁，它们的节律大多以 90 分钟为一个周期，其中包括睡眠过程中的生理变化、胃的收缩（如果没有社会习俗的影响）、激素水平、视错觉的易发期、口头表达能力和空间辨别能力、在认知任务中的脑电波反应和白日梦，等等。（Escera, Cilveti, & Grau, 1992; Klein & Armitage, 1979; Kripke, 1974; Lavie, 1976）

通过更好地了解这些内部节奏，我们就能更好地规划自己的日程安排，以便更好地利用躯体的自然节奏。

> **昼夜节律** 以 24 小时为周期（以波峰到波峰或波谷到波谷的距离计算）的生物节律，来自拉丁文 "circa"（大约）和 "dies"（一天）。

昼夜节律

无论是植物、动物、昆虫还是人类，都有昼夜节律。它们反映了有机体对地球自转引起变化的适应，如对光照、气压和温度变化的适应。

在大多数社会环境下，外界环境向人们提供非常多的时间线索，人们的躯体节律就会逐渐与这些线索同步化，从而遵守严格的 24 小时作息安排。因此，为了识别内源性昼夜节律，科学家必须完全隔离志愿者，从而排除日光、时钟、体现环境变化的声音及其他所有与时间有关的线索的影响。有一些意志坚强的志愿者要在地下洞穴里单独生活几周。在更多情况下，志愿者居住在专门设计的房间里，里面安装有音响系统，舒适的家具和空调。

在这些研究中，当允许被试按自己的意愿来安排睡眠、饮食和工作时间，而不受时钟的影响时，一些志愿者过起了一种比 24 小时更长或更短的日子。然而，如果允许他们在白天小睡片刻，大多数人很快就适应了以 24.3 小时（平均而言）为一天的生活。（Moore, 1997）如果使志愿者在一种以 28 小时为一天的人工环境（在这个环境下没有任何时间线索）下生活，他们的体温和激素水平是以接近 24 小时的时间为周期的，准确地说，是 24.18 小时。（Czeisler 等，1999）这些节律在不同志愿者之间有惊人的相似。对于很多人而言，觉醒程度就像温度一样，在傍晚时分达到峰值，在清晨降到最低值。（Lavie, 2001）

身体内部的时钟

昼夜节律是由生物钟控制的，生物钟是整个躯体生理功能的协调者，位于下丘脑内部的**视交叉上核**（suprachiasmatic nucleus [soopruh-kye-az-MAT-ick], SCN），其形态表现为一小团细胞。无论在白天还是黑夜，与眼球后部特殊感受器相联的神经通路将信息传递给视交叉上核，视交叉上核根据外界环境变化做出不同的反应，并发出信息使大脑和身体适应这些变化。此外，还有其他一些具有时钟功能的器官散布在躯体当中，但对于大多数昼夜节律而言，视交叉上核是掌握其节奏的主宰者。

> **视交叉上核** 大脑中包含生物钟的区域，负责调节昼夜节律。

被试斯特凡尼娅·福利尼（Stefania Follini，左图）在新墨西哥洞穴（右上图）中居住了 4 个月，该洞穴位于地下 30 英尺（约 9.14 米）深处。在洞穴中，陪伴她的只有一台计算机和两只友好的老鼠。在没有时钟、自然光线或气温变化的情况下，她倾向于每天保持 20～25 小时的清醒时间，10 小时的睡眠时间。由于她的每一天都比 24 小时长，因此当她回到地面时，她认为自己只在洞穴中居住了 2 个月

褪黑素 松果体分泌的一种能调节人体日常生物节律的激素。

视交叉上核调节的激素和神经递质水平的变化反过来又通过反馈作用影响视交叉上核的功能。例如，位于大脑深处的松果体（pineal gland）能分泌一种叫作**褪黑素**（melatonin）的激素，在夜晚时刻，视交叉上核发出信息使松果体分泌褪黑素并调节褪黑素的水平，褪黑素诱导睡眠。当你进入一个黑暗的房间准备睡觉时，你的褪黑素水平上升，清晨时刻当你在明亮的房间醒来，褪黑素水平下降。褪黑素使生物钟与光线的变化周期保持同步。（Haimov & Lavie, 1996; Lewy 等, 1992）

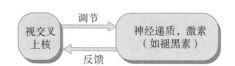

褪黑素被用来治疗失眠症，或者用来帮助失明的人使其睡眠—觉醒周期与正常时间同步，因为盲人无法感知光线变化，导致他们的褪黑素分泌周期异常。（Sack & Lewy, 1997）

当生物钟被打乱时

正常情况下，视交叉上核控制的节律之间是同步的。不同节律的高峰期可能会在不同时间发生，但是如果你知道其中一种节律在何时达到高峰期，就可以预测另一种节律将在何时达到高峰。这有点像如果你知道纽约时间，就知道了伦敦时间。但是当你生活的正常日程改变时，这些昼夜节律之间的秩序就会被扰乱。人们乘坐飞机跨时区飞行时，就常常会发生**内部节律失调**（internal desynchronization）。睡眠—觉醒周期通常都能很快恢复正常，但体温和激素水平周期却需要几天的时间才能恢复正常。飞行时差反应会影响人的体力、心理技能和动作协调性。

内部节律失调 人体内部的昼夜节律彼此不协调或不同步时的一种状态。

在轮班时，工人也会发生其内部节律失调。在这种条件下，他们的工作效率下降，容易感到疲惫和焦躁，出现更多的失误，有时还会发生睡眠模式的扰乱和消化障碍。对于警

察、急救中心的工作人员、机场领航员、卡车司机和在核电站工作的人来说，内部节律失调会导致严重的后果，有时甚至关乎生死。其实在夜间工作本身并不一定引起这些麻烦：只要保持固定的工作时间表，并且在周末也如此，人们往往能够适应这种生活。然而，许多换班或夜班都是在轮班的基础上安排的，这样昼夜节律总是没有恢复协调的机会。

一些科学家希望最终能通过使用褪黑素、药物，或者其他技术去"重置时钟"来帮助倒班的工人尽快适应（Revell & Eastman，2005），但是到目前为止这些技术看起来还不太适合。一项由政府资助的对褪黑素研究的全面审查（考虑了研究的质量）发现褪黑素对治疗倒班失调症状（或与时差有关的普通失眠症和睡眠障碍）有微乎其微的帮助甚至没有帮助。（Buscemi 等，2004）当前，最好的治疗方法是让倒班的工人尽最大限度不频繁倒班以适应昼夜节律的规律。

旅行会让人精疲力竭，时差会使情况更糟

到目前为止治疗失调的简单方法还未被科学家发现的一个原因是：昼夜节律并不是绝对有规律的，疾病、心理应激、疲劳、兴奋、运动、药物、饮食不规律和一些日常经历都有可能影响个人的昼夜节律。在对小白鼠的实验中发现，这些节律甚至受到饮食的影响。小白鼠通常白天睡觉，但是如果给它们高热量的食物，会改变与食欲和新陈代谢有关的基因的活动，小白鼠就会在白天活动起来并且也会进食。（Kohsaka 等，2007）

"如果我们打算接管整个世界，有一件事我们必须去做：改变我们的生物钟。"

另外，由于遗传差异，人与人之间的昼夜节律会有很大的不同。单个基因的变异似乎导致了有些人习惯于早起，天刚开始亮就从床上爬起来，另一些人则喜欢熬夜，他们在深夜时工作效率最高，并且不睡到日上三竿是绝不起床的（学校里的作息安排不适宜熬夜）。（Archer 等，2003）做一次细心的自我观察，掌握自己的昼夜节律，利用这些信息来制定自己的日常时间表，这将会使你从中受益。

参与进来 ｜ 测量你的觉醒周期

这项活动至少需要三天时间。在这段时间，除去睡眠时间，用以下五点量表记录你每小时的心理觉醒水平：1 ＝ 昏昏欲睡；2 ＝ 有些昏沉；3 ＝ 中度觉醒；4 ＝ 觉醒并且高效；5 ＝ 高度觉醒并且高效。观察你的觉醒周期是否符合昼夜节律，是否会出现频繁的起伏？如果有，那么高峰期和低峰期分别是在什么时候？你的觉醒周期在工作期间和周末期间是否相同？最为重要的是，如何使你的时间表与自然觉醒的波动相匹配？

情绪及长期节律

传道书上有这样一句话:"世间万物皆有节气。"现代科学家非常赞同这种说法。长的生理周期随处可见,从对牙疼的敏感性到受孕率都会发生周期性的变化。人们普遍持有这样的看法:我们的情绪会发生周期性的变化,尤其会随着季节的更替而受到影响,并且,女性常会受到经期变化的影响。事实果真如此吗?

季节真的会影响情绪吗

临床医生报告说,每到冬天,当白天变短时,有些人便会感到抑郁。这样的抑郁被称为**季节性情绪障碍**(seasonal affective disorder,SAD)。(Rosenthal,2006)在冬季的那几个月里,这些患者报告感到忧伤、终日昏昏欲睡并且渴望吃糖类食物。有些医生和治疗者猜测,这种现象是由于缺少日光照射造成的,因此他们采用光疗来治疗这些"季节性情绪障碍"患者。在治疗过程中,让患者每天在特定的时间坐在很亮的荧光灯前。通常是在早晨。一些医生也会开一些抗抑郁的药方。

季节性情绪障碍 指人们在冬季感到抑郁,到了春季情绪便会有所好转。对于这一障碍目前仍存有争议。

许多临床医生从报告季节性情绪障碍的临床病例中总结,认为这种障碍在人群中的发生率高达20%,但是这个估计是非常夸张的。美国的一项全国性调查结果表明,季节性抑郁的发病率大约为1%,而重度季节性抑郁的发病率仅为0.4%。(Blazer,Kessler,& Swartz,1998)其他的数据在1%~9%,较高的估计值通常与赤道距离更远有关。

至于光疗的效果,对这一问题的研究方法也存在着一定的缺点。对1975年至2003年间发表的173项光疗研究的回顾发现,只有20项研究(占总数的12%)使用了可接受的设计和适当的对照。(Golden等,2005)但是,可以说,对这20项研究的数据进行的元分析确实对这一问题有了一些启示。当患有季节性情绪障碍的患者在醒来后暴露在短时间(如30分钟)的强光下,或者模拟黎明,暴露在慢慢变亮的光线下,他们的症状实际上已经减轻了。光疗甚至帮助了轻度到中度的非季节性抑郁症患者。(另见Wirz-Justice等,2005)

许多研究者认为季节性情绪障碍患者的昼夜节律是不同步的,从本质上说,他们有一种慢性的时差反应。(Lewy等,2006)另一些人则认为,患者对褪黑素的产生或反应方式一定存在一些异常。(Wehr等,2001)他们在冬季可能会产生过多的日间褪黑素,也可能是早晨的褪黑素水平不如其他人下降得那么快。然而,目前还不清楚为什么光疗似乎也能帮助一些患有非季节性抑郁症的人。真正的季节性情绪障碍可能是有其生理基础的,只是目前尚没有一致证据来支持。也要记住,当人们表现出冬季伤感的情绪时,其原因可能是因为他们讨厌寒冷的天气,或者是因为户外运动的减少,或在冬季的假期里感到很孤独。

这些年轻的挪威妇女为了治疗"季节性情绪障碍",正接受光照疗法的治疗。这种疗法正在变得流行,而且似乎是有效的。但事实上,真正患有季节性情绪障碍的人远远不如人们所想象的那么多,其原因仍不确定

月经周期会影响情绪吗

女性每月的月经周期是另一种人体的长期节律，平均每 28 天发生一次，关于这一节律的影响也有许多争议。在月经周期的前半部分，雌性激素分泌水平增加，在雌性激素的作用下，子宫内膜增厚，为受孕做好准备。在月经周期中期，卵巢排出一颗成熟的卵子。随后，含有卵子的卵巢囊开始产生孕酮，使子宫内膜为受精卵的着床做好准备。卵子如未受精，则雌性激素和孕酮水平下降，子宫内膜剥落而流血，即出现月经。此后，又开始一轮新的周期。心理学家感兴趣的是，这些生理变化是否真的会如人们所想的那样，与女性的情绪或智力改变有关。

许多人惊讶地发现，直到 20 世纪 70 年代，人们才把经期前几天表现出的一系列模糊的身体和情绪症状——包括疲倦、头痛、焦躁和抑郁——看作一种疾病，并给这种疾病起了一个名字，叫作"**经期前综合征**"（premenstrual syndrome，PMS）。（Parlee，1994）从此以后，很多外行人、医生、精神病医生都不加辨别地猜测，大部分女性都会受到"经期前综合征"或比它更为极端、使人更虚弱的"经期前烦躁症"（PMDD）的折磨。证据到底显示了什么呢？

在北美、西欧和澳大利亚，"经期前综合征"的症状经常被人们报道。在许多部落文化里，"经期前综合征"事实上都不被人们所知，人们只关注月经本身，而月经通常被认为是不干净的。在其他文化里，女性只报道了身体的症状而没有报告情绪的症状，例如，在 20 世纪 90 年代，研究发现中国女性有疲劳、水肿、疼痛和感冒（美国女性很少报告感冒）的症状，但不是抑郁或易怒。（Yu 等，1996）

许多女性确实表现出与月经有关的生理症状，包括子宫痉挛、乳房胀痛和水肿，但是具体表现程度有很大差异。显然，这些生理症状会使一些女性感到烦躁和心情不愉快，正如疼痛也会使男人感到烦躁和心情不愉快一样。但是，月经极少引起情绪性症状，如焦躁和抑郁，这就是我们为什么给"经期前综合征"加上引号的原因。事实上，在月经周期出现以上症状的女性不超过 5%。（Brooks-Gunn，1986；Reid，1991；Walker，1994）

那么为何如此之多的女性认为自己患有这种病症呢？一种可能的原因是她们也许倾向于对经期前的抑郁或焦躁情绪予以更多注意，同时如果在其余时间内没有出现这些情绪，则容易被她们所忽略。或者她们习惯于把周期前的症状叫作"经期前综合征"（"我脾气暴躁，我一定是要来月经了"），而将一个月的其余时间内的同样症状归因于某一天的压力过大，或由于英语论文得了低分（"难怪我脾气暴躁，我在那篇论文上很用功却只拿到了'C'"）。一些研究鼓励人们在报告经前和经期症状时存在偏见，他们使用的问卷标题令人沮丧，比如"月经痛苦问卷"。

许多女性说，她们在月经到来之前变得更加易怒或沮丧，而药店货架上有各种治疗"经期前综合征"的药物。但是关于这种所谓的综合征，证据显示了什么呢？态度和期望如何影响情绪症状的报告？当女性在不知道月经正在被研究的情况下向研究人员报告她们的日常情绪和感受时，会发生什么

"你被指控在荷尔蒙的影响下开车。"

对于两性来说，激素的借口很少适用

为了回答上述问题，心理学家对一些女性进行了调查。研究者在被调查者完全不知道研究目的的情况下，记录了她们每个月中感到身体状态或心理状态良好的时间。（如 AuBuchon & Calhoun, 1985; Chrisler, 2000; Englander-Golden, Whitmore, & Dienstbier, 1978; Gallant 等, 1991; Hardie, 1997; Parlee, 1982; Rapkin, Chang, & Reading, 1988; Slade, 1984; Vila & Beech, 1980; Walker, 1994）采用这种双盲技术，研究者要求这些女性报告每一天的身体及心理状态，随后再让她们回顾这一天处在月经周期的哪一阶段，或者让一些女性每天做记录，这样坚持一段很长的时间。

通常来说，激素和情绪关系的研究多以女性为研究对象，有些研究也以男性为控制组。在一项研究中，男性和女性都填写了一份症状调查问卷，问卷中没有提及月经的事情。（Callaghan 等, 2009）符合"经期前烦躁症"标准的男性比例与女性比例没有显著差异（"经期前烦躁症"是"经期前综合征"的最极端情况）！

在另外一项研究中，研究者在 70 天内每天测验 15 名服用避孕药的女性、12 名月经正常规律的女性和 15 名男性，测验他们的愉悦度、唤醒水平和情绪稳定性的变化情况。（McFarlane, Martin, & Williams, 1988）参与者不知道实验跟月经有关，他们以为这就是一项关于情绪与健康的简单调查。70 天过后，女性开始回忆她们每周平均状态下的情绪并回忆她们的月经周期。在她们每天的报告中，正常经期的女性在经期内和排卵期（当卵子生成时）内比其他人心情更好。但与月经前期相比，组间并无差异。事实上女性在经期内的情绪波动比一周中的其他日子更少。在周一时，大部分人都相对痛苦。此外，在每个月的任何时间，参与者报告的情绪症状或情绪波动次数没有显著的性别差异，如图 5.1。但在他们的回溯报告中，女性通常认为自己的情绪在经期前和经期中会比她们在日记中所报告的更生气、更易怒、更沮丧。

其他研究也发现大多数女性没有典型的"经期前综合征"症状，这并不像她们所坚信的那样。（Hardie, 1997; McFarlane & Williams, 1994）例如，女性们经常宣称自己在经期前的哭泣次数增多，但一项有趣的荷兰研究发现如果让她们持续记"哭泣日记"，并没有发现哭泣和经期各阶段有什么联系。（van Tilburg, Becht, & Vingerhoets, 2003）

所有这些问题的关键在于"经期前综合征"是否会影响女性的工作能力、思维能力、学习能力、做脑手术、管理工作或者做生意。实验室实验发现女性在回忆单词和手动分类任务上，在排卵之前或之后表现更好，此时雌性激素水平较高。（如 Saucier & Kimura, 1998）但是实证研究发现月经周期的各个阶段与工作效率、问题解决、考试分数、创造力或其他在现实生活中的行为表现没有任何关联。（Golub, 1992; Richardson, 1992）在一项英国的研究中，女大学生们声称学习受到了"经期前综合征"的影响，但研究人员却没有发现考试分数、学习成绩与症状数量之间的联系。（Earl-Novell & Jessop, 2005）在工作场所，男性和不管是经期前、经期中、经期后还是非经期的女性所报告的压力水平、幸福感和工作表现是相同的。（Hardie, 1997）

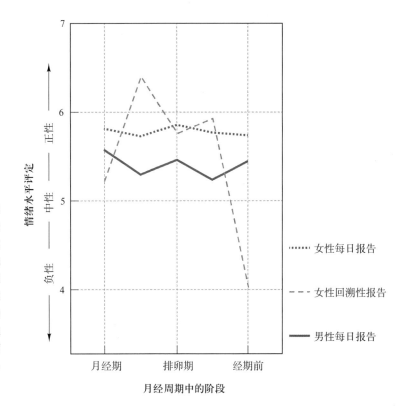

图 5.1 男性、女性情绪变化比较图

这项研究旨在检验有关"经期前综合征"的刻板印象,以男女大学生为研究对象,要求他们记录自己每天的情绪变化,记录长达 70 天。参与者并不知道研究的目的。研究结束时,女性们通常认为自己的情绪在经期前比在这个月的其他时间(长虚线)里更消极,但她们的日记却显示出相反的情况(短虚线)。由图可知,男性和女性都仅仅体验到中度情绪变化,并且在每月的任何一天都没有显著的性别差异。(McFarlane,Martin,& Williams,1988)

随着全球化趋势的出现、美国媒体的影响、药品市场的推广,"经期前综合征"正开始出现在之前并没有听说过该症状的地方——从墨西哥(Marvan 等,1998)到沙特(Rasheed & Al-Sowielem, 2003)屡见不鲜。由于相关产品的推广,综合征似乎是普遍的,更多的女性会把经期前的情绪和症状归结于需要治疗的综合征的一部分。

总之,身体只提供了症状和感觉的细节。习得与文化却会告诉我们什么症状是重要的,或者是值得担心的。不论男女,与生物节律有关的变化都取决于我们的主观解释。

快速测验

没有任何激素方面的借口可以使你逃避这次测验。

一、生物钟管理昼夜节律的功能受一种激素的影响,这种激素是_____。
二、由于_____会出现时差效应。
三、对大多数女性而言,经期前的一段时间总是与_____相联系。
　　A. 抑郁　　B. 易激惹　　C. 兴高采烈　　D. 创造性　　E. 以上都不是　　F. A 和 B
四、在一项研究中,研究者告诉男性参与者睾丸素水平通常在清晨达到高峰,这可能会引起敌意。接着让参与者分别在早晨和晚上填写一份"高睾丸素综合征敌意问卷"。根据月经周期的研究结果,请判断,这位研究者将会得到怎样的调查结果?她应如何改进这项研究呢?

答案:一、褪黑激素　二、飞行　三、E　四、由于这些男性参与者已经被告知了睾丸激素的重要性,他们很可能会在早晨的测量中报告比晚上的测量中更多的敌意。但事实上,并没有证据表明一天中敌意水平会有这样的变化。因此,她应当采取一种与本章报告月经周期的研究类似的方法,即让参与者在不知道研究真正目的的情况下进行报告。

> **你将会学到**
> - 睡眠的阶段。
> - 如果我们长期缺少睡眠，会导致怎样的后果？
> - 睡眠障碍如何影响正常睡眠？
> - 睡眠的心理好处。

睡眠节律

或许在所有的生物节律中，最为复杂的要数睡眠和觉醒这一节律了。毕竟，睡眠使我们处于一种冒险境地：时刻准备对危险情况做出反应的肌肉放松了，各种感官也都变得迟钝。正如英国心理学家克里斯托·埃文斯（Christopher Evans, 1984）曾经说过："按照正常的思维来看，睡眠中的行为模式是怪诞的、疯狂的和不可理喻的。"那么人们又为什么离不开睡眠呢？

睡眠的王国

让我们从睡眠中大脑发生的一些变化开始。直到 20 世纪 50 年代早期，人们对睡眠的生理机制还知之甚少。这时生理学家纳撒尼尔·克雷特曼（Nathaniel Kleitman）通过他的实验室研究，才对这一领域取得了突破性的进展。克雷特曼在当时是全世界唯一一位将全部工作都用来研究睡眠的人。克雷特曼给他的一名学生布置了一项乏味的工作，让他去确认在睡眠伊始所特有的、缓慢转动眼睛的运动是否会持续整个晚上。这名学生的名字叫作尤金·亚瑟金斯基（Eugene Aserinsky）。令这两名研究者感到惊奇的是，在睡眠过程中确实发生了眼睛的运动，但这种运动是快速的，而不是慢速的。（Aserinsky& Kleitman, 1955）两名研究者与克雷特曼的另一名学生，威廉·德门特（William Dement），一同用脑电图（EEG）测量了睡眠者的脑电活动（见第四章），发现快速眼动与睡眠者脑电波模式的变化有关。（Dement, 1992）很快，有一些成年人志愿者参加，并来到实验室度过他们的夜晚，使研究者可以在他们睡着时测量其电波、肌肉紧张程度、呼吸和其他生理反应所发生的各种变化。

快速眼动睡眠 以眼睛运动、肌肉放松并伴有梦境为特征的睡眠阶段。

这项研究的结果，就是使今天的我们能够知道在睡眠过程中，**快速眼动睡眠**（rapid eye movement [REM] sleep）阶段与其他眼动较少的阶段——或称之为**非快速眼动睡眠**（non-REM [NREM] sleep）阶段——是交替进行的。这些阶段形成一个周期，大约每 90 分钟就会重复一次。其中，快速眼动阶段持续的时间是变化的，可以从几分钟到一小时，平均持续时间约为 20 分钟。无论快速眼动何时开始，睡眠者的脑电活动模式都会变化为接近觉醒状态下的模式。非快速眼动阶段可以细分为更短的独立阶段，每种分别与一种独特的脑电模式对应。（见图 5.2）

在你刚刚爬上床，闭上眼睛并且全身放松时，大脑发出 α 波（alpha wave）。脑电图记录显示，α 波是一种有规律的慢波，并且有较高的波峰。渐渐地，这些脑电波会变得更慢，你也进入了睡眠状态，接着就会经过以下四个阶段，每一阶段都比前一阶段更深：

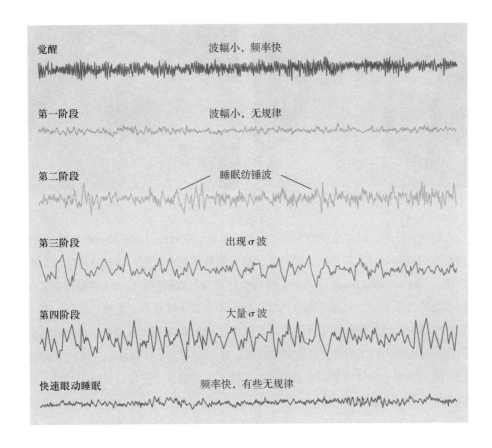

图 5.2 在觉醒和睡眠状态下的脑电模式

大多数脑电模式都会在睡眠过程中出现,但不同的脑电模式在不同睡眠阶段占主导地位

第一阶段 脑电波变得波幅较小并且无规则。此时个体处于浅睡阶段,感觉游离于意识的边缘。如果个体在这一阶段被唤醒,他可以回忆起某些幻象或一些视觉图像。

第二阶段 偶尔会出现被称为"**睡眠纺锤波**"(sleep spindle)的脑电波。"睡眠纺锤波"是一种短暂爆发的,频率高、波幅大的脑电波。在这一阶段,个体很难被轻微的声音唤醒。

第三阶段 除了出现第二阶段的"睡眠纺锤波",大脑还会时不时产生一种叫作 σ 波(delta wave)的脑电模式,这种脑电波频率较慢,波幅很大。此时个体的呼吸和脉搏变慢,肌肉放松,并且很难被唤醒。

第四阶段 σ 波现在已经占据了脑电波的很大一部分,个体进入深度睡眠。这时个体通常需要猛烈的摇晃或很强的声音才能被唤醒。更奇怪的是,梦游通常都发生在这个阶段。儿童比成年人更经常发生梦游,而发生梦游的原因至今还不清楚,或许梦游是由特殊的 σ 波活动模式引起的。(Bassetti 等,2000)

这四个阶段依次发生,大概需要经历 30～45 分钟。接下来按照相反的顺序再次经历这四个阶段,依次是第四阶段、第三阶段、第二阶段和第一阶段。这时,也就是在个体进入睡眠后的 70～90 分钟时,会有一些特殊的事情发生。第一阶段不再像你预期的那样进入朦胧欲醒的状态,相反,大脑爆发出一种快而无序的脑电波,并且这种脑电波持续发生的时间比较长。这时个体的心律增强,血压升高,呼吸变得更快、更无规则,并且个体的面部或手指还会出现轻微的抽搐。在男性中,阴茎可能会变得有些勃起,因为血管组织松弛,血液填充生殖器官的速度更快。在女性中,阴蒂可能扩大,阴道润滑可能增加。同时,猫有 80% 的时间在睡觉，因此很容易通过它们获得睡眠各阶段的信息。处于非快速眼动睡眠状态下的猫（左图）身体保持直立，而在快速眼动睡眠阶段，猫由于肌肉变得松软而使身体倒向一边

大多数骨骼肌会松软，以防唤醒的大脑产生肢体运动。这时便进入了快速眼动睡眠阶段。

由于在快速眼动睡眠阶段，大脑异常活跃，而肢体完全放松，因此这一阶段也被称为"佯谬睡眠"（paradoxical sleep）。在这一阶段个体最有可能做梦。也有一些被试报告在非快速眼动睡眠阶段做了梦，只是这些梦通常更短，不那么生动逼真，更接近实际。在一项研究中，在快速眼动睡眠阶段被唤醒的被试报告自己 82% 的时间都在做梦，而在非快速眼动睡眠阶段，被唤醒的被试报告自己做梦的时间也有 51% 之多。（Foulkes, 1962）相对快速眼动阶段，非快速眼动阶段的梦通常更短，也不那么生动逼真，更接近实际，当然，除了早上醒来前的一小时左右。

有时，当人刚睡醒时，会发生一个奇怪的现象。有人从快速眼动睡眠中醒来，却意识到自己动不了了，而且之前睡眠阶段典型的肌肉麻醉状态已经完全消失了。大约 30% 的普通人至少经历过一次这样的事件，大约 5% 的人在这种状态下做过"醒着的梦"。他们的眼睛是睁着的，但他们"看到"的是梦幻般的幻觉，最常见的是影子。他们甚至可能"看到"一个幽灵或外星人坐在他们的床上或徘徊在走廊，如果这是一个午夜噩梦的一部分，他们会认为这是完全正常的恐怖景象。但是睁眼"看到"这些的一些人则解读这种经验，并开始相信他们曾被外星人拜访过，或者被鬼魂缠着，而不是说："哇，太有意思了，我竟然睁着眼睛做梦！"（Clancy, 2005；McNally, 2003）

> 对醒着的梦进行批判性思考

快速眼动睡眠和非快速眼动睡眠在整个晚上交替出现，随着时间的流逝，第三阶段和第四阶段逐渐变得越来越短，甚至消失，而每个快速眼动睡眠阶段则变得越来越长，并且间隔的时间也越来越短，最后甚至合并为一个阶段。这种模式可以解释为什么清晨的闹钟把你吵醒时，你往往正在做梦。但是，事实上睡眠各阶段循环的周期远远不是这样有规律的。例如，有的人会从第四阶段直接回到第二阶段，或者从快速眼动睡眠阶段跳至第二阶段，然后再返回到快速眼动睡眠阶段。此外，快速眼动睡眠阶段与非快速眼动睡眠阶段之间的时间间隔变化也非常大，不仅存在人与人之间的差异，即便是同一个体，在每天内也会有不同的时间间隔。

关于快速眼动睡眠的原因至今还是一个有争议的问题。如果每逢个体进入快速眼动睡眠阶段就把他唤醒，并不会有什么特殊的事情发生。然而，当你最终允许他们获得正常的睡眠时，他们的快速眼动睡眠阶段将持续很长时间，比正常情况下的持续时间要长得多，并且此时很难唤醒他们。与此阶段相对应的脑电波可能会突然进入非快速眼动睡眠，呈现安静睡眠状态甚至觉醒状态下的模式，似乎参与者正在补偿某种被剥夺的东西。

一些研究指出这种"东西"与做梦有关，但这个观点也有问题。首先，在一些情况特殊的案例中，有的脑损患者失去了做梦能力，但还是会保留正常的睡眠阶段，包括快速眼动。（Bischof & Bassetti, 2004）其次，尽管几乎所有哺乳动物都有快速眼动睡眠阶段，仅知的例外是鼠海豚和宽吻海豚，但老鼠和食蚁兽似乎不太可能具有做梦的认知能力。鼹鼠眼睛几乎不能动，但还存在与快速眼动睡眠一致的脑电模式。正如著名的梦研究专家威廉·多姆霍夫（Willian Domhoff）所言："没人，没有任何人，可以对快速眼动睡眠提出一个大家都信服的解释。"

我们为什么需要睡眠

著名的睡眠研究专家，杰尔姆·西格尔（Jerome Siegel, 2009）发现，睡觉状态是一个连续体，一端是冬眠（熊、蝙蝠和其他啮齿动物），另一端是在重要时段持续不眠地活动（鸟儿在迁徙时不睡觉，海象有时也会几天不眠，而鲸鱼妈妈和她的孩子们在生产后的几周内一直保持不休）。他认为形成多种睡眠形式的原因与不同物种的有利策略有关，狮子睡觉时间长而且质量高，但它们最青睐的猎物长颈鹿却有保持着最低睡眠时长的记录——长颈鹿如果想活命，最好不要睡得太死！

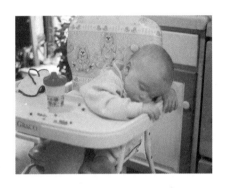

对于所有的睡眠物种来说，如人类，睡眠可以提高效率，睡眠可减少肌肉紧张，降低脑与身体的新陈代谢。西格尔（2009）说该过程"与关门闭灯类似"。睡眠似乎为躯体提供一个暂停（中场休息）的机会，从而使躯体能够清除肌肉组织中的废物，修复细胞，保存或补充能量，增强免疫系统的功能，并恢复白天损失的体力。当我们没有获得足够的睡眠时，我们的身体功能就会变得异常起来。尽管大多数人在熬夜一两天后，还能保持较好的状态，但持续四天或更长时间的睡眠剥夺会令人感到极为不适，并且很快就会变得无法忍受。（这就是强制不让人休息是酷刑的原因。）

失眠的精神后果

对正常的心理功能来说，睡眠也是必不可少的。在长期的睡眠剥夺条件下，应激激素皮质醇含量一直居高不下，会损害学习和记忆所必需的脑细胞。（Leproult, Copinschi 等, 1997）而且，新的脑细胞不再生长，也有可能会长成畸形。（Guzman-Marin 等, 2005）也许部分原因是即使只损失了一夜的睡眠，心理功能的灵活性、注意力和创造力等都会受到损害。在连续几天不睡觉的情况下，甚至会使人产生幻觉和妄想。（Dement, 1978）

当然，睡眠剥夺很少会达到上述描写的程度，但是人们经常会受到睡眠剥夺所带来的中等程度的损害。根据国家睡眠基金会（the National Sleep Foundation）的研究，大约10%的成年人为睡眠所困。烦恼、焦虑、心理问题、生理问题如关节炎，以及工作、学习无规律或压力过大等都会

无论你的年龄有多大，有时候当困意袭来时是不可抵挡的——在节奏加快的现代社会更是如此，许多人没有获得足够的睡眠。晚睡或睡眠不足对你的平均成绩没有任何帮助。白天的嗜睡会影响反应时间、注意力和学习能力

睡眠窒息 在睡眠状态下，阶段性地出现呼吸暂停，使人因感到呼吸困难而瞬间醒来大口喘息。

导致失眠。此外，很多药物对睡眠阶段的正常进行有所干扰，不仅仅是咖啡因，还有酒精和镇静剂都会起作用。这往往会导致人们第二天无精打采，昏昏欲睡。

还有一个原因也会使人在白天昏昏欲睡，那就是**睡眠窒息**（sleep apnea）。睡眠窒息是一种疾病，是指在睡眠状态下，阶段性地出现呼吸暂停，使人因感到呼吸困难而醒来大口喘息。一晚上呼吸也许会停止数百次，而且常常不会被人意识到。睡眠窒息不仅常常出现在老年男性与肥胖者身上，也会出现在其他人群中。造成睡眠窒息的原因有许多种，可能是由于呼吸道阻塞，也可能是由于大脑未能很好地控制呼吸系统，并且，如果长期出现睡眠窒息，还会导致高血压和心律不齐。它可能逐渐侵蚀一个人的健康，并与预期寿命减短也有关系。（Young 等，2008）

嗜睡症 是一种睡眠障碍，包括突发性和不可预知的白天嗜睡发作或进入快速眼动睡眠。

嗜睡症（narcolepsy）是另一种极端的例子，通常发生在青少年时期。其症状表现为，患者在白天感到无法预期和无法遏制的困意会阵阵地袭来，睡眠持续时间大概为 5 分钟到 30 分钟。当他睡着时，会马上达到快速眼动睡眠阶段。仅仅在美国，患有这种障碍的人数就达 25 万之多，其中很多人并不知道这是一种障碍。也许是遗传变异和免疫系统失调造成了下丘脑神经元的退化，从而引起了嗜睡症。（Lin, Hungs, &Mignot, 2001; Mieda 等，2004）

快速眼动行为障碍 是一种睡眠障碍，在快速眼动睡眠中通常出现的肌肉麻痹是不存在或不完全的，睡眠者能够演绎出梦的内容。

其他类型的障碍也会影响睡眠，其中包括一些可引发异常或危险行为的障碍。在**快速眼动行为障碍**（REM behavior disorder）中，与快速眼动有关的肌肉麻痹不会发生，睡眠者（老年男性最为常见）的生理活动会变得亢奋，常常在无意识情况下演绎出梦的内容。（Schenck & Mahowald, 2002）如他梦见一场足球赛，他会试图抓住一个家具；如果梦到小猫，他也许会试着抚摸它。其他人认为这种障碍很有趣，但其实并不好笑。患者也许会伤及无辜，也会伤到自己，而且还会增加帕金森症和痴呆症的发病概率。（Postuma 等，2008）

导致白天困倦的最普遍原因，同时似乎也是最明显的一个原因就是熬夜熬得太晚，使人在夜晚没有得到足够多的睡眠。一些人需要较少的睡眠时间，但大多数成年人需要 6 小时以上，很多青少年需要 10 小时才能达到理想状态。国家交通安全董事会（the National Transportation Safety Board）估计昏昏沉沉每年会导致十万起交通事故，有多达 1.5 万人死于道路安全事故，7.1 万人受伤。睡眠剥夺还会导致工作失误，尤其是住院医师在他工作的第一年时容易犯错。在美国，联邦法案为航空公司飞行员、卡车司机、核电厂技工限制了工作时长，但住院医师却还是常常 24 小时或者 30 小时倒班。（Landrigan 等，2008）

我们会告诉你，别打盹，但成绩不好与缺少睡眠有关。研究人员追踪了一组小学生和中学生一周中的睡眠情况，参与者分为正常睡眠时间组、早睡组和晚睡组。他们的老师在任何一周都不知道孩子的状况，当孩子熬夜时，他们的学习和注意力会出现更多问题。（Fallone 等，2005）这些结果可能同样适用于高中生和大学生。

睡眠的心理益处

就像睡眠会干扰良好的心理功能一样，好的睡眠

"朱迪丝是一个需要睡觉的人。"

也会促进它,而且原因不只是因为我们做到了好好休息。近一个世纪以前,在一项经典的研究中,学习了一组无意义音节列表之后睡了8小时的学生的记忆成绩要好于那些同样时间内处理自己日常事务的同学的成绩。(Jenkins & Dallenbach, 1924)多年来,研究人员将结果归因于睡觉期间没有新信息进入大脑对记忆产生干扰。而现在很多科学家相信是由于睡眠在**巩固**(consolidation)知识方面扮演了更重要的角色,使得与最近新记忆有关的突触变得稳定而持久。(Racsmány, Conway, & Demeter, 2010)理论之一就是睡觉时,新近记忆涉及的神经元的变化会重新被激活,从而变得稳定持久。(Rasch 等,2007)

巩固 使记忆变得持久和稳定的过程。

记忆的提高与快速眼动睡眠和慢波睡眠(第三阶段和第四阶段)有密切关系,同时与特殊动作技能和感知觉的记忆也有一些联系。在一项研究中,当人类或者动物习得了一项知觉任务后,研究者要求他们睡一觉,其中包括正常的快速眼动睡眠,第二天他们的任务记忆成绩更好了,即使是在非快速眼动阶段唤醒他们,结果依然如此,但如果剥夺了其快速眼动睡眠,记忆能力会大大受损。(Karni 等,1994)但睡眠似乎也可以加强其他类型的记忆,包括对事件、地点、事实的回忆。(Rasch & Born, 2008)情绪记忆也可通过睡眠改进。当人们在早晨或晚上看到情绪唤醒的情景后,研究者在不同的时间对参与者实验材料的记忆进行后测,一个是在白天清醒的12小时后,一个是在正常的晚上睡眠后,那些在正常晚上睡眠后而不是保持白天12小时清醒的参与者,会更好地回忆情感场景,而非中性场景。(Hu, Stylos-Allan, & Walker, 2006)他们对负面情绪场景的记忆也要优于其他参与者。(Payne 等,2008)(见图5.3)

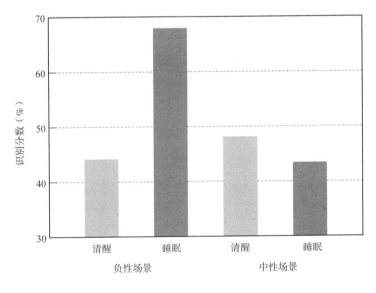

图5.3 睡眠与记忆巩固
当大学生学习中性场景(如普通车)和负性情绪场景(如一辆汽车出了事故)时,睡眠会影响他们后来如何识别场景中的物体。在晚上学习场景,然后在被测试前睡上一夜觉的学生,比在早晨学习场景然后在12小时的白天清醒后测试的学生,在识别情感对象方面做得更好。(Payne 等,2008)

如果睡眠能促进记忆,或许也可以促进问题解决,因为问题解决依赖于信息存储。为了一探究竟,德国研究人员给志愿者们做了一项数学测试,要求他们使用两条数学规则从一串数字中生成另一串数字,并尽可能快地推导出新序列中的最后一串数字。研究人员没有告知志愿者有一个隐藏的窍门可以直接得出结果。一组被试在晚上做了相关训练,然后睡了8小时再测试;另一组也是晚间训练,不同的是在随后的8小时中是保持清醒的,之后同样是测试;第三组在早上训练,就像平时一样全天保持清醒后测试。结果发现第一组,也就是有8小时睡眠的那组发现隐藏窍门的概率是另外两组的三倍。(Wagner 等,2004)

研究人员在睡眠对学习的影响方面没有达成一致。很多研究并未发现睡眠可以改善记忆。(Vertes & Siegel, 2005)在一项研究中,研究人员假设睡眠可以促进知识的巩固,令人意外的是,剥夺了快速眼动睡眠的人们却促进了有关动作和知觉技能的记忆,其中包含手指敲击和镜像追踪。(Rasch 等, 2009)当然,其实我们并没有多少机会使用这些特殊技能!

尽管如此,睡眠对人类记忆能力和问题解决能力有影响,这方面的证据与日俱增。(Cai 等, 2009)潜在的生物学基础可能包含新突触连接的形成,以及不再需要的突触脱落。(Donlea, Ramanan, & Shaw, 2009; Gilestro, Tononi, & Cirelli, 2009)换句话说,我们可以通过睡眠而记忆,也可以忘记,这样大脑才可以为新的知识腾出空间和能量。记住,下次你想开夜车的时候,即使是快速的小睡也能帮助你的心理机能,并提高你以新的方式把不同的知识组合在一起的能力。(Lau, Alger, & Fishbein, 2008; Mednick 等, 2002)好好睡吧。

> **快速测验**
>
> 快快醒来,参加这个小测验!
> 一、左列各项目分别与右列各项目中的哪个是相对应的?
>   1. 快速眼动睡眠阶段　　　　A. 出现 σ 波并且说梦话
>   2. α 波　　　　　　　　　　B. 脑电模式无规律,轻度睡眠
>   3. 第四阶段睡眠　　　　　　C. 放松但处于清醒状态
>   4. 第一阶段睡眠　　　　　　D. 大脑处于活动状态但肌肉处于松弛状态
> 二、睡眠对于维持下列哪种正常功能是必不可少的(　　)
>   A. 生理及心理功能　　B. 心理功能而不是生理功能　　C. 生理功能而不是心理功能
> 三、判断题:大多数人每晚需要 6 小时以上的睡眠。
> 四、判断题:只有快速眼动睡眠与做梦和巩固记忆有关。
>
> 答案:一、1.D 2.C 3.A 4.B 二、A 三、对 四、错

> **你将会学到**
>
> - 为什么弗洛伊德把梦称为"通往无意识的皇家大道"?
> - 梦怎样与当前的问题或担忧发生联系?
> - 梦与白天的想法有怎样的联系呢?
> - 梦是如何由无意义的脑干信号引起的?

探索梦的世界

多年来,研究人员相信每个人都会做梦,事实上大多数宣称从不做梦的那些人,如果在快速眼动睡眠中被唤醒,都会报告自己做过梦。很少有人一点儿梦也不做。(Pagel, 2003; Solms, 1997)他们中的大多数人,当然并不是全部,有脑损伤的经历。

在梦的世界里,注意的焦点是内向的,有时某种外部事件,如呼啸的警笛,也会影响梦的内容。梦有时生动鲜活,有时模糊不清,有时令人感到恐惧,有时又异常平和。有

时当你醒来后，会感受到梦带给你的良好感觉。而你回忆起梦时，它总是不合乎逻辑，怪诞并且缺乏连续感。尽管我们大多数人在梦中感受不到自己的躯体，或者不知自己身在何处，有些人却报告自己能够产生**明晰的梦**（lucid dream），在这种状态下，他们知道自己在做梦，并且感觉自己是有意识的。（LaBerge & Levitan, 1995）有少数人甚至宣称自己能够控制这些梦中发生的各种活动，正如一位编剧能够决定电影的剧情，尽管这种能力可能不常见。

明晰的梦 做梦者知道自己正在做梦的状态。

<160> 那么梦中的各种形象到底是如何产生的呢？为什么大脑不安静地休息，停止所有思考，关闭所有的画面，而使我们进入一种昏迷的状态呢？相反，我们为什么要将夜晚的时间用来做梦，参加化学考试、重温旧情、在空中飞翔，或在我们梦中的幻想世界中逃离危险的陌生人或动物？下面让我们来看一下目前流行的四种解释，并逐一加以评价。

梦与无意识愿望

西格蒙德·弗洛伊德是最早开始严肃对待梦问题的心理理论家之一，他是精神分析理论的创始人。在分析过许多患者和他本人的梦后，弗洛伊德（1900/1953）这样推论，通过梦可以使人了解我们意识不到的欲望、动机和冲突，即"梦是通往无意识的皇家大道"。弗洛伊德认为，因为人们能够在梦中表达无意识愿望和欲望，而这些冲动通常具有性和暴力的色彩，所以梦提供了一条"通往无意识的皇家大道"。这些是**梦的精神分析理论**（psychoanalytic theory of dreams）。

根据弗洛伊德的观点，无论梦的内容看起来多么荒谬，每一个梦都是有意义的。但是如果梦的内容能够唤起焦虑感，心理的理性部分必然会将这部分内容伪装起来，从而扭曲梦的内容。否则，梦会进入意识并将个体从睡梦中唤醒。因此在梦中，一个人常常伪装成另一个人，如兄弟可以伪装成父亲，或者甚至由几个不同的角色来表示。类似地，某些思想或物体由抽象图形来表示，例如，阴茎可能会伪装为一条蛇、雨伞或匕首，隧道或洞穴可能表示阴道，而房子则表示人的身体。因为现实会以这些方式进行扭曲，梦更像是精神错乱和严重的心理障碍；每个晚上，我们都会有暂时的妄想，这样我们的焦虑就会随之远去，而睡眠也不会被打扰。

弗洛伊德认为，若要了解一个梦的意义，必须能够区分梦的显梦内容和隐梦内容（manifest versus latent content of dreams），前者是我们在梦中能够意识到的部分，并且在醒来后也记得它的内容；后者是用抽象符号来表达的无意识愿望和想法。然而，弗洛伊德警告我们，不要轻

率地对这些符号进行解释（现在经常出现在杂志和流行心理学书籍上，承诺了要告诉你你的梦到底意味着什么）。每一个梦都需要以做梦者的现实生活为背景来进行分析，同时个体对梦中内容的联想也是一个重要线索。此外，弗洛伊德还强调，并不是所有出现在梦中的物体都是符号，有时"香烟仅仅是香烟而已"。

梦是解决问题的努力

另一种观点——**梦的以解决问题为中心理论**（problem-focused approach to dreams）——认为，梦是白天里的思维在夜晚睡梦中的延续，例如，白天考虑过有关人际关系、工作、性、或健康的一些问题，那么晚上往往会梦到类似的事情。（Cartwright, 2010; Hall, 1953a, 1953b）依照这种观点，梦是以解决问题为导向的，梦中的符号和暗喻并不掩饰其真实意义；相反，它们表达了真实的意义。例如，心理学家盖尔·德莱尼（Gayle Delaney）是这样为一个妇女解梦的：梦中，这位女性在水下游泳，8岁的儿子伏在她背上，儿子的头是露出水面的。她的丈夫本来要给他们拍照，但是由于某些原因，他迟迟没有行动，而她已经感到快要被淹死了。德莱尼认为，梦的意义非常明确：照顾孩子的责任已经快要使这位妇女窒息了，而她的丈夫却一点也不负责任。（Dolnick, 1990）

这一针对问题的解释得到了一些发现的支持，这些发现表明，梦更可能包含与一个人当前的担忧有关的东西，比如分手或考试，而不是碰巧所能预测到的。（Cartwright 等, 2006; Domhoff, 1996）这些证据也为梦是以问题为焦点的观点提供了支持。例如，对于大学生来说，由于他们经常为考试和分数问题感到焦虑，所以就经常会做一些有关考试焦虑的梦：梦中的个体对考试没有做充分的准备，不能完成考试，或者走错考场，或者找不到考场（是不是听起来很熟悉？）。而作为老师，则常常会梦到自己将讲义落在家里，或者人们期望他们用外语就一个他们一无所知的话题做一次演讲。创伤经历也会影响梦。在一个跨文化的研究中，儿童被试持续记录在一周的时间里梦的内容，相对于生活在芬兰或和平

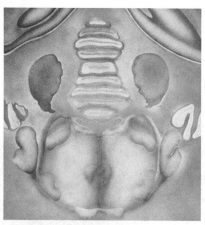
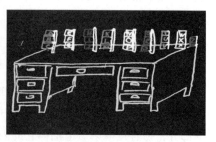

这些来自梦境杂志的图片表明，梦中的形象可能是抽象的，也可能是具体的。在任一种情况下，梦都可以反映一个人的关注点、问题和兴趣。这两幅奇幻的画（左图和中图）描绘了一个整天用脑组织工作的人的梦境，而这两幅画非常相似。右图中的桌子是一位科学家在1939年根据梦中内容所画，在他的梦中出现了一种机器设施可以帮助人们快速找到各种报表——这与一种早期台式计算机相吻合

地区的巴勒斯坦儿童,生活在常常受到邻国的暴力威胁的巴勒斯坦地区的儿童,报告出更多的有关迫害和暴力内容的梦。(Punamaeki & Joustie, 1998)

有些心理学家认为,梦不仅反映我们在日常生活中所考虑的事情,也会为解决这些问题提供帮助。(Cartwright, 2010)在那些经历离异痛苦的人当中,一种特殊形式的梦与这些当事人从痛苦中恢复过来有很大关联:夜晚的第一个梦比平常开始得早,并且通常会持续更长的时间,梦中的情节更具情绪色彩并且更富有故事性。抑郁症患者的梦随着夜晚的延续倾向于具有较少的负性内容和较多的正性内容,这种模式也预示着康复。(Cartwright等,1998)而研究人员这样推论:从一场危机或生命中的一段困难时期恢复过来需要"时间、好朋友、良好的遗传基因、幸运和一系列好梦"。

梦是思考

与问题导向理论一样,认知视角——**对梦的认知方法**(cognitive approach to dreams)——强调梦中出现的是日常生活中所担忧的事情,但不强调梦可为解决这些问题提供帮助。从这种观点来看,梦仅仅是日常生活中一直持续着的认知活动的变体。在梦里,我们构架了一个现实世界的合理的复制品,我们利用了同样的记忆、知识、比喻和假设。(Antrobus, 1991, 2000; Domhoff, 2003; Foulkes, 1999)因此梦的内容包括的想法、概念和场景与我们日常关注的问题可能有关也可能无关。我们更多地会梦到自己的家人、朋友、学业、工作或者兴趣爱好,这些话题占据着我们白天的大脑。

在认知视角看来,大脑在梦中做了和人们清醒时一样的工作,确实如此,在清醒时涉及感知觉加工和认知加工的脑区的一些部分在做梦时是高度活跃的。差别在于睡觉时,我们与外界的感官输入和反馈以及我们的肢体运动都是隔绝的,大脑唯一的输入是它自己的输出。这就是为什么我们梦中的想法相对我们清醒时更分散,当然白日梦除外!

该观点预测,如果一个人清醒时,完全切断其外部的刺激,其心理活动会与做梦特别相像,会有同样的幻觉感。在第六章,我们会有所讨论。认知视角还认为,童年时一个人的认知能力和脑通路成熟后,梦在性质上会有所转变。蹒跚学步的幼儿可能从成年人的角度看根本不会做梦,尽管儿童在睡眠中可能体验到视觉图像,但他们的认知能力有限,还不能有效转述一件事,必须到七八岁才可以。(Foulkes, 1999)他们的梦频率不高,而且是静止的和单调的,一般都是日常的事情(如"我看到一只狗""我正坐着")。当等他们长大,梦就会逐渐变得复杂和生动。

梦是大脑的活动

对梦的第四种解释是梦的**激活—整合理论**(activation-synthesis theory),也侧重于从生理的角度提供说明。这种解释最早由艾伦·霍布森(J. Allan Hobson, 1988, 1990)提出,梦并不是莎士比亚描述的"大脑空闲时的产物"。相反,梦是位于大脑深处的结构——脑桥——在快速眼动睡眠阶段由于神经元自发放电而形成的产物。这些神经元控制眼动、凝视方向、平衡和姿势,并且在觉醒时负责向视觉加工和随意运动的感觉皮层、运动皮层发

激活—整合理论 这种理论认为,梦是大脑皮层试图整合并且解释由大脑底部活动引起的神经信号而产生的。

激活-整合理论

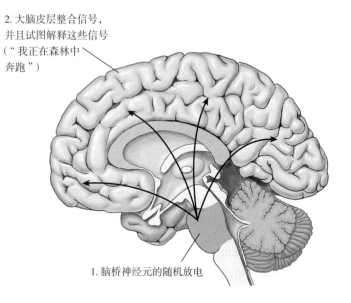

2. 大脑皮层整合信号，并且试图解释这些信号（"我正在森林中奔跑"）

1. 脑桥神经元的随机放电

出信息。

根据激活-整合理论，来自脑桥的信号本身并没有心理意义。但是大脑皮层试图根据已有的知识和记忆整合（synthesizing）这些信息，使它们变得有意义，从而得出比较连贯的解释。在个体清醒时，大脑就是这样整合来自感觉器官的各种信号的。事实上，无论你是醒着还是睡着，大脑某个区域能够对另一区域的活动做出解释这一观点与大脑工作原理的许多现代理论是一致的。（见第四章）

例如，大脑中有一部分脑区负责平衡功能，当这一脑区的神经元放电时，大脑皮层可能就会产生一个关于坠落的梦。如果接收到另一种信号，而这种信号通常会使人做出奔跑的反应，大脑皮层可能会形成一个关于被追捕的梦。由于脑桥发出的信号具有随机性，皮层对这些信号的解释——也就是梦——很有可能是不连贯的、混乱的。并且，由于负责记忆新内容的初级存储皮层神经元在睡梦过程中处于关闭状态，所以除非我们醒来后立即写下这些梦或讲给别人听，否则我们通常会忘掉这些梦。

霍布森提出这一早期理论之后，他和他的同事又对这一理论增加了一些细节并提出修正。（Hobson, Pace-Schott, & Stickgold, 2000）他们认为脑干能够引起大脑感情区、视觉区的反应。同时，大脑皮层上负责逻辑思维和感觉外部刺激的区域被关闭了。这些变化可以解释为什么梦中的内容总是情绪色彩浓厚、类似于幻觉并且缺乏逻辑性。

根据这种观点，产生梦的原因并不是愿望，而是大脑活动机制使然。霍布森（2002）说，梦的内容也许会是"和金子一样多的碎屑，和宝藏一样多的认知垃圾，和某种信号一样多的信息噪声"。但这不意味着梦总是无意义的。霍布森（1988）认为大脑"力求为接受到的任何刺激赋予意义，当它所处理的信息本身只有很少意义或没有意义时，它也会对这些事件赋予意义甚至有时主动创造意义"。通过研究这些被赋予的意义，你可以了解自己的知觉、心理冲突和思想，但并非像弗洛伊德所说的那样，要去挖掘梦表面下的意义，只需检验它的表面意义就可以了。或者你可以放轻松，享受梦为你提供的夜晚娱乐。

对各种理论的评价

我们应该如何评价这四种理论呢？这四种理论分别解释了梦的某些现象，但是每种理论都有其缺陷。

大多数现代心理学家接受弗洛伊德的观点，认为梦不仅仅是杂乱无章的心理漫游，它是有心理意义的。然而，许多人认为，弗洛伊德的解释过于牵强。他们指出，对于所谓的隐梦，并没有固定可靠的解释规则，也没有一种客观的方法能够使人确知某种解释是否正确，更没有任何令人信服的实证支持弗洛伊德的具体主张。一些畅销书和报纸专栏中常常会介绍一些弗洛伊德的释梦理论，试图使你了解自己的梦，但是这只是撰稿人自己的一厢情愿罢了。

<163>

> **参与进来** ｜ 记录你每天所做的梦
>
> 　　记录自己的梦是一件有趣的事。把笔记本或录音机放在床边，每天早晨醒来（或者在夜里由于做梦醒来时）就立刻把你所记得的梦全部记录下来——哪怕是很短的片段。当你收集了一些梦之后，看看本章的哪一个理论或哪一些理论能够为这些梦提出最好的解释。你的梦中包含重复的主题吗？梦是否提供了任何有关当前问题、活动或关注内容的线索？（顺便说一句，如果你对别人的梦感兴趣，你可以在网上找到很多梦。）

　　至于另一种观点，即梦有解决问题的能力，的确，有一些梦是以生活中担心和忧虑的事件为焦点的，但对此提出质疑的人认为，人们事实上是在看起来像睡着的时候解决问题或心理冲突的，而他实际上并不是在睡眠状态中。(Blagrove, 1996; Squier & Domhoff, 1998)对此观点持怀疑的人认为，梦仅仅表达了我们所面临的问题。解决问题的真知灼见是在醒来后，并且有机会仔细考虑自己面临的困扰时，才可能获得的。

　　激活－整合理论也受到了一些批评。(Domhoff, 2003)按照这个理论，所有的梦都应该是支离破碎、荒诞不稽的，但事实上并非如此。有些梦会讲述一个连贯的、充满幻想的故事。此外，激活－整合理论没有很好地解释为什么有些梦发生在非快速眼动睡眠阶段。一些神经心理学家强调，梦的产生涉及不同的大脑机制，并且许多人相信梦确实能够反映一个人的目标和欲望。

　　最后，认知视角是一个相对较新的趋势，所以它的一些观点还有待神经学和认知科学的验证。但目前，由于它整合了其他理论的一些精华，并契合我们对觉醒认知和认知发展方面知识的了解，因此它成了这个时代主流的竞争者。

　　或许在不久的将来，我们会发现不同类型的梦具有不同的目的和根源。根据经验，我们都知道有些梦似乎与日常生活中的问题有关，有些梦是模糊不清并且缺乏连续性的，当我们感到忧虑或抑郁时还会做一些焦虑的梦。但不管那些画面的根源来自哪里，我们都需要小心地解释我们自己的或者他人的梦。一项来自印度、韩国和美国三个国家的研究数据发现，人们在解释自己梦境时都有偏见，都是自私的，他们更愿意接受那些与自己先前脑中概念或者愿望契合的解释，而会过滤掉那些不想要的。例如，他们更愿意相信上帝命令自己放假一年周游世界，而不愿把梦解释为上帝命令自己放假一年到麻风病人隔离区去做志愿者。(Morewedge & Norton, 2009)我们这些带有偏见的释梦也许只会透露出更多的关于我们自己的信息，而不是真实的梦境。

快速测验

现在来看一看你是否会梦到这些题的答案。

在安迪的梦中，他变成了一个婴儿，要爬着穿越漆黑的隧道寻找丢失的东西。下列各种解释分别与哪种理论最匹配？

1. 安迪最近把一只贵重的手表放错地方了。
2. 在安迪睡着时，脑桥神经元发出的信号刺激了大脑中负责腿部肌肉运动的区域。
3. 安迪回忆起生命早期指向母亲的性吸引，隧道暗示着阴部。
4. 安迪与他的爱人分手了，正在克服这种感情上的缺失。

答案：1. 认知的观点（做梦者对近发生的事件进行加工）; 2. 激活—整合理论; 3. 精神分析的观点; 4. 以解决问题为中心的观点。

你将会学到

- 对催眠师职业的普遍误解。
- 催眠在心理学与医学方面的合理用途。
- 解释催眠状态的两种理论。

催眠的奥秘

很久以来，人们可以看到舞台上的催眠师、"通灵术士"和一些心理治疗家声称能够使被催眠者"时光倒退"到若干年前乃至若干个世纪以前。有些治疗师宣称催眠可以帮助患者准确地回忆起被长期埋没在记忆中的往事，甚至有些催眠师声称曾经帮助患者回忆起遭到外星人诱拐的经历。我们应当如何看待上述说法呢？

催眠 施术者通过暗示使被催眠者的感觉、知觉、思维、情感或行为发生变化的过程。

所谓催眠（hypnosis），就是施术者通过暗示使被催眠者的感觉、知觉、思维、情感或行为发生变化的过程。(Kirsch & Lynn, 1995) 而被催眠者往往试图根据催眠师的暗示改变他或她的认知过程。(Nash & Nadon, 1997) 通常来说，催眠过程中所使用的暗示包括使被催眠者做出某种行为（"你的胳膊会缓慢抬起"），使被催眠者不能做出某种行为（"你的胳膊不能弯曲了"），或是对正常知觉或记忆的扭曲（"你不会感到疼痛""直到我给你信号之前，你将不会记得自己正处于被催眠状态"）。人们经常报告自己感到自然而然地遵从了这些暗示，好像这是在他们不愿意的情况下发生的。

为了诱导出被催眠的状态，催眠师通常会通过暗示使被催眠者感到放松，感到困倦，眼皮变得越来越沉。催眠师用歌唱式的或单调而有节奏的声音，使被催眠者感到在这种状态中"越陷越深"。有时，催眠师会让被催眠者目不转睛地盯着一种颜色或一个小物体，或使他专注于某种躯体感觉。被催眠者报告注意的焦点会转向外部，转向催眠者的声音。有时，这些被催眠者将催眠的感受比作沉浸于一本好书、一场演出或一段心爱的音乐。被催眠者几乎总是能够完全意识到正在发生的事情，并且在事后记得这种经历，除非催眠师通过明确的暗示使被催眠者忘掉这一切——即使催眠师这样做了，这段记忆还是能够被一个预先规定的信号储存起来。

从谈判技巧、舞台演出到药物治疗和心理治疗，催眠的用途几乎无所不至，因此了解这种手段有所能、有所不能就是至关重要的。下面，我们首先介绍一下在催眠领域内的重要发现，接下来讨论两种有关催眠效果的流行理论。

催眠的本质

以数以千计的实验室研究和临床研究为基础，大多数研究者同意以下观点（Kirsch & Lynn, 1995; Nash, 2001; Nash & Nadon, 1997）：

1 催眠中起关键作用的是被催眠者的努力和素质而不是催眠师的技巧。有些人比其他人具有更好的反应性。然而，为什么会这样现在还是未知的。令人感到惊奇的是，对催眠的易感性与一般人格特质——如轻信、信任、顺从或服从——无关。（Nash & Nadon, 1997）容易接受催眠的人通常能够轻易地专注于他们当下进行的活动并且沉浸在想象的世界里，但这种能力与催眠易感性只表现出弱的相关。（Council, Kirsch, & Grant, 1996; Nash & Nadon, 1997）

2 即便在催眠状态下，也不能强迫被催眠者做那些违背他们意愿的事。人们往往认为，人在催眠状态下，抑制能力下降，这一点就如同喝醉了一样（"我知道这样看起来很蠢，但我当时被催眠了"）。处于催眠状态下的个体有时会服从于一种暗示，做出一些尴尬或危险的事。个体选择将责任推卸给催眠师，从而服从催眠师的暗示。（Lynn, Rhue, & Weekes, 1990）但是没有证据表明，被催眠者会做出一些违背自己道德标准或对自己及他人构成真正危险的事。

3 催眠状态下能够做到的超常行为，在没有被催眠但动机足够强的情况下也能做到。有时催眠暗示能够使人表现出超常能力，但催眠并不能使人超越他们的正常生理和心理能力极限去做一些本来是不可能的事情。只要被暗示的人有足够的动机愿意合作，通过鼓励使他们放松、集中注意力，即使没有特殊的催眠步骤，也能产生类似的效果。（Chaves, 1989; Spanos, Stenstrom, & Johnson, 1988）

4 催眠并不能提高记忆的准确性。在少数情况下，可以利用催眠术成功地唤起犯罪受害者的记忆。但是，处于催眠状态下的目击证人回忆的内容通常全部是错的。尽管催眠有时能够提高回忆起的信息量，但它也使记忆错误的可能性增大，也许是因为被催眠者比其他人更乐于猜测，或因为他们错误地将想象的各种可能性当作真实记忆。（Dinges 等，1992; Kihlstrom, 1994）由于催眠诱发的回忆中伪记忆和记忆错误如此普遍，美国心理学会和美国医学会反对在法庭上使用"催眠后更新过"的证词。

5 催眠不能使人对很久以前的事件产生真实的再次体验。许多人相信催眠可以使人恢复早期记忆，这种早期记忆甚至可以

是不是催眠让那个躺在两把椅子之间的人支撑住站在他身上的那个人的重量却毫不畏惧？这些观众们是这样认为的，但检验催眠是否能够导致独特结果的唯一方法是使用控制组研究。实际上，即使未被催眠的人也能够做到同样的事

追溯到出生伊始。当一位在自己的诊所使用催眠的临床心理学家对800多名婚姻和家庭治疗师进行调查时，使他感到沮丧的是，半数以上的人同意这一共同的信念。（Yapko, 1994）然而，这种观念是大错特错的。当人们追溯其童年时代时，他们的心理及道德行为表现仍显示出成年人的特征。（Nash, 1987）他们的脑电模式和思维模式并没有变得孩子气，他们并没有表现得像孩子式地进行推理，并且IQ分数也与儿童不符。他们可以用婴儿式的语言讲话，或者报告自己感觉又回到了4岁，但他们的推理方式表明他们不是4岁；他们只是乐于扮演这样的角色而已。

6 催眠暗示被有效地应用于许多医疗或心理研究目的。尽管催眠对发现过去发生的事情没有多大帮助，但在心理治疗或解决医疗问题中，催眠的确是非常有用的手段。它最大的成功在于可以缓解疼痛：有些人因烧伤、癌症和分娩等不同的情况而经历的剧烈疼痛被缓解，其他人已经学会了更好地处理慢性疼痛。催眠建议也被用于治疗压力、焦虑、肥胖、哮喘、过敏性大肠综合征、化疗性恶心，甚至皮肤病。（Nash & Barnier, 2007; Patterson & Jensen, 2003）

催眠理论

多年来，对于什么是催眠以及催眠效果是如何产生的问题，人们提出了种种解释。当前主要有两种流行的观点。

意识分离理论

这一观点最早由欧内斯特·希尔加德（Ernest Hilgard）提出（1977, 1986），他认为催眠像明晰的梦，甚至是简单的分心一样，是一种**意识分离**（dissociation），此时心理的一部分独立于其余意识部分而工作。希尔加德认为，许多处于催眠状态下的人，其心理的一大部分受到催眠暗示的影响，然而还有一部分是**隐蔽观察者**（hidden observer），它只是在一旁观看但并不参与。除非给予特殊指示，心理中被催眠的部分才会发现隐蔽观察者。

希尔加德在他的研究中，尝试直接对隐蔽观察者提问。具体做法是，让催眠状态下的志愿者将一只手臂伸入冰水中并持续一段时间，通常来说这样做会引起痛苦的体验。他对被催眠者施加暗示，告诉他们不会感到疼痛，但另一只未浸入冰水的手可以通过按键来表达隐藏疼痛的水平。在这种情况下，许多志愿者报告说没有感到疼痛或只有一点疼痛，与此同时，他们另一只自由的手却在不停地按键。在这一过程之后，除非催眠师要求隐蔽观察者做单独的报告，否则这些志愿者仍坚持认为他们并没有感到疼痛。

一种类似的理论认为，意识分离发生在额叶的"执行"系统与其他负责思维及行动的脑区之间，这两个脑区之间的联系很容易受到催眠暗示的影响，（Woody & Bowers, 1994）从而会得到一种与额叶障碍患者相似的意识状态。由于这些分离的系统不受执行系统的控制，进而变得易受催眠师的暗示。与梦的激活－整合理论相似，催眠的分离理论与现代的脑理论是一致的。现代脑理论认为，大脑的一部分可以对其他脑区无意识执行的行为做出报告和解释。（见第四章）

意识分离 指意识状态的分裂，此时心理的一部分独立于其余意识部分而工作。

催眠的意识分离理论

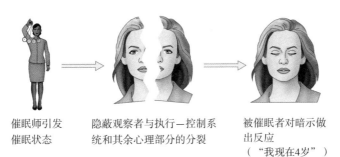

社会认知观点

关于催眠的第二种主要观点是**催眠的社会认知解释**（sociocognitive explanation of hypnosis），持此观点的研究者认为催眠效果是催眠师的社会影响（"社会"的部分）与被催眠者的能力、信念和期望（"认知"的部分）相互作用而产生的。（Kirsch，1997；Sarbin，1991；Spanos，1991）处于催眠状态下的人其实是在扮演某种角色，这种角色与真实生活中的某些角色有相似之处。例如，我们乐于服从父母、老师、医生、治疗师和电视广告为我们提供的建议。甚至"隐蔽观察者"也仅仅是对情境的社会要求和催眠暗示所做出的反应。（Kirsch & Lynn，1998）

催眠的社会认知解释

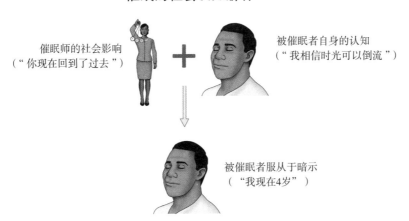

然而，处于催眠状态下的人并不仅仅是作假或表演。如果被催眠者在接到指令后只是装作进入催眠状态并以此愚弄观察者，将很容易表演过火，并且一旦观察者离开房间，参与者将停止表演。相反，即便被催眠者相信没有人在观察他，也会继续服从催眠暗示。（Kirsch 等，1989；Spanos 等，1993）与许多社会角色一样，被催眠者这一角色如此令人投入，以至于个体并没有明确的意图，也会表现出这一角色应有的行为。

社会认知的观点能够解释为什么有些处于催眠状态下的人会有被外星人绑架的记忆。（Clancy，2005；Spanos，1996）个体去找治疗师或催眠师，寻找他或她的孤独、悲伤、噩梦、莫名其妙的症状（比如半夜醒来时一身冷汗）或我们之前描述过的明晰的梦的解释。如果治疗师已经相信外星人绑架的存在，他或她可能会对那个人进行催眠，通过给予微妙

"证人一会儿学狗叫，一会儿学猫叫，还说了5分钟的像孩子一样的话。我认为催眠不是答案。"

或明确的暗示塑造被催眠者的故事内容。

社会认知的观点也能对追溯前生的生活经历的催眠案例提出解释。尼古拉斯·斯帕诺斯（Nicholas Spanos）和他的同事（1991）进行了一次有趣的研究，参与者是加拿大的大学生，当这些学生处于催眠状态下，研究者指示他们追溯前生前世的生活。大约1/3的学生（他们已经相信转世）报告说自己可以做到这一点。但是，假定他们回到了前生，当向他们问及一些问题如当时的国家领导人叫什么名字，国家处于和平状态还是战争状态，或要求他们描述一下当时使用的货币时，这些学生做不到这一点（其中一个年轻人认为自己是凯撒大帝，说当时是公元50年，而他自己是罗马皇帝。但是事实上，凯撒大帝死于公元前44年，他从未加冕为皇帝，并且以公元或公元前记录年代是几个世纪以后的事）。不知道他们"前世"的语言、日期、习俗和事件，并不能阻止学生们建立一个关于它的故事。这些学生在拾取主试线索后，为了完成角色要求，在他们的描述中以当前生活为材料，编造了事件、地点和人物。

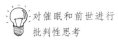
对催眠和前世进行批判性思考

研究者推论"回忆"起另一"自我的行为，是根据回忆者的自身信念及他人——在这种情况下，是权威的催眠师——信念构筑幻想的过程"。

快速测验

这里将对你的心理施加一个暗示——你很聪明，现在来参加测试吧！

一、判断题。

1. 被催眠者通常能够意识到发生的事，并且事后能够回忆起这种体验。
2. 催眠能够赋予我们通常情况下所不具备的超常能力。
3. 催眠能够减少记忆中的错误。
4. 被催眠者的行为和思想处于被动状态。
5. 根据希尔加德的观点，催眠是一种包含"隐蔽观察者"的意识状态。
6. 社会认知学习理论的支持者认为催眠仅仅是作假或有意识的角色扮演。

二、有人认为催眠暗示能够支持免疫系统的功能，从而帮助人们战胜疾病。然而，对此观点的支持并不那么有力，而且许多研究有方法学上的缺陷。(Miller & Cohen, 2001) 一位治疗师反对这些事实，认为那些不能提供支持的研究是由于催眠师缺乏技巧。作为一个批判性的思想者，你能否指出他的推理错在哪里？（回顾一下第一章的内容，以及阐述科学假设的方法。）

答案：一、1.对 2.错 3.错 4.错 5.对 6.错 二、治疗师的这种推理方式使得了他的事业观点不能被反驳（即被证伪）。如果能为任何反对此观点的研究贴上催眠师"技巧不精"的标签，那么此观点就永远不可能被证明是错的。

进一步的研究还会告诉我们催眠是否有什么特别之处。但是不管争论的结果如何，所有的研究人员还是在一些问题上达成了共识。例如，他们认为，催眠并不能使记忆力增强或以完美准确性重现早期经验。通过研究催眠，我们对人类的受暗示性、想象力、看待眼前生活和回忆过去的方法有了更多了解。

你将会学到

- 心理药物的主要类型。
- 娱乐性药物怎样对大脑产生影响？
- 用药经验、个性、期望、心理状态是如何影响药物反应的？

改变意识状态的药物

在耶路撒冷，数百名哈西德派（Hasidic）人在街道上跳舞数小时，庆祝每年《旧约》中律法书的诵读完成。他们不是为了消遣，而是为了达到一种宗教入迷状态。在美国南达科他州（South Dakota），几名拉科塔族（Lakota）成年人赤裸地坐在特制的房屋中，在黑暗和极度高温下寻求一种特殊状态，在这种状态下可以超越疼痛，使人内心感到极度欣快，甚至可能与伟大的宇宙精神发生联系。在亚马孙（Amazon）丛林，一个年轻人为了成为巫师、宗教领袖而接受训练，吸入一种能够引起幻觉的物质，这种物质是从维罗蔻木（virola）的树皮上获得的。他的目的是达到一种精神恍惚的状态，并与动物、灵魂及其他超自然力量交流。

尽管这三种宗教仪式形式不同，但他们的目的都是为了将心灵从日常意识状态的制约中释放出来。世界上的各种文化都发明了诸如此类的仪式，而且这些仪式常常成为其宗教的一部分。试图改变人的情绪和意识状态似乎是一种普遍的现象，有些作者认为，这反映了人类的某种需求，这种需求如同对食物和水的需求，是一种基本需求。（Siegel, 1989）对**意识变更状态**（altered state of consciousness）非常感兴趣的威廉·詹姆斯（William James, 1902/1936）也会同意此种观点。在吸入一氧化二氮（"笑气"）后，他写下了如下的话："我们把通常情况下的清醒意识叫作理性意识，这只是一种特殊的意识状态而已，与它同时存在的还有一些形式完全不同的意识，只是这些意识隐藏在银幕之后。"直到20世纪60年代，数以百万计的人们才开始尝试各种改变意识状态的方法，特别是使用**心理药物**（psychoactive drug）。研究者从心理学和生理学的角度对这些药物进行了大量研究。詹姆斯所描述的这个银幕开始逐渐升起。

各种药物的分类

心理药物（psychoactive drug）是一种通过改变人的躯体内部生化反应来改变其知觉、情绪、思维、记忆或行为的物质。纵观全世界和整个人类历史，使用最为广泛的药物包括烟草、酒精、大麻、麦司卡林（mescaline）、阿片、可卡因（cocaine）、佩奥特掌（peyote），当然，还有茶和咖啡。使用这些药物的原因是多种多样的：为了改变意识状态，是宗教仪

心理药物 一种能够影响知觉、情绪、认知或行为的物质。

兴奋剂 能够促进中枢神经系统活动的药物。

镇静剂 一种降低中枢神经系统活动性的药物。

阿片剂 从罂粟中提取的一种药物，能够减轻疼痛，并且通常引起欣快感。

迷幻剂 一种能够产生幻觉、改变思维过程及扰乱正常时间和空间知觉的意识改变药物。

式的一部分，为了娱乐，为了减少身体上的痛苦或不适，或是为了心理逃避。

西方社会中，有一部涵盖所有娱乐药物的药典，似乎每年都会引入新的品种，这些药物既有天然的，也有合成的。根据这些药物对中枢神经系统、行为和情绪的影响，可以将它们分为**兴奋剂**（stimulant）、**镇静剂**（depressant）、**阿片剂**（opiate）和**迷幻剂**（psychedelic drug）。（见表5.1）在此仅对这些药物的生理及心理作用予以描述，在第十一章中将介绍有关成瘾的内容，在第十二章中则介绍在心理及情绪障碍的治疗中如何使用这些药物。

1 兴奋剂促进中枢神经系统的活动。这些物质包括尼古丁、咖啡因、可卡因、安非他明（"兴奋剂"）和甲基苯丙胺（"冰毒"）。如果用量适中，兴奋剂可以引起兴奋、自信、幸福或欣快感。大量使用则会使人感到焦虑、神经过敏和过度警惕。如果用量非常大，则会导致痉挛、心脏衰竭和死亡。

安非他明是一种合成药物，可以采用多种形式使用，如以药丸形式口服、注射、吸烟或直接吸入。甲基苯丙胺在结构上与安非他明相似，并以同样的方式使用。它有两种形式，一种是粉末（"crank" "speed"），另一种是纯净的结晶固体（"glass" "ice"）。可卡因（"coke"）是天然药物，是从一种叫作古柯（coca）的植物中提取的。在玻利维亚和秘鲁的农村，工人们每天都咀嚼古柯的叶子，没有发现明显的致病效果。在北美，这种药物通常被吸入、注射或以一种被称为"强效可卡因"的高度精炼的形式吸食。与咀嚼古柯叶相比，这些使用方法使药物能够立即产生更直接的、更强大的，甚至是更危害的作用。安非他明、甲基苯丙胺和可卡因使服用者感到精力充沛，但它们并不能真正提供能量。当这些药物的作用消失后，会使人感到疲倦、烦躁和抑郁。

2 镇静剂降低中枢神经系统的活动。它们包括酒精、镇静剂、巴比妥酸盐和一些人吸入的普通化学物质。镇静剂通常使人感到平静和昏昏欲睡，它们可以减少焦虑、罪恶感、紧张和压抑感。在大量使用的情况下，使人对疼痛和其他感觉麻木。与兴奋剂一样，如果用量过大，会导致心律不齐、痉挛和死亡。

<169>

当人们听说酒精会导致中枢神经系统活动减少时，不免会感到奇怪。如果少量服用，酒精能起到兴奋剂的某些效果，因为它可以抑制大脑某些区域的活动，这些脑区通常负责抑制冲动行为，如放声大笑和到处出丑。然而，从长期效果来看，它会降低中枢神经系统的活动。与巴比妥酸盐和阿片剂一样，酒精可被用作麻醉剂；如果喝得够多，人最终会昏死过去。

随着时间的推移，酒精会损害肝脏、心脏和大脑的功能。如果服用过量，会导致大脑中负责呼吸和心跳的神经元抑制，从而导致人的死亡。每隔一段时间，报纸上可以看到大学生因在开场或饮酒比赛中大量饮酒导致死亡的报道。另一方面，出于社交需要适度饮酒，每天喝上一两杯葡萄酒、啤酒或白酒，对健康是有许多好处的。这些好处包括抗糖尿病、减少心脏病发作和中风的发病概率。（Brand-Miller 等，2007；Mukamal 等，2003；Reynolds 等，2003）

3 阿片剂可能减轻疼痛。它们包括从罂粟中提取的阿片，用阿片制作的吗啡，用吗啡制作的海洛因，合成药物如美沙酮（methadone），可待因和基于可待因的止痛药，如氧可

表 5.1 一些心理药物及其效果

药物分类	类型	一般效果	滥用/成瘾后果
安非他明（amphetamine）甲基苯丙胺（methamphetamine）	兴奋剂	清醒，警觉，促进新陈代谢，使情绪高涨	紧张，头痛，丧失食欲，高血压，妄想，神经症，心脏受损，痉挛，最终导致死亡
可卡因	兴奋剂	安乐，兴奋，使人精力充沛，食欲减退	兴奋，失眠，出汗，偏执，焦虑，惊恐，抑郁，心脏受损，心脏衰竭，如果用鼻吸会导致鼻部受损
烟草（尼古丁）	兴奋剂	从警觉到镇静变化，取决于心理状态、环境和先前的唤醒程度；降低对糖类的食欲	尼古丁：心脏疾病，高血压，循环功能障碍，男性勃起问题，由于降低关键酶而使全身受损；焦油：肺癌，肺气肿，口腔癌及喉癌，其他健康问题
咖啡因	兴奋剂	清醒，警觉，加快反应速度	躁动，失眠，肌肉紧张，心律不齐，高血压
酒精（1~2杯）	镇静剂	效果取决于环境、心理状态；由于减少抑制和焦虑，其作用类似于兴奋剂	
酒精（几杯/许多杯）	镇静剂	反应变慢，紧张，抑郁，降低储存新信息或提取已有信息的能力，动作协调性变差	眩晕，肝硬化，其他器官损伤，心理及神经损伤，神经症，可能会导致死亡
镇静剂（如安定[valium]）；巴比妥酸盐（barbiturate）（如镇静安眠剂[phenobarbita]）	镇静剂	减少焦虑与紧张，镇静	耐受性，动作及感觉功能受损，将新信息转换为长时记忆的功能受损，退行性症状，可能会导致痉挛、昏迷和死亡（尤其是与其他药物同时使用时）
阿片、海洛因、吗啡、可待因（codeine）、基于可待因的止痛药（codone-based pain reliever）	阿片剂	安乐感，减轻疼痛	丧失食欲，恶心，便秘，退行性症状，痉挛，昏迷，可能会导致死亡
麦角酸二乙基酰胺（LSD）；裸盖菇素（psilocybin）；酶斯卡灵（mescaline）；迷幻鼠尾草（Salvia divinorum）	迷幻剂	取决于药物：愉快，产生幻觉，神秘体验	神经症、偏执、惊恐反应
大麻	温和的迷幻剂（对其分类还有争议）	放松，安乐感，促进食欲，减少储存新信息的能力，其余效果取决于心理状态及环境设施	喉部及肺部不适，严重吸入可能会对肺部造成损伤

一次迷幻剂之旅可以是一张痛苦或狂喜的门票。这些图纸是在药物的影响下完成的,这是美国政府在 20 世纪 50 年代末进行的一项测试的一部分。在药效发作之前,艺术家在左边画了一幅木炭自画像。在服用迷幻剂后刚开始的几个小时内,他变得焦躁不安,口齿不清,并在中间画了一幅"肖像"。三小时后,由于药物药效已经消退("我又能感觉到膝盖了"),他用右手拿起蜡笔,抱怨手中的"铅笔"很难拿。

酮(oxycodone)和氢可酮(hydrocodone)。所有这些药物模拟内啡肽的作用,并且有些能够对人的情绪产生巨大作用。注射这种药物后,能够立刻引起人的欣快感。阿片剂也可以降低焦虑和动机。阿片剂非常容易上瘾,吸食过量会造成昏迷甚至死亡。

4 迷幻剂扰乱正常的思维过程,如人对时间和空间的知觉。有时,迷幻剂使人产生幻觉,通常来说幻视比较普遍。有些迷幻剂,如麦角酸二乙基酰胺(LSD)是在实验室制成的。而其他品种,如酶斯卡灵(来自仙人掌)、迷幻鼠尾草(墨西哥的一种草本植物)和裸盖菇素(采自蘑菇的一种迷幻药)等则是天然物质。迷幻剂引起的情绪反应存在着个体差异,并且每个人在不同时间也会有不同反应。每次幻觉都可能引起中度的愉快或不愉快,可能是一次神秘的启示,也可能是一场噩梦。几十年来,有关迷幻剂的研究屈指可数,原因就是缺乏资金支持,但也有少数临床研究人员在探索它们在心理治疗、压力缓解、焦虑障碍治疗方面的潜在功效。(Griffiths 等,2008)

有些常用药物不在这四类药物的范畴之中,或是由这几类药物的成分组合而成。一种是大麻(可制成 "pot" "grass" "weed" 等种类),通常是用抽烟的方法使用的,但有时也放在诸如核仁巧克力饼这样的食物中使用,它是北美和欧洲最常用的违法药物。有些研究者认为它属于迷幻剂,但其他研究者认为它的化学成分和对心理状态的影响,使它不在那些主要类别当中。大麻是从一种叫作大麻(hemp)的植物中提炼出来的,它的有效成分是四氢大麻醇(tetrahydrocannabinol,THC)。从某些方面而言,四氢大麻醇属于一种温和的兴奋剂,能够增强人的心率,并使味道、声音和颜色等刺激的强度增大。但是服用者通常报告的反应是温和的安乐感、放松甚至昏昏欲睡。

一些研究者认为超剂量使用大麻(高焦油量)可能会损伤肺部。(Barsky 等,1998;Zhu 等,2000)中度剂量的大麻会影响短时记忆信息向长时记忆的转移,损害动作的协调性,影响反应时间,这种效果与酒精类似。如果大量使用,会引起幻觉、非现实感。但一项元分析发现，与非使用者相比，长期使用的人仅存在较轻微的记忆与学习能力损伤，一般要好于酒精和其他药物的使用者。（Grant 等，2003）

大麻也具有一定医疗价值。它可以减少癌症和艾滋病患者在化疗时引起的恶心和呕吐感，减少生理震颤、食欲不振和多种硬化症引起的其他症状，减少癫痫患者的发作频率，并且能够减轻青光眼引起的视网膜肿胀。（Grinspoon & Bakalar，1993；Zimmer & Morgan，1997）

药物的生理作用

心理药物主要通过作用于大脑神经递质而产生心理作用，这些神经递质可以把信息从一个神经元传递到另一个神经元。药物可以增加或减少突触处神经递质的释放，阻止释放神经递质的细胞回收剩余的神经递质分子，或阻断神经递质在接收神经元上的作用，或与通常由神经递质触发的受体结合。（见第四章）图 5.4 显示了可卡因如何通过阻断对这些物质的吸收而增加大脑中去甲肾上腺素和多巴胺的含量。

这些生物化学变化影响人类的认知和情绪，但人们通常不能正确估计自己的能力。在酒精的作用下，几杯酒就会影响知觉、反应时间、动作协调性和平衡，尽管喝酒的人总是意识不到这些变化甚至会感到自己的操作能力提高了。事实上，一个研究组报告说："酒精会增加走神发生的可能性，同时还会降低对别人走神的洞察能力。"（Sayette，Reichle，& Schooler，2009）也许是因为酒精会影响5-羟色胺的作用，酒精饮料也会影响记忆。喝酒前储存的信息在喝酒过程中保持完整，但是提取会慢得多。（Haut 等，1989）少量饮酒似乎并不会影响冷静的心理功能，但是偶然的饮酒过量会影响随后的抽象思维。这意味着，周六晚上的狂饮比每天的小酌更有危害性。

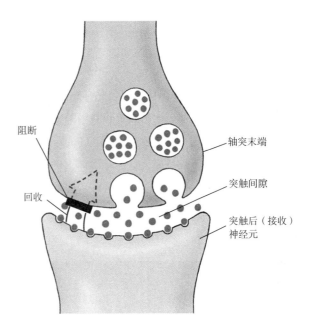

图 5.4 可卡因对大脑的影响

可卡因阻断大脑对某些神经递质的回收，这些被阻断的递质为多巴胺和去甲肾上腺素，因此这些物质的含量增加。其后果是过度刺激某些大脑回路，导致过度和短暂的欣快感。当药效逐渐消失后，由于多巴胺的耗尽，药物使用者会"垮掉"，变得昏昏欲睡、抑郁

至于其他娱乐性药物，目前还没有证据证明少量或中量使用会对大脑产生足够损害，以致影响认知功能，但是研究者几乎一致认为大量、频繁的使用会有不良后果。（见第十一章）过量服药会影响人们的社交功能和认知功能，因为它会对额叶造成伤害。（Homer 等，2008）一项研究表明，过量使用甲基苯丙胺会损伤分泌多巴胺的神经元，这些使用者在记忆、注意和运动测试中比正常被试的表现差得多，即使在他们停止使用药物 11 个月后也是如此。（Volkow 等，2001）

耐受性 由于持续使用药物，使得对药效产生逐渐增加的抵抗性。

退行 当一个成瘾的人停止服药时，就会产生一些生理及心理上的症状。

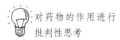 对药物的作用进行批判性思考

使用某些心理药物（如海洛因和镇静剂）会产生**耐受性**（tolerance）：随着使用时间的延长，达到同样效果所需要的药量会越来越大。当已习惯于大量服用药物的人，在停止服用药物后，会表现出严重的**退行**（withdrawal），症状表现依不同药物而有所不同，具体表现包括恶心、腹部绞痛、出汗、肌肉痉挛、抑郁和睡眠障碍。

药物的心理作用

人们通常认为，药物的作用是其化学成分所决定的不可避免的结果。但是对心理药物的反应不仅仅是由药物的化学成分决定的，也取决于个人特征、用药经验、环境设施和心理状态。

1 用药经验指某个人服用药物的次数。对药物的初次尝试——无论它是香烟、酒精饮料还是兴奋剂——往往是一种中性或负性的体验。但当个体频繁使用某种药物后，对药物的反应通常会发生改变，并对药物的作用变得熟悉。

2 个体状况包括体重、新陈代谢、情绪唤醒的初始状态、个人特征和对药物的耐受性。女人比男人更容易喝醉，因为她们的体形平均而言比男性的要小，而且女性对酒精的代谢也与男性的不同。（Fuchs 等，1995）同样，许多亚洲人对即使是少量酒精也有遗传上的不良反应，这会导致严重的头痛、面部发红和腹泻。（Cloninger，1990）对同一个人，在疲倦地工作了一天后服用药物，与在与人激烈争吵后服用药物，具有不同的效果。由于生物钟的原因，在一天的不同时间服用药物也会产生不同的效果。而且人们对药物反应不同

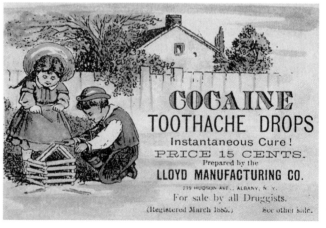

人们对药物的态度因时代不同而有所改变。吸烟曾经被宣传为健康和迷人的，虽然没有医生会在这样的广告中摆姿势，但在许多目前的电影中，吸烟仍然被描绘得光彩照人。20世纪20年代，美国还没有禁止可卡因时，可卡因被广大群众奉若包治百病的良药，无论是牙疼还是胆怯，均可药到病除。那时可卡因被放进茶、滋补品、止咳糖甚至软饮料中（简单地说，包括可口可乐，可口可乐的名字就取自古柯植物）

的原因可以追溯到个性的不同。那些易怒、易烦躁的个体使用尼古丁贴片后，在做富于竞争性和侵略性的任务时，大脑会爆发出强烈的活动。但是在相对平静和欢快的人身上，这种活动就不会出现。（Fallon 等，2004）

3 "环境背景"指个体使用药物时所处的背景。例如，某个人独自在家喝过一杯葡萄酒后，可能会感到困倦，但他在社交聚会中喝过三杯后还觉得精力充沛。有些人与好友一同喝酒时觉得愉快并且情绪高涨，但跟陌生人一同喝酒时却感到害怕和紧张。有这样一项早期研究考查了人们对酒精的反应，发现大多数参与者喝酒后变得抑郁、愤怒、迷惑并且不友好。最后研究者了解到，如果让任何人在早晨9点钟的时间，走进一家荒凉医院的某个房间里喝波旁威士忌（bourbon）的话，他都有可能变得抑郁、愤怒、迷惑并且不友好。而上述的研究恰好就是在这样一种环境下进行的。（Warren & Raynes，1972）

4 "心理定势"指个体对药物效果的期望，以及服用药物的原因。有些人喝酒是为了变得更加善于社交、更加友好或更有吸引力，有些人喝酒是为了减轻自己的焦虑或抑郁，还有些人喝酒是为了给自己的虐待或暴力行为找借口。成瘾者服用药物是为了逃避现实，而忍受长期疼痛的人使用同样的药物是为了维持在现实社会中的一些功能。我们在第十一章中还会讨论到服用药物的动机对药物的效果有很大影响。

有时期望的作用要比药物本身的化学属性具有更大威力。在许多别具构思的研究中，研究者比较了事实上饮酒（伏特加和滋补品）和想象自己饮酒但只喝了滋补品和酸橙汁的两种参与者，他们在表现上有哪些差异。由于伏特加的味道很淡，大多数人很难将它与假酒区分开。实验者发现了一种**醉酒效应**（"think-drink" effect）：当参与者自以为自己喝了

快速测验

你没有理由避免这次测验。

一、看你是否能根据下列描述说出它们是什么。
  1. 三种非法兴奋剂。
  2. 哪两种药物影响新的长时记忆的形成。
  3. 三种镇静剂。
  4. 一种合法的娱乐性药物，从对中枢神经系统的影响来看，属于一种镇静剂。
  5. 试说出四种影响人们对某种药物的心理反应的因素。
二、一个健美爱好者说自己因食用合成代谢类固醇而感到更富有侵略性。还有其他可能的解释吗？

答案：一、1. 可卡因、安非他明、甲基苯丙胺。2. 天麻和酒精。3. 巴比妥酸盐、曲橘和阿片类。4. 酒精。5. 个体生理状态、情绪、个人特质、对这些药物以往的经验、心理状态、环境背景。二、这可能源于他自己的期望（安慰剂效应）；据某些证据的确如此，所以他把自己对力量的渴求视作目标，他也可能其他事情或其他药物的影响。

伏特加后，表现得更加好战；而那些认为自己喝了纯正滋补水的人——无论饮料的实际含量——则没有这种反应。并且，男性被试和女性被试在自以为自己喝了伏特加后——同样，无论他们是否真的喝了伏特加——都报告感觉到了性唤起。（Abrams & Wilson, 1983; Marlatt & Rohsenow, 1980）个体所处的文化环境也会影响他们对药物的期望和信念。例如，当人们都相信酒精可以释放愤怒和恶意时，会合理化一些醉酒后的暴力行为，可其实酒精本身并不能导致暴力；当人们认为醉酒时要对自己的行为负责时，这种联系就会减弱。（Critchlow, 1983）19 世纪时，美国人认为大麻是一种温和的镇静剂。他们并不期望大麻能使自己精神亢奋，所以大麻也就没有显示出这种作用，它只是起到了促进睡眠的作用。而今天，服用大麻的动机变了，这些变化影响了人们对它的反应。我们将在第十一章讨论文化对药物反应的影响。

以上内容并不意味着酒精和其他药物只是安慰剂。正如我们看到的，各种药物确实会对人的生理产生影响，并且许多药物的效果很强烈。了解心理因素对使用药物的影响可以帮助我们辩证地看待当下的这场辩论：什么药物是合法的。

回顾新闻中的心理学

现在，让我们再来看看本章最初的新闻故事引起的讨论——吸食大麻是否应合法化。对此，你怎么看？

本章我们讲述了人们对在不同意识状态间转换的渴望。纵观历史，我们可以看出，当生物节律暂时减弱时，人们在不断地通过各种方式提升精神状态，其中许多人选择通过药物来寻求精神的愉悦或与神明共通。当然，也有人用它们来放松身心，使情绪高涨，或进行临床治疗。

药物滥用对个体乃至社会有着巨大的破坏性，人们很难对药物管制法制、法规持有批判性看法，比如，哪些药物是合法的，哪些是不合法的，哪些应该被非刑事化（即不认为该行为是合法的，但使用者也不会因此被逮捕入狱）？假使一种非法药物具有临床或宗教用途又当如何？政府允许美国原住民在宗教领域使用佩奥特掌，且在 2006 年，美国最高法院规定在新墨西哥的小型教堂举行的典礼仪式上可以使用 hoasca 茶——其中可以提取非法的麻醉剂。

一个极端的例子是，人们不能接受这样的现实：我们喜爱的药物——如咖啡、烟草、酒精和大麻等——是对身体有害的。另一个极端是，一些人无法接受那些人们痛恨的药物——如酒精、吗啡、大麻或古柯叶等——并不是在所有形式或计量下都是有害的，更别说这些药物的益处了。这两群人不仅混淆了特效药与有轻微疗效的药物，也混淆了药物滥用和适度用药的概念。

一旦某种药物被判定为非法，许多人就会认为它是致命的，即使某些合法药物比非法药物还要危险。此外，在青少年和成年群体中，处方止痛药和镇静剂多以个人消遣而不是临床治疗为目的，而且这种趋势越来越明显。作为合法药物的尼古丁与作为非法药物的海洛因和可卡因一样具有很大的成瘾性。在美国，没有人曾因吸食大麻而致死，但在美国，每年有 40 万到 50 万例死亡病例是由吸烟成瘾引起的，这是所有非法药物滥用致死总数的 24 倍，这也是在世界范围内最大的可预防性死亡因素。（Brandt，2007）然而多数人对大麻、海洛因、可卡因等药物会比对尼古丁以及处方止痛药存在更多的消极看法。

关于大麻的争论，人们的情绪特别高涨。和其他任何药物一样，滥用大麻会导致生理上的危险。然而，通过对一项在 1975 年到 2003 年的调查研究的回顾，人们几乎没有发现任何令人信服的证据说明大麻会引起青少年或成年人的慢性精神或行为问题。研究人员发现从另一个角度看也是有因果关系的：那些自身存在问题的人更容易出现药物滥用问题。（Macleod 等，2004）因为大麻也具有临床效益，所以加拿大、西班牙、意大利、葡萄牙、以色列、奥地利、芬兰、荷兰和比利时要么使之非刑事化，要么使之合法化，以帮助那些临床上需要它的病人。在美国，直至 2010 年，14 个州的支持者们已经证明了大麻的临床用途；但是，在其余各州，持有大麻仍是违法的，即使是初犯也会受到数年的牢狱之刑。在一些州，那些曾因持有药物犯罪的人，犯罪后将无法得到政府的粮食救济或其他福利，而即使是强奸犯和杀人犯也有权获得这些福利。

然而，在极端的"铲除所有非法药品"和"将之全部合法化"之间还有其他选择。有人开展了一个项目，致力于减少或推迟对青少年儿童的某些药物使用，因为 15 岁以前的各种各样的药物使用会增加个体药物依赖、违法活动以及其他成年人问题的风险。（Odgers 等，2008）另一种方法是使具有特定目的的镇痛剂合法化，如让遭受慢性疼痛的患者使用的那些医用和娱乐用大麻，但应禁止香烟和大部分烈性药品。第三种方法并不是惩罚或监禁使用药品的那些人，而是规范在用的药品（如严禁工作或者开车使用），制定成瘾治疗方案，向人们宣讲特殊药品的好处和害处。

综合考虑以上研究，你同意哪一方呢？你认为哪种非法心理药物应该合法化呢？我们是否创设了这样一个心理环境和环境设置，该环境可促进药品在娱乐用途方面的安全性，减少药品滥用的可能性，批准有益药品的医疗用途？你的看法呢？

这张来自 20 世纪 30 年代的危言耸听的海报在今天看来既有趣又夸张，但即便是在当前有关药物政策的辩论中，情感推理也往往优先于逻辑和证据。是否应将任何药物非刑事化，或允许用于医疗或宗教用途？为什么可以或者为什么不？

学以致用

如何获得良好的睡眠

每晚熄灯上床后，闭上眼睛等待睡眠的到来。然而一小时后，却仍然醒着。最后好不容易睡着了，然而令人感到气愤的是，凌晨3点钟你又醒了。到了雄鸡报晓的时候，你又经历了一个难过的夜晚。

大多数人都会不时地受到失眠的困扰。因此，安眠药作为一项能够带来数百万美元收益的产业就不足为奇了。但是很多这类药片都有副作用，比如第二天你会觉得有点头晕。许多人睡眠时间很短，而且随着时间的推移而失去效力。而有些处方药事实上也只会使事情变得更糟。巴比妥盐酸会抑制人的快速眼动睡眠，最终会使人变得清醒，而且它也抑制第三阶段和第四阶段的睡眠，这两个阶段的睡眠都属于深睡眠。虽然药片暂时是有帮助的，让人们不会感到压力和焦虑（这可能是你失眠的根源），但是一旦你停止吃药，你的失眠很可能会复发。睡眠专家为你提出一些好的办法：

确定自己确实有睡眠问题。许多人只是认为自己睡得不好。他们过多地估计了自己的入睡时间，并且低估了自己的睡眠时间。在实验室观察中，研究者发现这些人通常在30分钟以内就可以入睡，而且夜里醒来的时间也很短。（Bonnet, 1990; Carskadon, Mitler, & Dement, 1974）诊断睡眠障碍的有效标准不是你睡了多少小时，正如我们所见，人们需要的睡眠时间是不同的，你应当观察你在白天的感受。你是否会一不小心就睡着了？开会或上课时你是否觉得昏昏欲睡？

对睡眠障碍进行正确的诊断。你是否受到睡眠窒息的影响？是否由于身体不适而影响了睡眠？是否生活在一种很吵的环境中？你是否没有遵守自己的昼夜节律，太迟或太早上床？你的作息是否无规律，有时很早就睡了，有时却睡得很晚？比较好的做法是，每晚在同一时间上床，每天早晨在同一时间起床。

避免过度饮酒或过量使用其他药物。许多药物都会影响睡眠。例如，咖啡、茶、可乐、"能量饮料"和巧克力都含有咖啡因。酒精会抑制你的快速眼动睡眠，诸如安定和利眠宁（Librium）这样的镇静剂则会减少第四阶段的睡眠。

利用一些睡眠技巧。在睡前听听轻音乐来减缓心率和呼吸频率，这也能帮助老年人睡得更香更久。（Lai & Good, 2005）放松以及冥想等技术对青少年睡眠也有帮助。

避免躺在床上数小时等着入睡。心情沮丧会引起机体唤醒使得你难以入睡。如果你失眠了，那么起床到另一个房间里做一些乏味或令人放松的事情。等到感觉困了，再继续睡觉。

失眠症与焦虑有关时，找到问题的根源是有意义的，这可能意味着你需要一个认知行为疗法（CBT）来帮助你学习如何转变使自己失眠的消极思维。（我们将在第十二章讨论这一疗法。）一个使用安慰剂法的对照研究，将首选安眠药与为期六周的认知行为疗法效果进行比较，发现两种方法都能缓解慢性失眠，但不管是在短期还是长期治疗中，认知行为疗法的效果都更好。（Jacobs 等, 2004）其他研究也表明认知行为疗法比药物治疗更能使患者更快进入睡眠并睡得更久。（Morin, 2004）

伍迪·艾伦（Woody Allen）曾经说过这样的话："羔羊可以和狮子一同躺下，但是羔羊根本不会入睡。"就好比羔羊试图与狮子一同入睡，如果你的心中充满焦虑，导致相应激素不断分泌，那么你根本就不可能获得好的睡眠。从进化的角度来讲，失眠是对危险和威胁的适应性反应。如果你的焦虑能够减少，那么你的失眠也会如此。

本章总结

生物节律：体验的波动

- 意识是对自身及周围环境的认识。意识状态的改变常与生物节律有关，生物节律是生理功能的阶段性波动。这些节律通常与外部时间线索同步，但也有许多节律是内源性的，即使在没有暗示的情况下，也是由躯体的内部调节所决定的。昼夜节律是以24小时为周期的生物节律，其他生物节律的频率或者比昼夜节律高，或者比昼夜节律低。

- 一般来说，当人们在没有任何外部时间线索的环境中生活时，根据自身昼夜规律所决定的每一天的时间略长于24小时。昼夜节律是由生物钟控制的，生物钟位于下丘脑内部的视交叉上核（SCN）。视交叉上核调节分泌一种叫作褪黑素的激素，褪黑素反过来也会对视交叉上核产生一定影响。褪黑素对光线变化敏感，夜晚它的分泌量会增多。当一个人的正常生活节律被打破时，会体验到内部节律失调，这个人可能会经历内在的去同步化，也就是通常的昼夜节律与其他节律不一致。其结果可能是疲倦、工作效率低或者增加发生事故的危险。

- 有些人每逢冬季就表现得抑郁，这种症状被称为季节性情绪障碍（SAD），但是真正严重的季节性抑郁是非常罕见的。导致季节性情绪障碍的原因尚不清楚，但可能与生物节律不同步和（或）褪黑素分泌异常有关，也可能有其他的非生物的原因。光照疗法是有效的。

- 另一种长期节律是月经周期，在这个周期中，多种激素的分泌随时间增加或降低。对"经期前综合征"（PMS）进行的严格控制的双盲研究表明，情绪并非可靠而普遍地与月经周期相关联。总体而言，女性和男性在每个月体验到的情绪变化并没有明显差异。

- 期望和学习会影响两性对身体和情绪变化的看法。不管男女，很少有人会因为激素的原因每月都会出现心情波动和性格变化。

睡眠节律

- 在睡眠中，阶段性的快速眼动睡眠与非快速眼动睡眠交替出现，每一周期大约90分钟。根据脑电波的不同模式，可以将非快速眼动睡眠分为四个阶段。大脑在快速眼动睡眠中是活跃的，并且有其他迹象表明有一定程度的唤醒，而大多数骨骼肌是松软的，生动的梦境大多是发生在快速眼动睡眠阶段。一些人从快速眼动睡眠中醒来时，有"睁眼做梦"的经历，之前的肌肉麻痹状态消失了，有时人们会把该梦中的情景误以为真。快速眼动睡眠的目的尚不清楚。

- 睡眠对于恢复体力和维持正常的心理功能是不可或缺的。许多人睡眠不足。还有些人受到失眠、睡眠窒息或嗜睡症、快速眼动行为障碍的困扰。当然白天困顿最常见的原因就是缺少睡眠。

- 睡眠可促进记忆的巩固、问题的解决和提高洞察力。这些益处与快速眼动睡眠和慢波睡眠关系最为密切。

探索梦的世界

- 人们回忆起来的梦往往都是不合乎逻辑并且荒诞不经的。有些人声称自己可以产生"明晰的梦"，在明晰的梦的状态下，人们知道自己在做梦。

- 精神分析理论认为，梦能够使被禁止的愿望或不现实的愿望得到满足，这些愿望平时被压抑在无意识的心理之中。根据弗洛伊德的看法，那些想法和物体在梦中伪装为抽象图形来得到表达。另一种观点认为，梦表达了对当前事件的关心，或者梦是通过体验情感性的事件，帮助解决当前问题，尤其是在困难时期。对梦的认知方法认为梦仅仅是我们清醒时认知活动的一种变体。两者的不同在于做梦时我们切断了来自环境和我们自己动作的感觉输入，进而使我们的思维变得分散和杂乱。激活—整合理论认为，当大脑试图对脑桥神经元的自发放电做出解释时，便产生了梦。梦是解释的结果，是用当前知识和记忆整合神经信

- 上述所提到的有关梦的理论，都各自有一些证据支持，但也都有其不足。如今大多数心理学家都认为，梦不仅仅是不连贯的意识片段。但是仍有一些研究者对精神分析的解释有争议。一些心理学家怀疑，人们能否在睡梦中解决问题。而激活—整合理论则似乎不适于解释连贯的、如故事一般生动的梦或非快速眼动睡眠阶段产生的梦。认识视角是现在的流行观点，尽管它的一些具体观点还需要进一步验证。

催眠的奥秘

- 所谓催眠就是施术者对被催眠者施加暗示，而被催眠者试图服从这种暗示，从而使感觉、知觉、思维、情感或行为发生变化的过程。尽管催眠暗示被有效地应用于许多医疗或心理学的研究，但人们对它能完成什么有许多误解。它并不能强迫人们去做违背自己意愿的事，不能使人们拥有不可思议的超能力，不能提高记忆的准确性，也不能真实地再现被催眠者记忆中很久以前的事情。

- 对催眠以及效果的一种有力解释认为，催眠包括了意识分离的过程，是一种意识状态的分裂。这种理论的其中一个版本认为，意识被分为两个部分，一部分受到了催眠，另一部分是隐蔽观察者，它能观察到正在发生的事但并不参与。另外的解释是说大脑中的执行—控制系统与负责思维和行动的其他系统分离了。

- 另一种有力的解释是社会认知的观点，认为催眠是正常的社会认知过程的产物之一。根据这种观点，催眠是一种角色扮演，被催眠者用积极的认知策略——其中包括想象——来迎合催眠师的暗示。被催眠者对这个角色如此投入以至于认为它是真实的。社会认知的观点能够解释，为什么有些处于催眠状态下的人报告他们回到了过去某个年龄或被外星人绑架。

改变意识状态的药物

- 世界上各种文化的人们都曾经寻找过改变意识状态的方法。通常是通过心理药物来改变大脑中神经递质的释放进而影响人们的认知和情绪。根据这些药物对中枢神经系统、行为和情绪的影响，可以将它们分为兴奋剂、镇静剂、阿片剂和迷幻剂。然而，有些常用药物，如大麻，不在这些分类之内。

- 在频繁、大量使用的情况下，有些药物会损伤大脑中的神经元，并对学习和记忆产生负面影响。使用某些心理药物会导致耐受性，具体表现是，为了达到相同的效果所需要的药物剂量越来越大。并且一旦对某种药物成瘾，在试图戒掉它时，人就会表现出退行性症状。然而，有些药物如酒精和大麻，在适量使用的情况下对健康会有些益处。

- 对心理药物的反应不仅仅是由药物的化学成分决定的，也依赖于个体的身体状况、对药物的经验、个体特征、环境背景和个体心理定势。心理定势指个体对药物效果的期望，以及服用药物的动机。期望甚至比药物本身的作用更强大，这一点可以通过醉酒效应得到体现。

回顾新闻中的心理学

- 人们常常发现很难将药物服用和药物滥用区分开，也难以区分大量使用、轻度使用和适度使用，或将药物的潜在危害和好处与药物的合法性与否分离开。

关键术语

意识（consciousness）147
生物节律（biological rhythm）148
内源性（endogenous）148

昼夜节律（circadian［sur-CAYdee-un］rhythm）148
视交叉上核（suprachiasmatic nucleus［soopruh-kye-az-MAT-ick］，SCN）148

褪黑素（melatonin）149

内部节律失调（internal desynchronization）149

季节性情绪障碍（seasonal affective disorder，SAD）151

"经期前综合征"（premenstrual syndrome，PMS）151

快速眼动睡眠（rapid eye movement［REM］sleep）154

非快速眼动睡眠（non-REM［NREM］sleep）154

α 波（alpha wave）154

睡眠纺锤波（sleep spindle）155

σ 波（delta wave）155

睡眠窒息（sleep apnea）157

嗜睡症（narcolepsy）157

快速眼动行为障碍（REM behavior disorder）157

巩固（consolidation）158

明晰的梦（lucid dream）159

梦的精神分析理论（psychoanalytic theory of dreams）160

梦的显梦内容和隐梦内容（manifest versus latent content of dreams）160

梦的以解决问题为中心理论（problem-focused approach to dreams）161

对梦的认知方法（cognitive approach to dreams）161

梦的激活—整合理论（activation-synthesis theory of dreams）162

催眠（hypnosis）164

意识分离（dissociation）165

隐蔽观察者（hidden observer）165

催眠的社会认知解释（sociocognitive explanation of hypnosis）166

意识状态的改变（altered state of consciousness）168

心理药物（psychoactive drug）168

兴奋剂（stimulant）168

镇静剂（depressant）168

阿片剂（opiate）168

迷幻剂（psychedelic drug）168

耐受性（tolerance）172

退行（withdrawal）172

醉酒效应（"think-drink" effect）173

[新闻中的心理学]

这些是外星飞船吗？许多在巴西桑托斯上空看到这些奇怪物体的人确信他们看到的是不明飞行物

林赛·沃恩（Lindsey Vonn）战胜疼痛赢得奥运金牌

2010年2月18日，来自不列颠哥伦比亚省惠斯勒的消息。林赛·沃恩是在奥运速降赛中首次获得金牌的美国女性。沃恩说："我完全不知所措，这是我人生中最美好的感觉之一。所有人都期盼我可以做到，但是说起来容易，做起来难。"

这是一个非常保守的说法，因为沃恩在一周前的训练中胫骨严重损伤引发内出血，只能在淤青处进行抽液。"当我试着穿上靴子，仅仅站在酒店的房间里时，几乎没有任何前向的弯曲动作，就极度痛苦。而我必须试着以每小时75～80英里（约120.70～128.75千米）的速度滑下山，"沃恩在受伤时说道，"老实说，我不知道自己能不能做到。"

沃恩说，她在崎岖而富有挑战性的赛道上一路披挂而过，其他几位滑雪者都在这条道路上摔了跟头。当沃恩出发后，她通过在转弯的时候牢牢卡住雪面，尽可能地减少消耗的时间。"这不是一种选择，"沃恩说，"我必须这么做。"

在圣路易斯上空的UFO目击事件

2010年3月15日，来自俄亥俄州克利夫兰市的消息。成千上万的克利夫兰居民涌向伊利湖湖岸，拍摄夜空中神秘的光线。在将近两周的时间里，光线一直在晚上7：30左右出现。先是来回移动一段时间，然后消失。

"一开始，我以为它只是一颗恒星，"20岁的医疗技师尤金·埃利克（Eugene Erlikh）说道，"但是它会以某种方式移动，我从未见过这样的东西。"美国国家航空航天局表示，这些光线与他们无关。空中交通管制人员也无法解释这一现象。在俄亥俄州，UFO目击事件很常见。在过去的两年中，关于神秘光线或物体的报道有20篇以上。

最早关于UFO的记载始于20世纪40年代末。当时一位农场主发现，在新墨西哥州罗斯威尔附近散落着一些奇怪的物品。空军得到消息后迅速封锁并清理了现场，消息传言这是一起外星飞碟坠毁事件，外星人的尸体已被找到。迄今为止，仍有成千上万相信UFO存在的人涌向罗斯威尔的国际UFO博物馆。

第六章

感觉与知觉

Sensation and Perception

那些带着伤痛滑雪的人，如何赢得奥运金牌？在同一夜空中，为什么有的人确信自己看到了不明飞行物，而有的人却只认为看到了飞机或行星？这两个故事有什么共同点吗？答案是：知觉常常欺骗我们，我们常常认为疼痛、视觉、味觉和声音都是明摆着的。当人们喊道"我亲眼看到了它"时，也就意味着"不用再跟我争论这个问题了"，这就像人们确信自己在车库门上看到了耶稣头像，确信在世贸中心炸毁的烟雾中看到了本·拉登的面孔，确信特蕾莎修女的脸出现在了肉桂色圆面包圈儿上一样。这些幻觉对看到它们的人来说似乎是非常真实的，反之亦然。例如，剧烈的疼痛是一种真实感觉，但是这种感觉会在战争压力或激烈竞争下消失。

本章通过探索感觉器官如何接收来自外界环境的信息，大脑如何运用这些信息构造关于世界的模型——这个模型往往并不那么准确——来尝试回答以上问题。我们将密切关注两个紧密联系的加工系统，这两个系统使我们既可以知道躯体内部的变化，也可以知道外界环境的变化。第一个加工系统即**感觉**（sensation），它是对物体发出或反射的物理能量的觉察。负责觉察的细胞分布于感觉器官——包括眼、耳、舌、鼻、皮肤和躯体内部器官。感觉加工使我们能立刻觉察到声音、颜色、形状和其他意识组成单位。如果没有感觉，我们将失去对现实世界的感知。

感觉 对物体发出或反射的物理能量的觉察。

但是如果要理解通过感觉传递的外界信息，我们还需要**知觉**（perception），这是一个将各种感觉信号组织为有意义的模式的一系列心理加工过程。在眼睛后部的视网膜上，视觉产生二维的映象，但是我们觉察的世界却是三维的。钢琴的琴键同时发出C、E、G调，虽然这些音调同时作用于耳，但是我们只能知觉到C为基音的和音。有时单一感觉信息的变化，可以产生两种交替变化的知觉。在下面提到的两个例子会阐明这种现象。

知觉 大脑组织并解释感觉信息的过程。

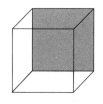

如果你持续注视图中的立方体，就会发现前面的外表面会突然变成后面的内表面，这是因为大脑能够用两种不同的方式来解释感觉映象。同样，也可以用两种不同的方式来观察立方体下面的图形。你能看到单词吗

感觉与知觉是学习、思维和行动的基础，感知觉领域的研究发现常常可以应用到实际当中，例如，工业机器人的发明，对必须以感觉、知觉信息为基础做出重大决定的宇航员的训练。对感知觉的理解也能帮助我们更加认真地思考自己的经验。我们一般会认为自己所感知到的都是真实存在的，但有时我们的知觉是错误的。在学习本章时，请你思考以下问题：为什么有时人们会觉察到并不存在的事物，同样，为什么有时人们又会忽略眼前的事物，比如视而不见，听而不闻？

你将会学到

- 为什么相似的神经信号能产生不同的感觉体验？
- 神经系统中的哪种"编码"能够解释针刺的感觉为什么与亲吻的感觉不同？
- 心理学家如何测量感觉的敏感度？
- 当你洗澡时，哪种偏向会使你认为自己听到了电话铃声？
- 当人们被剥夺所有外部感觉刺激时，会发生怎样的事？
- 为什么有时我们对眼前的物体视而不见？

我们的感觉

人们常说人有五种感觉，分别对应五种感觉器官：视觉（眼睛）、听觉（耳）、味觉（舌）、触觉（皮肤）和嗅觉（鼻）。事实上，我们的感觉远远不止五种，尽管对于确切的数目科学家还没有达成共识。皮肤是触压觉的感受器官，它也能感受热、冷和疼痛，更不必说痒觉了。耳朵是听觉器官，但它也包含了平衡觉的感受器。骨骼肌中的感受器负责感觉躯体运动。

我们所有的感觉都是为了帮助我们生存而得到进化的。疼痛——尽管会给人类带来多种不幸——也是进化遗传中不可或缺的一部分，因为它能使我们对疾病和受伤保持警觉。有的人生下来就感觉不到疼痛，这是一种罕见的疾病。你不应该羡慕他们，他们很容易被烫伤、被挫伤或者骨折。他们由于感觉不到疼痛发出的警觉信号往往英年早逝。

各种独立感觉之谜

感觉从**感受器**（sense receptor）开始，感受器是一种分布在感觉器官中的细胞。味觉、压觉、痛觉、温度觉的感受器位于感觉神经元的神经末梢。（详见第四章）视觉、听觉和味觉的感受器都是通过突触从感觉神经元中分离出来的特定细胞。

感受器 一种特殊的细胞，能够将环境或身体中的物理能量转换为电信号能量，这些电信号以神经冲动的形式被传递到大脑。

当这些感受器受到适宜刺激——如光、机械压力或化学分子——它们便将刺激能量转换为神经冲动，这种神经冲动沿着神经一直传递到大脑。感受器好比部队里的侦察兵，在各自的领地中进行巡逻，一旦发现信号就立即采取行动。但这些侦察兵并不能自己做出决定，它们必须把接收到的信号传递给地区军官——周围神经系统里的神经元。（见第四章）地区军官必须向司令部的将军汇报——这个将军就是大脑细胞。将军负责分析这些报告，整合来自不同侦察兵的信息，并决定这些信息的意义。

感觉系统中的"地区军官"（感觉神经）通常使用同样的交流形式——神经冲动。这也就好比它们只能将信息传递到手鼓上，而且只能通过"敲响"来传递信息。那么我们如何能够体验到众多形形色色的感觉呢？答案是神经系统通过编码的方式来表达信息。第一种代码表达有关解剖结构的信息，即**解剖代码**（anatomical code），德国生理学家约翰内斯·缪勒（Johannes Müller）于1826年首次对这种代码进行了描述。根据他的**神经特殊能量理论**（doctrine of specific nerve energies），由于感觉器官接收到的信号会激活不同的神经通路，而这些神经通路又通向不同的脑区，因此存在不同的感觉通道（如视觉通道和听觉通道）。视觉刺激引起的冲动是沿视神经传递到视觉皮层，听觉刺激引起的冲动是沿听神经传到听觉皮层。由于这些解剖学上的差异，光波和声波会引起不同的感觉。

神经特殊能量理论 指由于感觉器官接收到的信号会激活不同的神经通路，而这些神经通路又通向不同的脑区，因此存在不同的感觉通道。

神经特殊能量理论的确切含义是，我们对世界的了解，最终会还原为对自身神经系统状态的了解。我们用大脑来看东西听事物，而不是用眼睛或耳朵。因此，如果声波能够激活终止于大脑视区的神经，我们就可以"看见"声音。像这种视觉交叉的情况确实存在。例如，闭上右眼，轻压你的右侧眼皮，你会在左侧看到一道光。轻压产生的神经冲动传入大脑右半球视觉区，而这个区域一般认为刺激来自左侧视野。研究者希望利用这种视觉交叉现象，将其应用于盲人：教盲人解释其他感觉通道的神经冲动，然后将这些神经冲动导

不同物种感知世界的方式也不尽相同。左图中的花朵是在自然光线下拍摄的。右图是在紫外线条件下拍摄的，蝴蝶眼中的花朵也许就是这样的，因为蝴蝶有紫外线感受器。右图中数以百计的小亮点是产生花蜜的地方

入大脑视觉区。加拿大的神经科学家正在开发一种装置，这种装置能够将照相机上的照片转化为一系列的神经脉冲，并传送至舌头上的电极，图片信息便可发送到与处理图像有关的大脑视觉区。(Chabat 等，2007; Ptito 等，2005) 通过这一设备，可使先天性失明的人感受到图形，让他们安静已久的视觉区突然活跃起来。

联觉 指对一种感觉的刺激可以引起另一种感觉的反应。

事实上，在某种稀有条件下，确实可以发生类似的感觉交叉，这种现象叫作**联觉**（synesthesia）。在联觉条件下，对一种感觉的刺激可以引起另一种感觉的反应。人们可以说紫色闻起来有玫瑰花的香气，肉桂的气味令人想到天鹅绒般的柔软光滑，或者竖笛的音符则好比樱桃的味道。大多数联觉都源自先天，但也有因大脑损伤而获得的。有一个很有趣的案例，一个从中风中恢复过来的女人有这样一种体验：一听到声音，身体左侧就会有刺痛感。(Ro 等，2007) 然而没有人能确切地说出联觉的神经机制。目前联觉现象有两种理论解释：一是大脑不同感觉区域之间缺乏正常的去抑制信号（e.g., Cohen Kadosh 等, 2009）；二是大脑不同感觉区域之间相互连接的数目较多。(e.g., Bargary & Mitchell, 2008; Rouw & Scholte, 2007)

然而，联觉现象毕竟只是例外情况，并非普遍法则。对大多数人而言，不同感觉之间都是相对分离的。仅凭解剖代码不足以说明为何存在诸多感觉，也不能解释在某种特定感觉中为何会产生多种体验——我们能看到红色和紫色，能听出短笛和大号的区别，也能感觉到针刺不同于亲吻。因此还需要一种不同的代码——第二种代码——**功能代码**（functional code）。功能代码取决于感受器在特定刺激下是兴奋的还是抑制的。在特定时间里，神经系统的某些细胞兴奋放电，其他细胞则处于抑制状态。哪些细胞兴奋放电、多少细胞放电及细胞放电的频率和模式共同组成了功能代码。你可以想象这种表达神经逻辑的代码与莫尔斯电码有异曲同工之处，但它又比后者复杂得多。功能编码可以在人的整条感觉通路上发生，始于感觉器官，终止于大脑。

感觉测量

我们的感觉具有怎样的敏锐性？心理物理学领域的研究可以回答这个问题。**心理物理学**（psychophysics）是一门研究刺激的物理属性与它们所引起的心理体验之间关系的学科。根据物理学与心理学法则，心理物理学家研究了刺激强度对感觉的影响作用。

绝对阈限

测量感觉敏锐性的一种方法是，向被试呈现一系列强度不同的信号，考查他们可以觉察哪些信号。被试能够可靠识别的最小刺激能量就是**绝对阈限**（absolute threshold）。"绝对"一词是一种略有歧义的说法，因为对于处在边界位置的信号，被试有时能够觉察到，有时则又不能觉察到。"可靠"的觉察指人们有 50% 的次数能够觉察到这一信号。

如果要测量某个人的明度绝对阈限，可以让他坐在暗室里，注视前面的墙壁或屏幕。向被试呈现闪光，逐步变化闪光的明度，每次只呈现一个闪光。被试的任务是回答是否能看见闪光。其中有些闪光，被试总也觉察不到，有些则总是能够觉察到。并且有时你会错过一次闪光，即便你已在其他测试中觉察到同等亮度的闪光。这样的误差可能是由于神经系统中细胞随机放电导致的，这种随机放电会产生一种波动的噪声背景，就像无线电传输中的噪声背景。

通过对绝对阈限的研究，心理物理学家发现人类的感觉其实是非常敏锐的。如果你有正常的感觉能力，你就可以在清晰的夜晚看清 30 英里（约 48.28 千米）外的烛光；可以在绝对安静的房间里听清 20 英尺（约 6.10 米）外钟表的嘀嗒声；可以品尝出一茶匙糖溶解在 2 加仑（约 7.57 升）水中的甜味；可以闻出一滴香水扩散在三居室的房屋中的香味；可以感觉到蜜蜂的翅膀从 1 厘米高度降落到你的脸颊上。（Galanter, 1962）

尽管人类具有惊人的感受力，我们的感觉却只能对很窄的物理能量范围发生反应。例如，人类视力只能感受整个电磁波谱中很小的一个范围，我们看不见无线电波、红外波和微波。（见图 6.1）许多其他物种能够觉察人类觉察不到的信号刺激。狗能觉察超出人类感受范围的高频声波，如果你有过用"无声"口哨召唤爱狗的经历，你就应当对这一点感受颇深。蜜蜂则可以看到能够灼伤人类眼睛的紫外线。

差别阈限

有时心理学家为了考查人类感觉的敏锐性，会要求被试比较两个刺激并判断它们之间是否相同。例如，要求被试比较两个木块的重量、两种灯光的明度或者两种液体饮料的咸

> **绝对阈限** 观察者能够可靠识别的最小刺激能量。

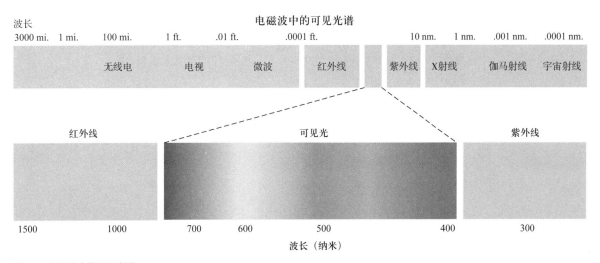

图 6.1 电磁波中的可见光谱

人类视觉系统只能感受整个电磁波谱中很小的一个范围

味是否相同。人们能够明确觉察（同样，指 50% 的次数）的最小刺激差异叫作**差别阈限**（difference threshold），或者叫作最小可觉差（just noticeable difference）。比较两个刺激 A 和 B 时，差别阈限取决于刺激 A 的强度或尺寸。A 的强度或尺寸越大，差别阈限就越高。如果比较两个小鹅卵石的重量，只要增加一克就可以觉察到重量的变化，但是如果比较的是两个大石头，人们就不会发现这种细微的变化。

差别阈限 当比较两个刺激时，人们能够可靠觉察的最小刺激差异叫作差别阈限，或者叫作最小可觉差。

信号检测理论

<185>

尽管上文所介绍的测量手段有一定用处，但是它们也有严重的不足。对任何个体的感觉测量都可能会受个体倾向的影响，例如，当感到不确定时，有些被试倾向于回答"是的，看见信号（或差异）了"，另一些被试则倾向于回答"我什么都没发现"。对于习惯说"是"的人来说，他们乐于猜测信号确实存在。习惯说"否"的人则往往谨慎而保守。此外，警觉、动机和期望也会影响个体的反应倾向。如果你在洗澡的同时等待一个重要电话，你就总是会听到电话铃响，而事实上并没有电话打来。在实验室研究中，如果被试想要给主试留下印象，就会倾向于多做正反应。

所幸，反应偏差（response bias）并不是无法解决的问题。根据信号检测理论（signal-detection theory），在觉察任务中，被试的反应可以被分为两个过程：一是感觉过程（sensory process），这一过程取决于刺激的强度；二是决策过程（decision process），这一过程主要受被试反应偏差的影响。研究者可以采用一定的手段分离这两个过程。例如，在实验中引入无刺激呈现和呈现微弱刺激两种条件。在这些情况下，被试可能有四种反应：一是被试发现了确实存在的信号（击中）；二是信号不存在时，被试却说有信号（虚报）；三是信号存在时被试没有发现信号（漏报）；四是不存在信号时，被试正确地说出没有信号（正确否定）。

信号检测理论 一种心理物理学理论，根据这种理论，可以把对感觉信号的觉察分为两个过程：一是感觉过程；二是决策过程。

> **参与进来** ｜ 你看见了，你不能看见
>
> 感觉依赖于环境中的变化与对比。现在捂住你的一只眼睛，然后盯住右图圆圈中的黑点，你能够毫不费力地保持着这个圆圈图像。然而，如果以同样的方式看左面的圆圈，圆圈图像会变得模糊。这种由明到暗的变化提供的对比信息不足以激活视觉感受器。你只有闭上眼睛再睁开，或者将注视点转移到 X 上，左图中的圆圈才会重新出现。

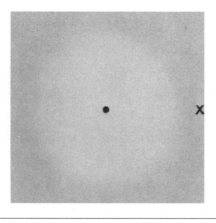

习惯说"是"的人将比习惯说"否"的人有更大的击中率，但他们的虚报率也更高，因为他们太急于回答"是的，有信号"。习惯于说"否"的人正确否定的次数比习惯说"是"的人多，但同时他们也有更高的漏报率，因为他们太急于说"不，那里什么也没有"。把这些数值代入到数学公式中，就可以分别评价被试的反应偏差和感受力，从而也就可以预计个体在任何特定的刺激强度下所具有的真实感受性。

测量阈限的传统方法假设，人类觉察刺激的能力完全取决于刺激本身。信号检测理论则从根本上否定了刺激"阈限"的说法，因为在任何时候，被试对刺激的感受性都取决于他所采取的判断标准。信号检测理论有许多实际的用途，如特殊人才选拔（要求听力敏锐），培训空中交通管制员，他们对雷达屏幕上是否存在光点的判断可能意味着不同决定。

<186>
感觉适应

俗话说，变化是生活的调味剂。变化也是感觉的本质，我们的感觉就是为了应对环境中的变化和对比而设计的。那些不变或重复的刺激，最终将导致感觉的模糊或消退。这是因为感觉系统中处于兴奋状态的感受器或神经元变得"疲倦"，从而引起放电频率的减少。由于上述原因导致的感受性下降的现象叫作**感觉适应**（sensory adaptation）。这种适应一般来说是有积极意义的，它可以使我们不必对不太重要的信息做出反应，例如，绝大多数情况下我们不需要感觉到手腕上手表的存在。然而，有时适应功能也会使有机体处于危险境地。例如，你刚进入厨房时能够闻到煤气的味道，但是随着时间的推移，由于嗅觉适应的作用，即使煤气泄漏你也注意不到。那将会是非常危险的。

人类永远无法完全适应高强度的刺激——如可怕的牙疼、氨水的气味、沙漠中太阳辐射的热量等。人类也很少完全适应视觉刺激，不论这种刺激是强还是弱。自主或非自主的眼动都可使物体在视网膜上的成像位置不断发生变化，因此视网膜上的感受器没有机会"疲倦"。

如果我们的感觉对大多数输入的刺激都产生了适应，将会发生怎样的情况呢？我们是否会感觉不到任何刺激，或者大脑会用其自身的映象来替代无法再通过感觉器官获得的感觉体验？在早期的**感觉剥夺**（sensory deprivation）研究中，研究者将男性被试与所有视觉和听觉刺激隔离（用半透明的护目镜限制视觉，用U形枕头和空调或电扇发出的背景噪声限制听觉，用棉手套和纸板制作的护腕来限制人的触觉），以便寻找上述问题的答案。这些志愿者只有短暂的间歇用于进食或去卫生间，其他的时间都躺在床上，什么事也不做。研究获得了惊人的结果。几小时之后，就有一些人感到忍无可忍了。有些人变得非常迷乱以至于在研究的第一天就放弃了。而那些坚持时间比较长的人，最后也变得迷乱、不安和不满。许多被试都产生了奇怪的幻觉，例如，看见一群跑动

感觉适应 指感受器对不变或重复的刺激感受性下降或消失的现象。

感觉剥夺 指不能获得正常感觉刺激的状态。

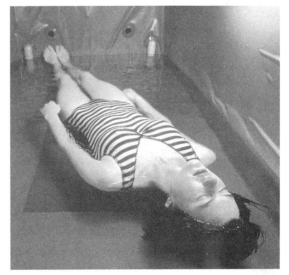

感觉剥夺是愉快的还是不愉快的？答案并不是单一的非此即彼，这主要取决于周围的环境以及你对环境的解释。如果被隔离是违背自身意愿的，这将成为一件可怕的事。但许多人发现远离视觉和听觉刺激，独自沉思——就像这个漂浮池中的女人那样——也是一种非常惬意的放松

的松鼠，或者看见眼镜排成一队在前进。就好像他们正在做第五章中描述的那种清醒的梦，只有极少数被试愿意在这项研究中坚持三天以上。(Heron, 1957)

但是如果仅仅依据上述研究结果，就做出感觉剥夺会导致不愉快甚至危险体验的结论，未免使问题过于简单化了。(Suedfeld, 1975) 后期研究中采用了更好的方法，结果发现，被试的幻觉内容不那么离奇了，被试也较少表现出迷乱的反应。实际上，许多人都喜欢上了这种短时间的感觉被剥夺，并且他们的某些知觉或智力也都有所提高。对感觉剥夺的反应与被试的预期和解释有关。如果将你无限期地关在一个房间里，并减少感觉刺激，那肯定会是件可怕的事；但是如果你是自愿到那个房间里住上一小段时间，就会是件轻松的事，或者说是一次奢侈的疗养或一次隐退。

💡 对感觉剥夺进行批判性思考

显然，为了维持正常功能，大脑需要少量的感觉刺激。这种需要可以解释为什么独居的人经常让收音机或电视响个不停，以及为什么长期的单独监禁被当作惩罚甚至折磨人的手段。

无感觉知觉

选择性注意 指注意集中指向环境中被选择的对象，而忽略其他信息。

非注意盲视 因没有注意而忽略眼前的事物。

如果说刺激太少会对人有不好的影响，那么刺激过多同样如此，因为它会导致疲劳和精神恍惚。如果你曾因一天中活动量太大而感到筋疲力尽、紧张和头痛，那么你就习得了感觉超载的第一手资料。当人们发现自己处于超载状态下时，他们通常会忽略一些不重要的视觉或听觉刺激，仅集中注意力于他们认为有趣或有用的信息上。心理学家把这种现象称作"鸡尾酒会现象"（cocktail party phenomenon）。在鸡尾酒会上，个体通常只专注于当前的交谈而忽略其他声音，如冰块的叮当声、音乐声和笑声。

即使超载不成问题，**选择性注意**（selective attention）——注意集中指向环境中被选择的对象，而忽略其他信息——也能保护我们不被所有作用到感受器上的信号淹没。所有的感觉信息都会进入神经系统，但这些信息会受到不同水平的意识加工，这便是我们能捕获到重要信息的原因，就像我们能听到几米以外的人提到自己的名字一样。

这些都是有利的方面。选择性注意也有坏的影响。就其本质而言，它会使我们错失身边的大部分信息。因此，我们对环境的整体认识比多数人认为的要少得多。我们甚至会意识不到眼前的事物，这种现象叫作**非注意盲视**（inattentional blindness），即视而不见。(Mack, 2003) 研究者给人们放了一段有关传球的视频，要求大家报告出此视频中传球的次数。结果显示，人们遗漏了那些看起来很明显的信息。例如，穿着大猩猩衣服的人缓缓地穿过球场，并且拍打自己的胸脯。(Simons & Chabris, 1999)

因此，选择性注意是一件喜忧参半的事情，它保护我们避免信息超载，使我们聚焦于重要的信息上。但它也剥夺了一些我们需

尽管很难相信，但如果人们的注意力在别处，即使一个人穿着大猩猩服装，也可能被忽视

快速测验

如果你还没有超载，请试图回答下列问题。

一、即使是在最清晰的夜晚，有些星星仍无法用肉眼看见。这是由于它们的明度低于观察者的 ＿＿＿＿阈限。

二、如果你跳入了冰冷的湖水中，但是片刻之后水似乎没那么冷了。此时，感觉＿＿＿＿发生了。

三、你被固定在医院的病床上，没有室友、电视或手机。如果你感到焦躁、迷茫，你可能正在承受＿＿＿＿带来的影响。

四、在餐厅休息的间隙，你专注地看书，以至于没有注意到餐具碰撞的声音或其他声音。这是＿＿＿＿的例子。

五、在现实生活的觉察任务中，你是习惯说"是"的人还是习惯说"否"的人？

答案：一、绝对 二、适应 三、感觉剥夺 四、选择性注意 五、如果你是一个倾向于说"是"的人，那么比起说"否"的人，你更可能发现真实信号，但也更可能把噪音误判为信号。如果你是一个倾向于说"否"的人，则相反。

的信息。当你走在凹凸不平的小路上，或穿越拥挤的大道时，如果你仍专注于回复朋友的短信，那么后果将不堪设想。

你将会学到

- 光波的物理特性与知觉的心理维度是如何对应起来的？
- 眼睛工作的基本原理，为何眼睛不同于照相机？
- 我们如何知觉颜色？为什么我们可以说某种颜色是蓝绿色的，而不说它是红绿色的？
- 我们是如何知觉距离的？
- 为什么我们对物体的感知不随着其在视网膜上成像的变化而变化？
- 为什么说错觉对心理学家来说是非常有价值的现象？

视觉

视觉是所有感觉中被研究得最多的一个领域，这是因为有关外部世界的大多数信息都来自视觉。（也许这就是为什么英语中说"I see what you mean"，而不说"I hear what you mean"的原因。）由于我们的大多数活动都是在白天进行的，因此进化使得我们的视觉通路可以利用太阳光。至于那些在夜晚活动的动物则更多依赖于听觉。

我们看见了什么

视觉的刺激是光，即便是像猫、浣熊以及其他以夜间活动能力强而著称的动物，在黑暗中也需要一些光线才能视物。可见光来自太阳、其他恒星、电灯或物体表面的反射光。光以波的形式传导，这些波的物理特征影响着视觉的三个心理属性：色调、明度和饱和度。

色调 由不同颜色名称来界定的视觉属性，与光波的波长有关。

1. **色调**（hue）是由不同颜色名称来界定的视觉属性，它与光波的波长——也就是波峰间的距离有关。一般来说，短波呈现的颜色偏向紫色或蓝色，长波呈现的颜色偏向橙色或红色。太阳发出的白色光，是由所有可见波混合而成的。有时，空气中的水蒸气会起到棱镜的作用：它们将太阳发出的白色光分解为可见光谱上的各种颜色，这时我们便看见了彩虹。

明度 即明亮度，是与物体发出或反射出的光线数量或强度有关的视觉属性。

2. **明度**（brightness）是与物体发出或反射出的光线数量或强度有关的视觉属性。光的强度与光波的波幅有关。一般来说，物体反射的光线越多，它看起来就会越亮。然而，明度有时也会受到波长的影响：在光的物理强度相等时，黄色光看起来比红色或蓝色更亮。

饱和度 即颜色的纯度，是与光波混合对应的视觉属性。

3. **饱和度**（saturation）是与光波混合对应的视觉属性，即由组成光波的波长范围是宽还是窄来决定。当光波中只包含一种波长时，就可以说这个光波是"纯"的，该光波引起的颜色为饱和色。与之对应的极端情况是白色光，白色光没有颜色，完全没有饱和度。通常情况下，我们看到的光线都是由不同波长混合而成的，因此，我们看到的颜色也就比完全饱和的颜色更深或者更浅。

眼中世界

视网膜 衬在眼球后部的内侧神经组织，视网膜上包含视觉感受器。

光线通过眼睛进入视觉系统，眼睛的结构非常精巧而复杂。在你阅读这一部分的时候，请看一下图6.2。

眼球前部被透明的角膜覆盖，角膜具有保护眼球和折光的作用。经过折射的光线到达角膜后部的晶状体。照相机通过调节镜头与快门之间的距离来汇聚光线。眼睛的晶状体则通过自身形状的细微改变而起到汇聚光线的作用，看近处物体时，晶状体的曲率变大；看远处物体时，晶状体的曲率变小。进入眼睛的光线总量由虹膜肌控制，虹膜是眼球中有颜色的部分。虹膜中央的圆孔叫作瞳孔。人从光亮处进入暗室时，瞳孔扩大以便使进入眼睛的光线增多。在明亮的阳光下，瞳孔缩小以减少进入眼睛的光线。

视觉感受器位于眼球后方的**视网膜**（retina）上。（视网膜上有一些特殊的细胞会将明、暗信息传至大脑中调节生物节律的区域，详见第五章。）在胚胎发育过程中，视网膜是由大脑发出的组织形成的，而不

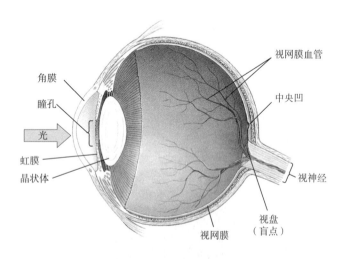

图6.2 眼睛的主要结构
光线通过瞳孔和晶状体进入眼球，并被聚集在眼球后部的视网膜上。视觉最敏锐的地方位于中央凹

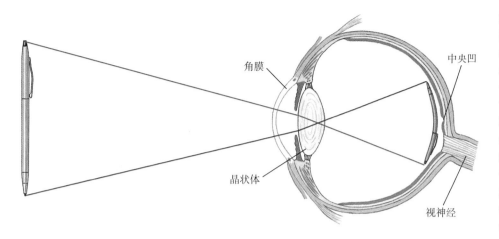

图 6.3 视网膜上的成像
当我们注视物体时，物体投射在视网膜上的光线是上下颠倒的。勒内·笛卡儿（René Descartes，1596—1650）也许是证明这一事实的第一人。他把牛眼睛后部的一小块组织切下来，用一小块白纸代替这个组织。当他使这只牛的眼睛对着光线时，他看到房间在白纸上的成像是颠倒的

是由形成眼球其他部分的组织形成。因此，视网膜实际上是大脑向外的扩张。如图 6.3 所示，当晶状体使光线投射到视网膜上时，就会形成一个上下颠倒的映象。来自视野上方的光线刺激视网膜底部的感光细胞，来自视野下方的光线则刺激视网膜顶部的感光细胞。大脑会对这个颠倒的刺激图形做出正确的解释。

视网膜上大约有 1.2 亿～1.25 亿个细长的**视杆细胞**（rod），此外还有约 700 万～800 万个顶部为锥形的**视锥细胞**（cone）。视网膜的中央为中央窝，只包含视锥细胞，这些细胞紧密地排列在一起，是视觉最敏锐的地方。从视网膜中心到外周部分，视杆细胞的数目逐渐增多，边缘部分几乎没有视锥细胞。

视杆细胞 能对暗光进行反应的视觉感受器。

视锥细胞 能够产生颜色视觉的视觉感受器。

与视锥细胞相比，视杆细胞对光线更加敏感。它使我们可以在很暗的光线下，甚至在夜晚看清物体。（猫能在黑暗的环境中很好地视物，部分原因就是它们有大量的视杆细胞。）由于视杆细胞主要分布在视网膜的边缘地区，它们也负责边缘视觉。但是视杆细胞不能分辨波长，因此对颜色不敏感——这正是为什么人在黑暗环境中很难区分不同颜色的原因。视锥细胞对波长有很强的分辨能力，从而使人类可以产生颜色觉。但是视锥细胞对光线不敏感，所以当我们在黑暗的电影院里想要寻找座位时，它一点也不起作用。（视锥细胞与视杆细胞的区别见表 6.1）

表 6.1 视杆细胞与视锥细胞之间的差异

	视杆细胞	视锥细胞
数量	1.2 亿～1.25 亿	700 万～800 万
分布区域	视网膜周围区域	视网膜中央（中央凹）
对光线的敏感性	高敏感	低敏感
对颜色的敏感性	无	有

日常经验告诉我们，眼睛需要一段时间才能完全适应黑暗的环境。这一**暗适应**（dark adaptation）过程涉及视锥和视杆细胞内部发生的化学变化。视锥细胞很快就能完全适应，

暗适应 视觉感受器逐渐变得对暗光有最大敏感性的过程。

大约需要 10 分钟，但其感受性提高程度有限；视杆细胞的适应过程要慢得多，需要 20 分钟或者更长的时间，适应的结果是变得对光线非常敏感。适应的第一阶段结束后，人能够比较好地看见周围，但是还不能很好地看清；等到第二阶段过后，视力就变得跟往常一样好了。

神经节细胞 眼睛视网膜上的一种神经元，（以双极细胞为中介）负责收集来自视觉感受器的信息，神经节细胞的轴突集合成束，组成视神经。

视杆和视锥细胞通过突触与双极细胞连接，双极细胞与**神经节细胞**（ganglion cell）相连。（见图 6.4）神经节细胞的轴突集合成束，形成**视神经**（optic nerve），将视网膜上的信息传递到大脑。视神经离开眼睛的地方叫作**视盘**（optic disk），在这个区域，既没有视锥细胞，也没有视杆细胞。这个没有感光细胞的区域在视野中形成盲点。通常情况下我们意识不到盲点的存在，这是因为：一是投射在左眼盲点上的图像在右眼上的投影位于非盲点部位；二是我们的眼动非常迅速，因而能看清整个图像；三是大脑具有填补这一空白的功能。可以通过做后面的练习，找到你的盲点。

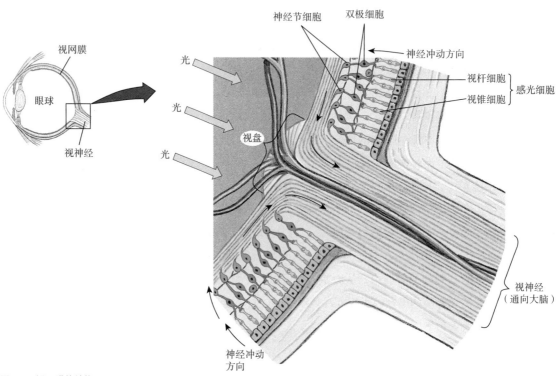

图 6.4 视网膜的结构
为了清晰起见，本图中的所有细胞都被放大了好多倍。光线必须通过神经节细胞、双极细胞以及为这些细胞提供营养的血管（本图中没有显示这些血管），才能到达视觉感受器（视杆细胞和视锥细胞）。通常情况下，我们看不见这个细胞网络和血管在视网膜上投下的阴影，因为这个投影总是落在视网膜上的同一个位置，这种稳定的网像是无法被感觉到的。但是当眼科医生用移动的光线照射你的眼睛时，血管的树状投影落在视网膜的不同区域，这时你就会看到自己眼睛底部的血管投影——这是一种奇异的体验

参与进来 | 找到你的盲点

盲点位于眼球后部视神经穿过的地方。你闭上右眼看向魔术师，便会发现左眼的盲点。然后慢慢将书移向或移离自己，当书距眼睛 9 英寸（22.86 厘米）或 12 英寸（30.48 厘米）时，兔子就会消失。

视觉系统为何不同于照相机

尽管人们经常把眼睛比作照相机，但是视觉系统却不像照相机那样只是被动地记录外部世界的信息。视觉系统中的神经元觉察有意义的特征，主动地建立外部世界的图像。

神经节细胞和丘脑上的神经元对情境中的简单特征——如光点或黑点——进行反应。而大多数哺乳动物视觉皮层上的**特征觉察器**（feature-detector cell）则负责识别更复杂的特征。这一事实最早由戴维·胡贝尔（David Hubel）和托尔斯滕·威塞尔（Torsten Wiesel）（1962，1968）提出，他们经过大量艰辛的研究工作，记录了猫和猴子大脑上单个神经元的电冲动。（1981年，他们因为这一发现获得了诺贝尔奖。）胡贝尔和威塞尔发现，不同的神经元对投射在动物眼前屏幕上的不同特征敏感。大多数细胞都会对出现在视野特定区域且具有特定朝向的运动或静止的线条产生最大的反应。比如一种细胞对出现在视野右下角的水平线段产生强烈放电，而另一种细胞对视野左上角的斜线最敏感。在现实世界中，诸如此类的特征组成了物体的边界。

> **特征觉察器** 位于视皮层的一种细胞，仅对环境中的特定特征敏感。

在这一开创性研究工作的基础上，科学家发现视觉系统中的其他细胞具有更加复杂的特异性。例如，在灵长类动物的视觉皮层上存在一种能对诸如牛的眼睛、螺旋产生最大反应的细胞。更令人振奋的是，大脑颞叶的某些神经元会对面孔产生最大的反应。（Kanwisher，2000；Ó Scalaidhe，Wilson，& Goldman-Rakic，1997；Young & Yamane，1992）有些科学家认为，进化使人类大脑中具有特殊的"面孔识别模块"。**面孔模块**（face module）的存在可以解释为什么婴儿对注视面孔表现出强烈的偏好，以及为什么脑损伤患者在丧失物体识别能力后，还能识别面孔。

对面孔加工表现出偏好是具有进化意义的，因为它使我们的祖先能够区分朋友和敌人，或者使婴儿在陌生人中找到母亲。然而，一些心理学家和神经科学家认为，婴儿对面孔的偏爱实际上是对曲线、目光接触或者多元素图案（如面孔的上半部分有两只眼睛，而下半部分只有一个嘴巴）的偏爱。（Turati，2004）另外，那些被认为组成了面孔模块的大脑神经元有时也对其他物体产生反应，这种反应是由个体的经验或兴趣决定的。在一项耐人寻味的研究中，当汽车迷观看经典车型时，"面孔模块"的神经元会放电，而当他们观看奇异鸟类的照片时却没有这种现象；对于那些观鸟者来说，情况则正好相反。（Gauthier等，2000）显然，汽车是没有面孔的！同一研究者在另一项研究中虚构了一种叫 greeble 的无脸生物。他训练人们区分可爱的 greeble 与不可爱的 greeble。研究发现，此过程激活了人们细胞中的"面孔模块"。（Gauthier等，1999）

即使确实存在面孔或其他特异性功能的模块，大脑也不可能包含那么多与每种可识别物体一一对应的特殊区域。一般来说，大脑的工作是接收关于线段、角、形状、运动、明度、纹

对脑损伤病人的研究似乎表明，大脑内某些细胞组成的系统是高度特异化的。有一位脑损伤病人不能识别一般的物体，他说这些物体看起来像一片"斑点"。然而他的面孔识别却没有困难，即使当面孔颠倒或不完整时也是如此。当向病人显示这幅画时，他能够轻易地识别出面孔，但却看不到组成面孔的各种蔬菜。（Moscovitch，Winocur，& Behrmann，1997）

理和图形的局部信息，然后再识别出这是一把椅子，是放在餐桌旁边的椅子。对任何物体的识别，可能都要依靠分布在大脑不同区域脑细胞的协同工作。

颜色识别

300年来，科学家一直都在试图解释为何我们眼中的世界有生动的颜色。现在我们已经知道，不同阶段颜色视觉的加工有不同的解释。

三色理论

三色理论（trichromatic theory）也可以叫作扬－赫姆霍尔兹理论（Young-Helmholtz theory），它适用于解释视觉加工的初级阶段，这一阶段发生在眼睛的视网膜上。视网膜上面包含三种基本的视锥细胞。一种能够对蓝色做出最大反应，另一种对绿色敏感，还有一种对红色敏感。这三种基本颜色相互混合，就形成了各种颜色。

全色盲通常源自遗传变异所带来的视网膜上缺乏视锥细胞或视锥细胞功能受损，全色盲患者只能看到白色、黑色和各种灰色。许多动物都是全色盲，但在人类中这种现象却非常罕见。大多数"色盲"患者实际上都是具有某种色觉缺陷（color deficient）。最常见的是红－绿色盲，患者不能区分红色和绿色；对他们来说，世界是由蓝色、黄色、褐色和灰色组成的。蓝－黄色盲比较稀少，他们只能看到红色、绿色和灰色。白种人中约有8%的男性患有色觉缺陷，亚洲男性中的这一比例为5%，黑人和印第安人的这一比例为3%。（Sekuler & Blake, 1994）由于遗传特性，女性患有色觉缺陷的案例非常稀少。

> **三色理论** 颜色知觉理论中的一种，该理论认为在视觉系统中存在三种机制，每种仅对特定波长范围敏感；这三种机制交互作用便可产生各种色调体验。

对立过程理论

对立过程理论（opponent-process theory）适用于颜色加工的第二阶段，这一过程发生在视网膜神经节细胞和丘脑、大脑视觉皮层的神经元中。这些细胞被称为对立过程细胞（opponent-process cell）：对短波产生兴奋性反应，对长波产生抑制反应；反之亦然。（DeValois & DeValois, 1975）有些细胞以对立的模式对红、绿色或蓝、黄色产生反应，即对一种颜色产生放电反应但对另一种颜色产生抑制反应。此外，还有第三种细胞以对立模式对白色和黑色反应，并由此获得明度信息。这些反应的结果作为颜色编码被传递到更高级的视觉中枢。由于红、绿色以及蓝、黄色的编码方式表现为拮抗过程，因此我们会将某

> **对立过程理论** 另一种颜色知觉理论，认为视觉系统以对立的方式对成对颜色进行反应。

参与进来 | 变化的心

自己在纸上画一个心形图，里面的心是绿色的，外面一圈为黄色，心形图中间再画一个黑色的圆点。当绿色刺激移除后，对绿色刺激启动或抑制反应的对立细胞会发送一个对立的信息（红）并产生负后像。请盯住这颗心中间的黑点（至少20秒），随后将你的视线转向白纸或白墙。你看到一颗"变化的心"了吗？你将看到一颗红心或者是一颗镶有蓝边的粉心。

种颜色描述为蓝绿色或黄绿色，而不会描述为红绿色或黄蓝色。

<193> 如果某种对立细胞对特定颜色抑制，当撤去这种颜色时，细胞就会强烈放电，就好像当时正在呈现抑制色的补色。类似地，如果细胞对某种颜色放电反应，当撤去这种颜色时细胞将发生抑制。这种现象可以解释为什么在我们持续注视某种色调后，容易产生**负后像**（negative afterimage）——例如，为什么在持续看过绿色后，我们会看到红色。这是一种神经反弹作用：被绿色启动（抑制）的细胞，在撤去绿色（或呈现绿色）时，会发送相反信号（红色）。

构造视觉世界

我们看不到视网膜上的映象；这些映象仅仅是心灵工厂的原料，心灵积极地解释这些映象，根据感觉的片段信息构造世界。在大脑中，引起视觉、听觉、味觉、嗅觉和触觉的感觉信号不停地组合在一起，产生关于世界的统一模型。这个过程就是知觉。

知觉的形成

为了了解世界，我们必须知道事物从哪里开始，又在哪里结束。对视觉来说，我们要分清楚老师与讲台；对听觉来说，我们应当能够区分钢琴独奏和管弦乐器的伴奏；对味觉来说，我们则要区分蜜饯与热巧克力的味道。人们对事物进行区分的过程是如此迅速，且无须心理努力，以至于我们认为这是理所当然的——直到我们需要辨认浓雾中的物体，或听懂快速讲述的外语中的每个单词时，这一切才会有所变化。

格式塔心理学家（Gestalt psychologist）是第一批研究个体如何将视觉信息组织成有意义单元和图形的研究者，他们在德国掀起了一场运动，这场运动在20世纪20年代及30年代具有深远影响。在德语中，"格式塔"的意思是"形式"或"外形"。格式塔心理学家的格言是"整体大于局部之和"。他们观察到，当人们感知某个物体时，事物的属性以整体形式从形状中突显出来，而这种属性在物体的任何部分中都是找不到的。

格式塔心理学家强调的一个观点是，人们总是将视野中的物体组织为**图形与背景**（figure and ground）。图形突出于周围的环境。（见图6.5）有些物体能够作为图形突显出来是由其强度或尺寸方面的属性所决定的，正如我们无法忽略照相机的盲闪，或在沙滩上向你扑面而来的海浪。一般来说，风景底部易被视作图形，而顶部则易被视作背景。（Veceram Vogel, & Woodman, 2002）具有独特性的物体也容易突出，如在一盘橙子中的一只香蕉。此外，静止环境中移动的物体（如流星）也容易被看作图形。事实上，我们很难忽略环境中任何突然的变化，因为我们的大脑很善于捕捉变化和对比。不过，选择性注意——集中于某些刺激而忽略其他刺激的能力——则使我们能够控制将哪些物体看作图形，哪些物体看作背景。然而，有的时候选择性注意会蒙蔽我们的双眼，让我们错失很

图6.5 图形与背景

当你第一次看到M. C. 埃舍尔（M. C. Escher）的这幅画时，你看到了什么？鱼、鹅还是蝾螈？这取决于你将蓝色、红色、金色中哪个颜色的区域视为图形，哪个视为背景

格式塔原则 指那些描述大脑如何将感觉信息组织为有意义的单元或模式的规则。

多信息,正如我们之前提到过的那样。

此处还要介绍一些其他的**格式塔原则**(gestalt principle),这些原则描述了人们的视觉系统如何将感觉刺激组织为知觉单元。(Köhler,1929;Wertheimer,1923/1958)格式塔心理学家认为,这些原则要么生来就有,要么习得于婴儿早期,是个体成熟的结果。但是,目前的研究却发现,至少有一部分原则是依赖于经验获得的。(Quinn & Bhatt,2005)接下来介绍几种著名的格式塔原则:

1 接近律。那些在空间位置上接近的成分容易被组成一个整体。据此,你会将下图中左侧的点看作两组由 4 个点组成的图形,而不是 8 个分离且毫不相关的点。同样,图中右侧的点将被看作是垂直排列,而不是水平排列。

2 封闭律。大脑倾向于填补图中的缝隙,以知觉到完整的图形。这是一种非常重要的功能,因为我们经常会碰到缺乏完整性的图形。尽管以下图形都不完整,但却很容易被我们知觉为三角形、面孔和字母 e。

3 相似律。在某一方面相似的物体(如颜色、形状或大小)容易被看作一个整体。在左侧图形中,你将会看到一个由图形组成的字母 X。在右侧图形中,你将会看到星形组成水平的行而不是垂直的列,这是因为水平直线上的五角星都是实心或空心。

4 连续律。线条及图形容易被看作是在时间或空间上具有连续性的物体。如左侧图形容易被看作一条线被椭圆遮挡,而不是两条线与椭圆相连。在右侧图形中你将会看到两条线,其中一条为直线,另一条为曲线,而不会将其看作两条曲线与两条直线相交于一点。

不幸的是，许多消费产品的设计都没有考虑到格式塔原则，而这也正是当寻找录像机遥控器上的暂停按钮，或将汽车上的收音机由 AM 转到 FM 时会遇到困难的原因所在。（Bjork, 2000; Norman, 1988）良好的设计应当使那些重要的分区显而易见。

深度知觉与距离知觉

一般来说，我们不仅需要知道某件物体是什么，还应知道它在哪里。触觉可以直接提供位置信息，而视觉则不能。因此，我们必须通过估计物体的距离或深度来推断物体的位置。深度知觉部分依赖于**双眼线索**（binocular cue）——顾名思义，这种线索需要使用两只眼睛。一种线索叫**辐合**（convergence），指双眼注视近物时眼球向内侧旋转。物体距离越近，辐合程度越高。如果你曾试图"交叉"双眼来看自己的鼻子，便会有这种体会。当双眼辐合的角度改变时，相应的肌肉变化会向大脑提供距离信息。

对于同一物体，两眼视网膜上所成的视像略微不同。举起一根手指，使它距离双眼 12 英寸（30.48 厘米），每次只用一只眼睛去看它。当你用不同的眼睛看时，它的位置看起来会有一点移动。现在请举起两根手指，一远一近地呈现在面部正前方，这时你会注意到，当你用不同的眼睛看它们时，两根手指间的距离看上去也发生了变化。左、右眼所看到的物体侧向间距的细微差异叫作**视像差**（retinal disparity）。由于视像差随物体间距的增大而增大，大脑可以用它来推断深度和计算距离。

双眼线索可以帮助我们估计 50 英尺（15.24 米）以内的距离。超过这个范围，只有**单眼线索**（monocular cue）起作用。**遮挡**（interposition）是一种单眼线索：当一个物体介于观察者与另一个物体之间时，会对后者起到遮挡作用，这时我们认为第一个物体距离我们较近。另一种单眼线索是**线条透视**（linear perspective）：当已知的两条平行线看起来越来越接近或汇聚时（如铁轨或延绵数英里的高速公路），说明此时存在一定深度。关于这两种单眼线索及其他单眼线索可见后面的插图。

有些因素会影响深度知觉却不会影响视觉，如情绪状态、想要达成的目标、达成目标所需的努力等。（Proffitt, 2006）假如你走在路上，又累又烦躁，这时你被前方的一家咖啡店吸引了，如果你背了一个较重的书包，那么相比于你背一个较轻的书包来说，你会认为这段路途更加遥远，因为它会消耗你较多的能量。

同样，如果你要将球扔进篮筐里，你也会觉得重球到篮筐的距离要远于轻球到篮筐的距离。让你用铁棒去触碰前方的一个物体，能碰到的物体就比碰不到的物体离你更近。当你站在阳台上向下看时，你会高估阳台到地面的距离，甚至你会对原本无法引起焦虑的高度感到害怕。

视觉恒常性：我们看到的就是我们相信的

如果没有另一种重要的知觉技巧，人们的知觉世界将是混乱不堪的。当我们在运动时，光线条件、视角和静止物体与我们之间的距离都在不断变化，然而我们却很少将这些变化与物体自身的变化相混淆。尽管物体引起的感觉模式在不断地变化，我们所知觉到的物体却是稳定或不变化的，这种知觉能力叫作**知觉恒常性**（perceptual constancy）。目前研究最充分的恒常性是视觉恒常性，它们包括：

双眼线索 有些深度或距离线索需要两只眼睛同时参与才能起作用，这些视觉线索叫作双眼线索。

辐合 指双眼注视近物时眼球向内侧旋转。

视像差 左、右眼所看到的物体侧向间距的细微差异。

单眼线索 有些深度或距离线索只需一只眼睛就可以起作用，这些视觉线索叫作单眼线索。

知觉恒常性 尽管物体引起的感觉模式在不断变化，我们所知觉到的物体却是稳定或不变化的，这种知觉能力叫作知觉恒常性。

深度知觉的单眼线索

深度知觉的线索不只来源于双眼，下面介绍一些单眼线索。

◀ 光线和阴影。这两个属性构成了物体的三维图像。

▲ 遮挡。当一个物体部分地阻挡或掩盖另一个物体时，这个物体一定处于前方，离我们更近。

◀ 运动视差。当观察者在移动时，周围的物体会以不同的速度向不同的方向运动。近处的物体一般快速向后移动。我们可以根据物体的运动情况来判断它们的距离。

◀ 相对大小。物体在视网膜上的成像越小，物体就离我们越远。

◀ 相对清晰。由于空气中的灰尘、烟或雾，使远处的物体看起来比较模糊、不鲜明、缺乏细节。

◀ 纹理梯度。在同一表面上，远处的部分会表现得更密集，也就是说，远处部分中的各元素之间在空间上更紧密。

◀ 线性透视。两条平行线汇聚，表明距离较远；反之，距离较近。艺术家经常夸张地使用这种手法，来凸显一种深度印象。

1 大小恒常性。虽然视网膜上的物像不断地变大或变小，我们所看到的物体大小却是恒定的。在街上逐渐向你走来的朋友并没有变大，从路边开走的汽车也没有缩小。大小恒常性部分依赖于对物体的熟悉性。经验告诉你，人、汽车或者你的狗鲁比的尺寸并非时时变化的。知觉到的物体的大小同样取决于距离。近处的物体比同一物体在远处时形成的映象要大一些，大脑在判断物体尺寸时会考虑到这个因素。例如，把你的手朝面部移动，大脑记录的信息是手的距离越来越近，尽管手在眼睛上的映象在逐渐变大，你却知觉到手的尺寸不变。因此，知觉到的大小与知觉到的距离之间存在密切关系。

《异超人》　　　　　丹·皮卡尔（Dan Piraro）创作

当大小恒常性失效时

2 形状恒常性。当我们的视点改变时，尽管物体在视网膜上的映象发生了改变，我们觉察到的物体形状却保持恒定。如果将飞盘直接放在你面前，它在视网膜上的成像是圆形的。当你把飞盘放到桌子上时，其映象就成为椭圆形，然而你觉察的飞盘还是圆形的。

3 位置恒常性。当我们的眼睛、头或身体发生移动时，静止物体在视网膜上的成像也会发生位移，但我们所知觉到的物体位置却保持不变。当你驱车在高速公路上飞速前进时，电线杆和树在视网膜上的映象在飞速地闪过。但是你知道这些物体本身并没有发生移动，而是你的身体处于运动状态，所以你才知觉到电线杆和树是静止不动的。

4 明度恒常性。尽管随着整体照度发生改变，物体反射出的光总量也在发生变化，我们看到的物体却通常都具有相对稳定的明度。即使是在阴天，雪仍然是白色；即使在晴天，黑色的车仍是黑色。因为大脑记录了景色中的整体照度，并会自动参照这些信息，所以我们不会被这些表面现象所迷惑。

5 颜色恒常性。尽管当照明条件变化时，物体表面反射出的光波的波长也发生了变化，我们知觉到的物体颜色却仍保持相对恒定。例如，户外光线比室内光线偏"蓝"一些，所以户外物体反射的光线中"蓝色"光比室内物体多。相反，白炽灯发出的光线中长波的含量较多，因此颜色偏"黄"。然而，不论是在厨房还是在院子里，苹果看起来都是红色的。

对于这一现象，一种解释就是感觉适应，而这一问题在前文中已有讨论。我们在户外很快就适应了短波光线（蓝光），在室内则适应于长波光线。因此，人们在两种条件下的视觉反应是相似的。同样，在计算特定物体的颜色时，大脑会考虑视野中所有波长的光波。当苹果被蓝色光照射时，此时苹果周围的所有物体也是带有蓝色的。苹果反射光中蓝色光的增加，在视觉皮层中被周围光线中蓝色光的增量所抵消，因此苹果看起来还是红色的。颜色恒常性有助于我们进一步认识世界。我们知道苹果通常是红色的，香蕉通常是黄色的，大脑会使用这些知识校正那些光线发生变化的物体。（Mittever & Ruiter, 2008）

视错觉：看到的信息具有误导作用

知觉恒常性使我们能够了解世界。然而，有时我们也会被愚弄，其结果就是**错觉**（perceptual illusion）。对于心理学家来说，错觉具有特殊的价值，因为它是一种系统错误，这种错误能够为我们提供心理知觉策略的相关线索。

尽管错觉可以产生于任意感觉通道，但是目前研究最多的还是视错觉。有时视错觉发生是由于我们把通常情况下正确的策略过度延伸到不适用的情形下。比较图 6.6 中两条垂线的长度，大多数人都会认为右侧的垂线要稍微长一些，然而事实上这两条线的长度相等。这就是**缪勒—莱耶错觉**（Müller-Lyer illusion），它是以最早对这种现象进行描述的德国社会学家的名字来命名的。（1889）

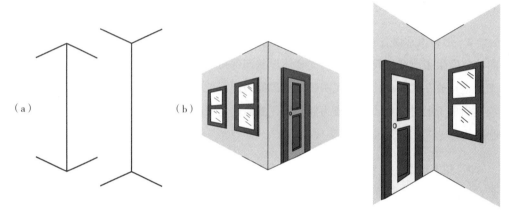

图 6.6　缪勒—莱耶错觉
图 (a) 中的两条线段长度相等，我们却可能认为它们长度不等。这是由于大脑认为箭头朝外的线段暗示距离较远，就像房间里的角落（距离远）；而箭头朝内的线段则暗示距离较近，就像图 (b) 中的建筑物（距离近）

对缪勒—莱耶错觉的一种解释是，垂线上的箭头可作为深度线索。（Gregory, 1963）左侧线段与建筑物距离我们较近的边缘有些相似；右侧线段则与房间中距离较远的角落相似，如图 6.6 (b) 所示。尽管这两条线在视网膜上的成像大小相同，但是箭头朝外的线段却暗示距离较远。由于我们自动应用了大小与距离之间的换算关系：当两个物体在视网膜上的成像大小相等并且其中一个物体距离较远时，这个远处的物体要更大一些，因此我们错误地认为箭头朝外的线段会长一些。虽然这种换算关系在通常情况下有效，但在图 6.6 (a) 这种情况下，两条线段之间实际上并没有距离差异，因此这种换算关系是不恰当的。

我们具有大小、形状、位置、明度以及颜色恒常性，如果大小、形状、位置、明度和颜色不恒常了，我们便会产生错觉。对物体颜色的知觉取决于周围物体反射光的波长，这对于艺术家或室内设计师来说，是众所周知的常识。只有当周围物体反射蓝光或绿光时，你才会看到比较强烈的红色。当两个相同颜色的物体处于不同的背景时，你有可能误认为它们的颜色是不同的。

有些错觉纯属物理原因。例如，筷子浸在装有半杯水的玻璃杯中看起来是弯曲的，这是因为水和空气具有不同的折射率。还有些错觉则是由于感觉器官提供了具有误导作用的信息，如感觉适应。而像缪勒—莱耶错觉则似乎是由于大脑对感觉信息进行了错误的解释而造成的。图 6.7 显示了一些令人震惊的错觉。

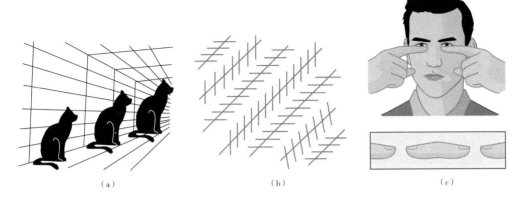

图 6.7 欺骗眼睛的图形

尽管知觉通常是准确的，有时我们却也会被客观的事物所愚弄。如图（a）中的猫是一样大的；图（b）中的斜线是平行的。如果想看到图（c）描述的错觉，可以把食指放在眼前 5 英寸（12.7 厘米）到 10 英寸（25.4 厘米）的距离处，双眼保持直视。你是否能够看见一个飘浮的"法兰克福香肠式的指尖"？你能够改变它的大小吗

瑞典研究者进行了一项研究，他们谎称人们能够将自己的身体感觉转换到其他身体或人体模特上，实验最终竟然产生了这种错觉。（Petkova & Ehrsson, 2008）研究者给被试戴上了一个虚拟现实的护目镜，这个护目镜将被试与另一个人（或人体模特）的头部连接在一起，这样被试就可以通过另一个身体来感知世界。也就是说被试能同时感受到由机器相连的两个身体对世界的反应。大多数人很快就产生了这种诡异的感觉——另外的一个身体竟然也是自己的。他们甚至畏惧来自另一个身体的戳扎或威胁。研究者预测这种身体互换错觉可用于婚姻辅导中，帮助每一对夫妻真正做到从对方的角度看问题。或者将这种错觉用于治疗那些对体相有错误认识的人。

在日常生活中，大多数错觉都是无害的或者是有娱乐意义的。不过，有时错觉也会导致工业事故或交通事故。例如，由于大的物体看起来总是比小的物体移动得慢，司机有时就会低估火车奔驰的速度，误以为能在铁路交叉处超过火车，结果就导致了悲剧的发生。

快速测验

这个测试不是幻觉。

一、两种格式塔原则如何有助于解释为什么你能在繁星满天的夜晚辨认出北斗七星？

二、判断对错：双目线索帮助我们定位非常远的物体。

三、一只手放在离脸约 12 英寸（30.48 厘米）的地方，另一只手放在离脸约 6 英寸（15.24 厘米）的地方。

　　1. 哪只手将投射较小的视网膜图像？

　　2. 你为什么不觉得那只手比较小？

四、从进化的角度来看，人们最有可能拥有一个识别 ＿＿＿＿＿ 的心智模块。

　　A. 花　　　B. 虫子　　　C. 脸　　　D. 巧克力　　　E. 汽车

> **你将会学到**
> - 听觉是怎样产生的？
> - 为什么对同一个音符来说，笛子演奏的声音与双簧管演奏的声音听起来会不一样？
> - 我们如何确定声音的来源？

听觉

听觉（audition）和视觉一样，都是我们与外界进行联系的重要纽带。由于社会交往中如此依赖于听觉，当人们丧失听觉后，有时就会感到与社会隔离。因此许多听力受损的人强烈倡议应该教那些失聪的孩子学习美国手语（ASL）或其他手势语，这样可以使他们与其他手语者进行交流。

我们听到了什么

声音刺激是物体振动引起的压力波（如管风琴中受压气体的释放）。振动（或空气的释放）引起介质中的分子产生聚合或分离运动，这种运动产生的压力振动向四面八方传递。介质通常为空气，但声波也可以在水或固态物体中传播，如果你曾有过把耳朵贴在墙上听取隔壁房间声音的经历，你就会知道这一点。

与视觉一样，声波刺激的物理属性也与听觉体验的心理属性有关。

响度 与声压强度有关的听觉属性。

1 响度（loudness）是与声压强度有关的听觉属性。强度与声波波幅或最大高度相对应，声波中包含的能量越多，它的峰值就越高。我们所感知的响度也与音调有关，如果高音和低音具有相同的波幅，则低音听起来响度就会小一些。

测量声音强度的单位叫作分贝（dB）。一分贝等于 1/10 贝尔，贝尔这个单位是以电话的发明者亚历山大·格雷厄姆·贝尔（Alexander Graham Bell）来命名的。人类听觉的绝对阈限平均值为 0 分贝。与量尺上的英寸不同，分贝没有相等的间距。每增加 10 分贝就表示声音强度增强了 10 倍。在互联网上，分贝被用来评估各位置之间的声音差异，声音强度的大小取决于我们与发音客体之间的距离。我们不能说 60 分贝声音的响度比 30 分贝声音的响度大一倍，事实上，它比 30 分贝的声音要响 1000 倍。

音调 与声波频率有关的听觉属性，并且与声波的强度有关。

2 音调（pitch）是与**声波频率**（frequency of a sound wave）有关的听觉属性，在某种程度上也与声波的强度有关。频率指空气（或其他介质）振动的速度，也就是每秒内声波的周期个数。每秒一个周期的声波频率为 1 赫兹（Hz）。青年人的健康听力可觉察的频率范围是 16Hz（管风琴的最低音调）到 20000Hz（蚱蜢腿部摩擦发出的声音）。

音色 可用于辨别声音的质量，是与声音混合程度有关的听觉属性。

3 音色（timbre）可用于辨别声音的质量。它是与声音混合程度有关的听觉属性，即与组成声波的频率范围有关。纯音只包含一种频率，但是自然界的纯音非常稀少。通常情况下我们听到的都是由几种具有不同频率的声波混合而成的复合波。根据音色我们可以区分长笛和双簧管发出的声音，长笛发出的声音相对"纯"一些，而双簧管发出的声音频率范围则非常宽。

当许多频率不同的声音杂乱地混合在一起时我们听到的就是噪声。正如白色光包含可见光谱上的所有波长，白噪声包括可听频谱上的所有频率，发出一种咝咝声。

耳中世界

如图 6.8 所示，耳朵包括外耳、中耳和内耳三部分。柔软、漏斗形的外耳能够有效地收集声波，但没有这个结构时听力也能保持完好。耳朵的关键结构位于头的内部，是不能被直接看到的。

声波通过外耳廓并穿过约 1 英寸（2.54 厘米）长的外耳道，撞击叫作鼓膜的卵圆形薄膜。鼓膜非常敏感，一个分子的振动就可以引起它的反应。声波使鼓膜振动，并且鼓膜的振动频率和振幅与声波一致。振动被传递到中耳的三块听小骨上，这些小骨是人体内最小的骨头，它们分别叫作锤骨、砧骨和镫骨。三块听小骨产生系列运动，起到增强振动的效果。最靠近耳朵内侧的小骨叫作镫骨，它能够推动通向内耳的薄膜一起发生运动。

真正的听觉感受器叫作**柯蒂氏器**（organ of Corti），它是位于耳蜗内的一个有空腔的装置，**耳蜗**（cochlea）是内耳中一个形状如同蜗牛的结构。柯蒂氏器在听觉中所起的作用如同视网膜在视觉中的作用。它包含非常重要的感受细胞，这些细胞看起来像毛发，因此叫作**毛细胞**（hair cell［cilia］）。短暂的超强噪声（如枪声或喷气式飞机的声音，能达 140 分

柯蒂氏器 位于耳蜗内部的一种装置，内部包含作为听觉感受器的毛细胞。

耳蜗 位于内耳，是一种形状如同蜗牛，内部充满液体的装置。其内部包含柯蒂氏器，听觉感受器就分布于其上。

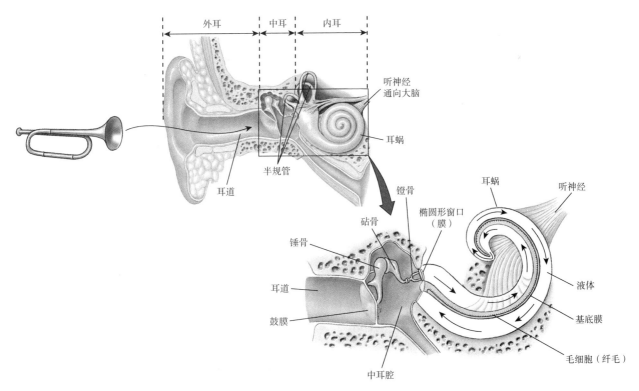

图 6.8 耳朵的主要结构
外耳收集的声波通过外耳道向内传导，引起鼓膜振动。这些振动通过中耳的听小骨进一步向内传递。这些听小骨的运动起着增强振动的作用，并将振动传递到分隔内耳和中耳的小薄膜上。听觉感受器（毛细胞）分布在耳蜗内的柯蒂氏器上，耳蜗的形状如同蜗牛。毛细胞发出神经冲动，通过听神经传递到大脑

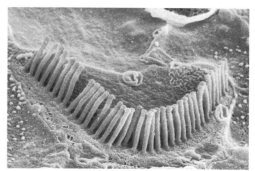

长时间接触摇滚音乐会上120分贝的音乐声会损伤或破坏内耳中脆弱的毛细胞，从而损伤站前排粉丝的听力。右图显示的是显微镜下单个毛细胞的纤毛

贝）或持续的强音（如货车拥堵时的声音或工厂噪音，能达90分贝）都会使这些脆弱的细胞受到损伤。受伤的毛细胞就像青草折断的叶片一样垂下来，如果伤害达到一定程度，听力就会丧失。现代社会中，诸如摇滚音乐会、震耳欲聋的酒吧、割草机、手提钻和开到最大音量的MP3播放器等损害听力的因素比比皆是，现已有许多青少年或成年人由于毛细胞受损而导致听力损伤。科学家正在寻找各种方法来培养新的、功能正常的毛细胞，但就目前而言，毛细胞的损伤是不可逆的。

耳蜗内的毛细胞嵌入在有弹性的**基底膜**（basilar membrane）上，基底膜贯穿于耳蜗的内部。当耳蜗受到压力时，其内部的淋巴液产生类波运动。随着液体的波动，基底膜也产生类波运动。毛细胞顶部还有一层薄膜。当毛细胞向上做升高运动时，细胞顶部由于接触到这层膜而使细胞弯曲，从而使毛细胞发出信号。这个信号沿**听神经**（auditory nerve）进行传导，听神经最终会把信息传递到大脑。毛细胞的特定运动模式受基底膜运动方式的影响。这种模式可以决定哪些神经元放电，以何种频率放电，这种编码能够决定我们将听到何种声音。例如，我们对高频音的辨别主要是根据基底膜上的活动，不同地点的活动会导致不同的神经编码。我们对低频音的辨别主要是根据基底膜的振动频率；在这里，不同的频率对应不同的神经编码。

如果世界上没有耳蜗、内淋巴液和毛细胞，人类能想出像耳朵这样如此复杂而奇妙的结构吗？

听觉世界的建构

耳蜗内的毛细胞纤毛不断地弯曲、摇摆而发出声音，但是正如我们看不到视网膜上的映象，我们也听不到耳蜗内的声音。相反，我们用知觉能力组织听觉模式，来建构一个有意义的听觉世界。

在课堂上，心理学老师希望你能把他的声音作为图形来识别，而将运动场上的欢笑声当作背景。当然，这些愿望能否实现取决于你把注意力集中在哪里。格式塔原则似乎也适用于听觉。接近律告诉我们在一首乐曲中哪些音符共同组成一段；当另一把小提琴演奏不同曲调时，连续律帮助你跟随原来的乐曲；音色和音调的相似性使你能在合唱中分辨出女高音，并把它们作为一个单元来听；接电话时，如果话筒里传来的某些单个字音不清楚，封闭律使我们能够了解整句话的意思。

<202> 除了需要辨别某种听觉刺激是什么声音外，还要知道声音是从哪里来的。判断声源距离的线索之一是响度。例如，当我们距离火车 20 英尺（约 6.10 米）时，听到的声音比我们在一里以外听到的响。对声源方向的判断取决于声音到达两耳时的时间差和强度差。右侧声源传来的声音到达右耳的时间比左耳要早几十毫秒，反之亦然。同时，由于声波需要绕过头部才能到达左耳，右耳所接收到的声波能量可能也会稍微强于左耳（具体情况依声波的频率而定）。我们很难判断位于正上方或正后方的声源方向，因为这时声波到达两耳的时间是相同的。此时只要略微转一下头部，就能克服这些问题。像马、狗、兔子、鹿这样的动物在这种时刻都无须转头，因为这些幸运的家伙可以直接控制它们的耳朵做出运动。

快速测验

你能很好地定位这些问题的答案吗？

一、听觉的哪些心理维度与声波的强度、频率和复杂性相对应？
二、弗雷德的声音带鼻音，泰德的声音沙哑。听力的哪个心理维度描述了不同？
三、超大的噪声或持续的噪声会对耳朵的 _____ 造成永久性的伤害。
四、在一次演讲中，一个同学把你的注意力吸引到一个嗡嗡作响的荧光灯上，这是你之前没有注意到的。你对图形和背景的感知会发生什么变化？

答案：一、响度、音高、音色。二、音色。三、毛细胞（听毛）。四、荧光灯会变成图形，而讲课者和其余部分成为背景。

你将会学到

- 味觉、嗅觉以及触觉是怎样产生的？
- 为什么糖精和咖啡因对有些人来说是苦的，而对另一些人则不是这样？
- 为什么你在感冒时不能品尝出食物的味道？
- 为什么痛觉难以被认识了解？
- 动觉与平衡觉是如何让我们感知到自己的运动？

其他感觉

心理学家之所以对视觉和听觉格外感兴趣，是因为这两种感官与人类的生存息息相关。不过，目前对其他感觉的研究也正在取得快速发展，因为人们越来越深刻地意识到这些感觉对人类生活同样具有重要意义，并且心理学家已经发明了一些新的方法用以研究这些感觉。

味觉

当口腔中的大量感受器受到化学刺激时，就会产生**味觉**（gustation）。这些感受器主要分布在舌头上，但也有一些分布在喉部、腮部和上腭部。如果在镜子中观察自己的舌头，你会发现许多很小的球形突起，这些突起叫作**乳头状小体**（papilla，复数形式为 papillae，

乳头状小体 位于舌上的球形突起，内部包含着味蕾。

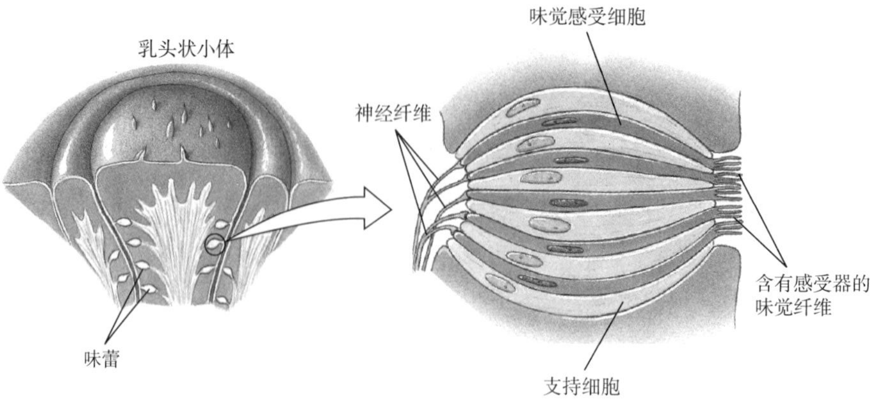

图6.9 味觉感受器
左图显示了舌头表面的乳头状小体,其内侧包含着味蕾。右图显示了放大的单个味蕾

味蕾 包含味觉感受细胞的装置。

源自拉丁语"pimple"),这些乳头状小体具有不同的形态。大多数乳头状小体都在两侧与**味蕾**(taste bud)相连,只有一种小体除外。凑近看时,这些味蕾有些像被分开的橙子。(见图6.9)人类舌头上的味蕾数量由于遗传因素而略有差异,最少500个,最多则可达到10000个。(Miller & Reedy, 1990)

人们普遍认为味蕾是味觉的感受器,然而这却是错误的。真正的味觉感受装置是味蕾内部的味觉细胞,味蕾内的味觉细胞数量通常为15～50个。这些细胞发出的纤维通过味蕾上的味孔伸入口腔,味觉感受器就分布在这些纤维上。每过10天,新的味觉细胞就会代替旧的味觉细胞。不过到了40岁左右以后,味蕾的总数就会开始下降。有趣的是,舌头的中央没有味蕾,因此不能产生任何味觉体验。但是,与眼睛的盲点类似,人们通常也不会注意到这个区域缺乏味觉,因为大脑会填补这个空白。

研究者通常认为,存在四种基本的味觉:咸、酸、苦和甜,每种味觉都由不同的化学物质所引起。味觉细胞中的味觉感受器,提醒着我们食物的好坏:苦味可以辨认食物是否有毒;甜味吸引我们去补充满足生理需求的糖分;咸味可以识别出钠,它是我们生存所必需的物质;酸味使我们避免因其浓度过高而引起组织损伤。(Bartoshuk, 2009)所有的味觉体验都来源于舌头上的味觉细胞。由于各味觉细胞之间间距较小,所以无论你是吃鸡蛋、吃面包还是吃橙子,它的独特味道都是由这些味觉组合而成。

现在许多研究者也承认存在第五种味觉:鲜味(umami,源于日语,20世纪初日本化学家将其作为一种增味剂),这是味精(谷氨酸钠)引起的味道。许多富含蛋白质的食物都可以引起鲜味的感觉,不过对于它的存在还有一些争议,总结为以下两点:一是人们在许多含蛋白质的食物中都品尝不到鲜味;二是基本味觉还有一个重要特征,即无论何时何地都以同样的方式对刺激进行反应。然而,鲜味存在个体差异,所以其是否属于基本味觉还有待商榷。

另外,一个有趣的研究为鲜味不是第五种基本味觉提供了证据。研究发现,味觉感受器遍布于整个食道,所处位置不同其功能也可能不同。由于蛋白质分子太大,我们不能通过品尝或闻味知觉到它。但是,当蛋白质分解成氨基酸后,氨基酸激活小肠上的感受器,向大脑发出蛋白质被消耗的信息,继而我们对高蛋白食物(如培根、烤牛肉、奶酪)的知

觉特性产生了一种条件偏好。因此我们对鲜味的体验发生在小肠上,而不是嘴里;是一种习得的偏好,而不是普遍的反应。(Bartoshuk, 2009)

不同的人有不同的味觉感受,这是人所皆知的道理。(Bartoshuk, 1998)有的人喜欢椰菜,而另一些人则讨厌它。有些人能吃火辣的红辣椒,有些人则连温和的墨西哥胡椒都接受不了。造成这些差异的原因之一是遗传方面的因素。美国有25%的人是天生的"**超味觉者**"(supertaster)(其中女性比例较大,尤其是亚洲女性),他们认为糖精、咖啡因、椰菜和许多其他物质都有难吃的苦味。与之相对,"味觉者"(taster)对苦味不那么敏感,而"味盲者"(nontaster)则根本就觉察不到苦味。与其他人相比,超味觉者也认为甜味更甜,咸味更咸,对于姜、胡椒或辣椒这类食物,他们也会感觉到更辣一些。(Bartoshuk 等,1998;Lucchina 等,1998)超味觉者似乎有更多的味蕾,他们舌头上乳头状小体更小,排列得也更紧密,因此他们的舌头看起来与味盲者有所不同。(Reedy 等,1993)

> **参与进来** | 闻味道
>
> 向自己证明:嗅觉可以增强味觉。当你捏住鼻子后,咬一小片苹果,然后再咬一口生的土豆片,你可能会发觉这两者的味道没有什么差别。如果你认为两个味道差别较大,有可能是你的期望影响了你的判断。再试一次,这次请你闭上眼睛,同伴喂你吃这两种食物,此时,你还会说它们味道不同吗?另有一个有意思的小测试:品尝不同口味的糖豆,你会说它们都很甜,却无法说出各糖豆独有的味道。

有些味觉偏好是文化和学习的结果。许多北美居民喜欢吃生蚝和熏鲑鱼但却拒绝食用一些在日本非常流行的生海鲜,如海胆和章鱼。某些地区居民酷爱的食物会令其他地区的居民感到反胃。有时,人们的这种习得的味觉偏好在子宫里或在哺乳阶段就开始存在了。怀孕或哺乳期间喜欢喝胡萝卜汁的母亲,她的孩子更喜欢喝与胡萝卜汁混合在一起的麦片粥,而对与水混合的麦片粥就没有这样的偏爱。(Mennella, Jagnow, & Beauchamp, 2001)同理,像香草、奶酪、薄荷、辣椒、大蒜等其他味道也可通过母乳传递给婴儿。

食物的吸引力有时也会受到其颜色、温度和质量状态的影响。金凤花(Goldilocks)发现,冷麦片粥不如热麦片粥那么可口。许多花生酱爱好者认为结块的花生酱与细滑的花生酱味道不同。食物的气味是影响其味道的一个更为重要的因素。我们所说的"味道",其实绝大多数就是我们放进嘴里的食物释放出的气体的气味。事实上,如果闻不到气味,诸如巧克力和香草的味道就会大打折扣。(见图6.10)嗅觉对味觉的影响可以解释为什么一个人鼻子不通

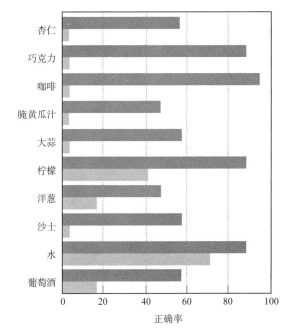

图 6.10 味觉测试
图中靠上面的条形表示当被试能够闻到某种物质的气味时,味觉辨别的百分比。靠下面的条形表示当被试不能闻到气味时的味觉辨别百分比。(Mozell 等,1969)

气时，就不能很好地辨别食物的味道。大多数长期受味觉障碍影响的人，实际上是嗅觉出了问题，而不是味觉。

嗅觉：对气味的感觉

伟大的作家兼教育家海伦·凯勒（Helen Keller）还在蹒跚学步的时候就丧失了视觉与听觉，她曾把**嗅觉**（olfaction）叫作"感官的堕落天使"。人类的嗅觉虽然要比警犬的粗糙得多，但也是十分敏感的，人类的鼻子可以探测到复杂的机器无法探测到的香味。

嗅觉感受器是一种专门化的神经元，镶嵌在鼻道上部的一小块黏膜上，恰好位于眼睛下方。（见图6.11）每个鼻腔中都有上百万个嗅觉感受器，可以对空气中的化学分子进行反应。这些分子在吸气时进入鼻腔，但是它们也可以从口腔进入，像烟在烟囱里飘荡一样，直接飘荡到喉部。化学分子引起嗅觉感受器的反应，这些反应经过整合就使我们闻到某种气味，如新鲜出炉的面包散发出诱人的香气，咖喱散发出辛辣的芳香。**嗅神经**（olfactory nerve）由嗅觉感受器的轴突集合而成，嗅觉感受器发出的信号被嗅神经传递到大脑中的嗅球。嗅觉信息经嗅球上行传递到高一级的脑区。

解密嗅觉的神经编码是一项具有挑战性的工作。我们能够觉察的气味大约有一万种（腐烂的气味、烧焦的气味、麝香味、水果味、腥味、辣味等），没有哪种气味是其他气味的"基础"。并且，人类的嗅觉感受器的种类多达一千余种，每种都会对气体分子结构的一部分产生反应。（Axel, 1995; Buck & Axel, 1991）不同的气体会激活不同的嗅觉感受器组合，来自不同组合的信号被整合到大脑的单个神经元中。

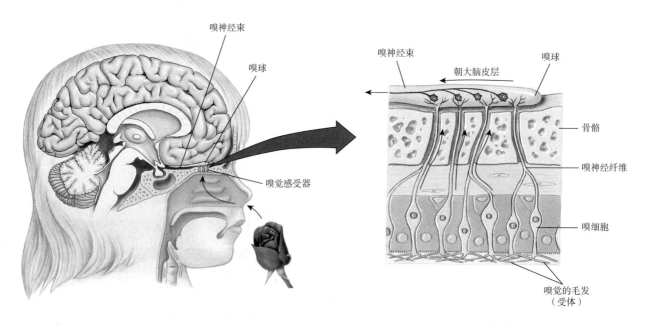

图 6.11 嗅觉感受器
气体化学分子进入鼻道并在鼻腔中循环，鼻腔中分布着嗅觉感受器。这些感受器的轴突组成嗅神经，将嗅觉信息传递到大脑。当你用鼻子吸气时，会使许多气体分子进入鼻道从而加速气体分子的循环。气体分子也可以从口腔进入，经喉部通道到达鼻腔

尽管嗅觉对人类的生存并不像对许多动物的生存那样显得至关重要，但它对人类来说仍然是一种重要的功能。我们能够从闻到烟味、食物腐烂的气味或毒气的气味中觉察出危险的信号。一旦嗅觉功能出现障碍，鼻子将闻不到任何气味。这样的缺陷可能由感染、疾病、受伤或吸烟引起。当一个人每天抽两包香烟并且这样持续十年后，他必须戒烟十年以上才能恢复正常的嗅觉。（Frye, Schwartz, & Doty, 1990）

当然，气味对我们的心理也会产生影响，这就是为什么我们会经常买一些鲜花或香水的原因。大脑中的嗅觉中枢可能与某些记忆或情感区域相联系。特定的气味常常能够引起生动的、带有情感色彩的记忆。热巧克力的香气可能会引发你对童年时期的某个冬季晨曦的怀念，酒精的气味可能会使你想起与医院有关的不好经历。另外，气味能够影响人们的行为。购物中心或酒店往往会安装香气扩散器，他们希望可以通过香味来调动起顾客的好心情。

目前对特殊气味影响力的研究仍存在很多争议，但一些严格的实验研究证明了它的影响力。例如，荷兰研究者将柑橘香味的多功能清洁剂藏于水桶后，发现柑橘香味激活了人们的心理概念"清洗"，甚至影响到人们的"清洗行为"。（Holland, Hendriks, & Aarts, 2005）在他们的一项实验中，研究者要求被试写出空闲时间计划要做的五件事，结果显示接触过这种气味的被试比那些没有接触过的被试列出更多的清洁活动。在另一项研究中，被试先要完成一个任务，然后被请进另一间屋子，坐在桌子旁吃一些易碎的饼干。已经隐藏好的摄像机会记录被试的手部动作。研

气味不仅具有进化意义，而且具有文化意义。这些在日本的朝圣者用神圣的香来净化自己，祈求好运和健康

究结果显示，在进行最初的任务中接触过该香味的人们比没接触过的人们，表现出更多清理桌子的行为。显然，激活"清洁"概念的人，在吃完饼干后，更倾向于清理桌子上的饼干屑。后续研究发现清洁香味甚至可以促使人们表现得更加慷慨、更值得信赖。（Liljenquist, Zhong, & Galinsky, 2010）

总结上述研究，我们可以发现被试根本没有意识到气味对他们的影响。事实上，大部分被试表示没有闻到任何气味，气味潜移默化地影响了我们的行为。这为那些与自私鬼住在一起的人送去了福音。

肤觉

皮肤的作用不仅仅是覆盖躯体的内部组织器官，全身两平方米的皮肤还可以帮助我们识别物体，与他人建立亲密的关系。皮肤能够使我们与其他事物分隔开从而起到边界的作用，同时也能使我们感到自身与环境之间的区别。

基本肤觉包括触觉（或压觉）、温觉、冷觉和痛觉。在这四种类型之间还有各种变形，如痒、抓痒和灼痛。尽管皮肤上的特定肤点对四种基本肤觉格外敏感，但是多年来，除了

压觉，科学家还是很难发现对应这些感觉的基本感受器。许多年前，瑞典研究者发现了一种新的神经纤维，认为这些纤维至少对某些类型的痒觉会产生反应。(Schmelz 等，1997)它能够探测到与组胺无关的病理痒，抗组胺药物对其没有任何缓解作用。其他研究者还发现，这种神经纤维也能对作用在鼻子上的疼痛或灼伤产生反应。后来，科学家又找到了一种可能的冷觉感受器。(McKemy, Neuhausser, & Julius, 2002；Peier 等，2002)

也许今后人们还会发现专门负责其他肤觉的神经纤维。但与此同时，有关触觉的其他问题仍然在困扰着科学的发展。例如，为什么轻轻地连续触压相邻压点时人会产生一种被抓痒的感觉？为什么抓挠可以缓解（或恶化）痒感？肤觉信息的解码最终将会告诉我们，人类是如何辨别砂纸和天鹅绒以及如何辨别胶水和油脂的。

痛觉的奥秘

痛觉不仅仅是一种肤觉，它还是一种内部感觉，有关痛觉的机制现在正在研究当中。痛觉与其他感觉的主要不同之处在于：当引起痛觉的刺激消失之后，这种感觉仍然可能持续——有时持续的时间甚至长达几年！了解疼痛的生理基础，一直是一个巨大的挑战。这是因为不同类型的疼痛（如刺痛、肿痛、灼痛）涉及不同的化学变化、受伤或损伤部位神经元活动的变化以及脊髓和大脑部分神经元活动的变化。神经胶质细胞（对神经元起支撑作用，见第四章）中的几种化学成分也涉入其中。神经胶质细胞释放的炎性物质能够加重疼痛。(Watkins & Maier, 2003)

疼痛的生理基础

闸门控制理论 一种认为痛觉引起的神经冲动必须通过一个位于脊髓部位的神经"闸门"才能传递到大脑，从而引起痛觉体验的理论。

多年来，对痛觉的一种最重要的解释就是**闸门控制理论**（gate control theory），这一理论由加拿大心理学家罗纳德·梅尔扎克（Ronald Melzack）和英国生理学家帕特里克·沃尔（Patrick Wall, 1965）提出。依据这一理论，痛觉引起的神经冲动必须通过一个位于脊髓部位的"闸门"才能传导到神经中枢。这个闸门并不是一个真实的结构，而是一种神经活动模式，来自皮肤、肌肉和内脏的痛觉信号或者被阻断在闸门之外，或者通过闸门向上传导。在通常情况下，闸门处于关闭状态，这或者是由于负责对压力或其他刺激进行反应的大神经纤维不断向脊髓传导神经冲动，或者是由于脑向下传达的指令。但是当躯体器官受伤时，一些大的神经纤维受损，小的纤维就会打开闸门，使痛觉信号到达未受抑制的脑区。闸门控制理论也正确地预测到，适度的压力或其他刺激能够关闭脊髓上的闸门，从而影响严重疼痛或长期疼痛的效果。当我们不断按摩受伤的肘部，或对受伤部位进行冷敷、热敷或涂抹刺激性药膏时，便是在应用这些措施了。

在闸门理论中，大脑不仅对来自感觉神经的输入信号做出反应，也能够完全自主地产生疼痛

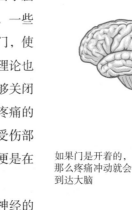

由来自大纤维或大脑的传入脉冲关闭的门；由较小纤维的脉冲打开

如果门是开着的，那么疼痛冲动就会到达大脑

感（以及其他感觉）。大脑中庞大的神经元网络使我们获得对躯体或其他躯体部位的感觉。当这个网络中发生异常的活动模式时，就产生了疼痛。可见，大脑具有产生疼痛的能力，这便是那些没有明显损伤或疾病的慢性疼痛患者会体验到严重痛感的原因。

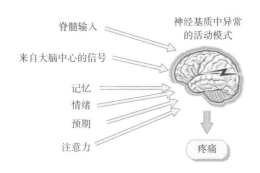

有一种奇怪的现象叫作**幻痛**（phantom pain），人们感觉到的疼痛来自已经切除的肢体或器官！90%的截肢者都经受幻肢痛的折磨。截肢患者可能会感觉到来自痛处的疼痛、灼痛或锐痛，感到小腿抽筋、脚趾悸痛甚至脚指甲生长，而这种感觉是在截肢手术之前才有的，并且这种感觉与被截肢体健全时的感觉一样！即使负责相应感觉的脊髓已经被完全切除，截肢患者还是经常报告来自损伤部位以下的幻痛。这时，已经没有可供脊髓阻断或放行的神经冲动，然而疼痛感仍持续，甚至有一些患者自杀。

幻痛 缺失的肢体或缺失的身体其他部分产生的痛觉体验。

对幻痛的主要解释是大脑对感觉信息的重组，即缺失肢体对应的感觉皮层被其他区域的神经元"入侵"了，这些神经元一般对应于面部。然后，更高级的大脑中枢会将这些神经元带来的信息解释成其来自缺失的那部分肢体。（Cruz等，2005；Ramachandran & Blakeslee，1998）即使肢体不再通过触摸或内部感觉来传送信号，但截肢前的疼痛、麻痹、抽筋等记忆仍保存在神经系统里。大脑对肢体的不正确感知导致这些疼痛信号无法关闭。

神经学家维拉扬努尔·拉马钱德兰（Vilayanur Ramachandran）首次提出一个理论，在此基础上发展了一种治疗幻痛的极其简单有效的方法。拉马钱德兰设想，能否使患有幻臂

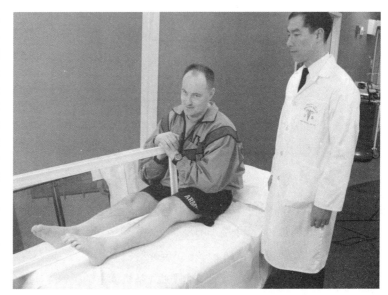

陆军中士尼古拉斯·帕珀（Nicholas Paupore）在伊拉克的一次爆炸中失去了右腿，从此便患上了幻肢痛，即虽然已经失去了右腿，但仍能感到来自右腿的持续震颤或刺痛。即使用吗啡也无法缓解这种症状。他接受了一部分临床试验，接受简单的日常治疗。治疗师将镜子摆放于一个合适的角度，使他能在镜子中看到自己完整的双腿。这样"他拥有两条完整、健康的腿"的错误信息被录入大脑，疼痛几乎立即就消失了。用这种方法治疗一年后，他偶尔才会体验到这种疼痛，疼痛程度也下降了。对于有些患者来说，这种镜子疗法能够完全消除他们的幻痛

痛的截肢者生成一种错觉——能够感觉到缺失手臂的移动，从而从疼痛中解脱出来。于是他将镜子直立放置，使它垂直于患者的身体。这样患者能够从镜子中看到自己完整的手臂，产生拥有健康双臂的错觉。目前这种方法应用于许多人，大脑错误地认为截肢者有两个健康的双臂，并重新整合信息，使幻痛消失。（Ramachandran & Altschuler, 2009）神经学家将此种方法应用于伊拉克老兵，让他们想象自己有两个健全的肢体，结果显示这种方法的治疗效果比控制疗法要成功得多。（Anderson-Barnes 等, 2009; Chan 等, 2007）

疼痛的心理基础

无论疼痛是由正常原因引起，还是由非正常（不存在的组织损伤）原因引起，心理与生理因素都会影响慢性疼痛的严重程度以及个人反应。如果人们过于关注疼痛，不断谈论它或自怨自艾，这都将加重他们的痛苦体验。（Pincus & Morley, 2001）

期望也是一个强有力的影响因素。如果你期望感觉到疼痛，你就会注意它，自己就会去实现这个预言；同样，如果你期望不要感觉到疼痛，你也会去实现这个预言。有这样一个研究，研究者将热源放置于10个健康志愿者的小腿上，训练志愿者根据听到的声音与打开热源的时间间隔来估计热源的热量强度。一般两者的时间间隔越长，热量强度就越高。功能性磁共振成像的数据结果显示：当志愿者预估的疼痛感越强，先于疼痛的传递的特定脑区激活程度越高，并且此区域与对真实疼痛反应的区域有大部分的重叠。另外，当研究者发出中等疼痛的热量信号，实际上施以最强热量，相较于那些预计会体验到最强疼痛并实际上也向他们施加最强热量的被试来说，这些被试自我报告的疼痛减少了28%（见图6.12），这种下降可以等同于他们注射吗啡后的感觉体验。

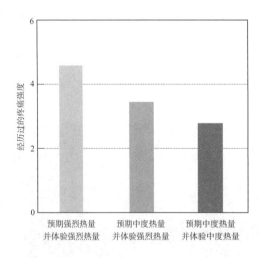

图 6.12　期望与疼痛
那些预计会体验到中等热量而实际得到最强热量的被试（中间条）报告出的疼痛要少于那些预计体验到最强热量的被试（左边条）

这些研究结果阐明了安慰剂减缓疼痛的机理：安慰剂同时影响着我们的期望（我会得到缓解）和与疼痛有关的大脑机制。在另一项研究中，被试在接受痛苦电击之前，会将"止痛膏"涂于手腕部的皮肤上，实验全程由磁共振检测记录数据。结果显示那些对疼痛反应敏感的脑区活动下降。（Wager 等, 2004）

安慰剂也可以促进内啡肽（是机体主动缓解疼痛时分泌的阿片类物质）的分泌。研究者向被试的下颚缓慢地注射了一种无害的疼痛诱导液,并让他们评价体验到的疼痛程度。(Zubieta 等,2005)再一次注射时,研究者告诉部分被试注射液中会加入一些止痛的血清(虚假信息),然后再让被试评价疼痛程度。实验全程由 PET 扫描跟踪被试脑内内啡肽的变化。研究发现,那些获得安慰剂的被试,其脑内痛觉控制区域含有大量的内啡肽,看来他们启用了真正的痛觉杀手。

由于上述研究,目前很多疼痛管理方案已将心理因素的影响考虑进来。大部分疼痛管理方案都基于认知行为疗法,也就是教人们如何将对慢性疼痛的不合理信念转化为合理信念,并结合使用分心或想象这样的应对策略。(见第十二章)科学家目前正在探索疼痛之谜,他们想弄清楚为什么有的人没有明显的生理病因却体验到强烈的痛感,而有的人明明存在明显的身体损伤却没有感觉到疼痛。可见,疼痛不仅仅产生于痛觉感受器,也许还产生于人的大脑。

内部环境

我们通常认为感觉是传递外部世界信息的通道,但是有两种感觉却能使我们感知自身的运动状态。**动觉**(kinesthesis)使我们知道身体部位所在的方位和运动状态。这一信息是由位于肌肉、关节和韧带(负责连接肌肉和骨的组织)中的痛觉感受器和压力感受器提供的。如果没有动觉,你将连闭着眼用手指摸鼻子这样的小动作都无法完成。事实上,你将无法完成任何随意运动。想一想,当你的腿不听使唤时,走路是多么困难的一件事,或者当牙医把你的下巴麻醉时,咀嚼将多么笨拙,你就会明白这一点。

动觉 使我们知道身体部位所在方位和运动状态的感觉。

平衡觉 对平衡的感觉。

半规管 内耳中的感觉器官,对头部的旋转运动敏感,负责平衡觉。

平衡觉(equilibrium)或对平衡的感觉,使我们感到身体是一个整体。平衡觉和视觉、触觉共同作用,使我们知道身体正处于直立状态还是头朝下的倒立状态,知道身体是在下降还是在旋转。平衡觉的这一功能主要由内耳中的三个**半规管**(semicircular canal)来完成。(见图 6.8)这些小管中充满液体,当头部旋转时,液体流动使毛细胞感受器受到压力。感受器发出的信号通过部分听神经进行传导——这部分听神经不参与听觉功能。

通常情况下,动觉和平衡觉共同作用使我们感知躯体的物理状态,我们一直想当然地认为自己应该获得这些信息,但是我们不应该这样认为。奥利弗·萨克斯(Oliver Sacks,1985)讲述了一个悲剧性的故事,一位年轻的英国女子克里斯蒂娜(Christina)由于奇怪的炎症导致不可修复的动觉神经损伤。最初,克里斯蒂娜像个布娃娃似的全身松软,她不能坐起来、走路或站立。之后,凭借视觉线索和顽强的意志,她慢慢地学会了做这些事。但是她的运动并不自然,她必须用很大的力气才能抓住一

这位霹雳舞者显然有非凡的动觉和平衡觉天赋

把叉子，否则叉子就会掉下来。最重要的是，尽管她保留了对轻微触觉的敏感性，但她却再也无法真实地感受到自己的存在，"我觉得身体里有些东西被挖走了，中心好像是空的……"

平衡觉是我们感觉内容的最后一部分。每时每刻都有大量的感觉信息被传递到大脑，大脑对这些信息进行整合以建构一个时刻变化的现实模型。那么大脑是如何完成这一功能的呢？我们的知觉能力是天生的还是只有通过学习才能获得？接下来我们就来讨论这个问题。

快速测验

看看你是否能理解下列项目。

一、下列问题最可能的解释是什么？
　　1. 四月总是很难尝出食物的味道，特别是微妙的味道。
　　2. 五月是一名摇滚音乐家，她的听力开始下降。
　　3. 六月有慢性肩痛，虽然一开始产生疼痛的肩部损伤已经痊愈（提示：想一想闸门控制理论）。

二、读过关于气味如何影响"清洁行为"的研究后，你想进一步问的问题是什么？

三、看到电视上新款镇痛软膏的广告，你试用后发现它似乎有效。你疼痛的缓解还可能有其他的解释吗？

答案：

一、1. 四月可能有一个受损的味蕾，可能是由于衰老或吸烟；2. 听力损伤有很多原因，但有是五月的环境中，我们怀疑是由于长时间听音乐导致了毛细胞的损伤；3. 通常关闭痛觉闸门的神经信号可能已经消失，或者关闭痛觉闸门的神经可能已经死亡。

二、是什么引起你相似的反应，以她其他气味引起反应的研究一样严重吗？其他的或者严重的气味有没有引起类似的洁净行为？动物有没有相似的反应？（她其他的污染被污化。）这个研究和动机的相关性有多大？

三、你感到镇痛软膏至少是少部分由于安慰剂效应。它减少了你对疼痛的注意或感到放松，或者至少你相信了它的作用。

你将会学到

- 婴儿看到的世界与成年人一样吗？
- 当先天性失明或失聪的人恢复视力或听力时，会发生什么？
- 心理与文化因素是如何影响知觉的？

知觉的来源和知觉的作用

当婴儿第一次睁开双眼时会发生什么呢？他们看到的、听到的、闻到的和尝到的是否会跟成年人一样呢？或者他们眼中的世界就像威廉·詹姆斯形容的，只是"乱糟糟的一团"，等待经验和学习的组织？事实也许是介于这两个极端之间。

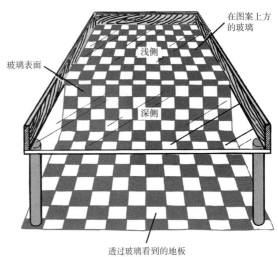

图 6.13 视崖上的婴儿
6 个月大的婴儿在爬过视崖边缘时通常会犹豫不决,说明他们能够产生深度知觉

天生的能力

人类的大多数基本感觉能力和许多知觉技巧都是与生俱来的,或者在生命早期就已经发展起来了。新生儿能够辨别不同的气味,区分甜和咸。他们可以分辨出人的声音和其他的声音。他们对噪声有惊吓反应并会将头转向声源,这说明他们能够觉察声音在空间上的分布。许多视觉技巧也是一出生就有,或是在出生后很短的时间内就得到了发展。例如,人类婴儿很早就能辨别大小和颜色,也许他们出生后立刻就能对这些属性进行辨别了。出生几星期后,他们就能够辨别对比度、阴影和复杂图形。在生命最初的几个月里,他们还会发展出深度知觉。

测试婴儿的深度知觉需要有相当巧妙的构思。几十年来我们一直在使用一种叫作"视崖"(visual cliff)的经典方法。(Gibson & Walk, 1960)在"悬崖"的浅侧和深侧表面上覆盖一层玻璃(见图6.13),两侧的表面上都有棋格图案。我们将婴儿放在视崖装置的中央,婴儿的母亲在其中一侧引诱婴儿,使他穿越浅侧或深侧。6 个月的婴儿会爬过浅侧,但拒绝穿过深侧的"悬崖",这种犹豫状态说明他们有深度知觉。

我们也可以用视崖装置来测试小于 6 个月的婴儿,即使他们还不会爬。研究者把两个月的婴儿放在视崖装置的深侧,他们的心率会降低,而当他们被放在浅侧时,则没有这种变化。心率的降低通常意味着注意的增加。因此,尽管这些小婴儿不像大婴儿那样感到惧怕,他们似乎还是能够觉察到悬崖浅侧和深侧是存在差异的。(Banks & Salapatek, 1984)

关键期

<211> 虽然许多知觉能力都是天生的,但是经验对知觉的影响也非常重要。如果婴儿在特定的**关键期**(critical period)错过某些经验的影响,知觉能力就会受到损害。由于神经系

统中某些细胞发生退化、改变，或者不能形成适当的神经通路，天生的知觉能力将会不复存在。

一种研究关键期的方法是，剥夺个体生命早期通常会获得的知觉经验，观察会出现什么样的后果。为了进行这样的研究，通常采用感觉和知觉系统与人类相似的动物为被试。例如，猫具有发现水平、垂直线段和其他空间朝向的先天能力，这一点与人类近似。小猫在出生时，大脑就存在与成年猫类似的特征觉察器。如果剥夺它们的正常视觉经验，这些细胞就会发生退化或改变，从而使知觉能力受损。（Crair, Gillespie, & Stryker, 1998; Hirsch & Spinelli, 1970）

在一个非常著名的研究中，研究者使小猫生活在有水平或垂直的黑白栅条的环境中，通过特殊的眼罩使它们看不到任何其他物体，甚至也看不到自己的身体。几个月后，只见过垂直栅条的小猫似乎看不到所有水平轮廓，它们总是撞到水平障碍物上；当实验者手中的小棒为垂直方向时，小猫会跑过去跟小棒玩，而当小棒的方向为水平时，小猫就不会有这种反应。相反，那些只见过水平栅条的小猫则会撞到垂直障碍物上，并且它们会跑过去跟水平的小棒玩，而不理会垂直的小棒。（Blakemore & Cooper, 1970）

人类会是什么样的呢？由于大脑的可塑性（见第四章），有些在儿童中期或成年期才获得视力的人，可恢复适应日常生活的一定知觉能力，但不可能完全恢复。从婴儿时期起就失去视力的成年人，在恢复视力后虽然也可以看到东西，却不能看得很好。当这些人失明的时候，其大脑的视觉区可能执行了不同的功能。因此，他们的深度知觉通常很糟，行动起来总是被绊倒或摔倒，无法根据视觉信息做出正确的判断；若要识别物体，他们可能要触摸或者闻一闻。他们还可能对面孔识别或情绪表达感到困难，甚至缺乏对物体大小的恒定保持，他们需要时刻提醒自己，人们的离开不代表人们身高的缩小。（Fine 等, 2003）一般而言，视力的最佳恢复期处于先天性失明婴儿的早期阶段，大概是因为婴儿期或童年早期是视力发展的关键期。

同样的发现也适用于听觉。先天失聪或在学习说话前就失聪的成年人，在接受人造耳蜗移植手术（刺激听神经并允许听觉信号传递到大脑的装置）后，常常感到听觉刺激令他们十分困扰。有时他们甚至要求将移植的装置取走。但是对儿童，或者在一定年龄失聪的成年人来说，人造耳蜗移植手术就非常成功。（Rauschecker, 1999）这也许是因为年幼的儿童还没有错过听觉发展的关键期，而成年人在失聪前则已经有了多年的听觉经验。

总之，知觉能力既受先天因素的影响，也受后天因素的影响。由于婴儿大脑和感觉系统中的神经连接还没有完全成形，他们的感觉远不如成年人的感觉敏锐——感觉能力需要大量的时间和经验才能获得充分发展。但是显然，婴儿感知到的世界并非如威廉·詹姆斯所认为的那样，是乱糟糟的一团。

心理因素和文化因素对知觉的影响

知觉加工能力具有先天性并不意味着所有的人都以同样的方式去觉察世界。照相机不关心自己照下的是什么，录像机也不思考自己录到的是什么。由于人类关心自己所看到、听到、尝到、闻到和感觉到的信息，因此心理因素也会影响我们觉察到的内容以及觉察的方式。在此简要论述其中的几种因素：

1 需要和动机。对于某种物体，如果我们需要它，对它感兴趣或者想得到它，就很有可能会觉察到它。例如，有研究发现，当在屏幕上快速闪现一系列单词时，饥饿状态下的被试能够比其他被试更快地找到与食物有关的单词。（Wispé & Drambarean, 1953）人们倾向于去关注那些他们想要得到的东西，例如，渴了的人想要一瓶水，想赢钱的人想要赢得比赛，做人格测验的人想获得个好结果。相比于那些不需要或不想要的东西而言，我们会主动接近那些自己想要的。研究者将这种由动机引起的错误知觉叫作"眼见如意"（wishful seeing）。（Balcetis & Dunning, 2010）

2 信念。我们对这个世界持有的信念能够影响我们对模糊感觉信号的解释。如果你相信外星人偶尔会光顾地球，并在某个夜晚看到空中有一圆形物体，你很可能会认为自己看到了太空飞船（对 UFO 目击事件的实证调查显示，人们实际上看到的是气象气球、发射的火箭、沼泽气体、军用飞机或一些像行星或流星那样的普通天体）。许多人报告在墙上、碟子上、玉米饼上和盛意大利细面条的盘子上看到了耶稣或玛利亚受难的图像，也有人报告说在鱼鳞、鸡蛋或豌豆上看到了阿拉伯文字"Allah"（真主）。这些信息使那些相信可以在日常事务中得到神的启示的人大为振奋——直到出现其他解释为止。在加利福尼亚，有一则传言说人们能在某个车库的门上看到耶稣像，这个消息引来了大量人群。最后则证实，所谓的图像是两盏路灯将矮树丛和院内"For Sale"（有待出售）的标志的阴影融合在一起而产生的。

3 情绪。情绪可以影响我们对感觉信息的解释。怕黑的小孩会看到鬼魂悬挂在门上，而不是绳子挂在门上。疼痛尤其受负性情绪（焦虑、悲伤）的影响。有意思的是，当人们发现疼痛是因其他人故意使坏引起（例如，认为别人故意踩自己的脚）时，他们体验到的疼痛要比仅因意外引起的疼痛要多得多。（Gray & Wegner, 2008）

4 期望。以往的经验也经常会影响我们对世界的感知。（Lachman, 1996）容易觉察到

人们经常能看到自己想看的。黛安娜·戴泽（Diana Duyser）是佛罗里达州赌场里的一名厨师，她咬了一口烤奶酪三明治之后，相信自己在三明治上看到了圣母玛利亚的头像，于是用塑料将它封存起来。10 年后，她决定卖掉它。eBay 上的一家网上赌场公司竟然花了 28000 美元买了一个有缺口的三明治

知觉定势 习惯于按照个人期望觉察事物的知觉方式。

期待事物的倾向叫作**知觉定势**（perceptual set）。生活中的知觉定势也有它的用处，例如，当我们没有听清一句话中的某个单词时，它会帮助我们填补句子中遗漏的单词。但是有时知觉定势也会导致错误的知觉。在缅因州的中心港口流传着一个当地传说：有一天，越南新闻工作者沃尔特·克荣凯特（Walter Cronkite）驾船驶入港口，听到岸上一小群人冲他喊："Hello, Walter...Hello, Walter!"他感到非常高兴，就向人群挥手并且鞠了一躬。但是当他走入人群时他才发现，人们刚才实际上是在喊："Shallow water!"

顺便说一下，在前面的段落中有一个书写错误的字，你们注意到了它吗？如果没有，可能是因为你希望这本书中所有文字都书写正确所致。

文化与背景

我们的需要、情绪、期望和信念都受到所处文化的影响。不同的文化会使人们适应不同的环境。在20世纪60年代的一个经典研究中，研究者发现，相比于西方人，非洲有些部落的居民不容易产生缪勒—莱耶错觉和其他几何错觉。研究者观察到，西方人生活在"有棱有角"的世界，周围的建筑在直尺和直角尺的帮助下充满了矩形结构。并且西方人也倾向于将二维的照片及透视图理解为对三维世界的表达。因此，他们将缪勒—莱耶错觉中的各种角解释为在空间扩展的直角——这是一种增加错觉易感性的习惯。而在研究中过着田园生活的非洲人则是生活在圆形的小棚屋中，他们只按画面意思去看待那些线条，结果也就只会产生二维视觉——这也许可以解释为什么他们不容易产生错觉。（Segall, Campbell, & Herskovits, 1966; Segall 等, 1999）

文化也会通过形成刻板印象来指导我们注意或告诉我们应当注意什么、不应当注意什么，从而影响知觉。例如，在观看景物时，西方人主要关注图像，很少注意背景。相反，东方人则倾向于注意事物的整个背景，注重图像与背景的关系。向日本人和美国人呈现水底景色，景色中有一条鱼比其他物体的体积都要大，而且移动速度也更快，结果发现，日本人和美国人对鱼的细节描述同样多，但是日本人能够报告更多背景中其余事物的细节。

快速测验

把你的注意力转移到这个测试上。

一、在视崖上，6个月大的婴儿多数会（　　）
    A. 穿过视崖，无法觉察深度   B. 即使感到害怕，仍穿过视崖
    C. 拒绝穿过，可觉察深度   D. 哭泣或感到无聊

二、新生儿和婴儿（　　）
    A. 有少数知觉能力
    B. 在关键期需要视觉经验以发展正常的视觉
    C. 视觉如同成年人

三、杜威说："祝你有美好的一……"但还没说完他就分心了。然而克拉伦斯确信他听到杜威祝他有美好的一天。为什么？

答案：一、C 二、B 三、由期望引起的知觉定势。

（Masuda & Nisbett，2001）如果那条鱼不移动，对美国人来说它就是不存在的。

正如我们知道的那样，你所见的事物部分依赖于我们所处的文化。当旅行者遇到另一种文化时，会惊奇地发现各文化成员间看待事物的差异，但在某种程度上来说，大家也许都是对的。

你将会学到

- 知觉经常是无意识的吗？
- "阈下知觉"（潜意识知觉）磁带能够帮助你减轻体重或减轻压力吗？

无意识觉察

我们不可能觉察到生活中的每一件小事，例如，我们看到的、听到的、摸到的，甚至是闻到的。选择过滤器会对所有信息进行筛选，我们只需要集中注意筛选后的那部分信息。我们的大部分知觉都不伴随着意识的觉察。然而这种**阈下知觉**（subliminal perception）却会影响我们的行为表现。

一个简短、微弱、在感觉阈限下的刺激（潜意识）仍可以影响我们的行为。人们有时能够对场景中的变化（物体的颜色或位置）做出正确的感知，即使这种变化发生得太快而无法再认和识别，人们仍能对其做出正确的反应。（Rensink，2004）给人们呈现阈下面孔刺激，人们会对这些没有"看到"的面孔表现出偏好。（Bornstein, Leone, & Gallery, 1987）

在无意识觉察的研究领域中，研究者常使用一种叫作**启动**（priming）的实验范式：先向人们呈现内隐或外显的信息，随后进行测试，考察先前呈现的信息是否会影响人们在测试中的表现。例如，给人们阈下呈现一些与人格特质有关的单词（如诚实），研究发现在之后的阅读文章评价人物的任务中，人们倾向于使用前面呈现过的人格特质来评价文中人物。也就是说，阈下刺激启动了人们对文中人物的评价。（Bargh，1999）

人们事实上知道的比他们以为自己知道的要多。事实上，无意识加工并不仅仅存在于知觉领域，在记忆、思维和决策中同样也都有无意识过程。（详见第七章、第八章）然而，即使是在研究者进行了大量控制的实验室研究中，也很难证明这些现象。最有力的证据来自应用简单刺激（如面孔或单词，如 bread）的研究，而不是应用复杂刺激（如句子，"Eat whole wheat bread, not white bread, if you know what's good for you!"）的研究。

启动 是一种测量内隐记忆的方法，要求你阅读或聆听一些信息，然后测验这些信息是否影响你在其他任务中的反应。

© Baby Blues Partnership. Reprinted with special permission of King Features Syndicate.

如果阈下启动能够影响人们的判断和偏好，那么是否可以用它来控制人们的态度或行为呢？在20世纪50年代，阈下说服技术曾经一度成为热门话题。一位广告经理宣称，当他悄悄地在电影院的屏幕上快速闪现"吃爆米花"和"喝可乐"这两句话后，爆米花和可乐的销量都得到了提高。后来这一说法被证明是编造出来的，那个经理设计了这个谎言以拯救面临危机的广告公司。

从此以后，科学家成了怀疑论者。至于那些号称能帮助人们减轻体重、戒烟、缓解压力、提高动机、降低胆固醇、不再咬指甲——所有这一切都无须你付出努力——的阈下刺激（潜意识）磁带，在这里我们可以十分肯定地说，它们并不那么有效。研究者为此进行了大量实验，结果发现，作为安慰剂的磁带与阈下刺激磁带同样有效。所谓安慰剂磁带，是指磁带中并不含有阈下刺激，但是被试却认为它含有。（Eich & Hyman, 1992; Merikle & Skanes, 1992; Moore, 1992, 1995）在一项经典的研究中，给被试听的磁带贴有"记忆"或"自尊"标签，但是有些被试的磁带标签是错的。结果是，无论标签是对的还是错的，将近一半的被试都在标签指示的方面表现出一定的进步，这种改进完全是由被试的期望引起的。（Greenwald 等，1991）

对阈下刺激进行批判性思考

以往对阈下说服的研究忽略了一个重要的因素：个体的动机。有这样一个研究，研究者用启动的方法引起口渴的状态，启动词为"口渴"和"干燥"。稍后，给被试喝水的机会，那些被启动的被试确实会比控制组被试喝更多的水——前提是他们本身就有点口渴。（Strahan, Spencer, & Zanna, 2002）

那么这是否意味着广告能够诱使我们购买饮料，或者参加政治竞选的人将口号和图像以阈下水平加入电视或杂志广告中就可以使我们投他一票呢？启动研究再次引起了争论，鉴于目前许多的研究结果都不支持阈下说服存在，而且阈下刺激只会在实验室产生轻微的效果（例如，当你有一点点口渴的感觉时，阈下刺激就会引起喝水的诉求），我们认为没必要担心会受到阈下操纵。如果你想要提高自己或提升自己的生活质量，那么你只能墨守成规——努力工作。

快速测验

当你回答这个问题时，请保持清醒。

一项研究似乎找到了"睡眠学习"（在睡觉时，感知并保留录音中播放的内容的能力）的证据。在你决定是录下本章节并在床头播放一整晚还是以平常的方法学习之前，关于这项研究你想知道什么？

答案：这些有一个精明的听者是怎样意识到自己醒了的呢？提到被试的期望了吗？在关键词、暗号上，还是在一门外语的词汇或一段录音的信息？有可能是 试的期待决定他们听到睡眠的学 被试们确实睡着了？

回顾新闻中的心理学

伟大的希腊哲学家柏拉图曾经说过："知识不是别的，就是知觉。"但是简单的知觉并不总是通往知识的最佳途径。正如本章所述，我们并不是被动地记录外部的世界，而是在心里建造外部世界。因此，如果我们是严肃的思想家，我们就能够意识到信念和假设是如何塑造知觉的。

有时知觉的加工方式对我们来说是有利的。知觉的选择性注意使林赛·沃恩在奥运会滑雪比赛中战胜了难以忍受的疼痛，取得了金牌。我们对实现目标的强烈期望能使我们暂时忘掉正在体验的疼痛，我们经常听到有些运动员和舞蹈家不顾自己的扭伤、摔伤，甚至是骨折，仍完成比赛或表演。严重受伤的士兵也经常否认他们体验到的疼痛，他们认为否认自己对疼痛的担心或焦虑可以减缓疼痛体验，否则疼痛会加重。但实际上，无论你否认它还是承认它，机体的抗疼痛机制都会介入其中。

知觉的加工方式也不是完全有利，也存在不利的情况。正如我们本章开始所讲的第二个故事（人们报告看到了飞船）。我们曾经提到，有些人习惯说"是"，由于期望的原因，他们很快就会得出看到了什么的结论，尽管事实上他们什么也没看到。另外，我们也会被日常的知觉偏差愚弄。当你仰望天空时，只有很少的参考点，因此很难判断一个物体的距离和大小。那些仍然相信有不明飞行物的人，太希望看到太空船了，以至于期望影响了他们的知觉，从而产生了太空船的模糊影像。

中立的研究者在仔细分析过不明飞行物报道后发现，人们看到的实际上是测量气象的气球、发射的火箭、沼泽气体、军用飞机或者是普通的天体（这种情况占大多数），如行星和流星。在报纸上刊登的不明飞行物照片中，看起来像飞碟的物体实际上是透镜形状的云彩。而在罗斯威尔报告的"外星人尸体"仅仅是橡胶做成的实验用的假人，空军在海拔很高的气球上把它们扔下来，以便研究怎样使人从同样的高度安全地跳下来。但是有时即使是聪明能干的人也会受到错觉的愚弄。一位调查不明飞行物报告的飞行员说："我见过一些相信自己见到了不明飞行物的空军领航员，但他们看到的实际上是月亮。我亲眼见过人们在看着金星时说，他们能看到太空船的舷窗。"（引自Ratcliffe，2000）

当然，上面所说的这一切并不是说唯一真实的世界就是我们每天所见到的这个平凡的世界。由于我们的感觉器官是为了特定目的而进化的，感觉通向世界的窗口有一部分是关闭的。但是我们可以运用推理、创造性和科学来打开这些关闭的窗口。通常的知觉告诉我们太阳围绕地球旋转，但是伟大的天文学家哥白尼却能在5个世纪之前就推论出事实的真相。知觉永远不能使我们看到紫外线和红外线，但是我们知道它们的存在并可对其进行测量。如果科学能够使我们推翻我们的感觉经验，那么，谁能知道科学日后会带给我们怎样的惊奇呢？

你还记得我们在第一章见过这幅图片吗？通过对本章的学习，你应该已经明白了为什么"眼见不一定为实"

学以致用

超感觉知觉存在吗

我们一般都是依靠眼、耳、嘴、鼻和皮肤来感受外部世界。然而有些人却宣称,他们可以不通过常规的感觉通道,而是通过**超感觉知觉**(extrasensory perception, ESP),来收发关于世界的信息。据报道,超感觉体验包括心灵感应和先知。心灵感应即不通过一般的感觉信号,直接将信息从一个心灵传向另一个心灵。先知则指在事物尚未发生时就可以知觉到它。大多数超感觉声明都对我们目前认识的世界和宇宙运行的一般规律提出了挑战。批判性思考者应该如何回应这种说法?他们应该问什么问题,他们应该寻找什么样的证据?

证据或巧合?超感觉知觉的许多"证据"都是来源于逸闻性质的叙述,但是人们却并非总是能够准确可靠地报告自己的体验。他们经常会修饰或夸大,或只回忆发生过的事情中的一部分。另外,人类也倾向于忘掉不符合自己信念的事件,如果他们获得了某些事件的"前兆",但是这些事件却没有发生,他们就会忘记这些"前兆"。许多超感觉体验仅仅是不寻常的巧合,由于其戏剧性而容易被记住。心灵感应或先知所能获得的信息,也是依照常规方式可以推导出来的信息。例如,如果乔安妮的父亲曾经有过两次心脏病发作,那么她获得父亲将不久于人世的"前兆"(不久以后她的父亲真的去世了),就不是什么神奇的事。

研究某种现象的科学方法是,在控制条件下观察它是否会发生。研究者已经用**心灵学**(parapsychology)的方法对超感觉现象进行了大量研究。但是这些研究的设计往往非常粗糙,没有采取充分的手段来预防各种假象的产生,并且统计分析方法也不正确。因此,有关心灵现象的研究历史有一个狂热的开端,最初是有许多有力的证据(Bem & Honorton, 1994; Dalton 等, 1996),随后则是令人失望的结局,许多现象都无法重复。(Milton & Wiseman, 1999, 2001)有一位研究者花了30年的时间来证明心灵现象的存在,最后由于失败而不得不放弃,"我发现不存在心灵现象,"她这样写道,"只有愿望、自我欺骗、实验误差甚至偶尔的使诈。最终我变成了一位怀疑论者。"(Blackmore, 2001)

不过,有关超感觉的话题并没有完全消失,有许多人都的确很相信超感觉现象的存在。詹姆斯·兰迪(James Randi)是一位著名的魔术师,同时还是"世界异常现象科学调查委员会"的创立者,他致力于教育公众有关精神欺骗的知识。许多年前,他设立了一种奖赏,任何能够在近距离观察条件下证明超感觉或其他超自然力量的人,可以获得100万美元的奖金。许多人前去尝试,但都没有成功。我们相信兰迪的钱是安全的。

来自魔术师的教训。尽管目前缺少证据证明超感觉现象,但仍有许多人都相信它的存在。也许你曾经有过超感觉的体验,或者你曾见过他人有说服力的示范。当然,你可以相信你自己亲眼所见的。但真的能相信吗?我们将通过一个真实的故事来回答这个问题。这个故事为我们对超感觉现象的批判性思考上了重要的一课。

20世纪70年代,安德拉瓦·韦尔(Andraw Weil,因推动替代医学而闻名)打探了那位自称是通灵者的尤里·盖勒(Uri Geller)。(Weil, 1974a, 1974b)韦尔相信这种感应是存在的,并且可以用现代物理原理来解释。他接受盖勒的观点。在一次私人聚会上,韦尔遇到了盖勒。盖勒的"通灵术"没有让韦尔失望。盖勒能够正确辨认出密封在信封中的十字和星星;在不碰触手表和戒指的情况下,让手表停止转动,使戒指变形;把钥匙变弯。韦尔实在无法否认自己见到的现实,所以他成了盖勒的追随者。直到他拜访了兰迪(Randi),他的想法才发生了改变。

令韦尔惊奇的是,兰迪能够重现盖勒做过的事情,他也能把钥匙变弯或者猜对密封信封中的东西。

兰迪的这种技能其实是个骗局，他愿意向韦尔展示他是如何做到的。韦尔突然感慨道："多么强大的心理啊！能将我们的解释强加给知觉；让你看到你想看的，屏蔽掉你不想看的。"

韦尔的认知被彻底颠覆了。即使他知道这个小把戏的原理，他也无法像神奇的兰迪做的那样成功。韦尔意识到我们对真实的感知有时并不真实。我们的眼睛、我们的耳朵，尤其是我们的大脑会欺骗我们。

本章总结

- 感觉是对环境或内部事件中包含的物理能量的觉察或直接体验。知觉是对感觉冲动进行组织和解释的过程。

我们的感觉

- 感觉从感受器开始，它们将刺激能量转换为神经冲动，这种神经冲动沿着神经纤维一直传递到大脑。不同的感觉可以由神经系统中的解剖代码（正如神经特殊能量理论所提到的）和功能代码来解释。在感觉替代（sensory substitution）中，从一种通道到另一种通道的感觉交叉发生。在联觉中，一种感觉通道的刺激持续诱发另一感觉通道的反应。但这些体验属于例外情况，而非一般的规则。

- 专门研究心理物理学的心理学家主要通过测量绝对阈限和差别阈限来研究感觉敏感性。然而信号检测理论认为，在完成觉察任务时，被试的反应包括感觉过程和决策过程，并且其反应受个人动机、警觉性和期望的影响。

- 我们的感觉能够觉察到环境中的变化或对比。如果一个刺激是稳定不变的，就会发生感觉适应。刺激太少会导致感觉剥夺。刺激太多则会导致感觉超载，这就是我们运用选择性注意的原因。选择性注意避免了信息超载，将我们的注意集中于重要的事情上，但是它也剥夺了我们对一些所需信息的感知，如不注意盲视。

视觉

- 视觉受光波的波长、强度和混合度影响，这些特性分别对应视觉体验的三个心理属性：色调、明度和饱和度。视觉感受器是视锥细胞和视杆细胞，它们分布于眼睛的视网膜上，通过其他细胞将发出的信号传递给神经节细胞，这些信号最终被传递到视神经，而视神经则将视觉信号传递给大脑。视杆细胞负责微弱光线下的视觉，视锥细胞负责颜色视觉。暗适应发生在这两个阶段。

- 视觉世界里的某些特定方面，如线条的各种朝向，由位于视皮层的特定细胞负责识别，这种细胞叫作特征觉察器。有些细胞会对复杂的刺激模式甚至面孔产生最大反应。然而，一般来说，大脑接收的都是有关线条、角、形状、运动、明度、纹理和其他特征的局部信息，最后大脑再将这些信息整合为关于世界的完整画面。

- 颜色视觉的三色理论和对立过程理论适用于不同的加工阶段。在视觉加工的第一阶段，位于视网膜的三种视锥细胞有选择地对光线中的不同波长进行反应。在第二阶段，位于视网膜和丘脑的对立机制细胞以对立的模式对光线中的短波和长波进行反应。

- 知觉指心灵时刻都在积极地建构有关世界的模型。格式塔的知觉组织原则（如图形与背景知觉、相似律、接近律、封闭律和连续律）描述了大脑觉察物体形态时所使用的视觉策略。

- 我们应用双眼深度线索和单眼深度线索来对视觉空间中的物体进行定位。双眼线索包括辐合和双眼视差。单眼线索包括遮挡、线条透视和其他线索。知觉恒常性使我们在物体引起的感觉模式发生变化时仍能知觉到物体是稳定不变的。当感觉线索起到误导作用或错误地解释视觉线索时，就会发生错觉。

听觉

- 听觉受空气或其他介质中的声波的强度、频率和混合度影响，声波的这些物理属性分别对应于声音的响度、音调和音色等心理属性。听觉感受器是镶嵌于基底膜上的毛细胞，这些毛细胞分布在耳蜗内的柯蒂氏器中。这些感受器发出的信号沿听神经传递。我们听到的声音由毛细胞的运动模式决定，这些运动能够产生不同的神经编码。在听觉定位中，以声波到达两耳时所产生的微弱差异为线索。

其他感觉

- 味觉是一种化学感觉。舌头上的突起叫作乳头状小体，其中包含着味蕾，味蕾内部的味觉细胞是味觉感受器。通常认为存在四种基本的味觉：咸、酸、苦和甜。它们确保人类食用健康、满足机体需要的食物，避免腐烂、有毒的食品。也许还有第五种味觉——鲜味，但对于这种说法还存在一些争议。对特定味道的反应部分依赖于个体的遗传差异，如有些人是超味觉者。味觉偏好也受文化和学习的影响，此外还受食物的品质、温度和味道的影响。

- 嗅觉也是一种化学感觉。目前没有发现基本的气味，但发现鼻腔中含有上千种不同类型的感受器。研究者已经发现不同的气体会激活特定的嗅觉感受器组合，并且已开始确认出其中的某些组合。气味也会影响人的心理及行为，但这种影响是潜移默化的。文化和个体差异也会影响人们对特定气味的反应。

- 肤觉包括触觉（或压觉）、温觉、冷觉和痛觉，以及其他各种变式，如痒和抓痒。研究者已经发现一种对应某种痒觉的感受器，此外还发现了一种可能负责冷觉的感受器。

- 痛觉的生理机制非常复杂，它包括几种不同化学物质的释放和神经元与胶质细胞活动的变化。根据痛觉的闸门控制理论，是否有痛觉体验取决于神经冲动是否能够通过位于脊髓的"闸门"并且传到大脑。另外，即使在没有来自感觉神经元的信号的情况下，大脑中的一组神经元也能产生痛觉。幻痛理论认为，幻痛发生于大脑对已切除肢体或器官的重新通电。期望和安慰剂通过影响大脑活动和内啡肽分泌，影响着人们对疼痛的感受性。

- 动觉使我们知道身体所在的方位和运动状态。平衡觉使我们知道作为整体的躯体处于怎样的朝向。这两种感觉共同作用使我们得以感知躯体的物理状态。

知觉的来源和知觉的作用

- 人类的许多基本知觉技巧都是与生俱来的，或者在生命早期就已经发展起来了。例如，心理学家通过视崖研究发现，婴儿在6个月或者更早时就已经具有了深度知觉。然而，如果在生命早期的关键期没有获得适当的经验，神经系统中的细胞就会退化或发生改变，或不能形成适当的神经通路，从而使知觉能力受损。这就是在生命早期对先天性失明或失聪的婴儿进行适当治疗可以取得最好预后效果的原因。

<218>

- 影响知觉的心理作用包括需要、信念、情绪和期望（期望产生知觉定势）。这些作用都受文化的影响，特定文化使人们获得特定体验，并且影响人们关注的目标。

无意识觉察

- 实验室研究发现，简单的视觉阈下刺激能够"诱导"出某些行为、判断和动机状态，如口渴。然而，没有证据表明"阈下知觉"磁带或类似的阈下刺激技术能够改变人的复杂行为。

回顾新闻中的心理学

- 人类的知觉并不仅仅是捕捉客观现实，它也反映了我们的需要、偏见和信念。我们的眼睛和耳朵（尤其是我们的大脑）有时也会欺骗我们，让我们看到不存在的东西，有时还能克服存在的痛苦。

学以致用：超感觉知觉存在吗

- 多年的研究均未能可靠地证明存在超感觉知觉。所谓的通灵者与好的魔术师没什么差别，他们都是在利用人们的信念、期望、妄想以及表面错觉。

关键术语

感觉（sensation）181

知觉（perception）181

感受器（sense receptor）182

解剖代码（anatomical code）182

神经特殊能量理论（doctrine of specific nerve energies）182

联觉（synesthesia）183

功能代码（functional code）183

心理物理学（psychophysics）183

绝对阈限（absolute threshold）184

差别阈限（difference threshold）184

信号检测理论（signal-detection theory）185

感觉适应（sensory adaptation）186

感觉剥夺（sensory deprivation）186

选择性注意（selective attention）187

非注意盲视（inattentional blindness）187

色调（hue）188

明度（brightness）188

饱和度（saturation）188

视网膜（retina）189

视杆细胞（rod）189

视锥细胞（cone）189

暗适应（dark adaptation）190

神经节细胞（ganglion cell）190

视神经（optic nerve）190

特征觉察器（feature-detector cell）190

面孔模块（face module）191

三色理论（trichromatic theory）192

对立过程理论（opponent-process theory）192

负后像（negative afterimage）193

图形与背景（figure and ground）193

格式塔原则（gestalt principle）193

双眼线索（binocular cue）195

辐合（convergence）195

视像差（retinal disparity）195

单眼线索（monocular cue）196

知觉恒常性（perceptual constancy）196

错觉（perceptual illusion）197

听觉（audition）199

响度（loudness）199

音调（pitch）199

声波频率（frequency of a sound wave）199

音色（timbre）200

柯蒂氏器（organ of Corti）200

耳蜗（cochlea）200

毛细胞（hair cell [cilia]）201

基底膜（basilar membrane）201

听神经（auditory nerve）201

味觉（gustation）202

乳头状小体（papillae）202

味蕾（taste bud）202

超味觉者（supertaster）203

嗅觉（olfaction）204

闸门控制理论（gate control theory）206

幻痛（phantom pain）207

动觉（kinesthesis）208

平衡觉（equilibrium）208

半规管（semicircular canal）209

关键期（critical period）211

知觉定势（perceptual set）212

阈下知觉（subliminal perception）213

启动（priming）213

超感觉知觉（extrasensory perception [ESP]）216

心灵学（parapsychology）216

[新闻中的心理学]

搞笑诺贝尔奖获奖者公布

2009年10月2日,来自马萨诸塞州坎布里奇(Cambridge)的消息。第十九届搞笑诺贝尔奖年度颁奖典礼于昨夜在哈佛大学桑德斯(Sanders)剧场举行。搞笑诺贝尔奖由不可思议研究年鉴(Annals of Improbable Research,AIR)主办,其目的是选出那些"乍看之下令人发笑,之后发人深省"的研究。

和真的诺贝尔奖一样,搞笑诺贝尔奖也授予多个领域的研究者,从公共卫生奖到和平奖再到生物学奖等。主办方说,这项评奖"旨在庆祝不同寻常的事物,表彰想象力,激发人们对科学、医学和技术的兴趣"。今年的获奖者有:

公共卫生奖: 获奖者是埃琳娜·博德纳尔(Elena Bodnar)及其同事,他们发明了一款文胸,这款文胸在遇上紧急事故时可变成两个防护面罩,救己救人。

兽医奖: 获奖者是来自英国纽卡斯尔大学的研究人员凯瑟琳·道格拉斯(Catherine Douglas)和彼得·罗林森(Peter Rowlinson),他们的研究表明,有名字的奶牛比没名字的奶牛产奶更多。

医学奖: 获得医学奖的是来自加利福尼亚千橡市(Thousand Oaks)83岁高龄的唐纳德·L.昂格尔(Donald L. Unger),为了研究手指关节炎,他在过去的五十多年里每天都扳左手的指关节,而从不扳右手的。实验结果与他母亲警告的截然相反,也就是说,扳指关节不会导致关节炎。

数学奖: 获奖者是津巴布韦储备银行的行长吉迪恩·戈诺(Gideon Gono),因为他的银行印制了从1分到100万亿元不等的钞票,以此来帮助人们学习如何应付各种各样的数字。

文学奖: 爱尔兰的警察获得了文学奖,因为他们给爱尔兰违规次数最多的交通违章者Prawo Jazdy开了五十多张罚单。爱尔兰警察面对突然涌入的波兰移民,没有学一点儿基本的波兰语——也就是说,Prawo Jazdy在波兰语中是"驾驶执照"的意思。(注:爱尔兰警方因为不懂波兰驾照上的波兰语,错把"Prawo Jazdy"当成了人名,引出了一场笑话。)

生物学奖: 来自日本北里大学的田口文昭(Fumiaki Taguchia)及其4位同事获得了该奖,他们向世界展示了熊猫粪便中的细菌可以帮助消解90%以上的厨房垃圾。

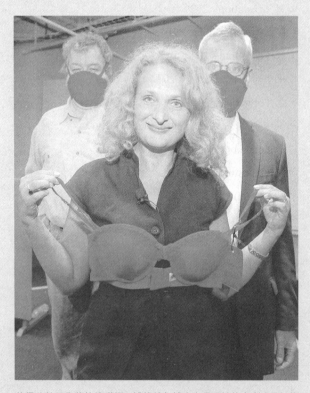

获得公共卫生奖的埃琳娜·博德纳尔博士在展示她的专利"紧急状况文胸"。它能迅速把文胸转化为两个防护面罩——一个给穿文胸的人用,另一个可以给有紧急需要的旁人。两位同事站在她身后,他们正戴着这款由文胸改成的防护面罩

不可思议研究管理委员会包括来自多个国家的志愿者和由50位著名科学家(其中包括一些诺贝尔奖[和搞笑诺贝尔奖]获得者)组成的编委会。这一组织出版发行杂志、时事通讯、报纸专栏、书以及每日博客。不过,最知名的就是搞笑诺贝尔奖,它被英国的《自然》(Nature)杂志评价为"可以说是科学日历里的亮点"。

第七章

思维和智力

Thinking and Intelligence

虽然搞笑诺贝尔奖看起来有点荒诞，但是它们反映了人类心智对文字游戏、才智、诙谐作品和想象的热爱。心智的确惊人。在每天的日常生活中，我们需要做决定，推断他人的行为，尝试理解我们的动机，对我们觉得好笑的事发笑，不断组织、重组我们的精神世界。笛卡儿的名言"我思，故我在"正好也能反过来说"我在，故我思"。思考和智能的力量激励人类自诩为"智人"（homo sapien），其拉丁语的意思是明智或理性的人。

想一想思维都为你做了些什么。它让你自由地跳脱当下的疆界，你能回想三年前的旅行，想象下周六的聚会，或是1812年的战争。它也可以带你跨越现实的界限，想象出独角兽、乌托邦、火星人或魔法。你还能计划长远的未来，判断好事或坏事的可能性。因为能思考，你不用茫然地探索问题，而可以利用知识和推理，明智而创造性地解决问题。

但是，我们多"聪明"（sapien）呢？真的"聪明"吗？在佛罗里达，有位坐车去看男友的女士决定在旅途中刮下体的体毛，把着方向盘的就是她那位极有定力且宽容大度的前夫。最终，他们还是出了车祸。在德国柏林，某广播电台想知道，人们能有多轻易被互联网上的信息摆布，他们在YouTube网站上发布了一个显而易见的假视频，据说视频展现的是已去世的迈克尔·杰克逊活着出现在一辆验尸车上。在一天内，该视频的点击量就超过了88万次，并且，关于杰克逊还活着的谣言迅速传遍全球。这类例子不一而足。

人类心智的确不可思议，它已经设法创造出了诗歌、青霉素和长筒丝袜；然而它也创造出了交通拥堵、垃圾邮件和战争。为了更好地理解为何人类既能解决如何飞上月球这种问题，也能在地球上制造一些令人惊奇的灾难，我们在本章不仅要探讨人们如何推理、解决问题、发展智能，还要考察人们认知缺陷的来源。

你将会学到

- 思维的基础元素。
- 你说的语言是否影响到你的思维方式？
- 下意识思维、无意识思维和不用心的混沌状态如何帮助我们，又制造麻烦？

思维：利用我们所知道的

很多认知心理学家都把人类大脑比作一个与计算机稍微有点类似的信息加工器，只是其结构更加复杂。信息加工观点抓住了大脑并非被动地记录信息而是主动转换和组织信息这一事实。当我们采取行动时，我们的身体在控制环境；当我们思考时，我们的心智在控制物体、活动和情境的内部表征。

认知的成分

概念 指把具有相同属性的物体、关系、活动、抽象物或者品质进行分类的一个心理范畴。

心理表征的一种类型是**概念**（concept），即把具有相同属性的物体、关系、活动、抽象物或者品质进行分类的一个心理范畴。一个概念的样例看上去很相似。例如，金毛猎犬、可卡犬是"狗"的样例；愤怒、喜悦和悲伤是情绪概念的样例。概念简化和总结了大千世界复杂的信息，这样就有利于人们处理信息并使我们能更快、更有效地做出决策。你可能

一些概念要比其他概念更具代表性或原型化。例如，荧屏上的大众情人切斯·克劳福（Chace Crawford）（左图）的一个显著特征是"单身汉"，一个未婚男人。2009 年他成为美国《人物》周刊的封面人物，并被誉为"今夏最炙手可热的单身汉"。但是教皇（中图）是单身汉吗？那与同性伴侣在英国庆祝公民联盟仪式的艾尔顿·约翰（Elton John）又如何呢

从来都没有见过巴辛吉犬或贵宾雪纳瑞混种犬，但是如果你知道它们都是狗的样例，那么你就能大概地知道自己应如何做出反应。（也许你很好奇，了解到雪贵宾是贵宾和雪纳瑞所培育出来的混合犬种。）

基本概念（basic concept）有适量样例，相比那些样例太少或太多的概念，人们更容易获得基本概念。（Rosch，1973）苹果这个概念就比水果更基本，水果包括更多样例也更抽象。同时苹果比麦金托什苹果（美国人麦金托什［McIntosh］培育的一种晚熟的红苹果）这一十分具体的概念也更基础。相似地，书比出版物或小说这两个概念更基本。相比其他类型的概念，孩子们似乎更早学会了基本概念，成年人也更经常使用基本概念，因为在大多数情况下，基本概念可传递出最适合的信息量。

与某个概念有关的特征并不一定适合它的每一个样例：一些苹果不是红的，一些狗不会叫，一些鸟不会飞。但是，概念的所有样例都具有"家族相似性"。当我们需要判断一些东西是否属于某个概念时，我们可能会将它们与**原型**（prototype）进行比较。原型是指某个概念中最具代表性或者最平常的例子。（Rosch，1973）例如，金毛猎犬或奇瓦瓦狗，谁更能代表狗？苹果和香蕉哪一个更能代表水果？足球和举重，哪一种活动更代表运动？在某种文化中，绝大多数人都能很轻易地告诉你一个概念的最有代表性的样例或原型。被用于表达概念的词汇可能会影响或塑造我们思考它们的方式。

早在几十年之前，**本杰明·李·沃尔夫**（Benjamin Lee Whorf，1956）就认为语言塑造着人们的认知与知觉。本杰明虽以安全监察员为业，但同时还是语言学家、人类学家。他最著名的例子是这样的，由于英语中只有一个词来表达"雪"的意思，而因纽特人用许多词形容雪（点点细雪、融雪、飘雪花……），所以因纽特人能注意到英语使用者关注不到的雪中差异。他还主张语法——即我们组织、排列词汇以表达时态及其他概念的方式——会影响我们思考世界的方式。

沃尔夫的理论曾流行一时，后来受到冷落。说英语的人能看到因纽特人描述的各种

基本概念 指有适量样例的概念，比样例太少或过多的概念更容易被习得、获取。

原型 指一个概念中特别具有代表性的样例。

雪，毕竟他们有大量形容词可以描述雪的不同类型。然而他的观点再次受到关注。一些研究者发现，词汇和语法确实影响我们感知、定位物体，思考时间，处理形状、颜色以及记住事件的方式。（Boroditsky, 2003; Gentner & Goldin-Meadow, 2003）在巴布亚新几内亚的某个族群里，有这样一种语言，它用一个词表述蓝色和绿色，但用两个单字区分绿色的不同色调。在知觉辨认任务中，相比分辨蓝—绿色差异，说这种语言的新几内亚人能更好地辨别不同绿色间的差异；而对于说英语的人而言，反过来结果成立。（Roberson, Davies, & Davidoff, 2000）

还有一例：在许多语言中，说话者必须指定一个物体在语言上的阴阳属性。（西班牙语中 la cuenta 意为账单，是阴性的；而 el cuento 意为故事，是阳性的。）标定一个概念的阴阳属性好像会影响母语使用者看待其特征的倾向。因此，说德语的人会把钥匙（德语中的阳性词）描述成坚固的、沉重的、凹凸不平的、锯齿状的、有用的；而一个说西班牙语的人则更可能把钥匙（西语中的阴性词）描述成金色的、复杂精细的、小的、可爱的、有光泽的。说德语的人会把桥梁（德语中的阴性词）描述成美丽的、优雅的、脆弱的、平和的、纤细的；而一个说西班牙语的人则更可能把桥梁（西语中的阳性词）描述成巨大的、危险的、坚强的、结实的、高大的。（Boroditsky, Schmidt, & Phillips, 2003）

虽然概念是思维的积木，但是如果我们仅仅在内心把它们堆积起来，那么它们的用途就会非常有限。我们必须表述它们相互之间的关系。实现表述的一种方法就是存储和使用**命题**（proposition），即由概念组成并能表达一个单一观点的意义单元。命题几乎能表达各种类型的知识（霍滕斯养博德牧羊犬）或信念（博德牧羊犬很聪明）。命题反过来又与知识、联想、信念和期望的复杂网络联系在一起。心理学家把这些网络称作**认知图式**（cognitive schema），它是大千世界中各个方面的心理模型。人们同样具有关于文化、职业、动物、地理位置以及社会和自然环境中许多其他特征的图式，性别图式就代表了一个人有关男性或女性的信念或期望。（见第三章）

心理表象（mental image），特别是视觉表象，在思维和认知图式的建构中与头脑中的图画一样都是很重要的。研究心理表象的一种方法就是测量人们的心理旋转表象、从一个点扫描到另一个点的心理表象或者在快速浏览表象中的一些细节上所花费的时间。结果表明，视觉表象很像计算机屏幕上的图像：我们能够操作它们，它们以固定的大小出现在心理"空间"上，小的表象所包含的细节要少于大的表象。（Kosslyn, 1980; Shepard & Metzler, 1971）绝大多数人也报告说有听觉表象（例如，你能听见你"心耳"中的一段歌曲、一句口号或者一首诗），还有很多人报告说其他感觉通道（触觉、味觉、嗅觉或痛觉）中也有表象。

下面是一个认知成分的直观的概括：

命题 指由概念组成并能表达一个单一观点的意义单元。

认知图式 即把有关一个特殊主题或者世界的一个方面的知识、信念和期望等整合起来的一个心理模型。

心理表象 指反映或者表征类似事物的一个心理表征；心理表象能够发生在很多方面，也许是在所有的感觉通道中。

思维有多有意识

当对思维进行考虑时，我们经常认为那些心理活动在头脑中都经过了深思熟虑并具有清晰的目标，如解决问题、拟订计划或做出决定等。然而，并不是所有的心理加工都是有意识的。

下意识思维

虽然我们的有些认知过程处于意识之外，但是如果需要，它们就能回到意识中来。与完全依赖意识、必须深思熟虑相比，这些**下意识过程**（subconscious process）使我们能处理更多的信息和执行更复杂的任务。许多自动化动作可以"不假思索"地完成，尽管它们可能曾经需要仔细的、有意识的注意：比如编织、打字、驾驶或为了读单词而解码它的字母。

下意识过程 指处于意识之外，但如果需要就能回到意识之中的心理过程。

因为具有自动化加工能力，人们能边吃午饭边看书，或是在开车的时候听音乐。这些例子中，其中一项任务已经达到自动化水平，且不需要前额叶过多的执行控制。然而，在日常生活中，多任务处理常常效率不高。事实上，研究发现在两个或多个任务之间切换不仅不会节省时间，还增加了完成任务所需时长；随着压力增加，错误越多，反应时加长，记忆也变差。（Ophir, Nass, & Wagner, 2009）其中一位研究者说："这项研究的惊人发现是，那些一心多用者在多任务中的每项表现都很糟糕。他们注意不相关的东西。每件事都能让他们分心。"

同时进行多个任务可能会危害健康。即使打开免提功能，打电话也会严重影响人的驾驶能力。相较于听车载收音机里播放的音乐，司机的注意力更容易被手机通话分散。（Strayer & Drews, 2007）其他分心刺激同样危险，还记得本章导言里那位刮体毛的女士吗？做傻事的绝不止她一个人。政府研究发现，摄像机记录到司机会在开车时查看他们的股票、摆弄 MP3 播放器、喝啤酒、看邮件、化妆、用牙线剔牙或戴隐形眼镜，上述这些行为会在他们飞驰在高速公路上时发生。（Klauer 等，2006）当然，还包括发短信：2008 年一位列车工程师因在上班时违反公司制度发短信，导致他没看到一辆迎面开来的货运列车而发生车祸。那次列车相撞事故导致 25 人死亡，工程师本人也在内。

无意识过程 指发生于意识之外并不可到达意识的心理过程。

即使多任务处理没有把你置于事故的风险中，这种状态也不是个好状态。当你一心二用时，专注于每项任务的大脑活动会减少。并且当你在两个任务中来回切换时，负责给任务设置优先级和进行更高层次思考的前额叶的激活水平更低。（Jiang, Saxe, & Kanwisher, 2004; Just 等，2001）这就是我们希望你不要试图在看电视或给朋友发短信时学习这些知识的原因。

无意识思维

其他类型的思维，如**无意识过程**（nonconscious process），处于意识觉察之外。你绝对不会怀疑自己曾有过这样奇怪的经历：当你已经放弃寻找一道难题的解决方案时，却突然在脑海

有些熟练的技能不需要太多意识，并且在做其他事时可以同步操作。但是多任务处理有时也能使你陷入麻烦。像图中这样，同时打电话、吃东西和开车绝不是一个好主意

中闪现出一个解决的方案。突然的灵感使你明白如何解一个方程、组装一个橱柜，或者猜出一个谜语，但是你并不知道自己是如何找到解决方案的。类似地，人们经常说自己依赖直觉——预知和本能的感觉——而不是有意识的推理来做出决定。

顿悟和直觉可能涉及心理加工过程的几个阶段。（Bowers 等，1990；Kounios & Beeman，2009）首先，问题线索自动激活一定的记忆或知识，虽然你说不清那是什么，但你开始看到问题中的模式或结构，可能的解决方案悄然渗透在你脑中。这种无意识加工使你产生一种直觉的想法或假设。最终，你的思维转为有意识的，你开始知道可能的解决方案。虽然这个阶段可能是突然显露的（啊，我找到了！），但是大量的无意识心理加工早已发生。认知神经科学家正在探索问题解决过程里顿悟阶段与大脑变化之间的关系。（Kounios & Beeman，2009；Sheth, Sandkühler, & Bhattacharya, 2009）

有时，人们并未经历意识阶段就解决了问题或学得了新技能。例如，一些人能够在没有清醒认识自己目前所做的事时，就发现一个赢得纸牌游戏的最佳策略。（Bechara 等，1997）心理学家称这种现象为**内隐学习**（implicit learning）：你有意或无意地学习某个规则或某种适应性行为时，并不知道自己是如何学会的，甚至不能恰当描述你所学到的东西。（Frensch & Rünger, 2003; Lieberman, 2000）我们的许多能力，从恰当地说母语到爬楼梯，都是内隐学习的结果。

内隐学习 当你获取关于某事的知识时，没有注意到你是如何学会的，并且不能恰当描述你所学到的东西的一种学习方式。

不用心的混沌状态

即使我们的思维是有意识的，但是我们也可能并没有十分努力地思考。我们可能出于习惯做事、说话或做出决策，而并没有停下来分析我们正在做什么或是为什么要这么做。**这种不用心的混沌状态**（mindlessness）——心理的不灵活、惰性和不注意当前情境，使人们不能认识到情境发生变化时行为也要相应变化。

在一项对"混沌状态"的经典研究中，当人们正准备复印时，一个研究者走近他们，并提出以下三个请求中的一个："对不起，我可以用复印机吗？""对不起，我可以用复印机吗？因为我必须复印。"或者"对不起，我可以用复印机吗？因为我急需用一下。"通常，只要这个提出请求的人有合理的理由来做这件事，正如第三个请求，人们都会让他做。然而，在本研究中，当研究者说出的理由听起来比较可信，但是实际上却毫无意义的时候（如"因为我必须复印"），人们也会答应。他们听见的是请求的形式，但是并没有听请求的内容，就不在意地走开了。（Langer, Blank, & Chanowitz, 1978）

多任务处理、混沌状态以及开启自动驾驶功能都自有其用处，如果我们不得不仔细做、看或听每一件小事，生活就会变得难以应付。但是，上述状态也会导致错误和不幸，从很小的错误（乱放钥匙）到很严重的错误（正在做白日梦的你走进车流中）。因此，认知心理学家花大力气研究留心注意（mindful）状态、有意识思维以及推理能力。

广告商家有时指望消费者粗心大意

快速测验

请在回答这些问题时，保持专注。
一、哪个概念最基本：家具、椅子，还是高脚椅？
二、哪个例子是椅子概念的原型：高脚椅、摇椅，还是餐厅用椅？
三、在本节前述部分，哪两项研究发现支持沃尔夫的理论，即语言影响知觉和认知？
四、除了概念和想象，_____表达了统一观点，被认为是心理表征的基本形式。
五、皮特关于感恩节的心理表征包括联想（如火鸡）、态度（这是与亲戚共度的时光），和期待（我将会因那些美食增重）。这些全是他关于假期的_____。
六、泽尔达发现，她本来是想打电话给妈妈的，却拨打了她男朋友的号码。这种错误可以归因于_____。

答案：一、家具。二、许多答案（当其中一个是原型的，有些是非典型的用特殊原因的）。三、也许因汉语讲普通话的人们对银器有所不同，以及图瓦·卡努尼语使用者在他们的日常生活中对颜色有所不同；四、命题。五、图式。六、激活扩散。

你将会学到

- 为什么算法、逻辑不能解决所有问题？
- 演绎和归纳推理之间有什么不同？
- 启发式和辩证推理在解决实际生活问题方面的重要性。
- 认知发展如何影响人们推理、证明他们观点的方式？

理性推理

推理（reasoning）是一种有目的的心理活动，涉及对信息进行处理来获得结论。不像冲动反应或无意识，推理需要我们从观察、事实或者假设中做出详细的推论。

推理 从观察、事实或者假设中得出结论或推论。

正式推理：算法和逻辑

在**正式推理**（formal reasoning）问题中（你可能在智力测验或大学入学考试中碰到过），得出结论或获得解决方案所需要的信息是特别清楚的，并且只有一个唯一正确（或最好）的答案。存在已知的解决问题的方法，并且你一般知道问题何时能被解决。(Galotti, 1989)

在一些形式问题和界定良好的任务中，你所要做的就是运用**算法**（algorithm）——一套即使你不知道它是怎样起作用的也能保证产生一个解决方案的程序。你运用在小学时学到的一系列操作来解决较大数的除法运算。你运用叫作食谱的算法来制作蛋糕。对于其他合乎规范的问题，形式逻辑的规则是你大脑工具箱中至关重要的工具。其中一项工具是演绎推理，在**演绎推理**（deductive reasoning）中，一个结论必定出现在一组观察资料或命题（前提 [premise]）之后。

算法 一种保证能产生一个解决方案的问题解决策略，即使使用者并不知道它是怎样起作用的。

演绎推理 推理的一种形式，其中一个结论必定在特定的前提之后；如果前提为真，那么结论必定为真。

例如，如果前提"所有人终有一死"和"我是一个人"为真，那么结论"我终会死去"必定也为真。

归纳推理 推理的一种形式，其中前提为结论提供支持，但结论仍然可能为假。

相反，在**归纳推理**（inductive reasoning）中，一个结论可能在特定的命题或前提后获得，但是这个结论可能是错误的。

例如，如果你的前提是："周一，我在乔的饭店里美餐一顿。""周二，我又在那里美餐一顿。"你可能会合乎逻辑地得出这样的结论："乔的饭店一向都有美味饭菜。"但是你也可能只是侥幸吃到了美味饭菜：可能正式厨师在度假，这些饭菜是由一位临时厨师做的。

科学极大地依赖于归纳推理，因为科学家谨慎观察之后要从那些观察结果中得出他们认为可能真实的结论。然而在归纳推理中，不论你获得多少支持性结论，也仍然存在这样一种可能，即将出现的新信息证明你是错的，也就意味着你之前的结论是错的，并且必须被修订、调整。

非正式推理：启发式和辩证思维

尽管算法和逻辑推理很有用，但是它们并不能解决所有生活问题。在**非正式推理**（informal reasoning）问题中，可能并没有清晰、正确的解决方案。很多方法、观点或可能的解决方案互相竞争，你可能必须决定哪个最合理。另外，你所处理的信息可能是不完全的，或者人们可能会不同意前提所指的内容。例如，你对"堕胎"这一争议问题的立场将取决于以下前提：有意义生命开始的时间、胎儿所具有的权利以及妇女所拥有的控制自己身体的权利。关于这个问题，与你观点对立的人甚至不同意你所表达的前提，因为他们对以下术语具有不同的情感反应："权利""有意义生命"以及"控制自己身体"。

启发法 一种对事物粗略但实用的估计方法，它能提出一个行动过程或者指导问题解决，但不能保证有一个最理想的解决方案。

正式推理和非正式推理两种类型的问题需要特别不同的方法。正式问题的解决经常能用到算法，非正式问题的解决则经常需要用到**启发法**（heuristic）——一种对事物粗略但实用的估计方法，它能提示某一个行为过程但不能保证有一个最理想的解决方案。曾经下过象棋或者玩过红心纸牌游戏的人都会很熟悉启发法（先拿走最大的牌）。在这些游戏中，计算出所有可能的移动序列是不可能的。启发法对一个设法预测股市的投资者、一位设法决定对患者进行最好治疗的医生、一位试图提高产量的厂长都很有用。他们都要面对不完整的信息做决定，因此也许会采取过去已被证明有效的经验法则。

辩证推理 指通过权衡或比较对立面或对立观点的方法来确定最好的解决方案或解决分歧的过程。

在思考现实生活中的问题时，一个人必须运用**辩证推理**（dialectical reasoning），一个

> **参与进来** | 训练你的辩证推理能力
>
> 选择一个争议性话题，比如大麻是否应该被合法化或死刑是否应该被废弃。首先列出所有能够支持你立场的论点。然后列出另一方的支持性论点。你不必同意这些论点，列举出它们即可。当你按照要求这么做的时候，有没有感受到思维阻隔或情绪不适？你能否想象对立方会如何回应你的论点？有强烈的观点是好的，你应该对公众关心的事情有一个有见地的意见。但是，这种观点是否会妨碍你去想象相反的观点，或者妨碍你在有证据证明需要做出改变的情况下改变你的观点呢？

为了解决分歧而比较和评价相反观点的过程。哲学家理查德·保罗（Richard Paul, 1984）将辩证推理描述成"不断地思考推理中的两个对立面，并利用对立面的一方来批判性地检验另一方"。

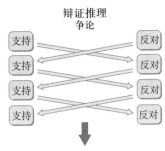

基于证据和逻辑的最合理结论

检察官应该用辩证推理来做出裁决：考虑支持和反对有关被告罪行的证据、观点及其对立观点。辩证推理也是选民在考虑政府是否应该增加或降低税收时，或者在考虑改善公共教育的最佳方法时所使用的方法。

反省性判断

许多成年人在辩证思维方面都明显存在问题——他们只有一种见解，认为就是那么一回事。人们何时能发展其批判性思维能力（提出假设，评价、整合证据，细想其他可能的解释，并且得出最合理的结论）？

为了准确揭示人们是如何推理和证明他们的结论，帕特里夏·金（Patricia King）和卡伦·基奇纳（Karen Kitchener）（1994, 2002, 2004）访谈了有广泛代表性的青少年和成年人，研究者提供了有关某一主题的相互对立的陈述。每个人需要回答如下几个问题：你怎么看待这些描述？你是如何支持那些观点的？你立场的基础是什么？你是否能保证你的立场是对的？在长达 25 年的时间里，金和基奇纳收集了几千名参与者的反馈，他们提出了通往**反省性判断**（reflective judgment）（我们称之为批判性思维）的七个认知阶段。在每一个阶段，人们都会对某事是如何被人们知道的做出各种假设，利用不同的方法来证明或支持他们的信念。

一般来说，在早期的两个**前反省阶段**（pre-reflective stage），个体会假定正确答案总是存在的，并且能够直接从感官（"我知道我所看见的"）或从权威那儿（"新闻上这么说""那就是我成长过程中一直相信的"）获得：如果权威没有掌握真相，那么，处于前反省阶段的思考者就可能会基于"感觉是对的"来得出结论。他们并不区分知识和信念，或者信念和证据，而且他们也看不到证明信念的任何理由。当被问到有关进化的问题，处于此阶段者的一种反应会是这样的，他们说："哦，一些人相信我们是从猿猴进化而来的，那就是他们想要相信的方式。但是我从来都不相信这种方式，也没有人能超出我所相信的方式来和我谈话，因为我相信的方式是在《圣经》里提到的方式。"

在三个**准反省性阶段**（quasi-reflective stage）中，人们认识到一些事情不会有绝对的确定性，他们认识到判断应该由推理来支持，但是他们只注意那些与自己信念一致的证据。他们似乎认为因为知识是不确定的，任何有关这个证据的判断都是完全主观的，但是他们不知道如何处理这些情况。虽然他们知道有其他观点存在，但是准反省性的思考者会通过说"每个人都有权利享有自己的观点"来为自己辩护，就好像所有的观点都天生平等一样。当被问及有关食品添加剂的观点正确与否的问题时，一位处于此阶段的大学生回答道："不，我认为它只基于你个人如何感受，因为每个人都是基于自己的感受及他们所见的调查研究而做出判断的。因此，一个人可能认为是对的东西，另一个人可能认为是错的……如果我感觉那些化学药物会致癌，而你觉得如果没有它食物就不安全，那么你的观点对你来说可能是对的，我的观点则对我来说可能是对的。"

广播脱口秀节目并不会激发人们的反省性判断

在最后两个阶段，个体开始具有反省性判断的能力。他或她知道尽管一些事可能永远都无法被确定地知晓，但是一些判断可能由于其一致性、与证据相符、有用等而比另一些更有道理。处于**反省阶段**（reflective stage）的人们更愿意从大量原始资料来考虑证据，做出辩证推理。下面我们用与一位研究生的访谈结果来说明反省性思维：

访谈者：你能确定你对化学添加剂的观点是正确的吗？

学生：不，我不这样认为，（但是）考虑到我们现在所拥有的信息，考虑到我们的方法，我认为我们通常可以相当肯定……可能是研究还没有做得很充分。换句话说，我们的数据或样本可能存在缺陷。

访谈者：那么你如何确定"较好的观点"？

学生：考虑所有可能的因素。我想说的是使用经常用到的数据资料，以及使用那些最可信的方法。

访谈者：你是如何得出证据所支持的结论的？

学生：我想你必须看那些不同群体提供的不同观点和研究。可能有些研究是由化学制药工厂提供的，有些是由政府提供的，有些则是由私人提供的……你不得不设

> **快速测验**
>
> 请思考以下几个问题的答案。
> 一、莫文今年买的大多数假期礼物都比去年贵,所以他认为通货膨胀在增加。他使用的是归纳推理、演绎推理还是辩证推理?
> 二、伊冯和亨丽埃塔正在争论有关房地产投资和股票投资谁更好的问题。伊冯说:"你无法说服我,我知道自己是对的。"伊冯需要_____方面的训练。
> 三、西摩尔认为媒体有自由主义的政治偏见,索菲则认为媒体很保守。西摩尔说:"好吧,我有我的真理,你有你的。都是很主观的。"他的表达符合金和基奇纳思维发展的第几阶段?
>
> 答案:一、归纳推理。二、辩证推理。三、准反省性思维。

法解释人们的动机,而这会使你竭尽全力试图解释的情况变得更加复杂。

绝大多数人都要到二十五六岁才会表现出反省性判断。当学生从反省性思维中得到支持并有机会练习时,他们的推理就会变得越来越复杂、富有经验并且更加有道理。(Kitchener 等,1993)在这本书里,你会看到我们强调思考和评价心理学研究成果而不仅仅是让你记住它们的原因所在。

雕塑家奥古斯特·罗丹(Auguste Rodin)的作品"思想者"闻名遐迩且被不断模仿,其中一个原因是它完美地捕捉了人类反思性思维的经验

> **你将会学到**
> - 推理中的偏差如何影响人们理性、批判地思考?
> - 相较于更可能发生的危险,为什么人们更担心那些鲜活却罕见的灾难?
> - 做决定的方法如何影响人们的选择?
> - 相较于理性自利,为什么人们常更注重公正性?
> - 人们为自己所消耗的时间、金钱和付出的努力辩护的需要,如何影响他们对自己加入的团队或购买的产品的想法?

理性推理的障碍

尽管绝大多数人都能进行逻辑思考、辩证推理和反省性判断,但是很明显他们并不总是这样。其中一个障碍就是期望自己正确:如果你希望在每一个争论中获胜以满足自尊,那么你就会发现,你很难用开放的思想去倾听对方的观点。其他障碍包括有限信息以及缺少足够时间用于认真反思。人类思维过程也会由于某些可预测的系统性偏差和误差而出现差错。心理学家已经研究了大量的认知陷阱。(Kahneman,2003)接下来我们介绍其中几种。

对为什么我们不总能进行批判性思考

夸大不可能（和最小化可能性）

常见的倾向就是夸大稀有事件的概率——这有助于解释为什么会有如此多的人去参加抽奖和买灾难保险，以及为何有一些非理性恐惧存在。正如我们在第九章讨论的，进化使我们惧怕自然中的危险，比如蛇。然而现代生活中，许多危险不再那么吓人；在芝加哥或纽约，响尾蛇用尖牙攻击你的风险实在太低了！然而，那种恐惧却持续着，所以我们过高估计了风险。即使某些问题不会影响到种族存亡，进化还是让我们的大脑对即刻威胁或某些激起道德义愤的行为做出绝妙的反应。不幸的是，我们的大脑对危险的未来威胁不太警觉，比如那些现在看起来没有多大伤害的事件，如全球变暖。（Gillbert，2006）

当判断可能性时，人们受到**情感启发法**（affect heuristic）的重要影响：这是一种依赖于个体情感而非客观概率判断情境"好"或"坏"的倾向。（Slovic & Peters, 2006; Slovic 等, 2002）情绪会帮助我们在做决策时缩小选择范围，或是让我们在模糊或危险情境中快速反应。但是情绪也会通过妨碍我们精准评估风险而误导我们。一项特别的田野调查研究了法国人看待几年前发生的"疯牛"危机（疯牛病会影响大脑，并且可能通过食用受传染的牛而被感染）的反应。每当许多新闻报道疯牛病的危险，接下来的一个月牛肉消费量将会减少。但是，如果媒体使用这一疾病的专业用语——克罗伊茨费尔特-雅各布（Creutzfeldt-Jakob）病或牛脑海绵状病（bovine spongiform encephalopathy）——报道，牛肉的销量并没受到影响。（Sinaceur, Heath, & Cole, 2005）更具警示性的标签会使人们做出情绪性推断，且高估危险。（在整个危机时期，法国只有6人被诊断为患上了这种疾病。）

我们有关风险的判断还会受到**可得性启发法**（availability heuristic）的影响。可得性启发法是一种通过易获得的例子或情境来判断一类事件发生可能性的倾向。（Tversky & Kahneman, 1973）可得性启发法常与情感启发法一起起作用。大灾难和骇人听闻的事故会激发我们强烈的情感反应，故而在我们的头脑中往往会留下很深的印象。因此它们在心理上就比其他负面事件更容易"获得"。（疯牛的画面——一只可爱、温和的动物疯狂奔跑——的确极易被获得。）这就是为什么人们总是高估死于龙卷风的概率，而低估死于哮喘的概率，死于哮喘的概率通常是死于龙卷风概率的20倍，但却很少作为头条新闻。

避免损失

一般来说，人们做决策时总是会设法**避免损失**（avoidance of loss）或减小风险。这种策略足够理性，但是人们对风险的觉知受到**框架效应**（framing effect）的影响，选择的呈现方式不同，人们产生的选择倾向不同。当一个选择以失去某物的风险为框架时，人们的

由于情感和可得性启发，我们中的很多人都会过高估计遭受鲨鱼攻击的可能性。尽管遭受鲨鱼攻击很罕见，但是它们能给人很深刻的印象并能很容易地被视觉化和回忆起来

情感启发法 依赖于直觉、情感而非客观评估可能性的一种倾向。

可得性启发法 一种通过易获得的例子或情境来判断一类事件发生可能性的倾向。

框架效应 选择的呈现方式或框架会影响到人们的选择倾向，比如措辞按照潜在损失还是收益来表述。

反应会比同样的选择以获得为框架时更加谨慎。人们会选择有 1% 机会赢的彩票，而不会选有 99% 的可能会输的彩票。当被告知避孕套预防艾滋病病毒有 95% 的成功率时，人们会评价它为有效；但是当被告知有 5% 的失败率时，人们就不会再评价它为有效了——事实上，它们的结果是完全相同的。（Linville, Fischer, & Fischhoff, 1992）

假设某种疾病可能导致 600 人死亡，现在你必须选择治疗方案：一个方案是肯定能拯救 200 人，另一个方案是有 1/3 的概率能救活所有病人，有 2/3 的概率一个都救不了，你会选择哪一个？（图 7.1 中的问题 1 说明了这个选择）当问及这个问题时，绝大多数人，包括医师，都说他们更赞成第一个方案。换句话说，他们拒绝了更冒险的方案而赞成肯定的获益，尽管后者是潜在的、回报更大的解决方案。不过，如果人们把它作为一个避免损失的方式时，他们就会冒险。假设现在有一个方案 400 个人必死无疑，另一个方案有 1/3 的概率可能没有人会死，2/3 的概率所有的人都会死，你会选择哪一个方案。（图 7.1 中的问题 2）如果你仔细地想一想，就会发现这个问题和第一个问题完全相同，它们只是在表述用词上有所不同。然而，这次绝大多数人都选择了第二个解决方案。当他们按照拯救的生命来考虑结果时，他们会拒绝冒险；但是在按照死亡人数来考虑结果时，他们就会接受冒险。（Tversky & Kahneman, 1981）

问题 1

第一个方案　　　　　　　第二个方案

有 100% 的概率 1/3 的病人被救　　有 1/3 的概率能救活所有病人

有 2/3 的概率一个都救不了

问题 2

第一个方案　　　　　　　第二个方案

有 100% 的概率 2/3 的病人会死　　有 1/3 的概率没有人会死

有 2/3 的概率所有的人都会死

图 7.1　措辞问题

我们所做的决策常受制于构造备选项的方式。当要求对问题 1（按照拯救的生命来描述问题）的两个方案做出选择时，大多数人会选择第一个方案。当要求对问题 2（按照死亡人数来描述问题）的两个方案做出选择时，大多数人都会选择第二个方案。然而，尽管两个问题中的选项措辞不同，但事实上它们完全相同

我们中很少有人会面对要对数百人的生命做出决定的情况，但是我们可能必须选择对自己或亲人的不同治疗方案。而我们的决定则很可能会受到医生所选用的生还概率或死亡概率术语的影响。

公平偏好

有趣的是，在某些条件下我们完全不回避损失，因为我们受到**公平偏好**（fairness bias）的影响。想象一下，你在玩一个叫作"**最后通牒博弈**"（ultimatum game）的双人游戏，其间你的搭档获得 20 美元，他必须决定要赠予你多少。你可以选择接受搭档的赠予，那样的话你们双方都能保留住相应部分的收益；如果你拒绝他的赠予，那么你们什么都得不到。如果是你，你能接受多低的赠予？

如果你仔细想想，将会发现不论钱多钱少，接受总比什么都得不到要好，因为你至少得到了一些。但是人们在玩最后通牒博弈时，并不会这样回应。如果提议者分配得太少，响应者很可能拒绝。在工业化社会里，典型的情况是分配一半，而赠予比例低于 20%

或 30% 则通常被拒绝，即使总数的绝对值很大也会被拒绝。在其他类型的社会中，赠予和接受的数额可能会更高或更低，但是总有某个让人们觉得不公平以至于拒绝接受的比例。（Henrich 等，2001）人们有竞争性也渴望取胜，但是他们也有合作和追求公平的强大动机。

通过最后通牒博弈和其他实验室游戏，科研人员正在探索在人们做经济决策时，他们的公平感如何超越理性自利倾向。这类研究属于**"行为经济学"**（behavioral economics）领域，这一领域证实、扩展了诺贝尔奖获得者赫伯特·西蒙（Herbert Simon, 1955）的先驱性工作。西蒙首次发现经济决策并非总是理性的。心理学家丹尼尔·卡尼曼（Daniel Kahneman）由于其对决策非理性过程的研究而获得诺贝尔奖，不过由于没有诺贝尔心理学奖，他获得的是经济学奖。讽刺的是，许多经济学家仍然难以接受人类非理性的证据。

为何对公平的渴望有时候超越了经济上的获益呢？进化理论学家认为合作倾向、对公平的渴望以及互惠互助都是进化的结果，因为它们对我们的祖先十分有益。（Fehr & Fischbacher, 2003；Trivers, 2004）

有关这一黄金法则有其生物基础的观点已经从非人类的灵长类动物实验中获得了支持。在一项研究中，卷尾猴可获得一枚用于交换一片黄瓜的代币，猴子认为这种交换是很划算的交易——直到它们看到隔壁的猴子用代币交换到更好的奖励，比如一颗葡萄。这时，它们拒绝交换，即使最后什么奖励都没有。（Brosnan & de Waal, 2003）有时候它们甚至会厌恶地把黄瓜片扔到地上。

一些行为经济学家使用磁共振成像扫描人们在不同类型最后通牒博弈任务中的大脑活动。（Camerer, 2003；Sanfey 等，2003）当人在决定是否接受低分配时，大脑中有两个区域激活：一个是与理性问题解决相关的前额叶，还有一个区域与厌恶及其他消极情绪相关。经济学家柯林·卡默勒（Colin Camerer）认为，大脑在两种状态下摇摆，即"对，钱总是好的"和"呸，这家伙把我当傻子哪！"（引自 D'Antonio, 2004）有些人选择钱，其他人选择尊严。你觉得自己会选哪个？

事后聪明偏差

完美的后见之明是有原因的。当人们知道一个事件的结果或问题的答案时，他们经常会肯定地说自己"从一开始就知道"。他们将的确发生了的结果看作是不可避免的，从而高估了他们对发生事件的预期能力。（Fischhoff, 1975；Hawkins & Hastie, 1990）这种**事后聪明偏差**（hindsight bias）总会出现在关系评估（"我知道他们的婚姻会玩儿完"）、医疗判断（"我本来能告诉你斑点是癌细胞"）以及军事意见（"将军应该知道敌人想要发动突然袭击"）中。

事后聪明偏差是适应性的。当我们试图使过去有意义的时候，我们就会只集中解释一个结果，也就是那个发生了的结果，因为解释那些没有发生的结果可能是浪费时间。于是，根据当前的知识，我们就会重新建构并会记错早先的判断。（Hoffrage, Hertwig, & Gigerenzer, 2000）但是，就像斯科特·霍金斯（Scott Hawkins）和里德·黑斯蒂（Reid Hastie）（1990）认为的那样："事后聪明偏差代表了成功学习和判断的黑暗面。"它们之所以是黑暗面，是因为当我们肯定自己"自始至终"知道某事时，我们也就很少会愿意查明还

事后聪明偏差 一旦知晓事件结果，就过高估计对事件预测的能力的一种倾向；一种"我从一开始就知道"的现象。

需要知道什么来对未来做精确预测。例如，在医疗会议中，当告诉医生死去患者的尸检报告的时候，他们往往倾向于认为这个诊断很容易，并且比实际情况容易得多（"我早就知道它是个脑瘤"），因此他们从病例中学到的比应该学到的也就要少得多。（Dawson 等，1988）

也许你会觉得我们并没有告诉你什么新东西，因为你一直都知道事后聪明偏差。如果是这样的话，那么你很可能正好有一个关于事后聪明偏差的事后聪明偏差！

证实偏差

当人们想做出最可能的精确判断之时，他们通常会试着去考虑所有相关的信息。但是，正如我们在第一章看到的，当人们在思考自认为很有把握的问题时，他们就会倾向于犯**证实偏差**（confirmation bias）的错误，只注意那些能够证实他们信念的证据，而对那些指向不同方向的证据或论据挑毛病。（Edwards & Smith, 1996; Kunda, 1990; Nickerson, 1998）你很少会听到某人说："哦，谢谢你对我解释了为什么我从小坚信的终身哲学（或政治，或投资）是错的。谢谢你把这些事实告诉我！"人们经常会说："走开，快带着你那荒谬可笑的观点滚吧！"

一旦你开始寻找证实偏向，你就会发现到处都是。政客鼓吹那些能证实他们政党立场的经济咨文，并驳回那些结果有偏倚的或不重要的反证。相信一个犯罪嫌疑犯罪证的警官可能会把犯罪嫌疑犯所说的任何话或做的任何事都作为支持罪证的证据，包括犯罪嫌疑犯的无罪声明。（Davis, 2010）许多陪审团成员并不是根据证据去考虑和权衡可能的裁决，而是很快构建一个关于审判开始时发生了什么的故事，并且只考虑支持他们说法的证据。这些人对他们的决定都非常自信，并且都很可能为一个非常极端的裁决投票。（Kuhn, Weinstock, & Flaton, 1994）我敢说，你能从自己对正在学习的心理学知识的反应中看到证实偏差。在批判性思维中，人们经常使用双重标准：我们会更加批判性地去思考那些自己不喜欢的结果。这就是科学方法十分困难的原因，它迫使我们思考那些否定我们信念的证据。

证实偏差 是指寻找或关注证实自己想法的信息，忽视、轻视或是忘掉那些与自己观点相悖的信息的倾向。

参与进来 | 证实那些证实偏差

假设某人发了如下四张牌，每张牌的一面是字母，另一面是数字。你只能看到一面。

你的任务是判断以下陈述的真实性："如果牌的一面是元音字母，那么另一面就是个偶数。"为了解答这个问题，你应该翻开哪两张牌？

绝大多数人说他们会翻开 E 和 6 两张，但是他们都错了。你确实需要翻开 E（元音字母）那张，因为如果它的反面是偶数，那么就证实了上述判断；如果反面是奇数，那个推断就是假的。然而，标着 6 的牌无法告诉你任何东西。那个推断并不意味着一张印着偶数的牌，其另一面一定是元音。因此，6 的背后是元音或辅音都没什么意义。你需要翻开的牌是印着 7 的那张，因为如果它的反面是元音，这个事实就证伪了那个推断。

人们在这种问题上表现不佳，因为他们倾向于找到证实那个推断的证据，而忽略那些证伪证据存在的可能性。如果你也错了，不用感觉太糟。大多数法官、律师以及有博士学位的人也会出错。

心理定势

心理定势 使用过去对类似问题起作用的程序来解决所遇到问题的倾向。

理性思考的另一个障碍是**心理定势**（mental set）的发展，所谓心理定势就是使用过去用于解决类似问题的相同启发式、策略和规则来解决新问题的倾向。心理定势能使人类的学习和问题解决变得更为有效；正是由于它们，我们才无须做无效的重复。但是，当一个问题需要全新的想法和方法时，心理定势就不再会对我们有所帮助。相反，它会使我们固执地坚持旧的设想、假设和策略，导致我们缺乏更好或更快的解决方案。

一种普遍的心理定势是个体倾向于发现事物中的模式。这种倾向是适应性的，因为它可以帮助我们理解和努力控制生活中发生的事情。但是，它也能让我们看到一些有意义的模式，即使它们根本不存在。例如，大多数患关节炎的人都认为疼痛受天气影响。他们说，当气压变化或湿度增加时就会觉得更疼。然而，研究者对18名关节炎患者追踪了15个月，并没有发现天气情况与患者自陈的疼痛水平、日常生活能力或医生对其关节疼痛的评价之间有任何联系。（Redelmeier & Tversky, 1996）当然，由于证实偏向，患者们拒绝相信这个结果。

> **参与进来 | 连起这些点**
>
> 复制右图，尝试用不超过4条直线来连起这9个点，连线时要一气呵成，不能把笔提离纸面，且连线要穿过每个点。你能做到吗？
>
> 大多数人觉得这题很难，因为他们有一种把9个点当方块来解释的思维定势。随后他们假设自己不能把线画出那个方框的边界。现在你知道了这种思维定势，如果你一时没想出解决办法，也许现在可以再试试。有关这题的解法写在本章最后。

认知相符的需要

心理定势和证实偏向使我们能够避免那些与我们的信念相悖的证据。但是当那些我们不支持的证据最后战胜我们，我们再也不能忽略或不重视这些证据的时候，会发生什么呢？例如，有关世界末日（世界的终结）的预言在20世纪末逐步升级。类似的预言一直贯穿整个人类历史长河。但是为什么当这些预言失败的时候我们却很少听见那些信徒说："孩子们，我是多么愚蠢呀？"

认知失调 当一个人同时具有两种心理上不相符的认知或一个人的信念和其行为不相符的时候产生的紧张状态。

根据**认知失调**（cognitive dissonance）理论，人们将会按照可预测的方式（尽管并非总是很清晰）来解决这样的冲突。（Festinger, 1957）失调，即相符（一致）的反面，是一种紧张状态，这种状态出现在你同时拥有两种心理上不一致的认知（信念、思想、态度）或一个与行为不相符的信念的时候。这种紧

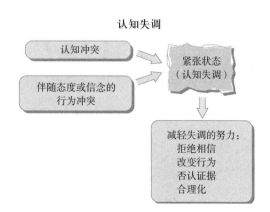

张状态很不舒服，因此，你会有意去减少它。你可能会拒绝或修改那些不一致信念中的一个、改变你的行为、否认那些证据或者将其合理化。

许多年前，在一项非常著名的现场研究中，利昂·费斯廷格（Leon Festinger）和他的两个同事悄悄潜入一个相信2012年12月21日将是世界末日的团体中，他们探索了人们对待预言失败的反应。(Festinger, Riecken, & Schachter, 1956) 小团体的领导人——研究者称其为玛里安·基奇（Marian Keech）——向这些信徒保证，他们将会在12月20日的午夜被一个宇宙飞船接走并被转移到安全的地方。她的很多追随者都辞掉工作并花光了所有积蓄，就等着世界末日来临。费斯廷格和他的同事想知道这些信徒将会做些什么或说些什么来减少"在21世纪世界依然存在"和"我预测世界将会结束并花光了所有的财产"之间的冲突。

研究者预测，那些没有对公众承认他们的预测，而只是自己在家等待世界末日的信徒，将很容易失去他们的信念。但是那些花光财产并和基奇一起等待宇宙飞船的深信不疑的信徒则将处于冲突状态。他们将不得不提高自己的宗教信仰来避免无法忍受的认知状态：他们的愚蠢行为别人都知道。而这也正是所发生的事实。在早上4:45，距离宇宙飞船指定到达的时间已经过去很久了，领导者有了一个新的视角。她对信徒们说，由于他们这一小团体对上帝忠实，所以上帝宽容了世人。

认知失调理论预测，在更一般的情境中，人们也会拒绝或合理化那些与已有观点相冲突的信息，正如人们在关节炎研究中所做的那样。烟民常处于失调状态中，因为吸烟与其有害健康的事实相冲突。吸烟者可能会试图通过戒烟，或者拒绝支持吸烟不好的证据，又或是劝自己以后要戒烟，强调吸烟的好处（"香烟能帮助我放松"），甚至决定不想活太长时间（"尽管生命更短暂，但其会更加美好"）来减少这种冲突。

在以下三种条件下你很可能会尽力去减少认知冲突（Aronson, 2008）：

1 当你需要证明自己做的自由选择或决定是正当的时候。所有的汽车经销商都知道"买方的懊悔"：人们在买车的时候总是担心做错了决定或花太多钱——一种被称为**决策后冲突**（postdecision dissonance）的现象。你可能会通过判断你选的车（或烤面包机、或房子、或配偶）的确是世界上最好的来解决这种冲突。在人们做决策之前，他们会保持开放心态，寻找关于某一选择利与弊的信息。在做决定之后，证实偏差就出现了，此时的人将会关注关于他们决策的所有有利事物，而忽略或无视那些可能证明他们犯了错的证据。

决策后冲突 在认知失调理论中，当你相信自己做了一个糟糕的决策后所产生的压力。

2 当你需要证明自己的行为与观点相冲突的时候。如果你认为自己很诚实的话，作弊就会使你进入冲突状态。为了避免像个伪君子，你会试图通过为自己辩护来减少冲突（"其他人都作弊""就这一次，下不为例""我必须这样做才能进入医学院，才能学会拯救生命"）。如果你把自己看成一个善良的人，那么当你伤害别人的时候，你就可能会通过责备你伤害的那个人（"她自找的""这是他的责任"）来减少冲突。(Tavris & Aronson, 2007)

3 当你需要为你付诸努力的决策或选择进行辩护的时候。为了达到一个目标,你越努力地工作,或为之遭受的痛苦越多,你就越会使自己相信这个目标是值得的,即使这个目标并不是很伟大。(Aronson & Mills,1959)这就能解释不管是在社会俱乐部里还是在运动队、军队里,为什么受辱会将新成员变成忠实的成员。你可能认为人们将会痛恨使他们遭受挫折的团队,但是"我经历了大量可怕的事情才加入这个团队"的认知与"目的只是为了发现我痛恨这个团队"的认知是冲突的。因此,人们必须决定:要么侮辱不是那么严重,要么他们的确很喜欢这个团队。这种心理的重新评价被称为**合理化努力**(justification of effort),它是减少冲突的最常见方法。

合理化努力 个体增加对那些付出努力或遭受很多痛苦才得到的事物的喜好的倾向,这是减少失调的一种常见形式。

一些人能坦率承认他们的错误而不是将其错误合理化,而不同文化中导致人们产生失调感的经历也各不相同。比如,当面对一个会让人对自我能力产生怀疑的决定时,美国人更可能感到失调感;而日本人的失调感更可能出现在以下情况中,即当某个决定引发个体担忧他人认可、社会赞许,或可能导致社交拒绝时。(Kitayama 等,2004)不过,有关自我感、价值感的核心信念的认知一致性需要具有普遍性。(Tavris & Aronson,2007)

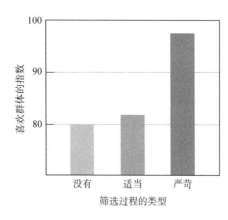 

图 7.2 合理化努力
你为某个目标付出的努力越多,你就越可能重视它。正如你在上图左侧看到的,在听完一场无聊的小组讨论后,那些通过严格筛选过程的参与者对小组的评价最高。(Aronson & Mills,1959)右侧图中,弗吉尼亚军事学院的新学员被强迫爬越泥地,直到他们从头到脚都覆盖着泥土才停止。这样他们就可能献身于军队

克服我们的认知偏差

我们的心智偏差能存留至今,是因为它们往往是有益的。比如,在决策后减少认知失调的能力,可帮助我们保持自信,避免在无眠之夜里再次怀疑自我;公平感能使我们避免成为一个自我中心的蠢货;思维定势帮助我们快速解决已知的问题。但是我们的认知偏差也会带来麻烦。证实偏差、合理化努力以及决策后冲突减少可能使人们停留在最终被证明是弄巧成拙、有害的甚至错误的决策里。比如,医师可能坚持使用过时的方法,地方检察官可能忽略犯罪嫌疑人也许无罪的证据,经理人可能拒绝思考更好的商业经营方式。

更糟的是,大多数人有"偏差盲点",即他们承认别人有那些歪曲事实的偏差,但他们自己不仅没有认知偏差,还能看出这个世界真实的样子。(Pronin, Gilovich, & Ross, 2004; Ross, 2010)要知道,这个盲点本身就是一种偏差啊!而且,它还很危险,因为它会妨碍个

> **快速测验**
>
> 事后想来，你会觉得以下的测验容易吗？
>
> 一、2001年，有人通过美国邮局传播炭疽病，导致5人死亡。尽管风险对于任何一个人而言都很小，但还是有许多人不敢打开邮箱。哪种启发式能解释上述反应？
>
> 二、判断真假：有关最后通牒博弈的研究表明，人们的行为常基于理性自利的思考。
>
> 三、司徒在学生自助餐厅遇到一位年轻女士，他们一见如故，后来还结婚了。司徒说："当那天早上醒来，我就知道有一些特别的事将要发生。"虽然这很浪漫，但哪一种认知偏差影响了他的思考？
>
> 四、在一项经典的认知失调实验中，学生在做了一些很无聊的、重复性的任务之后，不得不告诉下一个等候参与研究的学生那个任务很有趣很好玩。(Festinger & Carlsmith, 1959) 其中一半学生因说谎得到了20美元，而另一半学生只得到了1美元。基于你已经学到的有关认知失调减少的内容，请回答，哪一组学生会在后面的评价中认为任务有趣？为什么？
>
> 答案：一、情绪反应可代替有关死亡、二、假。三、事后聪明偏差。四、得到1美元的将更可能改变认知态度有所谓 20美元的学生表示，"所谓嘛（在20世纪50年代，20美元的确是一大笔钱）"，会强化，并那就值得20

体、民族、种族以及宗教团体解决冲突。每方都认为他们自己对结局的假设或是对政治事件的分析是合理、公正的，而其他人的理解是有偏差的。所幸，一旦我们理解了某一偏差，我们也许能努力减少或消除它，特别是如果我们采取行动，专注努力去做，并且花时间仔细思考它们的话。(Kida, 2006)

当然，有些人似乎总是比别人想事要想得更明白一些；我们说这样的人"聪明"（intelligent）。但什么是智力呢，我们如何才能测量和提高它呢？接下来我们就来讨论这个问题。

你将会学到

- 有关是否存在单一"智力"的两种争论。
- 当智力测验传到美国之后，测验的最初目的发生了怎样的变化？
- 编制智力测验的困难不受文化影响的束缚。

测量智力：心理测量方法

聪明的人是不会同意智力的定义的。一些人将智力等同于抽象推理能力和其他有目地做事的能力，另一些人将它等同于从日常生活中学习和获益的能力。一些人强调理性思考能力，另一些人则强调有目地做事的能力。尽管这些品质是大多数人理解的"**智力**"（intelligence）中的所有可能部分，但是理论家却是从不同的角度来考虑这个问题的。

了解智力的传统途径是**心理测量**（psychometric）方法，这一方法关注人们在标准化测验中的表现，这些测验被设计用于评估人们获得技能和知识的能力。一个典型的智力测验会要求你做几件事情：提供特定数量的信息、注意物体间的相似之处、解决算术问题、解

智力 个体的一种推断特征，经常被定义为从经验中获益、习得知识、抽象思考、有目的的活动或适应环境变化的能力。

心理测量 对心智能力、特质和过程的测量。

因素分析 一种分析不同测验及测验成绩之间的内部相关性的统计方法；具有高相关性的测验或测验成绩的聚类，被认为是测量了相同的根本特质或能力。

g因素 许多理论家假定的基于许多特殊心智能力和才能的一般能力。

释单词、填充不完整图形的缺失部分、按照逻辑顺序排列图形、仿照某个设计排列积木、解谜、使用编码图式，或者判断特定情境中最适合的行为。研究者采用**因素分析**（factor analysis）的统计方法，试图确定基于各项目成绩的基本能力。

大多数心理测量学家都相信，一般能力或 g 因素（g factor）是智力测验测得的特殊能力和潜能的基础。（Gottfredson, 2002; Jensen, 1998; Lubinski, 2004; Spearman, 1927; Wechsler, 1955）他们收集了一个世纪的研究以论证其观点。（Lubinski, 2004）g 因素测验不仅在预测学业成就上表现良好，还能有效预测人们工作中的认知复杂性、职业成就，以及许多领域的卓越表现。（Kuncel, Hezlett, & Ones, 2004; Schmidt & Hunter, 2004; Simonton & Song, 2009）

但是，一个人可能在某些任务中很优秀但在其他任务中却很糟糕，一些人基于这一事实，怀疑是否存在着 g 因素。（Gardner, 1983; Gould, 1994; Guilford, 1988）如何定义智力的不同观点导致一些作者半开玩笑地争辩道，智力是"智力测验所测的所有东西"。

智力测验的发明

第一个广泛使用的智力测验是在 1904 年发明的，当时法国教育部要求心理学家阿尔弗雷德·比奈（Alfred Binet, 1857—1911）找到一个鉴别学习缓慢学生的方法，以便及时补救。教育部不愿意让老师来鉴别这些儿童，因为老师有可能对差生存有偏见或者可能会认为那些畏缩的或具有破坏性的儿童都是心理有缺陷的儿童。他们想要找到一个更加客观的方法。

心理年龄 智力发展的一种衡量方法，以特定年龄的平均智力水平来表示。

比奈的头脑风暴

在努力解决这个难题的过程中，比奈有了重大发现：在课堂上，反应"慢"的儿童与那些比他们小的普通儿童很相似。另一方面，聪明的儿童则与年龄较大的儿童很相似。因此，要测量的就是一个儿童的**心理年龄**（mental age, MA），或者相对于其他儿童的智力发展水平。这样，教育就能适合儿童能力的发展了。

智商 一种测量智力的方法，原始算法是心理年龄/实际生理年龄，再乘以100。当前是源于标准化智力测验常模的智力测量。

比奈和同事泰奥多尔·西蒙（Théodore Simon）制定了测量记忆、词汇和知觉辨认的测验。项目的难度逐渐增加，从那些最小的儿童能做的简单题目开始，到那些只有较大儿童才能做出的较难题目结束——这是他们通过对大量儿童的测量确定下来的。后来，有人发明了一个评分系统，该系统使用了一个公式，即用一个儿童的心理年龄除以其实际年龄（心理年龄和实际年龄的比率）再乘以 100 就得到**智商**（intelligence quotient, IQ）。这样，如果一名 8 岁儿童的分数和 10 岁儿童的平均分数一样，那么他就具有 10 岁的心理年龄，其 IQ 就为 125（10/8×100）。不管年龄多大，所有普通儿童的 IQ 都应该为 100，即其心理年龄应与其实际年龄相同。

一位心理学家正在给一名学生做智力测验

但是，这种测量 IQ 的方法有许多严重的问题。在一个年龄段，分数可能在平均数上下波动，而在另一个年龄段，分数则很分散。因此，在你的年龄组中，进入前 10 名或前 20 名或前 30 名所必需的分数会因你的年龄而有所不同。而且，IQ 公式也并不适用于成年人，例如，一个 50 岁的人的 IQ 分数与一个 30 岁的人一样，但这并不意味着他的智力很低！因此，目前的智力测验按照不同的方式记分。通常将平均数设为 100，在编制测验时，测试的构建使得 2/3 的人的得分在 85～115 之间。个人得分是根据既定的标准从表格中计算出来的。但不管是特定年龄段的儿童还是普通成年人，这些分数仍然被非正式地称为 "IQ 值"，并且它们仍能反映出一个人和他人的差异。在所有年龄段，IQ 分数分布都近似于正态分布曲线，即在平均数附近的分数比在高分或低分段的更常见。（见图 7.3）

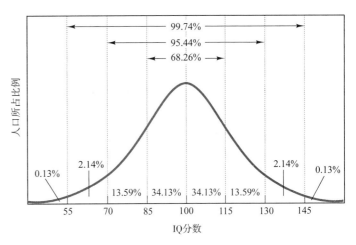

图 7.3　IQ 分数的期望分布

在大样本中，IQ 分数近似于正态分布（钟形）曲线。对于大多数测验，大约 68% 的人得分在 85～115 之间；大约 95% 的人得分在 70～130 之间；大约 97.7% 的人得分在 55～145 之间。然而，任何实际的样本分布和理论分布都会有点差别

智商测验来到美国

在美国，斯坦福大学心理学家刘易斯·特曼（Lewis Terman）修订了比奈的测验并建立了美国儿童的常模。1916 年，**斯坦福－比奈智力量表**（Stanford-Binet Intelligence Scale）第一次出版，自那时起它已经被修订过几次。该测验要求个体对不同类型的任务做出反应，比如填写句子中缺少的词语、回答常识性问题、预估一张折叠过的纸在打开后的样子、用两个不同容量的容器测量水量、分辨相似却不同的概念（如活力 vigor 与能量 energy）。受测者年纪越大，测验要求的词汇理解力、流畅性，以及空间能力、推理能力也越多。

二十多年后，大卫·韦克斯勒（David Wechsler）编制了另一个专门用于成年人的测验，即**韦氏成年人智力量表**（Wechsler Adult Intelligence Scale，WAIS），它也是继**韦氏儿童智力量表**（Wechsler Intelligence Scale for Children，WISC）后的又一个量表。韦氏测验不仅能提供一般智力分数，还能提供不同类型能力的特殊分数。言语量表能测出一个人的词汇能力、算术、即时记忆广度、发现相似性的能力（"如书和电影有什么相同之处？"）和一般常识与理解（如"托马斯·杰弗逊［Thomas Jefferson］是谁？""为什么想要离婚的人必须起诉？"）。操作量表能测量非言语技能，比如在有限时间内重新搭建积木的能力，识别图片中缺失部分的能力。当前版本的韦氏测验有更多的子测验，除了一个整体的智商分数，它们能为言语理解、感知推理、加工速度、工作记忆（存储用以完成任务的信息的能力）提供独立分数。（见图 7.4 中的举例）

比奈曾经强调过他的测验仅能测量部分智力，不能测量智力所包含的全部内容。他说测验分数和其他信息可能对预测（儿童的）学校表现有用，但是不能将它们和智力本身相混淆。设计的测验是对儿童进行个别施测，所以施测者也就能看出儿童是有问题还是紧张，是视力差还是动机不强，测验的目的是确认那些具有学习困难的儿童，而不是把所有儿童

图7.4 韦氏测验的操作任务

这些非言语项目在测量下列的人的能力方面特别有用：具有听力障碍、语言不流畅、受教育水平有限或拒绝解决课堂难题的人。在韦氏测验中，如果某个人的言语分数和操作分数相差很大，有时能表明一个特别的学习问题（物体组合、数字表征、图片完成）。（摘自Cronbach，1990）

图片排列
（排列图片来构成一个有意义的故事）

拼图
（把拼图组合在一起）

数字符号
（根据上一排方框中的线索，把对应符号填写进下一排的方格里）

图画填充
（补充图画里缺失的部分）

分级。但是当智力测验从法国传到美国的时候，却偏离了其最初目的。在美国，IQ测验不是被广泛用来帮助那些学习缓慢的学生提高到正常水平，而是根据假定的"普通能力"，用来对学校的学生和陆、海、空三军的士兵进行分类。施测者没有注意到美国的实际情况，它是一个多种族的国家，人们并不具有相同的背景和经历。（Gould，1996）

文化与智商测验

在第一次世界大战和20世纪60年代之间，人们发展智力测验来支持学校中城市儿童优于农村儿童、中产阶级的儿童优于劳动阶级的儿童、白人儿童优于非白人儿童等观点。其中一个问题问：以下5个人谁是《"皇帝"协奏曲》的作者，贝多芬、莫扎特、巴赫、勃拉姆斯还是马勒？（答案是贝多芬。）批评家指出，该测验不能测量少数民族区域或阿巴拉契亚山区人们所拥有的知识或技能。他们担心，因为老师认为IQ分数揭示了孩子潜能的有限性，低分数儿童可能无法得到他们所需要的教育关注或者鼓励。

测验编制者通过尽力建构超越文化的测验来进行回应。这些测验经常是非言语的；在一些测验中，指导语甚至是用手势语。另一方面，他们也尽力设计文化公平测验：不是试图消除文化影响，而是尽力采用那些对许多不同文化都适用的知识和技能的项目。但是这些方法的效果令人失望。原因之一是不同的文化强调解决问题的策略不同。（Serpell，1994）在西方，白人和中产阶级的儿童通过范畴学会分类——苹果和桃之所以相似是因为它们都是水果，锯和耙之所以相似是因为它们都是工具。但是那些没有按照中产阶级训练分类方式学习的儿童，可能会根据物体的感觉性质或功能来对其进行分类。他们可能会说苹果和桃之所以相似是因为它们很好吃。虽然我们认为这种回答是有趣的和创新的，但是测验编制者却认为这种回答不够聪明。（Miller-Jones，1989）

测验专家还发现文化价值和经历不仅影响人们对测验的反应，还会影响到其他有关方面，如人们对测验的态度、测验的动机、与施测者的关系是否融洽、竞争性、独立地解决问题的舒适度以及对测验常规的熟悉度等。（Anastasi & Urbina，1997；López，1995；

Sternberg，2004）

此外，人们在智商和其他心智能力测验上的表现在一定程度上取决于他们对自己表现的预期，而这些预期会受到文化刻板印象的影响。例如，这样一种刻板印象，即把女人、老人、穷人或少数族裔成员描述成不聪明的，或在某些认知能力如视觉空间能力上"天生地"不如白人男性，它的确能降低这些群体成员在 IQ 和其他心智能力测验中的成绩。（Campbell & Collaer，2009）你可能认为一个女人会说："男性至上主义者认为女人在数学方面会表现差吗？我将表现给你看！"或者非洲裔美国人会说："种族主义者相信黑人不如白人聪明吗？那就给我做那个测验吧。"但是这并非常态。

相反，这些个体经常感到能力被怀疑的压力，克劳德·斯蒂尔（Claude Steele，1992，1997）将其称为**刻板印象威胁**（stereotype threat）。这种威胁发生在人们相信如果他们做得不好，其他人就会肯定自己所在群体的刻板印象时。负面的想法不断闯入，干扰他们的专注力（"这个测验真讨厌""我并不擅长数学"）。（Cadinu 等，2005）而他们的焦虑又会使他们的表现变得更糟，或者抹杀他们试图做好的动力。

刻板印象威胁 由于他人对一个人所在群体的能力有消极刻板印象，此人因而担心自己表现的一种思想负担。

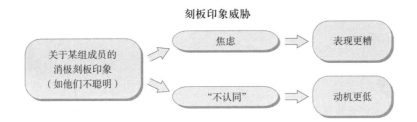

300 多项研究表明，刻板印象威胁已被证明影响到了许多非洲裔美国人、拉丁美洲人、低收入者、女性和老人的测验成绩。这些群体中的许多成员在没有意识到他们是消极刻板印象类别中的成员时，通常都会在测验上表现得要好一些。（如 J. Aronson，2010；Brown & Josephs，1999；Inzlicht & Ben-Zeev，2000；Levy，1996；Quinn & Spencer，2001；Steele & Aronson，1995）任何增加刻板印象特异性的事物——例如，在一个只有你自己属于某一族群的情境里进行测试，或者在测试前被要求陈述你的种族、民族或年龄——会增强刻板印象威胁，也会影响个体表现。

人们怎么做才能减少刻板印象威胁？一种简单的可行方法就是把这个概念及其相关内容告诉人们，这样相当于给人们打预防针来对抗它的影响。（Schmader，2010）当上统计学导论课程的学生完成一项很难的测验时，在他们不知道有刻板印象威胁影响他们的情况下，女生没有男生表现好。但是在学生被告知有关刻板印象威胁的内容之后，性别差异就消失了。（Johns，Schmader，& Martens，2005）（看心理学能多有用？）

尽管刻板印象威胁就测验中的组间差异而言是重

个体是否感受到"刻板印象威胁"取决于你在当时认同的那个范畴。相较于把自己归类为"亚洲人"（刻板印象 = 擅长数学），亚洲女性把自己归类为"女性"（刻板印象 = 不擅长数学）时，其数学测验成绩更差。（Shih，Pittinsky，& Ambady，1999）

> **快速测验**
>
> 你的测验商（quiz quotient，QQ）是多少？
> 一、比奈伟大的洞察力体现在哪里？
> 二、判断正误：为避免文化偏差而设计的智商测验无法消除智商分数的平均群体差异。
> 三、68岁的希尔达将要做智商测验，但是她很担心，因为她了解到老年人的心理能力常被认为更差。她正被 _____ 影响。
>
> 答案：一、心理年龄没有考虑实际年龄的差异。二、对。三、刻板印象威胁。

要影响因素，但也并非唯一因素。（Sackett, Hardison, & Cullen, 2004）有时由于种种原因，不同组在某些技能和能力的平均表现上的确存在差异。这一事实意味着，从本质上讲智力测验处于一种进退两难的境地。尽管智力和其他心智能力测验也能测量对课堂有用的技能和知识，但它们的确将一些儿童群体置于不利的境地。心理学家和教育者如何认识并接受文化差异？同时，如何向学生说明掌握技能、知识和态度对其在学校和更大的社会环境中取得成功会有所帮助？

> **你将会学到**
>
> - 标准智商测验无法测量哪些智力类型？
> - 情商的意义，以及为何它可能与智商一样重要？
> - 在学校亚洲孩子比美国孩子表现更好的原因。

剖析智力：认知理论

对"聪明到底意味着什么"进行批判性思考

对标准智商测验的批判指明，这种测验只告诉了我们一点点关于人们如何回答、解决问题的方式。而且，测验也无法解释为什么得分低者在现实生活中常会表现得很聪明——做出明智的消费决策，在跑道上取胜，做出明智的个性选择而非重复愚蠢单调的模式。因此，一些研究者拒绝使用心理测量学理论，转而采用认知理论；他们假设存在多种智力，并且强调当思考问题及想出解决之道时人们使用的策略。

智力三元论

智力三元论 一种强调信息加工策略、将技能迁移到新情境中的能力和实际运用智力的智力理论。

一个著名的认知理论就是罗伯特·斯腾伯格（Robert Sternberg）的**智力三元论**（triarchic theory of intelligence）（1988），三元是指"三个成分"。斯腾伯格（2004）把智力定义为"为取得个人所在社会文化背景下自我定义的成功，所需的技能与知识"。他区分了智力的三方面：

1 合成智力（componential intelligence）指当个体动脑思考问题时所采用的信息加工策略。这些心理"成分"包括：识别和定义问题、选择解决问题的策略、掌握和执行策略以及评估结果。

合成智力中的一些操作不仅需要个体的分析性技能，也需要个体的**元认知**（metacognition），即对自己认知过程的知识或觉知以及监测和控制这些过程的能力。那些元认知能力很差的学生认识不到教科书中哪些章节比较困难，他们常常不能认识到自己没有理解所读的内容。结果，他们在困难材料上花的时间太少而在已经掌握的材料上花的时间又太多。他们对自己的理解能力和记忆力过度自信，所以他们对于自己考得很差的结果感到惊讶。（Dunlosky & Lipko, 2007）相反，元认知能力很好的学生则能通过重述已读内容、自测、在必要时返回、质疑正在读的内容来检查自己的理解。当时间有限，他们首先处理容易的内容（这样做，受益很大），此后才转向更难的材料；因此他们学得更好。（Metcalfe, 2009）

反过来，智力也能对元认知能力起作用：那些能提高学业成绩的智力也能帮助你发展元认知技能。学业技能较差的学生，通常认识不到自己在学习中的差距；他们往往认为自己做得很好。（Dunning, 2005）这些不足妨碍了他们在测验和课堂中表现良好，也阻碍了他们对自己弱点的觉察。在一项研究中，心理学课上的学生要与其他同学相比，估计自己在一项测试中做得多好。正如你在图 7.5 中看到的，那些得分垫底者会过高估计自己的成绩。（Dunning 等, 2003）相反，那些具有很强学习技能的人则更为现实，他们甚至经常是稍微低估自己的能力。

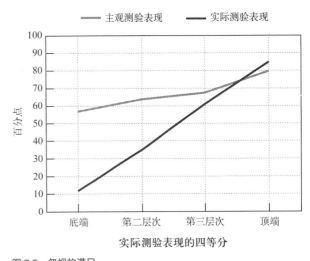

图7.5　忽视的满足
在学校或其他情境中，表现欠佳者的元认知技能也不好，因此无法认识自己缺乏能力的事实。正如你所看到的，在测试中得分更低的学生，其自以为的表现和实际表现相差悬殊。（Dunning 等, 2003）

元认知　有关自己认知过程的知识或觉知。

2　经验（创造性）智力（experiential [crative] intelligence）指个体把技能迁移到新环境中去的创造力。具有经验智力的人能够很好地处理新奇事物，并能很快学会使新任务自动化；那些在这方面能力不足的人只能在一个很狭小的环境中表现得好。例如，一个学生可能在学校表现很好，因为学校作业有特别的规定上交的日期，并且反馈也很及时。但是在毕业后，如果她的工作需要她自己设定最后期限，并且当她的老板没有反馈她目前的表现时，她就不会取得很大的成功。

3　情境（实用性）智力（contextual [practical] intelligence）指智力的实际应用，它需要个体能发现自己所处的不同情境。如果你的情境智力很好，你就会知道什么时候该适应环境（你处于一个危险的地方，所以你变得更加警惕），什么时候该改变环境（你计划成为一名老师，但是你发现自己不喜欢和孩子们打交道，因此你改成要当会计），什么时候该调整环境（你们的婚姻不稳定，因此你和你的配偶寻求婚姻咨询）。

你的确聪明，但缺少一些关于树的智慧

缄默知识 某些可获得成功的策略，它们并非通过正式教授习得而是通过推论获得。

情境智力允许你获得**缄默知识**（tacit knowledge，又译默会知识、内显性知识）——实际的、以行动为导向达到目标的策略，这些策略不是通过正式教授习得，而是通过观察别人的行为并进行推理来获得的。在对大学生的研究中，有关如何成为一个好学生的缄默知识的确能像大学入学考试那样预测他们的学业是否能取得成功。(Sternberg 等, 2000)

情绪智力

情绪智力 准确认识自己和他人情绪、清晰表达自己的情绪和调节自己及他人情绪的能力。

在多种非智力因素中，最重要的可能是**情绪智力**（emotional intelligence）。情绪智力是指个体准确识别自己和他人情绪、清晰表达自己情绪和调节自己及他人情绪的能力。(Mayer & Salovey, 1997; Salovey & Grewal, 2005) 情绪智力也就是众所周知的情商(EQ)，高情商者能够用他们的情绪来激励自己、激发创造性思维并能与别人心灵相通。低情商者经常不能确认自己的情绪，当某段关系完结时，他们虽坚持说自己并不沮丧，但同时却开始酗酒并变得易激惹，且不再与朋友外出活动。他们用不恰当的方式表达情绪，如当他们气愤或闷闷不乐时就好走极端或行事冲动。此外，他们还会错误地理解来自别人的非言语信号，就算倾听者已经明显不耐烦的时候，他们可能还会慢条斯理地长时间叙述自己的问题。

有些心理学家认为，情商不是一种特定的认知能力，而是普通人格特质的一种集合，如共情和外向性。(Matthews, Zeidner, & Roberts, 2003) 不论它源自哪里，情商自有其生物基础。神经科学家安东尼奥·达马西奥（Antonio Damasio, 1994）研究了前额叶受损的患者，发现他们不能体验到强烈的情感。尽管在常规心理测验中他们的得分也处于正常范围内，但是这些患者在生活中却总是会固执地做一些十分不明智的、不理性的决定，因为他们不能基于自己的情感反应来判断不同意见的重要性，他们也不能从别人身上获得情感线索。正如我们在第十三章将会看到的，情感和思维并不总是像大多数人认为的那样不能共存，事实上，它们彼此之间相互依存。

具有高情绪智力的人能熟练读懂非言语的情绪线索。你认为这些男孩中谁最自信和放松，谁最害羞、谁最焦虑？你使用了什么线索来得出你的结论

有几个理由说明扩展智力含义非常有用。它使我们能更具批判性地思考智力的含义，仔细考虑不同能力如何帮助我们在日常生活中行事。而这已激发了有关测验的研究，在这种测验中施测者能为受测者提供即时反馈，以便个体能从经验中学习并提高他们的成绩。**智力的认知理论**（cognitive approach to intelligence）还引发了人们对指导儿童学习策略的关注，如提高他们阅读水平、写作水平、做家庭作业能力和应试技巧等的实用策略。(Sternberg, 2004; Sternberg 等, 1995) 更重要的是，智力的新理论鼓励我们克服这样的心理定势：获得成功，只需要那种能被 IQ 测验测量的智力。

> **快速测验**
>
> 能提高你成绩的一种好方法就是完成书里的小练习。
>
> 一、智力的认知理论包括哪些心理测量理论没有的目标?
> 二、洛根能理解统计课上的内容,但在考试时他把全部时间用于解决最难的问题,都没空去看那些他可以轻松解决的问题。根据智力三元理论,他需要提高哪方面的智力?
> 三、特蕾西智商平常,但在工作上她获得了快速的提升,因为她知道如何设定任务的优先级,如何与管理者沟通,并且使他人感到有价值。她具有_____方面的知识,这种知识与如何在工作中获得成功有关。
> 四、把智力定义成"智商测验测量出的东西"有什么问题?
>
> 答案:一、理解个人如何思维以及使用所接触到的信息来解决问题的认知过程。二、实用(情境智力)。三、缄默知识。四、这是个循环定义,当我们试图定义一个概念,只是说它是某种测验测量的东西,而没有考察这种测验是否测量了我们希望它测量的东西,那么非常糟糕。

你将会学到

- 智力在多大程度上是遗传的?
- 当许多人在争论一组人是否比另一组人天生更聪明时,他们犯了什么错误?
- 环境是如何发展或阻碍心智能力的?

智力的起源

正如我们看到的,"智力"能够意味着许多事情。但是不管我们怎么定义或测量它,显然一些人在思考问题和做事上都要比别人更聪明些。那么是什么导致了这些差异呢?

基因和个体差异

遗传行为学家通过对遗传率的研究来解决这个问题,他们主要集中于 IQ 测验测量的智力类型。在第二章中,我们看到**遗传率**(heritability)是指某群体中个体的某些归为遗传变异的特质在总变异中所占比率的统计估计。这一比率的最大值为 1.0(这意味着特质完全是遗传的)。不过大部分特质,包括身高,并非完全遗传;在我们的人生里,基因总是与环境交互作用。(Johnson 等,2009)(如果你想进一步回忆这方面的内容,可以复习一下原书第 51 页到第 53 页的内容。)

行为遗传学研究表明,高 IQ 分数的那种智力是高度遗传的。对于儿童和青少年来说,遗传率估计的平均数在 0.40~0.50 之间,也就是说,IQ 分数中有一半变异可以用遗传来解释。(Chipuer, Rovine, & Plomin, 1990; Devlin, Daniels, & Roeder, 1997; Plomin, 1989)对于成年人来说,这个估计值甚至更高一些,大约在 0.60~0.80 之间。(Bouchard, 1995; Mc Clearn 等,1997; McGue 等,1993)也就是说,随着年龄增长,基因的相对贡献率越来越大,而环境的影响则相对变小。这一发现让很多人感到惊讶,因为他们认为遗传率是个固定的恒常数值。遗传率并非固定不变,精确地讲,它依赖于被研究的组如何被环境影响。

遗传率 指某群体中个体的某些归为遗传变异的特质在总变异中所占比率的统计估计。

在双胞胎研究中，同卵双胞胎的分数总是比异卵双胞胎的具有更高的相关，这一结果反映了基因的影响。事实上，同卵双胞胎分开抚养（rear apart）的分数的相关比异卵双胞胎一起抚养（rear together）的要更高，正如图7.6所示。在收养研究中，养子女的分数和亲生父母的相关比与那些没有血缘关系的父母的相关要高得多：亲生父母的分数越高，孩子的分数就可能更高。当养子女长到青少年期时，他们的IQ分数与没有血缘关系的家庭成员的分数的相关变小，到成年人时相关降为0。（Bouchard, 1997b; Scarr, 1993; Scarr & Weinberg, 1994）当然，收养常有其积极效应；比如也许是因为养子成长的环境更丰富，他们的智商得分比那些没被收养的亲兄弟姐妹更高。（van IJzendoorn 等, 2005）

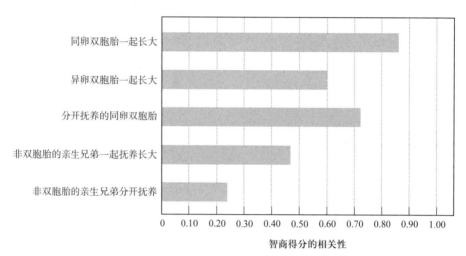

图7.6　兄弟姐妹 IQ 分数的相关
同卵双胞胎的 IQ 分数高度相关，即使是在他们被分开抚养的时候。本图中的数据是基于许多研究的平均相关。（Bouchard & McGue, 1981）

基因如何影响智力？有一种可能是通过影响大脑中神经细胞的数量或神经元之间的联结数量，就像灰质总量所反映的那样。分别在荷兰和芬兰进行的两项脑成像研究发现，一般智力与灰质大小之间存在中等强度的相关。相较于异卵双胞胎0.5的相关，在同卵双胞胎中的灰质数量与一般智力的相关超过0.8，这表明灰质是高度遗传的。（Posthuma 等, 2002; Thompson 等, 2001）

组间差异的问题

如果基因影响智力的个别差异，那么它是否也如许多人假设的那样能帮助解释组间差异呢？这个问题具有巨大的政治和社会价值，因此我们将在这里进行进一步的探讨。

对智商的群体差异进行批判性思考

大多数焦点问题都集中于黑人—白人的差异上，因为非洲裔美国儿童IQ测验的分数平均而言要比白人儿童更低。（我们谈的是平均数，实际上，黑人儿童和白人儿童的分数的分布具有大量重合。）一些心理学家对这些差异提出了一种遗传学解释，并且得出结论：那些尽力提高低分儿童（不管他是什么种族）IQ的教育是没有多少意义的。（Murray, 2008; Rushton & Jensen, 2005）组间差异的基因学解释有其致命错误，接下来我们会解释其具体内容。这看起来是一个棘手的技术性问题，但是它并非真的难以理解，请继续和我们一起参与以下讨论。

首先，假设的不是人而是西红柿（图7.7将有助于你想象下面的"思维实验"）。假定你有一袋基因不同的西红柿种子，在其他所有条件都一样的情况下，一些种子将结出发育不良且没味道的西红柿，一些将结出丰满而味美的西红柿。现在，你用左手抓出一把种子，同时，在同一个袋子里用右手抓出另一把种子。尽管一颗种子和另一颗种子在基因上不同，但是左手和右手中的种子平均起来并没有差异。你将左手中的种子种入花盆A中，土壤中含有你混合好的氮肥和其他营养物质；你将右手中的种子种入花盆B中，土壤中的营养物质事先已被你抽走。你对花盆A呵护备至，并将其放在阳光下；与此同时你却忽略花盆B，并将其放在一个阴暗的角落。

当种植的西红柿开始生长时，就它们的高度、结出的西红柿数量和大小而言，将会在每个花盆内发生变化，而这则仅仅是由于基因差异。但是，在花盆A和花盆B中的植物也将会有一个平均差：花盆A中的植物将长得更旺盛并能结更多的西红柿。这种盆间的差异完全是由于不同的土壤和给植物的照料不同造成的——尽管盆内差异的遗传率是100%。（Lewontin，1970，2001）

图7.7 西红柿种植实验

在文中描述的假定实验中，即使每个花盆内的差异完全归因于遗传，两个花盆间的平均差异仍可能是环境导致的。这个一般原理同样适用于人类的个体和组间差异

对人的智力差异的解释原理和盆内西红柿生长的原理是一样的。尽管组内的智力差异至少部分是遗传的，但是这并不意味着组间的差异也是遗传的。平均起来，黑人和白人没有生长在相同的"花盆"（环境）中。因为长期遗留下来的种族敌意和事实上的歧视，黑人儿童、拉丁美洲儿童和其他少数民族儿童所获得的营养品更少——按字面的理解是指食物方面的，其象征意义则是指教育方面的、社会鼓励和表现智力的机会。（Nisbett，2009）正如我们所见到的，有关种族的消极刻板印象可能会导致这些群体中的成员怀疑自己的能力，在测验时变得焦虑、神经过敏，并且表现得要比他们没意识到消极刻板印象时差。

在美国，想要对黑人—白人IQ差异的起源进行研究非常困难，因为美国的种族主义甚至影响到了那些富裕、成功的非洲裔美国人的生活。不过，不管IQ测验测量的是什么，

流动工人的孩子（左图）经常长时间地参加非常辛劳的工作，他们可能会失去那些中产阶级家庭的孩子（右图）可以享有的教育机会和智力发展的有利条件

即便是那些已经克服了方法学上问题的研究，也并未揭示黑人和白人智力方面存在一般性差异。一项研究发现，在第二次世界大战之后，在德国，那些父亲是黑人或白人美国士兵的儿童如果在相似的德国社区由相似的家庭抚养，其 IQ 方面并没有显著差异。（Eyferth, 1961）另一项研究表明，非洲血缘程度（可以根据皮肤颜色、血液分析和家谱做粗略的估计）与所测得的智力也没有关系，而黑人—白人差异的遗传理论则预测应该是有差异的。（Scarr 等, 1977）并且，在新颖刺激偏好（测量个体今后 IQ 分数的一个预测因子）方面，白人婴儿和黑人婴儿的成绩一样好。（Fagan, 1992）

因此，很好地理解对智力的研究并不能引导我们得出，文化或种族或国家之间的差异是永久的、由基因决定的或任何人群天生具有优越性的结论。相反，研究表明，我们应该做到让所有儿童都在最好的土壤里成长，让最聪明的儿童和最笨的儿童都在阳光下找到其生存的一席之地。

环境和智力

到目前为止，你可能想知道哪一类经历会阻碍智力发展，哪一类有"营养物质"的环境可以促进智力发展。以下是一些与降低心智能力有关的因素：

- 不良产前照料。如果孕妇营养不良、感染疾病、服用某些药物、吸烟、酗酒或者处于环境污染物中，那么胎儿就可能学习无能、IQ 低下。
- 营养不良。严重营养不良和营养丰富的儿童之间的平均 IQ 差异达 20 分之高。（Stoch & Smythe, 1963; Winick, Meyer, & Harris, 1975）
- 暴露于毒素之中。例如，铅元素会损害神经系统，导致注意问题、IQ 分数低下以及较差的学业成就。（Hornung, Lanphear, & Dietrich, 2009; Needleman 等, 1996）美国的许多儿童都处于危险水平的铅环境中，这些铅元素来自尘埃、被污染的土壤、老的铅基油漆以及老的铅管。黑人儿童血液中铅的含量比白人儿童要高 50%。（Lanphear 等, 2002）
- 紧张的家庭环境。例如，预测降低智力的因素包括：有一个不着家的父亲、有一个有精神病史的母亲、父母工作技能有限、早期生活中的应激事件。（Sameroff 等, 1987）平均起来，每个风险因素会将儿童的 IQ 分数降低 4 分。如果孩子成长于严重不利的环境中，他们的智商会下降，即使后来他们搬到更好的环境里，这种幅度的下降也相当于孩子辍学一年。（Sampson, 2008）

相反，一个健康、激励人的环境则能提高智商分数。在一项被称为初学者项目的纵向研究中，那些从婴儿期开始就在家中、在儿童照顾中心或在学校中得到大量充实心智刺激的市中心儿童的学业成绩要比控制组儿童的更好一些。（Campbell & Ramey, 1995）在另一项重要研究中，调

极端贫困、接触有毒物质、成长于被忽视的社区和紧张的家庭环境都可能对儿童的认知发展和智商产生负面影响

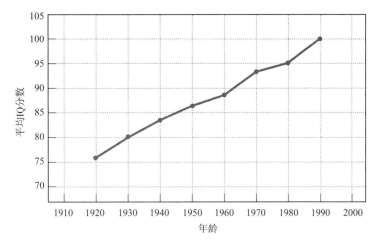

图7.8 上升的 IQ 分数

许多年来，发达国家 IQ 测验的原始分数一直都在不断上升，其速度如此之快以至于无法用基因改变来对其进行解释。因为考试标准会定期调整，将平均分设为 100 分，因此，大多数人都不知道这一增长。图中的平均数是根据 1989 年的常模进行的校准。正如你所看到的，1918 年的成绩比 1989 年的成绩低得多。（改编自 Horgan，1995）

查对象是被遗弃的在罗马尼亚孤儿院里的孩子，研究者随机安置其中一些孩子继续在孤儿院长大，而另一些孩子则搬去好的抚养家庭。到 4 岁，被收养孩子的智商得分显著高于留在孤儿院的孩子。那些两岁前就搬走的孩子，表现出最大程度的增长，几乎平均增长 15 分。那些在亲生父母家长大的孩子做得更好，平均智商得分比那些被收养儿童高 10～20 分。（Nelson 等，2007）（此项研究结束后，罗马尼亚在法制上禁止遗弃不足两岁的孩子，除非那个孩子有严重的障碍。）

也许环境对智力有重要影响的最好证据来自发达国家人们的 IQ 分数已经至少在三代中呈稳步上升趋势这一事实。（Flynn，1987，1999）（见图 7.8）近来，发展中国家肯尼亚提供的文件证明了与此相似的增长结果：6～8 岁的农村儿童在 1998 年的分数大约比 1984 年他们同伴的分数高出 11 分——这是以往报道中组内平均 IQ 分数增长最快的。（Daley 等，2003）基因是不可能有如此之快的改变以解释这些发现，大多数认知心理学家都将这种增长归因于教育质量的提高、要求抽象思维的工作更普及和更好的健康状况。

因此，我们看到，尽管遗传可以为一个儿童的智力潜能提供一个范围——比如霍默·辛普森（Homer Simpson）永远不可能成为爱因斯坦——但是许多其他因素也会影响到儿童的智力将处于这个范围中的哪一点上。

动机、努力和智力成就

即便你具有高 IQ 分数、高情绪智力并且真正知道该如何做，你仍然可能一无所获。这是因为潜能不一定必然会达到其顶峰，成功还取决于个体的动力和决心。

想一想下面这个为期最长的心理学研究的发现。1921 年，研究者开始跟踪研究 1500 多个在儿童期 IQ 分数处于同龄人分布最上端 1% 的人。由于最初领导这个研究的人是刘易斯·特曼（Lewis Terman），这些男孩女孩都被称为"白蚁"（termite）。这些"白蚁"在开始

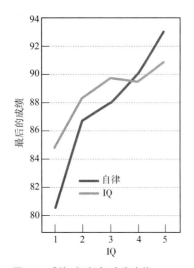

图 7.9 成绩、智商（IQ）和自律

研究者按照智商分数把八年级学生分为五组（五分位数），追踪一年来测验他们的学业成就。结果发现，相比智商，自律能更好地预测学业成就。（Duckworth & Seligman，2005）

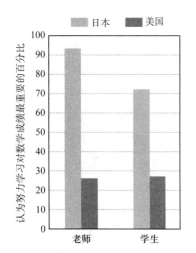

图 7.10 数学成功的秘密是什么

比起美国人，日本学校的老师和学生更可能相信学好数学的秘密就是努力。美国人则倾向于认为你要么具有数学智力要么不具有

时聪明机灵、身体健康、爱好交际并且适应良好。随着他们进入成年，大多数人获得了当时传统意义上的成功：男人在事业中很成功，妇女作为主妇也很成功。（Sears & Barbee，1977；Terman & Oden，1959）然而，一些有天赋的人却没有实现他们早期的理想，他们或是退了学，或是参加了低层次的工作。研究者在对最成功的 100 个人和最不成功的 100 个人进行比较之后发现，导致他们之间差异的是动机。成功的男人都具有野心、社交积极、有多方面兴趣，并且受到父母的鼓励。而最不成功的人在其整个生命中则总是飘忽不定。这两组人的平均 IQ 并没有差异。

一旦你被激励去获得智力上的成功，你就需要自律来达到你的目标。一项纵向研究调查了精英学校里八年级入学的多种族学生，研究者基于学生自评、家长报告、老师评价和问卷来评估学生的自律分数。他们还实施了一项"延迟满足"的行为测量，学生延迟得到奖赏的能力有助于他们在之后获得更大的回报。（Duckworth & Seligman，2005）在学生期末成绩和成就测验分数的解释力上，自律是智商的两倍。正如你在图 7.9 中看到的那样，自律与高分的相关远比智商与分数的相关要强。

自律与努力工作的动机，取决于你对智力和成就的态度，反过来也成立。它们的关系受到文化价值观的强烈影响。许多年来，哈罗德·史蒂文森（Harold Stevenson）和他的同事一直在研究亚洲人和美国人对成就的态度。自 1980 年以来，他们一直都在比较明尼阿波利斯（美国）、芝加哥（美国）、仙台（日本）、台北（中国台湾）和北京的小学儿童、他们的父母和老师这样一个非常大的样本。（Stevenson, Chen, & Lee, 1993；Stevenson & Stigler, 1992）他们的结果可以告诉我们很多关于智力培养的内容。

在 1980 年，亚洲儿童在一般数学测验上远远比美国儿童做得好。在计算和单词问题上，双方学校的分数之间几乎没有重叠，北京学校的最低分都比芝加哥学校的最高分高。到 1990 年，亚洲和美国儿童的差距甚至变得更大。只有 4% 的中国孩子和 10% 的日本孩子的数学成绩和美国孩子的平均水平一样低。这些差异不可能通过教育资源来解释：比起美国学校，中国学校的设备更差、教室更大，并且平均起来，中国父母比美国父母更贫困，受到的教育也更少。这些差异与一般的智力能力也没有关系，美国儿童在常识测验上的知识丰富性和能力方面都与亚洲儿童一样。

但是这项研究发现，亚洲人和美国人在态度、期望和努力方面却有很大不同：

- 关于智力的信念。美国的父母、老师和孩子比亚洲人更可能相信数学能力是天生的。（见图 7.10）美国人倾向于认为如果你"拥有它"，你就不需要努力；如果你没

有，那么你努力也没有意义。
- 标准。美国父母对儿童成绩的标准要低得多；只要孩子在满分为 100 分的测验中得分高于平均数，他们就很满意；而中国和日本父母只有在孩子得高分时才会满意。
- 价值观。美国学生不像亚洲学生那样看重教育，他们更加满足于平凡的工作。如果告诉他们有个巫师能给他们任何想要的东西，问他希望得到什么时，有超过 60% 的小学五年级的中国学生要的是与他们的教育相关的东西。能想象一下美国儿童想要什么吗？他们大多数说的是钱或者财富。

因此，在谈到智力时，它不仅仅是那些你所得到的有价值的东西，它还包括你用它去做些什么。自满、宿命论、低标准以及对即时满足的渴望都会阻碍人们认识他们未知的事物，并且降低他们努力学习的程度。

快速测验

我们希望你不要因这份快速测验的表现而自鸣得意。

一、通常，行为—基因的研究估计智力的遗传率（　　）
　A. 大约为 0.90　　　　　　B. 大约为 0.20
　C. 在所有年龄段都很低　　D. 成年人的比孩子的更高
二、判断正误：如果在组内类似智力的特质是高度遗传的，那么组间差异一定也是遗传导致的。
三、可获得的证据 _____（的确／并没有）表明，平均智商分数的种族差异源于基因差异。
四、说出四个与降低心智能力有关的环境变量。
五、根据一项针对八年级学生的研究，在与学业表现的相关方面，_____ 比 _____ 有更高的相关。

答案：一、D；二、错；三、并没有；四、营养不良、中毒、生病或受伤、不利的产前环境；五、自律，智商。

你将会学到

- 动物是否能思考？
- 有些动物是否能掌握某方面的人类语言？

动物的心智

一只绿鹭从郊游者的餐桌上偷取一些面包，并将碎屑撒在附近的小溪中。当一条鲤鱼游向这些诱饵时，绿鹭向它发起了攻击——在你说"晚餐已准备就绪"之前，它已将鲤鱼吞食。一只海獭平静地仰浮在水面上，将一个贝壳撞向一块置于它胃部的石头。当贝壳被砸开后，海獭就会吞下里面美味的食物，然后它会将石头夹在小臂内又去寻找别的贝壳，并会以同样的方式砸开贝壳。

这样的事情使一些生物学家、心理学家和行为生物学家相信：我们不是唯一拥有认知能力的动物——那些"愚笨动物"并不那么愚笨。但是，它们到底有多聪明呢？

动物的智力

在20世纪20年代，沃尔夫冈·科勒（Wolfgang Köhler，1925）将黑猩猩放在有诱人的香蕉（这些香蕉不能直接够着）的环境中，观察这些猩猩将会做什么。大多数猩猩什么也没有做，但是有一些猩猩被证明是非常聪明的。如果香蕉在笼子外面，这些黑猩猩将会用一根棍子把它们给拉进来。如果香蕉挂在头顶，并且笼子中有箱子，那么这些黑猩猩就可能会将箱子垒起来并爬上去取到香蕉。解决方案经常是在动物安静地坐了一会儿之后产生的。看起来黑猩猩一直在思考问题，而答案则是突然领悟到的。

绝大多数学习理论家都认为，这种表面上给人留下深刻印象的行为可以通过操作性行为的标准原则得到很好的解释，而不需要借助心智解释。（见第九章）由于他们的影响，数年来任何宣称动物能够思考的科学家都很可能会被人们嘲笑或是陷于更糟的境遇。然而在今天，对动物智力的研究兴趣再次兴起，特别是在**认知习性学**（cognitive ethology）这一交叉学科领域（习性学研究动物的行为，特别是研究在自然环境中的行为）。认知习性学提出，一些动物能够预测将来的事件、做计划，并能与它们的伙伴一起协调它们的行为——它们的确能够思考。（Griffin，2001）

认知习性学 研究非人类动物认知过程的科学。

在考虑动物认知的时候我们必须要谨慎，因为即使是复杂的行为也可能是天生的和自动的。（Wynne，2004）南美刺蜻用伪装在其背上的胶质巢状物质捕捉白蚁，但是很难想象刺蜻微小的大脑组织如何能有意识地计划出这一策略。然而，对动物行为的解释丝毫不考虑任何形式的意识，并将其行为完全归因于本能，这似乎并不能解释一些动物能做出令人惊讶的事情。然而，正如人一样，动物对环境也有意识，并知道一些自己不知道自己已经知道的事情，和一些不用想就知道的事情——简而言之，它没有元认知能力。（Budiansky，1998；Hauser，2000）

像海獭用石头砸开贝壳一样，许多动物都能在自然环境中使用物体作为基本的工具。然而，真正惊人的是它们使用工具是习得的而非天生就会的。例如，黑猩猩的母亲有时会给她们的孩子演示如何使用石头作为工具来砸开坚果。（Boesch，1991）苏门答腊湿地的一群猩猩学会把棍子当工具，它们把棍子含在嘴里，从树洞里撬出虫子，它们还会从球状水果的裂缝中挖出籽，而附近其他种群的猩猩只会用蛮力获取美食。（van Schaik，2006）即便是某些非灵长类动物也有学习使用工具的能力，但是行为生物学家并未对此类证据达成一致意见。在澳大利亚近海的雌性宽吻海豚在捕食时会把海绵贴在自己的嘴上，这样能保护它们免受锋利的珊瑚和带刺石鱼的伤害，它们好像是从母亲那儿学来的这一特殊技能。（Krützen等，2005）这是不是一位妈妈教女儿如何穿衣打扮的例子？

在实验室里也一样，非人类的灵长类动物能够完成一些令人吃惊的事情。例如，许多研究发现猩猩对数字有初步的认识。在一项研究中，黑猩猩比较了两堆包含巧克力片的食物。比如说，一堆可能包含五片和三片，另一堆则为四片和三片。在允

这只海獭有多聪明

在对动物智力的早期研究中，沃尔夫冈·科勒研究中的一只非常聪明的黑猩猩苏丹能够想出通过将箱子摞起来并爬上去而取到香蕉

许它们自由选择时，黑猩猩几乎总是会选择总量要高一点的那堆，这表明它们具有某种求和的能力。（Rumbaugh, Savage-Rumbaugh, & Pate, 1988）在看到人们把香蕉依次放进两个容器之后，猩猩甚至能保持关于数量信息的记忆长达 20 分钟，能判断两份食物中哪边有更多香蕉（5∶8，或 6∶10）。事实上，在这类任务中猩猩做得和幼童一样好。（Beran & Beran, 2004）

有关动物认知最具争议的其中一个问题是，除人类之外是否有其他动物具有**心理理论**（theory of mind）：这是一种关于自己心理和他人心理状态的信念系统，包含对想法和感觉如何影响行为的理解。心理理论能让你总结他人的意图、感受、信念，并让你能与他人产生共鸣（"如果我在另一个人的立场上，我会有什么感受？"），欺骗他人、识别某人的谎言、认出镜子里的自己，知道别人在什么时候能看到或看不到自己。对人类而言，心理理论在两岁时开始发展，到 3 岁或 4 岁时能明确表现出来。（见第三章）一些研究者相信，类人猿（黑猩猩、大猩猩和猩猩）、海豚和大象具有能反映出心理理论的某些能力。（de Waal, 2001a; Plotnik, de Waal, & Reiss, 2006; Suddendorf & Whiten, 2001）当照镜子的时候，这些动物会试图去看它们无法直接看到的身体上的痕迹，这表明它们具有自我认识或至少是身体意识。

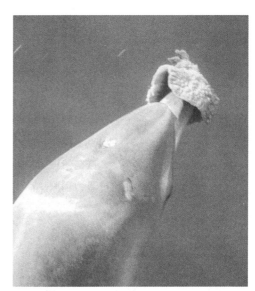

这是澳大利亚鲨鱼湾的一只两岁大的海豚——道奇（Dodger），它敏感的喙上戴着海绵，用以保护自己免受有刺动物和锋利珊瑚的伤害。很显然，海豚"海绵妈妈"显然会将这种行为教给自己的女儿

心理理论 关于他们自己和他人的思维方式和人们是怎样受到他们信念和情绪的影响的信念系统。

此外，黑猩猩能安慰其他处于痛苦中的同类、在争夺食物时使用骗术、指向需要注意的物体，这些都表明它们能够领会另一只猩猩正在想些什么。在野外，当一只雄性非洲黑猩猩在为其他黑猩猩梳理毛发时，它在身体的某个部位做了一个夸张的抓痒动作，比如在前额，一个同伴就会为指定的部位梳理毛发，即使它已经在为其他黑猩猩梳理毛发了。（Pika & Mitani, 2006）黑猩猩及一些猴子也有某些元认知能力。当它们参与一项新测试时，有时它们会回避那些可能会出错的困难试验。即便当寻求提示只意味着获得有关正确答案

的一点微小线索，它们仍会在不确定正确反应时，按着触屏上的一个图标来向人类观察者要求线索。(Kornell, 2009)这些发现表明，动物知道它们自己知道的内容，也能了解那些不知道的东西。

动物和语言

<252>

人类认知的基本成分就是语言（language），一种将本身并没有意义的成分结合起来形成无数能表达意义的言语的能力。语言常被视为人类独特性的最后堡垒，也是创造人类的进化之力的一个结果。(见第三章)

动物当然也有交流，它们使用手势、身体语言、面部表情、发声和气味进行交流。这些信号中的某些部分有其高度特殊的意义。黑长尾猴相互之间用独特的叫声发警报，如提示有豹子、老鹰或蛇。(Cheney & Seyfarth, 1985)但黑长尾猴不能把这些声音组合成全新的表达，就像"小心，哈利，那只眼光锐利的豹子的确是个隐患啊"。

然而，如果一些动物能从它们的人类朋友那里获得一点帮助的话，它们也许就能获得语言。许多研究都在试着给黑猩猩和其他猿猴提供这样的帮助。因为一个猿猴的发声器官并不允许它说话，大多数研究者都尝试采用那些依赖于手势或视觉符号的创新方法。在一项研究中，黑猩猩学会使用如单词一样排列在磁力板上的各种几何塑料图形。(Premack & Premack, 1983)在另一项研究中，它们学习在计算机键盘上敲击符号。(Rumbaugh, 1977)还有一项研究中，黑猩猩掌握了数百个美国手语的手势。(Fouts & Rigby, 1977; Gardner & Gardner, 1969)

这些研究中的动物学会了遵循指导、回答问题并提出请求。它们似乎也能使用新学到的技能为不服从而道歉、斥责它们的训练者，甚至是自言自语。有研究报告显示，一只名叫科科(Koko)的低地大猩猩能使用手势表达它开心或难过的感受，也能用手势表达过去与未来的事件、对它死去的宠物猫表达哀思、在顽皮时撒谎。(Patterson & Linden, 1981)最重要的是，它们将个别的手势或符号组合成它们从来都没有见过的更长的言语。

遗憾的是，因为渴望和动物说话以及对灵长类朋友的友爱，早期的研究者们会过度解释动物的表达，把某一标志或象征解读为各种类型的意义和意图，忽略混乱的词汇顺序（香蕉吃我），并常常无意地做出一些可能使猿猴正确反应的非语言暗示。

不过，由于过去几十年里研究者提高了研究技术，他们发现，只要得到细心的训练，黑猩猩的确可以习得语言的某些方面，包括使用符号去指出物体的能力。一些动物甚至还会本能地使用符号去相互交流，这就表明它们并不仅仅是在模仿或者试图获得奖赏。(Van Cantfort & Rimpau, 1982)倭黑猩猩（类人猿的一种）特别擅长语言。一只名叫

人们总是对我们叫"坐""停""起立"，却从没有说过"想""创新""做你自己"。

倭黑猩猩坎奇，可以通过敲打特制键盘上的符号来回答问题或提出要求，它也能理解英语短句。在这幅图中坎奇和它的研究者休·萨瓦戈·鲁姆博夫（Sue Savage-Rumbaugh）在一起

坎奇（Kanzi）的倭黑猩猩，没有经过正式训练就能学会理解英语词汇、短句和键盘符号。（Savage-Rumbaugh & Lewin, 1994; Savage-Rumbaugh, Shanker, & Taylor, 1998）坎奇能对诸如"将钥匙放到冰箱里"和"到门外去拿那个球"之类的命令做出正确反应，即使它以前从未听过那些用特殊方式组合起来的词。它像小孩子那样习得语言——通过日常社会交往发现别人如何使用。经过训练，它也能学会操作键盘来索要它最喜欢的食物或者活动（游戏、电视、访友），并能说出这样做的目的。

有关动物语言和符号理解的研究激发了我们对动物认知的理解，且不仅限于灵长类动物。海豚已经学会对两种人工语言形成的要求做出相应的反应，其中一种包括计算机生成的哨声，另一种是手势。（Herman, Kuczaj, & Holder, 1993; Herman & Morrel-Samuels, 1996）为了正确解释某种要求，海豚必须同时考虑一串哨声或手势里某个符号的意义，以及这些符号的顺序（语法）。海豚能理解"左边飞盘，取右边的冲浪板"与"右边冲浪板，取左边的飞盘"之间的差别。

自从德国的研究者报告了一只词汇量超过 200 个的边境牧羊犬瑞克（Rico），有些心理学家就把这一犬种称为"新黑猩猩"。（Kaminski, Call, & Fisher, 2004）瑞克的主人会叫它去另一个房间取回一个东西，在 40 次任务中它有 37 次成功选到正确的东西。让人更加印象深刻的是，瑞克像人类小孩一样能在一次尝试之后学会一个新词，这是黑猩猩都无法做到的。如果听到新东西的名字，它经常能推断出主人想要它从更为熟悉的东西里挑选出那个新东西，并且能在几周后记住新标签。有人发现，一只叫"贝齐"（Betsy）的边牧犬也具有相似的能力。（Morell, 2008）

最让人惊奇的是，我们现在知道鸟儿并非像曾经假设的那么"傻"。自从 20 世纪 70 年代晚期以来，艾琳·佩珀伯格（Irene Pepperberg, 2000, 2002, 2008）就一直对一只非洲灰鹦鹉做训练。这只灰鹦鹉是她的最爱，叫亚历克斯（Alex），这只鹦鹉会计算、分类和说出

亚历克斯是一只极为聪明的鸟。它的能力激起了人们对一些有趣问题的思考，这些问题与动物智力和它们语言方面的特殊能力有关

英语单词来比较物体。即使它的大脑只有核桃那么大，但它绝不笨，亚历克斯证明自己具有言语和认知能力。当给它显示6个项目并问它是多少时，它用口头（响亮而刺耳的叫声？）英语短语来回答，如"两个软木塞"或"四把钥匙"。它甚至能对二维度的或三维度的问题做出正确反应。例如，"有多少个蓝钥匙？"或"橘黄色的、三个角的物体是什么？"亚历克斯也能做出请求（"想要意面"）并能回答有关物体的简单问题（"这是什么颜色的？""哪一个更大？"）。给它呈现一个蓝色木塞和一把蓝色钥匙后，然后问它："相同的是什么？"它能正确反应出是"颜色"。它在新物体上的得分的确稍微高于熟悉物体上的得分，这表明它不仅仅是"学舌"某一固定的短语。它还能对像坚果和糖豆这样的两类物体的集合进行加总，计数可达6。（Pepperberg，2006）

在非正式的"交谈"中，亚历克斯还会说出极为适切的内容。它会对佩珀伯格说"我爱你""对不起"，当她感到压力过大时，它会说"冷静一下"。有一天，当佩珀伯格的会计正在伏案工作，亚历克斯问她："想吃坚果吗？"会计说："不。"它又问："要喝水吗？"她回答："不用。""香蕉呢？""不用。"在多次建议无果之后，亚历克斯最后说："你到底想要什么？"（引自Talbot，2008）令全球的仰慕者悲痛的是，亚历克斯死于2007年。佩珀伯格正在继续训练其他非洲灰鹦鹉。

对动物思考的认识

有关动物语言和认知的这些结果给人留下了深刻的印象，但在解释它们这样做是什么意思上，科学家仍然分成了不同的派别。动物真的有语言吗？它们具有人类所说的"思考"吗？它们到底有多聪明？坎奇、瑞克和亚历克斯都是与众不同的吗？又或许它们只是其各自物种中典型的一员？现代研究者正在努力纠正长达几个世纪的偏见，即低估动物认知，而他们现在是否对数据解读太多，以至于高估动物的能力？

对动物认知进行批判性思考

一方面是担心**拟人说**（anthropomorphism）的人，拟人说是指一种将人类品质归于非人类的动物的错误倾向。他们讲述了聪明的汉斯（Clever Hans）的故事，汉斯是20世纪初一匹"神奇的小马"，据说它具有数学能力和其他能力。（Spitz，1997）聪明的汉斯能通过马蹄敲击地面来回答数学问题，答案就是敲击的次数，并按照已建立的代码形式，通过轻敲来对其他问题做出反应。但是，心理学家奥斯卡·芬格斯特（Oskar Pfungst，1911/1965）通过一个比较仔细的实验发现，当汉斯不能看见发问者，或当发问者本身也不知道答案的时

这张旧照片显示的是聪明的汉斯在表演。它的故事教育研究者，当他们解释有关动物认知的发现时，要警惕"拟人说"

候，它的"能力"就消失了。事情似乎是这样的：发问者盯着马的蹄子，在陈述完问题后，会期待地探身过去，等到汉斯一完成正确数目的敲击，就马上抬起眼睛并放松下来。汉斯的确是很聪明，但它的聪明不是在数学方面或者其他人类技能方面，它只是对人们无意之中提供的非言语信号做出了正确反应（也许它的情商很高）。

另一方面则是那些反对**否定拟人说**（anthropodenial）的人，他们认为否定拟人说的人往往倾向于错误地认为人类与其他动物之间没有任何相同之处，毕竟，有些动物是人类的表亲。（de Waal, 2001a; Fouts, 1997）他们提出，把我们自己这一物种看成是独一无二的会妨碍我们认识其他物种的认知能力，即使它们的能力不如我们的复杂精巧。持有这种观点的人认为，大部分现代研究者已经想尽一切办法去避免"聪明的汉斯问题"。

这一争论的最终结果必定会对我们如何看待自己和人类在其他物种中的地位产生影响。也许正如生态学研究者马克·豪泽（Marc Hauser, 2000）指出的，我们应该能够找到一种研究和尊重动物心灵和情感的方式，而不是感情用事地假定它们像我们。然而，毫无疑问的是科学发现正在教导我们尊重动物友邻们的认知能力。

快速测验

你的宠物比格犬也许很聪明，但是它不太可能帮你回答下面这些问题。

一、在自然或实验室情境中，灵长类动物能展现出以下哪些能力（　　）

　　A. 把物体当作小工具　　　　B. 计数，算数量总和
　　C. 用符号表达需要　　　　　D. 理解英文短句

二、巴纳比认为他的宠物蛇珂丽正和他生闷气，因为珂丽最近很冷漠，再也不盘在他脖子上了。巴纳比犯了什么错误？

答案：一、ABCD　二、拟人说。

回顾新闻中的心理学

从精神层面来讲，阅读本章有没有让你对那些赢得搞笑诺贝尔奖的研究赞不绝口？或者就事论事地说，有没有觉得很搞笑或充满敬意？一些奖项的确反映了人们极大的智慧与创造性。仔细想想凯瑟琳·道格拉斯和彼得·罗林森的研究，他们发现有名字的牛比没名字的牛产奶更多。这个研究看起来有趣却也微不足道。不过它表明人与动物关系的质量不仅会影响动物的行为，甚至还会影响动物的基础生理状况。再想想获奖人唐纳德·L.昂格尔，他童年时就想知道妈妈的严正警告是不是真的，即不要掰指关节，不然"你会得关节炎的"。他用自己的手开展了一场毕生实验。尽管他得出的否定结果可能还需要用更多参与者和控制精准的实验程序来检验，但是他生动地证明，批判性思维首先和最基本的步骤就是：提问和愿意怀疑。

我们人类总是有充分的理由认为自己是最聪明的物种。认知能力赋予我们搞笑、有趣、机智和创造性等特点。罗丹这样的大艺术家能创作出"思想者"，而无数创造性模仿者用沙子、金属、动画、冰甚至冰激凌做出了个性化版本的"思想者"。人类不仅能批判性思考，还会批判思考"批判性思考"，并且能理解我们常常不能做某事或不会做某事的原因。

然而，正如本章中的一些研究所示，我们也常让自己陷入巨大的困惑：我们会过高估计自己的许多技能，有歪曲事实的认知偏差，还常常盲目行事。毕竟，那些获得搞笑诺贝尔奖的爱尔兰警察就是心理定势制约我们的绝佳案例。他们的心理定势是"驾照上的两个主要单词就是司机的名字"，这样的定势让他们忽视了这么一个可能性，即波兰语"驾照"也许压根儿不是司机的名字。于是爱尔兰警察们没头没脑地给那些超速的波兰司机开罚单，毫无疑问，司机们对警察们的错误欣然接受。

我们在思考和推理上的缺点好像还不是太糟，许多人担心机器在心智能力方面正在超过我们——这也是科幻电影中的常见主题。用电脑模拟人类思维的**人工智能**（artificial intelligence）领域已经取得了重大进展。人类已经设计出了虚拟化身，它们可以远程诊断病人、提供心理治疗、应付脾气不好又啰唆的顾客，还能成为你的虚拟个人助理。随着语音识别及其他人工智能技术的发展，伦理学家们开始担忧一些潜在风险，如对人工智能的操控、滥用。在社会层面上，公司是否可以藏身在机器人声音之后，让它们去安抚愤怒的顾客？从个人角度看，计算机和机器人最终能为我们做出如何提高公众教育水平、选择生活伴侣，或管理一支棒球队等关键决定吗？

虽然计算机的本领给人留下了深刻印象，但也请你记住，你自身复杂、非凡也易犯错的心智才是真正的智力，它能超过计算机按光速执行计算的能力。正如我们所见到的，智力涉及处理非正式推理问题的能力、辩证地和反思性地推理、想出解决问题的捷径、理解情绪和获得缄默知识。当然，机器人和计算机不会由于缺乏聪明才智而烦恼，因为它们烦恼的是缺乏心灵。正如计算机科学家大卫·葛伦特（David Gelernter, 1997）写的："如何才能使一个什么也不想、什么也不怕、什么也不喜欢、什么也不需要和什么也不关心的物体具有心灵呢？"

因为机器是无意识的，它们缺乏一种特性，这种特性不仅将人类与计算机区分开来，也将人类与其他物种区分开来：我们试图理解我们自己的误解，（Gazzaniga, 2008）我们想知道我们不知道的，我们有动力去克服我们的心理缺陷。这种人类独有的自我反省能力可能是我们保持对自己认知能力乐观的最佳理由。

人们担心机器将会打败我们，但这还不太可能

学以致用

让自己变得更有创造性

在这本书中，我们一直在强调提问的重要性，思考最明显的解释之外的其他解释，并检验假设和偏差。所有的批判性思考指南不仅涉及推理，也与创造性有关。

花几分钟时间回答远程联想测验（Remote Associates Test）中的问题，这是一项有关创造性所必要的心智弹性的测试。你的任务就是想出一个与某一组中的三个单词都有关的单词。(Mednick, 1962) 例如，对于新闻—回形针—墙（news-clip-wall），适合的答案是纸（paper）。明白规则了吗？现在试着回答以下问题（答案见本章最后）：

(1) 小猪—绿色—睫毛（piggy-green-lash）
(2) 惊奇的—政治的—赞同（surprise-political-favor）
(3) 标志—架子—电话（mark-shelf-telephone）
(4) 棍—制造者—网球（stick-maker-tennis）
(5) 奶油—小屋—布（cream-cottage-cloth）

创造性思维要求你通过发现要素之间意想不到的关联，以新方式联系问题中的要素。没有创造力的人依赖于**聚合思维**（convergent thinking），遵循一套自认为能获得正确答案的特别步骤。一旦解决了某个问题，他们就倾向于形成一个心理定势，并用相同的方法去解决今后的问题。相反，具有创造力的人则会运用**发散思维**（divergent thinking），他们不会固执地墨守一种经过检验且可靠的方法，而是会探索一些其他方法来产生几种可能的解决方案。他们会提出新的假设，设想其他解释并寻找那些可能不是很明显的联系。当然，对艺术家和小说家而言，创造性是工作需要，不过在现实工作与生活中，发明新工具、从剩饭剩菜里捣鼓出一个食谱、找到给有需要的人分发滞销食品的方法或装饰你的房间都需要创造性。

有创造力的人不一定有高智商。在这方面人格特征似乎更为重要，尤其以下三种人格特征（Helson, Roberts, & Agronick, 1995; McCrae, 1987; Schank, 1988）：

不墨守成规。有创造力的人不会太在意别人对他们的看法。他们愿意冒着被人嘲笑的风险，提出一些最初可能显得愚蠢或不恰当的想法。遗传学家巴巴拉·麦克林托克（Barbara McClintock）的研究被许多人忽视或轻视了将近30年。但是她确信自己能够证明基因如何在遗传中传递和发生突变。1983年，当麦克林托克获得诺贝尔奖的时候，评审员称她的工作是我们这个时代继DNA结构发现之后关于基因的又一项伟大发现。

好奇心。具有创造性的人喜欢寻求新的体验；他们注意到事实与期望的冲突，且对原因感到好奇。例如，德国物理学家威廉·伦琴（Wilhelm Roetgen）在研究阴极射线的时候，在其中的一个屏幕上注意到一束奇怪的光。其他人也看见了这束光，但是由于它与他们理解的阴极射线无关而被忽略了。伦琴对这束光进行了研究，发现它是另外一种射线，X射线。(Briggs, 1984)

坚持性。想象的灯光在头脑中点亮之后，为了维持它的照明你还要不断努力。或者正如真正电灯的发明者托马斯·爱迪生（Thomas Edison）反复说的："天才是百分之一的灵感加上百分之九十九的汗水。"没有哪项发明或哪件艺术作品是完全从一个人的头脑中涌现的。在整个过程中，都会伴随着很多的错误和痛苦的修正。

如果你正在批判性思考（也保持创造性），你也许会纳闷儿，这些个人品质真的就足够了吗？有没有想起前文所述最成功的"白蚁"？他们很聪明，也因自身努力而获得巨大进步。同样地，有些人也许更有创造性，不过他们也需要能激发创造性成就的环境。当学校和雇主鼓励内部动机而不仅仅是如金色奖章或金钱等的外部奖赏的时候，创造力就涌现了。(见第九章和第十四章) 内部动机包括成就感、智力满足、好奇心的满足和对活动十足的热爱。下列情况也能提高创造力：人们能够控制执行任务或解决问题的方式，所得评价不夸大，并且不会经常被观察和评价；独立工作。(Amabile, 1983; Amabile & Khair, 2008) 当组织允许人们冒险、给他们时间思考问题并允许创新的时候，也能促进创造力。

总之，如果你希望变得更有创造性，你要做两件事：一件就是培养与创造力有关的个人品质：如技能、好奇心、内在动机和自律。另一件就是寻求允许你展现那些品质和试验新想法的环境。

本章总结

思维：利用我们所知道的

- 思维是对信息的心理操作。我们的心理表征可以简化和概括环境中的信息。
- 概念是一个将具有特定属性的物体、关系、活动、抽象意识或品质进行分类的心理范畴。基本概念有适当数量的样例，且比其他样例更多或样例更少的概念更易获得。一个概念的原型样例比其他样例更具有代表性。我们用于表达概念的语言也许会影响我们感知、思考这个世界的方式。
- 命题由概念组成并表达一个单一的观点。它们可以联系在一起形成认知图式，认知图式可以作为问题各方面的心理模型。心理表象在思维中也起重要作用。
- 并非所有的心理加工都是有意识的。下意识加工处于意识之外，但是在需要的时候，它却能进入意识之中。当有某项行为高度自动化，下意识加工就能使我们同时进行两种或多种行动。但多任务操作常常效率不高，也会导致错误，并且在开车时还可能导致危险的交通事故。无意识加工在觉知之外，但它还是影响到了所谓的"直觉""顿悟"和内隐学习等行为。如果我们忽略了需要改变行为的情境的变化，意识加工就可能会以不用心的方式执行加工。

理性推理

- 推理是有目的的心理活动，包括从观察、事实或者假设中得出结论或推论。正式推理问题通过运用算法总能得到解决，算法是指一套肯定能产生一个解决方案的程序，它也能通过如演绎推理和归纳推理的逻辑过程得到解决。非正式推理问题常常没有清晰的正确解决方案。基本前提可能不一致，信息可能不完全，并且可能具有许多相互竞争的观点。这种问题经常需要应用启发法，可能也需要对相反观点做出辩证推理。
- 反省性判断研究表明，许多人在辩证思考方面都存在困难。处于前反省阶段的人不能区分知识和信念，或者不能区分信念和证据。处于准反省阶段的人认为，因为知识有时是不确定的，因此任何对证据的判断都纯粹是主观的。处于反省思考阶段的人明白，尽管不能准确认识某些事，但是有些判断的确比其他的更合理，因为它们连贯且和证据相符。高等教育能培养人逐渐接近反省性判断。

理性推理的障碍

- 清晰和理性推理的能力也会受到很多认知偏向的影响。人们倾向于夸大不可能事件的可能性，部分原因是情感性和可得性启发法；做选择时倾向于摇摆不定，这主要是由于想避免损失及框架效应的影响（即选项的表达方式）。人们还会因为公平偏好放弃物质收益。人们常过高估计自己精确预测的能力（事后聪明偏向）；主要注意那些能够证实他们想要相信的事情或事物的证据（证实偏向）；也常思想僵化，形成心理定势并看见原本不存在的模式。
- 认知失调理论认为人们有动力去减少两种认知冲突引起的压力——通过抛弃或改变一种信念，或者通过改变他们的行为或将其合理化。当人们需要证明某个决策是正当的时候（如减少决策后的不协调），当他们的行为与自我概念冲突的时候，或当他们已经在某一活动中投入大量工作的时候（如合理化努力），他们尤其可能这样做。

测量智力：心理测量方法

- 很难给智力下定义。一些理论家相信一般能力（g因素）是许多特殊能力的基础，但其他人则不这么认为。传统的智力研究方法是心理测量理论，它主要考量人们在标准化能力倾向测验中的表现。大多数心理测量学家相信一般能力（g因素）是许多特殊能力的基础。但其他人主张存在某些人，他们能在一些其他人都做不到的推理或问题解决中表现极佳。
- 智商或IQ代表了某个人和其他人比起来在智力测验上的表现。阿尔弗雷德·比奈设计了第一个广泛应用的智力测验，其目的是为了鉴别那些能从补救工作中获益的儿童。但是在美国，人们却认为智力测验揭示了"自然能力"，他们用智力测验把学校和军队里的人进行分类。

- 一直以来都有人批评智力测验，因为它有利于中产阶级白人。然而，建构超文化（所有文化通用）和文化公平的测验的努力却一直都令人失望。文化几乎能够影响一个测验要做的每一件事，从态度到问题解决策略。一个人的种族、性别或年龄的消极刻板印象可能会导致这个人经历刻板印象威胁，会让其有一种怀疑自己能力的压力，从而导致焦虑，干扰测试成绩。

剖析智力：认知理论

- 与心理测量理论相反，智力研究的认知理论强调几种类型的智力和人们用于解决问题的策略。斯腾伯格在智力三元论中提出了智力的三个方面：合成智力（包括元认知）、经验智力和情境智力。情境智力使你获得缄默知识，这是对成功非常重要的一种实际策略，但没有明确的教授方法能教人缄默知识。
- 智力的另一重要类型就是情绪智力，它是一种精确识别自我及他人情绪、清晰表达情绪及调节自己与他人情绪的能力。

智力的起源

- 行为遗传学研究估计智力的遗传率（通过IQ测验）对于儿童和青少年大约在0.40～0.50之间，对于成年人大约在0.60～0.80之间。相较于异卵双胞胎，同卵双胞胎在智商测验上的表现更相似；被收养的孩子的分数与他们亲生父母的分数的相关比与他们无血缘关系的亲属的分数的相关更高。但这些结果并不意味着基因决定智力，在智商得分上的其他变异必然大部分来自环境的影响。
- 正如灰质总容积反映的那样，基因可能通过影响神经元数量或神经元之间的联结来影响智力。灰质总容积具有高度遗传性并且还与人的一般智力相关。
- 从基于组内差异估计而得出智力的种族差异的结论是错误的。现有可得到的证据不能支持黑人—白人智商得分差异的遗传解释。

- 产前的不良照料、营养不良、处于毒素中和紧张的家庭环境等环境因素与智力测验中较差的表现有关；健康的和激励人的、丰富的环境能提高被试的表现水平。来自许多国家的调查表明，几代以来智商得分都在上升，产生这一现象最可能的原因有教育水平提高、健康状况更好、对抽象思考能力有要求的职业需要。
- 智力成就也依赖于动机、努力和自律。跨文化研究表明，有关心智能力起源的信念、父母的标准和对教育的态度有助于解释学业成绩的差异。

动物的心智

- 一些研究者，尤其是那些认知习性学的研究者认为，动物具有比我们平常所能想象的更高的认知能力。一些动物能使用物体作为基本工具。黑猩猩能学会用数字标记项目数量。一些研究者相信大猩猩和某些动物，具有某方面的心理理论，即它们能理解自己心灵和他人心灵如何起作用。在某些猩猩和猴子身上，这方面的能力可能还包括某些元认知能力。
- 在几个使用视觉符号系统和美国手语的项目中，灵长类能习得言语技能。有些动物，甚至像海豚、鹦鹉这样的非灵长类动物似乎能使用简单语法规则来表达和理解意义。然而，科学家仍然从不同角度来解释这些结果，一些人担心拟人说，一些人担心否定拟人说。

回顾新闻中的心理学

- 认知能力赋予我们搞笑、有趣、机智和创造性等特点，然而我们也会受到认知偏差的蒙蔽，这些认知偏差会导致我们歪曲现实、盲目行事。尽管人工智能领域已经取得了重大进展，人类智力还是能超过计算机按光速执行计算的能力。我们仍然是这个星球上力图同时理解自身心智和误解的唯一生物。

学以致用：让自己变得更有创造性

- 创造性是批判性思维的一部分。当解决问题时，有创意的人依赖的是发散性而非聚合性思维。他们倾向于不墨守成规、保持好奇和坚持，不过环境也能培养（或抑制）创造性成果。

关键术语

概念（concept）224
基本概念（basic concept）224
原型（prototype）224
本杰明·李·沃尔夫（Benjamin Lee Whorf）225
命题（proposition）225
认知图式（cognitive schema）225
心理表象（mental image）225
下意识过程（subconscious process）225
无意识过程（nonconscious process）226
内隐学习（implicit learning）226
不用心的混沌状态（mindlessness）227
推理（reasoning）228
正式推理（formal reasoning）228
算法（algorithm）228
演绎推理（deductive reasoning）228
前提（premise）228
归纳推理（inductive reasoning）228
非正式推理（informal reasoning）228
启发法（heuristic）228
辩证推理（dialectical reasoning）229
反省性判断（reflective judgment）229
前反省阶段（pre-reflective stage）230
准反省阶段（quasi-reflective stage）230
反省阶段（reflective stage）230
情感启发法（affect heuristic）231
可得性启发法（availability heuristic）232
避免损失（avoidance of loss）232
框架效应（framing effect）232
公平偏好（fairness bias）233
最后通牒博弈（ultimatum game）233
行为经济学（behavioral economics）233
事后聪明偏差（hindsight bias）233
证实偏差（confirmation bias）234
心理定势（mental set）235

认知失调（cognitive dissonance）235
决策后冲突（postdecision dissonance）236
合理化努力（justification of effort）237
智力（intelligence）238
心理测量（psychometric）238
因素分析（factor analysis）238
g因素（g factor）238
心理年龄（mental age，MA）239
智商（intelligence quotient，IQ）239
斯坦福—比奈智力量表（Stanford-Binet Intelligence Scale）239
韦氏成年人智力量表（Wechsler Adult Intelligence Scale，WAIS）240
韦氏儿童智力量表（Wechsler Intelligence Scale for Children，WISC）240
刻板印象威胁（stereotype threat）241
智力三元论（triarchic theory of intelligence）242
合成智力（componential intelligence）242
元认知（metacognition）242
经验（创造性）智力（experiential [crative] intelligence）243
情境（实用性）智力（contextual [practical] intelligence）243
缄默知识（tacit knowledge）243
情绪智力（emotional intelligence）243
智力的认知理论（cognitive approach to intelligence）244
遗传率（heritability）245
认知习性学（cognitive ethology）250
心理理论（theory of mind）251
拟人说（anthropomorphism）253
否定拟人说（anthropodenial）254
人工智能（artificial intelligence）255
聚合思维（convergent thinking）256
发散思维（divergent thinking）256

原书第 256 页的创造性测试题的答案：

背部（back），聚会（party），书（book），火柴（match），奶酪（cheese）

原书第 235 页的"参与进来"中关于"9 点"问题的一些解答（来自 Adams, 1986）：

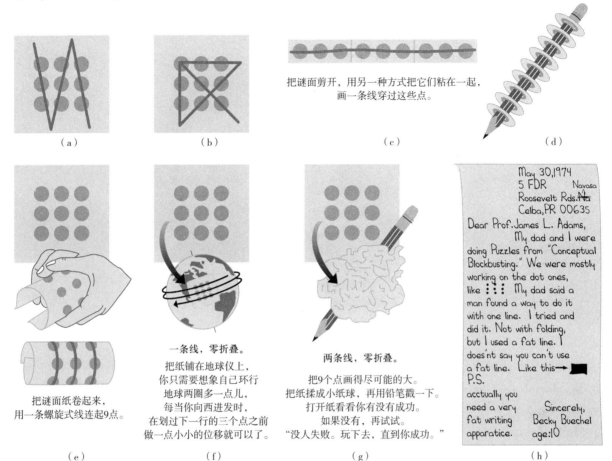

[新闻中的心理学]

被冤枉的人和控告他的人讲述他们的故事

罗纳德·科顿（左）仅根据珍妮弗·汤普森的目击证词就被判犯有强奸罪。
真正的强奸犯博比·普尔（右）最终通过 DNA 测试被确认

2010 年 1 月 5 日，来自纽约的消息。圣马丁出版社（St. Martin's Press）宣布发行平装版的《摘棉花》（*Picking Cotton*），这是一个非凡的真实故事，小说家约翰·格里沙姆（John Grisham）称之为对暴力、愤怒、救赎，以及最终的宽恕的描述。

故事始于 1987 年，在北卡罗来纳州（North Carolina）的伯灵顿（Burlington），一名年轻的白人大学生珍妮弗·汤普森（Jennifer Thompson）遭到强奸。在她遭受折磨的过程中，汤普森对自己发誓说，她永远不会忘记强奸她的人的脸，他从她公寓的窗户爬进来，残忍地袭击了她。在袭击过程中，她努力记住他面部的每一个细节，寻找疤痕、纹身或其他识别标记。当警察问她是否能从一本犯罪嫌疑人照片簿中辨认出行凶者时，她挑了一张她确信是正确的照片，后来她在一排人中认出了同一个人。

根据她令人信服的目击者证词，一个名叫罗纳德·科顿（Ronald Cotton）的 22 岁黑人男子被判两年监禁。科顿的律师对判决提出上诉，在上诉听证会上，有证据表明，真正的强奸犯可能是一个长得很像科顿的人——一个名叫博比·普尔（Bobby Poole）的被监禁的罪犯。后来又举行了一次审判。珍妮弗·汤普森面对面地看着这两个人，再一次说罗纳德·科顿才是强奸她的人。

11 年后，DNA 证据证明科顿无罪，普尔也毫不含糊地承认了罪行。汤普森震惊了，悲痛欲绝。她在信中写道："那个我如此确信自己从未见过的男人当时离我的喉咙只有几英寸，他强奸了我，伤害了我，夺走了我的心灵，夺走了我的灵魂。而我在许多场合下反复强调的那个人，却是绝对无辜的。"

珍妮弗·汤普森决定与科顿见面，并亲自向他道歉。值得注意的是，两人都不计前嫌，克服了种族隔阂，并写了一本书，将这本书的副标题定为"我们关于不公正与救赎的回忆录"（"Our memoir of injustice and redemption"）。

然而，汤普森说，她仍然生活在持续的痛苦中："我的严重错误让他付出了如此高昂的代价。我无法想象，如果我在死刑案件中认错了人，会发生什么。"

第八章

记 忆

Memory

现如今，太多的犯罪嫌疑人只因目击者证词确切就被关押在牢里。但是，在未证实的情况下，单凭目击者确信的记忆是否足以定罪？在我们努力回答这一问题时，还需要考虑以下很多问题，例如，如何让受害者在避免误判的前提下获得正义？

记忆（memory）是指保持和提取信息的能力，也指解释这种能力的结构。人类具有惊人的记忆能力。我们中的大多数人都能轻易地想起国歌的旋律、如何使用自动取款机、我们经历过的大多数尴尬场景，以及成千上万的其他信息片段。记忆使我们具备一定的能力，没有它，我们将如婴儿般无助，甚至不能完成日常生活中的很多琐碎小事。记忆还能使我们产生个体同一性，每个人都是回忆的总和。从连贯性和意义性的角度来讲，个体和文化同样依赖被记住的历史。记忆给予我们过去，并指导我们的未来。

但我们的记忆有时也可能是被歪曲的、被美化的甚至完全错误的。你可能遇到过这样的情况，当你和兄弟姐妹、父母或者朋友谈论共同经历过的事情时，结果和你的记忆完全不同。（"那晚我也在，真是个完美的夜晚！"另一个人惊讶地问道："你真的在场吗？你当时在别的城市吧？三个月过去了，你还不知道那天晚上发生了什么。"）

本章会提出一些有趣的且困扰人们已久的问题：什么时候我们应该相信自己的记忆？什么时候需要更加谨慎？当然，我们都会忘记很多事情，我们是否也会"记得"一些从未发生过的事情呢？记忆功能障碍是个别的还是普遍存在的？如果记忆并非总是那么可靠，我们又如何能够真正知道自己生活中的故事？又该如何理解过去？

你将会学到

- 为什么记忆的工作原理与摄像机不同，以及它是如何工作的？
- 为什么我们的记忆会出现错误，甚至是在那些令人惊奇的或令人震惊的事件中？
- 为什么你对一个记忆事件有强烈的情绪反应，但这并不意味着你的记忆是准确的？

重构过去

想象一下如果你产生不了新的记忆，你的生活将会是什么样的。这样的悲剧经常发生在那些患痴呆症的老人以及大脑受损或患有疾病的年轻人身上。在医学记录中最具意义的研究，可能是那个为研究人员所熟知的亨利·莫莱森（Henry Molaison，简称为 H. M.）的案例，H. M. 于 2008 年去世，享年 82 岁。（Corkin, 1984; Corkin 等, 1997; Hilts, 1995; Milner, 1970; Ogden & Corkin, 1991）1953 年，当 H. M. 27 岁时，外科医生切除了他的大部分海马组织和部分杏仁核，这是为了缓解 H. M. 所患的可能危及生命的严重癫痫症所做的最后努力。手术达到了既定目标：后来他癫痫症发作时的症状有所减轻，且可以用药物控制。然而，他的记忆却一直受到严重的影响，尽管他能回忆起手术前的大部分事情，但对新知识的记忆却不会超过 15 分钟。事实、歌曲、故事和面孔就像水从排水沟里流走一样消失了。他可能会一遍又一遍地重复阅读同一本杂志，但他意识不到这一点。他想不起一周里的每一天，甚至想不起他上顿饭吃了什么。

H. M. 喜欢玩填字和宾戈游戏，在他手术之前他就获得了这些技能。手术之后，尽管他知道自己存在记忆方面的问题，但是他还是很乐观。他偶然能回忆起一些特殊的情绪事件，如肯尼迪总统被暗杀。他有时也能想起他的父母都已过世。但是就如对 H. M. 进行过详细研究的苏珊娜·科金（Suzanne Corkin）所说，这些"记忆中的岛屿"是他遗忘汪洋中的例外。这位和善的男子并不能识别出包含他自己面孔的照片，同时他仍然不知道科学家已经对他进行了几十年的研究。他沉浸在一种扭曲的旧日时光中。

记忆的重构

古时候，哲学家将记忆比作蜡片，它能够将偶然在其上留下烙印的任何东西保存下来。然后，随着印刷机的出现，他们开始认为记忆是一座巨大的图书馆，为了便于以后进行提取而存储特定的事件和事实。在今天这个视听时代，很多人又将记忆比作录音机或者摄影机，认为它会自动记录他们生活中的每一个瞬间。

虽然关于记忆的这种信念很流行并很吸引人，然而，它却是完全错误的。并非所有发生在我们身上或者触发我们感觉的事情都会被储存起来备用。记忆是有选择性的。否则，我们的头脑将因垃圾信息——如周四中午的温度、两年前萝卜的价格和只使用过一次的电话号码等——充斥其中而变得混乱不堪。再者，记忆恢复也完全不似重播一件事的磁带，它更像用一些不连续的画面提供框架，而后描绘出那些相像的场景。

英国心理学家弗雷德里克·巴特利特（Frederic Bartlett, 1932）爵士是最早持有这种观点的科学家之一。巴特利特让人阅读又长又陌生的来自异文化的故事，然后再让人讲给他听。尽管志愿者尽量复述故事，但他们却犯了一些有趣的错误：他们常常删除或者改变那些对他们没有意义的细节，并添加其他细节以使故事连贯，有时甚至会添加寓意。巴特利特由此得出结论，记忆在很大程度上必定是一个重构的过程。巴特利特说，通过死记硬背，我们可以复述很多种简单信息，但是当我们记忆复杂信息时，我们通常会根据已知的或者现在我们所思考的东西，改变复杂信息以帮助理解材料。在巴特利特之后，许多研究都发现，对于故事、交谈乃至个人经历等事情而言，这一观点是正确的。

信息来源错误认定 不具备将关于事件的准确记忆从经历过的其他事件中分离出来的能力。

在**重构记忆**（reconstructive memory）的过程中，人们通常会引入很多原始资料。假如有人要你描述一个你以前的生日宴会，你可能对此事有一些直接的回忆，然而，你也可能会结合来自家庭故事、相片或者家庭录像的信息，甚至是对其他人生日的记忆以及电视中生日场景。你可能会将这些片段整合为一个完整的故事。后来，你也许不能从添加后的事实中分离出你的真实经历——这种现象称为**信息来源错误认定**（source misattribution），有时也称为信息来源混乱（source confusion）。（Johnson, Hashtroudi, & Lindsay, 1993; Mitchell & Johnson, 2009）

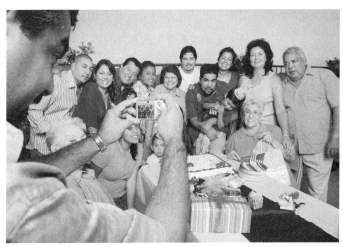

如果这个被快乐的亲人环绕着、坐在蛋糕前的男孩在以后的生活中回忆起这个生日宴会，那么他所记得的内容可能包括从家庭照片、录像和故事中获得的信息。他通常不能将实际的记忆与他从其他渠道获得的信息区别开来

你能想起当迈克尔·杰克逊去世的时候,你在哪里吗?他的大多数粉丝可能会有关于他在 2009 年 6 月 25 日突然去世的闪光灯记忆。但是闪光灯记忆并不总是完整的或准确的,随着时间的流逝,也会慢慢失真

当然,一些骇人听闻的或者悲惨的事件——如地震、意外事故、大规模屠杀或者暗杀事件——在记忆里往往占据特殊位置,尤其当我们也参与其中时。那些不常见的令人兴奋的高兴事件也是如此,如中彩票。几年前,罗杰·布朗(Roger Brown)和詹姆斯·库利克(James Kulik, 1977)把对这些情感事件的清晰回忆称为**闪光灯记忆**(flashbulb memory),因为这个词抓住了它们所特有的惊喜、明亮和看似摄影般的细节。

一些闪光灯记忆可以持续几年,甚至数十年。在一项以丹麦老年人为对象的研究中,这些老年人有着第二次世界大战期间祖国被纳粹占领的经历,他们对那些可证实的战争事件有准确的记忆,如收音机播放解放的时间以及当时的天气状况。(Berntsen & Thomsen, 2005)但是闪光灯记忆也不总是完整的或准确的。人们通常会记得令人惊愕的要旨、他们亲历或见证的情感事件,如 2001 年纽约世界贸易中心摧毁事件。然而研究者多次询问后,错误也随细节的增加悄然而入,甚至有些人在事件过去几年后忘记了主要情节。(Neisser & Harsch, 1992; Talarico & Rubin, 2003)

尽管有闪光灯记忆,然而事实往往伴有想象的成分。记忆是一个动态过程,不仅会梳理已存储的信息,而且会综合所有的事实来重构过去。有时我们还会添枝加叶,"把 2 和 2 加起来得到了 5"。

虚构的条件

虚构 混淆发生在他人身上的事件与发生在自己身上的事件,或者相信自己记得一些从未真正发生过的事情。

因为记忆具有重构性,所以它是以**虚构**(confabulation)为条件的,虚构是混淆发生在他人身上的事件与发生在自己身上的事件,或者相信自己记得一些从未真正发生过的事情。虚构尤其会发生在下列情况下。(Garry 等, 1996; Hyman & Pentland, 1996; Mitchell & Johnson, 2009)

1 多次思考、想象或告诉他人的事件。假使你在家庭聚会上听说了这样一个故事:山姆叔叔在新年聚会上恐吓所有人,他拿一个锤子敲击墙壁,力量大得致使墙壁倒塌。这个故事是如此精彩,以至于你的确在意识里看到了山姆叔叔。你对这一事件想象得越多,就越可能使你相信你当时确实在那里,即使你当时是在另一间屋子里酣睡。这个过程被称为**想象膨胀**(imagination inflation),你自己积极的想象,使得你相信事件真实发生过的念头得到膨胀。(Garry & Loftus, 2000)仅仅是试图解释一件童年事件发生的可能性,就能增加个体确信其发生过的信心。对一个事件进行解释会增加熟悉性,从而让人们更相信它是真实发生过的。(Sharman, Manning, & Garry, 2005)

从未忘记　　　有时忘记　　　总是忘记

2　事件的表象包含很多让人感觉是真实的细节。一般来讲，通过回忆大量细节，我们能够区分想象事件与真实事件，真实事件往往产生更多细节。然而，你对想象事件思考得越久，你就越可能添油加醋（山姆穿什么了，他喝了太多的酒，石灰碎屑，戴派对帽站立着的人们）。这些细节反过来则会使得你相信事件真实发生过，而且你对此有直接的记忆。

3　事件是容易想象的。如果几乎不费力气就能形成事件的一个表象（如看到一个男性用锤子敲击墙壁），我们就会倾向于认为我们的记忆是真实的。相反，当我们必须努力去形成一个表象时（例如，身处一个我们从未见过的场景或者做一件对我们来说完全陌生的事情），显然，我们的认知经验作为一个线索，提示我们事件并未真正发生，或者当事件发生时我们并未身处其中。

虚构的结果是，你可能最终拥有一段情感上的、对你来说生动真实但却完全错误的记忆。这种不准确的信息出现在记忆刚开始形成的时候（也许你当时精力不集中或分心），或者后来的检索过程中（你可能会把相关的想法、愿望和想象与实际发生的事情相混淆）。（Mitchell & Johnson, 2009）这意味着不管你对事件的感觉有多强烈，这种感觉都不能保证事件真实发生过。

重新思考一下山姆叔叔的故事，想象膨胀是真实发生过的。我们的一位女性朋友多年来一直确信，在山姆叔叔毁坏墙壁的时候，11岁的她当时就在屋里。由于这个故事在她的

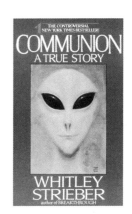

20世纪80年代，惠特利·斯特里伯（Whitley Strieber）出版了名为《交流》（*Communion*）的畅销书，书中叙述了他曾遇到外星人的经历。一位艺术总监设计了书的封面。之后，许多人认为这就是外星人的样子，有人在自己虚构的遭到外星人绑架的故事中借用了这个图像

快速测验

根据之前学过的内容回答下面问题。

一、记忆就像（　　）
　　A. 蜡片　　B. 巨型文件柜　　C. 摄影机　　D. 都不是

二、判断对错：因为闪光记忆很生动，所以经过很长时间后还会很准确。

三、下列哪种虚构记忆更可能被人们当作真实发生过，为什么？
　　A. 5岁时在购物中心走失　　B. 参加天体物理学的课程
　　C. 小时候去西藏拜见僧侣　　D. 四年级时被其他孩子欺负

答案：一、D　二、错　三、A 和 D，因为这些事件比较普通，所以人们更容易接受这类的故事，而那些自己亲身经历过的事物更能被准确地重建并回忆。则能使孩子们相信，因为这些细节能让人们相信。

脑海里是如此清晰、令她苦恼，因此她对叔叔的手段与粗暴行动感到愤怒，并确信她当时也必定很愤怒。长大后，她了解到她当时根本不在聚会现场，而只是多年来不断地重复听说。而且山姆叔叔也没有愤怒地砸倒墙壁，这只是一个玩笑，为了向与会宾客说明他和妻子准备重新装修他们的房屋而已。然而，为了让她确信对事件的记忆是完全错误的，这位朋友的家人花费了不少时间，并且不能确定她是否仍然相信那些事情。

正如山姆叔叔的故事一样，实验室研究也证实，随着时间的推移，与正确记忆类似，错误记忆也是稳定的。（Roediger & McDermott，1995）对此我们应该相信这一点：记忆具有重构性。

> **你将会学到**
> - 你对事件的记忆会受到他人提问方式的影响吗？
> - 为什么儿童关于性虐待的记忆和证词常常是不可信的？

记忆和暗示的力量

记忆的重构性有助于大脑有效地工作。我们的大脑不是被无穷的细节所填满，而是存储有关经历的基本要点，并在我们需要它们的时候利用我们已知的要点去描绘出细节。但是正是由于记忆是可重构的，它也受到暗示——事件发生之后植入脑海的观点——的影响，然后与之发生联系。在涉及目击证人的证词或者人们回忆发生过什么、何时发生和发生在谁身上等法律案件上，这一事实往往会导致棘手问题的出现。

受审的目击证人

没有目击证人的陈述，很多犯罪者都将逃之夭夭。但是，珍妮弗·汤普森的悲惨经历告诉我们，目击证人的证词也并不总是可靠的。通过列队或者照片的形式辨认犯罪嫌疑人帮助并不大，因为目击证人很可能把他们中最像罪犯的人当成嫌疑人。（Wells & Olson, 2003）因此，一些基于这些证词的判决有时也会导致悲剧性的错误。

当犯罪嫌疑人与目击证人的种族不同时，目击证人尤其会做出错误的身份判断。由于不熟悉其他的种族群体，目击证人可能只关注他们所见犯罪者的种族（"他是黑人""他是白人""他是阿拉伯人"），而忽视那些可以更准确确定身份的特征。（Levin, 2000; Meissner & Brigham, 2001）

在一项跨越四十年的研究中，伊丽莎白·洛夫特斯（Elizabeth Loftus）和她的同事发现，目击证人的记忆会受对他们的提问方式的影响，也受在审问或者采访过程中暗示性评论的影响。在一项经典的研究中，研究者发现提问时细微的措辞变化是如何导致目击证人得出不同答案的。研究者要求被试先观看汽车相撞的短片。然后，研究者问其中几个被试："当它们互相撞击（hit）时汽车有多快？"当然他们也问其他被试相同的问题，只是动词变为"撞碎"（smashed）、"猛撞"（collided）、"碰撞"（bumped）或者"接触"（contacted）。根据使用不同的词，被试估计的车速也随之改变。"撞碎"产生的平均估计速度最高（65.66

千米/小时），接下来是"猛撞"（63.2 千米/小时）、"碰撞"（61.32 千米/小时）、"撞击"（54.72 千米/小时）和"接触"（51.18 千米/小时）。（Loftus & Palmer，1974）

在一项相似的研究中，研究者问一些被试："你是否看到了一个破碎的前灯？"（Did you see a broken headlight?）而问其他被试："你是否看到了那个破碎的前灯？"（Did you see the broken headlight?）（Loftus & Zanni，1975）含有"那个"（the）字样的问题预设了一个破碎的前灯而只是问被试是否看到，含有"一个"（a）字样的问题则没有如此预设。较之于回答含有"一个"字样问题的人，回答含有"那个"字样问题的人更可能回答看到过某些在影片中从未出现的东西。如果像"那个"的一个词就能引导人们"记得"那些他们从未看到的东西，那么你就能想象出警探和律师的**引导性问题**（leading question）同样可能影响目击证人的回忆。

在有关犯罪的电视节目里，犯罪嫌疑人站成一排，或者有一组照片供目击者辨认。但是这类方法有可能误导证人做出错误的判断，因为与其他人相比，某些人会更像罪犯。在心理学研究的帮助下，许多执法机构开始使用更为有效的方法，如让证人一次看一张嫌疑人的照片，并且不能回看前面的照片以避免比较

其他来源的误导信息也能完全改变证人的陈述。实验者给学生展示一个有直发的年轻男子的脸，然后让他们听由另一个证人假想的面部描写，即该男子有浅色卷曲的头发（如图 8.1），请你设想一下会发生什么？当学生重构面部特征时，有 1/3 的重构包含了误导信息。反之，当证言中没有提到卷发时，只有 5% 的学生重构了卷发特征。（Loftus & Greene，1980）

<268>

引导性问题、暗示性评论和误导信息不仅仅会影响人们对目击事件的记忆，对他们的亲身经历也一样会产生影响。研究者能诱使人们"回忆"起那些从未真正发生过的早期的复杂事件，比如迷失在购物商场、发高烧住院、遭到恶棍的威吓、和启蒙老师开玩笑引出麻烦、在婚礼上洒了岳母一身酒。（Hyman & Pentland，1996；Lindsay 等，2004；Loftus &

图 8.1 误导信息的影响
在文中描述的研究中，学生看到一个直发年轻男子的脸，然后必须依靠记忆重构它。左边的图片是一个没有受到误导信息影响的学生对男子头发的重构。右边的图片是一个受到"有浅色卷曲头发"误导信息影响的学生对同一张脸的重构。（Loftus & Greene，1980）

Pickrell，1995；Mazzoni 等，1999）在一个类似研究中，实验者向人们展示伪造的有兔八哥模型的迪斯尼乐园广告，结果后来有 16% 的人回忆说曾在迪斯尼乐园遇到过它。（Braun，Ellis，& Loftus，2002）之后的研究发现这个比例更高。有些人甚至还声称记得与它握过手或者看到它在游行。然而这些"记忆"都是不可能的，因为兔八哥是华纳兄弟公司的一个作品，根本不可能出现在迪斯尼乐园。

儿童证词

暗示的力量能影响每一个人，很多人尤其关心它对那些可能受到性虐待的儿童的影响。成年人在追问儿童是否受到性侵犯时，如何不让自己的信念对孩子的回答产生影响？解决这个问题是非常困难的。20 世纪八九十年代，全美日托中心虐待儿童的控诉急剧上升。在接受治疗师和警方的调查后，有很多儿童声称他们的老师以极端恐怖的方式骚扰他们，比如将他们吊在树上、给他们戴手铐、强奸他们，甚至强迫他们吃屎。虽然没有一个案例显示父母真实地看到日托教师虐待儿童，没有任何儿童向其父母控诉，也没有父母提及他们孩子有什么征兆和问题，但是大多数被控诉的教师都被判入狱很多年。

> 对儿童证词进行批判性思考

正是因为有了心理学的研究，这种病态的状况才得以解决，人们对这些案例中对儿童调查的误判也有了更清晰的认识。现在我们知道尽管大多数儿童的确能准确回忆他们所观察到或经历过的大多数事情。但是，很多儿童也会说出一些当时并未发生的事情。与成年人类似，他们也会受到询问者的引导性问题和暗示的影响。（Ceci & Bruck，1995）因此，切奇（Ceci）和布鲁克（Bruck）提出，不应问"儿童易受暗示吗"或者"儿童的记忆都是准确的吗"这类问题，而是可以询问一个更有用的问题："在哪些情况下儿童容易受暗示的影响？"

通过大量的实验研究，研究者得出较为一致的答案：当询问者坚信儿童受到骚扰时，就会用暗示技术让儿童"揭露"它。（Bruck，2003）偏爱这种方式的询问者未能批判性地去思考问题，他们只是寻找确定证据而忽略有矛盾的证据和对儿童行为的其他解释。他们拒绝接受儿童对受到骚扰的否认，他们假定儿童只是"在否认"。他们使用技巧鼓励想象膨胀（"让我们假设它发生过"），这使得儿童在头脑里混淆了现实和想象。他们迫使或者鼓励儿童承认确有可怕的事情发生，他们用重复问题诱迫儿童，他们声称"其他人"都说发生过此事，他们甚至使用贿赂和威胁。（Poole & Lamb，1998）

一个研究团队分析了一桩吵得沸沸扬扬的性虐待案件——麦克马丁（McMartin）幼儿园案件（以判处绞刑为结局）——中儿童的真实审问记录，而后用同样的暗示性技巧对幼儿园学生进行实验。（Garven 等，1998）实验者让一个年轻男子在幼儿园访问学生，给他们读故事并分发零食。该男子没有做任何攻击性的、不合适的或者令人惊讶的事情。一周后，实验者问及儿童们关于该男子的到访情况。她问一组儿童一些引导性的问题（"他是否推挤老师？""他是否向正在说话的儿童投掷粉笔？""他是否告诉你一个秘密，并告诉你不要告诉他人？"）。她问第二组儿童同样的问题，但运用了在麦克马丁和其他日托案件中曾使用过的影响性技巧。例如，告诉儿童们"其他儿童"的推测，如果回答否定则表示失望，如果做出指控则予以表扬。

第一组儿童对该男子到访的错误指控，回答"是，它发生过"的儿童约占 17%。第二组儿童对暗示他们的错误指控说"是"的约占58%。从图8.2中可以看出，在3岁组儿童中，平均超过80%的儿童对暗示他们的错误指控说"是"，而在4～6岁儿童组中，大约一半的儿童对错误指控说"是"。值得注意的是，该研究的访谈只持续了5至10分钟，而在实际调查中，研究者经常是持续数周或数月地重复询问儿童同样的问题。

许多人相信，儿童不会因诱导而声称那些对他们来说从未在现实生活中真正发生过的创伤经历，但事实却并非如此。当让幼儿园儿童回忆一件发生在他们学校的真实枪击事件时，许多当天缺席的儿童也都声称记得枪声、看到有人躺在地上以及一些他们可能没有直接经历的其他细节。显然，他们受到了那些当天在场儿童的陈述的影响。(Pynoos & Nader，1989）

当然，有些儿童，尤其是那些语言技能和自我控制能力还没发展成熟的儿童，更容易受到询问技巧的影响。但是在特定的情况下，所有的儿童都会被误导。与成年人相同，儿童也会因为谣言和传闻的影响而产生错误的观念和记忆。(Principe等，2006）

作为这一系列研究的结果，心理学家开发出了一些减少受访儿童错误报告的方法。例如，如果访谈者只是说"告诉我你今天到此与我交谈的原因"，那么大多数真实的受害者都会揭露在他们身上发生过什么。(Bruck，2003）对访谈者来说，最重要的是不能假定儿童受到了猥亵，不能对儿童进行引导式的提问。并且要了解到，儿童经常会在谈话中跑题，他们使用的词语与成年人并不相同。(Poole & Lamb，1998）一个小姑娘甚至认为她的"私处"是她的双肘！

总之，儿童的报告既可以与成年人一样是准确的，也可能与成年人一样会歪曲、遗忘、混入和受到误导。就像研究所表明的那样，儿童的记忆过程同样是人类记忆过程的一部分。

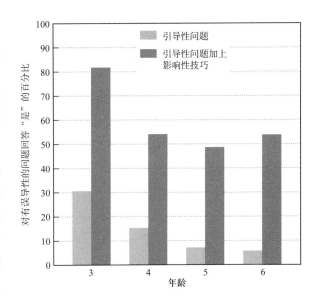

图8.2 社会压力和儿童的错误陈述
当研究者问3岁的儿童一些未曾发生过的具有引导性的问题时，如先前的到访者是否做过侵犯性的事情，差不多有30%的儿童回答"是"。同样的问题问再大一点的孩子，回答"是"的比例明显下降。但是当研究者使用来自虐待儿童案件真实调查中的影响技术时，大多数儿童都回答"是"。(Garven等，1998）

快速测验

测试一下你记忆的准确性。
一、判断对错：当目击证人与犯罪嫌疑人的种族不同时，即便目击证人对判断确信无疑，事实上很有可能是判断错了。
二、研究者认为鼓励儿童提供正确证词的最好方式是（　　）
　　A. 让儿童相信周围的朋友也有相同的经历　　B. 对儿童的陈述予以奖励
　　C. 对儿童的撒谎行为予以谴责　　D. 避免提一些引导性的问题
三、先前，一些接受过精神分析疗法的人声称唤起了自己尘封已久的记忆，比如参加过把动物或人作为祭祀品的仪式。但是当地的警察和FBI无法证实其真实性。请用学过的知识解释这一"记忆"现象。

答案：一、对　二、D　三、上述现象从认知心理学的角度可以解释是由于治疗师带有引导性的询问影响了患者，使他们唤起的并非真正的记忆是在其他地方听说的事情"回忆"起来，并以此使自己坚信记忆正确的。

> **你将会学到**
> - 为什么多项选择题通常比简答题做起来更容易？
> - 你知道一些你不知道你已知道的事情吗？
> - 为什么人们经常将计算机比作大脑？

记忆的研究

既然已了解到记忆不能像复读机一样起作用，我们现在就开始转向研究它是如何工作的。

测量记忆

外显记忆 对一件事或者一条信息有意识、有目的的记忆。

回忆 从记忆中提取和重现先前遇到的信息的能力。

再认 确认先前遇到的信息的能力。

对一件事或者一条信息有意识、有目的的记忆被称作**外显记忆**（explicit memory）。它通常有两种测量方法：第一种测量方法是**回忆**（recall），即提取和重现早先遇到的信息的能力。论述和填空测验需要回忆。第二种测量方法是**再认**（recognition），即对你先前所观察的、阅读的或听到的信息予以确认的能力。信息已经提供，你所需要做的就是说出它是新的或是旧的、对的或是错的，或者从多项中将它挑选出来。换句话说，就是把存储在你记忆里的信息与提供给你的信息进行比较。正误判断和多项选择测验需要再认。

再认测验也有可能难度很高，尤其是当错误项与正确项非常相似时。然而，在大多数情况下，再认都要比回忆更容易。对视觉图像的再认尤为令人印象深刻。如果你给人展示 2500 张面孔和地点的幻灯片，然后让他们从更多的图片中辨认哪些是他们曾见过的，他们能准确地识别出超过 90% 的原始的幻灯片。（Haber，1970）

在一项人们对其高中同学的记忆的研究中发现，再认优于回忆。（Bahrick, Bahrick, & Wittlinger, 1975）首先，研究者让年龄介于 17～74 岁之间的被试尽可能多地写下他们记得的同学的名字，结果他们的回忆是贫乏的。甚至当用年刊图片进行提示时，年纪最小的人也不能回忆出 1/3 的名字，最年长的人则几乎忘光了。然而，再认就要远好于回忆。研究者要求他们看每组包含 5 张照片的一系列卡片，并让其说出每组照片中哪一张是其以前的同学，新近毕业的人再认正确的百分比能达到 90%，毕业 35 年的人同样如此。对姓名再认的成绩也近乎完美。

内隐记忆 无意识的记忆，由先前的经验或先前遇到的信息对当前思想或行为的影响所证明。

启动 是一种测量内隐记忆的方法，要求你阅读或聆听一些信息，然后测验这些信息是否影响你在其他任务中的反应。

有时候，过去的信息也会影响我们的想法和行动，即使我们并未有意去记起它，这种现象称为**内隐记忆**（implicit memory）。（Schacter, Chiu, & Ochsner, 1993）为了获得这些微妙的知识，研究者必须依靠间接方法，而不是依靠测量外显记忆所使用的直接方法。一种常用的方法是**启动**（priming），即要求你阅读或聆听一些信息，然后测验这些信息是否影响你在其他类型的任务中的反应，这部分的内容我们在第六章已经讲过。

假设要你阅读一系列词，其中有些词以字符"def"开始（如 define、defend 或 deform）。然后，要求你用第一个想到的词去补全词干（比如 def_）。尽管你不能很好地再认或回忆最初词表中的词，你也更可能会使用这些词来补全词干。在这一过程中，原来的词"启动"了人们在补全单词任务中的反应（也就是说，使这些词更可用），这表明人们能保持超出自己认识的更多的知识。他们知道的要比他们知道自己所知道的多得多。（Richardson Klavehn & Bjork，1988；Roediger，1990）人们很早以前就知道这一现象了。在一项研究中研究者会呈现 1～3 秒的部分黑白图片（非文字信息）作为启动刺激，然后让被试对呈现的部分图片进行命名。17 年后，再次呈现相同的内容和一些他们从未见过的图片。即使他们不记得先前呈现的图片，再认率也比从未见过的图片高。（Mitchell，2006）

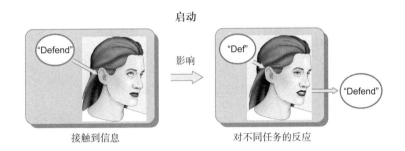

另一个测量内隐记忆的方法是 19 世纪由赫尔曼·艾宾浩斯（Hermann Ebbinghaus）设计的**重学法**（relearning method），也叫节省法（1885/1913）。重学法要求你对以前学习过的信息或任务予以重新学习。如果你第二次能更快地掌握，那么你必定记得第一次经历的某些东西。

重学法 通过把第一次学习一种材料所需的时间与重学该材料所需的时间进行比较，来测量记忆保持的一种方法。

记忆的模型

虽然人们通常认为记忆是一种单一的能力，像在"我一定失去记忆了"或者"他有大象一样的记忆力"这两种说法中的"记忆"，但是"记忆"这个术语实际上却包含着复杂的能力和过程。要想记录记忆的不同成分，如果录像机或摄影机不是准确的比喻，那么什么比喻才是更好的呢？

很多认知心理学家都把大脑比作计算机的中央处理器，只是更加复杂。他们建构认知过程的**"信息加工模型"**（information-processing model），大量地借用诸如"输入""输出""存取"和"信息提取"等计算机程序术语。当你在电脑键盘上敲击东西时，机器用电子语言对这些信息进行编码，存储在磁盘上，当你需要用它的时候可以提取出来。相似地，在记忆的信息加工模型中，我们也**编码**（encoding）信息（将信息转变为一种大脑能

参与进来 ｜ 回忆鲁道夫（Rudolph）的朋友们

如果你熟悉以"圣诞节前夕"开头的这首诗或者歌曲"红鼻子驯鹿鲁道夫"，可以尝试做下面的回忆任务。鲁道夫有八个驯鹿朋友，尽可能多地说出它们的名字。然后翻到下一页完成名字的再认测试。

处理和使用的形式）、**存储**（storage）信息（记住并保持信息）和**提取**（retrieval）信息（使用的时候重新提取出来）。在存储过程中，信息可能表征为概念、命题、图像或**认知图式**（cognitive schema）、知识的心理网络、信念以及关于世界的特定主题或不同方面的期望。（如果你无法提取上述的概念，请参照第七章的内容）。

在大多数信息加工模型中，存储发生在三个相互作用的记忆系统中。感觉登记将输入的感觉信息保留1～2秒，直到被进一步加工为止。短时记忆是在短时间内保留有限信息，除非有意识地将它们保留更久，否则至多能留存30秒。长时记忆指较长时间的存储，从几分钟到几十年。（Atkinson & Shiffrin，1968，1971）如图8.3所示，信息能从感觉登记转为短时记忆，并在短时记忆和长时记忆间互相转换。

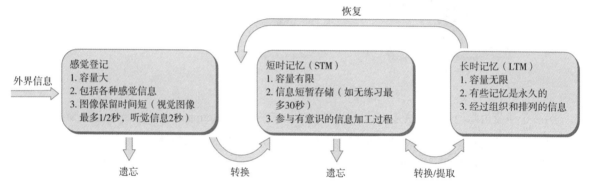

图 8.3　三种记忆系统
在记忆的"三箱模型"中，没有从感觉记忆或短时记忆中传出的信息被认为永远遗忘了。信息一旦进入长时记忆，就可以被检索出来，用于分析传入的感觉信息或在短期记忆中进行思维操作

这一模型常常被称为**三箱模型**（three box model），自20世纪60年代后期以来，它已经成为研究记忆的主要理论模型。然而，对三箱模型的批评显示，人类大脑并不像普通电脑那样工作。大多数电脑是序列地处理指令和数据，所以三箱模型也强调按顺序操作。但是人脑可以同时并行地执行很多操作。人脑能立刻识别所有模式而不仅仅是划分成一系列操作单元，人脑能够同时感知新信息、产生言语和搜索记忆。人脑之所以具有如此功能，是因为成百万的神经元能够瞬间被激活，而每一个神经元与成千的神经元相联系，从而与成数百万的神经元产生联系。

参与进来 | 再认鲁道夫的朋友们

如果你做了上一页的回忆测试，现在可以尝试做下面的再认练习。从下列表中找出鲁道夫八个红鼻子驯鹿朋友的名字。答案见章末，不能偷看哦！

Blitzen	Dander	Dancer	Masher
Cupid	Dasher	Prancer	Comet
Kumquat	Donner	Flasher	Pixie
Bouncer	Blintzes	Trixie	Vixen

回忆和再认相比，哪个更容易？你能解释这是为什么吗？

> **快速测验**
>
> 看看你对刚学过的知识进行编码和储存的情况如何。
>
> 一、前几天亚伯达刚做完一个填字游戏。她不记得游戏中出现过的单词了，但在 Scrable 游戏中，碰到填字游戏中出现过的单词时她总是很容易填出来，这表明亚伯达对这些单词有 _____ 记忆。
> 二、记忆的三个基本过程是 _____、储存和 _____。
> 三、前两个问题要求进行的是回忆、再认还是重学？（本问题呢？）
> 四、和传统的记忆信息加工理论不同，现阶段的理论认为，与计算机相比大脑进行的是独立的 _____ 操作。
>
> 答案：一、内隐　二、编码和提取　三、填空小问题要求回忆，第三个小问题要求再认，回忆本身是重学

由于在人脑和机器之间存在这些区别，一些认知科学家提出了**并行分布加工模型**（parallel distributed processing [PDP] model）或称联结主义模型。PDP 模型表征信息不是从一个系统流向另一个系统，它表征记忆内容为大量相互作用的加工单元的连接，正如人脑的神经元一样，这些相互作用的加工单元分布在一个巨大的网络上，并且都是并行运行的。(McClelland, 1994; Rumelhart, McClelland, & the PDP Research Group, 1986) 当信息进入这个系统时，这些彼此兴奋或抑制的加工单元就能进行连续的调整以表达新知识。

在这一章，我们重点强调三箱模型。但要牢记的是，犹如把记忆比作照相机一样，将记忆比作计算机有一天也会过时。

> **并行分布加工模型**　一种记忆模型，它将知识表征为分布于一个巨大网络中而且并行运行的无数相互作用的加工单元的连接。

你将会学到

- 记忆的三箱模型是如何工作的？
- 为什么说短时记忆犹如一个漏桶？
- 当一个词就在嘴边时，在回忆时你可能会犯哪些错误？
- "知道如何"和"知道"的区别是什么？

记忆的三箱模型

由三个分离记忆系统（感觉记忆、短时记忆、长时记忆）构成的信息加工模型仍然是一种主要的取向，因为它对组织大部分有关记忆的研究发现提供了一条便利的途径，它能有效地解释这些研究发现，并且与有关记忆的生物学事实相一致。现在，我们就来仔细地翻看一下这些"箱子"。

感觉登记：飞逝的印象

在三箱模型中，所有输入的感觉信息都必须在记忆的入口——**感觉登记**（sensory register）中短暂停留。感觉登记包括大量分离的子系统，有多少种感觉就有多少子系统。视觉图像可以在视觉子系统中保留至多半秒钟。听觉映象在听觉子系统中可以保留得稍微久一些，估计能达到两秒钟。

> **感觉登记**　在信息消退或进入短时记忆之前精确地但非常短暂地登记感觉信息的记忆系统。

感觉登记犹如存储箱，它能高度准确地保留信息，直到我们因注意而从强烈刺激我们感觉的信息流中选择其中的一部分为止。它给我们短暂时间去判断哪些信息是外来的或者重要的，并非所有由我们的感觉察觉到的信息都能引起我们的注意。信息从感觉登记到短时记忆的转换过程中，我们借助储存在长时记忆中的信息对刺激进一步确认。

没有快速传入短时记忆的信息就会永远消失，就像用不留痕迹的墨水书写的信息。这就是为什么人们看到一排12个字母之后，在1秒钟之内也只能报告其中的4个或5个字母，在他们回答时，他们的感觉记忆已经减弱了。（Sperling，1960）输入感觉信息的快速飞逝是有益处的，它可以阻止多种感觉映象"二次曝光"，从而避免其干扰对重要信息的感知和编码。

短时记忆：记忆的缓冲器

短时记忆 在记忆的三箱模型中，对信息保持短暂时间的容量有限的记忆系统。它也用来保持一些为临时使用而从长时记忆中提取出来的信息。

与感觉登记一样，**短时记忆**（short term memory，STM）只是暂时保存信息——大多数人约为30秒，尽管一些研究者认为对于某些特定任务最大的间隔能延伸到几分钟。在短时记忆中，材料不再是准确的感觉映象，而是一个映象的编码，如一个单词或一个短语。这些材料要么传输到长时记忆中，要么消退并且永远消失。

参与进来 ｜ 工作过程中的感觉登记

在黑屋子或壁橱里，将手电筒画圆圈转动。你看到的不是一系列独立的光点，而是完整的圆形光圈。原因是连续的影像在你的感觉登记中得到短暂保留。

大脑受损的个体，如 H. M.，展示了新信息从短时记忆中传输到长时记忆中的重要性。H. M. 能够存储短时信息，他能和别人交谈，在你第一次遇见他的时候，他表现得很好。然而，大多数时候，H. M. 和其他类似患者一样，他们在保持有关新事实和事件的外显信息时不会超过几分钟。他们严重的记忆缺失包括将外显记忆从短时记忆输入长时记忆中出现问题。经过大量重复的训练，他们能学到一些新的视觉信息，将它保存在长时记忆中，并且能正常地回忆。（McKee & Squire，1992）但在通常情况下，信息并不是第一时间进入长时记忆。

漏桶

像 H. M. 这样的人是记忆衰退的极端案例，但是即使是具有正常记忆的人也能从个人经验中了解到：短时记忆的短暂性是多么令人沮丧。我们查找了一个电话号码，受到片刻的干扰，结果发现号码已经从我们脑海里消失了。我们在一个聚会上碰到一个人，两分钟后却发现自己已经想不起这个人的名字。难怪人们把短时记忆称为"漏桶"。

根据大多数记忆模型，如果这个桶不漏，那么它很快就会溢出，因为在任何特定的时候短时记忆都只能容纳有限的项目。多年前，乔治·米勒（George Miller，1956）估计了它的容量为"神奇的数字 7±2"。5个数字的邮政编码和7个数字的电话号码都恰好落在这个范围；但是 16 个数字的信用卡号码没有落到这个范围。一些研究者质疑米勒的神奇数字是否真的那么神奇。对短时记忆容量的估计在 2 个项目到 20 个之间变化，最近的估计将"神奇的数字"放在 4 左右。(Cowan, 2010; Cowan 等, 2008) 然而，人们都同意，短时记忆在任何时候处理的项目数量都很小。

如果这是真的，那么我们如何从一个句子的开头，一直记到一个句子说完？毕竟，大多数句子都不止几个单词那么长。根据记忆的大多数信息加工模型，我们通过将小的信息字节组成较大单元或**组块**（chunk）来克服这个问题。这表明，短时记忆的真实容量并不是 n 个字节的信息，而是一些组块。(Cowan & Chen, 2009) 一个组块可能是一个单词、一个短语、一个句子甚或是一个视觉表象，它主要依赖于先前的经历。对于大多数美国人来说，首字母缩略词 FBI 是 1 个组块，而不是 3 个组块；日期 1492 是 1 个组块，而不是 4 个组块。除非你的地址是 9214 或者你的首字母缩略词是 IBF，那么数字 9214 就是 4 个组块，IBF 就是 3 个组块。举一个更加形象的例子：如果你不熟悉足球而又在观看一场球赛，那么当你看向别处的时候你可能不会记住球员的位置。但是如果你是一个球迷，你可能见的就是一个能够容易保持的信息组块。

即使是组块，也不能阻止短时记忆最终被填满。那些需要存留时间较长的信息必须传输到长时记忆中。那些有特殊意义的或影响感情的信息传输得更快。就像我们很快将要谈到的那样，短时记忆中的信息很容易被取代，除非我们采取措施予以保留。

如果你不会下国际象棋，在看完某个棋局之后，你可能回忆不起棋子的位置。但是有经验的象棋玩家在对棋盘快速一瞥后，就能记住每个棋子的位置。他们能将几个棋子"组块"成一些标准结构，而不是努力记住每个孤立棋子的位置

组块 有意义的信息单元，它可由更小的单元组成。

工作记忆

在最初的三箱模型中，短时记忆就像一个缓冲器，这一阶段信息得以保存直到可以转换到长时记忆中。之后，许多心理学家推断存在一个更为复杂的模型，在这一模型中短时记忆作为**工作记忆**（working memory）更加主动地运转，并与思维和智力紧密协同工作。(Baddeley, 1992, 2007; Engle, 2002) 在这种观点看来，工作记忆除了在学习过程中暂时保留新信息，还可以从长时记忆中提取言语和视觉信息，并进行暂时性的储存和加工。当我们解决特殊问题和任务的时候，工作记忆就像是便笺式存储器，可以根据手头任务的要求进行一系列动态的操作和翻译信息的"执行"过程。当你做一道算术题的时候，你的工作记忆包括数字和必要的算法知识，它执行那些算法并保存从每一步获得的中间结果。

工作记忆 在许多记忆模型中，短期记忆的一种复杂的认知形式，它涉及积极的心理过程，控制从长期记忆中检索信息，并对特定任务适当地解释信息。

为了完成一项复杂的认知任务，工作记忆会控制注意的过程避免分心，使得信息能够方便地保存和快速提取。(Unsworth & Engle, 2007) 在工作记忆测试中成绩好的被试，他们的阅读理解能力、方向感、记笔记、玩桥牌、学习新词汇和其他生活技能的成绩也都不错。当完成那些需要较高注意力和努力的富有挑战性的任务时，他们能更长时间地保持专注且很少分心。(Kane 等, 2007)

长时记忆：最后的目的地

长时记忆 在记忆的三箱模型中，与长时间存储信息有关的记忆系统。

三箱记忆模型的第三个箱子是**长时记忆**（long-term memory，LTM），它的容量似乎无限。存储在此的大量信息使我们能够学习、应对环境、建立认同感和个人历史。

长时记忆中的组织

由于包含如此多的信息，长时记忆必定是按照某种方式组织起来的，以便我们找到所需的特定项目。组织单词（或者它们所代表的概念）的一个方法就是**语义分类**（semantic category），即将单词分到所属类别中。例如，椅子属于家具类。在多年前的一项研究中，人们必须记住随机呈现的属于动物、蔬菜、名字和职业四个语义类别的 60 个单词。当允许他们按照自己所喜欢的任何顺序来回忆时，他们倾向于用与四个类别相符的群集来回忆这些单词。（Bousfield, 1953）这一结果得到了多次重复验证。

对脑损伤患者进行个案研究的结果也为语义分类存储信息提供了证据。有这样一个案例，患者 M. D. 似乎已经从多次严重中风中完全康复了，除了有点异常：他很难记住水果和蔬菜的名称。M. D. 能轻易地说出算盘或者狮身人面像的图片，但是当他看到一张苹果或胡萝卜的图片时却没有反应；他能很好地将动物、交通工具或者其他物体予以分类，但是在水果或蔬菜图片分类方面却做得很差。另外，当向 M. D. 提示水果或蔬菜的名称时，他能立即指出相应的图片。（Hart, Berndt, & Caramazza, 1985）显然，M. D. 仍然存储了有关水果和蔬菜的信息，只是受伤的大脑阻碍他使用名称来获得所需的信息，除非这些名称由别人提供。该证据表明，一个特定概念（如橘子）的信息会以某种方式同该概念的语义类别（如水果）联系在一起。

事实上，关于长时记忆的许多模型都将其内容描述为概念和命题相互关联的一个巨大的网络。（Anderson, 1990; Collins & Loftus, 1975）在这些模型中，其中一小部分的动物概念网络看起来可能如图 8.4 所示。然而，人们使用这些网络的方式则要依赖于经验和教育。例如，在利比里亚农村，儿童所受教育越多，他们在回忆物体列表的时候越可能使用语义分类。（Cole & Scribner, 1974）这是有道理的，因为在学校里，儿童必须在短期内记住大量信息，而语义分类则能帮助他们。那些没有受到教育的儿童并不太需要记住物体列表，因此他们不会对物体进行分类并很好地记住它们。但这并不意味着没有受到教育的儿童记忆力就差。当任务对他们有意义的时候（比如说，回忆一个故事或者一个乡村场景中的物体），他们记得非常好。（Mistry & Rogoff, 1994）

我们不仅通过语义分类在长时记忆中组织信息，而且也按照单词的发音或形状去组织信息。你是否曾经努力去回忆那些在"唇边"的单词？几乎所有人都经历过**舌尖现象**（tip-of-the-tongue [TOT] state），特别是在努力回忆熟人或名人的名字、物体和地方的名称、电影或书籍的名称时。（Burke, 1991）甚至使用手势语言的人也经历过这种现象——有人称之为指尖现象。（Thompson, Emmorey & Gollan, 2005）当一个单词在唇边的时候，在最终回忆出来之前，人们倾向于产生与正确单词意义相近的单词，或者有相似的首字母、前缀、后缀、音节的数量等。（Broon & McNeill, 1966）例如，Kevin 这个名字，人们可能会说："等等……首字母是 K，而且由两个音节组成，是 Kenny 还是 Kerran？"

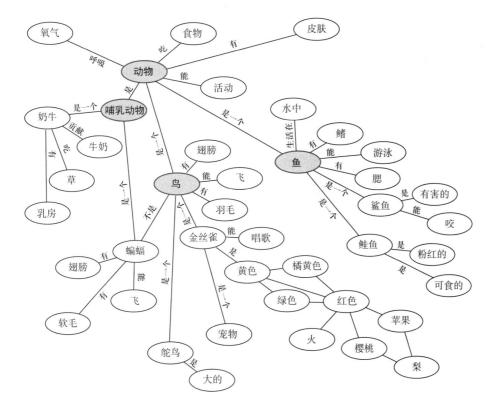

图 8.4 长时记忆中的概念网络
许多记忆模型都将长时语义记忆内容表征为一个巨大的概念及其关系的网络。本图例显示了假想的动物网络的一部分

　　长时记忆中的信息也可能按其熟悉程度、关联或与其他信息的关系等方式得到组织。在任何给定的例子中所用的方法可能依赖于记忆的本质。你存储的关于欧洲大城市的信息不同于你第一次约会的信息,你对此肯定不会怀疑。因而,为了理解长时记忆中的组织,我们必须知道在那里可以存储什么类型的信息。

快速测验

测试一下刚刚讨论的问题是否已从你的短时记忆传输到长时记忆中了。

一、_____ 的映象保持时间不到一秒。

二、对大多数人来说,U.S.A 这一缩写由 _____ 个信息组块组成。

三、假定你必须记住一个很长的词单,包括以下词汇:书桌、猪、黄金、狗、椅子、银、桌子、公鸡、床、铜、马。如果允许你按照自己喜欢的顺序回忆,你怎样对单词进行分组?为什么?

四、滑冰的时候(假设你知道怎么滑),你用的是程序性记忆、语义记忆还是情景记忆?回忆一年中的十二个月份属于哪种记忆方式?回忆在寒冷的一月的某一天滑冰摔倒时的情景又属于哪种记忆方式?

五、对孩子来说,下面哪个字母串是最难回忆的,abcedfg, klmnopq,还是 tuvwxyz?为什么?

答案:一、感觉登记 二、1 三、书桌、椅子、桌子和床是一个组,猪、狗、公鸡和马是一个组,黄金、银和铜是一个组(动物类、家俱类和金属类)。因为把相关项目组块在一起,长时记忆中的信息能更容易地被提取。四、程序性记忆,语义记忆,情景记忆。五、klmnopq,因为存在系列位置效应。

长时记忆的内容

大多数记忆理论都会将技能或习惯("知道如何做")与抽象或表征知识("知道是什么")区分开来。**程序性记忆**(procedural memory)是知道如何做某事的记忆——例如,知道如何梳理头发、使用铅笔、玩拼图游戏、织毛衣或游泳。许多研究者都认为,程序性知识是内隐的,因为技能或习惯一旦学成或养成,就不再需要太多意识加工。相反,**陈述性记忆**(declarative memory)是知道某事是什么的记忆,比如知道渥太华是加拿大的首都,它们经常被认为是外显的。

陈述性记忆有两种形式:语义记忆和情景记忆。(Tulving, 1985)**语义记忆**(semantic memory)是对世界本质的表征,独立于任何特定的情景。它们包括事实、规则和概念和其他一般知识。根据你对"猫"这个概念的语义记忆,即使没有猫在场,你也能将猫描述为:它是一种较小的毛茸茸的哺乳动物,通常把时间花在吃、睡、徘徊和盯着天空上——即使你可能并不知道自己是如何或者在何时首次了解到这些知识的。**情景记忆**(episodic memory)是对个人经历过的事件的内部表征。当你想起在午夜,你的小猫在你睡着时扑到你脸上使你受到惊吓的时候,你就正在提取情景记忆。图 8.5 总结了这些记忆。

文化影响信息在长时记忆中的编码、存储和提取。纳瓦霍人(Navajo)的治病术士在他们的仪式中使用程式化的、具有象征意义的沙画,他们必须记住许多复杂的视觉设计,因为并没有确切的复制品,并且在每次仪式之后沙画就会被毁掉

程序性记忆 对活动或技能操作的记忆("知道如何做")。

陈述性记忆 对事实、规则、概念和时间的记忆("知道是什么"),包括语义和情景记忆。

语义记忆 对一般知识的记忆,包括事实、规则、概念和命题。

情景记忆 对个人亲身经历的事件及其发生情景的记忆。

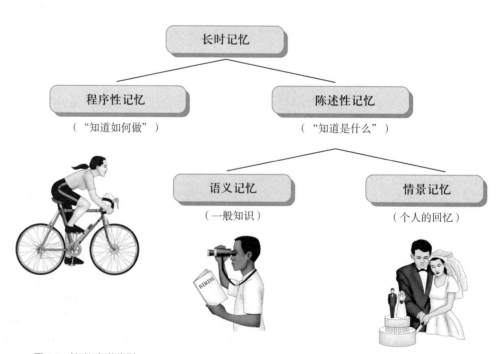

图 8.5 长时记忆的类型
该图总结了长时记忆之间的区别,你是否能想出每种类型的其他例子

从短时记忆到长时记忆：一个谜

记忆的三箱模型经常被用作解释所谓的**系列位置效应**（serial-position effect）这一有趣现象。如果给你呈现一个项目列表，并要求立即回忆它们，那么你对任何项目的记忆将依赖于它在列表中的位置。（Bhatarah, Ward, & Tan, 2008; Johnson & Miles, 2009）对列表开始（**首因效应**[primacy effect]）和列表末尾（**近因效应**[recency effect]）项目的回忆最好。当你在一次聚会上被介绍给很多人时就会出现系列位置效应，你会发现你能记住最开始和最后遇见的少数几个人，却几乎记不住中途遇见的人。

根据三箱模型，列表中前面的项目之所以记得好是由于在项目进入的时候短时记忆相对比较"空"，因此这些项目不需要彼此竞争就进入长时记忆。它们得到完全加工，因而很容易被记住。最后几个项目被记住另有原因，即在回忆的时候，它们仍处于短时记忆中。至于在列表中间的项目没有保持得很好，其原因则在于：当它们进入短时记忆时，短时记忆中已有大量信息，结果许多中间项目在进入长时记忆前就被逐出了短时记忆。但也有例外的情况，即使测验被延迟到超出了短时记忆所能持续的时间，一个列表中最后几个项目仍能得到很好的记忆。（Davlaar 等，2004）因此，就目前而言，系列位置效应的原因仍有待探究。

系列位置效应 回忆列表开始项目和末尾项目要好于中间项目的倾向。

> **你将会学到**
> - 与长时记忆相比，短时记忆的储存更可能引起大脑的变化。
> - 对事件的记忆储存在大脑的哪个位置？
> - 哪类激素可以增强记忆力？

记忆的生理机制

前面我们从信息加工的角度讨论了记忆，那么加工的过程中大脑又发生了怎样的变化？

神经元和突触的变化

记忆形成后突触会发生化学变化和结构变化，这两类变化在短时记忆和长时记忆上有不同。

短时记忆中，神经元暂时性地改变了其释放神经递质的能力，这些化学物质携带着信息从一个神经元传到另一个神经元。（Kandel, 2001）与之相对的是，长时记忆则会使大脑产生长期的结构上的变化。为了模拟长时记忆的形成过程，研究者对动物大脑的神经元或者实验室中的大脑细胞进行简单、高频的电刺激。对于很多区域，尤其是海马区，这类刺激使某些突触上的神经元对传递的反应更快，突触的传递路径更易兴奋。（Bliss & Collingridge, 1993; Whitlock 等，2006）上述变化我们称其为**长时增强**（long-term potentiation），这和增加漏斗颈部的直径，会有更多液体通过的道理是一样的。在这个过程中树突继续生长并延伸，一些突触在数量上有所增加。（Greenough, 1984）同时，部分神经

长时增强 突触的反应强度持续增加，是长时记忆的生理机制。

不幸的是，中期记忆丧失最可能的原因是学习不够或学习方法不正确

巩固 使记忆变得持久和稳定的过程。

元不再像之前那样反应活跃。(Bolshakov & Slegelbaum, 1994)

多数变化需要时间，这就是为什么长时记忆储存了很长时间还是容易受到干扰，也解释了为什么头部发生撞击后不会影响过去的记忆但会干扰新近记忆。就像混凝土需要时间来凝固一样，长时记忆中神经元和突触的变化也需要时间。**巩固**（consolidation）或者说稳定是确立记忆的必经阶段。巩固的过程对于动物可能需要几周，人类甚至需要几年的时间。这一过程通常是逐渐发生的，因为快速的新的改变会持续瓦解那些建立在过去知识和经验上的已有的大脑图式。(Squire, 2007)

记忆的定位

科学家通过微电极、脑探测技术和其他技术手段来识别形成或储存特殊记忆的脑的结构。杏仁核在害怕或其他情绪事件记忆的形成、巩固和提取过程中起着重要的作用。(Buchanan, 2007; 见第十三章) 大脑额叶在短时记忆和工作记忆任务中表现活跃。(Goldman-Rakic, 1996; Mitchell & Johnson, 2009) 前额叶和颞叶中与海马相邻的区域对于图片和词汇编码起着重要的作用。

但是海马在记忆的很多方面都扮演着重要的角色。对于形成长时陈述性记忆（"知道是什么"）来说很关键；在 H. M. 的案例中，海马遭到破坏导致他对新近发生的事件产生遗忘。同时，基于小白鼠和人类的研究也发现海马对唤起过去经历意义重大。(Pastalkova 等，2008)

一个研究小组发现，海马中的神经元有可能参与了特殊记忆的加工过程。他们在 13 名接受外科手术的癫痫患者大脑中插入微电极（属于规定程序，因为医生需要确定癫痫发作时的脑区位置）。准备手术的过程中，他们让患者看 5～10 秒钟的电视剧片段，如《宋飞正传》(Seinfeld)、《辛普森一家》(The Simpsons)，或者动物和地标建筑。研究者记录患者海马中被激活的神经元。对于每个患者来说，不同的神经元对于不同的视频片段会有不同强度的激活。几分钟后研究者要求患者回忆看过的内容。患者几乎能够记住所有的片段，然后研究者提问其中一段的详细内容，第一次观看该视频时就表现活跃的那些神经元会再次兴奋。(Gellbard-Sagiv 等，2008) 其他证据也表明，当再次回忆某段情节时，参与记忆编码的脑区会被再次部分激活。(Danker & Anderson, 2010)

程序性记忆（技能和习惯的记忆）的形成和储存可能存在独立的脑结构和路径。理查德·汤普森 (Richard Thompson, 1983, 1986) 研究大白兔后发现，对简单经典条件反射（对一个音调做出反应时的眨眼）的程序性记忆与小脑活动有关。小脑损伤者无法完成此类任务。(Daum & Schugens, 1996)

H. M. 等患者的临床表现可以用陈述性记忆和程序性记忆形成于不同脑区来解释。他们对最近发生的事情没有陈述性记忆，无法回忆学习技能时的情境，但多次练习还是能够帮助这些患者解决问题、阅读镜像反转单词或者学会打网球。显然，形成新的程序性记忆的脑区并未受损。启动任务也发现他们对视觉信息仍有内隐记忆。一些心理学家由此推论大脑加工外显和内隐任务的机制存在差异。如图 8.6 所示，对大脑进行扫描进一步验证了上述观点，即正常人加工外显和内隐记忆任务的脑定位存在明显差异。（Reber, Stark, & Squire, 1998；Squire 等, 1992）

形成和提取长时记忆的大脑回路与记忆存储的回路并不相同。海马对记忆的形成和提取起到重要作用，而陈述性记忆很可能与部分大脑皮层有关。（Maviel 等, 2004）实际上，对信息的最初知觉和记忆很可能储存在同一脑皮层：被试记忆图片时，大脑的视觉区域表现活跃。当人们记住声音时，听觉区域变得活跃，和他们第一次感知到这种信息时的表现相同。（Nyberg 等, 2000；Thompson & Kosslyn, 2000）

典型的"记忆"是各种信息错综复杂的结合。回忆昨天遇见的某个人时，你记得和他的寒暄、他的语调与衣着以及见面的地点。很可能这些信息是独立加工的而且存储的地方分散在大脑的各个区域，又作为一个整体参与事件或者概念的表征。海马很可能在形成记忆的瞬间将各部分联系起来，所以即使记忆分布在大脑皮层的位置，也能作为一个整体提取出来。（Squire & Zola-Morgan, 1991）

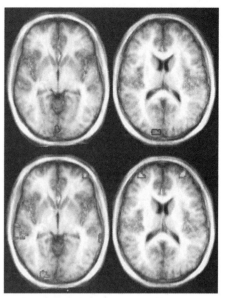

图 8.6 外显记忆和内隐记忆中的大脑活动情况

脑功能的磁共振成像显示，不同的记忆任务类型造成大脑活动方式存在差异。被试对先前看过的点进行外显记忆时，视皮层、颞叶和额叶区域（下两幅图中所画区域）表现活跃。进行内隐记忆时，视皮层（上两幅图中所画区域）不活跃。（Reber, Stark, & Squire, 1998）

激素、情绪和记忆

你是否曾因为闻到刚出炉的蛋糕的香味就想起了儿时的某个温暖场景？你是否对某部恐怖片有着生动的记忆？类似的情绪记忆通常极为强烈，有些可以用激素的分泌来解释。

在压力和情绪唤醒的情况下，肾上腺可以释放类似肾上腺素和去甲肾上腺素这样的激素，它们有可能会通过影响大脑中的神经递质来增强记忆。如果注射的药物使肾上腺不再释放激素，注射组对情绪事件的记忆就会比控制组少。（Cahill 等, 1994）相反，在动物学会某项技能后给它们注射去甲肾上腺素则有利于记忆。情绪唤醒和记忆间的联系使得进化变得有意义：唤醒会告知大脑某类事件或信息意义重大，需要对其进行编码和存储。

但是，过度唤醒并不是一件好事。给动物或人注射过量的压力激素，反而干扰了对学过任务的记忆，并没有起到增强的作用；剂量适中也许效果最佳。（Andreano & Cahill, 2006）两位心理学家的研究证明，现实生活中存在高压力和高焦虑的风险。（Valentine & Mesout, 2009）伦敦地牢里的恐怖迷宫，是用镜子在哥特式的拱顶上围成的一个迷宫墙。游客走过迷宫墙时会听到各种奇怪的声音和尖叫声，还会突然出现让人毛骨悚然的东西，比如穿黑色长袍、满身伤痕和血迹的"怪人"。那些进入迷宫的志愿者身上装有无线心率检测器，他们的压力和焦虑水平会被记录下来。压力和焦虑水平越高，志愿者就越难准确地描述出"怪人"的样子，也很难从一排人当中将"怪人"指认出来。上面说到的情形发生在娱乐景点倒没什么。可如果需要被害人、警察或者士兵回忆高压力下的具体细节，例如，

指认开枪者或是敌方审讯者的话，后果将不堪设想。（Morgan 等，2007）

我们给出了记忆生理机制方面的研究成果。神经心理学家期望有朝一日能解释大脑在整个事件过程中的活动情况，包括从你对自己说"我必须记住这些"到你确实记下来或者意识到无法记住的整个过程。

快速测验

希望你的记忆回路能帮你完成下面的快速测验。

一、长时增强与什么有关（　　）
　　A. 增强某类接受神经元对传递神经元的反应
　　B. 减少接受神经元的反应
　　C. 达到个人极限
二、小脑和_____记忆有关；海马和_____记忆有关。
三、判断对错：有关海马的研究表明，学习过程中保持放松有利于记忆。

答案：一、A；二、程序性 陈述性；三、错

你将会学到

- 在学习时试图以机械的方式进行记忆有什么问题？有什么更好的记忆策略吗？
- 记忆诀窍很有趣，然而它们总是那么有用吗？

我们如何记忆

一旦理解了记忆如何工作，我们就可以运用它来编码和存储信息，这样我们的记忆就能"历久不忘"，并且可以在我们需要的时候信手拈来。那么有哪些可用的最佳的记忆策略呢？

有效编码

正如我们所见，我们的记忆并不是对经验的精确复制。当你听一个报告的时候，你可能不会放过任何一个单词（我们希望你的确如此），但是你并不能一字不差地记住那些单词。你会从中提取要点并对它们进行编码。

为了很好地记住信息，你需要首先对其进行精确编码。有些信息的精确编码会自动产生（**自动编码**［automatic encoding］）。想想你在上心理学课时所坐的位置，你上次坐在那里是什么时候？你可能很容易提供这些信息，尽管你从来没有对其精确编码。但是，对诸如一篇小说的情节、安装橱柜的程序以及赞成或反对一项法律提案的争论等多种信息就需要**努力编码**（effortful encoding）。为了保持这些信息，你可能必须选取一些关键点、给概念贴标签，或是将信息同个人经历或你已知的材料联系起来。有经验的学生知道，大学课程中的绝大部分信息都需要努力编码，有时还需要付出艰苦的劳动。信息加工不是自动地全盘接收，而是逐步消化的过程。

复述

复述是对学习过的材料进行回顾或练习，是将信息保持在短时记忆中并提高进入长时记忆的可能性的一种重要方法。当阻止人们复述的时候，他们短时记忆中的内容很快就消退了。（Peterson & Peterson，1959）当你查找到一个电话号码，为了将它保持在短时记忆中，你会一遍又一遍地重复直到不再需要为止，这就是在利用复述的好处。而当你由于总是使用重拨呼叫所以不能记住电话号码时，你就会知道不复述会发生什么了！

为了回忆课上的内容对其进行编码需要精细复述。你认为上图中哪些学生的记忆效果最好

短时记忆包含多种信息，包括视觉信息和抽象意义。但是大多数人，或者至少是大多数听力正常的人，似乎更偏好言语编码和复述短时记忆中的内容。言语可能是大声说出来或者自言自语。当人们在字母或单词的短时记忆测验上发生错误时，他们往往会混淆发音相同或相似的项目，如 d 和 t、bear 和 bare。这些错误表明它们一直在得到言语重复。

复述的某些策略比其他策略往往更为有效。**保持性复述**（maintenance rehearsal）仅仅包含对材料的机械重复。这种复述使信息在短时记忆中保持得很好，但并不总能使信息进入长时记忆。如果你想长时间记住，一个较好的策略就是**精细复述**（elaborative rehearsal），又称编码精细化。（Cermak & Craik，1979；Craik & Tulving，1975）精细化包括将信息和已存储的信息或其他事实联系起来。它也包含分析一个项目的物理的、感觉的或语义的特征。

假定你正在研究第四章讨论的下丘脑。以机械方式简单地记忆下丘脑的定义并不会有太大的作用。但是如果你能精细地阐述下丘脑的概念，你就更可能记住它。例如，知道 hypo 的意思是"在（某物）下面"，这就告知了它的位置——在丘脑下。知道它是边缘系统的一部分，你必定熟知它可能牵涉生存动机和情绪。许多学生试图将他们所学的减少到最基本的要点，但事实上对某些细节知道得越多就越容易记住——这就是精细化的意义。

延长保持的相关策略是**深加工**（deep processing）或意义加工。（Craik & Lockhart，1972）如果你仅仅对一个刺激的物理或感觉特征进行加工，如单词"hypothalamus"是如何拼写和发音的，那么你的加工就属于浅加工，即使你对它进行了精细加工。如果你能识别出这一模式并给物体或事件进行归类或描述（"下丘脑位于丘脑之下"），你的加工在一定程度上就属于深加工。如果你对试图记住的东西的意义进行全面分析（例如，通过给下丘脑的功能和重要性进行编码），你的加工就更加深刻。**浅加工**（Shallow processing）有时也是有用的。例如，在你想记住一首

保持性复述 对材料进行机械重复以使之有效地保持在记忆中。

精细复述 将新信息和已存储的知识联系起来并对新信息进行分析以使它得到更好的记忆。

深加工 在对信息的编码过程中，对刺激的意义而不仅仅是对其物理或感觉特征的加工。

演员在学习剧本的过程中，除了使用保持性复述，还用到了精细复述和深层次加工，他们会分析每一行的意思以及所要扮演角色背后的信息

诗的时候，你就会注意（和精细编码）诗中单词的发音和韵律的模式，而不仅仅是诗的意思。然而，深加工往往更加有效。这就是为什么你试图记一些对你来说意义很少或者没有意义的信息时，这些信息不会保持太久的原因。

阅读、背诵、复习

精细编码和深加工之所以有效，原因之一是它迫使你成为一个积极而非消极的学习者。多数学生认为要想考试取得好成绩必须反复阅读直到"理解"为止。这种被动的学习策略看起来正确，实际上与积极复述和回忆知识相比效果差很多。**阅读－背诵－复习策略**（read-recite-review strategy）要求先阅读材料、合上书本和笔记、写下（或者大声读出）回忆的内容，然后复习，看你是否理解和记住了。研究者通过一系列的实验比较了阅读－背诵－复习策略和简单的重复阅读以及记笔记的效果。被试在学习结束后进行自由回忆测试、回答多选题和简答题的测试，并在一个星期后进行重测，结果都表明积极的阅读－背诵－复习策略优势明显。（McDaniel, Howard, & Einstein, 2009）

检索练习

多数学生认为"学习"是从记忆中检索正确答案的能力。这之后呢？拿考试来说，一旦信息被成功提取，是保持还是像浴室镜子上的水蒸气一样快速消失？认知心理学家发现，为了记忆能稳定并保持较长的时间，考试结束后的**检索练习**（retrieval practice）还是必不可少的。研究者让留学生学习一些新词然后完成不同的任务：（a）重复学习但不对其进行测试；（b）重复测试但不继续学习这些单词；（c）不再学习也不进行测试。参与的学生们奇怪地发现，之后的任务中没有单词测试的学生无法回忆起学会的新词。而重复测试（即练习反复从记忆中提取单词）的回忆效果要好得多。（Karpicke & Roediger, 2008）所以老师和教科书编者经常安排快速测验，就是为了让你更好地记住学过的内容……

记忆术 用于提高记忆的策略和技巧，如使用韵律或公式。

如何更好地记忆

- 努力编码
- 加工
  - 深加工
  - 精细复述
  - 主动学习（阅读、背诵、复习）
  - 检索练习

记忆术

为了增强记忆，除了使用精细复述、深加工，采用阅读－背诵－复习策略和检索练习外，有时人们还会使用记忆术。**记忆术**（mnemonics [neh-Non-iks]），即编码、存储和保持信息的有条理的策略和技巧。(Mnemosyne [摩涅莫绪涅] 读作 neh-MOZ-eh-nee，她是古希腊记忆女神。你能记住她吗？）一些记忆术采用比较容易记住的韵律形式（如"Thirty days hath September/April, June, and November..." ["九月、四月、六月和十一月有三十天"]）；还有些记忆术使用规则（如用"Every good boy does fine"来记住乐谱中高音谱号的位置）。其他记忆术则使用视觉图像或单词联想等。最好的记忆术使你能够积极地、全面地去编码材料。它们也可能通过组块来减少信息的数量，这就是为什么许多公司用单词（Dial Get Rich）而不是使用不容易记住的数字来指代他们的电话号码。

一些具有惊人记忆力的演员更多地依赖于复杂的记忆术。但是在日常生活中，当你能写下你需要买的东西的时候，何必麻烦地使用精细的记忆术来记住一个购物清单呢？拥有好记忆的最快捷的途径就是遵循本节的研究发现以及在"学以致用"中回顾相关研究时所提出的原则。

你只需将每个数字与一个单词关联起来，比如"table"和"3,476,029"

快速测验

也许摩涅莫绪涅（记忆女神）可以帮你回答这个问题。

卡米莱蒂一提起她的历史老师就很生气。"这章我都读了三遍了，考试还是不及格。"她激动地说："测验一点儿也不公平。"从批判性思维和本章学过的知识的角度试着分析，卡米莱蒂的说法哪有错误，还有哪些可能的因素导致她成绩不理想？

答案：卡米莱蒂的说法没有什么变化。未对自己的睡眠做过一手的反思。在学习其中她可能没有多读几遍并了解题意，但持井有思考，学加工，她可能要加强更多的教育策略和技能，她可能要加强和老师的沟通，对所有的问题进行讨论，而不是有所抱怨说什么都不好。

你将会学到

- 记住所有事情带来的问题。
- 我们不想忘但还是会忘记的原因。
- 为什么许多研究者会怀疑"压抑"和"恢复"记忆说？

我们为什么会遗忘

你是否曾在一个激动人心的时刻对自己说"我永远也不会忘记，永远"？你是否发现你能清楚地记得说过的那些话，而不是激动人心的时刻本身？有时，你编码一件事，复述、分析它的意义，然后把它存储在长时记忆中，然而你还是将它忘记了。难怪我们绝大多数人都曾渴望过能够拥有"摄影式记忆"。

事实上，拥有完美的记忆并非像你想象的那样是件幸福的事情。俄国心理学家亚历山大·鲁利亚（Alexander Luria, 1968）曾讲述过一个关于记者 S. 的故事。S. 能向前或向后再现巨大的数字方格，15 年后仍能做到。但是你不应该嫉妒他，因为他具有严重问题：他忘记不了，甚至他想要忘记也忘记不了。随着经历的增加，他记住的东西越来越多。他为了记住而形成的表象逐渐进入意识，使他分心并妨碍他集中注意力。有时，他甚至无法持续和别人谈话，因为别人的话会激起他混乱的联想。最后，S. 习惯了周游各地，靠给他的观众演示记忆力来为生。

科学家对布拉德·威廉斯（Brad Williams）和吉尔·普赖斯（Jill Price）这两个拥有超常记忆力的现代人进行了研究。随便给出十几年前的某一天，他们能很快地说出当时都在做什么，那天是星期几以及当天都有什么重要的事情发生。比如问威廉斯1991年11月7日的事情，他（准确地）说："让我想想。球星埃尔文·约翰逊（Magic Johnson）公布了他是艾滋病毒携带者。是的，那天是星期四。一周前刚下过一场暴风雪。"威廉斯和普赖斯都未曾使用过记忆术，也没人知道这些精确的记忆从哪儿来。威廉斯和家人都觉得他的这一能力给生活带来了乐趣，普赖斯却认为这种不间断的回忆是让人喜忧参半的恩赐。（Parker, Cahill, & McGaugh, 2006）她写道："这一无法控制的回忆作为长久以来一直存在的事实，让人彻底感到精疲力竭。有人认为这是天赋，我称其为负担。我整个的生命都围绕着每天听到的事情展开，它快把我逼疯了！"

因此有些荒谬的是，遗忘就是适应。如果我们希望有效地记忆，那么我们就需要遗忘。只是一味地堆积信息而未从琐碎中区分出重要的部分会让我们变得很苦恼。尽管如此，我们绝大多数人遗忘的都比我们实际希望的要多，我们可能想知道这是为什么。

在心理学研究早期，为了试图测量记忆的消退而不考虑个人经历，赫尔曼·艾宾浩斯（1885/1913）让自己记住一些无意义音节，如bok、waf或者ged，然后在几周后某一个时间测量这些的记忆。大部分遗忘在最初学习之后立即发生，然后趋于稳定，见图8.7（a）。艾宾浩斯研究记忆的方法被历代心理学家所采纳，尽管它并没有告诉他们太多有关人们最

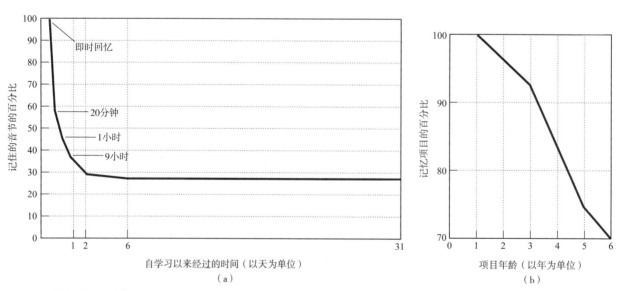

图8.7 两种类型的遗忘曲线

当赫尔曼·艾宾浩斯测量他自己对无意义音节的记忆时，发现记忆在开始的时候遗忘很快，后来逐渐变慢（a）。相反，当玛丽戈尔德·林顿测量她自己几年来某段亲身经历的记忆时，她的记忆保持在开始时很好，然后就逐渐以稳定的速度下降（b）

关心的那类记忆的内容。

一个世纪之后,玛丽戈尔德·林顿(Marigold Linton)决定研究人们如何忘记真实事件而不是无意义音节。像艾宾浩斯一样,她以自己为被试,但她按年而不是按天来描绘曲线。12年中,她每天在一张4英寸×6英寸(10.16厘米×15.24厘米)的卡片上记录工作或者更多当天发生在她身上的事。最后,她积累了数千张有关具体事件的卡片,其中既有非常烦琐的事情(我在广东餐厅吃的龙虾特别美味),也有意义重大的事情(我在巴黎南部的奥利[Orly]机场着陆)。每月一次,她都会从所有卡片中随机取出一张,记录她是否能记住上面的事,并尽力回忆该事的日期。林顿(Linton, 1978)后来告诉人们,她非常期望获得艾宾浩斯所说的快速遗忘。事实上,正如你在图8.7(b)中所见,她发现长期的遗忘要慢一些,细节逐渐从她的记忆中消失,并且是以一个更加稳定的速度进行的。

当然,一些记忆,尤其是那些标志重要转变的记忆比起其他事件要更容易记住。但是玛丽戈尔德·林顿,还有我们这些人为什么会忘记如此多的细节呢?心理学家提出五种机制来解释遗忘:消退、新记忆替代旧记忆、干扰、线索依存遗忘、压抑。

消退

一种具有常识性的观点是**消退理论**(decay theory),该理论认为,如果记忆痕迹没有经常地被"提取",那么它们就会随着时间而消退。我们已经看到,感觉登记中的消退是立即发生的,在短时记忆中同样如此,除非我们一直保持复述材料。然而,仅仅是时间的推移并不能很好地解释长时记忆中的遗忘。人们经常会忘记昨天发生的事,却清晰地记得数年前发生的事。事实上,一些程序性和陈述性记忆都能保持终生。如果你在孩提时代学会游泳,那么你在30岁的时候仍然知道如何游泳——即使你已有22年的时间没游过泳。我们也很开心地告诉大家,学校里的一些课程具有强大的保持力。在一项研究中,人们在高中学过西班牙语,五十年后,他们仍能在西班牙语测验中表现得很好,即使大多数人在这些年里几乎没有用过西班牙语。(Bahrick, 1984)尽管消退可能起一定作用,但是它不能完全解释长时记忆中失去的信息。

消退理论 一种认为记忆中的信息如果没有得到提取最终就会消失的理论;它更适用于短时记忆(与长时记忆相比)。

替代

另一种理论认为,正如重新录制一盘磁带或者录像带会擦掉原有信息,进入记忆的新信息也会抹掉旧信息。在一项支持该观点的研究中,研究者给人们看一起交通事故的幻灯片,并通过引导性问题让他们认为自己看到了一个"停止行驶"标牌,可是他们真正看到的是一个"超车"标牌。(见图8.8)控制组被试没有被误导,他们能按其真实所见去辨识。

作为程序性记忆的运动技能可以持续一生,不会消退

图 8.8 "停止行驶"标牌研究

当人们看见车前有一个"超车"标牌（如左图）后，问他们是否看见"停止行驶"标牌（一个误导问题），许多人都说他们看见了。类似地，当呈现的是"停止行驶"标牌而问他们是否看见"超车"标牌时，许多人也说看见了。即使在研究者揭示他们使用误导信息之后，被试仍旧坚持错误记忆，这表明误导信息已擦除了被试对标牌的原始心理表征。（Loftus, Miller, & Burns, 1978）

后来，研究者告诉所有被试这一研究的目的，并让他们猜测自己是否是"误导组"的一员。结果几乎所有受到误导的被试仍然坚持自己真实地看到了那个在脑海中的标牌。（Loftus, Miller, & Burns, 1978）研究者解释说，被试并不是试图去取悦研究者，而是人们的最初知觉已经被误导信息给替代了。

干扰

第三种理论认为，之所以发生遗忘，是因为相似的项目在存储或提取的时候相互干扰。信息可能进入记忆，并在那里得到保持，但是它和别的信息混淆了。这种发生在短时记忆和长时记忆中的干扰，在你回忆一些孤立的事实——名字、地址、个人身份证号、地区代码和类似的东西——时尤为常见。

假定你在一次聚会上遇到一位名叫朱莉（Julie）的人，片刻之后你又遇到一位名叫朱蒂（Judy）的人。你继续和别人交谈了一小时后，你又碰到了朱莉，然而你却错误地叫她朱蒂。这就是第二个名字干扰了第一个。这种新信息干扰了对旧信息记忆的现象称为**倒摄抑制**（retroactive interference）。

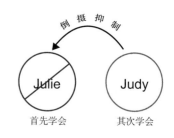

倒摄抑制 当最近学习的信息干扰记忆先前存储信息的能力时产生的遗忘。

一位心不在焉的鱼类学教授（研究鱼类）的故事能说明倒摄抑制。他总是抱怨无论在什么时候，只要他记住一名新同学的名字，他就会忘掉一条鱼的名字。但是，就替代来说，新信息擦除了旧信息，从而使得旧信息不可提取；而在倒摄抑制中，旧信息消失有时是暂时的。只要稍微集中注意力，那位教授就能回忆起他的新学生和他的旧鱼的名字。

因为新信息不断进入记忆，因此所有人都很容易受到倒摄抑制的影响——或者至少大多数人是这样的。H. M. 是个例外，他对童年和青春期的记忆出奇的详细、清晰和一成不变。H. M. 能记住他孩提时代的著名演员、他们主演的电影以及他们的搭档；他也记得从二

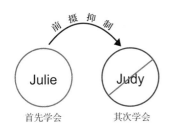

首先学会 / 其次学会 / 前摄抑制

年级开始的朋友的名字。这些早期的陈述性记忆不会受到手术后所获得记忆的干扰，因为 H. M. 并没有获得任何新记忆。

干扰也以相反方向在起作用。旧信息（你在高中学的外语）也可能会干扰记忆新信息（你现在试图学的一种新的语言）的能力。这种类型的干扰称为**前摄抑制**（proactive interference）。

前摄抑制 当先前存储的材料干扰记忆当前所学类似材料的能力时产生的遗忘。

在数周、数月和数年的时间内，前摄抑制可能会比倒摄抑制导致更多的遗忘，因为我们存储了如此多的信息，从而潜在地干扰了任何新信息的记忆。

线索依存遗忘

当我们需要记忆的时候，我们经常依赖于**提取线索**（retrieval cue），即能帮助我们发现我们正在寻找的特定信息的信息项目。例如，如果你正试图记住一个演员的姓，那么知道这个人的名或最近他主演的电影可能都会对你有所帮助。

当缺乏提取线索的时候，我们也许会感到自己好比迷失在了大脑图书馆的书架之间。在长时记忆中，这种类型的记忆失败称为**线索依存遗忘**（cue-dependent forgetting），它可能是所有类型中最普通的一种。像玛丽戈尔德·林顿一样，威廉·瓦赫纳尔（Willem Wagenaar, 1986）记录了他的一些生活事件的关键细节，他发现自己在一年内忘记了那些细节的 20%，五年后忘记了 60%。然而，当他从他以为已经忘记的十件事的目击者那里收集线索的时候，他能回忆起与这十件事有关的一些事情，这表明他的某些遗忘取决于线索。

线索依存遗忘 由于缺乏回忆线索而不能提取存储在记忆中的信息。

当你学习一个新事物或经历一件事的时候，在场的线索可能对后来的提取特别有用。这可以解释为什么当你处在与某件事发生时相同的物理环境中的时候，更容易想起那件事：当前情境的线索与过去的情境相匹配。一般来说，这种一致性有助于我们更准确地想起过去。它也可以解释 déjà vu（法语中的意思为"似曾相识"）的神秘现象，即错误地感觉我们以前曾处于与现在所处的相同的情境中。你很难把现在情境中的一些元素与你经历的其他内容（如一个梦境、一部小说或者一场电影）区分开，以至于觉得这么熟悉好像以前曾经发生过。（Brown, 2004）换句话说，déjà vu 也许是错误确认的记忆。这类相似的感觉可以在实验室诱发。把新呈现的单词、形状或者照片和曾经看过的刺激混在一起，即使被试无法回忆出最初看到的单词、形状或者照片，他们也会报告对新呈现的内容很熟悉。（Cleary, 2008）

状态依存记忆 当记忆者处于与最初学习或经历相同的生理或心理状态时就能记起某事的倾向。

你的心理或生理状态也可以作为提取线索，并产生一种**状态依存记忆**（state-dependent memory）。如果在某件事发生时，你的情绪是害怕或者生气，那么当你再次处于同样情绪状态时，你对那件事的记忆效果也会最好。（Lang 等, 2001）当你目前的心境与你试图记住的材料类型相匹配的时候，你也可能更好地提取信息，这一现象被称作**心境一致性记忆**

心境一致性记忆 当经历与当前情境一致时容易记忆，不一致时则容易忽略或者遗忘。

(mood-congruent memory)。(Bower & Forgas, 2000; Buchanan, 2007; Fiedler 等, 2001) 你在感到愉快的时候更可能记住一件愉快的事情。类似地,当你不高兴的时候,你更可能更多地记住不愉快的事件,而这反过来也就形成了一个恶性循环。当你过多地回忆不高兴的事情,你就感到越压抑,你感到越压抑,你回忆起的不高兴的事情就越多……因此,你也就陷入沮丧之中,并使事情变得更糟糕。(Joormann, & Gotlib, 2007; Wenzen, 2005)

关于压抑的争论

失忆症 丧失了部分或全部对个人而言重要的信息的记忆。

遗忘的最后一种理论与**失忆症**(amnesia)有关,即丧失了对个人而言重要的信息的记忆。失忆症往往是由于机体条件如大脑疾病或大脑受损而导致的,并且通常是暂时性的。然而,对**心因性失忆症**(psychogenic amnesia)来说,导致遗忘的原因则是心理的,如需要回避窘迫感、内疚感、羞耻感、失望感或情感冲击等。心因性失忆症在突然事件之后立即发生,包括严重的记忆丧失和个体同一性的丧失,并经常在几周后突然结束。尽管电影和小说中经常描述这种遗忘症,然而在实际生活中这种症状却极其罕见。(McNally, 2003)

心理学家普遍接受心因性失忆症的观念。不过,对于**创伤性失忆症**(traumatic amnesia)就存在较大的争议。创伤性失忆症涉及对存在于多年前的特定的创伤性事件的遗忘。当记忆恢复的时候,创伤性记忆不受通常记忆歪曲和虚构过程的影响,它可能非常精确。创伤性失忆症的概念源于西蒙·弗洛伊德的精神分析理论,弗洛伊德认为大脑通过**压抑**(repression)机制——强迫自己将危险性或烦扰性信息推进无意识中(见第二章),来保护自己免受令人讨厌和苦恼的记忆的伤害。

压抑 在精神分析理论中,强迫自己将危险性或烦扰性信息推进无意识中。

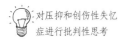
对压抑和创伤性失忆症进行批判性思考

大多数记忆研究者都拒绝接受用所谓的无意识压抑机制的观点来解释心因性或创伤性失忆症。(Rofé, 2008) 理查德·麦克纳利(Richard McNally, 2003)仔细回顾了以往的实验和临床证据并得出结论:"大脑通过压抑或分离创伤性记忆使其不能达到意识层面从而来保护自己这种观点,缺乏有力的实验支持,是一些精神病理学上的传闻。"对于那些遭受过烦扰性经历的大部分人来讲,问题不在于他们不能记住,而在于他们难以忘记:这种记忆一直侵扰着他们。没有人曾经"压抑"过身处集中营、战争、地震或恐怖主义袭击等记忆。不过,正如所有的记忆一样,即使是这些可怕经历的细节,也会随着时间的推移而被歪曲和逐渐地消逝。

进一步说,"压抑"很难从一般形式的遗忘中辨别或区分出来。对那些"忘记"烦扰性经历的人来说,他们可能在某个记忆被唤醒的时候,通过使自己分散注意力或关注积极的记忆来有目的地阻止自己提取痛苦记忆。这可以理解成,他们也许没有对不愉快的记忆进行复述,因此这种记忆更可能消逝,也许他们只是简单地回避那些能唤起记忆的提取线索。不愿思考痛苦经历或不愿向他人透露并不等同于不能记住它。(McNally, 2003)

在20世纪90年代,当有人主张要恢复关于性虐待的记忆时,有关创伤性失忆症和压抑之间的争论开始进入公众视野。很多男性和女性开始相信,在心理治疗的过程中,他们能回忆出长期深埋在心中的性虐待记忆,多数侵犯者是他们的父亲。对于接受压抑观念的治疗师来说,这种说法是完全可信的。(Brown, Scheflin, & Whitfield, 1999; Herman, 1992)但是研究者认为,尽管的确发生过真实的性虐待,可是很多经验不足的治疗师却也一直在鼓励受害者进行虚假记忆,这些治疗师并不知道暗示的力量和虚构的危险。(Lindsay & Read,1994;McHugh,2008;McNally,2003;Schacter,2001)治疗师通过问一些引导性的问题、鼓励患者形成被虐待的生动画面、经常性的回忆这些画面以及集中在情绪性强的部分等方式在不经意间为虚构和错误记忆提供了可能。

从20世纪90年代起,类似的控告稳步下降,但压抑的概念依旧存在。很多支持者转而用"分离"的概念,即那些令人不快的记忆从日常的意识当中分离(分解)开来,来解释创伤性人群的记忆失败现象。(见第十一章)可是根据以往的研究并没有证据表明记忆的分离是由外伤导致的。(Giesbrecht 等,2008)

当然,很有可能有些人忘记且回忆不起来好多年前发生的部分不愉快或者不高兴的经历,只有回到就读的小学才有可能回忆起当时在全班同学面前所做的尴尬事。对于有些人声称之前被压抑而今恢复了多年前受到外伤的经历,我们该做何反应?我们如何分辨真的记忆和假的记忆?

很明显,如果有确凿的证据,如医院记录、警察局或者学校的报告以及当时现场的见证人,那么这个人所回忆的内容还是可以相信的。如果没有,我们需要持怀疑的态度,因为一个人很有可能持有具体的、情绪性的较为丰富的"记忆"让他觉得那就是真的,但这些"记忆"却是被无意识地虚构的。(Bernstein & Loftus,2009)在这种情况下,对恢复的记忆内容以及恢复的过程多加考虑是很重要的。

那么,就当前对记忆的研究来说,如果一个人称他或她现在拥有一岁或两岁时的记忆,对此我们应该表示怀疑。正如我们将在下一节看到的,从生理学和心理学的角度来讲这都是不可能的。如果某个人的记忆在某段时间变得越来越不合理——例如,他说他连续十五年,日日夜夜都受到性骚扰,却曾经没有记起来过,而且这个人家中的其他人都没有觉察到任何异样,那么我们这时就应表示怀疑。如果有人在接受心理治疗后、听相关的新闻或者在自传体畅销书中读到相关内容后突然恢复了创伤性记忆,对此我们需持怀疑的态度。如果一个治疗师使用暗示性技术如催眠、梦的分析、"年龄回归"、导向想象和引导性问题来"帮助"患者回忆所说的性虐待,那么我们就应该警惕。(见第十二章)因为那些技术增加了虚构的可能。

> **快速测验**
>
> 如果你没有压抑刚学过的知识,就请试着回答以下问题。
>
> 一、威尔玛很多年前就是汤姆·罗宾斯的书迷。后来她迷上了演员蒂姆·罗宾斯,但是每次当她试图回忆蒂姆·罗宾斯名字的时候,都叫他"汤姆",为什么?
>
> 二、一个人在他20岁高中同学聚会上遇到了老朋友,回忆起了长久以来忘记的事情。为什么?
>
> 三、除了压抑的观点,还有哪些理论能解释心因性失忆症?
>
> 答案:一、前摄抑制。二、遇到朋友和老事件的记忆提供了提取线索。三、人们可以通过其分神来避开关注那些历时久远且痛苦的记忆;他们也许没有对不愉快的记忆仔细进行重复或思索;人们确实常常

> **你将会学到**
> - 为什么生命中的头几年是一块心理白板？
> - 为什么人类被称为"讲故事的动物"？

自传体记忆

对于绝大多数人来讲，我们的自传体记忆都是最吸引人的。我们分析它们以便更多地了解我们是谁。我们为了创造自我形象而对它们进行改动和修饰。我们用它们来娱乐（"我有没有告诉过你那时候……？"）。

儿童期遗忘症：缺失的岁月

关于自传体记忆的奇怪的一面就是，大多数成年人都不能回忆起他们3岁或4岁以前的任何事情。一部分人虽然能回忆起他们两岁时的重要经历，如兄弟姐妹的出生，但是除此之外再没有更早的记忆了。（Fivush & Neison, 2004; Usher & Neisser, 1993）作为成年人，我们不能回忆起在婴儿期由父母哺育的事情、初学走路时迈开的第一步或说出的第一个结结巴巴的句子。我们成了**儿童期（幼儿期）遗忘症**（childhood [infantile] amnesia）患者。

儿童期（幼儿期）遗忘症 不能回忆起在生命中头两年或三年发生的事件和经历。

关于儿童期遗忘症有一些令人烦恼的事，它是如此令人烦恼以至于一些人断然否定它，他们声称记得从两岁甚或是一岁起的事情。但是像其他错误记忆一样，这些仅仅是基于照片、家庭故事和幻想的重构。这个"记得的"事件甚至可能没有发生过。瑞士心理学家让·皮亚杰（1952）曾描述过他在两岁时差点被诱拐的记忆。皮亚杰记得他坐在婴儿车中，看见保姆勇敢地保护他免受诱拐者的伤害。他记得她脸上的抓痕，也记得身着短斗篷手拿白色警棍的警察终于把歹徒赶走。但是当皮亚杰15岁的时候，保姆给他父母写信承认她编造了整个故事。皮亚杰谈道："因此，当我还是个孩子的时候，我必定听说过对该故事的叙述……把它按视觉记忆的形式投射到过去，这是一个对记忆的记忆，但它却是错误的。"

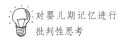
对婴儿期记忆进行批判性思考

当然，在我们第一次学习使用叉子、从杯中喝水、拉小推车的时候，我们就保留了从学步期开始的程序性记忆。我们也保持了在生命早期习得的语义记忆：计数的规则、人和物的名称、世界上物体的知识、单词和意义。进一步讲，1~2岁的学步儿童往往能记住过去的经历（如模仿之前见过的事情），一些4岁儿童能记住2岁半前发生的事。（Bauer, 2002; McDonough & Mandler, 1994; Tustin & Hayne, 2006）然而，幼儿无法很好完成的事情是，编码和保持早期情景记忆（对特定事件的记忆），并将其带到童年晚期或成人期。直到4岁以后，儿童才能开始持续地形成长久的情景记忆。

弗洛伊德认为儿童期遗忘症是压抑的另一个例子，但是今天的记忆研究者则认为压抑与之无关。这些解释包括如下方面：

1 人脑的发展。 参与形成或存储事件的大脑区域以及参与工作记忆和决策的其他大脑区域（如前额叶皮层）直到出生几年后才能发育完全。（McKee & Squire, 1993; Newcombe 等, 2000）其次，婴儿和学步阶段儿童的大脑忙于体验新的生活经历，很难集中在当下或

接下来要发生的事情上，而集中精力是编码和记忆的必备条件。(Gopnik, 2009)

2 认知的发展。在拥有自传体记忆之前，我们必须首先拥有自我概念。自我概念在儿童两岁后开始出现。(Howe, Courage, & Peterson, 1994)再者，学前儿童所用的认知图式不同于年龄较大的儿童和成年人所用的图式。只有在获得语言和开始上学后，儿童才能形成用于回忆早期经历的信息和线索策略。(Howe, 2000)年龄小的儿童词汇和语言技巧有限，限制了自陈和向他人陈述生活状况的能力。最后，言语能力成熟并没有增强儿童回忆早期经历的能力，这是由于早期记忆不是由语言编码而成的。(Simcock & Hayne, 2002)

3 社会的进步。年幼儿童还没有掌握陈述事件的社会习俗，也不知道对别人来说什么是重要的。他们把注意集中在常规的生活经历，而不是能提供提取线索的特殊生活经历上，儿童也不像成年人那样能够很好地对事件进行精细编码。事实上，他们倾向于依赖成年人提供提取线索的问题（"我们去哪里吃早餐？""你捉弄了谁？"）。这种对成年人的依赖可能会阻碍他们对材料形成稳定的实质性的记忆，而这种实质性记忆到了他们年龄更大些时就容易提取了。(Fivush & Hamond, 1991)

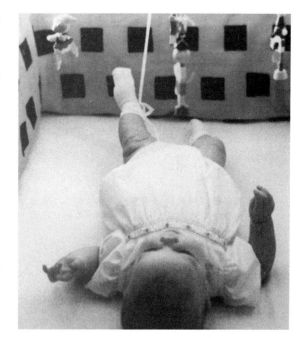

心理学家开创性地测量了婴儿的记忆。参加实验的婴儿腿上系着一根绳子，一端连着五颜六色的活动物。没几分钟他们就学会通过蹬腿来移动物体。一个星期后，婴儿对此还有记忆，这是一个典型的程序性记忆的例子。(Rovee-Collier, 1933)但是，再大一些，这些婴儿就不记得了，就像我们每个人一样患上了儿童期遗忘症

然而，我们最开始的记忆即使不太精确，对了解我们的人格、目前关心的事情、抱负和对生活的态度等也都非常有用。那么你的最初记忆又是什么呢？或者再退一步说你认为你最初的记忆是什么？你能告诉我们关于你的什么故事呢？

记忆和叙事：我们生活的故事

信息交流研究者乔治·格布纳（George Gerbner）曾观察到人类之所以独特是因为我们是唯一会讲故事的动物，而且我们靠自己所讲的故事生活。把人类视为"讲故事的动物"对认知心理学具有巨大的影响。**叙事**（narrative）简化了我们的生活，并使生活有意义，这对我们的计划、记忆、爱、恨、抱负和梦想都具有深远影响。

因此，我们会说："我之所以学习上没有动力，是因为三年级的时候考过不及格。"我们会说："让我告诉你我们是怎么坠入情网的。"我们会说："当你听到所发生的事之后，你就会理解我为什么进行无情的报复。"这些故事未必是虚构的。更确切地讲，它们试图组织我们生活中的事件并为事件赋予意义。但是由于这些故事必须依赖记忆，又由于记忆具有重构性并会为了满足当前需要、信念和经历而不时地发生变化，因此，在某种程度上，我们的故事也是解释和幻想的作品。因此，成年人的记忆不仅能揭示过去，也能揭示现在。

这是我两岁时候的照片。记得吗？妈妈？爸爸？这个人是谁？这是我第一天上学的照片，有人记得吗

当你用叙述的方式建构了生活中的事件，下一步怎么做就有了更多的选择。故事取决于听众，你需要根据叙述对象（临床医学家、老板或者 Facebook 上的朋友）灵活选择是插入、删除、轻描淡写还是润色成不同的情节。故事还受个人目的的影响：是为了表述事实、娱乐还是引起同情？受以上因素影响，即使你认为你是准确的，还是有可能曲解事情的真相。一旦曲解进入故事中，就很可能成为记忆的一部分。（Marsh & Tversky, 2004）

文化背景也会影响故事的编码和叙述。美国大学生生活的环境强调个人主义、个人感受和自我表达。他们早期的童年记忆反映如下事实：报告的多为长篇的、情绪化的和精细的记忆，记忆的焦点没有别人只有自己。相反，中国学生生活在强调集体和谐、社会角色以及谦逊的环境中，报告的早期记忆多是家庭或邻里的活动、和朋友或亲戚化解了的冲突以及情绪上较为中立的事件。（Wang, 2008）

一旦我们形成了一个故事的中心主题（"父亲反对我们在一起""爱人专横跋扈"），那么那个主题就会作为一个认知图式来指导我们的记忆和遗忘。（Mather, Shafir, & Johnson, 2000）比如，那些建立了和母亲强烈的安全依恋关系的青少年在回忆和母亲的争吵时，没有当时报告的那么强烈，冲突也更少。相反，那些和母亲有矛盾和不安全依恋关系的青少年对争吵的记忆比现实要严重得多。（Feeney & Cassidy, 2003）

故事主题也可能影响我们对事件和在场人物的判断。例如，如果你和爱人吵架，吵架故事中的中心主题可能是消极的（"他是个蠢蛋"）或者中性的（"由于彼此的误会"）。在你忘记与冲突有关的事或者谁说的话很久之后，主题可能导致你责备或原谅你的伴侣。（McGregor & Holmes, 1999）可以看出，你对一个故事的"讲述"非常关键，因此你对你所讲的故事一定要小心。

快速测验

如果回答不上来下面的问题，可不能怪儿童期遗忘症。

一、朋友说他记得自己出生、长第一颗牙和第一次生日聚会的情形。她很可能是（　　　）
A. 说谎　　　B. 虚构　　　C. 压抑
D. 表明期望的想法　　　E. 真的记得

二、给出三个儿童期遗忘症的解释（具体的）。

三、为什么主题在我们的生活经历中如此重要？

答案：一、B D　二、儿童大脑关键分区的神经发育成熟中发挥作用，能够和比较事件的能力，对时间的理解，以及有能力谈论过去事件的语言和叙事技巧。三、主题可以帮助我们组织回忆的事件，影响我们对事件的判断和解释。

回顾新闻中的心理学

罗纳德·科顿在珍妮弗·汤普森强奸案后无罪释放,两人成了好朋友。汤普森坦言自己长期生活在愧疚中,因为她的错误指认

心理学研究在人们对记忆能力的判断上有重要的影响。尤其当人们意识到记忆在警察、审问人员、起诉者和判决者中容易出错的时候。本章的开始说的罗纳德·科顿的案例并非特例。心理学家对40例毫无疑问是误判的案件重新核实后,发现90%的案件存在一个或者更多的目击者错误判断的情况。(Wells等,1998)显然,并非所有目击证人的证词都不正确,相反,这些证词应当得到重视。但是指证过程中的潜在错误使得很多注意事项变得非常重要:小心地收集证据、确保被告适当的法律陈述、要求警察使用合理的程序去提取口供以及在必要的时候做DNA分析。

在纽约卡多佐(Cardozo)法律学院清白计划的启发下,草根组织中的律师和学生们成功地挑战了一些有疑问的审判。20世纪90年代初,这一努力帮助250多人无罪释放,他们中很多曾被判处死刑。一个曾在伊利诺伊州死囚待了16年的男子刚被执行死刑,几个小时后西北大学新闻专业的学生便提出证据表明罪犯另有其人。

如果你是目击证人,而你的证词使一名无辜受害者被判有罪,你会怎么想?是会像珍妮弗·汤普森一样承认错误呢,还是会像一些人一样比以前更加坚持记忆的正确性?从本章你学到了汤普森从亲身经历中学到的知识:目击证人可能而且一定会犯错,种族差异会增加犯错率,那些骇人听闻或创伤性经历的记忆很容易被歪曲或受到其他因素的影响,对自我记忆的信心并不一定可靠。如今,汤普森和科顿的案例在公众教育和犯罪审判制度的反思上达到了预期的效果,类似的错误会越来越少。(Thompson-Cannino,Cotton, & Torneo, 2009)

讲到这儿,如果你很认真地阅读本章的内容,应该会记得有很多因素会影响回忆,包括虚构、信息来源错误认定、编码和叙述策略失败、干扰、提取线索不够、暗示性和偏见。因此,你应该认识到记忆是多变的。就像认知心理学家一再强调的那样,我们不仅仅是自己生活戏剧的演员,我们也是剧本的作者。

学以致用

如何记住你所学到的知识

在不久的将来，一种"记忆丸"也许可以用来提高我们的记忆力。但在那一天到来之前，我们这些希望提高记忆力的人必须依赖心理策略。一些简单的记忆术或许会有用，但是复杂记忆术的价值往往比不上其带来的烦恼。一个较好的办法是记住并练习本章中提到的以下原则：

集中注意力！这一点看上去很明显，但我们却常常记不起来，那是因为我们没有在第一时间编码信息。比如，下列哪个是真的印有林肯头像的美分硬币？

多数美国人很难准确辨认，因为他们很少注意硬币设计的细节信息。（Nickerson & Adams, 1979）我们并不是要求你记住这些信息，除非你恰好是一个硬币收藏者或伪造专家。需要记住的是，如果你被要求完成类似本书内容的记忆任务，编码越精细，记忆效果越好。（顺便说一下，正确的硬币是最下面一行左起第一个。）

添加意义。材料越有意义，就越可能与长时记忆里的信息产生联系。意义也可以减少你所学到的信息组块的数量。添加意义的常用方法包括将材料编成故事、举例思考、形成视觉图像（一些人发现图像越零碎越好）。如果你的牌照碰巧是 236 MPL，你可以想着 236 maples。如果你试图记住本章中程序性记忆的概念，你可以通过从你自己的生活中举一个例子来使得这个概念有意义，比如你骑山地自行车的能力，然后想象一个 P 叠加在你骑着自行车的图像上。

从容不迫。与匆忙行事相比，从容地、分为几个时段进行学习通常会取得更好的结果（虽然临时抱佛脚可能也有用）。根据花费的时间，"分散"（空间）学习比"集中"学习更有效；换句话说，相比 3 小时的学习期，分为 3 个 1 小时学习期可能会获得更好的记忆效果。

暂停工作。如果可能，在学习间隔期进行休息和娱乐可使干扰最小化。整晚熟睡或下午小憩可减少干扰，还有可能更好地巩固记忆。

过度学习。首先你不可能记得那些你从来没有很好地学过的东西。过度学习（继续学习那些即使你认为已经知道的信息）是确保你能记住的最佳办法之一。

阅读、复述、复习。经常地自我测验、一丝不苟地练习以及定期回顾，以便了解你是如何学习的。不要刚读完材料就马上评估你的学习（因为信息仍然在短时记忆中），否则就可能会对你以后回忆它们的能力产生不切实际的信心。如果你延迟至少几分钟再去评价，你的评估也许会更准确。（Nelson & Dunlosky, 1991）

总的来说你会发现：相对于被动学习或听讲而言，主动学习会得到更深刻的理解或更好的保持。尽管这样，你也不要指望记得你阅读过或听到的所有事情——对这想都不要去想。不分轻重地获取事实只会导致混淆。畅销书或流行光碟、磁带许诺"完美的""身临其境的"记忆，或者你学习到的任何事情的"即时回忆"，这些都有悖于心理学家所了解到的大脑的工作方式。我们的建议是：忘掉所有的一切。

本章总结

重构过去

<294>
- 不像录音机或摄像机,人类的记忆具有高度的选择性和重构性:人们通过添加、删除和改变一些要素来帮助他们理解信息和事件的意义。人们通常都有信息来源错误认定,即不能从已存储的信息中分辨哪些是后来添加的。甚至是看起来尤其生动的、情绪强烈的闪光灯记忆,也常会随着时间流逝而发生改变或被歪曲以致变得不准确。
- 因为记忆具有重构性,所以它可能是虚构的——将虚构事件与真实事件相混淆。在下列情况中虚构更可能发生:人们多次思考、听或告知他人虚构的事件后经历"想象膨胀"、事件包含很多细节或者事件容易想象。虚构的记忆逼真但却是错误的。

记忆和暗示的力量

- 记忆的重构性使得记忆容易受到暗示的影响。当犯罪嫌疑人的种族有别于目击证人、给目击证人提出引导性问题或给目击证人误导信息时,目击证人的证词尤其容易产生错误。
- 和成年人一样,儿童常常准确地记得事件的关键点。然而,和成年人一样,儿童也可能受到暗示的影响,尤其在应对成年人有偏见的访谈时——例如,被问及那些真假模糊不清的问题时、使用引导性问题时、被迫相信必须与其他孩子所说的保持一致时,或者判断错误仍给予奖励时。

记忆的研究

- 记忆力部分依赖于所要求的行为类型。在外显记忆(有意回忆)测验中,再认通常比回忆要好。在内隐记忆测验中,通常用启动和重学法之类的间接方式予以测量,过去的经历可能会影响当前的思维或行动,即使人们不是有意识地回忆这些经历。
- 在信息加工模型中,记忆包含信息的编码、存储和提取。在三箱模型中,记忆有三个相互作用的系统:感觉登记、短时记忆和长时记忆。一些认知科学家提出一个并行分布加工或联结主义模型,它将知识看成很多分布在一个大网络中且并行处理、彼此相互作用的加工单元的连接。不过,三箱模型在组织记忆研究中的绝大部分成果时仍然是一个有效的方式。

记忆的三箱模型

- 在三箱模型中,输入的感觉信息在感觉登记中做短暂停留,并立刻将它以感觉图像的形式予以保留。
- 短时记忆保持新信息的时间至多30秒(除非复述信息)。短时记忆的容量非常有限,如果通过组块的方式将信息组织成较大的单元,就能扩大短时记忆的容量。早期的短时记忆模型认为短时记忆只是储存和复述的缓冲器,之后的模型认为短时记忆也是一种工作记忆,包括各种心理加工活动,它控制从长时记忆中提取信息以及根据你所从事的任务对信息进行适当的解释。正因为有了工作记忆我们才能控制注意、抑制分心,使得信息处于活跃的、可加工的状态。
- 长时记忆包含已组织成容易处理的庞大的信息。例如,单词(或其表征的概念)可以通过语义分类进行组织。很多长时记忆的模型都将其内容表征为相互关联的概念网络。人们使用这些网络的方式取决于经验和教育。关于舌尖现象(TOT)的研究表明,单词根据其发音和形式存储在长时记忆中。
- 程序性记忆("知道如何做")是关于如何执行特定行动的记忆,陈述性记忆("知道是什么")是关于抽象和表征性知识的记忆。陈述性记忆包括语义记忆(一般知识)和情景记忆(对个人经历和事件的记忆)。
- 三箱模型经常被用来解释记忆中的系列位置效应,虽然它能解释首因效应,但却不能解释为何停留一段时间后,有可能发生近因效应。

记忆的生理机制

- 短时记忆是通过神经元暂时的改变释放神经递质，而长时记忆是神经元和突触长期的结构性的变化。长时增强是突触反应强度的增加，有可能是长时记忆的重要机制。与长时增强有关的神经变化需要时间来发展，这有助于解释为什么长时记忆需要一段时间的巩固。
- 杏仁核参与情绪性记忆的形成、巩固和提取的过程。在完成短时记忆和工作记忆的过程中额叶异常活跃。前额皮层和部分颞叶参与词汇和图片的编码过程。海马在长时陈述性记忆的形成和提取过程中起着重要的作用。其他区域，如小脑对于程序性记忆的形成很关键。对失忆症患者的研究表明关于外显性记忆和内隐性记忆，大脑活跃的区域不同。记忆的不同组成部分很有可能存储在不同的区域，所有的这些区域参与作为一个整体的事件的表征。
- 肾上腺在压力和情绪唤醒下释放的激素——包括肾上腺素和去甲肾上腺素——可以增强记忆。但是激素过多会干扰信息的巩固，激素量适中有利于学习新的任务。

我们如何记忆

- 为了很好地记忆材料，首先我们必须准确地对其进行编码。诸如大学教材之类的信息需要努力编码，而不是自动编码。复述可以使信息保持在短时记忆中并增加其进入长时记忆的机会。精细复述比保持性复述更能促进信息进入长时记忆，深加工通常比浅加工更有效。阅读—背诵—复习的策略更有利于积极学习，与机械地重复阅读相比成绩更好。为了巩固记忆并长时间保存信息，检索练习必不可少。通过精细编码和将回忆的信息组块化，记忆术也能增强记忆力。

我们为什么会遗忘

- 遗忘可能是由几个因素造成的。如果信息没有得到进一步加工，那么它将在感觉登记和短时记忆中消退。在长时记忆中，新信息可能"擦除"旧信息，发生前摄抑制和倒摄抑制。当提取线索不充分时，线索依存遗忘可能会发生。最有效的提取线索发生在与初始经历相似的环境下。一个人的情绪或身体状态也可能作为提取线索，从而唤起情境关联记忆。与当下情绪一致的事件，记忆效果最好（心境一致性记忆）。
- 失忆症，即对个人信息的遗忘，通常因疾病或大脑受损等机体原因而产生。由于自我认同缺乏或者心理因素导致的心因性失忆症比较罕见。对发生在多年前特定的创伤性事件的遗忘称为创伤性失忆症，对于它的解释存在很大争议，比如精神动力学用压抑进行解释。由于这些概念缺乏良好的实验支持，心理学家对"恢复记忆"的信度和效度持怀疑态度。批评者认为，由于一些治疗师没有注意到暗示的力量和虚构的危险性，促成了受害者错误记忆的发生。

自传体记忆

- 大多数人都不能回忆起他们三四岁以前的很多事件。儿童期遗忘症的原因包括：大脑结构发展不成熟使得儿童在集中注意力、编码和记忆方面产生困难，认知因素包括不成熟的认知图式、语言技巧和自我意识缺乏，在编码和陈述事件的过程中缺少社会规范类知识。
- 个体对"生活故事"的叙述组织了他或她的生活事件并赋予了它们意义。

回顾新闻中的心理学

- 在全国范围内，当那些曾因强奸、谋杀和其他罪状而受到误判的人因DNA证据而获释时，人们开始意识到目击证人证词的局限性和记忆的不可靠性。

学以致用：如何记住你所学到的知识

- 增强记忆力最好方法是集中注意力、增加意义、从容不迫而非填鸭式学习、暂停工作、过度学习、练习"阅读—背诵—复习"策略和积极学习而非消极应对。请牢记这些建议！

关键术语

记忆（memory）263

重构记忆（reconstructive memory）265

信息来源错误认定（source misattribution）265

闪光灯记忆（flashbulb memory）265

虚构（confabulation）265

想象膨胀（imagination inflation）266

引导性问题（leading question）267

外显记忆（explicit memory）270

回忆（recall）270

再认（recognition）270

内隐记忆（implicit memory）270

启动（priming）271

重学法（relearning method）271

信息加工模型（information-processing model）271

编码、存储和提取（encoding, storage, retrieval）271

认知图式（cognitive schema）272

三箱模型（three box model）272

并行分布加工模型（parallel distributed processing ［PDP］model）272

感觉登记（sensory register）273

短时记忆（short term memory, STM）273

组块（chunk）274

工作记忆（working memory）275

长时记忆（long-term memory, LTM）275

语义分类（semantic category）275

舌尖现象（tip-of-the-tongue［TOT］state）276

程序性记忆（procedural memory）276

陈述性记忆（declarative memory）276

语义记忆（semantic memory）276

情景记忆（episodic memory）277

系列位置效应（serial-position effect）277

首因和近因效应（primacy and recency effects）277

长时增强（long-term potentiation）278

巩固（consolidation）278

努力编码和自动编码（effortful versus automatic encoding）281

保持性复述（maintenance rehearsal）281

精细复述（elaborative rehearsal）281

深加工（deep processing）282

浅加工（shallow processing）282

阅读—背诵—复习策略（read-recite-review strategy）282

检索练习（retrieval practice）282

记忆术（mnemonics）283

消退理论（decay theory）285

倒摄抑制（retroactive interference）286

前摄抑制（proactive interference）286

提取线索（retrieval cue）286

线索依存遗忘（cue-dependent forgetting）287

似曾相识（déjà vu）287

状态依存记忆（state-dependent memory）287

心境一致性记忆（mood-congruent memory）287

失忆症（amnesia）287

心因性失忆症（psychogenic amnesia）287

创伤性失忆症（traumatic amnesia）287

压抑（repression）287

儿童期（幼儿期）遗忘症（childhood［infantile］amnesia）289

叙事（narratives）290

307页和308页"参与进来"的答案：

鲁道夫八个朋友的名字是 Dasher, Dancer, Prancer, Vixen, Comet, Cupid, Donner（也译作"Donder"），Blitzen。

[新闻中的心理学]

一年级学生因野营用具而暂停学业

扎卡里·克里斯蒂的野营用具给他带来了麻烦

2009年10月12日,来自特拉华州纽瓦克(Newark)的消息。

扎卡里·克里斯蒂(Zachary Christie)对参加"童子军"和野营活动感到非常兴奋,他把自己最喜欢的野营用具带到学校,准备午餐时间用。这种器具很方便,因为它可以用作刀、叉和勺子。但学校管理者认为,这名6岁的男孩违反了他们对武器——包括多用途器具的刀具部分——的零容忍政策并将他暂停学业。现在,扎卡里将在该地区的少年犯管教所度过45天。扎卡里在家里练习写小写字母的时候说:"这太不公平了。"

针对校园枪击事件,许多学区对在校园内持有武器采取零容忍政策。在扎卡里的案件中,学校管理者感到别无选择,只能暂停他的学业,因为无论持刀者的意图、年龄或性格如何,该地区都禁止使用刀具。

扎卡里的母亲黛比·克里斯蒂(Debbie Christie)说:"有时候,扎卡里会自己选择穿西装打领带去上学,因为他对学校很认真。他对他的同学没有什么威胁。"但学区董事会主席乔治·埃文斯(George Evans)为学校管理者的决定进行了辩护,他说:"没有哪位家长愿意接到一个电话,说他们的孩子不再有两只好视力的眼睛了,因为发生了扭打,而且有人拔出了刀。"

批评人士认为,让扎卡里这样的学生陷入水深火热之中的这种零容忍政策,导致了更多的停学和开除,进而导致孩子们在街头这样的地方待更长时间,他们的行为只会变得更糟。不灵活的政策也会导致对轻微违规行为进行严厉惩罚。去年,特拉华州的一名三年级学生被学校停学了一年,因为她的祖母送了一个生日蛋糕、一把用来切蛋糕的刀子到学校。

零容忍政策最初给了当局在惩罚学生方面更大的回旋余地,但批评人士指责,这些政策对非裔美国儿童具有歧视性,因为与白人儿童相比,非裔美国儿童更有可能因为犯下同样的罪行而被停学或开除。因此,许多学区在政策的实施过程中取消了自由裁量权。

扎卡里现在不愿意回到学校。他说:"我觉得其他孩子可能会取笑我惹了麻烦。"但他又补充说:"可我觉得这个规则本身是错的,而不是我是错的。"

第九章

学习和条件反射

Learning and Conditioning

零容忍政策是合理的吗？当儿童犯小错误时，父母惩罚他们的程度应该与他们犯大错误时的程度一样吗？如果不是，当儿童出现破坏行为或暴力行为时，学校管理者该如何惩罚他们？是应该开除他们，还是有其他的可供选择的方法？父母在家里如何纠正儿童的不良行为？"打屁股"是父母采用的最好办法吗？对于那些采用体罚的父母而言，他们应该采用"零容忍政策"吗？

长久以来，一直存在关于儿童的管教方式的争论。争论的核心问题是：我们怎样才能改变那些不良的、自我挫败的或者危险的行为？当然，许多人想要改变他们的不良习惯，他们也一直在努力改善或纠正别人的行为。我们拘禁犯人，打孩子，和配偶吵架，向挡路的司机竖起中指；另一方面，我们用金色的星星鼓励儿童的良好行为，给父母发车尾贴以表扬孩子的成功，给员工发奖金，为杰出表现者颁发奖品。这些努力会得到我们希望的结果吗？好吧！无论怎样，如果你明白了**学习**（learning）的规律，就会意识到，无论是你自己还是他人的行为，通过塑造都可以变得更好。同时你也会明白为什么平时的方法取不到良好的效果。

行为主义（behaviorism）对学习研究产生了重大的影响，该学派依据可观察的行动和事件来解释行为，不涉及诸如"心理"和"意志"之类的心理实体。（参见第一章）行为主义者强调**条件反射**（conditioning），包括环境刺激和反应之间的联结。行为主义者提出了两种类型的条件反射，即经典条件反射和操作性条件反射，用来解释动物和人类的大多数行为。但是其他的一些观点，例如，社会认知学习理论则认为，在解释人类学习时忽略心理过程，就好像在描述性行为时忽略激情：你也许能解释形式，却失去了本质。社会认知学习理论学家认为，学习不仅包括行为的改变，也包括思维、期望和知识的改变，这些也反过来影响行为，两者是互相作用的。

当你在这一章中读到有关条件反射和学习的原理时，可以问一下自己，如果用惩罚来控制非期望行为时，它们能教给我们什么？当采用不适当的惩罚方式时，结果会是什么样的？我们怎样才能最有效地调节人们的行为——包括我们自己的行为？

学习 由于经验产生的相对持久的行为（或行为潜能）变化。

行为主义 一种强调研究可观察行为，强调环境对行为起决定作用的心理学研究方法。

条件反射 一种包括环境刺激和有机体反应之间的联结的基本学习类型。

> **你将会学到**
> - 经典条件反射是如何解释狗一看到灯亮或听到蜂鸣声就会分泌唾液的？
> - 经典条件反射的四个主要特征。
> - 从经典条件反射中，你真正学到的是什么？

经典条件反射

20 世纪初，伟大的俄国生理学家伊万·巴甫洛夫（Ivan Pavlov，1849—1936）一直致力于狗的唾液分泌研究，该研究是消化功能研究计划的一部分。巴甫洛夫的研究程序之一是在狗的脸颊上做个开口手术，插入一根管子以便从动物的唾液腺中引出唾液，这样就可以测量唾液的分泌量。巴甫洛夫还在狗的嘴里放入肉粉或其他食物，以刺激其分泌唾液。（见图 9.1）

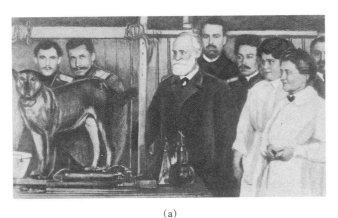

(a)   (b)

图 9.1 巴甫洛夫采用的方法
左边的照片中最中间的是巴甫洛夫，两侧是他的学生和一只被用于实验的狗。右边的装置是根据伊万·巴甫洛夫的技术设计的，唾液从狗的脸颊流到试管中，唾液量是通过与转鼓相连的指针的运动测量的

    巴甫洛夫是一位真正具有献身精神的科学观察者，他甚至在临死之前还口述自己的想法以留给后人更多的相关资料！他的学生也从他那里学到以同样的热情来关注、研究细节。在他从事唾液分泌研究期间，一名助手注意到，当狗被多次带到实验室之后，它会在食物放进嘴里之前就开始分泌唾液（大多数人会觉得这一点太微不足道而选择忽略）。看到食物，闻到食物的味道，或看到食物盘，甚至看到每天送食物的人，或者听到这个人的脚步声，这些都会使狗分泌唾液。毫无疑问，这种新的唾液分泌反应不是天生的，而是通过多次练习后习得的。

    起初，巴甫洛夫把狗流口水仅仅当作一种令人讨厌的唾液分泌现象，但很快他就意识到自己的助手已经发现了一种重要现象。巴甫洛夫认为，它是人类和其他动物所有学习活动的基础。（Pavlov, 1927）他把这种现象称为"有条件的"（conditional）反射——之所以说它是有条件的，是因为它依赖于环境条件。由于后人对他著作的翻译，误将"有条件的"翻译成了"条件性"（conditioned），今天人们通常使用后一种说法。

    巴甫洛夫很快停止正在从事的研究，反而转到条件反射研究中，并把他生命的最后30年都奉献给这项研究。那么，在他的研究中，为什么狗在非食物刺激条件下也会分泌唾液呢？

源于旧反射的新反射

    起初，巴甫洛夫推测可能是狗在获取食物前的思考和感觉使它们流口水。难道是"喂！孩子，该吃东西了！"这样的想法进入了狗的大脑之中？但最终他认为，这种推测是毫无根据的。于是他把研究重点放在了引起条件反射的环境因素上。

    根据巴甫洛夫的观点，最初的唾液分泌反射包括狗嘴里的食物这种**无条件刺激**（unconditioned stimulus, US）以及唾液分泌这种**无条件反应**（unconditioned response, UR）。无条件刺激是指能自动诱发无条件反应的事件或物质，无条件反应是自动产生的反应。

无条件刺激 经典条件反射术语，与生俱来的能诱发反射反应的刺激。

无条件反应 经典条件反射术语，与生俱来的由刺激引起的反射反应。

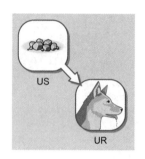

巴甫洛夫指出，当一个中性刺激（neutral stimulus，还未引发特殊反应——如分泌唾液——的刺激）定期与一个无条件刺激结合时，学习就发生了。

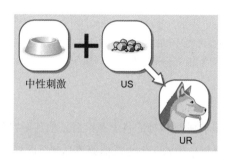

条件刺激 经典条件反射术语，指与无条件刺激结合后能诱发条件反应的最初中性刺激。

这时中性刺激就变成**条件刺激**（conditioned stimulus，CS），它引起了学习或**条件反应**（conditioned response，CR），条件反应通常与最初的并不是通过学习获得的反应相似。在巴甫洛夫的实验中，我们看到先前并没有诱发唾液分泌的食物盘成为唾液分泌的条件刺激。

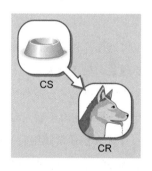

条件反应 经典条件反射术语，指由条件刺激引起的反应，它发生于条件刺激与无条件刺激结合之后。

经典条件反射 最初的中性刺激通过与已经具有相似或相关反应的刺激结合而获得诱发反应的能力的过程。也叫作巴甫洛夫反射或反应性条件反射。

这种使中性刺激最终变为条件刺激的程序叫作**经典条件反射**（classical conditioning），也叫巴甫洛夫反射或反应性条件反射。巴甫洛夫及其学生继续证明了各种各样的事物与食物结合都能变成唾液分泌的条件刺激：节拍器的嘀嗒声、铃或音叉的音调、蜂鸣器的振动声、摸一下脚，甚至针刺或电击。在巴甫洛夫之后，那些包括分泌唾液在内的自动的不随意反应都可以形成经典条件反射——例如，心跳、分泌胃液、血压、反射运动、眨眼、肌肉收缩。在具体的实验中，呈现中性刺激和无条件刺激之间的最佳间隔非常短暂，通常少于1秒钟。

经典条件反射的原理

从昆虫到人的所有物种中都存在经典条件反射，现在就让我们进一步了解其中的一些重要特征：消退、高级条件反射、刺激泛化和分化。

消退

条件反应不会永远持续，如果条件反射形成后，重复呈现条件刺激而不呈现无条件刺激，条件反应最终会消失，此时所谓的**消退**（extinction）也就发生了。（见图9.2）假定经过训练的小狗米洛已经能够对铃声做出分泌唾液的反应，接着每5分钟响一次铃声却不给它食物。米洛再听到铃声后，分泌的唾液就会越来越少。不久，米洛就完全不会因铃声分泌唾液，唾液分泌已经消失了。但是，消退不同于没有学习或遗忘，如果第二天铃声又响了，米洛可能还会尝试着分泌几次唾液，但是反应会变得比较微弱。再次出现这种反应的现象叫作**自然恢复**（spontaneous recovery）。这说明了为什么完全消除一个条件反应通常需要多个消退期。

消退（在经典条件反射中）习得反应减弱直至最终消失。在经典条件反射中，当条件刺激不再伴随无条件刺激出现时，就会发生消退。

自然恢复 已习得的反应在消退后又重新出现。

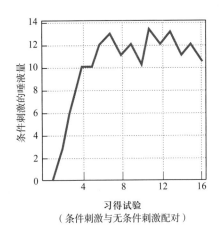
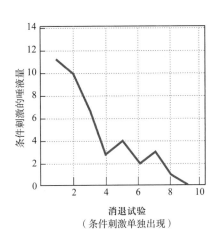

图9.2 唾液分泌反应的习得与消退
伴随着引起唾液分泌的无条件刺激的出现，中性刺激将会变成唾液分泌的条件刺激。（图左）但当多次呈现这种条件刺激却不伴随无条件刺激时，条件性唾液分泌反应将会减弱直至消失，右图中它已经消退了

高级条件反射

有时通过与已经建立的条件刺激相结合，中性刺激可以变成条件刺激，这种程序叫作**高级条件反射**（higher-order conditioning）。比如说米洛已经学会看到食物盘就分泌唾液，现在则在它看到食物盘前发出闪光。多次将闪光和食物盘结合，米洛就能学会看到闪光就分泌唾液。图9.3说明了高级条件反射的过程。

高级条件反射 在经典条件反射中，通过与已建立的条件刺激相结合，中性刺激变成条件刺激的过程。

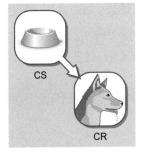
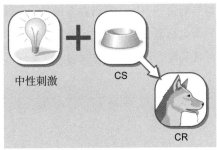
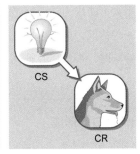

图9.3 高级条件反射
在这个高级条件反射的图解中，食物盘（左）是先前形成的唾液分泌的条件刺激，中性刺激灯光与食物盘（中）结合，灯光也成为唾液分泌（右）的条件刺激

高级条件反射也许可以解释为什么一些词语会引起我们的情感反应，即为什么这些词语会激怒我们或唤起我们的温情。当词语与目标物或与其他一些已经能激发情感反应的词语相结合，它们也会诱发那种反应。（Staats & Staats, 1957）例如，由于"生日"这个词语

刺激泛化（在经典条件反射中） 当一种刺激成为某种反应的条件刺激后，其他的相似刺激也可能产生相似反应的倾向。在经典条件反射中，它发生在刺激与引起条件反应的条件刺激相似的情况下。

与礼物和关注相联系，儿童可能会学会对它产生积极反应；相反，如果是一些带有种族或民族色彩的词语与儿童学会的令人不愉快的词语（如笨、脏）相结合，他们可能就会对这些种族或民族产生消极反应。换句话说，高级条件反射可能会促使偏见形成。

刺激泛化和分化

当一种刺激成为某种反应的条件刺激后，其他的相似刺激也可能产生相似反应——这种现象称为**刺激泛化**（stimulus generalization）。例如，如果使小狗米洛对钢琴中央 C 形成了唾液分泌反应，即使并没有在弹奏 D 音（比中央 C 高一个音）后呈现食物，米洛可能也会对 D 音分泌唾液。一句谚语恰当地描述了刺激泛化："一朝被蛇咬，十年怕井绳。"

刺激泛化的反面是**刺激分化**（stimulus discrimination），它是指类似于条件刺激的某些刺激会导致不同的反应。假定已经通过声音与食物的反复结合使米洛形成了对钢琴中央 C 分泌唾液的条件反射。现在，在吉他上弹出中央 C，不伴以食物出现（但会继续在钢琴中央 C 后伴以食物）。最后，米洛将学会只对钢琴中央 C 做出分泌唾液的反应，对在吉他上弹出的同样音不做分泌唾液的反应；也就是说，它能分辨两种声音。如果继续这样做一段时间，那么就能够训练米洛非常好地做出分辨并分泌唾液。

刺激分化（在经典条件反射中） 对两个或更多的相似刺激产生不同反应的倾向。在经典条件反射中，当类似于条件刺激的刺激不能激发条件反应时，就会发生这种情况。

经典条件反射实际上教给了我们什么

要使经典条件反射最为有效，必须使条件刺激在无条件刺激之前而非之后出现，或者两者同时出现。这一点很重要，因为在经典条件反射中，条件刺激应当成为无条件刺激的信号。实际上，经典条件反射是一种进化性适应，它使有机体能够预期即将发生的有生物意义的重要事件并做好准备。例如，在巴甫洛夫的研究中，铃声、蜂鸣或者其他刺激都是肉将要出现的信号，狗分泌唾液就是为消化食物做好准备。因此，今天许多心理学家都主张，在经典条件反射中，动物或人实际上学到的不仅仅是两种发生时间上接近的刺激的联结，还是一种刺激传递给另一种刺激的信息。例如，"如果声音响起，食物很可能会随之而来"。

<303>

罗伯特·雷斯科拉（Robert Rescorla, 1988）的研究支持了这种观点。在一系列研究中，雷斯科拉发现，仅仅是无条件刺激和中性刺激的结合不足以产生学习。为了成为条件刺激，中性刺激必须确实预示着无条件刺激的出现。如果常常没有先行声音就出现食物，声音就不太可能成为唾液分泌的条件刺激——因为声音并未提供任何可能得到食物的信息。假定一种情况，如果你接到的每个电话都会带来一些坏消息，并让你心跳加速，那么每次电话铃响时，很快你心脏就会怦怦乱跳，这就是条件反射。但是通常情况下，这些让你不安的

参与进来 | **眨眼条件反射的形成**

在一位自愿的朋友身上试验用经典条件反射程序形成眨眼行为，你需要一根吸管和一些能制造声响的东西，用勺子轻敲玻璃杯就行。你告诉你的朋友你将用这根管子在他或她眼前吹气，在每次吹气前你先制造些声音，但不说为什么，重复这一过程十次，然后发出同样的声音，但不吹气，你的朋友可能还会眨眼，只发出声音但不吹气一两次后，眨眼动作便会消失，你可以说出其中的无条件刺激、无条件反应、条件刺激和条件反应吗？

电话是随机出现在大量的正常电话中，电话铃声并不总预示灾难，这时条件性的心跳加速反应并不会出现。

雷斯科拉得出以下研究结论："巴甫洛夫条件反射并非有机体在两个同时发生的刺激之间形成杂乱联结的愚蠢过程。更确切地说，有机体更像是一个信息探索者，利用事件之间的逻辑和感知关系，以及它自己的预期，形成对世界的复杂表征。"尽管并非所有的学习理论家都同意这一结论——像传统的行为主义者就会认为，谈论老鼠的预期是一件傻事——但是，其重要之处在于，诸如"信息探索""预期"和"对世界的表征"这些概念，为从认知的观点重新看待经典条件反射打开了一扇窗。

快速测验

经典条件反射术语比较难掌握，所以在学习新知识前先完成以下练习。

一、找出以下两种情境中的无条件刺激、无条件反应、条件刺激和条件反应。
 1. 5岁的萨曼莎正在看窗外的暴风雨，一道闪电过后有一声巨大的雷鸣，萨曼莎被惊吓到，这样几次后，天空恢复了平静，但突然又出现了一道闪电，萨曼莎便吓得直接跳起来了。
 2. 格雷戈里每次吃含有柠檬的食物时都会流口水，有一天，他看到一幅柠檬水的广告图片，他就开始流口水了。

二、许多学习理论家认为，将中性刺激与无条件刺激结合出现还不足以产生经典条件反射，中性刺激必须＿＿＿＿＿无条件刺激。

答案：一、1. 无条件刺激＝雷鸣，无条件反应＝雷声将萨曼莎惊吓到，条件刺激＝闪电，条件反应＝闪电将萨曼莎惊吓到。2. 无条件刺激＝含有柠檬的食物，无条件反应＝流口水，条件刺激＝柠檬水的广告图片，条件反应＝流口水。二、预示（或预测）。

你将会学到

- 为什么在广告中介绍产品时常配着好听的音乐或好看的风景？
- 经典条件反射理论家会怎样解释你的恐高症或者对老鼠无端的恐惧？
- 你是如何喜欢上某种味道和气味的，后来有被其他类型取代吗？
- 为什么在医生办公室里你会感到难受，而安慰剂能让你感觉好一些？
- 科技如何支持研究经典条件反射的生物基础？

现实生活中的经典条件反射

如果狗能学会对铃声分泌唾液，你也能。实际上不用提到棉花糖，单是杂志上令人垂涎的食物图片，都可能让你学会对午饭铃声分泌唾液。经典条件反射在许多方面都会影响我们的日常生活。

约翰·华生（John Watson）是最早认识到巴甫洛夫理论在现实生活中具有应用意义的心理学家之一，他创立了美国的行为主义并热诚地发展了巴甫洛夫的观点。华生认为，所有的人类情感和行为都可以用条件反射原理来解释。例如，他认为，当某人抚摸并拥抱你时，你就学会了爱别人。华生关于爱的解释是错误的，爱比他认为的更加复杂（参见第十四章），但他关于经典条件反射具有影响我们情感、偏爱和品味力量的观点则是正确的。

学习喜欢

在形成对物体、人物、符号、事件和地点的情感反应的过程中，经典条件反射发挥着巨大的作用。它能解释为什么看到吉祥物、国旗或奥运会标志时，我们会充满感情，因为这些物体都曾与过去的积极情感相联系。

许多广告技术运用了经典条件反射在情绪反应方面的优势。我们注意到有些广告产品伴有好听的音乐、有吸引力的人、美好的风景或者名人。用经典条件反射术语来解释，音乐、有吸引力的人或名人是与愉快相连的内部反应的无条件刺激，广告商希望产品成为激发你相似反应的条件刺激。

学习恐惧

通过经典条件反射，人们不仅可以形成积极情感，而且也可以形成诸如厌恶、恐惧等消极情感。只要将一些东西与一些能诱发痛苦、惊骇或尴尬的事物相结合，人们就可以学会对这些东西产生恐惧。但是，人类的生物性决定了他们对某种后天获得的恐惧特别敏感。比起蝴蝶和花，人们更容易建立对蜘蛛、蛇和高的条件性恐惧，因为后者对人类的健康具有更大的危险性，所以人类在进化过程中获得了一种很快学会害怕它们的倾向。（LoBue & DeLoache, 2008; Ohman & Mineka, 2001）一些理论家认为，进化能使人类对其他种族的成员迅速产生恐惧，这种趋势减缓了物种灭绝，并可能助长了偏见的情感支撑。（Navarrete 等, 2009; Olsson 等, 2005）

恐惧的形成

恐惧症（phobia）（见第十一章）表现为，人们对物体或情境的恐惧变得非理性，影响了正常活动。为了证明人们是如何习得恐惧症的，约翰·华生和罗莎莉·雷纳（Rosalie Rayner）（1920）故意使一个十一个月大的男孩艾伯特（Albert）形成了老鼠恐惧。目的是研究先天的恐惧反应如何转移至大量的其他刺激（我们现在称之为刺激泛化）。他们也想证实成年时期特定的恐惧反应可以追溯到童年期。华生和雷纳的研究程序有一些瑕疵，但由于伦理原因，当今没有其他心理学家尝试对儿童做这样的事。但是毋庸置疑，该研究是一项经典研究，并且恐惧症主要是通过条件反射形成的，这一观点至今仍被广泛接受。

"小艾伯特"是一个安静的孩子，很少哭闹。（华生和雷纳之所以有意选择这样的小孩，是因为他们认为此实验对这类小孩的伤害是最小的。）当华生和雷纳给他一只白鼠（白鼠是活的，不是玩具）来玩时，艾伯特并未表现出恐惧，事实上他很高兴。当给他其他类似的东西，例如，兔子和毛衣时，他也表现出高兴。但是像大多数孩子一样，艾伯特也害怕噪声。当研究者在艾伯特头后面用锤子敲打钢棒，发出很大的噪声时，他会跳起来，倒向脚下床垫的一角。锤子制造的噪声是恐惧这种

为什么大多数人害怕蛇，为什么有些人甚至会产生蛇恐惧症

无条件反应的无条件刺激。

已经确立了艾伯特喜欢白鼠，华生和雷纳开始教他害怕白鼠。他们再次给他一只白鼠，但这次艾伯特一接近白鼠，研究者就敲击钢棒。艾伯特每次都会被吓一跳，摔倒在床垫上。几周内，研究者将这一实验程序重复了几次，艾伯特开始啜泣和发抖。最后，只给他白鼠，不发出噪声，艾伯特也会摔倒、大哭，并尽可能快地爬离。白鼠变成了恐惧的条件刺激。（见图9.4）几天后的实验表明，艾伯特的恐惧已经泛化到了其他有毛发的物体，包括白兔、毛衣、圣诞老人面具，甚至约翰·华生的白头发。

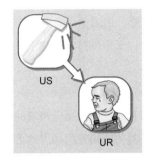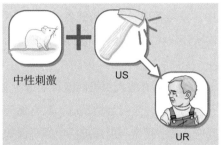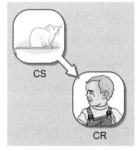

图 9.4　恐惧产生
在小艾伯特的研究中，锤子敲击钢棒所发出的噪声是恐惧的无条件刺激（左），当白鼠作为中性刺激与噪声相结合（中）时，白鼠就成为恐惧的条件刺激（右）

不幸的是，华生和雷纳同小艾伯特失去了联系，不知道他的恐惧持续了多长时间。而且，因为这个实验提前结束了，以致他们无法消除这种条件反射。但是，华生和玛丽·科弗·琼斯（Mary Cover Jones）确实消除了另一个儿童的条件性恐惧。华生称这一例条件性恐惧是在家中形成的，而非心理学家在实验室诱发的。（Jones，1924）这名叫彼得（Peter）的3岁幼儿非常害怕兔子。华生和琼斯采用一种称为**逆条件反射**（counterconditioning）的方法消除了这种恐惧。这种方法是将条件刺激与其他刺激相结合，引起与不需要的反应不相容的反应。（见图9.5）

逆条件反射　在经典条件反射中，一种条件刺激与一种刺激配对的过程，这种配对引起的反应与不需要的条件反应不相容。

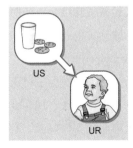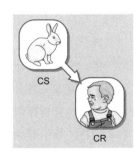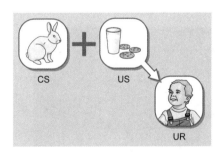

图 9.5　恐惧的逆条件反射
3岁小孩彼得已经习得了对兔子的条件恐惧，为了消除这种恐惧，研究者把兔子（条件刺激）与牛奶点心、饼干（非条件刺激）相结合，点心产生了与恐惧这种条件反应不相容的愉快情感。最终，彼得能够与兔子安然待在一起

最初，研究者把兔子放得离彼得远一些，这样他的恐惧将保持在较低水平。否则，彼得就可能学会恐惧牛奶和饼干！但是渐渐地，在几天的时间里，他们把兔子放得越来越近。最后彼得学会了喜欢兔子，他甚至能让兔子坐在自己腿上，一只手和它玩，另一只手吃东西。这种程序的变式叫作系统脱敏，后来人们把它用于调节成年人的恐惧症。（参见第十二章）

生物学和条件性恐惧

研究者正在探究条件性恐惧形成与消退的生理局限,条件性恐惧的获得涉及杏仁核中神经递质谷氨酸盐的接收器。给老鼠注射妨碍接收器工作的药物,便阻止了习得性恐惧的消退,而注射增强接收器功能的药物,便会加速消退。(Walker 等,2002)研究者受到这些发现的鼓舞,继而研究这种增强接收器功能的药物(对人类是安全的)对解决恐高症的作用。(Davis 等,2005)他们做了双盲实验,让15人服用此药物,其他15人服用安慰剂,参与者经历了两个疗程。其后,参与者戴上护目镜,乘坐一架玻璃电梯,从地面缓缓上升,这对有恐高症的人而言是非常恐怖的!他们还要走到一架高桥上面,低头看下面的喷泉。在每周一次的三个月疗程中,参与者记录了他们到各"层"的不安感,记录显示,服用该药物比服用安慰剂更能有效减轻症状。再者,在他们的日常生活中,服用该药物的被试比控制组的人更能避开高处。

基因遗传的差异可以解释为什么有些人更可能变得焦虑、恐惧。瑞典的一项研究中,研究人员让大学生被试对一些人脸照片学习恐惧反应,只有那些拥有与杏仁核反应相关的特定基因的人获得了恐惧反应,那些携带与前额皮层中妨碍认知控制功能相关的基因的被试则表现出习得反应消退的阻抗。(Lonsdorf 等,2009)这些研究有助于我们理解先天和习得恐惧的生理机制。

解释味觉

经典条件反射也能解释我们怎样学会喜欢或讨厌许多食物和气味。在实验室中,研究者通过在食物或气味中添加导致恶心或其他不愉快症状的药物,使动物学会了讨厌这种食物或气味。一位研究者通过把动物喜欢的胡萝卜气味与讨厌的苦味化学物质相结合来训练蛞蝓。很快蛞蝓就开始回避胡萝卜的气味。接下来,研究者通过把胡萝卜气味与马铃薯气味结合,证明了高级条件反射的存在,即蛞蝓确实也开始回避马铃薯的气味。(Sahley, Rudy, & Gelperin, 1981)

许多人在吃了某种食物后生病,就学会了讨厌这种食物。这种食物原来是一种中性刺激,现在变成了恶心或该疾病引起的其他症状的条件刺激。心理学家马丁·赛利格曼(Martin Seligman)曾谈到他本人怎样由于条件反射而讨厌蛋黄酱。一天晚上,他和妻子吃了美味的鱼片蘸蛋黄酱之后不久,就得了流感。自然,他会感到沮丧。当然,他的不幸与蛋黄酱并无关系。但是等到下次再吃蛋黄酱时,他发现自己开始讨厌蛋黄酱的味道了。(Seligman & Hager, 1972)

值得注意的是,赛利格曼对蛋黄酱的反感不同于实验室中形成的厌恶条件反射,他在蛋黄酱和

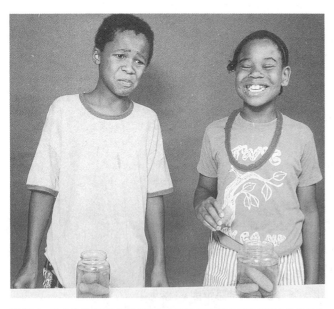

我们对一种食物说"呸"还是"嗯",可能取决于过去涉及经典条件反射的经历

生病只结合了一次之后就发生了反感，而且条件刺激和无条件刺激间有很长的时间间隔。此外，赛利格曼的妻子、食物盘、侍者虽然都与生病相结合，却并没有成为厌恶反应的条件刺激。这是为什么呢？约翰·加西亚（John Garcia）和罗伯特·柯林（Robert Koelling）（1966）已经在早期关于老鼠的研究中给出了答案：比起图像或声音，气味与疾病的联结具有更大的生物准备性。正如能获得特定恐惧的倾向，这种生物倾向或许是通过自然选择而发展起来的，因为它促进了生存——同特别的图像或声音相比，吃到不好的食物更可能给人带来疾病和死亡。

心理学家利用条件性厌恶，成功阻止了捕食行为。在一项经典研究中，研究者用一根绳子挂着一块飘着令人恶心的化学物质味道的羊肉引诱狼崽，结果它们形成了对羊肉的条件性厌恶。（Gustavson 等，1974）相似的方法还可用来阻止浣熊杀食小鸡。（Garcia & Gustvson，1997）

对治疗的反应

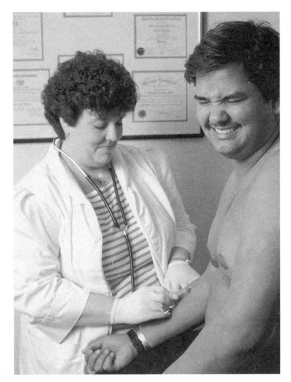

许多人在抽血时体验到的焦虑可以泛化到遇见护士、进入病房、看到针头……

由于经典条件反射的影响，治疗可以产生意想不到的痛苦或症状缓解，这些都是与治疗本身完全无关的。例如，对治疗的不愉快反应常常会泛化到其他刺激之上，癌症患者就面临这个问题。化疗引起的恶心和呕吐反应常常泛化到治疗室、候诊室、护士的声音或者酒精味之上。吃药是恶心、呕吐的无条件刺激，其他先前的中性刺激通过联结，成为这些反应的条件刺激。即便是诊所的图像和气味的心理表象也可能成为恶心的条件刺激。（Dadds 等，1997；Redd 等，1993）

一些癌症患者也会对任何与化疗有关的事物，产生经典性条件的焦虑反应。在一项研究中，患者在手术前喝了帮助镇静的柠檬饮料，就产生了对该饮料的焦虑反应——这是高级条件反射的例子。即使不在诊所，而是在家中喝这种饮料，他们仍会感到焦虑。（Jacobsen 等，1995）

另一方面，患者如果服用了没有有效成分的安慰剂、药片，注射了没有效果的注射液，或者接受了对疾病没有直接生理作用的治疗，他们的痛苦和焦虑反应也会降低。特别是当安慰剂采用很大的药片，或药片上标有著名商标，或采用注射形式时，安慰剂的力量非常大。（Benedetti & Levi-Montalcini，2001）为什么安慰剂会起作用呢？生理心理学家已经表明安慰剂能以与真正治疗相同的方式影响大脑。（参见第六章）认知心理学家强调，期望可以使患者减少焦虑，增强免疫能力，更好地与疾病做斗争。但是，行为主义者会说医生的白大褂、医生办公室或诊所，还有药片和注射都成了症状减轻的条件刺激，因为这些刺激都和过去实际用药的反应相联结。（Ader，2000）实际用药是无条件刺激，它们产生的症状减轻是无条件反应，安慰剂（条件刺激）起到了诱发相似反应（即条件反应）的作用。

安慰剂效应与经典条件反射的解释并不矛盾。（Kirsch，2004；Stewart-Williams & Podd，

> **快速测验**
>
> 希望你没有形成对小测试的经典性条件恐惧。
> 一、试试你是否能用正确的术语描述以下三种情况的结果。
> 　1. 小孩习得害怕蜘蛛后，也会害怕蚂蚁、甲虫和其他爬行类虫子。
> 　2. 学步小孩害怕洗澡，他的爸爸就在浴盆中放少量水，让他吃着棒棒糖坐在浴盆中，不久以后这个小孩就不怕洗澡了。
> 　3. 一个工厂里，当代表午饭休息时间的铃声响起时，工人们就会流口水。有一天，响铃出了故障，每隔半小时就响一次，结果在这天结束时，工人们听到铃声后就不再分泌唾液了。
> 二、一个男孩在接受了过敏疫苗注射后，一进医生候诊室就会焦虑，这怎么解释？
>
> 答案：一、1. 刺激泛化。2. 高级性反射。3. 消退。二、男孩接受了疫苗与它带来的焦虑已经成为条件性反应的条件刺激。

2004）正如我们看到的，现在许多研究者接受了这样的观点——经典条件反射本身包含了一种预期，即条件刺激之后会有非条件刺激。这样，至少一些经典条件性的安慰剂效应包含了患者的预期。实际上，正是患者之前的经历形成了接下来的预期。

> **你将会学到**
>
> - 你行为的后果如何影响你未来的行为？
> - 表扬孩子和停止唠叨有什么共同之处？

<308>

操作性条件反射

19 世纪末，在著名的首次关于愤怒的科学研究中，G. 斯坦利·霍尔（G. Stanley Hall, 1899）让人们描述经历过的或观察到的愤怒情节。有一个人谈道，一个 3 岁女孩被罚待在家里不许出去，于是大哭大闹，自己好像控制不住地哭泣。但是在发脾气的过程中，这个孩子突然止住了哭泣，以一种极其平静的声音问："保姆，父亲在不在家？"在被告知不在家后，她意识到他不能在身边阻止她发脾气，她马上又开始继续呜咽。

儿童当然会因为很多合理原因而哭泣，疼痛、不舒服、害怕、生病、疲劳……这些苦恼会引起成年人的同情和注意。但是，霍尔研究中的儿童哭闹，是因为她通过先前的经验，学会了突然哭闹会引起关注，也许这样她就能出去玩了。儿童发脾气证明了最基本的学习定律之一：行为会依据其后果，变得更可能发生或更不可能发生。

操作性条件反射 指依据行为的结果而使反应更可能或更不可能发生的过程。

对环境后果的强调是**操作性条件反射**（operant conditioning）（也叫工具性条件反射）的核心。这是行为主义研究的第二种类型的条件反射。在经典条件反射中，动物或人的行为有没有后果并不重要。例如，在巴甫洛夫的程序中，狗学会了两个不在它控制下的事件之间的联系（如声音和食物），无论分泌唾液与否，狗都能得到食物。但是在操作性条件反射中，有机体的反应（如小女孩的哭泣）产生了对环境的效果，这些效果反过来影响了这种反应是否会再次发生。

<309> 经典条件反射和操作性条件反射涉及的反应类型也不同。在经典条件反射中，反应是典型的反射性行为，是对环境中发生的一些事件（如看见食物或听到铃声）的自动反应。而在操作性条件反射中，反应一般是复杂的、非反射性的，如骑自行车、写信、爬山、发脾气……

瞬间的学习经验

激进行为主义的诞生

尽管直到后来才使用这个名称，但是自 20 世纪初，人们就已经开始对操作性条件反射进行研究。爱德华·桑代克（Edward Thorndike, 1898）当时是一名年轻的博士研究生，他通过观察猫试图逃离"迷笼"去吃外面的鱼片，开创了这一时期的研究。起初，猫会胡乱抓、咬、拍打笼子的各个部分。几分钟后，它偶然获得了成功的反应（松开了绳子，拉动了细绳或碰到了按钮），并冲出来得到了奖赏。当猫重新被放入迷笼后，这次它逃离用的时间少了一些，几次尝试后，它立即学会了正确反应。根据桑代克的看法，正确反应通过令其满意的结果（得到食物）被印证了。相反，讨厌的或不满的结果则"消除"了行为。由此桑代克提出，行为是由后果控制的。

B. F. 斯金纳（B. F. Skinner, 1904—1990）对更复杂的行为进行了详细说明，并扩展了这种一般原理。斯金纳称他的方法为"激进行为主义"，以便与强调经典条件反射的约翰·华生的行为主义进行区分。斯金纳认为，要理解行为就应聚焦于行为和行为后果的外部原因。他不用桑代克的术语，如"令人满意的"或"令人讨厌的"，这些术语反映了对有机体感受和需要的假设。他说，要了解行为，就应关注个体外部而非内部的东西。

行为的后果

斯金纳的分析激发了无数研究，在斯金纳的分析中，反应（"操作"）受两种后果影响：

强化 随之而来的刺激或事件增加了先前反应可能性的过程。

1 强化（reinforcement）加强反应或使它更可能发生。当狗在餐桌旁乞食时，你从盘中拿给他一些羊肉，这会增加狗的乞食行为出现的频率。

反应变得更可能发生

强化物（reinforcer）大约等同于奖励，许多心理学家都把奖励和强化物视为同义语。但是，严格的行为主义者避免使用"奖励"，因为它意味着获得后会感到快乐和满意。对行为主义者来说，无论有机体是否体验到愉快或积极情感，只要是能加强先前行为的刺激，它就是强化物。相反，不管刺激多么令人愉快，如果没有增强反应的可能性，它就不是强化物。得到薪水很重要，但是如果无论你是否努力投入工作，都能得到报酬，钱就不能强化"努力工作的行为"。

惩罚 随之而来的刺激或事件降低先前反应可能性的过程。

2 惩罚（punishment）减弱反应或使它不太可能发生。任何厌恶性（不愉快）刺激或事件都可以成为**惩罚物**（punisher）。如果你的狗在餐桌旁乞食时，你严厉地说"不"，只要你不会因为心软而无节制地给它食物，狗的乞食行为很可能就会减少。

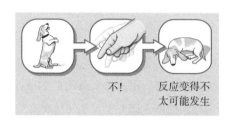

为了使孩子表现良好、雇员努力工作、选民积极纳税，父母、雇主和政府一直都在使用强化物和惩罚物，但他们并非总是有效地使用它们。例如，他们可能会等长时间才给出强化物或惩罚物。一般说来，反应之后越早给出强化物或惩罚物，效果越大；当你在工资、微笑或成绩过时之前得到它们，你就更可能做出反应。当这些强化物发生延迟时，其间如果发生了其他反应，期望或非期望反应和结果之间的联结就可能不会发生了。

一级、次级强化物和惩罚物

一级强化物 天生具有强化作用，特别是满足生理需要的刺激，如食物。

一级惩罚物 天生具有惩罚作用的刺激，如电击。

食物、水、轻轻抚摸皮肤和舒适的空气温度是自然强化物，它们都能满足生理需要。因此，它们被称作**一级强化物**（primary reinforcer）。同样地，疼痛、极热和极冷都具有天然的惩罚作用，因此，它们被称为**一级惩罚物**（primary punisher）。一级强化物和一级惩罚物可以非常强大，但它们在现实生活和研究中也并不总是有效。一方面，如果动物或人不是处于剥夺状态，一级强化物可能不会有效，如果你刚喝了三杯水，一杯水就不足以成为奖赏。另一方面，显然由于伦理原因，心理学家不能使用一级惩罚物（如打被试）或去除一级强化物（如饿被试）。

次级强化物 通过与其他强化物联结而获得后天的强化性质的刺激。

次级惩罚物 通过与其他惩罚物联结而获得后天的惩罚性质的刺激。

幸运的是，也可以通过习得**次级强化物**（secondary reinforcer）和**次级惩罚物**（secondary punisher）来有效地控制行为。金钱、表扬、赞赏、好成绩、奖金和金五星等是常见的次级强化物。批评、记过、责骂、罚款和差成绩等是常见的次级惩罚物。大多数行为主义者都相信，次级强化物和惩罚物通过与一级强化物和惩罚物结合，获得了其影响行为的能力（如果这使你想起了经典条件反射，那你就轻拍一下头来强化一下你出色的思维！实际上，次级强化物和惩罚物常常被称为条件强化物和条件惩罚物）。作为一种次级强化物，钱对大多数人的行为都具有重要作用，因为它能交换如食物和住所这类一级强化物，并与其他次级强化物如赞扬和尊重相连。

正负强化物和惩罚物

正强化 一种强化程序，反应之后呈现强化刺激或加强强化刺激的强度。结果，反应变得更强或更可能发生。

在关于狗乞食行为的例子中，狗在做出乞食反应后，伴随着一些愉快的事情（得到肉块），所以会使其反应增多。相似地，如果你学习后取得了好成绩，你就会继续努力或更加努力地学习。在这一过程中，愉快的后果使反应更可能发生，这叫**正强化**（positive reinforcement）。

但也存在另一种类型的强化——**负强化**（negative reinforcement），它涉及去除一些不愉快事物的过程。例如，如果有人总是唠叨让你学习，当你听从时就不再唠叨，你的学习行为可能会增加——因为你想避免被唠叨：

> **负强化** 一种强化程序，反应之后去除、延迟不愉快刺激或降低不愉快刺激的强度。结果，反应变得更强或更可能发生。

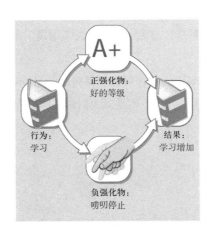

同样，吃药会缓解病痛，在校园里刻意选择走某条路就是为了避免碰见那个粗鲁的人，都是负强化发生的情况。

这种正负的区分也可用于惩罚：出现一些行为后，会发生一些不愉快事件（**正惩罚**［positive punishment］），或者一些愉快事件被去除（**负惩罚**［negative punishment］）。例如，如果你的朋友取笑你是个书呆子（正惩罚），或如果学习使你没时间和朋友在一起（负惩罚），你可能就会停止学习。

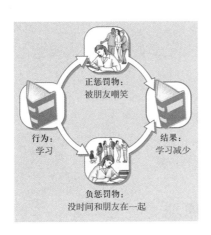

正负强化和正负惩罚之间的区别常常是引起学生产生混淆的原因，它扰乱了许多聪明的大脑。如果你理解了"正""负"与"好""坏"无关，就能更快地掌握这些术语。它们是指是否呈现某物或拿走某物。在强化程序中，应把正强化物看作某种增加或获得的东西（你可以画一个"＋"号），负强化则是避免或逃离某种不愉快的事物（可以画一个"－"号）。在这两种情况下，反应都变得更可能发生。还记得小艾伯特通过经典条件反射学会恐惧老鼠时发生了什么吗？在他学会恐惧后，逃离当前可怕的情境时，爬走的行为被强化了。逃离或避免某种不愉快事物带来的负强化，可以解释为什么如此多的恐惧可以长久持续，在

避免一种可怕物体或情境的同时，也切断了所有消除恐惧的机会。

人们常常混淆负强化与正惩罚是可以理解的，这是因为二者都包含不愉快刺激。但是，在惩罚中，你遭受了不愉快刺激，而在负强化中，不愉快刺激则被去除掉了。为了正确理解这些术语，应当记住：惩罚（无论正负）减少了反应发生的可能性，而强化（无论正负）则增加了这种可能性。在现实生活中，惩罚和负强化常常同时存在。如果你使用项圈来教狗跟随主人，那么猛拉项圈就是对它走到你前面去的惩罚，而放松项圈就是对狗在你旁边的负强化。

你可以通过休息一会儿来正强化你对这些材料的学习，当你已经掌握了这些材料时，焦虑降低就将对你的学习产生负强化。但是，我们希望你不会对自己说"我永远也会不了"或"这太难了"来惩罚你的努力。

快速测验

如果你不能回答这些问题将会有什么结果。

一、一个小孩向爸爸哭闹要吃饼干，爸爸最初不让，但最后，实在忍受不了孩子哭闹，爸爸就给了孩子饼干。对于爸爸，小孩停止哭闹是 _____，对于小孩，饼干是 _____。

二、一个司机在受到罚款后再也不会在禁止停车的地方载客了，损失钱是 _____。

三、下面哪些常常被用作次级强化物：冠军的勋章、一块糖果、考试获得 A。

四、在下午的欢乐时间，酒吧和餐馆推出的优惠活动会带来哪些不利？

答案：一、负强化、正强化。二、惩罚物。或者更准确地说，是在惩罚物（因为一些事物本来就是惩罚物了）。三、冠军的勋章、考试获得 A。四、可能会导致饮酒过量。

你将会学到

- 操作性条件反射的四个主要特征。
- 为什么不建议总是连续强化？
- 如何用操作性条件反射解释迷信行为？
- 塑造行为意味什么？
- 操作性条件反射的一些生物局限。

操作性条件反射的原理

研究者进行了数以千计操作性条件反射的研究，其中许多都是以动物为被试进行的。一种受欢迎的研究工具是**斯金纳箱**（Skinner box），它有一种装置，当动物做出期望反应时就给它食物或水，当做出不期望的反应时就给它电击。（见图 9.6）在现在的版本中，电脑会记录反应并生成一张图，表明反应随时间而增加的次数。

在斯金纳（Skinner, 1938）的早期学术生涯中，他使用斯金纳箱经典地证明了操作性条件反射。他将先前学会了通过食物释放装置吃东西的老鼠放在箱中，因为没有食物，老鼠表现出典型的行为，仓皇四窜、到处嗅闻，偶尔会碰到地板和墙。非常偶然地，它压到

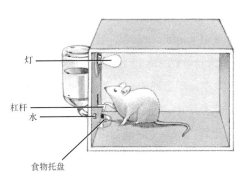

图 9.6 斯金纳箱
当斯金纳箱中的老鼠按压杠杆时,会自动释放一粒食球或一滴水。右为斯金纳在斯金纳箱前的工作照片

了墙上的杠杆,一粒美味鼠食立即掉在食盘中。然后老鼠又四处乱窜,再次偶然地碰到杠杆,得到食物。再经过几次这样碰到杠杆得到食物的重复,它的行为就开始减少随机性,能够更协调地按压杠杆。最后,斯金纳使老鼠学会了尽可能快地按压杠杆。

消退

就像经典条件反射那样,在操作性条件反射中,**消退**(extinction)是导致先前习得反应消失的程序。在操作性条件反射中,保持反应的强化物被去除或不能得到时就会发生消退。起初,可能会出现反应爆发,但随后反应就会渐渐变弱,最终则会消失。设想一下,若你在售货机里投入一枚硬币,却什么也没得到,你也许会投入另一枚硬币,甚至两枚,但随后你就可能会停止尝试。第二天,你也许还会投入一枚硬币,这是自然恢复的例子。但最终,你会放弃那台机器。你的反应已经消退了。

消退(在操作性条件反射中) 习得反应减弱或最终消失;在操作性条件反射中,当反应不再伴随强化物时会发生消退。

刺激泛化和分化

就像经典条件反射那样,在操作性条件反射中也可能发生**刺激泛化**(stimulus generalization)。也就是说,反应可能会泛化到在最初的学习情境中没有出现的但在某种程度上类似于最初刺激的刺激。例如,通过训练已经学会啄圆形的鸽子,也会啄有点椭圆的图形。但是,如果你想训练这种鸟辨别这两种形状,你就应同时呈现圆形和椭圆,每次鸽子啄圆形时就给出强化物,啄椭圆时就不给强化物,最后它就会产生**刺激分化**(stimulus discrimination)的反应。事实上,鸽子已经获得了特殊的辨别能力,它们甚至学习了区别凡·高(Van Gogh)和马克·夏卡尔(Marc Chagall)的油画(Watanabe, 2001),然后,呈现这两位画家的其他两幅作品,它们也能区分开。

刺激泛化(在操作性条件反射中) 已经被一种刺激强化(或惩罚)的反应在出现(或抑制)其他类似刺激时也会发生的倾向。

刺激分化(在操作性条件反射中) 只对一种刺激而不对其他在某些维度上不同的类似刺激发生反应的倾向。

有时,动物或人只有在其他一些刺激存在时,才能学会对刺激反应,这种刺激叫作**辨别刺激**(discriminative stimulus)。这种辨别刺激提示了反应是否会得到奖励。对于斯金纳箱中的鸽子来说,灯光可以作为啄圆形的辨别刺激。灯亮时,啄的行为会得到奖励;灯灭时,啄的行为是徒劳的。人类的行为被许多辨别刺激所控制,如语言(营业时间是 9 点到 5 点)和非语言的(交通信号灯、门铃、电话铃、别人的面部表情)。为了有效生活并与他人相处,我们都学会了如何在辨别信号呈现时做出正确反应。

辨别刺激 预示特定反应只伴随特定类型后果的刺激。

连续强化 总是强化特定反应的强化程序。

间隔（部分）强化程序 有时而非总是强化特定反应的强化程序。

 对迷信进行批判性思考

按程序学习

通常来说，当一种反应刚开始形成时，如果每次反应都得到强化，学习得最快，这种程序叫作**连续强化**（continuous reinforcement）。但是，一旦反应变得确实会发生，如果用**间隔（部分）强化程序**（intermittent [partial] schedule of reinforcement），反应就不太可能消退，这种程序只对一些反应进行强化。在斯金纳（Skinner, 1956）的研究中，偶尔会发生食球短缺的情况，斯金纳被迫降低了强化物的发放频率，却意外地发现了这个事实。（并非所有的科学发现都是事先计划好了的！）在间隔强化程序中，一些间隔程序只在一定次数反应后，给出强化物；另一些间隔程序只对上次强化物出现一定时间后做出的反应进行强化。这影响了行为的频率、形式和时机。（有关细节超出了内容范围）

间隔强化有助于解释为什么人们常常喜欢"幸运"帽、护身符和宗教仪式。一个击球手摸了一下耳垂，然后打出了一记本垒打，从那时起，他每次走向本垒时都要摸一下耳垂。一个学生考试用紫色笔得了 A，此后她每次考试都用紫色笔。这些仪式会继续下去，因为有时它们会很偶然地带来强化物（击中球、好成绩），所以它们不会消退。

斯金纳（Skinner, 1948/1976）曾通过在实验室中制造了 8 只"迷信的"鸽子证明了这种现象。他操纵鸽笼，即使鸽子一动不动，也让食物每 15 秒送达一次。鸽子常常在活动，所以当食物来了时，每只动物都可能正在做着什么，这种正在做着的行为被食物的送达所强化。行为当然完全是偶然被强化的，但仍然很可能再次发生，这样就被再次强化。在很短时间内，6 只鸽子一直在练习某种仪式性的行为——逆时针转圈，上上下下地轻轻点头，或者摇着头走来走去。这些活动都由于强化物的出现而具有很大的效果；这些鸽子表现出"迷信行为"。它们似乎认为是自己的动作带来了食物。

现在要集中注意了，因为下面是关于操作性条件反射所要了解的最有用的东西。如果你想在习得后能持久地保持某种反应，那么就应该使用间隔强化，而非连续强化。如果你的仓鼠哈里用鼻子推弹球，你连续给它强化，随后你突然停止了强化，哈里就会很快停止推球。因为强化的改变是巨大的，从连续强化到根本没有强化，哈里能很容易辨别出这种改变。但是如果你只是经常强化哈里的行为，变化就不会这样显著，你那饥饿的仓鼠将会继续应答一段时间。被间隔强化的鸽子、老鼠和人，在停下休息之前，特别是强化物出现的时机有变化时，已经在实验室中没有强化的情况下应答了几千次。动物有时会为了不可预测的、不常出现的一点食物而如此努力地完成任务，它们消耗的能量比从奖赏中获得的

也许你是对的，也许它不能辟邪，但也许它可以，而现在谁不想碰碰运气呢

行为技术，诸如塑造，有许多有价值的应用。猴子被训练协助其瘫痪的主人开门，帮助吃饭、翻书页。小型"导盲马"可以帮助盲人穿过城市的街道。注意，这匹小马还穿着两双"很酷"的保护性软底鞋呢

食物还多。从理论上讲，它们实际上能一直工作到死！

因此，如果你想消除自己或别人的某种反应，你就要小心，不要对它进行间隔强化。如果你想通过忽略它来消退非期望行为，你必须完全一致地去避免强化（你的注意），如孩子的哭闹、朋友的午夜电话、父母的烦人建议。否则，别人会学会，如果他或她一直哭叫、打电话或提建议的时间足够长，他们最终会得到奖赏。从行为主义的观点来看，人们犯的最普遍的错误就是，他们间歇地奖励他们想要消除的反应。

塑造

想要强化一种反应，它就必须先发生。但是，假定你想要训练仓鼠拾起石头，让儿童学会正确使用叉子，或者让朋友学会打网球。这些行为和其他日常生活中的大多数行为，几乎没有自动发生的可能性。你等着它们出现再加以强化，可能会等到头发都白了。解决这种困境的方法就是**塑造**（shaping）程序。

在塑造中，你通过强化向着正确方向的倾向，然后，你会逐渐要求反应越来越接近最终想要的反应。你对它们进行强化直至得到最终的目标反应的过程叫作**连续接近**（successive approximation）。在哈里和弹球的例子中，如果这只仓鼠仅仅朝向弹球，你也会给它一粒食球。一旦这种反应很好地建立起来，你就可以对哈里朝弹球走近进行奖赏。在那之后，它接近弹球，你就奖赏它，然后是把两只爪子都放在弹球上，最后是抱着球。随着每一步近似的成功，下一个成功会更接近目标，强化使这些成为可能。

使用塑造和其他技术，斯金纳能训练鸽子用喙玩乒乓球，在微型保龄球馆里用喙滚动木球去撞击小保龄球。（斯金纳很有幽默感。）动物训练者定期使用塑造技术，教狗成为盲人的"眼睛"和脊髓受损者的"手足"，这些能干的狗学会了开灯、开冰箱门、取架子上的盒子。

学习的生物限制

就像经典条件反射原理那样，所有操作性条件反射原理也都受到动物的遗传素质和生理特征的限制。如果你想使用塑造技术教会鱼儿跳桑巴舞，你会彻底失败。（也会把鱼儿累

塑造 操作性条件反射程序，在该过程中对期望反应的连续接近进行强化。

连续接近 在塑造程序中，根据与期望反应相似性的增加或接近程度进行排序的行为。

"为什么？你过马路是因为剧本里写的，这就是原因！"

本能化倾向 在操作性学习过程中，有机体复演本能行为的倾向。

死。）但是如果能利用动物的天生倾向，那么操作性条件反射程序就会总是最有效的。

多年前，两位后来成为动物训练者的心理学家凯勒（Keller）和玛丽安·布里兰（Marian Breland）（1961）发现了当忽略学习的生物限制时会发生什么。他们发现，实验动物学习原本简单的学习任务有困难。例如，有一种动物，猪，被要求往盒子里扔大木币。事实上猪反而会丢下钱币，用鼻子拱它，扔到空中，又拱来拱去。这种古怪的行为实际上延迟了强化物（食物是对猪非常好的强化物）的呈现。这用操作性原理很难解释。布里兰最终意识到猪的搜寻本能（用鼻子拱开，挖出可以吃的根）妨碍了它学习该任务。他们称这种对本能行为的再现为**本能化倾向**（instinctive drift）。

人类的操作性学习也受我们种族遗传、生物学和进化史的影响。正如我们在第三章看到的，人类婴儿无须太多的努力就有学习语言的生物学倾向，也可能有学习某些算术运算的倾向。（Izard 等，1995）此外，气质和其他先天倾向或许会影响一个人对强化物和惩罚物如何反应。如果一个人的气质倾向于开朗外向，比起天生害羞的人，他将更容易塑造跳肚皮舞的行为。

斯金纳：其人和传说

由于对操作性条件反射所做的突破性工作，B. F. 斯金纳成为美国最著名的心理学家之一，也是最容易被误解的心理学家之一。例如，许多人（甚至一些心理学家）认为，斯金纳否认人类意识的存在和意识的研究价值。事实上，斯金纳（Skinner, 1972, 1990）认为，知觉、情感和思想等这些个体内部的事件是真实存在的，我们可以通过检验自身的感知觉反应、他人的口头报告，以及反应发生的条件来研究它们。但他也坚持认为，思想和情感不能解释行为。他说，这些意识的组成部分本身就是由于强化和惩罚而产生的行为。

斯金纳激起了他的支持者和批评者的强烈愤怒。或许最激怒人们的关键是：他坚持认为意志自由是一种错觉。人本主义和其他宗教主义认为人类有能力改造自己的命运，与之相反，斯金纳的理论支持**决定论的观点**（determinist view），认为行为是由环境和遗传控制。

斯金纳认为，通过操作环境应该也可以改变人们的行为，因此一些批评者把他说成冷

参与进来 | **自我塑造**

你想要改善你的学习习惯吗？开始锻炼？学一门新的乐器？这里有一些指导帮助你塑造自己的行为：一是设定可以实现的目标。"从今天开始我要慢跑十分钟，并且每天增加五分钟"比设定模糊的目标"保持体形"更有效。二是每天都要记录自己的进步，这可以成为次级强化物。三是避免使用诸如"我不是一个好学生"或者"我是个吃货"一类的自我惩罚。四是强化小的进步（连续接近）而不是最终的期望行为。强化物也可以是你喜欢的一件事情，比如看电影。其中最重要的是要有耐心，记住新行为的形成不是一蹴而就的。

血动物。对斯金纳的最大争议之一，便是他为其女儿德博拉（Deborah）发明的与外界隔绝的婴儿箱，它有适宜的温度湿度，消除了婴儿常常遭受的不安（热、冷、湿和毯子衣服造成的限制）。斯金纳相信这可以减少婴儿的哭闹，方便父母照料，但人们却错误地以为斯金纳只是把他的孩子放在婴儿箱里不管不顾，也不会拥抱、抚摸她，甚至有传闻说他的女儿长大后控告斯金纳。实际上，他的女儿都是被宠大的，她们也很爱她们的爸爸，事实证明斯金纳是成功的，他的孩子成人后都非常优秀。

和蔼可亲、温和有礼的斯金纳认为，不去应用行为主义原理来改善人类行为是不道德的。他实践了他所宣扬的观点，提出了许多改善社会和降低人类痛苦的方法。虽然公众对假想中的冷血和非人性的斯金纳进行了极端批评，但是在1972年，美国人道主义联合会（the American Humanist Association）还是表彰了他为人类利益而付出的努力，授予他年度人道主义奖。

快速测验

如果我们建议你做这个测试，希望你不会认为我们是冷酷或不人道的。

在下列情况下，选择最佳方案并给出你选择的理由。

一、你想让两岁的孩子用一个词而不是呼噜呼噜的声音要水喝。当他说"wa-wa"的时候，你应该给他水喝，还是等到他的发音有所改善再给他？

二、尽管你已经拜托你的室友停下来，但她还总是打断你的学习。你应该完全无视她，还是偶尔出于礼貌做出回应？

三、你父亲很少给你打电话，但他终于给你留了语音信息。你是应该马上回复，还是等一会儿再让他知道你的感受。

答案：一、你应该强化"wa-wa"，这一种比你了水的情况。因为是你的行为来看，二、从不为间他有回应者。因为间歇性的强化（变量）可能会使断的行为更强化，你应该完全避免回应。三、如果你想爸爸的打电话增加了，你应该为此强化，因此你应该立刻回复。

你将会学到

<316>

- 操作原理改变行为如何应用到许多现实问题中？
- 惩罚如何起作用，为什么通常没有效果？
- 惩罚的一些有效变式。
- 强化如何被误用？
- 为什么孩子取得好成绩，用钱奖励有时会适得其反？

现实生活中的操作性条件反射

操作性条件反射可以澄清以下问题：为什么人类会有其表现出来的那些行为？为什么不论他们出于善意动机参加的研讨如何，提出的解决方案如何，人们一想改变行为就会遇到麻烦？如果生活中充满了同样的旧强化物、惩罚物和识别刺激（discriminative stimuli）（坏脾气的老板、没有同情心的配偶、冰箱塞满了高脂肪食品），任何已经获得的新反应或许都不会一般化。

行为矫正 应用条件反射技术，训练新反应的出现，减少、消除适应不良或有问题的行为。也叫应用行为分析。

为了帮助人们改变非期望的、危险的或自毁的习惯，行为主义者把操作原理搬出了实验室，用于教室、运动领域、监狱、精神病院、养老院、康复病房、育儿中心、工厂和办公室的广阔世界中。在这些现实世界环境中运用操作性技术（和经典性技术）叫作**行为矫正**（behavior modification），也叫应用**行为分析**（applied behavior analysis）。

行为矫正已经取得了一些巨大成功。（Kazdin, 2001; Martin & Pear, 2007）行为主义者仅仅用了几堂课就教会父母如何训练孩子上厕所；他们训练智力落后的成年人学会与别人交流、穿衣、参与社交和谋生；他们训练脑损伤患者控制不当的行为，集中注意力，提高语言能力；他们帮助自闭症儿童改善社交和语言技能；他们还帮助普通人消除非期望的习惯，如抽烟和咬指甲，帮助普通人获得期望习惯，如练钢琴和学习。

但是，当人们试图在一些老生常谈的问题领域应用这些条件反射原理时，他们的努力有时也会失败，这可能是因为他们没有很好地掌握在这一章中我们已经学过的原理。

对惩罚的赞成与反对

在一本名为《沃尔登第二》（*Walden Two*）（Skinner, 1948/1976）的小说中，斯金纳想象了一个乌托邦，在那里强化被完美地应用，以至于几乎不存在非期望行为。不幸的是，我们没有生活在乌托邦之中，坏习惯和反社会的行为比比皆是。

消除它们的有效方法或许就是惩罚。几乎所有西方国家都禁止校长和教师体罚学龄儿童，但是，美国截至 2010 年仍有 23 个州允许对有捣乱破坏和其他不良行为的学龄儿童进行体罚。美国也远比任何其他发达国家更可能由于非暴力犯罪（如吸毒）而监禁公民，并对暴力犯罪设立了极刑——死刑。当然，在亲属之间，人们更多的是通过大声喊叫、责骂和生气发火来相互惩罚。所有这些惩罚都有效吗？

惩罚何时有效

有时惩罚无疑是有效的。惩罚可以挽救一些年轻的罪犯不再重复犯罪。有人研究了出生于 1944 年至 1947 年间丹麦男性（约 29000 人）的犯罪记录，考察在 26 岁时重复被捕（再犯）的情况。（Brennan & Mednick, 1994）尽管重犯率仍相当高，但在任何类型的拘捕发生后，惩罚都降低了随后由于轻微或严重犯罪的被捕率。但与研究者的预期相反的是，惩罚的严重程度并未产生差异：罚款和缓刑几乎与坐监狱一样有效。最关键的是一致性惩罚。这是可以理解的：触犯法律者有时可以逃脱罪行，也就是惩罚不一致时，他们的行为就被间隔强化了，因此不易消退。

对惩罚进行批判性思考

不幸的是，这正是美国的情况。比起丹麦来，美国年轻犯罪者还远没有得到一致性惩罚，部分原因是起诉人、陪审团和法官不想判定他们到监狱去。这也解释了打击犯罪的严厉刑罚为什么起不到效果甚至适得其反。许多因素影响犯罪率：年轻人与老年人的人口比例、贫穷程度、医疗政策、歧视性逮捕。美国各州监禁率与犯罪率的关系差别很大（King, Maurer, & Young, 2005），实际上国际调查发现，抛开其高入狱率，美国比其他发达国家有着更高的暴力犯罪率。

惩罚何时会失败

每天在家、学校和工作场所发生的惩罚又是怎么样的呢？实验室和现场研究发现，它们也常常失败。这主要有以下几种原因：

1 人们常常不恰当地或愚蠢地进行惩罚。他们气昏了头，不知所言，把惩罚用到了所有与目标不相关的事情上，或误用了惩罚。一位学生告诉我，小时候他的父母每次外出前都会惩罚他，因为他接下来会做各种淘气的事。当然，他还是会做出淘气的事。

2 被惩罚者的反应常常是焦虑、恐惧或愤怒。通过经典条件反射过程，这些情感副作用可能随后会泛化到惩罚发生的全部情境——地点、实施惩罚的人和环境。这些消极情感反应产生的问题会比用惩罚解决的问题更多。少年受到严重惩罚可能会回击并逃走。长期被虐待的配偶会感到痛苦、怨恨，很可能因为很小的敌意行为进行报复。儿童期遭受体罚是产生抑郁、攻击、低自尊和许多其他问题的危险因素。（Gershoff，2002；Widom，DuMont，& Czaja，2007）

3 惩罚的效果常常是短暂的，这在很大程度取决于惩罚的人和环境。我们可能都记得童年时犯过的一些错误，父母在场时我们从来不敢承认，但是他们一走我们就会继续犯错误。所以我们学到的就是别被抓到。

4 大多数不良行为很难立即惩罚。就像奖励，如果很快伴随反应，惩罚就会最有效。但在实验室之外，即时惩罚常常很难达到。在惩罚延迟期间，行为可能会被强化许多次。例如，如果你在回家喂完狗后想到要惩罚它，惩罚不会起任何作用，因为你做得太晚了，你宠物的错误行为已经被那些好吃的东西强化了。

5 惩罚几乎没有传达信息。惩罚可能会告诉受罚者不能做什么，但是它并没有告诉这个人（或动物）应该做什么。例如，学步儿童弄脏了裤子，打他并不能教他学会使用儿童便盆；责备一个学得慢的学生并不能教会他学得更快。

6 带来惩罚的行为因其引起了注意反而会有强化作用。实际上，在一些例子中，生气地关注或许正是犯错者所期待的。妈妈对乱发脾气的孩子吼叫，孩子想要的可能正是母亲的吼叫——来自她的反馈。在教室里，教师或许会当其他学生的面斥责儿童，这样就把他们置于关注焦点，这常常是对想消除的不良行为的无意奖赏。

我们都知道，人们经常做他们不应该做的事情。你有没有想过为什么那么多人无视警告和惩罚的威胁

由于这些不足，大多数心理学家认为，惩罚，尤其是严惩，在大多数情境中对于消除非期望行为并不是一种好方式。在一些特殊情况下，当有智力障碍的儿童处于严重威

许多性急的父母常诉诸体罚,却没有意识到这样对自己和孩子会产生许多消极的后果。以这一章的阅读为基础,请说一说这位母亲还有什么选择

胁自身的情境中,或某个学生准备欺负同学时,及时的体罚是必要的。但是,即便在那种情况下,也有其他可选的方式。当今的学校已经通过教学生解决问题的技巧、情绪控制、冲突解决和奖励良好行为等方式减少了学校暴力。(Hahn 等,2008;Wilson & Lipsey,2007)有时候,阻止一种行为的最好办法就是忽视它,如小孩在饭前纠缠着要吃饼干,你学习时同伴的打扰。

当然,忽视需要耐心而且并不总是可行的。菲多家忽略在后院狂吠的狗,不久就会听到来自邻居的另一种"吼叫"。父母不能忽略孩子痴迷电视游戏的行为,因为继续玩电视游戏是对儿童的奖赏。有一个结论:应把非期望行为的消退与可替代行为的强化结合起来。例如,迷恋电视游戏的孩子的父母也许可以忽略孩子"再玩一个游戏"的请求,同时表扬孩子做了其他一些诸如读书、玩篮球等与玩电视游戏相反的事情。

最后,若必须使用惩罚,应记住这些准则:一是不要使用身体虐待,比如,父母可以使用暂停和减少权利(负强化物)来代替打孩子;二是应始终如一;三是应伴随什么是恰当行为的信息;四是只要可能,就应伴随对期望行为的强化。

奖赏带来的问题

到现在为止,我们一直都在称赞强化的优点。但和惩罚物一样,奖赏也并不总是像人们所期望的那样起作用。下面就让我们来看看人们使用奖赏时面临的两个问题。

奖赏的误用

假定你是一名四年级教师,一名学生刚交了一份满是语法和标点错误的卷子。这孩子没什么自信,也很容易灰心。你应该怎样做?许多人认为还是应给卷子一个高分,以支持孩子的自尊。事实上,很多教师也都是这样做的:慷慨地使用表扬、笑脸的标签和给出高分,希望当学生"自我感觉良好时"其学业成绩会有所提高。然而,从科学角度来看,此方法有两方面错误。首先,研究发现高自尊不会提高学业成绩。(Baumeister 等,2003)其次,真正的自尊来自努力、坚持和技能的逐渐获得,是由教师对孩子行为的真正欣赏并提出改正错误和缺点的建设性反馈培养出来的。(Damon,1995)

学校里最明显的滥用奖赏就是对成绩水平的评定。在许多大学,代表平均满意水平的 C 几近消失。一项研究发现,1/3 的大学生希望获得 B 只是为了在同学面前不会太难看,40% 的学生获得 B 是为了达到学习的标准。(Greenberger 等,2008)我们和那些认为努力学习就可以得 A 的学生交谈过。如果你自己也从分数膨胀中受益,你可能会觉得这是一件好

事，但请记住，批判性思维要求我们把感觉和事实分开！问题是，包括成绩在内的奖励，只有当它们与人们想要增加的行为相联系时，才会成为有效的强化物，而不是不加选择地发放。获得好成绩只是为了在同学面前不难看，这样的想法也可以强化继续学习，但是作用不持久，你愿意让一个在学校期间成绩只是表现给同学看的医生为你诊断、律师为你辩护、会计师为你管理税款吗？

为什么奖励会适得其反

我们大多数操作性条件反射的例子都是**外部强化物**（extrinsic reinforcer），它们来自外部，与被强化的活动没有先天的联系。钱、表扬、金星、赞赏、拥抱和竖大拇指都是外部强化物。但是人们（可能也有其他一些动物）也会为**内部强化物**（intrinsic reinforcer）工作，如对工作的享受和对成就的满足。当心理学家在现实世界环境中应用操作性条件反射时，他们发现，有时对好事情的外部强化会显得太过头：如果你专门集中于外部强化，它会使你失去为事情本身而做事的乐趣。

外部强化物 并非先天与被强化活动相关的强化物，如钱、奖品、表扬。

内部强化物 先天与被强化活动相关的强化物，如对任务的享受、对成就的满意。

想一想那个经典实验，赞赏是如何影响孩子们的内在动机的。（Lepper, Greene, & Nisbett, 1973）研究者给托儿所的孩子毡尖笔，让其自由画画，并记录了每个儿童自己玩笔的时间。孩子们非常享受这种活动。然后研究者告诉其中一些儿童，如果能画一幅毡笔画，他们会得到金色印章和红丝带制作的"优秀绘画奖"。画了6分钟后，每个被许诺的儿童都得到了许诺的奖赏，其他没有指望得奖的儿童也就没有得奖。一周后，研究者又观察了儿童的自由游戏，那些曾有所期待并得到了奖赏的儿童比刚开始实验时玩笔所花的时间少得多。相反，没有得过奖的儿童继续表现出和最初一样多的兴趣玩笔，正如你可以在图9.7中看到的。儿童因做本来就喜欢的活动而得到奖励的一些研究中也得到了相似结果。

为什么外部奖赏会减少纯粹为做某事而得到的愉悦呢？进行此实验的研究者认为，我们把由于活动而得到报偿解释为工作。我们没有把行为的原因视为兴趣、技能和努力，而把其原因视为外部奖赏。正如我们对自己所说的："我做这些是因为得到了报偿，既然我已经得到报偿，那它就是如果不必做我就不会做的事。"当奖赏减少，我们拒绝再工作。另一种可能是，因为我们把外部奖赏看作控制，所以感到压力，它们降低了我们的自控和选择（"我猜我应该只做我被要求做的事——仅仅是我被要求做的事"）。（Deci 等，1987）第三种更加行为主义的解释是，有时外部强化提高了人们在适宜的、令人愉快水平上的反应率，例如，在毡笔画研究中，孩子们玩笔的时间比他们平时自己玩笔的时间更长，这样，这些活动实际上也就变成了工作。

内外强化物的研究发现有广泛的意义，经济学家提出财政奖励会破坏伦理道德准则——如诚实、努力工作、公平——还会削弱贡献社会的意愿，如

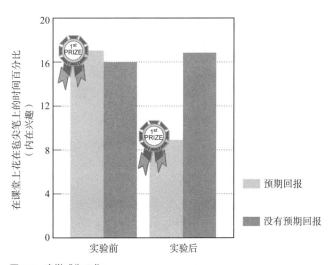

图9.7 变游戏为工作

外部奖赏有时会降低活动的内在乐趣。当告诉学前儿童画毡笔画就能得到奖品时，行为会在短期内提高。但在得到奖品后，他们玩笔的时间反而比研究前减少了

参与进来 | 是什么强化你的行为

对于以下各项活动，指出控制你行为的强化物最初是外在的还是内在的？

活动	主要的外在强化	主要的内在强化	同样的外在和内在的强化
学习	————	————	————
做家务	————	————	————
做礼拜	————	————	————
喂马	————	————	————
工作	————	————	————
约会	————	————	————
上课	————	————	————
读课外书	————	————	————
运动	————	————	————
做饭	————	————	————

这是正确的答案，比利，但我担心你不会因此而赢得任何东西

支持慈善；换句话说只强调金钱会助长自私。(Bowles, 2008)

然而，我们一定要注意不要将这个问题过于简单化，外在奖赏的作用依赖许多因素，包括个人的内在动机、获得奖赏的情景、赞扬者的真诚度。(Henderlong & Lepper, 2002)如果你因为完成了一项任务而得到表扬、金钱、高分或奖杯，或者因为你达到了一定的表现水平，或者因为你提高了自己的表现而不是仅仅因为完成了任务，内部动机就不太可能会降低，事实上，它可能增强了。(Cameron, Banko, & Pierce, 2001; Pierce 等, 2003)这些奖赏会让人觉得有胜任力而不是被控制感。如果你总是疯狂地阅读或弹五弦琴，即使你这样做并没有得到成绩或掌声，你可能也会继续阅读或弹琴。在这样的例子中，你可能会把持续投入活动归于自己的内部兴趣和动机，而非奖赏。

那么，外部奖赏可以给我们哪些切实的启示呢？首先，有时它们是必要的。如果从未得到过报偿，几乎没有人会卖力工作；在教室里，教师可能需要对没有学习动机的学生提供诱因。其次，应当谨慎使用外部奖赏，不能过度，这样可以使人产生对活动的内在愉快感。教育者、雇主和政策制定者可以通过认识到大多数人在他们真正的成就得到有形的回报，当他们有有趣的、有挑战性的和多样化的工作可做时，他们就会尽最大努力，从而避免二者择其一的思维陷阱。

> **快速测验**
>
> 控制测验的艺术，本质上也是强化吗？
>
> 一、根据行为原理，为什么会发生以下事情？
> 　　1. 一名青少年小时候逃学被父母打后离家出走了。
> 　　2. 一位年轻女士小时候收拾房间的行为得到了父母的金钱奖励，长大后却成了懒汉。
> 　　3. 一对父母每当看到女儿吮吸手指就会责骂她，但这个小孩一直没改。
>
> 二、在美国的一些城市，公立学校系统会用金钱奖励学生的优秀表现，让他们可以购买电脑、录像游戏等，这一举措的优缺点是什么？
>
>
>
> 答案：一、1. 体罚暂时奏效是的，排掉受惩罚会作为积极，诸惩罚为积极处罚激起一种负化作用，因而这个小孩逃家出走了。2. 外在强化化干扰了作用，收拾房间的行为减弱了，外在奖励作替代了一种内在的驱动力，所以小女士长大后成为懒汉。3. 责骂不起了作用，可能是因为这样的吸引起了母亲的注意。
>
> 二、这将会是一项强化措施，当他们会接受付钱去做，来激励他们的学习。但是外在强化化取而代之内在奖励的驱动力。更糟糕的是，他们从学习中获得的满足感（动物爱好者称为），就为什么会表现。并且，当我们停止付工人费没发挥作用时，他们就知道了。此时并没有一旦学生体验到那激励自己正在受教育的价值，来奖赏自己应值得其它。

<321>　**你将会学到**

- 你能够在没有任何明显强化时学会东西吗？
- 为什么两个人会从完全相同的经历中学到不同的教训？
- 我们平时是怎样通过观察学习的？

学习和心理

行为主义主宰了美国心理学半个世纪。大多数美国学习理论认为可以把学习解释为**行为 ABC**（behavioral ABC）：准备（antecedent）（行为发生前的事件）、行为（behavior）和结果（consequence）。行为主义者喜欢把心理比作工程学的"黑箱"，这是因为心理不能直接被观察到，所以其工作必须被推断为一种装置。对他们来说，箱子的内容无关紧要，只要知道按下一个按钮就会产生一个预知的反应就足够了。早在 20 世纪 30 年代，一些行为主义者就情不自禁地想要对"黑箱"进行窥视。

潜伏学习

一位行为主义者爱德华·托尔曼（Edward Tolman, 1938）注意到，实验室的老鼠在迷宫中的转折点会停下来，似乎在决定要怎么走，由此他提出了当时一个真正的异论：即使在没有任何强化的情况下，有时动物似乎也会学习。托尔曼好奇的是，在老鼠小小的大脑中发生了什么可以解释它的这种迷惑。

在一项经典实验中，托尔曼和 C. H. 霍恩兹克（C. H. Honzik）（1930）在迷宫中放了三组老鼠，在超过两周的时间中，每天观察老鼠的行为。组1的老鼠总是能在迷宫尽头发现食物，很快就学会了不再走入盲巷。组2的老鼠从未发现过食物，正如你预料的，它们并没有什么特别路线。组3是最有趣的一组，10天里这些老鼠从未发现食物，似乎在漫无目的地游荡，但是在第十一天，它们找到了食物，而后很快学会了跑到迷宫尽头。在找到食物的第二天，它们就做得像一开始就得到奖赏的组1一样好。（见图9.8）

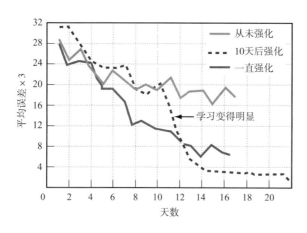

图9.8 潜伏学习

在一项经典实验中，总能在迷宫中发现食物的老鼠在找到食物的过程中会越来越少地犯错误（一直强化组）。从未发现食物的老鼠几乎没有显示进步（从未强化组）。组3的老鼠前十天没有得到食物，从第十一天开始得到食物（10天后强化组）。从那时起，组3的老鼠就表现了快速进步，很快和总能找到食物的老鼠表现得差不多。这种结果表明，学习和认知改变可以在缺乏强化时发生，并且直到能得到强化物时才付诸行动。（Tolman & Honzik, 1930）

潜伏学习 并不立即表现出外显反应的一种学习形式，它在没有明显强化时发生。

组3证明了**潜伏学习**（latent learning），一种并不立即在成绩中表现出来的学习。很多人类学习在环境允许或需要表达前也保持潜伏状态。一位司机在交通堵塞时使用以前从未走过的路线到达了第四街和金桔街交汇处（Fourth and Kumquat Streets）（没用GPS）。小男孩曾观察过父母布置桌子或拧紧螺丝，他自己很多年也没做过这些事，但后来他发现自己知道怎样做。

潜伏学习在没有任何明显强化物的情况下发生了，同时也提出了关于人们在学习过程中到底学到了什么的质疑。在托尔曼和霍恩兹克的研究中，直到第十一天才得到食物的老鼠似乎已经获得了迷宫的心理表征。整个期间它们一直在学习，只是在发现食物前没有理由表现出这种学习。相似地，司机之所以能够利用新路线，是因为他已经熟悉了城市地形。因此，潜伏学习中获得的似乎不是特定反应的知识，而是关于反应及其后果的知识。我们学习世界是如何组织起来的，哪条道路会通向哪个地方，什么行为会产生什么结果。这种知识允许我们创造性地、灵活地达到目标。

社会认知学习理论

到20世纪六七十年代，许多学习理论指出如果不考虑人类的高级认知过程的能力，人类的行为就不能被理解。该理论的拥护者同意行为主义者的观点，认为人类与老鼠和兔子一样，服从操作性和经典条件反射原理。但是他们补充道，与老鼠和兔子不同，人类具有那些影响其获得信息、做出决定和解决问题方式的态度、信念和预期。这一观点一经提出便很有影响力。

社会认知学习理论 一种强调行为是通过观察和模仿他人、积极后果，和诸如计划、预期、信念的认知过程而学会和保持的理论。

我们把所有将行为主义原理与认知观点结合起来解释行为的理论称为**社会认知学习理论**（social-cognitive theory）。（Bandura, 1986; Mischel, 1973; Mischel & Shoda, 1995）这些

理论重视信念、认知和对他人行为的观察在决定人们学到什么、怎样行动和发展人格特质方面的重要作用。(参见第二章)社会认知心理学家认为,由于人们的态度、期望和知觉不同,他们会经历相同事件却获得完全不同的教训。(Bandura, 2001)所有的兄弟姐妹都知道这一点,一个孩子可能把父亲的教导看作他无处不在的恶毒的证据,另一个孩子则可能把同样的行为看作对自己关心的证据。对于这些兄弟姐妹,教导对他们的行为会产生很大的不同影响。

通过观察来学习

一天深夜,我们的一位住在乡下的朋友被一阵很大的喧哗和巨响吵醒,一只浣熊撞到了防熊垃圾箱上,并且似乎正在向其他浣熊演示如何打开垃圾箱:如果你在箱子边来回跳,盖子就会打开。据我们的朋友讲,通过这段情节从旁边观察的浣熊学会了如何打开坚硬的垃圾箱,而观察的人也学到了浣熊可以多聪明。总之,他们都从**观察(替代)学习**(observational [vicarious] learning)中获得了益处:通过观察他人做了什么和随后发生了什么来学习。

> **观察(替代)学习** 个体通过观察他人(榜样)而非直接体验来学习新反应,有时亦称替代性条件反射。

浣熊通过观察习得的行为就是操作性行为,观察学习在自主性反射行为的获得中也有重要作用,如恐惧症。(Mineka & Zinbarg, 2006; Olsson & Phelps, 2004)因此,除了直接通过经典条件反射习得对老鼠的恐惧(就像小艾伯特实验),还可以通过观察其他人看到或摸到老鼠的情绪反应习得恐惧,他人的反应提供了一种无条件刺激,而且学习结果会像自己亲身经历了整个过程一样。小孩常常通过这种方式习得对事物的恐惧,例如,通过观察父母每次看到狗的反应习得对狗的恐惧,成年人甚至能通过观看悬疑电影习得恐惧。在看过经典恐怖片《惊魂记》(Psycho)之后,一些观众洗澡时会感到恐怖,因为里面有个角色是在洗澡时被刀子割伤致死;同样,电影《大白鲨》(Jaws)中鲨鱼袭击人类的情节和扣人心弦的背景音乐让一些观众不敢再在海边游泳。

行为主义者将观察学习称为**替代性条件反射**(vicarious conditioning),并试图用刺激—反应术语来解释它。但是,社会认知学习理论家相信,不考虑学习者的思维过程,人类的

有其父必有其子。父母是孩子最好的榜样

观察学习就不能被完全理解。(Meltzoff & Gopnik, 1993)他们强调当一个人看到另一个人以某种方式行为并体验其后果时产生的知识。(Bandura, 1977)

如果没有观察学习,我们谁也活不了多久。我们不得不穿过马路亲身感受交通危险,以此学会躲避迎面驶来的汽车,或者跳进深水池拼命扑腾学会游泳。这种学习不仅危险而且无效。父母和教师为了塑造孩子的行为,会一天忙 24 小时。老板得站在雇员桌旁奖赏复杂行为链上的每一个细小联系——打字、写报告和报账。但是,观察学习也有弊端。人们模仿反社会、不道德的行为(如模仿别人说谎),自我欺骗(如为了扮酷,模仿电影明星抽烟)和威胁别人。

多年前,艾伯特·班杜拉(Albert Bandura)及其同事就提出观察学习非常重要,尤其是对学习社会行为规则的儿童来说。(Bandura, Ross & Ross, 1963)研究者让幼儿园的幼儿观看两个成年男子洛奇和乔尼玩玩具的电影短片(很显然,幼儿并不认为成年人玩玩具的行为多少有些古怪)。在电影中,乔尼拒绝分享他的玩具,洛奇的反应是殴打他。洛奇的攻击性行为得到了奖赏,因为他最后得到了所有的玩具,可怜的乔尼沮丧地坐在角落里,而洛奇则在胳膊下夹着一个木马,手拿一袋战利品在示威性地炫耀胜利。

看完电影后,每个幼儿被单独留在一间放满玩具的游戏室里 20 分钟。通过单向镜,研究者发现,看过电影的幼儿比没看电影的控制组幼儿在游戏中表现出更多的攻击行为。一些幼儿几乎完全模仿洛奇。在整个过程的最后,一个小女孩甚至打算"抢劫"实验者。

当然,儿童也会模仿积极活动。马特·格罗宁(Matt Groening)是卡通片《辛普森一家》的创作者。他认为,让辛普森 8 岁的女儿利萨(Lisa)演奏低音萨克斯会是件有趣的事。果然,整个国家的小女孩都开始模仿利萨。纽约的一个萨克斯教师辛西娅·赛克斯(Cynthia Sikes)对《纽约时报》(1996 年 1 月 14 日)说道:"表演开始时,一群女孩蜂拥而至,对我说,'我想演奏萨克斯,因为利萨·辛普森演奏了它'。"

> **快速测验**
>
> 你对测验的看法是否让你渴望回答?
> 一、你要和朋友在城里的一个新餐馆碰面,你之前从没去过那里,但最终你还是找到了,因为你经历过 _____ 学习。
> 二、根据社会认知学习理论,对进步无任何强化的情况下仍然发生了学习,这一事实表明,我们没有习得任何特殊反应而是习得了 _____。
> 三、在看过姐姐涂口红后,小女孩也会给自己嘴唇上涂口红,她是通过 _____ 获得这一行为的。
>
> 答案:一、潜伏 二、关于反应如何强化的知识 三、观察学习

这些关于潜伏学习、观察学习、认知在学习中的作用的研究发现，将会帮助我们去评价社会上对媒体暴力的热烈讨论。美国和世界其他国家的儿童和青少年在电视、电影和录像游戏上看到了无数的暴力行为，这些血腥场面会影响他们吗？你认为这影响你了吗？在"心理学应用"中，我们想问，玩暴力电视游戏是否会使儿童更有攻击性？答案比仅回答"是"或"否"要复杂得多。

回顾新闻中的心理学

这一章涵盖的行为主义和社会认知学习理论，可以怎样帮助我们回顾开篇故事中描述的扎卡里·克里斯蒂由于往学校带野营用具被开除的事情？

正如我们已经看到的，关于学习的研究结果并不是鼓励我们在孩子犯错时取消所有的惩罚。例如，当学生把武器带到学校时，领导不能简单地希望通过忽视来取缔这种行为，他们有义务保护其他学生。但是像上面例子中，如果对一些小错误施以不适当的严惩，惩罚会让接受者有背叛感，对不公平感到愤怒，正如扎里克所说"这太不公平了"。社会认知心理学家认为我们人类，包括儿童，会对自己的经验加以思考，如果他们认为惩罚过于严厉，就会再犯以示反抗，不适当的过度惩罚会给青少年带来相同的结果——反抗。

幸运的是，在扎里克的例子中，学校领导意识到他们粗暴制度的不适，第二天就调整了。考虑到年龄的问题，学校董事投票决定减轻对扎里克的惩罚，只是停课3至5天，6岁的扎里克受了这样的惩罚，他妈妈非常感谢董事会，同时提出这只是调整管理的必要的第一步。

孩子在家里受到的惩罚呢？一些心理学家主张，在家中偶尔地、适当地使用惩罚，如打手掌，对大多数中产阶级家庭的儿童并没有长期的有害后果，只要它发生在另一种爱的环境中，而且是作为对儿童不良行为最后的应对手段。（Baumrind, Larzelere, & Cowan, 2002）但是，正如我们看到的，惩罚不会教给孩子好的行为，还会出现本章列举的各种缺点。当父母羞辱嘲笑孩子时，后果是毁灭性的，羞愧感会持续很多年。

那么，当孩子的行为具有严重破坏性时，父母和教师应该怎么做？首先，从学习的角度，其他惩罚比体罚更适当，如暂停现在的行为，失去特权等。对于成年人不希望的行为，要给予连续强化而不是间断强化。此外，知道孩子犯错误的原因也很重要，是因为生气、担心还是恐惧？父母和教师在教孩子控制情绪时需要帮助他们了解自己的情绪，同时寻找无攻击性的、建设性的方法去解决问题。通过这种方法，他们就会认识到他们受到惩罚并不是因为让人感觉不好，而是不正当的行为危害到了别人。有这样一句话："你感到烦躁没有问题，只是不该打别人。"

最后，一位学习理论家强调环境在诱发和维持不良行为方面的作用。孩子令人讨厌吗？孩子在有序的教室环境中还会难以调整、协调吗？从学习角度看，改变环境比改变孩子更有效，如安排更多的身体锻炼时间。

斯金纳认为学习原理会给每个人营造更好、更健康的环境，并且从不质疑这一点。在1990年他去世的前一周，生着病虚弱的他出现在一年一度的美国心理学会大会上，最后一次提出该原理会创造一个更美好的世界。斯金纳说，当你用学习理论家的视角看这个世界时，你会看到人类行为的愚蠢，同时你也会看到改善它的可能性。

学以致用

媒体暴力会使你变得暴力吗

在一起针对游戏制造商的关涉50亿美元的诉讼案件中，受害人被两个高中同伴枪杀，其家人认为如果他们不看这些充满暴力和杀戮的录像游戏，这起悲剧就不会发生。在另一起大学枪杀暴乱案件中，一些评论者提出一定是游戏刺激他们去杀人。我们怎样评价这些论断？真的是电影、电视和游戏中描绘的暴力导致了犯罪吗？

心理学家们明确提出了他们的观点，一个研究组织得出结论，关于暴力电影、电视、游戏和音乐的研究明确证明，媒体暴力增长了攻击和暴力行为的可能性（Anderson 等，2003），研究的元分析结果发现，电影、电视上暴露的暴力情节越严重，一个人表现出攻击行为的可能性就越大，这一相关在不同性别、国家都成立。（Anderson 等，2010）那些赞扬暴力的游戏（例如，奖励积分，或使主角在"杀人"后才能进入下一关卡）增强了敌意、攻击思维和攻击行为（Carnagey & Anderson，2005），而且当减少孩子看电视或玩暴力游戏的时间后，孩子的攻击性就会下降。（Robinson 等，2001）

暴力媒体也可能会使人们对他人的不幸、痛苦感到麻木。在一项研究中，刚看过一场暴力电影的人比那些看了非暴力电影的人和未看任何电影的人，需要更多时间对一个妇女费力捡起拐杖的行为提供帮助。（Bushman & Anderson，2009）

然而，持反对意见的心理学家相信人们夸大和妖魔化了录像游戏的影响。（Ferguson & Kilburn，2010）他们认为，玩暴力游戏与表现攻击性之间的相关很小，不必担忧（Ferguson，2007；Sherry，2001），跟暴力犯罪有关的其他因素作用更大，包括基因（0.75）、犯罪机会的感知（0.58）、拥有枪支（0.35）、贫穷（0.25）、童年虐待经历（0.22）。他们的研究结果表明，玩暴力游戏只有0.04的最低相关。（Ferguson，2009；Ferguson & Kilburn，2010）此外，20世纪90年代出现了大量的暴力游戏，而青少年暴力犯罪率却显著下降。

社会认知心理学家认为，两种关于暴力游戏与攻击性关系的观点都有可取之处，媒体中多次宣扬的暴力行为只会被一些人模仿，就像广告只会让部分人购买产品，其他人也就只是看看，而且儿童和青少年除了模仿不同节目和电影中的偶像，还有父母、同伴等其他人可以观察效仿，除了沉迷于《生化危机》（*Resident Evil*）游戏中残酷毁灭世界的白日梦的青少年，还有更多只是把这个游戏视为娱乐方式的人。

此外，对事件的知觉、攻击性、交际能力等个性特征，社会对待暴力的态度都会影响个体的反应。（Feshbach & Tangney，2008）一种人可以从电影

玩暴力电视游戏会使儿童更有攻击性吗？答案比仅回答"是"或"否"要复杂得多

中学到欺负别人是男子气概的表现；另一种人可能认为暴力是一种丑陋愚蠢的行为；第三种人则可能认为这没什么意思，只是故事的一部分而已。

然而，我们应该怎样对待媒体暴力？尽管只有一少部分观众学会了其中的暴力行为，但其社会影响还是很严重的，因为电视、电影、游戏的观众群是巨大的。一些人认为审核是关键，涉及一些重要问题：《哈姆雷特》（Hamlet）、生动的暴力漫画、有趣的军事题材电影和涉及杀人的特效动作片是否该禁播？那么描述战争、谋杀和折磨本质的电影呢？

还要考虑到，不仅仅是电子游戏和其他视觉媒体会增加攻击性。在两项研究中，学生从《圣经》中读到一段暴力段落，并插入了两个句子，其中上帝宽恕了暴力。后来，在另一项研究中，他们和同伴一起完成竞争反应时游戏，他们表现出比没有读此文章的人更容易用噪声攻击对手。（Bushman 等，2007）信奉上帝的参加者受文章中上帝宽恕罪恶的影响最大，但其他不信上帝的人也被影响了。尽管《圣经》大多宣扬和平与和谐，但其中也有暴力，有些是上帝批准的，然而很少有人愿意禁止《圣经》，责备它暴力的部分。

由此看来，对媒体暴力做出公平的决断是很难的，这需要很好的证据和完善的思考。

本章总结

- 关于学习的研究深受行为主义的影响，它用可观察事件这一术语来解释行为，不涉及诸如"心理""意志"的心理实体。行为主义者侧重于两种类型的条件反射：经典条件反射和操作性条件反射。

经典条件反射

- 俄国心理学家伊万·巴甫洛夫首先研究了经典条件反射。在这种类型的学习中，当中性刺激与可诱发无条件反应（UR）的无条件刺激（US）相结合，中性刺激开始诱发相似或相关反应。于是，中性刺激就被称为条件刺激（CS），它诱发的反应称为条件反应（CR）。几乎任何类型的自主反应都可能变成条件反应。

- 在消退中，重复呈现条件刺激但不伴随无条件刺激，条件反应最终会消失——尽管以后可能会再次出现（自然恢复）。在高级条件反射中，中性刺激通过与已建立的条件刺激结合变成条件刺激。在刺激泛化中，当一个中性刺激成为条件刺激后，个体会对类似的刺激产生相同的反应。在刺激分化中，个体会对在某些方面与条件刺激相似的刺激做出不同反应。

- 许多理论家认为，动物或人在经典条件反射中学到的不仅仅是无条件刺激和条件刺激的联结，还是一种刺激对另一种刺激的信息传递。实际上，经典条件反射是一种进化性适应，允许有机体对重要事件做出生物性准备。相当多的证据表明，除非中性刺激确实作为信号或预示无条件刺激出现，不然中性刺激不会成为条件刺激。

现实生活中的经典条件反射

- 经典条件反射可以解释对特别物体或事件的积极情感反应、恐惧和恐惧症，对特殊食物和气味的反应，以及对治疗和安慰剂的反应。约翰·华生回答了恐惧是如何形成的，并可通过逆条件反射程序将其消除。由于进化性适应，人类（和许多其他物种）生物性地易于获得一些适应性反应，如条件反射形成的味觉厌恶和特定的恐惧。

操作性条件反射

- 在操作性条件反射中，行为依赖于其后果而变得更可能发生或更不可能发生。反应一般不是反射性的，并且比经典条件反射更复杂。这个领域的研究与 B. F. 斯金纳紧密联系在一起，他称自己的方法为"激进行为主义"。

- 在斯金纳式的分析中，强化增强了反应的可能性，惩罚削弱了反应的可能性。即时后果通常比延迟后果对反应有更大效果。
- 当刺激物本身具有强化作用时，强化物称为一级强化物（因为它们满足了生理需要）。通过与其他强化物的联结获得了加强反应的能力的强化物称作次级强化物。对惩罚也做了类似区分。
- 强化和惩罚可以是正的或负的，这取决于结果是一个刺激物被呈现还是一个刺激物被移除或避免。在正强化中，反应后跟随一些愉快的东西；在负强化中，反应后去除了一些不愉快的东西；在正惩罚中，反应后跟随一些不愉快的东西；在负惩罚中，一些愉快的东西被去除。

操作性条件反射的原理

- 行为主义者使用斯金纳箱或类似装置表明，在操作性条件反射中也会发生消退、刺激泛化和刺激分化。辨别刺激作为信号表明，一个反应很可能伴随着某种类型的结果。
- 操作性条件反射的反应模式部分依赖于强化程序，连续强化引发最快的学习。但是间隔（部分）强化使反应更不易消退（因此有助于解释迷信仪式的持久性）。人们通常最容易犯的错误之一是间隔地奖赏想要消除的反应。
- 塑造用于训练不太可能自动发生的行为。对反应以连续接近的方式给出强化物，直到出现期望反应。
- 生物学因素会限制动物或人通过操作性条件反射可以学到什么，是否容易学习一种行为。例如，动物有时由于缺乏本能化倾向而难于学会一项任务。

现实生活中的操作性条件反射

- 行为矫正，即操作性条件反射的应用，已被成功地用于许多情境中，但是如果使用不当，惩罚和强化都有陷阱。
- 正确使用惩罚可以劝阻包括犯罪行为在内的非期望行为。但是惩罚被频繁地误用并且产生了人们不想要的后果。惩罚常常会因为施罚者当时的情绪而被不适当地实施，它会制造愤怒或恐惧，其效果常常是短期的，它也很难立即施行，几乎没有传递关于什么是期望行为的信息，还可能会提供作为奖赏的注意。非期望行为的消退与期望行为的强化相结合，比起使用惩罚要更可取。
- 强化也会被误用。不加区分地给出奖赏（如提高儿童自尊的努力）不能强化期望行为。对外部强化特别依赖有时会削弱内部强化。但是当一个人由于做得好而非仅仅因参与活动而被奖赏，或者当一个人已经对活动高度感兴趣时，钱和赞扬通常并不妨碍内部快乐。

学习和心理

- 甚至在行为主义鼎盛时期，一些研究者还在探测人类思维的"黑箱子"。20世纪30年代，爱德华·托尔曼研究了潜伏学习，在潜伏学习中，学习过程中没有呈现明显强化物，在后来得到强化以前，反应也没有表现出来。潜伏学习中获得的不是特定反应，而是关于反应及其结果的知识。
- 20世纪六七十年代见证了社会认知学习理论持续增强的影响，社会认知学习理论关注观察学习（学习者模仿榜样）、信念的作用、对事件的解释和决定行为的其他认知。社会认知学习理论家主张，观察学习和潜伏学习学到的不是特定反应，而是一种知识。知觉、个性特征和社会情境都会影响人们的反应和获得的经验。

回顾新闻中的心理学

- 行为和社会认知学习理论能帮助我们理解惩罚何时是建设性的和适当的，何时会适得其反导致被惩罚者的愤慨和逆反。学习的观点对体罚提出了很好的替代方法，帮助我们理解环境在形成不良行为中的作用。学习技术会对个体和机构有很大帮助，但人们必须对其小心、明智地加以应用。

学以致用：媒体暴力会使你变得暴力吗

- 由于人们知觉和信念的不同，一些人在媒体暴力影响下会变得更有攻击性，但是更多人不会。

关键术语

学习（learning）299

行为主义（behaviorism）299

条件反射（conditioning）299

无条件刺激（unconditioned stimulus, US）300

无条件反应（unconditioned response, UR）301

条件刺激（conditioned stimulus, CS）301

条件反应（conditioned response, CR）301

经典条件反射（classical conditioning）301

消退（在经典条件反射中）（extinction [in classical conditioning]）301

自然恢复（spontaneous recovery）301

高级条件反射（higher-order conditioning）301

刺激泛化（在经典条件反射中）（stimulus generalization [in classical conditioning]）302

刺激分化（在经典条件反射中）（stimulus discrimination [in classical conditioning]）302

恐惧症（phobia）304

逆条件反射（counterconditioning）305

操作性条件反射（operant conditioning）308

强化/强化物（reinforcement/reinforcer）309

惩罚/惩罚物（punishment/punisher）309

一级强化物和惩罚物（primary reinforcer and punisher）310

次级（条件的）强化物和惩罚物（secondary reinforcer and punisher）310

正负强化和惩罚（positive and negative reinforcement and punishment）310

斯金纳箱（Skinner box）311

消退（在操作性条件反射中）（extinction [in operant conditioning]）312

刺激泛化（在操作性条件反射中）（stimulus generalization [in operant conditioning]）312

刺激分化（在操作性条件反射中）（stimulus discrimination [in operant conditioning]）312

辨别刺激（discriminative stimulus）312

连续强化（continuous reinforcement）312

间隔（部分）强化程式（intermittent [partial] schedule of reinforcement）312

塑造（shaping）313

连续接近（successive approximation）313

本能化倾向（instinctive drift）314

决定论的观点（determinist view）315

行为矫正（应用行为分析）（behavior modification [applied behavior analysis]）316

外部强化物（extrinsic reinforcer）318

内部强化物（intrinsic reinforcer）318

行为ABC（behavioral ABC）321

潜伏学习（latent learning）321

社会认知学习理论（social-cognitive theory）322

观察（替代）学习（observational [vicarious] learning）322

[新闻中的心理学]

臭名昭著的阿布格莱布（Abu Ghraib）监狱丑闻

这张照片拍摄的是二等兵琳迪·R. 英格兰牵着一名被囚禁在阿布格莱布监狱里的伊拉克囚犯，这张照片震惊了全世界

"她当时是在服从命令，"姐姐说。

2007年3月25日，来自西弗吉尼亚州凯泽（Keyser）的消息。2003年，美军后备军人琳迪·R. 英格兰（Lynndie R. England）与裸体囚犯合影的照片被泄露给国际媒体，之后她成为伊拉克虐囚丑闻中最臭名昭著的面孔之一。她在服了三年徒刑的一半刑期之后，被释放出军事监狱。现在，她已经假释回到了家乡米纳勒尔（Mineral）县。在2005年认罪后，英格兰被判犯有共谋、虐待伊拉克囚犯和猥亵几项罪行。当假释结束后，她将被军队开除。

二等兵英格兰在巴格达（Baghdad）附近的阿布格莱布监狱拍摄了一些照片，这些照片被泄露后震惊了全世界。一张恶名昭彰的照片显示她在一个裸体囚犯的脖子上系上了一条皮带。在另外一些照片上，她冲着一群裸体囚犯咧嘴笑或竖起大拇指，或者指着伊拉克囚犯的生殖器。

其他士兵也卷入了丑闻。照片和视频显示，他们强迫囚犯对彼此模拟口交，在囚犯的头上套上女性内衣，强迫进行人体堆叠以形成金字塔形，或者给囚犯贴上电极并让他们忍受数小时，使犯人们相信他们随时可能被电击。这些照片引发了全世界对美国军方的愤怒，并引发了国会和五角大楼的调查。

在整个军事法庭审判过程中，英格兰坚持认为她只是在上级指示下摆出照片中的姿势，并且，她受到一个年长士兵——专科医生查尔斯·A. 格拉纳（Charles A. Graner）——的影响。（格拉纳与英格兰有婚外情，而且他后来成为她孩子的父亲。）格拉纳被判处十年监禁，并被军队开除。

除英格兰和格拉纳外，还有5名士兵因阿布格莱布的虐囚事件而受到指控。所有参与事件的7名士兵都辩护称他们只是服从命令。他们的家人告诉记者，这些士兵是善良的人，永远不会自发伤害另一个人。

"军队里的一些人让她做这样的事。她当时是在服从命令，"英格兰的姐姐说。她说英格兰"是个善良、可靠的人"。当英格兰被问及她是否虐待囚犯时，她私下告诉调查人员："是的，我踩了一些人，推他们或拉他们，但没有干极端的事。"

第十章

社会和文化情境中的行为

Behavior in Social and Cultural Context

为什么阿布格莱布监狱的士兵如此残酷地对待被拘禁者？琳迪·R.英格兰是一个"有同情心的""只是在听令行事"的人吗？ 她是精神紊乱还是认知受损？她受到了虐待狂男朋友的影响吗？ 她和她的同伴们表现出不同往常的行为，不是因为他们自身特别残酷或无情，而是因为在监狱里他们被命令以警卫的角色行事吗？他们是在好桶里的"坏苹果"（害群之马），还是桶自身就是腐烂的（团体本身有问题）？若把这些解释结合起来，能否从中找到答案？

在 1961 年，曾经是纳粹精英的高级官员阿道夫·艾希曼（Adolf Eichmann）被判死刑，因为他在第二次世界大战期间驱逐、杀害了数以百万计的犹太人。 但他坚称自己不是反犹太主义的人。 在执行死刑前不久，艾希曼说："我为人并不残忍。 我是谬误的受害者。"（R. Brown, 1986）艾希曼提到的谬误是这样一种普遍想法，即一个做出可怕行为的人肯定是残忍的。世界上似乎有太多的邪恶、残酷，同样还有很多的善良、牺牲和英雄主义。 我们应该如何解释人性的两面性呢？

社会心理学（social psychology）和**文化心理学**（cultural psychology）通过研究社会和文化环境对个人和团体行为的强大影响来解决这个问题。 本章我们将重点介绍社会心理学的基础和基本原则，而这些可以帮助我们了解为什么那些并不"疯狂"或"可怕"的人会做出无法言喻的邪恶之事；反过来，为什么另一些普通人在情境需要时，可能会达到英雄主义的高度。 我们将研究社会角色和社会态度的影响，人们的行为如何受到他们所处的群体和情境，以及所遵守的或有异议的条件的影响。 最后，我们会考虑一些造成群体之间偏见和冲突的社会和文化原因。

> **你将会学到**
>
> - 社会角色和文化规范如何在我们没有意识到的情况下调节行为？
> - 角色和情境的力量使人们以自己从来没有预想过的方式行事。
> - 人们是怎样被"引诱"违反其道德准则的？

角色和规则

"我们都是社会关系网中被束缚的脆弱生物，"社会心理学家斯坦利·米尔格莱姆（Stanley Milgram）曾经这样说过。他所说的束缚是指**（社会）规范**（[social] norm），即关于我们怎样行动的规则：如果违反就会受到惩罚的威胁，如果服从就会被承诺奖赏。规范是日常生活中的习俗，它可以使我们有预见地、有秩序地与他人互动，它就像蜘蛛网一样，无形但很强大。每个社会对人们所经历的诸如求婚、育儿、做决策、公共场所的行为等几乎每件事都有规范。一些规范以法律形式存在，如"除非是自我防御，不能殴打他人"。有些是不言而喻的文化协定，如"一个男人可能会打另一个侮辱其男子气概的男人"。还有一些则是人们会无意识服从的、微小的、不成文的规则，如"在公共汽车上不能大声唱歌"。

（社会）规范 规范社会生活的规则，包括明确的法律和隐含的文化习俗。

当人们观察到"其他人"似乎都违反某个社会规范时，他们更有可能也这样做，而这也是整个社区恶化的机制。在荷兰进行的六次实地实验中，研究人员发现如果人行道肮脏、没有打扫，墙壁上有涂鸦的标记，陌生人在非法燃放烟花爆竹，那么路人更有可能丢弃垃圾、非法停泊，甚至从邮箱窃取5欧元的钞票。（Keizer, Linderberg, & Steg, 2008）相反，如果人们认为一件事情是规范，人们的行为就会变得更有建设性。当酒店在客房浴室贴上"大多数客人重复使用毛巾"的提醒（而不是简单地请求客人因为有益环境而重复使用毛巾）时，一半以上的人会同意参与重复使用的计划。（Goldstein, Cialdini, & Griskevicius, 2008）

在每个社会中，人们都会扮演许多不同的社会**角色**（role），即社会规范规定不同身份的人应该如何给行为定位。性别角色规定了对于男人和女人来说，什么是适宜的行为；职业角色决定了对经理和员工、教授和学生来说，什么是正确的行为。家庭角色规定了父母和孩子、丈夫和妻子各自的任务。每种角色的特定要求都应被满足，否则就会带来惩罚，包括情绪的、经济的或职业的。例如，作为学生，你应知道你要做的是通过心理学课程的考试（至少到现在你应该知道了！）。你是如何知道一个角色的要求是什么的？当人们有意或无意地违反角色要求时，个体就会感到不自在，或者其他人会设法使你感到不安。

社会角色的要求反过来依赖于你所处的文化。**文化**（culture）可以被视为一种管理社区或社会中人们行为的共同规则程序，以及该团体中大多数成员所共享的一套价值观、信念和习俗，并代代相传。（Lonner, 1995）你通过学习自己所在文化的语言来学习绝大多数本文化的规则和价值观：这是不假思索的。

现代生活中许多角色都要求我们放弃个性。如果这些英国寒溪（Coldstream）近卫营（英国皇家五个近卫步兵团之一）中的一员突然开始跳舞，他的卫兵生涯将很快结束，因为在阅兵时出风头会受到惩罚。但是，在什么情况下太囿于角色又会适得其反呢

角色 一个给定的社会地位，由一套为适当行为而定的规范所控制。

文化 支配一个社区或社会成员行为的共同规则，及社会多数成员所共有的一套价值、信念和态度体系。

> **参与进来｜敢于与众不同**
>
> 单独或与朋友一起，尝试一种温和的、违反规范的行为（没有惊吓、淫秽、危险或冒犯）。你可以在杂货店或食堂反向站到队伍的后面；在图书馆或电影院坐到陌生人的旁边，即使有其他座位可用；在公共场合大声歌唱或哼唱几分钟；或者在谈话中，与一个朋友站得很近。当你违反这个规范时，注意一下旁观者的反应以及你自己的感受。如果你和别人一起做这个练习，你们中的一个人可以成为"违规者"，另一个人可以记下别人的反应，然后交换角色。做这个练习很容易吗？容易或者不容易的原因是什么？

阿拉伯人在谈话时比西方人站得更近。即使和一个亲密的朋友交谈，当站得如此接近时，大多数西方人会感到"拥挤"。当你违反文化所规定的谈话距离规范时，会有怎样的感觉呢

举例来说，在规定**谈话距离**（conversational distance），也就是通常人们在说话时彼此之间的距离方面，文化之间存在差异。(Hall, 1959, 1976) 一般来说，阿拉伯人喜欢站得足够近以感受到你的呼吸、触摸你的手臂、看到你的眼睛。这样的距离使得大多数白人、加拿大人和北欧人感到不安，除非他们在和情人亲密对话。英国人和瑞典人在交谈时站得最远；南欧人站得更近；拉丁美洲和阿拉伯人站得最近。(Keating, 1994; Sommer, 1969)

如果你正在和对距离的文化规定与你不同的其他人交谈，那么在不明就里的情况下，你可能会觉得很不舒服。你可能会觉得这个人离你太近或者是莫名其妙的冷酷、疏远。来自黎巴嫩的一名学生告诉我们，他在理解文化在谈话距离规则上的差异后是多么释怀。"当盎格鲁学生离我很远的时候，我以为他们有偏见，"他说，"现在我明白为什么我在和拉美学生交谈时会更舒服。因为他们也喜欢站得很近。"

当然，人们还会将自己的个性和兴趣赋予他们所扮演的角色。正如两位演员即使是阅读同样的剧本，他们在相同部分的表演也会有所不同，你对如何扮演学生、朋友、家长或雇主有自己的理解。然而，社会角色的要求是强大的，它如此强烈，甚至可能导致你以破坏关于自己是何种人的根本感觉的方式行事。现在我们来看两个经典研究，这些研究阐明了社会角色在我们生活中的力量。

服从研究

20世纪60年代早期，斯坦利·米尔格莱姆（Stanley Milgram, 1963, 1974）设计了一项后来闻名于世的研究。米尔格莱姆想知道，当直接命令某人背离自己的道德标准时，有多少人会服从权威人物。不过，在研究中被试以为自己是在参与有关惩罚对学习效果影响的实验。安排看似随机，每个被试都被分配扮演"老师"角色，另一个被介绍为志愿者的同伴是"学习者"。无论何时，一旦坐在相邻房间的学习者在背诵一列被认为应当已经记住的单词时犯下错误，老师就必须通过按压机器上的按钮给"学习者"电击。(见图10.1) 伴随着每次犯错误，电压都会增加15伏（从0到450伏）。机器上的电击按钮标记着从"轻微电击"到"危险—严重电击"，最后是不吉利的"×××"。实际上，"学习者"是米尔格莱姆的助手，并未接受任何电击，但是在研究中"老师"不会知道这一点。"老师"行为的受害者（译注：指学习者）令人信服地扮演了他们的角色：当研究继续进行时，他们痛苦地大叫并请求豁免，这些都是根据提前安排好的脚本进行的。

在这项研究之前，米尔格莱姆询问了许多精神病医师、学生和中产阶级的成年人，询问他们认为有多少人会根据研究者的命令"一直坚持下去"，直到×××。精神病医师预测超过150伏时大多数人都会拒绝实施惩罚，当学习者第一次求饶时，1000人中可能只有

图 10.1 米尔格莱姆的服从实验

左图是米尔格莱姆最初的电击机器；在 1963 年，这一装置的外形看起来十分不祥。右图是"学习者"被实验者和"老师"用皮带捆在椅子上

1 个有些心理失常或虐待狂倾向的人将实施最高电压。非专业人士也同意这种预测，所有人都说自己在实验程序中会更早地不服从命令。

但是，实验结果却并非如此。每个人都对学习者实施了一些电击，约 2/3 不同年龄、职业的被试最大限度地服从了要求。许多人对实验者提出过抗议，但是当实验者平静地说"实验需要你继续"时，他们最终放弃了自己的主张。无论受害者请求停下来时喊得多大声，无论电击看起来多么痛苦，他们都服从了。正如米尔格莱姆（Stanley Milgram, 1974）提到的，被试会"出汗、发抖、口吃、咬嘴唇、呻吟、用指甲掐自己的肉"，但他们仍旧服从了。

几十年来，3000 多名来自不同种族的人重现了米尔格莱姆的研究结果。他们中的大多数人（男女大致相等）都因为自己对另一个人实施了大量电击而感到痛苦。其他国家的研究者也发现了高比例服从，在西班牙和荷兰，服从人数的比例高达 90%。（Meeus & Raaijmakers, 1995; Smith & Bond, 1994）

米尔格莱姆及其研究小组随后设置了几种研究变量，以确定何种环境下人们可能会对实验者说不。实际上，他们发现不论受害者做什么或说什么都无法改变服从的可能性，即使受害者说自己有心脏病、痛苦地尖叫，或完全停止反应就好像已经崩溃了。但是，人们更可能在以下情况下不服从：

- 当实验者离开房间时，许多人给予低水平电击却报告服从了命令，以此来抗拒权威。
- 当受害人正在同一个房间里，"老师"不得不直接对受害者的身体施加电击时，许多人拒绝继续。
- 当两位实验者传达出了矛盾的要求，即一人告诉被试继续实验，另一人要求被试立即停止时，没人会坚持实施令人痛苦的电击。
- 当命令他们继续实验的是一个普通人，看起来是另一个志愿者而非权威的实验者时，许多参与者不服从。
- 当被试的同伴拒绝再继续实验时，看到别人反抗给了被试不服从的勇气。

在米尔格莱姆的研究中，当"老师"不得不直接对学习者施加电击时，大多数被试表示拒绝，但是这个人继续服从

米尔格莱姆认为，服从更多的是一种情境性功能，而非被试的特定人格。"（他们）行为的关键，"米尔格莱姆（1974）总结道，"不在于被抑制的愤怒或攻击，而在于他们与权威的关系所具有的性质。他们已把自己交给了权威，他们把自己看作执行权威意愿的工具，一旦形成这样的认识，他们就无法从中挣脱。"

对米尔格莱姆的研究也有批评之声。一些人认为，该研究不道德，因为直到整个过程结束（当然，提前告知会导致研究无效），对于真正发生了什么，被试一直都被蒙在鼓里；还有许多人体验到情感痛苦（米尔格莱姆反驳说，只要不服从命令他们就不会感到痛苦）。由于这些伦理问题，原来的研究在当今美国永远不会重演。然而，实验的"弱化"版本则被实施，其中，当"老师"首次听到学习者的抗议时，被要求执行的电击只有150伏。这个电击的程度在米尔格莱姆的研究中是一个关键的选择点，在执行150伏电击的被试中有80%的人一直坚持到了实验的最后。（Packer, 2008）

在重复研究中，实验者拒绝任何已经知道米尔格莱姆原始研究的人，以及任何一名被临床医生认定为情绪脆弱的人。即使如此，他发现服从率仅略低于米尔格莱姆的研究结果，并再次发现，性别、教育、年龄和种族对服从的可能性没有影响。（Burger, 2009）在另一项令人毛骨悚然的米尔格莱姆研究的网络复制版研究中，参与者不得不在电脑屏幕上电击一名虚拟的女性。即使他们知道她不是真实的，他们的心率也增加了，并且他们报告说，施加"电击"的感觉很不好，但他们仍然这样做了。（Slater等, 2006）2010年在法国，80名"死亡游戏"（模仿米尔格莱姆实验的虚拟游戏节目）的参赛者，被指示给一个男人施加越来越强的电击，直至其死亡。除了16名玩家以外，其他玩家都给出了最大的电击。

一些心理学家质疑米尔格莱姆的结论，即人格特质与人是否服从权威在本质上是无关的。他们注意到某些特质，尤其是敌意、自恋和刻板，会增加服从和对别人造成痛苦的意愿。（Blass, 2000; Twenge, 2009）还有些人反对米尔格莱姆将研究中被试的行为与纳粹以及其他以职责之名犯下野蛮行径的人的暴行画上等号。（Darley, 1995）在米尔格莱姆研究中，只有实验者在旁边时被试才服从，而且其中许多人都感到非常不安和矛盾。与之相对，大多数纳粹分子的行为并没有权威直接监管，也没有外部压力和痛苦感。

毫无疑问，没有人会否认这样一个事实——米尔格莱姆这项令人叹服的研究对于公众认识到不加批判地服从的危险有着巨大影响。正如约翰·达利（John Darley, 1995）评述道："米尔格莱姆的研究结果向我们展示了，在社会力量的控制下，现实世界中的普通人如何变得残暴的出发点。"

监狱研究

另一项闻名于世的研究是斯坦福（Stanford）监狱研究。其设计者菲利普·津巴多（Philip Zimbardo）和克雷格·黑尼（Craig Haney）想知道普通大学生被随机分配到犯人和看守角色后会发生什么。（Haney, Banks, & Zimbardo, 1973）于是他们在斯坦福大楼的地下室建立了一个看起来严肃的"监狱"，有独立的牢房，犯人和警卫穿着不同的制服，还有警卫用的警棍。学生们同意在那里住两个星期。

在很短的时间里，大多数犯人就陷入了痛苦、无助，他们渐渐表现出了情绪症状和生理失调。一些人变得情感淡漠，另一些人变得极其反叛且难以控制。其中一名犯人惊慌失措，崩溃了。然而，看守开始喜欢上他们的新权力。一些人努力表现出友善，帮助犯人并为他们做好事。一些人"严厉但公平"，严格地执行"规则"。但是，约 1/3 的人变得苛刻、严酷，即使犯人不再抵抗，他们也总是选择残酷和虐待的手段。研究者没有料到学生们会发生如此快速而令人担忧的变化，这项研究仅仅持续六天就结束了。

几代学生和普通大众通过当时制作的录像看到一些充满情感色彩的片段。对研究者而言，其研究证明了角色的力量。他们说，看守的攻击完全是穿着看守制服和拥有看守角色权力的结果。

犯人和看守很快就学会了他们各自的角色，这通常比他们的人格对行为所具有的影响要更大

（Haney & Zimbardo, 1998）但是最近对监狱研究的批评意见认为，该研究实际上是服从权威和人们有多愿意服从指令的另一个例子，在这个例子中，命令来自津巴多本人。（Haslam & Reicher, 2003）想一想津巴多在研究一开始时给"看守"的指示：

> 你可以制造犯人某种程度的厌烦感和恐惧感，你可以创造专断的理念，就是说他们的生活完全被我们，即这个系统、你、我，所控制，他们将没有隐私……我们将在各个方面都剥夺他们的个性。总体上，所有这些导致一种权力感。也就是说，在这种情境下，我们将拥有所有的权力，而他们则一点也没有。（斯坦福监狱研究视频引自 Haslam & Reicher, 2003）

<336> 上述指令是关于看守被允许表现出什么行为的十分有利的暗示，它们传达了津巴多的个人鼓励（"我们"拥有所有权力），所以一些人会听津巴多的话并表现出残酷行为就不足为怪了。一个施虐的警卫后来说，他只是试图扮演他曾在电影里看到过的"最糟糕的 S. O. B. 警卫"。即使是调查人员自己当时也注意到，"由于选择性抽样而可能会出现错误。视频和录音往往集中在更有趣的、戏剧性的事件上"。（Haney, Banks, & Zimbardo, 1973）

尽管有这些缺陷，斯坦福监狱研究仍不失为一个有用的警示。在真正的监狱里，守卫的确具有津巴多给予这些学生的权力，他们可能被指示、鼓励去严格对待囚犯。因此，监狱研究提供了一个很好的例子，说明社会情境如何影响行为，以导致一些人的行为似乎不符合其性格。

人们为何服从

当然，对权威或对某种情境规范的服从并非总是有害的或不好的。在任何群体中，都必须要求人们服从相当多的规则，而且服从权威对个体和社会都有很多好处。如果所有公民都无视交通规则、偷税漏税、随意倾倒垃圾或者相互攻击，那么国家将无法正常运转。

如果人们只有在想工作的时候才工作，那么所有部门都将无法正常行使其职能。当然，服从也有其阴暗的一面。历史上，人们常常用"我只是跟着别人做"这样的借口来为自己愚蠢的、破坏性的或非法的行为寻找借口。作家斯诺（C. P. Snow）曾评论道："更多可怕的犯罪是以服从而非反抗的名义实施的。"

大多数人服从命令都是由于担心不服从将会导致的显而易见的后果：他们可能会被学校开除、被解雇或被捕。人们服从也可能是由于想要获得一些东西：被人喜欢、从权威那儿得到某种好处、升职或学到更多的知识与经验。然而，人们服从主要还是因为深信权威的正确性。最重要的是，他们之所以服从是因为他们不想破坏良好的现状、看起来怀疑专家，或是粗鲁，担心他们因为这么做而不被喜欢或被拒绝。（Collins & Brief, 1995）

虽然在米尔格莱姆的研究中，所有那些服从的人都感到自己做错了事，希望"学习者"免于遭受电击，但是谁又能使自己免予"社会约束圈套"的束缚呢？人们是怎样从自己行为的后果中获得道德上的释怀的？

诱捕 个体在自己所投入的时间、金钱和精力的基础上逐渐增加承诺的过程。

一个答案是**诱捕**（entrapment），就是个体为了使自己的投入合理化而逐步增加对一连串行为的承诺的过程。（Brockner & Rubin, 1985）诱捕的第一步是让人们做出毫不费力的选择。但是随着人们一步一步走下去或决定继续下去，他们将为这个行动辩护，这使他们觉得这是正确的行动，他们并没有做任何愚蠢或不道德的事情。（Tavris & Aronson, 2007）因此，每一步都会导致下一步。不久之后，这个人会对一系列行为做出承诺，即使这些行为是事与愿违的、令人痛苦的、愚蠢的。因此，在米尔格莱姆的研究中，一旦被试给出15伏的电击，他们就已开始投入实验之中，而下一个电击水平"仅仅"是30伏。因为每次电击水平增加很小，在他们意识到之前，大多数人都已实施了他们认为非常危险的高电击。等到那时再想突然决定退出，个体将很难对其行为做出解释，特别是在达到150伏之后，"学习者"第一次提出口头抗议的时候。

无论做出何种决定，服从或抗议权威，个体将会迫切地觉得需要判断自己的选择。（Tavris & Aronson, 2007）那些服从的人通常把责任转移给权威来证明他们的行为，从而免除了对自己行为的责任。（Kelman & Hamilton, 1989; Modigliani & Rochat, 1995）在米尔格莱姆的研究中，许多执行最高等级电击的人所采取的态度是"这是他的问题，我只是听从命令"。相比之下，拒绝给予高度电击的人们则对自己的行为负责。一位32岁的工程师说："我认为试图将责任推到别人身上是一件非常懦弱的事。看，如果我现在转过来说，

老虎机依赖于诱捕原则，这就是为什么赌场使数以百万计的大多数玩家一无所有。一个人誓言只花几美元，但在输了后他们会说："嗯，也许再试几次就行了。"或者说："我花了这么多钱，现在我必须赢得一些东西来收回我已经输了的部分。"

'这是你的错……这不是我的',我会称之为懦弱。"(Milgram,1974)

一项令人寒心的诱捕研究,专门针对25个曾经在结束于1974年的独裁政府希腊军队营区服务过的男子进行。(Haritos-Fatouros,1988)一位心理学家对这些男子进行访谈,确定了用于训练他们使用拷打折磨来审问犯人的步骤。首先,命令这些男子在审问和拷打房间外站岗。其次,让他们在拘留室内站岗,在那里他们可以观察到对犯人的折磨。最后,让他们"帮助"拷打犯人。刑讯专家发现,一旦他们顺从地服从这些命令并积极参与其中,他们更容易实施暴力行为。类似的程序已经被用来训练军人和警察讯问者去折磨政治对手和犯罪嫌疑人。

调查记者和社会科学家已经记录了世界各地使用酷刑的情况,尽管国际法明确禁止酷刑。(Huggins, HaritosFatouros, & Zimbardo, 2003)在20世纪80年代的芝加哥,在黑人—白人社区紧张局势的高潮之下,一名因谋杀被捕的黑人遭受酷刑,该调查事件导致其他至少62例案件曝光。在这些案件中,警察为了获取信息或者报复而对黑人嫌疑人或犯罪者进行严重殴打、灼烧,或使用电击。在英国与北爱尔兰冲突期间,英国军官将爱尔兰囚犯怀疑为恐怖分子,并将他们装到袋子里使其脱水,并差点把他们打死。(Conroy,2000)而且,正如我们在开篇故事中所指出的那样,美国军方的成员对在阿布格莱布监狱里的囚犯和"非常规引渡"的阿拉伯囚犯施加了酷刑。(Mayer,2009)

施虐者从他们的角度为自己的行为辩护,因为他们认为自己是做本职工作的好人,特别是在战时。也许他们的确是,但这样的理由忽略了一个"陷阱"。这个囚犯可能是一个恐怖主义者,但是如果是另一个完全无辜的人呢?不久之后,施虐者把他的推理从"如果这个人有罪,他应该受到折磨"改为"如果我折磨这个人,他就是有罪",所以虐待也升级了。(Tavris & Aronson,2007)

对于那些认为世界是由"好人"和"坏人"构成的人来说,上述概念难以理解,他们无法想象好人可能会做残忍的事。然而,正如在米尔格莱姆的研究中一样,在日常生活中人们也常常会走上一条含混不清的道德之路,最终却发现自己已经偏离原则很远了。从发生在希腊的拷问到美军成员,从米尔格莱姆的研究中那些好心的志愿者到日常生活中所有的人,人们都要面对画定一条自己不能超越的界线的困难任务。对许多人而言,角色要求战胜了人们内在良知的呐喊。

> **快速测验**
>
> 走入学生的角色来回答这些问题。
> 一、关于米尔格莱姆的服从研究中有多少比例的人执行了最高级别的电击(   )
>   A. 2/3   B. 1/2   C. 1/3   D. 1/10
> 二、在米尔格莱姆的研究中,"学习者"的下列哪个行为可以减少"老师"电击的可能性?(   )
>   A. 大声抗议   B. 痛苦地尖叫   C. 抱怨有心脏病   D. 他所做出的任何事都不能改变
> 三、你的一个朋友正在搬家,请求你帮忙拿一些盒子。只要你这么做了,他又请求你把书放在盒子里。在你意识到之前,你已经将厨房、客厅和卧室的东西打包好了。是怎样的社会心理过程在这里起作用?
>
> 答案:一、A 二、D 三、脚踏。

> **你将会学到**
> - 人们解释自己或其他人行为的两种普遍方式及其重要性。
> - 人们看待自己和世界的三个自我服务偏差。
> - 如果彻底的谎言和荒谬的言论经常被重复，大多数人为什么会相信？
> - 某些基本的政治和宗教态度是否具有遗传成分？

社会对信念和行为的影响

社会认知 社会心理学的一个研究领域，主要关注社会对思维、记忆、知觉和信念的影响。

社会心理学家不仅对人们在社会情境中会做些什么事感兴趣，同时也对他们在想些什么感兴趣。**社会认知**（social cognition）领域的研究者考察了人们对自己和他人的知觉怎样影响他们的关系，社会环境怎样影响思想、信念和价值。当前的理论取向基于进化理论、神经成像研究，以及确定人类如何看待和感受彼此这一普遍主题的调查和实验。在本节中，我们将考虑社会认知中的两个重要话题：归因和态度。

归因

归因理论 人们通过把行为原因归为情境或素质来解释自己和他人行为的理论。

人们阅读侦探故事想知道是谁干了坏事，但在现实生活中，我们还想知道人们为什么做坏事。是因为可怕的童年、心理疾病、魔鬼附体，还是别的什么？根据**归因理论**（attribution theory），我们对自己和别人行为的解释大体可以归为两类。当做出**情境归因**（situational attribution）时，我们把行为的原因看作某些情境或环境中的东西："乔偷钱是因为他的家人在挨饿。"当做出**素质归因**（dispositional attribution）时，我们把行为的原因看作某些与个人有关的东西，如特质或动机："乔偷钱是因为他天生就是个贼。"

基本归因错误 一种在解释别人的行为时会高估人格因素而低估情境因素的倾向。

当人们尝试解释别人行为的原因时，常会表现出一种普遍的偏见：倾向于高估人格特质的影响，低估情境的影响。（Forgas, 1998; Nisbett & Ross, 1980）根据归因理论，人们倾向于忽略情境归因而喜欢进行素质归因，这种倾向被称为**基本归因错误**（fundamental attribution error）。（Jones, 1990）在米尔格莱姆的实验中，几百名服从者，他们都是天生的虐待狂吗？在监狱研究中，学生看守是虐待狂吗？学生犯人是懦夫吗？那些这样想的人正

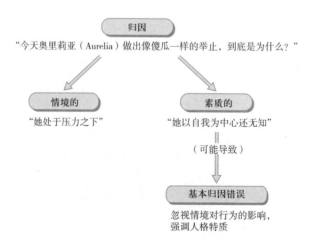

在犯基本归因错误。根据人格来解释别人行为的冲动是如此强烈,以至于当我们意识到他人"被要求"以特定方式行动时,仍会采用这种解释。(Yzerbyt 等,2001)

在西方国家中,普遍存在着基本归因错误,那里的中产阶级倾向于相信个体应当对他们自己的行为负责,不喜欢情境对他们有很大影响的观点。他们认为他们自己会拒绝实验者的残酷命令,会公平对待被临时称为囚犯的同学。而在像印度这样的国家里,人人都处于阶级和家庭的网络中。生活在日本、中国、韩国这几个国家的人要比西方国家的人有更多的集体主义取向,所以人们更可能注意到情境对行为的限制。(Balcetis, Dunning, & Miller, 2008; Choi 等, 2003)因此,如果某人行为古怪、做错了事或在足球比赛中表现糟糕,印度人或中国人更可能对其行为做出情境归因("他压力太大了")。而西方人则更可能归因于其素质原因("他能力太差")。

基本归因错误的主要原因是人们依靠不同的信息来判断自己和其他人的行为。我们知道自己在想什么和感受如何,但我们不了解其他人。因此,我们可以通过内省自己的感受和意图评估我们的行为,但是当我们观察他人的行为时,我们只能根据他们的行为来指导我们的解释。(Pronin, 2008; Pronin, Gilovich, & Ross, 2004)社会知觉的这种基本不对称性通过**自我服务偏差**(self-serving bias),也就是使我们对自己感觉良好的这种思维习惯得到进一步扩大,甚至(可能尤其是)当我们不应该这么归因时。我们在第七章中曾讨论过其他的认知偏差,但是这里有三个认知偏差与人们经常做出的归因(和错误归因)特别相关。

1 对自己的失误选择最讨人喜欢的且最宽容的归因的偏差。在解释自己的行为时,人们倾向于选择将好的行为归功于自己(素质归因),但是却用情境来解释他们的失败、令人尴尬的错误或有害的行为。(Mezulis 等, 2004)例如,大多数北美人生气时会说:"我有充足的理由生气,因为这儿的环境让人无法忍受。"他们很少说:"我生气是因为我是个坏脾气的家伙。"另一方面,如果他们做了某些值得钦佩的事情,比如向慈善事业捐款,他们很可能把自己的动机归因于个人素质("我就是这样慷慨"),而不是情境("是电话里的那个家伙迫使我做的")。

2 我们比别人更好、更聪明、更善良的偏见。这种偏见被称为"自命清高"效应:大多数人对自己的才干、能力和良好的品质如慷慨、同情有过分乐观的倾向。(Balcetis, Dunning, & Miller, 2008; Dunning 等, 2003)他们高估自己在道德困境、慈善捐助、与处于麻烦中的陌生人合作等情境下"做正确之事"的意愿。但是,当他们实际上处于要求慷慨、同情、道德行为的情境时,他们常常由于情境要求具有更强的影响力而不能实现自我形象。实际上,在真正努力实践"比你更好"和"比你更谦卑"的人中,自命清高的效应是最大的。(Rowatt 等, 2002)在宗教激进主义的基督教大学进行的两项研究中,学生内在的宗教信仰和宗教激进主义越多,他们越倾向于认为自己比其他人更遵守圣经的戒律,而且也比其他人更谦虚!

3 相信世界是公平的偏见。根据**公平世界假设**(just-world hypothesis),相信世界是公正的,正义必胜,特别是善有善报、恶有恶报的需要也会影响归因。(Lerner, 1980)当这

公平世界假设 许多人持有的一种信念,他们相信世界是公正的,善有善报、恶有恶报。

当我在赚钱的时候，我赚了最多的钱，现在我有了精神，我是最有精神的

种信念被怀疑时，特别是当像我们这样的"好人"遭遇了坏事时，我们有动力去修复它。（Aguiar 等，2008）不幸的是，修复公平世界信念的一种常见方法是被称为"谴责受害人"（blaming the victim）的素质归因：也许这个人没那么好，他或她肯定做过什么理该如此或导致这样结果的事。当人们受命伤害别人或发现自己陷入对别人的伤害时，谴责受害者的归因实际上是很普遍的。（Bandura, 1999）在米尔格莱姆的研究中，一些"老师"这样评论"学习者"："他们太傻、顽固不化，理应受到电击。"（Milgram, 1974）

感觉我们比别人更友善、更能干、更有道德，而且我们不受外部环境的影响（除非他们原谅我们的错误），这可能对维护我们的自尊来说是件好事。但是这些夸大的错觉会破坏沟通、阻碍冲突的解决，并导致严重的误解。

当然，有时素质（人格）归因确实能解释个人的行为。关键在于，归因具有非常重要的后果。幸福的伴侣倾向于把配偶偶然的失误归因于某些情境因素（"可怜的家伙处于巨大压力之中"），把其积极行为归因于稳定的内在本质（"他天性可爱"）。但是，不幸福的伴侣的做法则恰恰相反：他们把失误归因于配偶的人格（"他很自私"），把好行为归因于情境（"是的，他是给了我礼物，但这仅仅是因为他妈妈教他这样做的"）。（Karney & Bradbury, 2000）你对配偶、父母和朋友的归因将在很大程度上影响你如何与他们相处，以及你如何忍受他们的失败。

> **快速测验**
>
> 你将成功回答以下问题归因于什么。
>
> 一、以下各种情况都是什么样的归因，情境归因还是素质归因？
>   1. 一个男人说，我妻子肯定变成了一个牢骚满腹的人。
>   2. 同一个男人说："我很不高兴，因为我在办公室度过了糟糕的一天。"
>   3. 一位女性读到贫困社区中的高失业率，她说："好吧，如果那些人不那么懒，他们就会找到工作。"
>
> 二、在前面的问题中，分别对应的归因理论的原则是什么？
>
> 答案：一、1. 素质归因；2. 情境归因；3. 素质归因。 二、1. 丈夫的归因表达了自己的情绪持有一种令人厌恶的品质的假设；2. 为他们不愉快的事寻找一个情境归因；3. 随着失业率，这只能源于个人的懒惰。

态度

人们对政治、食物、儿童、电影、体育明星以及能说出来的所有事都会持有某种态度。**态度**（attitude）是关于人、群体、观念或活动的信念。一些态度是外显的，我们能意识到**外显态度**（explicit attitude）的存在，并会影响我们有意识的决定和行动。这种态度可

以通过自陈问卷进行测量。另一些态度是内隐的,我们意识不到**内隐态度**(implicit attitude)的存在,但它们会在无意之间影响我们的行为。这种态度可以通过许多间接方式对其进行测量。(Stanley, Phelps, & Banaji, 2008)

当你有新的经历时,你的一些态度会改变,偶尔它们也会因为你理性地知道自己错了而改变。人们态度的改变还可能是由于对信息加工一致性和正常思维偏差的心理需求。在第七章中,我们讨论了**认知失调**(cognitive dissonance),即当两种态度或一种态度和行为处于冲突(失调)时的一种不舒服的情感。为了解决这种失调,必须改变其中某种态度。例如,如果你敬佩的一位政客或名人做了一些傻事、不道德行为或非法的事,你可以通过降低对这个人的评价来恢复一致性认识,或者可以认为这个人的行为毕竟还不算太傻或不道德。通常,对于批判性思维来说不幸的是,人们经常通过驳回可能会使自己的基本信念受到质疑的证据来修复认知一致性。(Aronson, 2008)

观念转变与基本信念

你周围的所有人,广告商、政客和朋友每一天都在试图影响你的态度。他们使用的一种武器就是进行重复思想的渗透。即使是对一个如"zug"的无意义音节的反复暴露也足以使一个人对它的反应变得更积极。(Zajonc, 1968)**熟悉效应**(familiarity effect)指的是对熟悉的人或事倾向于保持积极的态度,这是一种很普遍的现象,它已经在各种文化、物种、意识状态之间得到了证明,即使对你意识不到的刺激它也有效。(Monahan, Murphy, & Zajonc, 2000)一个相关的现象是**效度效应**(validity effect),即仅仅因为重复了许多次,人们就倾向于相信陈述是真的或有效的。重复某种事物足够多的次数,即使是最卑鄙的谎言也足以在最后使公众相信。希特勒的宣传部部长,约瑟夫·戈培尔(Joseph Goebbels)称此技术为"弥天大谎"。

在一系列实验中,哈尔·阿克斯(Hal Arkes)及其助手证明了效度效应是怎样起作用的。(Arkes, 1993; Arkes, Boehm, & Xu, 1991)在一个典型研究中,人们读一系列陈述句,例如,"汞比铜的沸点高"或"在1948年制造出了超过400部的好莱坞电影",他们要在一个从1(代表完全错误)到7(代表完全正确)的7点量表上评价每个陈述的正确性。一周或两周后他们又对其中一些陈述和其他以前没看过的陈述做评价,结果仅仅是重复就使他们更多地认为熟悉的陈述正确。其他种类的陈述也发生了同样的效应,其中包括无法证实的评价(如"至少75%的政治家基本上是不诚实的")、被试最初感觉正确的观点,甚至还有他们最初感觉错误的观点。"注意,研究中并没有尝试说服被试,"阿克斯(1993)说,"也没有提供支持性理由。我们只是让被试对陈述句评定等级,单纯的重复似乎就提高了评定的效度,这个结果很惊人。"

在大多数日常话题中,例如,电影、运动和汞的沸点,人们的态度可能是随意的,也

尽管巴拉克·奥巴马终身为基督徒,但他的一些对手却传播了一个他是穆斯林的大谎言。这个谎言在互联网上重复无数次,很多人因此受骗

认知失调 当一个人同时具有两种心理上不相符的认知或一个人的信念和其行为不相符的时候产生的紧张状态。

熟悉效应 人们倾向于对常常看到的人、项目、产品或其他刺激持有更积极的态度。

效度效应 人们倾向于仅仅因为一个陈述被重复了很多次就相信它是真的或有效的。

当人们持有对宗教和政治哲学至关重要的态度时，他们往往没有意识到对方对此的感觉也一样强烈

可能是坚定的。如果你最好的朋友对篮球持中立态度，而你是一个狂热的忠实球迷，你们的友谊很可能继续存在。但是当主题涉及给予个人生命的意义、目的的信念时，特别是政治和宗教，那就是另一回事了。当你读到这里的时候，人们在他们最狂热的信仰上展开了或展开着战争。或许导致世界上大多数争议和苦难的态度就是对待宗教多样性的态度：接受或者不能容忍。所有宗教中都有一些人承认世界上有不同的宗教观点和实践，并且认为教堂和政府应分开。但是许多宗教激进主义者（在任何宗教中）则认为宗教和政治不可分，而且他们认为应当有一种宗教居于主宰地位。（Jost 等，2003）由此，你就可以明白这些无法调和的态度会导致持续的冲突，甚至在一些极端情况下，它们还可以被用于为战争和恐怖主义辩护。为什么人们在这些观点上有如此大的分歧？

基因会影响态度吗

你支持还是反对死刑？你支持禁止攻击性武器吗？你支持还是反对宽容的移民政策？你担心全球变暖，还是认为它的危险性被夸大了？你喜欢拉什·林博（Rush Limbaugh）还是乔恩·斯图尔特（Jon Stewart）（译注：二人均为著名主持人）？你对这些问题和人的态度来自哪里？

当然，许多态度来自学习和经验。但是行为遗传学的研究发现，一些核心态度源自可遗传的人格特质。也就是说，这些态度在人群中的多种多样一部分是由于其遗传差异。（见第二章）两个影响态度的人格特征是"开放性"和"责任心"。我们预期那些对新经验持开放态度的人对新鲜事物持积极态度，并且一般容易改变态度。我们预期那些喜欢熟悉和传统的人，以及那些对秩序和义务有责任心的人，会被保守的政治和宗教派别所吸引。

这正是研究发现的。在对新教团体进行的一项研究中，宗教激进主义的基督徒的开放性远远低于自由派基督徒。（Streyffeler & McNally，1998）相反，保守派在责任心上的得分比自由主义者要高。（Jost，2006）这些个性特征是一系列特定态度的基础。得克萨斯大学的一项研究发现，自由派学生比保守派学生对无神论、诗歌、亚洲食物、爵士乐、流浪者、文身、外国电影、色情作品、大城市、娱乐性药物（译注：软性毒品）和对外贸易都有积极的态度，这些都是"对各种体验的开放性"，而不是对熟悉的事物的偏好。（Jost，Nosek，& Gosling，2008）

宗教信仰，即一个人是否是卫理公会派教徒、穆斯林教徒、天主教徒、犹太教徒、印度教徒等，是不可遗传的。大多数人因其父母、种族、文化和社会阶层而选择一个宗教组织，许多美国人在他们一生中至少改变过一次他们的宗教信仰。但是，宗教虔诚，即一个人宗教信仰的深度和对宗教规则的遵守，的确是有遗传因素的。当宗教信仰与保守主义和权威主义（对权威的无条件信任）相结合时，其结果是对传统的根深蒂固的接纳和对那些质疑它的人的厌恶。（Olson 等，2001；Saucier，2000）

同样，政治立场也不是遗传的。它主要与你受的教育和你在成年早期所结交的朋友有关，成年早期是决定你想参加哪个政党的关键时期。但政治保守主义具有很高的遗传率：男性为 0.65，女性为 0.45。（Bouchard，2004）与保守或自由观点相关的情绪化热点话题上的各种政治立场也是部分遗传的。一组研究人员通过调查超过 8000 对双胞胎的两个大样本的个性特征、宗教信仰和政治态度研究了这种可能性。（Alford, Funk, & Hibbing, 2005）研究人员比较了异卵双胞胎（平均共享 50% 的基因）与同卵双胞胎（共享 100% 的基因）的观点。他们计算出同卵双胞胎同意每个问题的频率，减去异卵双胞胎的同意率，最后得到了一个遗传率的粗略测量。

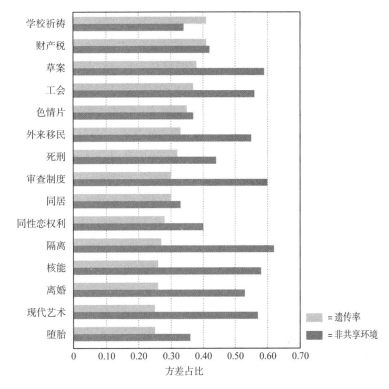

图 10.2 信仰的遗传

一项对数千对同卵和异卵双胞胎的研究确定了关于不同话题态度变化的大概的遗传贡献。对学校祷告和财产税态度的遗传率是最大的，对离婚，现代艺术和堕胎的态度的遗传率则是最低的。但是要注意的是，在几乎所有情况下，一个人独特的生活经历（非共享环境）比基因更具有影响力，尤其是对于那些与草案、审查制度和种族隔离无关的话题的态度。（Alford, Funk, & Hibbing, 2005）

如图 10.2 所示，遗传率最高的态度是对学校祷告和财产税的态度；基因影响最小的态度包括对核能、离婚、现代艺术和堕胎的态度。

基于这些证据，一些心理学家认为，意识形态信念系统可能在人类社会中进行演变，并按照左—右的维度进行组织，由两种核心的态度组成：第一，一个人是主张社会变革还是支持它原本的样子；第二，一个人认为不平等是人类政策的结果，是能被克服的，还是认为其是不可避免的、应该被接纳为自然秩序的一部分。（Graham, Haidt, & Nosek, 2009）自由主义倾向于偏爱进步、反叛、混乱、灵活、女权主义和平等的价值观，而保守主义倾向于传统、一致、有秩序、稳定、传统价值观和等级价值观。进化心理学家指出，这两种态度在几个世纪以来都是有适应性的好处的：保守主义将促进稳定、传统和秩序，而自由主义则会促进灵活性和变化。（Graham, Haidt, & Nosek, 2009）

这些发现是有争议的，但重要的是不要过分简化它们——错误地假设每个人的政治观点都是天生的，不受事件影响。事实上，相比遗传因素，影响政治态度变化更重要的因素是个体的生活经验，或者行为遗传学家所说的**非共享环境**（nonshared environment）。（Alford, Funk, & Hibbing, 2005；见第二章）你们有什么经历，由于你的家庭、性别、种族、社会阶层或独特的历史，塑造了你自己的政治观点？

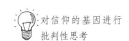
对信仰的基因进行批判性思考

说服或"洗脑"？自杀式人体炸弹的例子

现在让我们来看看目前所讨论的社会心理因素可以如何帮助我们解释自杀式人体炸弹这个悲惨和令人不安的现象。在许多国家，很多年轻男女都用炸药引爆了自己，炸死了士兵、平民和儿童，他们在这一过程中牺牲了自己的生命。尽管战争的双方争议恐怖主义的定义，一方的"恐怖主义"是另一方的"自由斗士"，但大多数社会学家将恐怖主义定义为：在人群中具有政治动机的暴力，旨在灌输恐怖和无助的感觉。（Moghaddam, 2005）这些犯罪者有精神疾病吗？他们被"洗脑"了吗？

一名研究人员调查了自1981年以来，所有已知的女性自杀式袭击事件（包括阿富汗、以色列、伊拉克、印度、黎巴嫩、巴基斯坦、俄罗斯、索马里、斯里兰卡和土耳其的女性自杀式袭击事件）后发现，"女性自杀袭击者的主要动机和环境与驱使男性自杀袭击的动机和环境非常相似"，包括对自己的国家或宗教的忠诚、对被外国军队占领的愤怒以及对杀害亲人的敌人的报复。（O'Rourke, 2008）但是，他们的大多数同伴可能会觉得自己很爱国、很愤怒，但不会伤害路人和婴儿。为什么一小部分人会做得那么极端？

"洗脑"意味着一个人在没有意识到的情况下突然改变了主意。这听起来神秘，也很奇怪。但是，对恐怖主义基层组织的研究发现，用于创造恐怖主义的自杀式袭击者的方法既不神秘也不反常。（Bloom, 2005; Moghaddam, 2005）有些人可能比其他人更容易在情绪上受到这些方法的伤害，但大多数成为恐怖分子的人很难与普通大众区别开来。事实上，对当前中东自杀式人体炸弹的研究（包括19名摧毁世贸中心的劫机犯之一穆罕默德·阿塔[Mohamed Atta]），显示了他们并非心理变态，并且他们中的多数都受过相当好的教育，都是生活富足的人。（Krueger, 2007; Sageman, 2008; Silke, 2003）大多数的自杀式袭击者都因其"牺牲"而被他们的家人和社区视为"殉道者"，而非会发狂的孤独者。（Bloom, 2005）灌输的方法包括下列要素：

- 这个人被困在了诱捕的陷阱中。正如一般人不会在一夜之间成为酷刑者，人们也不会在一夜之间成为恐怖分子。这个过程是逐步实施的。起初，新人只同意做一点点小事情，但逐渐地，随着要求的增加，人们会付出更多的时间、更多的钱、更多的

这些日本奥姆真理（至高真理）教的成员戴着他们领导人的面具，将狂热信徒认同的一致性表现到极致。该团体的创立者指示他的献身者在日本地铁释放神经毒气，结果造成10人死亡，数千名路人致病。该教派一位昔日的成员说："他们的策略就是消耗你，控制你的思想。他们许诺你天堂，却给予你地狱。"

牺牲。像其他革命家一样，那些成为自杀式炸弹的人都是理想主义者，对真实的和感知到的不公正感到愤怒。但是随着时间的推移，有些人已经陷入了被强大的或有魅力的领导者领导的封闭群体中，因而采取了极端措施。(Moghaddam，2005)

- 这个人的所有问题，无论是个人的还是政治的，都由一个简单的归因来解释，这个归因被反复强调："这都是那些坏人的错；我们必须消灭他们。"该组织为自杀式炸弹袭击者的动机提供情感燃料：他们的委屈，他们在那些坏人的手中所感受到的羞辱，他们的无能为力和无意义的感觉。(Kruglanski 等，2009)

- 这个人被提供了一个新的身份，并被许诺救赎。这个人被告知，他或她是被选定的、是精英的或被拯救的一部分人。1095 年，教皇乌尔班二世发动了一场针对穆斯林的战争，向他的军队保证杀死一名穆斯林是基督徒的赎罪行为。教皇承诺，在战争中被杀的人，将免受几千年炼狱的折磨，直接进入天堂。这就是今天年轻的伊斯兰恐怖分子得到的对于杀害西方"异教徒"的承诺。

- 这个人获取不确定（不协调）信息的途径受到了严格控制。一旦一个人成为坚定的信徒，领导者就会限制他的选择、贬低批判性思维并压制个人的怀疑。新人可能与外部世界和可能破解领导者观点的事物隔离。他们与家庭分离，被灌输和训练 18 个月或更长时间，最终与团体和领导者形成了情感上的关系。(Atran，2003)

这些方法和那些被用来吸引美国人进入宗教和其他教派的方法相类似。(Ofshe & Watters，1994；Singer，2003) 20 世纪 70 年代，邪教首领吉姆·琼斯（Jim Jones）告诉他的"人民圣殿教"成员到该死的时候了，913 人排列好喝了掺有氰化物的饮料，许多人还给他们的孩子喝下。20 世纪 90 年代，得克萨斯州韦科（Waco）镇的异教组织"大卫教派"的领导人大卫·考雷什（David Koresh）使他的追随者在与美国联邦调查局的枪战中自焚。在这些群体中，就像恐怖分子的情况一样，大多数人一开始都是普通人。然而，在经历了我们所描述的这些影响技术之后，他们最终做了一些他们曾经觉得不可思议的事情。

快速测验

现在，我们如何在不给你洗脑的情况下，说服你完成这个测试？

一、候选人卡森花费 300 万美元，以确保他的名字经常被看到和听到，并重复未经证实的指控说他的对手是一个小偷。他依靠什么心理过程赢得选举？

二、以下哪些有显著的遗传因素（　　）
　　A. 宗教信仰　　　　　　　　B. 政治利益　　　　　C. 偏爱稳定和秩序还是公平和改变
　　D. 对现代艺术的态度　　　　E. 政治保守主义

三、一位朋友敦促你加入一个叫作"感受生命"的"生命复新"小组。你的朋友一直在花费越来越多的时间和她的组员一起度过，并已经为自己的事业贡献了超过 2000 美元。你对他们有一些疑问，在加入之前你想要问什么问题？

你将会学到

- 为什么即使是大多数人完全错误时,群体中的人还常常与大多数人保持一致?
- "群体思维"如何导致坏的甚至是灾难性的决定?
- 群体如何制造旁观者冷漠和不可预知的暴力?
- 是什么促使一些人成为不墨守成规者、冒险助人者或揭发做坏事的人?

群体中的个体

归属的需要可能是所有人类动机中最强大的。(Baumeister 等,2007)人类彼此之间的联系如此强大,对人类陪伴如此依赖,以至于相比身体上所忍受的痛苦,人们更强烈地感觉到和记住被拒绝、羞辱,或排斥的社会痛苦。(Chen 等,2008;Williams,2009)社会关系的需要也解释了为什么将囚犯单独监禁在国际上被认为是一种酷刑:其心理上的后果比身体虐待更具破坏性。(Gawande,2009)

因此,团体必须确保成员合作,排除非生产性或破坏性成员的最强大的武器是排斥,即拒绝或者永久性的流放。社会排斥阻碍了移情、批判性思考和解决问题的能力。这可能导致心理障碍、饮食失调和尝试自杀。难怪当人们被他们所关心的群体拒绝时,有些人试图修补这个裂痕,改变他们的行为以重新获得群体的青睐,或者以愤怒和暴力来回应。(Baumeister 等,2007)

当然,我们都属于许多不同的群体,这些群体对我们的重要性有所不同。但是要强调的是,一旦我们加入了一个群体,我们的行为会与我们自己一个人时的行为有所不同。无论群体是召集在一起解决问题做出决策,还是举办聚会;无论群体成员是不认识的旁观者,还是互联网聊天室的成员;无论这个群体是由观众还是活动庆祝者组成,这种改变都会发生。

从众

人们在群体中所做的第一件事就是从众,出于真实的或想象中的群体压力而采取行动或态度。假定你要在心理学实验室中参加一个知觉实验,你加入了已经坐在房间中的其他 7 名学生。研究者向你们显示了一条 25 厘米长的线段,然后要求你们在右边 3 条线段中选出一条和它一样长的。显然,正确答案是 A,所以当群体中的第一个人选 B 时,你被逗笑了。"糟糕的视力,"你对自己说,"他差了足有 5 厘米!"第二个人也选了 B。"真糊涂,"你想。但当第五个人也选了 B 时,你就会开始怀疑自己。等到第六个和第七个人也选了 B,现在你开始担心自己的视力。实验者看着你,"该你了,"他说。这时你会依据自己看到的还是群体的集体判断做出选择?

这是所罗门·阿希（Solomon Asch，1952，1965）设计的一系列著名的从众研究。7个"近视眼"学生实际上是阿希的同伙。阿希想知道当一个群体都毫无异议地否认一个明显事实时，人们会怎样做。他发现，当人们自己做线段比较时，几乎总是正确。但是在群体中，只有20%的学生每次都保持了完全的独立性，并且他们常常为不同意别人而道歉。1/3的人多半时间跟从了群体不正确的决定，其余人至少有一些时候是从众的。无论从众与否，学生常常感到对决断有种不确定感。正如一位被试后来谈道："我感到不安、迷惑、孤单，好像被其余人抛弃了。"阿希的实验已经在多个国家被多次重复。（Bond & Smith，1996）

> **参与进来** | 你能断开（联系）吗
>
> 要了解自己的社交性，请尝试这个简单的实验：关闭您的手机和笔记本电脑整整24小时。请关闭！您可以使用笔记本电脑在课堂上记笔记，但这是全部了。没有电子邮件、即时消息、Twitter（译注：类似国内的微博）、Facebook、RSS订阅、YouTube（译注：国外视频网站），或网络上的其他任何内容。随着时间的流逝，随时记录下你的感受（请写！）。你感到焦虑吗？紧张吗？在你开始感受到与你的朋友和家人隔离之前，你可以保持"切断"的状态多久？

<346> 像服从一样，从众有其积极的一面。当人们知道在特定情境中如何行动，并且共有同样的态度和举止时，社会就会运行得更顺利。在衣着、嗜好和观点方面的从众会给予一种与朋友和同事"同步"的感觉。此外，人们通常直觉地认为有时候群体比他们自己知道得更多。事实上，对群体判断的依赖始于童年早期，这暗示了它对物种的适应作用。在对3岁和4岁的孩子进行的两项实验中，研究人员发现，当让孩子选择是依靠三个成年人还是单个成年人所提供的有关不熟悉物体的名字的信息时，他们会站在大多数人的一边。（Corriveau, Fusaro, & Harris, 2009）

但是也像服从一样，从众会有负面的结果，特别是压抑批判思维和创造性。在群体中，许多人都会否认他们的个人信念、同意愚蠢的主张，甚至抛弃他们自己的价值观。

有时候，人们喜欢从众以感觉自己是群体的一部分……有时他们喜欢坚持自己的个性

群体思维

群体思维 在组织紧密的群体中，全体成员为了协调一致而进行相似思维、压制异议的倾向。

紧密的、友好的群体通常在一起工作得很好，但是他们面临的问题是既要从群体成员那里得到最好的思想和努力，又要避免从众的极端形式——**群体思维**（groupthink）。这是一种进行相似思维、打压异议的倾向。根据欧文·詹尼斯（Irving Janis, 1982, 1989）的看法，群体思维发生在要求完全一致的群体需要压倒了做出最英明决策的需要时。群体思维包括以下特征：

- 无懈可击的错觉。群体相信它不会出错，百分之百决策正确。
- 自我审查。反对意见者决定默不作声，而不是找麻烦、伤害朋友的感情，或冒被嘲笑的危险。
- 施压使不同意者遵从。领导者取笑或羞辱不同意见者，不然就施压使他们同意。
- 全体一致的错觉。为了劝阻不同意者，领导者和群体成员创造了一种全体一致的错觉。他们甚至可能明确地命令那些被怀疑可能会不同意的人保持安静。

在整个历史中，群体思维已经导致了军事和平民生活中的一些灾难性决策。1961年，肯尼迪总统和他的顾问同意了在猪猡（Pigs）湾入侵古巴的一项CIA计划，并试图推翻菲德尔·卡斯特罗（Fidel Castro）政权。结果，那次入侵行动成为一次羞辱性的失败。在20世纪60年代中期，林登·约翰逊（Lyndon Johnson）总统及其内阁置进一步轰炸和增加军队不会结束战争的明显迹象于不顾，扩大了对越南战争的投入。1986年，美国国家航空航天局（NASA）不听工程师们关于挑战者号航天飞机不安全的警告，发射了挑战者号，结果挑战者号升空不久后爆炸。以及当布什总统发动伊拉克战争时，声称该国有大规模毁灭性武器并与"基地"组织结盟。他和他的团队忽视了认为这些指控不真实的异议人士和情报机构的证据。（Mayer, 2009）这些机构后来指责布什政府"群体思维"。

幸运的是，如果领导人奖励怀疑和异议的表达，保护和鼓励少数群体的观点，要求小组成员尽可能多地想出解决问题的方法，并且让每个人都试着去考虑他们所做决策的风险和不足，那么群体思维可被最小化。通过创建一种群体认同，鼓励成员将自己视为开放思维的问题解决者而不是无所不知者，也有助于抵制群体思维。（Turner, Pratkanis, & Samuels, 2003）鼓励群体成员强烈认同集体事业的领导人也更有可能听到不同的意见，因为成员们将不愿意支持他们认为对事业目标有害的决定。（Packer, 2009）

当然，并不是所有的领导人都希望以这种方式运行他们的团队。将那些赞同他们想要做的事的成员围绕在身边，以"不忠诚"为理由远离或者解

雇那些不赞成成员，对于许多处于较高权力地位的人（从总统到公司高管到电影大亨）的诱惑是很大的。也许伟大领袖的一个关键品质是他们能够超越这种诱惑。

群体的智慧和疯狂

在电视节目《谁想要成为百万富翁？》中，参赛者有机会向观众询问如何回答问题。这种噱头来自一种被称为"群体智慧"的现象：群体的判断往往比个体成员更准确。（Surowiecki, 2004; Vul & Pashler, 2008）正如神经元在网络中相互作用创造超出任何个体神经元范围的想法和行动，一群人创建了一个社交网络，这种社交网络的行为超出了个体成员的意愿，还甚至可能是成员们意识不到的。（Goldstone, Roberts, & Gureckis, 2008）但群体也可能造成严重破坏。它们可以像流感一样快速地传播小道消息、谣言、误报和恐慌。它们可以在一瞬间将快乐和平转变成暴力和破坏。

责任扩散

假如你在城市大街上或其他公共场所遇上了麻烦，比如说，遭到袭击或突发盲肠炎。你觉得在哪种情况下你更可能得到帮助？一是另一个人正好经过；二是有几个陌生人在那儿；三是很多人在那儿。大多数人都会选第三种答案，但事实却并非如此。相反，你周围的人越多，其中之一来帮助你的可能性就越小。你可能会问：这是为什么？

答案与一种被称为**责任扩散**（diffusion of responsibility）的群体过程有关。在这种过程中，对结果的责任扩散到许多人中，从而降低了每个个体的责任感。一种结果是**旁观者冷漠**（bystander apathy）：在人群中，当有人遇上麻烦，个体常常不会采取行动上前帮助或去求援，因为他们猜测别人会这么做。（Darley & Latané, 1968）

责任扩散 在群体中，成员因认为别人会去做而不采取行动的倾向。

当人群由在线观察者组成时，人们更容易推卸责任。19岁的亚伯拉罕·比格斯（Abraham Biggs），已经在网上的讨论板上发了两年的帖子。有一天，他宣布打算服用过量的药物自杀，并添加了一个链接，在卧室里进行视频直播。在超过10小时的时间内，围观者中没有一个人报警，最后比格斯去世。相比之下，如果某人是唯一能帮助他人的人，那么他们更有可能帮助陌生人，因为责任不能被分散。

去个性化

责任扩散的最极端例子发生在大规模的、互不认识的群众或人群中，无论他们是高兴的体育观众，还是愤怒的暴动者。在这样的人群中，人们常常意识不到自己的个性，似乎把"他们自己"交给了整个人群的情绪和行为，这是一种**去个性化**（deindividuation）的状态。（Festinger, Pepitone, & Newcomb, 1952）在大都市中没人认识你，比起无处可藏的小城镇，你更可能感到丧失个性。（在大班上课时，你可能会误以为自己是老师眼中的隐形人，而在小班上课时，你更有可能觉得没有个性。）有时组织为了提高其成员对群体的协调和忠诚，会主动增进成员的去个性化。这是制服或面具的一项重要功能，它消除了每个成员的不同个性。

去个性化 在群体或人群中，人们丧失对自身的意识。

长期以来，去个性化一直被看作群众暴动的首要原因。根据这种解释，因为人群中去个性化的人"忘记了自己"，感到不必对自己的行为负责，他们比自己一个人时更有可能

在人群中,感觉到别人不知道自己的名字的人们可能会做一些他们从不会做的破坏性的事。这些足球流氓在暴力的夜晚中踢了对手球队的球迷

偏离社会规范和法律:打破商店橱窗、抢劫、打架、在体育事件中制造骚乱。但是去个性化也并非总是使人变得杀气腾腾,有时它也会使人变得更友好;想想那些好闲聊的、互不相识的公共汽车上和飞机上的人,他们有时会对其邻座说出一些永远不会告诉自己熟人的事。

当人们处于一大群人中间或陌生情境中时,真正发生的事似乎并非是他们变得"没有头脑"或"毫不抑制",反而是更可能遵从特定情境的规范。(Postmes & Spears, 1998)春季假期期间狂饮的大学生可能会违反当地的法律和学校的规范,这并非因为他们释放了"攻击性",而是因为他们正在遵从同伴学生"让我们欢聚"的规范。群体规范也会产生助人行为,正如世贸中心遭袭后许多纽约的匿名者所做的,他们站出来帮助受害者和救援工人,留下食物、衣服和其他捐献物资。

> **快速测验**
>
> 独立判断,以下情境中描述了书中提到的哪种现象?
> 一、总统最亲密的顾问都不敢反对总统对能源政策的看法。
> 二、你在化装舞会上穿着愚蠢的大猩猩套装。当你看到一个恶作剧的机会时,你这样做了。
> 三、走在一条繁忙的街道上,你看见大火烧坏了商店橱窗,你说:"肯定已经有人打电话给消防部门了。"
>
> 答案:一、群体盲思。二、去个性化。三、责任扩散或旁观者效应。

利他主义和提出异议

至此,我们已经看到了社会角色、规范以及服从权威或遵从一个人所属群体的压力如何导致人们以本来或许不会那样做的方式表现行为。然而在整个历史中,人们都一直在对他们认为错误的命令拒绝服从,并反抗流行的主导文化信仰。他们的行为已经改变了历史进程。1955年,在阿拉巴马(Alabama)的蒙哥马利市(Montgomery),罗莎·帕克斯(Rosa Parks)拒绝根据当时隔离法的要求移到公共汽车后面的座位上,她被捕并被判犯法。她的抗议引发了一场长达38天的公共汽车抵制运动,并促发了现代民权运动。

当人们想到英雄时,他们通常想到的是拯救一个孩子、冒着炮火的危险把战友送到安全的地方、勇敢地站在一个恶霸面前,或者将受损的飞机安全降落的人。这是一种传统上与男性有关的英雄主义,他们在身体力量上普遍比女性强壮。但是当人们被要求说出他们自己所知道的英雄的名字时,他们会均等地提及男性和女性。(Rankin & Eagly, 2008)原因是许多无私的冒险行为是不需要体力的。在大屠杀期间,法国、波兰和荷兰的女性和男性一样，冒着生命危险去拯救犹太人。女性比男性更有可能捐献肾脏等器官来挽救另一个人的生命，同时在和平年代里，女性更有可能自愿在世界各地的危险岗位上工作。(Becker & Eagly, 2004)

不幸的是，异议、勇气和诚实的代价往往很高；记住，大多数群体不欢迎不一致和意见不同的人。大多数的举报者，远没有因为他们的勇敢而受到奖励，他们还为此受到了惩罚。3 名女性被提名为《时代周刊》(*Time*)的年度人物，因为她们敢于揭露安然(Enron)公司、世界通信公司和美国联邦调查局的不当行为，但都为此付出了高昂的职业代价。对举报者的研究发现，有一半到 2/3 的人失去了工作，不得不完全离开他们的岗位。许多人失去了他们的房屋和家庭。(Alford, 2001) 第一次揭露阿布格莱布监狱的虐待行为的两名士兵被许多同行排挤，并受到了死亡威胁，其中一人还受到军事法庭的威胁。

不服从、抗议和**利他**(altruism)，即愿意为了他人的利益采取无私或危险行为的意愿，是关系到个人信念和良知的一部分。但是，正如服从和从众有情境原因，对于说出一个不受欢迎的意见、选择良心而非从众的观念或帮助有麻烦的陌生人也有其外部影响因素。以下是一些决定不怕"惹麻烦"或采取勇敢行动的情境因素：

1 知觉到介入或帮助的需要。这一点看似显而易见，但是你在采取独立行为之前，必须意识到行动是必要的。有时人们明知自己做错了事却存心欺骗自己来为自己的不闻不问辩护（"我只关心自己的事""我想不到他们在集中营里做些什么"）。但是，当一种情况对人们的注意力提出了太多要求时，就会出现对行动必要性的忽视，就像人口密集城市的居民经常遇到的情况一样。

2 文化规范鼓励你采取行动。你会不会自发地告诉一个路人他或她掉了一支笔？你愿意帮助一个腿受伤的人捡起他掉落的杂志吗？会帮助盲人过马路吗？一项在 23 个美国城市和 22 个其他国家的城市进行的陌生人互助研究发现，文化规范比人口密度对于预测助人水平更重要。例如，同样是在繁忙的城市，哥本哈根和维也纳的行人比纽约的路人对陌生人更友善。研究发现帮助率有较大的差异，范围从巴西里约热内卢的 93％，到马来西亚吉隆坡的 40％。(Levine, 2003; Levine, Norenzayan, & Philbrick, 2001) 巴西人和其他拉丁

我们倾向于认为英雄是身体上勇敢的男人，就像在 2010 年海地地震废墟中搜寻幸存者的救援人员一样。但是英雄主义有很多形式，比如揭发你的雇主掩盖了不当行为或玩忽职守。联邦调查局特工科琳·罗利(Coleen Rowley)向参议院作证，联邦调查局阻止了对一名参与策划恐怖袭击世贸中心的人的调查，因此罗利被解雇

美洲文化的人都很重视同情，这是一种和谐和帮助他人的文化理想。(Holloway, Waldrip, & Ickes, 2009)

3 有同盟存在。 在阿希的从众实验中，有给出正确答案的他人存在，足以使被试克服与多数人保持一致意见。在米尔格莱姆的实验中，不同意实验者的电击指令的同伴的存在，极大地提高了不服从实验者的人数。一个不满的群体成员可能会被看作一个找麻烦的人，两个不满的成员会被看作合谋，但是，一些人不满就是联盟。同盟确保了人们反抗的权利，他们的联合努力也许最终会说服大多数人。(Wood 等, 1994)

4 陷入圈套。 这听起来是不是很熟悉了？一旦采取了卷入的第一步，大多数人将会增加他们的承诺。在一项研究中，将近9000名联邦雇员被询问他们工作时是否看到过犯罪，他们是否把它告诉了别人，如果告诉了又发生了什么。将近一半的人看到过一些严重犯罪，这些人看到的或是窃取联邦基金、接受贿赂或是制造对公众安全造成危险的情境。在这一半人中，72%的人根本没有做什么，但是另外28%的人向他们的直接主管报告了问题。一旦他们采取了这一步骤，大多数异议者最终都向更高权威报告了此事。(Graham, 1986)

正如你可以看到的，特定的社会和文化因素使得利他、不服从和异议更可能发生，正如其他因素会压抑它们一样。

快速测验

我们希望你不要违反我们的命令来回答这个问题。

　　试想一下，你是一个新的电动汽车公司的首席执行官。你希望你的员工可以自由地提出他们的建议和批评，以提高工作效率和满意度。你还想让他们如果发现任何证据证明汽车不安全就通知经理，即使这意味着延迟生产。这一章的哪些概念可以用于制定公司政策？

答案：一些可能性：你应该要求承认其实际的利他新政策；通过在你本人和员工之间建立起联盟——也许设立一个由双方代表组成的委员会——来减少服从压力。

你将会学到

- 人们如何在一个多元文化的社会中平衡民族同一性和文化适应？
- 是什么原因导致种族中心主义，我们—他们思维，以及如何减少它？
- 刻板印象怎样使我们受益？又怎样歪曲现实？

我们对他们：群体同一性

社会同一性 人的自我概念的一部分，以他或她对国家、宗教和政治团体、职业或其他社会联盟的认同为基础。

我们每一个人都以自己特定的品质和独特的生活历史为基础发展了个人同一性。但是我们也以我们所属的群体（包括我们的国家、宗教、政治和职业的群体）为基础发展了**社会同一性**（social identity）。(Brewer & Gardner, 1996; Tajfel & Turner, 1986)

民族同一性

在诸如美国和加拿大的多文化社会中,不同的社会同一性有时会发生碰撞。特别是,人们经常要面对平衡**民族同一性**(ethnic identity)和**文化适应**(acculturation)的困境,前者是对宗教或民族群体的认同,后者是对主流文化的认同。(Berry, 2006; Phinney, 1996)具有民族同一性的特点是:你认同这一群体,以成为其中的一员感到骄傲自豪,情感上依恋这一群体,行为与该群体的规则、价值、标准一致。有趣的是,现在许多美国人都拒绝将自己归入任何单一的民族类别中。在 2000 年进行的美国人口普查中,将近 700 万人把自己列为各种同一性的结合,比如 Blaxican(非洲人、美国人和墨西哥人)、Negripino(非洲人、美国人和菲律宾人)、Hafu(一半日本人,还有一半别的国家),或者是 Chinolatino(中国人和西班牙人)。

民族同一性 一个人对一个种族或民族的认同。

文化适应 少数民族成员认同主流文化并感到自己是主流文化的一部分的过程。

民族优越感 认为自己的文化、国家或宗教比其他所有人的都更优越的信念。

然而,当今世界的任何观察者都知道,文化适应并不总是容易和完美的。许多移民到达他们的东道国时,都想成为主流文化的一部分。但是,如果他们遭遇了歧视或挫折,他们也许就会认为文化适应比他们预期的要难,而原有的民族同一性可能会提供更大安慰。这就是为什么与他们的孩子相比,新移民常常报告在面对文化适应的压力时表现出更差的精神状态和身体健康水平。(Schwartz 等, 2010)无论如何,一个人文化适应的程度在一生中也许会随经验和社会事件而改变。例如,许多个体在主流文化中选择价值、食物、传统和习俗,同时也保持着那些对他们的自我同一性很重要的民族传统。

民族优越感

社会同一性给予了我们处于世界上某个地方和位置的感觉。没有它,我们大多数人将会感到自己像松散的玻璃球在毫无联系的宇宙中滚动。成为"我们"的一部分会感觉很好,但这是否就意味着我们一定会感觉比"他们"好呢?

民族优越感(ethnocentrism)是认为自己的文化、国家或宗教比其他所有人的都更优越的信念。民族优越感普遍存在,可能是因为它能够通过提高人们对自己群体的依恋使人们愿意为群体利益工作而得以生存。它甚至根植于一些语言中:汉语中的"中国"曾被看作"世界中心",纳瓦霍人和因纽特人则简单地称他们自己为"人民"。

民族优越感依赖于基本的社会同一性:"我们"。但是,当人们创造了一种称为"我们"的类别时,他们总是把别的人都看作"非我们"。正如亨利·泰弗尔(Henri Tajfel)及其同事(1971)对英国男生所做的实验证明的那样,群体内的团结可以在一分钟之内在实验室里制造出来。泰弗尔让男孩看许多有不同数目圆点的幻灯片,让

如今民族同一性正在发生变化,正如双重文化的北美人混合了主流文化和他们自己传统习俗的一些方面。许多人仍然喜欢庆祝他们民族遗留下来的传统习俗,就像这些图片中所描述的:日裔美国大学生复兴传统的日本击鼓,乌克兰裔美国青少年穿着民族服装,非洲裔美国儿童点燃宽扎节蜡烛

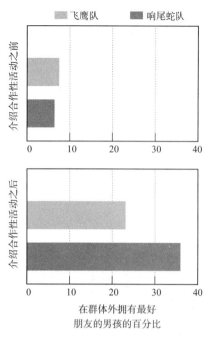

图 10.3 罗伯斯岩洞的实验

在研究中,竞争性的游戏助长了飞鹰队和响尾蛇队的竞争。极少有男孩在另一个队中有朋友。(上图)但是在两队必须合作来解决各种问题之后,他们"越界"交朋友的比例直线上升。(下图)(Sherif 等,1961)

他们猜有多少个点。任意告诉男孩他们是"高估"还是"低估"了,接着进行另一项任务。在这个阶段,他们有机会对其他被认定是高估者或低估者的男孩评分。尽管每个男孩都是单独在小屋子里工作,但是几乎每个人都给了他认为像他一样是高估者或低估者的男孩更多的分数。当男孩们从他们的小屋中出来时,问他们"你是哪个(高估者还是低估者)?"——其他人对这些回答不是喝彩就是嘘声。

当两组相互竞争时,"我们—他们"的社会同一性会被加强。多年前,穆扎费尔·谢里夫(Muzafer Sherif)及其同事利用自然环境——一个名叫罗伯斯(Robbers)岩洞的童子军营地——来证明群体间的竞争会带来敌意和冲突的效应。(Sherif, 1958; Sherif 等,1961)谢里夫把 11～12 岁的男孩们随机分配到飞鹰队和响尾蛇队中。为了建立群体认同和团队精神,他让每队一起完成目标工作,如造一座索桥、修跳水板。接下来,谢里夫让飞鹰队和响尾蛇队竞争奖金。在激烈的足球、棒球和拔河比赛中,男孩们不久就被激起超过游戏范畴的竞争狂热。他们开始袭击对方的小屋、大叫对方的名字,开始斗拳、互殴。没人敢发展一个来自对手群体的朋友。不久,飞鹰队和响尾蛇队就像任何争夺地皮的两个帮派或为了主权而战的两个国家一样,对对方充满敌意。即使只是坐在一起看电影时,他们的敌意仍继续存在。

接着,谢里夫决定努力消除他创造的这种敌意,在飞鹰队和响尾蛇队之间制造和平。他和助手设置了一些需要两组协同工作以达到期望目标的困境——例如,共同使用他们的资源以得到一部大家都想看的电影,或者在营地旅行中一起推载人卡车上山。这种相互依赖以达到共同目标的政策在降低男孩们的"民族优越感"、竞争和敌意方面取得了高度成功,男孩们最终与他们以前的敌人成了朋友。(见图 10.3) 相互依赖在成年人组也有相似效应。(Gaertner 等, 1990) 原因似乎是,合作导致人们把自己看作一个大群体中的成员,而非"我们"和"他们"两个对抗群体中的成员。

刻板印象

你可能会想到你的朋友和家人的 100 万种不同之处——杰夫又胖又笨,鲁思爱管闲事,法拉开朗乐观。但是如果你从未见过从土耳其或中国西藏来的人,你就很可能会对土耳其人或中国西藏人持有刻板印象。**刻板印象**(stereotype)是一种对一个群体的人所持有的简明印象,该群体的所有成员被看作享有一种或几种共同的特质。刻板印象可能是消极的、积极的或中性的。人们对开吉普或宝马车的人、戴耳环的男人、穿商业套装的女人、学工程的学生或艺术学生、女权运动者或兄弟会男子往往都会有刻板印象。

刻板印象并不一定不好,并且有时候是很准确的。(Jussim 等,2009)正如一些心理学家称它们是有用的"心理工具箱里的工具",这是一种使我们能高效做决定的节能装

刻板印象 是一种对一群人的整体印象,该群体的所有成员被看作享有一种或几种共同的特质(积极的、消极的、中性的)。

置。（Macrae & Bodenhausen，2000）它们可以帮助我们迅速加工新信息，提取记忆。它们允许我们组织经验，了解个体和群体的差异，预测人们将有怎样的行为。事实上，大脑会将性别、种族、年龄自动登记和编码，说明了刻板印象是具有神经性基础的。（Ito & Urland，2003）

但是，尽管刻板印象反映了人们之间真实的差异，它们也从三个方面歪曲了现实。（Judd等，1995）第一，它们夸大了组间差异，使刻板印象中的群体看上去显得奇怪、不熟悉或危险，不像"我们"；第二，它们产生了选择性知觉，人们倾向于只看到符合刻板印象的证据，而拒绝任何不符合刻板印象的知觉；第三，它们低估了其他群体中的差异，刻板印象创造了一种其他群体的全体成员都一样的印象。

这个女性的职业是什么？在西方非穆斯林社会，人们认为戴全长黑色面纱的穆斯林妇女一定在性和政治上受到压抑。但答案打破了成见。居住在阿拉伯联合酋长国迪拜的穆斯林妇女温达德·劳特（Wedad Lootah）是婚姻顾问和性活动家，她是一本畅销书《绝密：对已婚夫妇的性指导》（*Top Secret: Sexual Guidance for Married Couples*）的作者

当人们喜欢一个群体，他们对这一群体的行为的刻板印象倾向于积极，当他们不喜欢这一群体，他们对同一行为的刻板印象倾向于消极。一个人非常在意钱，可以被认为是"节约"或"吝啬"；一些人重视家庭生活可能被认为是"爱家"或者"抱团排他的"。（Peabody，1985）文化价值也会影响人们怎样评价特别的行为。（Taylor & Porter，1994）在中国香港，重视集体主义和尊敬长辈，学生认为上课迟到或因成绩与父母争吵是自私的、不尊重长辈的。但是尊崇个人主义的澳大利亚学生则认为同样的行为就是非常适宜的。（Forgas & Bond，1985）由此你也就会明白中国人为什么会形成"无礼的"澳大利亚人的消极刻板印象，澳大利亚人为什么会形成"怯懦"的中国人的消极刻板印象。而从消极刻板印象到偏见的距离，往往只有一小步。

快速测验

你对测验有积极还是消极的刻板印象？

一、弗兰克是一个非裔美国大学生，他正在抉择住哪个宿舍，一是和大多数和他一样喜欢科学的白人学生住在一起，二是和学习非洲历史和传统的黑人学生住在一起。第一个选择重视_____。第二个选择重视_____。

二、乔治了解和喜欢他住的小镇的奇卡诺（Chicano）少数民族，但是他个人认为盎格鲁文化比其他所有文化都好。他的信念是_____的证据。

三、罗伯斯岩洞研究中降低群体之间"我们—他们"思维和敌意的策略有哪些？

四、刻板印象破坏真实性的三种方式是什么？

答案：一、文化适应 民族认同 二、民族优越感 三、在共同重要目标上相互依赖，如，为水或食物的基本需求而彼此依赖。 四、夸大组间差异，选择性知觉，低估刻板印象中的群体差异。

> **你将会学到**
> - 偏见的四种原因和功能。
> - 测量偏见的四种间接方式。
> - 降低偏见和冲突的四种必要条件。

群体冲突和偏见

偏见　包含消极的刻板印象，强烈地、莫名地不喜欢或憎恨一个群体。

偏见（prejudice）包含消极的刻板印象，强烈地、莫名地不喜欢或憎恨一个群体。偏见的一个核心特征是它不受证据的影响。在经典著作《偏见的本质》（*The Nature of Prejudice*）中，戈登·奥尔波特（Gordon Allport, 1954/1979）描述了一个偏见者面对与他或她的信念相矛盾的证据时的反应特征：

<354>

> X 先生：犹太人的不幸是他们只对自己的群体负责。
>
> Y 先生：但社区募捐活动的记录显示，考虑到他们的人数比例，比起非犹太人，犹太人对于社区慈善事业捐助更加慷慨。
>
> X 先生：那表明他们总是试图换取好名誉，介入基督教事务。他们除了钱什么也不在乎，这就是为什么犹太人银行家这么多。
>
> Y 先生：但是最近的研究表明，犹太人银行家的百分比可以忽略不计，远远少于非犹太人。
>
> X 先生：那就对了。他们不投入令人尊敬的商业，只是涉足电影或夜总会生意。

注意：X 先生甚至不想对 Y 先生提供的证据做出反应；他只是转向另一个他不喜欢犹太人的原因。而这正是偏见不可靠的本质。确实，许多反犹太主义的刻板印象是相互矛盾的并且在不同的时代和国家不断转换，犹太人在纳粹德国和阿根廷因共产主义而受到攻击，而在共产主义的苏联被认为是贪婪的资本主义分子。他们既被批判太过世俗也被批判太过神秘，既被批判太过软弱也被批判有足够的力量来统治世界。虽然反犹太主义在第二次世界大战后的 50 年里有所下降，但之后它在美国、欧洲、中东，以及世界范围内都再次上升。（Cohen 等, 2009）

偏见的起源

偏见为民族优越感提供了燃料。虽然它的具体目标改变了，但它在任何地方都以某种形式存在，因为它有很多来源和功能：心理的、社会的、文化的和经济的。

1　心理功能。偏见常常可以避免怀疑、恐惧和不安。正如许多国家的研究已证实的，偏见只是对低自尊的激励：人们通过不喜欢或憎恶他们认为劣等的群体来阻止自己的低自我价值感。（Islam & Hewstone, 1993; Stephan 等, 1994）偏见也允许人们把目标群体当作替罪羊："那些人是我所有不幸的源头。"并且，对替罪羊的偏见可能也是人们发泄愤怒情感或应对无力感的一种方式。在世贸中心和五角大楼遭袭后，一些美国白人把他们的怒气发泄在碰巧是阿拉伯裔、锡克裔、巴基斯坦裔、印度裔或阿富汗裔的美国人同伴身上。两个芝加哥男人殴打了一个阿拉伯裔美国出租司机，吼叫道："这就是你想要的，你们这群谋杀犯！"

偏见可能也帮助人们抵御死亡的恐惧。（Cohen 等，2009；Pyszczynski, Rothschild, & Abdollahi, 2008）每一种文化的人们持有的政治或宗教的世界观，为他们提供一种意义感、目的感和永生的希望（通过来世或通过连接一个比自身更有价值的东西）。如果世界观有助于减轻自己的死亡恐惧，他们会深深受到其他人哪怕仅仅只是拒绝他们观察事物的方式的威胁。许多人通过诋毁相反的群体，尝试将其转化，甚至试图消灭他们来调节这种威胁。（Greenberg, Solomon, & Arndt, 2008）

2 社会和文化功能。并非所有的偏见都深植于心理根基。顺应朋友、亲戚或同伴观点的压力可形成一些；如果你不赞同一个群体对另一个群体的偏见，你可能会被委婉或者唐突地要求离开这个群体，一些可能是通过一代又一代无意识的传递形成的，如通过父母与孩子交流："我们不与那样的人结交。"

3 经济功能。通过满足多数群体对控制、地位和财富的需要，偏见使官方形式的歧视变得似乎是正当的。无论在哪里，占大多数的群体都有组织地歧视少数人群以维持其权利，白人、黑人、穆斯林、印度教徒、日本人、基督徒、犹太人等任何你能叫出名字的，他们会声称自己的行为是正当的，因为少数人群显然是低等的或不称职的。（Islam & Hewstone, 1993；Jost, Nosek, & Gosling, 2008；Morton 等，2009；Sidanius, Pratto, & Bobo, 1996）

通过观察当两组人直接竞争工作或为他们的未来担忧时其偏见的增加，你可以看到偏见随着经济状况而起伏。考虑一下当时报纸报道的，19 世纪美国人对中国移民态度的起起落落。（Aronson, 2008）当中国人在金矿工作，潜在地抢走了白人劳工的工作时，白人把他们描述为邪恶的、不怀好意的、吸血的和残忍的。仅仅十年后，当中国人开始修建跨越大陆的铁道，做着几乎没有白人愿意做的困难危险工作时，人们对他们的偏见减少了。白人把他们描述为努力工作的、勤劳守法的。后来，当铁路修完后，中国人不得不同内战老兵竞争稀少的工作机会，白人的态度又改变了。白人认为中国人是"狡猾的""罪恶的"等。（白人报纸没有报道中国人的态度。）当今，中国人被当作"墨西哥人"，尤其是移民工人，美国需要他们的劳动力，但他们被认为让美国人失去了工作。

世界上最古老的偏见应该是性别歧视以及将性别角色和权利不公平正当化的现象，在一项对 19 个国家的 15000 名男人和女人的研究中，心理学家发现主动地不喜欢女人的"**敌意的性别歧视**"（hostile sexism），与表面持积极态度实际上却强调妇女从属地位的"**仁慈的性别歧视**"（benevolent sexism）有所不同。后面这种类型的性别偏见是体贴的但是恩赐的态度，它传达了这样一种态度，即认为妇女是那么了不起、和善、品行端正以至于应该待在家里，远离杂乱无章的公众生活（以及权力和收入）。（Glick 等，2000；Glick, 2006）由于仁慈的性别歧视缺乏对女性的敌意，这对许多人来说并不是一种偏见，而且许多女性认为这种态度认为她们比男人更好。但这两种形式的性别歧视，无论是认为女性太好还是不够好，都在为性别歧视进行辩解。（Christopher & Wojda, 2008）

也许你在想："嘿，男人呢？"事实上对男人也有很多偏见，认为他们是性侵犯者、冷

在战争时期，大多数人成为情绪化推理的受害者，把敌人看作非人的，比作"害虫"、狗或猪。"9·11"以后，雅加达（Jakarta）的反美游行示威者把乔治·W.布什（George W. Bush）描绘成一只患狂犬病的狗（左图），一名美国卡通画家则把所有伊斯兰教国家都装入了一只"害虫桶"（右图）

血无情、专横跋扈、傲慢自大。一项在16个国家开展的研究表明，男人具有掠夺性和攻击性，且不如女性温暖。（Glick 等，2004）这个态度似乎对男性有敌意，但它给男性赋予了一些作为领导者和主导者的特点，也反映和支持了性别不平等。

4　文化和民族功能。最后，有时偏见也为文化目标服务，把人们同自己的民族或国家群体的生活方式联系在一起。通过不喜欢"他们"，我们感到与像"我们"的那些人更亲近了。这种感觉反过来证明对"他们"的所作所为都是正当的，是为了保护我们的风俗和国家政策。事实上，尽管很多人认为偏见会导致战争，但通常恰恰相反，战争导致偏见。当两个国家宣布战争，当一个国家决定入侵另一个国家，或者当一个虚弱的领导人将国家的经济问题转移到少数的替罪羊身上时，公民对这个敌人或替罪羊的偏见将会被激发。有时，对敌人的愤怒是正当的，但战争通常把合理的愤怒变成盲目的偏见：这些人不仅是敌人，他们简直不是人，理应被消灭。（Keen, 1986; Staub, 1999）这就是为什么敌人经常被描述为害虫、老鼠、疯狗、异教徒、杀害婴儿者或怪物，除了像我们一样的"人"以外的任何事物。

> **参与进来 ｜ 探查一下你的偏见**
>
> 　　你有偏见吗？你是否因为某个群体的性别、种族、性取向、国籍、宗教、外表或政治观点而不喜欢他们？写下你对这个群体最深刻的想法和感受。写下那些你想写的，不要审视自己或说你认为你"应该"说的话。现在重读你写的东西。上文中讨论的偏见的来源可能会影响你的观点吗？你觉得你对这个团体的态度是正当的，还是你会因为这些态度感到不舒服？

定义和测量偏见

在 2008 年具有历史意义的选举中，巴拉克·奥巴马（Barack Obama）成了美国第一位非洲裔总统，许多人对最恶劣的种族主义在美国的结束充满希望。确实，在美国和加拿大的调查表明，各种形式的明显偏见正在急剧消失。在过去的 65 年间，持黑人比白人劣等、女人比男人劣等、同性恋比异性恋劣等观点的人数一直在稳步下降。（Weaver, 2008）

正如戈登·奥尔波特（1954/1979）多年前所洞察到的："偏见被理智击败，却在情感中徘徊。"歧视行为可能是法律所不允许的，但根深蒂固的负面情绪和偏执可能会以微妙的方式持续下去。（Dovidio & Gaertner, 2008）正如我们刚才看到的，这种感觉可能在好时光中处于休眠状态，只有在时运不济或者人们感到在社交或经济上受到威胁的时候容易被唤醒。到 2009 年底，反黑人的仇恨犯罪率在过去两年里已经上升了 8%。（Blow, 2009）

这就是为什么偏见像一只难以抓住并控制的黄鼠狼。问题在于，并非所有的偏见者都以相同方式或同样程度怀有偏见。假设雷蒙德希望成为一个宽容大度的人，但他在同质化的小社区中长大，和其他文化和宗教团体的人在一起时会感到不自在。鲁珀特是一个直言不讳的顽固分子，他十分憎恨除了他自己的种族以外的所有种族。那么我们应该把雷蒙德与鲁珀特归为一类人吗？好的意愿是否应被考虑在内呢？如果雷蒙德对伊斯兰教徒一无所知，无心地脱口说出一些显示他无知的评论会怎样呢？那这是偏见还是欠考虑呢？那些自称不抱有偏见的人在喝醉或者生气的时候提出性别歧视和种族主义的言论又该如何理解呢？

> 对如何定义偏见进行批判性思考

外显的、有意识的偏见在下降，一些社会心理学家在接受这些证据的同时，用巧妙的方式测量在群体间内隐的、无意识的消极情绪是否也减少了。他们认为内隐的态度是自动的和无意识的，它反映了挥之不去的负面情绪，让偏见仍然留存在表象之下。（Dovidio, 2009）研究者用多种方法测量这些情感（Olson, 2009）：

1 测量社会距离。社会距离可能是一个偏见行为的表达，表现为不情愿与其他群体距离太近。一个异性恋男性离一个同性恋男性的距离会比离另一个异性恋男性更远吗？一个健康女性会远离一个坐在轮椅上的女性吗？一个人会让"那些人"在多大程度上进入自己的社会生活中，做工友、做邻居……做夫妻？回顾几十年对美国人口的代表性调查发现，尽管对拉美裔、白人、黑人、犹太人和亚洲人的明显偏见降低了，但每个种族的大多数人仍然强烈反对几乎所有其他种族生活在他们附近或与他们的家人结婚。（Weaver, 2008）但这个事实反映出的是偏见还是仅仅对自己的种族感到舒适和偏爱呢？

2 测量人们在压力或愤怒时做什么。许多人在正常情况下愿意控制自己的负面情绪，但一旦他们喝醉、感到愤怒、遭遇挫折或者自尊心受损，暗藏的偏见常常会暴露出来。

早期的一项研究证实了这一现象，在一项伪装成生物反馈实验的研究中，研究者要求白人学生被试对另一名黑人或者白人进行电击，被电击者实际为研究者的同盟。实验条件下，被试会偶尔听到生物反馈"受害者"（其实没有受到电击）对他们说一些不敬的话。控制条件下，被试不会听到这样不敬的话语。所有的被试都有另外一个机会电击受害者，他们实施电击的数量被定义为其攻击性程度。最初，白人学生被试对黑人比对白人表现出更少的攻击性。但当他们偶尔听到那些不敬的话语，被激怒时，对黑人表现出比对白人更

偏见的众多目标

偏见有一个悠久和普遍的历史,为什么新的偏见层出不穷,而其他的退出历史,一些旧的偏见仍持续存在?

一些偏见的兴衰与某些事件有关。2003 年,法国拒绝支持美国提出的出兵伊拉克的决定,反法愤怒爆发。(如图中潦草的标识所示,"法国人滚回法国"。)由于两个国家之间的经济竞争,美国的反日情绪在 20 世纪 20 年代达到高峰,并在 20 世纪 90 年代复燃。爱尔兰移民在 19 世纪和 20 世纪初也经历了广泛的歧视

多的攻击性。(Rogers & Prentice-Dunn,1981)同样的模式出现在说英语的加拿大人对待说法语的加拿大人(Meindl & Lerner,1985)、异性恋对待同性恋、非犹太学生对待犹太学生(Fein & Spencer,1997)以及男人对待女人的研究(Maass 等,2003)中。

3 测量大脑活动。另一种测量方法是依赖于功能磁共振成像和正电子发射断层扫描来确定脑的哪些部分参与形成刻板印象、持有偏见信念,和对另一种族感觉厌恶、愤怒或焦虑。(Cacioppo 等,2003;Harris & Fiske,2006;Stanley, Phelps, & Banaji,2008)在一项研究中,当非洲裔美国人和白人看彼此的照片时,研究者发现其杏仁核(与恐惧和其他负面情绪相关的脑结构)的活动变得活跃。但当他们看自己群体成员的照片时,其杏仁核活动则没有增加。(Hart 等,2000)

然而,在某些条件下大脑某些部位的激活并不意味着一个人持有偏见。在类似的实验中,当被试将面孔看作"人"而不是看作"黑人"类别中的成员时,或将面孔作为一个简单的视觉测试时,杏仁核就未被激活。看起来,大脑可能被设计用来记录差异,但任何与这些差异相关的负面联想都依赖于环境和学习。(Wheeler & Fiske,2005)

4 测量内隐态度。最后,一种有争议的测量偏见的方法是**内隐联想测验**(Implicit Association Test, IAT),它用于测量人们对目标群体的积极和消极联想的速度。(Greenwald, McGhee, & Schwartz,1998;Greenwald 等,2009)IAT 的支持者认为,如果白人学生对与积极词汇(如成功、诚实)相联系的黑人面孔比与消极词汇(如恶棍、失败)相联系的黑人面孔的反应时更长,这必定意味着白人学生对黑人有无意识的内隐偏见,这种偏见能以各种

今天,对法国、日本和爱尔兰的偏见已经消失。相反,一些仇恨,尤其是恐同和反犹太主义,反映了人们更深层次的焦虑,因此也更持久。今天,穆斯林美国人和墨西哥裔美国人经常成为偏见的目标,前者是由于对恐怖主义的恐惧,后者是因为害怕经济竞争

方式影响行为。超过三百万人在网上进行了此测验,此测验还测量了学生、企业管理者及许多其他群体以确认他们所谓的对黑人、亚洲人、女人、老人和其他人群的偏见。(Nosek, Greenwald, & Banaji, 2007)

我们把这称为"所谓的"偏见,是因为另一些社会心理学家认为无论这个测验测量的是什么,都不是稳定的偏见。他们指出该测验的重测信度很低,IAT 的分数仅仅是最低限度地预测了一个人的实际歧视行为。(Blanton 等, 2009; De Houwer 等, 2009)两名研究人员通过将目标面孔与无意义的词和中性词匹配而获得了 IAT 效应,这些词根本没有任何可评估的含义。他们得出的结论是,IAT 测量的不是对目标的情感评价,而是与之相关的词的显著性,即这个词有多突出(负性词通常会得到更多的注意)。当研究者纠正这些因素时,假定的无意识偏见消失了。(Rothermund & Wentura, 2004)

此外,正如我们前面看到的,人们对熟悉的名称、产品,甚至无意义音节比对陌生的更愉快。一些研究者认为,IAT 可能仅是简单测量到了白人被试不熟悉非洲裔美国人,他们对白人面孔更熟悉,而不是持有真正的偏见。(Kinoshita & Peek-O'Leary, 2005)然而,很明显人们常常无意地不喜欢其他群体成员或对其他群体成员感到不舒服,这是他们对自己都不愿意承认的偏见。

正如你看到的,定义和测量偏见并非易事,不过度简单化很重要。要理解偏见,我们必须区分外显态度和内隐态度、强烈的敌意和轻微的不适、人们说出来的和感受到的,以及人们感受到的和实际上做出的。

减少冲突和偏见

从偏见研究中得出的结论告诉我们，通过诉诸道德或智力争论来减少偏见的努力是不够的。还必须触及人们深层的不安全感、恐惧或对群体的消极联想。当然，考虑到偏见的众多来源和功能，单一的办法不会对所有情况或所有偏见起作用。但是就像社会心理学家研究那些会增加群体间偏见和敌意的情境一样，他们也研究了可以减少偏见的情境。下面是四种减少偏见的情境（Dovidio, Gaertner, & Validzic, 1998; Pettigrew & Tropp, 2006）：

1 双方必须有很多正式的或非正式的工作和社交的机会。根据**接触假设**（contact hypothesis），当人们有机会习惯另一群体的规则、食物、习俗和态度，因而发现彼此有共同的兴趣和人性，并知道"那些人"事实上并不都一样时，偏见就会减少。许多实验室研究和真实世界中的研究都支持交往理论：20世纪50年代和60年代期间美国南部新型融合住宅项目研究，年轻人对老人的态度研究，健康人对心理障碍者的态度研究，健全儿童对残疾儿童的态度研究，异性恋者对同性恋者的偏见研究。（Herek & Capitanio, 1996; Pettigrew & Tropp, 2006; Wilner, Walkley, & Cook, 1955）

多民族大学校园是检验接触的活生生的实验室。有跨种族的室友、朋友和恋人的白人学生倾向于更少偏见并找到共同点。（Van Laar, Levin, & Sidanius, 2008）跨群体的友谊也有利于少数民族裔学生减少他们的偏见。加入种族学生组织的少数民族裔学生随着时间的推移，不仅倾向于发展更强的民族同一性，而且会形成一种越来越强烈的种族受害感。就像住在兄弟会和姐妹会的白人学生一样，他们经常会觉得自己和其他种族的人不太一样。（Sidanius 等，2004）但一项针对在白人占多数的大学里的黑人和拉丁裔学生的纵向研究发现，与白人学生的友谊增加了他们的归属感，减少了他们对学校的不满情绪。（Mendoza-Denton & Page-Gould, 2008）（见图10.4）

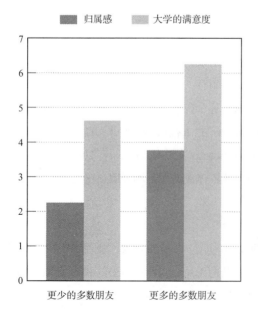

图 10.4 跨种族的友谊对少数民族裔学生幸福感影响
跨种族的友谊使双方均受益。在对一所白人为主的大学中的少数黑人学生进行的纵向研究发现，许多黑人学生开始时觉得自己被排除在学校生活之外，因此对他们的教育体验感到不满。但是，他们的白人朋友越多，他们的归属感（深色条）和对大学的满意度（浅色条）就越高。对于那些最初对被拒绝非常敏感的和对在一所白人为主的学校里感到焦虑和不安的少数民族裔学生来说，这一发现尤为重要。这项研究后来在少数拉丁裔学生那儿得到重复验证。（Mendoza-Denton & Page-Gould, 2008）

2 双方必须拥有同等的法律地位、经济机会和权利。这一要求是努力改变那些允许歧视的法律背后的动力。如果民权倡导者一直等待种族隔离主义者改变主意，那么美国南部的公共设施的融合就永远不会发生。女人将永远也不会得到选举权、上大学的权利或"男人做的工作"。但是，如果两个群体仍然在竞争工作，或者如果一个群体保持权力和对另一个群体的支配地位，改变法律是不够的。

3 当局和文化制度必须为双方提供道义、法律和经济上的支持。社会必须建立平等的规范并在其"成员"——教师、雇员、审判系统、政府官员和警察——的行动中支持他们。在那些种族隔离是官方政府政策或是非政府的但却得到实际应用的地方，冲突和偏见不仅会持续存在，还会看起来似乎正常和具有正当理由。

当教室的结构让不同种族的学生必须合作才能学好一门课时，偏见就会减少

4 双方必须合作，一起为一个共同的目标而努力。尽管接触减少了偏见，但偏见也会减少交往。就像以德国、比利时和英国学生为被试进行的一项纵向田野调查所发现的，当各个群体互不喜欢，被迫的交往只会让每一方都感到愤愤不平，甚至产生更多偏见。(Binder 等，2009) 在许多多族裔的美国高中里，各族裔群体形成小团体和帮派，互相争斗，捍卫自己的习惯。

为了减少存在于许多学校中的群体间的紧张和竞争，埃略特·阿伦森（Elliot Aronson）和他的同事们开发了"拼图"方法来培育合作。来自不同族裔的学生共同完成一项任务，

快速测验

试着通过下列小测验克服你对测试的偏见。

一、测量内隐或无意识偏见的四种方法是什么？
二、可减少群体间偏见和冲突的四种重要条件是什么？
三、调查发现，非裔美国人、亚裔美国人和拉丁美洲人常对其他少数民族裔持有偏见。为什么那些刻板印象和偏见的受害者对他人有一样的态度？

这个任务就像拼图游戏一样被打散了，学生们需要互相合作把任务拼接到一起。比起传统课堂里的学生，在这样课程里的从小学到大学的学生，倾向于做得更好，更喜欢他们的同学，思维中的刻板印象和偏见更少。（Aronson, 2000; Slavin & Cooper, 1999）通过创造一个包容的社会身份，如"鹰和响尾蛇"队，合作和相互依赖往往会减少"我们—他们"思维和偏见。

这四种方法对于在不同的群体之间创造更大的和谐是很重要的，但是仅凭某一方面是不够的。也许群体冲突和偏见如此持久的一个原因就在于很少能同时满足上述四个条件。

回顾新闻中的心理学

阅读本章后，你认为为什么阿布格莱布的士兵会虐待和侮辱他们的囚犯？正如我们所看到的，使用素质（人格）归因说这些士兵是坏人或虐待狂是不够的。

社会心理学家会通过考虑他们被指派的角色解释琳迪·英格兰和她的同伴的行为，这些角色使得他们可以无限制地控制囚犯。他们也会强调士兵们的群体规范。事实上，士兵们愿意在照片中摆姿势拍照，在许多情况下，他们骄傲地微笑着。这表示他们是在向朋友炫耀，并且认为自己的行为是适当的。他们很有可能通过责备受害者来证明自己的行为，他们说那些被拘留者（还没有被判有罪的人）应该受到严厉的对待。

至于那些士兵的辩护——他们"只是听从命令"——似乎并非如此。按理说应该有来自上级的命令或者至少有明确的规则规定如何对待被拘留者。但五角大楼的调查结论是，没有人授权或鼓励士兵虐待囚犯。这个拘留中心很混乱，并且管理不善，关于被拘留者的待遇的规则相当模糊、变化频繁，以至于甚至更高级别的士兵也不知道虐待和可接受的审讯技巧之间的区别。在这场混乱中，士兵们形成了他们自己的规则和群体规范，

一旦他们就位，大多数士兵将会跟随他们的同伴。

这张阴暗图景的亮点是，并不是每个阿布格莱布的士兵都羞辱和折磨被拘留者。有些人拒绝参加。有些人通知了他们的指挥官。有些人像乔·达比（Joe Darby），最终以极大的个人代价公开丑闻。这些人并没有盲目地将他们的行为责任推给他们的高级官员，或者像在琳迪·英格兰的案子中，将责任推卸给她的男朋友查尔斯·格拉纳。

在这一章中，我们已经看到"人性"包含了不可言说的残忍行为和令人鼓舞的善良行为的潜能。大多数人认为，一些文化和个人本质上是善良的或者邪恶的，如果我们可以摆脱那些少数的邪恶个体，一切都会好起来。但是从社会和文化心理学的角度来看，所有人类，就像所有文化一样，都包含着这两种潜力。

在这方面，几乎没有哪个国家的双手不是沾满血的。纳粹有组织地灭绝了几百万的犹太人、吉卜赛人、同性恋者、残疾人，以及其他任何不属于纯雅利安种族的人。但在北美，美国人和加拿大人屠杀了原住民；土耳其人屠杀了亚美尼亚人（Armenian）；红色高棉（The khmer Rouge）屠

杀了数百万的柬埔寨人；在墨西哥和南美，西班牙征服者屠杀原住民；在乌干达，伊迪·阿明（Idi Amin）对自己的人民进行了恐怖统治；日本人屠杀了韩国人和中国人；伊拉克人屠杀了库尔德人（Kurd）；阿根廷和智利的专制政治制度杀害了数千名不同政见者和反叛分子；在卢旺达，胡图人谋杀了千万图西人；在前南斯拉夫，波斯尼亚塞族（Bosnian）以"种族清洗"的名义屠杀了数千名波斯尼亚（Bosnian）穆斯林。

很容易得出这样的结论：像这样的暴力事件是由内驱力驱动的，是敌人纯粹的邪恶或者是古老的部落仇恨的结果。但从社会心理学的观点来看，它们源于我们在本章中讨论的"太正常"的过程，包括民族优越感、服从权威、从众、群体思维、去个性化、刻板印象和偏见。当政府感到无力和脆弱的时候，这些过程特别有可能被激活。通过制造一个外部敌人，统治者创造了我们—他们思维，作为一种秩序和共同利益强加于他们的公民，并为国家的经济问题制造替罪羊。(Smith, 1998; Staub, 1996) 好消息是，当一个国家的情况发生变化时，社会也可以从战争转变为和平。瑞典曾经是地球上最好战的国家之一，但如今，他是最和平、最平等的国家之一。

对"邪恶"文化进行批判性思考

哲学家汉娜·阿伦特（Hannah Arendt）对阿道夫·艾希曼的审判进行了报道，艾希曼是一名纳粹官员，负责监督数百万犹太人的驱逐和死亡。阿伦特（1963）使用"恶之平庸"（"平庸"意味着"平凡的"或"非独创的"）这个词来形容艾希曼和其他纳粹德国的普通民众是如何犯下暴行的。也许，恶之平庸的强力证据是心理学最难的一课。本章讨论的研究表明，只要群体之间存在差异，攻击、民族优越感和偏见将永远与我们同在，但它也可以帮助我们制定一些生活在多样化世界中的现实而非暴力的方式。通过确定创造恶之平庸的条件，也许我们可以创造一种促成"美德的平庸"的情况，每一天以善良、无私和慷慨的行为行事。

社会心理学中最困难的一课是，普通人可能会做一些可怕的事情。穆罕默德·阿塔（左）被朋友描述为一个"充满理想主义"、寻求正义的"人道主义者"。在 2001 年 9 月 11 日，阿塔率领着 19 名劫机者，袭击了世贸中心和五角大楼，造成近 3000 人死亡。在 1994 年的卢旺达（Rwanda），当胡图人（Hutu）开枪或砍杀近 100 万敌对部落的图西人（Tutsi）时，数百名图西人在一个个本笃会修道院避难。与保护他们相反，嬷嬷加特鲁德（Gertrude）修女和另一名修女玛丽亚·凯斯图（Maria Kisito）向胡图的民兵组织报告了难民，而胡图人屠杀了被困的受害者。在随后的布鲁塞尔（Brussels）审判中，这两名胡图修女因反人类罪被判处 15 年和 12 年有期徒刑

学以致用

应对文化差异

一名法国售货员为一家美国人开办的公司工作。当新来的美国经理命令他在接下来的3个月中提高销售额时，这名雇员怒气冲冲地离开了公司，并带走了他的客户。为什么会这样？这是因为，在法国发展客户需要好几年时间，在家族所有的商业中，与客户的关系可能跨越几代人。美国人想要得到即刻的结果，正如美国人常做的，但是法国售货员知道这是不可能的，并离开了。美国人把这看作"他不胜任这份工作；他懒惰、不忠诚，所以他偷走了我的客户"。法国人把这看作"根本没必要向一个这么蠢的认为可以在3个月内赢得忠实客户的人解释什么"。(Hall & Hall, 1987)

两个人都犯了基本归因错误：认为另一个人的行为是由于人格而非情境。在这个例子中，情境是由文化规则所支配的。现在许多公司都已意识到这些规则并非微不足道，并通过理解它们在全球经济中获得了成功。但是你不必去另一个国家感受文化差异，它们就在你身边。

如果你发现自己对来自其他文化的人做的某事感到生气，请你试着用批判性思维努力找出你对那个人行为的期望和知觉是否合理。花点时间检查你自己的假设和偏见，考虑他人行为的其他解释，避免情绪化的推理。例如，如果一个来自非握手文化的人拒绝握手，将握手视为表达友好和礼貌的手势的人们可能会觉得受到了侮辱，除非他们问自己这个问题："每个人都有像我这样握手的习惯吗？"

类似地，来自中东和拉丁美洲文化的人们习惯于购物时讨价还价，而美国人和北欧人则习惯固定的价格。因此，不懂得讨价还价的人很可能会发现讨价还价是一种令人沮丧的练习，因为他们不知道自己是被骗了还是赚了大钱。相反，从讨价文化中来的人在卖家给了一个一口价时会感到愤怒："这还有什么意思？""整个人类购物的乐趣都消失了！"

学习另一种文化的规则或习俗是非常困难的，但要理解深深植根于其语言中的文化差异则要更困难。

例如，在伊朗，"客套"（taarof）这一社会准则，描述了一种有意的不真诚行为，例如，给予虚假的赞扬和做出你不打算遵守的承诺。伊朗人知道，他们应该告诉你那些你想听的话，以避免冲突，或提供接受妥协的希望。对伊朗人来说，这些做法是礼貌的一部分，他们不会被这些所冒犯。但是美国人和其他英语文化的成员习惯于"直接对话"，直接和简洁地表达他们想要的东西。所以他们发现"客套"难以学习，更别说练习了。正如一位伊朗社会科学家告诉《纽约时报》（2006年8月6日）的，比起在西方，（在伊朗）语言的功能是不同的。在西方，"是"普遍是"是"的意思；在伊朗，"是的"可以意味着"是的"，但它通常也意味着"可能"或"不"的意思。"这创造了一种丰富、诗意的语言文化，"他说，"它创造了一个多维度的文化，人们擅长于细微差别。另一方面，这也导致了糟糕的政治言论。在政治辩论中，人们不知道该相信什么。"

你可以看到为什么批判性思维可以帮助人们避免刻板印象的倾向，避免仅仅以敌对和消极的方式看待交流中的文化差异。"为什么伊朗人对我说谎？"美国人可能会问。答案是，从伊朗人的角度来看他们并没有撒谎，根据他们的文化交流的规则，他们说话的方式对他们来说是完全自然的。

要学习文化中不言而喻的规则，你必须看、听、观察。生活节奏如何？人们把傲慢的人和大声说话视为值得钦佩的，还是令人尴尬的？当客户进入商店时，他们会打招呼和店主聊天，还是忽视他们瞥见的人？人们被期待在语言中直接表达，还是模棱两可？社会文化研究通过教导我们欣赏许多支配人们的行为、价值观、态度和经营方式的文化规则来增强批判性思维。在你将一个不同于你自己的文化的人描述为无知的、愚蠢的、顽固的之前，你可以考虑对这个人的行为的其他解释，就像你希望那个人考虑其他对你的行为更宽容的解释一样。

本章总结

- 社会心理学家研究社会角色、态度、关系和群体怎样影响个体；文化心理学家研究文化对人类行为的影响。许多文化规则，例如，保持正确的谈话距离，是不成文的但却很有影响力。

角色和规则

- 环境以数不胜数的微妙方式影响着人们。如果看到有人破坏规则或法律，路人犯同样错误的可能性会增加。两项经典研究阐释了规范和角色影响个体行为的力量。在米尔格莱姆的服从研究中，由于实验者的权威，大多数充当"老师"角色的人被强加的想法是给另一个人施加极强的电击。在斯坦福监狱研究中，大学生很快就自然地进入了"犯人和看守"角色并依此行事。

- 对权威的服从可以使社会更平稳地运转，但是服从也会导致致命的、愚蠢的或非法行为。人们遵守命令是因为不遵守就会遭受惩罚，或者是出于对权威的尊敬，或是为了获取利益。即使他们不愿意服从，他们也可能会这样做，因为他们被诱捕了，他们为他们所做的每一步和每一个决定辩护，并将任何有害行为的责任转移给权威。

社会对信念和行为的影响

- 社会认知领域的研究者研究人际关系和社会环境如何影响信念和知觉。根据归因理论，人们被寻找自己和别人行为原因的动机所激励。他们的归因可能是情境的或素质的。基本归因错误发生在人们高估人格特质作为行为的原因而低估情境的影响时。基本归因错误的一个主要原因是人们依靠内省来判断自己的行为，却只能通过观察来判断其他人的行为。

- 归因会受到三种自我服务偏差的影响：为自己的行为选择最令人喜欢的、最可被原谅的解释，我们比别人更好、更聪明、更善良，世界是公平的（公平世界假设）。

- 人们对人、事和观念持有许多不同的态度。态度可能是外显的（有意识的），也可能是内隐的（无意识的）。态度可能会通过经验、有意识的决策，或者降低认知失调的努力而改变。影响态度的有力方式之一是熟悉效应和效度效应：仅仅是反复对某人暴露一个名字或产品就会使他们更喜欢它，反复重复一个观点会使它看起来更可信。

- 许多态度是通过学习和社会影响习得的，但是有些态度是和具有遗传成分的人格特质相联系的。宗教和政治归属感并不是遗传得来的，但是宗教虔诚和特定的政治态度确实和遗传具有高相关。意识形态信念系统可能在人类社会中进行演变，由两种核心的态度——一个人拥护还是反对社会变革；一个人认为不平等是人类政策的结果并可以被克服，还是认为其不可避免，应该被接纳为自然秩序的一部分——按照左—右的维度进行组织。态度也深深地受到非共享环境，即个人独特的生活经历的影响。

- 自杀式炸弹和恐怖主义者并不是被"洗脑"了，也不是有精神疾病。大多数人是被逐渐引诱开展针对真实或假想敌人的暴力行为的，他们被鼓励将所有的问题都归罪于敌人，被给予一个新的认同和救星，被切断了可能会导致失调的信息来源。这些方法还被用于造就宗教和其他狂热信徒。

群体中的个体

- 归属感的需要是如此强大，以至于被拒绝和排斥的社会痛苦要比身体上的痛苦更让人记忆深刻，这也是很多群体把排斥或拒绝当作武器来加强从众的原因。

- 在群体中，个体常常表现出与自己一个人时不同的行为。从众使社会更平稳地运作，使人们感到与其他像他们一样的人协调一致。正如著名的阿希实验所显示的，大多数人即使当别人显然错误时仍会遵从别人的判断。

- 紧密凝聚在一起的群体易于产生群体思维。群体思维是一种群体成员想法相似、自我审查、主动压制不同意见、感到他们的决定无懈可击的倾向。

- 群体思维常常产生错误决定，因为群体成员不会寻找与其观点相反的证据。但是，群体可以被建构以抵消群体思维。

- 有时候集体的判断比其中的单个成员的判断更好，这就是"集体智慧"。但是群体也会传播恐慌、谣言和错误的信息。一个群体中的责任扩散会导致个体之间的交流不活跃，比如旁观者冷漠。在去个性化，也就是个体自我意识丧失的情况下，更可能会发生责任扩散。当人们在一个大群体或一大群人中，或者戴着面具或穿着制服产生匿名感时，去个性化就增加了。在一些情境中，人群规范会导致去个性化的人的攻击性行为，但是在另一些情境中，人群规范则会产生无助感。

- 愿意说出不流行的观点、揭露非法行为、帮助有困难的陌生人或表现出其他利他行为，这些行为部分地是个人信念和良心的结果。但是有几种情境因素同样重要：当事人认为有必要采取帮助；当事人有同盟；当事人陷入一种承诺，要么帮助别人，要么反对别人。

我们对他们：群体同一性

- 人们基于其群体相似性，包括国籍、民族、职业和其他社会成员身份形成社会同一性。在多元文化社会中，许多人都要面对平衡其民族同一性和对更大社会的文化适应问题。

- 民族优越感，即认为自己的民族群体或国家比其他所有民族或国家更优越的信念，促成了"我们—他们"思维。一种减少我们—他们思维和群体之间敌意的有效策略是合作，这时双方必须一起工作以达到一个共同目标。

- 刻板印象可以帮助人们很快加工新信息、组织经验并预测其他人会怎样行动。但它们也会通过夸大群体间差异、低估群体内差异、产生选择性知觉而歪曲现实。

群体冲突和偏见

- 偏见是一种对某一类人的不合理的消极情绪。从心理上讲，偏见避免了焦虑和怀疑的感觉，能够在一个人感觉受到威胁时支撑其自尊（通过提供替罪羊），而且可能减轻对死亡的恐惧。偏见也有社会原因：人们盲目地通过从众和父母的教训来获取偏见。偏见服务于文化和国家的目的，将人们与他们的社会团体和国家联系在一起，极端的个例是证明战争的正当性。最后，偏见也为多数群体的经济利益和统治地位提供了理由。因此，尽管怀有敌意的性别歧视与仁慈的性别歧视不同，但这两种性别偏见让性别歧视看起来是正当的。在经济不景气和工作竞争时期，偏见会显著增多。

- 种族主义和其他偏见正在下降，还是仅仅采取了新的形式，心理学家们对此尚未达成共识。有些人试图通过以下方式间接地测量偏见：测量社会距离；看看当人们感到压力或愤怒时，他们是否更有可能对目标具有攻击性；观察大脑的变化；或者评估对某个群体的积极或消极的联想，如内隐联想测验（IAT）。然而，有许多批评者声称IAT没有捕捉到真正的偏见。

- 减少偏见需要同时瞄准人们的外显态度和内隐态度。四种条件可以降低两个群体对彼此的偏见和群体间冲突：双方必须有机会非正式和正式地一起工作和社交（接触假设）；双方必须有同等法律地位、经济机会和权利；双方必须有官方和文化制度在法律、道义和经济上的支持；双方必须一起努力来实现某个共同目标。

回顾新闻中的心理学

- 虽然许多人认为只有坏人或恶人才做坏事，但社会和文化心理学的原则表明，在一定条件下，好人往往也会被诱导做坏事。每个人都会不同程度地受到一些社会过程的影响，包括服从、诱捕、从众、说服、旁观者冷漠、群体思维、去个性化、民族优越感、刻板印象和偏见。

学以致用：应对文化差异

- 社会文化研究通过确定哪些文化规则支配着人们的行为、价值观、沟通和经营的方式来提高批判性思维。理解这些规则可以帮助人们检查他们对其他文化的假设，避免妄下结论和对群体差异情绪化推理的倾向。

关键术语

社会心理学（social psychology）331

文化心理学（cultural psychology）331

（社会）规范（[social]norm）332

角色（role）332

文化（culture）332

谈话距离（conversational distance）333

诱捕（entrapment）336

社会认知（social cognition）338

归因理论（attribution theory）338

情境归因（situational attribution）338

素质归因（dispositional attribution）338

基本归因错误（fundamental attribution error）338

自我服务偏差（self-serving bias）339

公平世界假设（just-world hypothesis）339

谴责受害人（blaming the victim）339

态度（attitude）340

外显和内隐态度（explicit and implicit attitude）340

认知失调（cognitive dissonance）340

熟悉效应（familiarity effect）341

效度效应（validity effect）341

非共享环境（nonshared environment）343

群体思维（groupthink）346

责任扩散（diffusion of responsibility）347

旁观者冷漠（bystander apathy）347

去个性化（deindividuation）347

利他（altruism）349

社会同一性（social identity）350

民族同一性（ethnic identity）350

文化适应（acculturation）350

民族优越感（ethnocentrism）351

刻板印象（stereotype）352

偏见（prejudice）353

敌意和仁慈的性别歧视（hostile and benevolent sexism）355

内隐联想测验（Implicit Association Test，IAT）358

接触假设（contact hypothesis）359

[新闻中的心理学]

名人丑闻重新引发关于性成瘾的争论

2010年3月31日,来自亚利桑那州图森市(Tucson)的消息。据报道,桑德拉·布洛克(Sandra Bullock)分居的丈夫、摩托车大亨杰西·詹姆斯(Jesse James)住进了亚利桑那州的一家康复中心——西拉·图森(Sierra Tucson)治疗中心。最近有消息称詹姆斯有过几次婚外情,其中包括与著名脱衣舞娘米歇尔·麦吉(Michelle McGee)11个月的婚外情。图森的这一机构专门治疗上瘾,而且由于詹姆斯没有滥用药物或酒精,人们猜测他是否因为性成瘾(sex-addiction)而接受治疗。他的代理人告诉《人物》(People)杂志,詹姆斯进入治疗中心是为了处理个人问题,并补充说,他意识到这一次是帮助自己、帮助家人、帮助挽救婚姻的关键时刻。

今年早些时候也爆发了类似的丑闻,高尔夫冠军老虎·伍兹(Tiger Woods)据说有十几桩婚外情。伍兹当即住进密西西比州的松树林(Pine Grove)诊所接受康复治疗。细节没有公开,但诊所提供的课程中有"减少羞耻"和"设置性界限"的课程。

这些和其他备受瞩目的性不忠案例引发了人们的争议,即连续发生性关系的人是否有性成瘾。帕洛阿尔托(Palo Alto)性治疗师马蒂·克莱因(Marty Klein)认为,性成瘾是一个虚假的术语,它淡化了真正上瘾的含义,真正上瘾是一种对药物或酒精等物质的生理依赖。克莱因说:"我没有看到性成瘾的人。我看到人们以破坏性的方式使用性。"如果上瘾被定义为人们不顾严重后果而重复的任何行为,那么几乎所有的性行为都可以被定义为上瘾,嫖娼或观看色情作品也可以。由于诊断是如此模糊,许多心理健康专家和外行都认为这是欺骗的借口。就像喜剧演员吉米·基梅尔(Jimmy Kimmel)说的:"'我性成瘾'是一种新的、升级版的'狗吃了我的家庭作业'。"

然而,一些心理治疗师认为,性成瘾是一种真正的疾病,它包括不断升级的强迫性行为,以掩盖过去的痛苦或创伤。治疗师可能会开一个12步的疗程,使用小组治疗,有时会用药物治疗来帮助瘾君子控制他们的欲望。2013年修订的《心理障碍诊断与统计手册》(*Diagnostic and Statistical Manual of Mental Disorders*, DSM)预计将出现更为中性的术语"过度性欲障碍"(hypersexual disorder)。

杰西·詹姆斯的妻子桑德拉·布洛克在得知他有过几次婚外情后离开了他。杰西·詹姆斯住进了一家治疗中心,称自己需要帮助,以解决问题

第十一章

心理障碍

Psychological Disorders

杰西·詹姆斯和老虎·伍兹真有性成瘾吗？就像酒精或药物成瘾。或者他们仅仅是觉得他们富有、有名和成功，所以可以得到所有他们可以得到的性。应该在什么范围内定义术语"成瘾"（addiction）？它是否应该包括强迫性网络使用、超出预算的购物或者进食过多巧克力？

大学生马修·斯莫尔（Matthew Small）的学业平均分达 4.0，之后他开始沉溺于《魔兽争霸》的虚拟世界中。他每天花至少 6 小时为自己的虚拟人物收集盔甲、宝剑和其他电脑装备。他的好朋友渐渐疏远，他的成绩一落千丈。有一天他意识到自己在一个学期内玩游戏已经超过 1000 小时，他决定放弃他的盔甲。

即便不是心理学家，你也可以看出异常行为的极端表现。当想到心理疾病，人们常常想到的是有幻觉的人、行为古怪的人、滥杀无辜或其他丧心病狂罪行的人。但是大多数心理疾病远不是人们想象的那么激烈，而是比较普遍的。有些人经历过完全失能的时期，然而在失能的间歇期可以过得很好。有些人每天的功能都良好，然而却持续忧郁着，总是感到非常低落。有些人不能控制自己地感到担心或者乱发脾气。

在这一章，你将学习到许多导致人们不快乐甚至痛苦的心理问题，和导致人们无法控制自己行为的严重障碍。不过预先警告一下：人们最常有的担心是"我是正常的吗？"担心自己异常是很正常的事情，特别是当你正在阅读有关心理问题的内容。但是，有问题也是正常的。我们所有人偶尔都会遇到看起来难以应对的困难，而且这些正常的问题是在什么时候变得"不正常"的，通常是不清楚的。

你将会学到

- 为什么精神疾病和心理障碍不是一回事？
- 心理障碍和正常问题的区别在哪里？
- 为什么心理障碍诊断的标准专业手册会存在争议？
- 为什么著名的"投射"测验如罗夏墨迹测验是不可靠的？

心理障碍的界定和诊断

虽然许多人将异常行为（即偏离常模的行为）与心理障碍混为一谈，但是实际上两者是不同的。一个人的行为方式可能从统计学角度讲是少数的（如收集陶瓷猪、数学天才、谋杀），但他并没有心理障碍。反过来，一些心理障碍如抑郁和焦虑，则相当普遍。人们也会将心理障碍与精神错乱相混淆。在法律上，精神错乱（insanity）的定义主要指一个人是否知道自己的行为后果以及是否能控制自己的行为。不过，精神错乱只是一个法律术语，一个人可能患有心理障碍但却被法庭认定为神志清醒。

如果发生频率不是主要的，精神错乱仅仅是某种心理障碍极端类型的体现，那么，我们应该如何定义"心理障碍"呢？心理障碍的诊断不像糖尿病、阑尾炎等生理障碍的诊断那

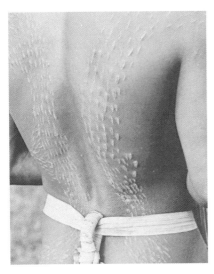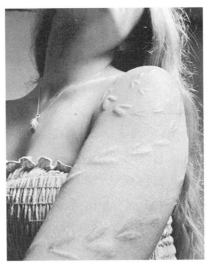

什么是心理障碍？在新几内亚（New Guinea）岛，所有的年轻人都要经历一个启蒙仪式，在这个仪式上，他们的背部被刻上又小又深的刀口，然后变成永久的疤痕，寓意着鳄鱼的鳞片，如左图那样。我们不能将这种普遍的文化意义上的行为定义为障碍。相反，大多数人认为，像右边图中的那个女性，仅仅是为了造成伤害和疼痛而割伤自己，是一种心理障碍。中间图的这位女性呢？她23岁，来自纽约州北部，她的手臂上有"人体艺术家"制造的伤疤，她的腿上和肚子上也有伤疤，还有29个穿孔，她有心理障碍吗

样直接。将遗传和社会因素考虑在内，心理障碍的一个主要定义是有害的功能障碍。这包括：第一，对自己或他人有害的行为和情绪状态；第二，行为和情绪状态并没有表现出进化功能，而是出现功能障碍。（Wakefield，1992，2006）例如，进化使得我们在处于危险时会感到害怕，这样我们就会逃跑。当危险已经过去而个体仍然保持着高度警觉，功能障碍就出现了。然而，如果这种功能障碍没有给个体带来麻烦或给社会造成危害，就不是"心理障碍"。有这样一位朋友，虽然患有恐猫症但仍然幸福地生活着，她只是躲避猫而已。

心理障碍的定义中不包括那些仅仅与当前社会或文化认为的健康或正常的行为相背驰的行为：一个学生可能认为浑身刺满文身是相当酷的，但如果他的父母不这样认为，父母也不要指责孩子有心理障碍。另一方面，有些人认为自己完全没有问题，然而却给他们自己或别人带来重大伤害，如一个孩子不能控制自己地要去纵火，一个强迫性赌徒输光了家里的积蓄，有人听见让他们不分昼夜地跟踪某名人的声音，这些人的行为属于心理障碍的范畴。

将心理障碍定义为有害的功能障碍受到的一个主要批评是某种特定有害行为或情绪状态的进化功能或者潜在病理性是什么常常是不清楚的。因此在本章中，我们将**心理障碍**（mental disorder）定义为个体遭遇痛苦、自我毁灭、工作或与他人相处的能力严重受损、危及他人或社区的任何情形。像生理疾病一样，心理障碍有轻度到重度。按照这一定义，绝大多数人在他们一生中会有某种心理健康问题。

心理障碍 任何会导致个人遭受巨大痛苦，具有自我毁灭性，严重损害该人的工作能力或与他人相处的能力，危害他人的行为或情绪状态。

诊断的困境

即使给心理障碍下一个广义定义，心理学家也会发现将心理障碍清楚地归在不同类别里不是一件易事。在本章节，我们来探究一下为何如此。

障碍的分类

DSM 是美国精神病协会（1994，2000）出版的《心理障碍诊断与统计手册》，是用于诊断心理障碍的标准参照手册。DSM 的主要目标是描述性的：提供清楚的诊断类别以便临床专家和研究者们就正在讨论哪些障碍取得一致意见，以及以便研究和治疗这些障碍。DSM 的诊断类别包括注意缺陷障碍、疾病或药物所致大脑损伤引起的障碍、进食障碍、性认同或行为障碍、冲动控制障碍（如狂暴症、病理性赌博、病理性偷窃）、人格障碍、生活中的问题，以及在本章中将要讨论到的其他主要障碍。

DSM 列出了每种障碍的症状、典型的发病年龄、诱发因素、发病过程、发病流行率、性别比例以及影响诊断的文化因素。在做出诊断的过程中，临床医生要考虑许多因素，如患者的人格特质、医疗条件、工作或家庭的压力、问题的持续时间和严重程度。

DSM 在世界范围内有重大影响。事实上，精神病和心理学的所有教科书中关于心理障碍的讨论都建立在 DSM 基础之上。每出一次新版手册，心理障碍的数量都有所增加。（见图 11.1）1952 年发行的第一版仅有 86 页，包括 100 种诊断。1994 年出版、2000 年稍做修改的 DSM-IV（DSM 第四版）有 900 页，包括近 400 种诊断。预计在 2013 年出版的 DSM-V（DSM 第五版）将包括更多诊断。

"心理障碍"种类急剧增多的原因是什么？对增添新分类表示支持的人认为，将心理障碍做精确区分是很重要的，以便于临床医生给予恰当治疗。对此持反对意见者指出经济原因：保险公司要求无论患者的问题是什么，临床医生都要做出 DSM 代码号的诊断，这就迫使手册编辑者增加更多的诊断，以便临床医生和心理学家们可以得到补偿。（Zur & Nordmarken，2008）

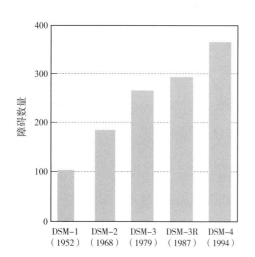

图 11.1 在 DSM 中，障碍数量的飞速增长
DSM 中心理障碍的数量从第一版至今增长了几乎四倍。（Houts，2002）

由于 DSM 具有强大影响力，明确它的局限性，明确将心理障碍分类并贴标签的努力中存在一些固有问题是重要的。

1 过度诊断的危险。 俗语说："如果给一个小男孩一把锤子，这会使得他认为遇见的每一件物品都需要敲打。"同样，批评家认为，如果给心理健康专业人员一个诊断标签，结果是他们会觉得遇到的每一个人都具有这个诊断的症状。

"注意缺陷/多动障碍"（attention deficit/hyperactivity disorder，ADHD），是给那些冲动、混乱、不能安静、易受挫折和集中注意有困难的儿童和成年人的一种诊断。自从这种诊断被纳入 DSM 以后，美国被诊断为这种障碍的患者数目开始飙升，其诊断频率至少是欧洲的 10 倍。批评家担心父母、教师和心理健康专业人员过度诊断，特别是对男孩，他们已占 ADHD 病例的 80%～90%。批评家争论说，男孩的正常行为——自控力差、拒绝午睡、贪玩、在学校不听老师的话——也被当作心理问题。（Cummings & O'Donohue，2008；Panksepp，1998）一项对百名以上 4～6 岁儿童的纵向研究发现，达到注意缺陷/多动障碍诊断标准的儿童的数量随着他们年龄的增长而减少。（Lahey 等，2005）那些真的患有注意缺陷/多动障碍的儿童仍然非常冲动，难以集中注意力，其他儿童则变得成熟了。

同样，对年幼儿童一个快速增长的诊断是双相障碍（bipolar disorder），这个诊断曾经一度只用在青少年和成年人身上。该诊断的数量在一年之间从2万上升到80万。(Moreno等，2007) 许多专家认为目前被诊断为双相障碍的儿童中只有20%达到该诊断的严格标准。(Leibenluft & Rich, 2008) 部分基于这个原因，致力于DSM第四版的一个工作组想要增加一个新诊断："伴有焦虑的情绪失调"（temper dysregulation disorder with dysphoria, TDD），适用于那些面对常见的压力源时会有反复的严重情绪爆发的儿童，约1/3这样的儿童被诊断为双相障碍。

2 诊断标签的威力。 给出诊断可以让那些为自己或孩子的情绪症状寻求解释的人消除疑虑（"噢！这就是我的问题！"）。然而，一旦给某人做出诊断，其他人便开始主要依据诊断来看待此人，这种诊断标签就如同棉绒一样粘得很紧。例如，当一名反叛、不服从的青少年被诊断为"对抗挑衅障碍"或一名儿童被诊断为伴有焦虑的情绪失调，人们就倾向于将他们看作有永久、正式的身份。人们会忽略对这些个体的行为的其他可能解释：这个青少年是"叛逆"的，也许是因为他受到了不公平对待或者因为他的父母不听他怎么说；这个儿童有周期性情感爆发，或许是因为父母没有设置界限。并且儿童一旦有了诊断标签，旁观者就会倾向于忽视他行为的变化——青少年不叛逆的时候，或者孩子不发脾气也能很好相处的情况。

3 严重心理障碍与一般问题的混淆。 DSM并没有被称为"心理障碍和整个日常问题系列的诊断与统计手册"，但每一版都增加了更为日常的问题。最新一版中包括了"书面表达障碍"（清晰写作有困难）、"数学障碍"（数学学得不好）、"宗教或灵魂问题"和"咖啡因诱导睡眠障碍"（至少是容易治愈的，只要转变为无咖啡因）。有些批评家担心，DSM将这些一般困难与真正的心理障碍如精神分裂症和重度抑郁混杂在一起，会暗示日常问题与障碍是可以比较的。(Houts, 2002) 目前DSM的修订者针对是否将"暴饮暴食"和"购物成瘾"纳入讨论，这些行为在极端形式下会带来麻烦，但也是很多人（即使不是大多数）偶尔会经历的。

4 具有客观性的幻觉。 最后，有些心理学家争论说，整个DSM事业是将科学外表强加于固有主观过程的徒劳努力。(Houts, 2002; Kutchins & Kirk, 1997; Tiefer, 2004) 这些批评家说，关于什么应纳入障碍的许多决定并没有以实验性证据为基础，而是以群体一致同意为基础。问题是，群体一致同意往往反映了当下盛行的态度和偏见，而不是反映客观证据。很容易找出心理障碍概念过去存在的偏见。在19世纪早期，一位名叫塞缪尔·卡特赖特（Samuel Cartwright）的医生认为许多奴隶患有漫游狂（drapetomania），即一种逃出奴隶制度的强烈愿望。(Kutchins & Kirk, 1997; Landrine, 1988)（他制造的drapetomania一词来自拉丁语drapetes，意思是"逃跑的奴隶"；mania的意思是癫狂，即"mad"或者"crazy"。）因

哈丽雅特·塔布曼（Harriet Tubman）（左边）和在她协助下逃离"地下铁路"奴隶主的人们的合影。奴隶主们认为，塔布曼和其他坚持自由的人们一样，都有被称为"漫游狂"的心理障碍

此，医生令奴隶主们相信，奴隶们寻找自由是因为这种心理疾病，而不是不能忍受奴隶制度。这一诊断对奴隶主来说相当方便。当然，在今天看来，"漫游狂"这一诊断是愚蠢的和残忍的。

随着时间的推移，精神病学家非常适时地摒弃了许多反映文化偏见的"障碍"，如女性缺乏性高潮、儿童手淫障碍和同性恋。（Wakefield, 1992）然而批评家认为，DSM 中的一些诊断仍然受到了当代价值观和偏见的影响，如性生活"过多"或"过少"的诊断。在 DSM 中保留了与月经期有关的情绪问题，但与睾丸素有关的行为问题却从未被考虑纳入。简而言之，批评家坚持认为，许多诊断仍然植根于什么是正常或适当行为的文化偏见。

DSM 的优点

DSM 的拥护者们认为"一般问题"和"心理障碍"之间的界限是模糊的，常常难以决断，因为许多心理症状都是从轻到重形成一个连续谱。（Helzer 等，2008）然而，他们也认为，正确使用手册以及使用有效的客观测验做出诊断可以改善 DSM 的可靠性。（Beutler & Malik, 2002; Widiger & Clark, 2000）这一点很重要，因为 DSM 的分类可以帮助临床医生区分具有某些共同症状的障碍（如焦虑、易激惹或妄想），以便选择最恰当的治疗。

此外，作为文化因素影响心理障碍及其诊断之批评的回应，DSM 第四版（DSM-IV）包括了一系列**文化依存症候群**（culture-bound syndrome），即针对文化背景的症状集。（见表 11.1）在日本，人们非常在意社会和谐，不要侵犯到别人，因此在日本有一种心理障碍叫"担心他人窘迫畏惧症"（taijin kyofusbo），即个体感到自己身体的部位或功能会令别人感到恶心，因此非常恐惧或莫名地尴尬。拉丁美洲人可能经历过神经质崩溃（ataque de nervios），就是发作性地不能控制自己地尖叫、哭泣、兴奋。马来群岛的人可能经历过残暴性狂症（amok），即爆发性的暴力甚至是谋杀。所有的学生都肯定同情非洲西部的"大脑疲劳"（brain fag）障碍，即由于过度学习所产生的心理耗竭。

文化依存症候群 特定文化背景和行为特有的症状或心理障碍。

表 11.1 从残暴性狂症到扎尔：文化依存症候群

问题名称	来源地	描述
残暴性狂症	马来西亚；类似的模式在其他地方	沉思之后是猛烈的爆发；常因轻微或侮辱而引起的；似乎只在男性中流行
神经质崩溃	拉丁美洲和地中海	一种无法控制的叫喊、哭泣、颤抖、胸部发热、言语或身体攻击的发作
大脑疲劳	非洲西部	一种对学校教育有挑战的心理和生理反应
鬼缠身	土著部落	对死亡和死者的担忧，有噩梦、昏厥、食欲减退、恐惧、幻觉等
北极癔病	北极和亚北极因纽特社区	持续30分钟的极度兴奋状态，在此期间个体表现不理性或暴力
气功精神反应	中国	参加中国民间气功练习或"运动"的短暂精神症状
担心他人窘迫畏惧症	日本	一种对身体、其部分或其功能的不愉快、尴尬或冒犯他人的强烈恐惧
扎尔	北非和中东	相信被灵魂占有，引起喊叫、大笑、头部撞击、哭泣、撤退等

来源：DSM-IV。

通过比较不同时期、不同地方的心理和情绪症状，研究者们可以将普遍障碍和与文化有关的障碍区分开来。神经性贪食症（bulimia nervosa），是一种与文化相关的综合征，主要发生在美国，而在世界其他大多数地方并不存在，其表现是反复暴饮暴食然后呕吐以保持体重。厌食症则存在于不同时期、不同文化。(Keel & Klump, 2003) 同样地，从阿拉斯加的因纽特人（Inuit）到太平洋岛民再到尼日利亚的约鲁巴人（Yoruba），都会有一些人有重度抑郁、焦虑障碍或者不能控制自己的攻击行为。(Butcher, Lim, & Nezami, 1998; Kleinman, 1988)

测验的两难

临床心理学家和精神病学家一般都是通过与患者会谈和观察患者来到办公室、医院或诊所时的行为做出诊断，但也有许多人使用心理测验帮助他们做出诊断。这样的测验也广泛应用在学校（例如，判断一个儿童是否存在学习障碍）和法庭（例如，在离婚案中试图决定父母哪一方应有孩子的监护权，儿童是否受到性虐待，被告人是否自知力完整）。

投射测验

投射测验（projective test）包括模棱两可的图片、句子或故事，由被测试者解释或完成。测试者可能会要求儿童或成年人画一个人、一所房子或其他一些物品，或者完成一个句子（如"我的父亲……"或"女人是……"）。所有投射测验背后的心理动力学假设是人们潜意识里的想法和情感将被"投射"到测验中并在人的反应中显示出来。(见第二章中对心理动力学的讨论)

投射测验 根据一个人对模糊刺激的解释来推断一个人的动机、冲突和无意识状态的心理测试。

投射测验能够帮助临床专家与来访者建立融洽的关系，鼓励来访者公开他们可能羞于讨论的焦虑和冲突。然而大量证据表明投射测验缺乏信度、效度，以至于被认为用来评估人格特征或诊断心理障碍是不恰当的。缺乏信度是因为不同的临床医生常常对同一个人的分数有不同的解释，也许这些临床医生对特定反应的含义做出判断时会投射他们自己的价值观和假设。效度低是因为投射测验不能测量出它们本应该测量的内容。(Hunsley, Lee, & Wood, 2003) 一个理由是，人们对投射测验做出的反应很明显受到睡眠、饥饿、药物、担心、口语能力、临床医生的指导语和人格特质（友好热情还是冷酷、有距离感）以及当天发生事件的影响。

最流行的投射测验之一是**罗夏墨迹测验**（Rorschach inkblot test），它是由瑞士精神病学家赫尔曼·罗夏（Hermann Rorschach）于1921年设计的。它包括10张对称抽象图形的卡片，最初是在纸上洒墨水然后对折纸张而形成的。做测验的人报告他（她）在墨迹上看到了什么，临床医生依照心理动力学理论中所强调的象征意义来解释答案。尽管罗夏测验在临床专家中得到了广泛使用，但证实它信度和效度的努力却一再失败。罗夏测验不能可靠地诊断抑郁、创伤后应激反应、人格障碍或严重心理障碍。所谓罗夏测验成功的说法往往来自罗夏工作室的证明书，那里会教临床医生如何使用这个测

罗夏墨迹：你看到了什么

很多年以来，许多治疗家采用可以分解成很多块的玩偶作为投射测验，以确定儿童是否遭受过性侵。但是，包括以未受过性侵儿童为控制组在内的实证研究表明，这种实践是没有根据的。它可以导致错误的判断，常常将那些仅仅是对玩偶生殖器感兴趣的未受过性侵的儿童误判为受过性侵

验、哪一种是近乎无偏的评估方法。（Wood 等，2003）

许多心理治疗家对儿童使用投射测验，以帮助他们表达不能用口语表达的感情。但在 20 世纪 80 年代，有些治疗家开始将投射测验用于别的目的：判定一个儿童是否遭受过性虐待。他们表示能通过观察儿童如何玩弄有"解剖细节"的洋娃娃（有生殖器的洋娃娃）来确认一个儿童是否曾经被虐待——他们中的许多人就是这样在数百起法庭案件中作证的。（Ceci & Bruck，1995）

不幸的是，这些治疗家没有采用基本的科学程序，即与控制组相对照来检测他们的想法。（见第一章）他们没有问："那些没有被虐待的儿童如何玩弄这些洋娃娃？"当科学心理学家用对照研究来回答这些问题时，他们发现较大比例的没有被虐待的儿童也对洋娃娃的生殖器感兴趣。他们戳、抢洋娃娃，用小棍子捅女性洋娃娃的阴道以及做一些令成年人感到吃惊的事情！由此可以得出的一个重要的结论是，治疗家以儿童玩弄洋娃娃为基础诊断性虐待是不可靠的。（Bruck 等，1995；Hunsley，Lee，& Wood，2003；Koocher 等，1995）由此也可看出，那些没有认识到投射测验不可靠的人对儿童行为做出推论将会犯下多么危险的错误。

投射测验被广泛而不恰当使用的另一种情形是用于儿童抚养权的评估。可以理解的是，当面对激烈争吵、呼喊对方姓名、互相指责不配做父母的正在闹离婚的两口子，法庭期望有一种客观的方法裁定哪一方更适合有监护权，然而，很多科学心理学家公正地考察了主要的心理评估方法，其中主要是投射测验，他们发现，这些方法在评估定量概念时如此差劲，在评估儿童监护权时没有留下科学证据。（Emery，Otto，& O'Donohue，2005）

客观测验

客观测验（量表） 要求书面答复的标准化客观问卷，它们通常包括一些量表，即人们被要求评价自己。

许多临床医生使用**客观测验（量表）**（objective test [inventory]），即询问被试行为和情感的标准化问卷。量表比投射方法和主观临床判断都更可靠和有效。（Dawes，1994；Meyer 等，2001）重度抑郁的主要客观性测验是贝克（Beck）抑郁问卷，广泛用于人格障碍和情绪障碍诊断评估的是《**明尼苏达多项人格量表**》（*Minnesota Multiphasic Personality Inventory*，MMPI）。它由 10 个类别，或者称 10 个分量表组成，覆盖了如抑郁、偏执、精神分裂和内倾等问题。另外还有 4 个效度分量表，可以表明被试在回答问题时是否说谎、掩饰或回避。

量表的好坏取决于他们提出的问题以及他们的解释多有见地。MMPI 的一些条目没有考虑文化、地域以及社会经济群体的差异。例如，墨西哥人、波多黎各人（Puerto Rican）和阿根廷人，在男子气—女子气量表上的测验分数不同于非西班牙裔美国人。这个差异不是反映了情绪问题，而是反映了对于性这一角色传统的拉丁美洲态度。（Cabiya 等，2000）有时候 MMPI 给某人的回答贴标签作为心理障碍的证据，而实际上这个个体处于可以理解

的压力情境之下，如正在离婚或有其他司法纠纷，此时该个体当然会沮丧和生气。（Guthrie & Mobley，1994；Leib，2008）然而，测试专家通过重构临床量表，以反映当前对心理障碍和人格特征的研究，不断提高 MMPI 在临床评估中的信度和效度。（Butcher & Perry，2008；Sellbom，Ben-Porath，& Bagby，2008）

现在，我们回头看看与 DSM 中描述的一些障碍更为接近的测验。当然，我们不可能在这一章中包括所有内容，所以我们就挑选几个障碍来阐明折磨人类的心理问题的范围，从最普通的到罕见的。

> **快速测验**
>
> 如果你可以回答这些问题，你的心理健康将得到改善。
>
> 一、DSM 的主要目标是（　　）。
>   A. 为心理障碍的诊断提供描述性标准　　B. 帮助心理学家评估正常和不正常的行为
>   C. 描述常见障碍的原因　　D. 将心理障碍的诊断类别控制在最小数量
>
> 二、列出对 DSM 的四个批评。
>
> 三、以下哪一种障碍属于文化依存症候群（　　）
>   A. 神经性厌食症　　B. 重度抑郁　　C. 神经性贪食症
>   D. 精神分裂症　　E. 惊恐发作
>
> 四、在心理障碍诊断中，相比临床判断和投射测验，量表的优势是什么？
>
> 答案：一、A。二、它可以导致其过度诊断，忽视了造成障碍的人为的影响，将常规的严重化和心理健康和病症之间的差别模糊。三、C。四、测验是有较严格的信度和效度。

你将会学到

- 普通焦虑和焦虑障碍的区别。
- 为什么所有恐惧症最无助的是"对恐惧的恐惧"？
- 为什么一些人可以很快从创伤中恢复，而另一些人却发展成创伤后应激障碍？

焦虑障碍

任何人在等待重要消息或者生活在一种不可预测的环境中时，都会明显地感到焦虑，这是忧惧和心理紧张的一般状态。当人们处在危险和陌生环境中，如第一次跳伞或面对一只恼怒的巨蟒，都会明显地感觉到恐惧。从短期看，这些情绪是适应性的，因为它可为我们应付危险提供能量，确保我们在知道如何操作降落伞后才第一次跳伞，以及尽可能快地逃离巨蟒。

但是，有时候恐惧和焦虑与任何真实的危险却是分离的，或者当危险和不确定性已经过去，这些情绪仍持续存在。其结果可能是：慢性焦虑，其特点是长时间的恐惧感和世界末日感；惊恐发作，短暂而强烈的焦虑感；恐怖症，对特殊事物或情境过度害怕；强迫症，用来躲避焦虑情绪而反复出现的想法和仪式动作。

焦虑和惊恐

广泛性焦虑障碍 一种持续的焦虑状态，表现为忧虑、恐惧、注意力不集中和运动紧张。

广泛性焦虑障碍（generalized anxiety disorder）的主要特征是过度的、不可控制的焦虑或担心——一种不祥和恐惧的感受——在六个月期间的大多数日子里都会发生，且不是由于身体原因如疾病、药物或过多饮用咖啡引起。

有些人没有经历任何引发焦虑的特定事件也会患上广泛性焦虑障碍。他们可能有表现焦虑症状的遗传素质，当他们处在不熟悉的或不能控制的环境中时，就会手心出汗、心动过速、呼吸短促。可能是基因导致杏仁核异常，杏仁核是恐惧习得的核心结构。（见第十三章）前额叶皮层和意识到危险已经过去的能力有关。（Lonsdorf 等，2009）然而，焦虑障碍也可能源自经历：有些慢性焦虑的人曾经对环境不能控制和预测，这种情况可能开始于童年期。（Barlow，2000；Mineka & Zinbarg，2006）无论焦虑的起源是什么，广泛焦虑障碍患者都有注意并加工威胁性信息的心理朝向。他们认为任何事情都有产生灾难的机会，这是一种燃起担忧、让焦虑沸腾的认知习惯。（Mitte，2008）

创伤后应激障碍

应激症状，包括失眠、易怒，在经历如战争、强奸、折磨、自然灾害、亲人突然丧亡或恐怖袭击等任何一种危机和创伤后立即出现是完全正常的。但是假如症状持续一个月或更长时间并且开始损害个体的功能时，遭遇应激者就可能是患上了**创伤后应激障碍**（posttraumatic stress disorder, PTSD）。PTSD的症状包括创伤反复闪回、侵入性思维、与他人的分离感、对熟悉的活动丧失兴趣，反映在失眠、易激惹和注意力受损中的高生理唤醒水平。

创伤后应激障碍 一种焦虑症，指经历过创伤或威胁生命事件的人出现诸如精神麻木、重拾创伤、生理觉醒增强等症状。

多数有过创伤性经历的人最终都可以康复。（Bonanno 等，2006）美国一项全国调查发现，约有60%的人曾经历过一次创伤性事件，但仅有8%的男性和20%的女性发展为PTSD。（Kessler 等，1995）那么，既然大多数人都能康复，为什么少数人多年后甚至几十年后仍有PTSD症状？

一个答案就是遗传基础。普通人和退伍老兵的双胞胎行为–基因研究发现创伤后应激障碍包含遗传成分。（Stein 等，2002）PTSD还与某些人格和心理特质有关。一项从儿童早期追踪到17岁的前瞻性研究发现，经过创伤性事件后发展出PTSD的个体在早期曾有心理问题，如焦虑和冲动性攻击。他们似乎缺乏社会、心理和神经资源，无法从一开始就避免可预防的创伤性经历，也无法应对不可避免的创伤。（Breslau, Lucia, & Alvarado, 2006）正如其他焦虑障碍的患者一样，PTSD患者对先前创伤性事件更可能有自我挫败的、引发焦虑的思考方式。他们倾向于将每件不对劲的小事都灾难化，对自己没有信心，也没有别人可以相信。（Bryant & Guthrie, 2005; Ozer 等，2003）

有趣的是，PTSD患者的海马比正常人群小一些。（McNally，2003）海马主要参与自传体记忆。海马过于小可能使得创伤性经历者对过去事件的记忆做出反应有困难，这也许是为什么他们在当下总是重温过去的创伤性经历的原因。一个研究小组用磁共振成像测量一些同卵双胞胎，在每对双胞胎中只有一人曾经参加过越南战争。一个退伍老兵罹患慢性PTSD必须有两件事情发生：有过战争经历和有比一般人小的海马。双胞胎中的那个有较小的海马但没有战争经历的人不会出现 PTSD，有过战争经历但海马大小正常的也不会患 PTSD。（Gilbertson 等，2002）

总之，许多长期 PTSD 患者的病因似乎是创伤性事件发生前就有受损的认知功能和神经功能，使得创伤激活持续的、长期存在的症状。

惊恐障碍

另外一种焦虑障碍是**惊恐障碍**（panic disorder）。患者有反复发作的强烈的害怕和恐惧，并伴随有厄运迫近或濒临死亡的感觉。**惊恐发作**（panic attack）可以持续几分钟到几小时（极少）。症状包括战栗发抖、头昏眼花、胸痛或不舒服感、心跳加快、不真实感、忽冷忽热、多汗，以及由于所有这些可怕的生理反应而引起的对死亡、发疯或失去控制的恐惧。许多患者担心自己得了心脏病。

这个极度悲伤的士兵刚刚得知，和他同在飞行中的带有拉链的运尸袋里装着在战争中牺牲的他的亲密伙伴的尸体。可以理解的是，许多士兵遭受过创伤后应激障碍。但是，为什么大多数人最终康复了，而其他人持续了好多年

惊恐发作似乎随处都可发生，但事实上它常常发生在压力、长期的情绪、特定的担忧或可怕的经历后。（McNally, 1998）我们的一位朋友在约一万米的高空，他所驾驶的飞机是炸弹袭击的目标。当时，他应对得非常漂亮，但两周后，似乎是突然冒出来的，他出现了惊恐发作。在威胁生命的情况出现后，惊恐延迟发作的情况很常见。患和未患惊恐障碍的人依其如何解释他们的身体反应而有着本质的不同。（Barlow, 2000）偶尔有过惊恐发作的健康人，能够正确将其看作经历危机的结果或者一个阶段的应激。但是，发展成惊恐障碍的人则认为发作是疾病或濒死的信号，并因此开始以各种方式限制自己的生活，试图避免日后发作。

惊恐障碍 一种焦虑症，指一个人经历反复发作的恐慌症、一段时期的强烈恐惧、厄运或死亡迫近感，并伴有心率加快和头晕等生理症状。

> **参与进来** | 你害怕什么
>
> 每个人都有害怕的东西，停下来想一想你最害怕什么。是高空吗？是蛇吗？是在公众面前讲话吗？问问你自己这些问题：第一，你害怕某个东西或某种情形已经多久了？第二，如果你不得不面对这个东西或这种情形，你将怎样应对？第三，为了避免令你害怕的东西或情形，你想重新安排自己生活的程度是怎样的？考虑这些问题之后，你的害怕是典型的恐惧症还是仅仅是一种正常的恐惧？

恐怖和恐怖症

你害怕小虫子、蛇或狗吗？当它们在周围时，你是感到隐隐约约的不舒服还是感到很害怕以至于不能忍受？**恐怖症**（phobia）是对特定情境、活动或事物的一种夸大的恐惧。有些常见的恐怖症，如害怕蛇、昆虫、高处（恐高症）、打雷（雷电恐怖症）或封闭空间（幽闭恐怖症），是进化而来的，易被人类习得，因为这些害怕反映了真实的危险。（见第九章）一些恐怖症，如害怕紫色（紫色恐怖症）、污垢和细菌（不洁恐怖症）、数字 13（恐数字 13

恐怖症 对特定情境、活动或事物的夸大的、不切实际的恐惧。

症），可能反映了怪异经历、人格特质或文化传统。但不管其来源是什么，恐怖症是真实的害怕且往往令患者感到无能，而不仅仅是在动物园里看到狼、蛇说"啊"或略过蛇展的一种倾向。

患社交恐怖症（social phobia）的人处于他们被观察的情境时会感到特别焦虑，如餐馆就餐、大庭广众面前讲话、进行一些表演。他们担心自己的说话和动作会令人十分尴尬，或者担心他人会嘲笑或拒绝他们。而且，这些恐怖症是比每个人都经历过的偶尔羞怯和社交焦虑更为严重的形式。对于患有社交恐怖症的人，单是想到和陌生人处于新环境中就足以引起出汗、颤抖、眩晕和强烈的自卑感。所以他们不出去，而这又增加了他们的害怕与孤独。

> **广场恐怖症** 一种恐惧症，常由惊恐发作引起，涉及远离安全的地方或人的基本恐惧。

到目前为止，令人感到最无力的恐惧障碍是**广场恐怖症**（agoraphobia）。古希腊时代，广场（agora）是城市中社会、政治、商业和宗教的中心，是公众集会的场所。广场恐怖症的一个基本恐惧是害怕被困在拥挤的公众场所中，当惊恐发作时难以逃生或者得不到帮助。广场恐怖症患者报告了许多特殊的恐惧——如拥挤的电影院、剧院，在交通要道或隧道里行驶或者参加聚会——不过，他们潜在的恐惧是离开安全的地方，通常是家，或离开安全的人，通常是父母或伴侣。

广场恐怖症往往开始于似乎没有原因的一次惊恐发作。发作是如此难以预料和令人惊慌，以至于即将发作广场恐怖症的人开始逃避他（她）认为可能引起下一惊恐发作的情境。我们认识的一位女性驾车在高速公路上行驶时出现惊恐发作，这是一个对其丈夫在几周前自杀的极其正常的创伤后反应。但从此以后她便回避高速公路，似乎是高速公路而不是丈夫的自杀引起惊恐发作。因为有许许多多与广场恐怖症有关的行为是避免惊恐发作的错误努力，所以心理学家认为广场恐怖症是"对害怕的害怕"，而不仅仅是害怕某个地方。

强迫观念和强迫行为

> **强迫症** 一种使人感到被困在旨在减轻焦虑的重复性、持久性思想（强迫思维），和重复性、礼节性行为（强迫行为）中的焦虑障碍。

强迫症（obsessive-compulsive disorder，OCD）的特征是重复的、持续的、非意愿的想法或意向（强迫思维）和个体认为必要的避免灾祸的重复、仪式化的行为（强迫行为）。当然，许多人都有微不足道的强迫性冲动和迷信的仪式。棒球运动员因有这些行为而著名——在赛季中，一些人坚持不换袜子，另一些人坚持每天吃鸡肉。当困扰和强迫变得不可控制并影响个体生活时就成为一种障碍。

具有强迫性思维的人常常发现他们自己很可怕或很矛盾——有杀死小孩的念头，被握手玷污的念头，或者在交通事故中无意伤到别人的念头。强迫性思维有多种形式，但都反映了受损的归因和信息加工方式。

强迫症患者同样感到对强迫性想法和行为无法控制。最常见的强迫是洗手、数数、触摸和检查。有一个妇女每天必须检查火炉、电灯、门锁、烤箱和壁炉3次后方能入睡；有一个男性必须在45分钟里跑上跑下60次，否则就得重新来过。大多数患者通常意识到这些行为毫无意义，但仍然被折磨着。可如果试图放弃这些仪式，他们又会感到极度焦虑，只有回到那些仪式才能减轻焦虑。

在许多强迫症患者中，前额叶皮层的异常导致认知刻板，无法摆脱侵入性的想法，同

过度囤积是强迫症的一种形式。住在这里的这个人无法扔掉任何纸张或杂志，也不为此感到焦虑

时也导致行为刻板，不能够在消极反馈后改变强迫性行为。(Chamberlain 等，2008；Clarke 等，2004)正常情况下，一旦危险过去了或者个体意识到没有理由害怕，大脑的警觉信号就会关闭。然而在强迫症患者中，错误的警觉闹钟一直在作响，情绪网络持续发出错误的恐惧信息。(Schwartz 等，1996)患者感到持续处于危险中，不断尝试减少焦虑。

强迫症不是单一的、统一的障碍。(Taylor, McKay, & Abramowitz, 2005)一种亚型是病理性囤积者，他们用各种杂物——报纸、成包成包的旧衣服、用过的包装纸——堆满自己的房间。他们担心扔掉之后可能需要的东西并被这种担心折磨着。一项正电子发射扫描研究对比了强迫性囤积者和其他强迫症患者，发现囤积者的包括决策、问题解决、空间定位和记忆在内的部分脑区的活动更为微弱。(Saxena 等，2004)也许这些缺陷解释了囤积者为什么留着各种东西，把纸张和杂物堆在客厅、厨房甚至床上。他们无法确定是扔掉哪些东西制造了持续的焦虑，他们记不住东西放在哪里使得他们感到有必要将东西放在视线范围内。

快速测验

将左边的术语和右边的描述相匹配，希望这一任务不会使你感到焦虑。

1. 社交恐怖症　　　　　　　　A. 需要做出仪式
2. 广泛性焦虑障碍　　　　　　B. 对恐惧的恐惧；害怕被困而无法逃脱
3. 创伤后应激障碍　　　　　　C. 持续地有世界末日感
4. 广场恐怖症　　　　　　　　D. 重复出现不愿意有的想法
5. 强迫行为　　　　　　　　　E. 害怕见生人
6. 强迫观念　　　　　　　　　F. 重度打击之后感到焦虑

答案：1.E 2.C 3.F 4.B 5.A 6.D

> **你将会学到**
> - 重度抑郁和忧郁之间的区别。
> - 抑郁的四种引发因素。
> - 人们如何知道自己是否得了抑郁?

心境障碍

在 DSM 中，**心境障碍**（mood disorder）包括了从极度抑郁到极度躁狂的一系列情绪紊乱。当然，大部分人会时而感到难过，时而感到高兴，在生命的某些时候我们会因为失去所爱之人而感到悲痛。然而这些感受与 DSM 描述的临床障碍大相径庭。

抑郁

重度抑郁（major depression）包括了情绪、行为、认知和生理的严重改变，足以破坏个体的正常功能并且至少持续两周。有些情形能够持续长达二十周，减轻，然后再发作。重度抑郁症患者感到绝望和无意义感。他们感到无法起床和做事情，甚至穿衣服都要费好大力气。他们可能过量饮食或停止进食，入睡或者整夜睡觉有困难，难以集中注意力，总是感觉很累，对以往可以获得满足和乐趣的活动不再感兴趣。

重度抑郁 一种情绪障碍，包括情绪紊乱（过度悲伤）、行为紊乱（对日常活动失去兴趣）、认知紊乱（绝望的想法）和生理功能紊乱（疲劳和食欲不振）。

DSM 的定义不包括由丧亲引起的抑郁，也不包括激烈但可以理解的悲痛情绪最终在几个月内减缓。然而正如一项对 8000 多人的社区调查发现，构成心理障碍的重度抑郁的症状与失去工作和社会地位、灾难性金融投资、重要关系结束引发的极度悲伤的症状是难以区分的。（Wakefield 等，2007）

全世界范围内，女性患重度抑郁的概率至少是男性的两倍。然而由于女性较男性而言更可能讨论她们的感受和寻求帮助，所以男性的抑郁诊断可能被低估。抑郁的男性常常试图通过退缩、大量饮酒、滥用其他药物、鲁莽驾驶、暴力行为等来掩盖其情绪。（Canetto, 1992; Kessler 等，1995）正如著名的抑郁研究者苏珊·诺伦－霍克西玛（Susan Nolen-Hoeksema）所说："女人想，男人喝。"（Women think and men drink.）

双相障碍

抑郁相反的另一极端是**躁狂**（mania），即一种变态的高涨的兴奋状态。躁狂不是一种因为爱情或获得普利策奖而表现出的正常的高兴。躁狂者感觉不到疲劳和倦怠，而是极端兴奋，一旦受挫容易被激怒。他们感觉不到失望和无力，而是感到强有力并且充满计划——但这些计划往往都基于妄想观念，如认为他（她）已经发明了某个东西，将要解决世界性的能源问题。处于躁狂状态的人经常陷入糟糕的麻烦：无节制地狂欢、冲动做出决定。

至少经历过一次躁狂和抑郁的交替发作，就被认为是患有**双相障碍**（bipolar disorder）（过去称作躁狂－抑郁障碍 [manic-depressive disorder]）。伟大的幽默作家马克·吐温就曾患有双相障碍，他形容说："周期性的和突然的心境变化……从极度的悲伤到半精神病

双相障碍 一种情绪紊乱，同时出现抑郁和躁狂症（过度兴奋）。

性的狂风暴雨。"另外一些作家、艺术家、音乐家和科学家也曾患过这种障碍。(Jamison, 1992) 在"高涨期",这些创作型人才中的大多数创造了他们的最佳作品,但"低落期"的代价却是灾难性的人际关系、破产,有时候甚至是自杀。正如前面提到的,曾经人们认为双相障碍只出现在成年人中,现在的情形是虽然儿童和青少年的症状和心境转化通常看上去和成年人不同,但双相障碍已经在儿童和青少年中广泛做出诊断,不过,对儿童双相障碍的诊断仍有异议。(Holden, 2008)

抑郁的起源

关于抑郁,最难以理解的事情之一是很多遭遇了不幸经历的人没有患抑郁症,许多患抑郁症的人不曾遭遇过不幸经历。(Monroe & Reid, 2009) 多数研究者因此强调抑郁的**易感性—应激模型**(vulnerability-stress model),个体的易感性(遗传倾向、人格特征或思维习惯)与应激性生活事件(如暴力、所爱之人去世、失业)相互作用,导致了多数的重度抑郁。下面我们就来看看每一种因素的证据。

易感性—应激模型 强调个体的易感性如何与应激性生活事件相互作用而产生心理障碍的方法。

1 遗传素质。重度抑郁是一种中度遗传障碍,某些病例一定是基因起了作用。但是至今为止,关于哪些特定基因所致的研究尚未成功。研究的焦点之一是调节 5-羟色胺的基因,5-羟色胺是和心境有关的神经递质。一项早期理论认为这种神经递质异常低水平导致抑郁。然而,多年研究无法支持抑郁源自单一神经递质缺陷的论点。耗尽 5-羟色胺的动物并没有引发抑郁,大脑中 5-羟色胺的增加也不一定会减轻抑郁。某些抗抑郁剂提高 5-羟色胺浓度这一事实(见第十二章)并不意味着 5-羟色胺浓度低会导致抑郁——这是一个常见的被误解的论断。(Lacasse & Leo, 2005)

2003 年,一项研究追踪了 847 个从出生到 26 岁的新西兰人,研究者发现有被称作 5-HTT 短形 5-羟色胺受体基因的个体在遭受重大应激性事件如失业、家人去世后比有长形基因的个体更容易发展成为重度抑郁。事实上,比起其他人,有长形基因的个体甚至在遭受精神打击后患抑郁症的可能性也小得多。(Caspi 等, 2003) 这些发现似乎显示了基因和经历引发基因易感人群罹患抑郁的交互作用。但是下这些结论被证实是为之过早的。随后一项对 14 个研究的元分析考察了 5-HTT 基因、生活压力和抑郁之间可能的相关,并没有得出什么结论。(Risch 等, 2009) 无论是单独作用还是与生活压力交互作用,5-HTT 基因与男性和女性抑郁风险的增高都没有相关。

尽管如此,新西兰的那项研究还是激起了基因和环境对抑郁交互作用的相关研究的浪潮。大部分研究者相信,某些抑郁病例中涉及的特定基因将最终被识别。

2 暴力、童年躯体虐待和父母的忽视。与抑郁特别相关的环境因素之一是反复经历暴力。处于高比率暴力的内陆城市的青少年,比那些在其生活或社区中没有持续暴力的青少年,有较高水平的抑郁和较多的自杀企图。(Mazza & Reynolds, 1999) 家庭暴力对女性的影响尤为严重。一项对男性和女性从 18～26 岁的追踪研究对比了处于躯体虐待关系和未处于虐待关系中的个体。虽然抑郁的女性更可能开始一段虐待关系,但处于暴力关系这一单个因素可以增加女性抑郁和焦虑的风险——然而有趣的是,处于暴力关系这一单个因素

即使富有、成功、被亿万人崇拜的人也可能患重度抑郁。涅盘（Nirvana）乐队主唱科特·柯本（Kurt Cobain）的自杀令无数粉丝震惊且悲痛

对男性没有影响。（Ehrensaft, Moffitt, & Caspi, 2006）

独立于其他所有童年期和成年期的危险因素，童年期遭受虐待与成年期患抑郁持续一年或以上的高风险之间相关。（Brown & Harris, 2008; Widom, DuMont, & Czaja, 2007）对这种相关的解释是童年期和青少年期长时间应激使得自身机体的应激反应处于过度疲劳，产生过多的应激激素皮质醇（stress hormone cortisol）。（Gotlib 等, 2008）抑郁症患者倾向于分泌过多的皮质醇，皮质醇可以影响海马和杏仁核的活动，进而引起心境和记忆异常。

3 重要关系的丧失。另一些调查强调重要关系丧失在易感人群中引发抑郁。当一个婴儿与其主要依恋对象分离，就如哈洛研究的恒河猴那样（详见第三章），结果不仅是失望和被动，还有对免疫系统的伤害，随后将导致抑郁性疾病。（Hennessy, Schiml-Webb, & Deak, 2009）许多抑郁症患者曾经历分离、丧失、拒绝、受损等不安全的依恋。（Hammen, 2009; Nolan, Flynn, & Garber, 2003; Weissman, Markowitz, & Klerman, 2000）然而正如前面提到，愉快安全型依恋的个体由于失去挚爱的终身伴侣也可能会陷入长时间的抑郁。（Wakefield 等, 2007）

4 认知习惯。最后，抑郁还与个体对自身处境的特定、负性的思考方式有关。（Beck, 2005）抑郁症患者通常认为他们的处境不会改变（不会有什么好事情发生在我身上）、不可控制（我得抑郁了，因为我丑陋吓人，对此我无能为力）。对事情好转不抱希望，因此也不做任何改变，就这样持续地情绪低落。（Abramson, Metalsky, & Alloy, 1989; Chorpita & Barlow, 1998）当抑郁症患者和正常人群都处于情绪低落，可以选择看高兴面孔或悲伤面孔时，抑郁症患者选择悲伤面孔——这是一种比喻来说明抑郁症患者总体上是如何加工世界的，他们将注意投向证实生活是暗淡无光的每一件事情，而不去关注美好的一面。（Joormann & Gotlib, 2007）当要求回忆曾经的美好时光时，正常人会振奋。但是，抑郁症患者会感到更加悲哀，就好像美好的记忆令他们感觉他们再也不会开心了。（Joormann, Siemer, & Gotlib, 2007）

与抑郁相关的这些认知偏差不仅仅与抑郁症有关。纵向研究表明，它们与重大生活应激事件相互作用导致抑郁进一步发作。（Monroe 等, 2007）抑郁症患者倾向于反复思考、揣度生命中的每一件错事，不断说服自己没有人关心自己，找出各种原因让自己绝望。抑郁症患者无法阻止这些沮丧的想法进入工作记忆，并且任由这些想法持续着，进而始终困在负性想法和不愉快的过去中。（Joormann, 2010）相比之下，遭遇过应激性生活事件的正常人群通常可以分散注意力、看得开并且寻求帮助。从青春期开始，女性较男性似乎更可能形成反复思考、回顾的风格，这种倾向对女性长期持续的抑郁和报道中的性别比率差异都有解释作用。

关于反复思考的发现是十分有趣的，因为我们大概都知道这些感受——觉得一切都没有希望，沉湎于受伤害的感情，预演真实和想象的伤害（她以为自己是谁呢），在焦虑中徘徊（这门课我从来没有学好过，我很可能跟不上了）——是怎样的。当想起上述这些例子时，我们就能明白为什么反复思考可能会令我们困在焦虑、愤怒或忧郁的心境中。事实上，反复思考不仅可以预测抑郁，还可以预测受损的思维和问题解决方式、焦虑、担忧、进食障碍、药物滥用。（Nolen-Hoeksema, Wisco, & Lyubomirsky, 2008; Zalta & Chambless, 2008）

相比男性，女性感到悲哀时沉思和反复思考的可能性大得多，这种习惯很容易导致抑郁

上述已经提及的因素——基因、暴力、丧失重要关系、认知习惯和偏差、以不同方式组合、产生某一特定的抑郁病例。这就是为什么同一负性事件，如考试不及格、被伴侣抛弃、失业，可能以完全不同的方式影响着两个个体：一个挥拳反击，另一个却被打倒在地。

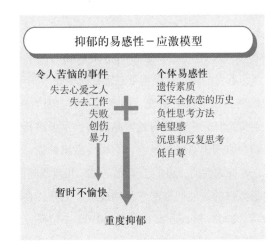

快速测验

不要让这个测验令你感到抑郁！

一、生物研究者发现，抑郁的人应激激素_____的水平异常高。

二、抑郁的四种主要促发因素是什么？

三、抑郁之人倾向于认为他们不快乐的原因是（　　）

　　A. 可控的　　B. 暂时的　　C. 不由自己的　　D. 由环境引起

四、有新闻宣称已经发现了导致抑郁的基因。这是否意味着所有拥有该基因的人都会抑郁？批判性思考者应该如何解释这一研究？

答案：一、皮质醇；二、遗传素质，重要关系的丧失，认知习惯和偏差，以不同方式组合的诸多因素；三、C，不可控、不由自己的原因；四、不意味着所有人都会抑郁，基因只是易感因素之一，还需考虑环境与经历等其他因素的相互作用。

你将会学到

- 具有魅力但无情的商业巨头和冷酷的杀手有何共同之处?
- 为什么有些人不会感到内疚或者良心不安?

反社会/变态人格障碍

人格障碍包括引起极大痛苦或不能与他人相处的适应不良性特质。研究最多的类型之一是**边缘性人格障碍**(borderline personality disorder)。其特点是强烈但不稳定的人际关系历史,在亲密关系中,患者时而将伴侣理想化,时而贬低伴侣。他们疯狂地避免真实或幻想中的被他人抛弃,即使这种"抛弃"仅仅是朋友短暂的假期。患者是自我摧毁和冲动的,长时间感到空虚,常常自残或威胁要自杀。他们的情绪很强烈,从愤怒到欣快再到焦虑变换着。("边缘"源自对这种障碍最初的定义,患者处于神经症和精神病之间。)

边缘性人格障碍 一种以紧张但不稳定的关系、冲动、自残行为、空虚感和害怕被别人抛弃为特征的紊乱。

DSM-IV还包含其他几种人格障碍。DSM-V将对目前最新的诊断系统做较大修改,但会保留一种一个世纪以来一直吸引着公众的诊断:这种诊断描述了一类缺乏所有人际关系、欺骗、毫无畏惧进行杀戮的个体。

几十年前,在著作《理智的面具》(*The Mask of Sanity*)中,埃尔韦·克莱克利(Hervey Cleckley, 1976)推广并标准化了术语**心理变态**(psychopathy),用于描述缺乏道德的一类人群。克莱克利说,心理变态者的一个重要特征是无法感受正常情绪。他们不仅缺乏悔恨,而且不怕惩罚,对被他们伤害的人没有羞愧、内疚和同情。因为缺乏和别人的情感联结,他们的行为常常残忍且不负责任,个人所得越多越高兴,不考虑行为的长远后果。如果说谎或犯罪被抓现行,他们会表现出真诚的歉意,承诺要做出补偿,但这些纯粹是表演。有些心理变态者是暴力的、虐待成性的,可能会杀死宠物、儿童或随便一个成年人而无痛悔,另一些患者是迷人、控制力强的,他们专注于骗局或事业上升,在精神或经济上而不是肉体上虐待他人。(Skeem等, 2003; Skeem & Cooke, 2010)一位研究者称企业中的心理变态者为"穿着西装的蛇"。(Babiak & Hare, 2007)

心理变态 以缺乏自责、同情、焦虑和其他社会情绪,使用欺骗和手段,以及寻求冲动刺激为特征的人格障碍。

尽管心理变态者在个人主义的西方社会中较多,然而,从古至今各种文化中都存在此类人群。甚至在加拿大尤皮克人(Yupik)的严谨文化中,对心理变态者专门有一个词——kunlangeta。(Seabrook, 2008)一个人类学家曾经问一个部落的成员,他们会怎么对待一个kunlangeta,这个成员回答说:"没有其他人看见时,会有人将他们推离冰面。"在任何地方,大家都惧怕和厌恶心理变态者。

反社会人格障碍 一种人格障碍,其特征是终生做不负责、反社会的行为,如违法、暴力和其他冲动、鲁莽的行为。在DSM-V中很可能与精神变态结合。

DSM-IV将术语心理变态者替换为**反社会人格障碍**(antisocial personality disorder, APD),适用于具有无视他人权利、损害他人利益这一广泛模式的人群。反社会人格障碍患者不断违反法律,冲动且寻求即刻刺激,他们不计后果、不顾自身和他人的安全,他们经常打架或袭击他人,他们通常是不负责任的,不能够维持工作或者履行义务。(Widiger等, 1996)正如你所看见的,这个定义涵盖了一套综合行为。它不限定潜在的心理障碍是什么,适用于多年和一帮坏人混在一起的青少年,也适用于从童年早期就具有攻击性的心理失常的个体。后者成为一位研究者所谓的"终生持续犯"(lifetime persistent offender):违反规定,从童年早期起就没有责任心,在不同年龄阶段表现形式不同,"4岁打人和咬人,10岁

有些精神病患者残酷成性且充满暴力。左图是加里·L. 里奇韦（Gary L. Ridgway），美国历史上被定罪的最残忍的杀人恶魔，勒死 48 名女性，把她们的尸体成簇地放置。他平静地说，他之所以这么做是因为他想和她们保持联系。然而，其他的是一些使用魅力、精心编制骗局的自信男性。右图是克里斯托弗·罗坎库尔（Christopher Rocancourt）和模特娜奥米·坎贝尔（Naomi Cambel），他们通过使用假身份——包括电影制片人、巴西赛车手、俄罗斯王子、索菲娅·罗兰（Sophia Loren）之子、金融家——骗走各界名人和其他人数百万美元。罗坎库尔在加拿大被捕，在监狱待了一年，其间主持媒体采访，写自传

偷东西和逃学，16 岁贩卖毒品和偷车，22 岁抢劫和强奸，30 岁诈骗和虐待儿童"。（Moffitt, 1993, 2005）

DSM-IV 对标签做了改动以强调反社会人格障碍的行为特征。"缺乏悔恨"虽然是主要的心理病理特征，但却放在了反社会人格障碍诊断标准列表的下方，并且不成为主要的诊断依据。然而对于许多临床医生而言，反社会人格的主要心理病理特征是冷酷无情和缺乏道德，这些人也许不那么暴力或者不曾犯罪。（Skeem & Cooke, 2010）临床医生强调，暴力犯罪的个体可能是鲁莽、不负责任的，然而他们的行为动机和同情、悔恨、内疚、忠诚的能力同反社会人格障碍是大不相同的。DSM-IV 似乎并没有解决心理变态和反社会人格障碍是否重叠以及如何重叠的问题，似乎是将两者合并成为被称作"反社会/变态人格障碍"（antisocial/ psychopathic personality disorder）的诊断。

尽管定义有一些问题，研究者还是找出与"终生持续犯"核心特征相关的一些因素。

1 中枢神经系统异常。反社会人格障碍患者的情绪线路似乎出现了错误，这些情绪线路可以使包括人类在内的灵长类动物感受到和其他同类个体的联结。他们无法感受到情绪唤起，这表明中枢神经系统有异常。（Hare, 1965, 1996; Lykken, 1995; Raine 等，2000）一般人都有对惩罚、威胁的生理反应，而反社会的人则没有，这可能就是为什么他们能够在别人害怕得要死的情境中肆意而为的原因。

通常，当人预见到会有危险、疼痛或惩罚发生时，皮肤的电导就会改变，这就表示发生了焦虑或恐惧的经典条件反射。但 APD 患者对形成这样的反射很缓慢，这说明他们不能因为获悉自己的行为将产生令人不快的后果而感到必要的焦虑。（见图 11.2）缺乏与他人共情的能力似乎是有生理基础的。当给他们呈现人类哭泣和痛苦的照片时，他们皮肤的电导没有变化，而正常人的则会急速上升。（Blair 等，1997）这种情绪平整度可以将反社会个体、职业暴力犯，与其他最终放弃犯罪的攻击个体、犯罪者区分开来。（Lorber, 2004）

2 额叶功能受损。反社会个体、职业暴力犯的额叶功能神经心理测试的表现通常不

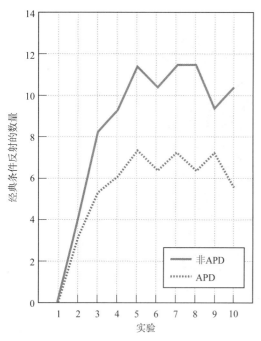

图11.2 情绪和反社会人格障碍

在几项实验中，反社会人格障碍患者发展出预期危险、疼痛、打击的经典条件反射是缓慢的——这些反射说明具有正常的焦虑。这种缺陷可能和此类精神病患者以破坏性方式行动却没有懊悔、不计后果有关。（Hare, 1965, 1993）

如其他人好，他们大脑额叶的灰质更少。（Dinn & Harris, 2000; Raine, 2008）正如我们在第四章所看到的，额叶负责计划和冲动控制，这个区域受损将导致无法控制对挫折和挑衅的反应，无法调节情绪，无法理解沉溺于即刻满足带来的长远后果。（Luengo 等, 1994; van Goozen 等, 2007）一项正电子发射扫描研究发现，冷血的掠夺成性的谋杀者比激情谋杀者或其他犯罪类型人员在大脑额叶有较少的脑活动。（Raine 等, 1998）

额叶受损可能源自遗传，也可能源自疾病、事故、躯体虐待。（Milner & McCanne, 1991）研究者对两个曾在婴儿期损坏了前额皮层的年轻人——其中一个是15个月时被汽车碾过，另一个是摘除过脑瘤——所做的分析显示，两个人长大后都是强迫说谎者、小偷和无情的违规者。他们不能坚持工作或者计划未来，不能区分正确与错误，并且缺乏同情心。（Anderson 等, 1999）

3 **基因影响**。某些基因似乎与额叶缺乏冲动控制所致障碍有关，不仅包括反社会人格障碍，还有酗酒、药物依赖、儿童品行障碍。（Dick, 2007; Fowles & Dindo, 2009）一项纵向研究发现，童年期遭受躯体虐待且关键基因有所变异的男孩随后因暴力犯罪被捕的比例比童年期受虐待但基因正常的男孩要多得多。（Caspi 等, 2002）虽然受虐儿童中只有12%有基因变异，但他们占到随后因暴力被定罪的全部个案的50%。

快速测验

没有逃避考试这样一种人格障碍哦，所以请完成这个测试。

一、你能诊断下列各种障碍吗？

1. 安早上几乎不能起床。她感到生活没有希望，曾经自我感觉良好但现在感到绝望。
2. 贝达一直感到厄运将要来临，连日以来，他对一切事情都感到极度焦虑，无法放松。
3. 康妮在情感上依赖他人，当她觉得朋友们离她而去（即使是去度假）时，她会感到恐慌和愤怒。她割伤自己，如果得不到想要的就不停地威胁说要自杀。
4. 达蒙是最具魅力的艺术家；他抢劫了寡妇的生活来源，而没有片刻的内疚。

二、心理变态和反社会人格障碍的本质区别是什么？

三、假如你读到一个犯罪团伙成员枪杀了一个孩子。你会认为他心理变态吗？你需要什么证据来回答这个问题？

4 环境事件。 然而，基因不是命运。在上述提到的研究中，虽然有基因变异但受到父母关爱照料的男孩并没有成为暴力犯。基因影响着大脑，从而使个体易于冷酷无情或做出暴行，但是许多环境的影响可以打断这一通路，改变基因表达的方式。生命最初三年缺乏滋养、早期与母亲分离、父母虐待导致的大脑损伤均与贯穿青少年期的反社会行为有关。（Raine, 2008）

请记住有些儿童没有导致反社会人格的基因基础，但是常年生活在暴力环境中阻碍了他们发展与他人共情的能力，同时教会了他们暴力是一种生存策略。残暴行为得到奖赏的公司文化或政治文化会催生很多"穿着西装的蛇"。出于宗教或政治的灭族目的而奖赏滥杀无辜的行为会滋生许多"反社会人格障碍"。基因不再是原因。

正如你所看到的，导致持续终生的反社会人格障碍的各种原因包括个体的基因倾向、生物损伤、经历、周遭的文化。

> **你将会学到**
> - 基因如何导致酒精滥用？
> - 为什么酒精滥用在一些文化中更加普遍？
> - 为什么禁酒政策没有减少问题饮酒？
> - 为什么当人们疼痛时服用麻醉药品通常不会上瘾？

药物滥用和成瘾

许多使用药物（合法的、不合法的、处方用药）的人都是适度使用；但是有些人则是过度依赖药物，还有一些人甚至不惜以自身的健康为代价滥用药物。DSM-IV 定义药物滥用（substance abuse）为"一种不当的导致临床上明显损害或痛苦的物质使用模式"。受损的症状包括不能坚持工作、照看小孩或完成学业；在危险的情境（如驾车或操作机器）中使用药物；就药物使用或药物使用的结果而频繁与他人发生冲突。

在第五章中，我们描述了主要的精神活性药物及其效用。在这一部分里，我们将主要以酒精中毒为例，认识两种理解成瘾和药物滥用的主要观点：生物模型和学习模型，然后再看看它们是怎样融合的。

生物学和成瘾

生物模型（biological model）坚持，无论是对酒精还是其他任何药物成瘾，主要原因都是基于人的神经病学基础和遗传倾向。成瘾具有生物性最清楚的例子是尼古丁。尽管过去的 50 年中吸烟率有所下降，尼古丁成瘾仍然是美国和全世界影响健康的最主要问题之一。尼古丁成瘾开始得很快，通常在第一根香烟之后的一个月内——对于一些青少年而言，仅仅是在第一根香烟之后——就成瘾了，因为尼古丁会很快引起大脑中对尼古

小罗伯特·唐尼（Robert Downey Jr.）因为滥用可卡因、海洛因和安定多次入狱。他告诉法官说："好像我嘴里有一支装满子弹的枪支，我的手指在扳机上，我喜欢炮筒的味道。"他的成瘾几乎毁了他的演艺生涯

丁发生化学反应的神经元受体的改变。(DiFranza, 2008) 这些尼古丁受体的基因产生变异,这是为什么有些人很容易烟草上瘾的原因之一,并且当他们尝试戒烟后会出现大量戒断症状,而另一些人,即使是老烟民,也可以突然完全放弃吸烟。(Bierut 等, 2008)

酗酒的情形则更为复杂。某些类型的酗酒有基因的原因,但不是全部。有一种酗酒的遗传成分在青少年早期就开始起作用了,并与他们的冲动、反社会行为、犯罪相关(Dick, 2007;Dick 等, 2008;Schuckit 等, 2007),成年期开始酗酒的情况则不同,并且与其他障碍无关(小罗伯特·唐尼说他7岁起就物质成瘾了)。

基因同样影响酒精敏感性:个体对酒精发生反应的速度,对酒精是否耐受,多大量酒精才可以令之兴奋。(Hu 等, 2008) 在一项正在进行的有450个年轻男性被试参加的纵向研究中,那些在20岁时就必须比其他人喝更多酒才有反应的人,在十年内变成酗酒者的危险性都很高,不管他们之前的饮酒习惯或者酗酒家族史如何,这一点都是确实的。(Schuckit, 1998)

相比之下,对酒精高度敏感的个体不太可能过度饮酒,这也部分解释了酗酒比例的种族差异。有一种能够引起酶(这种酶在酒精代谢中很重要)低活性的遗传因素。缺乏这种酶的人对酒精的反应症状是不愉快的,如脸红、头晕、恶心。这一遗传性保护在亚洲人中普遍存在,而在欧洲人中则很少有,这可能是亚洲人比白人酗酒比率低得多的一个原因;亚洲人对酒精的敏感性阻止了他们过多饮酒。(Heath 等, 2003) 然而,不是所有的亚洲人都如此。美籍韩裔大学生比美籍华人大学生有更高的酗酒比率和家族史(Duranceaux 等, 2008),土著美国人与亚洲人有着同样的遗传保护,但其酗酒率却高得多。

对生物因素和成瘾之间关系的一般看法是假设前者引起后者。但是,也有很有力的证据证明它们之间的关系是另一种情况:成瘾源于药物滥用。(Crombag & Robinson, 2004) 许多人物质成瘾不是大脑导致的,而是因为物质滥用改变了大脑。正如你在图11.3看到的,大量使用可卡因会减少多巴胺受体的数量(Volkow 等, 2001);酒精和其他药物也如此。大量饮酒改变大脑功能、降低止痛内啡肽的水平、损坏神经、使大脑皮层萎缩。这些改变制造了成瘾:一种对更大量药物的渴求。个体并不是饮酒获得偶然的愉快后便开始饮酒以减缓压力,然后越来越沉迷于酒精。在这一点上,是大脑发生了长期改变,个体酒精中毒,饮酒不是为了获得愉快而是停止渴求。(Heilig, 2008)

因此,药物滥用始于自愿行为,然后可能转变成药物成瘾,即一种成瘾者发现几乎不能控制的强迫性行为。

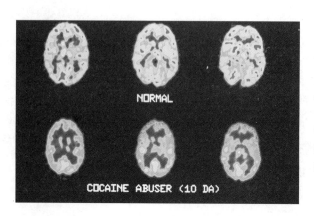

图11.3 成瘾的大脑

正电子发射扫描研究表明,可卡因成瘾者的大脑多巴胺受体更少,多巴胺是与愉悦感知有关的一种神经递质。(大脑图片中浅色部分越多,表明受体越多。)脱氧麻黄碱、酒精甚至食物成瘾者的大脑有同样的多巴胺缺陷。(Volkow 等, 2001)

学习、文化和成瘾

学习模型（learning model）考察了环境、学习和文化在鼓励和阻碍药物滥用和成瘾中的作用。四个主要发现强调了理解以下因素的重要性：

1 成瘾类型依文化实践不同而各异。酗酒似乎非常多地发生于禁止儿童饮酒但宽恕成年人醉酒的社会（如在爱尔兰），而较少发生在教给孩子如何负责任和适度地饮酒但谴责成年人醉酒的社会（如在意大利、希腊和法国）。在酗酒率低的文化中（排除因为宗教规则而禁止使用所有精神活性药物的情况），成年人对他们的孩子展示了正确的饮酒习惯，在安全的家庭环境中逐步地引导他们饮酒。饮酒不作为向成年过渡阶段的一种仪式。戒酒者不被嘲笑，醉酒不被认为是迷人的、幽默的或有男子气概，醉酒被认为是愚蠢的和令人讨厌的。（Peele & Brodsky, 1991; Vaillant, 1983）

文化环境对酒精基因易感性年轻人发展成酗酒者起着特别关键的作用。（Schuckit 等，2008）在一个有 401 位美洲印第安人的群体中，有酒精滥用问题的个体生活在父母和同辈人鼓励多喝酒的环境中。但那些因成为本土美国人感到文化和精神骄傲、对他们的宗教传统有强烈依恋的个体，即使父母和同伴鼓励其饮酒，他们发展出酒精滥用的可能性仍然较少。（Yu & Stiffman, 2007）

成瘾率可以随文化的改变快速地上升或下降。在美洲殖民地，普通人的饮酒量是当今人的两三倍，但酗酒却不是一个严重问题。饮酒作为一种社会活动而被广泛接受；家庭成员一起吃饭和饮酒。人们相信酒精可以产生快乐情感和放松，清教徒官员赞同使用它。（Critchlow, 1986）在 1790—1830 年间，当美国先驱者正在扩张时，饮酒逐渐成为男性独立和坚强的象征，酒吧变成了家以外的饮酒场所。当人们及其家庭停止有节制地饮酒时，酗酒率上升了——正如学习模型所预言的。

当人们从其原住地文化迁移到另一种具有不同饮酒规则的文化中时，物质滥用和成瘾问题也会增长。（Westermeyer, 1995）例如，在多数拉丁美洲文化中，女性就很少饮酒，从整体上说她们几乎没有酗酒问题——直到她们迁移到英国人的环境中，酗酒比率就会上

当孩子们学习与家人一起的社交饮酒规则时，比如在这个犹太家庭的逾越节家宴（Passover Seder）上（左图），酗酒率比那些主要在酒吧或私下喝酒的文化要低得多。同样地，当大麻作为一种宗教传统的一部分使用时，就像牙买加的拉斯特法里教（Rastafarian）的成员那样，使用智慧草（大麻）不会导致上瘾或使用更严重的毒品

升。(Canino, 1994) 同样，当一种文化的规范改变时，饮酒习惯和成瘾率也会改变。美国大学女生适度饮酒的文化标准曾经一度是很低的；如今，大学女生比过去更可能酒精滥用。一个原因是如今许多美国大学的校园文化鼓励饮酒游戏、暴饮（在两小时内喝至少4到5杯）、醉酒，特别是兄弟会和姐妹会的成员。(Courtney & Polich, 2009) 当周围所有人都在玩"啤酒乒乓"，"哎呀，我真的只能喝一杯"真的很难说出口。

2 整体戒酒政策倾向于增加而不是减少成瘾的发生率。在美国，20世纪早期的禁酒运动认为，饮酒不可避免地导致醉酒，醉酒导致犯罪。解决这一问题的禁酒年（1920—1933）是全国性的戒酒运动。但是这一胜利却引起了逆反现象：再一次与学习模型一致，禁止饮酒减少了整体的饮酒比率，但酗酒率却在饮酒者中间有所增长。因为不让人们学习适度饮酒，一旦饮酒的机会来临，他们就会饮酒过度。(McCord, 1989) 当然，当禁止使用某种成瘾物质时，对某些人来说，它立刻就会变得很有吸引力。美国许多学校对大麻和酒精采取零容忍政策，但是仍有大量学生总是吸食和饮用，事实上，酒精暴饮比率增加最快的是在未成年人中，法律规定他们在21岁之前是禁止饮酒的。

3 不是所有成瘾者在停止使用药物时都会出现戒断症状。当某种药物的大剂量使用者停止使用该药物时，他们常常会出现一些令人不快的症状，如头晕、腹部痉挛、抑郁和睡眠问题，药物不同会出现不同症状。但这些症状并不是普遍的。越南战争期间，将近30%的美国士兵吸食海洛因，其吸食的剂量远比在美国城市街道上能够得到的多得多。这些人也相信他们自己会成瘾，并且专家预测，在返回美国的退役军人中将有一场药物引起的戒断灾难。但这始终没有形成事实，当他们回到家进入另一种环境时，90%以上的人很轻易地就放弃了药物，而没有明显的戒断痛苦。(Robins, Davis, & Goodwin, 1974) 同样，大多数对烟草、镇静剂或止痛药成瘾的人都能够在没有任何外部帮助的情况下停止使用这些药

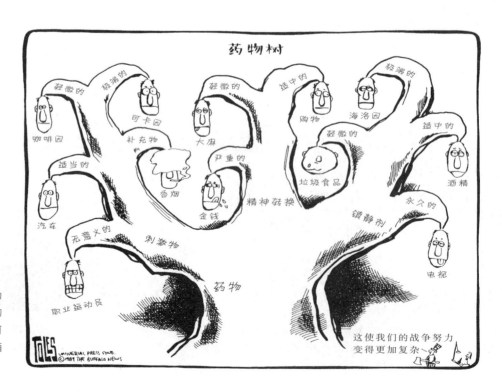

这幅漫画通过取笑人们为了让自己感觉更好而做的事情，提醒我们一个人可以依赖很多东西，除了酒精和其他毒品

> **参与进来 | 饮酒动机测试**
>
> 如果你饮酒,那么你为什么这么做?以下哪些理由适合你?
>
> | | |
> |---|---|
> | 放松 | 应对压力 |
> | 逃避烦恼 | 喝醉后失控 |
> | 配合美食 | 反对权威 |
> | 让同辈人认同 | 减轻厌倦 |
> | 表达愤怒 | 进行性活动 |
> | 便于社交 | 其他(请注明) |
>
> 你的理由促使了酒精滥用还是合理饮酒?你的身体对酒精的反应是怎样的?你从家庭中、朋友那里、文化环境中习得的饮酒规则是什么?关于你对成瘾的易感性,你的这些答案告诉了你什么?

物,并且也没有严重的戒断症状。(Prochaska, Norcross, & DiClemente, 1994)许多人认为这简直令人惊讶,甚至不可思议。这是因为,那些可以在没有帮助的情况下戒烟的人不会参加帮助他们戒烟的项目,所以公众、医疗界看不到他们,但在随机取样的社区调查中他们则是属于研究对象的。

许多人可以放弃药物的原因之一是环境和个体期望对药物的心理作用和生理作用有强大的影响。(见第五章)比如说,人们通常认为,致命剂量的安非他明(amphetamine)无论在什么情况下被服用,效果都是一样的。然而,白鼠研究发现,致命的剂量取决于老鼠所在的环境——它们所在测试笼的大小,是独处还是和其他老鼠一起。同样,人类对某些药物成瘾的生理反应是变化的,取决于成瘾者是否在一个"惯用药物"的环境中,如一所破旧房子或者一个不熟悉的地方。(Crombag & Robinson, 2004; Siegel, 2005)这就是为什么如果成瘾者想要戒掉坏习惯就需要改变环境的一个重要原因。不仅仅是远离那些怂恿的同伴,也要改变大脑对药物的反应。

4 成瘾不仅有赖于药物的属性,而且有赖于吸食的原因。几十年来,医生担心给慢性疼痛病人使用麻醉剂会让他们上瘾。由于这一担心,上千万人不得不在慢性疼痛如背疼、关节疼、神经障碍等的折磨下生活。如今我们知道了,许许多多疼痛患者使用吗啡和其他阿片类药物,这是许多成瘾者使用的药物,但这些患者并没有脱离生活,而且生活得很好,并没有成瘾。(Portenoy, 1994; Raja, 2008)

同样,在有关酒精的案例中,那些饮酒只是为了社交需要或者在劳碌一天后放松一下的人不太可能酒精成瘾。但当人们饮酒是为了掩盖或压抑他们的焦虑和抑郁,或是为了消愁忘忧,或是为了找借口放纵的时候,问题就出现了。(Cooper 等, 1995; Mohr 等, 2001)感到被疏远和学习困难的大学生,比那些感到幸福的同伴更可能怀着有意识的醉酒倾向去狂欢饮酒。(Flacks & Thomas, 1998)

在戒毒所进进出出五年后,小罗伯特·唐尼面临着更多的牢狱之灾,他开始认真地寻求帮助,并成功地克服了毒瘾

成瘾原因的讨论

生物和学习模型对于我们理解使用药物和药物成瘾都有贡献。但在许多研究者和公共卫生学专家看来,这些观点是非常极端化的,特别是考虑到治疗层面。其结果就是在全国范围内形成非此即彼的思考模式:完全戒掉才算是解决,否则仍是问题。

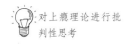
对上瘾理论进行批判性思考

倡导生物模型者认为酗酒者和问题饮酒者应该彻底杜绝,年轻人在 21 岁之前即使在家里和父母在一起也不要饮酒。学习模型倡导者认为问题饮酒者如果知道如何明智安全地饮酒,习得处理压力更好的方式,回避引起酒精滥用条件反射的情境,远离强迫自己喝多的朋友,那么就可以学会适度饮酒。另外,学习模型倡导者认为,如果年轻人不首先在家里或者其他安全环境中饮酒,他们如何学会适度饮酒?(Denning, Little, & Glickman, 2004; Rosenberg, 1993)

我们如何批判性地评价这两种立场?由于酗酒和问题饮酒的发生原因有很多,两种模型所提供的都仅仅是一种解决方法。一方面,许多多年的酗酒者不能学着适度饮酒,因为正如我们之前看到的,他们大脑和体内的生理变化可能已经将他们由酒精滥用者变为酒精成瘾者。另一方面,像匿名戒酒会(AA)这样的完全戒酒组织对很多人都是无效的。按照 AA 的调查和独立研究者所做的研究,有 1/3 到 1/2 加入 AA 的人脱失。这些脱失者中的大多数也都能从一些项目(如减少伤害[Harm Reduction])中获益,这些项目可以教给人们如何适度饮酒和有节制地饮酒。(Witkiewitz & Marlatt, 2006)

所以,我们不应问:"问题饮酒者能够学会适度饮酒吗?"而是应该问:"什么因素更可能或更不可能让个体学会控制问题饮酒?"有较大可能性成为适度饮酒者的问题饮酒者曾有较轻微的药物依赖史。他们维持着稳定的生活,有工作和家庭。与之相对,成为酗酒(或其他药物滥用)者的高危因素有:第一,对药物有生理易感性,或者长时间使用的药物足以损坏或改变大脑;第二,认为自己对饮酒和药物滥用无法控制;第三,生活在一种提倡和奖赏狂欢饮酒,不鼓励适度使用药物的文化或社会群体中;第四,依靠药物作为一种方法以回避问题、压抑生气或恐惧、应付痛苦。

快速测验

如果你对通过考试上瘾,那么请回答这些问题。

一、关于基因对酒精滥用的影响,最合理的结论是( )?
 A. 没有某个关键基因,一个人就不可能酒精滥用 B. 某个关键基因的存在总能够导致个体酒精滥用
 C. 基因可能会增加个体酒精滥用的易感性
二、哪种文化实践与酒精滥用发生率低有关( )
 A. 在家庭氛围中逐渐接触饮酒 B. 频繁地酩酊大醉 C. 饮酒是步入成年人行列的仪式 D. 禁酒政策
三、在一项全国调查中,52% 的美国大学生说他们曾喝醉过,42% 的美国大学生说他们经常放纵地饮酒。为了减少这种问题,许多学校发起了零容忍计划。根据这部分描述的研究,这些计划会奏效吗?为什么会或者为什么不会?

答案:一、C 二、A 三、这些计划不大可能奏效,因为零容忍政策试图消除酒精滥用的问题,没有教授学会如何适度饮酒的文化氛围。

你将会学到

- 为什么多数临床工作者和研究者对多重人格障碍持怀疑态度？
- 为什么"多重人格"病例的数量从少数一跃到成千上万？

同一性分裂障碍

在精神病学和心理学中最具争议的诊断之一是**分离性身份障碍**（dissociative identity disorder），它在以前并且直到现在流行的称呼是**多重人格障碍**（multiple personality disorder, MPD）。这种障碍描述了一些明显的现象，即在一个人内部有一个或多个不同的身份，每一个身份都有自己的名字、记忆和人格特征。多重人格的案例出现在电视、读物和《三面夏娃》（*The Three Faces of Eve*）、《心魔劫》（*Sybil*）这样的电影中，多年来直至现在一直吸引着大众。2009 年，在《塔拉合众国》（*The United States of Tara*）这一电视节目中描述了一个不断在三种身份中转换的女性——一个性感且疯狂购物的小女生；一个喜欢枪支的乡下人；20 世纪 50 年代风格的家庭主妇，她有一个极其宽容的丈夫和两个十几岁的孩子。

分离性身份障碍 一种有争议的疾病，其特征是一个人明显具有两种或两种以上不同的性格，每种性格都有自己的名字和特点；以前被称为多重人格障碍（MPD）。

一些精神病学专家认为 MPD 很严重，认为这种障碍源自童年期应对性虐待或其他创伤经历的方式。（Gleaves, 1996）在他们的观念中，创伤产生了心理"分裂"（即**分离性**[dissociation]）：一种人格的出现是为了处理日常的经历，另一种人格则是为了应付糟糕的经历。在 20 世纪 80 年代至 90 年代之间，临床医生对待自认为有多重人格障碍的患者，常常采用引出"替代人格"的技术，如催眠，使用药物，公然胁迫。（McHugh, 2008；Rieber, 2006；Spanos, 1996）精神病学家理查德·克卢夫特（Richard Kluft, 1987）写道，为了断定存在 MPD——也就是让某人展示"分裂性"人格——可能需要"2.5 到 4 小时的不间断交谈。必须防止交谈对象因简短休息而恢复平静……最近，在一个十分有难度的病例中，分裂的第一个迹象在第 6 个小时出现，确切的自发性的人格转换发生在第 8 个小时"。

天哪！8 小时的"不间断交谈"而无一次休息后，我们有多少人会显示不出交谈者想要的东西？进行这种交谈的临床专家争论说，他们仅仅是允许其他的人格证明一下自己。但是，持怀疑态度的批评者反驳说，临床医生通过暗示，有时甚至是明确威胁有其他心理问题的易感个体主动地制造出多重人格。（Lilienfeld & Lohr, 2003）研究者表明，"分离性遗忘"缺乏历史和经验支持，其假设机制是受创伤儿童压抑经验从而发展出几种身份（见第八章），可真实的创伤经历会长时间清晰地保存在记忆中。（McNally, 2003；Pope 等，2006）

那么，MPD 是什么？证据表明，MPD 是一种自产自销、文化绑定的症状。1980 年之前，全世界范围内只有少数 MPD 被确诊；但是，到了 20 世纪 90 年代中期，涌现出成千上万 MPD 病例，大多数出现在美国和加拿大。MPD 也变成了一种

在最早的病例中，多重人格只以成对的形式出现。1886 年杰基尔博士和海德先生的故事中，善良的杰基尔博士变成了凶残的海德先生。在 20 世纪 90 年代多重人格障碍发生的鼎盛时期，人们声称有几十种变体，包括恶魔、外星人和动物

赚钱的商业，它有利于开设 MPD 门诊的医院，有利于要治疗新障碍的治疗家们，有利于写畅销书的精神病学家和患者们。在 20 世纪 90 年代，由于美国出现大量渎职案件，法院裁定，基于精神病学和心理学方面专家的证词，MPD 是相信 MPD 的临床医生制造出来的。医院开设的 MPD 诊所关闭，精神病学家变得更加小心翼翼，病例数量几乎一夜之间急剧下降。

当被问及的时候，没有人会对一些麻烦的、富有想象力的人能出现许多不同的"人格"提出异议。但是 **MPD 的社会认知解释**（sociocognitive explanation of MPD）则坚持认为，这种现象只不过是一种能力的极端形式，这种能力就是我们所有人都有的向他人展现自己人格的不同侧面。（Lilienfeld 等，1999）对于相信 MPD 的临床医生和患者来说，这种障碍似乎是真实存在的，但是在社会认知观点看来，MPD 源自临床医生的压力和建议，这与那些认为 MPD 表面上看起来是问题合理解释的易感性患者的接受性发生了交互作用。MPD 的诊断允许一些人解释其现在感到后悔或发现不能忍受的尴尬的性行为和犯罪行为，他们能够宣称是他们的"其他人格做了这些事情"。反过来，MPD 治疗家则用注意和表扬奖赏这些患者来揭示越来越多的人格——一种文化绑定的综合征诞生。（Hacking，1995；Piper & Merskey，2004）

> 对多重人格障碍进行批判性思考

MPD 诊断比例的升降对批判性地思考问题提供了一个重要的经验教训，因为对耸人听闻的 MPD 病例进行的不容置疑的媒体报道以及电影和电视节目在促使 MPD 诊断的上升中起着主要作用。当加拿大精神病学家哈罗德·默斯基（Harold Merskey，1992）回顾已发表的 MPD 病例时，他找不到一个没有受到治疗家暗示或媒体报道影响的 MPD 病例。即使是著名的"西比尔"（sybil）案例，曾是读物、电影、电视节目的巨大看点，也只不过是个恶作剧。西比尔从没有过性虐待的创伤性童年，没有多重人格障碍，她的症状在很大程度上是她的精神科医生制造出来的。（Borch-Jacobsen，2009；Rieber，2006）

MPD 的故事教给我们，对于突然流行起来的新诊断和以前未有过的障碍要批判性地思考，考虑其他的解释，检验假设和偏见，寻找好的证据。

快速测验

<393>

你众多人格中的任何一个都可以回答这个问题。

一个叫唐娜·沃克（Donna Walker）的女性因试图说服一对印第安纳州的夫妇，她就是他们失踪多年的女儿而被捕。她声称她的"坏女孩"人格（艾利森[Allison]）应该为这个骗局和她之前长期愚弄警察、朋友、媒体的行为负责。她说她的"好女孩"人格（唐娜）童年时期曾遭受性侵犯，在美国联邦调查局担任了几年信息情报员。美国联邦调查局证实沃克曾经为他们工作过，她的一些报告是伪造的。有机构说，沃克来来回回有多达 7 种人格。作为一名批判性思考者，关于沃克和她的多重人格障碍，你有什么要问？

答案：一些可能值得问的问题：关于她的早期是否有确凿的证据？（根据统计，4～13岁之间遭一系列虐待的 可能性极小）她 13 岁时接受过精神病治疗？故事应该揭示出来。她所报告的事实是否可以被独立来源证实？其实是否有其他人格？（由于我们每一个人都有许多人格侧面，她是否可能有一个人格？她精神病学家是否重视每个人格的反应？）

> **你将会学到**
> - 精神分裂症和"分裂人格"的区别。
> - 精神分裂症的五个关键表现。
> - 精神分裂症是否部分源自遗传?
> - 为什么精神分裂症可能始于子宫内,然而直到成年时期才出现?

精神分裂症

1911年,瑞士精神病学家欧根·布洛伊勒(Eugen Bleuler)创造了名词**精神分裂症**(schizophrenia),以描述人格丧失同一性的病例。与流行的观念相对,精神分裂症患者没有"分裂的"或"多重的"人格。精神分裂症是一种分离状态,其中字词与意义分离、行为与动机分离、感觉与现实分离。这是**精神错乱**(psychosis)的一个例子,是一种精神状态,涉及对现实感知的歪曲和在生活的多个侧面丧失功能。

精神分裂症 一种以妄想、幻觉、言语紊乱、行为不当和认知障碍为特征的心理障碍。

精神错乱 一种包括扭曲的知觉和非理性行为的极端心理障碍;它可能有心理或器质原因。

精神分裂症症状

精神分裂症是心理疾病中的癌症:隐晦、复杂、表现形式多、疗效难以预测。包括以下症状:

1 奇怪的妄想。一些精神分裂症患者有身份妄想,认为他们是摩西、耶稣或其他名人。有些人有偏执妄想,他们会把一些莫须有的事情,如陌生人的咳嗽、直升机飞过头顶,当作大家都在谋害他们的证据。他们可能坚持认为他们的想法是被某些控制他们的人插进头脑中的或他们的想法在电视上播放。有些患者认为日常的物品或动物是别的东西,如伪装的外星人。还有些患者有妄想观念。一个名叫玛格丽特·玛丽·蕾(Margaret Mary Ray)的妇女坚信,脱口秀节目主持人大卫·莱特曼(David Letterman)爱上她了。因为被这一妄想观念牢牢控制,她不分昼夜地偷偷接近他十多年,给他写信并多次闯进他的住宅。

2 幻觉。精神分裂症患者会感到非常真实的假的感觉经验,如感觉有小虫子爬过身体,看见蛇从墙上穿过。但是到目前为止,精神分裂症患者中最普遍的幻觉是幻听,这实际上是疾病的标志性特征。有些患者对幻听到的声音感到非常苦恼以至于用自杀来逃避。一位男子描述了他如何听到多达50个声音在诅咒他,催促他去偷别人的脑细胞或命令他自杀。一旦他拿起电话听筒就听见有声音在尖叫,一遍又一遍地叫"你有罪!"它们欢呼的声音"像人类的扩音器一样大",他告诉一个记者:"我完全绝望了。我感到恐惧。它们总在我周围。"(Goode,2003)

3 散乱、不连贯的语言。精神分裂症患者经常说出非逻辑的、零乱的想法和符号,由无意义节律的词或相关甚远的词——称作**词汇沙拉**(word salad)——连贯起来。布洛伊勒的一个患者写道:"橄榄油是一种阿拉伯人的酒—醋,阿富汗人、摩尔人和穆斯林人用它养鸵鸟。印度的香蕉树是帕西人(Parsee)和阿拉伯人的威士忌。大麦、水稻和甘蔗称作朝鲜蓟,很明显在印度生长得很好。婆罗门是生活在俾路支(Baluchistan)的一个阶级。切尔克斯人（Circassian）占据了中国和满洲里。中国是波尼族人（Pawnee）的黄金国。"（Bleuler，1911/1950）

4 整体上散乱和不适当的行为。其类型可能从童样痴呆（childlike silliness）到不可预测的暴力搅动（violent agitation）。患者可能会在炎热的夏天穿着三层大衣、戴着手套，并开始收集垃圾或贮藏食物碎屑。

5 受损的认知能力。精神分裂症患者比正常人在几乎所有认知方面都差劲很多，特别是语言学习、回忆词汇和故事、言语、感知、工作记忆、选择性注意、问题解决。（Dominguez 等，2009；Uhlhaas & Silverstein，2005）他们语言贫乏，不是不愿意讲话，而是由于思维减退，仅能进行简单的、空洞的应答。许多这些认知障碍在精神分裂症真正发生前就出现在脆弱的儿童期，并且在患者的精神病症状由于药物治疗而消退之后持续存在。（Heinrichs，2005）

其他症状可能在幻觉和妄想出现之后的数月或数年才出现，在那些剧烈症状处于缓解时常常还存在。许多精神分裂症患者丧失了照料自己、与他人交往的动机和能力；他们可能会停止工作、不洗澡，变得孤独和退缩。他们看上去情感淡漠，脸部表情单一，缺乏眼神交流。有些患者完全退缩在自己的世界里，一动不动坐几个小时，这被称为**紧张性木僵**（catatonic stupor）。（紧张性状态也可能产生持续数小时的疯狂且无目的的行为。）

布赖恩·查恩利（Bryan Charnley）描绘了17幅自画像，还带有反映他与精神分裂症斗争的评论。上面这幅图是他1991年3月画的，当时他的神志是清醒的。7月，他实施了自杀

4月20日："我感觉很偏执。楼上那个人在读出我的思想，然后说给我听，令我处于一种自我磨难……我能感到这些是因为我正在释放强烈的心灵感应。"

5月6日："我没有舌头，没有真正的舌头，我只能谄媚……是嘴里的指甲说出这些话的。周围的人无法了解我有多么愚蠢，并且不能谅解我……所以，我是一个靶子。我眼睛里的指甲表达的意思是，我看不见，而其他人似乎有额外的感知功能，在这方面我是瞎的。"

5月18日："我的思想似乎被广播了，对此做任何事情都超出了我的意志。通过将我的大脑画成一张大嘴，我把这些累加起来……这些麻烦似乎源自一颗受伤的心，所以我在那里画了好多淤血……我感到我正在释放强烈的人格心灵感应，因此我的脑袋在释放脑电波。"

精神分裂症患者的认知功能和社会功能缺陷可能出现在童年晚期或青春期早期（Tarbox & Pogue-Geile, 2008），然而精神病性症状首次全面爆发通常是在青春期晚期或成年早期。某些人会突然起病，另一些人则是缓慢起病，有缓慢的人格改变。衰退和复发越多的人康复的机会就越少。然而，与人们通常认为的相反，超过40%的精神分裂症患者有一个或多个正常的时期（持续一年或更长），特别是当有强大的家庭支持和社区保障时，他们能够保持良好的工作和人际关系。(Harding, 2005; Hopper 等, 2007; Jobe & Harrow, 2010) 还有什么样的神秘疾病能够产生出如此多样的症状和后果？

精神分裂症的起源

精神分裂症明显是一种大脑疾病。包括前额叶皮层和颞叶灰质体积的减少，海马异常，神经递质、神经活动异常，记忆、决策和情绪加工等认知功能脑区的神经元间连接损坏。（Karlsgodt, Sun, & Cannon, 2010）大多数精神分裂症患者的脑室（大脑中充满脑脊液的部位）扩大。（见图11.4）(Heinrichs, 2005) 患者比正常人更可能出现丘脑异常，丘脑是筛选感觉信息和将注意聚焦的交通控制枢纽。（Andreasen 等, 1994; Gur 等, 1998) 许多患者的听觉皮层、布洛卡区（Broca's area）和威尔尼克区（Wernicke's area）有缺陷，这些脑区都涉及语言感知和加工。这也许可以解释患者言语幻听的噩梦。

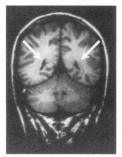
健康

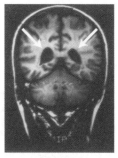
精神分裂症

图11.4
精神分裂症和大脑
精神分裂症患者比起正常人更可能有扩大的脑室。这些对一对28岁男性同卵双胞胎的磁共振扫描片子显示了正常个体（上图）和精神分裂症个体（下图）脑室大小的差异

目前，研究者找出该障碍的三个相关因素：

1 遗传倾向。 精神分裂症是高度遗传的。假如同卵双胞胎之一患有精神分裂症，即使这对双胞胎分开抚养，那么另一个也会有患精神分裂症的较大的危险性。父母有一方患精神分裂症，其子女终生患病危险率为7%～12%，父母双方都是精神分裂症患者，其子女终生患病危险率为27%～46%，一般人群的终生患病危险率仅为1%。（Gottesman, 1991; Gottesman 等, 2010; Heinrichs, 2005)（见图11.5）全世界的研究人员都在努力找出与特定症状如幻觉、声音敏感性、认知损伤、社会退缩有关的基因。（Desbonnet, Waddington, & O'Tuathaigh, 2009; Tomppo 等, 2009）然而，找出精神分裂症的关键基因并不容易，因为有一些基因似乎是相关的，但这些基因不仅和精神分裂症有关，还和双相障碍、抑郁、其他心理障碍甚至阅读障碍有关。（Walker & Tessner, 2008）

2 产前因素或出生并发症。 胚胎期大脑的损伤可以显著增加随后患精神分裂症的可能性。如果母亲孕期营养不良就可能导致胚胎大脑损伤，精神分裂症发病率在饥荒时期有所上升，在中国和其他地方都是一样的。（St. Clair 等, 2005）如果母亲在怀孕头四个月内患流感也会增加胎儿大脑损伤的概率，这将使精神分裂症患病率增加3倍。（Brown 等, 2004; Mednick, Huttunen, & Machón, 1994）如果母亲在生产过程中伤到婴儿脑部或因婴儿缺氧而出现并发症，这些情况都可能导致婴儿脑损伤。（Cannon 等, 2000）其他增加罹患精神分裂症概率的非遗传产前因素包括孕期糖尿病和精神压力、母亲年龄过大、冬天出生、出生体重过轻，这些因素若组合在一起，风险更大。（King, St-Hilaire, & Heidkamp, 2010）

3 青少年时期的脑发育变异。 这一时期大脑会进行脑中突触自然去除。显然，这种自

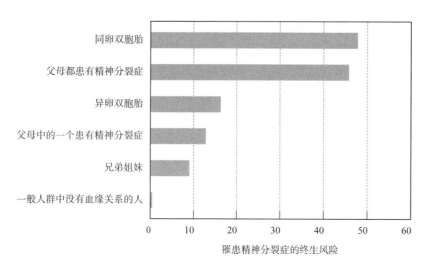

图 11.5 精神分裂症的基因易感性

这个图表基于 40 对欧洲双胞胎的数据和 70 多年的领养研究,表明精神分裂症患者的基因关系越近,患这种障碍的风险越大。(基于 Gottesman, 1991;也见于 Gottesman 等, 2010)

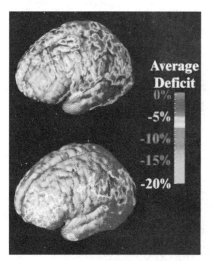

图 11.6 青少年的大脑和精神分裂症
第二张大脑成像反映了五年之内精神分裂症青少年大脑组织的损伤区域。最大组织(控制记忆、听力、运动功能和注意的区域)的损伤非常大。(Thompson 等, 2001)

然去除有助于大脑更充分地迎接成年期新的挑战。但是精神分裂症患者的脑过于激烈地去除了太多的突触,这可能解释了为什么精神分裂症首次完全的发作以发生在青春期或成年早期为典型。健康的青少年在 13～18 岁之间流失大约 1% 的大脑灰质。然而正如你在图 11.6 看到的,一项追踪五年内大脑灰质流失的研究发现,患病青少年脑组织流失的速度更快,范围更广,主要在感觉和运动器官。(Thompson 等, 2001)"我们惊讶地发现了开始于大脑一个小区域内组织流失的传播波,"该项研究的领导者保罗·汤普森(Paul Thompson)说,"流失在大脑中犹如森林火一般穿梭,随着病情发展,越来越多的组织被破坏。"

因此,精神分裂症的发展途径看起来有某种替代。由遗传倾向开始,合并影响脑发育的出生前危险因素或出生并发症。后果的易感性等待着下一个阶段,如青少年时期大脑内突触的去除。(Walker & Tessner, 2008)那么,根据精神分裂症的易感性—应激模型,这些生物改变常常和环境压力交互作用催生疾病。这一模型解释了为什么同卵双胞胎之一可能患精神分裂症而另一个则不:两个人可能都有遗传易感性,但仅有一个人暴露在危险因素——如怀孕、出生并发症或应激性生活事件——中。这些因素也可能会以不同的方式进行结合,这解释了为什么有些精神分裂症患者会康复而另一些则不能。

> **快速测验**
>
> 下面的测验不是幻觉哦。
> 一、精神分裂症的五个主要症状类型是什么?
> 二、精神分裂症产生的三个可能阶段是什么?
>
> 答案:一、妄想、幻觉、解体的思维、语无伦次的行为、"负性"症状。二、遗传易感性、产前或出生并发症、青少年时期大脑突触的剧烈去除。

回顾新闻中的心理学

我们已经到达了漫长的心理问题历程的终点：从偶尔的焦虑或"咖啡因诱导的睡眠障碍"等暂时的困扰，到严重丧失机能的精神分裂症、重度抑郁等心理障碍。你会把"性成瘾"放在这一系列心理问题的哪个位置上？性成瘾是指许多男性（有时是女性）的性活动使他们陷入困境。

心理障碍诊断的一个最大问题是个人责任的问题。在法律和日常生活中，许多人摆出心理疾病的原因以逃脱为他们的行为负责。浪漫主义作家珍尼特·戴利（Janet Dailey）曾整篇剽窃他人作品，为了自我保护，她说自己患有一种心理问题，而且"我从未怀疑过自己有心理问题"。我们很想知道这种疾病是否在 DSM 中！然而如果真的在，又有什么关系呢？什么样的"心理问题"可以免除个体为自己的欺骗行为负责？

同样，当今许多人声称他们有某种"成瘾"行为，无论这种行为是关于性，还是购物或者吃巧克力，都不过是违反道德、自我欺骗的恶习的借口，这些行为真的和药物成瘾是一样的吗？在开篇的故事中，我们看到，心理学家的答案是否定的。DSM-V 中提出的新诊断"过度性行为"正适合于那些为了应对压力、焦虑或抑郁而反复卷入性幻想和性行为的个体，也适合于那些对自己或他人造成身体或精神伤害漠不关心的个体，还适合于那些声称自己无法摆脱性渴求的个体。但是，另一些人则认为，符合这一诊断描述的以上行为和大多数的日常"成瘾"均不是心理障碍；这些仅仅是个体为了免责从而自我开脱的方式。的确，对于有钱有权的名人和政客而言，有很多"桃色"事件被认为是不正常的。当他们的"桃色"事件暴露时，这些行为才变成"障碍"。

现在来看看一位得克萨斯州的妇女安德烈亚·耶茨（Andrea Yates）的悲剧故事，她杀死了自己的 5 个孩子。她患临床抑郁和精神病发作数年，曾两次试图自杀。她的父亲、两个兄弟和一个姐妹都曾患有心理疾病。耶茨被抚养和教育所有孩子的负担压倒而又得不到丈夫的任何帮助，据说她丈夫每周只允许她有两小时自己的时间。尽管她在第四个孩子出生后患有产后精神病发作，并且一位临床心理学家警告说不能再生孩子了，她丈夫却——尽管不是出于宗教的原因——还是拒绝考虑计划生育。耶茨因谋杀被判终身监禁，陪审团回绝了她的申述，她是如此病态以至于她认为杀了孩子是为了拯救他们的灵魂。四年后，在上诉中，另一陪审团发现她因为精神疾病并没有悔过之意，于是将她送到精神病院。

我们对安德烈亚·耶茨可怕的谋杀行为是应该进行谴责还是怜悯呢？在回答之前，你头脑中可能想到了这一有趣的证据：许多人对符合性别刻板印象的精神疾病患者，如酗酒的男性或抑郁的女性，感到更愤怒，怜悯更少。人们对不符合性别刻板印象的精神疾病患者更为怜悯，如女性酗酒或男性抑郁。(Wirth & Bodenhausen, 2009) 显然，许多人认为典型的性别心理障碍不太可能存在。

因此，在考虑心理障碍与个人责任之间的关系时，我们面临着一个两难问题，需要我们忍受不确定性。法律非常正确地认为，心理不健全、有妄想、精神错乱的人不应该与心理健康的人使用同样的标准来判决。同时，社会有义务保护它的公民免受伤害并拒绝以任何借口违背法律。为了平衡这两种情况，我们需要通过一些途径，首先确保犯罪者和行为应受谴责的人应该面对他们行为的后果，其次确保患有心理问题的人在他们需要帮助的时候得到社会富有同情心的帮助。毕竟，这样或那样的心理问题是我们每个人在生命的某个阶段都可能面对的挑战。

学以致用

当一个朋友自杀的时候

自杀对那些发现自己幻想过自杀的人来说是可怕的，对经历过自杀的人的家人和朋友来说是毁灭性的。在美国，自杀是 10～24 岁人群死亡的第三大原因，排在第一和第二的是事故和他杀。每年，美国超过 1000 名在校大学生自杀，上万人自杀未遂。自杀风险最高的人群是非洲裔美国女性。（Goldston 等，2008）

女性比男性更可能企图自杀，她们主要是把自杀作为一种求助的借口，而男性自杀成功的概率是女性的 4 倍。男性自杀的努力并不总是像女性那样明显：有些男性在面对警察时挑衅，希望被射杀；有些则有意在意外事故中自杀；男性似乎较女性更多用药物自毁。

由于关于自杀有许多广为流传的神话，了解并知道在危机中该怎么做是很重要的。

认真对待所有的自杀威胁。 有些人认为，当朋友谈论自杀时，他们不会做任何事情。他们觉得，"这位朋友会在其他时间和地点自杀"。事实上，许多自杀都发生在急性危机中。一旦渡过危机期，死的愿望就会消退。另一些人则认为，如果一个朋友谈论自杀，他（她）并不会真的那么去做。实际上，这一观念是错误的。意欲自杀的人几乎没有不留下迹象的。多数人都会有矛盾心理："我想自杀，但我不想死——至少不是永远地死去。"多数自杀的人是想从感到没有人照顾和没有生活的价值感的痛苦中得到缓解。暴露这些想法和恐惧是很关键的。

洞悉危险的迹象。 可以在网上找到专门研究自杀危险信号的心理学家。研究提出的危险信号超过 75 个，其中许多是模糊的和存疑的，如"完美主义""丧失安全感""神经递质"以及"丧失宗教信仰"。事实上，只有一些核心因素对预测一个个体自杀是关键的：感到绝望，感到疏离，与他人脱离联系，觉得自己是所爱之人的负担。（Joiner，2005；Mandrusiak 等，2006；van Orden 等，2006）

参与进来，提问并提供帮助。 假如你认为一位朋友要自杀，不要害怕问他："你正在考虑自杀吗？"这个问题不会把这种想法"放"进任何人的心里。如果你的朋友正在考虑实施自杀，谈论自杀可能使他（她）放弃想法，还能减少他（她）孤独和绝望的情绪。不要试图通过讨论自杀的对与错，或假装高兴来使你的朋友走出困境。如果朋友用话吓唬你，就让他说。允许朋友卸下他（她）悲伤的负担，就能帮助这个人渡过即时的危机。

不要让朋友独处。 如果有必要，可以把他送到诊所或医院的急救室，或打电话给当地的自杀热线。不要担心做错事，在危急情况下，你能做的最坏的事就是什么也不做。

如果你自己正在考虑实施自杀，记住，你不是一个人，打个电话或发个邮件就是帮助自己了。 你可以拨打全国热线号码，1-800-273-TALK（此号码为美国的热线号码，中国的 24 小时心理援助热线为：400-161-9995——编辑注），或者找你们学校的咨询服务部门。更多详情，可以登录疾病控制与预防中心的关于自杀的网站（www.cdc.gov/safeusa/suicide.htm，此为美国网址）许多学生害怕求助，因为他们认为没有人会理解，害怕会被其他朋友嘲笑，或者觉得自己不会得到帮助。这些都是错误、错误、错误的。

在使人难忘的《夜幕快快降临：理解自杀》（*Night Falls Fast: Understanding Suicide*）一书中，凯·贾米森（Kay Jamison, 1999），一个患有双相障碍的心理学家，从一个心理健康专家和曾经"经历过自杀"的人这两种立场探讨了这一困难的课题。在描述她自己自杀企图的余波时，她写道："我的确知道……我应该死但没有死——我是幸运的，幸运到足以获得再一次活着的机会，这是许多人都没有得到的。"

本章总结

心理障碍的界定和诊断

- 定义心理障碍时，心理健康专家强调由该行为引起的情绪困扰、该行为对他人或社会是否有害，以及社会功能受损的程度。

- 《心理障碍诊断与统计手册》（DSM）对诊断心理障碍提供了客观的标准和分类。批评家争论说，心理障碍的诊断，不像治疗疾病，本来就是一个不可能完全客观的主观过程。他们认为，DSM 培植了过度诊断，忽视了诊断标签对来访者和治疗师的影响，混淆了严重障碍与日常生活问题，并且制造了客观性的错觉。

- DSM 的支持者认为，正确使用 DSM 的标准和有实证效度的客观测验，就会改善诊断的信度。现在的 DSM 除了普遍的抑郁、惊恐发作、神经性厌食症、精神分裂症，还列出了许多文化依存症候群。

- 在诊断心理障碍时，临床专家常常用投射测验如罗夏墨迹测验，对儿童用有解剖细节的洋娃娃。但因这些工具的信度与效度比较低，用于法律领域或诊断障碍都会制造问题。一般来说，客观测验（量表），如《明尼苏达多项人格量表》（MMPI），要比投射测验信度与效度好。

焦虑障碍

- 广泛焦虑障碍包括持续的慢性焦虑和担忧。因暴露于不可控制和不可预测的危险而引起的焦虑，可能导致创伤后应激障碍（PTSD），它包括精神上重新经历创伤、情感上的分离和生理觉醒的增强。

- 经历过创伤事件的大多数人最终都会康复，但是一少部分人会发展出 PTSD。这些个体对创伤事件易感性更高的原因包括遗传易感性、曾有心理问题、缺乏社会和认知资源、其海马比正常人的小。

- 惊恐障碍是突然的、强烈的深度恐惧的发作。惊恐发作在应激事件和令人震惊的经历后出现是一种普遍现象；那些形成障碍的人倾向于解释这种发作是灾难迫在眉睫的信号。

- 恐怖症是对特定情境、活动或事物的不现实的恐惧。一般的社交恐怖症包括害怕在公众面前讲话、在餐厅吃饭、在其他人面前进行表演。广场恐怖症，害怕离开安全的人或地方，是最丧失功能的恐怖症——"对害怕的害怕"。它常常开始于惊恐发作，恐怖者试图通过与"安全的"人或地方离得近一些来回避未来将出现的恐怖。

- 强迫症（OCD）包括反复出现的、意想不到的想法或形象（强迫思维）和重复的、仪式化的行为（强迫行为），使人感到无法控制。部分强迫症患者前额叶皮层的某个区域异常，促使了患者的认知和行为刻板。强迫症患者涉及害怕、对威胁做出反应的部分脑区比正常人有更多的活动，"报警机制"一旦激活，危险过去了也不会停止。有一种强迫症患者有病理性固积，可能是其他脑区受损导致的。

心境障碍

- 重度抑郁症的症状包括歪曲的思维类型、低自尊、绝望、身体上的失调如疲劳和食欲不振、对曾经喜欢的活动不感兴趣。在几个个案中，感到无价值或者自己是别人的负担会导致试图自杀，一旦急性阶段过去，试图自杀者有可能不会再试图自杀。在重度抑郁症患者中，女性是男性的 2 倍，但是男性的抑郁症可能没有得到充分的诊断。在双相障碍中，患者经历抑郁和躁狂（过度欣快）的双相发作。双相障碍患病情况无性别差异。

- 抑郁的易感性—应激模型比较注意个体易感性和应激性经历的交互作用。基因突变引起的 5-羟色胺减少导致了抑郁这一理论没有得到支持，但是由于抑郁具有中等遗传性，关于特定基因致病的研究一直在持续。对于某些易感人群而言，反复丧失重要关系可能引起抑郁发作。经历过父母的忽视和暴力，尤其是在童年时期，会增加成年后患抑郁症的风险。认知习惯也起着重要作用：

他们相信一个人不幸的渊源是永久性的和不能控制的，感到无望和悲观，激活和反复思考自己的问题。

反社会/变态人格障碍

- 人格障碍的特征是导致烦恼的适应不良或不能与他人相处。其中一种是边缘性人格障碍，特征是冲动、有自毁行为、感到空虚、害怕被别人抛弃。
- 术语"心理变态者"描述了缺乏良心和同情心的人；他们没有悔悟、羞愧、内疚，不会因为做错了事而感到焦虑，可以轻易地哄骗他人。反社会人格障碍是指攻击性强、鲁莽、冲动、经常犯罪的个体。DSM-V 可能将这些有重合的障碍放在同一个诊断——"反社会/变态人格障碍"——中。中枢神经系统和前额叶异常与缺乏情感反馈和冲动有关。基因倾向在这些障碍中起着重要作用，但它一定是和压力性的或者暴力的环境交互发生作用的。

药物滥用和成瘾

- 物质滥用的标志包括损害工作或与他人相处的能力、在危险情境下使用药物、由于使用药物而反复被拘捕和使用药物引起与他人摩擦。
- 根据成瘾的生物学模型，有些人在遗传上易受酗酒的影响，这种酗酒始于青春期早期，与冲动、反社会行为和犯罪行为有关。基因也会影响对酒精的敏感度，这在不同种族和个人之间都是不同的。但严重滥用药物也会改变大脑，使其更有可能上瘾。
- 倡导成瘾的学习模型指出，成瘾类型依文化和价值观不同而各异；完全戒酒的政策反而增加成瘾率和滥用，因为想喝酒的人无法学会如何适度饮酒；许多人可以没有戒断症状而停止用药；药物滥用有赖于用药的原因。
- 生物模型和学习模型在很多问题上走了极端，特别是禁止和适度。很可能滥用酒精和其他药物的个体有基因易感性，或者长时间使用药物会损伤大脑；这些人认为自己对药物没有控制能力；他们所在的文化和同辈鼓励滥用药物；他们依赖药物去解决问题。

同一性分裂障碍

- 同一性分裂障碍（一般称为多重人格障碍，或 MPD）是在一个人内部有两个或更多的不同的人格和身份出现崩裂（分裂）。有些临床专家认为它很常见，起源是儿童时代的创伤。但是大多数临床医生持社会认知方面的解释——MPD 是个体将自己人格不同侧面展示给他人的能力的极端形式。按照这种观点，这一障碍源自相信它存在的临床专家的压力和暗示，这些压力和暗示与发现 MPD 对他们的问题是一个表面上讲得通的解释的那些脆弱患者相互作用，从而制造了一种文化相关的综合征。耸人听闻的所谓 MPD 的媒体报道，是 1980 年后该病例数上升的一个重要因素。

<400>

精神分裂症

- 精神分裂症是一种精神病性障碍，症状包括妄想、幻觉、语言散乱（词汇色拉）、不适当的行为、严重的认知缺陷。其他症状，如丧失照料自己的动机、情感淡漠，可能出现在病症发作之前，甚至持续到其他更为剧烈的症状缓解之后。有些精神分裂症患者会陷入紧张性木僵。然而，和人们通常认为的相反，许多精神分裂症患者会康复。
- 精神分裂症是大脑疾病，某些大脑结构出现异常，如灰质减少、海马异常、脑室扩大、神经递质和神经联结异常。遗传倾向和出生前的问题（如母亲的营养或者孕期感染病毒）、出生并发症、青少年神经突触的过度消退发生交互作用从而导致精神分裂症的发生。

回顾新闻中的心理学

- 心理障碍诊断引出了在法律和日常生活中个人责任的重要问题。当人们宣称有心理障碍时，心理学家和其他有关人士必须努力判定这种宣称是否是非法、不道德、破坏性行为的借口，或者这些人是否真的有降低自己控制其行为的能力的障碍。

关键术语

心理障碍（mental disorder）371

《心理障碍诊断与统计手册》（Diagnostic and Statistical Manual of Mental Disorders, DSM）371

文化依存症候群（culture-bound syndrome）373

投射测验（projective test）374

罗夏墨迹测验（Rorschach inkblot test）374

客观测验（量表）（objective test [inventory]）375

《明尼苏达多项人格量表》（Minnesota Multiphasic Personality Inventory, MMPI）375

广泛性焦虑障碍（generalized anxiety disorder）376

创伤后应激障碍（posttraumatic stress disorder, PTSD）377

惊恐障碍（panic disorder）377

惊恐发作（panic attack）377

恐怖症（phobia）378

社交恐怖症（social phobia）378

广场恐怖症（agoraphobia）378

强迫症（obsessive-compulsive disorder, OCD）378

心境障碍（mood disorder）380

重度抑郁（major depression）380

躁狂（mania）380

双相障碍（bipolar disorder）380

易感性—应激模型（vulnerability-stress model）380

边缘性人格障碍（borderline personality disorder）383

心理变态（psychopathy）383

反社会人格障碍（antisocial personality disorder, APD）384

药物滥用（substance abuse）386

生物模型（biological model）387

学习模型（learning model）388

分离性身份障碍（dissociative identity disorder）391

多重人格障碍（multiple personality disorder, MPD）391

分离性（dissociation）391

MPD的社会认知解释（sociocognitive explanation of MPD）392

精神分裂症（schizophrenia）393

精神错乱（psychosis）393

词汇沙拉（word salad）393

紧张性木僵（catatonic stupor）394

[新闻中的心理学]

凯瑟琳·钱皮恩和她的宠物狗安格尔，钱皮恩从伊拉克任职回来，遭受了创伤后应激障碍和焦虑发作

创伤后应激障碍患者以狗做诊疗的数量在增加

2010年7月7日，来自佛罗里达州格尔夫波特（Gulfport）的消息。许多从阿富汗和伊拉克返回的士兵面临着严重的生理和情绪问题。凯瑟琳·钱皮恩中校（Lt. Col. Kathryn Champion）是他们其中的一位。她在军队服役27年，在伊拉克执行一次极其恐怖的任务期间，在她的指挥下5名战士身亡，这之后，她开始遭受创伤后应激障碍。当她重返家乡——在伊拉克感染的一种病毒杀死了她的视神经，导致她几乎失明，她的军旅生涯结束了——她陷入了深深的抑郁。

钱皮恩找到一个组织，给她配了一只导盲犬，这是一只叫安格尔（Angle）的金毛猎犬。仅仅在他们训练结束后的两周，安格尔就开始对钱皮恩的心理问题有帮助了。钱皮恩惧怕飞行，在公共场合会惊恐发作，但是每当她心跳开始加快，她会伸手抚摸安格尔。在儿子被派往阿富汗之前，她得以飞越全国去看望他。

在几周之内，钱皮恩开始出门了，因为公共场合不像以前那样能够干扰到她了。钱皮恩和安格尔去大峡谷州旅游，还去了阿拉巴马州（Alabama）的太空营地。

全国的许多机构开始提供服务性的犬类以帮助士兵从创伤后应激障碍中康复。这些努力是全国范围内掀起的动物辅助疗法热潮的一部分，也可以称作宠物疗法，意在帮助有各种心理问题的人们。很多医院宠物疗法的效果是显著的，因为志愿者们和这些"有资历的治疗犬"给患者提供安抚和陪伴。马特·齐默尔曼（Matt Zimmerman）博士是弗吉尼亚大学做咨询与心理服务的心理咨询师，他说，当人们和犬类、马、其他群居动物玩耍时，血压会降低，焦虑程度会降低。他还说，动物辅助疗法应该与其他心理治疗和药物治疗结合起来广泛使用。

齐默尔曼说，宠物疗法对自闭症儿童有特定的益处。"这些宠物为适宜的社交行为提供了强化，"齐默尔曼说，"如果这些儿童温柔善地对待宠物，它们就会乖乖待着。如果踢打推搡这些宠物，它们就会离开。"然后，当谈到其他障碍时，他说："宠物治疗的效果更多地依赖于个人。"

凯瑟琳·钱皮恩开始集资为需要帮助的其他老兵提供宠物了。她又一次开始了新生活。正如为钱皮恩提供宠物的项目的发言人所说的那样，"安格尔是钱皮恩重返生活的车票"。

第十二章

治疗的途径与疗法

Approaches to Treatment and Therapy

你曾经经历过创伤性事件——例如，战争、袭击、家庭或邻里之间的暴力、爱人的意外去世、地震或飓风等自然灾害——吗？你曾经迫不得已从土生土长的家乡或民族聚居地离井背乡，结果在新环境中感到孤单和挣扎吗？在大学里感到有压力吗，这些压力令你感到压抑、担心或者恐慌吗？

如果有，哪种治疗可能帮助到你？对于我们所有人偶尔遇到的大部分情绪问题，时间和朋友（包括宠物朋友）的支持是最好的良药。然而对某些人来说，时间和朋友还不够，他们会持续地因日常生活问题感到烦恼，如家庭争执、害怕在公众面前讲话或者前一章节提到的某种障碍：抑郁、广泛性焦虑障碍、恐怖症、精神分裂症。哪种治疗可以帮助到这些人？

在本章节中，我们将对两种主要治疗方法做出评价：一是生物疗法，主要由精神科医生或其他外科医生提供，包括药物、脑功能干预。如此多人至今仍采用常规的药物治疗同等对待情绪障碍和常见问题，以至于几乎没有消费者停下来去质疑："药物治疗是否总是恰当的，特别是从长远来看？""非药物治疗是否也可以同样奏效？"我们将评估哪些情况下哪些生物治疗是有效的，哪些则无效，哪些时候药物甚至是有害的。二是心理治疗包括一系列的心理干预，我们将介绍主要的几种：心理动力疗法、认知行为疗法、人本主义疗法、家庭或伴侣疗法。我们将评价哪种心理疗法对哪些问题最有效，哪些疗法无效甚至是有害的。

你将会学到

- 用于治疗心理障碍的药物种类。
- 药物治疗情绪问题的六点重要警示。
- 对大脑进行电刺激的方式，以及这些方式是否奏效？

心理障碍的生物疗法

几百年来，人们一直都在试图找到心理疾病的根源，并曾在不同时期将其归因于邪恶的神灵、压迫了头骨、疾病或糟糕的环境。今天，生物学解释和生物疗法仍占主导地位。部分原因是有证据表明某些心理障碍有遗传成分，或包含了生物化学或神经系统的异常（见第十一章），部分原因是医生和制药公司一直在推进生物医学的解决之道，这种推进常常是不加鉴别的。（Angell，2004）

药物问题

最常使用的生物疗法是药物治疗，用来改变大脑神经递质的分泌和反应。无论是精神分裂症这样的严重障碍还是更为常见的焦虑、抑郁问题，药物都被如此广泛地宣传和使用，因此消费者需要了解这些药物是什么，如何能被更好地使用，局限性是什么。

心理障碍的常见处方药

用于治疗心理障碍和情绪障碍的主要几种药物介绍如下：

1 抗精神病药物（antipsychotic drug），也被称为**神经阻滞剂**（neuroleptic），老一代的有氯丙嗪（thorazine）和氟哌啶醇（haldol），第二代的有氯氮平（clozaril）、维思通（risperdal）、再普乐（zyprexa）和喹硫平（seroquel）。这些药物主要用于精神分裂症和其他精神疾病的治疗。然而，抗精神病药物越来越多地使用在非精神病人群中，如重度抑郁症、双相障碍、孤独症、注意缺陷障碍、痴呆。

> **抗精神病药物** 主要用于治疗精神分裂症和其他精神病的药物；它们经常被用作他用，但它们并不适用于其他疾病，如痴呆和强迫性攻击。

因为精神病被认为是由于多巴胺这种神经递质过多分泌而引起的，许多抗精神病药物都能阻滞或降低大脑受体对多巴胺的敏感性，也有一些药物增加了5-羟色胺——一种阻滞多巴胺活动水平的神经递质——的水平。抗精神病药物能减少激越、妄想和幻觉，能缩短精神分裂症发作期，但对精神分裂症其他症状的缓解作用甚微，如思维混乱、难以集中注意力、情感淡漠或不能与他人交往。

抗精神分裂症药物常常引起令人头痛的副作用，特别是肌强直、手颤抖、可能发展成神经障碍的其他非自主性肌肉运动。另外，维思通、再普乐和其他专为儿童和老年人研制的抗精神病药物常常给这些群体带来无法承受的风险。最明显的副作用就是体重增加，每年增加24磅（约10.89千克）到100磅（约45.36千克）不等，从而引发数以万计的糖尿病新增病例。其他风险有心脏骤停导致的中风和死亡。（Masand，2000；Ray等，2009；Wallace-Wells，2009）

虽然新一代药物治疗精神分裂症的市场占有率达90%，一项大规模的联邦基金调查显示，比起便宜的旧药物来说，这些新药物治疗精神分裂症的安全性和有效性并没有显著提高。（Lieberman等，2005；Swartz等，2007）虽然抗精神病药物有时也用于治疗与注意缺陷障碍有关的强迫性攻击、痴呆、心理发育迟滞，但基本上是无效的。一项研究以86名年龄在18～65岁之间的患者为被试，分别给予维思通、氟哌啶醇、安慰剂治疗爆发性攻击行为（Tyrer等，2008），使用安慰剂的那一组改善最明显。

2 抗抑郁药物（antidepressant drug）主要用于治疗抑郁、焦虑、恐怖症和强迫障碍。**单胺氧化酶抑制剂**（monoamine oxidase inhibitor，MAOI），如苯乙肼（nardil），通过阻滞或抑制一种使神经递质失活的酶从而提高脑内去甲肾上腺素和5-羟色胺的水平。**三环类抗抑郁剂**（tricyclic antidepressant），如盐酸阿米替林（elavil）、盐酸丙咪嗪（tofranil），可以快速提高去甲肾上腺素和5-羟色胺的水平，通过阻止释放这些物质的细胞再吸收或"再摄取"。**选择性5-羟色胺再摄取阻滞剂**（selective serotonin reuptake inhibitor，SSRI），如百忧解（prozac）、左洛复（zoloft）、依地普仑（lexapro）、帕罗西汀（paxil）、西酞普兰（celexa），与三环类药物的作用机理相同，只是其靶受体是5-羟色胺。欣百达（cymbalta）和米氮平（remeron）的靶受体是5-羟色胺和去甲肾上腺素。安非他酮（wellbutrin）与其他抗抑郁药物的化学成分不相同，但也常作为治疗抑郁的处方药物，有时用于辅助戒烟。

> **抗抑郁药物** 主要用于治疗情绪障碍，特别是抑郁和焦虑的药物。

虽然抗抑郁剂是非成瘾性且有效的，但也会产生一些不良的身体反应，如口干、头痛、便秘、恶心、焦躁不安、胃肠问题、体重增加，并且有1/3的患者伴有性欲减退，性高潮受抑制或延迟。（Hollon，Thase，& Markowitz，2002）特定的副作用随着药物不同而不同。

这些照片显示了抗精神病药物对一位年轻精神分裂症男性患者的症状所起的作用。左边那张照片，这位年轻人还没有服药；右边这张照片，他已经服用了药物。然而，这些药物并不能帮助所有患有心理障碍的人。

单胺氧化酶抑制剂可与某些食物如奶酪相互作用产生危险，如一些个体的血压会上升到危险高度，所以此类药使用得最少。

抗焦虑药物（镇静剂） 医生会给那些抱怨自己不快乐、焦虑或总是担心的患者开的一些通常情况下不那么适当的药。

3 **抗焦虑药物（镇静剂）**（antianxiety drug [tranquilizer]），如安定（valium）、阿普唑仑（xanax）、劳拉西泮（ativan）、氯硝西泮（klonopin），增加了神经递质 γ- 氨基丁酸（gamma-aminobutyric acid, GABA）的活性。镇静剂可以暂时帮助急性焦虑发作的个体，但却不能成为长期治疗的选择。停药后，症状几乎总是反复出现，相当比例服用镇静剂的患者过量用药，并出现退缩和耐药性（耐药性是指要达到同样的效果，需要不断增加用药量）。β 受体阻滞剂（beta-blocker）是一类主要用于心跳不规则和高血压的药物，有时也作为减缓急性焦虑发作——例如，由怯场或运动竞技引发的焦虑发作——的药物，可以减缓心跳，平稳血压。然而，β 受体阻滞剂不是因治疗焦虑障碍而获批生产的。

碳酸锂 双相障碍患者经常服用的一种药物。

4 一种特殊种类的药，是一种称作**碳酸锂**（lithium carbonate）的盐，常用于治疗双相障碍的患者。它可以通过降低去甲肾上腺素的浓度或通过保护脑细胞免受其他神经递质如谷氨酸盐（glutamate）的过度刺激而起效。（Nonaka, Hough, & Chuang, 1998）锂盐必须以精确剂量使用，并且要仔细监控血药浓度，因为量太少会不起作用而量太多又会引起中毒，对于有些人，锂盐会产生短期的副作用（震颤）并引发长期的问题（肾衰）。其他常用于治疗双相障碍的药物还有卡马西平（tegretol）、双丙戊酸钠（depakote）。

有关这些药物及其用途的综述，见表 12.1。

药物治疗的一些警示

毫无疑问，药物将一些人从绝望的情绪中拯救出来，帮助了无数患有长期问题如强迫障碍和惊恐障碍的患者生活下去。药物可以使重度抑郁或心理紊乱的患者出院，履行社会功能，接受心理治疗。然而，许多精神科医生和医药公司只是一味鼓吹药物治疗的好处，却没有告知公众药物治疗的局限性。

大多数人不知道**发表偏倚**（publication bias）对我们的知晓是如何产生影响的，发表偏倚是指期刊倾向于发表正性结果，而不是负性或模棱两可的结果。有独立研究人员回顾了递交给

"在服用百忧解之前，她讨厌有人陪伴。"

表 12.1 常用于治疗心理障碍的药物

	抗精神病药物	抗抑郁药物	抗焦虑药物	碳酸锂
示例	氯丙嗪	百忧解	安定	
	氟哌啶醇	苯乙肼	阿普唑仑	
	氯氮平	盐酸阿米替林	氯硝西泮	
	维思通	帕罗西汀	β受体阻滞剂	
	喹硫平	安非他酮		
		欣百达		
		米氮平		
主要用于	精神分裂症	抑郁	心境障碍	双相障碍
	其他精神病	焦虑障碍	惊恐发作	
	冲动性愤怒	惊恐发作	急性焦虑发作（如舞台惊恐）	
	双相障碍	强迫症		

美国食品药品管理局（FDA）的有关 12 种常见抗抑郁药物的未公开发表的数据。在回顾的 74 项研究中，38 项研究报告了正性结果，除一项以外的其他所有研究随后都发表了出来。其余有负性结果或混合结果的研究中，只有 14 项发表了出来——这其中的大部分研究被给予了积极的笔调。(Turner 等，2008)

虽然从事药物有效性研究的大多数研究者对研究公正性的前景表示担忧，但他们和制药产业有着经济方面的联系：丰厚的咨询费用，为自己的临床试验、股票投资和患者提供资金。不由制药产业提供资助的研究常常得不出由制药产业提供资助的药物试验那样的正性结果。(Healy，2002；Krimsky，2003) 因此在这部分，我们将提供一些你不会从制药公司得到的信息。

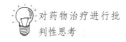
对药物治疗进行批判性思考

1 安慰剂效应。 新药常常做出快速而有效的承诺。然而，是**安慰剂效应**（placebo effect）确保了许多人对新药有积极正面的反应，这仅仅是因为新药带来的热情和患者对新药将使他们好转的期待。一段时间过后，当安慰剂效应下降，就会证明许多药物既不像承诺的那样有效又不能广泛应用。这是每一代新的镇静剂和每一种"奇迹般的"抗精神病药物和抗抑郁药物，都曾屡次经历过的现象。(Healy，2004；Moncrieff，2001)

安慰剂效应 一种药物或治疗的明显成功是由于患者有期望或希望，而不是由于药物或治疗本身。

事实上，一些调查者认为，大多数抗抑郁剂的药效，特别是对于那些仅仅是轻度抑郁的患者，都是安慰剂效应。(Khan 等，2003) 总体而言，大约仅有一半抑郁症患者对任一种既定的抗抑郁剂治疗产生疗效反应，这其中仅有约 40% 的患者对药物的特异性生物效应产生反应。(Hollon, Thase, & Markowitz, 2002) 在一项对来自 47 个临床试验中 5000 名以上患者的元分析中，调查者发现，安慰剂效应相当之大，80% 以上的症状缓解均源于这种效应。抗抑郁剂对重度抑郁症患者最有效。(Kirsch 等，2008) 神经科学的研究揭示了安慰剂的起效原理：对改善持有的心理期待可以带来与药物等同的一些大脑变化。(Benedetti 等，2005)

2 高脱失率和高复发率。 抗精神病药或抗抑郁剂对一个人可能只有短期效果。然而，出于药物产生不良副作用的部分原因，最终有 1/2 到 2/3 的人停止服药。当停止服药后，特别是当他们还不知道如何去应对问题的时候，很有可能复发。(Hollon, Thase, & Maskowitz, 2002)

3 不考虑有效的、可能是更好的非药物治疗手段。源于保险公司愿意赔付一次药物治疗而不是 10 次心理治疗的压力和制药公司的推广宣传，药物治疗很快普遍化。1997 年，美国食品药品管理局允许制药公司直接面对公众做广告，而这在加拿大和欧洲至今仍是禁止的；随着消费者开始有需求，新药的销售量飙升。广告承诺对情绪问题和行为问题有很好的疗效，然而，非药物治疗也许同样起效或疗效更好。例如，两名心理学家考察了 16 万多注意缺陷障碍的儿童的数据，这些儿童均接受过行为照顾（behavioral-care facility）的治疗。其中超过 60% 的男孩和 23% 的女孩在服用利他林（ritalin）或其他药物。然而，儿童接受 6 期行为治疗且其父母接受 10 期之后，只有 11% 的男孩和 2% 的女孩依靠药物。(Cummings & Wiggins, 2001)

4 剂量问题。用药的一大挑战是找到最佳剂量——足够但不多余。服用同样剂量的药物，很可能在男性与女性、老年人与年轻人以及不同种族群体之间产生的代谢变化是不同的。当精神病学家林克明从中国台湾移居美国后，他惊奇地发现美国给精神分裂症患者的抗精神病药物的剂量常常高于中国给患者剂量的 10 倍。在后效研究中，林克明和他的同事证实了亚洲患者达到最佳疗效所需的药物剂量明显偏低。(Lin, Poland, & Chien, 1990) 同样，非洲裔美国抑郁症患者或双相障碍患者比起其他种族人群的患者，似乎需要较低剂量的三环类抗抑郁剂和锂盐。(Strickland 等, 1991, 1995) 不同群体的耐受剂量不同是因为代谢速率、脂肪含量、脑内药物受体的数量或种类有所不同，或者是因为诸如吸烟和饮食习惯的文化因素有所不同。

5 长期用药和合并用药的未知风险。无限期服用抗抑郁剂的后果仍是未知的，特别是对于儿童、怀孕妇女、老年人、从大脑还在发育的儿童期或青少年期就开始服药的青年人这些易感人群而言。英国药物管理局声称，9 项未发表的关于帕罗西汀的研究发现，服用帕罗西汀的青少年的自杀意念和自杀尝试的风险是服用安慰剂青少年的 3 倍 (Harris, 2003)，美国食品药品管理局对于给 18 岁以下个体开具选择性 5-羟色胺再摄取阻滞剂提出警告。

药物投放市场很多年后我们才了解到长期服药的影响的原因是新药最初仅是在几个星期或几个月的时间内在几百人身上做临床试验，即使该新药是个体可能长期服用的。(Angell, 2004) 尽管如此，许多精神科医生对于已有的抗精神分裂药物和抗抑郁剂无法帮助所有患者感到沮丧，他们得开药物"鸡尾酒"——这种药是治焦虑的，这种药是治抑郁的，另外一种是减弱副作用

"我想，剂量应该调整了，我并不像广告中的人那样快乐。"

的——精神科医生在某些案例中看到了这种用药方式的成功，但至今为止还没有关于合并用药之收益和风险的研究。

6 未经测验地把药用在标示外的病症上。大多数消费者没有意识到，一旦某个药物在美国食品药品管理局获得批准，医生可以超出适应症范围开具该药，或用于与最初临床试验不同的人群。前面已经提到，像维思通这样的抗精神病药物也有用在非精神病性障碍中的情况。同样地，抗抑郁剂在市面上打着治疗"社交恐怖症"的旗号；百忧解的专利权到期后更名为氟西汀（sarafem），在市面上打着治疗女性"经前期焦虑症"的旗号；广泛用于学龄期儿童的利他林目前也开给两三岁的孩子。

对如何对待思想或大脑进行批判性思考

对心境障碍过度用药也在发生着，这基于一个普遍的但是错误的假设：如果一种障碍有生物学渊源或涉及生物化学的异常，生物疗法一定是最适宜的。但事实上，通过心理疗法或其他新体验来改变你的行为和想法也可以改变你大脑的功能。这一点已在两例强迫障碍患者的PET扫描研究中明确地阐述过。服用选择性5-羟色胺再摄取阻滞剂百忧解的患者，脑内关键区域的葡萄糖代谢减少，说明该药物有良好的镇静作用。然而，接受了认知行为疗法而无药物治疗的患者也的确发生了同样的脑改变。（见图12.1）（Baxter 等，1992；Schwartz 等，1996）

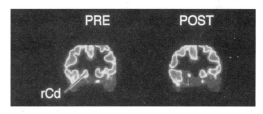

图 12.1 心理治疗与大脑
这些 PET 扫描图片显示了一名强迫症患者在接受行为治疗之前和之后的大脑。在治疗之前，右侧尾状核（caudate nucleus）的葡萄糖代谢率是升高的，治疗之后，这个脑区的葡萄糖代谢率降低了，平静下来，不那么活跃了，就像药物治疗的效果一样。（Schwartz 等，1996）

在未来几年里，你将听到用于治疗常见心理问题如记忆丧失、进食障碍、吸烟的有前景的药物。（Miller，2008）所有大制药公司都在致力于一种或多种这种药物，你可能会听到研究者们热情洋溢地宣称："我们将在五年内拥有它！"但是，我们希望你能够控制住扑向新药潮流的冲动。批判的思考者一定要权衡以药物治疗心理疾病的利弊，等待着药物安全性和有效性的数据出现。

直接的脑部干预

在人类历史的大部分时间里，心理疾病患者常常得到极端形式的"帮助"。一位好心的部落治病术士，或者称"医生"，试图通过在患者的头骨上钻孔以释放被认为是引起症状的"精神压力"，但这并不起作用。

一种努力是通过心理手术（psychosurgery），手术的设计是损毁被认为与情感障碍或紊乱行为有直接关系的脑部选择性区域。通过直接介入脑部治愈心理疾病的当代最著名的"成就"是在1935年发生的，葡萄牙的神经学家安东尼奥·埃加斯·莫尼斯（Antonio Egas Moniz）在一个心理疾病患者的头骨上钻开两个孔，使用仪器破坏了从前额叶区通向其他脑区的神经纤维。这一称作**前额叶切除术**（prefrontal lobotomy）的手术，被推测可以在不损伤智力能力的情况下减少患者的情绪症状。不可思议的是，这一手术从来没有经过评估或科学验证，但却对美国4万多患者实施过。更可悲的是，前额叶切除术使得许多患者情感淡漠、退缩、不能自理（Valenstein，1986），而莫尼斯却因此获得了诺贝尔奖。

电抽搐疗法 一种用于长期和严重的重度抑郁症患者的程序，在这种情况下，会诱发患者短暂的脑痉挛。

改变脑功能的另一种方法是电刺激脑部。最古老的方法是**电抽搐疗法**（electroconvulsive therapy，ECT）或称为"休克治疗"（shock therapy），用于治疗重度抑郁，尽管没有人知道这种方式奏效的机理和方式。医生将电极置于患者头部的一侧，接通短暂的电流，这种电流会引发通常持续一分钟的癫痫，导致身体抽搐。过去有许多误用电抽搐疗法，对记忆造成可怕后果的惨痛事件。如今，在使用电抽搐疗法前，先要给予患者肌肉放松和催眠，以便在睡眠中实施治疗并使患者的痉挛降到最低程度。世界精神病学协会（World Psychiatric Association，WPA）认定 ECT 是安全有效的，特别是对于严重抑郁、有自杀冲动、对其他治疗没有反应的患者而言。（Shorter & Healy，2008）尽管如此，ECT 改善情绪的效果是短暂的，几个星期或几个月内抑郁会再次袭来。（Hollon, Thase, & Markowitz, 2002）ECT 对其他疾病无效，如精神分裂症或酒精中毒，尽管它偶尔被滥用在这些方面。

对重度抑郁症患者大脑进行电刺激的另一种方法是**经颅磁刺激**（transcranial magnetic stimulation，TMS），这种方法在很大程度上仍处于试验阶段。这种方法在人的左侧前额叶皮层上使用脉冲式磁性线圈，抑郁症患者的这个脑区是不那么活跃的。正如 ECT、TMS 的收效是短暂的。目前，该疗法的收效似乎更多依赖于患者本身，这表明是安慰剂效应在起作用而不是技术本身。在进行对照研究之前，我们需要容忍一些关于经颅磁刺激是否有效的不确定性。

另外一种更有风险的方法是**深脑刺激**（deep brain stimulation，DBS），此方法最初获批是用于治疗帕金森病患者和癫痫患者，目前正在用于治疗至少十几种心理障碍，尽管没有人知道为什么这种疗法是有帮助的以及它如何奏效。DBS 依靠手术在大脑中植入电极，在锁骨下嵌入一个类似起搏器的小盒子。这种方式仍然处于试验阶段，成功案例仅依赖于患者的自我报告，所以不能排除手术带来的强大的安慰剂效应。（Lozano 等，2008）每个患者使用这种仪器需要花费 2.5 万美元，制造该仪器的公司雇用了精神病学者进行游说，举办了很多激情慷慨的营销活动以期通过批准，资助试图证明该仪器有效但事实上至今仍未成功的各种努力。（Barglow，2008）

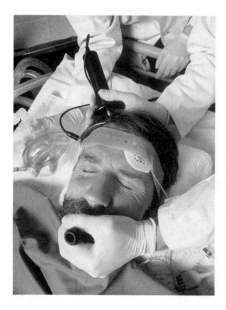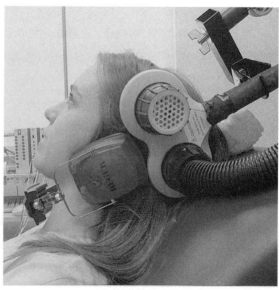

左图的这位男性正在接受 ECT 治疗；右图是一位研究者在展示经颅磁刺激。（*George Ruhe/The New York Times*）

> **快速测验**
>
> 多少电休克也不能提高考试的能力。
>
> 一、将治疗方法与它们通常针对的问题相匹配
>
> 1. 抗精神病药物　　A. 自杀性抑郁
> 2. 抗抑郁药物　　　B. 双相障碍
> 3. 碳酸锂　　　　　C. 精神分裂症
> 4. 电抽搐疗法　　　D. 抑郁和焦虑
> 　　　　　　　　　E. 强迫症
>
> 二、服用药物治疗心理障碍的 6 个警示是什么?
>
> 三、2006 年，有报道称，科学家很有希望研制出新药帮助人们戒烟、减肥、去除酒精成瘾和可卡因成瘾。这些药物奏效的可能机理是阻断大脑的快乐中枢，当人们吸烟、过度饮食、饮酒时，这些快乐中枢可以令人感到愉快。在两年后的相关报道中，你期望看到什么？是基于这一部分的哪些知识？为什么？
>
> 答案：一、1.C 2.D 3.B 4.A 二、答案可以在本章最后找到。三、若成瘾是因为可以阻断令人愉快的作用，那么服药可能会面临的其他严重挑战很多好处，其实每项独立的事情的几个月后，药物目前的效果有效的，所以几乎古时了重要的健康，但目前来者，就很有可能在报告中了解到的事物的风险。"的副作用也是存在的，其许多药物目前研制尚未有获得许可。

你将会学到

- 心理治疗的主要方法。
- 行为治疗师是如何帮你改掉坏习惯的，认知治疗师是如何帮你摆脱自我挫败的想法？
- 为什么人本治疗师和存在主义治疗师关注"此时此地"而不是"为什么和怎么样"？
- 将整个家庭作为治疗对象，而不是将其中一个家庭成员作为治疗对象的益处。

心理疗法的主要流派

所有好的心理治疗师都想帮助来访者以新的方法思考他们的生活、找到解决困扰他们问题的办法。在这一部分里，我们将认识一些心理治疗的主要流派。为了阐释清楚每一种治疗方法的人性观和方法，我们假定有一个叫默里的人。默里是一个帅气的小伙子，他的问题是对所有学生来说都非常熟悉的问题：拖延。他似乎不能安静下来写自己的学期论文。他忍不住要求完美，不久前，要求完美变成了他的癖好。默里为什么会拖延？他是在自寻苦恼吗？哪一种治疗方法可以帮助他？

心理动力疗法

西格蒙德·弗洛伊德，正如他的一个患者所称，是"谈话治疗"之父。他开创了**精神分析**（psychoanalysis）疗法，要求患者一周要花几天的时间前来治疗，治疗要持续几年，

精神分析　由西格蒙德·弗洛伊德发展的人格理论和心理治疗方法，强调对无意识动机和冲突的探索。现代心理动力疗法同样强调这一点，但与弗洛伊德的分析有许多不同之处。

心理动力学治疗师强调移情的临床重要性，移情就是来访者将自己对生活中重要的人的情绪感受转移到治疗师身上。治疗师明白，"爱之箭"不是真的射向他们

移情 在心理动力疗法中，患者将无意识的情绪或反应（如对父母的情感感受）转移到治疗师身上的一种关键过程。

患者不直接谈他们的问题，而是谈他们的梦和儿时的记忆。弗洛伊德相信，集中地分析患者的梦和记忆将会使他们洞悉自己症状的潜意识动机。弗洛伊德认为，通过洞悉和情感释放，他们的症状就会消失。

如今，弗洛伊德的精神分析已经演变成许多不同形式的**心理动力疗法**（psychodynamic therapy），这些疗法的共同目标是探索人格的潜意识动力，如防御和冲突。实践者们称这一疗法为"深度"疗法（"depth" therapy），因为该疗法的目的是发掘出被认为是患者问题根源的无意识过程，而不是集中在"浅表"症状和意识信念上。现代心理动力疗法保留了一些共同特征，包括讨论过去的经历、识别患者生活中一再出现的主题和模式、探索幻想、聚焦在患者矛盾的情感体验上。(Shedler, 2010)

另外，大多数心理动力疗法的一个重要因素是**移情**（transference），来访者将内在生命的情感元素——通常是对自己父母的情感元素——向外投射到分析师身上。你有没有发现你会对一个新认识的朋友产生非同寻常快速的喜欢或厌恶，之后你可能会意识到那是因为这个人使你想起了一个你喜欢或厌恶的熟人。这种体验类似于移情。在治疗中，一位女性可能将对父亲的爱转移到分析师身上，认为自己爱上了分析师。一位潜意识中对母亲的拒绝感到愤怒的男性可能会因为咨询师外出度假感到狂怒。通过在治疗设置中进行移情分析，心理动力学治疗师认为来访者可以看到情绪冲突在起作用，并且克服它们。(Schafer, 1992; Westen, 1998) 实验研究发现，移情不仅局限于心理分析，重要的人的心理表征储存在记忆中，时常被新的境遇激活。(Andersen & Berk, 1998; Andersen & Chen, 2002)

一位心理动力学治疗师可能会帮助默里洞察到他的拖延是他在潜意识中对父母表达愤怒的方式。他可能会意识到自己因为父母坚持让他学习自己不喜欢的东西而感到愤怒。

行为和认知疗法

行为疗法的临床心理学家将直接聚焦于这样的问题：环境中哪些事物强化了默里固守其行为？"默里，"他们会说，"不要想着洞察了。你已经养成了令人讨厌的习惯。"从事认知疗法的临床医生将专注于帮助默里了解他对于学习、写作和成功的信念是多么不切实际。通常下面两种方法会结合使用。

行为技术

行为疗法（behavior therapy）。基于我们第九章曾经讨论过的经典性和操作性条件反射的行为规律。（可能在继续讨论之前还有必要回顾一下那些规律。）这里列举了行为技术中的几种(Martin & Pear, 2007)：

1 暴露。 治疗恐惧和惊恐最常使用的行为技术是**逐渐暴露**（graduated exposure）。当人们恐惧一些情境、物体或令人苦恼的记忆时，常会避免一切可以面对或思考它们的机会。

行为疗法 一种运用条件反射原理帮助人们改变自我挫败或有问题的行为的治疗形式。

逐渐暴露 在行为疗法中，一种将患有恐惧症或恐怖症的人逐渐带入恐惧状态或暴露于创伤性记忆中，直到焦虑消失的方法。

当然，这样只能加剧他们的害怕。在来访者的想象中或者实际情境中进行暴露，目的是扭转这个趋势。在逐级暴露中，来访者可以控制面对恐惧源的程度：可能会要求试图避免回想创伤事件的个体一遍又一遍想象这一事件，直到它不再引起同样程度的惊恐。一个更加剧烈的暴露形式是**满灌**（flooding）疗法，在这种方法中，治疗师直接将来访者带入到恐惧情境中，一直待在那里直到来访者的恐惧和焦虑减轻。因此一个广场恐怖症患者可能直接被带入百货大楼或地铁，这种方式通常想起来就令人恐惧。

满灌 在行为疗法中的一种暴露疗法。在这种疗法中，患者被直接带到一个令人恐惧的环境中，直到他或她的恐惧消失。

2 系统脱敏（systematic desensitization）。系统脱敏是一种较为古老的行为疗法，是一个让来访者一步步对其恐惧的物体或经历脱敏的过程。(Wolpe, 1958)它以经典性条件反射中的**对抗条件反射作用**（counterconditioning）为基础，在对抗条件反射作用中，引起非期望反应（如害怕）的刺激（如一只狗），与其他引起极其不相称反应的刺激或情境是成对出现的。（见第九章）这种情况下，这些不相称的反应常常是放松。来访者想象或观察着一系列恐惧刺激的同时要学会深度放松，这一系列恐惧刺激是将刺激从有点害怕到极度恐惧等级化的。系列本身是由来访者提供的。一个蜘蛛恐惧患者的刺激系列可能是，先阅读经典儿童故事《夏洛的网》（*Charlotte's Web*）；后看小的、可爱的蜘蛛图片；然后看毒蛛的图片；最后再过渡到观察真蜘蛛；等等。在每一个阶段中，来访者必须变得放松才能进入下一阶段。最后，害怕反应就消失了。

系统脱敏 在行为疗法中，使患者对害怕的事物或经历不再敏感的一步一步的过程。它以经典性条件反射中的对抗条件反射作用为基础。

一些行为治疗师发展出了**虚拟现实**（virtual reality）程序使患者对各种恐惧脱敏，特别是飞行、高空、蜘蛛和公开讲话，以帮助患者减轻焦虑。(Gregg & Tarrier, 2007)另一些治疗师用虚拟现实的方法治疗遭遇顽固创伤后应激障碍的战斗老兵。在虚拟伊拉克治疗中，老兵们接受了暴露和脱敏相结合的疗法。他们戴着装有录像头和耳机的头盔，可以听到战斗的声音，然后完成一款叫作《全方位战士》（*Full Spectrum Warrior*）的虚拟现实修改版游戏，让自己慢慢适应在伊拉克的经历。(Halpern, 2008)

行为的自我监控 在行为疗法中，对要改变的行为的频率和后果进行仔细记录的一种方法。

3 行为的自我监控（behavioral self-monitoring）在人们改变其行为以前，必须确认使他们固守不良习惯的强化物：获得他人注意、暂时缓解紧张和烦恼、实际的奖励如金钱或一顿好饭。一种有效的方法是让来访者记录下他（她）希望改变的行为。你想要减少甜食摄入吗？你可能不知道，为了缓解紧张、补充能量或者仅是因为在外面的社交需要，你一天吃了多少甜食。行为记录可以显示，你吃了多少，什么时候吃的。一个妈妈埋怨她的孩子"总是"发脾气，行为记录将显示什么时候、在哪儿、跟谁发了脾气。一旦确认了不良行为和使之固守的强化物，就可以设计治疗计划以改变它们。除了进食，你可能会找到其他减轻压力的方法，并且确保在下午晚些时候身体能量较低时离垃圾食品远些。那个妈妈可以知道对付孩子发脾气的办法不是注意（或者用饼干换来安静），而是不搭理：把孩子放到一个没有正性强化物的角落里。

在看台上　史蒂夫·穆尔（steve moore）作

击球手克服了对球的恐惧

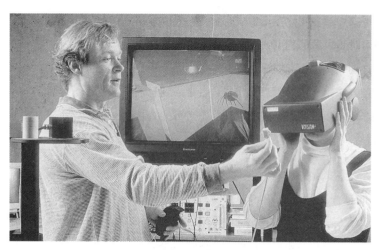

在系统脱敏的虚拟现实版本中,将蜘蛛恐怖症的患者逐渐暴露在电脑呈现的逼真三维环境中生动的蜘蛛图像面前。(Wiederhold & Wiederhold, 2000)

技能训练 在行为疗法中,努力教授来访者可能缺乏的技能,以及新的建设性行为,以取代自我挫败的行为。

4 技能训练(skills training)如果一个人不知道如何与他人进行哪怕是最简单的交往,告诉他"不要害羞"是不够的;如果一个人不知道如何平静地表达情感,告诉他"不要叫喊"是不够的。因此,有些行为治疗师采用操作性条件反射技术、行为塑造、角色扮演教给来访者所缺乏的一些技能。一个害羞的人可以学会如何通过将注意指向他人而不是自己的不安全感而在社交情境下与人交谈。技能训练程序已经用于治疗各种行为问题:教给父母如何给孩子立规矩,教给冲动的成年人如何管理自己的愤怒,教给自闭症儿童如何做恰当的行为,教给精神分裂症患者如何维持一份工作。行为治疗师也会在虚拟世界(如《虚拟人生》[*Second Life*])中传授这些技能。在与治疗师面对面的治疗后,来访者创造出一个替身用以探索虚拟环境和尝试新行为;治疗师可能同时监控着来访者的心理甚至生理反应。

一位行为治疗师会采取几种方式处理默里的拖延问题。通过写日记来监测自己的行为可以让默里确切地知道他是如何花费时间的,有多少他应该用来实际安排做事的时间。取代那些含混不清、不现实的宏伟目标如"我要改变我的命运",默里将构建一些小的有针对性的目标,如读两本对英文论文写作很必要的书,写一页作业。然而,如果默里不知道如何正确地写,甚至写一页字也有巨大压力,他可能还需要一些技能训练,他可以参加基础作文班。最重要的是,治疗师将改变使默里坚持"拖延行为"的强化物——比如立刻与朋友聚会——以完成任务后给予强化物进行替代。

参与进来 | 治愈你的恐惧

在第十一章,有一个练习问到你最害怕的东西或情形。现在来看看系统脱敏程序能否帮助你克服恐惧。写下一系列令你害怕的情形,最开始的是几乎不能令你焦虑的情形(例如,看到一只小蜘蛛的图片),最后是令你感到最恐怖的情形(在一家宠物商店看着活的塔兰图拉[tarantula]毒蜘蛛)。然后找一间安静的,没有分心物和打扰的房间,坐在一张舒服的躺椅上,放松全身的肌肉,缓慢而深深地呼吸。想象第一个几乎不能令你焦虑的情形,继续尽可能地放松。保持这种状态直到你可以面对这种情形而不感到有一丝焦虑。当你做到这一点时,进行列表中的下一种情形。不要立刻尝试所有的情形,将每一个部分间隔开。这样做有效吗?

认知技术

认知疗法 一种治疗形式,旨在识别和改变非理性的、无效率的思维方式,从而减少负性情绪及其后果。

忧郁的想法可以产生一系列负性情绪和自我挫败行为。(见第十一章)**认知疗法**(cognitive therapy)的潜在前提是建设性思维可以产生相反的效果,减少或驱散愤怒、恐惧和抑郁。认知疗法帮助来访者识别令自己陷在不必要的不愉快、冲突和其他问题的那些信念和期望。(Persons, Davidson, & Tompkins, 2001) 治疗者让来访者检验他们一些信念的证据，如每个人都是自私的、每个人都是抱负无门的、爱是上天注定的。来访者学着对那些令自己烦恼的行为考虑其他的解释：父亲的严格管教是要控制我，就像我一直想的那样吗？或许父亲是在试着保护或者照顾我？正如你看到的，认知疗法通过要求人们确认自己的臆测和偏见、检验证据、考虑其他的解释，教给人们一些批判性的思考方法！

艾伦·贝克（Aaron Beck, 1976, 2005）率先将认知疗法用于治疗抑郁症，抑郁症常常源于不幸的根源是永久的、没有好事情会发生在自己身上等特定的悲观想法。对于贝克而言，这些想法不是"不理性"的，而是非建设性的或基于错误信息的。使用贝克疗法的治疗师会让你检验和事实不符的信念。如果你说："我觉得没有人喜欢我。"治疗师会说："是吗？你怎么知道的？""你真的一个朋友都没有？""以前有没有人对你很友好？"

认知疗法的另一流派是**艾伯特·埃利斯**（Albert Ellis）的**理性情绪行为疗法**（rational emotive behavior therapy, REBT）。(Ellis, 1993; Ellis & Blau, 1998) 在这一疗法中，治疗师运用合理的论点直接挑战来访者不现实的信念和期望。埃利斯曾经指出情绪烦躁的人往往过度概括化：他们坚信某人做出一个令人讨厌的举动，就意味着此人在所有方面都是不好的；或者某人犯了一个一般性的错误，这就是他坏到底的证据。许多人也容易灾难化，即将一个小问题转化为大灾难："这个测验我失败了，那我在学校外也会失败，再也没有人喜欢我了，甚至我的小猫也会恨我，我将永远找不到工作。"许多人被这些"必须做"的信念逼疯了。治疗师直接挑战这些思想，展示给来访者：为什么这些思想是不合理的以及他们是如何被误导的。

认知治疗师处理默里拖延的方法，可能是让他写下他关于工作的想法，然后像别人说的那样读出这些想法，再然后让他对每一个想法写出一个合理的回应。这种技术可以鼓励默里检测他的臆测和信念的效度。许多拖延的人都是完美主义者，如果不能完美地做某事，他们就会完全不做。由于不能接受自己的局限性，他们制定了不现实的标准并使之灾难化。

认知治疗师鼓励来访者关注积极事物（春天的一缕明媚阳光），而不是消极事物（冬天挥之不去的冷冰）。诗人迈克尔·凯西（Michael Casey）将这第一朵勇敢冲破冰雪而绽放的水仙花描述为"愠怒的脸上露出的一丝笑意"。(a gleam of laughter in a sullen face)

理性情绪行为疗法 埃利斯设计的一种认知疗法，旨在挑战客户的不现实或非理性的想法。

负性思维	合理反应
如果这篇论文我不能得到 A+，我的一生将毁灭。	如果我一直这样不完美，我的生活将受到不良影响。不过得到 B 甚至 C 总比什么都不做要好。
教授读我论文的时候会认为我是个白痴。他的批评将使我感到丢脸。	他还没有指责我是个白痴。如果他批评我，我会接受教训，下次做得更好。

传统的行为治疗师和认知治疗师对改变来访者的思想或行为是否最有帮助这一问题是有争论的。然而如今，他们大多数人认为思想和行为会相互影响，而这也就是为什么**认知行为疗法**（cognitive-behavior therapy, CBT）比单独的认知疗法或行为疗法更流行的原因。

> **参与进来** | 看看认知治疗技术是否可以帮你控制情绪
>
> 回想最近一次你的强烈情绪，如抑郁、愤怒、焦虑。在一张纸上记录如下信息：第一，事发情形——有谁在场，发生了什么，什么时候；第二，那个时候，你情感的强烈程度，从弱到强；第三，当时你内心的想法（例如，她从来没有关心过我想要做什么；他就要离开我了）。
>
> 现在来检视一下你的想法。如果这些想法是真的，那么将发生的最坏的事情是什么？你的想法是完全正确的吗？还是你能"读到"他人的想法和意图？是否有其他方式来思考这个情形或解读他人行为？如果你反复做这个练习，你就可以明白你的想法是如何影响你的情绪，并且发现你可以更多地掌控自己的情绪。（Greenberger & Padesky，1995）

正念与接纳

一些认知行为疗法实践者，受到东方哲学如佛教的启发，开始质疑挑战来访者自我挫败信念的目标。他们认为，去除不良信念和情绪即使不是不可能的也是很困难的，尤其是当人们多年来一直在排练这些想法和感觉时。于是他们基于"正念"（mindfulness）和"接纳"（acceptance）提出一种认知行为疗法形式：每当出现负性想法和情绪时，来访者要学会清楚地识别并且接受，而不要试图去除它们或者让它们破坏健康的行为。（Hayes, Follette, & Linehan, 2004）治疗师不是试图劝服害怕在公共场合讲话的来访者他（她）的恐惧是非理性的，而是鼓励他（她）接受这些焦虑的想法和感觉，不要对这些想法或自己进行判断。然后，这个来访者就可以将注意力集中在公共场合讲话的应对技巧和方式上，尽管还有焦虑。

人本主义和存在疗法

人本主义疗法（humanist therapy），就像其源自的人本主义哲学一样，其假设是人性基本上是善的，那些行为不良或者有问题的个体是被自我强加的限制所羁绊。因此，人本主义治疗师想知道来访者主观上对他们自身情形的感知，以及他们如何诠释周围的世界。他们要探讨"此时此地"正在发生着什么，而不探讨以前的问题"为什么和怎么样"。

来访者中心（非指导性）疗法（client-centered [nondirective] therapy）由卡尔·罗杰斯（Carl Rogers）发展而来，治疗师的作用是以一种接受的、非评判性的态度倾听来访者的需求，并提供罗杰斯称之为**无条件的积极关注**（unconditional positive regard）的关注。不管来访者的主诉是什么，目标都是树立来访者的自尊和自我接纳，帮助来访者找到一种看待自己问题的更富建设性的方法。因此，罗杰斯主义者可能会假设

人本主义疗法 一种基于人文主义哲学的心理治疗形式，它强调患者改变的自由意志，而不是过去的冲突。

来访者中心（非指导性）疗法 由卡尔·罗杰斯设计的一种人文主义方法，强调治疗师对来访者的同理心和无条件的积极关注的使用。

人本主义治疗师强调温暖、关注、共情地倾听来访者陈述的重要性

默里的拖延掩盖了他的低自尊，或是未曾触动过的自己的真实感受和愿望。或许因为他试图通过主修法律预科来取悦父母，同时又很想秘密地成为一位艺术家而没有通过课程考试。罗杰斯（1951，1961）相信，有效的治疗师必然是温暖和机智的。对于罗杰斯主义者来说，**同理心**（empathy），即治疗师能够理解来访者的述说和识别来访者的情绪的能力，是成功治疗的关键："我理解你现在有多沮丧，默里，因为不管你多么努力，你都没有成功。"按照人本主义治疗师的观点，来访者最终会内化治疗师的支持且更加自我接纳。

存在疗法（existential therapy）帮助来访者面对生活的重大问题，如死亡、自由、孤独、无意义感。存在主义治疗师像人本主义治疗师一样，相信我们的生活并不必然地决定于我们的过去和环境；我们有选择自己命运的能力和自由意志。正如欧文·亚隆（Irvin Yalom，1989）解释的："治疗中关键的第一步是来访者有关他（她）生活困境之责任的假设。只要一个人相信他（她）的问题是由于某些压力或自我以外的中介所引起，那么治疗就没有杠杆作用。"

> **存在疗法** 一种治疗形式，旨在帮助患者探索存在的意义和面对生命的重大问题，如死亡、自由、孤独、无意义感。

亚隆认为，治疗的目标是帮助来访者应付逃不掉的生死现实以及为意义而奋斗。不管我们的经历有多严酷，他都相信："它们包含了智慧和补偿的种子。"或许人类能够在贫瘠土地上发现自由种子的最著名的例子就是维克托·弗兰克（Victor Frankl，1905—1997），他从纳粹集中营里成功地逃生出来后提出了存在主义疗法。在那个恐怖的深渊里，弗兰克（1955）观察到，一些人能保持头脑清醒，因为他们能够在已经粉碎的生活经历中找到意义。

一些观察者相信，所有疗法最终都是关于存在的。各种疗法以不同方式帮助人们决定对他们来说什么是重要的、什么样的价值观在引导着他们、他们将有勇气改变什么等。人本主义或存在主义疗法可能会帮助默里考虑他的拖延的重要性、什么是他生活的终极目标以及他如何找到实现理想的力量。

家庭和伴侣疗法

现在默里的情况正在每况愈下。他的父亲已经开始称他为"明天的人"（tomorrow man），这也使他的母亲感到烦恼，并且攻读数学专业的弟弟已经开始计算默里的"不完美"花了多少费用。他的姐姐伊莎贝拉，一个生活中从来没有过不完美的生物化学专家建议，他们一家应该去做家庭治疗。她说："默里不是这个家庭里唯一有麻烦的人。"

家庭疗法（family therapy）坚持认为默里的问题是在家庭背景中形成的，是家庭的动力使然，并且他的任何变化都会影响到每一个家庭成员。（Nichols & Schwartz, 2008）早期最著名的家庭治疗师之一，萨尔瓦多·米纽钦（Salvador Minuchin, 1984），把家庭比作万花筒，在其中拼花图案的变化形式大于任意一片拼花的变化形式。从这一观点出发，孤立地治疗任意一个家庭成员而不顾其他成员，这种努力注定是要失败的。只有当所有家庭成员展示他们对彼此不同的感觉，才能找到误解和错误。一个青少年可能会认为自己的母亲暴躁和唠叨，而实际上她只是累了并有点担忧。父母可能会认为孩子有些反叛，而事实上孩子可能是感到孤独并希望得到关注。

家庭成员通常并不明白他们是如何彼此影响的。通过对整个家庭的观察，家庭治疗师希望发现在权力和沟通方面的紧张和不平衡。例如，在有些家庭中儿童可能患有慢性病或

468　心理学的邀请（第五版）

一些家庭治疗师用照片帮助人们认清他们家庭中的问题。这张照片传达的信息是这是一个快乐和睦的家庭还是一个不融洽的家庭？拍这张照片不久之后，这对夫妻离婚了。爸爸拿到了孩子们的抚养权，妈妈得到了狗。（Entin，1992）

家庭系统观　通过确定每个家庭成员是如何形成一个更大的互动系统的一部分来对个人或家庭进行治疗的一种方法。

心理问题，它会影响整个家庭的功能。父母一方可能变得过度关注生病的孩子，同时，另一方退避，双方就会彼此责备。反过来，孩子则可能会固着在疾病或障碍上以表达愤怒、迫使父母和好、获得父母的注意或者坚持支配权。

一些家庭治疗师认为即使不可能治疗整个家庭，也要以**家庭系统观**（family-systems perspective）对个人实施治疗，家庭系统观认为人们在家庭中的行为类似于舞伴之间的相互关系。（Bowen，1978；Cox & Paley，2003）来访者发现，如果他们以任何方式改变，即使变得更好，他们的家庭成员也会激烈地抗议，或者可能会发出微妙的信息："变回来！"为什么？因为当一个家庭成员发生改变，其他每一个成员也都必须改变。如上所说，就像跳探戈的舞伴，如果一个人停下来，另一个也必须停下来。但是，大多数人都不喜欢改变。他们安于旧的，甚至是给他们造成麻烦的方式和习惯。他们愿意跳同样的旧舞，哪怕已经伤了脚。

当一对夫妻为一个似乎永远也无法解决的问题频频争论时，他们有可能从**伴侣疗法**（couples therapy）中获益，伴侣疗法就是帮助夫妻解决发生在夫妻关系中的不必要冲突。（Christensen & Jacobson，2000）伴侣疗法一般坚持要求夫妻双方都要参加，这样可以听取两方面的见解。他们忽略责备和攻击（"她从来不听我的！""他什么事都不做！"）而集中注意解决夫妻间的分歧，让他们学会共处，结束伤害和责备，做出特定的行为改变以减少愤怒和冲突。正如一些认知治疗师，许多伴侣疗法师不再采用"修复所有分歧"的方法。相反，伴侣疗法师致力于帮助夫妻学会接纳彼此不会改变很多的品质，并与之相处。（Hayes，2004）妻子不再试图把她沉着稳重的丈夫变成一个自发的冒险家（"毕竟，那是我最初喜欢他的原因：他稳如泰山"），丈夫不再试图把他害羞的妻子变得更加自信（"我一直喜欢她的安静"）。

家庭和伴侣疗法师在其工作中也可能会应用心理动力疗法、行为疗法、认知疗法或人本主义疗法等方法，他们的共同点就是关注家庭和夫妻。在默里的案例中，家庭治疗师将观察默里的拖延与其家庭动力之间是如何相互配合的。或许拖延使默里得到父亲的关注和母亲的同情。或许拖延会阻止默里面对自己最大的恐惧：即使他完成了他的工作，也达不到他父亲的不可能达到的高标准。治疗师不仅会帮助默里改变工作习惯，还会帮助他的家庭接纳变化的默里。

<418>

"我一生都会是一头牛，亲爱的。现在不要让我改变。"

心理治疗实践

以上讨论的几种心理疗法，其理论和技术都是完全不同的。(见表 12.2) 但在实践中，许多心理学家运用的都是**心理治疗的综合疗法**（integrative approach to psychotherapy），即吸收各学派的理论和方法而避免使用任何一种单一的方法。这种灵活性能使他们运用任何一种最起作用的方法治疗来访者。一项对 2400 名心理治疗师的网络调查显示，他们中 2/3 的人使用认知行为疗法，最有影响作用的单独疗法是卡尔·罗杰斯的人本主义疗法，他们还常常加入正念和接纳的理念。(Cook, Biyanova, & Coyne, 2009)

所有成功的心理治疗，不管用什么方法，都共享着一个关键要素：他们能推动来访者试图改变，用一种更有希望或更现实的生活哲学取代来访者悲观的和不现实的"生活故事"。(Howard, 1991; Schafer, 1992)

表 12.2　心理治疗主要流派的异同

	主要目标	方法
心理动力	洞察使症状得以延续的无意识动机和情感。	探查无意识动机和幻想，探索童年经历，识别来访者生活中反复出现的主题，探索由移情带出的问题和情绪。
认知行为		
行为的	矫治自我挫败行为。	逐步暴露（满贯）、系统脱敏、行为记录、技能训练。
认知的	矫正不理性的或无效的观念。	促使来访者检验缺乏证据的信念，揭示灾难化观念中的错误推论，帮助来访者接受那些不愉快的想法和感觉并与之共处。
人本和存在		
人本主义	洞察；自我接受和自我完善；关于自我和世界有新的、乐观的感受。	提供一个非评判性的环境来讨论生活的观点，治疗师运用同理心和无条件积极关注。
存在主义	找到生活的意义，接受不可避免的丧失。	根据治疗师的不同而有差异；进行关于生命意义、来访者目标的哲学讨论，找到遭遇不幸和丧失后生存的勇气。
家庭和伴侣		
家庭治疗	改变家庭模式。	可用任何一种前述疗法来改变引发问题和冲突的家庭模式。
伴侣疗法	解决冲突，打破坏习惯。	可用任何一种前述疗法帮助夫妻更好沟通、解决冲突、接纳差异。

<419>

快速测验

不要像我们的朋友默里那样做一个拖延者，现在就完成这个测试吧。

将方法或概念和相应的疗法进行匹配。

1. 移情
2. 系统脱敏
3. 面对死亡的恐惧
4. 对想法进行重新评价
5. 无条件积极关注
6. 暴露在恐怖情形中
7. 避免"灾难化"
8. 评估家庭模式

A. 认知疗法
B. 心理动力疗法
C. 人本主义疗法
D. 行为疗法
E. 家庭疗法
F. 存在主义疗法

答案：1.B 2.D 3.F 4.A 5.C 6.D 7.A 8.E

> **你将会学到**
> - "科学家—从业者鸿沟"的含义，以及为什么这个鸿沟在不断加大。
> - 如果你感到焦虑或抑郁，哪种形式的心理治疗最可能奏效？
> - 为什么心理治疗有时候可能是有害的？

评价心理疗法

可怜的默里！他被上面所说的所有这些疗法困惑着。他想尽快做个选择，对拖延也没有感觉了！他想知道，有没有科学证据可以帮助他决定哪种疗法或治疗师对他来说是最好的。

首先也是最重要的，心理治疗是一种关系。心理治疗的成功依赖于治疗师与来访者之间建立的联结，或称**治疗联盟**（therapeutic alliance）。不管治疗师使用什么技术，当双方互相尊重和理解并且治疗目标一致时，来访者就更有可能改善自身的状况。（Klein 等，2003）

治疗联盟 在治疗师和来访者之间建立的信任和相互理解的纽带，使他们能够一起工作来解决来访者的问题。

文化和治疗联盟

尽管来自不同的背景，许多治疗师和来访者还是建立了很好的治疗联盟。但是文化差异有时也引起了由无知和偏见产生的误解。（Comas-Díaz，2006；Sue 等，2007）终生经历种族主义和普遍的文化不信任可能会使某些非洲裔美国人回避揭示那些他们认为白人治疗师不能理解和接受的情感。（Whaley & Davis，2007）当治疗师与他们来自同一个民族时，误解和偏见可能是亚洲裔、墨西哥裔和非洲裔美国人来访者更愿意坚持治疗并从中获益的主要原因。当两者文化匹配时，来访者和治疗师更可能对来访者的问题有共同感知，就最好的应对方式达成一致，对治疗达成的目标有共同的期望。（Hwang，2006；Zone 等，2005）

理解某种文化的特定传统可以帮助治疗师针对个体或社区问题设计更有效的干预方案。物质滥用在西北太平洋的本土美国人和阿拉斯加人中有普遍的破坏作用，成功的治疗方法是将双方文化的生活技巧训练和在本土生活中扮演重要角色的社区活动结合起来。（Hawkins，Cummins，& Marlatt，2004）

在与来访者建立联结的过程中，治疗师必须将个体心理问题和常态文化模式区分开来。一个爱尔兰裔美国人家庭治疗师，莫妮卡·麦戈德里克（Monica McGoldrick，2005），描述了典型的爱尔兰裔美国人家庭的一些问题。这些问题的出现源于爱尔兰的历史与宗教信仰。爱尔兰人被打上了深深的烙印。她观察道："总的来说，治疗师不能期望一个家庭变成一个身体亲密、情感亲密的团体，或愉快地享受治疗。""原罪的概念——出生前就是有罪的——让他们有着沉重的负罪感。有些对此不敏感的人可能会将这看作病理性的。其实它不是病理性的。它似乎不太可能改变，治疗师应该帮助这个家庭容忍这一原罪而不是试图去消除它。"（你是否看到她的这一观察与基于接纳的认知疗法之间的关联？）

越来越多的心理治疗师正在对由文化差异引起的问题变得"敏感"起来。（Arredondo 等，2005；Sue 等，2007）例如，在拉丁美洲文化中，"丢了魂"是因极度悲伤或恐惧而出现的常见反应，人们相信他（她）的灵魂随着去世的亲属而去了。对这种文化普遍性的反应不熟悉的治疗师可能会得出来访者有幻觉或精神病的结论。拉丁美洲来访者比盎格鲁来访

故事治疗是拉丁美洲心理治疗师颇受欢迎的一种治疗形式，这种疗法基于讲故事和民间英雄的文化传统。（Comas-Díaz，2006）例如，大多数波多黎各（Puerto Rican）儿童都知道胡安·博博（Juan Bobo）的故事（左图），博博是一个愚蠢的孩子，总是遇到麻烦。右图中的治疗师为在美国遇到问题和道德冲突的波多黎各儿童改编了这些故事。这些孩子和妈妈一起观看视频，一起讨论，对重要主题进行角色扮演，如控制攻击行为、区分对和错。这个方法在减少孩子过渡期的焦虑、提高注意持续时间和成就动机等方面远远胜过其他疗法。（Costantino & Malgady，1996）

者更加看重关系的和谐，这常常变成不愿意表达负性情绪或者不直接反对家人和朋友，所以治疗师需要帮助这样的来访者找到在那种文化环境下更好沟通的方式。（Arredondo & Perez，2003）拉丁美洲的治疗师，清楚他们的文化中和心理治疗有关的烙印（stigma），正在发展出各种方法帮助来访者克服寻求心理治疗的矛盾心理。（Añez等，2008）

但是懂得文化差异，也并不意味着治疗师就应该总是一成不变地对待来访者。说到底，有些拉丁美洲人确实有情感障碍，而有些爱尔兰人确实背负着罪恶感。懂得文化差异还意味着治疗师必须保证他们的来访者认为治疗师可信赖、治疗有效果，而且还意味着来访者必须明白他们自己的偏见。

科学家一从业者鸿沟

现在假设默里已经找到一个看上去很机智、友好的治疗师。有好的治疗联盟就够了吗？治疗师采用的疗法种类有多重要？

这些问题在临床实践者和心理学家之间引起了很大争议。许多临床实践者认为，试图用标准的实证方法来评估心理治疗是徒劳的：数字和表格不可能准确地描述发生在治疗师和来访者之间的复杂的交流情况。心理治疗奏效常常不是源自好的技术而是好的关系。临床实践者坚持认为，心理治疗是从临床经验中获得的一种艺术，它不是科学。这就是为什么任何一种方法都可以帮助大多数人的缘故。（Wampold，2001）另一些临床实践者认为，试图评估心理治疗有效性是将心理治疗的过程过度简化了，因为来访者有各种情绪问题，需要比研究所允许的更长时间进行治疗。（Westen，Novotny，& Thompson-Brenner，2004）

科学心理学家同意，心理治疗通常是一个复杂的过程。然而，他们认为，这不能成为心理治疗不能进行科学检验的理由，正如语言发展或人格发展等其他复杂的心理过程。（Crits-Christoph，Wilson，& Hollon，2005；Kazdin，2008）另外，他们还担心当治疗师没能跟上实证研究发现的脚步，来访者就遭殃了。科学心理学家说，治疗师掌握研究发现是至关重要的，如治疗某种障碍最有益的方法，无效的或者可能有害的技术，与实践有关的主题如记忆、催眠、儿童发展。（Lilienfeld，Lynn，& Lohr，2003）

多年来，科学心理学家和治疗师之间的分歧越来越大，以至于形成了一般所谓的**科学家—从业者鸿沟**（scientist-practitioner gap）。分歧加大的原因之一是，不与学术性的心理学相联系、仅仅训练学生做治疗的职业学校的出现。有时候这些学校的毕业生几乎不懂研究方法，甚至不懂评估不同治疗技术的研究。

科学家—从业者鸿沟的加宽还可归因于在繁杂市场中大批出现的没有根据的疗法。有些人将已有的技术重新包装，起个新名字。例如，眼动脱敏和再加工（Eye Movement Desensitization and Reprocessing，EMDR）是以治疗焦虑并经过检验的脱敏和暴露行为技术为基础形成的。（Lohr, Tolin, & Lilienfeld, 1998）EMDR 的建立者，弗朗辛·夏皮罗（Francine Shapiro, 1995），加上了眼动练习：来访者的眼睛随着治疗师的手指移动，从一边到另一边，同时注意要脱敏的记忆。夏皮罗（1994）解释 EMDR 奏效的原因是："系统可能由于创伤或在发育期间产生的压力而变得不平衡，然而一旦 EMDR 适当地将其催化并维持在一个动态状态，它就会将信息转化为一种治疗上合适的解决方案。"（如果你不理解，别担心，我们也不理解。）EMDR 实践者宣称，EMDR 在各种治疗中都是成功的，从创伤后应激障碍和惊恐障碍到进食障碍和性功能障碍。但是没有任何对照研究的证据表明 EMDR 好于标准的暴露疗法，眼动的本质只不过是冠冕堂皇的噱头。（Goldstein 等，2000；Lohr 等，1999；Taylor 等，2003）

一组蓝丝带临床科学家，在杂志《公众利益心理学》（*Psychological Science in the Public Interest*）上号召要评估科学家—从业者鸿沟问题，他们报告说，目前临床心理学的状况相当于 20 世纪早期的医学，那时候的外科医生通常看重个人经验而不是科学研究。作者得出结论，需要有一个新的认证系统，该系统要求高质量的科学训练作为临床心理学博士训练的核心特征。（Baker, McFall, & Shoham, 2008）临床心理科学学术委员会，49 个临床科学毕业生项目和 9 个临床科学实习点，已经开始共同努力构建这样一个系统。（Bootzin, 2009）

评估治疗的问题

对心理治疗的研究进行批判性思考

因为如此多治疗师宣称治疗是有效的，再加上保险和上升的医疗费用带来的经济压力，我们越来越需要临床实践者提供疗法的实证评估。为什么不能问来访者他们接受的心理治疗是否有效？答案是不管使用何种疗法，来访者都会告诉你起作用了。"布里茨尼克医生是个天才！"他们将惊呼，"要不是因为布里茨尼克医生，我将永远不会做这样的事（或移居辛辛那提［Cincinnati］，或找到了我的真爱）！"已有的每一种疗法都会从那些感到自己的生命被拯救的人那里获得热心的证明。

这些证明的第一个问题是，我们没有人能够成为自己的控制组。人们如何知道他们不能从事这一工作、移居辛辛那提、或在别处找到自己的真爱呢？或许不久，假如布里茨尼克医生不再为他们做治疗了呢？第二，布里茨尼克医生的成功可能是因为安慰剂效应：来访者对成功的期待和关于布里茨尼克医生神话般的新方法的呼声才是积极的成分，而不是布里茨尼克医生的治疗本身起作用。第三，注意，你从来没有听到从脱失者，即那些没有得到帮助的人、那些实际上变得更糟的人那里获得证明。所以，不管有多么辉煌，研究者都不能满足于证明。他们知道那应归因于**合理化努力**（justification of effort）效应（见第七章），即对某件事投入了时间、金钱和努力的人将会告诉你那是值得的。没有人愿意说："是啊，我在布里茨尼克医生那里做了 5 年治疗，那根本就是浪费时间。"

为了避免出现这些问题，临床研究者进行了**随机对照试验**（randomized controlled trial），他们把有问题或障碍的人随机分到一个或多个治疗组里或者控制组里。有时候结果令人惊讶，正如一种被称为"危机事件压力事后报告"（critical incident stress debriefing，CISD）这种治疗形式的案例。例如，在灾难过后，治疗师常常是紧急进入情境中为幸存者治疗创伤的症状。在 CISD 疗法中，幸存者集中在一个小组中报告，通常持续 1～3 小时。以期参与者们暴露创伤经历时的情绪体验，小组领导会告知小组成员那些可能进一步发展的创伤症状。

一名男性在一场致使成千上万人无家可归的灾难性地震后安抚他的爸爸。大家都认为，任何一种灾难的大多数幸存者都需要治疗师的帮助，以避免发展成为创伤后应激障碍。随机对照研究的结果是怎样的呢？

然而，对曾遭遇可怕经历人群的随机对照研究——包括烧伤、事故、流产、暴力犯罪和战争——发现，创伤后的干预实际上延缓了某些人的康复。（van Emmerik 等, 2002; McNally, Bryant, & Ehlers, 2003）在一项研究中，研究者跟踪严重车祸受害者三年，一些人参加了 CISD 干预小组，另一些人没有。正如你在图 12.2 中所看到的，几乎所有人仅在四个月中就康复了并且在随后三年中保持良好。研究者将这些幸存者分为两组：从一开始就对车祸有极大的情绪反应（"高分组"），和并没有对车祸有极大的情绪反应（"低分组"）。对于后一组而言，干预没有起效，他们很快改善了。

然而，现在来看看那些被事故伤害最严重的群体发生了什么：如果他们没有接受 CISD，四个月后他们一样会好转，就像其他人一样。但是，如果他们接受了 CISD 干预，CISD 实际上阻碍了改善，研究显示甚至三年之后他们比其他人还有更严重的应激症状。研究者得出结论，"压力事后报告是无效的，并且有长期的不利影响"。（Mayou, Ehlers, & Hobbs, 2000）负责世界各地创伤幸存者的世界卫生组织已正式认可这一结论。（van Ommeren, Saxena, & Saraceno, 2005）

现在我们明白了，为什么对心理治疗的主张和方法进行科学评估是这么重要。

随机对照试验 为确定一种新药或某种疗法的有效性而设计的研究。在这种研究中，有特定问题或障碍的人被随机分配到一个或多个治疗组或一个控制组。

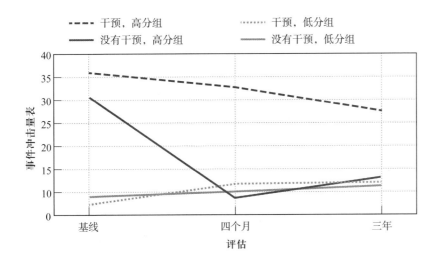

图 12.2 创伤后的干预有益还是有害？
在这项研究中，研究者对严重车祸的受害者分别在车祸后、四个月后、三年后进行评估。一半人接受了 CISD，另一半人没有接受治疗。正如你所看到的，几乎所有人在四个月内都恢复了，只有一组在三年后比其他人有更多的应激症状：那些事故发生后情绪最低落的，还接受了 CISD 干预的人。治疗事实上阻碍了这些人的康复。（Mayou 等, 2000）

治疗在什么时候有效

现在我们来看看心理治疗的益处、哪种疗法对哪些特定障碍整体上是最有益的等方面的证据。（如 Chambless 等，1998；Chambless & Ollendick，2001）认知行为疗法已经成为许多问题和大多数情绪障碍的可选疗法：

- **抑郁**。认知疗法最大的成功是在心境障碍的治疗中，特别是对抑郁（Beck，2005），接受认知疗法的患者比接受药物治疗的患者在停药以后的复发率更低。根据 15 个月至多年的跟踪研究，在认知治疗中学到的经验在治疗后能够长时间地保持。（Hayes 等，2004；Hollon，Thase，& Markowitz，2002；Seligman 等，1999）
- **自杀意图**。在一项对 120 名曾试图自杀并到过急诊室的成年人进行的对照研究中，那些接受了 10 次认知疗法的人，与那些仅仅得到转诊帮助的人相比，在随后 18 个月中的自杀意图减半。并且在抑郁心境和绝望测试中的分数显著降低。（Brown 等，2005）
- **焦虑障碍**。对创伤后应激障碍、广场恐怖症和特殊恐怖如怕狗或怕苍蝇，暴露技术比任何疗法都有效。而对惊恐障碍、广泛性焦虑和强迫障碍来说，认知行为疗法常比药物治疗更有效。（Barlow，2004；Dalgleish，2004；Mitte，2005）
- **愤怒和冲动性暴力**。认知疗法往往在减缓长期愤怒、辱骂和敌意方面很成功，它也能教会人们如何更冷静、更富建设性地表达愤怒。（Deffenbacher 等，2003）
- **健康问题**。认知行为疗法在帮助人们处理一些健康问题方面非常成功：如改善疼痛、慢性疲劳综合征、头痛、肠道易激综合征；帮助戒烟或克服其他成瘾行为；帮助进食障碍康复，如易饿症、狂饮狂食等的康复；帮助克服失眠、改善睡眠模式及其他。（Butler 等，1991；Crits-Christoph，Wilson，& Hollon，2005；Skinner 等，1990；Stepanski & Perlis，2000；Wilson & Fairburn，1993）
- **儿童和青少年行为问题**。行为疗法对从遗尿症到叛逆的行为问题，甚至对有生物性原因的孤独症等问题都是最有效的疗法。对 100 多项儿童、青少年研究的元分析发现，不管患者年龄、治疗师经验、问题类型如何，行为疗法比其他疗法都更有效。（Weisz 等，1995）
- **复发**。认知行为疗法对于减少物质滥用、抑郁、性冒险甚至精神分裂症的复发率是很有效果的。（Hayes 等，2004；Witkiewitz & Marlatt，2004）

然而，没有任何一种单项的疗法可以帮助任何一个人。尽管认知行为疗法有诸多成功，但它们也有失败的地方，特别是对于那些没有动力执行认知行为程序的患者而言。认知行为疗法是为特异的、确定的问题设计的，然而有些时候，人们寻求心理治疗的目标不那么明确，如希望内省自己的情感，或探讨道德问题。

特定问题和人群

治疗需要持续多长时间也没有单一的规定。有时候如果基于合理的心理治疗原则，仅一个阶段的治疗就足以带来改善。一种称为**动机性面谈**（motivational interviewing）的疗法，重在提高来访者克服某种问题——如酗酒、吸烟、暴饮暴食——的动机，仅一个或两个阶段就会有效。（Burke 等，2003；Cassin 等，2008；Miller & Rollnick，2002）实际上，治疗师是将患者置于一种认知失调的状态（见第七章）：" 我想要健康，我觉得自己聪明有能力，但是现在，我正在做一些愚蠢、自欺欺人的事情。我想要感觉更好吗？"——然后向来访者提供改善的认知行为策略。（Wagner & Ingersoll，2008）然而，复杂的心理问题和人格障碍治疗起来相当困难，长期的心理动力疗法比短期疗法更有效。（Leichsenring & Rabung，2008；Shedler，2010）

认知行为疗法可以帮助脾气暴躁、害羞，甚至有点迟钝的人和有更严重问题的人

进一步地讲，一些问题需要合并几种疗法。将药物治疗和家庭治疗结合起来对双相障碍或精神分裂症的青年患者是最有效的，家庭治疗可以教会父母应对问题孩子的行为技巧，教会家庭如何建设性地应对这些疾病。（Chambless 等，1998；Goldstein & Miklowitz，1995；Miklowitz，2007）

一种称为**多系统疗法**（multisystemic therapy，MST）的社区干预在减少城市内社区中青少年暴力、犯罪活动、药物滥用、学校问题方面是很有成效的。实践者将家庭系统技术和行为方法结合起来，在当地领导、居民、父母和老师形成的"相互伙伴关系"之背景下应用。（Henggeler 等，1998；Swenson 等，2005）这种多系统疗法的前提是由于青少年的药物滥用和攻击行为常常由他们所在的家庭、学校、同伴和当地文化所引发或强化，如果不改善他们的环境，不可能治愈这些青少年。确实，MST 比其他方法单独使用更有效。（Schaeffer & Borduin，2005）

治疗什么时候会造成伤害

在一个震惊全世界的惨案中，两名社工因鲁莽使用"再生"疗法致使 10 岁的坎达丝·纽马克特（Candace Newmaker）死亡而被定罪，这种疗法认为可以通过"重现"生产帮助收养儿童和他们的收养父母建立依恋关系。坎达丝被裹在一张毛毯里，模仿子宫，并且用几个大枕头覆盖。然后，治疗师按压枕头模仿子宫收缩，告诉坎达丝从头顶的毯子里努力挣脱出来。坎达丝一直说她不能呼吸了，感觉快要死了。治疗师并没有打开毯子，而是说："如果你想被生出来，你必须努力挣脱——否则你想待在那里等死吗？"坎达丝昏迷了，被送往当地医院，第二天就去世了。

坎达丝的悲剧是罕见的，但是每一种治疗，包括阿司匹林，都有一定的风险，心理治疗也不例外。在少数案例中，患者的症状可能因为治疗而加重，可能出现新症状，患者可能过于依赖治疗师，患者的人际关系可能恶化。（Dimidjian & Hollon，2010；Lilienfeld，2007）当下面任何一种情况发生时，来访者的危险会增加：

💡 对心理治疗的风险进行批判性思考

1 未经实证支持、有潜在危险性技术的使用。再生疗法产生于 20 世纪 70 年代，创始人声称，每洗一次澡，他就重新体验一次创伤性的出生。然而这种疗法的基本假设是人们通过从子宫内重生可以从创伤、不安全依恋或其他心理问题中康复，大量关于婴儿、依恋、

记忆和创伤后应激障碍及治疗的研究均得出与这个假设相反的结论。

"重生"是众多实践之一，这些实践可统称为"依恋疗法"（attachment therapy，AT），它基于使用粗暴的方法，据称可以使孩子和父母建立依恋关系。这些方法包括不给孩子食物，长时间隔离孩子，羞辱孩子，让孩子负重，让孩子运动到极限。（Mercer, Sarner, & Rosa, 2003）然而，正如我们在第九章中所讨论的，滥用惩罚对行为问题是无效的，常常事与愿违，使得孩子生气、仇恨、退缩。这些方法几乎不能帮助领养的或有情绪问题的孩子感到与父母更亲密。悲惨的是，超过75个儿童或青少年死于"依恋疗法"的一种形式或其他形式。

表12.3指出，通过随机对照试验或元分析显示，有多种疗法可能会严重伤害来访者。

2　会对来访者制造出新问题的不恰当或强制性影响。在健康的心理治疗联盟中，治疗师和来访者关于来访者问题的解释逐渐达成一致。当然，这些解释会受到治疗师所受的训练和哲学观影响。然而有些治疗师如此热衷于相信某些障碍的流行性以至于他们真的引导来访者产生出他们寻找的症状。（McHugh, 2008; Mazzoni, Loftus, & Kirsch, 2001; McNally, 2003; Watters & Ofshe, 1999）治疗师的影响，有时是完全的强制，这可能是20世纪八九十年代里大多数人被诊断为多重人格障碍的一个原因（见第十一章），也是这一时期所谓的性虐待记忆流行的原因（见第八章）。

3　治疗师方面的偏见和文化无知。有些治疗师可能会因为性别、文化、宗教或性取向等对某些来访者持有偏见。治疗师也许意识不到自己的偏见，然而会以无声的方式表达这些偏见，使来访者感到被忽视，不受尊重，没有价值感。（Sue等，2007）治疗师可能会试图诱导来访者遵循自己的标准和价值观，即使这些对来访者或来访者的最大利益都是不当的。

例如，许多年以来，前来治疗的男女同性恋者都被告知，同性恋是可以治愈的心理疾病。但是一些所谓的治疗却是粗暴的，如对"不恰当"的性唤起进行电休克治疗。虽然这些疗法在几十年前就被质疑（Davison, 1976），可是其他"弥补的"疗法（这些疗法的实践者声称他们可以将同性恋变成异性恋）层出不穷。但是，还没有可靠的实证证据支持这些主张，美国心理学会和美国精神病学会基于伦理和科学的原因反对这些弥补的疗法。

表 12.3　有潜在危害的疗法

干预	潜在的危害
危机事件压力事后报告	增加创伤后应激障碍的风险
恐怖直接干预（scared straight intervention）	加重品行问题
协助性沟通（facilitated communication）	对性和虐待儿童的虚假指控
依恋疗法	引起儿童死亡或重伤
记忆恢复技术（recovered-memory technique）（如梦的分析）	引发关于创伤、家庭破裂的错误回忆
以"多重人格障碍"为导向的治疗	诱导多重人格
对丧亲反应正常的人进行悲伤辅导（grief counseling）	增加抑郁症状
表现经验疗法（expressive-experiential therapy）	加重和延长痛苦情绪
对品行障碍进行集训干预（Boot-camp interventions for conduct disorder）	加重攻击行为和品行问题
药物滥用和抵制教育（drug abuse and resistance education，DARE）	增加酒精和药物的使用

> **快速测验**
>
> 看看你是否是一个受过教育的测验消费者。
>
> 一、以下哪一个是成功治疗的最重要的预测标志（　　）
>   A. 治疗时间的长短　　　　　　B. 治疗提供给来访者的洞察力
>   C. 治疗师和来访者的关系　　　D. 治疗师和来访者的性别是否匹配
>
> 二、总体而言，针对焦虑和抑郁，哪一种心理疗法最有效？
>
> 三、心理治疗有哪四种可能的伤害来源？
>
> 四、费尔迪奇花了太多时间玩垒球，而没有足够时间学习，于是他签约参加了"运动成瘾治疗"。治疗师告诉他，治愈他的"成瘾"就是要突然完全放弃垒球，并且每当感到非常想玩垒球时就拍打自己的太阳穴三次。几个月过后，费尔迪奇宣称治疗并没有帮助到他，他准备放弃治疗。治疗师给费尔迪奇看那些非常信赖"运动成瘾治疗"的来访者的客户评价，并且说，费尔迪奇的动摇已经表明治疗在奏效了。这一论断最主要的科学性的缺陷是什么？（另外，哪种疗法可以帮助费尔迪奇更好地管理时间？）
>
>
>
> 答案：一、C；二、认知行为疗法。三、使用未经实证支持的技术，不恰当或使用错误的技术，治疗师的欺骗行为，以及性行为或其他违反职业伦理的行为。四、治疗师使用了不恰当的技术（厌恶一击），因为并没有证据表明频繁击打太阳穴可以治疗任何事情。而且，治疗师错误地解释了费尔迪奇的质疑——一种可能的相反的证据。（另外，行为矫正疗法中的自我管理可以帮助他。）

4 治疗师方面亲密的性关系或任何缺乏职业道德的行为。美国心理学会道德指南中，禁止治疗师与他们的患者有任何亲密的性关系或违反其他职业界限。偶尔，一些治疗师的行为像个祭祀领袖，以来访者的心理健康要依靠坚持治疗为由来说服他们，并将他们牢牢拴在其"有毒的"家庭中。（Watters & Ofshe，1999）治疗师用培养来访者孤独感、防止来访者终止治疗、减弱来访者批判性思考能力的技术催生了心理治疗膜拜的出现。（见第十章）

为了避免这些危险，并从有效的心理治疗中获益，寻求正确治疗的人们必须变成明智的消费者，愿意使用我们在本书中强调的批判性思考的技巧。

回顾新闻中的心理学

在回顾了心理治疗的主要种类以及它们的成功与危险后，让我们回到开始提到的"宠物治疗"的例子所引起的问题。凯瑟琳·钱皮恩中校的宠物狗名叫安格尔，帮她走出了抑郁、焦虑甚至是创伤后应激障碍，这一成功不仅仅是美丽的奇闻逸事。在一项对近200名严重心理问题患者的研究中，比起没有宠物的患者，有宠物的患者康复更迅速，原因不仅仅是宠物提供了陪伴。（Wisdom, Saedi, & Green, 2009）它们还培养了主人和他人的联系，降低了主人的血压，使患者感到生活更有控制感，正如凯瑟琳·钱皮恩的例子。

大部分有狗的主人会说："当然，我们知道那些！"但是研究对于证实宠物疗法是否有效、对谁有效、为什么有效是至关重要的。许多其他疗法是基于某些人的直觉想法"没问题，这个应该可以"，结果发现某种疗法的基本前提是错误的（如危机后干预的案例），或者发现某种疗法是危险的（如再生和依恋疗法）。即使宠物疗法是有益的，有严重情绪障碍的患者可能也需要面对面的心理治疗和药物治疗。

寻求心理服务的消费者如何辨别有益的心理治疗技术和无效甚至有害的技术？在"学以致用"中，我们会提供一些建议，但是现在，本章的研究建议三条总的原则：

确保你正在与一位有着适当证书和训练的有良好信誉的治疗师打交道。如我们在第一章看到的，要变成一位有资格的心理学家，必须有较高学位和一段时期的督导训练。但是，心理治疗师这一职位是没有规定的，任何人都能够建立一种程序，并称之为"治疗"。在美国和加拿大，人们可以简单地通过一周讨论会或一到两周训练课程，以各种技术和疗法之名而得到"专家"的证书。

问问治疗师所采用的方法是否是本章提到的经过论证的方法之一。问问治疗师的基本假设是否同样是被实证研究所证实的。

对心理治疗的期待现实一些。在一个富有同情心和知识渊博的治疗师那里，心理治疗能够帮助你做出决策并抒清你的目标和价值观；能够教给你新的思考技巧和方法；能够帮助你更好地与你的家庭相处，改变破坏性的家庭模式；能够帮助你度过你感到没有被关心和理解的艰难时刻；还能够教你如何管理抑郁、焦虑和愤怒。

尽管心理治疗有许多好处，但它们并不能完全改变你。它们不能把内向变为外向，不能一夜之间治愈情绪障碍，不能提供完全没有问题的生活，也不企图去代替你的经历——将其变成满意的工作、持续的人际关系、令人愉悦的生活。正如苏格拉底已经知道的，没有经过仔细省察的生活不值得活着。这里我们要再加上一句，不鲜活的生命也是不值得仔细省察的。

学以致用

成为一个聪明的心理治疗的消费者

如果你有一个长期不知道该如何解决的问题，一个令你十分不愉快的问题，一个持续了六个月或更长时间的问题，是时候该寻求帮助了。吸取这一章的教训，你可以考虑以下几个建议：

对处方药物的所有广告和网络促销要持怀疑态度！要记住，广告不是传播知识，而是卖产品。"新"的未必就是更好的，许多"同类"药品仅仅是将一种畅销药的配方以最小方式做了修改，然后（在医药上）合法冠名地宣称该药物是"新的且改进的"。向药剂师或者美国食品药物管理局的网站进行咨询，查清楚你将要服用的药物。寻求一些不是由药物企业资助的可靠资源，如《公民健康研究组消费者指南》（*Public Citizen's Health Research Group's consumer guide*）、《最坏的药》（*Worst Pills*）、《最好的药》（*Best Pills*）。

当你选择治疗师时，做出明智的决定。想找到一位接受过恰当训练且有证书的治疗师，学校的咨询中心是一个开始的好去处。你也可以寻找大学里的心理诊所，在那里你可以让正在接受培训的研究生成为治疗师，这些学生接受着频繁的督导，价格也会更便宜。

选择一种最可能帮助到你的疗法。正如你所看到的，不是所有的疗法对所有问题都是同样有效的。如果是惊恐发作，就不应该花费四年的时间接受精神分析，几个阶段的认知行为疗法就可以有帮助了。同样地，如果你有某种特殊的情绪问题，如抑郁、愤怒或焦虑，或者如果你正在遭受慢性疾病，那么就去找一位认知行为治疗师。然而，如果你最想与一位聪慧且富有同理心的咨询师探讨生活，选择哪一种疗法就不那么重要了。

考虑一个自助小组。不是所有的心理问题都需要寻求专业的帮助。在美国，约有七百万到一千五百万成年人参与了（网上的和当面的）自助小组，他们可能有各种问题：酗酒或酗酒相关的问题，抑郁、焦虑症或精神分裂症，妇女患乳腺癌，孩子被谋杀，遭受强暴，是阿尔茨海默症患者的家属，以及其他任何你可能想到的问题。这样的小组能够提供家庭、朋友和治疗师有时候不能提供的保证和支持。例如，有缺陷的人面临的特殊挑战不仅包括身体方面的问题，还有敌意和其他正常人的偏见。（Linton, 1998）

然而，请保持你的批判性思考的技巧：自助小组不受法律和职业标准的约束，并且其哲学思想和方法迥异。一些自助小组是令人可以接受的、宽容的，能够提供支持和精神的引导；另一些是对抗的和强制的，不同意承诺的小组成员可能会感到离经叛道、疯狂或"被否认"。

选择科学的自助书籍，提升现实目标。每一种问题都有相关的自助书籍，从如何训练孩子如厕到如何找到幸福。有批判思想的人可以分清好的书籍和无用的书籍。首先，好的自助书籍不承诺不可能的事情。这一原则就排除了那些承诺你30天内获得大量财富、完美爱情或高自尊的书籍。（抱歉！）其次，好的自助书籍是基于证据和控制性研究的。这一原则就排除了那些基于作者的伪科学理论，足不出户的观察或者个人的经历的书籍。当然，从困境中逃生的人的个人解释是有帮助的和令人鼓舞的，然而，一个作者自己的经验和模糊的建议，比如，"在你心中找到爱"或"掌控你的生活"，并不会有什么帮助。

相反，当自助书籍为读者提供了明确的、一步步有实证支撑的计划时，如果读者遵循了整个计划，这些书实际上就可能和治疗师提供的帮助一样有效。（Rosen, Glasgow, & Moore, 2003）一本名为《向好处改变》(*Changing for Good*)（Prochaska, Norcross, & DiClemente, 1994）的书籍就描述了适用于治疗中或治疗后人们有效改变的要素。

知道如何辨别治疗的好与坏、真与假是需要知识和批判性思考的。只要人们渴望灵丹妙药来治愈他们的问题，快速解决方案总会找到现成的听众。

本章总结

心理障碍的生物疗法

- 心理障碍的生物疗法之所以仍占优势，是由于某些障碍的遗传和生物学研究结果以及经济和社会的因素所致。治疗心理障碍的药物通常包括：抗精神病药物，用于治疗精神分裂症和其他心理障碍，也常常不恰当地用于治疗痴呆和攻击性障碍；抗抑郁药物，用于治疗抑郁、焦虑障碍和强迫障碍；镇静剂，常用于情绪问题；碳酸锂，一种用于治疗双相障碍的盐。

- 药物治疗的缺点包括：安慰剂效应；在那些服用药物但没有学会如何处理他们问题的人群中，有着很高的脱失率和复发率；影响药物效果的个人民族、性别、年龄等复杂因素使每一个人找到正确剂量变得困难；长期用药和同时服用几种药物产生药物反应的危险性。

- 某种障碍有生物学因素或包含生物化学异常不意味着生物疗法是唯一适合的方法，心理治疗可以同药物治疗一样改变大脑的活动模式。

- 药物治疗是有帮助的，甚至能拯救生命，但在一个商业利益极大地投入心理障碍药物治疗的时代，绝大部分公众不知道药物的局限性。当非药物治疗像药物治疗一样起作用的时候，药物不应该随意地和常规性地开具，特别是对于许多心境和行为问题。

- 当药物治疗和心理治疗都不能帮助那些严重紊乱的人们时，一些精神病学家就试图直接干预人脑。前额叶切除术尽管从来没有科学依据，但仍在成千上万人身上施行过。电抽搐疗法（ECT），让微弱电流通过脑部，尽管这种方法的疗效几乎不能持续，但仍被成功地用来治疗自杀性抑郁。经颅磁刺激（TMS），在左侧前额叶皮层上使用电磁线圈，是正在被研究的作为治疗重度抑郁的一种方法。深脑刺激要求用手术的方法植入电极和刺激装置，这种方法未被证实治疗抑郁症或者其他情绪障碍是有效的。

心理疗法的主要流派

- 心理动力（"深度"）疗法源自弗洛伊德的精神分析。这种疗法探索无意识动力和情绪、童年经历、幻想，并聚焦在移情过程上以绕过患者的防御。
- 行为疗法基于学习的经典条件反射和操作性条件反射。行为治疗师使用多种方法：如逐步暴露，有时候使用直接暴露的方法即满灌疗法；基于对抗条件反射作用的系统脱敏；行为的自我监控；技能训练。一些治疗师将这些方法和虚拟现实技术相结合使用。
- 认知治疗师的目标是改变负性情绪和自我挫败行为中的非理性想法。艾伦·贝克的认知疗法和艾伯特·埃利斯的理性情绪行为疗法（REBT）是两种主导的方法。认知行为疗法（CBT）是目前最普遍的方法。一些认知行为治疗师教来访者对自己的负性情绪和非理性想法进行正念式的注意，从而使其学会接受这些情绪和想法，而不是不断地努力消除它们。
- 人本主义疗法认为人性本质上是好的，试图通过将注意放在此时此地的观点和人们自我完善、自我实现的潜能上来帮助人们对自我的感觉更好。卡尔·罗杰斯的来访者中心（非指导性）疗法强调治疗师共情和提供无条件积极关注的能力是非常重要的。存在疗法可以帮助人们应对存在的窘境，如生存的意义和对死亡的恐惧。
- 家庭疗法的观点是，个人的问题是在整个家庭网络背景中形成的。在家庭系统观来看，任何一个人的行为都影响着家庭中的其他成员。在伴侣疗法中，治疗师通常从关系的角度看待伴侣双方，以帮助他们解决持续的争吵和冲突或者帮助他们接受对方那些不可能改变的品质并生活下去。
- 在实践中，多数治疗师整合了多种思想与方法。他们的目标是将患者悲观的或不实际的生命故事替换成更加有希望的、更现实的。

评价心理疗法

- 成功的治疗需要治疗师与来访者之间建立治疗联盟，以便他们可以相互理解并一起工作。好的治疗师通常富有同理心和建设性。当治疗师和来访者来自不同种族或文化时，治疗师必须能够区分心理障碍征兆和常态文化模式，双方都必须警惕潜在的偏见和误会。
- 科学家一从业者鸿沟形成的原因是，研究者和临床工作者对于做心理治疗和评估其有效性的实证研究的价值持有不同的假设。这一鸿沟已经导致了科学研究不支持的心理疗法的激增。
- 在评估心理治疗的功效时，研究者必须控制安慰剂效应和合理化努力效应。他们依靠随机对照试验来判定哪一种疗法是得到实证支持的。这样的试验表明，危机事件压力事后报告这种程序通常是无效的，甚至会延缓一些幸存者的恢复。
- 对于一些特定问题，有些疗法明显好于另一些疗法。行为疗法和认知行为疗法对抑郁、焦虑障碍、愤怒问题、某些健康问题（如疼痛、失眠、进食障碍）、儿童或青少年的行为问题最有效。家庭疗法，特别是合并多系统治疗中的行为技术，对有行为问题的儿童、成年早期的精神分裂症患者和有攻击性的青少年有帮助。
- 成功治疗所需的时间依赖于问题和个人。有些方法，如动机性面谈，能够在一或两个阶段就唤起来访者开始某种改变的意愿；长期的心理动力疗法对严重障碍和人格障碍的患者可能是有帮助的。一些问题和患者最适合于几种疗法的合并。
- 在一些案例中，治疗是有害的。治疗师可能会：使用未经实证支持的有潜在危害的技术；无意间由于过度的影响和建议给来访者制造新的障碍；对于来访者的性别、种族、宗教或性取向持有偏见；有不道德的行为，如允许和来访者有性关系。

回顾新闻中的心理学

- 研究者正在进行动物辅助疗法的实证研究，以评估该疗法的益处和局限性，正如所有疗法都应该这样。寻求心理治疗的患者应该确保他们的治疗师受过良好训练，使用的方法经过了实证检验，患者应该对心理治疗抱有现实的期待。

关键术语

抗精神病药物（神经阻滞剂）（antipsychotic drug ［neuroleptic］）406
抗抑郁药物（antidepressant drug）406
单胺氧化酶抑制剂（monoamine oxidase inhibitor, MAOI）406
三环类抗抑郁剂（tricyclic antidepressant）406
选择性5-羟色胺再摄取阻滞剂（selective serotonin reuptake inhibitor, SSRI）406
抗焦虑药物（镇静剂）（antianxiety drug［tranquilizer］）407
β受体阻滞剂（beta-blocker）407
碳酸锂（lithium carbonate）407
发表偏倚（publication bias）408
安慰剂效应（placebo effect）408
前额叶切除术（prefrontal lobotomy）410
电抽搐疗法（electroconvulsive therapy, ECT）410
经颅磁刺激（transcranial magnetic stimulation, TMS）411
深脑刺激（deep brain stimulation, DBS）411
精神分析（psychoanalysis）412
心理动力（"深度"）疗法（psychodynamic［"depth"］therapy）412
移情（transference）412
行为疗法（behavior therapy）413
逐渐暴露（graduated exposure）413
满灌（flooding）413
系统脱敏（systematic desensitization）413

对抗条件反射作用（counterconditioning）413
行为的自我监控（behavioral self-monitoring）413
技能训练（skills training）414
认知疗法（cognitive therapy）415
艾伦·贝克（Aaron Beck）415
艾伯特·埃利斯（Albert Ellis）415
理性情绪行为疗法（rational emotive behavior therapy, REBT）415
认知行为疗法（cognitive-behavior therapy, CBT）416
人本主义疗法（humanist therapy）416
来访者中心（非指导性）疗法（client-centered ［nondirective］therapy）416
卡尔·罗杰斯（Carl Rogers）416
无条件的积极关注（unconditional positive regard）416
同理心（empathy）416
存在疗法（existential therapy）416
家庭疗法（family therapy）417
家庭系统观（family-systems perspective）417
伴侣疗法（couples therapy）417
心理治疗的综合疗法（integrative approach to psychotherapy）418
治疗联盟（therapeutic alliance）419
科学家—从业者鸿沟（scientist–practitioner gap）421
合理化努力（justification of effort）421
随机对照试验（randomized controlled trial）421
动机性面谈（motivational interviewing）423
多系统疗法（multisystemic therapy, MST）423

[新闻中的心理学]

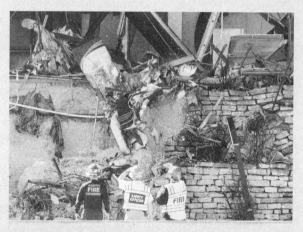

一名男子因对美国国税局感到愤怒,并对最近的财务挫折感到沮丧,他毁坏了一幢办公大楼,消防检查员正在对大楼的损坏进行评估。
(国税局)两名工作人员死于大火

一男子驾驶飞机撞击得克萨斯州奥斯汀国税局办公大楼

来自得克萨斯州奥斯汀(Austin)的消息,2010年2月18日,一名软件工程师由于对美国国家税务局怀有愤恨,在周四那天发动了一场自杀式袭击,他将自己驾驶的小型飞机坠入一座七层高的办公大楼,引发了熊熊大火,大楼里面的将近200名国家税务局工作人员四处逃命。除了该名袭击者,两名工作人员丧生在火海中,另外两名伤势严重。

飞行员被确认为安德鲁·约瑟夫(乔)·斯塔克 III(Andrew Joseph [Joe] Stack III),53岁,奥斯汀人。在驾驶飞机进行自杀式飞行之前,他在网上发表了一篇言辞愤怒的、长达六页的反政府告别信。斯塔克讲述了他与国家税务局的纷争,并嘲讽了税收、政府救助、美国企业的"暴徒和强盗"行为。"我已经受够了,"他写道,"那么,国税局的老大哥们,让我们玩点儿新花样,收下我这磅肉,然后去死吧。"

官员们很快排除了斯塔克与恐怖组织有关的可能性。朋友们对他的描述是平易近人,有天赋的业余音乐家,婚姻遇到麻烦的丈夫,与税务机构有积怨的公民。他们说,虽然斯塔克只有53岁,但他却感觉被逼到"悬崖边上",因为经济萧条,他的退休梦被延迟了。

在开始实施自杀式飞行之前,斯塔克把距离坠机地点大概六英里(约9.55千米)的自己的住房也点着了。他的妻子和年幼的女儿在前一天晚上就离开了。

斯塔克和谢里尔·胡什(Sheryl Housh)是三年前结婚的。当斯塔克和胡什及其家人在圣诞节聚会的时候,他从未向胡什家人提起他对国家税务局的仇恨,胡什的家人认为斯塔克很好。但是最近,胡什向她的母亲和继父杰克·库克(Jack Cook)抱怨说,斯塔克发起脾气来越来越令人恐惧,以致他们的婚姻出现严重裂痕。因为对斯塔克的愤怒感到担忧,胡什带着12岁的女儿离开了他,住进了旅店。她们在周四早晨回来时发现房子着火了,所有东西都毁了。官员们说,这是一起故意纵火事件,斯塔克是最大的嫌疑人。

"他做出这样的事情,对我而言简直是一个打击,"胡什说道,"但是如果你愤怒了,你就会这样做。"

第十三章

情绪、压力与健康

Emotion, Stress, and Health

几乎人人都能理解乔·斯塔克的感受，我们中的大多数人都在某个时候体验过沮丧、不高兴和生气。幸运的是，大部分人不会像斯塔克那样对自己。为什么一些人会在情绪面前缴械投降，而另外一些人却能抑制生气和不愉快的情绪而使自己得以避免出现暴力或自毁行为？为什么一些人能够应对生活中诸如经济问题、期望破灭、婚姻危机、失业等种种压力，而另一些人却被彻底打败？

人们常常咒骂自己的情绪，希望从生气、嫉妒、羞愧、内疚和悲痛中解脱出来。但是想象一下没有情绪的生活吧。音乐的魅力将不会打动你，失去了所爱的人你也毫不在乎，这不仅是因为你不知道什么是悲伤，还因为你不知道什么是爱。因为没有什么有趣的事情能打动你，所以你从不开怀大笑；因为你不理解别人的感受，所以你肯定是一位不善交际的人。

人们也常常希望生活中没有压力。不过试着想象一下没有压力的生活吧。你会过得像个蛤蜊。你可能不会遇到困难，但同时也不会有任何惊喜、高兴和挑战。你将永远不会改变，不会发现新的领域，可能也不会提升自己的技能。

这一章中，我们将探讨情绪与压力的生理和心理机制。长期的消极情绪（如生气）必然会产生压力，而压力也必然会导致消极情绪的产生。然而，这两种过程都受我们解释事件的方式、我们所处情境中自己的需要以及我们所置身的文化习俗的影响。

> **你将会学到**
> - 哪种面部表情对人类认识世界的作用最大？
> - 大脑的哪些部分参与了情绪的不同方面？
> - 镜像神经元是如何产生移情作用、情绪传染和同步的？
> - 哪两种激素在为情绪提供兴奋的能量？
> - 思维是如何产生情绪的——为什么婴儿没有羞愧感或内疚感？

情绪的本质

情绪的进化是为了帮助人们应对生活中的挑战：情绪是人与人之间的纽带，激励人们实现目标，帮助人们制订计划和做出决定。（Nesse & Ellsworth, 2009）例如，当你面临要在两种正当的、吸引人的职业之间做出选择时，你"感觉合理"的情绪会帮助你做出比较好的选择。没人喜欢恶心的感觉，但它的进化是保护婴儿和成年人免于食用腐烂的和有毒食品的一个有效机制。（Oaten, Stevenson, & Case, 2009）

即使是尴尬和羞愧这样对个人来说很痛苦的事，也起着重要的作用：当你感到自己被愚弄、破坏了道德规范，或者违反了社会准则时，它可以起到缓解事态、平息他人的作用。（Dijk, de Jong, & Peters, 2009; Keltner & Anderson, 2000）而正性情绪，如快乐、爱、笑和嬉闹，并不简简单单是"自私"的愉快体验；它们也有适应作用，如增加心理的灵活性和顺应力、与他人建立联系、激发灵感以及缓解压力。(Baas, DeDreu, &Nijstad, 2008; Kok, Catalino, & Frederickson, 2008)

在**情绪**(emotion)的定义中，心理学家关注三个主要成分：面部、大脑和身体的生理变化；认知过程，如对事件的解释；文化对个体体验和情绪表达的影响。如果我们把人类的情绪比作一棵树，情绪的生物特性就是树的树干和树根，人们对情绪的思想和解释构成了树的许多枝杈，而文化则像是一名园艺工，为使树成形而修剪它，即剪掉一些枝杈并培植另一些枝杈。现在，就让我们从树干开始讲起。

情绪 伴随面部和身体变化、脑的激活、认知评价、主观感觉和行为倾向的一种唤醒状态。

情绪和身体

关于情绪生理方面的研究结果表明，出生于任何地方的人都有与生俱来的基本情绪或**初级情绪**(primary emotion)，这主要包括恐惧、生气、悲伤、高兴、惊奇、厌恶和鄙视。(Izard, 2007)这些情绪有其特定的生理模式和相应的表情，引起这些情绪的情境在世界各地都是相同的。在每个地方，悲伤都与丧失的知觉相关，恐惧都与受到惊吓和身体受到伤害的知觉相关，生气都与侮辱或不公平的知觉相关，如此等等。(Scherer, 1997)相反，**次级情绪**(secondary emotion)则包括情绪的各种变化及混合情绪，它随着个体认知的成熟而逐渐发展，并随文化的不同而变化。

初级情绪 一种被认为是普遍的、具有生物学基础的情绪。

次级情绪 在一定文化中产生的特定的情绪。

神经学家以及其他研究者正在研究情绪的生物学方面：包括表情、脑区与神经通路和自主神经系统。

表情

面部是最易观察人情绪的地方，情绪经常被明显地表达。1872年，查尔斯·达尔文(Charles Darwin)宣称，人类的表情——微笑、皱眉、苦相、怒视——与鸟受惊时翅膀的摆动、猫满足时的叫声、狼受到威胁后的咆哮同属一类。他认为，这些表情的进化是因为它们允许我们的祖先在一瞥之中，就能辨认出所看到的是友好的陌生者还是敌对的陌生者。

现代心理学家支持了达尔文关于情绪的进化作用的观点。(Hess & Thibault, 2009)特别是保罗·埃克曼(Paul Ekman)和他的同事已经收集了丰富的证据，认为普遍存在七种面部表情，相应地，这些面部表情通常被认为是初级情绪：生气、高兴、恐惧、惊奇、厌恶、悲伤和鄙视。(Ekman, 2003; Ekman等, 1987)他们所研究的每种文化——巴西、智利、爱沙尼亚、德国、希腊、中国、意大利、日本、新几内亚岛、苏格兰、苏门答腊岛、土耳其和美国——中的大多数人都能认出其他文化中人们流露出的面部表情。(见图13.1)甚至那些从未看过电影或读过《人类》(People)杂志并且生活在与世隔绝的地方的大多数部落成员，如新几内亚岛东部的福雷族(Foré)人或苏门答腊岛的米南佳保族(Minangkabau)人，也能认出照片上对他们来说完全是陌生人的面部表情，同样，我们也能认出他们的面部表情。

近期一些研究者提出，骄傲也是人类的一种基本情绪，它的生物进化意义是激励人们获得成功和优于他人的成就，从而提高他们对他人以及其他群体的吸引力。(Williams & DeSteno, 2009)4岁的儿童和与世隔绝的非洲部落成员都可以准确识别出骄傲的面部表情

 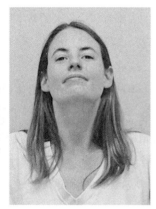  

图 13.1 一些普遍的面部表情
你能说出这些图片传达的是什么情感吗？不论人们的年龄、文化、性别或传达表情的人所处的历史年代，世界上的大多数人都能很容易识别出惊奇、厌恶、快乐、悲伤、生气、恐惧和鄙视的表情。你能从中找出骄傲的表情吗

和身体姿态。赢得运动竞赛的盲人会自发地将手臂伸向空中，形成 V 字形的胜利姿势，尽管他们从未看到过其他人这么做。(Tracy & Robins, 2007, 2008)

埃克曼和他的同事研发了一种特殊的编码系统，这一系统能分析和识别面部近 80 块肌肉中的每一块肌肉以及与各种情绪相关的肌肉组合。(Ekman, 2003) 他们发现当人们试图隐瞒他们的情感并假装出某种情绪时，他们通常会用到与真实情绪不同的肌肉群。因此，当人们试图假装悲伤时，只有 15% 的人能让眉毛、眼皮和前额皱起来，就像真正悲伤时自然流露的那样。真正的微笑一般会持续 2 秒，而假装的微笑则可持续 10 秒或更长的时间。(Ekman, Friesen, & O'Sullivan, 1988)

面部表情的功能

有趣的是，面部表情不仅能反映我们内在的情感，也会影响我们内在的情感。在**面部反馈**（facial feedback）的过程中，面部肌肉向大脑传递有关正在表达的基本情绪：微笑的面部表情告诉大脑我很快乐，皱眉的面部表情告诉大脑我们感到生气或困惑。(Izard, 1990) 当人们被告知他面带微笑，看上去快乐或愉悦时，其积极情绪就会增加；当告诉某人他看上去很生气、不愉快或厌恶时，其积极情绪就会减少（Kleinke, Peterson, & Rutledge,

面部反馈 面部肌肉向大脑传递有关正在表达的基本情绪信息的过程。

1998）如果你假装生气，你的心将比你假装快乐时跳动得更快。（Levenson, Ekman, & Friesen, 1990）下次，如果你感到悲伤或恐惧时，即使周围一个人也没有，也请有目的地试着微笑。然后保持微笑，看看面部反馈对你起作用了吗？

正如达尔文所认为的那样，面部表情的进化或许是用来帮助我们向其他人传递我们的情绪状态并引起他们的反应——"帮个忙！""走开！"（Fridlund, 1994）这种信号作用开始于婴儿期。婴儿向父母表现出痛苦、生气、沮丧或厌恶的面部表情，父母便做出下面的反应：抚慰一个感觉不舒适的婴儿，喂养一个性情乖戾的婴儿或拿走一个味道不好、令婴儿厌恶的食物。（Izard, 1994b; Stenberg & Campos, 1990）婴儿快乐的微笑通常会融化非常疲惫的父母的心，获得父母愉快的拥抱。婴儿也能启动成年人的表情反应。如果给很小的新生儿看一张快乐的人脸，他们吸吮安慰器的时间要比给他们看一张中性或消极表情的人脸时长。（Walker-Andrews, 1997）（在你成为一位家长时，一定要记住这一点。）

伟大的妈妈总是了解面部反馈的重要性

从一岁末开始，婴儿就开始根据父母的面部表情来改变自己的行为反应，他们的这种能力也具有生存价值。还记得在第六章中所描述的视崖研究吗？设计这些研究的最初目的是检验婴儿早期出现的深度知觉。但在一个实验中，研究者把1岁大的婴儿放在一个较为模糊的视崖上，该视崖不会让婴儿产生突然跌落的感觉，因而也就不会像最初设计的视崖那样，会自动唤起婴儿的恐惧。在这种情况下，婴儿的行为取决于母亲的面部表情：当母亲表现出快乐、安全的面部表情时，有74%的婴儿爬过了视崖；但当母亲表现出恐惧的面部表情时，没有一个婴儿会爬过视崖。（Sorce等，1985）如果你曾经观察到一个初学走路的婴儿在跌倒后会先看家长的表情，然后再决定自己是该哭泣还是忘掉跌倒这件事，你就会明白家长的面部表情对婴儿产生的影响，同时你也会明白为什么表情对婴儿具有生存价值。一个婴儿需要能读懂家长发出的警告或安全的面部信号，因为婴儿还没有判断危险所需要的相关经验。

然而表情识别的普遍性还是存在文化和社会制约的。与识别陌生人的情绪相比，人们能够更好地识别来自同一种族、国家或地区的人所表达的情绪。（Elfenbein & Ambady, 2003）再者，在同一个文化背景下，相同的面部表情也会因所处情境不同而产生不同的意义。例如，一个微笑可能意味着"我很高兴！"，也可能是表达"我不想因为我的话让你不高兴"。同样，人们会根据观察到的其他社会信息对相同的面部表情做出不同的解读，即便是像厌恶、悲伤、生气这样的基本情绪。（Barrett & Kensinger, 2010）因此，如果人们只看到了厌恶的面部表情，每个人都可以识别出厌恶的情绪；但是当同样的表情出现在一个举着胳膊企图敲打东西的人脸上时，人们往往将这个表情解读为愤怒。（Aviezer等，2008）

最后，面部表情当然只是情绪内容的一部分。人们能感觉到没有表现出来的悲伤、焦虑或者生气。反过来，人们也可以经常用面部表情来掩盖自己的情感和表情。在莎士比亚的戏剧《亨利四世》（*Henry VI*）中，这位将成为邪恶的理查三世的坏蛋说：

为什么，我能微笑，并微笑着杀人；
甘愿为令我伤心的一切而哭泣；
以虚伪的眼泪浸湿我的脸颊，
对一切场合伪装我的面容。

情绪和大脑

许多脑区参与了情绪体验的不同阶段：识别他人情绪，体验情绪，表达情绪，以及依情绪行事。例如，与厌恶有关的脑区域受损的中风患者往往感觉不到厌恶。有位该脑区受损的年轻中风患者，对令大多数人厌恶的形象和想法却很少甚至没有情绪反应，如粪便形状的巧克力。（Calder 等，2000）当读到这里的时候，你表现出厌恶了吗？他却不能。

大多数情绪都能引起某一类的反应：拥抱或接近令你快乐的人，攻击使你生气的人，吐出令你作呕的食物，或逃离使你感到威胁的人或情境。大脑的前额叶与产生接近或逃避这些情境的情绪有关。右侧前额叶专门负责离开或逃避（比如当感到厌恶或恐惧时）。左侧前额叶皮层专门负责与他人接近的动机（比如感到幸福时，产生积极的情绪；感到生气时，产生消极的情绪）。（Carver & Harmon-Jones, 2009; Harmon-Jones, Peterson, & Harris, 2009）左侧前额叶皮层的激活高于平均值的人比那些右侧前额叶皮层激活较高的人有更多正性情绪体验，能够更快地从负性情绪中恢复，并且能更好地抑制负性情绪。（Urry 等，2004）而这一区域受损伤的人通常会失去感受快乐的能力。

前额叶的部分脑区也参与了情绪的调节，帮助我们修正和控制我们的情绪，使我们保持情绪上的平衡，让我们对他人做出合适的反应。（Jackson 等，2003）当额区的脑细胞因疾病或头部外伤受损时，人们可能变得无法对情绪做出反应，他们无法理解为什么自己和他人会有同样的感觉，也无法有效调整他们的情绪反应：一个有爱心的妈妈对孩子的伤口变得无动于衷；一个商人做出了令自己尴尬的事却意识不到他人的反应。（Levenson & Miller, 2007）

杏仁核（amygdala）只是大脑边缘系统中的一个微小结构，但它却对情绪，特别是对生气和恐惧起着关键的作用。杏仁核负责评估感觉信息，快速确定情绪的重要性，从而做出是接近还是离开某人或某情境的最初决定。（LeDoux, 1996）对我们来说，杏仁核快速评定危险或威胁是有益的，否则，你就可能会站在大街上问自己："有辆大卡车正向我开来，这时我过街明智吗？"杏仁核最初做出的反应可能会被随后来自皮层更准确的评价推翻。这就是为什么在一条漆黑的小路上，突然感到有一只手拍在你的后背上，你会吓得跳起来；而当皮层辨认出那是你朋友的手，他只是想以黑色幽默来吓唬你时，你的恐惧就消失了。如果杏仁核或皮层的关键区域受到损伤，个体加工恐惧的能力就会出现异常。杏仁核受损的人往往难以识别他人的恐惧情绪；而皮层受损的人难以"关闭"他们自己的恐惧反应。

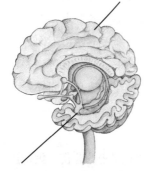

2. 大脑皮层生成更完整的画面，它可以推翻之前杏仁核提供的信息
（"那只是麦克穿了件绒毛大衣。"）

1. 杏仁核评估感觉信息对情绪的重要性
（"那是熊！害怕吧！跑啊！"）

参与进来 | **启动你的右脑**

这两张脸都是一侧高兴，另一侧悲伤。注意观察每张脸的鼻子，哪一张脸看上去更高兴一点？哪一张更悲伤？

你可能觉得 b 看上去更高兴一点，而 a 看上去更悲伤。这可能是由于大部分人用右脑加工图片的左侧，而右脑正是情绪表达最开始被识别的地方。（Oatley & Jenkins, 1996）

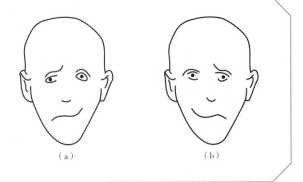

镜子，镜子，大脑中的镜子：用以模仿和移情的神经元

几年前一组意大利神经学家得到了一个意外和惊人的发现。他们在猕猴大脑中负责计划和执行动作的脑区植入电极。每当猕猴移动和抓握物体时，这里的细胞被激活，同时监视器上会记录大脑的激活。一天，一个研究生听到监视器报告的声音，而此时猕猴只是看到他在吃冰激凌球。

神经学家进一步观察，发现猕猴大脑中的一些神经元不仅在猕猴捡起花生和吃花生的时候会激活，在仅仅观察它们的饲养者做这些动作时也会激活。（Ferrari, Rozzi, & Fogassi, 2005）再者，这些神经元只对特定的动作起反应：猕猴在抓握花生时会激活的那个神经元，在猕猴看到科学家抓握花生时也会激活，但是在科学家抓握其他东西时就不会激活。科学家称这种细胞为**镜像神经元**（mirror neuron）。

对于人类来说，镜像神经元使我们能够识别他人情感、了解他人意图以及模仿他人动作和姿势。（Iacoboni, 2008; Fogassi & Ferrari, 2007; Molnar-Szakacs 等，2005）当你看到一个人陷于痛苦之中时你也会感同身受，那是因为参与感受痛苦的镜像神经元被激活了。当你看到一只蜘蛛在别人的腿上爬时，你会感到毛骨悚然，那是因为当蜘蛛爬在你自己的腿上时会激活的那些镜像神经元此时也被激活了。当你看到他人的面部表情时，你自己的面部肌肉也会进行巧妙的模仿，从而激活相似的情绪状态。（Dimberg, Thunberg, & Elmehed, 2000）

如此说来，镜像神经元似乎是人类移情、非语言交流，以及情绪感染的潜在机制。所谓**情绪感染**（mood contagion），是指情绪从一个人扩散到另一个人上。你是否曾经怀着快乐的心情与一个情绪抑郁的朋友共进晚餐，而在分手的时候，你觉得自己莫名其妙地也情绪抑郁了呢？你是否曾经停下手中的活与一位因将要参加即将来临的考试而紧张的朋友闲聊，而在谈话结束时你也觉得自己情绪急躁呢？这些都是情绪感染的结果。

当两个人感受到彼此的积极情绪、非语言信号和姿势时，他们的姿势同步，他们表现得容易

镜像神经元 当人或动物观察到其他个体执行一个动作时激活的脑区细胞；它们会参与到移情、模仿和识别情绪的活动中。

镜像神经元显然在这个对话中起作用

谈谈"镜像神经元"！在一项考察会话同步性的研究中，这些志愿者的录像显示，即使他们刚刚相遇，在会话中也明显表现出同步性。两人在姿势和表情上的同步程度影响着他们对交往的感觉。这种同步性也会造成情绪感染。（Grahe & Bernieri, 1999）

合作，感受到的积极情绪也多。（Wiltermuth & Heath, 2009）这一现象或许就是同步的人类活动——演奏进行曲、玩乐队、跳舞——在社交和情绪上非常有益的原因。这也意味着我们的朋友和邻居对我们情绪的影响可能超乎我们的想象。一项远景调查对将近 5000 人追踪调查了 20 年，结果发现在"快乐的社交网络"中的人们，即与他们居住在一英里（约 1.61 千米）以内的配偶、兄弟姐妹和邻居随着时间的推移越来越快乐，那么他们也倾向于越来越快乐。（Fowler & Christakis, 2008）相反地，那些朋友比较孤独的人也会变得越来越孤独。（Cacioppo, Fowler, & Christakis, 2009）

情绪的能量

一旦与情绪相关的脑区被激活，下一个阶段就是释放能产生情绪能量的激素。当你处于压力下或体验到紧张情绪时，自主神经系统的交感神经分支就会刺激肾上腺分泌两种激素：**肾上腺素**（epinephrine）和**去甲肾上腺素**（norepinephrine）。（见第四章）这些化学递质会产生情绪的激活和警觉状态。瞳孔直径变大，以便进入更多的光线；心跳加快、血压升高、呼吸加速、血糖升高，从而为个体的行动提供更多的能量。这个行动可能是愉快地接近某个你爱的人，也可能是逃避一个令你可怕的人。（Löw 等，2008）

特别是肾上腺素会提供情绪的能量——我们熟悉的兴奋或激动情绪的能量。如果肾上腺素水平很高，它就会产生一种不为你控制的情绪，从而让你产生被"扣押"或"涌出"的感觉。在某种意义上，你可能会失去控制，因为人们不能有意识地改变他们的心率、血压和消化道。然而，当你的情绪起伏不定时，你能学会控制自己的行为，即使是在极度气愤的情况下，正如我们在"学以致用"中提到的。随着唤醒程度的降低，生气减弱成懊恼，狂喜减弱成满意，恐惧减弱成怀疑，过去暴风雨般的情绪，现在已变成和风细雨。

尽管在许多情绪状态下，人体都会分泌肾上腺素和去甲肾上腺素，但不同的情绪还是会引起不同的生理变化：恐惧、厌恶、生气、悲伤、惊奇和快乐与脑活动的不同模式和自主神经系统活动相关，这些都可以通过心率、皮肤电和指温来测量。（Damasio 等，2000；Levenson，1992）这些特殊模式可以解释为什么全世界的人会用相似的术语来描述基本（初级）情绪：在生气时，他们说自己感觉闷热和烦躁；当恐惧时，他们说自己感觉寒冷和不安。这些隐喻其实表达了身体中正在发生的变化。

总之，情绪的生理基础包括特殊的面部表情、大脑特定区域的活动，特别是杏仁核、前额叶皮层的特定区域和镜像神经元，以及为身体行动做准备的交感神经系统的活动。

生物学和欺骗：撒谎能在大脑和身体活动中被探测出来吗

几个世纪以来，人们一直试图通过探测无意识的生理反应来检测说谎。测谎仪正是基于这个理念，在撒谎产生的情绪唤醒的基础上诞生的。当一个人感到内疚或害怕谎言被揭穿时，遇到相关问题时，自主神经系统的活动就会增强，具体反应为心率加快、呼吸急促以及皮肤电增大。

对测谎仪进行批判性思考

执法部门仍然热衷于测谎仪，但是大部分心理学家认为测谎仪的检测是不可靠的，因为撒谎所特有的生理唤醒模式还没有被发现。（Leo, 2008; Lykken, 1998）机器无法区分内疚、生气、紧张、开心或者因为这一天很兴奋而跃跃欲试。无辜的人可能在整个测谎过程中都很紧张。对"银行"这个词有反应，并不代表他们抢了银行，而可能是因为他们刚刚拒付了一张支票，也有可能是他们说了谎。相反的情况也经常发生：在面对中性问题时，人们可以通过保持肌肉紧张，或者回想自己兴奋的经历来避免真正的谎言被测出。

测谎仪在成功探测出许多谎言和罪犯的同时，也将一些无辜的人误判。（Saxe, 1994）（见图13.2）因此在美国，有一半的州是不认可测谎仪结果作为法庭证据的。然而一些政府机构和大部分警察仍然使用测谎仪。这并不是因为测谎精度高，而是希望通过这个方式震慑嫌疑人，例如，谎称嫌疑人没有通过测试，从而促使他们坦白。（Leo, 2008）

鉴于测谎仪并不可靠，研究者试图通过其他方式测量说谎的生理反应。由此诞生了一种声音压力分析器。其原理是认为人们说话的声音可能泄露出很多信息，包括说话人是否撒谎。它的发起者声称该仪器的精度很高，但是研究者发现了负面的或者不一致的结果。（Leo, 2008）与测谎仪类似，这种声音分析器探测到的生理变化可能是由害怕、生气或其他压力造成，不一定是因为说谎。

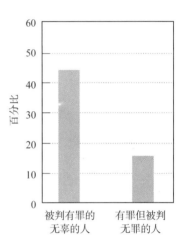

图13.2 误判无辜的人
该图显示出测谎仪误判的平均概率，该数据来自三个研究的平均结果。无辜的人中将近一半被误判为有罪，同时也有一部分有罪的人被误判为无罪。嫌疑人是否有罪已通过其他方式证明，如其他嫌疑人的坦白。（Iacono & Lykken, 1997）

目前在测谎方面最热的方法当属脑成像。一些研究者正在试图通过功能性磁共振成像（fMRI）对大脑活动的测量寻找"大脑指纹"，从而探测一个人是否在加工与犯罪相关的内容并撒谎。有两个公司已经宣称他们的产品可以实现测谎的准确率高于90%。（Stix, 2008）告诉你，别买这个产品。撒谎时激活的脑区，也就是磁共振成像（MRI）测量时亮起的区域，同时也参与了许多其他的认知功能，如记忆、自我意识和自我监测。（Greely & Illes, 2007）因此，鉴于人与人之间在大脑的自发活动上就存在很大变异，那些脑活动很强但是无辜的人仍然很可能被误判为有罪。（Stix, 2008）

"我们不能确定你是否在说真话，你应该让医生检查一下你的血压。"

到目前为止，为撒谎寻找生理标志的努力，结果都显得不可靠，因为它们的基础假设是错的，即认为人在说谎时具有不可避免的、普遍可见的生物信号。我们说的可是实话哦！

> **快速测验**
>
> 我们希望一小股激素能量能够帮助你回答下面的问题。
> 一、3岁的奥利维娅看到自己的爸爸穿得像个猩猩，于是害怕地跑开了。大脑的哪些结构可能参与了她的这个情绪反应呢？
> 二、安娜·玛丽亚正在看一部劳莱（Laurel）与哈代（Hardy）的老电影（滑稽电影）。电影使她咯咯直笑，并且希望看更多的滑稽电影。此时她前额叶的哪一侧被高度激活了？
> 三、安娜·玛丽亚正情绪暴躁，而她的朋友邀请她一起看劳莱与哈代的滑稽电影。她在看的时候忍不住笑了，渐渐地她发现自己的暴躁情绪也不见了。这背后的生理机制是什么？
> 四、凯西正在看一部惊悚电影。在里面的英雄被袭击的时候，他缩紧身体。大脑中的什么细胞使他做出这样的反应？
> 五、凯西正在看一部惊悚电影。当看到凶手围捕受害者的时候，他心跳很重，手心冒汗。是什么样的激素造成了这样的反应？
>
> 答案：一、杏仁核。二、左侧。三、笑情反应；微笑和大笑所激发的身体反应与愤怒和悲痛是彼此冲突的信号。四、镜像神经元。五、肾上腺素。

情绪和心理

我们的两个朋友从尼泊尔爬山旅行回来，一个说："那儿水晶般明朗的天气、成百万的星星、热情友好的人们、雄伟高大的山脉、和谐一体的万物，真是令人心醉神迷！"另一个说："那里到处是臭虫和跳蚤，没有厕所，牛油茶是难吃的食物，还有无情的高山！我太不幸了！"同样的旅行，却产生了两种不同的反应，为什么？

在公元1世纪，斯多葛派（Stoic）哲学家给出的回答是：人们不是因实际的事件而生气、悲伤或着迷，而是源于他们对事件的解释。现代心理学家已经用实验证明了斯多葛派哲学家的观点。研究发现，情绪经常受到信念、情境知觉、期望和归因（attribution）的影响，所谓归因就是指人们对自己和他人行为的解释。（见第十章）(Fairholme 等, 2009; Lindquist & Barrett, 2008) 毕竟人类是唯一能说"我思考得越多就会越疯狂"的物种。事实上，我们经常都是想象自己处于某种情绪状态，同样地，我们有时也可以从思想上避开某种情绪。

心理学家已经研究了认知在各种情绪（在从快乐到悲伤）中的作用。例如，想象你在心理学期中考试中得了A，你感觉如何？或者得了D，你的感觉又将如何？大多数人认为成功能给人带来快乐，失败会给人带来痛苦。然而你的情绪将更多地取决于你如何解释自己所取得的成绩，而不是取决于你实际获得了什么样的成绩。你是把成绩归因于自己的努力，还是归因于老师、命运或者侥幸？在一系列实验中发现，那些认为自己的好成绩来自个人努力的学生会感到自豪、能干和满意；那些认为自己的好成绩是因为运气好、侥幸或偶然因素的学生会产生感激心情、吃惊或内疚（"我不该得到这样的成绩"）；那些相信失败是自己的过失所造成的人，会感到遗憾、充满内疚或听天由命；那些把失败归因于他人的人往往会感到生气。（Weiner，1986）

这里有一个关于思维如何影响情绪的令人惊讶的例子。两名奥林匹克的竞争者，一位取得第二名，是银牌获得者；另一位取得第三名，是铜牌获得者。他俩谁会感到更高兴？是银牌得主？不是。有研究者对在1992年奥林匹克运动会和1994年纽约州运动会上，获得第二名和第三名的运动员的情绪反应进行研究发现，铜牌获得者要比银牌获得者更高兴。（Medvec, Madey, & Gilovich, 1995）显然，运动员们是在将他们的表现与可能发生的情况进行比较。对于第二名来说，他将自己与金牌获得者相比，由于没有获得金牌而不高兴；但对于第三名，他将自己与那些没有获得奖牌的人相比，所以他们为自己至少获得一块奖牌而高兴！

大部分人都认为银牌得主对自己的表现会比铜牌得主更满意。然而当心理学家探讨这个假设时发现，结果是相反的。显然，奥林匹克击剑铜牌得主、法国的让－米歇尔·亨利（Jean-Michel Henry）（左侧）看上去比银牌得主、独联体队（the Unified Team）的帕维尔·科洛布科夫（Pavel Kolobkov）（右侧）要高兴。（位于中间的埃里克·斯莱基 [Eric Strecki] 为法国队赢得了金牌。）

在情绪体验中，认知成分和生理成分是彼此难以分割的。认识影响情绪，情绪状态又影响认识。（Fairholme 等，2009）例如，因自己的不幸而归因于他人会使你感到生气，但是一旦你感到生气或不高兴，你可能更容易把他人的动机想得更坏。人们在遇到"令人失望的胜利"（结果没有预期的好）或者"舒缓的损失"（结果没有预期的坏）这样复杂的情绪时，就体现出认知对情绪反应的巨大影响。

一些情绪只需要很少的简单的认知活动，或者是潜藏在意识层面以下的原始感受。（Ruys & Stapel，2008）一种爱国标志会使你产生条件化情绪反应，一种熟悉的纪念品会使你产生简单而温暖的无意识反应。（Izard, 1994a; Murphy, Monahan, & Zajonc, 1995）婴儿最初的情绪都是比较单纯的："嘿，我生气因为没人喂我！"不过，随着儿童大脑皮层的成熟，认知和情绪就会变得越来越复杂："嘿，我生气是因为这种情况完全不公平！"一些情绪完全取决于一些较高级认知能力的成熟，如羞愧和内疚要到儿童两三岁时才会产生，因为这些自我意识的情绪依赖于自我感的形成以及个体知觉自己不良行为、辜负他人期望的能力的发展。（Baumeister, Stillwell, & Heatherton, 1994; Tangney 等，1996）

孩子们需要到有自我意识的年龄，才能感受到羞耻、内疚或悔恨等道德情绪

今天，几乎所有的情绪理论都支持这样一种观点，即归因、信念和人们对事件赋予的意义是产生大多数情绪的基础。但是，这些归因、信念和意义又是来自何处呢？在什么时候人们会认为一个头戴灯罩的男人在桌子上跳舞或一个四肢裸露的女人在街上行走是件令人羞愧的事？人们关于羞愧的观念始于何处？如果在你生气时，你大声地咒骂他人，那么你在何处得知咒骂是可接受的？要回答这些问题，我们就需要来探讨情绪体验的第三个主要方面：文化的作用。

孩子们需要在他们能感觉到羞愧、内疚或自责的"道德情绪"之前形成一种自我感觉。

快速测验

你的认识如何影响你对测验的感受？

一、达拉和黛娜心理学的期中考试都得了B。达拉欣喜若狂并且很自豪，而黛娜很愤怒。可能是什么样的预期和归因影响了他们的情绪反应？

二、在一个聚会上，你看到一个陌生人在与自己的约会对象调情，你充满嫉妒。这是由什么认知导致的？特别注意，什么样的认知可以减弱这种嫉妒感受呢？

答案：一、达拉可能预期到一个更低的分数并且把自己获得的B归因于自己能够掌握一门重要的课程，并且自己已经精通这门功课的主要内容。黛娜可能预期自己能拿一个A，并且把自己获得的B归因于老师的偏见。二、"那个陌生人是非常吸引人的，我的约会对象会喜欢他的。""那个陌生人一定使用了某种卑劣的手段来引诱我的约会对象。""那个陌生人比我更有吸引力。""我的约会对象只不过是想引起我的关注，今后他还会再找一种方法的。"

你将会学到

- 为什么对于不同文化的人，引起他们生气、嫉妒或恶心的事物不一样？
- 为什么心理学家要争论初级情绪和次级情绪？
- 文化规则如何影响人们对情绪的表达和传递？
- 为什么人们传达的情绪往往不是自己的真实感受？
- 女人真的比男人更情绪化吗？

情绪与文化

一天早上，一位年轻的妻子离开家到井边打水，这时她的丈夫正从走廊看着她。在她从水井返回的路上，一位陌生男子叫住她，向她要点水喝，她给了他一杯水，并邀请他到家一块儿吃饭，他接受了。丈夫、妻子和客人一起愉快地共进早餐。丈夫殷勤地邀请客人与他的妻子共度良宵，客人接受了。第二天早上，丈夫为买早餐很早就离开了家，当他返回的时候，他发现妻子和客人仍躺在床上。

在这个故事中，丈夫会感到生气吗？这一答案取决于他所在的文化。（Hupka, 1981, 1991）一位生活在北美的丈夫，会对有婚外情的妻子非常生气；如果妻子好像一只任人宰割的羔羊被提供给客人，妻子同样会非常生气。然而，这些反应并不具有普遍性。在19世纪，波尼族人（Pawnee）的丈夫会被任何敢向妻子要水喝的男人激怒；安马沙利克

（Ammassalik）的因纽特人丈夫认为自己的妻子为陌生人提供帮助是件很荣耀的事，然而这种帮助只能提供一次；如果他发现妻子和客人有第二次相遇，他就会非常生气。在一个世纪以前，在印度的托德人（Toda）的丈夫对此一点都不会生气，因为托德人允许丈夫和妻子有自己的情人。然而，如果他们当中的一个有私通之事，没有公开说明，双方都会感到很生气。

在大多数文化中，人们都会为侮辱和亵渎社会规则而感到生气。然而，这个故事告诉我们，人们对于什么是侮辱或者什么是正确的规则经常会有不同的理解。在这一节，我们将探索文化是怎样影响我们的情绪，以及我们会以什么方式来表达这些情绪。

文化如何塑造情绪

是否有一些情绪只出现在特定的文化中呢？例如，在一些语言中有描述不同情绪状态的词汇，而在另一些语言中就缺乏相应的词汇，这有什么意义吗？德语中有 schadenfreude 这个词汇，即一种因他人的不幸而感到高兴的情绪。日语中有 hagaii 这个词汇，它是指与挫折有关的无助性苦闷。塔希提语中有 mehameha 这个词汇，它指的是塔希提人所体验到的当常规的知觉种类受到了质疑时的一种恐惧感。例如，在薄暮下的丛林中，注视到营火的光亮却感受不到火的热。（Levy, 1984）这些有趣的语言上的差异是否意味着德国人确实比其他人更可能感受到幸灾乐祸、日本人更可能体验到无助性苦闷、塔希提人更可能感受到恐惧呢？或者他们只是愿意为这些微妙的情绪取一个简单的名称？

许多心理学家认为，人类都具有感受初级的、固有的情绪的能力，也就是说，人们能区分在大脑、面部和神经系统中的不同的生理特征。但个体对次级情绪的体验能力就可能会有明显不同，包括像 schadenfreude、hagaii、mehameha 等情绪。

初级情绪和更复杂的文化变异之间的区别可能反映在世界各地的语言之中。在第七章，我们谈到原型是一类事物的典型样例。各地的人们把初级情绪作为情绪概念的原型样例（**情绪原型**[emotion prototype]）。例如，大多数人都认为"生气"和"悲伤"是一种比"易怒"和"怀旧"更具代表性的情绪。幼儿最先掌握代表原型情绪的词汇：快乐、悲伤、激动和恐惧。随着儿童的成长，他们开始抽取较少原型、对他们的语言和文化来说具有更多独特性的情绪特征，比如，狂喜、抑郁、敌意或焦虑等。（Hupka, Lenton, & Hutchison, 1999; Shaver, Wu, & Schwartz, 1992）这样，人们就可以继承自己文化中所强调的情绪情感上的细微差别。

然而有些心理学家并不认为初级情绪与次级情绪之间存在许多区别，这是因为，对他们来说，任何情绪的任何方面都深受文化的影响。（Barrett, 2006; Elfenbein & Ambady, 2003）生气可能是一种普遍的情绪，但是无论这种情绪的感觉是好还是坏、是有用还是具有毁灭性，人们对它的体验和感受却会随着文化的变化而变化。文化甚至会影响人们对基本或初级情绪的界定。在崇尚个人主义的西方心理学家看来，生气是一种初级情绪；但在崇尚集体主义的文化中，如在第二章所描述的那样，羞愧和丢脸是更为基本的情绪。（Kitayama & Markus, 1994）在密克罗尼西亚（Micronesia）的环形珊瑚小岛伊法鲁克（Ifaluk）上，人人都认为 fago 是最基本的情绪。fago 被翻译成"同情/爱/悲伤"，它所反

对基本情绪进行批判性思考

"生气"在西方社会被认为是一种初级情绪，但是在其他一些文化中是不能容忍的，如因纽特人，因为生气会威胁群落的亲密性。像图中这位因纽特妈妈经常平静地忽视生气的孩子，以此来传达"抱怨不受欢迎"的信息。因纽特人的初级情绪有哪些呢

映的是当所爱的人离去或处于危难中时人们所产生的悲伤感，以及能够给予他人帮助、照顾和同情的愉快感。(Lutz, 1988)

争论的双方都赞同，文化在很大程度上决定着人们感受什么样的情绪。正如我们所看到的，厌恶具有普遍性，但是厌恶的内容随着儿童的成熟和文化的不同而变化。(Rozin, Lowery, & Ebert, 1994)在一些文化中，人们对诸如臭虫（另一些人却觉得它美丽、味美）、没有经验的性行为、排泄物、死亡、与陌生人握手，或特定的食物（如果他们是素食主义者，那么肉是令他们厌恶的食物；如果他们是穆斯林或正统的犹太人，那么猪肉就是令他们厌恶的食物）感到厌恶。

交流情绪

表现规则 调节个人在何时、何地以及怎样表达（或压抑）情绪的社会文化规则。

假设你的一位亲人去世了，你会哭吗？如果你会哭，你是会独自哭还是会当众哭？你的回答将在某种程度上取决于你所在文化中的情绪**表现规则**（display rule）。(Ekman 等，1987；Gross, 1998)在一些文化中，人们通过哭泣来表达悲痛；在另一些文化中，人们通过克制自己不掉眼泪来表达悲痛；还有一些文化里的人们则是通过跳舞、喝酒和唱歌来表达悲痛。一旦你体验到某种情绪，你很少能直接说出你的感受。你可能会因不得已而伪装你的感觉，也可能会希望你能感受到你所说出的那种感觉。

即使像微笑这种看似简单易懂的友好信号，也具有很多不同的意义，其用途也不具有普遍性。美国人比德国人更频繁地微笑，这并不是因为美国人生性更友好，而是因为他们对于微笑的适时性与适当性有不同的理解。在德美商务会议之后，美国人经常抱怨德国人冷淡和疏远，德国人则往往抱怨美国人过于高兴但却在微笑的面具下隐藏了他们的真实感受。(Hall & Hall, 1990)日本人的微笑甚至比美国人还要多，他们微笑是想掩饰自己尴尬、生气或其他一些公开表现出来会被认为无礼和不适当的消极情绪。

表现规则也能控制**肢体语言**（body language），肢体语言包括肢体运动的非语言信号、姿势、手势和注视。(Birdwhistell, 1970)大多数肢体语言都具有独特的语言和文化特性，甚至那些最简单的手势也可能会让人产生误解和攻击性。得克萨斯州大学足球队的标志——长角牛，张开了它的食指和小指。你要注意做这个手势的地点！在意大利以及欧洲的一些地区，它意味着你正说一位男人的妻子不忠实于他——这是一种严重的侮辱。

表现规则不仅告诉我们，当我们体验到某种情绪时我们应该做些什么，还告诉我们在没有体验到某种情绪时，我们应该怎样做以及什么时候去做。在葬礼上，大都要求人们表现出悲伤；在婚礼上，大都要求表现出喜悦，并且还应向亲戚表达深深的爱意。如果我们的确没有悲伤感、喜悦感或深深的爱意，情况又会怎样呢？表达一种我们没有真正体验

到但适宜于社会的情绪，叫作**情绪操作**（emotion work）。它是指当与他人相处时，我们会在某种程度上努力调节自己的情绪。(Gross, 1998) 有时，情绪操作是一种工作需要：飞机乘务员、服务员和客户服务代表必须"面带笑容"地来传达一种愉快的情绪，即使他们本人对一个粗鲁或酗酒的顾客非常生气时也要如此；而一个要账的人则必须保持严肃以示威胁，即使他们对正在要账的人感到抱歉时也要如此。(Hochschild, 2003)

性别与情绪

在世界各地，表达情绪（或压抑情绪）的文化规则是不同的。日本正式的婚礼照片的表现规则是"不直接表达情绪"，然而并不是家庭中的每个成员都已学会了这一规则

情绪操作 经常因角色需要而非个人的真实感受所进行的一种情绪的表达。

 对情绪中性别差异进行批判性思考

男人经常抱怨，"女人太情绪化了"；女人经常回应道，"男人也太急躁了"。这是最古老的性别刻板印象之一。但是"太情绪化"意味着什么呢？我们需要先来定义我们的术语并检验我们的假设。我们还需要考虑男人和女人生活的文化背景，这个文化背景会影响不同性别的行为准则。

尽管女性比男性更可能患有严重的抑郁情绪障碍（见第十一章），然而几乎没有证据表明，一种性别比另一种性别更经常感受到日常情绪，无论这种情绪是生气、担心、尴尬、焦虑、关爱还是悲痛。(Archer, 2004; Deffenbacher 等, 2003; Fischer 等, 1993; Harris, 2003; Kring & Gordon, 1998; Shields, 2005) 两性间的主要差异很少体现在他们是否体验到情绪，而是更多地体现在怎样表达情绪、何时表达情绪以及别人怎样看待他们。

以生气为例。在西方文化中，人们无意识地将"生气"与男性联系起来，而将"高兴"与女性联系起来。研究者给学生们呈现一系列电脑生成的中性人脸，这些人脸的表情由生气一步步过渡到高兴。学生们往往将生气的面孔判断为男性，而将高兴的面孔判断为女性。(Becker 等, 2007) 这种性别与情绪之间的刻板联结解释了为什么在工作环境中，男人生气体现了较高的身份，而女人生气则有失身份，会被认为是情绪失控。(Brescoll & Uhlmann, 2008) 因此有权力的女人往往陷入两难的境地，面对下属的错误或失职，如果表现出生气则冒着"过于情绪化"的风险，如果表现得很平静，又存在"冷漠、没情绪"的风险。

并且，即使男性与女性微笑的次数相差无几，但是当人们期望女性微笑的时候，没有微笑的女人常常让人讨厌。因此在北美，女性微笑的次数更多，更多地注视其听众，具有更丰富的面部表情，更多地用手和肢体动作来表达情绪，触碰他人的次数也更多。(DePaulo, 1992; Kring & Gordon, 1998) 女性比男性表现出更多的微笑，以此安抚他人，对较高地位的人传达敬意或抚平冲突。(Hess, Adams, & Kleck, 2005; Shields, 2005)

与男性相比，女性也会较多地谈论她们的情绪。面对那些会暴露出脆弱和缺点的情绪，如感情受伤、害怕、悲伤、孤独、羞愧和内疚，她们更容易哭泣和承认。(Grossman & Wood, 1993; Timmers, Fischer, & Manstead, 1998) 相反，大多数北美男性只有在一种情绪

两性都能体验到对朋友的依恋情感，然而他们表达情感的方式却往往有所不同。从儿时起，女孩就偏爱"面对面"的友好关系，以此分享情感；男孩则偏爱"肩并肩"的友好关系，以此共享活动

上比女性表达得更直率，即对陌生人的生气，特别是对其他男性。另外，人们也期望男性克制和掩饰自己的消极情绪。当他们担心或害怕时，他们比女人更可能使用模糊的概念，他们会说自己感觉喜怒无常、有种挫败感或紧张感。（Fehr 等，1999）

然而，特定情境往往会无视性别规则的存在。（LaFrance, Hecht, & Paluck, 2003）在足球比赛或世界职业棒球大赛上，在每个人发出欢呼声和嘘声时，你很难发现情绪表达中的性别差异。另一个约束情绪表达的重要情境是被试的地位。（Snodgrass, 1992）当生气的对象是拥有较高地位或权势的人时，男性会像女性一样控制他们的情绪；几乎没有人会不顾一切地向教授、警官或老板咆哮如雷。当情境或工作需要时，两性会表现出相似的"情绪操作"。男乘务员也会像女乘务员一样面对乘客微笑，而一位美国联邦调查局的女密探则不得不与男密探一样善于控制自己的情绪以及表现出一种强硬的情绪。

情绪表达上的性别差异的确存在，但并不是普遍的。意大利、法国、西班牙和中东的男性能很好地运用手势和面部表情来谈话。在他们的文化中，你不会发现他们在非言语表情方面的性别差异。相反，在亚洲文化中，人们教育男女两性都要克制自己的情绪表达。（Matsumoto, 1996; Mesquita & Frijda, 1992）以色列和意大利男性要比女性更能掩饰自己悲伤的情绪，而英国、西班牙、瑞士和德国的男性则比女性更可能会表达这种情绪。（Wallbott, Ricci-Bitti, & Bänninger-Huber, 1986）

总之，对"哪一种性别更情绪化"这个问题的回答是：有时是男性，有时是女性，有时两者都不是，这主要取决于他们所生活的环境和文化。

快速测验

如果你答错了某道题，请不要生气。

一、在西方的情绪理论中，生气被称为 _____ 情绪，而 fago 被称为 _____ 情绪。
二、莫林在一家快餐店工作。一位顾客点餐很慢，令她难以忍受。她本应该对每一位顾客都和颜悦色，但她却咕噜道："嘿，你到底想要点什么？慢牛。"为了保住她的工作和控制脾气，她应该练习 _____。
三、在课堂讨论中，一个学生说了一些令另一个来自不同文化的学生尴尬的话。后者用微笑来化解不适，而前者则认为后者并没有往心里去，也没有生气。这种误会反映了学生之间不同的 _____ 对尴尬和生气情绪表达的影响。
四、对与错：纵观世界，女人比男人更多地表达情绪。

答案：一、初级次级 二、情绪操作 三、表达规则 四、错

你将会学到

- 面对生理的、情绪的以及环境的压力，你的身体如何反应？
- 为什么有的人在"解除压力"后更可能生病，而有的人不会？
- 心理因素如何影响免疫系统？
- 你在什么时候有一种好的控制感，什么时候没有？

压力的本质

正如我们在上面所见，依据生理机能、认知过程和文化规则，情绪"树"可以有许多形状。下面，我们将看到这三个因素是如何帮助我们理解在哪些情绪困境中消极情绪转化成慢性压力，又在哪些情绪困境中慢性压力转化成了消极情绪。

当人们说自己有压力时，他们指的可能是各种事情：与父母的冲突、对生活有挫败感、与搭档不和、照顾生病的孩子、巨大的工作职责，或者失业。这些事件是否与疾病相联系，如偏头痛、胃疼、感冒，或者像癌症这样危及生命的疾病？它们对每个人的影响都一样吗？

压力和身体

现代压力的研究始于1956年，加拿大内科医师汉斯·塞里（Hans Selye, 1907—1982）出版《生活的压力》(*The Stress of Life*)一书的时候。塞里在书中写到，如热、冷、痛、毒和危险等环境中的应激源，会破坏身体的平衡状态，于是身体会动员它的能量与这些应激源斗争，使其恢复正常功能。塞里把身体对外部各种应激源的反应描述为**一般适应综合征**（general adaptation syndrome），即身体一般会产生三个阶段的生理反应。

一般适应综合征 根据汉斯·塞里的理论，对压力的一系列生理反应，分三个阶段发生：警觉、阻抗和衰竭。

1 警觉阶段（the alarm phase）。在该阶段，身体动员交感神经系统去面对即将发生的威胁。这个威胁有很多可能，也许是参加一个你还没准备好的测验，也可能是逃避疯狗的追击。如我们早先看到的，伴随任何紧张情绪的产生，肾上腺激素，如肾上腺素和去甲肾上腺素的释放，会导致能量提高、肌肉紧张、对疼痛的敏感性降低、消化停止（以便血液更有效地流向大脑、肌肉和皮肤）和血压升高。在塞里理论提出的几十年前，心理学家沃尔特·坎农（Walter Cannon, 1929）称这种反应为"战斗或逃跑"反应，这一术语至今仍被广泛应用。

2 阻抗阶段（the resistance phase）。在该阶段，你的身体会努力抗拒或者应付不可避免的持续压力。在这个阶段中，警觉阶段的生理反应会持续存在，但这些反应使身体更易

大多数人认为压力是自然发生在他们身上的。然而，还有另一种看待压力的方式：把它看作是你自身的东西，它取决于你的思想和情绪。你是否将自己的工作视为无休止的任务或难以完成的艰巨任务？答案会影响到你的压力有多大

遭受其他应激源的攻击。例如，当你的身体已准备好应对热浪或者腿部骨折带来的疼痛时，你可能会发现，自己很容易因较小的挫折而引起气愤的情绪。在大多数情况下，身体最终将适应应激源并恢复正常。

3 衰竭阶段（the exhaustion phase）。在该阶段，持续的压力消耗了身体能量，从而降低了身体免疫力并最终使人患病。在警觉阶段和阻抗阶段，长时间地让身体保持同一水平的高效反应会有害健康。肌肉紧张会引起头疼和颈部疼痛。血压升高可导致慢性高血压。如果正常的消化过程被中断或停止时间太长，则会导致消化功能紊乱。

塞里不相信人们应该追求一种没有压力的生活。他说，某些压力——参加运动比赛、恋爱、为自己喜欢的工作付出努力——是积极而有意义的，尽管它们可能需要身体产生短期的能量。有一些消极压力自然也是不可避免的，这就是生活！

当前趋势

塞里最重要的观察结果之一是，在短期内具有适应性的生物变化（因为它们允许身体对危险做出快速反应），在长期内可能会变成危险。（McEwen，1998，2007）当代研究人员正在了解这一现象到底是如何发生的。

当你处于压力之下时，你大脑中的下丘脑会沿着两个主要通道对内分泌腺发出信息。其中一条，如塞里观察的，会激活自主交感神经系统做出"战斗或逃跑"的反应，促使肾上腺的内部分泌肾上腺素和去甲肾上腺素。此外，下丘脑沿着**肾上腺轴**（HPA axis）（HPA 代表下丘脑—垂体—肾上腺皮质）启动活动：下丘脑释放的化学递质会传递到垂体，垂体再进一步释放化学递质传递到肾上腺皮质，肾上腺皮质分泌**皮质醇**（cortisol）和其他激素，这可以提高血糖，保护身体组织在受伤时免受炎症的伤害。

肾上腺轴（下丘脑—垂体—肾上腺皮质） 被激活以激发身体对压力做出反应的系统。下丘脑向垂体发送化学递质，进而促使肾上腺皮质产生皮质醇和其他激素。

唉，在短期内提供帮助的压力激素可能会带来不良的长期后果

上述这一系列反应会增加人们的能量，这种能量是个体对短时间压力做出反应的关键。（Kemeny，2003）但如果皮质醇和其他应激的激素作用时间太久，则可能产生有害影响，导致高血压、其他生理障碍和可能的情绪问题。皮脂醇的升高可以促使动物（或许人类也是如此）找出丰富的食物并且将多余的能量转化为腹部的脂肪。

外界应激源引发的这一系列反应或许可以解释为什么处在社会较低阶层的人比高阶层的人健康状况更差，同样疾病下的死亡率也更高。（Adler & Snibbe，2003）除了缺少好的医疗条件和膳食结构不良导致的肥胖和糖尿病，低收入人群往往生活在持续的压力环境下，如更高的犯罪率、歧视、较少的社区服务、简陋的住宿条件以及更多暴露在危险品如化学污染源之下。（Gallo & Matthews，2003）这或许可以解释城市居民在患高血压的风险上的不均衡，其中黑人的风险较高，而高血压会导致肾部疾病、中风和心脏病。（Clark 等，1999）

儿童对这些因贫困带来的应激源尤其敏感。他们暴露在破损家庭、混乱以及不稳定环境下的时间越长，其皮质醇水平越高，由此在他们青少年期和成年之后的生理健康、心理健康和认知能力（如记忆）上的负面影响也会越滚越大。（Chen，Cohen，& Miller，2010；Evans & Kim，2007；Evans & Schamberg，2009）

因为工作对大多数人的生活来说都是很重要的，所以失业会威胁每个收入阶层的人的健康，甚至会增加他们对普通感冒的易感性。在一项研究中，英勇的志愿者们被给予普通的或含有感冒病毒的滴鼻液，然后被隔离五天。最容易得感冒的人是那些没有就业或失业至少一个月的人。（见图 13.3）工作问题持续时间越长，患病的可能性就越大。（Cohen 等，1998）

然而，人们对应激源的生理反应存在着个体差异，这取决于他们的学习经历、性别、先前的医疗条件以及高血压的遗传倾向、心脏病、肥胖、糖尿病或其他问题。（Belsky & Pluess，2009b；McEwen，2000，2007；Røysamb 等，2003）因此对于相同的应激源，有的人反应更大，血压升高、心率加快、激素释放的程度都更高，这些人由事件引发疾病的风险最高。

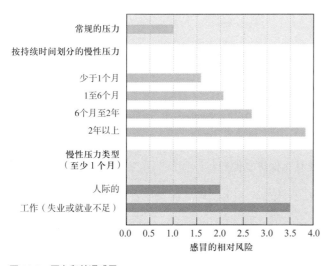 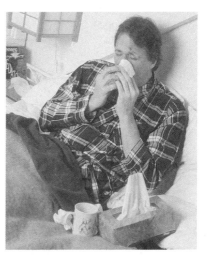

图 13.3 压力和普通感冒
长期压力持续一个月或更长的时间会增加感冒的危险性。这一危险性在和他们的朋友或爱人有问题的人中间会有所增加，在没有工作的人中间则最高。（来自 Cohern 等，1998 的数据）

免疫系统：心理神经免疫学

逐渐壮大的**健康心理学**（health psychology）（及其医学的相关学科——行为医学）关注身体与心理之间的各种相互影响，包括保持健康和产生疾病。其中一些研究者形成了一个交叉学科，称为**心理神经免疫学**（psycho neuro immunology，PNI）。其中"心理"代表心理认知，如情绪和知觉；"神经"代表神经系统和内分泌系统；"免疫学"代表免疫系统，它帮助人们抵抗疾病和感染。

心理神经免疫学的研究者主要关注免疫系统里的白细胞，它们负责识别和破坏或灭活外来的或有害的物质（抗原[antigen]），如流感病毒和细菌。当一种抗原侵入身体后，免疫系统依据病毒的性质安排不同种类的白细胞作为武器。吞噬细胞在肿瘤的检测和防护上有重要作用，它们可以防止癌细胞和病毒的扩散。辅助T细胞能够加强和调节免疫系统，它们是艾滋病病毒HIV首要攻击的细胞。免疫系统产生的化学递质会传递到大脑，大脑再进一步发出指令刺激或抑制免疫系统。任何阻断这一循环的事物，不管是药物、手术还是持续的压力，都会减弱或抑制免疫系统。（Segerstrom & Miller，2004）

一些心理神经免疫学的研究者已细致到通过细胞受损的水平来看压力对疾病、衰老以及非自然死亡的影响。在每一个染色体的末端有一个复杂的蛋白质，称为**端粒**（telomere）。从端粒上面可以看出这个细胞继续存活的时间。细胞每分裂一次，在酶的作用下就会削减一小部分的端粒，当端粒被削减到不剩什么的时候，细胞就停止分裂并死亡。持续的压力，特别是在童年时期就开始的，会缩短端粒。（Epel，2009）一项研究比较了两组年龄在20～50岁之间的健康妇女，其中19人拥有健康的孩子，39人需要照顾患有严重的慢性疾病——如大脑麻痹症——的孩子。显然，需要照顾患病孩子的妈妈感觉压力更大，同时，她们细胞受损的程度显著大于拥有健康孩子的妈妈。事实上，从细胞受损的程度来看，这些高压力下的妈妈看上去比拥有健康孩子的妈妈至少老十岁，而且她们的细胞端粒更短。（Epel等，2004）

免疫系统由战斗细胞组成，看起来比任何好莱坞设计的外星生物都要神奇。它即将吞噬并摧毁一种引起热带疾病的卷烟形状的寄生虫

心理神经免疫学 对心理学、神经和内分泌系统以及免疫系统之间关系的研究。

压力和心理

在你试图说服你的老师，长期的学习压力不益于健康之前，考虑这一难以理解的事情：许多生活在高压力下的人，即使面对失业或者失去挚爱，也没有生病。（Bonanno，2004；Taylor, Repetti, & Seeman，1997）是什么保护了他们？

乐观主义和悲观主义

当有些糟糕的事情发生在你身上的时候，你的第一反应是什么？你是对自己说"一切都会好起来的"，还是会沮丧地抱怨"如果事情变得更糟糕，我可怎么办呢"？乐观主义，即尽管遇到了阻碍仍然预期事情会好起来。从根本上说，这种态度会使生活充满可能性。当一个人遇到了阻碍但相信事情最终会好起来时，他就会不断努力使这个好的预期实现。

即使芝加哥俱乐部没有赢得世界职业棒球大赛的冠军，沮丧的球迷也可以保持乐观的心态："还有下一年嘛。"

一般来说，乐观主义比悲观主义更有利于健康和幸福。（Carver & Scheier, 2002; Geers, Wellman, & Lassiter, 2009）但这并不意味着对于患严重疾病的人，保持乐观总能延长寿命。澳大利亚的研究者追踪调查了179个患者，在追踪的8年里没有发现乐观主义对寿命的影响。（Schofield等, 2004）不过对于没有重大疾病威胁的人来说，乐观主义似乎的确有助于健康，甚至可以增强免疫系统；而极度的悲观主义者往往过早死亡。（Maruta等, 2000; Peterson等, 1998; Segerstrom & Sephton, 2010）

乐观主义者比悲观主义者的健康状况更好，其部分原因是当乐观主义者生病的时候，他们能更好地照顾自己。乐观主义者并不否认他们的问题或是避免面对坏消息；相反，他们认为这些问题和坏消息是可以战胜的困难。与悲观主义者相比，他们更像是问题的解决者，他们会从朋友那里获得支持，会去主动寻找能帮助自己的信息。（Brissette, Scheier, & Carver, 2002; Chang, 1998; Geers, Wellman, & Lassiter, 2009）他们保持幽默感，为未来制订计划，并能从积极的角度重新解释情境。相反地，悲观主义者则经常做一些自残的事情：他们喝大量的酒，吸太多的烟，不系安全带，开飞车，生病后还拒绝服药。（Peterson等, 1998）

悲观主义者无疑会谴责乐观主义者不太现实，事实上的确如此。但是，健康和主观幸福感往往正是取决于对我们自身和我们所处的环境有一些"积极的幻想"。（Taylor等, 2000a）悲观主义者能"消除"自己对前途的消极看法吗？自然，乐观主义者认为是可以的！一个方法就是让悲观主义者遵循那句世界名言：多看福报，少看负担。即使是患有严重疾病——如神经性肌肉痛——的人，关注生活中积极的方面也能提升他们的主观幸福感，并且减少他们对生理症状的报告次数。（Emmons & McCullough, 2003）

控制感

乐观主义与健康的另一个重要的认知成分相关：**控制点**（locus of control），即对于你是否能控制发生在自己身上的事情的一般性期望。（Rotter, 1990）有**内部控制点**（internal locus of control）（"内控"）的人往往认为他们要对所发生的一切事情负责。那些有**外部控制点**（external locus of control）（"外控"）的人倾向于认为他们的生活是由运气、命运或他人决定。内部控制点与健康、学术成就、政治活动的积极性和主观幸福感相联系。（Lang & Heckhausen, 2001; Strickland, 1989）

如果人们感觉能预测或控制各种应激源，那么大多数人就能容忍它们。以拥挤为例，老鼠在拥挤的环境下会变得很暴躁，但是许多人喜欢拥挤，他们愿意在新年前夜拥挤在纽约的时代广场，或者挤在摇滚音乐会中。人们处在拥挤的环境中并不一定有压力，只有当人们感觉拥挤的时候才会有压力。（Evans, Lepore, & Allen, 2000）当人们感觉被人做了

控制点 指对自己行为的结果是在自己控制之下（内控），还是超出自己控制（外控）的一般性期望。

谁有更多"压力"？是那些在竞争激烈的公司中工作的管理者，还是仅仅按惯例、可预知的、流水线上工作的工人？研究发现，雇员比他们的老板承受更多的工作压力，特别是在雇员不能对自己工作中的许多方面加以控制时。（Karasek & Theorell，1990）

不好的评价或者对手头的任务没有控制感的时候，皮质醇的水平也会升高。（Dickerson & Kemeny，2004；Miller，Chen，& Zhou，2007）对工作环境和活动有着最大控制的人——比如经理主管人员和管理者——很少会得病和感到有压力。而从事重复性工作和提升机会很少的雇员因对工作环境和活动的控制很小，所以他们更易得病和感到有压力。（Karasek & Theorell，1990）对健康和幸福构成最大威胁的事情一般发生在你感觉无法摆脱的一个不可预知而持续存在的情境。

控制感会影响免疫系统，这就是它能帮助人们快速地从外科手术和一些疾病中康复的原因。（E. Skinner，1996）具有内控力的人比有外控力的人能较好地抵抗感冒病毒引起的传染病，以及削弱由贫穷和歧视引起的损害健康的影响。（Cohen，Tyrrell，& Smith，1993；Krieger & Sidney，1996；Lachman & Weaver，1998）像乐观主义一样，控制感使人们在必要时更可能采取行动来增进他们的健康。例如，在一组心脏病患者中，那些认为心脏病的发生是自己吸烟、不锻炼或工作压力的结果的人，更有可能改变他们的不良习惯，并能很快康复。相反，那些认为得病是由于自己运气或命运不好——不受他们控制的因素——的人更不可能制订康复计划，更可能继续保持已有的、不良的健康习惯。（Affleck 等，1987；Ewart，1995）

💡 对控制和健康进行批判性思考

不过，虽然控制感是件好事情，但人们总会问这样一个问题：要控制什么？对于那些相信他们能绝对控制生活中各个方面的人来说，问这个问题是没有益处的；因为有些事情不在任何人的控制之中，如死亡、纳税，或某次犯罪的意外受害者。自责（"不管我的健康出了什么问题，那都是我的错"）或者相信做好事能够防止所有的疾病（"如果我现在每天吃维生素并出去工作，我就不会得病了"）都不能增进人们的健康和主观幸福感。

初级控制 一种通过改变他人、情境或事件来修正现实的努力，一种"斗争到底"的哲学。

次级控制 一种通过改变你自己的态度、目标或情绪来接受现实的努力，一种"学会忍耐"的哲学。

文化和控制

东西方文化对个体控制自己生活的能力和欲望持有不同的看法。一般来说，西方文化看重**初级控制**（primary control），即人们试图通过努力来直接控制事件：如果你处在糟糕的情境中，你就需要改变它、调整它或战胜它。东方文化更强调**次级控制**（secondary control），即人们试图通过改变自己的抱负或欲望来适应糟糕的情境：如果你遇到某个问

题，不管怎样你都要忍受它或忽视它。（Rothbaum，Weisz, & Snyder, 1982）

一个日本的心理学家曾经列举了一些日语中教导人们从忍耐中获益的谚语，例如，"失去亦是胜利"（为了保护一种关系免受伤害，表现出宽容豁达），"柳树从不会被积雪压弯"（不管生活中有多少问题，灵活多变总能帮你应对它们），"真正的忍耐是忍耐那些无法容忍的事物"（一些无法容忍的事是生活中客观存在和无法改变的）。试想一下在美国的橄榄球赛场上，一句"失去亦是胜利"能坚持多久，同样，美国人忍耐那些无法容忍的事物又能坚持多久？当然对于我们每一个人，生活中一个重要部分就是学着接受有限的资源、无法追溯的损失以及那些我们无法改变的环境，也就是次级控制的方方面面。（E. Skinner, 2007）

患者或处于压力情境中的人可以通过避免非此即彼的思维，从东西方不同的控制形式中受益。例如，那些考得不好的大学新生，要想在未来获得成功，就需要保持足够的初级控制，认识到不努力是不可能凭空得到好成绩的，进而继续努力学习。（Hall 等, 2006）再比如，从性侵害或癌症中恢复的妇女，调整与其信念有关，这种信念是她不会因被强奸而自责，或者因得病而自责，她从现在起完全负起自我照顾的责任。（Frazier, 2003；Taylor, Lichtman, & Wood, 1984）一位癌症幸存者说："我感到我在某种程度上失去了对自己身体的控制，对我来说，夺回控制权的方法就是尽可能地去弄清楚。"这种思维方式可以使个人在保持自我效能感时避免内疚和自责。自我效能感是指个体基本控制自己的生活和能使其进一步变得更好的信念。

在日常生活中，有许多问题都要求我们决定我们能改变什么，并接受我们不能改变的；或许健康控制的秘密就在于认识到这些差异。

快速测验

我们希望这些问题不会给你带来压力。

一、史蒂夫突然被叫到课堂上讨论一个问题。他不知道答案，心跳加速，手心冒汗。根据史蒂夫的说法，史蒂夫正处于他的 _____ 压力反应阶段。

二、玛利亚做了 17 年的文员，这份工作被密切监督，很无聊。她的老板每天必须快速做出许多决定，而且总是抱怨责任太大。他们中谁的工作压力更大？（为什么？）

    A. 玛利亚   B. 老板   C. 两人压力一样大   D. 两份工作都没有压力

三、阿妮卡通常会把受到赞扬归因于自己工作出色，而把失败归咎于自己不够努力。贝内西亚将她的成功归因于运气，并将失败归咎于她是一个优柔寡断的双子座。阿妮卡有一个 _____ 控制点，而贝内西亚有一个 _____ 控制点。

四、适应你患有慢性病的现实是 _____（初级/次级）控制的一个例子。参加抗议活动以使当地公司清理其危险废物是 _____（初级/次级）控制的一个例子。

五、在电视上，一位自称健康专家的人解释说"如果他们不想生病，没人会生病"，因为我们所有人都可以控制自己的身体。作为批判性思考者，你应该如何评估这一主张？

答案：一、A；二、老板处理紧张的工作更小心谨慎，他有更多的决策权。三、内部的，外部的。四、次级；初级。五、尽管我们可以通过健康的生活方式以及避开那些已知的致病因素来影响自身的健康，但是像遗传等其他因素同样很重要。一个健康的生活方式不能完全保证你永远不生病。

> **你将会学到**
> - 哪种情绪对心脏是最危险的?
> - 持续的抑郁会导致生理疾病吗?
> - 为什么坦白对我们的心灵和健康都有益呢?

压力与情绪

或许你已听过人们这样说,"像她这样抑郁,难怪她会生病",或"他总是这样生气,总有一天会心脏病发作的"。消极情绪,尤其是生气和抑郁,是否对健康有危害呢?

首先,可以排除大众理念中的"易患癌症"性格(这个说法是由香烟行业发起的,主要目的是将大众的注意力从抽烟致癌的问题上转移开)。研究结果已彻底推翻了这个说法:从日本到芬兰,对世界各地数千人的研究发现,性格特征和患癌风险之间没有任何关系。(Nakaya 等, 2003)

其次,我们需要区分负性情绪对健康人以及生病的人的影响。一旦一个人已经生病,那么负性情绪,如焦虑和无助,就会影响恢复的进程。(Kiecolt-Glaser 等, 1998)在疾病的严重程度和其他风险因素相同的情况下,患心脏病之后变得抑郁的人在其后的几年更容易死于心脏问题。(Frasure-Smith 等, 1999)但是生气和抑郁能诱发疾病吗?

敌意和抑郁:它们有伤害吗

20世纪70年代,把情绪与疾病联系起来的现代化成就之一是关于与心脏病有关的"A型人格"的研究。A型人格的人野心勃勃、缺乏耐心、易怒、刻苦工作、对自己的要求很高。然而后期的研究排除了以上所有的因素,发现在A型人格中只有敌意这个因素是有害的。(Myrtek, 2007)

这里说的敌意并不是指人们偶尔感觉易怒或生气,而是指那种**愤世嫉俗**(cynical hostility)或者**对抗性的敌意**(antagonistic hostility)。具有这种特质的人总是不相信别人,而且总是时刻准备着苛责和冷嘲热讽。有研究者对医学院的男生进行了访谈,并在25年后又对这些男医生进行了研究,结果发现,尽管排除了其他因素,如吸烟、饮食结构不好等,那些长期生气和愤恨的人患心脏病的概率是无敌意的人的5倍。(Ewart & Kolodner, 1994; Williams, Barefoot, & Shekelle, 1985)(见图13.4)该结果在其他人群中也得到了印证,如美国黑人和白人,男人和女人。(Krantz 等, 2006; Williams 等, 2000)易怒是损伤免疫系统的显著因素,它会造成血压升高、心脏病,甚至会使伤口恢复变慢。(Chida & Hamer, 2008; Gouin 等, 2008; Suinn, 2001)

临床上的抑郁症也会使心脏病和心血管系统疾病的患病率提高至少

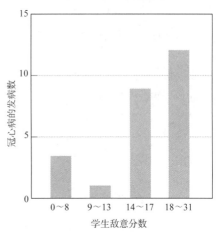

13.4 敌意和心脏病

生气对健康造成的危害比繁重的工作负荷要大。那些敌意分数最高的医学院男生,在25年后最可能得冠心病。(Williams, Barefoot, & Shekelle, 1985)

一倍。(Frasure-Smith & Lespérance, 2005; Schulz 等, 2000) 是什么造成了这种联系呢？一项针对一千多人的远景调查发现，这个问题的答案是锻炼：有严重抑郁症状的男人身体活动显著少于有规律地锻炼身体的男人。(Whooley 等, 2008) 但是另一项更大规模的远景调查发现，抑郁和不抑郁的男人在身体活动上没有区别。然而他们发现抑郁的男人更容易在小腹和上腹部积累脂肪（可能是由于抑郁促使了皮质醇的分泌），这可能才是糖尿病和心血管疾病在抑郁人群中多发的原因。(Vogelzangs 等, 2008) 不管怎样，抑郁本身并不会诱发心脏疾病，但是抑郁造成的嗜睡、过度饮食等症状很可能诱发心脏病。

研究者一度认为抑郁会诱发癌症，但是现在看来是癌症诱发抑郁。这并不仅仅是因为癌症这个诊断本身就令人抑郁，癌变的肿瘤与免疫系统一样会产生高水平的化学递质，进而造成与抑郁相关的情绪和行为症状。显然老鼠不会知道自己患了癌症，但一项研究发现，患有癌症的老鼠会被动地漂在水里，而不是游向安全区域，同时还会表现出焦虑和冷漠。(Pyter 等, 2009)

积极情绪有帮助吗

消极情绪对健康有害，而积极情绪似乎对健康有益。(Fredrickson 等, 2003) 一项研究调查了 180 名天主教修女在 22 岁时写的自传，以考察写作水平是否能预测其后阿尔兹海默症的出现（事实上的确可以）。其他研究者分析了这些作品中与情绪有关的内容，结果发现描述积极情绪的频率，如高兴、爱、希望、感激、充实和有趣，与 60 岁以上的寿命有关。(Danner, Snowdon, & Friesen, 2001) 其中对积极情绪描述最多的人比描述最少的人平均寿命多 9 年。这些女性的经历和生活标准至少在进入修道院之后是相同的，因此以上发现的寿命上的差异难以归因于来自贫穷、抚养孩子抑或特殊经历的压力。

心理学家一直努力研究高兴、愉快、充满希望这样的积极情绪如何保护人们免受疾病困扰。当然，这些长寿的修女可能只是由于性情随和，所以总有愉快体验；或者只是基因影响了寿命。但是积极情绪确实对身体有益，因为它们可以缓和或者平衡消极情绪或长期压力引发的高度唤醒。同时它们还可以促使人们更富有创造性地看待机会，并且采取行动达成目标。(Kok, Catalino, & Frederickson, 2008) 经常表达积极情绪的人也比那些苦恼和沉闷的人更能吸引朋友和支持者，而社会支持对健康是有益的。(Pressman & Cohen, 2005)

如果你并不总是感觉快活和高兴，不要担心，每个人都会偶尔脾气暴躁、易怒或者不高兴。不过，一项研究要求大学生在连续的 28 天里写下情绪日记，结果发现那些情绪状态最好的学生，其日记中积极情绪与消极

敌意是危险的，但幽默是健康的

情绪的比例至少达到了 3∶1。（Fredrickson & Losada, 2005）你可能也想记一个月的情绪日记，看看自己的积极情绪与消极情绪的比例达到了什么程度，看它是否与感冒、流感或其他身体症状有关。在你的生活中，是积极情绪占多数，还是消极情绪占得更多呢？

情绪抑制和表达

现在，你可能会设想，既然积极情绪有益而消极情绪有害，那么在自己感到生气、抑郁或担心时，所能做的最安全的事情就是试图去压抑自己的情绪（**情绪抑制**[emotional inhibition]）。但是，任何一个试图忘却某种讨厌的思想、痛苦的记忆或对以前情人的相思之苦的人都会明白，要做到这一点非常困难。当你设法摆脱一种思想时，其实你正在频繁地加工这种思想——重述它。这就是为什么，当你对自己曾经爱恋的人念念不忘时，你试着不去想他/她，实际上只会加强你对他/她的情绪反应。（Wegner & Gold, 1995）

每个人都有自己的秘密和独自悲伤的瞬间。但当你长时间地感到悲伤或害怕时，这种持续的情绪就会增加你的压力

对于某些思想和情绪的长期抑制，需要身体去努力承受一定的压力。不能或不愿意吐露重要的事情似乎还会影响人的免疫系统。那些能表达更多情绪性重要事件的人显示出抵抗疾病的白细胞水平的增加，而压抑这些情绪的人则往往会降低自己的白细胞水平。（Petrie, Booth, & Pennebaker, 1998）抑制情绪还会对社交不利。大一新生由于进入了新环境，往往感到担忧和恐惧。一项针对大一新生的纵向研究显示，那些将进入新环境而产生的担忧和恐惧情绪表现给他人的新生，与那些不表达的新生相比，在其后的大学生活中会建立更好的人际关系和更大的满足感。（Srivastava 等，2009）

坦白的益处

鉴于消极情绪有害，而压抑消极情绪不仅很难而且有害，那么人们应该怎么应对呢？摆脱消极情绪的一种方式源于有关坦白的益处的研究，即公开（即使只是对自己）令自己感到羞愧、担忧或抑郁的个人想法和情绪。（Pennebaker, 2002）研究发现，那些将"最深层

> **参与进来** | **真正的坦白**
>
> 想知道关于坦白的研究是否有效？花点时间写下你最深层的思想和情感吧，可以是关于大学、过去、秘密、未来等任何你没有告诉过其他人的事。明天继续，并且持续写几天。记录你写完之后的感受，是紧张、麻烦、悲伤还是释放？你的感受是否随时间变化？研究者指出，如果你现在就开始这个练习，那么你在接下来的几个月将会很少感冒、头痛和拜访医生。（Pennebaker, Colder, & Sharp, 1990）

的思想和情感"写进个人日记的大学新生，与那些只写一些琐碎小事的新生相比，经历较短的思乡之苦和焦虑体验，直到大学毕业，他们也比控制组流感发作和去医务室的次数少。（Pennebaker, Colder, & Sharp, 1990）

这个方法在人们写下创伤经历的时候尤其有效。一项研究让大学生每天写20分钟关于私人的、创伤性的经历，连续写4天。结果发现，那些能够公开揭露关于自己的创伤性事件的人谈了很多事情，许多人都讲述了自己受到性强迫、体罚、侮辱或被父母遗弃的故事。大多数人都从未和其他人讨论过自己的这些经历。研究者收集了关于学生的身体症状、白细胞数量、情绪反应以及向健康中心求助的次数等数据。结果表明，那些能够写出自己创伤经历的学生在每一方面的情况都要比那些没有写出自己创伤经历的学生好。（Pennebaker, Kiecolt-Glaser, & Glaser, 1988）研究显示，对创伤性事件的表达和努力克服这段记忆比抑制入侵的干扰思想更有益。（Dalgleish, Hauer, & Kuyken, 2008）

只有当个体的暴露导致领悟和理解，从而终止了自己的强迫性思维，缓解了悬而未决的情感压力时，坦白的益处才会发生。（Kennedy-Moore & Watson, 2001; Lepore, Ragan, & Jones, 2000）一位年轻妇女在9岁时被比她大一岁的男孩调戏过，一开始，她写出了自己尴尬和内疚的心理；第三天时，她写出了自己如何对那个男孩生气；在最后一天，她开始从不同角度来看整个事件。毕竟，他也只是个孩子。在这项研究结束的时候，她说："以前，每次想到这件事，我就对自己说谎……现在，我不再有意去想这件事，因为我已从心中驱除了它。我最终坦白发生过这件事。"

释放委屈的益处

释放消极情绪的另一种重要方式是放弃产生怨恨的思想并用另一种与之不同的观点原谅它们。当人们再次想起自己的委屈并且持续怨恨时，他们的血压、心率以及皮肤电就会随之升高。宽容的思想（就像上面提到的例子——"他也是个孩子"）可以降低生理唤醒，并恢复对情绪的控制。（Witvliet, Ludwig, & Vander Laan, 2001）（见图13.5）宽容，如同忏悔一样，有助于个体从一个新的视角看待问题；它还能起到移情（移情是指个体从他人的角度看问题的能力）的作用，并能促进和修复人际关系。（Karremans等, 2003）

宽容并不意味着对冒犯者的否认、忽视或原谅，而是意味着受害者最终向不公正妥协，从而释放自己受伤、愤怒和复仇等困扰情绪。正如中国的一句谚语所说："坚持复仇的人等于挖了两座坟墓。"

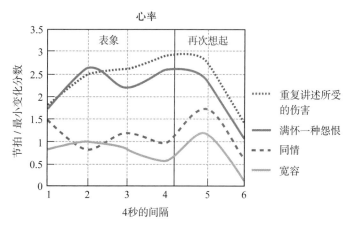

图13.5 真心宽容

在一项研究中，要求被试想出一位冒犯或伤害过他们的人，然后要求他们设想一些不能原谅的反应（重复讲述所受的伤害、满怀一种怨恨）和宽容反应（同情、宽容）。当他们设想了不能原谅的反应时，被试的心率会突然迅速增加，需要较长的时间才能恢复正常

> **快速测验**
>
> 如果你跳过了这个测验,我们绝不原谅你。
>
> 一、A 型人格行为的哪个方面对心脏最有害(   )
>   A. 努力工作   B. 行色匆匆   C. 愤世嫉俗   D. 堵车时易怒   E. 一般性的脾气暴躁
> 二、安贝尔对大学生活有许多担忧,但是她不敢告诉任何人。对她来说最健康的解决方式是(   )
>   A. 试着不想自己的感受   B. 写下她的感受,然后重新阅读和思考她写下的话
>   C. 频繁地告诉任何一个愿意听她诉说的人   D. 在网上把自己的心情告诉朋友
> 三、在上一题中,为什么 D 选项无法帮助安贝尔?
>
> 答案:一、C 二、B 三、发泄情绪在网上的工具是不能让她平静下来的一种,但需要一个有所依据才能重新思考问题,从而看自己写下的话,也能够看到事情发展的另一面。

你将会学到

- 当你遭受打击的时候,使自己镇静自若的方式。
- 聚焦情绪和聚焦问题的应对方式之间的差异。
- 如何反思和重新评价你的问题以减轻压力?
- 社会支持的重要性和局限性。

应对压力

我们已经发现,处于应激状态下的人,甚至是那些一直生活在困境中的人,很多都没有生病。除了乐观、有控制感、不沉湎于消极情绪中,他们是怎样成功应对的呢?

应对压力和消极情绪带来的生理紧张,最直接的方式就是平静下来:暂时停止工作、降低身体的生理唤醒。从婴儿到老人,许多人都反映按摩是很有效的。(Moyer, Rounds, & Hannum, 2004)另一个有效的方法是传统佛教中的冥想(**正念冥想**[mindfulness meditation]),它可以培养情绪上的安宁。其目的就是学会接受生气、悲伤和焦虑等消极感受,不去评判或试着摆脱它们(一种次级控制)。(Davidson 等,2003)另一个缓解压力和疾病的有效方式是锻炼。在同样的压力下,体形匀称的人比不匀称的人会出现更少的健康问题;面对紧张性刺激,体形匀称的人显示出较少的生理唤醒。(Vita 等,1998)除此以外,那些能够使身体平静、注意力集中的活动,如祈祷、音乐、跳舞或者烤面包,都对健康有益。但是如果是你的房子被烧毁了,或者你需要做一个大手术,你就需要采取其他的应对策略了。

解决问题

我们认识的一位名为思米·林顿(Simi Linton)的妇女,在她 23 岁的时候,就遭遇了一场灾难:她和她的新婚丈夫以及她最好的朋友遭遇了一场严重的车祸。当思米在医院的病房里苏醒过来的时候,她对车祸只有模糊的记忆,她得知她的丈夫和好朋友已经死了,她自己也因永久性脊柱损伤而失去行走能力。

一个人如何从如此毁灭性的事件中恢复过来呢？有人会建议灾难和悲剧中的幸存者"别再想它"或者"要意识到自己的情绪"。然而幸存者知道自己很痛苦，问题是他们应该怎么做呢？这个问题恰恰说明了**聚焦情绪的应对**（emotion-focused coping）和**聚焦问题的应对**（problem-focused coping）的方式的差异。（Lazarus, 2000; Lazarus & Folkman, 1984）聚焦情绪的应对方式是指主要关注事件引发的情绪反应，无论是生气、焦虑还是悲伤。在任何灾难和不幸过后的一段时间里，出现情绪低落以及被压倒的感觉都是正常的。在这一阶段，人们往往需要强迫性地谈论这件事，以此达成妥协、使之有意义并决定应该做些什么。（Lepore, Ragan, & Jones, 2000）

这些生机勃勃的表演者非常清楚如何应对压力和保持兴奋

最后大多数人都会开始关注解决问题本身。聚焦问题的应对步骤取决于问题的本质。是一时紧急的决定？是一个持续性的困难，如残疾的生活？还是一个可预期的事件，如需要做一个手术？一旦确定了问题，应对者就可以尽可能地向专业人员、朋友、书本以及在同样困境中的其他人学习。（Clarke & Evans, 1998）相关知识的增多能够增强人们的控制感和提高人们康复的速率。（Doering 等, 2000）

在思米的个案中，她学会了如何在轮椅上做事（包括跳舞！），返回学校并取得了心理学的博士学位，再次结婚，而且成了一名受人尊敬的老师、咨询师、作家和社会活动者，以帮助残疾人获得更好的条件和机会。（Linton, 2006）

重新思考问题

一些问题不能得到解决，它们会成为你生活中不可避免的事实，比如无力生育、失业或面对慢性疾病。那该怎么办呢？健康心理学家认为有以下三个有效的认知应对方法：

1 重新评价情境。尽管你不能摆脱应激性事件，但你可以换一种不同的思维方式——我们称之为**重新评价**（reappraisal）过程。重新评价可以使愤怒化为同情、忧虑转为果断、损失变成良机。比如你失去的工作本来就很沉闷，只是你一直不敢辞了它而去找一份新的工作，现在你可以了。重新评价可以增加主观幸福感，缓解消极情绪，甚至可以降低皮质醇的水平以及其他压力反应。（Denson, Spanovic, & Miller, 2009; Gross & John, 2003; Moskowitz 等, 2009）

2 从经验中学习。有的人在逆境中找到新发现或者新技能，因为他们不得不学习一些过去不了解的事，例如，如何应对医疗系统，或者如何处理父母的遗产。有的人在其中发现了自己意想不到的勇气和力量。那些从无法避免的悲剧中获得教训、发现意义的人，能够在逆境中更好地成长，而不是简单地应付。（Davis, Nolen-Hoeksema, & Larson, 1998; Folkman & Moskowitz, 2000）

3 进行**社会比较**（social comparison）。在困难的情境中，成功的应对者通常会把自己与其他更加不幸的人相比较。即使他们患有致命的疾病，他们也会发现有些人的情况比起他们还要糟。(Taylor & Lobel, 1989; Wood, Michela, & Giordano, 2000)有一位艾滋病患者在一次采访中说："我罗列了其他一些我宁愿得艾滋病也不愿得的病：鲁格瑞氏症（Rugger's disease），整天坐在轮椅中；风湿性关节炎，肌肉僵硬、疼痛难忍。"成功的应对者有时也会把自己与那些比自己做得更好的人相比较。(Collins, 1996)他们可能会说："她和我存在同样的问题；在学校里，她怎么比我做得强多了？她还知道什么我不知道的东西？"这样的比较能够帮助人们获得有关应对方式、控制疾病或改善压力情境的信息。(Suls, Martin, & Wheeler, 2002)

寻求社会支持

应对消极情绪和压力的最后一种方式是向他人求助，寻求**社会支持**（social support）。你的健康不仅有赖于你的身心状况，还有赖于你的人际关系：你能从他们那儿得到什么，以及你能给予他们什么。当社会团体赋予个体一种意义、目的或归属感的时候，这个团体就能对自己成员的健康和主观幸福感起到积极的心理支持。(Haslam 等, 2009)

当朋友帮助你应对的时候

思考一下你的家庭成员、朋友、邻居和同事能帮助你的所有方式。他们会关心你、爱护你，他们会帮助你评价问题并计划行动的进程，他们能为你提供一些资源和服务，比如借钱、借车，或者当你生病的时候，为你在课上做笔记。更重要的是，他们是人人毕生都需要的依恋和关系的来源。

朋友甚至还能增进你的健康。还记得我们在前面所描述的研究吗？与工作有关的压力和失业会增加你患感冒的危险性。而拥有众多朋友和社会关系就可以减少这种危险性。(Cohen 等, 2003)社会支持对天天要求高心血管反应的压力比较大的工作者（如消防员）来说尤其重要。在应激事件过后，社会支持可以使人们的心率和应激激素很快就恢复正常。(Roy, Steptoe, & Kirschbaum, 1998)

生活在亲密关系网中的人甚至比其他人活得更长。在对数千个成年人进行的连续10年的研究中，在教堂和其他团体中有很多朋友、关系或成员的人平均起来比那些没有这些关系的人活得更长久。这些关于社会网络的重要性的研究与人们开始时的生理健康、社会经济地位和像吸烟等的危险因素没有关系。(House, Landis, & Umberson, 2003)

来自爱人的社会支持对免疫系统有很大好处。一项研究调查了16对夫妇，要求妻子在磁共振成像仪器里说谎，同时对她们的脚踝阶段性地施加一个微小但足以造成压力的电击。(Coan, Schaefer, & Davidson, 2006)在这个过程中，有的妻子握着陌生人的手，而有的妻子握着自己丈夫的手。这些女性的脑图像显示，下丘脑以及其他与疼痛、生理唤醒和消极情绪有关的脑区得到激活。然而如图13.6显示的那样，握着自己丈夫的手的那些女性，她们脑区的激活程度得到了缓解。握着陌生人的手也有一定的缓解作用，但远不及握着自己丈夫的手。

朋友是我们温暖、支持和乐趣的最大来源

一个深情而受欢迎的接触可以促使一些"治疗性"激素分泌，特别是**催产素**（oxytocin），与母爱和依恋有关，能够帮助放松。事实上，人类的身体在应对压力和挑战的时候，不仅有"战斗或逃跑"的反应模式，还有"照料和友好"的反应模式，即友好和安抚，寻找朋友或爱人，以及照顾他人。（Taylor，2006；Taylor 等，2000b）有关动物的研究显示，哺育早期受到父母或其他成年动物"照料和友好对待"能增强肾上腺轴的敏感性，从而使幼崽更灵活地应对以后的慢性压力。由此可以解释为什么缺乏关爱的儿童更容易生病。（Young & Francis，2008）催产素还可能是拥抱能降低血压的关键因素，不管是男人还是女人。（Grewen 等，2005）

然而很重要的一点是，不能简单下结论，认为只要有足够的和正确的社会支持，就可以克服任何疾病。几年前一个心理医生做了一项初步研究并在此基础上声称，患重度乳腺癌的女性如果加入支持小组就可以活得更长。这项研究已被认定是不可信的，其结果从未被重复出来。（Coyne 等，2009）支持小组的治疗无法延长寿命，只是对成员在情绪上和社会支持上有帮助。

同时，不同的文化对"社会支持"的定义以及从中获益的方式也不同。亚洲人以及亚裔美国人与美国白人相比，更不情愿直接向朋友、同事和家人寻求帮助，也更倾向于隐藏自己的悲伤。许多亚洲人对他们和谐的人际关系特别敏感，他们担心自我表露或寻求帮助可能会带来负面和尴尬的影响。因此，当他们被要求寻求帮助或透露自己的私人感受时，往往会感到压力更大，应激激素水平也会升高。（Kim，Sherman，& Taylor，2008）但是亚洲人和英国人对含蓄的社会支持的依赖和需求程度没有差别。所谓含蓄的社会支持，是指你知道当你需要的时候，有人会帮你。

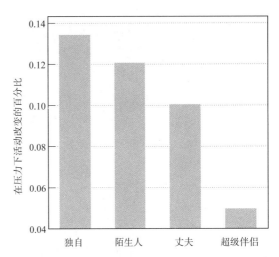

图 13.6　**拥抱和健康**

妻子在磁共振成像仪器里说谎，同时对她们的脚踝施加一个微小但足以造成压力的电击。下丘脑以及其他与压力和焦虑有关的脑区得到激活。激活最强的是那些独自完成测试的女性。握着陌生人的手可以使这些脑区的激活程度降低，而握着丈夫的手则可以降得更低。那些觉得丈夫是其最亲近的人（我们称之为"超级伴侣"［最右面的柱形］）的女性，显示出最低的压力水平。（Coan，Schaefer，& Davidson，2006）

应对朋友

当然，他人并不总能为你提供帮助。有时候，他们本身就是你生气、愤怒和压力的来源。

在一种彼此亲密的关系中，能够给你提供支持的人同样也可能成为你的应激源，尤其是当双方一直处于争论之中的时候。不幸福的、痛苦不堪的、缺少交流的婚姻会明显地损害健康。它会使夫妻双方都感到压抑和生气，并会影响他们的健康习惯，促使与压力相关的激素的分泌，同时对他们的心血管、内分泌和免疫系统也会产生直接的影响。（Kiecolt-Glaser & Newton，2001）研究表明，以一种敌意的方式——批评、干扰、侮辱他人，变得生气、进行防御——来争论的夫妻，其应激激素明显提高、免疫机能明显下降。事实上，这样的夫妻遇到外伤或水泡时比不以敌意的方式争论的夫妻恢复得更慢。（Kiecolt-Glaser 等，2005）以一种积极的方式——试图发现共同的基础、进行妥协、彼此倾听、用幽默来缓和紧张——来争论的夫妻则没有出现这些问题。正如我们的一位学生所观察到的那样："这项研究对于'你让我难受！'的谴责赋予了新的内涵。"

除了是冲突的源泉，朋友和亲戚也许只是由于对麻烦事情的无知或笨拙而不能支持你。

朋友是我们获得温暖、支持和快乐的最大源泉……当然也是恼怒、生气和不幸的来源

他们可能会置之不理或者说出一些愚蠢和伤害感情的话；有时他们还会积极地阻碍你改变不良习惯，比如你努力地戒烟或戒酒，他们就会取笑你，或者迫使你顺从于人人都做的事情；还有的时候，因为他们从未遇到过相同的情境，他们不知道该做些什么，因而为你提供了不适当的支持。例如，他们想使你振作起来，但却只是不断地对你说"一切都会好起来的"，而不知道让你谈谈恐惧或者寻找解决问题的办法；或者他们打着"为了你好"的旗号催促你加入支持团体，却不知对于你而言无论是文化上还是个人方面，都不便于在团体里敞开心扉。

最后，我们不应该总是接受他人的帮助，而忘记给予他人支持的益处。朱利叶斯·西格尔（Julius Segal，1986）是一位与大屠杀的幸存者、人质、难民和其他灾难性事件的幸存者一起生活的心理学家，他曾经写道，这些人能够康复的一个关键因素是同情他人，即通过帮助他人获得痊愈。经常用实际的和情感的支持来帮助家人及朋友的人要比以自我为导向的非助人者更长寿。为什么呢？因为从外体察自己的能力与我们已经讨论过的所有成功的应对机制有关。它可以鼓励你解决问题而不是抱怨他人或者只是发泄你的情绪，帮助你从他人的视角来重新评价情境，增进你对自己的问题的理解，使你变得更加宽容。（Brown等，2003）帮助他人有助于每个人接受现实世界里的困难情境。

快速测验

你能应对这些问题吗？

一、你不小心弄坏了自己的眼镜，以下哪种反应属于"重新评价"（　　）
　　A."我真是个愚蠢、笨拙的傻瓜！"　　　　B."我从来没做对过！"
　　C."真够丢人的，不过我本来就想换个新的。"　　D."我在运动锻炼的时候就会把它忘了。"

二、当你在一起犯罪事件中成为受害者后，了解你的法律和经济资源属于（　　）
　　A.聚焦问题的应对　　B.聚焦情绪的应对　　C.分散注意　　D.再评价

三、"这个课程真要把我逼疯了，但是比起那些没上大学的朋友，我还是更好的"属于（　　）
　　A.分散注意　　B.社会比较　　C.否认　　D.同情

四、快乐的伴侣互相拥抱的时候会促进什么激素的分泌？

五、设想你的室友将房间变成了垃圾场，到处堆满了过期的食物和脏衣服，而你很讨厌住在这样的环境里，本节中提到的什么策略可以帮助你？

答案：一、C　二、A　三、B　四、催产素　五、你可以通过以下策略来应对：对问题进行重新评价（如"我们一起打扫吧"）；寻求社会支持或其他情感的联系（如"那一定是令你烦恼的事情"）；把它看成小挑战（如"我来告诉他怎样收拾"）。

回顾新闻中的心理学

在本篇开头的故事中，乔·斯塔克烧毁了自己的房子，冷漠地忽视自己的妻子和继女，然后自杀，并且导致两名国税局工作人员的死亡。他此前还在网上写道："暴力不仅是解决途径，而且是唯一的解决途径。"真是这样吗？暴力能实现什么呢？

正如本章描述的，当我们感受到极端的情绪时，或者当主要应激性事件要求机体应对威胁、害怕或危险情境时，身体就会迅速行动、提供能量并做出相应的反应。对于每个人来说，当感到背叛、焦虑或生气的时候，都会出现心跳加速、手掌出汗以及其他情绪症状等不愉快的体验。但是难道这就意味着我们无法控制自己的情绪，特别是在面对那些极端的压力经历时吗？

然而，我们同样知道，生物学并没有为我们提供一幅完整的图画。理解知觉、信念以及在产生情绪和压力过程中期望的作用同样重要。乔·斯塔克将自己的经济损失归咎于国税局，他认为自己是一个无辜的受害者，所以感到很生气。但如果他能换一种方式来解决自己的问题呢？如果他能够接受财务计划者或者心理治疗师的帮助，平静地评价自己陷入困境的原因，或许他就可以理解和接受自己对这些不幸遭遇有哪些责任。是什么样的信念使他觉得自己在这么年轻时就退休是命中注定的，即使成千上万的人要奋斗一生？

斯塔克的生活可能还与苦恼的婚姻关系带来的压力有关。他冷酷地烧毁了他们的房子，表明对于自己的不幸，他不仅责怪政府，同样也责怪妻子。然而婚姻涉及两个人，不太可能完全归咎于其中一方。如果他能够认识到自己在不幸婚姻中扮演的角色，情况会是怎样的呢？

这一章也考察了控制感的重要性，以及当人们失去情绪控制时会产生无助和惊慌的心理。尤其是西方人，往往持有一种抵抗令人讨厌的事件而不是接受失望和损失的哲学观。斯塔克就是一个极端的例子：他感到无助和失去控制，他不知道该怎么做，只有在疯狂的愤怒中结束一切。

然而我们可以看到，有一些比杀害自己的伴侣和工作人员更好的应对方式。斯塔克完全可以寻找途径来改善自己的婚姻和财政状况，而不是谋杀和自杀。这些方式包括重新思考问题、从问题中学习、把自己与其他更不幸的人进行比较、帮助他人、寻找一个友好的强有力的支持性团体。（在"学以致用"部分，我们会提供应对生气的策略。）

最后，要记住，成功的应对并不表明消除了所有的应激源或消极情绪，也不意味着没有痛苦和失望，从此就可过上一种持久而幸福的生活。健康的人们善于面对问题、解决问题或者远离问题，然而，即使他获得了持久耐用的应对技巧，问题也必然存在。要想过一种没有压力、没有情绪的生活，就像要一种没有任何朋友的生活。这种生活或许非常平静，但没有任何滋味。日常的烦扰、持续的问题，以及偶然的不幸都是难以避免的。如何应对它们是对我们人生的考验。

重新思考问题的最终范例

学以致用

生气的窘境——"发泄"还是"控制"

当你感到生气的时候，你都做些什么？是胡思乱想、生闷气，还是如同收集冬天的橡子一样收集你的合理抱怨，或者面对附近的任何人、任何事大声地倾诉你的愤怒？当你已经平静下来的时候，你还会讨论你的情绪吗？"发泄"能为你摆脱生气，还是只能使你更加紧张？这些答案对于你如何与你的家人、邻居、老板和陌生人相处起着决定性的作用。

严谨的思考者能够学会仔细地思考如何以及何时表达愤怒，最后做出一个平静的处理决定。持续生气和无力控制就像慢性抑郁和焦虑症一样，会毁坏你的情绪，损害你的健康。与许多大众心理学提供的建议相反，研究表明，表达生气并不总会让它"脱离你的系统"；在与生气对抗之后，人们往往在身心上感觉更糟。当人们不停地谈论自己生气以及生气时的行为表现时，他们倾向于重复自己的委屈，并不断地使自己的血压升高。(Bushman 等，2005；Tavris，1989)相反，当人们学会控制自己的情绪并积极地表达生气时，他们通常会感觉更好，而不是更糟；感到更平静，而不是更愤怒。

当人们感觉生气的时候，他们可以选择做很多事情，其中有一些会特别有益。有的人发怒，希望所有人都知道自己的情绪，而事实上却很难有效表达和沟通。有的人会在网上匿名发表冲动的言论或者肮脏的话语。还有的人选择辱骂自己的朋友、家人或者击打拳击袋。如果某种特定的行为抚慰了自己的情绪或是得到了来自他人的期望反应，人们就可能会形成一种习惯。久而久之，这种习惯变得越来越自然，好像它不可能被改变。但是有的习惯更好一些。烤面包或者出去跑步都不错，然而很多人面对自己的坏脾气，总会辩护

道："我无法控制自己。"事实上，他们完全可以控制住自己。如果你已经习得了一个骂人或攻击的习惯，本章中的研究将会为你重新学习处理生气的建设性方式提供一些切实可行的建议。

不要在气头上大发雷霆，先让身体平静下来再说。不管你的生理唤醒是来自炎热、拥挤或强噪声等背景刺激，还是来自与他人的冲突，花点时间放松一下。时间能帮你确认你是真的生气还是仅仅感到疲劳和紧张。这就是为什么说，从1数到10、数到100或者干脆去睡觉，把问题留待第二天解决是一种明智的做法。其他一些保持冷静的方法包括在争论中暂停、默想、放松、转移注意力等。

切忌个人化处理。如果你认为自己已被他人冒犯，那么检查一下你知觉的正确性，是不是还有其他的原因？急于生气的人倾向于把他人的行为理解成有意的冒犯，而不急于生气的人则往往会给他人留下反思的机会，他们并不在意自己受伤的自尊。同情（"可怜的家伙，他觉得自己在堕落"）通常与生气不相容，因此，要习惯于从他人的角度来看问题。

警惕公路愤怒——你的以及他人的。开车会增加每个人的生理唤醒，但不是每个人都会成为易怒的司机。有的司机生气是源于报复心理（谁敢变道！谁敢停车！谁敢在学区超速！）。易怒的司机开车时更爱冒风险（因缺乏耐心而快速变道），表现得更有攻击性，遭遇车祸也更多。(Deffenbacher 等，2003)

如果你认为表达生气是适当的，要保证你运用了合理的言语和非言语信息，以便被他人理解。由于不同的文化（家庭）有不同的表现规则，因

此，要保证接受你生气的人能够理解你的感受以及你试图传达的委屈，同时要考虑这个人是否认为你的生气是合理的。例如，一项研究调查了亚洲人和英国人对待美国邻居生气的态度。结果发现表达生气对英国人是有效的，他们会做出更多让步，而对于亚洲邻居却没那么有效。（Adam, Shirako, & Maddux, 2010）

仔细思考关于表达愤怒的方式，以使自己获得想要的结果。 你想通过生气达到什么目的？你只是想让别人感觉不舒服还是想让他人知道你很介意这件事，并希望他人能赔偿损失？高喊"你白痴！你怎么如此愚蠢！"也许会达到前一目的，但它不可能让人来道歉，更不必说去改变他/她的行为了。如果你的目的是改善糟糕的环境或者赢得公正，那么学会一种他人能接受的表达生气的方式是必要的。

当然，如果你只是想发发脾气，那就尽管去发好了；但是你很可能会变成一个暴躁之人！

本章总结

情绪的本质

- 尽管负性情绪往往有害，但是情绪将人们联系在一起，激发他们实现目标，并帮助他们制订计划和决策。情绪体验伴随着面部、大脑和自主神经系统的生理变化、认知过程以及文化准则和规范。初级情绪是普遍存在的，而次级情绪则具有文化特异性。

- 在不同的文化中，人们普遍承认存在这样一些基本的面部表情，如生气、恐惧、悲伤、快乐、厌恶、惊奇、鄙视。面部表情的发展有助于促进人们之间的交流，增强生存能力，向他人表明我们的目的。正如在面部反馈研究中所显示的那样，它还能帮助我们去识别自己的情绪状态。来自相同种族的人更容易正确识别彼此的表情，这源于相同的社会背景。然而，由于人们能够掩饰自己的情绪，他们的表情并不总能进行正确的交流。

- 情绪的许多方面与脑的特定部位相联系。杏仁核负责对输入的感觉信息（尤其涉及恐惧情绪时）的情绪重要性进行初评；大脑皮层对最初评价的刺激进行认知评估。情绪通常伴随接近型动机或回避型动机；左侧前额叶皮层似乎专门负责接近他人的动机（如伴随快乐、生气），而右侧前额叶皮层则专门负责逃避或逃离型动机（如伴随厌恶和恐惧）。

- 当人们观察其他人时，遍布大脑的镜像神经元被激活。这些神经元参与了同情、模仿、同步、了解他人意图，以及情绪传染。

- 在任何情绪体验期间，肾上腺素和去甲肾上腺素都会产生一种生理唤醒状态，以便为机体输出能量做准备。但不同的情绪还与自主神经系统活动的不同模式有关。

- 测谎仪是最流行的测谎方法，但缺乏真实性和有效性，因为我们还没有发现与撒谎对应的自主神经系统激活模式，因此使用测谎仪，很可能将无辜的人判为有罪。其他方法也有类似的问题，如声音分析器和磁共振成像。

- 情绪的认知理论强调不同情绪的感知和归因。思维和情感相互作用、相互影响。一些情绪伴随简单的、无意识的反应；还有一些情绪，如羞愧和内疚等，则需要复杂的认知能力。

情绪与文化

- 许多心理学研究者认为，全人类共有体验初级情绪的能力，但是次级情绪则可能具有文化特异性，有关情绪原型的研究支持这一观点。但有的心理学家认为，文化影响情绪体验的方方面面，包括人们对基本情绪的认识和感受。
- 文化强烈地影响着人们是否表达以及怎样表达自己情绪的表现规则。情绪操作是个体表达非个人真实感受时做出的努力。
- 尽管性别习惯会导致两性在情绪表达上存在差异，但是他们可能对所有情绪都有同样的体验。一般来说，在北美，除了对陌生人生气外，女性比男性更善于进行言语和非言语的表达。但两性对于比他们地位高的人都有较少的情绪表达，两性都会做自己工作所需的或情境需要的"情绪操作"。性别差异也具有文化特异性。

压力的本质

- 情绪和压力存在生理上和心理上的联系。持续的负性情绪会转化成持续的压力，而持续的压力也会产生持续的负性情绪。
- 汉斯·塞里认为，像热、痛和危险等环境刺激会使人产生一般适应综合征，并引起机体三阶段的反应：警觉、阻抗和衰竭。如果一个应激源持续存在，它可以摧毁机体的应对能力，使人生病。现代研究支持并补充了塞里的工作。当个体处于应激状态或危险情境下，下丘脑会沿着两条主要通道把信息传给内分泌腺。其中一条激活自主神经系统的交感神经分支。在另一条通道中，下丘脑释放化学递质，刺激皮质醇以及其他能增加能量的激素的产生。从长远来看，过高水平的皮质醇对人体有害。

- 一些持续存在的应激源会增加患病的危险，比如贫穷和失业。不同的个体对应激所做的反应也是不同的，具体依赖于应激源类型和个体自身的遗传特性。
- 健康心理学家和心理神经免疫学的研究者研究了心理因素、神经和内分泌系统，以及免疫系统（特别是那些对抗外来有害体[抗原]的白细胞）的相互关系。长期的压力甚至会缩短一种决定细胞寿命的蛋白——端粒。
- 心理因素影响人们对压力的反应。乐观主义和控制感能提高个体的免疫机能，增强个体忍耐痛苦、与问题相伴、从疾病中康复的能力。文化不同，人们所强调和重视的控制类型也不同：初级控制，设法改变应激情境；次级控制，学会接纳和适应应激情境。

压力与情绪

- 研究者发现，情绪、压力和疾病之间存在联系。并没有所谓的"癌症易感性格"，但是长期的生气，特别是愤世嫉俗或对抗性的敌意，是引发心脏病的一种高危险因素。慢性抑郁症似乎也是引发心脏病的一种危险因素。积极情绪似乎与主观幸福感、健康和长寿有关。
- 压抑情绪的人比坦白并应对消极情绪的人患病的概率更高。压抑烦恼、隐藏秘密及不愉快体验的记忆反而会对人们带来很大压力。释放消极情绪的两种方式是坦白和宽恕。其目的是理解他人，消除怨恨。

应对压力

- 应对压力和消极情绪的一种方式是通过放松和锻炼来减少它们对身体的影响；第二种是关注解决问题（聚焦问题的应对）而不是讨论因问题而产生的情绪（聚焦情绪的应对）；第三种是重新思考问题，包括重新评价，从经验中学习，进行社会比较。
- 社会支持对于维持个体的身体健康和良好的情绪状态非常关键，它甚至能延长生命，加快从疾病中康复的速度。来自支持性伴侣的接触和拥抱能够平静大脑中的警觉环路，增加催产素的水平，从而降低心率和血压。然而，朋友和家人也可能是压力的来源。在亲密的夫妻关系中，采取一种敌意和消极方式的争论会损害双方的免疫机能。给予他人帮助也能促进从创伤性事件中康复的能力。

回顾新闻中的心理学

- 我们并不总是能够控制因压力和紧张情绪而产生的生理唤醒，但我们通常能决定我们烦恼时的行为表现。应对压力并不意味着没有痛苦、没有问题地生活，而是意味着学会怎样与它们共同生活。

关键术语

情绪（emotion）434

初级情绪（primary emotion）434

次级情绪（secondary emotion）434

面部反馈（facial feedback）435

杏仁核（amygdala）437

镜像神经元（mirror neuron）438

情绪感染（mood contagion）438

肾上腺素（epinephrine）439

去甲肾上腺素（norepinephrine）439

归因（attribution）441

情绪原型（emotion prototype）443

表现规则（display rule）444

肢体语言（body language）444

情绪操作（emotion work）444

一般适应综合征（塞里）（general adaptation syndrome [Selye]）446

应激的警觉、阻抗和衰竭阶段（alarm, resistance, and exhaustion phases of stress）446，447

肾上腺轴（HPA axis）447

皮质醇（cortisol）447

健康心理学（health psychology）448

心理神经免疫学（psychoneuroimmunology，PNI）448

抗原（antigen）449

端粒（telomere）449

内/外部控制点（internal/external locus of control）450

初级/次级控制（primary/secondary control）451

愤世嫉俗/对抗性的敌意（cynical/antagonistic hostility）453

情绪抑制（emotional inhibition）454

正念冥想（mindfulness meditation）456

聚焦情绪的应对（emotion-focused coping）456

聚焦问题的应对（problem-focused coping）456

重新评价（reappraisal）457

社会比较（social comparison）457

社会支持（social support）457

催产素（oxytocin）458

[新闻中的心理学]

一位14岁的俄亥俄州女孩用"Stromuhr"赢得了全国拼字比赛

来自华盛顿特区的消息，2010年6月4日，14岁的安那米卡·维瑞马尼（Anamika Veeramani）来自俄亥俄州的北罗亚尔顿（North Royalton），她在2010年斯克里普斯（Scripps）全国拼写比赛中正确拼写了医学术语stromuhr（血流速度计），赢得了冠军。在过去的12年里，印度裔美国人赢得了8次冠军。安那米卡的父亲喀拉盖亚·维瑞马尼（Alagaiya Veeramani）说，他不知道为什么印度裔美国人在比赛中表现这么好，但可能和他们的勤奋、对教育的重视以及对语言的热爱有关。这是她很久很久以来的梦想。他补充说，这也是一个家庭的梦想，他指出，他的女儿有时会学习多达16小时。安那米卡希望能进入哈佛大学，成为一名心血管外科医生。

欧文和姆泽在快乐的日子里

安那米卡·维瑞马尼和她的奖杯

新网站以乌龟和河马的爱情故事为特色

来自纽约的消息，2010年3月1日，一只巨大的130岁的乌龟和一只小河马在2004年印度洋海啸中成了好朋友，现在它们有了自己的网站，以便粉丝可以查看它们的状况。在河马欧文（Owen）被冲入大海，又被肯尼亚村民营救并带到乌龟姆泽（Mzee）居住的野生动物公园之后，乌龟姆泽与河马欧文被放在了一起。最初，欧文受到惊吓并好斗，但姆泽很快就让它冷静下来了。这只河马和这只乌龟一起玩、吃饭、睡觉，并用声音、点头和温柔的推挤进行交流。可惜，这个爱情故事并没有持续下去。自2007年以来，欧文就一直和一只名叫克利奥（Cleo）的母河马生活在一起。但是世界各地的人们仍然被海龟和河马之间不可思议的亲密关系所鼓舞，也许他们的理由是，如果两个如此不同的物种能和睦相处，那么人类也可以。

汽水税被签署为法律

来自丹佛（Denver）的消息，2010年2月25日，科罗拉多州州长比尔·里特（Bill Ritter）签署了一项法案，取消了对糖果和汽水3%的免征销售税。经过几天的辩论，州参议院最近勉强通过了该法案。目前已有30多个州通过了汽水税，或者取消了现有的免征销售税，希望借此带来急需的收入，并减少可能的肥胖。

著名设计师因性侵、强奸被判刑

来自加利福尼亚州洛杉矶的消息，2009年8月31日，时装设计师阿南德·乔恩·亚历山大（Anand Jon Alexander）因性侵6名女性和强奸1名女性被判59年监禁。受害者年龄在14岁到21岁之间，其中一些是有抱负的模特，她们证明自己是被工作承诺引诱到贝弗利（Beverly）山庄公寓来的。以专业著称的阿南德·乔恩毕业于纽约著名的帕森（Parson）艺术设计学院。他出现在电视节目《美国超模新秀大赛》（America's Next Top Model）中，并被《新闻周刊》（Newsweek）誉为时尚界的新星。

第十四章

生活中的主要动机：饮食、爱情、性欲与工作

The Major Motives of Life: Food, Love, Sex, and Work

什么因素激发了像维瑞马尼这样的人即使是在幼年时代也要去追求他们的梦想，而其他很多人要么放弃追求，要么没有梦想？乌龟姆泽和河马欧文之间的关系与人类的爱情和友情有什么不同？像阿南德·乔恩·亚历山大这样成功而富有的男人，为什么还会采取性强迫和强奸行为？对含糖食物或脂肪食物征税能抑制人们的食欲并阻止肥胖的蔓延吗？

"动机"同"情绪"这个词一样，都源于拉丁语中的"移动"一词，动机心理学实际上研究的是我们做什么以及为什么这样做。心理学家认为，**动机**（motivation）是指对人或动物而言，促使有机体趋向某个目标或远离某种不愉快情境的过程。这个动机可能是为了满足一个心理上的目标，如获得一个好的工作或者避免损失；也可能是为了满足一个生物需求，如为了缓解饥饿而吃三明治；也可能是满足一个个人的抱负，比如在百老汇表演歌剧或者成为环游世界的最年轻的人。

动机 促使人或动物趋向某个目标或者远离某种不愉快情境的过程。

几十年来，关于动机的研究主要关注生物**驱动力**（drive），比如获得食物和水、性、探索新知，以及避免寒冷和疼痛。但是驱动力理论并不能完全解释人类动机的复杂性。因为人是有意识的动物，他们会思考，能够预先制订计划，会为自己确立目标，并会为实现目标而选择合适的策略。例如，人们有饮食的驱动力，但是这解释不了为什么有的人为了维护公正而绝食抗议。

内部动机 出于自己的兴趣以及事情本身所带来的内在愉悦而行动的愿望。

在这一章中，我们将会探讨人类动机的四个重要领域：饮食、爱情、性欲和成就。你将会看到，人们为自己制定的各种目标将会怎样影响他们的幸福和快乐，以及究竟是**内部动机**（intrinsic motivation）（出于自身对活动的兴趣）还是**外部动机**（extrinsic motivation）（对外部奖励的追求）激励人们去实现那些目标。

外部动机 为获得外部奖励如金钱或名誉而行动的愿望。

> **你将会学到**
> - 肥胖人群难以减肥的生物学机制。
> - 理想的男性和女性体形如何随着时间和文化而变化？
> - 为什么全世界的人都在变胖？
> - 饮食障碍的主要形式，以及为什么这类人群在男女中的比例都有所上升？

饥饿的动物：觅食动机

有的人瘦，有的人胖；有人瘦得像豆芽，有人胖得像狗熊；有的人吃什么也不增重，有的人一生都为减肥而徒劳地努力；有些人讨厌肥胖，然而有些人却认为胖了正好。那么遗传、心理和环境对我们的觅食动机会有多大的影响呢？

体重生物学

有段时间，大多数心理学家都认为身体过重是情绪失调的信号。如果你发胖了，那是因为你讨厌你的母亲，害怕亲密感，或是试图通过丰富的餐后甜点来填补你心理上的情感空虚。然而，关于身体过重的心理学理论证据主要来自人们的自我报告和不完整的研究，比如缺少控制组或者没有客观地测量人们实际所吃的食物量。当研究者选择控制组进行对照研究时，结果发现，胖人和体重正常的人都存在情绪困扰，谁也不比谁多，谁也不比谁少。更令人吃惊的是，研究表明，体重过重并不总是由过量饮食引起的。(Stunkard, 1980)许多身体过重的人会吃大量的食物，但一些瘦的人吃的食物也非常多。在一项早期研究中，研究者让志愿者饱食数月，结果发现瘦的人要想增肥与大部分身体过重的人想要减肥一样困难。实验一旦完成，瘦的人的体重就会迅速降低，体重过重的人的体重则会迅速反弹。(Sims, 1974)

对暴饮暴食和体重问题进行批判性思考

体重和体形受遗传因素的强烈影响

对这些研究结果的一种重要的解释是，生物机制使你的体重维持在一个受遗传影响的**定点**（set point）上——你不去有意地增肥或减肥时的体重维持在这个定点加减10%的范围。(Lissner 等, 1991) 定点研究关注人的身体怎样调节食欲、进食以及体重的增减。每个人都有一个遗传编程的**基本新陈代谢率**（basal metabolism rate），即身体燃烧卡路里以获取能量的速率，以及固定数量的脂肪细胞，这些细胞储存脂肪以获取能量，并且可以改变大小。肥胖者脂肪细胞的数量是体重正常者的两倍，而且他们的脂肪细胞偏大。(Spalding 等, 2008) 当人们体重减轻时，他们并没有减掉脂肪细胞，而是脂肪细胞变瘦了，而且非常容易反弹回来。

定点 个体受遗传因素影响的体重范围，并由调节食物吸收、脂肪储存和新陈代谢的生物机制来维持。

新陈代谢、脂肪细胞和激素之间复杂的相互作用使人们保持在某一特定的体重上，就像恒温器使房间保持在某一预先设定的温度上一样。当胖人节食时，其身体的新陈代谢率就会减慢，以便贮备脂肪和保存能量。(Ravussin 等, 1988) 当瘦人过量饮食时，其新陈代谢率就会提高，以便加快能量燃烧。在一项研究中，16 位苗条的志愿者每天进食额外 1000 卡的热量，持续 8 个星期，结果发现，他们通过加快新陈代谢率来燃烧多余的热量。他们

体重和体形受到遗传因素的强烈影响。定点理论有助于解释为什么美国西南部的皮马人（Pimas）容易增重但减重缓慢，而尼日利亚的博罗罗（Bororo）游牧民吃很多食物却仍然保持苗条

像蜂鸟一样持续不断地运动：坐立不安，调整步调，时常变化坐姿等。（Levine, Eberhardt, & Jensen, 1999）

定点是由什么决定的？首先是基因。不管成年同卵双胞胎是在一起长大还是在不同家庭中长大，他们的体重和体形都很相似。如果同卵双胞胎的体重增加，那么发胖的位置通常都是一样的，要么都在腰部堆积额外的脂肪，要么都在臀部和大腿处发胖。（Bouchard 等，1990；Comuzzie & Allison, 1998）基因还决定了人体内"棕色脂肪"的含量。棕色脂肪是相对于通常的白色脂肪而言的，是一种能量燃烧型脂肪，它在维持体重和血糖水平方面似乎起了很重要的作用。肥胖人群缺乏这种棕色脂肪，这可能就是他们无法彻底消耗摄入的能量，从而堆积多余脂肪形成肥胖的原因之一。（Cypess 等，2009）

控制日常饮食和体重的基因一旦发生突变，就会导致肥胖。一种被称为 obese（有肥胖之意，简称 ob）的基因（ob 基因 [ob gene]）会引起脂肪细胞分泌一种蛋白质，研究者把这种蛋白质命名为**莱普汀**（leptin）（来自希腊语 lepto，有苗条之意）。莱普汀通过血液运行至下丘脑，参与食欲的调节。当莱普汀保持在正常水平时，人们只会摄入维持正常体重的食物；ob 基因的变异会造成莱普汀的水平过低，于是下丘脑就会认为身体需要更多的脂肪储备，促使个体过量饮食。给老鼠注射莱普汀，其食欲下降，代谢速率加快，这导致它们的行为更活跃，体重更轻。于是，研究者起初认为莱普汀是减肥者的福音：服用莱普汀，轻松去减肥！对于少数由于缺乏莱普汀而导致肥胖的人来说，这个方法的确有效。（Farooqi 等，2007）然而对大多数胖人而言，莱普汀并不起什么主要作用，即使服用更多的莱普汀，也不能使其体重减轻。（Comuzzie & Allison, 1998）

对老鼠的研究显示，莱普汀在人们的早期生活中扮演重要角色，能够通过改变大脑中的化学递质影响动物或人在后期的饮食行为。莱普汀能够增强下丘脑抑制食欲的神经环路，同时减弱促进饮食的神经环路，从而帮助机体控制体重。（Elmquist & Flier, 2004）在婴儿的关键期，莱普汀影响这些神经连接的形成，进而确定了定点。（Bouret, Draper, & Simerly, 2004）一些研究者由此推论，由于早期神经系统的可塑性，下丘脑仍在发展中的婴儿如果被过度喂养，儿童期很可能出现肥胖。

其他许多基因和机体化学物质都与食欲、新陈代谢以及肥胖有关。（Farooqi & O'Rahilly, 2004；Frayling 等，2007；Herbert 等，2006；Stice 等，2008）你的鼻子和嘴部的感受器驱使你吃更多的东西（"这个食物刚好在这儿，它味道好极了！吃掉它！"），胃肠里的感受器却告诉你赶快离开（"你已经吃得够多了！"），而莱普汀和体内的其他化学物质则告诉你是否已经贮存了足够的脂肪。一种激素让你饥饿并希望你吃得多些，而另一

这两只老鼠的 ob 基因都发生了突变，这通常会使老鼠变得胖乎乎的，就像左边的这只。在每天给老鼠注射莱普汀之后，它们吃很少的食物却燃烧更多的热量，因而变得很苗条，就像它友好的伙伴（右边）一样。遗憾的是，莱普汀在大多数人的身上并没有产生同样的效果

种激素在你就餐后会阻止你的食欲，使你吃得少些。

如果这些信号都告诉你吃得还不够，你的大脑就会非常渴望甜食，即使你的舌头已经无法品尝和享受它们了。甜食能够提高大脑中产生快感的多巴胺的水平，从而使你渴望更多丰盛的食物。(de Araujo 等，2008)(不要企图用人工甜味剂来欺骗你的大脑，这只会让你更希望得到真的甜品。)有些肥胖者是由于内部奖赏系统激活较低，因此他们通过过度饮食来提高多巴胺的水平。(Stice 等，2008)所以当超重的人们哭诉自己对食物上瘾时，他们可能是对的。

控制食欲和体重的复杂机制有助于解释"抑制食欲"的药物以及节食终究会失效的原因：许多因素共同作用于体重的控制，而这些药物和节食只是影响了其中一个因素。

关于超重的争论

全美有一半的成年人以及至少 1/4 的儿童和青少年身体过重或肥胖。肥胖率在男女两性之间、各种社会阶层、各种年龄组以及在许多国家中都呈上升趋势。(Popkin, 2009)惯于处理饥饿和营养不良的联合国也声称"肥胖是需要重点解决的全球性健康问题"，特别是在美国、墨西哥、埃及、北非、加拿大、英国、日本、澳大利亚，甚至是中国沿海一带和东南亚地区。许多健康学家对这个趋势非常担忧，因为肥胖是增加糖尿病、高血压、心脏病、中风、癌症、不孕、呼吸暂停以及其他众多疾病患病风险的最高危因素。如果基因、化学因素以及脂肪细胞对体重和体形有如此明显的影响和调节，那么为什么世界上那么多人都在逐渐发胖？

影响体重的环境因素

引起世界范围内体重增加的环境因素有如下五个(Critser, 2002; Popkin, 2009; Taubes, 2008)：

1 市面充斥着大量的快餐和加工食品，它们低价、便捷，富含盐、淀粉、脂肪和碳水化合物。(Taubes, 2008)人类的进化过程决定了人类在饮食过剩时就会增加体重，因为我们这一物种在进化过程中经常要面临饥饿的问题，因此以脂肪的形式储存能量无疑是一种生存优势。遗憾的是，我们并没有进化出一种与蜂鸟相似的摄食机制，可以在食物丰富、易得、多样、美味以及便宜的时候阻止过量饮食带来的增重问题。这也正是我们目前面临的问题，我们已被 3/4 磅(约 331.12 克)的汉堡包、油炸食品、炸薯条、墨西哥煎玉米卷、糖果、比萨和汽水所包围。

一个研究团队发现了距离快餐店的远近对肥胖的直接影响。他们跟踪调查了成千的九年级学生，考察他们的体重在学校附近开设快餐店前后的变化。结果发现，在快餐店刚开张的一年内，那些学校与汉堡店或者比萨店在一个街区的学生，与那些所在学校距快餐店有 1/4 英里(约 400 米)或者更远的学生相比更容易出现肥胖。(Currie 等，2010)与快餐店的距离似乎也是"大一新生(增重)15 磅(约 6.80 千克)"的主要诱因。一项研究调查了两所分别坐落在美国中西部和东部的大学，结果发现，超过七成的大一新生在大学生活的第一年体重明显增加。(Lloyd-Richardson 等，2009)

肥胖是一个全球化问题。儿童吃得太多以及吃太多快餐的问题遍布全世界

2 广泛消耗高糖、高热量的软饮料。在人类历史上，通过饮料（牛奶、红酒、果汁等）摄入的能量非常低，因此机体并没有进化出一种机制，以减少食物的摄取量来平衡通过饮料摄入的能量。然而50年前，富含糖分和能量的软饮料问世并在全球推广。一个人如果每天喝2~3瓶汽水，其中富含的糖分可以使这个人增重14磅（约6.35千克）。(Popkin, 2009)

3 锻炼以及其他消耗能量的活动在急剧减少，因为遥控器的问世，人们偏爱看电视或录像而不喜欢做任何体育活动，整天坐在电脑前，开车的便利和快捷致使人们不再步行或骑自行车等。

4 饮食比例的增加。令人吃惊的是，过去只有单层汉堡或比萨，而现在有了双层或者三层。即使是不到2岁的孩子，他们被喂养摄入的能量是自身所需的1.3倍。(Fox 等, 2004)在法国，人们摄入的食物远没有美国人那么多，因为在他们的理念中，任何食物在饮食结构中应该占的比例都比美国人低，包括酸奶、汽水、沙拉以及三明治。(Rozin 等, 2003)

5 食物的多样化。当人们决定节食以控制体重时，他们会减少每样食物的摄入量。因此当人们的食谱里只有部分种类的食物时，节食是有效的。但是一旦食物的种类多起来，人们仍然会吃得更多，也就会增重。(Remick, Polivy, & Pliner, 2009)

参与进来 | 什么控制了你吃多少

许多人相信我们吃多少取决于我们有多饿，其实饮食的动机很复杂。下面列举出了一些影响饮食习惯的隐性外部因素（Wansink, 2006）：

包装大小：人们从大的包装中获取食物时（如爆米花）倾向于吃得更多。

盘子大小：大盘子盛食物容易让人吃多。

显示已经吃了多少的线索：在吃自助餐时，如果服务员很快将脏盘子换成新的，客人便没有很明显的线索显示他们已经吃了多少，这样的情况下更容易多吃。

厨房和餐桌摆设：当食物或零食永久呈现在那里、种类丰富而且容易获取时，人们更倾向于多吃。

分心：人们在被朋友和环境分散注意力时吃得更多。

下次和朋友出去时，注意观察每个人吃了多少（包括你自己），并且看看上述几个因素是否在起作用。如果你正努力减肥，你应该如何改变环境来配合减肥呢？

影响体重和理想体形的文化因素

饮食习惯和活动水平依次受文化习惯和理想身材标准（胖、瘦、健壮、柔弱）的影响。在世界上的很多地方，尤其是在那些普遍存在饥荒和农作物歉收的地方，肥胖被认为是健康的标志，是男性富裕的象征，是女性性感的体现。(Stearns, 1997)在尼日利亚的卡拉巴

瑞人（Calabari）中间，新娘会被放进特殊的"养胖小屋"里，除了吃，什么都不做，就是为了变得足够丰满来取悦她们的丈夫。

文化对肥胖的影响也可见之于白人农民家庭。农民本是由于内在原因需要大量食物：由于要从事艰苦的劳动密集型工作，他们就得需要大量的能量。但是今天许多农民家庭过分关注一些外在的动机——社会化、遵从家庭传统。在美国中西部州的农业地区，人们会吃大量丰盛的晚餐和甜食。如果你不参加此种宴会活动的话，你就违背了当地的社会习俗——侮辱了你的主人或慢待了你的亲属。（Angier，2000）

具有讽刺意味的是，当所有民族和各种社会阶层的人们逐渐肥胖的时候，美国、加拿大和欧洲，白人女性和男性的文化理想却正趋于消瘦化。在看重女性母亲角色的年代，比如第二次世界大战后，女性被鼓励放弃战时的工作，多生孩子，因此，丰满、曲线优美、丰满的臀部和胸部十分时尚。（Stearns，1997）如今的"大胸瘦臀"的女性理想或许反映了当今的标准：女性应该具备专业能力和母性。美国男性的文化理想也已发生了改变。过去大多数肌肉发达的男性都出身于工人和农民家庭，因此身体强壮和肌肉发达也就被视为工人阶级的标志而缺乏吸引力。如今，身体强壮和肌肉发达不再是贫困的标志，而是富裕的象征。因为这表示这个男人有足够的金钱和时间去参加健身运动。（Bordo，2000）

因此你可以看到许多人，特别是女性，陷入了一场生物与文化的斗争中。进化使女性储存脂肪，这些脂肪对于月经的开始，妊娠和哺乳以及绝经后的雌性激素产生是必要的。因此，在认为女性应该非常苗条的文化中，很多女性为体重困扰而持续节食，并与其身体需要维持一定的脂肪量而不断斗争。

身体里的战场：饮食障碍

<472> 有的人在现实身体和理想身体之间的斗争中沦陷，发展为饮食障碍，对肥胖表现出一种非理性的恐惧。**神经性贪食症**（bulimia nervosa），一种以狂吃（吃大量的食物，有时包括厨房里的所有东西）而后呕吐或腹泻为特征的饮食紊乱。**神经性厌食症**（anorexia nervosa）患者几乎不吃任何东西，以至于消瘦到了会有危险的地步。厌食症患者已经严重扭曲了自己的身体形象，甚至当她们已经骨瘦如柴的时候，仍然认为自己很胖。厌食症人群在众多心理障碍中所占的比例最高，许多厌食症患者死于心脏病、肾脏衰竭或骨质疏松。他们脆弱的骨头很容易折断。

贪食症和厌食症是最广为人知的饮食障碍，而且普遍存在于年轻的白人女性中间。但40%以上的饮食失调病例发生在男性、老年人、少数民族、儿童和运动员中，他们不符合贪食症和厌食症的诊断标准。（Thomas，Vartanian，&Brownell，2009）例如，那些具有**暴食症**（binge-eating disorder）的人会狂吃但是不排出来；有的人会咀嚼所有想吃的食物但是不咽下，而是吐出来；有的人体重正常但是毫无饮食的乐趣，因为他们太担心吃东西会增重；有的人发展为对某些食物的极端憎恶。以上描述的种种症状都是对食物、体重和体形的不良态度。

在不同的文化和历史背景下都发现了基因对神经性厌食症的影响（Striegel-Moore & Bulik，2007），但是大部分的饮食障碍是由心理因素——例如，抑郁、焦虑、自卑、完美

神经性贪食症 患者疯狂地吃大量丰富的食物，然后通过呕吐或服用泻药的方式使其排出体外。

神经性厌食症 一种以害怕发胖、扭曲的身体形象、极端降低食物消耗、变得骨瘦如柴为特征的饮食紊乱。

一个女人应该性感、拥有曲线美还是应该苗条得像根芦苇？一个男人应该消瘦、没有肌肉还是应该健壮如牛？如何解释对理想身材态度上的文化变异？在 20 世纪 50 年代，像杰恩·曼斯菲尔德（Jayne Mansfield）（左一）那样的女演员就具有战后的理想身材：曲线美、体态丰满和"女性气质"。今天，女性需要同时拥有工作和家庭，理想身材变成了消瘦和丰满的胸部，像萨尔玛·海耶克（Salma Hayek）（左二）那样。男性也同样追赶身体形象的变化，20 世纪 60 年代的理想身材是那种柔弱和瘦长的嬉皮士，而今天的理想身材是强壮和健美，像演员休·杰克曼（Hugh Jackman）（右一）那样

主义以及对体形认识的扭曲——诱发的。（Presnell, Bearman, & Stice, 2004; Sherry & Hall, 2009）文化因素也会诱发人们对自己体形的不满。正如我们在第十一章中指出的，贪食症在非西方文化中几乎是不存在的，在西方文化中也是随着对理想女性的消瘦要求而逐渐成为一个严重的问题。（Keel & Klump, 2003）一项元分析综合了过去的实证研究和相关研究，结果发现那些暴露在过度消瘦才是理想身材的宣传中的女性，不管是哪个民族，都渐渐会形成"瘦才是美"的信念，进而增加患饮食障碍的风险。（Grabe & Hyde, 2006; Grabe, Ward, & Hyde, 2008）美国文化中也充斥着关于体形的言论，人们在博客、网络视频、社交网络和微博上对他人的身材给予冷酷的批评和嘲讽，对于娱乐杂志和脱口秀，体形也是一个永恒的话题。

然而饮食紊乱和对体形认识的扭曲的现象在男性中间也正在逐渐地增加，尽管他们采取了不同的形式。就像女厌食症患者认为她们消瘦的身体太胖一样，男性也有与之相似的错觉，认为自己强壮的身体实在太柔弱，于是他们就滥用类固醇（steroid）、超负荷锻炼或强迫性地表现出坚强。（Thompson & Cafri, 2007）在那些不认为男人拥有健硕的肌肉是必须的或有吸引力的文化中，如中国和肯尼亚，男人出现身体形象歪曲的现象比美国男人少得多。（Campbell, Pope, & Filiault, 2005; Yang, Gray, & Pope, 2005）

总之，在特定的环境中，遗传、文化规则、心理需要与个人习惯相互作用，共同塑造了现在的我们。

苗条和过瘦之间有什么区别呢？左边的模特看起来是赏心悦目还是过度消瘦？同样地，"漂亮的胖嘟嘟"与肥胖之间又有什么区别呢？妮基·布朗斯凯（Nikki Blonsky）是一个有活力的电影明星，她虽然超重但看上去体形匀称。你觉得她看上去不错还是太重了呢

> **快速测验**
>
> 这些关于饮食的信息是否让你渴求知识了呢?
>
> 一、对还是错:大部分肥胖者是由于情绪问题导致过度饮食。
> 二、什么理论可以解释瘦人很少变胖,而胖人又很难减肥?
> 三、哪种激素可以通知下丘脑,机体已经储存了足够的脂肪,从而调节食欲?
> 四、哪五个环境因素是目前超重人群越来越多的主要原因?
> 五、身材较瘦的比尔在报纸上看到基因决定身体的体重范围和体形,于是感叹道:"哦,太好了,我可以随便吃垃圾食品了,我天生就是个瘦子。"比尔的结论有什么问题呢?
>
> 答案:一、错。二、定点理论。三、瘦素。四、便宜的垃圾食物的增加、含糖的饮料和水果饮料的增加;分量的增加;看电视的增加;比尔必须认识到环境也很重要,这一点对他有利,但是他同时也需认识到,除了基因外,还有其他的因素在起作用,其中最重要的就是饮食的摄入。如果他暴饮暴食,即使他父母体型苗条,他还是会变得超重起来。如果他大量运动的话,即便他们家都是胖子,他也能保持苗条。

<474>
你将会学到

- 生物学如何影响联结和爱情?
- 影响你爱上谁和如何去爱的关键的心理因素?
- 三种基本的联结模式以及它们如何影响人与人之间的关系?
- 经济情况如何影响爱情和婚姻?

社会性动物:寻求爱的动机

1875年,小将安妮·奥克利(Annie Oakley)在一场射击比赛中打败了当时野牛比尔西大荒秀(the Buffalo Bill Wild West Show)的明星人物弗兰克·巴特勒(Frank Butler)。"转天我就去看望了那个打败了我的小女孩,"巴特勒在若干年后写道,"之后不久我们便结婚了。"他成了她的经纪人,并且在其后的50年里,他们一起走遍了欧洲和美国,走到哪里,她都因为高超的射击技术迎来众多喝彩。他们一直忠诚于彼此,直到他们1926年离开人世。(Kreps,1990)

什么使安妮·奥克利和弗兰克·巴特勒相爱了50年,而其他一些浪漫爱情只维持了5年、5个星期,甚至5小时?什么是爱情?为了另一个人而心情悸动的疯狂感觉,还是持续、稳定并且深入的情感联结?

爱情生物学

研究爱情的心理学家(尽管这是一项艰难的工作,但总得有人去做)将**激情之爱**(passionate love)与**友情之爱**(companionate love)做出了如下区别:前者以强烈的情绪躁动和性欲为特征,而后者则以喜爱和信赖为特征。激情式的爱是迷恋和沉醉的、是"一见钟情"式的、是恋爱早期的特征,它可能会完全燃尽或积淀成友情式的爱。激情之爱在所有文化中广为人知，而且拥有漫长和激情的历史：人们因它发动战争和决斗，人们因为它而自杀，婚外情因它而开始，也因它而结束。尽管激情之爱如此普遍，但在许多文化里它却并不是婚姻等严肃事件的基础。（Hatfield & Rapson, 2008）

随着功能性磁共振成像和其他生物技术的发展，研究者很自然地希望通过检查大脑来探寻对激情之爱的解释。如果你觉得科学家对节食和体重的研究很复杂的话，那么与他们试图区分浪漫之爱、性欲以及长久之爱的问题相比，超重问题简直就是不足挂齿。来自潜在伴侣的嗅觉线索可以点燃（或熄灭）你，潜在伴侣的生理线索，如声音、体形，甚至面孔的熟悉性也会影响你。这里还涉及多巴胺的奖赏系统，这个系统也是一顿传说中的菜肴以及上瘾药物带来愉悦感的机制。同时还涉及肾上腺素带来的生理唤醒和兴奋。（Aron 等，2005；Cozolino，2006）然后，在第一阶段的愉悦转向长期情感联结的过程中还存在关键激素。

激情之爱的神经学机制可能在婴儿期就开始了，存在于婴儿和母亲之间的联结。进化心理学认为，母性联结和激情之爱拥有共同的进化目的——保存物种，因此它们具有相同的神经机制，使得亲密和联结的感觉很好。事实上，愉快和奖赏中的一些关键的神经递质和激素在母婴联结和爱侣联系中也会被激活。（Bartels & Zeki, 2004; Diamond, 2004）

抗利尿激素（vasopressin）和**催产素**（oxytocin）是社会联结中最重要的两个激素，它们影响母婴之间、朋友之间，以及爱侣之间的爱、关心以及信任的感受和表达。（Walum 等，2008；Taylor 等，2000b）一项研究发现，那些从鼻腔喷雾中吸入催产素的志愿者在其后的风险交互中比控制组更容易相信他人。（Kosfeld 等，2005）在另一项研究中，吸入催产素的夫妇比给予安慰剂的夫妇彼此间表达出更多的无声爱意，如凝视、微笑和爱抚。（Gonzaga 等，2006）相反，给一夫一妻制的草原田鼠注射一种阻断催产素的药物后，结果发现它们仍然会交配，但是伴侣之间不再亲密。（Ross 等，2009）

关于动物的研究还发现，亲密的感受和行为特征受大脑中愉悦—奖赏环路的调节。该环路由大脑中的天然麻醉剂——**内啡肽**（endorphin）的释放而启动。（见第四章）当幼鼠以及其他动物与母亲分开时，它们会拼命哭喊，而母亲的触摸（或舔舐）可以促使内啡肽的释放，从而安抚这些幼小的动物。然而如果给小狗、荷兰猪和小鸡注射少量的吗啡或者内啡肽，它们与母亲分开时哭闹得就少一些，效果好似母亲的生物学替代品。（Panksepp 等，1980）这些结果显示，这种内啡肽驱动的愉悦感可能是儿童寻求感情和拥抱的起始动机。实际上儿童对父母的依恋正是对爱的上瘾。成年人之间的激情之爱也具有成瘾性，例

成年人激情之爱包括充满爱意的眼神交互和深深的情感联结，这些可能源于母婴之间的生物联结

如，爱侣分开时感受到的生理和情绪上的痛苦，而这些成瘾性可能具有相同的生化机制。（Diamond, 2004）

利用功能性磁共振成像，神经科学家发现了母婴之间的爱与成年人激情之爱的更多相似性。与观看朋友或家具的图片相比，观看他们心上人的图片会激活大脑中某些特定的区域。而这些区域在母亲观看自己孩子的图片时也会激活，而观看其他孩子的图片时则不会。（Bartels & Zeki, 2004）

显然，亲密的联结具有生物学基础。但是与往常一样，我们要注意避免将结论简单化，认为"爱就是激素"或者"爱只发生在大脑的这个区域，而不是另一个区域"。人类的爱包括许多因素，这些因素影响了我们选择谁、我们如何与这个人交往，以及我们是否会与这个人保持长久的伴侣关系。

爱情心理学

许多浪漫主义者都会一厢情愿地认为，等待他们的只有"真正的爱情"。仔细想想，地球上有近60亿人，这种奇怪的说法真是有点令人气馁！倘若你在奥马哈（Omaha，美国城市）或温尼伯（Winnipeg，加拿大城市），而你的真爱却在杜布罗夫尼克（Dubrovnik，克罗地亚南部城市）或堪卡基（Kankakee，美国城市），结果将会怎样？你可能胡思乱想了多年，却从未为寻找你的真爱而迈出一步。

幸运的是，进化论使你无须环游世界就可以建立深刻而持久的恋情。事实上，寻找爱情对象的首要标准是易接近性：通常，我们都是从一起生活、学习或工作的人群中选择我们的朋友和爱人。离你最近的人最有可能成为你深爱的人。寻找爱情对象的第二标准是相似性：在相貌、态度、信仰、价值观、人格和兴趣上。这就是**接近性和相似性效应**（proximity and similarity effects）。（Berscheid & Reis, 1998）尽管许多人也相信"相异相吸"这一道理，但实际上我们还是倾向于选择与我们相似的朋友或爱人。许多学生在社交网络上分享他们对纸牌和吸血鬼电影的热爱、他们的宗教信仰或其他他们在意的东西，以期寻找浪漫的未来。

互联网已经使配对在各种维度上成为可能。在美国，有近1000家约会网站，通过年龄、政治态度、宗教或现世主义、性取向、宠物以及其他许多标准来配对。一些杰出的约会网站会采用性格测试或问卷，以此声称采用了科学的手段帮你寻找潜在的灵魂伴侣。（Sprecher 等, 2008）其效果时好时坏。你能知道是为什么吗？一个原因是许多人认为自己非常清楚想要伴侣具有什么特质，而安排与他们见面的人并没有这些方面的特质。另一个原因是，这些约会网站采用的所谓科学的手段很可能是错的，特别是那些建立在生物配对和逸事

互联网上经常利用相似带来吸引的事实，例如，广告里写的："什么类型会点燃你？"通常情况下是与你相似的类型

经历上的测验。(King, Austin-Oden, & Lohr, 2009) 但是大部分网站采用的基本理念是正确的：相似带来吸引。

爱情依恋理论

一旦你找到一位合适的伴侣，你会怎样去爱他呢？菲利普·谢弗（Phillip Shaver）和辛迪·哈赞（Cindy Hazan）（1993）认为，成年人同婴儿一样，可以形成安全型、焦虑型或回避型的依恋。（见第三章）安全型依恋的情侣很少彼此猜疑或担心被对方抛弃；他们与非安全型依恋的人相比更加富有同情心，愿意帮助彼此，能够很快理解和原谅伴侣的粗心大意或恼人的行为。(Mikulincer 等, 2005; Mikulincer & Shaver, 2007) 焦虑型的情侣总是对他们的关系感到焦虑不安，他们想接近对方，又担心对方会离自己而去，有些人常常把他们描述成"欲迎还拒"。这就是为什么焦虑型比安全型依恋的情侣更可能经历没有回报的爱情。回避型依恋的情侣则总是怀疑和回避亲密的关系。

为什么不同的情侣会形成不同类型的依恋？**爱情依恋理论**（attachment theory of love）认为，依恋风格在很大程度上依赖于父母的教养方式。(Dinero 等, 2008; Mikulincer & Shaver, 2007) 儿童很早就形成了内在关系的"工作模型"：我会相信他人吗？我值得他人爱吗？我爱的人会离我而去吗？如果孩子的父母是冷漠的、拒绝的、很少甚至不给予安慰，孩子就会学会照此去预期与他人的关系。如果孩子对可信赖的父母形成安全型依恋，他们就会更加相信他人，并期望在成年期与朋友和爱人形成安全型依恋的关系。(Feeney & Cassidy, 2003)

的确，当询问到自己的父母时，安全型依恋的成年人报告，他们与父母拥有温暖而亲密的关系。他们承认自己的父母存在某种不足，然而与不安全型依恋的人相比，他们所描述的父母要更和蔼可亲。焦虑型的人对父母有很矛盾的心理，尤其是对他们的母亲。他们在描述父母时显得飘摇不定——一会儿说父母粗鲁，一会儿又说父母和蔼。回避型依恋的人在描述其父母时，几乎使用完全否定的词语。回避型的个体最可能报告自己拥有一位冷漠、拒绝的母亲，他们长期与母亲分离或者童年环境阻止了与他人建立亲密关系的可能性。(Hazan & Shaver, 1994; Klohnen & Bera, 1998)

记住，个人气质有助于解释从童年期到成年期依恋风格的一致性，也能够解释童年期所形成的关系的"工作模型"。(Gillath 等, 2008) 一个气质上胆怯或难交际的孩子，或者奖赏系统不太正常的孩子，也可能会拒绝最善良的父母的安慰和拥抱。（见第三章）这样的孩子可能到了成年仍会对人际关系感到焦虑或矛盾。

有趣的是，一些依恋研究的领军人物认为，不安全型依恋可能比安全型依恋更有进化意义。包含不同依恋类型的社会团体更可能存活，因为不安全型依恋的个体没有伴侣让他们感受家庭的温暖，因此表现得更独立，当团队安全受到威胁时他们更容易冲锋陷阵、敢于面对风险和危险，这些对团队的生存都是有益的。(Ein-Dor 等, 2010)

"我会优先考虑像我一样害怕亲密感的伴侣。"一个回避型恋人说

爱情要素

当人们为爱情的主要要素进行界定时，大多数人都赞同爱情是激情、亲密感和承诺的混合物。（Lemieux & Hale，2000）亲密感是在深刻认识他人的基础上逐渐累积起来的，而激情则主要基于由新奇和变化产生的情感，这就是为什么人们往往在刚建立关系时激情最高，而当两个人开始推心置腹、彼此了解对方的信仰和习惯、对心爱的人无所不知时，激情就会变得相当低。

然而根据一项大数据调查以及对25项研究的元分析发现，激情之爱也可以维系很多年，而且与伴侣的幸福感有很大关系。这些快乐的伴侣只是减少了迷恋，即那种持续的思念和对自己的爱人和这段关系感到的担忧。（Acevedo & Aron，2009）

生物因素，如大脑中的麻醉系统，可能造成了早期的激情，但大部分心理学家认为，维持长期、亲密的爱侣关系，与伴侣的态度、价值观以及权力的平衡关系更大。其中最重要的一个心理因素是双方都感到这段关系是公平的、有回报的和平衡的。感到获得太多（获得的多于付出的）的伴侣会内疚，而感到获得太少（没有得到自己应得的）的伴侣会愤恨和生气。（Pillemer, Hatfield, & Sprecher，2008）而压力事件，如怀孕、重大疾病、失业或退休，会加速公平问题带来的不愉快。

另一个关键的心理因素是伴侣维持关系的动机：积极的（享受爱情和亲密）还是消极的（逃避不安全感和孤独感）？前者对伴侣更满意。（Gable & Poore，2008）动机的不同，积极的或消极的，会在生活中许多不同的方面影响幸福感和满意感。

批判性思维告诉我们，爱情本身或许比对爱情的定义更重要。我们定义理想爱情的方式深刻地影响着人们对爱情的满意感和持久性。如果你认为只有浪漫的爱情才是真正的爱情，那么爱情就会被定义为激情的性欲和炽热的情感。倘若两人之间的吸引力开始减退——就像它最终必然会发生的那样——你就会觉得你们可能不再拥有爱情，那么这种爱情终究会让你失望。罗伯特·所罗门（Robert Solomon，1994）指出："我们错误地理解了爱情……我们期待一开始激情的爆炸，而这能量足以毁灭爱情；爱情应该是一个我们可以控制的过程，一个随着时间推移慢慢增加而非减少的过程。"

许多心理学家也犯了相同的错误。他们将"坠入爱河"定义为一种浪漫的突发事件：你站在那里，思考着自己的事，这时那个完美的人漫步走来，你第一眼就被击垮了，你"坠落"，你的大脑兴奋起来。但是人们有许多不同的方式坠入爱河：有的伴侣首先"坠入

激情之爱开启了一段恋情，而朋友式的爱情才能促使它长久

> 对如何定义爱进行批判性思考

友情"，而后随着时间的推移慢慢相爱；被安排结婚的伴侣可能在婚礼之后多年才相爱。（Aron 等，2008）世界上哪种功能磁共振手段都无法捕捉到这些。

性别、文化和爱情

哪一种性别表现得更浪漫？哪一种性别的确理解了"真正的"爱情？哪一种性别坠入爱河后却不会信守承诺？大众心理学书籍里充斥着这些问题的答案，还附带着建议，告诉你如何应对那些爱你却离你而去的傻瓜。但是，所有的陈词滥调都显得有些过于简单化。在"一见钟情"、充满激情或者友情式的爱情方面，任何一种性别都不会比另一种性别表现得更持久。（Dion & Dion，1993；Hatfield & Rapson，1996/2005）男女双方都可能获得没有回报的爱情，并遭受令人心碎的折磨。他们也都可能存在安全型依恋或不安全型依恋。（Feeney & Cassidy，2003）男女都会在失恋时承受巨大的痛苦，前提是他们不想结束这段爱情关系。

然而一般来讲，在表达爱情的方式上男女有别。许多文化中的男性很早就认识到表露情感意味着存在弱点和缺陷，是缺乏男子汉气概的表现。（见第十三章）因此，这种文化中的男性通常会用行动而非语言来证明爱情——为伴侣做点事情、支持家庭财政或者共同参与一项活动，比如看电视或一起观看一场足球赛。（Shields，2002）

这种性别差异反映了**性别角色**（gender role）的不同，而性别角色由社会、经济和文化因素决定。多年以来，在选择伴侣的时候，西方的男性比女性表现得更浪漫，而女性则远比男性更实际。其中一个原因是女人不仅仅是与一个男人结婚，更是与一种生活水平"联姻"。因此，嫁给一位"不合适"的人，或者一位没有任何目标，只会消磨光阴、蹉跎岁月的人，即使她很爱这位男士，她也觉得自己承受不起。简言之，女性结婚更多的是为了外部因素而不是内部因素。在 20 世纪 60 年代的一次大学生抽样调查中发现，2/3 的男大学生表示，他们不会与自己不爱的人结婚，但只有 1/4 的女大学生同意这种观点。（Kephart，1967）

然而，随着女性就业机会的增加，随着双重收入在大多数家庭中已成为一种必然的趋势，在对浪漫爱情的态度方面，性别差异已经变得黯然失色，经济在婚姻中的作用也变得苍白无力，这是全世界普遍存在的现象。在当今每个发达国家里，只有极少数的人愿意考虑与他们不爱的人结婚，即使这个人拥有全部"合适的"优点。以现实性因素决定婚姻、认为浪漫爱情是一种奢侈的想法，仅仅存在于那些大家庭仍然控制着女性性行为以及婚姻条件的文化中。（Hatfield & Rapson，1996/2005）即使在这些国家里，如印度和巴基斯坦，影响婚姻选择的一些原则也正在趋于自由化。禁止离婚的原则也在逐渐放松，即使是在极端传统的国家里，如日本、中国和韩国。

经济和社会变革使得所有发达国家中的性别角色都在发展。但是许多贫困国家中女人择偶的唯一条件仍然是保障经济。像这位新娘，她是丈夫从一份邮购目录上选出来的

正如我们看到的，爱的动机可能起源于生物因素和大脑的活动，但是早期的教养方式、文化、经历、经济独立性以及自我满足感都会对其产生影响。

快速测验

你是不是对小测验充满激情呢?

一、成年人的激情之爱与母婴之爱有哪些生物学的相似性?

二、影响我们选择爱人的两个主要因素是 _____ 和 _____。

三、蒂凡尼疯狂地爱着蒂莫西,蒂莫西也很爱她。但是她总是控制不住地担心和怀疑他的忠诚与爱。她希望总是和他待在一起,但她又经常因嫉妒而赶走他。根据依恋理论,蒂凡尼属于哪种依恋?

四、对还是错:直到现在,西方社会中男人比女人更倾向于为爱结婚。

答案:一、puedo que都与催产素的释放,使人彼此亲密,从激动状态中感到安抚一致 意向感。二、接近性和相似性。三、焦虑型。四、不。

你将会学到

- 人体解剖结构的哪一部分是"最性感的性器官"?
- 为什么愉悦只是寻求性的动机之一?
- 文化如何影响性行为?
- 性取向之谜。

欲望性动物:寻求性的动机

大多数人都认为,性是一种生物驱动力,是一件自然而然的事情。他们会说:"性的动机有什么好讨论的呢?难道它不是天生的、无法逃避的、本来就很愉快的吗?"

对大多数其他物种而言,性行为确实是一种遗传程序。无须通过教育,雄性棘鱼就很清楚自己该和雌性棘鱼做些什么,狂欢的高鸣鹤也知道该什么时候鸣叫。但是,根据性研究者莉奥诺·蒂佛(Leonore Tiefer, 2004)的观察,对于人类来说,性并不是一种自然的行为。她认为性更像是跳舞,我们可以学习和改进,而不像消化那样是简单的生理过程。一方面,在一种文化中被认为是"正常的"行为,比如,嘴对嘴地亲吻或口交,在另一种文化或历史时期里通常会被认为是"不正常的";另一方面,人们也脱离不了经验和文化的影响,这些经验和文化会要求人们应该做什么以及应该怎样来满足自己的性欲;再者,人们寻求性活动并不只是为了生理上的愉悦。一句话,人类的性欲是生物的、心理的和文化因素共同作用的产物。

欲望生物学

生理学研究已经否定了许多关于性的谬论:例如,过去一个普遍的想法,认为男人一旦产生了性唤起或

欲望和肉欲是终生的乐趣

者吃了"蓝色药丸"就必须性交；再比如，认为正经的女性或品质高尚的女性没有性高潮，或者说成熟女性有适度的性高潮。（Ehrenreich，1978）

阿尔弗雷德·金赛（Alfred Kinsey）及其同事的研究结果（1948，1953）首次对这些观点产生了现代性冲击，他们出版了一些关于女性和男性性欲的开创性书籍。金赛带领的小组成员对数千名美国人的性态度和性行为进行了调查，并对有关性生理学上现存的研究进行了综述。在《人类女性的性行为》(Sexual Behavior in the Human Female)一书中，他们认为，如果男女双方认识到彼此在基本的解剖学和生理学结构上相似时，那么男性就会更好地去理解女性，女性也会如此。比如，阴茎和阴蒂都是由同样的胚胎组织发育而成的，显然它们大小不同，但这并不影响它们的敏感性。以前很多人认为，女性不像男性一样有性驱力，女性更在乎爱情而不是性满足。这种观念在金赛的访谈结果中完全被驳倒了。

在1953年，金赛提出的关于男女双方在性方面相似的观点令世人非常震惊。同时金赛也受到了攻击，不仅是由于他的研究结果，更重要的是他竟敢询问人们（特别是女性）的性生活。整个国家都因金赛的报告而歇斯底里，这场景在今天看来似乎是难以想象的。然而对于社会学家来说，采用严肃、科学的方法研究人类性的发展仍然是很困难的。正如金赛研究所当前的领导人约翰·班克罗夫特（John Bancroft）所指出的，由于大多美国成年人认为儿童没有性感受，因此他们把所有儿童正常的性表达（如手淫或"医生游戏"）视为性滥用。而且由于许多成年人对青少年的性活动很不悦，因此他们通过禁止性教育或者鼓励节欲来限制或者消除青少年的性活动。然而研究却显示，这种禁止不但没有效果，反而在实际上增加了他们想要禁止的行为。(Bancroft，2006；Levine，2003；Santelli等，2006)一些保守的机构也试图阻止关于性行为的研究，他们认为圣经是不允许做这些研究的，也不允许婚姻以外的任何性行为，如手淫和同性恋。

另一个性研究冲击波始于20世纪60年代，威廉·马斯特斯（William Masters）医生及其同事弗吉尼亚·约翰逊（Virginia Johnson）开展的实验室研究（1966）。他们的研究扫除了人们对身体机能的迷信和忽视。在对被试性唤起和性高潮期间生理变化的研究中，马斯特斯和约翰逊证实了男女双方的性高潮的确非常相似，不管刺激来源于哪里，所有的性高潮都会引起同样的生理反应。他们总结道：男女在性上唯一的不同是，女性的性能力远远超过男性，女性能够产生多次性高潮直到筋疲力尽或者一个意外的电话迫使她停止。

如果你参加过任何性学课程，你应该记得马斯特斯和约翰逊对性反应的四阶段理论：欲望、唤醒（兴奋）、高潮、解决。不幸的是，这一理论被简单化了，人们错误地认为这四个阶段是固定的循环，就像洗衣机的程序一样。其后有研究发现，不是所有人都有高潮，即使是在极大的兴奋之后；而且对于许多女性来说，欲望发生在唤醒之后。(Laan & Both，2008)马

金赛关于女性的报告——官方标题是《人类女性的性行为》——并没有获得明确的赞扬和接受，抑或是清醒的思考。一些批评者对书中的信息非常气愤（如书中提到许多女性享受性爱，并且在婚前已有性经验），以至于他们站出来攻击作者

斯特斯和约翰逊的研究的局限性在于，他们选取的样本只包含那些容易达到高潮的人，而且并没有研究不同年龄、不同经验和不同文化下的人们在这种情况下的生理反应。（Tiefer，2004）性学研究者已经发现了很多性生理上的个体差异性：人们不仅在性兴奋和性反应上有不同的偏爱，而且他们抑制和控制兴奋的能力也不同。（Bancroft 等，2009）也就是说，有的人加速很快，但是没有刹车，而有的人加速很慢但刹车很快。

性激素和性反应

促进两性性欲的一种生物因素是一种叫作睾丸素的雄性激素（男性荷尔蒙）。这一结果促使了睾丸素的合法的以及非法的交易。人们预期，如果想要降低对方的性欲，比如性侵犯者的，那就应该通过化学试剂降低他的睾丸素水平；如果是那些想要增加性欲的男女，则应该提高睾丸素的水平，正如往油箱加油一样。然而这些努力总是达不到预期的效果（Berlin，2003；Anderson，2005），为什么呢？

其中一个原因是，不像其他的哺乳动物，人类的性动机不仅与激素有关，还受社会经验和环境的影响。（Wallen，2001）因此，即使降低了性侵犯者的睾丸素水平，他们的性欲依然可以保持；而那些自认为性欲不佳的人，即使注射了睾丸素，性欲水平仍然不高。事实上，增加或降低睾丸素水平带来的效应与安慰剂效应没有明显差异。一项研究显示，那些子宫或卵巢被手术切除的女性，或者那些处于更年期的女性，在使用了睾丸素之后，只比安慰剂组的女性每月多一次性活动。（Buster 等，2005）

用睾丸素来增加性欲水平还有三个临床问题：其一，哪些性欲的低下是正常的，而哪些是不正常的，目前还没有定论；其二，性欲低下的症状（性欲低、疲劳、缺乏主观幸福感）很容易被误诊，因为它们也是抑郁和婚姻问题的症状；其三，雄性激素的副作用可以从体验一种不愉快最后发展到对身体有害的程度（International Consensus Conference，2002），而这些副作用对性欲的增加可没什么好处。

性和"性驱力"

在生物基础方面，对两性"性驱力"的异同性这一问题仍然存在激烈的争论。尽管在产生性快感的平均能力水平上，女性与男性无异，但是对于每种性行为而言，包括手淫、性幻想、色情用品的使用和一夜情在内的每种性行为，在男性中发生的比例普遍要比女性高（Oliver & Hyde，1993；Petersen & Hyde，2010；Peplau，2003），即使是在文化或宗教习俗根本禁止男性性行为的情形下，这种现象也同样存在。比如，天主教神父要比天主教修女有更多的性经历。（Baumeister，Catanese，& Vohs，2001）男人也比女人更倾向于承认性爱，他们会说"我以前鬼混过"或"机会就摆在那"。（Meston & Buss，2007）

一些生物心理学者认为，上述性别差异的普遍存在是源于男女在性激素和脑回路上的不同。他们认为，对男性来说，性的回路与支配欲和攻击性的回路相互叠加，这就是男性比女性表现出更多的性冲动和攻击行为的原因；对女性来说，性的回路与

"这是男人的事。"

养育的回路是相互重叠的,从而增加了女性更多地把性和情感因素联系在一起的可能性。(Diamond,2008)

然而,许多心理学家认为,性行为中的性别差异主要反映了两性在生活中的不同角色和经验,与生物驱动力或者脑回路很少甚至几乎没有任何关系。(Eagly & Wood, 1999; Tiefer, 2008)一个折中的观点认为,男性的性行为更多地受生物因素的影响(驱动),而女性的性欲和性反应则更多地受环境、具体关系和文化准则的影响。(Baumeister, 2000)

进化和性策略

进化心理学家认为,在求爱和交配行动中的性别差异是物种生存的需要。(Buss, 1994)根据这种观点,为了接近那些年轻的、生育力强的雌性,一些雄性必须与其他雄性进行竞争。它们努力取得胜利后,再与尽可能多的雌性进行交配,这是进化适应的结果。与雄性交配的雌性越多,他/它可以传递的基因就越多。在这方面,人类所创造的最高纪录是一个男人是899个孩子的父亲(在那个年代里,他所做的其他事早已不为人所知)。(Daly & Wilson, 1983)

根据进化心理学的观点,雌性需要选择最好的遗传供给,因为她们只能孕育和生产数量有限的后代。鉴于雌性在每一次怀孕中都需要进行很大的生物投资,她们在选择伴侣时比雄性更加谨慎。另外,即使雌性愿意与更多的雄性交配,也不会生产出更多的后代。因此,根据进化论的观点,雌性会设法依靠一个有智谋的、可能具备优势基因的、地位高的雄性。

上述两种相反的性策略所带来的后果是,雄性一般要比雌性更经常地需要性;雄性往往感情不专、随意滥交,而雌性通常一心一意、忠贞不渝;雄性追逐性的新奇甚至强奸,而雌性寻求安全和稳定;在选择伴侣上,雄性相对粗枝大叶,而雌性则非常小心谨慎;雄性喜欢竞争、具有支配欲,而雌性则很少这样。

对于人类来说,上述一些性问题方面的性别差异似乎很普遍,至少可以说是很常见。在一项大规模的国际性研究中,科学家对遍及全球各个文化中数以千计的人进行了研究。(Buss, 1994; Schmitt, 2003)结果表明,在全世界,男性对其性伴侣的年轻和美丽更感兴趣,大概年轻与生育能力有关;他们更容易产生性妒忌和占有欲,这可能是因为一旦男性的伴侣与其他男性发生过性关系,那么该男性不能百分之百地确信孩子是自己遗传的结果;他们喜欢混乱的性关系,也许他们想尽可能广泛播撒自己的生命种子。相反,女性则更加谨慎,往往更强调伴侣的经济来源、发展前途、地位以及对建立关系所愿意承担的责任。(Bailey 等,1994; Buss, 2000; Buunk 等,1996; Daly & Wilson, 1983; Mealey, 2000)

这位肯尼亚男人有40个妻子和349个孩子。即使是在他所在的文化中,这种情况也是极为少见的。但是纵观世界,男人拥有多位性伴侣的情况比女人更普遍。进化心理学家认为其原因是进化使得男人总希望尽可能地播撒种子,而女人只有一些粮食就满足了

进化、文化和性

性别差异的进化学观点非常流行。许多内行和外行的人都被这一观点说服，认为男性的确有广泛传播自己种子的进化特点，而女性也有寻找富有伴侣的进化特点。但是包括一些杰出的进化学家在内的评论家质疑这一结论的概念和方法论基础。

1 理论和实际行为。人类以及其他动物的实际行为往往与雄性喜欢滥交和雌性慎重择偶的印象相矛盾。（Barash & Lipton, 2001; Birkhead, 2001; Fausto Sterling, 1997; Hrdy, 1994; Roughgarden, 2004）各类物种中，如鸟类、鱼类、哺乳动物（包括人类），雌性的性欲都很强烈，并且往往拥有许多雄性伴侣。雌

哦，父爱！进化论观点认为雄性在哺育后代的活动中很少参与。但是也有例外，比如图中的雪猴和狮子就在尽一个父亲的责任

性的性行为似乎并不仅仅在于通过雄性而获得受精这一目的，当雌性不排卵甚至已经怀孕时，她们仍然有性欲！在许多物种中，从企鹅到灵长类动物，雄性不仅仅会交配、奔跑，它们还会在附近巡视，喂养幼崽，携带并保护它们免于捕食者的袭击。（Hrdy, 1988; Snowdon, 1997）

> 对性的进化理论进行批判性思考

对于人类而言，那些强调男女平等的国家和民族，比那些强调性别不平等的文化相比，男女差异小很多。例如，在当今美国，性行为和性态度上的差异早已不像进化学假设的那样，男女之间越来越相似。（Petersen & Hyde, 2010）

2 文化差异。人类的性行为会随着时间和地点的不同而发生惊人的变化。人类的性行为是如此的迥异和复杂：在一些文化中，女性可以有很多孩子，而在另一些文化中，女性几乎没有孩子；在一些文化中，男性会密切关注孩子的养育，而在另一些文化中，男性从不为孩子做些什么；在一些文化中，女性可以有许多情人，而在另一些文化中，女性如果有婚外性行为就会惨遭杀害。在一些地方，未来伴侣的贞节对男性来说更重要；但在另一些地方，其重要性对男女两性来说同样重要或者都不重要。（见图14.1）有的地方与进化观点预测的一样，那些少数的有钱和权势的人比其他男人有更多的后代；但在许多社会里，有权势的男人和贫穷或社会地位低的男人在孩子的数量上没有差异，包括在一些一夫多妻的社会中。（Brown, Laland, & Mulder, 2009）

在同一个文化中，人们的性态度和性行为也可能发生急剧的变化。例如，在美国，年轻人的性态度和性行为在1943年与1999年之间急剧变化，特别是在年轻女性中。年轻女性对婚前性行为的认可从12%上升至73%，年轻男性对婚前性行为的认可也从40%上升至79%。（Wells & Twenge, 2005）行为也随之变化。

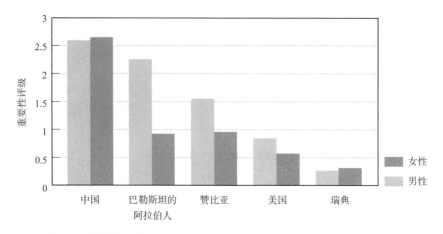

图 14.1 对贞节的态度

正如进化心理学家预测的那样，在许多地方，男性比女性更关心伴侣的贞节。然而文化对人们的态度产生了很大的影响，如图所示。在中国，两性都宁愿对方认识以前没有发生过性关系，而在瑞典，有无贞节并不重要。（来自 Buss, 1995）

3 说什么和怎么做。进化心理学家的结论建立在问卷调查和访谈数据上，但是问卷调查中的结果可能与人们的实际选择没有任何关系。当要求人们在问卷上打分，选出自己最看重的性伴侣或约会对象的特质时，性别差异出现了。与进化理论预测的一样，人们选择富有或者漂亮，或者两者兼备。（Kenrick 等，2001）然而当人们实际选择性伴侣或约会对象时，情况就不同了。正如我们在讨论爱情时提到的，大部分在选择伴侣时基于相似性和易接近性。因此，无论是朴素的还是矮胖的、聪明的还是愚蠢的、富有的还是贫穷的、优雅的还是愚笨的，他们通常都选择与自己相似的。

实际上，这一点也证明了进化论的合理性。因为人类史前的祖先与现在填写理想伴侣问卷的大学生不同，他们没有太多情况类似的人可供选择。他们生活在一个狭小的圈子里，如果幸运的话，他们彼此之间可以进行选择，如此而已。他们不可能坚持选择一位大美女或一位富小伙。（Hazan & Diamond，2000）

所有这些证据驳斥了普遍的遗传决定的性策略。进化论给予了我们一个极其灵活的大脑。生物因素会影响性行为，但不是唯一的。正如下面将要讲述的，还有其他许多影响因素。

欲望心理学

心理学家喜爱观察的最迷人的性器官是大脑，它是知觉发生的地方。人们的价值观念、幻想和信念都会深刻地影响到人们的性欲望和性行为。这就是为什么被一位赏心悦目的约会对象触摸一下，人们会感觉非常美妙，而在公共汽车上，被一位讨厌的陌生人同样触摸一下，人们则会感到非常恶心。同理，一个令人烦恼的想法会在一瞬间扼杀人的性唤起，而一个美丽的幻想则会比一个现实的想法更易引起人们的性欲。

性动机的多样性

对大多数人来说，性的主要动机是显而易见的：获得快感、表达爱意和亲密、传宗接代。然而还有其他一些动机，一些不太正面的动机，如金钱或额外收入、履行责任、反抗、彰显对伴侣的权力，或者为了避免生气和拒绝而一味服从。

一项近 2000 人参与的调查得到了 237 种做爱的动机，而几乎每一个动机都曾被某个受访者标记为最重要的动机。大部分男人和女人列举出的前十个动机是相同的，包括伴侣的性吸引力、爱情、有趣和生理愉悦；但是也有人说，"我想离上帝更近""我喝醉了""为了摆脱头疼"（这一项有 173 票）"帮助我入睡""为了让我的伴侣感觉有力量""回报""因为有人挑战"；或者为了伤害一个敌人或报复（"我想让他偿还，所以我睡了他的女朋友""我想让别人也尝尝得疱疹的滋味"）。男人比女人报告出更多为达到某些目的而利用性的情况：获得地位、增加名望（如伴侣通常是我无法企及的）或者获得某些东西（如一次提升）。（Meston & Buss, 2007）

大量关于性动机的研究将其归为以下几个主要类别（Cooper, Shapiro, & Powers, 1998; Meston & Buss, 2007）：

- 愉悦——情感上的满足或性生理上的愉悦。
- 亲密——与伴侣的感情亲密，精神超越。
- 自我肯定——对个人魅力或欲望的再确信。
- 伴侣认同——想取悦或满足伴侣，为避免伴侣生气或拒绝。
- 同伴认同——给朋友留下深刻的印象，成为团体的一部分，与他人所为保持一致。
- 达成目的——获得地位、金钱，报复，甚至是突破纪录。

性动机会影响人们的性行为，包括是否初次相见就进行性行为，是否能享受到它的乐趣，是否采取避孕措施，是拥有一个性伴侣还是多个性伴侣。（Browning 等，2000; Impett & Tolman, 2006）研究表明，外在的性动机，比如为获得他人认同或显著的实惠，与冒险性的性行为密切相关，包括拥有多个伴侣、不采取避孕措施以及强迫伴侣做爱。（Hamby & Koss, 2003）

不幸的是，有相当数量的男人和女人是出于外在动机而进行性行为。在一项研究中，研究者要求处于约会关系中的大学生保持每天记录自己的性体验。50% 的女生和 25% 的男生报告他们同意在约会期间发生非自愿的性行为。（O'Sullivan & Allgeier, 1998）男生这样做可能是因为同伴压力、缺少经验、渴望被人喜欢、怕被误解为同性恋或没有阳刚之气；女生这样做

性的动机有很多，可以是利益，也可以是愉悦

可能是因为她们不想失去这种关系。她们认为，一旦对方为你耗费了时间和金钱，你就有义务这样做。还有一种可能是，对方使她们感到很内疚，或者她们希望满足伴侣以避免冲突。（Impett, Gable, & Peplau, 2005）

非自愿的性动机部分取决于彼此对已有关系安全性的感受。在一项对125名女大学生进行的研究中，1/2～2/3的亚裔美国女生、白人女生和拉丁裔美国女生同意非自愿的性行为，研究中所有的美国黑人都同意非自愿的性行为。你还记得前面讨论过的爱情依恋理论吗？焦虑型依恋的女性最会同意非自愿的性行为，特别是在害怕伴侣不负责任的时候。她们的性行为经常出于义务或避免对方离自己而去这一目的。安全依恋型的女生偶尔也表现出非自愿性的性行为，但她们有各种各样的理由：获得性经验、满足好奇心、积极取悦对方并增进彼此的亲密感。（Impett, Gable, & Peplau, 2005）

性强迫和强奸

男女对性的不同体验之一是与性强迫有关的理解和感受。一项在全美国范围内对3000多名18～59岁的美国人进行的代表性的调查发现，近1/4的女性报告，曾经有男性强迫她们与其发生性关系，不管这些男性是她们的丈夫还是男朋友。（Laumann等，1994）但只有约3%的男性承认他们曾强迫女性与其发生性关系。显然，男女对性强迫的看法并不一致。（Hamby & Koss, 2003）另一方面，大约一半的女性并不认为自己被迫参与的性行为实际上已经构成了法律意义上的强奸。（McMullin & White, 2006）大学女生倾向于将强奸定义为被熟人或者陌生人强迫发生性关系，或者在孩童时被性骚扰，而不会把男友强迫发生性关系称为强奸，即使是在他喝醉、吸毒之后，或者被强迫口交或手指性交。（Kahn, 2004）

是什么因素驱使男性做出强奸行为？在回答这个问题时，生物社会学家经常将人与其他动物类比：一些物种的雄性会强行与雌性发生性行为，如鸭子和蝎蛉。人类的强奸一定也有相同的进化学机制和生殖目的，即与尽可能多的雌性发生性关系。（Thornhill & Palmer, 2000）然而人类的强奸大多发生在社会地位较高的男人身上，包括运动明星和其他名人，但是，他们很容易找到愿意与他们发生性关系的伴侣，而且他们侵犯的对象往往是儿童或者年长者，这对生殖并没有意义。还有在战争时期，士兵会强奸平民女性之后将其杀害；那些虐待成性的强奸犯也会伤害或者杀害他们的受害者，这些对延续他们的基因没有任何好处。那么，人类强奸的动机主要来自心理因素。

- **自恋和敌视女性的人格特质**。具有性攻击倾向的男性往往容易自恋，不同情女性，并认为有权力与他们选择的任何女性发生性关系。他们往往对女性在社会情境中的行为，对性权利的同等感受和女性的"挑逗"产生误解。（Bushman等，2003；Malamuth等，1995；Zurbriggen, 2000）一项有趣的研究比较了三组男性，一组曾强奸过女性，一组曾采用一些操纵手段与女性发生性行为，另一组只参与过对方同意的性行为，结果发现，曾强奸过女性的那组男性比另外两组男性更多地成长在暴力街区，更接受男性暴力，更不认同爱情才是性的动机。（Lyden, White, & Kadlec, 2007）

- **支配、羞辱或惩罚受害者的欲望**。这一动机在战争期间表现得尤为明显，通常士兵们会先强奸被俘的女性，然后再将她们杀死。(Olujic, 1998) 类似地，美国空军学院提供的军校被强奸女生的系列报告表明，强奸犯的动机在于羞辱女性、迫使女性离开学校。攻击性动机也发生在男性强奸男性（一般是通过肛门进入）中。(King & Woollett, 1997) 这种强奸形式往往发生在青少年团伙中，目的在于羞辱对方成员。在监狱里也存在这种强奸，目的在于驾驭和侮辱受害者。
- **性虐待狂**。许多强奸犯是暴力犯罪者，他们在施加痛苦中体验到愉悦，并且往往用一些有计划的、特定的奇怪方式将受害者杀害。(Turvey, 2008)

可以看出，"为什么人们有性行为"这一问题的答案是不明确的，它绝不是一件简单的"自然而然的事情"。除了获得亲密感、体验愉悦、生儿育女和渴望爱情的内部动机之外，它还包括维持密切关系、满足支配欲、获取安全感、取悦伴侣、获得同伴认同、证明自己是个真正的男人或者是一个非常性感的女人等外部动机。

欲望的文化

思考一下接吻。西方人乐于思考接吻，而且也喜欢接吻。但是如果你认为接吻是一种自然的行为，请你试着回想一下你初次认真的接吻，你不得不学习鼻触、呼吸、牙齿和舌头的适当位置。与性有关的接吻是如此复杂，甚至有些文化中从未有过这种行为，这些文化认为亲吻另一个人的嘴（正是食物进入的地方）令人作呕（Tiefer, 2004）；而在另一些文化中，已经把接吻提升到一种高雅的艺术，你能设想一下为什么其中一种形式会被叫作"法国式"的接吻吗？

正如接吻那样，性行为的发生也不完全来自性本能。人们需要学习什么能点燃（或熄灭）他们的欲火，身体的哪些部分和什么活动能引起性欲（或令人厌恶），以及怎样建立令人愉悦的性关系。在一些文化中，人们认为口交是一种古怪的性越轨；而在另一些文化中，人们不仅认为它是正常的，而且还会让人产生强烈的欲望；在一些文化中，男人认为女人一旦感受到任何形式的性愉悦就会变得不忠诚，因此他们的性行为很短很快；而在另一些文化中，男人的满足感和骄傲感源于和自己发生性关系的女人也感到性满足；在一些文化中，性行为被看作一件令人欢愉和美妙的事，是一门值得学习的艺术，就像一个人可以学习美食家的烹饪技巧一样；而在另一些文化中，它被认为是丑陋的、肮脏的，是需要尽快"结束"的事情。

性脚本

文化是怎样传递性的规则和要求的呢？在童年期和青春期，人们学习他们所在文化中的性别角色——男女两性、两性之间以及在其他方面的

接吻是一种习得的技巧——一些人比另外一些人开始练习得要早些

这些青少年遵循自己性别的性脚本——男孩通过盯视女孩和谈论有关女孩的性话题,以便引起同伴的注意,女孩通过使用化妆品打扮自己以此来取悦男孩

性脚本 它是一系列详细说明个人在特定情境中适当性行为的内隐规则,它会随着个体性别、年龄、宗教、社会地位以及同伴的变化而变化。

适当态度和行为规则的集合。(见第十章)正如任何一个演员需要学会这一角色的脚本一样,随着性别角色的发展,人们也需要形成**性脚本**(sexual script)来指导自己的性行为。(Gagnon & Simon, 1973; Laumann & Gagnon, 1995)如果你是一个十几岁的女孩,你会采取性冒险和专断还是性谨慎和被动的行为?如果你是一个十几岁的男孩呢?或者一位成年女性或男性呢?文化不同,答案迥异,因为人们是根据性脚本中性别、年龄、宗教、社会地位以及同伴的对应内容规范自己的行为的。

在世界上的许多地方,男孩都是在一个竞争性的环境中(男孩们都想给彼此留下深刻的印象)习得他们的性态度,他们与朋友们开玩笑并谈论手淫和其他的性经验。男孩开始看重性行为,而女孩更看重两性关系以及怎样使自己富有魅力。不用说,现代社会的性脚本在两性上都有变化。你认为针对你现在的性别、宗教、民族、性取向、社会阶层以及年龄,怎样的性脚本才是合适的呢?它们与你的两性朋友的脚本有区别吗?

对以上问题的回答很重要,因为这些脚本对人们的行为有极大的约束作用。由于目前美国患艾滋病的女性中超过一半是黑人女性,所以研究者探讨了性脚本如何影响了她们的行为,使她们减少了安全的性爱。研究者采访了14名黑人女性,其年龄在22～39岁之间,结果发现,这些女性的行为由她们的性脚本决定,而她们的性脚本是建立在如下信念的基础上:男人控制夫妻关系,女人忍受夫妻关系;男人背信弃义很正常;男人控制性活动;女人想要使用避孕套,但是男人控制避孕套的使用权。(Bowleg, Lucas, & Tschann, 2004)正如一个女人所说:"权力始终在男人手里。"研究者指出,这些脚本源于黑人的历史以及很少有男人肩负起长期的责任。这些脚本起初是为了保护家庭的稳定性,但是如今它却鼓励女性为了维持夫妻关系而牺牲自己的需求和安全。

当社会角色随着社会和经济的发展而变化时,性脚本也随之变化。在女性需要通过婚姻确保自身的经济和社会安全的时候,她们视性为交易的筹码,一种被赋予了价值的东西而不是为享乐而进行的活动。(Hatfield & Rapson, 1996/2005)一位没有经济来源的女性担负不起随意地追求性愉悦,因为那意味着要冒怀孕的风险,要冒损害其婚姻稳定、社会声誉、身体安全、在某些文化中甚至是她全部生活的风险。然而当女性能够自给自足,能够控制生育的时候,她们更可能会追求性的愉悦而不是把它当作实现另一目标的手段。

性取向之谜

为什么大部分人是异性恋、一些人是同性恋，还有一些人是双性恋？许多关于同性恋的心理学理论已经提出了好多年，但却没有任何证据支持这些解释。同性恋不是因为有一位沉闷乏味的母亲、一个心不在焉的父亲，不是他们自身存在情感上的问题，不是年长成年人"诱导"的结果（Rind, Tromovich, & Bauserman, 1998），也不是由家长训练或角色示范引起的。大多数男同性恋者都还记得，在很小的时候，他们就拒绝扮演典型的"男孩角色"，拒绝男孩的玩具和游戏，他们违背传统的男性角色，因而不得不承受来自家长和同伴的巨大压力。（Bailey & Zucker, 1995）相反，绝大多数同性恋家长的孩子都不是同性恋——如一个学习模型所预测的那样——在对待同性恋和性别角色问题上，他们可能比异性恋家长的孩子表现得更开放、更灵活一些。（Bailey 等, 1995; Patterson, 2006）

许多研究者因而转向对性取向进行生物学的解释。一系列支持的证据来自其他约四百五十个物种的同性恋行为，这些行为包括同性之间的求偶表现、性活动以及共同抚养孩子，而这些物种包括宽吻海豚、企鹅、信天翁以及灵长类动物。（Bagemihl, 1999）性取向似乎具有中等程度的遗传性，尤其是在男性中。（Bailey, Dunne, & Martin, 2000; Rahman & Wilson, 2003）但是，大多数男女同性恋者并没有亲近的同性恋亲戚，他们的兄弟姐妹包括双胞胎在内，绝大多数人都是异性恋者。（Peplau 等, 2000）

胎儿期暴露于雄性激素环境中可能会影响大脑组织以及对伴侣的偏好。（McFadden, 2008; Rahman & Wilson, 2003）与其他女孩相比，在子宫中偶然暴露于雄性激素环境或其他化学物质环境中的女婴更可能成为双性恋或同性恋者，她们对男孩的玩具和活动表现出更多的偏爱。（Collaer & Hines, 1995）但也有研究表明，大部分"雄性激素化"的女孩并没有成为同性恋，大多数女同性恋者也并没有在胎儿期暴露于非典型的激素之中。（Peplau 等, 2000）

其他一些胎儿期的因素也可能影响儿童的性偏好。许多研究都发现，同一个母亲生出来的男孩，有同性恋倾向的相关性很高，即一个男孩的哥哥中同性恋越多，他自己也是同性恋的概率就越高（尽管如此，完全成为同性恋的男性比例非常低）。一项研究调查了 944 个同性恋和异性恋的男性，结果发现这种"兄弟效应"与家庭环境无关，而是与出生时子宫的环境有关（Bogaert, 2006），因为这种预测效应只对生物意义上的兄弟（或姐妹）有效，成长在相同环境下的继兄弟或者领养的兄弟则没有这样的效

鉴于在人类以外的四百五十多个物种中都发现了同性恋行为，那些同性恋极少和违背自然的假设显然是站不住脚的。这对年轻的雄性企鹅，斯奎克（Squawk）和米卢（Milou），缠绕着脖子、亲吻、互相呼唤、发生性行为以及坚定地拒绝异性。在同一个公园里还有一对雄性企鹅西洛（Silo）和罗伊（Roy），它们对无法共同孵化企鹅蛋一事如此绝望，以至于叼回一颗石头放在巢里并且坐在上面。它们的饲养员被感动了，于是给了它们一个企鹅蛋来孵化。西洛和罗伊在这颗蛋上坐了足足 34 天，直到它们的宝宝探戈（Tango）出世。之后它们非常精心地养育着探戈。动物园管理员说："它们做得非常棒！"

应。而对于同一个母亲生出的男孩，即使成长在不同的家庭，也有这种预测效应。但是究竟是什么因素导致了这种预测效应，目前仍没人知道。

还有一些生物学方面的研究探讨了同性恋之谜。其中一组瑞典科学家给被试呈现两种气味，一种是睾丸素，这是一种男性激素，可从男人的汗液中得到，另一种是从女性尿液中获得的雌性激素。结果发现，当这种气味并不是来自你喜欢的群体（男性或女性）时，嗅觉会捕捉到这一信息，但是大脑中指导性唤起和性反应的下丘脑却不会。也就是说，同性恋女性对气味反应的大脑活动与异性恋男性的反应相似，而同性恋男性的大脑活动则与异性恋女性的相似。（Berglund, Lindström, & Savic, 2006; Savic, Berglund, & Lindström, 2005）但是研究者也指出，这一结果并不能说明两者的因果关系，也就是说，我们不知道是大脑存在的不同导致了性取向不同，还是因为过去性经验不同导致大脑的反应不同。

至此，我们仍未揭开性取向之源的真正谜底。其中一个难题在于性别认同和行为可能有多种不同的形式，而它们之间的相关性很低。（Savin-Williams, 2006）有些人虽然表现出异性恋的行为，但是有同性恋的幻想，甚至将自己定义为同性恋。而监狱里的男性囚犯表现出同性恋的行为，那是因为他们缺少与异性发生性行为的机会，而且他们不认为自己是同性恋，他们仍然希望自己的性伴侣是女性。在某些文化中，青春期男孩需要经历一个同性恋阶段，但人们并不把他们定义为同性恋，因此这一经历并不影响他们未来与女性的关系。（Herdt, 1984）在南非的莱索托（Lesotho），女性之间拥有包括热情地接吻和口交等亲密的关系，但她们也不认为这些行为就是性行为，因为如果伴侣是一位男性，她们仍然会这么做。（Kendall, 1999）有些男同性恋者的兴趣和举止表现出很女性化的特点，但多数男同性恋者都不是这样；有些女同性恋者表现出很男性化的特点，同样地，多数女同性恋者都不是这样。（Singh 等, 1999）

尽管一些女同性恋者公开自己的同性恋身份，但是她们当中大部分都会不断变换自己的性取向。一项研究采访了 100 名女同性恋者以及女双性恋者，结果发现在 10 年期间，只有 1/3 的女性报告自己始终喜欢女人，另外的 2/3 会觉得男人也有吸引力。对于后者，爱情的确是盲目的，她们只考虑自己爱不爱这个伴侣，而不管他是男是女。（Diamond, 2008）

菲莉丝·莱昂（Phyllis Lyon）和德尔·马丁（Del Martin）（左）在一起生活了 56 年。在 2008 年，她们终于被允许合法结婚了，但两个月后德尔就去世了。汤姆·霍华德（Howard）和自己的伴侣一起养育了三个孩子，他辞去了自己的教授职位，回家做了全职爸爸。让同性恋者的婚姻合法化为何会引发如此多的情绪和反对

在观看色情电影的时候，男人更容易受参与性行为的人的影响，而女人更容易受性行为的内容的影响。因此，大多异性恋的男人会因为看到同性恋男人的性行为而性欲全无，大多同性恋的男人会因为看到异性恋伴侣的性行为而性欲全无；而大多异性恋的女人以及同性恋的女人只要观看的内容是色情的，其性欲都会被点燃，不管看到的是什么人进行何种性行为。（Rupp & Wallen，2008）

生物因素并不能够解释同性恋行为、文化习惯和经验的多样性。因此，目前我们必须容忍关于性取向之源的模糊性。也许，平均而言，男性和女性的取向是不同的，无论他们的主要取向如何，个体之间的取向也是不同的。

快速测验

你有动机去了解性动机吗？

一、生物学研究发现（　　）
　　A. 在数以百计的物种中都发现了同性恋行为　　B. 男性和女性的性反应在生理上有很大区别
　　C. 所有女人都可以拥有多次性高潮　　D. 女人比男人的性欲更强烈

二、关于强奸动机的研究发现，大多数的强奸是因为（　　）
　　A. 挫败的性欲　　B. 敌意或者需要同伴认同　　C. 交叉的信息　　D. 女性的挑逗

三、在什么情况下女人更倾向于将性作为交易的筹码（　　）
　　A. 当她们有自己的工作，有独立的收入来交易时　　B. 当她们不知道怎么玩牌时
　　C. 当她们控制生育时　　D. 当她们经济不独立时

四、对与错：同性恋机制的心理学理论从未被支持过。

答案：一、A　二、B　三、D　四、对

你将会学到

- 促进成就动机的三类主要目标。
- 掌握目标和表现目标的重要差别。
- 成就机会是怎样影响一个人的成就欲望的？
- 在提高工作满意度方面，工作的哪些方面比金钱更重要？

有能力的动物：获得成就的动机

几乎每个成年人都在工作，但"工作"并不仅仅意味着报酬。学生以学习为工作，家庭主妇以做家务为工作，她们经常比付薪的员工工作更长的时间。艺术家、诗人和演员们也在工作，即使他们薪酬不定（或根本没有）。大多数人工作是为了满足吃住的基本需要，然而生存并不能解释为什么一些人想把工作做好，而另一些人只想完成它；也不能解释为什么一些人工作只是为了谋生，他们把获得成就的激情投放到没有报酬的活动中去——成为一名熟练的骑手，或者旅行去马达加斯加岛为他们所研究的鸟类名单增加一个稀有品种。

心理学家，特别是那些**企业/组织心理学**（industrial/organizational psychology）领域的心理学家，已经测量了激发成就和成功的心理素质与影响生产率和满意度的环境条件。

动机对工作的影响

早在20世纪50年代，大卫·麦克莱兰（David McClelland）和他的同事（1953）就推测有些人拥有一种内在的成就动机驱使他们成功，如同饥饿驱使人进食一样。为了测量这种动机的强度，麦克莱兰使用了**主题统觉测验**（thematic apperception test，TAT）。该测验要求受测者根据一系列含义模糊的图片编故事，如一个坐在书桌前的年轻人。麦克莱兰（McClelland, 1961）认为，成就动机的强度可以展现在受测者的想象或幻想中。高成就动机者的故事充满挑战和成功，而低成就动机者的故事可能是海滩上的悠闲假期。

主题统觉测验是有少许经验支持、测量成就动机的投射测验之一。但它的重测信度不高，这就意味着人们的反应很容易受当前生活事件的影响。（Lilienfeld, Wood, & Garb, 2000）一些人可能会讲一些不计成败的故事，但这不是因为他们决定这样做，而是因为他们正在幻想自己在《美国偶像》（American Idol）上大放光彩。然而这种方法使得许多研究深入到这样的问题：为什么一些人不管遇到任何困难，都有"坚持做下去"的动力，而另一些人则倾向于随波逐流。

主题统觉测验 一种要求受测者对一系列显示人物景象的图片进行解释的投射测验；通常需要对无意识人格特质和动机比如成就需要、权力需要或交往需要进行评分。

完成它吗？我为什么要完成它

目标的重要性

今天，成就动机的主要研究取向是强调目标而不是内驱力：你的成就取决于你为自己设定的目标和你为之努力的理由。（Dweck & Grant, 2008）然而，并不是任何目标都会促进个人实现成就。一个目标在满足以下三个条件时更可能促进人们的动机，提高人们的成绩。（Locke & Latham, 2002, 2006）

- **目标明确**。把目标模糊地定义为"竭尽全力"与没有目标一样无效。你需要明确你打算做什么以及什么时候做，比如"我今天要写4页论文"。
- **目标具有挑战性但可以实现**。你可能会为那些有一定困难但可以实现的目标付出最多的努力。最高最难的目标往往也能激发最高的动机水平和表现，除非你选择的目标是不可能达到的、不现实的。
- **确立目标的依据是你想要什么而不是避免不想要的东西**。**接近目标**（approach goal）是指直接追求的目标，它伴随着积极的体验，比如"学习戴水肺潜水（使用水中配套的呼吸器潜水）"或者"努力获得一个较高的分数"；**回避目标**（avoidance goal）是指努力避免不愉快的体验，例如，"试图不让自己在聚会上像个傻瓜"或者"力图避免依靠他人"。

接近目标 以期望的结果或经历为框架的目标，如学习戴水肺潜水。

回避目标 目标是为了避免不愉快的经历，比如在公共场合不要显得愚蠢。

成就的许多动机

不朽

威廉·福克纳

(William Faulkner, 1897—1962)

真正的作家

"并不想成功……他想在[遗忘的]墙壁上留下一点痕迹。基尔罗伊(Kilroy)曾经在这里,一百年或一千年后就会有人看到。"

学问

海伦·凯勒

(Helen Keller, 1880—1968)

盲聋作者和演讲家

"知识就是幸福,因为拥有知识——广泛而深入的知识——就是要从虚假中了解真实的结局,从卑鄙中了解崇高的事物。"

正义

马丁·路德·金

(Martin Luther King, Jr., 1929—1968)

民权活动家

"我有一个梦想……我希望有一天,我的四个孩子能够生活在这样一个国度里,在那里,人们不是以他们的肤色,而是以他们的品格来评价他们。"

自治

乔治亚·奥基弗

(Georgia O'Keeffe, 1887—1986)

艺术家

"我发现自己对自己说,我不能住在我想住的地方,不能去我想去的地方,不能做我想做的事……我认为我是一个非常愚蠢的傻瓜,至少没有按照我想要的去画画。"

责任

埃莉诺·罗斯福

(Eleanor Roosevelt, 1884—1962)

人道主义者、演讲家、女政治家

"至于成绩,我只是做了我必须做的事情。"

权力

亨利·基辛格

(Henry Kissinger, 1923)

前国务卿

"权力是最好的春药。"

贪婪

伊万·博斯基

(Ivan Boesky, 1937)

金融家,涉嫌内幕交易

"贪婪没什么……我认为贪婪是健康的。你可以既贪婪又自我感觉良好。"

卓越

格里菲斯·乔伊娜

(Florence Griffith Joyner, 1959—1998)

奥运会金牌得主

"当你一直都是第二好的时候,你要么接受它,要么努力成为最好的。我决定努力做到最好。"

本章中将要讨论的所有动机都受接近目标和回避目标的影响。能为自己制定明确、可实现的目标的人（例如，"我要通过一周3次慢跑来减肥"）与拥有同样目标但采取回避方式的人（例如，"我要通过远离丰富的食物来减肥"）相比，前者常使人自我感觉良好，感觉更能胜任、更乐观和较少的抑郁情绪。（Coats, Janoff-Bulman, & Alpert, 1996; Updegraff, Gable, & Taylor, 2004）同样地，那些为接近目标而发生性行为的人（例如，享受他们自己的生理愉悦，增加伴侣的快乐感受，寻求亲密感）与那些为回避目标而发生性行为的人（例如，避免伴侣失去兴趣，避免与伴侣吵架）相比，前者倾向于拥有更愉快、更少冲突的伴侣关系。（Impett & Tolman, 2006）你能猜出其中的原因吗？为什么接近目标总能比回避目标产生更好的结果？以积极的方式来确立目标能使一个人集中注意力，且能具体、主动地去做事，并成功地达到目的；回避目标则会使你关注必须放弃的事情。

在工作中，确定你的目标只是通向成功的第一步，如果你不小心掉进一个深坑里该怎么办？当目标变得困难或人们面临挫折时，有些人会选择放弃，而另一些人则更坚信自己会取得成功。他们最大的区别在于为什么他们要努力实现这个目标：是想在他人面前表现得好，还是想要掌握这项任务并从中获得满足感？

表现目标 依据在他人面前表现良好、获得满意的评价和避免受到批评来制定目标。

掌握（学习）目标 依据个人能力和技巧的提高来制定目标。

受表现目标（performance goal）激励的人主要关心自己的行为是否可以获得满意评价和是否可以避免受到批评。相比之下，**受掌握（学习）目标**（mastery [learning] goal）激励的人更注重能力和技巧的提高，以及体验学习过程带来的乐趣。（Grant & Dweck, 2003; Senko, Durik, & Harackiewicz, 2008）当受表现目标激励的人表现不好时，他们往往认为那是自己的错误并放弃努力。因为他们的目标就是要证明自己的能力，暂时的失败会使他们产生挫败感，而事实上所有人在学习新东西时都会存在这种体验。相反，受掌握目标激励的人会把失败和批评视为进步的有效资源，因为他们明白学习新东西是需要花费时间的。

> **参与进来** │ 构造或重新构造你的目标
>
> 正如文中指出的，人们有时构建的目标是模糊的、不现实的，或者消极的。思考两个你想达成的目标，可能是提高学习效率，改进与家庭成员的沟通，解决夫妻感情问题，或者让自己的身材更棒。现在将你的两个目标分成不同的阶段，使它变得：第一，具体；第二，具有挑战性但可以实现；第三，接近性的而不是回避性的。以这种方式构建目标如何改进你实现它们的动机呢？

为什么有的孩子会选择表现目标，而有的孩子选择掌握目标呢？一项研究调查了128名五年级孩子独立解决谜题的情况。（Mueller & Dweck, 1998）实验者记录下孩子的解题结果，并告诉他们做得非常好，同时给予他们下面两种评价之一：一个是称赞他们的能力（"能应对这些问题，你一定很聪明！"），另一个是称赞他们的努力（"能应对这些问题，你一定付出了很多努力！"）。然后实验者交给这些孩子更难的题目，并且告诉他们这次他们做得比之前差多了。最后让这些孩子来形容他们更愿意为了什么目标而努力：表现目标（"做不太难的题目，这样我就不会出现很多错误"）或者掌握目标（"我要做能够从中学到很多知识的问题，即使我看起来不很聪明"）。

因天资聪颖而不是因努力工作而受到表扬的孩子容易失去学习的乐趣，并且将关注点转向自己是否表现良好。这些孩子在第二轮答题失败之后，倾向于放弃随后的游戏，他们很少体验到游戏的乐趣，而且实际上，他们并没有因努力而受到表扬的孩子做得好。正如图 14.2 显示的那样，在因智力受表扬的五年级学生中，将近 70% 的学生以后会选择表现目标而不是学习目标；因努力而受到表扬的孩子，只有不到 10% 的学生以后会倾向于选择表现目标。当孩子意识到努力可以使他进步，他就可以再三尝试。这就是掌握知识的关键。正如一个以掌握为导向的孩子所说的那样，"错误是我们的朋友"。（Dweck & Sorich, 1999）

掌握目标是强烈而有效的内部动机，它可以存在于任何教育水平，可以贯穿一生。与那些只想获得学位和"饭票"的学生相比，欲在新领域里掌握知识的在校生会选择更具有挑战性的学科，更能在困难面前坚持不懈，更善于采用更深奥、更精细的学习策略，并能更多地体验到学习的乐趣。（Elliot & McGregor, 2001; Grant & Dweck, 2003）然而，我们仍要注意避免将理论过度简化。对于那些有志于成为优秀的运动员、伟大的科学家或音乐家的人来说，表现目标和掌握目标往往会共同发挥作用。

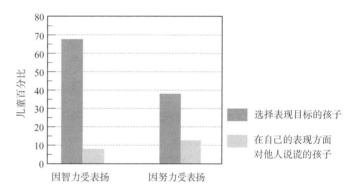

图 14.2 掌握和动机
因天资聪颖而不是因努力工作而受到表扬的孩子容易失去学习的乐趣，将关注点转向自己是否表现良好。在因智力受表扬的五年级学生中（深色的条），将近 70% 的学生以后会选择表现目标而不是掌握目标；因努力而受到表扬的孩子，只有不到 10% 的学生以后会倾向于选择表现目标。（Mueller & Dweck, 1998）需要注意的是，因智力受表扬的孩子对自己的表现经常说谎，因为他们的目标就是表现，而不是学习

期待和自我效能感

你做事的努力程度还取决于你的期待。如果你十分肯定自己能成功，与注定要失败相比，你会更加努力工作去实现自己的目标。

有一个经典实验说明了经验对期待所产生的快速影响。实验要求年轻女性解决 15 个字谜游戏。在进行游戏之前，必须估计能够成功解决的概率。一半女性从非常容易的字谜开始，另一半从难以解决的字谜开始。可以肯定，那些从容易字谜开始的人，在之后会增加其估计成功的概率；而那些从较难字谜开始的人，则会认为她们不可能解决所有的问题。反过来，期待也会影响年轻女性实际解决最后 10 个字谜的能力。实际上，对每个人而言，这些字谜都是相同的。对成功的期待越高，解决的字谜就越多。（Feather, 1966）一旦获得期待，它就会产生**自我实现预言**（self-fulfilling prophecy）（Merton, 1948）：你的期待会使你以实现期待的方式去行动。你期待成功，于是你就会努力工作，结果你也就获得了成功；反之，你期待失败，因此你不会努力，结果你就会表现得更糟糕。

自我实现预言 期望之所以成为现实，是因为持有它的人倾向于以实现它的方式行事。

```
       预言:"我永
       远不会学到
        这些东西"
   ↗              ↘
预言应验:          学习不够充分
人永远不会学到
 这些东西
   ↖              ↙
         放弃尝试
```

你的期待又进一步受到你对自己以及自己能力的自信程度的影响。(Dweck & Grant, 2008; Judge, 2009) 没有人生来就是自信的或有**自我效能感**(self-efficacy)的,它是人们在掌握新技能(通过犯错!)的经验中、克服障碍的过程中,以及偶尔的失败中逐渐获得的。自我效能感也来自指导你成功地实现抱负的榜样角色、周围能为你提供建设性反馈意见和鼓励的人们。(Bandura, 2006)

自我效能感 个人相信他/她有能力获得想要的结果,如掌握新技能和实现某个目标。

自我效能感高的人,能够迅速地处理问题,而不是总对问题感到焦虑和担心。来自北美、欧洲和俄罗斯的研究表明,自我效能感会影响个人生活的方方面面,包括做好一项任务,获得分数,怎样坚持追求自己的目标,选择什么样的职业,解决复杂问题的能力,为政治和社会目的而工作的动机,人们的健康习惯,甚至还包括心脏病康复的概率。(Bandura 等, 2001; Maddux, 1995; Stajkovic & Luthans, 1998)

工作对动机的影响

 对工作动机进行批判性思考

设想你生活在拥有像布波斯糕点公司(Boopsie Biscuits & Buns)这样一家著名公司的小城镇,城镇里人人都非常感激 3B 公司,并怀着美好的希望去那里工作。可是不久,就在许多员工身上发生了一件很奇怪的事情。他们变得很容易疲惫、烦躁、生气,不停地抱怨,不断地请病假,最终导致公司生产率下降。

3B 公司出现了什么问题?人人都在遭受无精打采的折磨吗?大多数人可能会认为一定是那些员工出了毛病。但是如果是 3B 公司出了问题呢?心理学家想要追问:我们做的工作怎么样,我们是在什么样的条件下工作的,它是激发还是挫伤了我们追求成功的动机?

影响许多人在特定领域下的工作动机的一个简单而有力的外部影响因素就是男女两性在职业中所占的比例。(Kanter, 2006) 当这个因素发生变化时,人们在工作领域中的动机也会发生变化。当某个职业被性别因素高度分离,许多人就会对这个职业需求形成性别的刻板印象:对女性的工作要求是和蔼可亲、富有教养,对男性的工作要求是体力和聪慧。这些刻板印象反过来又会阻碍人们进入非传统性职业的愿望以及自我效能感。(Agars, 2004; Cejka & Eagly, 1999)

于是,当律师和酒吧侍者几乎全是男性的职业、护士和照看孩子几乎全是女性的职业

时，很少有女性渴望成为一名律师或者酒吧侍者，同样也很少有男性想成为一名护士。然而随着性别分离的消解，人们的工作动机也发生了改变。现在见到一位女律师或者酒吧女侍者，或者是日益增多的男性护士和日托工人，都已不足为怪。尽管女性在工程、数学和科学领域的数量仍然是少数，但这个数量已经增加了：在 20 世纪 70 年代，女性在工程领域只占 0.6%，在数学领域只占 7.6%，在生物科学领域只占 16.3%；30 年过去了，这些比例分别上升至 17.3%、29% 和 44.3%。（Cox & Alm, 2005）随着这些比例的增加，那种认为女性天生不是干工程、数学、科学的材料的老思想也逐渐褪去了。

工作条件

什么促使人们在一定的工作岗位上好好干，又是什么让他们失去了所有动机？首先，影响成就的重要条件是获得成功的机会。当人们没做好工作时，他人可能会认为那是个人的错误，因为他/她缺乏完成工作的内驱力。而实际上人们所缺少的可能只是获得成功的公平机会，特别是对那些易遭受歧视的人来说。（Sabattini & Crosby, 2009）人们到了一个岗位上之后，他们向上爬的动机大小取决于允许他们爬多少。过去政界的女性很少，但是如今女性成为管理者、参议员、众议院女议员或者总统候选人也都不足为奇。

工作环境中的一些其他因素能够提高人们工作的积极性、动机和满意度，降低情绪的爆发。（Bond 等，2004；Maslach 等，2001；Rhoades & Eisenberger，2002）

- 员工认识到工作的意义和重要性。
- 员工能够控制工作的许多方面，比如安排自己的时间，做出自己的决定。
- 任务要富于变化而不是简单的重复。
- 员工与上级和同事有支持性关系。
- 员工接受对其工作的有效反馈，这样他们就能知道已经完成的工作以及在哪些方面还有待改进。
- 公司能为员工提供学习和进修的机会。

注重这些工作条件的公司往往拥有更高的生产率，员工对公司也非常满意，而且更富于创造性，员工的自我感觉和工作感觉良好；如果持续干一些例行公事的、令人厌烦的工作，员工就会感觉自己在日常生活中没有灵活性和控制感。

相反，当人们进入一种会挫败他们获得成功的欲望和能力的情境时，他们会变得不满，其成就动机也会因之而迅速下降，最后还可能辞职。尽管女性进入科学领域的数量在增加是个十分振奋人心的消息，但是许多人并不这么想。一项研究调查了科学、工程和技术领域的近 2500 名

同员工们一样，不良的学习条件也可能会影响学生的学习动机。有些人可能必须在拥挤的住所里学习，或者可能会有许多兄弟姐妹干扰他们的学习，分散他们的注意力

男女员工，尽管其中女性在开始进入这个工作领域时的数量占到了41%，但是她们当中有超过一半的人在35岁之前就离开了自己的具体工作，有1/4的人彻底放弃了科学领域。在这些领域中失去工作动机的女性指出，她们有被隔离的感觉（许多人报告自己是工作组中唯一的女性），其中2/3的女性报告在工作中被性骚扰过。(Hewlitt, Luce, & Servon, 2008) 其他一些原因还包括做同样的工作却比男员工的薪酬少，工作环境使她们无法履行家庭责任等。女性还是比男性更倾向于为了照顾和关心孩子而减少工作时间和修改工作安排，而且更多地报告自己的工作被分心。(Sabattini & Crosby, 2009)

如你所见，工作动机和满足感取决于个人才能与工作条件之间的适合性。

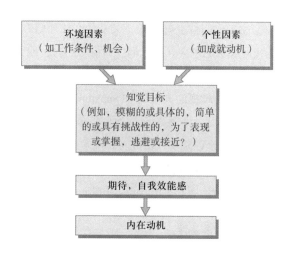

快速测验

努力理解工作动机。

一、霍雷肖想在空手道中赢得黑带，以下哪个或哪些目标最可能帮助他实现愿望（　　）
A."我应该尽自己最大的努力"　　B."我应该确保不输掉太多比赛"
C."我会订立一些具体的有挑战性又可实现的目标"　　D."我将订立一些我知道自己可以轻松实现的目标"
E."我会努力实现通向目标的里程碑"

二、雷蒙和拉蒙娜正在学习滑冰。每次拉蒙娜摔倒的时候，她都会说："这是我最尴尬的经历了，所有人都看着我像个傻子一样笨拙。"当雷蒙摔倒的时候，他会说："&*!!@￥@!我要让这些讨厌的冰看看谁才是老板！"为什么拉蒙娜比雷蒙更可能放弃（　　）
A.她是个笨拙的呆子　　B.她的滑冰能力更差　　C.她关注掌握目标　　D.她关注表现目标

三、以下哪些因素会显著增加工作动机（　　）
A.具体目标　　B.规律地支付报酬　　C.反馈　　D.笼统的目标　　E.被告知做什么
F.可以自己做决定　　G.晋升的机会　　H.规律、可预期的工作

四、一个雇主对自己的一名女性雇员很不满，想要开除她。她工作是有能力的，但是她总是迟到，表现得没有其他人积极性那么高，而且最近还经常请病假。雇主觉得她很懒，也缺乏工作动机。这个老板忽视了哪些关键的指导思想呢？在开除这个雇员之前，这个老板应该考虑一下什么呢？

答案：一、CE　二、D　三、ACFG　四、由于这可能直接影响到自己的工作动机，这位老板首先要考虑这名雇员工作中的压力。也许她正面对一个难以相处的上司或同事，或许她没有得到足够的提升机会；她可能因为处理家庭事务或照料孩子而无法按时上班。而且，如果她以前的工作表现是积极的，那么最近的变化背后其原因也值得探究。

> 你将会学到
> - 为什么人们难以预测什么带来幸福，什么带来苦难？
> - 为什么钱买不来幸福？什么可以带来幸福？
> - 动机冲突的三个基本类型。

动机、价值和幸福

当你考虑给自己设立目标的时候，要明白一个重要的心理学发现：人们其实很难预测什么带来幸福，什么带来苦难，以及这些幸福和苦难会持续多久。（Wilson & Gilbert, 2005）

例如，在一项研究中让大学新生想象在宿舍安排如愿或不如愿的情况下他们会有多高兴或不高兴。（Dunn, Wilson, & Gilbert, 2003）这些大学生预期自己的幸福指数与宿舍的安排情况关系很大，对他们整个一学年的满意度都有影响。但事实上一年之后，每个人几乎有着相同的幸福指数，不管他的宿舍安排是怎样的（见图14.3）。

或许是因为那些不如愿的宿舍里住着很酷的室友？不是的！其实是学生在想象未来生活的感受时将注意力集中在了错误的因素上，他们过分看重宿舍的样子和位置，而没有关注里面住的人。真正决定你住在里面开心还是不开心的因素正是那些住在里面的人，而这些人对于每个宿舍来说都是差不多的。由于这些学生无法预期自己是否喜欢室友，因此也就无法预期他们未来的生活是否高兴。

这一发现在其他领域也得到了印证：好的事情并不像想象的那么好，坏的事情也没想象的那么坏。因为对于令人高兴的改变，如新的感情、晋升、中彩票，人们可以很快做出调整。对于那些不好的事情，人们同样可以很快调整。他们可以使那些预期以外的事情合理化，应对悲剧，为那些离开自己、令自己的伤心的爱人编造理由。人们的很多决定取决于自己对未来感受的预期。例如，你可能花很多钱，甚至超出你的承受范围，去购买一辆新车或一套音响，因为你觉得那会让你真心高兴。

那么什么让你高兴呢？在我们讨论的所有人类动机的领域里，我们可以得出一个关键性结论：被一项活动的内在满足感推动的人比起那些单纯受外在奖励推动的人会感到更幸福、更满足。（Deci & Ryan, 1985; Kasser & Ryan, 2001）

例如，在美国文化中，许多人更重视财富的积累，而不是单纯追求活动本身的乐趣。他们认为越富有就越快乐，但当他们达到衣食无忧的水平之后，再多的钱并没有让他们更快乐。于是他们调整自己，认为要想更快乐，他们需要赚更多更多的钱。（Gilbert, 2006a）在美国（一个富有的国家）和俄罗斯（一个奋斗的国家）实施的研究都表明，与那些把自我接纳、与他人交往和建立一个美好世界的愿望作为首要价值的人相比，那些受致富动机驱使的人的心理适应能力更差，更缺少主观幸

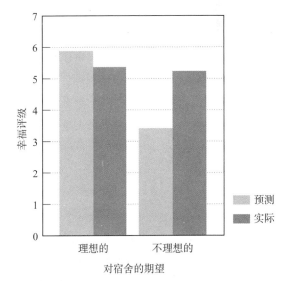

图14.3 对情绪的错误预测
在一项纵向研究中，即将被随机分配到一个宿舍的大学生必须预测，如果被分配到他们认为是理想的还是不理想的房子（浅色条），他们会有多高兴或不高兴。大多数学生认为他们在不受欢迎的宿舍里会更不快乐，但事实上，一年后，两组学生之间没有差异（深色条）。（Dunn, Wilson, & Gilbert, 2003）

典型的回避—回避型冲突

福感。(Ryan 等，1999) 当赚钱的动机只是外在的动机 (例如，你赚钱是为了给他人留下深刻印象或炫富) 而不是内在的 (你这样做的目的在于你可以有实力做自己热爱的工作) 时，这种情况尤其明显。(Carver & Baird, 1998; Srivastava, Locke, & Bartol, 2001) 积极的、内在愉悦的经验比拥有东西更快乐。换句话说，做事情比买东西更令人满意。(Headey, 2008; Van Boven & Gilovich, 2003)

不管选择哪种价值或目标，如果它们发生了冲突，这种矛盾就会给人们带来情绪上的压力和不适感。当满足一个目标而导致不能实现另一个目标时，也就是说，你既想留下你的蛋糕，又想把它吃掉，这时两个动机就发生了冲突。以下是三个动机冲突的基本类型 (Lewin, 1948)：

1 接近—接近型冲突（approach–approach conflict）。这种冲突发生在当两种或两种以上可能的活动或目标同时吸引人们之时。例如，你可能想成为一名兽医或摇滚歌手；你喜欢周二晚上和朋友出去约会但还要为周三的考试而疯狂地学习。

2 回避—回避型冲突（avoidance–avoidance conflict）。这种冲突发生在要求你在两种不幸事件中选择危害较小的一个时，因为两种选择你都不喜欢。例如，跳伞新手必须在害怕跳伞和担心如果不跳就会丢脸之间做出选择。

3 接近—回避型冲突（approach–avoidance conflict）。这种冲突发生在当一个单独的活动或目标既有积极的一面又有消极的一面时。在拥有多元文化的国家中，不同的文化价值会产生许多接近—回避型冲突，如我们的学生所表现的那样，一个墨西哥裔美国学生说他想成为一名律师，但他的父母很重视亲密的家庭关系，担心如果他去研究生院，他将会独立生活并对自己的工薪家庭充满优越感；一个美国黑人学生来自一个贫穷的地区，在大学里靠奖学金来维持生活，他想永远离开他以前的生活背景但又想回去帮助建设自己的家乡；一名白人学生想成为一名海洋生物学家，但他的朋友却告诉他，只有愚昧无用的家伙才会进入自然科学的领域。

诸如此类的冲突是人们无法避免的，这些冲突是我们生活的价值和快乐的源泉。但如果冲突持续存在，就有可能影响一个人的情绪。对学生来说，在目标和价值上存在高度的冲突和矛盾，与焦虑、抑郁、头痛和其他一些症状以及较多地寻求心理健康中心的帮助相关。(Emmons & King, 1988) 那些奋斗的目标与价值观一致的学生，同那些目标与核心价值相矛盾的人相比，他们会生活得更健康、更有意义和目的性。(Sheldon & Houser-Marko, 2001)

多年前，人本主义心理学家亚伯拉罕·马斯洛 (1970) 把人的动机想象成一个金字塔的形状。金字塔的底层是对食物、睡眠和水分的基本生存需要；第二层是避难和寻求安全的安全需要；第三层是归属和爱的社会性需要；第四层是自尊和受到他人尊重的尊重需要；最顶层是对自我实现和自我超越的需要。

快速测验

你希望接近还是回避这个测验呢?

一、马克思在申请出国深造时没有被第一志愿录取,即位于伦敦的一所戏剧学校。他对自己被拒绝一事如此难过,以至于他只想待在家里。"为什么我要去其他地方上一个二等学校呢?"他问自己。他的询问有什么问题呢?

二、一名巴基斯坦学生说,她非常渴望能够接受教育并最终成为一名药剂师,但是她也不想违背父母的意愿,而她的父母在家乡给她安排了一门婚事并希望她回去。她面临的是哪种冲突呢?

三、利蒂西亚刚刚获得法学学位。她希望能在环境法领域工作,但是一家主要从事房产契约的公司给她提供了一份高薪职位。为什么她需要仔细考虑、严谨地做决定呢?

答案:一、当有证据表明他的询问夹着着自己未来生活中可能存在着某种消极预期时,他就需要质疑自己的想法了。二、这是一种回避-回避冲突。三、她需要认真考虑,因为她未来的工作可能有更好的工作机会,与她目前所从事的工作相比,她也有可能对工作的领域。同时,她还需要思考生活中其他的需要,工作中的精力消耗等。

马斯洛的理论非常受欢迎,如今的"动机专家"仍然经常用彩色的金字塔图片来展示这一理论。但这一理论主要基于马斯洛对他认定为自我实现的人的观察,几乎没有任何实证证据支持。(Sheldon 等,2001;Smither,1998)正如我们在本章中提到的,人们的确有寻求舒适、安全、爱、亲密和能力的需要,但是在有些时候,高级需要甚至可以取代低级需要。这在人类的历史上是不乏其例的,有些人宁可死于痛苦和饥饿,也不愿违背自己的信仰;有些人宁愿外出探险或从事创造性的活动,也不愿待在家里寻求安全和稳定。

回顾新闻中的心理学

认识生物、心理和文化因素对动机的影响,能够帮助我们理解本章开头的故事以及我们每天在新闻中所看到的故事。

对于批判性思考者来说,给汽水增加税收会带来很多问题。自 20 世纪 70 年代末以来,碳酸饮料成本的下降幅度超过了其他任何食品或饮料;新鲜水果和蔬菜的价格涨幅最大。碳酸饮料其实没有任何营养,但是很便宜,典型的汽水消耗国美国如今从饮料中摄入的能量是 20 世纪 70 年代时的三倍。正如我们了解的,对于这种高糖、高热量的饮料的消耗导致了世界范围的肥胖问题,因此从这个角度来说,增加对这类饮料的税收似乎是一个好主意。(显然这样也可以增加利福尼亚州政府的税收。)但是每罐或每瓶饮料只增加了几分钱的税,这可能不足以减少对碳酸饮料的消耗量。可能需要更高的增税,例如,对香烟征收很高的税的确有效降低了吸烟者的数量。然而如果由于增税使人们转向消费那些没有增税的无糖饮料,那么人们实际对糖的摄入量反而会增加,因为我们前面提到过,人工合成的甜味剂会让人们更渴望真正的糖。最后,本章介绍了目前肥胖增加的很多其他诱因,包括久坐的生活方式、食物的丰富多样性、便宜的快餐和加工好的食品的增加,以及食品量的增加。

姆泽和欧文之间的传奇故事告诉我们,动物与人类一样拥有爱的能力,或者至少有深切的友谊。显然许多爱狗的人也会告诉你,动物是有爱的能力的。我们人类与其他动物在联结上具有许多相同的生物基础，如催产素和抗利尿激素。但是人类的爱情有很多表现形式，其结果是逐渐褪去还是维持很多年，主要依赖于社会、经济以及认知因素，例如，夫妻双方的态度、价值观，以及他们认为这段关系是公平的还是不公平的。因此，姆泽和欧文之间动人的友情表明，人类的依恋与其他动物既有相似的地方，也有不同的地方。

阿南德·乔恩·亚历山大被判强奸罪的新闻表明，性动机有其较阴暗的一面。我们知道，实施强奸行为的男性很少伴随生理上的愉悦，他们之所以如此，很可能与下列因素有关：对女性的敌意，自恋狂，来自同伴的压力，虐待狂，想要证明自己的男子汉气概。在亚历山大的案例中，公诉人说他在实施侮辱行为时伴有虐待幻想。不管他的动机是怎样的，像亚历山大这样的成功男性并不缺愿意与其发生性关系的伴侣，因此这种强奸并不简单为了生理满足或者进化观点中繁衍后代的驱动。

最后，全国拼写比赛冠军维瑞马尼的故事表明拥有自我效能感、确立具有挑战性但可实现的目标以及坚持追求个人梦想的重要性。维瑞马尼可能也部分地受到表现目标的驱动，但是我们相信她也一定在学习拼写越来越多的难拼写的词汇过程中找到了内在乐趣。拼写比赛是竞争性很强的比赛，内心脆弱的人是无法承受的，它需要参赛的年轻选手敢于冒失败的风险，而且是公开的失败。我们相信她也一定能实现她的下一个梦想，成为一名心血管外科医生。

尽管亚伯拉罕·马斯洛关于动机的需要层次理论可能存在缺陷，但是随着我们从童年期到老年期的不断成长，每个人都会形成自己的需要层次。对一些人来说，爱、安全或稳定的需要占主导地位，而对另一些人而言，则是成就或权力需要占支配地位；有些人与冲突性动机进行斗争，然而对有些人来说，一个强烈的欲望就会支配并超过其他全部动机。激励我们进步的动机、目标，以及我们在追求中所进行的选择，会使我们的生活充满活力，富有色彩和意义。因此，你要明智地做出自己的选择。

学以致用

如何实现目标

你的价值观是什么？你在人生中最想收获的是什么？是爱情、财富、安全、热情、自由、声誉、改造世界的愿望、在某项运动或技能中做到最好，还是其他什么事情？你的短期目标是什么？你是希望提高你爱情的生活质量？是在教育上取得更高的成绩？是减肥？还是希望成为一名更出色的网球运动员？

市面上有许多关于动机的演讲者、书籍以及录音带，他们承诺提供鼓励、热情以及一些神奇的小步骤来改变你的生活。但是这里我们希望你能带着批判性的思维思考他们的承诺。热情的鼓舞固然没错，但是它通常对改变你的生活没什么用处。那什么有用呢？考虑一下我们在本章中学到的那些关于动机的研究：

探索能使人产生内在愉悦感的活动。如果你确实很想学习斯瓦希里语（Swahili）或意大利语，即使这些语言不在你预先选定的课程中，你也会设法通过某种方式来学会它。正如伟大的作家雷·布莱伯利（Ray Bradbury）在89岁时所说的话：长寿的秘诀在于"做喜欢的事以及喜欢你做的事"。如果你不喜欢你的专业或工作，可以考虑另谋一份让自己快乐的职业，或者至少确保你有其他自己喜欢的计划和活动。

关注掌握目标而不仅仅是表现目标。一般而言，如果你的目的在于学习而不是炫耀你的表现，你就能较好地应对挫折，视失败为学习的机会而不是无能的标志。

> **评定你的工作条件**。记住人人都有"工作条件"，不管你是一名学生、一位自由撰稿人或者一位家庭主妇。如果你的动机和健康开始萎靡不振，可以检查一下你的环境。你得到了来自他人的支持吗？你有机会发展构想和改变你的习惯吗？你期待日复一日做同样的事情吗？你能意识到在你选择的领域中存在着阻碍你进步的制度壁垒吗？
>
> **采取措施，解决动机冲突**。你在承受不同目标竞争的痛苦吗？例如，你在渴望独立与渴望被父母照顾之间犹豫而感到很不愉快吗？成功地解决这些冲突对你的主观幸福感来说是至关重要的。
>
> 几乎对于每一个人来说，主观幸福感依赖于找到那些能产生内部满意感、增加自我效能感的活动和目标。因此，认真地选择你的目标是非常重要的：是你想做的还是别人想让你做的？是否反映了你的价值观？如果你对自己的身体、感情关系或者工作不满意，想想这是为什么？

本章总结

- 动机是指对人或动物而言促使有机体趋向某个目标或远离某个不愉快情境的过程，比如满足一种生理需要、实现一个心理上的抱负，或远离一种不愉快的情境。动机可能是内在的，为了追求活动本身带来的内在愉悦感；也可能是外在的，目的在于获得外部的奖赏。

饥饿的动物：觅食动机

- 个体身体过重和肥胖，不能简单地归于意志力低、情绪困扰或过量饮食所导致的结果。饥饿、体重和饮食受一套身体内在机制的调节，如基本新陈代谢率和大量的脂肪细胞，它使人们的体重维持在受遗传影响的某一定点上；基因影响体形、体内脂肪的分布、体内脂肪含量以及身体是否把多余的能量转化为脂肪；基因也能解释某种肥胖类型；ob基因调节莱普汀的水平，使下丘脑调节人的食欲和新陈代谢率。

- 基因本身不能解释，为什么身体过重和肥胖率在世界范围内、各种社会阶层、民族和年龄间普遍上升。其环境因素包括：其一，便宜的快餐和加工好的食品的增加，因为人类基因决定了在食物富余的时候储存脂肪；其二，对高糖的汽水的消耗增加；其三，久坐的生活方式；其四，食物量的增大；其五，食物种类多样化。

- 当遗传倾向与文化标准发生冲突时，会给人们带来身心上的问题。在鼓励过量饮食并将身体过重看成富有魅力和身体健康标志的文化中，肥胖是可接受的。在提倡不切实际的消瘦身材的文化中，患饮食紊乱的人数在不断增加，尤其是贪食症和厌食症患者。这些紊乱普遍存在于女性中间。但随着男性需承受塑造强健身体的压力，男性的饮食问题也在逐渐增多。

社会性动物：寻求爱的动机

- 所有人类都有依恋和爱的需要。心理学家区分了激情（浪漫）之爱与友情之爱。生物学导向的研究者认为激情之爱的神经机制起源于母婴之间的依恋。包括抗利尿激素和催产素在内的众多化学递质和激素都与联结和信任有关；内啡肽和多巴胺与激情之爱中的愉悦和奖赏有关。

- 预测人们会爱谁的两个主要因素是接近性和相似性。一旦人们坠入爱河，会产生不同的依恋类型。依恋理论指出，成年人的爱情关系与婴儿的依恋很相似，有安全型、焦虑型和回避型。人们的依恋类型似乎从儿童期到成年期都是稳定的，而且影响他们的亲密关系。

- 男女两性在对爱情的感受和依恋的需要方面几乎是相同的。但一般来说，他们在表达爱情和确定亲密关系的方式上存在差异。在长期的爱情关系中，双方的态度、价值观、对关系是否公平和平衡的认识比基因和激素所起的作用更大。随着女性就业机会的增加和婚姻实用理由的淡化，两性都开始承认浪漫爱情是婚姻的必要条件。

欲望性动物：寻求性的动机

- 人类的性行为并不是简单的"做自然而然的事"，因为每个人或每个文化对"自然而然"的定义并不相同。金赛对两性性行为的调查结果以及马斯特斯和约翰逊开展的实验室研究都显示，从生理上来讲，女性的性高潮不存在哪种形式才是对的，两性都有性唤起和性反应的能力。但是在性兴奋、性反应和性抑制方面存在很大的个体差异。

- 尽管激素并不以一种简单而直接的方式"引起"人们的性行为，但睾丸素确实会影响两性的性欲。

- 有些研究者认为，一般而言，男性的性行为频率较高，因为他们比女性有更强的性驱力。另一些研究者认为，在性动机和性行为中的性别差异是性别角色、文化准则和机会不同所产生的结果。一种折中的观点认为，男性的性欲更多地受生物因素的影响，而女性的性欲则更多地受环境、具体关系和文化准则的制约。

- 进化心理学家认为，在遥远的过去，男女两性为适应生存问题而形成不同的性策略和性行为。根据这种观点，男性滥交、被年轻同伴所吸引、追求新奇的性行为都是适应环境的结果，女性选择一夫一妻、精心挑选伴侣以及宁愿寻求安全的性行为也是基于同样的原因。

- 批评家反对人类性行为的多变性和灵活性是单纯适应的进化论解释。人类的性习惯存在跨文化的以及文化内部的巨大差异，这表明并不存在一个统一的、基因决定的性策略。进化理论过度依赖于问卷的答案，而事实上人们对问卷的回答与实际生活常常是不符的。而且，我们的祖先也不可能拥有选择伴侣的广阔空间，也许只能基于接近性和相似性而进行配偶的选择。

- 人们为满足多种不同的心理动机而进行性行为，这些动机包括愉悦、亲密、安全、伴侣或同伴认同以及实现一个特定的目标。外在的性动机（如认同）与冒险性的性行为相联系。两性都可能出于非性方面的动机而同意发生性行为，如报复、振作、权力、证明自己或维持一段关系。人们发生非自愿的性行为的动机也是千变万化，依赖于他们对这段关系的安全和承诺的感觉。

- 很多男性并不赞同女性所谓的性强迫。男性实施强奸行为的原因是多方面的，包括对女性的羞辱和敌意、支配的驱动、羞辱或惩罚受害者，有时也包括虐待狂。

- 身体的哪些部位最性感？哪些性行为使人兴奋或令人厌恶？性本身有益还是有害？在这些问题上，文化不同，看法迥异。文化通过性别角色和性脚本传递这些观念，告诉人们与其性别、年龄、民族、宗教、社会阶层以及性取向相符合的具体而适当的性行为。

- 在所举的爱情实例中，性欲的性别差异受到文化和经济因素的强烈影响。随着性别角色的相似化，男女两性的性行为也趋于相似，女性更多地享受性带来的乐趣，而不是将性作为交易的筹码。

- 传统心理学对同性恋的解释没有获得实验的支持。<501>遗传和激素可能在其中起着一定的作用，尽管男同性恋的相关证据比女同性恋多。一个男孩的哥哥中同性恋越多，他自己也是同性恋的概率就越高，表明胚胎期也有影响。尽管有证据表明生物因素在性取向中有一定作用，但是世界各地的同性恋表达方式千差万别，女性的性取向似乎比男人更多变。

有能力的动物：获得成就的动机

- 对成就需要的研究始于主题统觉测验（TAT）的研究。虽然TAT缺少实证证据的支持，但它促进了人们对激发成就的因素进行大量深入的研究。

- 当人们有一个具体清晰的目标、一个较高但可实现的目标、一个接近目标（寻求一个积极的结果）而不是逃避目标（逃避一个不愉快的结果）的时候，人们更容易获得成功。成就动机还取决于个人是确立了一个掌握（学习）目标（掌握某项任务），还是表现目标（在他人面前表现得好）。掌握（学习）目标能使人们在面对失败和挫折时坚持不懈，表现目标则往往会使人轻易放弃。期待能使人形成对成功或失败的自我实现预言。期待来自个人的自我效能水平。

- 工作动机也取决于工作本身的环境。性别比例会影响人们的职业选择。对于那些高度性别化的职业，人们对两性员工在其中的表现存在刻板印象。提高工作动机和满意度的条件包括：能够为员工提供有意义的、能控制的、变化多样的任务，支持性的关系，有效的反馈，以及为进修和学习提供机会。缺乏以上条件的工作，或者无法使员工平衡工作与家庭关系的那些工作，往往辞职率比较高。

动机、价值和幸福

- 人们不善于预测什么能使自己高兴，什么能使自己痛苦，以及这些感受会持续多长时间，因此他们的选择往往不能带来长期的满意感。当人们体验到活动带来的内在满足感时，主观幸福感也会随之增加。享受内在的愉悦体验比拥有财富更能令人愉快。

- 在接近—接近型冲突中，人们被两个目标同时吸引；在回避—回避型冲突中，人们同时厌恶这两个目标；接近—回避型冲突是最难以解决的，因为人们既喜欢又排斥同一个目标。延迟冲突的解决会引发身体症状并降低幸福感。

- 马斯洛认为，人的动机可以沿着需要层次排列，即从为了生存的基本生物需要到为了自我实现的高级心理需要。不过，这一较受欢迎的理论并没有获得实证证据的良好支持。主观幸福感依赖于找到那些能让人产生内部满意感以及提升自我效能感的活动和目标。

学以致用：如何实现目标

- 动机研究表明，人们找到能带来内在愉悦的活动、关注学习过程、改善工作条件、解决冲突，并且选择那些与自己的价值观最相符的目标时感觉最快乐、最充实。

关键术语

动机（motivation）467

驱动力（drive）467

内部动机（intrinsic motivation）467

外部动机（extrinsic motivation）467

定点（set point）468

基本新陈代谢率（basal metabolism rate）468

莱普汀（leptin）469

ob 基因（ob gene）469

神经性贪食症（bulimia nervosa）472

神经性厌食症（anorexia nervosa）472

暴食症（binge-eating disorder）472

激情之爱和友情之爱（passionate and companionate love）474

抗利尿激素（vasopressin）475

催产素（oxytocin）475

内啡肽（endorphins）475

接近性和相似性效应（proximity and similarity effects）475

爱情依恋理论（attachment theory of love）476

性别角色（gender role）478

性脚本（sexual script）486

企业/组织心理学（industrial/organizational psychology）489

主题统觉测验（Thematic Apperception Test，TAT）489

接近目标/回避目标（approach goal / avoidance goal）490

表现目标（performance goal）491

掌握（学习）目标（mastery[learning]goal）491

自我实现预言（self-fulfilling prophecy）493

自我效能感（self-efficacy）493

接近—接近型冲突（approach–approach conflict）496

回避—回避型冲突（avoidance–avoidance conflict）497

接近—回避型冲突（approach–avoidance conflict）497

附录
统计方法

据报道，19 世纪英国政治家本杰明·迪斯雷利（Benjamin Disraeli）曾列举了三种不诚实的形式："谎言、恶意的谎言和统计学"。的确，人们可以借助统计学来说谎。实际上，这种情况经常发生：广告商、政客，以及为了达到目的的许多人要么不合理地使用数据，要么忽略某些关键信息。当真实的情况不确定或未知时，人们也会使用数字来传达确定性和客观性的错误印象。但说谎的是人，而不是统计数据。只要正确地使用统计学，既不会让人困惑也会不误导他人。相反，统计学揭露了没有事实根据的结论，促进了清晰化和精确化，避免我们自己的偏见和盲点。

统计学在人类行为研究中是很有用的。如果人与人之间都是相似的，心理学家就可以明确地指出影响行为的所有因素，那么就不需要统计学了。然而，在每次测量人类行为时，对不同的个体，我们总会获得不同的观察值或分数。这时统计学可以帮助我们在多样性中发现趋势。

本附录将向你介绍心理学中常用的一些基本统计的计算方法。虽然阅读附录不会让你成为一名统计学家，但它会让你了解一些整理和评估研究数据的方法。如果你患有"数字恐惧症"的话，请尽管放松，你不需要知道太多的数学知识来理解这些材料。不过，你应该先阅读第一章，因为其中有部分内容讨论了使用统计学的基本原理，并介绍了各种研究方法。你可能得回顾这章所涵盖的基本术语和概念，以便确保你能够为它们——假设、样本、相关、自变量、因变量、随机分配、实验组、控制组、描述统计、推论统计、显著性检验、效应量——下一个定义。（第一章介绍了相关系数，这里不再涉及。）

要读懂附录中的表格，你还需要了解下列符号：

N = 样本总数（或者总分）

X = 观测数据或者分数

$\sum$ = 希腊字母 sigma，表示求和（希腊字母）

$\sqrt{}$ = 平方根

（注：本附录中粗体部分的术语在书尾的词汇表中有定义）

整理数据

在我们讨论统计数据之前，我们需要一些数据。假设你是一位心理学家，你对人类最令人愉悦的品质——幽默感兴趣。你认为良好的幽默感可以保护人们免受压力带来的负面情绪影响。你已经知道，在一件压力事件后的几个月里，在幽默感测试中得分高的人往往比严肃的人感觉不那么紧张和情绪化。然而，你意识到，这些相关的证据并不能证明因果关系。也许拥有好的幽默感的人还有其他的特质，比如灵活性或创造力，这些都是真正的压力缓冲器。为了弄清幽默本身是否真的能缓和压力的影响，你做了一个实验。

首先，你随机把被试分配成两组，即实验组和控制组。为了便于计算，我们假设每组只有 15 人。每个人都观看了一部无声电影，大部分北美人都觉得这部电影相当有压力，这部电影讲述的是澳大利亚土著男孩在经历一场涉及生殖器切割的青春期仪式。然后，你要求实验组的被试在观看电影时编造一段幽默的独白。控制组的被试被要求边看电影，边虚构一个简单的故事。电影结束后，每个人都会回答一份情绪问卷，以测量当前的紧张、抑郁、攻击性和焦虑情绪。问卷中每个人的总分可以从 1（没有情绪困扰）

到 7（强烈的情绪困扰）。这个过程为每组提供了 15 个"情绪障碍"的分数。那些试图表现幽默的人是否比那些不幽默的人更少受到干扰？

构建频率分布

第一步是整理和简化"原始数据"（获得的分数），为每个组构造一个**频率分布**（frequency distribution）。频率分布显示了每个可能的分数实际出现的次数。要构造一个频率分布，首先，你要将所有可能的分数从最高到最低排序（我们的情绪困扰分数从 7 分降至 1 分）。然后，你需要计算每个分数实际获得的频率。表 A.1 给出了这两组的一些假设的原始数据。根据这些数据，表 A.2 显示了两个频率分布。从这些分布中，你可以看到这两组存在差异。实验组中，根本没有出现分数 7 和 1，最常见的分数是中间的 4。控制组中分数 7 出现了 4 次，出现次数最多的是 6，没人得分低于 4。

表 A.1 一些假设性的原始数据（这些分数是关于文中所描述的假设的幽默 — 压力研究的数据）

实验组	4, 5, 4, 4, 3, 6, 5, 2, 4, 3, 5, 4, 4, 3, 4
控制组	6, 4, 7, 6, 6, 4, 6, 7, 7, 5, 5, 5, 7, 6, 6

因为我们的情绪分数只有 7 个可能的值，所以我们的频率分布是很容易控制的。但是，假设你的问卷得出的分数可能在 1 ~ 50 之间。有 50 个条目的频率分布很麻烦，可能不能清楚地显示数据的趋势。此时，一个解决方案是通过将相邻分数分组成相等大小的类或间隔来构造分组频率分布。例如，每个间隔可以包括 5 个分数（1 ~ 5，6 ~ 10，11 ~ 15 等）。然后，你可以计算出每个间隔内的频率。这一程序将使每个分布的条目数从 50 个减少到只有 10 个，可以让人更好地了解总体数据。不过，这样做可能会丢失一些信息。例如，我们没有办法知道有多少人的分数是 43 和 44。

绘制数据图

众所周知，一画胜千言。统计图是统计中最常见的**图形**（graph），它能描绘出数值间的关系。统计图在本书中随处可见，心理学家经常使用它们来向别人展示自己的研究结果。从统计图中，我们可以获得数据的概貌，看到不同分数出现的相对频率，以及出现最多的那个数据。

在由频率分布构造的图中，可能的分值沿水平线（x 轴）显示，频率沿垂直线（y 轴）显示，反之亦然。为了根据我们的情绪得分绘制一个**直方图**（条形图）（histogram [bar graph]），我们在每个分数上面画一个矩形（条形），用矩形的高度表示它发生的次数。（见图 A.1）

表 A.2 两个频率分布（得分见表 A.1）

实验组			控制组		
情绪困扰得分	记分	频率	情绪困扰得分	记分	频率
7		0	7	////	4
6	/	1	6	//// /	6
5	///	3	5	///	3
4	//// //	7	4	//	2
3	///	3	3		0
2	/	1	2		0
1		0	1		0
		$N=15$			$N=15$

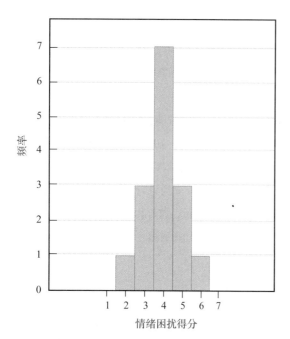

图 A.1　直方图
此图描述了表 A.2 左侧情绪困扰得分的分布

与其他图像稍微不同的一种图的形式是**频率多边形图（折线图）**（frequency polygon[line graph]）。在频率多边形图中，x 轴便是每个分值，在 y 轴合适的高度上用圆点来表示每个分值出现的次数。然后，把不同分数所对应的圆点用直线连接在一起，如图 A.2 所示。必要的时候，可以把"额外"的分数所对应的 0 次数添加到 x 轴的两端，这样，多边形就会停留在这个轴上，而不是浮在上面。

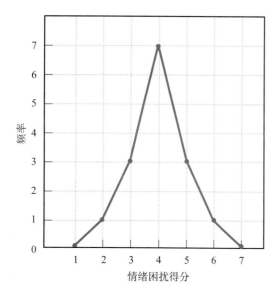

图 A.2　频率多边形图描述了与图 A.1 相同的数据

关于图表的一句警告：基于纵轴上使用单位的不同，它们可能夸大或掩盖数据中的差异。图 A.3 中的两个图，虽然看起来很不一样，但实际上描述的是相同的数据。要留意图中纵坐标的单位，否则，矩形或频率多边形的形状可能容易引起误解。

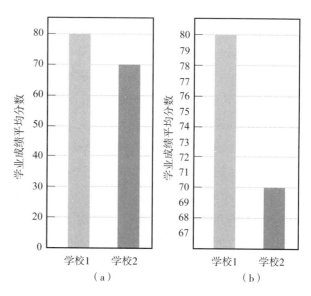

图 A.3　相同的数据，不同的印象
这两个图描绘了相同的数据，只是在纵轴上单位不同

描述数据

整理好数据之后，你现在需要对它们进行概括和描述。如果你记得第一章的内容，你可能会记得这一过程被称为**描述统计**（descriptive statistic）。在下面的讨论中，"分数"一词将代表任何观测数值。

集中趋势测量

描述数据的第一步是计算每组数据的**集中量数**（measure of central tendency）。集中量数以一个单一的代表数字来描述一组数据的特征。

平均数

最常用的集中量数的指标是算术平均值，通常简称为**平均数／均值**（mean）。它通常用符号 M 表示。当人们谈到"平均"时，大多数人会认为是指平均数。我们经常遇到的平均数有：平均成绩、平均温度、平均进球数。平均数对心理学家来说是有价值的，因为它考虑了所有的数据，可用于进一步的统计分析。要计算平均数，你只需把所有分数相加，再除以组内分数的个数。回想一下数学符号，∑ 表示"求和"，X 代表某一个体分数，N 代表组内分数的个数。因此，计算平均数的公式为：

$$M = \frac{\sum X}{N}$$

表 A.3 显示了如何计算实验组的平均数。你可以通过计算控制组的平均数来检验你掌握这一运算的能力（你可以在 569 页找到答案和控制组的其他统计量）。之后，我们会描述心理学家如何比较这两个平均数，看它们之间是否有显著性差异。

中位数

尽管平均值很有用，但有时它可能会误导人。假设你把一些孩子平均分到跷跷板的两侧，使它完全平衡。然后，一个 200 磅（约 90.72 千克）的成年人走过来，坐在跷跷板的一端，重心会迅速偏向成年人坐的这一侧。同样，一个极高的分数可以显著提高平均分（一个极低的分数可以显著降低它）。若将其应用到现实生活中，这可能是一个严重的问题。例如，在计算一个城镇的人均收入时，一个百万富翁可能会抵消数百名穷人，用平均收入来表示城镇里人们的实际财富会给人假象。

当出现极端值时，一个更有代表性的集中量数是**中位数**（median），或是一组高低排序后数据的中点数。在任何一组分数中，高于中位数和低于中位数的分数都是一样多的。中位数不受极端分数的影响。如果你在计算同一城镇的收入中位数，那么一个百万富翁只会抵消一个穷人。

当一组数据中的个数为奇数时，计算中位数是很简单的事，即从数据的两端数到中间。然而，如果数据个数是偶数时，中间位置会有两个数据。最简单的解决办法是计算出这两个数据的平均值，把这个平均数作为这组数据的中位数。（当数据来自一个分组频率分布时，计算中位数需要更复杂的过程，这超出本附录的范围。）我们实验组的中位数是 4。

（见表 A.3）控制组的中位数是多少呢？

表 A.3　计算平均数和中位数（数据来源于表 A.1 的左边）

平均数（M）
M =（4+5+4+4+3+6+5+2+4+3+5+4+4+3+4）/15 = 60/15 = 4
中位数
分数，顺序：2，3，3，3，4，4，4，**4**，4，4，4，4，4，5，5，5，6 　　　　　　　　　　　　　　↑ 　　　　　　　　　　　　　中位数

众数

第三个集中量数是**众数**（mode），即出现次数最多的那个数。我们实验组的众数是 4，控制组的众数是 6。在有些分布中，由于所有数据出现的次数都相同，因此没有众数。在另一些情况下，分布中出现次数最多的数据有两个或多个。众数比与其他集中量数使用得要少，因为它不能告诉我们分布中其他数据的任何情况；它通常不是很"集中"；与平均数相比，它易受取样变动的影响。

差异性测量

集中量数既可能很好地代表分布中的其他数据，也可能不能代表其他数据。要很好地理解我们的结果，还需要一个**变异量数**（measure of variability），它将告诉我们数据是紧紧地聚集在平均数的周围，还是广泛地分散开来。

全距

最简单的变异量数就是**全距**（range），它是通过最大值减去最小值得到的。对于我们假设的那组情绪困扰分数，实验组的全距是 4，控制组的全距是 3。然而遗憾的是，简单也并不总是一种优点。全距可以提供给我们一些有关数据变异的信息，但是除了最大值和最小值以外，它忽略了其他所有数据。

标准差

一个较复杂的变异数是**标准差**（standard deviation，SD）。这个统计量考虑了分布中的所有数据。粗略地说，它让我们知道，分布中的分数与平均值之间的平均差为多少。如果数据都相同，则标准差为 0。标准差越大，数据间的变异性就越大。

要计算标准差，我们必须知道每个数据偏离平均数多少。因此，我们只需把每个分数减去平均数，就可以得到一组**离均差**（deviation score）。数据大于平均数为正值，低于平均数为负值，正值和负值是完全平衡的。也就是说，离均差之和为0。既然后续的运算需要求和，这就出现了一个问题。解决的方法是取所有离均差的平方和（即每个值都乘以自身），这样就避免了负值的出现。然后，把离均差的平方相加，再除以总个数（N）。最后，求其平方根，这使得平方单位回到最初使用的统一单位（如情绪困扰水平）。

计算标准差的公式如下：

$$SD = \sqrt{\frac{\sum(X-M)^2}{N}}$$

表A.4显示了我们实验组标准差的计算结果。你可以尝试着计算控制组的标准差。

表A.4　计算标准差

分数（X）	离均差（$X-M$）	离均差的平方（$X-M$）^{2}
6	2	4
5	1	1
5	1	1
5	1	1
4	0	0
4	0	0
4	0	0
4	0	0
4	0	0
4	0	0
3	−1	1
3	−1	1
3	−1	1
2	−2	4
	0	14

$$SD = \sqrt{\frac{\sum(X-M)^2}{N}} = \sqrt{\frac{14}{15}} = \sqrt{0.93} = 0.97$$

注：当用样本的数据来估计总体的标准差时，应该除以 $N-1$，而不是 N，这里我们不谈这样做的原因。

请记住，标准差越大，表明数据越离散，因此，平均数不能很好地代表总体；标准差越小，表明数据越集中，平均数越具有代表性。假设两个班进行了一次心理学考试，两个班的平均分相同，都是75分。仅从平均数来看，你可能会得出结论，两个班的成绩是相似的。但是，如果A班的标准差为3，B班的标准差为9，你就知道B班的成绩存在很大的变异性。这些信息对于教师制订教学计划、布置作业是有用的。

数据转换

有时，研究者不愿意直接使用原始数据。他们可能更喜欢比较容易处理的分数，比如当原始数据存在小数时，或者当研究者可能想知道一个人相对于他人的位置时。在这种情况下，可以把原始数据转化为其他类型的分数。

百分位数

一种常见的转换方式是把原始分数转换为**百分位数**（percentile score）（也叫百分等级 [centile rank]）。百分位数给出了低于一个既定的原始分数的人数比例。假设你在心理学考试中得了37分，在没有任何其他信息的情况下，你可能不知道是该庆祝还是该哭泣。但是，如果你被告知37分相当于百分位数的90分，你可能为自己感到骄傲，你的分数比90%的人的要高。另一方面，如果你被告知37相当于百分位数的50分，那么你的分数仅处于中间水平，只比一半学生的成绩要好。百分等级的最高点是99，再精确点是99.99，因为当你是一个组内的一员时，你永远不能比一个群体的100%做得更好。（你能说出最低的百分位数是多少吗？答案见569页）。一些标准化测试，如前几章所述，总是附有表格，这些表格是基于参加过测验的较大群体所得来的数据，目的在于方便人们把任何原始分数容易地转换成百分位数。

百分位数很容易理解，也很容易计算。然而，它也有一个缺点。因为百分位数只是对人进行排名，没有告诉我们他们的原始分数与其他人相距有多远。假设你在一次考试中得分位于第50个百分位点，琼位于第 45 个百分位点，特瑞西亚位于第 20 个百分位点，肖恩位于第 15 个百分位点。你和琼之间的差异似乎与特瑞西亚和肖恩之间的差异（5 个百分位点）是相同的。但是根据原始分数，你和琼的分数比特瑞西亚和肖恩的更接近，因为考试分数通常聚集在分布的中点附近，在两个极端情况下比较分散。由于百分位数不能保留原始数据分布的空间关系，因此，它们不适合计算各种统计量。比如，它们不能被用来计算平均数。

<A-6> ### Z 分数

另一个常见的转换原始分数的方法是 **Z 分数**（z-score）或**标准分数**（standard score）。Z 分数用标准差作为衡量单位，表示给定的原始分数比平均数高或低多少。要计算 Z 分数，可以用原始分数减去分布中的平均数，再除以标准差。

$$Z = \frac{X - M}{SD}$$

与百分比分数不同，Z 分数保留原始分数的相对间距。平均数本身对应的 Z 分数总是 0，因为它不能偏离自己。大于平均数的数据，Z 分数为正值，小于平均数的数据，Z 分数为负值。当原始分数形成一种称为正态分布的特定模式时（稍后将进行描述），Z 分数会告诉你对应的原始分数相对于其他分数的高低。

如果你的考试成绩为 37 分，相当于 Z 分数的 +1.0 分，你的分数就比平均数高了 1 个标准差。假设测验分数是一个近似的正态分布，你的分数就是相当好的。因为只有大约 16% 的分数落在或超过平均数 1 个标准差处。但是，如果你的 37 分相当于一个 Z 分数的 -1.0，那么你的得分低于平均数 1 个标准差，这是一个很差的分数。

Z 分数有时被用来比较人们在不同测试或测量上的成绩。假设埃尔莎在她的第一次心理测试中获得了 64 分，曼纽尔从另一位老师那里获得了 62 分。在埃尔莎的班级里，平均分为 50 分，标准差为 7，因此埃尔莎的 Z 分数为 (64−50)/7＝2。在曼纽尔的班里，平均分也是 50，但标准差是 6。因此，他的 Z 分数也是 (62−50)/6＝2。与他们各自的同学相比，埃尔莎和曼纽尔做得同样好。但值得注意的是，这并不意味着他们具有相同的能力。也许埃尔莎的老师喜欢考简单的测试题目，而曼纽尔的老师偏爱考较难的测试题目，所以曼纽尔的老师吸引了一群更勤奋的学生。在这种情况下，曼纽尔面临着比埃尔莎更激烈的竞争，尽管他和埃尔莎有相同的 Z 分数，但曼纽尔的成绩可能更令人钦佩。

由此可以看出，对不同的人或者不同测验的 Z 分数进行比较时必须小心。标准化测验，如智力测试和各种人格测验，使用来自同一个大样本的 Z 分数，研究者假设这个样本能够代表参加测验的总体。当两个测验被标准化为相似的总体时，可以放心地比较它们的 Z 分数。但是，从特殊样本（比如不同心理学课程的学生）得到的 Z 分数可能没有可比性。

分布曲线

除了要知道数据的离散程度外，我们还需要知道它们的分布形式。在这一点上，我们发现了一个相当奇特的现象。当研究人员进行大量的观察时，他们要研究的许多物理和心理变量都有一个近似于一种称为**正态分布**（normal distribution）的形式。（我们之所以说"近似"，是因为完美的正态分布是一种理论上的构建，而不是实际在自然界中发现的。）在频率多边形中，正态分布有一个对称的钟形形式称为**正态曲线**（normal curve）。（见图 A.4）

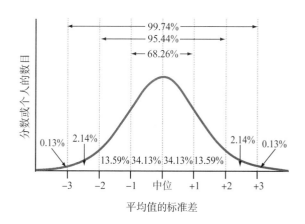

图 A.4　正态曲线
当沿着正态曲线的横轴使用标准差（或 Z 分数）时，分数的固定百分比落在平均数和任何给定点之间。如你所见，大多数分数都在中间范围内（在离平均数 +1 到 −1 个标准差之间）

正态曲线有几个有趣和实用的特性。曲线的右侧是左侧的镜像对称。平均数、中位数、众数三者等值，并且位于曲线的中心，此点对应"钟"的顶部。大多数观测值或数据都聚集在曲线的中心，在曲线的末端或"尾部"的数据很少。更重要的是，如图A.4所示，在曲线的横轴上使用标准差（或Z分数）时，落在平均数和横轴上任何给定点之间的分数百分比始终是相同的。例如，平均数加减一个标准差之间包含68.26%的数据；平均数加减两个标准差之间包含95.44%的分数；平均数加减三个标准差之间包含99.74%的数据。无论标准差的大小如何，这些百分数适用于任何正态曲线。在正态分布中，平均数与各点间的百分比都可以通过查表来获得（用Z分数表示）。

正态曲线使心理学家能够更容易地比较个体的某些特质或成绩。例如，由于一个群体的智商分数形成了一个大致的正态曲线，如果你想知道有多少人的分数高于或低于某一特定分数，你需要的全部信息就是测试的平均数和标准差。在一个均值为100，标准差为15的测试中，大约68.26%的人口得分在85～115之间，即平均数上下一个标准差之间。

然而，并非所有类型的观测值都是正态分布的。一些曲线是不对称的或偏态的，数据都聚集在横轴的一端或另一端。（见图A.5）如果曲线的尾巴的右端比左端长时，则曲线呈正偏态，或**右偏态分布**（right-skewed distribution）。相反，曲线被称为负偏态，或**左偏态分布**（left-skewed distribution）。在实验中，反应时的分布就是典型的右偏态分布。例如，如果人们在听到一些信号时必须按键，大多数人会反应相当快，只有少数人会花费较长的时间，导致曲线的右尾被伸展。

了解分布的形状是非常重要的。古生物学家史蒂芬·杰伊·古尔德（Stephen Jay Gould, 1985）曾经提到，这些信息是如何帮助他应对他患有罕见和严重的癌症这一事实的。作为一名研究者，得知患癌症后他立即前往图书馆，了解他所能了解到的有关这一疾病的信息。他发现的第一个事实是，这种疾病是无法治愈的，发现癌症后能活的时间的中位数仅为8个月。大多数人可能认为，"发现癌症后能活的时间的中位数仅为8个月"意味着"我可能在8个月内就死了。"但古尔德意识到，虽然所有患者中有一半在8个月内死亡，但另一半存活时间比这长。由于他的疾病在早期就被诊断出来了，他得到了一流的治疗，他有很强的生存意愿，古尔德认为他理应活到超过8个月的那一半分布中。更令人感到欣慰的是，这种疾病的死亡率呈正偏态分布：分布的左侧接近0个月，但右侧却延伸到数年。古尔德认为，没有理由推测他达不到曲线右侧的尾端。

对古尔德来说，经过正确解释的统计数据"具有深厚的启发性和生命力"。它给了他希望，激励他与疾病做斗争。古尔德的病在1982年被诊断出之后，他还积极地生活了二十多年。他于2002年去世时，死因也与这种癌症无关。

做出推断

一旦整理、总结完数据，下一步就要探讨结果是否是由单纯的偶然因素造成的。（见第一章）研究者需要知道，来自特定样本的结果是否可以推论到样本所描述的总体中去。**推论统计**（inferential statistic）提供了这些信息。它们可以用于实验和相关研究。

虚无假设和备择假设

在实验中，科学家必须评估他们的实验操作对

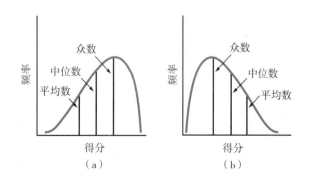

图A.5 弯曲曲线
曲线（a）向左偏斜。曲线（b）向右偏斜。曲线偏斜的方向取决于长尾巴的位置，而不取决于凸起的位置。在偏斜曲线中，平均数、中位数和众数落在不同的点上

被试行为没有影响的可能性。表达这种可能性的陈述被称为**虚无假设**（null hypothesis）。在我们的压力－幽默研究中，虚无假设为：与虚构一个简单的故事相比，编出一个有趣的评论不会缓解压力。也就是说，它预测两组的平均数之差不会显著偏离0值（译注：两组平均数之差与0值相比，没有显著差异）。任何获得的差异都将仅仅是偶然波动造成的。相反，**备择假设**（alternative hypothesis）（也称为实验假设或研究假设）为：实验组的情绪困扰得分的平均数将显著低于控制组的。

虚无假设和备择假设二者不可能都为真。我们研究的目的是拒绝虚无假设。但是，如果我们的结果与虚无假设一致，我们就不能拒绝它。如果结果与虚无假设不一致，我们可以在一定的置信区间内拒绝它。除非我们研究了整个整体，否则我们永远无法说备择假设已经被证明。无论我们的结果多么令人激动，我们从它们中得出的推论总是有一定程度的不确定性。因为我们不能证明备择假设，所以我们必须满足于证明虚无假设是不合理的。

在传统的假设检验中，我们总是验证虚无假设，而不是备择假设。因此，学生经常会感到诧异。毕竟，我们真正感兴趣的是备择假设。但是，这种检验过程是有道理的。虚无假设可以被精确地陈述和直接被检验。在我们虚构的研究例子中，虚无假设可以预测两个平均数之间的差异为0。而备择假设不允许我们做出如此精确的预测，因为我们不知道两个平均数存在的差异有多大（假设它们确实存在差异）。因此，备择假设不能直接被检验。

假设检验

可以用许多计算方法来检验虚无假设。选择什么样的方法取决于研究的设计、样本的大小以及其他因素。在这里我们不会涉及任何具体的检验。我们的目的只是向你介绍构成假设检验基础的推理形式。基于这种方法，让我们再次回到研究的数据中。我们已经计算了每一组数据的均值和标准差。现在，我们想比较这两组数据，并检验二者的差异是否足以让我们

本附录中问题的答案：

控制组的统计数据：

平均数 $= \dfrac{\sum X}{N} = \dfrac{87}{15} = 5.8$

中位数 $= 6$

标准差 $= \sqrt{\dfrac{\sum(X-M)^2}{N}} = \sqrt{\dfrac{14.4}{15}} = \sqrt{0.96} = 0.98$

最低可能百分位数：1（或更准确地说，0.01）。

拒绝虚无假设。我们希望有理由确定我们所观察到的差异并非是由于偶然因素造成的。

"有理由确定"是什么意思呢？我们的结果真的与"0"存在差异吗？想象一下，有那么一瞬间，我们拥有了无限的资源，能够以某种方式重复我们的实验，每次都使用新的一组数据，直到我们使用完整个总体的数据。从数学上可以证明，只要有机会，我们的各种实验结果就会形成一个正态分布。这种理论分布被称为"平均数之间差异的抽样分布"。但由于这个名称太冗长且拗口，我们将它简单地称为**抽样分布**（sampling distribution）。如果虚无假设为真，则抽样分布的均值为0。也就是说，我们没有发现这两组平均数之间有区别。然而，通常由于偶然因素或随机误差的影响，我们经常会得到一个偏离0到某个程度的结果。在很少的情况下，结果将大大偏离0。

但我们不能检验整个总体，因为我们只有一个样本的数据。我们想知道，我们实际获得的均值之间的差异是接近于理论抽样分布的均值（如果我们可以测试整个总体）还是远离它（在曲线的一条尾巴中）。我们的结果是否仅仅是偶然因素造成的呢？

在回答这个问题之前，我们必须有一些精确的方法来测量实际获得的均值与抽样分布均值之间的距离。我们还必须确切地知道我们得到的结果离平均值有多远，才能被认为是"遥远的"。如果我们知道抽样分布的标准差，我们就可以用它作为我们的测量单位。如果我们不知道，幸运的是，我们可以用我们的样本的标准差来估计它（我们不会去探讨这样做的原因）。

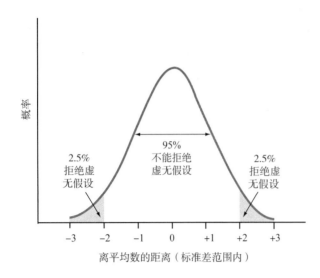

图 A.6 统计意义

这条曲线表示文中讨论的理论抽样分布。如果我们对假设的压力和幽默关系问题多做几次研究，测试了整个人群，这条曲线就是我们所期望的。如果我们使用常规的显著性水平 0.05，只有当（在两个方向上）偶然得到一个远离 0 的结果的概率之和为 5% 或更少时，我们才会认为我们得到的结果显著。如上所示，结果必须落在抽样分布的一个尾部。否则，我们不能拒绝虚无假设

现在，继续探讨我们的问题。我们可以计算出两组平均数的差异，并找出它与抽样分布均值之间的距离（根据标准差）。如前所述，正态分布的一个方便之处是，有固定百分比的观测值落在分布的均值和高于或低于均值的任意给定点之间。这些百分比可从表格中获得。因此，如果我们知道结果离理论抽样分布均值的距离，我们自然就会知道我们的结果有多大可能是由偶然因素引起的。

举一个具体的例子，如果我们得到的结果大于理论抽样分布均值的 2 个标准差，那么它偶然发生的概率小于 2.3%。如果我们的结果大于抽样分布均值的 3 个标准差，那么其偶然发生的概率小于 0.13%——还可能不到 1/800。无论哪种情况，我们都认为我们的结果不可能完全是由偶然因素造成的。我们称这个结果具有**统计学意义**（statistically significant）。（心理学家通常认为，任何不可能发生的结果都是令人感兴趣的，不管它的方向如何。换句话说，结果可能在抽样分布的任一端。）

总之，统计学上的显著性意味着，如果只有偶然在起作用，我们的结果将是非常不可能的，所以我们可以相当有把握地得出这样的结论：在起作用的不只是机会，就是说，我们的自变量也在起作用。这时我们可以拒绝虚无假设，打开香槟庆祝一下。正如我们在第一章中所提到的那样，心理学家通常认为，如果偶然发生的可能性为 5% 或更少，则结果达到显著性水平。（见图 A.6）这个临界点使研究者接受可靠的结果，拒绝不可靠的结果。

不过，有些警告是合理的。近年来，传统的统计显著性检验受到了严肃的批评。统计上显著的结果并不总是重要或者令人感兴趣的。而且，统计显著与样本的大小有关。大样本会增加可靠结果的可能性。但是有一个需要权衡的地方：样本越大，没有实际重要性的微小结果就越有可能达到统计显著。另外，根据心理学研究中典型的样本量，人们可能错误地认为没有发生实际效应，尽管这种效应已经产生了。由于这些原因，了解分数的总变异性中有多少是由**自变量**（effect size：效应大小）引起的是很重要的。（此处不讨论计算。）如果自变量能解释 3% 的变异，那么 97% 的变异是由偶然因素或系统误差造成的。由于影响人类行为的因素如此之多，一个单一的心理变量所造成的变化量通常是有限的。有时，即使结果没有达到显著性水平，但效果是相当大的，这也是值得考虑的。

哦，顺便说一句，关于幽默对压力和健康影响的研究结果是相当复杂的。结果依赖于你如何定义"幽默感"、你如何做研究，以及你所研究的是哪些方面。研究者已经了解到，幽默可能不会帮助人们活得更长，或者加速从受伤或疾病中恢复。但它在调节人的情绪方面肯定比四处闲逛更有益。所以，当压力让你倒下时，试着让自己幽默些。

本章总结

- 当正确使用统计学时，它能够揭露没有事实根据的结论，提高准确性，并帮助研究者从多样性中发现其中的趋势。
- 通常，数据分析的第一步是在频率分布中整理和简化数据，记录的分值表明每个可能的分数（或分数区间）出现的次数。这些信息也可以用直方图（条形图）或频率多边形图（折线图）来描述。
- 描述统计用来概括和描述数据。集中趋势常用平均数、中位数来反映，较少使用众数。由于集中量数并不能很好地代表分布中其他数据。因此，分析变异性也很重要。标准差越大表明数据的离散度越高，标准差越小表明数据的离散度越低。
- 原始分数可以转化为其他类型的分数。百分位数表示得分低于给定的某一原始分数的人数比例。Z分数（标准分数）表示给定的原始分数比分布的平均值高或低多少。
- 许多变量都有一个近似正态分布的分布，通常用正态曲线来描述。正态曲线有一个实用的特征：当用标准差作为横轴上的单位时，得分落在横轴上任意两点之间的百分比总是相同的。然而，并非所有类型的观测值都是正态分布的。有些分布向左侧或右侧倾斜。
- 推论统计可以用来检验虚无假设。它能告诉研究者结果是否显著地不同于一个单纯由偶然因素所产生的结果。基本上，假设检验包括根据对整个相关人群的研究，估计理论上的抽样分布中所获得的结果将落在哪里。理论抽样分布是基于研究者感兴趣的总体的研究而得到的。如果结果进入分布的任一尾端，我们就认为它在统计上是显著的。统计上显著的结果并不总是重要的或者令人感兴趣的，所以许多研究人员更喜欢计算效果量的大小。

关键术语

频率分布（frequency distribution）A–1

图形（graph）A–2

直方图（条形图）（histogram [bar graph]）A–2

频率多边形图（折线图）（frequency polygon [line graph]）A–2

描述统计（descriptive statistic）A–3

集中量数（measure of central tendency）A–3

平均数 / 均值（mean）A–3

中位数（median）A–4

众数（mode）A–4

变异量数（measure of variability）A–4

全距（range）A–4

标准差（standard deviation, SD）A–4

离均差（deviation score）A–4

百分位数（百分等级）（percentile score [centile rank]）A–5

Z 分数（标准分数）（z-score [standard score]）A–6

正态分布（normal distribution）A–6

正态曲线（normal curve）A–6

左 / 右偏态分布（right- and left-skewed distributions）A–7

推论统计（inferential statistic）A–7

虚无假设（null hypothesis）A–7

备择假设（alternative hypothesis）A–7

抽样分布（sampling distribution）A–8

统计学意义（statistically significant）A–8

自变量（effect size）A–9

词 表

g 因素 许多理论家假定的基于许多特殊心智能力和才能的一般能力。
Z 分数（标准分数） 用标准差作为衡量单位，表示给定的原始分数比平均数高或低多少。
阿片剂 从罂粟中提取的一种药物，能够减轻疼痛，并且通常引起欣快感。
安慰剂 作为实验控制的一种非活性物质或虚假的处理。
安慰剂效应 一种药物或治疗的明显成功是由于患者有期望或希望，而不是由于药物或治疗本身。
暗适应 视觉感受器逐渐变得对暗光有最大敏感性的过程。
百分位数（百分等级） 一种给出了低于一个既定的原始分数的人数比例的数字。
半规管 内耳中的感觉器官，对头部的旋转运动敏感，负责平衡觉。
饱和度 即颜色的纯度，是与光波混合对应的视觉属性。
保持性复述 对材料进行机械重复以使之有效地保持在记忆中。
备择假设 认为研究中的自变量会对因变量产生一定的可预测影响；也称为实验假设或研究假设。
本能化倾向 在操作性学习过程中，有机体复演本能行为的倾向。
本我 在精神分析中，人格中包括的与生俱来的心理能量，特别是性本能和攻击本能的部分。
边缘系统 与情绪反应和由动机启动的行为有关的一些脑区。
边缘性人格障碍 一种以紧张但不稳定的关系、冲动、自残行为、空虚感和害怕被别人抛弃为特征的紊乱。
变量 可以测量或数量化的行为或经验特征。变量在科学研究中可以操纵和评估。
变异量数 一种表示分数在分布平均值附近的离散程度的数字。
辨别刺激 预示特定反应只伴随特定类型后果的刺激。
辩证推理 指通过权衡或比较对立面或对立观点的方法来确定最好的解决方案或解决分歧的过程。
标准差 一种常用的变异量数。它表示在一个分布中，所有分数与其平均数之间的平均差值。
标准化 在编制测验中，确定一套严格统一的施测和计分程序。
表现规则 调节个人在何时、何地以及怎样表达（或压抑）情绪的社会文化规则。
表现目标 依据在他人面前表现良好、获得满意的评价和避免受到批评来制定目标。
并行分布加工模型 一种记忆模型，它将知识表征为分布于一个巨大网络中而且并行运行的无数相互作用的加工单元的连接。
操作定义 假设中对某一术语的严格定义，它指明了对被定义的过程或现象的观察和测量的操作。
操作性条件反射 指依据行为的结果而使反应更可能或更不可能发生的过程。
差别阈限 当比较两个刺激时，人们能够可靠觉察的最小刺激差异叫作差别阈限，或者叫作最小可觉差。
长时记忆 在记忆的三箱模型中，与长时间存储信息有关的记忆系统。
长时增强 突触的反应强度持续增加，是长时记忆的生理机制。
常模 在测验编制中所建立的成绩标准。
超我 在精神分析理论中，人格中代表良心、道德和社会标准的部分。
陈述性记忆 对事实、规则、概念和时间的记忆（"知道是什么"），包括语义和情景记忆。
惩罚 随之而来的刺激或事件降低先前反应可能性的过程。
程序性记忆 对活动或技能操作的记忆（"知道如何做"）。
初潮 发育期的月经初潮。
初级控制 一种通过改变他人、情境或事件来修正现实的努力，一种"斗争到底"的哲学。

初级情绪 一种被认为是普遍的、具有生物学基础的情绪。

创伤后应激障碍 一种焦虑症，指经历过创伤或威胁生命事件的人出现诸如精神麻木、重拾创伤、生理觉醒增强等症状。

垂体 位于大脑底部、体积较小的内分泌腺，能分泌多种激素，并能调节其他内分泌腺的活动。

磁共振成像 利用磁场和特殊的无线电接收装置研究机体和脑组织的方法。

雌雄间性 染色体或激素异常导致孩子出生时生殖器模糊不清，或生殖器与婴儿的染色体相冲突的情况。

次级惩罚物 通过与其他惩罚物联结而获得后天的惩罚性质的刺激。

次级控制 一种通过改变你自己的态度、目标或情绪来接受现实的努力；一种"学会忍耐"的哲学。

次级强化物 通过与其他强化物联结而获得后天的强化性质的刺激。

次级情绪 在一定文化中产生的特定的情绪。

刺激泛化（在操作性条件反射中） 已经被一刺激强化（或惩罚）的反应在出现（或抑制）其他类似刺激时也会发生的倾向。

刺激泛化（在经典条件反射中） 当一种刺激成为某种反应的条件刺激后，其他的相似刺激也可能产生相似反应的倾向。在经典条件反射中，它发生在刺激与引起条件反应的条件刺激相似的情况下。

刺激分化（在操作性条件反射中） 只对一种刺激而不对其他在某些维度上不同的类似刺激发生反应的倾向。

刺激分化（在经典条件反射中）） 对两个或更多的相似刺激产生不同反应的倾向。在经典条件反射中，当类似于条件刺激的刺激不能激发条件反应时，就会发生这种情况。

催产素 由脑垂体分泌，它既有利于分娩时的子宫收缩，还有利于育婴期的母乳生成。可能有助于促进信任与归属，改善两性关系。

催眠 施术者通过暗示使被催眠者的感觉、知觉、思维、情感或行为发生变化的过程。

存在疗法 一种治疗形式，旨在帮助患者探索存在的意义和面对生命的重大问题，如死亡、自由、孤独、无意义感。

存在主义 一种强调人生中不可避免的两难选择和挑战的哲学观点。

大脑 位于脑的上部，是体积最大的脑结构，负责大部分感觉、运动和认知加工。"大脑"一词来源于拉丁文"脑"。

大脑半球 大脑的两半。

大脑皮层 覆盖于大脑表面的数层细胞薄层，主要负责高级心理机能活动。"皮层"一词来源自拉丁文"树皮"或"外壳"。

代表性样本 从要研究的总体中抽取出来的，在年龄、性别等重要的个人特征上与总体相一致的群体。

单侧化 大脑两半球进行精细操作的专门化。

单盲研究 被试不知道自己处于实验组还是控制组的实验形式。

单眼线索 有些深度或距离线索只需一只眼睛就可以起作用，这些视觉线索叫作单眼线索。

倒摄抑制 当最近学习的信息干扰记忆先存储信息的能力时产生的遗忘。

电报式语言 儿童最早的单词组合，它省略了不必要的词（如电报所做的）。

电抽搐疗法 一种用于长期和严重的重度抑郁症患者的程序，在这种情况下，会诱发患者短暂的脑痉挛。

调查 通过问卷或访谈的形式直接收集有关人们的经历、态度或观点等方面的信息。

顶叶 大脑皮层顶部的脑区，包括接收与压力、疼痛、触觉及温觉有关的信息的区域。

定点 个体受遗传因素影响的体重范围，并由调节食物吸收、脂肪储存和新陈代谢的生物机制来维持。

动机 促使人或动物趋向某个目标或者远离某种不愉快情境的过程。

动觉 使我们知道身体部位所在方位和运动状态的感觉。

动作电位 神经元受到刺激时的暂时的电位变化，有助于产生电冲动。

短时记忆 在记忆的三箱模型中，对信息保持短暂时间的容量有限的记忆系统。它也用来保持一些为临时使用而从长时记忆中提取出来的信息。

对立过程理论 另一种颜色知觉理论，认为视觉系统以对立的方式对成对颜色进行反应。

俄狄浦斯情结 在精神分析中，指在性器期出现的冲突。在这个阶段儿童对异性父母产生欲望并把同性的父母看作竞争对手。

额叶 大脑皮层前方的脑叶，与短时记忆、高级思维、自主、社会判断，以及言语生成（一般出现在左额叶）有关。

儿童期（幼儿期）遗忘症 不能回忆起在生命中头两年或三年发生的事件和经历。

耳蜗 位于内耳，是一种形状如同蜗牛，内部充满液体的装置。其内部包含柯蒂氏器，听觉感受器就分布于其上。

发育期 个体能够繁殖的年龄。

反社会人格障碍　一种人格障碍，其特征是终生做不负责、反社会的行为，如违法、暴力和其他冲动、鲁莽的行为。在DSM-V中很可能与精神变态结合。

防御机制　自我用来防止无意识焦虑或危险的思想进入意识层面的方法。

非共享环境　个体不与家庭其他成员共享的环境和经验上的特有部分。

非注意盲视　因没有注意而忽略眼前的事物。

分离焦虑　大多数儿童在6～8个月大时，当他们的主要照顾者暂时把他们留给陌生人时，他们就会产生这种痛苦。

分离性身份障碍　一种有争议的疾病，其特征是一个人明显具有两种或两种以上不同的性格，每种性格都有自己的名字和特点；以前被称为多重人格障碍（MPD）。

辐合　指双眼注视近物时眼球向内侧旋转。

负强化　一种强化程序，反应之后去除、延迟不愉快刺激或降低不愉快刺激的强度。结果，反应变得更强或更可能发生。

负相关　两变量呈反方向变化，则二者关系为负相关。

副交感神经系统　自主神经系统的子系统，于机体放松状态下运行，保存能量。

概念　指把具有相同属性的物体、关系、活动、抽象物或者品质进行分类的一个心理范畴。

干细胞　自我更新并有潜力发展成成熟细胞的未成熟细胞；在有利的环境下，来自早期胚胎的干细胞可以发育成任何类型的细胞。

感觉　对物体发出或反射的物理能量的觉察。

感觉剥夺　指不能获得正常感觉刺激的状态。

感觉登记　在信息消退或进入短时记忆之前精确地但非常短暂地登记感觉信息的记忆系统。

感觉适应　指感受器对不变或重复的刺激感受性下降或消失的现象。

感受器　一种特殊的细胞，能够将环境或身体中的物理能量转换为电信号能量，这些电信号以神经冲动的形式被传递到大脑。

高级条件反射　在经典条件反射中，通过与已建立的条件刺激相结合，中性刺激变成条件刺激的过程。

格式塔原则　指那些描述大脑如何将感觉信息组织为有意义的单元或模式的规则。

个案研究　对需要研究或治疗的特殊个体进行详细描述的研究。

个人主义文化　一种自我被认为是自主的、个人目标和愿望高于义务和与他人关系的文化。

工作记忆　在许多记忆模型中，短期记忆的一种复杂的认知形式，它涉及积极的心理过程，控制从长期记忆中检索信息，并对特定任务适当地解释信息。

公平世界假设　许多人持有的一种信念，他们相信世界是公正的，善有善报、恶有恶报。

巩固　使记忆变得持久和稳定的过程。

观察（替代）学习　个体通过观察他人（榜样）而非直接体验来学习新反应，有时亦称替代性条件反射。

观察法　研究者在不影响被观察者的情况下，对其行为进行系统而精细的观察和记录的方法，包括自然观察和实验室观察两类。

广场恐怖症　一种恐惧症，常由惊恐发作引起，涉及远离安全的地方或人的基本恐惧。

广泛性焦虑障碍　一种持续的焦虑状态，表现为忧虑、恐惧、注意力不集中和运动紧张。

归纳推理　推理的一种形式，其中前提为结论提供支持，但结论仍然可能为假。

归因理论　人们通过把行为原因归为情境或素质来解释自己和他人行为的理论。

海马　与储存记忆中的新信息有关的脑结构。

合理化努力　个体增加对那些付出努力或遭受很多痛苦才得到的事物的喜好的倾向，这是减少失调的一种常见形式。

横断研究　同一时间对不同年龄的个体进行比较的研究。

幻痛　缺失的肢体或缺失的身体其他部分产生的痛觉体验。

回避目标　目标是为了避免不愉快的经历，比如在公共场合不要显得愚蠢。

回忆　从记忆中提取和重现先前遇到的信息的能力。

机能定位　特殊的大脑区域用于特殊的功能。

机能主义　一种早期的心理学观点，它强调行为和意识的功能或目的。

基本概念　指有适量样例的概念，比样例太少或过多的概念更容易被习得、获取。

基本归因错误　一种在解释别人的行为时会高估人格因素而低估情境因素的倾向。

基础心理学　单纯为了追求知识而非实际运用的心理学研究。
基因　遗传的功能单元，由DNA组成并限定蛋白质的构造。
激活－整合理论　这种理论认为，梦是大脑皮层试图整合并且解释由大脑底部活动引起的神经信号而产生的。
激素　由被称为腺体的器官分泌、能影响其他器官的功能的化学物质。
集体无意识　人类普遍的记忆和经验，可以表现在各种文化通用的符号、故事和意象（原型）中。
集体主义文化　一种自我被认为是嵌于人际关系中，与群体关系的融洽高于个人目标和愿望的文化。
集中量数　旨在表征整个数据集的数字。
脊髓　由大量神经元与从大脑底部延伸到背部中央、起支撑作用的组织组成，受脊柱保护。
记忆术　用于提高记忆的策略和技巧，如使用韵律或公式。
技能训练　在行为疗法中，努力教授来访者可能缺乏的技能，以及新的建设性行为，以取代自我挫败的行为。
季节性情绪障碍　指人们在冬季感到抑郁，到了春天情绪便会有所好转。对于这一障碍目前仍存有争议。
家庭系统观　通过确定每个家庭成员是如何形成一个更大的互动系统的一部分来对个人或家庭进行治疗的一种方法。
假设　一种试图对一系列现象做出预测或说明的陈述。科学假设要明确事物或变量之间的关系，并可以经实证检验。
间隔（部分）强化程序　有时而非总是强化特定反应的强化程序。
缄默知识　某些可获得成功的策略，它们并非通过正式教授习得而是通过推论获得。
交感神经系统　自主神经系统的子系统，调动机体资源，增加激动和压力状态下的能量输出。
交互决定论　指在社会认知学习理论中，在塑造人格特质时，环境和个体两方面的双向交互作用。
角色　一个给定的社会地位，由一套为适当行为而定的规范所控制。
接触安慰　在灵长类动物中，天生的快乐来自身体的亲密接触；这是婴儿第一次依恋的基础。
接近目标　以期望的结果或经历为框架的目标，如学习戴水肺潜水。
进化心理学　注重研究进化机制的心理学领域，它可能有助于解释人们在认知、发展、情绪、社会实践和其他行为领域中的共性。
经典条件反射　最初的中性刺激通过与已经具有相似或相关反应的刺激结合而获得诱发反应的能力的过程。也叫作巴甫洛夫反射或反应性条件反射。
经颅磁刺激　一种刺激脑细胞的方法，使用放置在头部上的线圈产生的强大磁场；它被研究人员用来暂时地使神经回路失活，也被用于治疗。
惊恐障碍　一种焦虑症，指一个人经历反复发作的恐惧症、一段时期的强烈恐惧、厄运或死亡迫近感，并伴有心率加快和头晕等生理症状。
晶体智力　一生中获得的认知技能和特定信息知识，它严重依赖于教育，并在一生中保持稳定。
精神错乱　一种包括扭曲的知觉和非理性行为的极端心理障碍；它可能有心理或器质原因。
精神分裂症　一种以妄想、幻觉、言语紊乱、行为不当和认知障碍为特征的心理障碍。
精神分析　由西格蒙德·弗洛伊德发展的人格理论和心理治疗方法，强调对无意识动机和冲突的探索。现代心理动力疗法同样强调这一点，但与弗洛伊德的分析有许多不同之处。
精细复述　将新信息和已存储的知识联系起来并对新信息进行分析以使它得到更好的记忆。
镜像神经元　当人或动物观察到其他个体执行一个动作时激活的脑区细胞；它们会参与到移情、模仿和识别情绪的活动中。
决策后冲突　在认知失调理论中，当你相信自己做了一个糟糕的决策后所产生的压力。
绝对阈限　观察者能够可靠识别的最小刺激能量。
绝经　停止月经和卵子的产生，这通常是一个持续数年的渐进过程。
抗焦虑药物（镇静剂）　医生会给那些抱怨自己不快乐、焦虑或总是担心的患者开的一些通常情况下不那么适当的药。
抗精神病药物　主要用于治疗精神分裂症和其他精神病的药物；它们经常被用作他用，但它们并不适用于其他疾病，如痴呆和强迫性攻击。
抗抑郁药物　主要用于治疗情绪障碍，特别是抑郁和焦虑的药物。
柯蒂氏器　位于耳蜗内部的一种装置，内部包含作为听觉感受器的毛细胞。
可得性启发法　一种通过易获得的例子或情境来判断一类事件发生可能性的倾向。

可塑性 大脑通过重组或发展新的神经连接来改变和适应经验的能力。

刻板印象 是一种对一群人的整体印象,该群体的所有成员被看作享有一种或几种共同的特质(积极的、消极的、中性的)。

刻板印象威胁 由于他人对一个人所在群体的能力有消极刻板印象,此人因而担心自己表现的一种思想负担。

客观测验(量表) 要求书面答复的标准化客观问卷,它们通常包括一些量表,即人们被要求评价自己。

客体关系学派 是一种心理动力学取向,强调婴儿前两年的重要性和婴儿与他人尤其是母亲建立关系的重要性。

客体永久性 在出生第一年中形成的一种理解,即一个物体即使在你看不见或摸不到它的时候仍然存在。

恐怖症 对特定情境、活动或事物的夸大的、不切实际的恐惧。

控制点 指对自己行为的结果是在自己控制之下(内控),还是超出自己控制(外控)的一般性期望。

控制条件 在实验中,为了与实验条件相比较而让被试接受与实验处理不一样的一种条件。

快速眼动睡眠 以眼睛运动、肌肉放松并伴有梦境为特征的睡眠阶段。

快速眼动行为障碍 是一种睡眠障碍,在快速眼动睡眠中通常出现的肌肉麻痹是不存在或不完全的,睡眠者能够演绎出梦的内容。

框架效应 选择的呈现方式或框架会影响到人们的选择倾向,比如措辞按照潜在损失还是收益来表述。

来访者中心(非指导性)疗法 由卡尔·罗杰斯设计的一种人文主义方法,强调治疗师对来访者的同理心和无条件的积极关注的使用。

理论 能解释特定现象及其关系的系统假说和原理。

理性情绪行为疗法 埃利斯设计的一种认知疗法,旨在挑战客户的不现实或非理性的想法。

力比多 在精神分析理论中,维持本我的生本能或性本能的心理能量。

连续接近 在塑造程序中,根据与期望反应相似性的增加或接近程度进行排序的行为。

连续强化 总是强化特定反应的强化程序。

联觉 指对一种感觉的刺激可以引起另一种感觉的反应。

流体智力 演绎推理能力和运用新信息解决问题的能力。它相对独立于教育,并在老年时趋于下降。

颅相学 一种目前看来不科学的理论,它主张不同的性格和人格特质对应于大脑的不同部位,我们可以根据头骨上的隆骨将这些特质"读"出来。

满灌 在行为疗法中的一种暴露疗法。在这种疗法中,患者被直接带到一个令人恐惧的环境中,直到他或她的恐惧消失。

迷幻剂 一种能够产生幻觉、改变思维过程及扰乱正常时间和空间知觉的意识改变药物。

面部反馈 面部肌肉向大脑传递有关正在表达的基本情绪信息的过程。

描述统计 组织和概括研究数据的统计。

描述性方法 可以对行为进行描述,但却不能做因果分析的方法。

民族同一性 一个人对一个种族或民族的认同。

民族优越感 认为自己的文化、国家或宗教比其他所有人的都更优越的信念。

明度 即明亮度,是与物体发出或反射出的光线数量或强度有关的视觉属性。

明晰的梦 做梦者知道自己正在做梦的状态。

命题 指由概念组成并能表达一个单一观点的意义单元。

内部动机 出于自己的兴趣以及事情本身所带来的内在愉悦而行动的愿望。

内部节律失调 人体内部的昼夜节律彼此不协调或不同步时的一种状态。

内部强化物 先天与被强化活动相关的强化物,如对任务的享受、对成就的满意。

内啡肽 神经系统中在结构和作用上类似阿片剂的化学物质,它们参与缓解疼痛、增强愉悦感以及记忆过程,在技术上被称为内源性阿片样肽。

内分泌腺 分泌激素并将其释放到血液中的内部器官。

内隐记忆 无意识的记忆,由先前的经验或先前遇到的信息对当前思想或行为的影响所证明。

内隐学习 当你获取关于某事的知识时,没有注意到你是如何学会的,并且不能恰当描述你所学到的东西的一种学习方式。

内源性 由内部原因而不是外部原因引起的。

耐受性 由于持续使用药物,使得对药效产生逐渐增加的抵抗性。

脑电图 由电极探测到的神经活动的记录。

脑干　位于脊髓顶部的大脑部分，包括延髓和脑桥。
脑桥　包含在脑干中的一个结构，与睡眠、觉醒、梦等活动有关。
逆条件反射　在经典条件反射中，一种条件刺激与一种刺激配对的过程，这种配对引起的反应与不需要的条件反应不相容。
颞叶　大脑皮层两侧的脑叶，与听觉、记忆、知觉、情绪，以及言语理解（一般出现在左颞叶）有关。
批判性思维　基于充分的理性和事实，而非感性和传闻来进行理论评估与客观评价的能力与意愿。
偏见　包含消极的刻板印象，强烈地、莫名地不喜欢或憎恨一个群体。
胼胝体　连接大脑两半球的神经纤维束。
频率多边形图（折线图）　一种图表，显示了通过将得分值相对于得分频率绘制而获得的一组点；相邻点由直线连接。
频率分布　一组中每个分数发生频率的概要。
平衡觉　对平衡的感觉。
平均数/均值　见算术平均数。
启动　是一种测量内隐记忆的方法，要求你阅读或聆听一些信息，然后测验这些信息是否影响你在其他任务中的反应。
启发法　一种对事物粗略但实用的估计方法，它能提出一个行动过程或者指导问题解决，但不能保证有一个最理想的解决方案。
气质　以特定方式对环境做出反应的生理倾向。它们在婴儿时期就会表现出来，而且被认为是先天的。
前摄抑制　当先前存储的材料干扰记忆当前所学类似材料的能力时产生的遗忘。
潜伏学习　并不立即表现出外显反应的一种学习形式，它在没有明显强化时发生。
强化　随之而来的刺激或事件增加了先前反应可能性的过程。
强迫症　一种使人感到被困在旨在减轻焦虑的重复性、持久性思想（强迫思维），和重复性、礼节性行为（强迫行为）中的焦虑障碍。
情感启发法　依赖于直觉、情感而非客观评估可能性的一种倾向。
情景记忆　对个人亲身经历的事件及其发生情景的记忆。
情绪　伴随面部和身体变化、脑的激活、认知评价、主观感觉和行为倾向的一种唤醒状态。
情绪操作　经常因角色需要而非个人的真实感受所进行的一种情绪的表达。
情绪智力　准确认识自己和他人情绪、清晰表达自己的情绪和调节自己及他人情绪的能力。
丘脑　传递感觉信息至大脑皮层的脑结构。
躯体神经系统　周围神经系统的子成分，连接感觉接受器和骨骼肌，有时又称为骨骼神经系统。
去个性化　在群体或人群中，人们丧失对自身的意识。
全距　分数分布的量度；通过用最大值减去最小值来计算。
权力施加　父母用惩罚和权威来纠正孩子的不端行为的一种育儿方法。
群体思维　在组织紧密的群体中，全体成员为了协调一致而进行相似思维、压制异议的倾向。
人本主义疗法　一种基于人文主义哲学的心理治疗形式，它强调患者改变的自由意志，而不是过去的冲突。
人本主义心理学　一种强调个人成长、愉快的心情和人类潜能发挥的心理学理论。
人格　刻画个体行为、思想、动机和情绪的独特且相对稳定的模式。
认知的观点　强调人类知觉、记忆、言语、问题解决和其他行为的心理过程的心理学取向。
认知疗法　一种治疗形式，旨在识别和改变非理性的、无效率的思维方式，从而减少负面情绪及其后果。
认知失调　当一个人同时具有两种心理上不相符的认知或一个人的信念和其行为不相符的时候产生的紧张状态。
认知图式　即把有关一个特殊主题或者世界的一个方面的知识、信念和期望等整合起来的一个心理模型。
认知习性学　研究非人类动物认知过程的科学。
乳头状小体　位于舌上的球形突起，内部包含着味蕾。
三色理论　颜色知觉理论中的一种，该理论认为在视觉系统中存在三种机制，每种仅对特定波长范围敏感；这三种机制交互作用便可产生各种色调体验。
色调　由不同颜色名称来界定的视觉属性，与光波的波长有关。
（社会）规范　规范社会生活的规则，包括明确的法律和隐含的文化习俗。
社会化　儿童学习他们的社会或文化所期望的行为、态度的过程。

社会认知 社会心理学的一个研究领域，主要关注社会对思维、记忆、知觉和信念的影响。

社会认知学习理论 一种强调行为是通过观察和模仿他人、积极后果，和诸如计划、预期、信念的认知过程而学会和保持的理论。

社会同一性 人的自我概念的一部分，以他或她对国家、宗教和政治团体、职业或其他社会联盟的认同为基础。

社会文化的观点 强调社会和文化影响行为的心理学取向。

深加工 在对信息的编码过程中，对刺激的意义而不仅仅是对其物理或感觉特征的加工。

神经 在周围神经系统中的一束神经纤维（轴突，有时是树突）。

神经递质 传递神经冲动的神经元在突触处释放的化学物质，能改变接收神经元的活动。

神经发生 由未成熟的干细胞产生新的神经元。

神经胶质 支持、培育和隔离神经元的细胞，在神经元死亡时清除碎屑，增强神经连接的形成和维持，并改变神经元的功能。

神经节细胞 眼睛视网膜上的一种神经元，（以双极细胞为中介）负责收集来自视觉感受器的信息，神经节细胞的轴突集合成束，组成视神经。

神经特殊能量理论 指由于感觉器官接收到的信号会激活不同的神经通路，而这些神经通路又通向不同的脑区，因此存在不同的感觉通道。

神经性贪食症 患者疯狂地吃大量丰富的食物，然后通过呕吐或服用泻药的方式使其排出体外。

神经性厌食症 一种以害怕发胖、扭曲的身体形象、极端降低食物消耗、变得骨瘦如柴为特征的饮食紊乱。

神经元 传导电化学信号的细胞，组成神经系统的基本单位，也称为神经元。

肾上腺激素 肾上腺分泌的激素，与情绪和压力有关。

肾上腺轴（下丘脑—垂体—肾上腺皮质） 被激活以激发身体对压力做出反应的系统。下丘脑向垂体发送化学递质，进而促使肾上腺皮质产生皮质醇和其他激素。

生物节律 生物体内相对有规律的波动周期，有些生物节律有心理意义，有些则没有。

生物学的观点 一种注重研究那些与行为、情绪、思想有关的生理事件及其变化的心理学理论观点。

失忆症 丧失了部分或全部对个人而言重要的信息的记忆。

实验 一种对假设所进行的控制性检验。实验者通过对一个变量的控制得出它对另一变量的影响。

实验者效应 由于实验者不经意间所给出的提示而使得被试行为发生的无意识的变化。

实证的 依据观察、实验或测量得出的。

事后聪明偏差 一旦知晓事件结果，就过高估计对事件预测的能力的一种倾向；一种"我从一开始就知道"的现象。

视杆细胞 能对暗光进行反应的视觉感受器。

视交叉上核 大脑中包含生物钟的区域，负责调节昼夜节律。

视网膜 衬在眼球后部的内侧神经组织，视网膜上包含视觉感受器。

视像差 左、右眼所看到的物体侧向间距的细微差异。

视锥细胞 能够产生颜色视觉的视觉感受器。

嗜睡症 是一种睡眠障碍，包括突发性和不可预知的白天嗜睡发作或进入快速眼动睡眠。

守恒 即使物体的形状或外观发生变化，物体的物理属性（如簇中的项目数或玻璃中的液体量）也可以保持不变。

熟悉效应 人们倾向于对常常看到的人、项目、产品或其他刺激持有更积极的态度。

树突 神经元的分支，接受其他神经元传递的信息，将这些信息传递至细胞体。

双盲研究 收集数据之前，主试和被试都不清楚被试的分配情况的一种实验。

双相障碍 一种情绪紊乱，同时出现抑郁和躁狂症（过度兴奋）。

双眼线索 有些深度或距离线索需要两只眼睛同时参与才能起作用，这些视觉线索叫作双眼线索。

睡眠窒息 在睡眠状态下，阶段性地出现呼吸暂停，使人因感到呼吸困难而瞬间醒来大口喘息。

塑造 操作性条件反射程序，在该过程中对期望反应的连续接近进行强化。

算法 一种保证能产生一个解决方案的问题解决策略，即使使用者并不知道它是怎样起作用的。

算术平均数 将一组数据求和再除以数据个数而获得的一种平均数。

随机对照试验 为确定一种新药或某种疗法的有效性而设计的研究。在这种研究中，有特定问题或障碍的人被随机分配到一个或多个治疗组或一个控制组。

随机分配 每个被试分配到实验组或控制组的机会都相同的一种分配程序。

髓鞘 围绕在神经元轴突上的脂肪组织。

碳酸锂 双相障碍患者经常服用的一种药物。

特征觉察器 位于视皮层的一种细胞，仅对环境中的特定特征敏感。

特质 描述个体习惯化的行为、思维和感受方式的个体特征。

条件刺激 经典条件反射术语，指与无条件刺激结合后能诱发条件反应的最初中性刺激。

条件反射 一种包括环境刺激和有机体反应之间的联结的基本学习类型。

条件反应 经典条件反射术语，指由条件刺激引起的反应，它发生于条件刺激与无条件刺激结合之后。

统计学意义 用于表示极不可能偶然发生的结果的术语。

投射测验 根据一个人对模糊刺激的解释来推断一个人的动机、冲突和无意识状态的心理测试。

突触 神经冲动从一个神经元传递到另一个神经元的部位，包括轴突末梢、突触间隙以及位于接收冲动的神经元的膜上的受体。

图形 描绘数值关系的图形。

推理 从观察、事实或者假设中得出结论或推论。

推论统计 使研究者对统计上有意义的结果进行推论的一种统计程序。

退行 当一个成瘾的人停止服药时，就会产生一些生理及心理上的症状。

褪黑素 松果体分泌的一种能调节人体日常生物节律的激素。

外部动机 为获得外部奖励如金钱或名誉而行动的愿望。

外部强化物 并非先天与被强化活动相关的强化物，如钱、奖品、表扬。

外显记忆 对一件事或者一条信息有意识、有目的的记忆。

网状激活系统 位于脑干中心的神经元密集网络，负责唤醒皮层及过滤输入信息。

味蕾 包含味觉感受细胞的装置。

文化 支配一个社区或社会成员行为的共同规则，及社会多数成员所共有的一套价值、信念和态度体系。

文化适应 少数民族成员认同主流文化并感到自己是主流文化的一部分的过程。

文化依存症候群 特定文化背景和行为特有的症状或心理障碍。

无条件刺激 经典条件反射术语，与生俱来的能诱发反射反应的刺激。

无条件的积极关注 对卡尔·罗杰斯来讲，即没有任何附加条件的给予他人的爱或支持。

无条件反应 经典条件反射术语，与生俱来的由刺激引起的反射反应。

无意识过程 指发生于意识之外并不可到达意识的心理过程。

系列位置效应 回忆列表开始项目和末尾项目要好于中间项目的倾向。

系统脱敏 在行为疗法中，使患者对害怕的事物或经历不再敏感的一步一步的过程。它以经典性条件反射中的对抗条件反射作用为基础。

细胞体 是神经元的一部分，能保持神经元活性并决定神经元是否应该传导神经冲动。

下丘脑 与如恐惧、饥渴、繁殖等情绪和基本生存动机有关，并能调节自主神经系统的脑结构。

下意识过程 指处于意识之外，但如果需要就能回到意识之中的心理过程。

显著性检验 对研究结果因偶然因素而发生的概率进行的统计检验。

现场研究 在实验室外的自然情景中进行的描述或实验研究。

线索依存遗忘 由于缺乏回忆线索而不能提取存储在记忆中的信息。

相关 对两个变量间关联程度的度量。

相关系数 相关系数是表示相关的度量方式，数值在 –1 和 +1 间变化。

相关研究 一种探寻两种现象间一致性关系的描述性研究。

响度 与声压强度有关的听觉属性。

消退（在操作性条件反射中） 习得反应减弱或最终消失。在操作性条件反射中，当反应不再伴随强化物时会发生消退。

消退（在经典条件反射中） 习得反应减弱直至最终消失。在经典条件反射中，当条件刺激不再伴随无条件刺激出现时，就会发生消退。

消退理论 一种认为记忆中的信息如果没有得到提取最终就会消失的理论；它更适用于短时记忆（与长时记忆相比）。

小脑 调节运动和平衡的脑结构，与某种高级认知活动有关。

效度 测验能够测出研究者想要测量的变量的能力。

效度效应 人们倾向于仅仅因为一个陈述被重复了很多次就相信它是真的或有效的。

效应量 在一项研究中，由自变量引起的分数变异的总和，用于测量自变量的效力。

心境一致性记忆 当经历与当前情绪一致时容易记忆，不一致时则容易忽略或者遗忘。

心理变态 以缺乏自责、同情、焦虑和其他社会情绪，使用欺骗和手段，以及寻求冲动刺激为特征的人格障碍。

心理表象 指反映或者表征类似事物的一个心理表征；心理表象能够发生在很多方面，也许是在所有的感觉通道中。

心理测量 对心智能力、特质和过程的测量。

心理测验 用来测量人格特质、情绪状态、智力、兴趣、能力和价值观等的方法和手段。

心理定势 使用过去对类似问题起作用的程序来解决所遇到问题的倾向。

心理动力学 一种从个体内在的无意识动力角度来解释行为和人格的理论。

心理动力学的观点 强调个体内部诸如内驱力、冲突或本能活动等无意识动力的心理学取向。

心理理论 关于他们自己和他人的思维方式和人们是怎样受到他们信念和情绪的影响的信念系统。

心理年龄 智力发展的一种衡量方法，以特定年龄的平均智力水平来表示。

心理神经免疫学 对心理学、神经和内分泌系统以及免疫系统之间关系的研究。

心理性欲阶段 在弗洛伊德的理论中，性能量随着儿童生长发育表现出不同的形式，分别经历口唇期、肛门期、性器期、潜伏期和生殖期5个阶段。

心理学 一门研究心理过程和行为及其如何受有机体的生理、心理状态和外部环境影响的科学。通常用希腊字母"Ψ"（读作"sy"）表示。

心理药物 一种能够影响知觉、情绪、认知或行为的物质。

心理障碍 任何会导致个人遭受巨大痛苦，具有自我毁灭性，严重损害该人的工作能力或与他人相处的能力，危害他人的行为或情绪状态。

信度 在测验编制中，测验分数在不同时间和不同地点的一致性。

信号检测理论 一种心理物理学理论，根据这种理论，可以把对感觉信号的觉察分为两个过程：一是感觉过程；二是决策过程。

信息来源错误认定 不具备将关于事件的准确记忆从经历过的其他事件中分离出来的能力。

兴奋剂 能够促进中枢神经系统活动的药物。

行为的自我监控 在行为疗法中，对要改变的行为的频率和后果进行仔细记录的一种方法。

行为矫正 应用条件反射技术，训练新反应的出现，减少、消除适应不良或有问题的行为。也叫应用行为分析。

行为疗法 一种运用条件反射原理帮助人们改变自我挫败或有问题的行为的治疗形式。

行为遗传学 这是一个跨学科的研究领域，研究行为和个性中个体差异的遗传基础。

行为主义 一种强调研究可观察行为，强调环境对行为起决定作用的心理学研究方法。

杏仁核 与唤起和调节情绪、对感觉信息进行最初情绪反应有关的脑结构。

性别定型 儿童在他们的文化中学习与男性化或女性化相关的能力、兴趣和行为的过程。

性别认同 作为男性或女性的基本感觉，它独立于一个人是否符合社会和文化的性别规则。

性别图式 一种认知图式（心理网络），包括知识、信念、隐喻和对男性或女性的期望。

性激素 调节生殖器官的发育和功能、促使两性性征发展的激素，包括雄性激素、雌性激素和孕酮。

性脚本 它是一系列详细说明个人在特定情境中适当性行为的内隐规则，它会随着个体性别、年龄、宗教、社会地位以及同伴的变化而变化。

虚构 混淆发生在他人身上的事件与发生在自己身上的事件，或者相信自己记得一些从未真正发生过的事情。

虚无假设 断言研究中的自变量不会对因变量产生影响。

选择性注意 指注意集中指向环境中被选择的对象，而忽略其他信息。

学习 由于经验产生的相对持久的行为（或行为潜能）变化。

学习的观点　强调环境和经验如何影响人或动物的行为的心理学取向。持有这种观点的理论主要有行为主义和社会认知学习理论。

压抑　在精神分析理论中,强迫自己将危险性或烦扰性信息推进无意识中。

延髓　脑干中的一个结构,负责某些无意识机能,如呼吸、心跳等。

演绎推理　推理的一种形式,其中一个结论必定在特定的前提之后;如果前提为真,那么结论必定为真。

一般适应综合征　根据汉斯·塞里的理论,对压力的一系列生理反应,分三个阶段发生:警觉、阻抗和衰竭。

一级惩罚物　天生具有惩罚作用的刺激,如电击。

一级强化物　天生具有强化作用,特别是满足生理需要的刺激,如食物。

移情　在心理动力疗法中,患者将无意识的情绪或反应(如对父母的情感感受)转移到治疗师身上的一种关键过程。

遗传率　指某群体中个体的某些归为遗传变异的特质在总变异中所占比率的统计估计。

易感性—应激模型　强调个体的易感性如何与应激性生活事件相互作用而产生心理障碍的方法。

意识分离　指意识状态的分裂,此时心理的一部分独立于其余意识部分而工作。

因变量　实验者想要预测并通过操纵自变量而引起变化的变量。

因素分析　一种分析不同测验及测验成绩之间的内部相关性的统计方法;具有高相关性的测验或测验成绩的聚类,被认为是测量了相同的根本特质或能力。

音调　与声波频率有关的听觉属性,并且与声波的强度有关。

音色　可用于辨别声音的质量,是与声音混合程度有关的听觉属性。

应用心理学　对具有直接的实际意义的问题进行研究,也包括对心理学研究成果的运用。

诱捕　个体在自己所投入的时间、金钱和精力的基础上逐渐增加承诺的过程。

诱导　父母利用孩子自身的资源、能力、责任感和对他人的感情来纠正孩子的不良行为,是一种养育孩子的方法。

语言　一种将声音或手势等无意义的元素组合成有组织的表达意义的话语的系统。

语义记忆　对一般知识的记忆,包括事实、规则、概念和命题。

元分析　一种对多个研究成果进行综合分析的程序。它可以判定一个特定的变量能够在多大程度上解释所有研究结果的变异性。

元认知　有关自己认知过程的知识或觉知。

原型　指一个概念中特别具有代表性的样例。

再认　确认先前遇到的信息的能力。

责任扩散　在群体中,成员因认为别人会去做而不采取行动的倾向。

闸门控制理论　一种认为痛觉引起的神经冲动必须通过一个位于脊髓部位的神经"闸门"才能传递到大脑,从而引起痛觉体验的理论。

掌握(学习)目标　依据个人能力和技巧的提高来制定目标。

枕叶　大脑皮层后部靠下部分的脑区,包括接收视觉信息的区域。

镇静剂　一种降低中枢神经系统活动性的药物。

正电子放射断层造影术　一种分析大脑生化活动的方法,其中一种方法使用注射含有放射性元素的类葡萄糖物质。

正强化　一种强化程序,反应之后呈现强化刺激或加强强化刺激的强度。结果,反应变得更强或更可能发生。

正态分布　具有某些特殊特性的理论频率分布。例如,分布是对称的;平均数、众数和中位数均具有相同的值;分数离平均数越远,它出现的可能性就越小。

正态曲线　对称的钟形频率多边形,代表正态分布。

正相关　两变量同时升高或同时降低,则二者关系为正相关。

证实偏差　是指寻找或关注证实自己想法的信息,忽视、轻视或是忘掉那些与自己观点相悖的信息的倾向。

证伪原则　科学理论必须做出相当精确的预测,以使理论暴露于不一致的可能性。这一原则就是证伪原则。

知觉　大脑组织并解释感觉信息的过程。

知觉定势　习惯于按照个人期望觉察事物的知觉方式。

知觉恒常性　尽管物体引起的感觉模式在不断变化,我们所知觉到的物体却是稳定或不变化的,这种知觉能力叫作知觉恒常性。

知情同意　在人类研究中,被试自愿参加实验且对实验有足够的了解后决定是否参加实验的文件证明。

直方图(条形图)　一种图表,其中条形的高度(或长度)与分布中单个分数或类别分数的频率成比例。

志愿者偏向 指通过志愿者样本而不是有代表性的样本而导致的调查结果的缺陷。志愿者有可能与非志愿者的观点大不相同。

治疗联盟 在治疗师和来访者之间建立的信任和相互理解的纽带,使他们能够一起工作来解决来访者的问题。

智力 个体的一种推断特征,经常被定义为从经验中获益、习得知识、抽象思考、有目的的活动或适应环境变化的能力。

智力三元论 一种强调信息加工策略、将技能迁移到新情境中的能力和实际运用智力的智力理论。

智商 一种测量智力的方法,原始算法是心理年龄/实际生理年龄,再乘以100。当前是源于标准化智力测验常模的智力测量。

中枢神经系统 由脑和脊髓组成的神经系统的一部分。

中位数 集中趋势的量度;从最高到最低排序分数时,分数分布中点的分数。

众数 集中趋势的量度;分布中最频繁出现的分数。

重度抑郁 一种情绪障碍,包括情绪紊乱(过度悲伤)、行为紊乱(对日常活动失去兴趣)、认知紊乱(绝望的想法)和生理功能紊乱(疲劳和食欲不振)。

重学法 通过把第一次学习一种材料所需的时间与重学该材料所需的时间进行比较,来测量记忆保持的一种方法。

周围神经系统 脑和脊髓之外的神经系统的所有部分,包括感觉神经和运动神经。

轴突 神经元的较长的纤维,其功能是将神经冲动从细胞体传至其他神经元或肌肉和腺体。

昼夜节律 以24小时为周期(以波峰到波峰或波谷到波谷的距离计算)的生物节律,来自拉丁文"circa"(大约)和"dies"(一天)。

逐渐暴露 在行为疗法中,一种将患有恐惧症或恐怖症的人逐渐带入恐惧状态或暴露于创伤性记忆中,直到焦虑消失的方法。

主题统觉测验 一种要求受测者对一系列显示人物景象的图片进行解释的投射测验;通常需要对无意识人格特质和动机比如成就需要、权力需要或交往需要进行评分。

状态依存记忆 当记忆者处于与最初学习或经历相同的生理或心理状态时就能记起某事的倾向。

自变量 实验者操纵的变量。

自然恢复 已习得的反应在消退后又重新出现。

自我 在精神分析理论中,人格中代表理智、良好的判断力和理性的自我控制的部分。

自我实现预言 期望之所以成为现实,是因为持有它的人倾向于以实现它的方式行事。

自我效能感 个人相信他/她有能力获得想要的结果,如掌握新技能和实现某个目标。

自主神经系统 周围神经系统的子成分,调节人体内部器官和腺体。

纵向研究 对个体进行追踪并且在一定时间内定期进行重测的研究。

组块 有意义的信息单元,它可由更小的单元组成。

参考文献

Abrahamson, Amy C.; Baker, Laura A.; & Caspi, Avshalom (2002). Rebellious teens? Genetic and environmental influences on the social attitudes of adolescents. *Journal of Personality and Social Psychology, 83,* 1392–1408.

Abrams, David B., & Wilson, G. Terence (1983). Alcohol, sexual arousal, and self-control. *Journal of Personality and Social Psychology, 45,* 188–198.

Abramson, Lyn Y.; Metalsky, Gerald I.; & Alloy, Lauren B. (1989). Hopelessness depression: A theory-based subtype of depression. *Psychological Review, 96,* 358–372.

Acevedo, Bianca P., & Aron, Arthur (2009). Does a long-term relationship kill romantic love? *Review of General Psychology, 13,* 59–65.

Adam, Hajo; Shirako, Aiwa; & Maddux, William W. (2010). Cultural variance in the interpersonal effects of anger in negotiations. *Psychological Science, 21,* 882–889.

Adams, James L. (1986). *Conceptual blockbusting: A guide to better ideas* (3rd ed.). Boston: Addison-Wesley.

Ader, Robert (2000). True or false: The placebo effect as seen in drug studies is definitive proof that the mind can bring about clinically relevant changes in the body: The placebo effect: If it's all in your head, does that mean you only think you feel better? *Advances in Mind-Body Medicine, 16,* 7–11.

Adler, Nancy E., & Snibbe, Alana C. (2003). The role of psychosocial processes in explaining the gradient between socioeconomic status and health. *Current Directions in Psychological Science, 12,* 119–123.

Affleck, Glenn; Tennen, Howard; Croog, Sydney; & Levine, Sol (1987). Causal attribution, perceived control, and recovery from a heart attack. *Journal of Social and Clinical Psychology, 5,* 339–355.

Agars, Mark D. (2004). Reconsidering the impact of gender stereotypes on the advancement of women in organizations. *Psychology of Women Quarterly, 28,* 103–111.

Agrawal, Yuri; Platz, Elizabeth A.; & Niparko, John K. (2008). Prevalence of hearing loss and differences by demographic characteristics among US adults. *Archives of Internal Medicine, 168,* 1522–1530.

Aguiar, Patrícia; Vala, Jorge; Correia, Isabel; & Pereira, Cícero (2008). Justice in our world and in that of others: Belief in a just world and reactions to victims. *Social Justice Research, 21,* 50–68.

Ainsworth, Mary D. S. (1973). The development of infant–mother attachment. In B. M. Caldwell & H. N. Ricciuti (Eds.), *Review of child development research* (Vol. 3). Chicago: University of Chicago Press.

Ainsworth, Mary D. S. (1979). Infant–mother attachment. *American Psychologist, 34,* 932–937.

Alford, C. Fred (2001). *Whistleblowers: Broken lives and organizations.* Ithaca, NY: Cornell University Press.

Alford, John R.; Funk, Carolyn L.; & Hibbing, John R. (2005). Are political orientations genetically transmitted? *American Political Science Review, 99,* 153–167.

Alink, Lenneke R. A.; Mesman, Judi; van Zeijl, Jantien; et al. (2009). Maternal sensitivity moderates the relation between negative discipline and aggression in early childhood. *Social Development, 18,* 99–120.

Allport, Gordon W. (1954/1979). *The nature of prejudice.* Reading, MA: Addison-Wesley.

Allport, Gordon W. (1961). *Pattern and growth in personality.* New York: Holt, Rinehart and Winston.

Amabile, Teresa M. (1983). *The social psychology of creativity.* New York: Springer-Verlag.

Amabile, Teresa M., & Khaire, Mukti (2008). Creativity and the role of the leader. *Harvard Business Review. 86,* online.

Amedi, Amir; Merabet, Lotfi; Bermpohl, Felix; & Pascual-Leone, Alvaro (2005). The occipital cortex in the blind: Lessons about plasticity and vision. *Current Directions in Psychological Science, 14,* 306–311.

American Psychiatric Association (1994). *The diagnostic and statistical manual of mental disorders* (4th ed.). Washington, DC: American Psychiatric Association.

American Psychiatric Association (2000). *The diagnostic and statistical manual of mental disorders, IV-TR.* Washington, DC: American Psychiatric Association.

Anastasi, Anne, & Urbina, Susan (1997). *Psychological testing* (7th ed.). Upper Saddle River, NJ: Prentice Hall.

Andersen, Susan M., & Berk, Michele S. (1998). Transference in everyday experience: Implications of experimental research for relevant clinical phenomena. *Review of General Psychology, 2,* 81–120.

Andersen, Susan M., & Chen, Serena (2002). The relational self: An interpersonal social-cognitive theory. *Psychological Review, 109,* 619–645.

Anderson, Amanda (2005). *The way we argue now: A study in the cultures of theory.* Princeton, NJ: Princeton University Press.

Anderson, Cameron; Keltner, Dacher; & John, Oliver P. (2003). Emotional convergence between people over time. *Journal of Personality and Social Psychology, 84,* 1054–1068.

Anderson, Craig A.; Shibuya, Akiko; Ihori, Nobuko; et al. (2010). Violent video game effects on aggression, empathy, and prosocial behavior in Eastern and Western countries: A meta-analytic review. *Psychological Bulletin, 136,* 151–173.

Anderson, John R. (1990). *The adaptive nature of thought.* Hillsdale, NJ: Erlbaum.

Anderson, S. W.; Bechara, A.; Damasio, H.; Tranel, D.; & Damasio, A. R. (1999). Impairment of social and moral behavior related to early damage in human prefrontal cortex. *Nature Neuroscience, 2,* 1032–1037.

Anderson-Barnes, Victoria C.; McAuliffe, Caitlin; Swanberg, Kelly M.; & Tsao, Jack W. (2009, October). Phantom limb pain: A phenomenon of proprioceptive memory? *Medical Hypotheses, 73,* 555–558.

Andreano, Joseph M., & Cahill, Larry (2006). Glucocorticoid release and memory consolidation in men and women. *Psychological Science, 17,* 466–470.

Andreasen, Nancy C.; Arndt, Stephan; Swayze, Victor, II; et al. (1994). Thalamic abnormalities in schizophrenia visualized through magnetic resonance image averaging. *Science, 266,* 294–298.

Añez, Luis M.; Silva, Michelle A.; Paris Jr., Manuel; Bedregal, Luis E. (2008). Engaging Latinos through the integration of cultural values and motivational interviewing principles. *Professional Psychology: Research and Practice, 39,* 153–159.

Angell, Marcia (2004). *The truth about the drug companies: How they deceive us and what to do about it.* New York: Random House.

Angier, Natalie (2000, November 7). Who is fat? It depends on culture. *The New York Times,* Science Times, D1–2.

Antrobus, John (1991). Dreaming: Cognitive processes during cortical activation and high afferent thresholds. *Psychological Review, 98,* 96–121.

Antrobus, John (2000). How does the dreaming brain explain the dreaming mind? *Behavioral and Brain Sciences, 23,* 904–907.

Archer, John (2004). Sex differences in aggression in real-world settings: A meta-analytic review. *Review of General Psychology, 8,* 291–322

Archer, Simon N.; Robilliard, Donna L.; Skene, Debra J.; et al. (2003). A length polymorphism in the circadian clock gene Per3 is linked to delayed sleep phase syndrome and extreme diurnal preference. *Sleep, 26,* 413–415.

Arendt, Hannah (1963). *Eichmann in Jerusalem: A report on the banality of evil.* New York: Viking.

Arkes, Hal R. (1993). Some practical judgment and decision-making research. In N. J. Castellan, Jr., et al. (Eds.), *Individual and group decision making: Current issues.* Hillsdale, NJ: Erlbaum.

Arkes, Hal R.; Boehm, Lawrence E.; & Xu, Gang (1991). The determinants of judged validity. *Journal of Experimental Social Psychology, 27,* 576–605.

Arnett, Jeffrey J. (2004). *Emerging adulthood: The winding road from the late teens through the twenties*. New York: Oxford University Press.

Aron, Arthur; Fisher, Helen; Mashek, Debra J.; et al. (2005). Reward, motivation, and emotion systems associated with early-stage intense romantic love. *Journal of Neurophysiology, 94*, 327–337.

Aron, Arthur; Fisher, Helen E.; Strong, Greg; et al. (2008). Falling in love. In S. Sprecher, A. Wenzel, & J. Harvey (Eds.), *Handbook of relationship initiation*. New York: Pychology Press.

Aronson, Elliot (2000). *Nobody left to hate*. New York: Freeman.

Aronson, Elliot (2008). *The social animal* (10th ed.). New York: Worth.

Aronson, Elliot, & Mills, Judson (1959). The effect of severity of initiation on liking for a group. *Journal of Abnormal and Social Psychology, 59*, 177–181.

Aronson, Joshua (2010). Jigsaw and the nurture of human intelligence. In M. H. Gonzales, C. Tavris, & J. Aronson (Eds.), *The scientist and the humanist: A festschrift in honor of Elliot Aronson*. New York: Psychology Press.

Arredondo, Patricia, & Perez, Patricia (2003). Counseling paradigms and Latina/o Americans. In F. Harper & J. McFadden (Eds.), *Culture and counseling: New approaches*. Boston: Allyn & Bacon.

Arredondo, Patricia; Rosen, Daniel C.; Rice, Tiffany; Perez, Patricia; & Tovar-Gamero, Zoila G. (2005). Multicultural counseling: A 10-year content analysis of the *Journal of Counseling & Development. Journal of Counseling and Development, 83*, 155–161.

Arroyo, Carmen G., & Zigler, Edward (1995). Racial identity, academic achievement, and the psychological well-being of economically disadvantaged adolescents. *Journal of Personality and Social Psychology, 69*, 903–914.

Asch, Solomon E. (1952). *Social psychology*. Englewood Cliffs, NJ: Prentice-Hall.

Asch, Solomon E. (1965). Effects of group pressure upon the modification and distortion of judgments. In H. Proshansky & B. Seidenberg (Eds.), *Basic studies in social psychology*. New York: Holt, Rinehart and Winston.

Aserinsky, Eugene, & Kleitman, Nathaniel (1955). Two types of ocular motility occurring in sleep. *Journal of Applied Physiology, 8*, 1–10.

Atkinson, Richard C., & Shiffrin, Richard M. (1968). Human memory: A proposed system and its control processes. In K. W. Spence & J. T. Spence (Eds.), *The psychology of learning and motivation: Vol. 2. Advances in research and theory*. New York: Academic Press.

Atran, Scott (2003, March 7). Geneis of suicide terrorism. *Science, 299*, 1534–1539.

AuBuchon, Peter G., & Calhoun, Karen S. (1985). Menstrual cycle symptomatology: The role of social expectancy and experimental demand characteristics. *Psychosomatic Medicine, 47*, 35–45.

Auyeung, Bonnie; Baron-Cohen, Simon; Ashwin, Emma; et al. (2009). Fetal testosterone predicts sexually differentiated childhood behavior in girls and in boys. *Psychological Science, 20*, 144–148.

Aviezer, Hillel; Hassin, Ran R.; Ryan, Jennifer; et al. (2008). Angry, disgusted, or afraid? Studies on the malleability of emotion perception. *Psychological Science, 19*, 724–732.

Axel, Richard (1995, October). The molecular logic of smell. *Scientific American*, 154–159.

Azuma, Hiroshi (1984). Secondary control as a heterogeneous category. *American Psychologist, 39*, 970–971.

Baas, Matthijs; De Dreu, Carsten K. W.; & Nijstad, Bernard A. (2008). A meta-analysis of 25 years of mood-creativity research: Hedonic tone, activation, or regulatory focus? *Psychological Bulletin, 134*, 779–806.

Babiak, Paul, & Hare, Robert (2007). *Snakes in suits*. New York: Collins Business.

Baddeley, Alan D. (1992). Working memory. *Science, 255*, 556–559.

Baddeley, Alan D. (2007). *Working memory, thought, and action*. New York: Oxford.

Bagemihl, Bruce (1999). *Biological exuberance: Animal homosexuality and natural diversity*. New York: St. Martin's Press.

Bahrick, Harry P. (1984). Semantic memory content in permastore: Fifty years of memory for Spanish learned in school. *Journal of Experimental Psychology: General, 113*, 1–29.

Bahrick, Harry P.; Bahrick, Phyllis O.; & Wittlinger, Roy P. (1975). Fifty years of memory for names and faces: A cross-sectional approach. *Journal of Experimental Psychology: General, 104*, 54–75.

Bailey, J. Michael; Bobrow, David; Wolfe, Marilyn; & Mikach, Sarah (1995). Sexual orientation of adult sons of gay fathers. *Developmental Psychology, 31*, 124–129.

Bailey, J. Michael; Dunne, Michael P.; & Martin, Nicholas G. (2000). Genetic and environmental influences on sexual orientation and its correlates in an Australian twin sample. *Journal of Personality and Social Psychology, 78*, 524–536.

Bailey, J. Michael; Gaulin, Steven; Agyei, Yvonne; & Gladue, Brian A. (1994). Effects of gender and sexual orientation on evolutionarily relevant aspects of human mating psychology. *Journal of Personality and Social Psychology, 66*, 1081–1093.

Bailey, J. Michael, & Zucker, Kenneth J. (1995). Childhood sex-typed behavior and sexual orientation: A conceptual analysis and quantitative review. *Developmental Psychology, 31*, 43–55.

Baillargeon, Renée (1994). How do infants learn about the physical world? *Current Directions in Psychological Science, 5*, 133–140.

Baillargeon, Renée (2004). Infants' physical world. *Current Directions in Psychological Science, 13*, 89–94.

Baker, Mark C. (2001). *The atoms of language: The mind's hidden rules of grammar*. New York: Basic Books.

Baker, Timothy B.; McFall, Richard M.; & Shoham, Varda (2008). Current status and future prospects of clinical psychology: Toward a scientifically principled approach to mental and behavioral health care. *Psychological Science in the Public Interest, 9*, entire issue.

Bakermans-Kranenburg, Marian J.; Breddels-van Baardewijk, Philomeen; Juffer, Femmie; et al. (2008). Insecure mothers with temperamentally reactive infants: A chance for intervention. In F. Juffer, M. J. Bakermans-Kranenburg, & M. H. van IJzendoorn (Eds.), *Promoting positive parenting: An attachment-based intervention*. New York: Taylor & Francis.

Balcetis, Emily, & Dunning, David (2010). Wishful seeing: More desired objects are seen as closer. *Psychological Science, 21*, 147–152.

Balcetis, Emily; Dunning, David; & Miller, Richard L. (2008). Do collectivists know themselves better than individualists? Cross-cultural studies of the holier than thou phenomenon. *Journal of Personality and Social Psychology, 95*, 1252–1267.

Bancroft, John (2006). Normal sexual development. In H. E. Barbaree & W. L. Marshall (Eds.), *The juvenile sex offender* (2nd ed.). New York: Guilford.

Bancroft, John; Graham, Cynthia A.; Janssen, Erick; Sanders, Stephanie A. (2009). The dual control model: Current status and future directions. *Journal of Sex Research, 46*, 121–142.

Bandura, Albert (1977). *Social learning theory*. Englewood Cliffs, NJ: Prentice-Hall.

Bandura, Albert (1986). *Social foundations of thought and action: A social cognitive theory*. Englewood Cliffs, NJ: Prentice-Hall.

Bandura, Albert (1999). Moral disengagement in the perpetration of inhumanities. *Personality and Social Psychology Review, 3*, 193–209.

Bandura, Albert (2001). Social cognitive theory: An agentic perspective. *Annual Review of Psychology, 52*, 1–26. Palo Alto, CA: Annual Reviews.

Bandura, Albert (2006). Toward a psychology of human agency. *Perspectives on Psychological Science, 1*, 164–180.

Bandura, Albert; Caprara, Gian Vittorio; Barbaranelli, Claudio; Pastorelli, Concetta; & Regalia, Camillo (2001). Sociocognitive self-regulatory mechanisms governing transgressive behavior. *Journal of Personality and Social Psychology, 80*, 125–135.

Bandura, Albert; Ross, Dorothea; & Ross, Sheila A. (1963). Vicarious reinforcement and imitative learning. *Journal of Abnormal and Social Psychology, 67*, 601–607.

Banks, Martin S. (with Philip Salapatek) (1984). Infant visual perception. In P. Mussen (Series Ed.), M. M. Haith & J. J. Campos (Vol. Eds.), *Handbook of child psychology: Vol. II. Infancy and developmental psychobiology* (4th ed.). New York: Wiley.

Barash, David P., & Lipton, Judith Eve (2001). *The myth of monogamy: Fidelity and infidelity in animals and people*. New York: W. H. Freeman.

Barbuto, J. E. (1997). A critique of the Myers-Briggs Type Indicator and its operationalization of Carl Jung's psychological types. *Psychological Reports, 80,* 611–625.

Bargary, Gary, & Mitchell, Kevin J. (2008). Synaesthesia and cortical connectivity. *Trends in Neurosciences, 31,* 335–342.

Bargh, John A. (1999, January 29). The most powerful manipulative messages are hiding in plain sight. *The Chronicle of Higher Education,* B6.

Bargh, John A., & Morsella, Ezequiel (2008). The unconscious mind. *Perspectives on Psychological Science, 3,* 73–79.

Barglow, Peter (2008, September/October). Corporate self interest and vague nerve stimulation for depression. *Skeptical Inquirer,* 35–40.

Barlow, David H. (2000). Unraveling the mysteries of anxiety and its disorders from the perspective of emotion theory. *American Psychologist, 55,* 1247–1263.

Barlow, David H. (2004). Psychological treatments. *American Psychologist, 59,* 869–878.

Barrett, Lisa F. (2006). Are emotions natural kinds? *Perspectives on Psychological Science, 1,* 28–58.

Barrett, Lisa F., & Kensinger, Elizabeth A. (2010). Context is routinely encoded during emotion perception. *Psychological Science, 21,* 595–599.

Barsky, S. H.; Roth, M. D.; Kleerup, E. C.; Simmons, M.; & Tashkin, D. P. (1998). Histopathologic and molecular alterations in bronchial epithelium in habitual smokers of marijuana, cocaine, and/or tobacco. *Journal of the National Cancer Institute, 90,* 1198–1205.

Bartels, Andreas, & Zeki, Semir (2004). The neural correlates of material and romantic love. *NeuroImage, 21,* 1155–1166.

Bartlett, Frederic C. (1932). *Remembering.* Cambridge, England: Cambridge University Press.

Bartoshuk, Linda M. (1998). Born to burn: Genetic variation in taste. Paper presented at the annual meeting of the American Psychological Association, San Francisco.

Bartoshuk, Linda M. (2009). Taste. In J. M. Wolfe, K. R. Kluender, D. M. Levi, et al., *Sensation and perception* (2nd ed.). Sunderland, MA: Sinauer Associates.

Bartoshuk, Linda M.; Duffy, V. B.; Lucchina, L. A.; et al. (1998). PROP (6-n-propylthiouracil) supertasters and the saltiness of NaCl. *Annals of the New York Academy of Sciences, 855,* 793–796.

Bassetti, C.; Vella, S.; Donati, F.; et al. (2000). SPECT during sleepwalking. *Lancet, 356,* 484–485.

Bauer, Patricia (2002). Long-term recall memory: Behavioral and neurodevelopmental changes in the first 2 years of life. *Current Directions in Psychological Science, 11,* 137–141.

Baumeister, Roy F. (2000). Gender differences in erotic plasticity: The female sex drive as socially flexible and responsive. *Psychological Bulletin, 126,* 347–374.

Baumeister, Roy F.; Brewer, Lauren E.; Tice, Dianne M.; & Twenge, Jean M. (2007). The need to belong: Understanding the interpersonal and inner effects of social exclusion. *Social and Personality Psychology Compass, 1,* 506–520.

Baumeister, Roy F.; Campbell, Jennifer D.; Krueger, Joachim I.; & Vohs, Kathleen D. (2003). Does high self-esteem cause better performance, interpersonal success, happiness, or healthier lifestyles? *Psychological Science in the Public Interest, 4*(1)[whole issue].

Baumeister, Roy F.; Catanese, Kathleen R.; & Vohs, Kathleen D. (2001). Is there a gender difference in strength of sex drive? Theoretical views, conceptual distinctions, and a review of relevant evidence. *Personality and Social Psychology Review, 5,* 242–273.

Baumeister, Roy F.; Dale, Karen; & Sommer, Kristin L. (1998). Freudian defense mechanisms and empirical findings in modern social psychology: Reaction formation, projection, displacement, undoing, isolation, sublimation, and denial. *Journal of Personality, 66,* 1081–1124.

Baumeister, Roy F.; Stillwell, Arlene M.; & Heatherton, Todd F. (1994). Guilt: An interpersonal approach. *Psychological Bulletin, 115,* 243–267.

Baumrind, Diana; Larzelere, Robert E.; & Cowan, Philip (2002). Ordinary physical punishment—Is it harmful? Commentary on Gershoff's Review. *Psychological Bulletin, 128,* in press.

Baxter, Lewis R.; Schwartz, Jeffrey M.; Bergman, Kenneth S.; et al. (1992). Caudate glucose metabolic rate changes with both drug and behavior therapy for obsessive-compulsive disorder. *Archives of General Psychiatry, 49,* 681–689.

Bechara, Antoine; Dermas, Hanna; Tranel, Daniel; & Damasio, Antonio R. (1997). Deciding advantageously before knowing the advantageous strategy. *Science, 275,* 1293–1294.

Beck, Aaron T. (1976). *Cognitive therapy and the emotional disorders.* New York: International Universities Press.

Beck, Aaron T. (2005). The current state of cognitive therapy: A 40-year retrospective. *Archives of General Psychiatry, 62,* 953–959.

Becker, D. Vaughn; Kenrick, Douglas T.; Neuberg, Steven L.; et al. (2007). The confounded nature of angry men and happy women. *Journal of Personality and Social Psychology, 92,* 179–190.

Becker, Jill B.; Berkley, Karen J.; Geary, Nori; et al. (Eds.) (2008). *Sex differences in the brain: From genes to behavior.* New York: Oxford University Press.

Becker, Selwyn W., & Eagly, Alice H. (2004). The heroism of women and men. *American Psychologist, 59,* 163–178.

Beer, Jeremy M.; Arnold, Richard D.; & Loehlin, John C. (1998). Genetic and environmental influences on MMPI factor scales: Joint model fitting to twin and adoption data. *Journal of Personality and Social Psychology, 74,* 818–827.

Belsky, Jay; Bakermans-Kranenburg, Marian J.; & van IJzendoorn, Marinus H. (2007). For better *and* for worse: Differential susceptibility to environmental influences. *Current Directions in Psychological Science, 16,* 300–304.

Belsky, Jay; Campbell, Susan B.; Cohn, Jeffrey F.; & Moore, Ginger (1996). Instability of infant-parent attachment security. *Developmental Psychology, 32,* 921–924.

Belsky, Jay, & Pluess, Michael (2009). The nature (and nurture?) of plasticity in early human development. *Perspectives on Psychological Science, 4,* 345–351.

Belsky, Jay, & Pluess, Michael (2009). Beyond diathesis stress: Differential susceptibility to environmental influences. *Psychological Bulletin, 135,* 885–908.

Bem, Daryl J., & Honorton, Charles (1994). Does psi exist? Replicable evidence for an anomalous process of information transfer. *Psychological Bulletin, 115,* 4–18.

Bem, Sandra L. (1993). *The lenses of gender.* New Haven, CT: Yale University Press.

Benedetti, Fabrizio, & Levi-Montalcini, Rita (2001). Opioid and non-opioid mechanisms of placebo analgesia. Paper presented at the annual meeting of the American Psychological Society, Toronto.

Benedetti, Fabrizio; Mayberg, Helen S.; Wager, Tor D.; et al. (2005, November 9). Neurobiological mechanisms of the placebo effect. *The Journal of Neuroscience, 45,* 10390–10402.

Benjamin, Ludy T., Jr. (1998). Why Gorgeous George, and not Wilhelm Wundt, was the founder of psychology: A history of popular psychology in America. Invited address presented at the National Institute on the Teaching of Psychology, St. Petersburg Beach.

Benjamin, Ludy T., Jr. (2003). Why can't psychology get a stamp? *Journal of Applied Psychoanalytic Studies, 5,* 443–454.

Beran, Michael J., & Beran, Mary M. (2004). Chimpanzees remember the results of one-by-one addition of food items to sets over extended time periods. *Psychological Science, 15,* 94–99.

Berenbaum, Sheri A., & Bailey, J. Michael (2003). Effects on gender identity of prenatal androgens and genital appearance: Evidence from girls with congenital adrenal hyperplasia. *Journal of Clinical Endocrinology and Metabolism, 88,* 1102–1106.

Berger, F.; Gage, F. H.; & Vijayaraghavan, S. (1998). Nicotinic receptor-induced apoptotic cell death of hippocampal progenitor cells. *Journal of Neuroscience, 18,* 6871–6881.

Berglund, Hans; Lindström, Per; & Savic, Ivanka (2006). Brain response to putative pheromones in lesbian women. *Proceedings of the National Academy of Sciences, 103,* 8269–8274.

Berkman Center for Internet & Society (2008, December 31). Enhancing child safety and online technologies: Final report of the Internet Safety Task Force. Final report available at http://cyber.law.harvard.edu/sites/cyber.law.harvard.edu/files/ISTTF_Final_Report.pdf.

Berkowitz, Shari R.; Nelson, Kally J.; Newman, Eryn, J.; et al. (2008). Attitudes toward cosmetic neurology: An international perspective. Poster presented at the meeting of the Association for Psychological Science, Chicago, Illinois, May.

Berlin, Fred S. (2003). Sex offender treatment and legislation. *Journal of the American Academy of Psychiatry and the Law, 31*, 510–513.

Bernstein, Daniel M., & Loftus, Elizabeth F. (2009). How to tell if a particular memory is true or false. *Perspectives on Psycholgical Science, 4*, 370–374.

Berntsen, Dorthe, & Thomsen, Dorthe K. (2005). Personal memories for remote historical events: Accuracy and clarity of flashbulb memories related to World War II. *Journal of Experimental Psychology: General, 134*, 242–257.

Berry, John W. (2006). Contexts of acculturation. In D. L. Sam & J. W. Berry (Eds.), *Cambridge handbook of acculturation psychology.* New York: Cambridge University Press.

Berscheid, Ellen, & Reis, Harry T. (1998). Attraction and close relationships. In D. T. Gilbert, S. T. Fiske, & G. Lindzey (Eds.), *The handbook of social psychology, Vol. 2* (4th ed.). New York: McGraw-Hill.

Beutler, Larry E., & Malik, Mary L. (Eds.) (2002). *Rethinking the DSM: A psychological perspective.* Washington, DC: American Psychological Association.

Beydoun, M. A.; Kaufman, J. S.; Satia, J. A.; et al. (2007). Plasma n-3 fatty acids and the risk of cognitive decline in older adults: the Atherosclerosis Risk in Communities Study. *American Journal of Clinical Nutrition, 85*, 1103–1111.

Beyerstein, Barry L. (1996). Graphology. In G. Stein (Ed.), *The encyclopedia of the paranormal.* Amherst, NY: Prometheus Books.

Bhatarah, Parveen; Ward, Geoff; & Tan, Lydia (2008). Examining the relationship between free recall and immediate serial recall: The serial nature of recall and the effect of test expectancy. *Memory & Cognition, 36*, 20–34.

Bierut, Laura Jean; Stitzel, Jerry A.; Wang, Jen C.; et al. (2008). Variants in nicotinic receptors and risk for nicotine dependence. *American Journal of Psychiatry, 165*, 1163–1171.

Binder, Jens; Zagefka, Hanna; Brown, Rupert; et al. (2009). Does contact reduce prejudice or does prejudice reduce contact? A longitudinal test of the contact hypothesis among majority and minority groups in three European countries. *Journal of Personality and Social Psychology, 96*, 843–856.

Birdwhistell, Ray L. (1970). *Kinesics and context: Essays on body motion communication.* Philadelphia: University of Pennsylvania Press.

Birkhead, Tim (2001). *Promiscuity: An evolutionary history of sperm competition.* Cambridge, MA: Harvard University Press.

Bischof, Matthias, & Bassetti, Claudio L. (2004). Total dream loss: A distinct neuropsychological dysfunction after bilateral PCA stroke. *Annals of Neurology,* published online Sept. 10, 2004. (DOI: 10.1002/ana.20246.)

Bjork, Robert A. (October, 2000). Human factors 101: How about just trying things out? *APS Observer, 13,* 3, 30.

Bjorkland, D. F. (2000). *Children's thinking: Developmental function and individual differences.* Belmont, CA: Wadsworth.

Blackmore, Susan (2001, March/April). Giving up the ghosts: End of a personal quest. *Skeptical Inquirer, 25.*

Blagrove, Mark (1996). Problems with the cognitive psychological modeling of dreaming. *Journal of Mind and Behavior, 17*, 99–134.

Blair, R. D. J.; Jones, L.; Clark, F.; & Smith, M. (1997). The psychopathic individual: A lack of responsiveness to distress cues? *Psychophysiology, 45*, 192–198.

Blakemore, Colin, & Cooper, Grahame F. (1970). Development of the brain depends on the visual environment. *Nature, 228,* 477–478.

Blanton, Hart; Jaccard, James; Klick, Jonathan; Mellers, Barbara; Mitchell, Gregory; & Tetlock, Philip E. (2009). Strong claims and weak evidence: Reassessing the predictive validity of the IAT. *Journal of Applied Psychology, 94,* 567–582.

Blass, Thomas (Ed.) (2000). *Obedience to authority: Current perspectives on the Milgram paradigm.* Mahwah, NJ: Erlbaum.

Blazer, Dan G.; Kessler, Ronald C.; & Swartz, Marvin S. (1998). Epidemiology of recurrent major and minor depression with a seasonal pattern: The National Comorbidity Survey. *British Journal of Psychiatry, 172,* 164–167.

Bleuler, Eugen (1911/1950). *Dementia praecox or the group of schizophrenias.* New York: International Universities Press.

Bliss, T. V., & Collingridge, G. L. (1993). A synaptic model of memory: Long-term potentiation in the hippocampus. *Nature, 361*(6407), 31–39.

Bloom, Mia (2005). *Dying to kill: The allure of suicide terror.* New York: Columbia University Press.

Blow, Charles M. (2009, December 5). Black in the age of Obama. *New York Times,* op-ed.

Blum, Deborah (2002). *Love at Goon Park: Harry Harlow and the science of affection.* Cambridge, MA: Perseus Books.

Boesch, Cristophe (1991). Teaching among wild chimpanzees. *Animal Behavior, 41*, 530–532.

Bogaert, Anthony F. (2006, June 28). Biological versus nonbiological older brothers and men's sexual orientation. *Proceedings of the National Academy of Sciences,* published online June 28, 2006, 10.1073/pnas. 0511152103.

Bogle, Kathleen (2008). *Hooking up: Sex, dating, and relationships on campus.* New York: New York University Press.

Bohannon, John N., & Symons, Victoria (1988). Conversational conditions of children's imitation. Paper presented at the biennial Conference on Human Development, Charleston, South Carolina.

Bolshakov, Vadim Y., & Siegelbaum, Steven A. (1994). Postsynaptic induction and presynaptic expression of hippocampal long-term depression. *Science, 264*, 1148–1152.

Bonanno, George A. (2004). Loss, trauma, and human resilience. *American Psychologist, 59*, 20–28.

Bonanno, George A.; Galea, Sandro; Bucciarelli, Angela; & Vlahov, David (2006). Psychological resilience after disaster. *Psychological Science, 17*, 181–186.

Bond, Meg A.; Punnett, Laura; Pyle, Jean L.; et al. (2004). Gendered work conditions, health, and work outcomes. *Journal of Occupational Health Psychology, 91*, 28–45.

Bond, Rod, & Smith, Peter B. (1996). Culture and conformity: A meta-analysis of studies using Asch's (1952b, 1956) line judgment task. *Psychological Bulletin, 119*, 111–137.

Bonnet, Michael H. (1990). The perception of sleep onset in insomniacs and normal sleepers. In R. R. Bootzin, J. F. Kihlstrom, & D. L. Schacter (Eds.), *Sleep and cognition.* Washington, DC: American Psychological Association.

Booth, Frank W., & Neufer, P. Darrell (2005). Exercise controls gene expression. *American Scientist, 93*, 28–35.

Bootzin, Richard R. (2009, March). Update on the psychological science accreditation system. Association for Psychological Science, *The Observer,* 20–21.

Borch-Jacobsen, Mikkel (1997, April 24). Sybil—The making of a disease: An interview with Dr. Herbert Spiegel. *The New York Review of Books,* 60–64.

Bordo, Susan (2000). *The male body.* New York: Farrar, Straus and Giroux.

Bornstein, Robert F.; Leone, Dean R.; & Galley, Donna J. (1987). The generalizability of subliminal mere exposure effects: Influence of stimuli perceived without awareness on social behavior. *Journal of Personality and Social Psychology, 53,* 1070–1079.

Boroditsky, Lera (2003). Linguistic relativity. In L. Nadel (Ed.), *Encyclopedia of cognitive science.* London: Nature Publishing Group.

Boroditsky, Lera; Schmidt, Lauren; & Phillips, Webb (2003). Sex, syntax, and semantics. In D. Gentner & S. Goldin-Meadow (Eds.), *Language in mind: Advances in the study of language and thought.* Cambridge: MIT Press.

Bosworth, Hayden B., & Schaie, K. Warner (1999). Survival effects in cognitive function, cognitive style, and sociodemographic variables in the Seattle Longitudinal Study. *Experimental Aging Research, 25,* 121–139.

Bouchard, Claude; Tremblay, A.; Despres, J. P.; et al. (1990, May 24). The response to long-term overfeeding in identical twins. *New England Journal of Medicine, 322,* 1477–1482.

Bouchard, Thomas J., Jr. (1995). Nature's twice-told tale: Identical twins reared apart—what they tell us about human individuality. Paper presented at the annual meeting of the Western Psychological Association, Los Angeles.

Bouchard, Thomas J., Jr. (1997a). The genetics of personality. In K. Blum & E. P. Noble (Eds.), *Handbook of psychiatric genetics.* Boca Raton, FL: CRC Press.

Bouchard, Thomas J., Jr. (1997b). IQ similarity in twins reared apart: Findings and responses to critics. In R. J. Sternberg & E. Grigorenko (Eds.), *Intelligence: Heredity and environment*. New York: Cambridge University Press.

Bouchard, Thomas J., Jr. (2004). Genetic influence on human psychological traits: A survey. *Current Directions in Psychological Science, 13*, 148–151.

Bouchard, Thomas J., Jr., & McGue, Matthew (1981). Familial studies of intelligence: A review. *Science, 212*, 1055–1058.

Boudry, Maarten; Termote, Roeland; & Betz, Willem (2010, July/August). Fabricating communication: The case of the Belgian coma patient. *The Skeptical Inquirer, 34*, 12–15.

Bouret, Sebastien G.; Draper, Shin J.; & Simerly, Richard B. (2004). Trophic action of leptin on hypothalamic neurons that regulate feeding. *Science, 304*, 108–110.

Bousfield, W. A. (1953). The occurrence of clustering in the recall of randomly arranged associates. *Journal of General Psychology, 49*, 229–240.

Bowen, Murray (1978). *Family therapy in clinical practice*. New York: Jason Aronson.

Bower, Gordon H., & Forgas, Joseph P. (2000). Affect, memory, and social cognition. In E. Eich et al. (Eds.), *Cognition and emotion*. New York: Oxford University Press.

Bowers, Kenneth S.; Regehr, Glenn; Balthazard, Claude; & Parker, Kevin (1990). Intuition in the context of discovery. *Cognitive Psychology, 22*, 72–110.

Bowlby, John (1969). *Attachment and loss. Vol. 1. Attachment*. New York: Basic Books.

Bowlby, John (1973). *Attachment and loss: Vol. 2. Separation*. New York: Basic Books.

Bowleg, Lisa; Lucas, Kenya J.; & Tschann, Jeanne M. (2004). "The ball was always in his court": An exploratory analysis of relationship scripts, sexual scripts, and condom use among African American women. *Psychology of Women Quarterly, 28*, 70–82.

Bowles, Samuel (2008). Policies designed for self-interested citizens may undermine "the moral sentiments": Evidence from economic experiments. *Science, 320*, 1605–1609.

Brand-Miller, Jennie C.; Fatima, Kaniz; Middlemiss, Christopher; et al. (2007). Effect of alcoholic beverages on postprandial glycemia and insulinemia in lean, young, healthy adults. *American Journal of Clinical Nutrition, 85*, 1545–1551.

Brandt, Allan M. (2007). The Cigarette Century: The rise, fall, and deadly persistence of the product that defined America. New York: Basic Books.

Braun, Kathryn A.; Ellis, Rhiannon; & Loftus, Elizabeth F. (2002). Make my memory: How advertising can change our memories of the past. *Psychology & Marketing, 19*, 1–23.

Braungert, J. M.; Plomin, Robert; DeFries, J. C.; & Fulker, D. W. (1992). Genetic influence on tester-rated infant temperament as assessed by Bayley's Infant Behavior Record: Nonadoptive and adoptive siblings and twins. *Developmental Psychology, 28*, 40–47.

Breland, Keller, & Breland, Marian (1961). The misbehavior of organisms. *American Psychologist, 16*, 681–684.

Brennan, Patricia A., & Mednick, Sarnoff A. (1994). Learning theory approach to the deterrence of criminal recidivism. *Journal of Abnormal Psychology, 103*, 430–440.

Brescoll, Victoria L., & Uhlmann, Eric L. (2008). Can an angry woman get ahead? Status conferral, gender, and expression of emotion in the workplace. *Psychological Science, 19*, 268–275.

Breslau, Naomi; Lucia, Victoria C.; & Alvarado, German F. (2006). Intelligence and other predisposing factors in exposure to trauma and posttraumatic stress disorder. *Archives of General Psychiatry, 63*, 1238–1245.

Brewer, Marilynn B., & Gardner, Wendi (1996). Who is this "we"? Levels of collective identity and self representations. *Journal of Personality and Social Psychology, 71*, 83–93.

Brissette, Ian; Scheier, Michael F.; & Carver, Charles S. (2002). The role of optimism in social network development, coping, and psychological adjustment during a life transition. *Journal of Personality and Social Psychology, 82*, 102–111.

Brockner, Joel, & Rubin, Jeffrey Z. (1985). *Entrapment in escalating conflicts: A social psychological analysis*. New York: Springer-Verlag.

Broks, Paul (2004). *Into the silent land: Travels in neuropsychology*. New York: Grove Press.

Brooks-Gunn, J. (1986). Differentiating premenstrual symptoms and syndromes. *Psychosomatic Medicine, 48*, 385–387.

Brosnan, Sarah F., & de Waal, Frans B. M. (2003). Monkeys reject unequal pay. *Nature, 425*, 297–299.

Brown, Alan S. (2004). *The déjà vu experience: Essays in cognitive psychology*. New York: Psychology Press.

Brown, Alan S.; Begg, M. D.; Gravenstein, S.; et al. (2004). Serologic evidence of prenatal influenza in the etiology of schizophrenia. *Archives of General Psychiatry, 61*, 774–780.

Brown, D.; Scheflin, A. W.; & Whitfield, C. L. (1999). Recovered memories: The current weight of the evidence in science and in the courts. *Journal of Psychiatry and Law, 27*, 5–156.

Brown, G. W. & Harris, T. O. (2008). Depression and the serotonin transporter 5-HTTLPR polymorphism: A review and a hypothesis concerning gene-environment interaction. *Journal of Affective Disorders, 111*, 1–12.

Brown, Gillian R.; Laland, Keven N.; & Mulder, Monique Borgerhoff (2009). Bateman's principles and human sex roles. *Trends in Ecology & Evolution, 24*, 297–304.

Brown, Gregory K.; Ten Have, Thomas; Henriques, Gregg R.; et al. (2005, August 3). Cognitive therapy for the prevention of suicide attempts. *Journal of the American Medical Association, 294*, 563–570.

Brown, Roger (1986). *Social psychology* (2nd ed.). New York: Free Press.

Brown, Roger; Cazden, Courtney; & Bellugi, Ursula (1969). The child's grammar from I to III. In J. P. Hill (Ed.), *Minnesota Symposium on Child Psychology* (Vol. 2). Minneapolis: University of Minnesota Press.

Brown, Roger, & Kulik, James (1977). Flashbulb memories. *Cognition, 5*, 73–99.

Brown, Roger, & McNeill, David (1966). The "tip of the tongue" phenomenon. *Journal of Verbal Learning and Verbal Behavior, 5*, 325–337.

Brown, Ryan P., & Josephs, Robert A. (1999). A burden of proof: Stereotype relevance and gender differences in math performance. *Journal of Personality and Social Psychology, 76*, 246–257.

Brown, Ryan P.; Osterman, Lindsey L.; & Barnes, Collin D. (2009). School violence and the culture of honor. *Psychological Science, 20*, 1400–1405.

Brown, Stephanie L.; Nesse, Randolph M.; Vinokur, Amiram D.; & Smith, Dylan M. (2003). Providing social support may be more beneficial than receiving it: Results from a prospective study of mortality. *Psychological Science, 14*, 320–327.

Browning, James R.; Hatfield, Elaine; Kessler, Debra; & Levine, Tim (2000). Sexual motives, gender, and sexual behavior. *Archives of Sexual Behavior, 29*, 135–153.

Bruck, Maggie (2003). Effects of suggestion on the reliability and credibility of children's reports. Invited address at the annual meeting of the American Psychological Society, Atlanta.

Bruck, Maggie; Ceci, Stephen J.; Francoeur, E.; & Renick, A. (1995). Anatomically detailed dolls do not facilitate preschoolers' reports of a pediatric examination involving genital touching. *Journal of Experimental Psychology: Applied, 1*, 95–109.

Bruder, Carl E. G. E.; Piotrowski, Arkadjusz; Gijsbers, Antoinet A.; et al. (2008). Phenotypically concordant and discordant monozygotic twins display different DNA copy-number-variation profiles. *American Journal of Human Genetics, 82*, 763–771.

Bruner, Jerome S. (1990). *Acts of meaning*. Cambridge, MA: Harvard University Press.

Bryant, Gregory A., & Barrett, H. Clark (2007). Recognizing intentions in infant-directed speech. *Psychological Science, 18*, 746–751.

Bryant, Richard A., & Guthrie, Rachel M. (2005). Maladaptive appraisals as a risk factor for posttraumatic stress. *Psychological Science, 16*, 749–752.

Buchanan, Tony W. (2007). Retrieval of emotional memories. *Psychological Bulletin, 133*, 761–779.

Buck, Linda, & Axel, Richard (1991). A novel multigene family may encode odorant receptors: A molecular basis for odor recognition. *Cell, 65,* 175–187.

Bukowski, William M. (2001). Friendship and the worlds of childhood. In D. W. Nangle & C. A. Erdley (Eds.), The role of friendship in psychological adjustment. *New directions for child and adolescent development, No. 91.* San Francisco, CA: Jossey-Bass.

Burger, Jerry M. (2009). Replicating Milgram: Would people still obey today? *American Psychologist, 64,* 1–11.

Burke, Brian L.; Arkowitz, Hal; & Menchola, Marisa (2003). The efficacy of motivational interviewing: A meta-analysis of controlled clinical trials. *Journal of Consulting and Clinical Psycholology, 71,* 843–861.

Burke, Deborah M.; MacKay, Donald G.; Worthley, Joanna S.; & Wade, Elizabeth (1991). On the tip of the tongue: What causes word finding failures in young and older adults? *Journal of Memory and Language, 30,* 237–246.

Burke, Deborah M., & Shafto, Meredith A. (2004). Aging and language production. *Current Directions in Psychological Science, 13,* 21–24.

Burnham, Denis; Kitamura, Christine; & Vollmer-Conna, Uté (2002, May 24). What's new, pussycat? On talking to babies and animals. *Science, 296,* 1435.

Buscemi, N.; Vandermeer, B.; Pandya, R.; et al. (2004). *Melatonin for treatment of sleep disorders.* Evidence Report/Technology Assessment No. 108. (Prepared by the University of Alberta Evidence-based Practice Center.) Rockville, MD: Agency for Healthcare Research and Quality.

Bushman, Brad J., & Anderson, Craig A. (2009). Comfortably numb: Desensitizing effects of violent media on helping others. *Psychological Science, 20,* 273–277.

Bushman, Brad J.; Bonacci, Angelica M.; Pedersen, William C.; et al. (2005). Chewing on it can chew you up: Effects of rumination on triggered displaced aggression. *Journal of Personality and Social Psychology, 88,* 969–983.

Bushman, Brad; Bonacci, Angelica M.; van Dijk, Mirjam; & Baumeister, Roy F. (2003). Narcissism, sexual refusal, and aggression: Testing a narcissistic reactance model of sexual coercion. *Journal of Personality and Social Psychology, 84,* 1027–1040.

Bushman, Brad J.; Ridge, Robert D.; Das, Enny; et al. (2007). When God sanctions killing. *Psychological Science, 18,* 204–207.

Buss, David M. (1994). *The evolution of desire: Strategies of human mating.* New York: Basic Books.

Buss, David M. (1995). Evolutionary psychology: A new paradigm for psychological science. *Psychological Inquiry, 6,* 1–30.

Buss, David M. (2000). *The dangerous passion: Why jealousy is as necessary as love or sex.* New York: The Free Press.

Buster, J. E.; Kingsberg, S. A.; Aguirre, O.; et al. (2005). Testosterone patch for low sexual desire in surgically menopausal women: a randomized trial. *Obstetrics and Gynecology, 105* (Pt 1), 944–952.

Butcher, James N.; Lim, Jeeyoung; & Nezami, Elahe (1998). Objective study of abnormal personality in cross-cultural settings: The MMPI-2. *Journal of Cross-Cultural Psychology, 29,* 189–211.

Butcher, James N., & Perry, Julia N. (2008). *Personality assessment in treatment planning: Use of the MMPI-2 and BTPI.* New York: Oxford University Press.

Butler, S.; Chalder, T.; Ron, M.; et al. (1991). Cognitive behaviour therapy in chronic fatigue syndrome. *Journal of Neurology, Neurosurgery & Psychiatry, 54,* 153–158.

Button, T. M. M.; Thapar, A.; & McGuffin, P. (2005). Relationship between antisocial behaviour, attention-deficit hyperactivity disorder and maternal prenatal smoking. *British Journal of Psychiatry. 187,* 155–160.

Buunk, Bram; Angleitner, Alois; Oubaid, Viktor; & Buss, David M. (1996). Sex differences in jealousy in evolutionary and cultural perspective: Tests from the Netherlands, Germany, and the United States. *Psychological Science, 7,* 359–363.

Byers-Heinlein, Krista; Burns, Tracey C.; & Werker, Janet F. (2010). The roots of bilingualism in newborns. *Psychological Science, 21,* 343–348.

Cabiya, Jose J.; Lucio, Emilia; Chavira, Denise A.; et al. (2000). MMPI-2 scores of Puerto Rican, Mexican, and U.S. Latino college students: A research note. *Psychological Reports, 87,* 266–268.

Cacioppo, J. T.; Berntson, G. G.; Lorig, Tyler S.; et al. (2003). Just because you're imaging the brain doesn't mean you can stop using your head: A primer and set of first principles. *Journal of Personality and Social Psychology, 85,* 650–661.

Cacioppo, John T.; Fowler, James H.; & Christakis, Nicholas A. (2009). Alone in the crowd: The structure and spread of loneliness in a large social network. *Journal of Personality and Social Psychology, 97,* 977–991.

Cadinu, Mara; Maass, Anne; Rosabianca, Alessandra; & Kiesner, Jeff (2005). Why do women underperform under stereotype threat? Evidence for the role of negative thinking. *Psychological Science, 16,* 472–578.

Cahill, Larry (2005, May). His brain, her brain. *Scientific American, 292,* 40–47.

Cahill, Larry; Prins, Bruce; Weber, Michael; & McGaugh, James L. (1994). β-adrenergic activation and memory for emotional events. *Nature, 371,* 702–704.

Cai, Denise J.; Mednick, Sarnoff A.; Harrison, Elizabeth M.; et al. (2009). REM, not incubation, improves creativity by priming associative networks. *Proceedings of the National Academy of Sciences, 106,* 10130–10134.

Calder, A. J.; Keane, J.; Manes, F.; Antoun, N.; & Young, A. W. (2000). Impaired recognition and experience of disgust following brain injury. *Nature Neuroscience, 3,* 1077–1078.

Callaghan, Glenn M.; Chacon, Cynthia; Coles, Cameron; et al. (2009). An empirical evaluation of the diagnostic criteria for premenstrual dysphoric disorder: Problems with sex specificity and validity. *Women & Therapy, 32,* 1–21.

Camerer, Colin F. (2003). Strategizing in the brain. *Science, 300,* 1673–1675.

Cameron, Judy; Banko, Katherine M.; & Pierce, W. David (2001). Pervasive negative effects of rewards on intrinsic motivation: The myth continues. *Behavior Analyst, 24,* 1–44.

Campbell, Benjamin C.; Pope, Harrison G.; & Filiault, Shaun (2005). Body image among Ariaal men from Northern Kenya. *Journal of Cross-Cultural Psychology, 36,* 371–379.

Campbell, Frances A., & Ramey, Craig T. (1995). Cognitive and school outcomes for high risk students at middle adolescence: Positive effects of early intervention. *American Educational Research Journal, 32,* 743–772.

Campbell, Joseph (1949/1968). *The hero with 1,000 faces* (2nd ed.). Princeton, NJ: Princeton University Press.

Campbell, Susan M., & Collaer, Marcia L. (2009). Stereotype threat and gender differences in performance on a novel videospatial task. *Psychology of Women Quarterly, 33,* 427–444.

Canetto, Silvia S. (1992). Suicide attempts and substance abuse: Similarities and differences. *Journal of Psychology, 125,* 605–620.

Canino, Glorisa (1994). Alcohol use and misuse among Hispanic women: Selected factors, processes, and studies. *International Journal of the Addictions, 29,* 1083–1100.

Cannon, Tyrone D.; Huttunen, Matti O.; Loennqvist, Jouko; et al. (2000). The inheritance of neuropsychological dysfunction in twins discordant for schizophrenia. *American Journal of Human Genetics, 67,* 369–382.

Cannon, Walter B. (1929). *Bodily changes in pain, hunger, fear and rage* (2nd ed.). New York: Appleton.

Cao, Xiaohua; Wang, Huimin; Mei, Bing; et al. (2008). Inducible and selective erasure of memories in the mouse brain via chemical-genetic manipulation. *Neuron, 60,* 353–366.

Capaldi, Deborah M.; Pears, Katherine C.; Patterson, Gerald R.; & Owen, Lee D. (2003). Continuity of parenting practices across generations in an at-risk sample: A prospective comparison of direct and mediated associations. *Journal of Abnormal Child Psychology, 31,* 127–142.

Carnagey, Nicholas L., & Anderson, Craig A. (2005). The effects of reward and punishment in violent video games on aggressive affect, cognition, and behavior. *Psychological Science, 16,* 882–889.

Carskadon, Mary A.; Mitler, Merrill M.; & Dement, William C. (1974). A comparison of insomniacs and normals: Total sleep time and sleep latency. *Sleep Research, 3,* 130 [Abstract].

Cartwright, Rosalind (1977). *Night life: Explorations in dreaming.* Englewood Cliffs, NJ: Prentice-Hall.

Cartwright, Rosalind (2010). *The twenty-four hour mind: The role of sleep and dreaming in our emotional lives.* New York: Oxford University Press.

Cartwright, Rosalind; Agargun, Mehmet Y.; Kirkby, Jennifer; & Friedman, Julie Kabat (2006). Relation of dreams to waking concerns. *Psychiatry Research, 141,* 261–270.

Cartwright, Rosalind D.; Young, Michael A.; Mercer, Patricia; & Bears, Michael (1998). Role of REM sleep and dream variables in the prediction of remission from depression. *Psychiatry Research, 80,* 249–255.

Carver, Charles S., & Baird, Eryn (1998). The American dream revisited: Is it *what* you want or *why* you want it that matters? *Psychological Science, 9,* 289–292.

Carver, Charles S., & Harmon-Jones, Eddie (2009). Anger is an approach-related affect: Evidence and implications. *Psychological Bulletin, 135,* 183–204.

Carver, Charles S., & Scheier, M. F. (2002). Optimism. In C. R. Snyder & S. J. Lopes (Eds.), *The handbook of positive psychology.* New York: Oxford University Press.

Caspi, Avshalom (2000). The child is father of the man: Personality continuities from childhood to adulthood. *Journal of Personality and Social Psychology, 78,* 158–172.

Caspi, Avshalom; McClay, Joseph; Moffitt, Terrie E.; et al. (2002, August 2). Role of genotype in the cycle of violence in maltreated children. *Science, 297,* 851–857.

Caspi, Avshalom, & Moffitt, Terrie E. (1991). Individual differences are accentuated during periods of social change: The sample case of girls at puberty. *Journal of Personality and Social Psychology, 61,* 157–168.

Caspi, Avshalom; Sugden, Karen; Moffitt, Terrie E.; et al. (2003). Influence of life stress on depression: Moderation by a polymorphism in the 5-HTT gene. *Science, 301,* 386–389.

Cassin, Stephanie E.; von Ranson, Kristin M.; Heng, Kenneth; et al. (2008). Adapted motivational interviewing for women with binge eating disorder: A randomized controlled trial. *Psychology of Addictive Behaviors, 22,* 417–425.

Cattell, Raymond B. (1973). *Personality and mood by questionnaire.* San Francisco: Jossey-Bass.

Ceci, Stephen J., & Bruck, Maggie (1995). *Jeopardy in the courtroom: A scientific analysis of children's testimony.* Washington, DC: American Psychological Association.

Cejka, Mary Ann, & Eagly, Alice H. (1999). Gender-stereotypic images of occupations correspond to the sex segregation of employment. *Personality and Social Psychology Bulletin, 25,* 413–423.

Cermak, Laird S., & Craik, Fergus I. M. (Eds.) (1979). *Levels of processing in human memory.* Hillsdale, NJ: Erlbaum.

Cervone, Daniel, & Shoda, Yuichi (1999). Beyond traits in the study of personality coherence. *Current Directions in Psychological Science, 8,* 27–32.

Chabat, Daniel-Robert; Rainville, Constant; Kupers, Ron; & Ptito, Maurice (2007). Tactile-"visual" acuity of the tongue in early blind individuals. *Neuroreport, 18,* 1901–1904.

Chamberlain, Samuel R.; Menzies, Lara; Hampshire, Adam; et al. (2008, July 18). Orbitofrontal dysfunction in patients with obsessive-compulsive disorder and their unaffected relatives. *Science, 321,* 421–422.

Chambless, Dianne L., & Ollendick, T. H. (2001). Empirically supported psychological interventions: Controversies and evidence. *Annual Review of Psychology, 52,* 685–716.

Chambless, Dianne L.; & the Task Force on Psychological Interventions (1998). Update on empirically validated therapies II. *The Clinical Psychologist, 51,* 3–16.

Chan, Brenda L.; Witt, Richard; Charrow, Alexandra P.; et al. (2007). Mirror therapy for phantom limb pain [correspondence]. *New England Journal of Medicine, 357,* 2206–2207.

Chang, Edward C. (1998). Dispositional optimism and primary and secondary appraisal of a stressor. *Journal of Personality and Social Psychology, 74,* 1109–1120.

Charles, S. T., & Carstensen, Laura L. (2004). A life-span view of emotional functioning in adulthood and old age. In P. Costa (Ed.), *Recent advances in psychology and aging* (Vol. 15). Amsterdam: Elsevier.

Charles, Susan T.; Reynolds, Chandra A.; & Gatz, Margaret (2001). Age-related differences and change in positive and negative affect over 23 years. *Journal of Personality and Social Psychology, 80,* 136–151.

Chaves, J. F. (1989). Hypnotic control of clinical pain. In N. P. Spanos & J. F. Chaves (Eds.), *Hypnosis: The cognitive-behavioral perspective.* Buffalo, NY: Prometheus Books.

Chen, Edith; Cohen, Sheldon; & Miller, Gregory E. (2010). How low socioeconomic status affects 2-year hormonal trajectories in children. *Psychological Science, 21,* 31–37.

Chen, Zhansheng; Williams, Kipling D.; Fitness, Julie; & Newton, Nicola C. (2008). When hurt will not heal. *Psychological Science, 19,* 789–795.

Cheney, Dorothy L., & Seyfarth, Robert M. (1985). Vervet monkey alarm calls: Manipulation through shared information? *Behavior, 94,* 150–166.

Chida, Yoichi, & Hamer, Mark (2008). Chronic psychosocial factors and acute physiological responses to laboratory-induced stress in healthy populations: A quantitative review of 30 years of investigations. *Psychological Bulletin, 134,* 829–885.

Chipuer, Heather M.; Rovine, Michael J.; & Plomin, Robert (1990). LISREL modeling: Genetic and environmental influences on IQ revisited. *Intelligence, 14,* 11–29.

Choi, Incheol; Dalal, Reeshad; Kim-Prieto, Chu; & Park, Hyekyung (2003). Culture and judgment of causal relevance. *Journal of Personality and Social Psychology, 84,* 46–59.

Chomsky, Noam (1957). *Syntactic structures.* The Hague, Netherlands: Mouton.

Chomsky, Noam (1980). Initial states and steady states. In M. Piatelli-Palmerini (Ed.), *Language and learning: The debate between Jean Piaget and Noam Chomsky.* Cambridge, MA: Harvard University Press.

Chorpita, Bruce F., & Barlow, David H. (1998). The development of anxiety: The role of control in the early environment. *Psychological Bulletin, 124,* 3–21.

Chrisler, Joan C. (2000). PMS as a culture-bound syndrome. In J. C. Chrisler, C. Golden, & P. D. Rozee (Eds.), *Lectures on the psychology of women* (2nd ed.). New York: McGraw-Hill.

Christakis, Dimitri A.; Zimmerman, Frederick J.; DiGiuseppe, David L.; & McCarty, Carolyn A. (2004). Early television exposure and subsequent attentional problems in children. *Pediatrics, 113,* 708–713.

Christensen, Andrew, & Jacobson, Neil S. (2000). *Reconcilable differences.* New York: Guilford.

Christopher, Andrew N., & Wojda, Mark R. (2008). Social dominance orientation, right-wing authoritarianism, sexism, and prejudice toward women in the workforce. *Psychology of Women Quarterly, 32,* 65–73.

Church, A. Timothy, & Lonner, Walter J. (1998). The cross-cultural perspective in the study of personality: Rationale and current research. *Journal of Cross-Cultural Psychology, 29,* 32–62.

Cinque, Guglielmo (1999). *Adverbs and functional heads: A cross-linguistic approach.* New York: Oxford University Press.

Cioffi, Frank (1998). *Freud and the question of pseudoscience.* Chicago, IL: Open Court.

Clancy, Susan A. (2005). *Abducted: How people come to believe they were kidnapped by aliens.* Cambridge, MA: Harvard University Press.

Clark, Lee Anna, & Watson, David (2008). Temperament: An organizing paradigm for trait psychology. In O. P. John, R. W. Robbins, & L. A. Pervin (Eds.), *Handbook of personality: Theory and research* (3rd ed.). New York: Guilford.

Clark, Rodney; Anderson, Norman B.; Clark, Vernessa R.; & Williams, David R. (1999). Racism as a stressor for African Americans: A biopsychosocial model. *American Psychologist, 54,* 805–816.

Clarke, H. F.; Dalley, J. W.; Crofts, H. S.; et al. (2004, May 7). Cognitive inflexibility after prefrontal serotonin depletion. *Science, 304,* 878–880.

Clarke, Peter, & Evans, Susan H. (1998). *Surviving modern medicine.* Rutgers, NJ: Rutgers University Press.

Cleary, Anne M. (2008). Recognition memory, familiarity, and déjà vu experiences. *Current Directions in Psychological Science, 17,* 353–357.

Cleckley, Hervey (1976). *The mask of sanity* (5th ed.). St. Louis, MO: Mosby.

Cloninger, C. Robert (1990). *The genetics and biology of alcoholism*. Cold Springs Harbor, ME: Cold Springs Harbor Press.

Coan, James A.; Schaefer, Hillary; & Davidson, Richard J. (2006). Lending a hand: Social regulation of the neural response to threat. *Psychological Science, 17*.

Coats, Erik J.; Janoff-Bulman, Ronnie; & Alpert, Nancy (1996). Approach versus avoidance goals: Differences in self-evaluation and well-being. *Personality and Social Psychology Bulletin, 22*, 1057–1067.

Coe, Christopher L., & Lubach, Gabriele R. (2008). Fetal programming: Prenatal origins of health and illness. *Current Directions in Psychological Science, 17*, 36–41.

Cohen, David B. (1999). *Stranger in the nest: Do parents really shape their child's personality, intelligence, or character?* New York: Wiley.

Cohen, Dov (1998). Culture, social organization, and patterns of violence. *Journal of Personality and Social Psychology, 75*, 408–419.

Cohen, Dov; Nisbett, Richard E.; Bowdle, Brian F.; & Schwarz, Norbert (1996). Insult, aggression, and the Southern culture of honor: An "experimental ethnography." *Journal of Personality and Social Psychology, 70*, 945–960.

Cohen, Florette; Jussim, Lee; Harber, Kent D.; & Bhasin, Gautam (2009). Modern anti-Semitism and anti-Israeli attitudes. *Journal of Personality and Social Psychology, 97*, 290–306.

Cohen Kadosh, Roi; Henik, Avishai; Catena, Andres; et al. (2009). Induced cross-modal synaesthetic experience without abnormal neuronal connections. *Psychological Science, 20*, 258–265.

Cohen, Sheldon; Doyle, William J.; Turner, Ronald; et al. (2003). Sociability and susceptibility to the common cold. *Psychological Science, 14*, 389–395.

Cohen, Sheldon; Frank, Ellen; Doyle, William J.; et al. (1998). Types of stressors that increase susceptibility to the common cold in healthy adults. *Health Psychology, 17*, 214–223.

Cohen, Sheldon; Tyrrell, David A.; & Smith, Andrew P. (1993). Negative life events, perceived stress, negative affect, and susceptibility to the common cold. *Journal of Personality and Social Psychology, 64*, 131–140.

Colcombe, Stanley, & Kramer, Arthur F. (2003). Fitness effects on the cognitive function of older adults: A meta-analytic study. *Psychological Science, 14*, 125–130.

Cole, Michael, & Scribner, Sylvia (1974). *Culture and thought*. New York: Wiley.

Collaer, Marcia L., & Hines, Melissa (1995). Human behavioral sex differences: A role for gonadal hormones during early development? *Psychological Bulletin, 118*, 55–107.

Collins, Allan M., & Loftus, Elizabeth F. (1975). A spreading-activation theory of semantic processing. *Psychological Review, 82*, 407–428.

Collins, Barry E., & Brief, Diana E. (1995). Using person-perception vignette methodologies to uncover the symbolic meanings of teacher behaviors in the Milgram paradigm. *Journal of Social Issues, 51*, 89–106.

Collins, Rebecca L. (1996). For better or worse: The impact of upward social comparison on self-evaluations. *Psychological Bulletin, 119*, 51–69.

Comas-Díaz, Lillian (2006). Latino healing: The integration of ethnic psychology into psychotherapy. *Psychotherapy: Theory, Research, Practice, Training, 43*, 436–453

Comuzzie, Anthony G., & Allison, David B. (1998). The search for human obesity genes. *Science, 280*, 1374–1377.

Conroy, John (2000). *Unspeakable acts, ordinary people: The dynamics of torture*. New York: Knopf.

Cook, Joan M.; Biyanova, Tatyana; & Coyne, James C. (2009). Influential psychotherapy figures, authors, and books: An Internet survey of over 2,000 psychotherapists. *Psychotherapy: Theory, Research, Practice, Training, 46*, 42–51.

Cooper, M. Lynne; Frone, Michael R.; Russell, Marcia; & Mudar, Pamela (1995). Drinking to regulate positive and negative emotions: A motivational model of alcohol use. *Journal of Personality and Social Psychology, 69*, 990–1005.

Cooper, M. Lynne; Shapiro, Cheryl M.; & Powers, Anne M. (1998). Motivations for sex and risky sexual behavior among adolescents and young adults: A functional perspective. *Journal of Personality and Social Psychology, 75*, 1528–1558.

Corkin, Suzanne (1984). Lasting consequences of bilateral medial temporal lobectomy: Clinical course and experimental findings in H. M. *Seminars in Neurology, 4*, 249–259.

Corkin, Suzanne; Amaral, David G.; Gonzalez, R. Gilberto; et al. (1997). H. M.'s medial temporal lobe lesion: Findings from magnetic resonance imaging. *Journal of Neuroscience, 17*, 3964–3979.

Corriveau, Kathleen H.; Fusaro, Maria; & Harris, Paul L. (2009). Going with the flow: Preschoolers prefer nondissenters as informants. *Psychological Science, 20*, 372–377.

Costa, Paul T., Jr.; McCrae, Robert R.; Martin, Thomas A.; et al. (1999). Personality development from adolescence through adulthood: Further cross-cultural comparisons of age differences. In V. J. Molfese & D. Molfese (Eds.), *Temperament and personality development across the life span*. Hillsdale, NJ: Erlbaum.

Cota-Robles, S.; Neiss, M.; & Rowe, D. C. (2002). The role of puberty in violent and nonviolent delinquency among Anglo American, Mexican American, and African American boys. *Journal of Adolescent Research, 17*, 364–376.

Council, J. R.; Kirsch, Irving; & Grant, D. L. (1996). Imagination, expectancy and hypnotic responding. In R. G. Kunzendorf, N. K. Spanos, & B. J. Wallace (Eds.), *Hypnosis and imagination*. Amityville, NY: Baywood.

Courage, Mary L., & Howe, Mark L. (2002). From infant to child: The dynamics of cognitive change in the second year of life. *Psychological Bulletin, 128*, 250–277.

Courtney, Kelly E., & Polich, John (2009). Binge drinking in young adults: Data, definitions, and determinants. *Psychological Bulletin, 135*, 142–156.

Couzin, Jennifer (2009). Celebration and concern over U.S. trial of embryonic stem cells. *Science, 323*, 568.

Cowen, Emory L.; Wyman, Peter A.; Work, William C.; & Parker, Gayle R. (1990). The Rochester Child Resilience Project (RCRP): Overview and summary of first year findings. *Development and Psychopathology, 2*, 193–212.

Cowan, Nelson (2010). The magical mystery four: How is working memory capacity limited, and why? *Current Directions in Psychological Science, 19*, 51–57.

Cowan, Nelson, & Chen, Zhijian (2009). How chunks form in long-term memory and affect short-term memory limits. In A. S. Thorn & M. P. Page (Eds.), *Interactions between short-term and long-term memory in the verbal domain*. New York: Psychology Press.

Cowan, Nelson; Morey, Candice C.; Chen, Zhijian; et al. (2008). Theory and measurement of working memory capacity limits. In B. H. Ross (Ed.), *The psychology of learning and motivation*. San Diego: Elsevier.

Cox, Martha J., & Paley, Blair (2003). Understanding families as systems. *Current Directions in Psychological Science, 12*, 193–196.

Cox, W. Michael, and Alm, Richard (2005, February 28). Scientists are made, not born. *The New York Times*, op-ed page (online).

Coyne, James C.; Thombs, Brett D.; Stefanek, Michael; & Palmer, Steven C. (2009). Time to let go of the illusion that psychotherapy extends the survival of cancer patients. *Psychological Bulletin, 135*, 179–182.

Cozolino, Louis (2006). *The neuroscience of human relationships: Attachment and the developing social brain*. New York: Norton.

Craik, Fergus I. M., & Lockhart, Robert (1972). Levels of processing: A framework for memory research. *Journal of Verbal Learning and Verbal Behavior, 11*, 671–684.

Craik, Fergus I. M., & Tulving, Endel (1975). Depth of processing and the retention of words in episodic memory. *Journal of Experimental Psychology: General, 104*, 268–294.

Crair, Michael C.; Gillespie, Deda C.; & Stryker, Michael P. (1998). The role of visual experience in the development of columns in cat visual cortex. *Science, 279*, 566–570.

Cramer, Phebe (2000). Defense mechanisms in psychology today: Further processes for adaptation. *American Psychologist, 55*, 637–646.

Crews, Frederick (Ed.) (1998). *Unauthorized Freud: Doubters confront a legend*. New York: Viking.

Critchlow, Barbara (1986). The powers of John Barleycorn: Beliefs about the effects of alcohol on social behavior. *American Psychologist, 41*, 751–764.

Crits-Christoph, Paul; Wilson, G. Terence; & Hollon, Steven D. (2005). Empirically supported psychotherapies: Comment on Westen, Novotny, and Thompson-Brenner (2004). *Psychological Bulletin, 131,* 412–417.

Critser, Greg (2002). *Supersize.* New York: Houghton-Mifflin.

Crombag, Hans S., & Robinson, Terry E. (2004). Drugs, environment, brain, and behavior. *Current Directions in Psychological Science, 13,* 107–111.

Cronbach, Lee (1990). *Essentials of psychological testing* (5th ed.). New York: Harper & Row.

Cruz, Vitor Tedim; Nunes, Belina; Reis, Ana Mafalda; & Pereira, Jorge Resende (2005). Cortical remapping in amputees and dysmelic patients: A functional MRI study. *NeuroRehabilitation, 18,* 299–305.

Cumming, Geoff; Fidler, Fiona; Leonard, Martine; et al. (2007). Statistical reform in psychology: Is anything changing? *Psychological Science, 18,* 230–232.

Cummings, Brian J.; Uchida, Nobuko; Tamaki, Stanley J.; et al. (2005). Human neural stem cells differentiate and promote locomotor recovery in spinal cord–injured mice. *Proceedings of the National Academy of Science, 102,* 14069–14074.

Cummings, Nicholas A., & O'Donohue, William T. (2008). *Eleven blunders that cripple psychotherapy in America.* New York: Routledge/Taylor & Francis.

Cummings, Nicholas A., & Wiggins, Jack G. (2001). A collaborative primary care/behavioral health model for the use of psychotropic medication with children and adolescents. *Issues in Interdisciplinary Care, 3,* 121–128.

Currie, Janet; DellaVigna, Stefano; Moretti, Enrico; & Pathania, Vikram (2010). The effect of fast food restaurants on obesity and weight gain. *American Economic Journal: Economic Policy, 2,* 32–63.

Curtiss, Susan (1977). *Genie: A psycholinguistic study of a modern-day "wild child."* New York: Academic Press.

Curtiss, Susan (1982). Developmental dissociations of language and cognition. In L. Obler & D. Fein (Eds.), *Exceptional language and linguistics.* New York: Academic Press.

Cypess, A.M.; Lehman, S.; Williams, G.; et al. (2009, April 9). Identification and importance of brown adipose tissue in adult humans. *New England Journal of Medicine, 360,* 1509–1517.

Czeisler, Charles A.; Duffy, Jeanne F.; Shanahan, Theresa L.; et al. (1999). Stability, precision, and near-24-hour period of the human circadian pacemaker. *Science, 284,* 2177–2181.

Dadds, Mark R.; Bovbjerg, Dana H.; Redd, William H.; & Cutmore, Tim R. H. (1997). Imagery in human classical conditioning. *Psychological Bulletin, 122,* 89–103.

Daley, Tamara C.; Whaley, Shannon E.; Sigman, Marian D.; et al. (2003). IQ on the rise: The Flynn Effect in rural Kenyan children. *Psychological Science, 14,* 215–219.

Dalgleish, Tim (2004). Cognitive approaches to posttraumatic stress disorder: The evolution of multirepresentational theorizing. *Psychological Bulletin, 130,* 228–260.

Dalgliesh, Tim; Hauer, Beatrijs; & Kuyken, Willem (2008). The mental regulation of autobiographical recollection in the aftermath of trauma. *Current Directions in Psychological Science, 17,* 259–263.

Dalton, K. S.; Morris, D. L.; Delanoy, D. I.; et al. (1996). Security measures in an automated ganzfeld system. *Journal of Parapsychology, 60,* 129–147.

Daly, Martin, & Wilson, Margo (1983). *Sex, evolution, and behavior* (2nd ed.). Belmont, CA: Wadsworth.

Damasio, Antonio R. (1994). *Descartes' error: Emotion, reason, and the human brain.* New York: Grosset/Putnam.

Damasio, Antonio R. (2003). *Looking for Spinoza: Joy, sorrow, and the feeling brain.* San Diego: Harcourt.

Damasio, A. R.; Grabowski, T. J.; Bechara, A.; et al. (2000). Subcortical and cortical brain activity during the feeling of self-generated emotions. *Nature Neuroscience, 3,* 1049–1056.

Damasio, Hanna; Grabowski, Thomas J.; Frank, Randall; et al. (1994). The return of Phineas Gage: Clues about the brain from the skull of a famous patient. *Science, 264,* 1102–1105.

Damon, William (1995). *Greater expectations.* New York: Free Press.

Danker, Jared F., & Anderson, John R. (2010). The ghosts of brain states past: Remembering reactivates the brain regions engaged during encoding. *Psychological Bulletin, 136,* 87–102.

Danner, Deborah D.; Snowdon, David A.; & Friesen, Wallace V. (2001). Positive emotions in early life and longevity: Findings from the nun study. *Journal of Personality and Social Psychology, 80,* 804–813.

D'Antonio, Michael (2004, May 2). How we think. *Los Angeles Times Magazine,* 18–20, 30–32.

Darley, John M. (1995). Constructive and destructive obedience: A taxonomy of principal agent relationships. In A. G. Miller, B. E. Collins, & D. E. Brief (Eds.), Perspectives on obedience to authority: The legacy of the Milgram experiments. *Journal of Social Issues, 51*(3), 125–154.

Darley, John M., & Latane, Bibb (1968). Bystander intervention in emergencies: Diffusion of responsibility. *Journal of Personality and Social Psychology, 8,* 377–383.

Darwin, Charles (1874). *The descent of man and selection in relation to sex* (2nd ed.). New York: Hurst.

Daum, Irene, & Schugens, Markus M. (1996). On the cerebellum and classical conditioning. *Psychological Science, 5,* 58–61.

Davidson, Richard J.; Abercrombie, H.; Nitschke, J. B.; & Putnam, K. (1999). Regional brain function, emotion, and disorders of emotion. *Current Opinion in Neurobiology, 9,* 228–234.

Davidson, Richard J.; Kabat-Zinn, J.; Schumacher, J.; et al. (2003). Alterations in brain and immune function produced by mindfulness meditation. *Psychosomatic Medicine, 65,* 564–570.

Davis, Christopher G.; Nolen-Hoeksema, Susan; & Larson, Judith (1998). Making sense of loss and benefiting from the experience: Two construals of meaning. *Journal of Personality and Social Psychology, 75,* 561–574.

Davis, Deborah (2010). Lies, *damned* lies, and the path from police interrogation to wrongful conviction. In M. H. Gonzales, C. Tavris, & J. Aronson (Eds.), *The scientist and the humanist: A festschrift in honor of Elliot Aronson.* New York: Psychology Press.

Davis, Michael; Myers, Karyn M.; Ressler, Kerry J.; & Rothbaum, Barbara O. (2005). Facilitation of extinction of conditioning fear by D-cycloserine. *Current Directions in Psychological Science, 14,* 214–219.

Davison, Gerald C. (1976). Homosexuality: The ethical challenge. *Journal of Consulting and Clinical Psychology, 44,* 157–162.

Dawes, Robyn M. (1994). *House of cards: Psychology and psychotherapy built on myth.* New York: Free Press.

Dawson, Neal V.; Arkes, Hal R.; Siciliano, C.; et al. (1988). Hindsight bias: An impediment to accurate probability estimation in clinicopathologic conferences. *Medical Decision Making, 8*(4), 259–264.

Dean, Geoffrey (1992). The bottom line: Effect size. In B. Beyerstein & D. Beyerstein (Eds.), *The write stuff: Evaluations of graphology-The study of handwriting analysis.* Buffalo, NY: Prometheus Books.

de Araujo, Ivan E.; Oliveira-Maia, A.J.; Sotnikova, T.D.; et al. (2008, March 27). Food reward in the absence of taste receptor signaling. *Neuron, 57,* 930–941.

Deci, Edward L.; Koestner, Richard; & Ryan, Richard M. (1999). A meta-analytic review of experiments examining the effects of extrinsic rewards on intrinsic motivation. *Psychological Bulletin, 125,* 627–668.

Deci, Edward L., & Ryan, Richard M. (1985). *Intrinsic motivation and self-determination of human behavior.* New York: Plenum.

Deffenbacher, Jerry L.; Deffenbacher, David M.; Lynch, Rebekah S.; & Richards, Tracy L. (2003). Anger, aggression and risky behavior: A comparison of high and low anger drivers. *Behaviour Research and Therapy, 41,* 701–718.

De Houwer, Jan; Teige-Mocigemba, Sarah; Spruyt, Adriaan; & Moors, Agnes (2009). Implicit measures: A normative analysis and review. *Psychological Bulletin, 135,* 347–368.

Dement, William (1978). *Some must watch while some must sleep.* New York: Norton.

Dement, William (1992). *The sleepwatchers.* Stanford, CA: Stanford Alumni Association.

Dennett, Daniel C. (1991). *Consciousness explained.* Boston: Little, Brown.

Denning, Patt; Little, Jeannie; & Glickman, Adina (2004). *Over the influence: The harm reduction guide for managing drugs and alcohol.* New York: Guilford.

Denny, Dallas (Ed.) (1998). *Current concepts in transgender identity.* New York: Garland Press.

Denson, Thomas F.; Spanovic, Marija; & Miller, Norman (2009). Cognitive appraisals and emotions predict cortisol and immune responses: A meta-analysis of acute laboratory social stressors and emotion inductions. *Psychological Bulletin, 135,* 823–853.

DePaulo, Bella M. (1992). Nonverbal behavior and self-presentation. *Psychological Bulletin, 111,* 203–243.

de Rivera, Joseph (1989). Comparing experiences across cultures: Shame and guilt in America and Japan. *Hiroshima Forum for Psychology, 14,* 13–20.

Desbonnet, L.; Waddington, J. L.; & O'Tuathaigh, C.M. (2009). Mutant models for genes associated with schizophrenia. *Biochemical Society Transactions, 37*(Pt 1), 308–312.

DeValois, Russell L., & DeValois, Karen K. (1975). Neural coding of color. In E. C. Carterette & M. P. Friedman (Eds.), *Handbook of perception* (Vol. 5). New York: Academic Press.

Devlin, B.; Daniels, Michael; & Roeder, Kathryn (1997). The heritability of IQ. *Nature, 388,* 468–471.

de Waal, Frans (2001a). *The ape and the sushi master: Cultural reflections by a primatologist.* New York: Basic Books.

Diamond, Adele, & Amso, Dima (2008). Contributions of neuroscience to our understanding of cognitive development. *Current Directions in Psychological Science, 17,* 136–141.

Diamond, Lisa M. (2004). Emerging perspectives on distinctions between romantic love and sexual desire. *Current Directions in Psychological Science, 13,* 116–119.

Diamond, Lisa (2008). *Sexual fluidity: Understanding women's love and desire.* Cambridge, MA: Harvard University Press.

Diamond, Marian C. (1993, Winter–Spring). An optimistic view of the aging brain. *Generations, 17,* 31–33.

Diamond, M., & Sigmundson, H. K. (1997). Sex reassignment at birth: Long-term review and clinical implications. *Archives of Pediatrics and Adolescent Medicine, 151,* 298–304.

Dick, Danielle M. (2007). Identification of genes influencing a spectrum of externalizing psychopathology. *Current Directions in Psychological Science, 16,* 331–335.

Dick, Danielle M.; Aliev, Fazil; Wang, Jen C.; et al. (2008). A systematic single nucleotide polymorphism screen to fine-map alcohol dependence genes on chromosome 7 identifies association with a novel susceptibility gene ACN9. *Biological Psychiatry, 63,* 1047–1053.

Dickerson, Sally S., & Kemeny, Margaret E. (2004). Acute stressors and cortisol responses: A theoretical integration and synthesis of laboratory research. *Psychological Bulletin, 130,* 355–391.

Dien, Dora S. (1999). Chinese authority-directed orientation and Japanese peer-group orientation: Questioning the notion of collectivism. *Review of General Psychology, 3,* 372–385.

DiFranza, Joseph R. (2008, May). Hooked from the first cigarette. *Scientific American,* 82–87.

Digman, John M., & Shmelyov, Alexander G. (1996). The structure of temperament and personality in Russian children. *Journal of Personality and Social Psychology, 71,* 341–351.

Dijk, Corine; de Jong, Peter J.; & Peters, Madelon L. (2009). The remedial value of blushing in the context of transgressions and mishaps. *Emotion, 9,* 287–291.

Dimberg, Ulf; Thunberg, Monika; & Elmehed, Kurt (2000). Unconscious facial reactions to emotional facial expressions. *Psychological Science, 11,* 86–89.

Dimidjian, Sona, & Hollon, Steven D. (2010). How would we know if psychotherapy were harmful? *American Psychologist, 65,* 21–33.

Dinero, Rachel E.; Conger, Rand D.; Shaver, Phillip R.; et al. (2008). Influence of family of origin and adult romantic partners on romantic attachment security. *Journal of Family Psychology, 22,* 622–632.

Dinges, David F.; Whitehouse, Wayne G.; Orne, Emily C.; Powell, John W.; Orne, Martin T.; & Erdelyi, Matthew H. (1992). Evaluating hypnotic memory enhancement (hypermnesia and reminiscence) using multitrial forced recall. *Journal of Experimental Psychology: Learning, Memory, and Cognition, 18,* 1139–1147.

Dinn, W. M., & Harris, C. L. (2000). Neurocognitive function in antisocial personality disorder. *Psychiatry Research, 97,* 173–190.

Dion, Kenneth L., & Dion, Karen K. (1993). Gender and ethnocultural comparisons in styles of love. *Psychology of Women Quarterly, 17,* 463–474.

Doering, Stephan; Katzlberger, Florian; Rumpold, Gerhard; et al. (2000). Videotape preparation of patients before hip replacement surgery reduces stress. *Psychosomatic Medicine, 62,* 365–373.

Dolnick, Edward (1990, July). What dreams are (really) made of. *The Atlantic Monthly, 226,* 41–45, 48–53, 56–58, 60–61.

Domhoff, G. William (1996). *Finding meaning in dreams: A quantitative approach.* New York: Plenum.

Domhoff, G. William (2003). *The scientific study of dreams: Neural networks, cognitive development, and content analysis.* Washington, DC: American Psychological Association.

Dominguez, Maria de Gracia; Viechtbauer, Wolfgang; Simons, Claudia J. P.; et al. (2009). Are psychotic psychopathology and neurocognition orthogonal? A systematic review of their associations. *Psychological Bulletin, 135,* 157–171.

Donlea, Jeffrey M.; Ramanan, Narendrakumar; & Shaw, Paul J. (2009). Use-dependent plasticity in clock neurons regulates sleep need in *Drosophila. Science, 324,* 105–108.

Dovidio, John F. (2009, December 18). Racial bias, unspoken but heard. *Science, 326,* 1641–1642.

Dovidio, John F., & Gaertner, Samuel L. (2008). New directions in aversive racism research: Persistence and pervasiveness. In C. Willis-Esqueda (Ed.), *Motivational aspects of prejudice and racism.* Nebraska Symposium on Motivation. New York: Springer Science + Business Media.

Dovidio, John F.; Gaertner, Samuel L.; & Validzic, Ana (1998). Intergroup bias: Status, differentiation, and a common in-group identity. *Journal of Personality and Social Psychology, 75,* 109–120.

Drevets, W. C. (2000). Neuroimaging studies of mood disorders. *Biological Psychiatry, 48,* 813–829.

Duckworth, Angela L., & Seligman, Martin E. P. (2005). Self-discipline outdoes IQ in predicting academic performance of adolescents. *Psychological Science, 16,* 939–944.

Dumit, Joseph (2004). *Picturing personhood: Brain scans and biomedical identity.* Princeton, NJ: Princeton University Press.

Dunbar, R. I. M. (2004). Gossip in evolutionary perspective. *Review of General Psychology, 8,* 100–110.

Duncan, Paula D.; Ritter, Philip L.; Dornbusch, Sanford M.; et al. (1985). The effects of pubertal timing on body image, school behavior, and deviance. *Journal of Youth and Adolescence, 14,* 227–235.

Dunkel, Curtis S., & Sefcek, Jon A. (2009). Eriksonian lifespan theory and life history theory: An integration using the example of identity formation. *Review of General Psychology, 13,* 13–23.

Dunlosky, John, & Lipko, Amanda R. (2007). Metacomprehension: A brief history and how to improve its accuracy. *Current Directions in Psychological Science, 16,* 228–232.

Dunn, Elizabeth W.; Wilson, Timothy D.; & Gilbert, Daniel T. (2003). Location, location, location: The misprediction of satisfaction in housing lotteries. *Personality and Social Psychology Bulletin, 29,* 1421–1432.

Dunning, David (2005). *Self-insight: Roadblocks and detours on the path to knowing thyself.* New York: Psychology Press.

Dunning, David; Heath, Chip; & Suls, Jerry M. (2004). Flawed self-assessment: Implications for health, education, and the workplace. *Psychological Science in the Public Interest, 5,* 69–106.

Dunning, David; Johnson, Kerri; Ehrlinger, Joyce; & Kruger, Justin (2003). Why people fail to recognize their own incompetence. *Current Directions in Psychological Science, 12,* 83–87.

Duranceaux, Nicole C. E.; Schuckit, Marc A.; Luczak, Susan E.; et al. (2008). Ethnic differences in level of response to alcohol between Chinese Americans and Korean Americans. *Journal of Studies on Alcohol and Drugs, 69,* 227–234.

Dweck, Carol S. (2006). *Mindset: The new psychology of success.* New York: Random House.

Dweck, Carol S. (2008). Can personality be changed? *Current Directions in Psychological Science, 17,* 391–394.

Dweck, Carol S., & Grant, Heidi (2008). Self-theories, goals, and meaning. In J. Y. Shah & W. L. Gardner (Eds.), *Handbook of motivation science.* New York: Guilford.

Dweck, Carol S., & Sorich, Lisa A. (1999). Mastery-oriented thinking. In C. R. Snyder (Ed.), *Coping: The psychology of what works.* New York: Oxford University Press.

Eagly, Alice H., & Wood, Wendy (1999). The origins of sex differences in human behavior: Evolved dispositions versus social roles. *American Psychologist, 54,* 408–423.

Earl-Novell, Sarah L., & Jessup, Donna C. (2005). The relationship between perceptions of premenstrual syndrome and degree performance. *Assessment & Evaluation in Higher Education, 30,* 343–352.

Eaton, Danice; Kann, Laura; Kinchen, Steve; et al. (2008, June 6). Youth Risk Behavior Surveillance—United States, 2007. Centers for Disease Control, 57(SS04);1–131. http://www.cdc.gov/mmwr/preview/mmwrhtml/ss5704a1.htm?s_cid=ss5704a1_e

Ebbinghaus, Hermann M. (1885/1913). *Memory: A contribution to experimental psychology* (H. A. Ruger & C. E. Bussenius, Trans.). New York: Teachers College Press, Columbia University.

Edwards, Kari, & Smith, Edward E. (1996). A disconfirmation bias in the evaluation of arguments. *Journal of Personality and Social Psychology, 71,* 5–24.

Edwards, Robert R.; Campbell, Claudia; Jamison, Robert N.; & Wiech, Katja (2009). The neurobiological underpinnings of coping with pain. *Current Directions in Psychological Science, 18,* 237–241.

Ehrenreich, Barbara (1978). *For her own good: 150 years of the experts' advice to women.* New York: Doubleday.

Ehrenreich, Barbara (2001, June 4). What are they probing for? [Essay.] *Time,* 86.

Ehrensaft, Miriam K.; Moffitt, Terrie E.; & Caspi, Avshalom (2006). Is domestic violence followed by an increased risk of psychiatric disorders among women but not among men? A longitudinal cohort study. *American Journal of Psychiatry, 163,* 885–892.

Eich, E., & Hyman, R. (1992). Subliminal self-help. In D. Druckman & R. A. Bjork (Eds.), *In the mind's eye: Enhancing human performance.* Washington, DC: National Academy Press.

Eigsti, Inge-Marie; Zayas, Vivian; Mischel, Walter; Shoda, Yuichi; et al. (2006). Predicting cognitive control from preschool to late adolescence and young adulthood. *Psychological Science, 17,* 478–484.

Ein-Dor, Tsachi; Mikulincer, Mario; Doron, Guy; & Shaver, Phillip R. (2010). The attachment paradox: How can so many of us (the insecure ones) have no adaptive advantages? *Perspectives on Psychological Science, 5,* 123–141.

Ekman, Paul (2003). *Emotions revealed.* New York: Times Books.

Ekman, Paul; Friesen, Wallace V.; & O'Sullivan, Maureen (1988). Smiles when lying. *Journal of Personality and Social Psychology, 54,* 414–420.

Ekman, Paul; Friesen, Wallace V.; O'Sullivan, Maureen; et al. (1987). Universals and cultural differences in the judgments of facial expression of emotion. *Journal of Personality and Social Psychology, 53,* 712–717.

Elfenbein, Hillary A., & Ambady, Nalini (2003). When familiarity breeds accuracy: Cultural exposure and facial emotion recognition. *Journal of Personality and Social Psychology, 85,* 276–290.

Elliot, Andrew J., & McGregor, Holly A. (2001). A 2 X 2 achievement goal framework. *Journal of Personality and Social Psychology, 80,* 501–519.

Ellis, Albert (1993). Changing rational-emotive therapy (RET) to rational emotive behavior therapy (REBT). *Behavior Therapist, 16,* 257–258.

Ellis, Albert, & Blau, S. (1998). Rational emotive behavior therapy. *Directions in Clinical and Counseling Psychology, 8,* 41–56.

Elmquist, Joel K., & Flier, Jeffrey S. (2004, April 2). The fat-brain axis enters a new dimension. *Science, 304,* 63–64.

Else-Quest, Nicole M.; Hyde, Janet S.; Goldsmith, H. Hill; & Can Hulle, Carol A. (2006). Gender differences in temperament: A meta-analysis. *Psychological Bulletin, 132,* 33–72.

Else-Quest, Nicole M.; Hyde, Janet S.; & Linn, Marcia C. (2010). Cross-national patterns of gender differences in mathematics: A meta-analysis. *Psychological Bulletin, 136,* 103–127.

Emery, Robert E., & Laumann-Billings, Lisa (1998). An overview of the nature, causes, and consequences of abusive family relationships. *American Psychologist, 53,* 121–135.

Emery, Robert E.; Otto, Randy K.; & O'Donohue, William T. (2005). A critical assessment of child custody evaluations: Limited science and a flawed system. *Psychological Science in the Public Interest, 6,* 1–29.

Emmons, Robert A., & King, Laura A. (1988). Conflict among personal strivings: Immediate and long-term implications for psychological and physical well-being. *Journal of Personality and Social Psychology, 54,* 1040–1048.

Emmons, Robert A., & McCullough, Michael E. (2003). Counting blessings versus burdens: An experimental investigation of gratitude and subjective well-being in daily life. *Journal of Personality and Social Psychology, 84,* 377–389.

Englander-Golden, Paula; Whitmore, Mary R.; & Dienstbier, Richard A. (1978). Menstrual cycle as focus of study and self-reports of moods and behavior. *Motivation and Emotion, 2,* 75–86.

Engle, Randall W. (2002). Working memory capacity as executive attention. *Current Directions in Psychological Science, 11,* 19–23.

Epel, Elissa S. (2009). Telomeres in a life-span perspective: A new "psychobiomarker"? *Current Directions in Psychological Science, 18,* 6–10.

Epel, E. S.; Blackburn, E. H.; Lin, J.; et al. (2004, December 7). Accelerated telomere shortening in response to life stress. *Proceedings of the National Academy of Science, 101,* 17312–17315.

Erceg-Hurn, David M., & Miosevich, Vikki M. (2008). Modern robust statistical methods. *American Psychologist, 63,* 591–601.

Erikson, Erik H. (1950/1963). *Childhood and society* (2nd ed.). New York: Norton.

Erikson, Erik H. (1982). *The life cycle completed.* New York: Norton.

Ervin-Tripp, Susan (1964). Imitation and structural change in children's language. In E. H. Lenneberg (Ed.), *New directions in the study of language.* Cambridge, MA: MIT Press.

Escera, Carles; Cilveti, Robert; & Grau, Carles (1992). Ultradian rhythms in cognitive operations: Evidence from the P300 component of the event-related potentials. *Medical Science Research, 20,* 137–138.

Evans, Christopher (1984). *Landscapes of the night* (edited and completed by Peter Evans). New York: Viking.

Evans, Gary W., & Kim, Pilyoung (2007). Childhood poverty and health. *Psychological Science, 18,* 953–957.

Evans, Gary W.; Lepore, Stephen J.; & Allen, Karen Mata (2000). Cross-cultural differences in tolerance for crowding: Fact or fiction? *Journal of Personality and Social Psychology, 79,* 204–210.

Evans, Gary W., & Schamberg, Michelle A. (2009, March 30). Childhood poverty, chronic stress, and adult working memory. *Proceedings of the National Academy of Sciences, 106.*

Ewart, Craig K. (1995). Self-efficacy and recovery from heart attack. In J. E. Maddux (Ed.), *Self-efficacy, adaptation, and adjustment: Theory, research, and application.* New York: Plenum.

Ewart, Craig K., & Kolodner, Kenneth B. (1994). Negative affect, gender, and expressive style predict elevated ambulatory blood pressure in adolescents. *Journal of Personality and Social Psychology, 66,* 596–605.

Eyferth, Klaus (1961). [The performance of different groups of the children of occupation forces on the Hamburg-Wechsler Intelligence Test for Children.] *Archiv für die Gesamte Psychologie, 113,* 222–241.

Fagan, Joseph F., III (1992). Intelligence: A theoretical viewpoint. *Current Directions in Psychological Science, 1,* 82–86.

Fagot, Beverly I. (1993, June). Gender role development in early childhood: Environmental input, internal construction. Invited address presented at the annual meeting of the International Academy of Sex Research, Monterey, CA.

Fagot, Beverly I., & Leinbach, Mary D. (1993). Gender-role development in young children: From discrimination to labeling. *Developmental Review, 13,* 205–224.

Fairholme, C. P.; Boisseau, C. L.; Ellard, K. K.; et al. (2009). Emotions, emotion regulation, and psychological treatment: A unified perspective. In A. M. Kring & D. M. Sloan (Eds.), *Emotion regulation and psychopathology.* New York: Guilford.

Fallon, James H.; Keator, David B.; Mbogori, James; et al. (2004). Hostility differentiates the brain metabolic effects of nicotine. *Cognitive Brain Research, 18,* 142–148.

Fallone, Gahan; Acebo, Christine; Seifer, Ronald; & Carskadon, Mary A. (2005). Experimental restriction of sleep opportunity in children: Effects on teacher ratings. *Sleep, 28*, 1280–1286.

Farooqi, Sadaf; Bullmore, Edward; Keogh, Julia; et al. (2007, Sept. 7). Leptin regulates striatal regions and human eating behavior. *Science, 317*, 1355–1355.

Farooqi, I. Sadaf, & O'Rahilly, Stephen (2004). Monogenic human obesity syndromes. *Recent Progress in Hormone Research, 59*, 409–424.

Fausto-Sterling, Anne (1997). Beyond difference: A biologist's perspective. *Journal of Social Issues, 53*, 233–258.

Feather, N. T. (1966). Effects of prior success and failure on expectations of success and subsequent performance. *Journal of Personality and Social Psychology, 3*, 287–298.

Feeney, Brooke C., & Cassidy, Jude (2003). Reconstructive memory related to adolescent-parent conflict interactions. *Journal of Personality and Social Psychology, 85*, 945–955.

Fehr, Beverley; Baldwin, Mark; Collins, Lois; et al. (1999). Anger in close relationships: An interpersonal script analysis. *Personality and Social Psychology Bulletin, 25*, 299–312.

Fehr, Ernest & Fischbacher, Urs (2003). The nature of human altruism. *Nature, 425*, 785–791.

Fein, Steven, & Spencer, Steven J. (1997). Prejudice as self-image maintenance: Affirming the self through derogating others. *Journal of Personality and Social Psychology, 73*, 31–44.

Feinberg, Andrew P. (2008). Epigenetics at the epicenter of modern medicine. *Journal of the American Medical Association, 299*, 1345–1350.

Feng, Q.; Lu, S. J.; Klimanskaya, I.; et al. (2010, April 28). Hemangioblastic derivatives from human induced pluripotent stem cells exhibit limited expansion and early senescence. *Stem Cells, 28*, 704–712.

Ferguson, Christopher J. (2007). The good, the bad and the ugly: A meta-analytic review of positive and negative effects of violent video games. *Psychiatric Quarterly, 78*, 309–316.

Ferguson, Christopher (2009). Media violence effects: Confirmed truth or just another X-file? *Journal of Forensic Psychology Practice, 9*, 103–126.

Ferguson, Christopher J., & Kilburn, John (2010). Much ado about nothing: The misestimation and overinterpretation of violent video game effects in Eastern and Western nations. *Psychological Bulletin, 136*, 174–178.

Fernald, Anne, & Mazzie, Claudia (1991). Prosody and focus in speech to infants and adults. *Developmental Psychology, 27*, 209–221.

Fernea, Elizabeth, & Fernea, Robert (1994). Cleanliness and culture. In W. J. Lonner & Malpass (Eds.), *Psychology and culture.* Boston: Allyn & Bacon.

Ferrari, Pier Francesco; Rozzi, Stefano; & Fogassi, Leonardo (2005). Mirror neurons responding to observation of actions made with tools in monkey ventral premotor cortex. *Journal of Cognitive Neuroscience, 17*, 212–226.

Feshbach, Seymour, & Tangney, June (2008). Television viewing and aggression: Some alternative perspectives. *Perspectives on Psychological Science, 3*, 387–389.

Festinger, Leon (1957). *A theory of cognitive dissonance.* Evanston, IL: Row, Peterson.

Festinger, Leon; Pepitone, Albert; & Newcomb, Theodore (1952). Some consequences of deindividuation in a group. *Journal of Abnormal and Social Psychology, 47*, 382–389.

Festinger, Leon; Riecken, Henry W.; & Schachter, Stanley (1956). *When prophecy fails.* Minneapolis: University of Minnesota Press.

Fiedler, K.; Nickel, S.; Muehlfriedel, T.; & Unkelbach, C. (2001). Is mood congruency an effect of genuine memory or response bias? *Journal of Experimental Social Psychology, 37*, 201–214.

Field, Tiffany (2009). The effects of newborn massage: United States. In T. Field et al. (Eds.), *The newborn as a person: Enabling healthy infant development worldwide.* Hoboken, NJ: John Wiley & Sons.

Fields, R. Douglas (2004, April). The other half of the brain. *Scientific American*, 54–61.

Fine, Ione; Wade, A. R.; Brewer, A. A.; et al. (2003). Long-term deprivation affects visual perception and cortex. *Nature Neuroscience, 6*, 915–916.

Fischer, Pamela C.; Smith, Randy J.; Leonard, Elizabeth; et al. (1993). Sex differences on affective dimensions: Continuing examination. *Journal of Counseling and Development, 71*, 440–443.

Fischhoff, Baruch (1975). Hindsight is not equal to foresight: The effect of outcome knowledge on judgment under uncertainty. *Journal of Experimental Psychology: Human Perception and Performance, 1*, 288–299.

Fivush, Robyn, & Hamond, Nina R. (1991). Autobiographical memory across the school years: Toward reconceptualizing childhood amnesia. In R. Flacks & S. L. Thomas (1998, November 27). Among affluent students, a culture of disengagement. *Chronicle of Higher Education,* p. A48.

Fivush, Robyn, & Nelson, Katherine (2004). Culture and language in the emergence of autobiographical memory. *Psychological Science, 15*, 573–582.

Flacks, Richard, & Thomas, Scott L. (1998, November 27). Among affluent students, a culture of disengagement. *Chronicle of Higher Education,* p. A48.

Flavell, John H. (1999). Cognitive development: Children's knowledge about the mind. *Annual Review of Psychology, 50*, 21–45.

Fleeson, William (2004). Moving personality beyond the person-situation debate. *Current Directions in Psychological Science, 13*, 83–87.

Flynn, James R. (1987). Massive IQ gains in 14 nations: What IQ tests really measure. *Psychological Bulletin, 95*, 29–51.

Flynn, James R. (1999). Searching for justice: The discovery of IQ gains over time. *American Psychologist, 54*, 5–20.

Fogassi, Leonardo, & Ferrari, Pier Francesco (2007). Mirror neurons and the evolution of embodied language. *Current Directions in Psychological Science, 16*, 136–141.

Folkman, Susan, & Moskowitz, Judith T. (2000). Positive affect and the other side of coping. *American Psychologist, 55*, 647–654.

Forbes, Gordon; Zhang, Xiaoying; Doroszewicz, Krystyna; & Haas, Kelly (2009). Relationships between individualism-collectivism, gender, and direct or indirect aggression: A study in China, Poland, and the US. *Aggressive Behavior, 35*, 24–30.

Forgas, Joseph P. (1998). On being happy and mistaken: Mood effects on the fundamental attribution error. *Journal of Personality and Social Psychology, 75*, 318–331.

Forgas, Joseph P., & Bond, Michael H. (1985). Cultural influences on the perception of interaction episodes. *Personality and Social Psychology Bulletin, 11*, 75–88.

Foulkes, D. (1962). Dream reports from different states of sleep. *Journal of Abnormal and Social Psychology, 65*, 14–25.

Foulkes, David (1999). *Children's dreaming and the development of consciousness.* Cambridge, MA: Harvard University Press.

Fouts, Roger S. (with Stephen T. Mills) (1997). *Next of kin: What chimpanzees have taught me about who we are.* New York: Morrow.

Fouts, Roger S., & Rigby, Randall L. (1977). Man–chimpanzee communication. In T. A. Seboek (Ed.), *How animals communicate.* Bloomington: University of Indiana Press.

Fowler, James H., & Christakis, Nicholas A. (2008, December 4). Dynamic spread of happiness in a large social network: Longitudinal analysis over 20 years in the Framingham Heart Study. *BMJ, 337*, a2338.

Fowles, Don C., & Dindo, Lilian (2009). Temperament and psychopathy: A dual-pathway model *Current Directions in Psychological Science, 18*, 179–183.

Fox, Mary Kay; Pac, Susan; Devaney, Barbara; & Jankowski, Linda (2004). Feeding infants and toddlers study: What foods are infants and toddlers eating? *Journal of the American Dietetic Association, 104*, 22–30.

Fox, Nathan A.; Henderson, Heather A.; Marshall, Peter J.; et al. (2005a). Behavioral inhibition: Linking biology and behavior within a developmental framework. *Annual Review of Psychology, 56*, 235–262.

Fox, Nathan A.; Nichols, Kate E.; Henderson, Heather A.; et al. (2005b). Evidence for a gene–environment interaction in predicting behavioral inhibition in middle childhood. *Psychological Science, 16*, 921–926.

Frankl, Victor E. (1955). *The doctor and the soul: An introduction to logotherapy.* New York: Knopf.

Frans, Emma M.; Sandin, Sven; Reichenberg, Abraham; et al. (2008). Advancing paternal age and bipolar disorder. *Archives of General Psychiatry, 65*, 1034–1040.

Frasure-Smith, Nancy, & Lespérance, Francois (2005). Depression and coronary heart disease: Complex synergism of mind, body, and environment. *Current Directions in Psychological Science, 14,* 39–43.

Frasure-Smith, Nancy; Lesperance, F.; Juneau, M.; Talajic, M.; & Bourassa, M. G. (1999). Gender, depression, and one-year prognosis after myocardial infarction. *Psychosomatic Medicine, 61,* 26–37.

Frayling, Timothy M.; Timpson, Nicholas J.; Weedon, Michael N.; et al. (2007, May 11). A common variant in the *FTO* gene is associated with body mass index and predisposes to childhood and adult obesity. *Science, 316,* 889–894.

Frazier, Patricia A. (2003). Perceived control and distress following sexual assault: A longitudinal test of a new model. *Journal of Personality and Social Psychology, 84,* 1257–1269.

Fredrickson, Barbara L., & Losada, Marcial F. (2005). Positive affect and the complex dynamics of human flourishing. *American Psychologist, 60,* 678–686.

Fredrickson, Barbara L.; Tugade, Michele M.; Waugh, Christian E.; & Larkin, Gregory R. (2003). What good are positive emotions in crises? *Journal of Personality and Social Psychology, 84,* 365–376.

Frensch, Peter A., & Rünger, Dennis (2003). Implicit learning. *Current Directions in Psychological Science, 12,* 13–18.

Freud, Anna (1967). *Ego and the mechanisms of defense* (The writings of Anna Freud, Vol. 2) (rev. ed.). New York: International Universities Press.

Freud, Sigmund (1900/1953). The interpretation of dreams. In J. Strachey (Ed.), *The standard edition of the complete psychological works of Sigmund Freud* (Vols. 4 and 5). London: Hogarth Press.

Freud, Sigmund (1905). Three essays on the theory of sexuality. In J. Strachey (Ed.), *Standard edition* (Vol. 7).

Freud, Sigmund (1920/1960). *A general introduction to psychoanalysis* (Joan Riviere, Trans.). New York: Washington Square Press.

Freud, Sigmund (1923/1962). *The ego and the id* (Joan Riviere, Trans.). New York: Norton.

Freud, Sigmund (1961). *Letters of Sigmund Freud, 1873–1939.* Edited by Ernst L. Freud. London: Hogarth Press.

Fridlund, Alan J. (1994). *Human facial expression: An evolutionary view.* San Diego: Academic Press.

Friedrich, William; Fisher, Jennifer; Broughton, Daniel; et al. (1998). Normative sexual behavior in children: A contemporary sample. *Pediatrics, 101,* 1–8. See also www.pediatrics.org/cgi/content/full/101/4/e9.

Frome, Pamela M., & Eccles, Jacquelynne S. (1998). Parents' influence on children's achievement-related perceptions. *Journal of Personality and Social Psychology, 74,* 435–452.

Frye, Richard E.; Schwartz, B. S.; & Doty, Richard L. (1990). Dose-related effects of cigarette smoking on olfactory function. *Journal of the American Medical Association, 263,* 1233–1236.

Fuchs, C. S.; Stampfer, M. J.; Colditz, G. A.; et al. (1995, May 11). Alcohol consumption and mortality among women. *New England Journal of Medicine, 332,* 1245–1250.

Gable, Shelly L., & Haidt, Jonathan (2005). What (and why) is positive psychology? *Review of General Psychology, 9,* 103–110.

Gable, Shelly L., & Poore, Joshua (2008). Which thoughts count? Algorithms for evaluating satisfaction in relationships. *Psychological Science, 19,* 1030–1036.

Gaertner, Samuel L.; Mann, Jeffrey A.; Dovidio, John F.; et al. (1990). How does cooperation reduce intergroup bias? *Journal of Personality and Social Psychology, 59,* 692–704.

Gagnon, John, & Simon, William (1973). *Sexual conduct: The social sources of human sexuality.* Chicago: Aldine.

Galanter, Eugene (1962). Contemporary psychophysics. In R. Brown, E. Galanter, H. Hess, & G. Mandler (Eds.), *New directions in psychology.* New York: Holt, Rinehart and Winston.

Gallant, Sheryle J.; Hamilton, Jean A.; Popiel, Debra A.; et al. (1991). Daily moods and symptoms: Effects of awareness of study focus, gender, menstrual-cycle phase, and day of the week. *Health Psychology, 10,* 180–189.

Gallo, Linda C., & Matthews, Karen A. (2003). Understanding the association between socioeconomic status and physical health: Do negative emotions play a role? *Psychological Bulletin, 129,* 10–51.

Galotti, Kathleen (1989). Approaches to studying formal and everyday reasoning. *Psychological Bulletin, 105,* 331–351.

Garbarino, James, & Bedard, Claire (2001). *Parents under siege.* New York: The Free Press.

Garcia, John, & Gustavson, Carl R. (1997, January). Carl R. Gustavson (1946–1996): Pioneering wildlife psychologist. *APS Observer,* 34–35.

Garcia, John, & Koelling, Robert A. (1966). Relation of cue to consequence in avoidance learning. *Psychonomic Science, 4,* 23–124.

Gardner, Howard (1983). *Frames of mind: The theory of multiple intelligences.* New York: Basic Books.

Gardner, R. Allen, & Gardner, Beatrice T. (1969). Teaching sign language to a chimpanzee. *Science, 165,* 664–672.

Garmezy, Norman (1991). Resilience and vulnerability to adverse developmental outcomes associated with poverty. *American Behavioral Scientist, 34,* 416–430.

Garry, Maryanne; Manning, Charles G.; & Loftus, Elizabeth F. (1996). Imagination inflation: Imagining a childhood event inflates confidence that it occurred. *Psychonomic Bulletin & Review, 3,* 208–214.

Garry, Maryanne, & Polaschek, Devon L. L. (2000). Imagination and memory. *Current Directions in Psychological Science, 9,* 6–10.

Garven, Sena; Wood, James M.; Malpass, Roy S.; & Shaw, John S., III (1998). More than suggestion: The effect of interviewing techniques from the McMartin Preschool case. *Journal of Applied Psychology, 83,* 347–359.

Gatz, Margaret (2007). Genetics, dementia, and the elderly. *Current Directions in Psychological Science, 16,* 123–127.

Gauthier, Irene; Skudlarksi, P.; Gore, J. C.; & Anderson, A. W. (2000). Expertise for cars and birds recruits brain areas involved in face recognition. *Nature Neuroscience, 3,* 191–197.

Gauthier, Irene; Tarr, M. J.; Anderson, A. W.; et al. (1999). Activation of the middle fusiform "face area" increases with expertise in recognizing novel objects. *Nature Neuroscience, 2,* 568–573.

Gawande, Atul (2009, March 30). Hellhole. *The New Yorker,* 36–45.

Gazzaniga, Michael S. (1967). The split brain in man. *Scientific American, 217*(2), 24–29.

Gazzaniga, Michael S. (1983). Right hemisphere language following brain bisection: A 20-year perspective. *American Psychologist, 38,* 525–537.

Gazzaniga, Michael S. (1988). *Mind matters.* Boston: Houghton Mifflin.

Gazzaniga, Michael S. (1998). *The mind's past.* Berkeley, CA: University of California Press.

Gazzaniga, Michael S. (2005). *The ethical brain.* Washington, DC: Dana Press.

Gazzaniga, Michael S. (2008). *Human: The science behind what makes us unique.* New York: Ecco/Harper Collins.

Geers, Andrew L.; Wellman, Justin A.; & Lassiter, G. Daniel (2009). Dispositional optimism and engagement: The moderating influence of goal prioritization. *Journal of Personality and Social Psychology, 96,* 913–932.

Gelbard-Sagiv, H.; Mukamel, R.; Harel, M.; et al. (2008, October 3). Internally generated reactivation of single neurons in human hippocampus during free recall. *Science, 322,* 96–101.

Gelernter, David (1997, May 19). How hard is chess? *Time,* 72–73.

Gentile, Brittany; Grabe, Shleey; Dolan-Pascoe, Brenda; et al. (2009). Gender differences in domain-specific self-esteem: A meta-analysis. *Review of General Psychology, 13,* 34–45.

Gentner, Dedre, & Goldin-Meadow, Susan (Eds.) (2003). *Language in mind: Advances in the study of language and thought.* Cambridge: MIT Press.

Gerken, Louann A.; Wilson, Rachel; & Lewis, William (2005). Infants can use distributional cues to form syntactic categories. *Journal of Child Language, 32,* 249–268.

Gershoff, Elizabeth T. (2002). Parental corporal punishment and associated child behaviors and experiences: A meta-analytic and theoretical review. *Psychological Bulletin, 128,* 539–579.

Gibson, Eleanor, & Walk, Richard (1960). The "visual cliff." *Scientific American, 202,* 80–92.

Giesbrecht, Timo; Lynn, Steven Jay; Lilienfeld, Scott O.; & Merckelbach, Harald (2008). Cognitive processes in dissociation: An analysis of core theoretical assumptions. *Psychological Bulletin, 134,* 617–647.

Gilbert, Daniel (2006a). *Stumbling on happiness.* New York: Knopf.

Gilbertson, Mark W.; Shenton, Martha E.; Ciszewski, Aleksandra; et al. (2002). Hippocampal volume predicts pathologic vulnerability to psychological trauma. *Nature Neuroscience, 5,* 1242–1247.

Gilestro, Giorgio F.; Tononi, Giulio; & Cirelli, Chiara (2009). Widespread changes in synaptic markers as a function of sleep and wakefulness in *Drosophila. Science, 324,* 109–112.

Gillath, Omri; Shaver, Phillip R.; Baek, Jong-Min; & Chun, David S. (2008). Genetic correlates of adult attachment style. *Personality and Social Psychology Bulletin, 34,* 1396–1405.

Gilmore, David D. (1990). *Manhood in the making: Cultural concepts of masculinity.* New Haven, CT: Yale University Press.

Gladwell, Malcolm (2004, September 20). Personality plus. *The New Yorker,* 42–48.

Gleaves, David H. (1996). The sociocognitive model of dissociative identity disorder: A reexamination of the evidence. *Psychological Bulletin, 120,* 42–59.

Glick, Peter (2006). Ambivalent sexism, power distance, and gender inequality across cultures. In S. Guimond (Ed.), *Social comparison and social psychology: Understanding cognition, intergroup relations, and culture.* New York: Cambridge University Press.

Glick, Peter; Fiske, Susan T.; Mladinic, Antonio; et al. (2000). Beyond prejudice as simple antipathy: Hostile and benevolent sexism across cultures. *Journal of Personality and Social Psychology, 79,* 763–775.

Glick, Peter; Lameiras, Maria; Fiske, Susan T.; et al. (2004). Bad but bold: Ambivalent attitudes toward men predict gender inequality in 16 nations. *Journal of Personality and Social Psychology, 86,* 713–728.

Golden, Robert M.; Gaynes, Bradley N.; Ekstrom, R. David; et al. (2005). The efficacy of light therapy in the treatment of mood disorders: A review and meta-analysis of the evidence. *American Journal of Psychiatry, 162,* 656–662.

Goldin-Meadow, Susan (2003). *The resilience of language.* New York: Psychology Press.

Goldin-Meadow, Susan; Cook, Susan W.; & Mitchell, Zachary A. (2009). Gesturing gives children new ideas about math. *Psychological Science, 20,* 267–272.

Goldman-Rakic, Patricia S. (1996). Opening the mind through neurobiology. Invited address at the annual meeting of the American Psychological Association, Toronto, Canada.

Goldstein, Alan J.; de Beurs, Edwin; Chambless, Dianne L.; & Wilson, Kimberly A. (2000). EMDR for panic disorder with agoraphobia: Comparison with waiting list and credible attention-placebo control conditions. *Journal of Consulting and Clinical Psychology, 68,* 947–956.

Goldstein, Jill M.; Seidman, Larry J.; Horton, Nicholas J.; et al. (2001). Normal sexual dimorphism of the adult human brain assessed by in vivo magnetic resonance imaging. *Cerebral Cortex, 11,* 490–497.

Goldstein, Michael, & Miklowitz, David (1995). The effectiveness of psychoeducational family therapy in the treatment of schizophrenic disorders. *Journal of Marital and Family Therapy, 21,* 361–376.

Goldstein, Noah J.; Cialdini, Robert B.; & Griskevicius, Vladas (2008). A room with a viewpoint: Using social norms to motivate environmental conservation in hotels. *Journal of Consumer Research, 35,* 472–482.

Goldston, David B.; Molock, Sherry D.; Whitbeck, Leslie B.; et al. (2008). Cultural considerations in adolescent suicide prevention and psychosocial treatment. *American Psychologist, 63,* 14–31.

Goldstone, Robert L.; Roberts, Michael E.; & Gureckis, Todd M. (2008). Emergent processes in group behavior. *Current Directions in Psychological Science, 17,* 10–15.

Golinkoff, Roberta M., & Hirsh-Pasek, Kathy (2006). Baby wordsmith: From associationist to social sophisticate. *Current Directions in Psychological Science, 15,* 30–33.

Golub, Sharon (1992). *Periods: From menarche to menopause.* Newbury Park, CA: Sage.

Gonzaga, Gian C.; Turner, Rebecca A.; Keltner, Dacher; et al. (2006). Romantic love and sexual desire in close relationships. *Emotion, 6,* 163–179.

Goode, Erica (2003, May 6). Experts see mind's voices in new light. *The New York Times,* Science Times, pp. D1, D4.

Goodwyn, Susan, & Acredolo, Linda (1998). Encouraging symbolic gestures: A new perspective on the relationship between gesture and speech. In J. Iverson & S. Goldin-Meadow (Eds.), *The nature and functions of gesture in children's communication.* San Francisco: Jossey-Bass.

Gopnik, Alison (2009). *The philosophical baby.* New York: Farrar, Straus and Giroux.

Gopnik, Alison; Meltzoff, Andrew N.; & Kuhl, Patricia K. (1999). *The scientist in the crib.* New York: Morrow.

Gopnik, Myrna; Choi, Sooja; & Baumberger, Therese (1996). Cross-linguistic differences in early semantic and cognitive development. *Cognitive Development, 11,* 197–227.

Gosling, Samuel D.; Kwan, Virginia S. Y.; & John, Oliver P. (2003). A dog's got personality: A cross-species comparative approach to personality judgments in dogs and humans. *Journal of Personality and Social Psychology, 85,* 1161–1169.

Gotlib, Ian H.; Joormann, Jutta; Minor, Kelly L.; & Hallmayer, Joachim (2008). HPA axis reactivity: A mechanism underlying the associations among 5-HTTLPR, stress, and depression. *Biological Psychiatry, 63,* 847–851.

Gottesman, Irving I. (1991). *Schizophrenia genesis: The origins of madness.* New York: Freeman.

Gottesman, Irving; Laursen, T. M.; Bertelsen A.; & Mortensen, P. B. (2010). Severe mental disorders in offspring with 2 psychiatrically ill parents. *Archives of General Psychiatry, 67,* 252–257.

Gottfredson, Linda S. (2002). g: Highly general and highly practical. In R. J. Sternberg & E. I. Grigorenko (Eds.), *The general intelligence factor: How general is it?* Mahway, NJ: Erlbaum.

Gougoux, Frederic; Zatorre, Robert J.; Lassonde, Maryse; et al. (2005). A functional neuroimaging study of sound localization: Visual cortex activity predicts performance in early-blind individuals. *PloS Biology, 3,* 324–333.

Gouin, Jean-Philippe; Kiecolt-Glaser, Janice K.; Malarkey, William B.; & Glaser, Ronald (2008). The influence of anger expression on wound healing. *Brain, Behavior, and Immunity, 22,* 699–708.

Gould, Stephen Jay (1994, November 28). Curveball. [Review of *The Bell Curve,* by Richard J. Herrnstein and Charles Murray.] *The New Yorker,* 139–149.

Gould, Stephen Jay (1996). *The mismeasure of man* (Rev. ed.). New York: Norton.

Grabe, Shelly, & Hyde, Janet S. (2006). Ethnicity and body dissatisfaction among women in the United States: A meta-analysis. *Psychological Bulletin, 132,* 622–640.

Grabe, Shelly; Ward, L. Monique; & Hyde, Janet S. (2008). The role of the media in body image concerns among women: A meta-analysis of experimental and correlational studies. *Psychological Bulletin, 134,* 460–476.

Graham, Jesse; Haidt, Jonathan; & Nosek, Brian A. (2009). Liberals and conservatives rely on different sets of moral foundations. *Journal of Personality and Social Psychology, 96,* 1029–1046.

Graham, Jill W. (1986). Principled organizational dissent: A theoretical essay. *Research in Organizational Behavior, 8,* 1–52.

Grant, Heidi, & Dweck, Carol S. (2003). Clarifying achievement goals and their impact. *Journal of Personality and Social Psychology, 85,* 541–553.

Grant, Igor; Gonzalez, Raul; Carey, Catherine L.; et al. (2003). Non-acute (residual) neurocognitive effects of cannabis use: A meta-analytic study. *Journal of the International Neuropsychological Society, 9,* 679–689.

Gray, Kurt, & Wegner, Daniel M. (2008). The sting of intentional pain. *Psychological Science, 19,* 1260–1261.

Greely, Henry T., & Illes, Judy (2007). Neuroscience-based lie detection: The urgent need for regulation. *American Journal of Law & Medicine, 35.*

Greely, Henry; Sahakian, Barbara; Harris, John; et al. (2008). Towards responsible use of cognitive-enhancing drugs by the healthy. *Nature, 455,* 702–705. [Published online December 10, 2008; doi: 10.1038/456702a; accessed April 30, 2009.]

Greenberg, Jeff; Solomon, Sheldon; & Arndt, Jamie (2008). A basic but uniquely human motivation: Terror management. In J. Shah & W. Gardner (Eds.), *Handbook of motivation science*. New York: Guilford Press.

Greenberger, Dennis, & Padesky, Christine A. (1995). *Mind over mood: A cognitive therapy treatment manual for clients*. New York: Guilford.

Greenberger, Ellen; Lessard, Jared; Chen, Chuansheng; & Farruggia, Susan P. (2008). Self-entitled college students: Contributions of personality, parenting, and motivational factors. *Journal of Youth & Adolescence, 37*, 1193-1204.

Greenfield, Susan A., & Collins, T. F. T. (2005). A neuroscientific approach to consciousness. *Progress in Brain Research, 150*, 11-23.

Greenough, William T. (1984). Structural correlates of information storage in the mammalian brain: A review and hypothesis. *Trends in Neurosciences, 7*, 229-233.

Greenough, William T., & Anderson, Brenda J. (1991). Cerebellar synaptic plasticity: Relation to learning vs. neural activity. *Annals of the New York Academy of Sciences, 627*, 231-247.

Greenough, William T., & Black, James E. (1992). Induction of brain structure by experience: Substrates for cognitive development. In M. Gunnar & C. A. Nelson (Eds.), *Behavioral developmental neuroscience: Vol. 24. Minnesota Symposia on Child Psychology*. Hillsdale, NJ: Erlbaum.

Greenwald, Anthony G.; McGhee, Debbie E.; & Schwartz, Jordan L. K. (1998). Measuring individual differences in implicit cognition: The Implicit Association Test. *Journal of Personality and Social Psychology, 74*, 1464-1480.

Greenwald, Anthony G.; Poehlman, T. Andrew; Uhlmann, Eric L.; & Banaji, Mahzarin R. (2009). Understanding and using the Implicit Association Test: III. Meta-analysis of predictive validity. *Journal of Personality and Social Psychology, 97*, 17-41.

Greenwald, Anthony G.; Spangenberg, Eric R.; Pratkanis, Anthony R.; & Eskenazi, Jay (1991). Double-blind tests of subliminal self-help audiotapes. *Psychological Science, 2*, 119-122.

Gregg, L., & Tarrier, N. (2007). Virtual reality in mental health: A review of the literature. *Social Psychiatry and Psychiatric Epidemiology, 42*, 343-54.

Gregory, Richard L. (1963). Distortion of visual space as inappropriate constancy scaling. *Nature, 199*, 678-679.

Grewen, Karen M.; Girdler, Susan S.; Amico, Janet; & Light, Kathleen C. (2005). Effects of partner support on resting oxytocin, cortisol, norepinephrine, and blood pressure before and after warm partner contact. *Psychosomatic Medicine, 67*, 531-538.

Griffin, Donald R. (2001). *Animal minds: Beyond cognition to consciousness*. Chicago: University of Chicago Press.

Griffiths, R. R.; Richards, W. A.; Johnson, M. W.; et al. (2008). Mystical-type experiences occasioned by psilocybin mediate the attribution of personal meaning and spiritual significance fourteen months later. *Journal of Psychopharmacology, 22*, 621-632.

Grinspoon, Lester, & Bakalar, James B. (1993). *Marihuana, the forbidden medicine*. New Haven, CT: Yale University Press.

Gross, James J. (1998). The emerging field of emotion regulation: An integrative review. *Review of General Psychology, 2*, 271-299.

Gross, James J. (2001). Emotion regulation in adulthood: Timing is everything. *Current Directions in Psychological Science, 10*, 214-219.

Gross, James J., & John, Oliver, P. (2003). Individual differences in two emotion regulation processes: Implications for affect, relationships, and well-being. *Journal of Personality and Social Psychology, 85*, 348-362.

Grossman, Michele, & Wood, Wendy (1993). Sex differences in intensity of emotional experience: A social role interpretation. *Journal of Personality and Social Psychology, 65*, 1010-1022.

Guilford, J. P. (1988). Some changes in the structure-of-intellect model. *Educational and Psychological Measurement, 48*, 1-4.

Gur, R. C.; Gunning-Dixon, Faith; Bilker, Wareen B.; & Gur, Raquel E. (2002). Sex differences in temporo-limbic and frontal brain volumes of healthy adults. *Cerebral Cortex, 12*, 998-1003.

Gur, R. E.; Maany, V.; Mozley, P. D.; et al. (1998). Subcortical MRI volumes in neuroleptic-naive and treated patients with schizophrenia. *American Journal of Psychiatry, 155*, 1711-1717.

Gustavson, Carl R.; Garcia, John; Hankins, Walter G.; & Rusiniak, Kenneth W. (1974). Coyote predation control by aversive conditioning. *Science, 184*, 581-583.

Guthrie, Paul C., & Mobley, Brenda D. (1994). A comparison of the differential diagnostic efficiency of three personality disorder inventories. *Journal of Clinical Psychology, 50*, 656-665.

Guzman-Marin, Ruben; Suntsova, Natalia; Methippara, Melvi; et al. (2005). Sleep deprivation suppresses neurogenesis in the adult hippocampus of rats. *European Journal of Neuroscience, 22*, 2111-2116.

Haber, Ralph N. (1970, May). How we remember what we see. *Scientific American, 222*, 104-112.

Hacking, Ian (1995). *Rewriting the soul: Multiple personality and the sciences of memory*. Princeton: Princeton University Press.

Hahn, Robert; Fuqua-Whitley, Dawna; Wethington, Holly; et al. (2008). Effectiveness of universal school-based programs to prevent violent and aggressive behaviour: A systematic review. *Child: Care, Health, & Development, 34*, 139.

Haier, Richard J.; Jung, Rex E.; Yeo, Ronald A.; et al. (2005). The neuroanatomy of general intelligence: sex matters. *NeuroImage, 25*, 320-327.

Haimov, I., & Lavie, P. (1996). Melatonin—A soporific hormone. *Current Directions in Psychological Science, 5*, 106-111.

Hall, Calvin (1953a). A cognitive theory of dreams. *Journal of General Psychology, 49*, 273-282.

Hall, Calvin (1953b). *The meaning of dreams*. New York: McGraw-Hill.

Hall, Edward T. (1959). *The silent language*. Garden City, NY: Doubleday.

Hall, Edward T. (1976). *Beyond culture*. New York: Anchor.

Hall, Edward T. (1983). *The dance of life: The other dimension of time*. Garden City, NY: Anchor Press/Doubleday.

Hall, Edward T., & Hall, Mildred R. (1987). *Hidden differences: Doing business with the Japanese*. Garden City, NY: Anchor Press/Doubleday.

Hall, Edward T., & Hall, Mildred R. (1990). *Understanding cultural differences*. Yarmouth, ME: Intercultural Press.

Hall, Nathan C.; Perry, Raymond P.; Ruthig, Joelle C.; et al. (2006). Primary and secondary control in achievement settings: A longitudinal field study of academic motivation, emotions, and performance. *Journal of Applied Social Psychology, 36*, 1430-1470.

Hall, G. Stanley (1899). A study of anger. *American Journal of Psychology, 10*, 516-591.

Halpern, Diane (2002). *Thought and knowledge: An introduction to critical thinking* (4th ed.). Hillsdale, NJ: Erlbaum.

Halpern, Diane F. (2008). Psychologists are redefining retirement as a new phase of life. *The General Psychologist, 43*, 22-29.

Hamby, Sherry L., & Koss, Mary P. (2003). Shades of gray: A qualitative study of terms used in the measurement of sexual victimization. *Psychology of Women Quarterly, 27*, 243-255.

Hammen, Constance (2009). Adolescent depression. *Current Directions in Psychological Science, 18*, 200-204.

Han, Jin-Hee; Kushner, Steven A.; Yiu, Adelaide P.; et al. (2009). Selective erasure of a fear memory. *Science, 323*, 1492-1496.

Haney, Craig; Banks, Curtis; & Zimbardo, Philip (1973). Interpersonal dynamics in a simulated prison. *International Journal of Criminology and Penology, 1*, 69-97.

Haney, Craig, & Zimbardo, Philip (1998). The past and future of U.S. prison policy: Twenty-five years after the Stanford Prison Experiment. *American Psychologist, 53*, 709-727.

Hardie, Elizabeth A. (1997). PMS in the workplace: Dispelling the myth of cyclic function. *Journal of Occupational and Organizational Psychology, 70*, 97-102.

Harding, Courtenay M. (2005). Changes in schizophrenia across time: Paradoxes, patterns, and predictors. In L. Davidson, C. Harding, & L. Spaniol (Eds.), *Recovery from severe mental illnesses: Research evidence and implications for practice* (Vol. 1). Boston, MA: Center for Psychiatric Rehabilitation/Boston U.

Hare, Robert D. (1965). Temporal gradient of fear arousal in psychopaths. *Journal of Abnormal Psychology, 70*, 442-445.

Hare, Robert D. (1996). Psychopathy: A clinical construct whose time has come. *Criminal Justice and Behavior, 23,* 24–54.

Haritos-Fatouros, Mika (1988). The official torturer: A learning model for obedience to the authority of violence. *Journal of Applied Social Psychology, 18,* 1107–1120.

Harlow, Harry F. (1958). The nature of love. *American Psychologist, 13,* 673–685.

Harlow, Harry F., & Harlow, Margaret K. (1966). Learning to love. *American Scientist, 54,* 244–272.

Harmon-Jones, Eddie; Peterson, Carly K.; & Harris, Christine R. (2009). Jealousy: Novel methods and neural correlates. *Emotion, 9,* 113–117.

Harris, Gardiner (2003, August 7). Debate resumes on the safety of depression's wonder drugs. *The New York Times,* pp. A1, C4.

Harris, Judith R. (2006). *No two alike: Human nature and human individuality.* New York: Norton.

Harris, Judith R. (2009). *The nurture assumption* (2nd ed.). New York: Free Press.

Harris, Lasana T., & Fiske, Susan T. (2006). Dehumanizing the lowest of the low: Neuro-imaging responses to extreme outgroups. *Psychological Science,* in press.

Hart, A. J.; Whalen, P. J.; Shin, L. M.; et al. (2000). Differential response in the human amygdala to racial outgroup vs. ingroup face stimuli. *NeuroReport, 11,* 2351–2355.

Hart, John, Jr.; Berndt, Rita S.; & Caramazza, Alfonso (1985, August 1). Category-specific naming deficit following cerebral infarction. *Nature, 316,* 339–340.

Haslam, S. Alexander; Jetten, Jolanda; Postmes, Tom; & Haslam, Catherine (2009). Social identity, health and well-being: An emerging agenda for applied psychology. *Applied Psychology: An International Review, 58,* 1–23.

Haslam, S. Alexander, & Reicher, Stephen (2003, Spring). Beyond Stanford: Questioning a role-based explanation of tyranny. *Society for Experimental Social Psychology Dialogue, 18,* 22–25.

Hassett, Janice M.; Siebert, Erin R.; & Wallen, Kim (2008). Sex differences in rhesus monkey toy preferences parallel those of children. *Hormones and Behavior, 54,* 359–364.

Hatfield, Elaine, & Rapson, Richard L. (1996/2005). *Love and sex: Cross-cultural perspectives.* Boston: Allyn & Bacon.

Hatfield, Elaine, & Rapson, Richard L. (2008). Passionate love and sexual desire: Multidisciplinary perspectives. In J. P. Forgas & J. Fitness (Eds.), *Social relationships: Cognitive, affective, and motivational processes.* New York: Psychology Press.

Hauser, Marc (2000). *Wild minds: What animals really think.* New York: Holt.

Haut, Jennifer S.; Beckwith, Bill E.; Petros, Thomas V.; & Russell, Sue (1989). Gender differences in retrieval from long-term memory following acute intoxication with ethanol. *Physiology and Behavior, 45,* 1161–1165.

Hawkins, Elizabeth H.; Cummins, Lillian H.; & Marlatt, G. Alan (2004). Preventing substance abuse in American Indian and Alaska Native Youth: Promising strategies for healthier communities. *Psychological Bulletin, 130,* 304–323.

Hawkins, Scott A., & Hastie, Reid (1990). Hindsight: Biased judgments of past events after the outcomes are known. *Psychological Bulletin, 107,* 311–327.

Hayes, Steven C. (2004). Acceptance and commitment therapy and the new behavior therapies: Mindfulness, acceptance, and relationship. In S. C. Hayes, V. M. Follette, & M. M. Linehan (2004), *Mindfulness and acceptance: Expanding the cognitive-behavioral tradition.* New York: Guilford.

Hayes, Steven C.; Follette, Victoria M.; & Linehan, Marsha M. (Eds.) (2004). *Mindfulness and acceptance: Expanding the cognitive-behavioral tradition.* New York: The Guilford Press.

Hazan, Cindy, & Diamond, Lisa M. (2000). The place of attachment in human mating. *Review of General Psychology, 4,* 186–204.

Hazan, Cindy, & Shaver, Phillip R. (1994). Attachment as an organizational framework for research on close relationships. *Psychological Inquiry, 5,* 1–22.

Headey, Bruce (2008). Life goals matter to happiness: A revision of set-point theory. *Social Indicators Research, 86,* 213–231.

Healy, David (2002). *The creation of psychopharmacology.* Cambridge, MA: Harvard University Press.

Heath, A. C.; Madden, P. A. F.; Bucholz, K. K.; et al. (2003). Genetic and genotype x environment interaction effects on risk of dependence on alcohol, tobacco, and other drugs: new research. In R. Plomin et al. (Eds.), *Behavioral genetics in the postgenomic era.* Washington, DC: APA Books.

Heilig, Markus (2008, December 1). Molecular biology teases out two distinct forms of alcoholism. *The Scientist, 22.* On line at www.the-scientist.com/article/display/55237/.

Heinrichs, R. Walter (2005). The primacy of cognition in schizophrenia. *American Psychologist, 60,* 229–242.

Helson, Ravenna; Roberts, Brent; & Agronick, Gail (1995). Enduringness and change in creative personality and the prediction of occupational creativity. *Journal of Personality and Social Psychology, 6,* 1173–1183.

Helzer, John E.; Wittchen, Hans-Ulrich; Krueger, Robert F.; & Kraemer, Helena C. (2008). Dimensional options for DSM-V: The way forward. In J. E. Helzer, H. C. Kramer, & R. F. Krueger (Eds.), *Dimensional approaches in diagnostic classification: Refining the research agenda for DSM-V.* Washington, DC: American Psychiatric Association.

Henderlong, Jennifer, & Lepper, Mark R. (2002). The effects of praise on children's intrinsic motivation: A review and synthesis. *Psychological Bulletin, 128,* 774–795.

Henggeler, Scott W.; Schoenwald, Sonya K.; Borduin, Charles M.; et al. (1998). *Multisystemic treatment of antisocial behavior in children and adolescents.* New York: Guilford Press.

Hennessy, Michael B.; Schiml-Webb, Patricia A.; & Deak, Terrence (2009). Separation, sickness, and depression. *Current Directions in Psychological Science, 18,* 227–231.

Henrich, Joseph; Boyd, Robert; Bowles, Samuel; et al. (2001). In search of Homo Economicus: Behavioral experiments in 15 small scale societies. *American Economics Review, 91,* 73–78.

Herbert, Alan; Gerry, Norman P.; McQueen, Matthew B.; et al. (2006, April 14). A common genetic variant is associated with adult and childhood obesity. *Science, 312,* 279–283.

Herdt, Gilbert (1984). *Ritualized homosexuality in Melanesia.* Berkeley: University of California Press.

Herek, Gregory M., & Capitanio, J. P. (1996). "Some of my best friends": Intergroup contact, concealable stigma, and heterosexuals' attitudes toward gay men and lesbians. *Personality and Social Psychology Bulletin, 22,* 412–424.

Herman, John H. (1992). Transmutative and reproductive properties of dreams: Evidence for cortical modulation of brainstem generators. In J. Antrobus & M. Bertini (Eds.), *The neuropsychology of dreaming.* Hillsdale, NJ: Erlbaum.

Herman, Louis M.; Kuczaj, Stan A.; & Holder, Mark D. (1993). Responses to anomalous gestural sequences by a language-trained dolphin: Evidence for processing of semantic relations and syntactic information. *Journal of Experimental Psychology: General, 122,* 184–194.

Herman, Louis M., & Morrel-Samuels, Palmer (1996). Knowledge acquisition and asymmetry between language comprehension and production: Dolphins and apes as general models for animals. In M. Bekoff & D. Jamieson et al. (Eds.), *Readings in animal cognition.* Cambridge, MA: MIT Press.

Heron, Woodburn (1957). The pathology of boredom. *Scientific American, 196*(1), 52–56.

Hertzog, Christopher; Kramer, Arthur F.; Wilson, Robert S.; & Lindenberger, Ulman (2008). Enrichment effects on adult cognitive development: Can the functional capacity of older adults be preserved and enhanced? *Psychological Science in the Public Interest, 9,* 1–65.

Herz, Rachel S., & Cupchik, Gerald C. (1995). The emotional distinctiveness of odor-evoked memories. *Chemical Senses, 20,* 517–528.

Hess, Thomas M. (2005). Memory and aging in context. *Psychological Bulletin, 131,* 383–406.

Hess, Ursula; Adams, Reginald B., Jr.; & Kleck, Robert (2005). Who may frown and who should smile? Dominance, affiliation, and the display of happiness and anger. *Cognition & Emotion, 19,* 515–536.

Hess, Ursula, & Thibault, Pascal (2009). Darwin and emotional expression. *American Psychologist, 64,* 120–128.

Hewlitt, Sylvia Ann; Luce, Carolyn B.; & Servon, Lisa J. (2008, June). Stopping the exodus of women in science. *Harvard Business Review*, ePub.

Hilgard, Ernest R. (1977). *Divided consciousness: Multiple controls in human thought and action*. New York: Wiley-Interscience.

Hilgard, Ernest R. (1986). *Divided consciousness: Multiple controls in human thought and action* (2nd ed.). New York: Wiley.

Hill-Soderlund, Ashley L., & Braungart-Rieker, Julia M. (2008). Early individual differences in temperamental reactivity and regulation: Implications for effortful control in early childhood. *Infant Behavior & Development, 31*, 386–397.

Hilts, Philip J. (1995). *Memory's ghost: The strange tale of Mr. M. and the nature of memory*. New York: Simon & Schuster.

Hines, Terence M. (1998). Comprehensive review of biorhythm theory. *Psychological Reports, 83*, 19–64.

Hirsch, Helmut V. B., & Spinelli, D. N. (1970). Visual experience modifies distribution of horizontally and vertically oriented receptive fields in cats. *Science, 168*, 869–871.

Hobson, J. Allan (1988). *The dreaming brain*. New York: Basic Books.

Hobson, J. Allan (1990). Activation, input source, and modulation: A neurocognitive model of the state of the brain mind. In R. R. Bootzin, J. F. Kihlstrom, & D. L. Schacter (Eds.), *Sleep and cognition*. Washington, DC: American Psychological Association.

Hobson, J. Allan (2002). *Dreaming: An introduction to the science of sleep*. New York: Oxford University Press.

Hobson, J. Allan; Pace-Schott, Edward F.; & Stickgold, Robert (2000). Dreaming and the brain: Toward a cognitive neuroscience of conscious states. *Behavioral and Brain Sciences, 23*, 793–842, 904–1018, 1083–1121.

Hochschild, Arlie R. (2003). *The Managed Heart: Commercialization of human feeling* (2nd ed.). Berkeley, CA: University of California Press.

Hoffrage, Ulrich; Hertwig, Ralph; & Gigerenzer, Gerd (2000). Hindsight bias: A by-product of knowledge updating? *Journal of Experimental Psychology: Learning, Memory, & Cognition, 26*, 566–581.

Hofstede, Geert, & Bond, Michael H. (1988). The Confucius connection: From cultural roots to economic growth. *Organizational Dynamics*, 5–21.

Holden, Constance (2008, July 11). Poles apart. *Science, 321*, 193–195.

Holden, George W., & Miller, Pamela C. (1999). Enduring and different: A meta-analysis of the similarity in parents' child rearing. *Psychological Bulletin, 125*, 223–254.

Holland, Rob W.; Hendriks, Merel; & Aarts, Henk (2005). Smells like clean spirit: Nonconscious effects of scent on cognition and behavior. *Psychological Science, 16*, 689–693.

Hollon, Steven D.; Thase, Michael E.; & Markowitz, John C. (2002). Treatment and prevention of depression. *Psychological Science in the Public Interest, 3*, 39–77.

Holloway, Renee A.; Waldrip, Amy M.; & Ickes, William (2009). Evidence that a simpático self-schema accounts for differences in the self-concepts and social behavior of Latinos versus Whites (and Blacks). *Journal of Personality and Social Psychology, 96*, 1012–1028.

Homer, Bruce D.; Solomon, Todd M.; Moeller, Robert W.; et al. (2008). Methamphetamine abuse and impairment of social function: A review of the underlying neurophysiological causes and behavior implications. *Psychological Bulletin, 134*, 301–310.

Hooker, Evelyn (1957). The adjustment of the male overt homosexual. *Journal of Projective Techniques, 21*, 18–31.

Hopper, Kim; Harrison, Glynn; Janca, Aleksandar; & Sartorius, Norman (Eds.) (2007). *Recovery from schizophrenia: An international investigation*. New York: Oxford University Press.

Horgan, John (1995, November). Get smart, take a test: A long-term rise in IQ scores baffles intelligence experts. *Scientific American, 273*, 12,14.

Horney, Karen (1926/1973). The flight from womanhood. *The International Journal of Psycho-Analysis, 7*, 324–339. Reprinted in J. B. Miller (Ed.), *Psychoanalysis and women*. New York: Brunner/Mazel, 1973.

Hornung, Richard W.; Lanphear, Bruce P.; & Dietrich, Kim N. (2009). Age of greatest susceptibility to childhood lead exposure: A new statistical approach. *Environmental Health Perspectives, 117*, 1309–1312.

Hotz, Robert Lee (2000, November 29). Women use more of brain when listening, study says. *Los Angeles Times*, A1, A18–19.

House, James S.; Landis, Karl R.; & Umberson, Debra (2003). Social relationships and health. In P. Salovey & A. J. Rothman (Eds.), *Social psychology of health*. New York: Psychology Press.

Houston, Derek M., & Jusczyk, Peter W. (2003). Infants' long-term memory for the sound patterns of words and voices. *Journal of Experimental Psychology: Human Perception & Performance, 29*, 1143–1154.

Houts, Arthur C. (2002). Discovery, invention, and the expansion of the modern *Diagnostic and Statistical Manuals of Mental Disorders*. In L. E. Beutler & M. L. Malik (Eds.), *Rethinking the DSM: A psychological perspective*. Washington, DC: American Psychological Association.

Howard, George S. (1991). Culture tales: A narrative approach to thinking, cross-cultural psychology, and psychotherapy. *American Psychologist, 46*, 187–197.

Howe, Mark L. (2000). *The fate of early memories: Developmental science and the retention of childhood experiences*. Washington, DC: American Psychological Association.

Howe, Mark L.; Courage, Mary L.; & Peterson, Carole (1994). How can I remember when "I" wasn't there? Long-term retention of traumatic experiences and emergence of the cognitive self. *Consciousness and Cognition, 3*, 327–355.

Hrdy, Sarah B. (1988). Empathy, polyandry, and the myth of the coy female. In R. Bleier (Ed.), *Feminist approaches to science*. New York: Pergamon.

Hrdy, Sarah B. (1994). What do women want? In T. A. Bass (Ed.), *Reinventing the future: Conversations with the world's leading scientists*. Reading, MA: Addison-Wesley.

Hrdy, Sarah B. (1999). *Mother nature*. New York: Pantheon.

Hu, H.; Real, E.; Takamiya, K.; et al. (2007). Emotion enhances learning via norepinephrine regulation of AMPA-receptor trafficking. *Cell, 131*, 160–173.

Hu, Peter; Stylos-Allan, Melinda; & Walker, Matthew (2006). Sleep facilitates consolidation of emotional declarative memory. *Psychological Science, 17*, 891–898.

Hu, Wei; Saba, Laura; Kechris, Katherina; et al. (2008). Genomic insights into acute alcohol tolerance. *Journal of Pharmacology and Experimental Therapeutics, 326*, 792–800.

Hubel, David H., & Wiesel, Torsten N. (1962). Receptive fields, binocular interaction and functional architecture in the cat's visual cortex. *Journal of Physiology* (London), *160*, 106–154.

Hubel, David H., & Wiesel, Torsten N. (1968). Receptive fields and functional architecture of monkey striate cortex. *Journal of Physiology* (London), *195*, 215–243.

Huggins, Martha K.; Haritos-Fatouros, Mika; & Zimbardo, Philip G. (2003). *Violence workers: Police torturers and murderers reconstruct Brazilian atrocities*. Berkeley, CA: University of California Press.

Hunsley, John; Lee, Catherine M.; & Wood, James (2003). Controversial and questionable assessment techniques. In S. O. Lilienfeld, S. J. Lynn, & J. M. Lohn (Eds.), *Science and pseudoscience in clinical psychology*. New York: Guilford.

Hupka, Ralph B. (1981). Cultural determinants of jealousy. *Alternative Lifestyles, 4*, 310–356.

Hupka, Ralph B. (1991). The motive for the arousal of romantic jealousy. In P. Salovey (Ed.), *The psychology of jealousy and envy*. New York: Guilford Press.

Hupka, Ralph B.; Lenton, Alison P.; & Hutchison, Keith A. (1999). Universal development of emotion categories in natural language. *Journal of Personality and Social Psychology, 77*, 247–278.

Hwang, Wei-Chin (2006). The psychotherapy adaptation and modification framework: Application to Asian Americans. *American Psychologist, 61*, 702–715.

Hyde, Janet S. (2007). New directions in the study of gender similarities and differences. *Current Directions in Psychological Science, 16*, 259–263.

Hyman, Ira E., Jr., & Pentland, Joel (1996). The role of mental imagery in the creation of false childhood memories. *Journal of Memory and Language, 35*, 101–117.

Iacoboni, Marco (2008). *Mirroring people: The new science of how we connect with others*. New York: Farrar, Straus and Giroux.

Iacono, William G., & Lykken, David T. (1997). The scientific status of research on polygraph techniques: The case against polygraph tests. In D. L. Faigman, D. Kaye, M. J. Saks, & J. Sanders (Eds.), *Modern scientific evidence: The law and science of expert testimony*. St. Paul, MN: West.

Ikonomidou, Chrysanthy; Bittigau, Petra; Ishimaru, Masahiko J.; et al. (2000, February 11). Ethanol-induced apoptotic neurodegeneration and fetal alcohol syndrome. *Science, 287,* 1056–1060.

Impett, Emily A.; Gable, Shelly; & Peplau, Letitia A. (2005). Giving up and giving in: The costs and benefits of daily sacrifice in intimate relationships. *Journal of Personality and Social Psychology, 89,* 327–344.

Impett, Emily A., & Tolman, Deborah L. (2006). Late adolescent girls' sexual experiences and sexual satisfaction. *Journal of Adolescent Research, 21,* 628–646.

International Consensus Conference (2002, June). *Female Androgen Deficiency Syndrome: Definition, Diagnosis, and Classification: International Consensus* Conference, Princeton, NJ. http://www.medscape.com/viewprogram/302.

Inzlicht, Michael, & Ben-Zeev, Talia (2000). A threatening intellectual environment: Why females are susceptible to experiencing problem-solving deficits in the presence of males. *Psychological Science, 11,* 365–371.

Islam, Mir Rabiul, & Hewstone, Miles (1993). Intergroup attributions and affective consequences in majority and minority groups. *Journal of Personality and Social Psychology, 64,* 936–950.

Ito, Tiffany A., & Urland, Geoffrey R. (2003). Race and gender on the brain: Electrocortical measures of attention to the race and gender of multiply categorizable individuals. *Journal of Personality and Social Psychology, 85,* 616–626.

Izard, Carroll E. (1990). Facial expressions and the regulation of emotions. *Journal of Personality and Social Psychology, 58,* 487–498.

Izard, Carroll E. (1994a). Four systems for emotion activation: Cognitive and noncognitive processes. *Psychological Review, 100,* 68–90.

Izard, Carroll E. (1994b). Innate and universal facial expressions: Evidence from developmental and cross-cultural research. *Psychological Bulletin, 115,* 288–299.

Izard, Carroll E. (2007). Basic emotions, natural kinds, emotion schemas, and a new paradigm. *Perspectives on Psychological Science, 2,* 260–280.

Izard, Véronique; Sann, Coralie; Spelke, Elizabeth S.; & Streri, Arlette (2009). Newborn infants perceive abstract numbers. *Proceedings of the National Academy of Sciences, 106,* 10382–10385.

Izumikawa, Masahiko; Minoda, Ryosei; Kawamoto, Karen A.; et al. (2005). Auditory hair cell replacement and hearing improvement by *Atoh1* gene therapy in deaf mammals. *Nature Medicine, 11,* 271–276.

Jackson, Daren C.; Mueller, Corrina J.; Dolski, Isa; Dalton, Kim M.; Nitschke, Jack B.; et al. (2003). Now you feel it, now you don't: Frontal brain electrical asymmetry and individual differences in emotion regulation. *Psychological Science, 14,* 612–617.

Jacobs, Gregg D.; Pace-Schott, Edward F.; Stickgold, Robert; & Otto, Michael W. (2004). Cognitive behavior therapy and pharmacotherapy for chronic insomnia: A randomized controlled trial and direct comparison. *Archives of Internal Medicine, 164,* 1888–1896.

Jacobsen, Paul B; Bovbjerg, Dana H.; Schwartz, Marc D.; et al. (1995). Conditioned emotional distress in women receiving chemotherapy for breast cancer. *Journal of Consulting & Clinical Psychology, 63,* 108–114.

James, William (1890/1950). *Principles of psychology* (Vol. 1). New York: Dover.

James, William (1902/1936). *The varieties of religious experience.* New York: Modern Library.

Jamison, Kay (1992). *Touched with fire: Manic depressive illness and the artistic temperament.* New York: Free Press.

Jamison, Kay (1999). *Night falls fast: Understanding suicide.* New York: Knopf.

Jancke, Lutz; Schlaug, Gottfried; & Steinmetz, Helmuth (1997). Hand skill asymmetry in professional musicians. *Brain and Cognition, 34,* 424–432.

Jang, Kerry L.; McCrae, Robert R.; Angleitner, Alois; et al. (1998). Heritability of facet-level traits in a cross-cultural twin sample: Support for a hierarchical model of personality. *Journal of Personality and Social Psychology, 74,* 1556–1565.

Janis, Irving L. (1982). *Groupthink: Psychological studies of policy decisions and fiascoes* (2nd ed.). Boston: Houghton Mifflin.

Janis, Irving L. (1989). *Crucial decisions: Leadership in policymaking and crisis management.* New York: Free Press.

Jenkins, John G., & Dallenbach, Karl M. (1924). Obliviscence during sleep and waking. *American Journal of Psychology, 35,* 605–612.

Jensen, Arthur R. (1998). *The g factor: The science of mental ability.* Westport, CT; Praeger/Greenwood.

Jobe, Thomas H., & Harrow, Martin (2010). Schizophrenia course, long-term outcome, recovery, and prognosis. *Current Directions in Psychological Science, 19,* 220–225.

Johanek, Lisa M.; Meyer, Richard A.; Friedman, Robert M.; et al. (2008). A role for polymodal C-fiber afferents in nonhistaminergic itch. *The Journal of Neuroscience, 28,* 7659–7669.

Johns, Michael; Schmader, Toni; & Martens, Andy (2005). Knowing is half the battle: Teaching stereotype threat as a means of improving women's math performance. *Psychological Science, 16,* 175–179.

Johnson, Andrew J., & Miles, Christopher (2009). Serial position effects in 2-alternative forced choice recognition: functional equivalence across visual and auditory modalities. *Memory, 17,* 84–91.

Johnson, Marcia K.; Hashtroudi, Shahin; & Lindsay, D. Stephen (1993). Source monitoring. *Psychological Bulletin, 114,* 3–28.

Johnson, Wendy; Turkheimer, Eric; Gottesman, Irving I.; & Bouchard, Thomas J., Jr. (2009). Beyond heritability: Twin studies in behavioral research. *Current Directions in Psychological Science, 18,* 217–221.

Joiner, Thomas (2005). *Myths about suicide.* Cambridge, MA: Harvard University Press.

Jones, Edward E. (1990). *Interpersonal perception.* New York: Macmillan.

Jones, Mary Cover (1924). A laboratory study of fear: The case of Peter. *Pedagogical Seminary, 31,* 308–315.

Joormann, Jutta (2010). Cognitive inhibition and emotion regulation in depression. *Current Directions in Psychological Science, 19,* 161–166.

Joormann, Jutta, & Gotlib, Ian H. (2007). Selective attention to emotional faces following recovery from depression. *Journal of Abnormal Psychology, 116,* 80–85.

Joormann, Jutta; Siemer, Matthias; & Gotlib, Ian H. (2007). Mood regulation in depression: Differential effects of distraction and recall of happy memories on sad mood. *Journal of Abnormal Psychology, 116,* 484–490.

Jost, John T. (2006). The end of the end of ideology. *American Psychologist, 61,* 651–670.

Jost, John T.; Glaser, Jack; Kruglanski, Arie W.; & Sulloway, Frank J. (2003). Political conservatism as motivated social cognition. *Psychological Bulletin, 129,* 339–375.

Jost, John T.; Nosek, Brian A.; & Gosling, Samuel D. (2008). Ideology: Its resurgence in social, personality, and political psychology. *Perspectives on Psychological Science, 3,* 126–136.

Judd, Charles M.; Park, Bernadette; Ryan, Carey S.; et al. (1995). Stereotypes and ethnocentrism: Diverging interethnic perceptions of African American and white American youth. *Journal of Personality and Social Psychology, 69,* 460–481.

Judge, Timothy A. (2009). Core self-evaluations and work success. *Current Directions, 18,* 18–22.

Jung, Carl (1967). *Collected works.* Princeton, NJ: Princeton University Press.

Jusczyk, Peter W. (2002). How infants adapt speech-processing capacities to native-language structure. *Current Directions in Psychological Science, 11,* 15–18.

Jussim, Lee; Cain, Thomas R.; Crawford, Jarret T.; et al. (2009). The unbearable accuracy of stereotypes. In T. Nelson (Ed.), *The handbook of prejudice, stereotyping, and discrimination.* New York: Psychology Press.

Just, Marcel A.; Carpenter, Patricia A.; Keller, T. A.; et al. (2001). Interdependence of nonoverlapping cortical systems in dual cognitive tasks. *NeuroImage, 14,* 417–426.

Kagan, Jerome (1984). *The nature of the child.* New York: Basic Books.

Kagan, Jerome (1997). Temperament and the reactions to unfamiliarity. *Child Development, 68,* 139–143.

Kahn, Arnold S. (2004). 2003 Carolyn Sherif Award Address: What college women do and do not experience as rape. *Psychology of Women Quarterly, 28,* 9–15.

Kahneman, Daniel (2003). A perspective on judgment and choice: Mapping bounded rationality. *American Psychologist, 58,* 697–720.

Kaminski, Juliane; Call, Josep; & Fisher, Julia (2004). Word learning in a domestic dog: Evidence for "fast mapping." *Science, 304,* 1682–1683.

Kanagawa, Chie; Cross, Susan E.; & Markus, Hazel R. (2001). "Who am I?" The cultural psychology of the conceptual self. *Personality and Social Psychology Bulletin, 27,* 90–103.

Kandel, Eric R. (2001). The molecular biology of memory storage: A dialogue between genes and synapses. *Science, 294,* 1030–1038.

Kane, Michael J.; Brown, Leslie H.; McVay, Jennifer C.; et al. (2007). For whom the mind wanders, and when: An experience-sampling study of working memory and executive control in daily life. *Psychological Science, 18,* 614–621.

Kanter, Rosabeth M. (2006). Some effects of proportions on group life: Skewed sex ratios and responses to token women. In J. N. Levine & R. L. Moreland (Eds.), *Small groups. Key Readings in Social Psychology.* New York: Psychology Press.

Kanwisher, Nancy (2000). Domain specificity in face perception. *Nature Neuroscience, 3,* 759.

Karasek, Robert, & Theorell, Tores (1990). *Healthy work: Stress, productivity, and the reconstruction of working life.* New York: Basic Books.

Karlsgodt, Katherine H.; Sun, Daqiang; & Cannon, Tyrone D. (2010). Structural and functional brain abnormalities in schizophrenia. *Current Directions in Psychological Science, 19,* 226-231.

Karney, Benjamin, & Bradbury, Thomas N. (2000). Attributions in marriage: State or trait? A growth curve analysis. *Journal of Personality and Social Psychology, 78,* 295–309.

Karni, Avi; Tanne, David; Rubenstein, Barton S.; Askenasy, Jean J. M.; & Sagi, Dov (1994). Dependence on REM sleep of overnight improvement of a perceptual skill. *Science, 265,* 679–682.

Karpicke, Jeffrey D., & Roediger, Henry L. III (2008, February 15). The critical importance of retrieval for learning. *Science, 319,* 966–968.

Karraker, Katherine H.; Vogel, Dena A.; & Lake, Margaret A. (1995). Parents' gender-stereotyped perceptions of newborns: The eye of the beholder revisited. *Sex Roles, 33,* 687–701.

Karremans, Johan C.; Van Lange, Paul A. M.; Ouwerkerk, Jaap W.; & Kluwer, Esther S. (2003). When forgiving enhances psychological well-being: The role of interpersonal commitment. *Journal of Personality and Social Psychology, 84,* 1011–1026.

Kasser, Tim, & Ryan, Richard M. (1996). Further examining the American dream: Correlates of financial success as a central life aspiration. *Personality and Social Psychology Bulletin, 22,* 280–287.

Katigbak, Marcia S.; Church, A. Timothy; Guanzon-Lapeña, Ma. Angeles; et al. (2002). Are indigenous personality dimensions culture specific? Philippine inventories and the Five-Factor model. *Journal of Personality and Social Psychology, 82,* 89–101.

Kaufman, Joan, & Zigler, Edward (1987). Do abused children become abusive parents? *American Journal of Orthopsychiatry, 57,* 186–192.

Kazdin, Alan E. (2001). *Behavior modification in applied settings* (6th ed.). Belmont, CA: Wadsworth.

Kazdin, Alan E. (2008). Evidence-based treatment and practice: New opportunities to bridge clinical research and practice, enhance the knowledge base, and improve patient care. *American Psychologist, 63,* 146–150.

Keating, Caroline F. (1994). World without words: Messages from face and body. In W. J. Lonner & R. Malpass (Eds.), *Psychology and culture.* Needham Heights, MA: Allyn & Bacon.

Keel, Pamela K., & Klump, Kelly L. (2003). Are eating disorders culture-bound syndromes? Implications for conceptualizing their etiology. *Psychological Bulletin, 129,* 747–769.

Keen, Sam (1986). *Faces of the enemy: Reflections of the hostile imagination.* San Francisco: Harper & Row.

Keizer, Kees; Lindenberg, Siegwart; & Steg, Linda (2008, December 12). The spreading of disorder. *Science, 322,* 1681–1685.

Keller, Heidi; Abels, Monika; Lamm, Bettina; et al. (2005). Ecocultural effects on early infant care: A study in Cameroon, India, and Germany. *Ethos, 33,* 512–541.

Kelman, Herbert C., & Hamilton, V. Lee (1989). *Crimes of obedience: Toward a social psychology of authority and responsibility.* New Haven, CT: Yale University Press.

Keltner, Dacher, & Anderson, Cameron (2000). Saving face for Darwin: The functions and uses of embarrassment. *Current Directions in Psychological Science, 9,* 187–192.

Kemeny, Margaret E. (2003). The psychobiology of stress. *Current Directions in Psychological Science, 12,* 124–129.

Kempermann, Gerd (2006). *Adult neurogenesis: Stem cells and neuronal development in the adult brain.* New York: Oxford University Press.

Kendall [no first name] (1999). Women in Lesotho and the (Western) construction of homophobia. In E. Blackwood & S. E. Wieringa (Eds.), *Female desires: Same-sex relations and transgender practices across cultures.* New York: Columbia University Press.

Kennedy-Moore, Eileen, & Watson, Jeanne C. (2001). How and when does emotional expression help? *Review of General Psychology, 5,* 187–212.

Kenrick, Douglas T.; Sundie, Jill M.; Nicastle, Lionel D.; & Stone, Gregory O. (2001). Can one ever be too wealthy or too chaste? Searching for nonlinearities in mate judgment. *Journal of Personality and Social Psychology, 80,* 462–471.

Kephart, William M. (1967). Some correlates of romantic love. *Journal of Marriage and the Family, 29,* 470–474.

Kessler, Ronald C.; Sonnega, A.; Bromet, E.; et al. (1995). Posttraumatic stress disorder in the National Comorbidity Survey. *Archives of General Psychiatry, 52,* 1048–1060.

Khan, A.; Detke, M.; Khan, S. R.; & Mallinckrodt, C. (2003). Placebo response and antidepressant clinical trial outcome. *Journal of Nervous and Mental Diseases, 191,* 211–218.

Kida, Thomas (2006). *Don't believe everything you think: The 6 basic mistakes we make in thinking.* Amherst, NY: Prometheus Books.

Kiecolt-Glaser, Janice K.; Loving, T. J.; Stowell, J. R.; et al. (2005). Hostile marital interactions, proinflammatory cytokine production, and wound healing. *Archives of General Psychiatry, 62,* 1377–1384.

Kiecolt-Glaser, Janice K., & Newton, Tamara L. (2001). Marriage and health: His and hers. *Psychological Bulletin, 127,* 472–503.

Kiecolt-Glaser, Janice K.; Page, Gayle G.; Marucha, Phillip T.; et al. (1998). Psychological influences on surgical recovery: Perspectives from psychoneuroimmunology. *American Psychologist, 53,* 1209–1218.

Kihlstrom, John F. (1994). Hypnosis, delayed recall, and the principles of memory. *International Journal of Clinical and Experimental Hypnosis, 40,* 337–345.

Kihlstrom, John F. (1995). From a subject's point of view: The experiment as conversation and collaboration between investigator and subject. Invited address presented at the annual meeting of the American Psychological Society, New York.

Kim, Heejung S.; Sherman, David K.; & Taylor, Shelley E. (2008). Culture and social support. *American Psychologist, 63,* 518–526.

King, Aimee E.; Austin-Oden, Deena; & Lohr, Jeffrey M. (2009, January). Browsing for love in all the wrong places. *Skeptic, 15,* 48–55.

King, Michael, & Woollett, Earnest (1997). Sexually assaulted males: 115 men consulting a counseling service. *Archives of Sexual Behavior, 26,* 579–588.

King, Patricia M., & Kitchener, Karen S. (1994). *Developing reflective judgment: Understanding and promoting intellectual growth and critical thinking in adolescents and adults.* San Francisco: Jossey Bass.

King, Patricia M., & Kitchener, Karen S. (2002). The reflective judgment model: Twenty years of research on epistemic cognition. In B. K. Hofer & P. R. Pintrich (Eds.), *Personal epistemology: The psychology of beliefs about knowledge and knowing.* Mahway, NJ: Erlbaum.

King, Patricia M., & Kitchener, Karen S. (2004). Reflective judgment: Theory and research on the development of epistemic assumptions through adulthood. *Educational Psychologist, 39,* 5–18.

King, Ryan S.; Mauer, Marc; & Young, Malcolm C. (2005). *Incarceration and crime: A complex relationship.* Washington, DC: The Sentencing Project.

King, Suzanne; St-Hilaire, Annie; & Heidkamp, David (2010). Prenatal factors in schizophrenia. *Current Directions in Psychological Science, 19,* 209-213.

Kinoshita, Sachiko, & Peek-O'Leary, Marie (2005). Does the compatibility effect in the race Implicit Association Test reflect familiarity or affect? *Psychonomic Bulletin & Review, 12,* 442–452.

Kinsey, Alfred C.; Pomeroy, Wardell B.; & Martin, Clyde E. (1948). *Sexual behavior in the human male.* Philadelphia: Saunders.

Kinsey, Alfred C.; Pomeroy, Wardell B.; Martin, Clyde E.; & Gebhard, Paul H. (1953). *Sexual behavior in the human female.* Philadelphia: Saunders.

Kirsch, Irving (1997). Response expectancy theory and application: A decennial review. *Applied and Preventive Psychology, 6,* 69–70.

Kirsch, Irving (2004). Conditioning, expectancy, and the placebo effect: Comment on Stewart-Williams and Podd (2004). *Psychological Bulletin, 130,* 341–343.

Kirsch, Irving; Deacon, B. J.; Huedo-Medina, T. B.; et al. (2008). Initial severity and antidepressant benefits: A meta-analysis of data submitted to the Food and Drug Administration. *PLoS Medicine, 5,* e45.

Kirsch, Irving, & Lynn, Steven J. (1995). The altered state of hypnosis: Changes in the theoretical landscape. *American Psychologist, 50,* 846–858.

Kirsch, Irving, & Lynn, Steven J. (1998). Dissociation theories of hypnosis. *Psychological Bulletin, 123,* 100–113.

Kirsch, Irving; Silva, Christopher E.; Carone, James E.; Johnston, J. Dennis; & Simon, B. (1989). The surreptitious observation design: An experimental paradigm for distinguishing artifact from essence in hypnosis. *Journal of Abnormal Psychology, 98,* 132–136.

Kitayama, Shinobu, & Markus, Hazel R. (1994). Introduction to cultural psychology and emotion research. In S. Kitayama & H. R. Markus (Eds.), *Emotion and culture: Empirical studies of mutual influence.* Washington, DC: American Psychological Association.

Kitayama, Shinobu; Snibbe, Alana C.; Markus, Hazel R.; & Suzuki, Tomoko (2004). Is there any "free" choice? Self and dissonance in two cultures. *Psychological Science, 15,* 517–533.

Kitchener, Karen S.; Lynch, Cindy L.; Fischer, Kurt W.; & Wood, Phillip K. (1993). Developmental range of reflective judgment: The effect of contextual support and practice on developmental stage. *Developmental Psychology, 29,* 893–906.

Klauer, Sheila G.; Dingus, Thomas A.; Neale, Vicki L.; et al. (2006). *The impact of driver inattention on near-crash/crash risk: An analysis using the 100-car naturalistic driving study data*[pdf]. Performed by Virginia Tech Transportation Institute, Blacksburg, VA, sponsored by National Highway Traffic Safety Administration, Washington, DC, DOT HS 810 594.

Klein, Daniel N.; Schwartz, Joseph E.; Santiago, Neil J.; et al. (2003). Therapeutic alliance in depression treatment: Controlling for prior change and patient characteristics. *Journal of Consulting & Clinical Psychology, 71,* 997–1006.

Klein, Raymond, & Armitage, Roseanne (1979). Rhythms in human performance: 1 1/2-hour oscillations in cognitive style. *Science, 204,* 1326–1328.

Kleinke, Chris L.; Peterson, Thomas R.; & Rutledge, Thomas R. (1998). Effects of self-generated facial expressions on mood. *Journal of Personality and Social Psychology, 74,* 272–279.

Kleinman, Arthur (1988). *Rethinking psychiatry: From cultural category to personal experience.* New York: Free Press.

Klima, Edward S., & Bellugi, Ursula (1966). Syntactic regularities in the speech of children. In J. Lyons & R. J. Wales (Eds.), *Psycholinguistics papers.* Edinburgh, Scotland: Edinburgh University Press.

Klimoski, R. (1992). Graphology and personnel selection. In B. Beyerstein & D. Beyerstein (Eds.), *The write stuff: Evaluations of graphology—The study of handwriting analysis.* Buffalo, NY: Prometheus Books.

Kling, Kristen C.; Hyde, Janet S.; Showers, Carolin J.; & Buswell, Brenda N. (1999). Gender differences in self-esteem: A meta-analysis. *Psychological Bulletin, 125,* 470–500.

Klohnen, Eva C., & Bera, Stephan (1998). Behavioral and experiential patterns of avoidantly and securely attached women across adulthood: A 31-year longitudinal perspective. *Journal of Personality and Social Psychology, 74,* 211–223.

Kluft, Richard P. (1987). The simulation and dissimulation of multiple personality disorder. *American Journal of Clinical Hypnosis, 30,* 104–118.

Koch, Christof (2004). *The quest for consciousness: A neurobiological approach.* Greenwood Village, CO: Roberts & Company Publishers.

Kochanska, Grazyna; Forman, David R.; Aksan, Nazan; & Dunbar, Stephen B. (2005). Pathways to conscience: Early mother-child mutually responsive orientation and children's moral emotion, conduct, and cognition. *Journal of Child Psychology and Psychiatry, 46,* 19–34.

Kochanska, Grazyna, & Knaack, Amy (2003). Effortful control as a personality characteristic of young children: Antecedents, correlates, and consequences. *Journal of Personality, 71,* 1087–1112.

Kohlberg, Lawrence (1964). Development of moral character and moral ideology. In M. Hoffman & L. W. Hoffman (Eds.), *Review of child development research.* New York: Russell Sage Foundation.

Köhler, Wolfgang (1925). *The mentality of apes.* New York: Harcourt, Brace.

Köhler, Wolfgang (1929). *Gestalt psychology.* New York: Horace Liveright.

Kohsaka, Akira; Laposky, Aaron D.; Ramsey, Kathryn Moynihan; et al. (2007). High-fat diet disrupts behavioral and molecular circadian rhythms in mice. *Cell Metabolism, 6,* 414–421.

Kok, Bethany E.; Catalino, Lahnna I.; & Fredrickson, Barbara L. (2008). The broadening, building, buffering effects of positive emotions. In S. J. Lopez (Ed.), *Positive psychology: Exploring the best in people* (Vol. 2). Westport, CT: Praeger Publishers/Greenwood.

Komarraju, Meera, & Cokley, Kevin O. (2008). Horizontal and vertical dimensions of individualism-collectivism: A comparison of African Americans and European Americans. *Cultural Diversity and Ethnic Minority Psychology, 14,* 336–343.

Koocher, Gerald P.; Goodman, Gail S.; White, C. Sue; et al. (1995). Psychological science and the use of anatomically detailed dolls in child sexual-abuse assessments. *Psychological Bulletin, 118,* 199–222.

Kornell, Nate (2009). Metacognition in humans and animals. *Current Directions in Psychological Science, 18,* 11–15.

Kosfeld, Michael; Heinrichs, Markus; Zak, Paul J.; et al. (2005). Oxytocin increases trust in humans. *Nature, 435,* 673–676.

Kosslyn, Stephen M. (1980). *Image and mind.* Cambridge, MA: Harvard University Press.

Kounios, John, & Beeman, Mark (2009). The *Aha!* Moment: The cognitive neuroscience of insight. *Current Directions in Psychological Science, 18,* 210–216.

Koyama, Tetsua; McHaffie, John G.; Laurienti, Paul J.; & Coghill, Robert C. (2005). The subjective experience of pain: Where expectations become reality. *Proceedings of the National Academy of Sciences, 102,* 12950–12955.

Kramer, Arthur F., & Willis, Sherry L. (2002). Enhancing the cognitive vitality of older adults. *Current Directions in Psychological Science, 11,* 173–177.

Krantz, David S.; Olson, Marian B.; Francis, Jennifer L.; et al. (2006). Anger, hostility, and cardiac symptoms in women with suspected coronary artery disease: The women's ischemia syndrome evaluation (WISE) study. *Journal of Women's Health, 15,* 1214–1223.

Krebs, Dennis L. (2008). Morality: An evolutionary account. *Perspectives on Psychological Science, 3,* 149–172.

Kreps, Bonnie (1990). *Subversive thoughts, authentic passions.* San Francisco: Harper & Row.

Krieger, Nancy, & Sidney, S. (1996). Racial discrimination and blood pressure: The CARDIA study of young black and white adults. *American Journal of Public Health, 86,* 1370–1378.

Krimsky, Sheldon (2003). *Science in the private interest.* Lanham, MD: Rowman & Littlefield.

Kring, Ann M., & Gordon, Albert H. (1998). Sex differences in emotion: Expression, experience, and physiology. *Journal of Personality and Social Psychology, 74,* 686–703.

Kripke, Daniel F. (1974). Ultradian rhythms in sleep and wakefulness. In E. D. Weitzman (Ed.), *Advances in sleep research* (Vol. 1). Flushing, NY: Spectrum.

Krueger, Alan B. (2007). *What makes a terrorist: Economics and the roots of terrorism.* Princeton, NJ: Princeton University Press.

Krueger, Robert F.; Hicks, Brian M.; & McGue, Matt (2001). Altruism and antisocial behavior: Independent tendencies, unique personality correlates, distinct etiologies. *Psychological Science, 12,* 397–402.

Kruglanski, Arie W.; Chen, Xiaoyan; Dechesne, Mark; et al. (2009). Fully committed: Suicide bombers' motivation and the quest for personal significance. *Political Psychology, 30,* 331–357.

Krützen, Michael; Mann, Janet; Heithaus, Michael R.; et al. (2005). Cultural transmission of tool use in bottlenose dolphins. *Proceedings of the National Academy of Sciences, 102,* 8939–8943; published online before print as 10.1073/pnas.0500232102.

Kuhl, Patricia K.; Williams, Karen A.; Lacerda, Francisco; et al. (1992, January 31). Linguistic experience alters phonetic perception in infants by 6 months of age. *Science, 255,* 606–608.

Kuhn, Deanna; Weinstock, Michael; & Flaton, Robin (1994). How well do jurors reason? Competence dimensions of individual variation in a juror reasoning task. *Psychological Science, 5,* 289–296.

Kuncel, Nathan R.; Hezlett, Sarah A.; & Ones, Deniz S. (2004). Academic performance, career potential, creativity, and job performance: Can one construct predict them all? *Journal of Personality and Social Psychology, 86,* 148–161.

Kutchins, Herb, & Kirk, Stuart A. (1997). *Making us crazy: DSM. The psychiatric bible and the creation of mental disorders.* New York: Free Press.

Laan, Ellen, & Both, Stephanie (2008). What makes women experience desire? In L Tiefer (Ed.), The New View campaign against the medicalization of sex (Special Issue). *Feminism and Psychology, 18,* 505–514.

LaBerge, Stephen, & Levitan, Lynne (1995). Validity established of DreamLight cues for eliciting lucid dreaming. *Dreaming: Journal of the Association for the Study of Dreams, 5,* 159–168.

Lacasse, Jeffrey R., & Leo, Jonathan (2005, December). Serotonin and depression: A disconnect between the advertisements and the scientific literature. *PloS Medicine,* 2(12):e392. doi:10.1371/journal.pmed.0020392.

Lachman, Margie E., & Weaver, Suzanne L. (1998). The sense of control as a moderator of social class differences in health and well-being. *Journal of Personality and Social Psychology, 74,* 763–773.

Lachman, Sheldon J. (1996). Processes in perception: Psychological transformations of highly structured stimulus material. *Perceptual and Motor Skills, 83,* 411–418.

LaFrance, Marianne; Hecht, Marvin A.; & Paluck, Elizabeth L. (2003). The contingent smile: A meta-analysis of sex differences in smiling. *Psychological Bulletin, 129,* 305–334.

Lahey, B. B.; Pelham, W. E.; Loney, J.; et al. (2005). Instability of the DSM-IV subtypes of ADHD from preschool through elementary school. *Archives of General Psychiatry, 62,* 896–902.

Lai, Hui-Ling, & Good, Marion (2005). Music improves sleep quality in older adults. *Journal of Advanced Nursing, 49,* 234–244.

Landrigan, C. P.; Fahrenkopf, A. M.; Lewin, D.; et al. (2008). Effects of the Accreditation Council for Graduate Medical Education duty hour limits on sleep, work hours, and safety. *Pediatrics, 122,* 250–258.

Landrine, Hope (1988). Revising the framework of abnormal psychology. In P. Bronstein & K. Quina (Eds.), *Teaching a psychology of people.* Washington, DC: American Psychological Association.

Lang, Ariel J.; Craske, Michelle G.; Brown, Matt; & Ghaneian, Atousa (2001). Fear-related state dependent memory. *Cognition & Emotion, 15,* 695–703.

Lang, Frieder R., & Heckhausen, Jutta (2001). Perceived control over development and subjective well-being: Differential benefits across adulthood. *Journal of Personality and Social Psychology, 81,* 509–523.

Langer, Ellen J.; Blank, Arthur; & Chanowitz, Benzion (1978). The mindlessness of ostensibly thoughtful action: The role of placebic information in interpersonal interaction. *Journal of Personality and Social Psychology, 36,* 635–642.

Lanphear, B. P.; Hornung, R.; Ho, M.; et al. (2002). Environmental lead exposure during early childhood. *Journal of Pediatrics, 140,* 40–47.

Lany, Jill, & Gómez, Rebecca L. (2008). Twelve-month-old infants benefit from prior experience in statistical learning. *Psychological Science, 19,* 1247–1252.

Lau, H.; Alger, S.; & Fishbein, W. (2008). Naps and relational memory—a daytime nap facilitates extraction of general concepts. Paper presented at the annual meeting of the Society for Neuroscience, November, Washington DC.

Laumann, Edward O., & Gagnon John H. (1995). A sociological perspective on sexual action. In R. G. Parker & J. H. Gagnon (Eds.), *Conceiving sexuality: Approaches to sex research in a postmodern world.* New York: Routledge.

Laumann, Edward O.; Gagnon, John H.; Michael, Robert T.; & Michaels, Stuart (1994). *The social organization of sexuality.* Chicago: University of Chicago Press.

Lavie, Peretz (1976). Ultradian rhythms in the perception of two apparent motions. *Chronobiologia, 3,* 21–218.

Lavie, Peretz (2001). Sleep-wake as a biological rhythm. *Annual Review of Psychology, 52,* 277–303.

Lazarus, Richard S. (2000). Toward better research on stress and coping. *American Psychologist, 55,* 665–673.

Lazarus, Richard S., & Folkman, Susan (1984). *Stress, appraisal, and coping.* New York: Springer.

LeDoux, Joseph E. (1996). *The emotional brain.* New York: Simon & Schuster.

Lee, Susan J., & McEwen, Bruce S. (2001). Neurotrophic and neuroprotective actions of estrogens and their therapeutic implications. *Annual Review of Pharmacology & Pharmaceutical Toxicology, 41,* 569–591.

Leib, Rebecca (2008). MMPI-2 family problems scales in child-custody litigants. *Dissertation Abstracts International:* Section B: The Sciences and Engineering. 68(7-B), 4879.

Leibenluft, E., & Rich, B. A. (2008). Pediatric bipolar disorder. *Annual Review of Clinical Psychology, 4,* 163–187.

Leichsenring, Falk, & Rabung, Sven (2008, October 1). Effectiveness of long-term psychodynamic therapy: A meta-analysis. *Journal of the American Medical Association, 300,* 1551–1565.

Leinbach, Mary D.; Hort, Barbara E.; & Fagot, Beverly I. (1997). Bears are for boys: Metaphorical associations in young children's gender stereotypes. *Cognitive Development, 12,* 107–130.

Lemieux, Robert, & Hale, Jerold L. (2000). Intimacy, passion, and commitment among married individuals: Further testing of the Triangular Theory of Love. *Psychological Reports, 87,* 941–948.

Leo, Richard A. (2008). *Police interrogation and American justice.* Cambridge, MA: Harvard University Press.

Leonard, Karen M. (2008). A cross-cultural investigation of temporal orientation in work organizations: A differentiation matching approach. *International Journal of Intercultural Relations, 32,* 479–492.

Lepore, Stephen J.; Ragan, Jennifer D.; & Jones, Scott (2000). Talking facilitates cognitive-emotional processes of adaptation to an acute stressor. *Journal of Personality and Social Psychology, 78,* 499–508.

Lepowsky, Maria (1994). *Fruit of the motherland: Gender in an egalitarian society.* New York: Columbia University Press.

Lepper, Mark R.; Greene, David; & Nisbett, Richard E. (1973). Undermining children's intrinsic interest with extrinsic rewards. *Journal of Personality and Social Psychology, 28,* 129–137.

Leproult, Rachel; Copinschi, Georges; Buxton, Orfeu; & Van Cauter, Eve (1997). Sleep loss results in an elevation of cortisol levels the next evening. *Sleep, 20,* 865–870.

Lerner, Melvin J. (1980). *The belief in a just world: A fundamental delusion.* New York: Plenum.

Lester, Barry M.; LaGasse, Linda L.; & Seifer, Ronald (1998, October 23). Cocaine exposure and children: The meaning of subtle effects. *Science, 282,* 633–634.

Levenson, Robert W. (1992). Autonomic nervous system differences among emotions. *Psychological Science, 3,* 23–27.

Levenson, Robert W.; Ekman, Paul; & Friesen, Wallace V. (1990). Voluntary facial action generates emotion-specific autonomic nervous system activity. *Psychophysiology, 27,* 363–384.

Levenson, Robert W., & Miller, Bruce L. (2007). Loss of cells—loss of self. *Current Directions in Psychological Science, 16,* 289–294.

Levin, Daniel T. (2000). Race as a visual feature: Using visual search and perceptual discrimination tasks to understand face categories and the cross-race recognition deficit. *Journal of Experimental Psychology: General, 129,* 559–574.

Levine, James A.; Eberhardt, Norman L.; & Jensen, Michael D. (1999, January 8). Role of nonexercise activity thermogenesis in resistance to fat gain in humans. *Science, 283,* 212–214.

Levine, Robert V. (2003, May-June). The kindness of strangers. *American Scientist, 91,* 227–233.

Levine, Robert V.; Norenzayan, Ara; & Philbrick, Karen (2001). Cross-cultural differences in helping strangers. *Journal of Cross-Cultural Psychology, 32,* 543–560.

LeVine, Robert A., & Norman, Karin (2008). Attachment in anthropological perspective. In R. A. LeVine & R. S. New (Eds.), *Anthropology and child development: A cross-cultural reader*. Malden: Blackwell.

Levy, Becca. (1996). Improving memory in old age through implicit self-stereotyping. *Journal of Personality and Social Psychology, 71*, 1092–1107.

Levy, David A. (2010). *Tools of critical thinking: Metathoughts for psychology* (2nd ed.). Long Grove, IL: Waveland.

Levy, Jerre; Trevarthen, Colwyn; & Sperry, Roger W. (1972). Perception of bilateral chimeric figures following hemispheric deconnection. *Brain, 95*, 61–78.

Levy, Robert I. (1984). The emotions in comparative perspective. In K. R. Scherer & P. Ekman (Eds.), *Approaches to emotion*. Hillsdale, NJ: Erlbaum.

Lewin, Kurt (1948). *Resolving social conflicts*. New York: Harper.

Lewontin, Richard C. (1970). Race and intelligence. *Bulletin of the Atomic Scientists, 26*(3), 2–8.

Lewontin, Richard C. (2001, March 5). Genomania: A disorder of modern biology and medicine. Invited address at the University of California, Los Angeles.

Lewy, Alfred J.; Ahmed, Saeeduddin; Jackson, Jeanne L.; & Sack, Robert L. (1992). Melatonin shifts human circadian rhythms according to a phase response curve. *Chronobiology International, 9*, 380–392.

Lewy, Alfred J.; Lefler, Bryan J.; Emens, Jonathan S.; & Bauer, Vance K. (2006). The circadian basis of winter depression. *Proceedings of the National Academy of Sciences, 103*, 7414–7419.

Lickona, Thomas (1983). *Raising good children*. New York: Bantam.

Lieberman, J. A.; Stroup, T. S.; McEvoy, J. P.; et al. (2005, September 22). Effectiveness of antipsychotic drugs in patients with chronic schizophrenia. *New England Journal of Medicine, 353*, 1209–1223.

Lieberman, Matthew (2000). Intuition: A social cognitive neuroscience approach. *Psychological Bulletin, 126*, 109–137.

Lien, Mei-Ching; Ruthruff, Eric; & Johnston, James C. (2006). Attentional limitations in doing two tasks at once: The search for exceptions. *Current Directions in Psychological Science, 16*, 89–93.

Liepert, J.; Bauder, H.; Miltner, W. H.; et al. (2000). Treatment-induced cortical reorganization after stroke in humans. *Stroke, 31*, 1210–1216.

Lilienfeld, Scott O. (2007). Psychological treatments that cause harm. *Perspectives on Psychological Science, 2*, 53–70.

Lilienfeld, Scott O.; Gershon, Jonathan; Duke, Marshall; Marino, Lori; & De Waal, Frans B. M. (1999). A preliminary investigation of the construct of psychopathic personality (psychopathy) in chimpanzees (Pan troglodytes). *Journal of Comparative Psychology, 113*, 365–375.

Lilienfeld, Scott O., & Lohr, Jeffrey (2003). Dissociative identity disorder: Multiple personalities, multiple controversies. In S. O. Lilienfeld, S. J. Lynn, & J. M. Lohr (Eds.), *Science and pseudoscience in clinical psychology*. New York: Guilford.

Lilienfeld, Scott O.; Lynn, Steven Jay; & Lohr, Jeffrey M. (Eds.) (2003). *Science and pseudoscience in clinical psychology*. New York: Guilford.

Lilienfeld, Scott O.; Wood, James M.; & Garb, Howard N. (2000). The scientific status of projective techniques. *Psychological Science in the Public Interest, 1*, 27–66.

Liljenquist, Katie; Zhong, Chen-Bo; & Galinsky, Adam D. (2010). The smell of virtue: Clean scents promote reciprocity and charity. *Psychological Science, 21*, 381–383.

Lin, Keh-Ming; Poland, Russell E.; & Chien, C. P. (1990). Ethnicity and psychopharmacology: Recent findings and future research directions. In E. Sorel (Ed.), *Family, culture, and psychobiology*. New York: Legas.

Lin, L.; Hungs, M.; & Mignot, E. (2001). Narcolepsy and the HLA region. *Journal of Neuroimmunology, 117*, 9–20.

Lindquist, Kristen A., & Barrett, Lisa F. (2008). Constructing emotion. *Psychological Science, 19*, 898–903.

Lindsay, D. Stephen; Hagen, Lisa; Read, J. Don; et al. (2004). True photographs and false memories. *Psychological Science, 15*, 149–154.

Linton, Marigold (1978). Real-world memory after six years: An in vivo study of very long-term memory. In M. M. Gruneberg, P. E. Morris, & R. N. Sykes (Eds.), *Practical aspects of memory*. London: Academic Press.

Linton, Simi (1998). *Claiming disability: Knowledge and identity*. New York: New York University Press.

Linton, Simi (2006). *My body politic*. Ann Arbor, MI: University of Michigan Press.

Linville, P. W.; Fischer, G. W.; & Fischhoff, B. (1992). AIDS risk perceptions and decision biases. In J. B. Pryor & G. D. Reeder (Eds.), *The social psychology of HIV infection*. Hillsdale, NJ: Erlbaum.

Lissner, L.; Odell, P. M.; D'Agostino, R. B.; et al. (1991, June 27). Variability of body weight and health outcomes in the Framingham population. *New England Journal of Medicine, 324*, 1839–1844.

Lloyd-Richardson, E. E.; Bailey, S.; Fava, J. L.; Wing, R.; Tobacco Etiology Research Network (TERN) (2009). A prospective study of weight gain during the college freshman and sophomore years. *Preventive Medicine, 48*, 256–261.

LoBue, Vanessa, & DeLoache, Judy S. (2008). Detecting the snake in the grass. *Psychological Science, 19*, 284–289.

Locke, Edwin A., & Latham, Gary P. (2002). Building a practically useful theory of goal setting and task motivation. *American Psychologist, 57*, 705–717.

Locke, Edwin A., & Latham, Gary P. (2006). New directions in goal-setting theory. *Current Directions in Psychological Science, 15*, 265–268.

Loehlin, John C.; Horn, J. M.; & Willerman, L. (1996). Heredity, environment, and IQ in the Texas adoption study. In R. J. Sternberg & E. Grigorenko (Eds.), *Intelligence: Heredity and environment*. New York: Cambridge University Press.

Loftus, Elizabeth F., & Greene, Edith (1980). Warning: Even memory for faces may be contagious. *Law and Human Behavior, 4*, 323–334.

Loftus, Elizabeth F.; Miller, David G.; & Burns, Helen J. (1978). Semantic integration of verbal information into a visual memory. *Journal of Experimental Psychology: Human Learning and Memory, 4*, 19–31.

Loftus, Elizabeth F., & Palmer, John C. (1974). Reconstruction of automobile destruction: An example of the interaction between language and memory. *Journal of Verbal Learning and Verbal Behavior, 13*, 585–589.

Loftus, Elizabeth F., & Pickrell, Jacqueline E. (1995). The formation of false memories. *Psychiatric Annals, 25*, 720–725.

Loftus, Elizabeth F., & Zanni, Guido (1975). Eyewitness testimony: The influence of the wording of a question. *Bulletin of the Psychonomic Society, 5*, 86–88.

Lohr, Jeffrey M.; Montgomery, Robert W.; Lilienfeld, Scott O.; & Tolin, David F. (1999). Pseudoscience and the commercial promotion of trauma treatments. In R. Gist & B. Lubin (Eds.), *Response to disaster: Psychosocial, community, and ecological approaches*. Philadelphia, PA: Brunner/Mazel (Taylor & Francis).

Lohr, Jeffrey M.; Tolin, D. F.; & Lilienfeld, Scott O. (1998). Efficacy of eye movement desensitization and reprocessing: Implications for behavior therapy. *Behavior Therapy, 29*, 123–156.

Lonner, Walter J. (1995). Culture and human diversity. In E. Trickett, R. Watts, & D. Birman (Eds.), *Human diversity: Perspectives on people in context*. San Francisco: Jossey-Bass.

Lonsdorf, Tina B.; Weike, Almut I.; Nikamo, Pernilla; et al. (2009). Genetic gating of human fear learning and extinction: Possible implications for gene-environment interaction in anxiety disorder. *Psychological Science, 20*, 198–206.

López, Steven R. (1995). Testing ethnic minority children. In B. B. Wolman (Ed.), *The encyclopedia of psychology, psychiatry, and psychoanalysis*. New York: Holt.

Lorber, Michael F. (2004). Psychophysiology of aggression, psychopathy, and conduct problems: A meta-analysis. *Psychological Bulletin, 130*, 531–552.

Löw, Andreas; Lang, Peter J.; Smith, J. Carson; & Bradley, Margaret M. (2008). Both predator and prey: Emotional arousal in threat and reward. *Psychological Science, 19*, 865–873.

Lozano, A. M.; Mayberg, H. S.; Giacobbe, P.; et al. (2008). Subcallosal cingulate gyrus deep brain stimulation for treatment-resistant depression. *Biological Psychiatry, 64*, 461–467.

Lu, Luo (2008). The individual-oriented and social-oriented Chinese bicultural self: Testing the theory. *Journal of Social Psychology, 148*, 347–373.

Lubinski, David (2004). Introduction to the special section on cognitive abilities: 100 years after Spearman's (1904) "'General intelligence,' objectively determined and measured." *Journal of Personality and Social Psychology, 86,* 96–111.

Lucchina, L. A.; Curtis, O. F.; Putnam, P.; et al. (1998). Psychophysical measurement of 6-n-propylthiouracil (PROP) taste perception. *Annals of the New York Academy of Sciences, 855,* 816–819.

Luders, Eileen; Narr, Katherine L.; Thompson, Paul M.; et al. (2004). Gender differences in cortical complexity. *Nature Neuroscience, 7,* 799–800.

Luengo, M. A.; Carrillo-de-la-Peña, M. T.; Otero, J. M.; & Romero, E. (1994). A short-term longitudinal study of impulsivity and antisocial behavior. *Journal of Personality and Social Psychology, 66,* 542–548.

Luhrmann, T. M. (2000). *Of two minds: The growing disorder in American psychiatry.* New York: Knopf.

Luria, Alexander R. (1968). *The mind of a mnemonist* (L. Soltaroff, Trans.). New York: Basic Books.

Luria, Alexander R. (1980). *Higher cortical functions in man* (2nd rev. ed.). New York: Basic Books.

Lutz, Catherine (1988). *Unnatural emotions.* Chicago: University of Chicago Press.

Lykken, David T. (1995). *The antisocial personalities.* Hillsdale, NJ: Erlbaum.

Lykken, David T. (1998). *A tremor in the blood: Uses and abuses of the lie detector.* New York: Plenum Press.

Lykken, David T., & Tellegen, Auke (1996). Happiness is a stochastic phenomenon. *Psychological Science, 7,* 186–189.

Lyndon, Amy E.; White, Jacquelyn W.; Kadlec, Kelly M. (2007). Manipulation and force as sexual coercion tactics: Conceptual and empirical differences. *Aggressive Behavior, 33,* 291–303.

Lynn, Steven Jay; Rhue, Judith W.; & Weekes, John R. (1990). Hypnotic involuntariness: A social cognitive analysis. *Psychological Review, 97,* 69–184.

Lytton, Hugh, & Romney, David M. (1991). Parents' differential socialization of boys and girls: A meta-analysis. *Psychological Bulletin, 109,* 267–296.

Maass, Anne; Cadinu, Mara; Guarnieri, Gaia; & Grasselli, Annalisa (2003). Sexual harassment under social identity threat: The computer harassment paradigm. *Journal of Personality and Social Psychology, 85,* 853–870.

MacArthur Foundation Research Network on Successful Midlife Development (1999). Report of latest findings (Orville G. Brim, director; 2145 14th Avenue, Vero Beach, FL 32960).

Maccoby, Eleanor E. (1998). *The two sexes: Growing up apart, coming together.* Cambridge, MA: Belknap Press/Harvard University Press.

Maccoby, Eleanor E. (2002). Gender and group process: A developmental perspective. *Current Directions in Psychological Science, 11,* 54–58.

Mack, Arien (2003). Inattentional blindness: Looking without seeing. *Current Directions in Psychological Science, 12,* 180–184.

MacLean, Paul (1993). Cerebral evolution of emotion. In M. Lewis & J. M. Haviland (Eds.), *Handbook of emotions.* New York: Guilford Press.

Macleod John; Oakes Rachel; Copello, Alex; et al. (2004). Psychological and social sequelae of cannabis and other illicit drug use by young people: A systematic review of longitudinal, general population studies. *The Lancet, 363,* 1568–1569.

Macrae, C. Neil, & Bodenhausen, Galen V. (2000). Social cognition: Thinking categorically about others. *Annual Review of Psychology, 51,* 93–120.

Maddux, James E. (Ed.) (1995). *Self-efficacy, adaptation, and adjustment: Theory, research, and application.* New York: Plenum.

Madsen, Kreesten M.; Hviid, Anders; Vestergaard, Mogens; et al. (2002). A population-based study of measles, mumps, and rubella vaccination and autism. *New England Journal of Medicine, 347,* 1477–1482.

Maguire, Eleanor A.; Gadian, David G.; Johnsrude, Ingrid S.; et al. (2000). Navigation-related structural change in the hippocampi of taxi drivers. *Proceedings of the National Academy of Sciences, 97,* 4398–4403.

Maki, Pauline M.; & Resnick, Susan M. (2000). Longitudinal effects of estrogen replacement therapy on PET cerebral blood flow and cognition. *Neurobiology of Aging, 21,* 373–383.

Malamuth, Neil M.; Linz, Daniel; Heavey, Christopher L.; et al. (1995). Using the confluence model of sexual aggression to predict men's conflict with women: A 10-year follow-up study. *Journal of Personality and Social Psychology, 69,* 353–369.

Malaspina, Dolores (2001). Paternal factors and schizophrenia risk: De novo mutations and imprinting. *Schizophrenia Bulletin, 27,* 379–393.

Mandrusiak, Michael; Rudd, M. David; Joiner Jr., Thomas E.; et al. (2006). Warning signs for suicide on the Internet: A descriptive study. *Suicide and Life-Threatening Behavior, 36,* 263–271.

Marcus, Gary F.; Pinker, Steven; Ullman, Michael; et al. (1992). Overregularization in language acquisition. *Monographs of the Society for Research in Child Development, 57* (Serial No. 228), 1–182.

Marcus, Gary F.; Vijayan, S.; Rao, S. Bandi; & Vishton, P. M. (1999). Rule learning by seven-month-old infants. *Science, 283,* 77–80.

Marcus-Newhall, Amy; Pedersen, William C.; Carlson, Mike; & Miller, Norman (2000). Displaced aggression is alive and well: A meta-analytic review. *Journal of Personality and Social Psychology, 78,* 670–689.

Margolin, Gayla, & Gordis, Elana B. (2004). Children's exposure to violence in the family and community. *Current Directions in Psychological Science, 13,* 152–155.

Markus, Hazel R., & Kitayama, Shinobu (1991). Culture and the self: Implications for cognition, emotion, and motivation. *Psychological Review, 98,* 224–253.

Marlatt, G. Alan, & Rohsenow, Damaris J. (1980). Cognitive processes in alcohol use: Expectancy and the balanced placebo design. In N. K. Mello (Ed.), *Advances in substance abuse* (Vol. 1). Greenwich, CT: JAI Press.

Marsh, Elizabeth J., & Tversky, Barbara (2004). Spinning the stories of our lives. *Applied Cognitive Psychology, 18,* 491–503.

Martin, Carol Lynn, & Ruble, Diane (2004). Children's search for gender cues. *Current Directions in Psychological Science, 13,* 67–70.

Martin, Carol Lynn; Ruble, Diane N.; & Szkrybalo, Joel (2002). Cognitive theories of early gender development. *Psychological Bulletin, 128,* 903–933.

Martin, Garry, & Pear, Joseph (2007). *Behavior modification: What it is and how to do it* (8th ed.). NY: Prentice Hall.

Maruta, T.; Colligan R. C.; Malinchoc, M.; & Offord, K. P. (2000). Optimists vs. pessimists: Survival rate among medical patients over a 30-year period. *Mayo Clinic Proceedings, 75,* 140–143.

Marvan, M. L.; Diaz-Erosa, M.; & Montesinos, A. (1998). Premenstrual symptoms in Mexican women with different educational levels. *Journal of Psychology, 132,* 517–526.

Masand, P. S. (2000). Side effects of antipsychotics in the elderly. *Journal of Clinical Psychiatry, 61*(suppl. 8), 43–49.

Maslach, Christina; Schaufeli, Wilmar B.; & Leiter, Michael P. (2001). Job burnout. *Annual Review of Psychology, 52,* 397–422.

Maslow, Abraham H. (1970). *Motivation and personality* (2nd ed.). New York: Harper & Row.

Maslow, Abraham H. (1971). *The farther reaches of human nature.* New York: Viking.

Masten, Ann S. (2001). Ordinary magic: Resilience processes in development. *American Psychologist, 56,* 227–238.

Masters, William H., & Johnson, Virginia E. (1966). *Human sexual response.* Boston: Little, Brown.

Masuda, Takahiko, & Nisbett, Richard E. (2001). Attending holistically versus analytically: Comparing the context sensitivity of Japanese and Americans. *Journal of Personality and Social Psychology, 81,* 922–934.

Mather, Jennifer A., & Anderson, Roland C. (1993). Personalities of octopuses (Octopus rubescens). *Journal of Comparative Psychology, 197,* 336–340.

Mather, Mara; Shafir, Eldar; & Johnson, Marcia K. (2000). Misremembrance of options past: Source monitoring and choice. *Psychological Science, 11,* 132–138.

Matsumoto, David (1996). *Culture and psychology.* Pacific Grove, CA: Brooks-Cole.

Matthews, Gerald; Zeidner, Moshe; & Roberts, Richard D. (2003). *Emotional intelligence: Science and myth.* Cambridge, MA: MIT Press/ Bradford Books.

Maviel, Thibault; Durkin, Thomas P.; Menzaghi, Frédérique; & Bontempi, Bruno (2004). Sites of neocortical reorganization critical for remote spatial memory. *Science, 305,* 96–99.

Mayer, Jane (2009). *The dark side: The inside story of how the war on terror turned into a war on American ideals* (reprint edition). New York: Anchor.

Mayer, John D., & Salovey, Peter (1997). What is emotional intelligence? In P. Salovey & D. Sluyter (Eds.), *Emotional development and emotional intelligence: Implications for educators.* New York: Basic Books.

Mayou, R. A.; Ehlers, A.; & Hobbs, M. (2000). Psychological debriefing for road traffic accident victims. *British Journal of Psychiatry, 176,* 589–593.

Mazza, James J., & Reynolds, William M. (1999). Exposure to violence in young inner-city adolescents: Relationships with suicidal ideation, depression, and PTSD symptomatology. *Journal of Abnormal Child Psychology, 27,* 203–213.

Mazzoni, Giuliana A.; Loftus, Elizabeth F.; & Kirsch, Irving (2001). Changing beliefs about implausible autobiographical events: A little plausibility goes a long way. *Journal of Experimental Psychology: Applied, 7,* 51–59.

Mazzoni, Giuliana A.; Loftus, Elizabeth F.; Seitz, Aaron; & Lynn, Steven J. (1999). Changing beliefs and memories through dream interpretation. *Applied Cognitive Psychology, 13,* 125–144.

McAdams, Dan P. (2006). *The redemptive self: Stories Americans live by.* New York: Oxford University Press.

McAdams, Dan P. (2008). Personal narratives and the life story. In O. P. John, R. W. Robbins, & L. A. Pervin (Eds.), *Handbook of personality: Theory and research.* New York: Guilford.

McAdams, Dan P., & Pals, Jennifer L. (2006). A new Big Five: Fundamental principles for an integrative science of personality. *American Psychologist, 61,* 204–217.

McClearn, Gerald E.; Johansson, Boo; Berg, Stig; et al. (1997). Substantial genetic influence on cognitive abilities in twins 80 or more years old. *Science, 176,* 1560–1563.

McClelland, David C. (1961). *The achieving society.* New York: Free Press.

McClelland, David C.; Atkinson, John W.; Clark, Russell A.; & Lowell, Edgar L. (1953). *The achievement motive.* New York: Appleton-Century-Crofts.

McClelland, James L. (1994). The organization of memory: A parallel distributed processing perspective. *Revue Neurologique, 150,* 570–579.

McCord, Joan (1989). Another time, another drug. Paper presented at conference on Vulnerability to the Transition from Drug Use to Abuse and Dependence, Rockville, MD.

McCrae, Robert R. (1987). Creativity, divergent thinking, and openness to experience. *Journal of Personality and Social Psychology, 52,* 1258–1265.

McCrae, Robert R., & Costa, Paul T. (2008). The five-factor theory of personality. In O.P. John, R.W. Robbins, & L.A. Pervin (Eds.), *Handbook of personality: Theory and research* (3rd ed.). New York: Guilford.

McCrae, Robert R.; Terracciano, Antonio; & members of the Personality Profiles of Cultures Project (2005). Universal features of personality traits from the observer's perspective: Data from 50 cultures. *Journal of Personality and Social Psychology, 88,* 547–561.

McDaniel, Mark A.; Howard, Daniel C.; & Einstein, Gilles O. (2009). The Read-Recite-Review study strategy: Effective and portable. *Psychological Science, 20,* 516–522.

McDonough, Laraine, & Mandler, Jean M. (1994). Very long-term recall in infancy. *Memory, 2,* 339–352.

McEwen, Bruce S. (1998). Protective and damaging effects of stress mediators. *New England Journal of Medicine, 338,* 171–179.

McEwen, Bruce S. (2000). Allostasis and allostatic load: Implications for neuropsychopharmacology. *Neuropsychopharmacology 22,* 108–124.

McEwen, Bruce S. (2007). Physiology and neurobiology of stress and adaptation: Central role of the brain. *Physiological Review, 87,* 873–904.

McFadden, Dennis (2008). What do sex, twins, spotted hyenas, ADHD, and sexual orientation have in common? *Perspectives on Psychological Science, 3,* 309–322.

McFarlane, Jessica; Martin, Carol L.; & Williams, Tannis M. (1988). Mood fluctuations: Women versus men and menstrual versus other cycles. *Psychology of Women Quarterly, 12,* 201–223.

McFarlane, Jessica M., & Williams, Tannis M. (1994). Placing premenstrual syndrome in perspective. *Psychology of Women Quarterly, 18,* 339–373.

McGoldrick, Monica (2005). Irish families. In M. McGoldrick, J. Giordano, & N. Garcia-Preto (Eds.), *Ethnicity and family therapy* (3rd ed.). New York: Guilford.

McGregor, Ian, & Holmes, John G. (1999). How storytelling shapes memory and impressions of relationship events over time. *Journal of Personality and Social Psychology, 76,* 403–419.

McGue, Matt; Bouchard, Thomas J., Jr.; Iacono, William G.; & Lykken, David T. (1993). Behavioral genetics of cognitive ability: A life-span perspective. In R. Plomin & G. E. McClearn (Eds.), *Nature, nurture, and psychology.* Washington, DC: American Psychological Association.

McGue, Matt, & Lykken, David T. (1992). Genetic influence on risk of divorce. *Psychological Science, 3,* 368–373.

McHugh, Paul R. (2008). *Try to remember: Psychiatry's clash over meaning, memory, and mind.* New York: Dana Press.

McKee, Richard D., & Squire, Larry R. (1992). Equivalent forgetting rates in long-term memory for diencephalic and medial temporal lobe amnesia. *Journal of Neuroscience, 12,* 3765–3772.

McKee, Richard D., & Squire, Larry R. (1993). On the development of declarative memory. *Journal of Experimental Psychology: Learning, Memory, and Cognition, 19,* 397–404.

McKemy, D. D.; Neuhausser, W. M.; & Julius, D. (2002). Identification of a cold receptor reveals a general role for TRP channels in thermosensation. *Nature, 416,* 52–58.

McKinlay, John B.; McKinlay, Sonja M.; & Brambilla, Donald (1987). The relative contributions of endocrine changes and social circumstances to depression in mid-aged women. *Journal of Health and Social Behavior, 28,* 345–363.

McMullin, Darcy, & White, Jacqueline W. (2006). Long-term effects of labeling a rape experience. *Psychology of Women Quarterly, 30,* 96–105.

McNally, Richard J. (2003). *Remembering trauma.* Cambridge, MA: Harvard University Press.

McNally, Richard J.; Bryant, Richard A.; & Ehlers, Anke (2003). Does early psychological intervention promote recovery from posttraumatic stress? *Psychological Science in the Public Interest, 4,* 45–79.

McNeill, David (1966). Developmental psycholinguistics. In F. L. Smith & G. A. Miller (Eds.), *The genesis of language: A psycholinguistic approach.* Cambridge, MA: MIT Press.

Mealey, Linda (2000). *Sex differences: Developmental and evolutionary strategies.* San Diego: Academic Press.

Mednick, Sara C.; Nakayama, Ken; Cantero, Jose L,; et al. (2002). The restorative effect of naps on perceptual deterioration. *Nature Neuroscience, 5,* 677–681.

Mednick, Sarnoff A. (1962). The associative basis of the creative process. *Psychological Review, 69,* 220–232.

Mednick, Sarnoff A.; Huttunen, Matti O.; & Machón, Ricardo (1994). Prenatal influenza infections and adult schizophrenia. *Schizophrenia Bulletin, 20,* 263–267.

Medvec, Victoria H.; Madey, Scott F.; & Gilovich, Thomas (1995). When less is more: Counterfactual thinking and satisfaction among Olympic medalists. *Journal of Personality and Social Psychology, 69,* 603–610.

Meeus, Wim H. J., & Raaijmakers, Quinten A. W. (1995). Obedience in modern society: The Utrecht studies. In A. G. Miller, B. E. Collins, & D. E. Brief (Eds.), *Perspectives on obedience to authority: The legacy of the Milgram experiments. Journal of Social Issues, 51*(3), 155–175.

Mehl, Matthias R.; Vazire, Simine; Ramírez-Esparza, Nairán; & Pennebacker, James W. (2007). Are women really more talkative than men? *Science, 317,* 82.

Meindl, James R., & Lerner, Melvin J. (1985). Exacerbation of extreme responses to an out-group. *Journal of Personality and Social Psychology, 47,* 71–84.

Meissner, Christian A. & Brigham, John C. (2001). Thirty years of investigating the own-race bias in memory for faces: A meta-analytic review. *Psychology, Public Policy, & Law, 7,* 3–35.

Meltzoff, Andrew N., & Gopnik, Alison (1993). The role of imitation in understanding persons and developing a theory of mind. In S. Baron-Cohen, H. Tager-Flusberg, & D. Cohen (Eds.), *Understanding other minds.* New York: Oxford University Press.

Melzack, Ronald (1992, April). Phantom limbs. *Scientific American, 266,* 120–126. [Reprinted in the special issue *Mysteries of the Mind,* 1997.]

Melzack, Ronald (1993). Pain: Past, present and future. *Canadian Journal of Experimental Psychology, 47,* 615–629.

Melzack, Ronald, & Wall, Patrick D. (1965). Pain mechanisms: A new theory. *Science, 13,* 971–979.

Mendoza-Denton, Rodolfo, & Page-Gould, Elizabeth (2008). Can cross-group friendships influence minority students' well-being at historically white universities? *Psychological Science, 19,* 933–939.

Mennella, Julie A.; Jagnow, C. P.; & Beauchamp, Gary K. (2001). Prenatal and postnatal flavor learning by human infants. *Pediatrics, 107,* E88.

Mercer, Jean (2006). *Understanding attachment.* Westport, CT: Praeger.

Mercer, Jean; Sarner, Larry; and Rosa, Linda (2003). *Attachment therapy on trial.* Westport, CT: Praeger.

Merikle, Philip M., & Skanes, Heather E. (1992). Subliminal self-help audiotapes: A search for placebo effects. *Journal of Applied Psychology, 77,* 772–776.

Merskey, Harold (1992). The manufacture of personalities: The production of MPD. *British Journal of Psychiatry, 160,* 327–340.

Merton, Robert K. (1948). The self-fulfilling prophecy. *Antioch Review, 8,* 193–210.

Mesquita, Batja, & Frijda, Nico H. (1992). Cultural variations in emotions: A review. *Psychological Bulletin, 112,* 179–204.

Meston, Cindy M., & Buss, David M. (2007). Why humans have sex. *Archives of Sexual Behavior, 36,* 477–507.

Metcalfe, Janet (2009). Metacognitive judgments and control of study. *Current Directions in Psychological Science, 18,* 159–163.

Meyer, Gregory J.; Finn, Stephen E.; Eyde, Lorraine D.; et al. (2001). Psychological testing and psychological assessment. *American Psychologist, 56,* 128–165.

Mezulis, Amy H.; Abramson, Lyn Y.; Hyde, Janet S.; & Hankin, Benjamin L. (2004). Is there a positivity bias in attributions? *Psychological Bulletin, 130,* 711–747.

Mieda, Michihiro; Willie, Jon T.; Hara, Junko; et al. (2004). Orexin peptides prevent cataplexy and improve wakefulness in an orexin neuron-ablated model of narcolepsy in mice. *Proceedings of the National Academy of Science, 101,* 4649–4654.

Miklowitz, David J. (2007). The role of the family in the course and treatment of bipolar disorder. *Current Directions in Psychological Science, 16,* 192–196.

Mikulincer, Mario, & Shaver, Philip R. (2007). *Attachment in adulthood: Structure, dynamics, and change.* New York: Guilford Press.

Mikulincer, Mario; Shaver, Phillip R.; Gillath, Omri; & Nitzberg, R. E. (2005). Attachment, caregiving, and altruism: Boosting attachment security increases compassion and helping. *Journal of Personality and Social Psychology, 89,* 817–839.

Mikulincer, Mario; Shaver, Phillip R.; & Horesh, Nita (2006). Attachment bases of emotion regulation and posttraumatic adjustment. In D. K. Snyder, J. A. Simpson, & J. N. Hughes (Eds.), *Emotion regulation in couples and families: Pathways to dysfunction and health.* Washington, DC: American Psychological Association.

Milgram, Stanley (1963). Behavioral study of obedience. *Journal of Abnormal and Social Psychology, 67,* 371–378.

Milgram, Stanley (1974). *Obedience to authority: An experimental view.* New York: Harper & Row.

Miller, George A. (1956). The magical number seven, plus or minus two: Some limits on our capacity for processing information. *Psychological Review, 63,* 81–97.

Miller, Greg (2008, April 11). Tackling alcoholism with drugs. *Science, 320,* 168–170.

Miller, Gregory E.; Chen, Edith; & Zhou, Eric S. (2007). If it goes up, must it come down? Chronic stress and the hypothalamic-pituitary-adrenocortical axis in humans. *Psychological Bulletin, 133,* 25–45.

Miller, Inglis J., & Reedy, Frank E. (1990). Variations in human taste bud density and taste intensity perception. *Physiology and Behavior, 47,* 1213–1219.

Miller, William R., & Rollnick, Stephen (2002). *Motivational interviewing: Preparing people for change* (2nd ed.). New York: Guilford Press.

Miller-Jones, Dalton (1989). Culture and testing. *American Psychologist, 44,* 360–366.

Milner, Brenda (1970). Memory and the temporal regions of the brain. In K. H. Pribram & D. E. Broadbent (Eds.), *Biology of memory.* New York: Academic Press.

Milner, J. S., & McCanne, T. R. (1991). Neuropsychological correlates of physical child abuse. In J. S. Milner (Ed.), *Neuropsychology of aggression.* Norwell, MA: Kluwer Academic.

Milton, Julie, & Wiseman, Richard (1999). Does psi exist? Lack of replication of an anomalous process of information transfer. *Psychological Bulletin, 125,* 387–391.

Milton, Julie, & Wiseman, Richard (2001). Does psi exist? Reply to Storm and Ertel (2001). *Psychological Bulletin, 127,* 434–438.

Mineka, Susan, & Zinbarg, Richard (2006). A contemporary learning theory perspective on the etiology of anxiety disorders. *American Psychologist, 61,* 10–26.

Minuchin, Salvador (1984). *Family kaleidoscope.* Cambridge, MA: Harvard University Press.

Minzenberg, Michael J., & Carter, Cameron S. (2008). Modafinil: A review of neurochemical actions and effects on cognition. *Neuropsychopharmacology, 33,* 1477–1502.

Mischel, Walter (1973). Toward a cognitive social learning reconceptualization of personality. *Psychological Review, 80,* 252–253.

Mischel, Walter, & Ayduk, Ozlem (2004). Willpower in a cognitive-affective processing system: The dynamics of delay of gratification. In R. F. Baumeister & K. D. Vohs (Eds.), *Handbook of self-regulation: Research, theory, and applications.* New York: Guilford Press.

Mischel, Walter, & Shoda, Yuichi (1995). A cognitive affective system theory of personality: Reconceptualizing situations, dispositions, dynamics, and invariance in personality structures. *Psychological Review, 102,* 246–268.

Mistry, Jayanthi, & Rogoff, Barbara (1994). Remembering in cultural context. In W. J. Lonner & R. Malpass (Eds.), *Psychology and culture.* Needham Heights, MA: Allyn & Bacon.

Mitchell, David B. (2006). Nonconscious priming after 17 years: Invulnerable implicit memory? *Psychological Science, 17,* 925–929.

Mitchell, Karen J., & Johnson, Marcia K. (2009). Source monitoring 15 years later: What have we learned from fMRI about the neural mechanisms of source memory? *Psychological Bulletin, 135,* 638–677.

Mitte, Kristin (2005). Meta-analysis of cognitive-behavioral treatments for generalized anxiety disorder: A comparison with pharmacotherapy. *Psychological Bulletin, 131,* 785–795.

Mitte, Kristin (2008). Memory bias for threatening information in anxiety and anxiety disorders: A meta-analytic review. *Psychological Bulletin, 134,* 886–911.

Mitterer, Holger, & de Ruiter, Jan Peter (2008). Recalibrating color categories using world knowledge. *Psychological Science, 19,* 629–634.

Modigliani, Andre, & Rochat, François (1995). The role of interaction sequences and the timing of resistance in shaping obedience and defiance to authority. In A. G. Miller, B. E. Collins, & D. E. Brief (Eds.), Perspectives on obedience to authority: The legacy of the Milgram experiments. *Journal of Social Issues, 51*(3), 107–125.

Moffitt, Terrie E. (1993). Adolescence-limited and life-course-persistent antisocial behavior: A developmental taxonomy. *Psychological Review, 100,* 674–701.

Moghaddam, Fathali M. (2005). The staircase to terrorism: A psychological exploration. *American Psychologist, 60,* 161–169.

Mohr, Cynthia; Armeli, Stephen; Tennen, Howard; et al. (2001). Daily interpersonal experiences, context, and alcohol consumption: Crying in your beer and toasting good times. *Journal of Personality and Social Psychology, 80,* 489–500.

Molnar-Szakacs, Istvan; Iacoboni, Marco; Koski, Lisa; & Mazziotta, John C. (2005). Functional segregation within pars opercularis of the inferior frontal gyrus: Evidence from fMRI studies of imitation and action observation. *Cerebral Cortex, 15,* 986–994.

Monahan, Jennifer L.; Murphy, Sheila T.; & Zajonc, R. B. (2000). Subliminal mere exposure: Specific, general, and diffuse effects. *Psychological Science, 11,* 462–466.

Moncrieff, Joanna (2001). Are antidepressants overrated? A review of methodological problems in antidepressant trials. *Journal of Nervous and Mental Disease, 189,* 288–295.

Monroe, Scott M., & Reid, Mark W. (2009). Life stress and major depression. *Current Directions in Psychological Science, 18,* 68–72.

Monroe, Scott M.; Slavich, George M.; Torres, Leandro D.; & Gotlib, Ian H. (2007). Severe life events predict specific patterns of change in cognitive biases in major depression. *Psychological Medicine, 37,* 863–871.

Monti, Martin M.; Vanhaudenhuyse, Audrey; Coleman, Martin R.; et al. (2010, February 3). Willful modulation of brain activity in disorders of consciousness. *New England Journal of Medicine.* Published online at NEJM.org. (10.1056/NEJMoa0905370).

Moore, Robert Y. (1997). Circadian rhythms: Basic neurobiology and clinical applications. *Annual Review of Medicine, 48,* 253–266.

Moore, Timothy E. (1992, Spring). Subliminal perception: Facts and fallacies. *Skeptical Inquirer, 16,* 273–281.

Moore, Timothy E. (1995). Subliminal self-help auditory tapes: An empirical test of perceptual consequences. *Canadian Journal of Behavioural Science, 27,* 9–20.

Moore, Timothy E., & Pepler, Debra J. (2006). Wounding words: Maternal verbal aggression and children's adjustment. *Journal of Family Violence, 21,* 89–93.

Morell, Virginia (2008, March). Minds of their own. *National Geographic, 213,* 36–61.

Morelli, Gilda A.; Rogoff, Barbara; Oppenheim, David; & Goldsmith, Denise (1992). Cultural variation in infants' sleeping arrangements: Questions of independence. *Developmental Psychology, 28,* 604–613.

Moreno, Carmen; Laje, Gonzalo; Blanco, Carlos; et al. (2007). National trends in the outpatient diagnosis and treatment of bipolar disorder in youth. *Archives of General Psychiatry, 64,* 1032–1039.

Morewedge, Carey K., & Norton, Michael I. (2009). When dreaming is believing: The (motivated) interpretation of dreams. *Journal of Personality and Social Psychology, 96,* 249–264.

Morgan, Charles A.; Hazlett, Gary; Baranoski, Madelon; et al. (2007). Accuracy of eyewitness identification is significantly associated with performance on a standardized test of face recognition. *International Journal of Law and Psychiatry, 30,* 213–223.

Morin, Charles M. (2004). Cognitive-behavioral approaches to the treatment of insomnia. *Journal of Clinical Psychiatry, 65*(suppl. 16), 33–40.

Morton, Thomas A.; Postmes, Tom; Haslam, S. Alexander; & Hornsey, Matthew J. (2009). Theorizing gender in the face of social change: Is there anything essential about essentialism? *Journal of Personality and Social Psychology, 96,* 653–664.

Moscovitch, Morris; Winocur, Gordon; & Behrmann, Marlene (1997). What is special about face recognition? Nineteen experiments on a person with visual object agnosia and dyslexia but normal face recognition. *Journal of Cognitive Neuroscience, 9,* 555–604.

Moskowitz, Judith T.; Hult, Jen R.; Bussolari, Cori; & Acree, Michael (2009). What works in coping with HIV? A meta-analysis with implications for coping with serious illness. *Psychological Bulletin, 135,* 121–141.

Moyer, Christopher A.; Rounds, James; & Hannum, James W. (2004). A meta-analysis of massage therapy research. *Psychological Bulletin, 130,* 3–18.

Mozell, Maxwell M.; Smith, Bruce P.; Smith, Paul E.; Sullivan, Richard L.; & Swender, Philip (1969). Nasal chemoreception in flavor identification. *Archives of Otolaryngology, 90,* 367–373.

Mroczek, D. K., & Sprio, A., III (2005). Changes in life satisfaction during adulthood: Findings from the Veterans Affairs normative aging study. *Journal of Personality and Social Psychology, 88,* 189–202.

Mueller, Claudia M., & Dweck, Carol S. (1998). Praise for intelligence can undermine children's motivation and performance. *Journal of Personality and Social Psychology, 75,* 33–52.

Mukamal, Kenneth J.; Conigrove, Katherine M; Mittleman, Murray A.; et al. (2003). Roles of drinking pattern and type of alcohol consumed in coronary heart disease in men. *New England Journal of Medicine, 348,* 109–118.

Murphy, Sheila T.; Monahan, Jennifer L.; & Zajonc, R. B. (1995). Additivity of nonconscious affect: Combined effects of priming and exposure. *Journal of Personality and Social Psychology, 69,* 589–602.

Murray, Charles (2008). *Real education: Four simple truths for bringing America's schools back to reality.* New York: Crown Forum.

Myrtek, Michael (2007). Type A behavior and hostility as independent risk factors for coronary heart disease. In J. Jordan et al. (Eds.), *Contributions toward evidence-based psychocardiology: A systematic review of the literature.* Washington, DC: American Psychological Association.

Nakaya, Naoki; Tsubono, Yoshitaka; Hosokawa, Toru; et al. (2003). Personality and the risk of cancer. *Journal of the National Cancer Institute, 95,* 799–805.

Nash, Michael R. (1987). What, if anything, is regressed about hypnotic age regression? A review of the empirical literature. *Psychological Bulletin, 102,* 42–52.

Nash, Michael R. (2001, July). The truth and the hype of hypnosis. *Scientific American, 285,* 46–49, 52–55.

Nash, Michael R., & Barnier, Amanda J. (2007). *The Oxford handbook of hypnosis.* Oxford, UK: Oxford University Press.

Nash, Michael R., & Nadon, Robert (1997). Hypnosis. In D. L. Faigman, D. Kaye, M. J. Saks, & J. Sanders (Eds.), *Modern scientific evidence: The law and science of expert testimony.* St. Paul, MN: West.

Navarrete, Carlos David; Olsson, Andreas; Ho, Arnold K; et al. (2009). Fear extinction to an out-group face: The role of target gender. *Psychological Science, 20,* 155–158.

Needleman, Herbert L.; Riess, Julie A.; Tobin, Michael J.; et al. (1996). Bone lead levels and delinquent behavior. *Journal of the American Medical Association, 275,* 363–369.

Neher, Andrew (1996). Jung's theory of archetypes: A critique. *Journal of Humanistic Psychology, 36,* 61–91.

Neisser, Ulric, & Harsch, Nicole (1992). Phantom flashbulbs: False recollections of hearing the news about *Challenger.* In E. Winograd & U. Neisser (Eds.), *Affect and accuracy in recall: Studies of "flashbulb memories."* New York: Cambridge University Press.

Nelson, Charles A., III; Zeanah, Charles H.; Fox, Nathan A.; et al. (2007). Cognitive recovery in socially deprived young children: The Bucharest early intervention project. *Science, 318,* 1937–1940.

Nelson, Thomas O., & Dunlosky, John (1991). When people's judgments of learning (JOLs) are extremely accurate at predicting subsequent recall: The "delayed JOL effect." *Psychological Science, 2,* 267–270.

Ness, Jose; Aronow, Wilbert S.; & Beck, Gwen (2006). Menopausal symptoms after cessation of hormone replacement therapy. *Maturitas, 53,* 356–361.

Nesse, Randolph M., & Ellsworth, Phoebe C. (2009). Evolution, emotion, and emotional disorders. *American Psychologist, 64,* 129–139.

Newcombe, Nora S.; Drummey, Anna B.; Fox, Nathan A.; et al. (2000). Remembering early childhood: How much, how, and why (or why not). *Current Directions in Psychological Science, 9,* 55–58.

Newland, M. Christopher, & Rasmussen, Erin B. (2003). Behavior in adulthood and during aging is affected by contaminant exposure in utero. *Current Directions in Psychological Science, 12,* 212–217.

Newton, Nicola, & Stewart, Abigail J. (2010). The middle ages: Change in women's personalities and social roles. *Psychology of Women Quarterly, 34,* 75–84.

NICHD Early Child Care Research Network (2006). Infant–mother attachment classification: Risk and protection in relation to changing maternal caregiving quality. *Developmental Psychology, 42,* 38–58.

Nichols, Michael P., & Schwartz, Richard C. (2008). *Family therapy: Concepts and methods* (8th ed.). Boston, MA: Allyn & Bacon.

Nickerson, Raymond S. (1998). Confirmation bias: A ubiquitous phenomenon in many guises. *Review of General Psychology, 2,* 175–220.

Nickerson, Raymond A., & Adams, Marilyn Jager (1979). Long-term memory for a common object. *Cognitive Psychology, 11,* 287–307.

Nisbett, Richard E. (1993). Violence and U.S. regional culture. *American Psychologist, 48,* 441–449.

Nisbett, Richard E. (2009). *Intelligence and how to get it: Why schools and culture count.* New York: W. W. Norton.

Nisbett, Richard E., & Ross, Lee (1980). *Human inference: Strategies and shortcomings of social judgment.* Englewood Cliffs, NJ: Prentice-Hall.

Nolan, Susan A.; Flynn, Cynthia; & Garber, Judy (2003). Prospective relations between rejection and depression in young adolescents. *Journal of Personality and Social Psychology, 85,* 745–755.

Nolen-Hoeksema, Susan; Wisco, Blair E.; & Lyubomirsky, Sonja (2008). Rethinking rumination. *Perspectives on Psychological Science, 3,* 400–424.

Norman, Donald A. (1988). *The psychology of everyday things.* New York: Basic Books.

Nosek, Brian A.; Greenwald, Anthony G.; & Banaji, Mahzarin R. (2007). The Implicit Association Test at 7: A methodological and conceptual review. In J. A. Bargh (Ed.), *Social psychology and the unconscious.* New York: Psychology Press.

Nyberg, Lars; Habib, Reza; McIntosh, Anthony R.; & Tulving, Endel (2000). Reactivation of encoding-related brain activity during memory retrieval. *Proceedings of the National Academy of Sciences, 97,* 11120–11124.

Ó Scalaidhe, Séamas P.; Wilson, Fraser A. W.; & Goldman-Rakic, Patricia S. (1997). A real segregation of face-processing neurons in prefrontal cortex. *Science, 278,* 1135–1138.

Oaten, Megan; Stevenson, Richard J.; & Case, Trevor I. (2009). Disgust as a disease-avoidance mechanism. *Psychological Bulletin, 125,* 303–321.

Oatley, Keith, & Jenkins, Jennifer M. (1996). *Understanding emotions.* Cambridge, MA: Blackwell.

Odgers, Candice L.; Caspi, Avshalom; Nagin, Daniel S.; et al. (2008). Is it important to prevent early exposure to drugs and alcohol among adolescents? *Psychological Science, 19,* 1037–1044.

Offit, Paul A. (2008). *Autism's false prophets: Bad science, risky medicine, and the search for a cure.* NY: Columbia University Press.

Ofshe, Richard J., & Watters, Ethan (1994). *Making monsters: False memory, psychotherapy, and sexual hysteria.* New York: Scribners.

Ogden, Jenni A., & Corkin, Suzanne (1991). Memories of H. M. In W. C. Abraham, M. C. Corballis, & K. G. White (Eds.), *Memory mechanisms: A tribute to G. V. Goddard.* Hillsdale, NJ: Erlbaum.

Öhman, Arne, & Mineka, Susan (2001). Fears, phobias, and preparedness: Toward an evolved module of fear and fear learning. *Psychological Review, 108,* 483–522.

Oliver, Mary Beth, & Hyde, Janet S. (1993). Gender differences in sexuality: A meta-analysis. *Psychological Bulletin, 114,* 29–51.

Olson, James M.; Vernon, Philip A.; Harris, Julie Aitken; & Jang, Kerry L. (2001). The heritability of attitudes: A study of twins. *Journal of Personality and Social Psychology, 80,* 845–850.

Olson, Michael A. (2009). Measures of prejudice. In T. Nelson (Ed.), *The handbook of prejudice, stereotyping, and discrimination.* New York: Psychology Press.

Olsson, Andreas; Ebert, Jeffrey; Banaji, Mahzarin; & Phelps, Elizabeth A. (2005). The role of social groups in the persistence of learned fear. *Science, 309,* 785–787.

Olsson, Andreas, & Phelps, Elizabeth (2004). Learned fear of "unseen" faces after Pavlovian, observational, and instructed fear. *Psychological Science, 15,* 822–828.

Olujic, M. B. (1998). Embodiment of terror: Gendered violence in peacetime and wartime in Croatia and Bosnia-Herzegovina. *Medical Anthropology Quarterly, 12,* 31–50.

Ophir, Eyal; Nass, Clifford; & Wagner, Anthony D. (2009). Cognitive control in media multitaskers. *Proceedings of the National Academy of Sciences.* Epub ahead of print, August 24, doi: 10.1073/pnas.0903620106.

O'Rahilly, Ronan, & Müller, Fabiola (2001). *Human embryology and teratology.* New York: Wiley.

Orbach, Susie (2009). *Bodies.* London: Profile Books.

O'Rourke, Lindsey (2008, August 2). Behind the woman behind the bomb. *The New York Times,* op-ed page.

Ostrovsky, Yuri; Andalman, Aaron; & Sinha, Pawan (2006). Vision following extended congenital blindness. *Psychological Science, 12,* 1009–1014.

O'Sullivan, L. F., & Allgeier, Elizabeth R. (1998). Feigning sexual desire: Consenting to unwanted sexual activity in heterosexual dating relationships. *Journal of Sex Research, 35,* 234–243.

Oyserman, Daphna, & Lee, Spike W. S. (2008). Does culture influence what and how we think? Effects of priming individualism and collectivism. *Psychological Bulletin, 134,* 311–342.

Ozer, Emily J.; Best, Suzanne R.; Lipsey, Tami L.; & Weiss, Daniel S. (2003). Predictors of posttraumatic stress disorder and symptoms in adults: A meta-analysis. *Psychological Bulletin, 129,* 52–73.

Packer, Dominic J. (2008). Identifying systematic disobedience in Milgram's obedience experiments: A meta-analytic review. *Perspectives on Psychological Science, 3,* 301–304.

Packer, Dominic J. (2009). Avoiding groupthink: Whereas weakly identified members remain silent, strongly identified members dissent about collective problems. *Psychological Science, 20,* 619–626.

Pagel, James F. (2003). Non-dreamers. *Sleep Medicine, 4,* 235–241.

Panksepp, Jaak (1998). Attention deficit hyperactivity disorders, psychostimulants, and intolerance of childhood playfulness: A tragedy in the making? *Current Directions in Psychological Science, 7,* 91–98.

Panksepp, Jaak; Herman, B. H.; Vilberg, T.; et al. (1980). Endogenous opioids and social behavior. *Neuroscience and Biobehavioral Reviews, 4,* 473–487.

Park, Denise, & Gutchess, Angela (2006). The cognitive neuroscience of aging and culture. *Current Directions in Psychological Science, 15,* 105–108.

Parker, Elizabeth S.; Cahill, Larry; & McGaugh, James L. (2006). A case of unusual autobiographical remembering. *Neurocase, 12,* 35–49.

Parlee, Mary B. (1982). Changes in moods and activation levels during the menstrual cycle in experimentally naive subjects. *Psychology of Women Quarterly, 7,* 119–131.

Parlee, Mary B. (1994). The social construction of premenstrual syndrome: A case study of scientific discourse as cultural contestation. In M. G. Winkler & L. B. Cole (Eds.), *The good body: Asceticism in contemporary culture.* New Haven, CT: Yale University Press.

Pascual-Leone, Alvaro; Amedi, Amir; Fregni, Felipe; & Merabet, Lotfe B. (2005). The plastic human brain cortex. *Annual Review of Neuroscience, 28,* 377–401.

Pastalkova, Eva; Itskov, Vladimir; Amarasingham, Asohan; & Buzsáki, György (2008, September 5). Internally generated cell assembly sequences in the rat hippocampus. *Science, 321,* 1322–1327.

Patterson, Charlotte J. (2006). Children of lesbian and gay parents. *Current Directions in Psychological Science, 15,* 241–244.

Patterson, David R., & Jensen, Mark P. (2003). Hypnosis and clinical pain. *Psychological Bulletin, 129,* 495–521.

Patterson, Francine, & Linden, Eugene (1981). *The education of Koko.* New York: Holt, Rinehart and Winston.

Paul, Annie M. (2004). *The cult of personality.* New York: The Free Press.

Paul, Pamela (2008). *Parenting, Inc.: How the billion-dollar baby business has changed the way we raise our children.* New York: Henry Holt.

Paul, Richard W. (1984, September). Critical thinking: Fundamental to education for a free society. *Educational Leadership,* 4–14.

Paunonen, Sampo V. (2003). Big Five factors or personality and replicated predictions of behavior. *Journal of Personality & Social Psychology, 84,* 411–422.

Paunonen, Sampo V., & Ashton, Michael C. (2001). Big Five factors and facets and the prediction of behavior. *Journal of Personality and Social Psychology, 81,* 524–539.

Pavlov, Ivan P. (1927). *Conditioned reflexes* (G. V. Anrep, Trans.). London: Oxford University Press.

Payne, Jessica D.; Stickgold, Robert; Swanberg, Kelley; & Kensinger, Elizabeth A. (2008). Sleep preferentially enhances memory for emotional components of scenes. *Psychological Science, 19,* 781–788.

Peabody, Dean (1985). *National characteristics.* Cambridge, England: Cambridge University Press.

Peele, Stanton, & Brodsky, Archie, with Mary Arnold (1991). *The truth about addiction and recovery.* New York: Simon & Schuster.

Peier, A. M.; Moqrich, A.; Hergarden, A. C.; et al. (2002). A TRP channel that senses cold stimuli and menthol. *Cell, 108,* 705–715.

Pennebaker, James W. (2002). Writing, social processes, and psychotherapy: From past to future. In S. J. Lepore and J. M. Smyth (Eds.), *The writing cure:*

How expressive writing promotes health and emotional well-being. Washington, DC: American Psychological Association.

Pennebaker, James W.; Colder, Michelle; & Sharp, Lisa K. (1990). Accelerating the coping process. *Journal of Personality and Social Psychology, 58,* 528–527.

Pennebaker, James W.; Kiecolt-Glaser, Janice; & Glaser, Ronald (1988). Disclosure of traumas and immune function: Health implications for psychotherapy. *Journal of Consulting and Clinical Psychology, 56,* 239–245.

Peplau, Letita Anne (2003). Human sexuality: How do men and women differ? *Current Directions in Psychological Science, 12,* 37–40.

Peplau, Letitia Anne; Spalding, Leah R.; Conley, Terri D.; & Veniegas, Rosemary C. (2000). The development of sexual orientation in women. *Annual Review of Sex Research, 10,* 70–99.

Pepperberg, Irene (2000). *The Alex studies: Cognitive and communicative abilities of grey parrots.* Cambridge, MA: Harvard University Press.

Pepperberg, Irene M. (2002). Cognitive and communicative abilities of grey parrots. *Current Directions in Psychological Science, 11,* 83–87.

Pepperberg, Irene M. (2006). Grey parrot (Psittacus erithacus) numerical abilities: Addition and further experiments on a zero-like concept. *Journal of Comparative Psychology, 120,* 1–11.

Pepperberg, Irene (2008). *Alex and me.* New York: HarperCollins.

Persons, Jacqueline; Davidson, Joan; & Tompkins, Michael A. (2001). *Essential components of cognitive-behavior therapy for depression.* Washington, DC: American Psychological Association.

Pesetsky, David (1999). Introduction to symposium: "Grammar: What's innate?" Paper presented at the annual meeting of the American Association for the Advancement of Science, Anaheim.

Petersen, Jennifer L., & Hyde, Janet S. (2010). A meta-analytic review of research on gender differences in sexuality, 1993-2007. *Psychological Bulletin, 136,* 21–38.

Peterson, Christopher; Seligman, Martin E. P.; Yurko, Karen H.; et al. (1998). Catastrophizing and untimely death. *Psychological Science, 9,* 127–130.

Peterson, Lloyd R., & Peterson, Margaret J. (1959). Short-term retention of individual verbal items. *Journal of Experimental Psychology, 58,* 193–198.

Petkova, Valeria I., & Ehrsson, H. Henrik (2008). If I were you: Perceptual illusion of body swapping. *PLoS ONE, 3:* e3832.doi:10.1371/journal.pone.0003832.

Petrie, Keith J.; Booth, Roger J.; & Pennebaker, James W. (1998). The immunological effects of thought suppression. *Journal of Personality and Social Psychology, 75,* 1264–1272.

Pettigrew, Thomas T., & Tropp, Linda R. (2006). A meta-analytic test of intergroup contact theory. *Journal of Personality and Social Psychology, 90,* 751–783.

Pfungst, Oskar (1911/1965). *Clever Hans (The horse of Mr. von Osten): A contribution to experimental animal and human psychology.* New York: Holt, Rinehart and Winston.

Phillips, Micheal D.; Lowe, M. J.; Lurito, J. T.; et al. (2001). Temporal lobe activation demonstrates sex-based differences during passive listening. *Radiology, 220,* 202–207.

Phinney, Jean S. (1996). When we talk about American ethnic groups, what do we mean? *American Psychologist, 51,* 918–927.

Piaget, Jean (1929/1960). *The child's conception of the world.* Paterson, NJ: Littlefield, Adams.

Piaget, Jean (1952). Play, dreams, and imitation in childhood. New York: W. W. Norton.

Piaget, Jean (1984). Piaget's theory. In P. Mussen (Series Ed.) & W. Kessen (Vol. Ed.), *Handbook of child psychology: Vol. 1. History, theory, and methods* (4th ed.). New York: Wiley.

Pierce, W. David; Cameron, Judy; Banko, Katherine M.; & So, Sylvia (2003). Positive effects of rewards and performance standards on intrinsic motivation. *Psychological Record, 53,* 561–579.

Pika, Simone, & Mitani, John (2006). Referential gesture communication in wild chimpanzees (*Pan troglodytes*). *Current Biology, 16,* 191–192.

Pillemer, Jane; Hatfield, Elaine; & Sprecher, Susan (2008). The importance of fairness and equity for the marital satisfaction of older women. *Journal of Women and Aging, 20,* 215–229.

Pincus, Tamar, & Morley, Stephen (2001). Cognitive-processing bias in chronic pain: A review and integration. *Psychological Bulletin, 127,* 599–617.

Pinker, Steven (1994). *The language instinct: How the mind creates language.* New York: Morrow.

Piper, August, & Merskey, Harold (2004). The persistence of folly: A critical examination of dissociative identity disorder. Part I: The excesses of an improbable concept. *Canadian Journal of Psychiatry, 49,* 592–600. [Note: Part II (The defence and decline of multiple personality or dissociative identity disorder) appeared in the following issue of the *Canadian Journal of Psychiatry, 49,* 678–683.]

Pittenger, David J. (1993). The utility of the Myers-Briggs Type Indicator. *Review of Educational Research, 63,* 467–488.

Plomin, Robert (1989). Environment and genes: Determinants of behavior. *American Psychologist, 44,* 105–111.

Plomin, Robert; Asbury, Kathryn; & Dunn, Judith F. (2001). Why are children in the same family so different? Nonshared environment a decade later. *Canadian Journal of Psychiatry, 46,* 225–233.

Plomin, Robert, & DeFries, John C. (1985). *Origins of individual differences in infancy: The Colorado Adoption Project.* New York: Academic Press.

Plomin, Robert; DeFries, John C.; McClearn, Gerald E.; & McGuffin, Peter (2001). *Behavioral genetics* (4th ed.). New York: Worth.

Plotnik, Joshua M.; de Waal, Frans B. M.; & Reiss, Diana (2006). Self-recognition in an Asian elephant. *Proceedings of the National Academy of Science,* published online October 30, 10.1073/pnas.0608062103.

Ponitz, Claire C.; McClelland, Megan M.; Matthews, J. S.; & Morrison, Frederick J. (2009). A structured observation of behavioral self-regulation and its contribution to kindergarten outcomes. *Developmental Psychology, 45,* 605–619.

Poole, Debra A., & Lamb, Michael E. (1998). *Investigative interviews of children.* Washington, DC: American Psychological Association.

Pope, Harrison G., Jr.; Poliakoff, Michael B.; Parker, Michael P.; et al. (2007). Is dissociative amnesia a culture-bound syndrome? Findings from a survey of historical literature. *Psychological Medicine, 37,* 22533.

Popkin, Barry M. (2009). *The world is fat: The fads, trends, policies, and products that are fattening the human race.* New York: Avery (Penguin).

Portenoy, Russell K. (1994). Opioid therapy for chronic nonmalignant pain: Current status. In H. L. Fields & J. C. Liebeskind (Eds.), *Progress in pain research and management. Pharmacological approaches to the treatment of chronic pain: Vol. 1.* Seattle: International Association for the Study of Pain.

Posthuma, D.; de Gues, E. J.; Baare, W. F.; et al. (2002). The association between brain volume and intelligence is of genetic origin. *Nature Neuroscience, 5,* 83–84.

Postmes, Tom, & Spears, Russell (1998). Deindividuation and antinormative behavior: A meta-analysis. *Psychological Bulletin, 123,* 238–259.

Postuma, R. B.; Gagnon, J. F.; Vendette, M.; et al. (2008). Quantifying the risk of neurodegenerative disease in idiopathic REM sleep behavior disorder. *Neurology,* published on line December 24, doi:10.1212/01.wnl.0000340980.19702.6e.

Potter, W. James (1987). Does television viewing hinder academic achievement among adolescents? *Human Communication Research, 14,* 27–46.

Poulin-Dubois, Diane; Serbin, Lisa A.; Kenyon, Brenda; & Derbyshire, Alison (1994). Infants' intermodal knowledge about gender. *Developmental Psychology, 30,* 436–442.

Powell, Russell A., & Boer, Douglas P. (1995). Did Freud misinterpret reported memories of sexual abuse as fantasies? *Psychological Reports, 77,* 563–570.

Premack, David, & Premack, Ann James (1983). *The mind of an ape.* New York: Norton.

Presnell, Katherine; Bearman, Sarah Kate; & Stice, Eric (2004). Risk factors for body dissatisfaction in adolescent boys and girls: A prospective study. *International Journal of Eating Disorders, 36,* 389–401.

Pressman, Sarah D., & Cohen, Sheldon (2005). Does positive affect influence health? *Psychological Bulletin, 131,* 925–971.

Principe, Gabrielle; Kanaya, Tamoe; Ceci, Stephen J.; & Singh, Mona (2006). Believing is seeing: How rumors can engender false memories in preschoolers. *American Psychologist, 17,* 243–248.

Prochaska, James O.; Norcross, John C.; & DiClemente, Carlo C. (1994). *Changing for good.* New York: Morrow.

Proffitt, Dennis R. (2006). Distance perception. *Current Directions in Psychological Science, 3,* 131–135.

Pronin, Emily (2008, May 30). How we see ourselves and how we see others. *Science, 320,* 1177–1180.

Pronin, Emily; Gilovich, Thomas; & Ross, Lee (2004). Objectivity in the eye of the beholder: Divergent perceptions of bias in self versus others. *Psychological Review, 111,* 781–799.

Ptito, Maurice; Moesgaard, Solvej M.; Gjedde, Albert; & Kupers, Ron (2005). Cross-modal plasticity revealed by electrotactile stimulation of the tongue in the congenitally blind. *Brain, 128,* 606–614.

Punamaeki, Raija-Leena, & Joustie, Marja (1998). The role of culture, violence, and personal factors affecting dream content. *Journal of Cross-Cultural Psychology, 29,* 320–342.

Pynoos, R. S., & Nader, K. (1989). Children's memory and proximity to violence. *Journal of the American Academy of Child and Adolescent Psychiatry, 28,* 236–241.

Pyszczynski, Tom; Rothschild, Zachary; & Abdollahi, Abdolhossein (2008). Terrorism, violence, and hope for peace: A terror management perspective. *Current Directions in Psychological Science, 17,* 318–322.

Pyter, L.M.; Pineros, V.; Galang, J.A.; et al. (2009, June 2). Peripheral tumors induce depressive-like behaviors and cytokine production and alter hypothalamic-pituitary-adrenal axis regulation. *Proceedings of the National Academy of Sciences, 106,* 9069–9074.

Quinn, Diane M., & Spencer, Steven J. (2001). The interference of stereotype threat with women's generation of mathematical problem-solving strategies. *Journal of Social Issues, 57,* 55–71.

Quinn, Paul, & Bhatt, Ramesh (2005). Learning perceptual organization in infancy. *Psychological Science, 16,* 511–515.

Racsmány, Mihály; Conway, Martin A.; & Demeter, Gyula (2010). Consolidation of episodic memories during sleep: Long-term effects of retrieval practice. *Psychological Science, 21,* 80–85.

Radford, Benjamin (2005, June). Psychic predictions (and rationalizations) fail again. *Skeptical Briefs, 15,* 529.

Radford, Benjamin (2010, March/April). The psychic and the serial killer. *Skeptical Inquirer, 34,* 32–37.

Rahman, Qazi, & Wilson, Glenn D. (2003). Born gay? The psychobiology of human sexual orientation. *Personality and Individual Differences, 34,* 1337–1382.

Raine, Adrian (2008). From genes to brain to antisocial behavior. *Current Directions in Psychological Science, 17,* 323–328.

Raine, Adrian; Lencz, Todd; Bihrle, Susan; LaCasse, Lori; & Colletti, Patrick (2000). Reduced prefrontal gray matter volume and reduced autonomic activity in antisocial personality disorder. *Archives of General Psychiatry, 57,* 119–127.

Raine, Adrian; Meloy, J. R.; Bihrle, S.; et al. (1998). Reduced prefrontal and increased subcortical brain functioning assessed using positron emission tomography in predatory and affective murderers. *Behavioral Science and Law, 16,* 319–332.

Raja, Srinivasa (2008, May 8). From poppies to pill-popping: Is there a "middle way?" Paper presented at the annual meeting of the American Pain Society, Tampa, Fl.

Ramachandran, V.S., & Altschuler, Eric L. (2009). The use of visual feedback, in particular mirror visual feedback, in restoring brain function. *Brain, 132,* 1693–1710.

Ramachandran, V.S., & Blakeslee, Sandra (1998). *Phantoms in the brain.* New York: William Morrow.

Rankin, Lindsay E., & Eagly, Alice H. (2008). Is his heroism hailed and hers hidden? Women, men, and the social construction of heroism. *Psychology of Women Quarterly, 32,* 414–422.

Rapkin, Andrea J.; Chang, Li C.; & Reading, Anthony E. (1988). Comparison of retrospective and prospective assessment of premenstrual symptoms. *Psychological Reports, 62,* 55–60.

Rasch, Björn, & Born, Jan (2008). Reactivation and consolidation of memory during sleep. *Current Directions in Psychological Science, 17,* 188–192.

Rasch, Björn; Büchel, Christian; Gais, Steffen; & Born, Jan (2007). Odor cues during slow-wave sleep prompt declarative memory consolidation. *Science, 315,* 1426–1429.

Rasch, Björn; Pommer, Julian; Diekelmann, Susanne; & Born, Jan (2009). Pharmacological REM sleep suppression paradoxically improves rather than impairs skill memory. *Nature Neuroscience, 12,* 396–397. Epub Oct. 5, 2008, 10.1038/nn.2206.

Rasheed, Parveen, & Al-Sowielem, Latifa S. (2003). Prevalence and predictors of premenstrual syndrome among college-aged women in Saudi Arabia. *Annals of Saudi Medicine, 23,* 381–387.

Ratcliffe, Heather (2000, January 28). Midwest UFO sightings get once-over from scientists. *Detroit News,* Religion Section [online version].

Rathbun, Constance; DiVirgilio, Letitia; & Waldfogel, Samuel (1958). A restitutive process in children following radical separation from family and culture. *American Journal of Orthopsychiatry, 28,* 408–415.

Rauschecker, Josef P. (1999). Making brain circuits listen. *Science, 285,* 1686–1687.

Ravussin, Eric; Lillioja, Stephen; Knowler, William; et al. (1988). Reduced rate of energy expenditure as a risk factor for body-weight gain. *New England Journal of Medicine, 318,* 467–472.

Ray, Wayne A.; Chung, Cecilia P.; Murray, Katherine T.; et al. (2009). Atypical antipsychotic drugs and the risk of sudden cardiac death. *New England Journal of Medicine, 360,* 225–235.

Reber, Paul J.; Stark, Craig E. L.; & Squire, Larry R. (1998). Contrasting cortical activity associated with category memory and recognition memory. *Learning & Memory, 5,* 420–428.

Redd, W. H.; Dadds, M. R.; Futterman, A. D.; Taylor, K.; & Bovbjerg, D. (1993). Nausea induced by mental images of chemotherapy. *Cancer, 72,* 629–636.

Redelmeier, Donald A., & Tversky, Amos (1996). On the belief that arthritis pain is related to the weather. *Proceedings of the National Academy of Sciences, 93,* 2895–2896.

Reedy, F. E.; Bartoshuk, L. M.; Miller, I. J.; Duffy, V. B.; Lucchina, L.; & Yanagisawa, K. (1993). Relationships among papillae, taste pores, and 6-n-propylthiouracil (PROP) suprathreshold taste sensitivity. *Chemical Senses, 18,* 618–619.

Reichenberg, Abraham; Gross, Raz; Weiser, Mark; Bresnahan, Michealine; et al. (2006). Advancing paternal age and autism. *Archives of General Psychiatry, 63,* 1026–1032.

Reid, R. L. (1991). Premenstrual syndrome. *New England Journal of Medicine, 324,* 1208–1210.

Remick, Abigail K.; Polivy, Janet; & Pliner, Patricia (2009). Internal and external moderators of the effect of variety on food intake. *Psychological Bulletin, 135,* 434–451.

Rensink, Ronald (2004). Visual sensing without seeing. *Psychological Science, 15,* 27–32.

Repetti, Rena L.; Taylor, Shelley E.; & Seeman, Teresa E. (2002). Risky families: Family social environments and the mental and physical health of offspring. *Psychological Bulletin, 128,* 330–366.

Rescorla, Robert A. (1988). Pavlovian conditioning: It's not what you think it is. *American Psychologist, 43,* 151–160.

Restak, Richard M. (1994). *The modular brain.* New York: Macmillan.

Revell, Victoria L., & Eastman, Charmane I. (2005). How to fool Mother Nature into letting you fly around or stay up all night. *Journal of Biological Rhythms, 20,* 353–365.

Reyna, Valerie, & Farley, Frank (2006). Risk and rationality in adolescent decision making. *Psychological Science in the Public Interest, 7,* 1–44.

Reynolds, Brent A., & Weiss, Samuel (1992). Generation of neurons and astrocytes from isolated cells of the adult mammalian central nervous system. *Science, 255,* 1707–1710.

Reynolds, Kristi; Lewis, L. Brian; Nolen, John David L.; et al. (2003). Alcohol consumption and risk of stroke: A meta-analysis. *Journal of the American Medical Association, 289,* 579–588.

Rhoades, Linda, & Eisenberger, Robert (2002). Perceived organizational support: A review of the literature. *Journal of Applied Psychology, 87,* 698–714.

Rice, Mabel L. (1990). Preschoolers' QUIL: Quick incidental learning of words. In G. Conti-Ramsden & C. E. Snow (Eds.), *Children's language* (Vol. 7). Hillsdale, NJ: Erlbaum.

Richardson, John T. E. (Ed.) (1992). *Cognition and the menstrual cycle.* New York: Springer-Verlag.

Richardson-Klavehn, Alan, & Bjork, Robert A. (1988). Measures of memory. *Annual Review of Psychology, 39,* 475–543.

Ridley-Johnson, Robyn; Cooper, Harris; & Chance, June (1983). The relation of children's television viewing to school achievement and I.Q. *Journal of Educational Research, 76,* 294–297.

Rieber, Robert W. (2006). *The bifurcation of the self.* New York: Springer.

Rind, Bruce; Tromovitch, Philip; & Bauserman, Robert (1998). A meta-analytic examination of assumed properties of child sexual abuse using college samples. *Psychological Bulletin, 124,* 22–53.

Risch, N.; Herrell, R.; Lehner, T.; et al. (2009). Interaction between the serotonin transporter gene (5-HTTLPR), stressful life events, and risk of depression: A meta-analysis. *Journal of the American Medical Association, 301,* 2462–2471.

Ro, Tony; Farnè, Alessandro; Johnson, Ruth; et al. (2007). Feeling sounds after a thalamic lesion. *Annals of Neurology, 62,* 433–441.

Roberson, Debi; Davies, Ian; & Davidoff, Jules (2000). Color categories are not universal: Replications and new evidence in favor of linguistic relativity. *Journal of Experimental Psychology: General, 129,* 369–398.

Roberts, Brent W.; Caspi, Avshalom; & Moffitt, Terrie E. (2001). The kids are alright: Growth and stability in personality development from adolescence to adulthood. *Journal of Personality and Social Psychology, 81,* 670–683.

Roberts, Brent W.; Edmonds, Grant; & Grijalva, Emily (2010). It is developmental me, not generation me: Developmental changes are more important than generational changes in narcissism. *Perspectives on Psychological Science, 5,* 97–102.

Roberts, Brent W., & Mroczek, Daniel (2008). Personality trait change in adulthood. *Current Directions in Psychological Science, 17,* 31–35.

Roberts, Brent W.; Walton, Kate E.; & Viechtbauer, Wolfgang (2006). Patterns of mean-level change in personality traits across the life course: A meta-analysis of longitudinal studies. *Psychological Bulletin, 132,* 1–25.

Robins, Lee N.; Davis, Darlene H.; & Goodwin, Donald W. (1974). Drug use by U.S. Army enlisted men in Vietnam: A follow-up on their return home. *American Journal of Epidemiology, 99,* 235–249.

Robinson, Thomas; Wilde, M. L.; Navracruz, L. C.; et al. (2001). Effects of reducing children's television and video game use on aggressive behavior: A randomized controlled trial. *Archives of Pediatric and Adolescent Medicine, 155,* 13–14.

Rodriguez, Paul; Wiles, Janet; & Elman, Jeffrey L. (1999). A recurrent neural network that learns to count. *Connection Science, 11,* 5–40.

Roediger, Henry L. (1990). Implicit memory: Retention without remembering. *American Psychologist, 45,* 1043–1056.

Roediger, Henry L., & McDermott, Kathleen B. (1995). Creating false memories: Remembering words not presented in lists. *Journal of Experimental Psychology; Learning, Memory, & Cognition, 21,* 803–814.

Rofé, Yacov (2008). Does repression exist? Memory, pathogenic, unconscious and clinical evidence. *Review of General Psychology, 12,* 63–85.

Rogers, Carl (1951). *Client-centered therapy: Its current practice, implications, and theory.* Boston: Houghton Mifflin.

Rogers, Carl (1961). *On becoming a person.* Boston: Houghton Mifflin.

Rogers, Ronald W., & Prentice-Dunn, Steven (1981). Deindividuation and anger-mediated interracial aggression: Unmasking regressive racism. *Journal of Personality and Social Psychology, 41,* 63–73.

Rogge, Ronald D.; Bradbury, Thomas N.; Hahlweg, Kurt; et al. (2006). Predicting marital distress and dissolution: Refining the two-factor hypothesis. *Journal of Family Psychology, 20,* 156–159.

Rogoff, Barbara (2003). *The cultural nature of human development.* New York: Oxford University Press.

Ropper, Alan H. (2010). Cogito ergo sum by MRI. *New England Journal of Medicine, 362,* 648–649.

Rosch, Eleanor H. (1973). Natural categories. *Cognitive Psychology, 4,* 328–350.

Rosen, Gerald M.; Glasgow, Russell E.; & Moore, Timothy E. (2003). Self-help therapy: The science and business of giving psychology away. In S. O. Lilienfeld, S. J. Lynn, & J. M. Lohr (Eds.), *Science and pseudoscience in clinical psychology.* New York: Guilford.

Rosenberg, Harold (1993). Prediction of controlled drinking by alcoholics and problem drinkers. *Psychological Bulletin, 113,* 129–139.

Rosenthal, Jack (2006, August 27). Precisely false vs. approximately right: A reader's guide to polls. *The New York Times.* Published online at www.nytimes.com.

Rosenthal, Robert (1994). Interpersonal expectancy effects: A 30-year perspective. *Current Directions in Psychological Science, 3,* 176–179.

Rosenzweig, Mark R. (1984). Experience, memory, and the brain. *American Psychologist, 39,* 365–376.

Roser, Matt E., & Gazzaniga, Michael S. (2004). Automatic brains: Interpretive minds. *Current Directions in Psychological Science, 13,* 56–59.

Ross, Heather E.; Freeman, Sara M.; Spiegel, Lauren L.; et al. (2009). Variation in oxytocin receptor density in the nucleus accumbens has differential effects on affiliative behaviors in monogamous and polygamous voles. *Journal of Neuroscience, 29,* 1312–1318.

Ross, Lee (2010). Dealing with conflict: Experiences and experiments. In M. H. Gonzales, C. Tavris, & J. Aronson (Eds.), *The scientist and the humanist: A festschrift in honor of Elliot Aronson.* New York: Psychology Press.

Ross, Michael; Xun, W. Q. Elaine; & Wilson, Anne E. (2002). Language and the bicultural self. *Personality and Social Psychology Bulletin, 28,* 1040–1050.

Rothbart, Mary K.; Ahadi, Stephan A.; & Evans, David E. (2000). Temperament and personality: Origins and outcomes. *Journal of Personality and Social Psychology, 78,* 122–135.

Rothbaum, Fred; Weisz, John; Pott, Martha; et al. (2000). Attachment and culture: Security in the United States and Japan. *American Psychologist, 55,* 1093–1104.

Rothbaum, Fred M.; Weisz, John R.; & Snyder, Samuel S. (1982). Changing the world and changing the self: A two-process model of perceived control. *Journal of Personality and Social Psychology, 42,* 5–37.

Rothermund, Klaus, & Wentura, Dirk (2004). Underlying processes in the Implicit Association Test: Dissociating salience from associations. *Journal of Experimental Psychology: General, 133,* 139–165.

Rotter, Julian B. (1990). Internal versus external control of reinforcement: A case history of a variable. *American Psychologist, 45,* 489–493.

Roughgarden, Joan (2004). *Evolution's rainbow: Diversity, gender, and sexuality in nature and people.* Berkeley: University of California Press.

Rouw, Romke, & Scholte, Steven S. (2007). Increased structural connectivity in grapheme-color synesthesia. *Nature Neuroscience, 10,* 792–797.

Rovee-Collier, Carolyn (1993). The capacity for long-term memory in infancy. *Current Directions in Psychological Science, 2,* 130–135.

Rowe, Meredith L., & Goldin-Meadow, Susan (2009, February 13). Differences in early gesture explain SES disparities in child vocabulary size at school entry. *Science, 323,* 951–953.

Rowatt, Wade C.; Ottenbreit, Alison; Nesselroade Jr., K. Paul; & Cunningham, Paige A. (2002). On being holier-than-thou or humbler-than-thee: A social-psychological perspective on religiousness and humility. *Journal for the Scientific Study of Religion, 41,* 227–237.

Roy, Mark P.; Steptoe, Andrew; & Kirschbaum, Clemens (1998). Life events and social support as moderators of individual differences in cardiovascular and cortisol reactivity. *Journal of Personality and Social Psychology, 75,* 1273–1281.

Røysamb, Espen; Tambs, Kristian; Reichborn-Kjennerud, Ted; et al. (2003). Happiness and health: Environmental and genetic contributions to the relationship between subjective well-being, perceived health, and somatic illness. *Journal of Personality and Social Psychology, 85,* 1136–1146.

Rozin, Paul; Lowery, Laura; & Ebert, Rhonda (1994). Varieties of disgust faces and the structure of disgust. *Journal of Personality and Social Psychology, 66,* 870–881.

Rozin, Paul; Kabnick, Kimberly; Pete, Erin; et al. (2003). The ecology of eating: Smaller portion sizes in France than in the United States help explain the French paradox. *Psychological Science, 14,* 450–454.

Ruggiero, Vincent R. (2004). *The art of thinking: A guide to critical and creative thought* (7th ed.). Pearson/Longman.

Rumbaugh, Duane M. (1977). *Language learning by a chimpanzee: The Lana project.* New York: Academic Press.

Rumbaugh, Duane M.; Savage-Rumbaugh, E. Sue; & Pate, James L. (1988). Addendum to "Summation in the chimpanzee (*Pan troglodytes*)." *Journal of Experimental Psychology: Animal Behavior Processes, 14,* 118–120.

Rumelhart, David E.; McClelland, James L.; & the PDP Research Group (1986). *Parallel distributed processing: Explorations in the microstructure of cognition* (Vols. 1 and 2). Cambridge, MA: MIT Press.

Rupp, Heather A., & Wallen, Kim (2008). Sex differences in response to visual sexual stimuli: A review. *Archives of Sexual Behavior, 37,* 206–218.

Rushton, J. Philippe, & Jensen, Arthur R. (2005). Thirty years of research on race differences in cognitive ability. *Psychology, Public Policy, and Law, 11,* 235–294.

Rutter, Michael; O'Connor, Thomas G.; & the English and Romanian Adoptees (ERA) Study Team (2004). Are there biological programming effects for psychological development? Findings from a study of Romanian adoptees. *Developmental Psychology, 40,* 81–94.

Rutter, Michael; Pickles, Andrew; Murray, Robin; & Eaves, Lindon (2001). Testing hypotheses on specific environmental causal effects on behavior. *Psychological Bulletin, 127,* 291–324.

Ruys, Kirsten I., & Stapel, Diederik A. (2008). The secret life of emotions. *Psychological Science, 19,* 385–391.

Ryan, Richard M.; Chirkov, Valery I.; Little, Todd D.; et al. (1999). The American dream in Russia: Extrinsic aspirations and well-being in two cultures. *Personality and Social Psychology Bulletin, 25,* 1509–1524.

Rymer, Russ (1993). *Genie: An abused child's flight from silence.* New York: HarperCollins.

Sabattini, Laura, & Crosby, Faye (2009). Work ceilings and walls: Work-life and "family-friendly" policies. In M. Barreto, M. Ryan, & M. Schmitt (Eds.), *The glass ceiling in the 21st century: Understanding barriers to gender equality.* Washington, DC: American Psychological Association.

Sack, Robert L., & Lewy, Alfred J. (1997). Melatonin as a chronobiotic: Treatment of circadian desynchrony in night workers and the blind. *Journal of Biological Rhythms, 12,* 595–603.

Sackett, Paul R.; Hardison, Chaitra M.; & Cullen, Michael J. (2004). On interpreting stereotype threat as accounting for African American-White differences on cognitive tests. *American Psychologist, 59,* 7–13.

Sacks, Oliver (1985). *The man who mistook his wife for a hat and other clinical tales.* New York: Simon & Schuster.

Saey, Tina H. (2008, March 29). Dad's hidden influence. *Science News, 173,* 200–201.

Sagan, Eli (1988). *Freud, women, and morality: The psychology of good and evil.* New York: Basic Books.

Sage, Cyrille; Huang, Mingqian; Karimi, Kambiz; et al. (2005). Proliferation of functional hair cells in vivo in the absence of the retinoblastoma protein. *Science, 307,* 114–118.

Sageman, Marc (2008). *Leaderless jihad: Terror networks in the twenty-first century.* Philadelphia: University of Pennsylvania Press.

Sahley, Christie L.; Rudy, Jerry W.; & Gelperin, Alan (1981). An analysis of associative learning in a terrestrial mollusk: 1. Higher-order conditioning, blocking, and a transient US preexposure effect. *Journal of Comparative Physiology, 144,* 1–8.

Salovey, Peter, & Grewal, Daisy (2005). The science of emotional intelligence. *Current Directions in Psychological Science, 14,* 281–285.

Salthouse, Timothy A. (2006). Mental exercise and mental aging: Evaluating the validity of the "use it or lose it" hypothesis. *Perspectives on Psychological Science, 1,* 68–87.

Sameroff, Arnold J.; Seifer, Ronald; Barocas, Ralph; et al. (1987). Intelligence quotient scores of 4-year-old children: Social-environmental risk factors. *Pediatrics, 79,* 343–350.

Sampson, Robert J; Sharkey, Patrick; & Raudenbush, Stephen W. (2008). Durable effects of concentrated disadvantage among verbal ability of African-American children. *Proceedings of the National Academy of Sciences, 105,* 845–853.

Sanfey, Alan G.; Rilling, James K.; Aronson, Jessica K. (2003). The neural basis of economic decision-making in the Ultimatum Game. *Science, 300,* 1755–1758.

Santelli, John; Ott, Mary A.; Lyon, Maureen; et al. (2006). Abstinence and abstinence-only education: A review of U.S. policies and programs. *Journal of Adolescent Health, 38,* 72–81.

Sarbin, Theodore R. (1991). Hypnosis: A fifty year perspective. *Contemporary Hypnosis, 8,* 1–15.

Sarbin, Theodore R. (1997). The power of believed-in imaginings. *Psychological Inquiry, 8,* 322–325.

Saucier, Deborah M., & Kimura, Doreen (1998). Intrapersonal motor but not extrapersonal targeting skill is enhanced during the midluteal phase of the menstrual cycle. *Developmental Neuropsychology, 14,* 385–398.

Saucier, Gerard (2000). Isms and the structure of social attitudes. *Journal of Personality and Social Psychology, 78,* 366–385.

Savage-Rumbaugh, Sue, & Lewin, Roger (1994). *Kanzi: The ape at the brink of the human mind.* New York: Wiley.

Savage-Rumbaugh, Sue; Shanker, Stuart; & Taylor, Talbot (1998). *Apes, language and the human mind.* New York: Oxford University Press.

Savic, Ivanka; Berglund, Hans; & Lindström, Per (2005, May 17). Brain response to putative pheromones in homosexual men. *Proceedings of the National Academy of Sciences, 102,* 7356–7361.

Savin-Williams, Ritch C. (2006). Who's gay? Does it matter? *Current Directions in Psychological Science, 15,* 40–44.

Saxe, Leonard (1994). Detection of deception: Polygraph and integrity tests. *Current Directions in Psychological Science, 3,* 69–73.

Saxena, S.; Brody, A. L.; Maidment, K. M.; et al. (2004). Cerebral glucose metabolism in obsessive-compulsive hoarding. *American Journal of Psychiatry, 161,* 1038–1048.

Sayette, Michael; Reichle, Erik; & Schooler, Jonathan (2009). Lost in the sauce: The effects of alcohol on mind wandering. *Psychological Science, 20,* 747–752.

Scarr, Sandra (1993). Biological and cultural diversity: The legacy of Darwin for development. *Child Development, 64,* 1333–1353.

Scarr, Sandra; Pakstis, Andrew J.; Katz, Soloman H.; & Barker, William B. (1977). Absence of a relationship between degree of white ancestry and intellectual skill in a black population. *Human Genetics, 39,* 69–86.

Scarr, Sandra, & Weinberg, Robert A. (1994). Educational and occupational achievement of brothers and sisters in adoptive and biologically related families. *Behavioral Genetics, 24,* 301–325.

Schacter, Daniel L. (2001). *The seven sins of memory: How the mind forgets and remembers.* Boston: Houghton Mifflin.

Schacter, Daniel L.; Chiu, C. Y. Peter; & Ochsner, Kevin N. (1993). Implicit memory: A selective review. *Annual Review of Neuroscience, 16,* 159–182.

Schaeffer, Cindy M., & Borduin, Charles M. (2005). Long-term follow-up to a randomized clinical trial of multisystemic therapy with serious and violent juvenile offenders. *Journal of Consulting and Clinical Psychology, 73,* 445–453.

Schafer, Roy (1992). *Retelling a life: Narration and dialogue in psychoanalysis.* New York: Basic Books.

Schaie, K. Warner, & Willis, Sherry L. (2002). *Adult development and aging* (5th ed.). Upper Saddle River, NJ: Prentice Hall.

Schaie, K. Warner, & Zuo, Yan-Ling (2001). Family environments and cognitive functioning. In R. J. Sternberg & E. Grigorenko (Eds.), *Cognitive development in context.* Hillsdale, NJ: Erlbaum.

Schank, Roger, with Peter Childers (1988). *The creative attitude.* New York: Macmillan.

Scharfman, Helen E., & Hen, Rene (2007). Is more neurogenesis always better? *Science, 315,* 336–338.

Schenck Carlos H., & Mahowald Mark W. (2002). REM sleep behavior disorder: Clinical, developmental, and neuroscience perspectives 16 years after its formal identification in SLEEP. *Sleep, 25,* 120–138.

Schlossberg, Nancy K., & Robinson, Susan P. (1996). *Going to plan B*. New York: Simon & Schuster/Fireside.

Schmader, Toni (2010). Stereotype threat deconstructed. *Current Directions in Psychological Science, 19*, 14–18.

Schmelz, M.; Schmidt, R.; Bickel, A.; et al. (1997). Specific C-receptors for itch in human skin. *Journal of Neuroscience, 17*, 8003–8008.

Schmidt, Frank L., & Hunter, John (2004). General mental ability in the world of work: Occupational attainment and job performance. *Journal of Personality and Social Psychology, 86*, 162–173.

Schmidt, Louis A.; Fox, Nathan A.; Perez-Edgar, Koraly; & Hamer, Dean H. (2009). Linking gene, brain, and behavior: DRD4, frontal asymmetry, and temperament. *Psychological Science, 20*, 831–837.

Schmitt, David P. (2003). Universal sex differences in the desire for sexual variety: Tests from 52 nations, 6 continents, and 13 islands. *Journal of Personality and Social Psychology, 85*, 85–104.

Schnell, Lisa, & Schwab, Martin E. (1990, January 18). Axonal regeneration in the rat spinal cord produced by an antibody against myelin-associated neurite growth inhibitors. *Nature, 343*, 269–272.

Schofield, P.; Ball, D.; Smith, J. G.; et al. (2004). Optimism and survival in lung carcinoma patients. *Cancer, 100*, 1276–1282.

Schuckit, Marc A. (1998). Relationship among genetic, environmental, and psychological variables in predicting alcoholism. Invited address presented at the annual meeting of the American Psychological Association, San Francisco.

Schuckit, Marc A.; Smith, Tom L.; Pierson, Juliann; et al. (2007). Patterns and correlates of drinking in offspring from the San Diego Prospective Study. *Alcoholism: Clinical and Experimental Research, 31*, 1681–1691.

Schuckit, Marc A.; Smith, Tom L.; Trim, Ryan; et al. (2008). The performance of elements of a "level of response to alcohol"-based model of drinking behaviors in 13-year-olds. *Addiction, 103*, 1786–1792.

Schulz, Richard; Beach, S. R.; Ives, D. G.; et al. (2000). Association between depression and mortality in older adults: The Cardiovascular Health Study. *Archives of Internal Medicine, 160*, 1761–1768.

Schwartz, Barry (2004). *The paradox of choice: Why more is less*. New York: Ecco Press.

Schwartz, Jeffrey; Stoessel, Paula W.; Baxter, Lewis R.; et al. (1996). Systematic changes in cerebral glucose metabolic rate after successful behavior modification treatment of obsessive–compulsive disorder. *Archives of General Psychiatry, 53*, 109–113.

Schwartz, Seth J.; Unger, Jennifer B.; Zamboanga, Byron L.; & Szapocznik, José (2010). Rethinking the concept of acculturation. *American Psychologist, 65*, 237–251.

Schenck Carlos H., & Mahowald Mark W. (2002). REM sleep behavior disorder: Clinical, developmental, and neuroscience perspectives 16 years after its formal identification in SLEEP. *Sleep, 25*, 120–138.

Schwekendiek, D. (2008). Height and weight differences between North and South Korea. *Journal of Biosocial Sciences, 41*, 51–55.

Seabrook, John (2008, November 10). Suffering souls: The search for the roots of psychopathy. *The New Yorker*, 64–73.

Sears, Pauline, & Barbee, Ann H. (1977). Career and life satisfactions among Terman's gifted women. In J. C. Stanley, W. C. George, & C. H. Solano (Eds.), *The gifted and the creative: A fifty-year perspective*. Baltimore, MD: Johns Hopkins University Press.

Segal, Julius (1986). *Winning life's toughest battles*. New York: McGraw-Hill.

Segall, Marshall H.; Campbell, Donald T.; & Herskovits, Melville J. (1966). *The influence of culture on visual perception*. Indianapolis, IN: Bobbs-Merrill.

Segall, Marshall H.; Dasen, Pierre R.; Berry, John W.; & Poortinga, Ype H. (1999). *Human behavior in global perspective: An introduction to cross-cultural psychology* (2nd ed.). Boston: Allyn & Bacon.

Segerstrom, Suzanne C., & Miller, Gregory E. (2004). Psychological stress and the human immune system: A meta-analytic study of 30 years of inquiry. *Psychological Bulletin, 130*, 601–630.

Segerstrom, Suzanne C., & Sephton, Sandra E. (2010). Optimistic expectancies and cell-mediated immunity: The role of positive affect. *Psychological Science, 21*, 448–455.

Seidenberg, Mark S.; MacDonald, Maryellen C.; & Saffran, Jenny R. (2002). Does grammar start where statistics stop? *Science, 298*, 553–554.

Seifer, Ronald; Schiller, Masha; Sameroff, Arnold; et al. (1996). Attachment, maternal sensitivity, and infant temperament during the first year of life. *Developmental Psychology, 32*, 12–25.

Sekuler, Robert, & Blake, Randolph (1994). *Perception* (3rd ed.). New York: Knopf.

Seligman, Martin E. P., & Csikszentmihaly, Mihaly (2000). Positive psychology: An introduction. *American Psychologist, 55*, 5–14.

Seligman, Martin E. P., & Hager, Joanne L. (1972, August). Biological boundaries of learning: The sauce-béarnaise syndrome. *Psychology Today*, 59–61, 84–87.

Seligman, Martin E. P.; Schulman, Peter; DeRubeis, Robert J.; & Hollon, Steven D. (1999). The prevention of depression and anxiety. *Prevention & Treatment, 2*, electronic posting December 21, 1999 on the website of the American Psychological Association.

Sellbom, Martin; Ben-Porath, Yossef S.; & Bagby, R. Michael (2008). Personality and psychopathology: Mapping the MMPI-2 Restructured Clinical (RC) Scales onto the Five Factor Model of Personality. *Journal of Personality Disorders, 22*, 291–312.

Senghas, Ann; Kita, Sotaro; & Özyürek, Asli (2004). Children creating core properties of language: Evidence from an emerging sign language in Nicaragua. *Science, 305*, 1779–1782.

Senko, Corwin; Durik, Amanda M.; & Harackiewicz, Judith M. (2008). Historical perspectives and new directions in achievement goal theory: Understanding the effects of mastery and performance-approach goals. In J. Y. Shah, & W. L. Gardner (Eds.), *Handbook of motivation science*. New York: Guilford

Serpell, Robert (1994). The cultural construction of intelligence. In W. J. Lonner & R. S. Malpass (Eds.), *Psychology and culture*. Needham Heights, MA: Allyn & Bacon.

Serrano, Peter; Friedman, Eugenia L.; Kenney, Jana; et al. (2008). PKMz maintains spatial, instrumental, and classically conditioned long-term memories. *PLoS Biology, 6*, e318. Doi:10.1371/journal/pbio.0060318. Accessed May 23, 2009.

Shaffer, Ryan, & Jadwiszczok, Agatha (2010, March/April). Psychic defective: Sylvia Browne's history of failure. *Skeptical Inquirer, 34*, 38-42.

Shapiro, Francine (1994). EMDR: In the eye of a paradigm shift. *Behavior Therapist, 17*, 153–156.

Shapiro, Francine (1995). *Eye movement desensitization and reprocessing: Basic principles, protocols, and procedures*. New York: Guilford.

Sharman, Stephanie J.; Manning, Charles G.; & Garry, Maryanne (2005). Explain this: Explaining childhood events inflates confidence for those events. *Applied Cognitive Psychology, 19*, 16–74.

Shatz, Marilyn, & Gelman, Rochel (1973). The development of communication skills: Modifications in the speech of young children as a function of the listener. *Monographs of the Society for Research in Child Development, 38*.

Shaver, Phillip R., & Hazan, Cindy (1993). Adult romantic attachment: Theory and evidence. In D. Perlman & W. H. Jones (Eds.), *Advances in personal relationships* (Vol. 4). London: Kingsley.

Shaver, Phillip R.; Wu, Shelley; & Schwartz, Judith C. (1992). Cross-cultural similarities and differences in emotion and its representation: A prototype approach. In M. S. Clark (Ed.), *Review of Personality and Social Psychology* (Vol. 13). Newbury Park, CA: Sage.

Shaywitz, Bennett A.; Shaywitz, Sally E.; Pugh, Kenneth R.; et al. (1995). Sex differences in the functional organization of the brain for language. *Nature, 373*, 607–609.

Shedler, Jonathan (2010). The efficacy of psychodynamic therapy. *American Psychologist, 65*, 98–109.

Sheldon, Kennon M.; Elliot, Andrew J.; Kim, Youngmee; & Kasser, Tim (2001). What is satisfying about satisfying events? Testing 10 candidate psychological needs. *Journal of Personality and Social Psychology, 80*, 325–339.

Sheldon, Kennon M., & Houser-Marko, Linda (2001). Self-concordance, goal attainment, and the pursuit of happiness: Can there be an upward spiral? *Journal of Personality and Social Psychology, 80*, 152–165.

Shepard, Roger N., & Metzler, Jacqueline (1971). Mental rotation of three-dimensional objects. *Science, 171*, 701–703.

Sherif, Muzafer (1958). Superordinate goals in the reduction of intergroup conflicts. *American Journal of Sociology, 63,* 349–356.

Sherif, Muzafer; Harvey, O. J.; White, B. J.; Hood, William; & Sherif, Carolyn (1961). *Intergroup conflict and cooperation: The Robbers Cave experiment.* Norman: University of Oklahoma Institute of Intergroup Relations.

Shermer, Michael (1997). *Why people believe weird things: Pseudoscience, superstition, and other confusions of our time.* New York: Freeman.

Sherry, John L. (2001). The effects of violent video games on aggression: A meta-analysis. *Human Communication Research, 27,* 409–431.

Sherry, Simon B., & Hall, Peter A. (2009). The perfectionism model of binge eating: Tests of an integrative model. *Journal of Personality and Social Psychology, 96,* 690–709.

Sherwin, Barbara B. (1998a). Estrogen and cognitive functioning in women. *Proceedings of the Society for Experimental Biological Medicine, 217,* 17–22.

Sheth, B. R.; Sandkühler, S.; & Bhattacharya, J. (2009). Posterior beta and anterior gamma oscillations predict cognitive insight. *Journal of Cognitive Neuroscience, 21,* 1269–1279.

Shields, Stephanie A. (2002). *Speaking from the heart: Gender and the social meaning of emotion.* New York: Cambridge University Press.

Shields, Stephanie A. (2005). The politics of emotion in everyday life: "Appropriate" emotion and claims on identity. *Review of General Psychology, 9,* 3–15.

Shih, Margaret; Pittinsky, Todd L.; & Ambady, Nalini (1999). Stereotype susceptibility: Identity salience and shifts in quantitative performance. *Psychological Science, 10,* 80–83.

Shors, Tracey J. (2009, March). Saving new brain cells. *Scientific American,* 46–54.

Shorter, Edward, & Healy, David (2008). *Shock therapy: A history of electroconvulsive treatment in mental illness.* New Brunswick, NJ: Rutgers University Press.

Sidanius, Jim; Pratto, Felicia; & Bobo, Lawrence (1996). Racism, conservatism, affirmative action, and intellectual sophistication: A matter of principled conservatism or group dominance? *Journal of Personality and Social Psychology, 70,* 476–490.

Sidanius, Jim; Van Laar, Colette; Levin, Shana; & Sinclair, Stacey (2004). Ethnic enclaves and the dynamics of social identity on the college campus: The good, the bad, and the ugly. *Journal of Personality and Social Psychology, 87,* 96–110.

Siegel, Jerome M. (2009, August 9). Sleep viewed as a state of adaptive inactivity. *Nature Reviews I Neuroscience.* Advance online publication; doi:10.1038/nrn2697.

Siegel, Ronald K. (1989). *Intoxication: Life in pursuit of artificial paradise.* New York: Dutton.

Siegel, Shepard (2005). Drug tolerance, drug addiction, and drug anticipation. *Current Directions in Psychological Science, 14,* 296–300.

Siegler, Robert S. (2006). Microgenetic analyses of learning. In D. Kuhn & R. S. Siegler (Eds.), *Handbook of child psychology: Vol. 2. Cognition, perception, and language* (6th ed.). New York: Wiley.

Silke, Andrew (Ed.) (2003). *Terrorists, victims, and society: Psychological perspectives on terrorism and its consequences.* New York: Wiley.

Simcock, Gabrielle, & Hayne, Harlene (2002). Breaking the barrier: Children fail to translate their preverbal memories into language. *Psychological Science, 13,* 225–231.

Simon, Herbert A. (1955). A behavioral model of rational choice. *Quarterly Journal of Economics, 69,* 99–118.

Simons, Daniel J., & Chabris, Christopher F. (1999). Gorillas in our midst: Sustained inattentional blindness for dynamic events. *Perception, 28,* 1059–1974.

Simonton, Dean Keith, & Song, Anna (2009). Eminence, IQ, physical and mental health, and achievement domain. *Psychological Science, 20,* 429–434.

Sims, Ethan A. (1974). Studies in human hyperphagia. In G. Bray & J. Bethune (Eds.), *Treatment and management of obesity.* New York: Harper & Row.

Sinaceur, Marwan; Heath, Chip; & Cole, Steve (2005). Emotional and deliberative reactions to a public crisis: Mad cow disease in France. *Psychological Science, 16,* 247–254.

Singer, Margaret T. (2003). *Cults in our midst* (rev. ed.). New York: Wiley.

Singh, Devendra; Vidaurri, Melody; Zambarano, Robert J.; & Dabbs, James M., Jr. (1999). Lesbian erotic role identification: Behavioral, morphological, and hormonal correlates. *Journal of Personality and Social Psychology, 76,* 1035–1049.

Skeem, Jennifer L., & Cooke, David J. (2010). Is criminal behavior a central component of psychopathy? Conceptual directions for resolving the debate. *Psychological Assessment, 22,* 433–445.

Skeem, Jennifer L.; Poythress, Norman; Eden, John F.; Lilienfeld, Scott O.; & Cale, Ellison M. (2003). Psychopathic personality or personalities? Exploring potential variants of psychopathy and their implications for risk assessment. *Aggression and Violent Behavior, 8,* 513–546.

Skinner, B. F. (1938). *The behavior of organisms: An experimental analysis.* New York: Appleton-Century-Crofts.

Skinner, B. F. (1948/1976). *Walden Two.* New York: Macmillan.

Skinner, B. F. (1956). A case history in the scientific method. *American Psychologist, 11,* 221–233.

Skinner, B. F. (1972). The operational analysis of psychological terms. In B. F. Skinner, *Cumulative record* (3rd ed.). New York: Appleton-Century-Crofts.

Skinner, B. F. (1990). Can psychology be a science of mind? *American Psychologist, 45,* 1206–1210.

Skinner, Ellen A. (1996). A guide to constructs of control. *Journal of Personality and Social Psychology, 71,* 549–570.

Skinner, Ellen A. (2007). Secondary control critiqued: Is it secondary? Is it control? *Psychological Bulletin, 133,* 911–916.

Skinner, J. B.; Erskine, A.; Pearce, S. A.; et al. (1990). The evaluation of a cognitive behavioural treatment programme in outpatients with chronic pain. *Journal of Psychosomatic Research, 34,* 13–19.

Slade, Pauline (1984). Premenstrual emotional changes in normal women: Fact or fiction? *Journal of Psychosomatic Research, 28,* 1–7.

Slater, Mel; Antley, Angus; Davison, Adam; et al. (2006). A virtual reprise of the Stanley Milgram obedience experiments. PLoS ONE 1(1): e39. doi:10.1371/journal.pone.0000039.

Slavin, Robert E., & Cooper, Robert (1999). Improving intergroup relations: Lessons learned from cooperative learning programs. *Journal of Social Issues, 55,* 647–663.

Slovic, Paul; Finucane, Melissa L.; Peters, Ellen.; & MacGregor, Donald G. (2002). The affect heuristic. In T. Gilovich, D. Griffin, & D. Kahneman (Eds.), *Heuristics and biases: The psychology of intuitive judgment.* New York: Cambridge University Press.

Slovic, Paul, & Peters, Ellen (2006). Risk perception and affect. *Current Directions in Psychological Science, 15,* 322–325.

Smith, David N. (1998). The psychocultural roots of genocide: Legitimacy and crisis in Rwanda. *American Psychologist, 53,* 743–753.

Smith, Peter B., & Bond, Michael H. (1994). *Social psychology across cultures: Analysis and perspectives.* Boston: Allyn & Bacon.

Smither, Robert D. (1998). *The psychology of work and human performance* (3rd ed.). New York: Longman.

Snodgrass, Sara E. (1992). Further effects of role versus gender on interpersonal sensitivity. *Journal of Personality and Social Psychology, 62,* 154–158.

Snowdon, Charles T. (1997). The "nature" of sex differences: Myths of male and female. In P.A. Gowaty (Ed.), *Feminism and evolutionary biology.* New York: Chapman and Hall.

Snyder, C. R., & Shenkel, Randee J. (1975, March). The P. T. Barnum effect. *Psychology Today,* 52–54.

Solms, Mark (1997). *The neuropsychology of dreams.* Mahwah, NJ: Erlbaum.

Solomon, Robert C. (1994). *About love.* Lanham, MD: Littlefield Adams.

Somer, Oya, & Goldberg, Lewis R. (1999). The structure of Turkish trait-descriptive adjectives. *Journal of Personality and Social Psychology, 76,* 431–450.

Sommer, Robert (1969). *Personal space: The behavioral basis of design.* Englewood Cliffs, NJ: Prentice-Hall.

Sorce, James F.; Emde, Robert N.; Campos, Joseph; & Klinnert, Mary D. (1985). Maternal emotional signaling: Its effect on the visual cliff behavior of 1-year-olds. *Developmental Psychology, 21,* 195–200.

Spalding, K. L.; Arner, E.; Westermark, P. O.; et al. (2008, June 5). Dynamics of fat cell turnover in humans. *Nature, 453,* 783–787.

Spanos, Nicholas P. (1991). A sociocognitive approach to hypnosis. In S. J. Lynn & J. W. Rhue (Eds.), *Theories of hypnosis: Current models and perspectives.* New York: Guilford Press.

Spanos, Nicholas P. (1996). *Multiple identities and false memories: A sociocognitive perspective.* Washington, DC: American Psychological Association.

Spanos, Nicholas P.; Burgess, Cheryl A.; Roncon, Vera; et al. (1993). Surreptitiously observed hypnotic responding in simulators and in skill-trained and untrained high hypnotizables. *Journal of Personality and Social Psychology, 65,* 391–398.

Spanos, Nicholas P.; Menary, Evelyn; Gabora, Natalie J.; et al. (1991). Secondary identity enactments during hypnotic past-life regression: A sociocognitive perspective. *Journal of Personality and Social Psychology, 61,* 308–320.

Spanos, Nicholas P.; Stenstrom, Robert J.; & Johnson, Joseph C. (1988). Hypnosis, placebo, and suggestion in the treatment of warts. *Psychosomatic Medicine, 50,* 245–260.

Spear, Linda P. (2000). Neurobiological changes in adolescence. *Current Directions in Psychological Science, 9,* 111–114.

Spearman, Charles (1927). *The abilities of man.* London: Macmillan.

Spelke, Elizabeth S., & Kinzler, Katherine D. (2007). Core knowledge. *Developmental Science, 10,* 89–96.

Sperling, George (1960). The information available in brief visual presentations. *Psychological Monographs, 74*(498).

Sperry, Roger W. (1964). The great cerebral commissure. *Scientific American, 210*(1), 42–52.

Sperry, Roger W. (1982). Some effects of disconnecting the cerebral hemispheres. *Science, 217,* 1223–1226.

Spitz, Herman H. (1997). *Nonconscious movements: From mystical messages to facilitated communication.* Mahwah, NJ: Erlbaum.

Sprecher, Susan; Schwartz, Pepper; Harvey, John; & Hatfield, Elaine (2008). The businessoflove.com: Relationship initiation at Internet matchmaking services. In S. Sprecher, A. Wenzel, & J. Harvey (Eds.), *The Handbook of Relationship Initiation.* New York: Psychology Press.

Springer, Sally P., & Deutsch, Georg (1998). *Left brain, right brain: Perspectives from cognitive neuroscience.* New York: Freeman.

Squier, Leslie H., & Domhoff, G. William (1998). The presentation of dreaming and dreams in introductory psychology textbooks: A critical examination with suggestions for textbook authors and course instructors. *Dreaming, 8,* 149–168.

Squire, Larry R. (2007, April 6). Rapid consolidation. *Science, 316,* 57–58.

Squire, Larry R.; Ojemann, Jeffrey G.; Miezin, Francis M.; et al. (1992). Activation of the hippocampus in normal humans: A functional anatomical study of memory. *Proceedings of the National Academy of Science, 89,* 1837–1841.

Squire, Larry R., & Zola-Morgan, Stuart (1991). The medial temporal lobe memory system. *Science, 253,* 1380–1386.

Srivastava, Abhishek; Locke, Edwin A.; & Bartol, Kathryn M. (2001). Money and subjective well-being: It's not the money, it's the motives. *Journal of Personality and Social Psychology, 80,* 959–971.

Srivastava, Sanjay; Tamir, Maya; McGonigal, Kelly M.; et al. (2009). The social costs of emotional suppression: A prospective study of the transition to college. *Journal of Personality and Social Psychology, 96,* 883–897.

Staats, Carolyn K., & Staats, Arthur W. (1957). Meaning established by classical conditioning. *Journal of Experimental Psychology, 54,* 74–80.

Stajkovic, Alexander D., & Luthans, Fred (1998). Self-efficacy and work-related performance: A meta-analysis. *Psychological Bulletin, 124,* 240–261.

Stanley, Damian; Phelps, Elizabeth; & Banaji, Mahzarin (2008). The neural basis of implicit attitudes. *Current Directions in Psychological Science, 17,* 164–170.

Stanovich, Keith (2010). *How to think straight about psychology* (9th ed.). Boston: Allyn & Bacon.

Stanwood, Gregg D., & Levitt, Pat (2001). The effects of cocaine on the developing nervous system. In C. A. Nelson & M. Luciana (Eds.), *Handbook of developmental cognitive neuroscience.* Cambridge, MA: The MIT Press.

Stattin, Haken, & Magnusson, David (1990). *Pubertal maturation in female development.* Hillsdale, NJ: Erlbaum.

Staub, Ervin (1996). Cultural-social roots of violence. *American Psychologist, 51,* 117–132.

Staub, Ervin (1999). The roots of evil: Social conditions, culture, personality, and basic human needs. *Personality and Social Psychology Review, 3,* 179–192.

St. Clair, D.; Xu, M.; Wang, P.; et al. (2005, August 3). Rates of adult schizophrenia following prenatal exposure to the Chinese famine of 1959–1961. *Journal of the American Medical Association, 294,* 557–562.

Stearns, Peter N. (1997). *Fat history: Bodies and beauty in the modern West.* New York: New York University Press.

Steele, Claude M. (1992, April). Race and the schooling of Black Americans. *Atlantic Monthly,* 68–78.

Steele, Claude M. (1997). A threat in the air: How stereotypes shape intellectual identity and performance. *American Psychologist, 52,* 613–629.

Steele, Claude M., & Aronson, Joshua (1995). Stereotype threat and the intellectual test performance of African-Americans. *Journal of Personality and Social Psychology, 69,* 797–811.

Stein, M. B.; Jang, K. L.; Taylor, S.; Vernon, P. A.; & Livesley, W. J. (2002). Genetic and environmental influences on trauma exposure and posttraumatic stress disorder symptoms: A general population twin study. *American Journal of Psychiatry, 159,* 1675–1681.

Steinberg, Laurence (2007). Risk taking in adolescence. *Current Directions in Psychological Science, 16,* 55–59.

Steinberg, Laurence, & Scott, Elizabeth S. (2003). Less guilty by reason of adolescence. *American Psychologist, 58,* 1009–1018.

Stenberg, Craig R., & Campos, Joseph (1990). The development of anger expressions in infancy. In N. Stein, B. Leventhal, & T. Trabasso (Eds.), *Psychological and biological approaches to emotion.* Hillsdale, NJ: Erlbaum.

Stepanski, Edward, & Perlis, Michael (2000). Behavioral sleep medicine: An emerging subspecialty in health psychology. *Journal of Psychosomatic Research, 49,* 343–347.

Stephan, Walter G.; Ageyev, Vladimir; Coates-Shrider, Lisa; et al. (1994). On the relationship between stereotypes and prejudice: An international study. *Personality and Social Psychology Bulletin, 20,* 277–284.

Sternberg, Robert J. (1988). *The triarchic mind: A new theory of human intelligence.* New York: Viking.

Sternberg, Robert J. (2004). Culture and intelligence. *American Psychologist, 59,* 325–338.

Sternberg, Robert J.; Forsythe, George B.; Hedlund, Jennifer; et al. (2000). *Practical intelligence in everyday life.* New York: Cambridge University Press.

Sternberg, Robert J.; Wagner, Richard K.; Williams, Wendy M.; & Horvath, Joseph A. (1995). Testing common sense. *American Psychologist, 50,* 912–927.

Stevenson, Harold W.; Chen, Chuansheng; & Lee, Shin-ying (1993, January 1). Mathematics achievement of Chinese, Japanese, and American children: Ten years later. *Science, 259,* 53–58.

Stevenson, Harold W., & Stigler, James W. (1992). *The learning gap.* New York: Summit.

Stewart-Williams, Steve, & Podd, John (2004). The placebo effect: Dissolving the expectancy versus conditioning debate. *Psychological Bulletin, 130,* 324–340.

Stice, Eric; Spoor, S.; Bohon, C.; & Small, D.M. (2008, October 17). Relation between obesity and blunted striatal response to food is moderated by *Taq*1A A1 allele. *Science, 322,* 449–452.

Stix, Gary (2008, August). Lighting up the lies. *Scientific American,* 18–19.

Stoch, M. B., & Smythe, P. M. (1963). Does undernutrition during infancy inhibit brain growth and subsequent intellectual development? *Archives of Diseases in Childhood, 38,* 546–552.

Strahan, Erin J.; Spencer, Steven J.; & Zanna, Mark P. (2002). Subliminal priming and persuasion: Striking while the iron is hot. *Journal of Experimental Social Psychology, 38,* 556–568.

Strayer, David L., & Drews, Frank A. (2007). Cell-phone-induced driver distraction. *Current Directions in Psychology, 16,* 128–131.

Strayer, David L.; Drews, Frank A.; & Crouch, Dennis J. (2006). A comparison of the cell phone driver and the drunk driver. *Human Factors, 48,* 381–391.

Streissguth, Ann P. (2001). Recent advances in fetal alcohol syndrome and alcohol use in pregnancy. In D. P. Agarwal & H. K. Seitz (Eds.), *Alcohol in health and disease.* New York: Marcel Dekker.

Streyffeler, Lisa L., & McNally, Richard J. (1998). Fundamentalists and liberals: personality characteristics of Protestant Christians. *Personality and Individual Differences, 24,* 579–580.

Strickland, Bonnie R. (1989). Internal–external control expectancies: From contingency to creativity. *American Psychologist, 44,* 1–12.

Strickland, Tony L.; Lin, Keh-Ming; Fu, Paul; et al. (1995). Comparison of lithium ratio between African-American and Caucasian bipolar patients. *Biological Psychiatry, 37,* 325–330.

Strickland, Tony L.; Ranganath, Vijay; Lin, Keh-Ming; et al. (1991). Psychopharmacological considerations in the treatment of black American populations. *Psychopharmacology Bulletin, 27,* 441–448.

Striegel-Moore, Ruth H., & Bulik, Cynthia M. (2007). Risk factors for eating disorders. *American Psychologist, 62,* 181–198.

Stunkard, Albert J. (Ed.) (1980). *Obesity.* Philadelphia: Saunders.

Suddendorf, Thomas, & Whiten, Andrew (2001). Mental evolution and development: Evidence for secondary representation in children, great apes, and other animals. *Psychological Bulletin, 127,* 629–650.

Sue, Derald W.; Capodilupo, Christina M.; Torino, Gina C.; et al. (2007). Racial microaggressions in everyday life: Implications for clinical practice. *American Psychologist, 62,* 271–286.

Suedfeld, Peter (1975). The benefits of boredom: Sensory deprivation reconsidered. *American Scientist, 63*(1), 60–69.

Suinn, Richard M. (2001). The terrible twos—Anger and anxiety. *American Psychologist, 56,* 27–36.

Suls, Jerry; Martin, René; & Wheeler, Ladd (2002). Social comparison: Why, with whom, and with what effect? *Current Directions in Psychological Science, 11,* 159–163.

Surowiecki, James (2004). *The wisdom of crowds.* New York: Doubleday.

Swartz, M. S.; Perkins, D. O.; Stroup, T. S., et al., & CATIE Investigators (2007). Effects of antipsychotic medications on psychosocial functioning in patients with chronic schizophrenia: findings from the NIMH CATIE study. *American Journal of Psychiatry, 164,* 428–36.

Swenson, Cynthia C.; Henggeler, Scott W.; Taylor, Ida S.; & Addison, Oliver W. (2005). *Multisystemic therapy and neighborhood partnerships: Reducing adolescent violence and substance abuse.* New York: Guilford Press.

Tajfel, Henri; Billig, M. G.; Bundy, R. P.; & Flament, C. (1971). Social categorization and intergroup behavior. *European Journal of Social Psychology, 1,* 149–178.

Tajfel, Henri, & Turner, John C. (1986). The social identity theory of intergroup behavior. In S. Worchel & W. G. Austin (Eds.), *Psychology of intergroup relations.* Chicago: Nelson-Hall.

Takahashi, Kazutoshi; Tanabe, Koji; Ohnuki, Mari; et al. (2007). Induction of pluripotent stem cells from adult human fibroblasts by defined factors. *Cell, 131,* 861–872.

Talarico, Jennifer M., & Rubin, David C. (2003). Confidence, not consistency, characterizes flashbulb memories. *Psychological Science, 14,* 455–461.

Talbot, Margaret (2008, May 12). Birdbrain: The woman behind the world's chattiest parrots. *The New Yorker,* on line archive.

Talbot, Margaret (2009, April 27). Brain gain: The underground world of neuroenhancing drugs. *The New Yorker,* pp. 32–43.

Tangney, June P.; Wagner, Patricia E.; Hill-Barlow, Deborah; et al. (1996). Relation of shame and guilt to constructive versus destructive responses to anger across the lifespan. *Journal of Personality and Social Psychology, 70,* 797–809.

Tarbox, Sarah I., & Pogue-Geile, Michael F. (2008). Development of social functioning in preschizophrenia children and adolescents: A systematic review. *Psychological Bulletin, 34,* 561–583.

Taubes, Gary (2008). *Good calories, bad calories: Fats, carbs, and the controversial science of diet and health.* New York: Anchor.

Tavris, Carol (1989). *Anger: The misunderstood emotion* (Rev. ed.). New York: Simon & Schuster/Touchstone.

Tavris, Carol, & Aronson, Elliot (2007). *Mistakes were made (but not by me).* Orlando, FL: Houghton Mifflin Harcourt.

Taylor, Annette Kujawski, & Kowalski, Patricia (2004). Naïve psychological science: The prevalence, strength, and sources of misconceptions. *Psychological Record, 54,* 15–25.

Taylor, Shelley E. (2006). Tend and befriend: Biobehavioral bases of affiliation under stress. *Current Directions in Psychological Science, 15,* 273–277.

Taylor, Shelley E.; Kemeny, Margaret E.; Reed, Geoffrey M.; Bower, Julienne E.; & Gruenewald, Tara L. (2000a). Psychological resources, positive illusions, and health. *American Psychologist, 55,* 99–109.

Taylor, Shelley E.; Klein, Laura C.; Lewis, Brian P.; et al. (2000b). Biobehavioral responses to stress in females: Tend-and-befriend, not fight-or-flight. *Psychological Review, 107,* 411–429.

Taylor, Shelley E.; Lichtman, Rosemary R.; & Wood, Joanne V. (1984). Attributions, beliefs about control, and adjustment to breast cancer. *Journal of Personality and Social Psychology, 46,* 489–502.

Taylor, Shelley E., & Lobel, Marci (1989). Social comparison activity under threat: Downward evaluation and upward contacts. *Psychological Review, 96,* 569–575.

Taylor, Shelley E.; Repetti, Rena; & Seeman, Teresa (1997). Health psychology: What is an unhealthy environment and how does it get under the skin? *Annual Review of Psychology* (Vol. 48). Palo Alto, CA: Annual Reviews.

Taylor, Steven; McKay, Dean; & Abramowitz, Jonathan S. (2005). Is obsessive-compulsive disorder a disturbance of security motivation? *Psychological Review, 112,* 650–657.

Taylor, Steven; Thordarson, Dana S.; Maxfield, Louise; et al. (2003). Comparative efficacy, speed, and adverse effects of three PTSD treatments: Exposure therapy, EMDR, and relaxation training. *Journal of Consulting and Clinical Psychology, 71,* 330–338.

Terman, Lewis M., & Oden, Melita H. (1959). *Genetic studies of genius: Vol. 5. The gifted group at mid-life.* Stanford, CA: Stanford University Press.

Terracciano, Antonio, & McCrae, Robert R. (2006, February). "National character does not reflect mean personality traits levels in 49 cultures": Reply. *Science, 311,* 777–779.

Thomas, Jennifer J.; Vartanian, Lenny R.; & Brownell, Kelly D. (2009). The relationship between eating disorder not otherwise specified (EDNOS) and officially recognized eating disorders: Meta-analysis and implications for DSM. *Psychological Bulletin, 135,* 407–433.

Thomas, Michael S. C., & Johnson, Mark H. (2008). New advances in understanding sensitive periods in brain development. *Current Directions in Psychological Science, 17,* 1–5.

Thompson, Clara (1943/1973). Penis envy in women. *Psychiatry, 6,* 123–125. Reprinted in J. B. Miller (Ed.), *Psychoanalysis and women.* New York: Brunner/Mazel, 1973.

Thompson, J. Kevin, & Cafri, Guy (Eds.) (2007). *The muscular ideal: Psychological, social, and medical perspectives.* Washington, DC: American Psychological Association.

Thompson, Paul M.; Vidal, Christine N.; Giedd, Jay N.; et al. (2001). Mapping adolescent brain change reveals dynamic wave of accelerated gray matter loss in very early-onset schizophrenia. *Proceedings of the National Academy of Sciences of the USA, 98,* 11650–11655.

Thompson, Richard F. (1983). Neuronal substrates of simple associative learning: Classical conditioning. *Trends in Neurosciences, 6,* 270–275.

Thompson, Richard F. (1986). The neurobiology of learning and memory. *Science, 233,* 941–947.

Thompson, Richard F., & Kosslyn, Stephen M. (2000). Neural systems activated during visual mental imagery: A review and meta-analyses. In A. W. Toga & J. C. Mazziotta (Eds.), *Brain mapping: The systems.* San Diego, CA: Academic Press.

Thompson, Robin; Emmorey, Karen; & Gollan, Tamar H. (2005). "Tip of the fingers" experiences by deaf signers. *Psychological Science, 16,* 856–860.

Thompson-Cannino, Jennifer; Cotton, Ronald; & Torneo, Erin (2009). *Picking Cotton: Our memoir of injustice and redemption*. New York: St. Martin's Press.

Thorndike, Edward L. (1898). Animal intelligence: An experimental study of the associative processes in animals. *Psychological Review Monograph Supplement, 2* (Whole No. 8).

Thorndike, Edward L. (1903). *Educational psychology*. New York: Columbia University Teachers College.

Thornhill, Randy, & Palmer, Craig T. (2000). *A natural history of rape: Biological bases of sexual coercion*. Cambridge, MA: MIT Press.

Tiefer, Leonore (2004). *Sex is not a natural act, and other essays* (Rev. ed.). Boulder, CO: Westview.

Tiefer, Leonore (Ed.) (2008). The New View campaign against the medicalization of sex. Special issue (12 articles). *Feminism and Psychology, 18*.

Timmers, Monique; Fischer, Agneta H.; & Manstead, Antony S. R. (1998). Gender differences in motives for regulating emotions. *Personality and Social Psychology Bulletin, 24,* 974–985.

Tolman, Edward C. (1938). The determiners of behavior at a choice point. *Psychological Review, 45,* 1–35.

Tolman, Edward C., & Honzik, Chase H. (1930). Introduction and removal of reward and maze performance in rats. *University of California Publications in Psychology, 4,* 257–275.

Tomasello, Michael (2000). Culture and cognitive development. *Current Directions in Psychological Science, 9,* 37–40.

Tomasello, Michael (2008). *Origins of human communication*. Cambridge, MA: MIT Press.

Tomlinson, Mark; Cooper, Peter; & Murray, Lynne (2005). The mother–infant relationship and infant attachment in a South African peri-urban settlement. *Child Development, 76,* 1044–1054.

Tomppo, L.; Hennah, W.; Miettunen, J.; et al. (2009). Association of variants in DISC1 with psychosis-related traits in a large population cohort. *Archives of General Psychiatry, 66,* 134–141.

Toomela, Aaro (2003). Relationships between personality structure, structure of word meaning, and cognitive ability: A study of cultural mechanisms of personality. *Journal of Personality and Social Psychology, 85,* 723–735.

Tourangeau, Roger, & Yan, Ting (2007). Sensitive questions in surveys. *Psychological Bulletin, 133,* 859–883.

Tracy, Jessica L., & Robins, Richard W. (2007). Emerging insights into the nature and function of pride. *Current Directions in Psychological Science, 16,* 147–151.

Tracy, Jessica L., & Robins, Richard W. (2008). The nonverbal expression of pride: Evidence for cross-cultural recognition. *Journal of Personality and Social Psychology, 94,* 516–530.

Triandis, Harry C. (1996). The psychological measurement of cultural syndromes. *American Psychologist, 51,* 407–415.

Triandis, Harry C. (2007). Culture and psychology: A history of the study of their relationship. In S. Kitayama & D. Cohen (Eds.), *Handbook of cultural psychology*. New York: Guilford Press.

Trivers, Robert (2004). Mutual benefits at all levels of life. [Book review.] *Science, 304,* 965.

Tronick, Edward Z.; Morelli, Gilda A.; & Ivey, Paula K. (1992). The Efe forager infant and toddler's pattern of social relationships: Multiple and simultaneous. *Developmental Psychology, 28,* 568–577.

Trzesniewski, Kali H., & Donnellan, M. Brent (2010). Rethinking "Generation Me": A study of cohort effects from 1976-2006. *Perspectives on Psychological Science, 5,* 58–75.

Trzesniewski, Kali H.; Donnellan, M. Brent; & Robins, Richard W. (2008). Do today's young people really think they are so extraordinary? An examination of secular changes in narcissism and self-enhancement. *Psychological Science, 19,* 181–188.

Tulving, Endel (1985). How many memory systems are there? *American Psychologist, 40,* 385–398.

Turati, Chiara (2004). Why faces are not special to newborns: An alternative account of the face preference. *Current Directions in Psychological Science, 13,* 5–8.

Turiel, Elliot (2002). *The culture of morality*. Cambridge, England: Cambridge University Press.

Turner, C. F.; Ku, L.; Rogers, S. M.; et al. (1998). Adolescent sexual behavior, drug use, and violence: Increased reporting with computer survey technology. *Science, 280,* 867–873.

Turner, E. H.; Matthews, A. M.; Linardatos, E.; et al. (2008). Selective publication of antidepressant trials and its influence on apparent efficacy. *New England Journal of Medicine, 358,* 252–260.

Turner, Marlene E.; Pratkanis, Anthony R.; & Samuels, Tara (2003). Identity metamorphosis and groupthink prevention: Examining Intel's departure from the DRAM industry. In A. Haslam, D. van Knippenberg, M. Platow, & N. Ellemers (Eds.), *Social identity at work: Developing theory for organizational practice*. Philadelphia, PA: Psychology Press.

Turvey, Brent E. (2008). Serial crime. In B. E. Turvey (Ed.), *Criminal profiling: An introduction to behavioral evidence analysis* (3rd ed.). San Diego: Elsevier Academic Press.

Tustin, Karen, & Hayne, Harlene (2006). A new method to measure childhood amnesia in children, adolescents, and adults. Poster presented at the annual meeting of the International Society for the Study of Behavioural Development, Melbourne, Australia.

Tversky, Amos, & Kahneman, Daniel (1973). Availability: A heuristic for judging frequency and probability. *Cognitive Psychology, 5,* 207–232.

Tversky, Amos, & Kahneman, Daniel (1981). The framing of decisions and the psychology of choice. *Science, 211,* 453–458.

Twenge, Jean (2009). Change over time in obedience: The jury's still out, but it might be decreasing. *American Psychologist, 64,* 28–31.

Twenge, Jean M.; Konrath, Sara; Foster, Joshua D.; Campbell, W. Keith; & Bushman, Brad J. (2008). Egos inflating over time: A cross-temporal meta-analysis of the Narcissistic Personality Inventory. *Journal of Personality, 76,* 875–901.

Tyrer, P.; Oliver-Africano, P.C.; Ahmed, Z.; et al. (2008, January 5). Risperidone, haloperidol, and placebo in the treatment of aggressive challenging behaviour in patients with intellectual disability: A randomised controlled trial. *Lancet, 371,* 57–63.

Uhlhaas, Peter J., & Silverstein, Steven M. (2005). Perceptual organization in schizophrenia spectrum disorders: Empirical research and theoretical implications. *Psychological Bulletin, 131,* 618–632.

Ullian, E. M.; Chrisopherson, K. S.; & Barres, B. A. (2004). Role for glia in synaptogenesis. *Glia, 47,* 209–216.

Unsworth, Nash, & Engle, Randall W. (2007). On the division of short-term and working memory: An examination of simple and complex span and their relation to higher order abilities. *Psychological Bulletin, 133,* 1038–1066.

Updegraff, John A.; Gable, Shelly L.; & Taylor, Shelley E. (2004). What makes experiences satisfying? The interaction of approach-avoidance motivations and emotions in well-being. *Journal of Personality and Social Psychology, 86,* 496–504.

Urry, Heather L.; Nitschke, Jack B.; Dolski, Isa; et al. (2004). Making a life worth living: Neural correlates of well-being. *Psychological Science, 15,* 367–372.

Usher, JoNell A., & Neisser, Ulric (1993). Childhood amnesia and the beginnings of memory for four early life events. *Journal of Experimental Psychology: General, 122,* 155–165.

Uttal, William R. (2001). *The new phrenology: The limits of localizing cognitive processes in the brain*. Cambridge, MA: MIT Press/Bradford Books.

Vaillant, George E. (1983). *The natural history of alcoholism: Causes, patterns, and paths to recovery*. Cambridge, MA: Harvard University Press.

Vaillant, George E. (Ed.) (1992). *Ego mechanisms of defense*. Washington, DC: American Psychiatric Press.

Valenstein, Elliot (1986). *Great and desperate cures: The rise and decline of psychosurgery and other radical treatments for mental illness*. New York: Basic Books.

Valentine, Tim, & Mesout, Jan (2009). Eyewitness identification under stress in the London dungeon. *Applied Cognitive Psychology, 23,* 151–161.

Van Boven, Leaf, & Gilovich, Thomas (2003). To do or to have? That is the question. *Journal of Personality and Social Psychology, 85,* 1193–1202.

Van Cantfort, Thomas E., & Rimpau, James B. (1982). Sign language studies with children and chimpanzees. *Sign Language Studies, 34*, 15–72.

Vandello, Joseph A., & Cohen, Dov (1999). Patterns of individualism and collectivism across the United States. *Journal of Personality and Social Psychology, 77*, 279–292.

Vandello, Joseph A., & Cohen, Dov (2008). U.S. Southern and Northern differences in perceptions of norms about agression: Mechanisms for the perpetuation of a culture of honor. *Social and Personality Psychology Compass, 2*, 652–667.

van den Dries, Linda; Juffer, Femmie; van IJzendoorn, Marinus H.; & Bakermans-Kranenburg, Marian J. (2009). Fostering security? A meta-analysis of attachment in adopted children. *Children and Youth Services Review, 31*, 410–421.

Van Emmerik, Arnold A.; Kamphuis, Jan H.; Hulsbosch, Alexander M.; & Emmelkamp, Paul M. G. (2002, September 7). Single session debriefing after psychological trauma: A meta-analysis. *The Lancet, 360*, 766–771.

Van Gelder, B. M.; Tijhuis, M.; Kalmijn, S.; & Kromhout, D. (2007). Fish consumption, n-3 fatty acids, and subsequent 5-y cognitive decline in elderly men: the Zutphen Elderly Study. *American Journal of Clinical Nutrition, 85*, 1142–1147.

Van Goozen, Stephanie H. M.; Fairchild, Graeme; Snoek, Heddeke; & Harold, Gordon T. (2007). The evidence for a neurobiological model of childhood antisocial behavior. *Psychological Bulletin, 133*, 149–182.

van IJzendoorn, Marinus H.; Juffer, Femmie; & Klein Poelhuis, Caroline W. (2005). Adoption and cognitive development: A meta-analytic comparison of adopted and nonadopted children's IQ and school performance. *Psychological Bulletin, 131*, 301–316.

Van Laar, Colette; Levin, Shana; & Sidanius, Jim (2008). Ingroup and outgroup contact: A longitudinal study of the effects of cross-ethnic friendships, dates, roommate relationships and participation in segregated organizations. In U. Wagner, L. R. Tropp, G. Finchilescu, & C. Tredoux (Eds.), *Improving intergroup relations: Building on the legacy of Thomas F. Pettigrew*. Malden: Blackwell.

van Ommeren, Mark; Saxena, Shekhar; & Saraceno, Benedetto (2005, January). Mental and social health during and after acute emergencies: emerging consensus?. *Bulletin of the World Health Organization, 83*, 71–76.

Van Orden, Kimberly A.; Lynam, Meredith E.; Hollar, Daniel; & Joiner Jr., Thomas E. (2006). Perceived burdensomeness as an indicator of suicidal symptoms. *Cognitive Therapy and Research, 30*, 457–467.

van Schaik, Carel (2006 April). Why are some animals so smart? *Scientific American*, 64–71.

van Tilburg, Miranda A. L.; Becht, Marleen C.; & Vingerhoets, Ad J. J. M. (2003). Self-reported crying during the menstrual cycle: Sign of discomfort and emotional turmoil or erroneous beliefs? *Journal of Psychosomatic Obstetrics & Gynecology, 24*, 247–255.

Varnum, Michael E. W.; Grossman, Igor; Kitayama, Shinobu; & Nisbett, Richard E. (2010). The origin of cultural differences in cognition: The social orientation hypothesis. *Psychological Science, 19*, 9–13.

Vecera, Shaun P.; Vogel, Edward, K.; & Woodman, Geoffrey F. (2002). Lower region: A new cue for figure-ground assignment. *Journal of Experimental Psychology: General, 131*, 194–205.

Vertes, Robert P., & Siegel, Jerome M. (2005). Time for the sleep community to take a critical look at the purported role of sleep in memory processing. *Sleep, 28*, 1228–1229.

Vierbuchen, Thomas; Ostermeier, Austin; Pang, Zhiping P.; et al. (2010, January 27). Direct conversion of fibroblasts to functional neurons by defined factors. *Nature* advance online publication, doi:10.1038/nature08797.

Vila, J., & Beech, H. R. (1980). Premenstrual symptomatology: An interaction hypothesis. *British Journal of Social and Clinical Psychology, 19*, 73–80.

Vita, A. J.; Terry, R. B.; Hubert, H. B.; & Fries, J. F. (1998). Aging, health risks, and cumulative disability. *New England Journal of Medicine, 338*, 1035–1041.

Vogelzangs, N.; Kritchevsky, S. B.; Beekman, A. T.; et al. (2008). Depressive symptoms and change in abdominal obesity in older persons. *Archives of General Psychiatry, 65*, 1386–1393.

Volkow, Nora D.; Chang, Linda; Wang, Gene-Jack; et al. (2001). Association of dopamine transporter reduction with psychomotor impairment in methamphetamine abusers. *American Journal of Psychiatry, 158*, 377–382.

Vroon, Piet (1997). *Smell: The secret seducer* (Paul Vincent, Trans.). New York: Farrar, Straus & Giroux.

Vul, Edward; Harris, Christine; Winkielman, Piotr; & Pashler, Harold (2009). Puzzlingly high correlations in fMRI studies of emotion, personality, and social cognition. *Perspectives on Psychological Science, 4*, 274–290.

Vul, Edward, & Pashler, Harold (2008). Measuring the crowd within. *Psychological Science, 19*, 645–647.

Wade, Carole (2006). Some cautions about jumping on the brain-scan bandwagon. *APS Observer, 19*, 23–24.

Wagenaar, Willem A. (1986). My memory: A study of autobiographical memory over six years. *Cognitive Psychology, 18*, 225–252.

Wager, Tor D.; Rilling, James K.; Smith, Edward E.; et al. (2004). Placebo-induced changes in fMRI in the anticipation and experience of pain. *Science, 303*, 1162–1167.

Wagner, Christopher C., & Ingersoll, Karen S. (2008). Beyond cognition: Broadening the emotional base of motivational interviewing. *Journal of Psychotherapy Integration, 18*, 191–206.

Wagner, Ullrich; Gais, Steffen; Haider, Hilde; et al. (2004). Sleep inspires insight. *Nature, 427*, 304–305.

Wakefield, Jerome C. (1992). Disorder as harmful dysfunction: A conceptual critique of DSM-III-R's definition of mental disorder. *Psychological Review, 99*, 232–247.

Wakefield, Jerome C. (2006). Are there relational disorders? A harmful dysfunction perspective: Comment on the special section. *Journal of Family Psychology, 20*, 423–427.

Wakefield, Jerome C.; Schmitz, Mark F.; First, Michael B.; & Horwitz, Allan V. (2007). Extending the bereavement exclusion for major depression to other losses: Evidence from the National Comorbidity Survey. *Archives of General Psychiatry, 64*, 433–440.

Walker, Anne (1994). Mood and well-being in consecutive menstrual cycles: Methodological and theoretical implications. *Psychology of Women Quarterly, 18*, 271–290.

Walker, David L.; Ressler, Kerry J.; Lu, Kwok-Tung; & Davis, Michael (2002). Facilitation of conditioned fear extinction by systemic administration or intra-amygdala infusions of D-cycloserine as assessed with fear-potentiated startle in rats. *The Journal of Neuroscience, 22*, 2343–2351.

Walker, Elaine, & Tessner, Kevin (2008). Schizophrenia. *Perspectives on Psychological Science, 3*, 30–37.

Walker-Andrews, Arlene S. (1997). Infants' perception of expressive behaviors: Differentiation of multimodal information. *Psychological Bulletin, 121*, 437–456.

Wallace-Wells, Ben (2009, February 5). Bitter pill. *Rolling Stone, 56–63*, 74–76.

Wallbott, Harald G.; Ricci-Bitti, Pio; & Bänninger-Huber, Eva (1986). Non-verbal reactions to emotional experiences. In K. R. Scherer, H. G. Wallbott, & A. B. Summerfield (Eds.), *Experiencing emotion: A cross-cultural study*. Cambridge, England: Cambridge University Press.

Wallen, Kim (2001). Sex and context: Hormones and primate sexual motivation. *Hormones and Behavior, 40*, 339–357.

Waller, Niels G.; Kojetin, Brian A.; Bouchard, Thomas J., Jr.; et al. (1990). Genetic and environmental influences on religious interests, attitudes, and values: A study of twins reared apart and together. *Psychological Science, 1*, 138–142.

Walum, Hasse; Westberg, Lars; Henningsson, Susanne; et al. (2008). Genetic variation in the vasopressin receptor 1a gene (AVPR1A) associates with pair-bonding behavior in humans. *Proceedings of the National Academy of Sciences, 105*, 14153–14156.

Wampold, Bruce (2001). *The great psychotherapy debate: Models, methods, and findings*. Mahwah, NJ: Erlbaum.

Wang, Qi (2008). Being American, being Asian: The bicultural self and autobiographical memory in Asian Americans. *Cognition, 107*, 743–751.

Wansink, Brian (2006). *Mindless eating*. New York: Bantam.

Warren, Gayle H., & Raynes, Anthony E. (1972). Mood changes during three conditions of alcohol intake. *Quarterly Journal of Studies on Alcohol, 33*, 979–989.

Watanabe, Shigeru (2001). Van Gogh, Chagall and pigeons: Picture discrimination in pigeons and humans. *Animal Cognition, 4*, 1435–9448.

Watkins, Linda R., & Maier, Steven F. (2003). When good pain turns bad. *Current Directions in Psychological Science, 12*, 232–236.

Watson, John B. (1925). *Behaviorism*. New York: Norton.

Watson, John B., & Rayner, Rosalie (1920/2000). Conditioned emotional reactions. *Journal of Experimental Psychology, 3*, 1–14. (Reprinted in *American Psychologist, 55*, March 2000, 313–317.)

Watters, Ethan, & Ofshe, Richard (1999). *Therapy's delusions*. New York: Scribner.

Weaver, Charles N. (2008). Social distance as a measure of prejudice among ethnic groups in the United States. *Journal of Applied Social Psychology, 38*, 778–795.

Webster, Richard (1995). *Why Freud was wrong*. New York: Basic Books.

Wechsler, David (1955). *Manual for the Wechsler Adult Intelligence Scale*. New York: Psychological Corporation.

Wegner, Daniel M., & Gold, Daniel B. (1995). Fanning old flames: Emotional and cognitive effects of suppressing thoughts of a past relationship. *Journal of Personality and Social Psychology, 68*, 782–792.

Wehr, Thomas A.; Duncan, Wallace C.; Sher, Leo; et al. (2001). A circadian signal of change of season in patients with seasonal affective disorder. *Archives of General Psychiatry, 58*, 1108–1114.

Weil, Andrew T. (1974a, June). Parapsychology: Andrew Weil's search for the true Geller. *Psychology Today*, 45–50.

Weil, Andrew T. (1974b, July). Parapsychology: Andrew Weil's search for the true Geller: Part II. The letdown. *Psychology Today*, 74–78, 82.

Weiner, Bernard (1986). *An attributional theory of motivation and emotion*. New York: Springer-Verlag.

Weinstein, Tamara A.; Capitanio, John P.; & Gosling, Samuel D. (2008). Personality in animals. In O.P. John, R.W. Robbins, & L.A. Pervin (Eds.), *Handbook of personality: Theory and research*. New York: Guilford.

Weiss, Alexander; Bates, Timothy C.; & Luciano, Michelle (2008). Happiness is a personal(ity) thing. *Psychological Science, 19*, 205–210.

Weissman, Myrna M.; Markowitz, John C.; & Klerman, Gerald L. (2000). *Comprehensive guide to interpersonal psychotherapy*. New York: Basic Books.

Weisz, John R.; Weiss, Bahr; Han, Susan S.; et al. (1995). Effects of psychotherapy with children and adolescents revisited: A meta-analysis of treatment outcome studies. *Psychological Bulletin, 117*, 450–468.

Wellman, H. M.; Cross, D.; & Watson, J. (2001). Meta-analysis of theory-of-mind development: The truth about false belief. *Child Development, 72*, 655–684.

Wells, Brooke E., & Twenge, Jean (2005). Changes in young people's sexual behavior and attitudes, 1943–1999: A cross-temporal meta-analysis. *Review of General Psychology, 9*, 249–261.

Wells, Gary L., & Olson, Elisabeth A. (2003). Eyewitness testimony. *Annual Review of Psychology, 54*, 277–295.

Wells, Gary L.; Small, Mark; Penrod, Steven; et al. (1998). Eyewitness identification procedures: Recommendations for lineups and photospreads. *Law and Human Behavior, 22*, 602–647.

Wenzel, Amy (2005). Autobiographical memory tasks in clinical research. In A. Wenzel & D. C. Rubin, *Cognitive methods and their application to clinical research*. Washington, DC: American Psychological Association.

Werner, Emmy E. (1989). High-risk children in young adulthood: A longitudinal study from birth to 32 years. *American Journal of Orthopsychiatry, 59*, 72–81.

Wertheimer, Michael (1958/1923). Principles of perceptual organization. In D. C. Beardslee & M. Wertheimer (Eds.), *Readings in perception*. Princeton, NJ: Van Nostrand. [Original work published 1923.]

West, Melissa O., & Prinz, Ronald J. (1987). Parental alcoholism and childhood psychopathology. *Psychological Bulletin, 102*, 204–218.

Westen, Drew (1998). The scientific legacy of Sigmund Freud: Toward a psychodynamically informed psychological science. *Psychological Bulletin, 124*, 333–371.

Westen, Drew; Novotny, Catherine M.; & Thompson-Brenner, Heather (2004). The empirical status of empirically supported psychotherapies: Assumptions, findings, and reporting in controlled clinical trials. *Psychological Bulletin, 130*, 631–663.

Westen, Drew, & Shedler, Jonathan (1999). Revising and assessing axis II, Part II: Toward an empirically based and clinically useful classification of personality disorders. *American Journal of Psychiatry, 156*, 273–285.

Westermeyer, Joseph (1995). Cultural aspects of substance abuse and alcoholism: Assessment and management. *Psychiatric Clinics of North America, 18*, 589–605.

Wethington, Elaine (2000). Expecting stress: Americans and the "midlife crisis." *Motivation & Emotion, 24*, 85–103.

Whaley, Arthur L., & Davis, King E. (2007). Cultural competence and evidence-based practice in mental health services. *American Psychologist, 62*, 563–574.

Wheeler, David L. (1998, September 11). Neuroscientists take stock of brain-imaging studies. *Chronicle of Higher Education*, pp. A20–A21.

Wheeler, Mary E., & Fiske, Susan T. (2005). Controlling racial prejudice: Social-cognitive goals affect amygdala and stereotype activation. *Psychological Science, 16*, 56–63.

Whiting, Beatrice B., & Edwards, Carolyn P. (1988). *Children of different worlds: The formation of social behavior*. Cambridge, MA: Harvard University Press.

Whiting, Beatrice, & Whiting, John (1975). *Children of six cultures*. Cambridge, MA: Harvard University Press.

Whitlock, Jonathan R.; Heynen, Arnold J.; Shuler, Marshall G.; & Bear, Mark F. (2006, August 25). Learning induces long-term potentiation in the hippocampus. *Science, 313*, 1093–1098.

Whooley, Mary A.; de Jonge, Peter; Vittinghoff, Eric; et al. (2008). Depressive symptoms, health behaviors, and risk of cardiovascular events in patients with coronary heart disease. *Journal of the American Medical Association, 300*, 2379–2388.

Whorf, Benjamin L. (1956). *Language, thought and reality*. Cambridge, MA: MIT Press. [Original work published 1940.]

Wicks-Nelson, Rita, & Israel, Allen C. (2003). *Behavior disorders of childhood* (5th ed.). Upper Saddle River, NJ: Prentice Hall.

Widiger, Thomas; Cadoret, Remi; Hare, Robert; et al. (1996). DSM-IV antisocial personality disorder field trial. *Journal of Abnormal Psychology, 105*, 3–16.

Widiger, Thomas, & Clark, Lee Anna (2000). Toward DSM-V and the classification of psychopathology. *Psychological Bulletin, 126*, 946–963.

Widom, Cathy Spatz; DuMont, Kimberly; & Czaja, Sally J. (2007). A prospective investigation of major depressive disorder and comorbidity in abused and neglected children grown up. *Archives of General Psychiatry, 64*, 49–56.

Wiederhold, Brenda K., & Wiederhold, Mark D. (2000). Lessons learned from 600 virtual reality sessions. *CyberPsychology & Behavior, 3*, 393–400.

Williams, Janice E.; Paton, Catherine C.; Siegler, Ilene C.; et al. (2000). Anger proneness predicts coronary heart disease risk. *Circulation, 101*, 2034–2039.

Williams, Kipling D. (2009). Ostracism: Effects of being excluded and ignored. *Advances in Experimental Social Psychology, 41*, 279–314.

Williams, Lisa A., & DeSteno, David (2009). Pride: Adaptive social emotion or seventh sin? *Psychological Science, 20*, 284–288.

Williams, Redford B., Jr.; Barefoot, John C.; & Shekelle, Richard B. (1985). The health consequences of hostility. In M. A. Chesney & R. H. Rosenman (Eds.), *Anger and hostility in cardiovascular and behavioral disorders*. New York: Hemisphere.

Wilner, Daniel; Walkley, Rosabelle; & Cook, Stuart (1955). *Human relations in interracial housing*. Minneapolis: University of Minnesota Press.

Wilson, Sandra Jo, & Lipsey, Mark W. (2007). School-based interventions for aggressive and disruptive behavior: Update of a meta-analysis. *American Journal of Preventive Medicine, 33*, S130–S143.

Wilson, G. Terence, & Fairburn, Christopher G. (1993). Cognitive treatments for eating disorders. *Journal of Consulting and Clinical Psychology, 61*, 261–269.

Wilson, Timothy D.; & Gilbert, Daniel T. (2005). Affective forecasting: Knowing what to want. *Current Directions in Psychological Science, 14*, 131–134.

Wiltermuth, Scott S., & Heath, Chip (2009). Synchrony and cooperation. *Psychological Science, 20,* 1–5.

Winick, Myron; Meyer, Knarig Katchadurian; & Harris, Ruth C. (1975). Malnutrition and environmental enrichment by early adoption. *Science, 190,* 1173–1175.

Winnicott, D. W. (1957/1990). *Home is where we start from.* New York: Norton.

Wirz-Justice, Anna; Benedetti, Francesco; Berger, Mathias; et al. (2005). Chronotherapeutics (light and wake therapy) in affective disorders. *Psychological Medicine, 35,* 939–944.

Wirth, James H., & Bodenhausen, Galen V. (2009). The role of gender in mental-illness stigma: A national experiment. *Psychological Science, 20,* 169–173.

Wisdom, Jennifer P.; Saedi, Goal A.; & Green, Carla A. (2009). Another breed of "service" animals: STARS study findings about pet ownership and recovery from serious mental illness. *American Journal of Orthopsychiatry, 79,* 430–436.

Wispé, Lauren G., & Drambarean, Nicholas C. (1953). Physiological need, word frequency, and visual duration thresholds. *Journal of Experimental Psychology, 46,* 25–31.

Witelson, Sandra F.; Glazer, I. I.; & Kigar, D. L. (1994). Sex differences in numerical density of neurons in human auditory association cortex. *Society for Neuroscience Abstracts, 30* (Abstr. No. 582.12).

Witkiewitz, Katie, & Marlatt, G. Alan (2004). Relapse prevention for alcohol and drug problems: That was Zen, this is Tao. *American Psychologist, 59,* 224–235.

Witkiewitz, Katie, & Marlatt, G. Alan (2006). Overview of harm reduction treatments for alcohol problems. *International Journal of Drug Policy, 17,* 285–294.

Witvliet, Charlotte vanOyen; Ludwig, Thomas E.; & Vander Laan, Kelly L. (2001). Granting forgiveness or harboring grudges: Implications for emotion, physiology, and health. *Psychological Science, 12,* 117–123.

Wolpe, Joseph (1958). *Psychotherapy by reciprocal inhibition.* Palo Alto, CA: Stanford University Press.

Wood, James M.; Nezworski, M. Teresa; Lilienfeld, Scott O.; & Garb, Howard N. (2003). *What's wrong with the Rorschach?* San Francisco: Jossey-Bass.

Wood, Joanne V.; Michela, John L.; & Giordano, Caterina (2000). Downward comparison in everyday life: Reconciling self-enhancement models with the mood-cognition priming model. *Journal of Personality and Social Psychology, 79,* 563–579.

Wood, Wendy; Lundgren, Sharon; Ouellette, Judith A.; et al. (1994). Minority influence: A meta-analytic review of social influence processes. *Psychological Bulletin, 115,* 323–345.

Woodward, Amanda L. (2009). Infants' grasp of others' intentions. *Current Directions in Psychological Science, 18,* 53–57.

Woody, Erik Z., & Bowers, Kenneth S. (1994). A frontal assault on dissociated control. In S. J. Lynn & J. W. Rhue (Eds.), *Dissociation: Clinical, theoretical and research perspectives.* New York: Guilford.

Wu, Shali, & Keysar, Boaz (2007). The effect of culture on perspective taking. *Psychological Science, 18,* 600–606.

Wynne, Clive D. L. (2004). *Do animals think?* Princeton, NJ: Princeton University Press.

Wyrobek, A. J.; Eskenazi, B.; Young, S.; et al. (2006, June 9). Advancing age has differential effects on DNA damage, chromatin integrity, gene mutations, and aneuploidies in sperm. *Proceedings of the National Academy of Sciences, 103,* 9601–9606.

Yalom, Irvin D. (1989). *Love's executioner and other tales of psychotherapy.* New York: Basic Books.

Yang, Chi-Fu Jeffrey; Gray, Peter; & Pope, Harrison G. Jr. (2005). Male body image in Taiwan versus the West: Yanggang Zhiqi meets the Adonis Complex. *American Journal of Psychiatry, 162,* 263–269.

Yapko, Michael (1994). *Suggestions of abuse: True and false memories of childhood sexual trauma.* New York: Simon & Schuster.

Young, Larry J., & Francis, Darlene D. (2008). The biochemistry of family commitment and youth competence: Lessons from animal models. In K. Kline (Ed.), *Authoritative communities: The scientific case for nurturing the whole child.* New York: Springer Science + Business Media.

Young, Malcolm P., & Yamane, Shigeru (1992). Sparse population coding of faces in the inferotemporal cortex. *Science, 256,* 1327–1331.

Young, Terry; Finne, Laurel; Peppard, Paul E.; et al. (2008). Sleep-disordered breathing and mortality: Eighteen-year follow-up of the Wisconsin Sleep Cohort. *Sleep, 31,* 1071–1078.

Yu, Junying; Vodyanik, Maxim A.; Smuga-Otto, Kim; et al. (2007). Induced pluripotent stem cell lines derived from human somatic cells. *Science, 318,* 1917–1920.

Yu, ManSoo, & Stiffman, Arlene R. (2007). Culture and environment as predictors of alcohol abuse/dependence symptoms in American Indian youths. *Addictive Behaviors, 32,* 2253–2259.

Yu, M.; Zhu, X.; Li, J. et al. (1996). Perimenstrual symptoms among Chinese women in an urban area of China. *Health Care for Women International, 17,* 161–172.

Yuan, Sylvia, & Fisher, Cynthia (2009). "Really? She blicked the baby?" Two-year-olds learn combinatorial facts about verbs by listening. *Psychological Science, 20,* 619–626.

Yzerbyt, Vincent Y.; Corneille, Olivier; Dumont, Muriel; & Hahn, Kirstin (2001). The dispositional inference strikes back: Situational focus and dispositional suppression in causal attribution. *Journal of Personality and Social Psychology, 81,* 365–376.

Zajonc, R. B. (1968). Attitudinal effects of mere exposure. *Journal of Personality and Social Psychology, 9,* Monograph Supplement 2, 1–27.

Zalta, Alyson K., & Chambless, Dianne L. (2008). Exploring sex differences in worry with a cognitive vulnerability model. *Psychology of Women Quarterly, 32,* 469–482.

Zhu, L. X.; Sharma, S.; Stolina, M.; et al. (2000). Delta-9-tetrahydrocannabinol inhibits antitumor immunity by a CB2 receptor-mediated, cytokine-dependent pathway. *Journal of Immunology, 165,* 373–380.

Zimmer, Lynn, & Morgan, John P. (1997). *Marijuana myths, marijuana fact: A review of the scientific evidence.* New York: Lindesmith Center.

Zimmerman, F.J.; Christakis, D.A.; & Meltzoff, A.N. (2007). Associations between media viewing and language development in children under age 2 years. *Journal of Pediatrics, 151,* 364–368.

Zone, Nolon; Sue, Stanley; Chang, Janer; et al. (2005). Beyond ethnic match: Effects of client–therapist cognitive match in problem perception, coping orientation, and therapy goals on treatment outcomes. *Journal of Community Psychology, 33,* 569–585.

Zosuls, Kristina M.; Ruble, Diane N.; Tamis-LeMonda, Catherine S.; et al. (2009). The acquisition of gender labels in infancy: Implications for gender-typed play. *Developmental Psychology, 45,* 688–701.

Zubieta, Jon-Kar; Bueller, Joshua A.; Jackson, Lisa R.; et al. (2005). Placebo effects mediated by endogenous opioid activity on μ-opioid receptors. *Journal of Neuroscience, 25,* 7754–7762.

Zucker, Kenneth J. (1999). Intersexuality and gender identity differentiation. *Annual Review of Sex Research, 10,* 1–69.

Zur, Ofer, & Nordmarken, M. A. (2008). DSM: Diagnosing for status and money. *National Psychologist,* May/June, 15.

Zurbriggen, Eileen L. (2000). Social motives and cognitive power-sex associations: Predictors of aggressive sexual behavior. *Journal of Personality and Social Psychology, 78,* 559–581.

版权所有

(页码为原英文版图书页码，可见本书边码。)

照片和漫画

Chapter 1: p. 2, © Visions of America\SuperStock; **p. 2**, AP Photo\Eduardo Verdugo; **p. 3**, George Ruhe Photography; **p. 3**, Jose Azel\Aurora Photos, Inc.; **p. 3**, © Grant V. Faint\Image Bank\Getty Images, Inc.; **p. 5**, Courtesy of the Library of Congress; **p. 5**, ©Punch\Rothco; **p. 7**, © Andy Wong\AP Wide World; **p. 7**, © imagebroker.net\SuperStock; **p. 7**, AP Wide World Photos; **p. 7**, William Thompson\Photolibrary.com; **p. 10**, George Ruhe Photography; **p. 10**, Michael Newman\PhotoEdit Inc.; **p. 10**, Kashi Photography; **p. 13**, Universal Uclick; **p. 14**, Andre Kole; **p. 15**, Jose L. Pelaez, Inc.\CORBIS-NY; **p. 15**, © Peter Titmuss\Alamy; **p. 16**, PM Images\Iconica\Getty Images; **p. 18**, Figure from "chapter title" in "GENIE: A PSYCHOLINGUISTIC STUDY OF A MODERN DAY "WILD CHILD", by Susan Curtiss, © 1977, Elsevier Science (USA), reproduced by permission of the publisher. Reproduced by permission from [complete source citation]. Copyright by Elsevier Science Ltd.; **p. 19**, Richard Damoret\The New York Times; **p. 20**, ©Roz Chast\The New Yorker Collection\www.cartoonbank.com All Rights Reserved; **p. 21**, © Henry Martin\The New Yorker Collection\www.cartoonbank.com. All Rights Reserved; **p. 23**, Tom Prettyman\PhotoEdit Inc.; **p. 23**, Jose Azel\Aurora Photos, Inc.; **p. 27**, © Grant V. Faint\Image Bank\Getty Images, Inc.; **p. 29**, © 1990 Creators Syndicate Inc. By permission of Mell Lazarus and Creators Syndicate, Inc.; **p. 32**, © Lee Lorenz\The New Yorker Collection\www.cartoonbank.com. All Rights Reserved; **p. 36**, Jose L. Pelaez, Inc.\CORBIS-NY; **p. 36**, © Peter Titmuss\Alamy

Chapter 2: p. 38, "Michael Ochs Archives\Getty Images"; **p. 38**, AP Photo\C.F. Tham, file; **p. 39**, Catherine Karnow\Woodfin Camp & Associates, Inc.; **p. 39**, Ellen Senisi; **p. 39**, Photofest; **p. 39**, Picture Partners\MaXx Images; **p. 40**, Courtesy of A.W. Freud et al.\Collection of the Library of Congress; **p. 41**, ScienceCartoonsPlus.com; **p. 41**, © The New Yorker Collection 1985 Joseph Mirachi from cartoonbank.com. All Rights Reserved; **p. 42**, © Ericka McConnell\Taxi\Getty Images, Inc.; **p. 43**, Photofest; **p. 44**, © Donna Day\Image Bank\Getty Images, Inc.; **p. 45**, CORBIS-NY; **p. 46**, The Far Side® by Gary Larson © 1990 FarWorks, Inc. All Rights Reserved. Used with Permission; **p. 47**, Catherine Karnow\Woodfin Camp & Associates, Inc.; **p. 50**, Picture Partners\MaXx Images; **p. 51**, ©Ellen B. Senisi/The Image Works; **p. 52**, ScienceCartoonsPlus.com; **p. 53**, Peter Byron\PhotoEdit Inc.; **p. 53**, © Tee and Charles Addams Foundation; **p. 55**, Jeff J Mitchell\Getty Images; **p. 55**, Casper Christoffersen\AFP\Getty Images; **p. 57**, Richard Hutchings\PhotoEdit Inc.; **p. 58**, Timothy Eagan\Woodfin Camp & Associates, Inc.; **p. 58**, Fujifotos\The Image Works; **p. 59**, © Dave Stamboulis\Alamy; **p. 60**, Peter Finger\CORBIS\CORBIS-NY; **p. 60**, Alan Keohane © Dorling Kindersley; **p. 63**, Itsuo Inouye\AP Wide World Photos; **p. 64**, ScienceCartoonsPlus.com; **p. 71**, Peter Byron\PhotoEdit Inc.; **p. 71**, Alan Keohane © Dorling Kindersley

Chapter 3: p. 72, BARM\Fame Pictures; **p. 73**, Martin Rogers\Woodfin Camp & Associates, Inc.; **p. 73**, Ann Senghas; **p. 73**, Charles Gupton\Charles Gupton Photography; **p. 74**, Theo Westenberger Photography; **p. 75**, Berthold Steinhilber\laif\Redux; **p. 75**, ZITS © ZITS PARTNERSHIP, KING FEATURES SYNDICATE; **p. 77**, Martin Rogers\Woodfin Camp & Associates, Inc.; **p. 77**, Martin Rogers\Woodfin Camp & Associates, Inc.; **p. 78**, © Lee Lorenz\The New Yorker Collection\www.cartoonbank.com. All Rights Reserved; **p. 80**, Erika Stone; **p. 82**, Ann Senghas; **p. 82**, ZITS © ZITS PARTNERSHIP, KING FEATURES SYNDICATE; **p. 84**, Michael Newman\PhotoEdit Inc.; **p. 85**, Laura Dwight\Laura Dwight Photography; **p. 85**, Laura Dwight\Laura Dwight Photography; **p. 87**, Mandal Ranjit\Photo Researchers, Inc.; **p. 88**, © Stephanie Rausser\Taxi\Getty Images, Inc.; **p. 89**, Tony Freeman\PhotoEdit Inc.; **p. 89**, Robert Brenner\PhotoEdit Inc.; **p. 90**, Nancy Richmond\The Image Works; **p. 91**, The Granger Collection, New York; **p. 91**, © Katie Orlinsky\Redux; **p. 91**, George Ruhe\The New York Times; **p. 92**, Laura Dwight Photography; **p. 93**, ©The New Yorker Collection 1999 Christopher Weyant from cartoonbank.com. All Rights Reserved; **p. 94**, Moises Saman\The New York Times\Redux; **p. 94**, Brenda Black and Louis Toby\Black\Toby Photography; **p. 96**, Richard Hutchings\Photo Researchers, Inc.; **p. 97**, ©The New Yorker Collection 2001 Barbara Smaller from cartoonbank.com. All Rights Reserved; **p. 99**, Tom McCarthy\Photolibrary.com; **p. 100**, DOONESBURY © G. B. Trudeau. Reprinted with permission of UNIVERSAL PRESS SYNDICATE. All rights Reserved; **p. 101**, Charles Gupton\Charles Gupton Photography; **p. 101**, Abigail Heyman; **p. 105**, © (Photographer)\CORBIS All Rights Reserved; **p. 110**, Martin Rogers\Woodfin Camp & Associates, Inc.; **p. 110**, Erika Stone

Chapter 4: p. 112, -\Newscom; **p. 113**, Howard Sochurek, Inc.; **p. 113**, Ron Sachs\CORBIS-NY; **p. 113**, Replace on Revision; **p. 114**, Dan McCoy\Rainbow Image Library; **p. 117**, CNRI\Science Photo Library\Photo Researchers, Inc.; **p. 118**, Biophoto Associates\Photo Researchers, Inc.; **p. 119**, Marc Lieberman\Salk Institute; **p. 122**, Ron Sachs\CORBIS-NY; **p. 122**, ScienceCartoonsPlus.com; **p. 124**, Keith Brofsky\Getty Images, Inc.-Photodisc.\Royalty Free; **p. 124**, Photo Lennart Nilsson\Albert Bonniers Forlag AB; **p. 125**, Michael E. Phelps\Mazziotta UCLA School of Medicine.; **p. 125**, Howard Sochurek, Inc.; **p. 126**, Brian Murphy; **p. 130**, © Collection of Jack and Beverly Wilgus; **p. 130**, Replace on Revision; **p. 134**, CartoonStock Ltd.; **p. 135**, ScienceCartoonsPlus.com; **p. 136**, Jennifer Berman\Jennifer K. Berman; **p. 137**, Radiological Society of North America, Radiology 2001; 220: 202–207, Figure 3; **p. 138**, Dr. Ronald Cranford\Mijolini, LLC; **p. 144**, Howard Sochurek, Inc.

Chapter 5: p. 146, AP Photo\Ben Margot; **p. 147**, R. Hutchings\PhotoEdit Inc.; **p. 147**, Bookstaver\AP Wide World Photos; **p. 147**, © Images & Stories\Alamy; **p. 149**, Tom Ives\Thomas Ives; **p. 149**, Tom Ives\Thomas Ives; **p. 149**, Jeff Greenberg\PhotoEdit Inc.; **p. 150**, ScienceCartoonsPlus.com; **p. 151**, Bryan and Cherry Alexander; **p. 152**, Amy Etra\PhotoEdit Inc.; **p. 152**, © William Haefeli\The New Yorker Collection\www.cartoonbank.com. All Rights Reserved; **p. 155**, Chandoha Photography; **p. 155**, Chandoha Photography; **p. 156**, Jessica T. Offir; **p. 156**, R. Hutchings\PhotoEdit Inc.; **p. 156**, Earl Roberge\Photo Researchers, Inc.; **p. 157**, ©The New Yorker Collection (1990) (Koren) from cartoonbank.com. All Rights Reserved; **p. 160**, © Dana Fradon\The New Yorker Collection\www.cartoonbank.com. All Rights Reserved; **p. 161**, J. Hobson\Photo Researchers, Inc.; **p. 161**, J. Hobson\Photo Researchers, Inc.; **p. 161**, J Hobson\Photo Researchers, Inc.; **p. 165**, Bookstaver\AP Wide World Photos; **p. 166**, ScienceCartoonsPlus.com; **p. 168**, © Images & Stories\Alamy; **p. 168**, Tibor Hirsch\Photo Researchers, Inc.; **p. 168**, Kal Muller\Woodfin Camp & Associates, Inc.; **p. 169**, Triangle, "The Sandoz Journal of Medical Science," 1955–56, Vol. 2, pp. 117–124. © Novartis Pharma AG, Basel, Switzerland.; **p. 169**, Triangle, "The Sandoz Journal of Medical Science," 1955–56, Vol. 2, pp. 117–124. © Novartis Pharma AG, Basel, Switzerland.; **p. 169**, Triangle, "The Sandoz Journal of Medical Science," 1955–56, Vol. 2, pp. 117–124. © Novartis Pharma AG, Basel, Switzerland.; **p. 172**, The Granger Collection; **p. 172**, The Granger Collection; **p. 174**, CORBIS-NY

Chapter 6: p. 180, Dick Ruhl; **p. 181**, ©SPL\Photo Researchers, Inc.; **p. 181**, Copyright Barrie Rokeach 2008. All Rights Reserved; **p. 181**, Chris Lisle\CORBIS-NY; **p. 181**, Giuseppe Arcimboldo (1527-93), "Vertumnus (Emperor Rudolf II)," 1590. Oil on wood, 70.5 x 57.5 cm. Stocklosters Slott, Sweden. Erich Lessing\Art Resource, NY; **p. 183**, Gary Retherford; **p. 183**, Gary Retherford; **p. 185**, National Library of Medicine; **p. 185**, National Library of Medicine; **p. 186**, CORBIS-NY; **p. 187**, © Lisa Maree Williams\Getty Images, Inc.; **p. 191**, Giuseppe Arcimboldo (1527-93), "Vertumnus (Emperor Rudolf II)," 1590. Oil on wood, 70.5 x 57.5 cm. Stocklosters Slott, Sweden. Erich Lessing\Art Resource, NY; **p. 193**, M.C. Escher's "Symmetry Drawing E69" © 2006 The M.C. Escher Company-Holland. All rights Reserved; **p. 194**, Roy Schneider; **p. 194**, John Williamson\Photo Researchers, Inc.; **p. 194**, © James Randklev\Stone\Getty Images, Inc.; **p. 195**, Nicholas Descioso\Photo Researchers, Inc.; **p. 195**, Cameramann International, LTD; **p. 195**, Topham\The Image Works; **p. 195**, Copyright Barrie Rokeach 2008. All Rights Reserved; **p. 196**, © 1999 Dan Piraro. Reprinted with special permission of King Features Syndicate; **p. 201**, © Phil Dent\Redferns\Getty Images, Inc.; **p. 201**, ©SPL\Photo Researchers, Inc.; **p. 205**, Chris Lisle\CORBIS- NY; **p. 207**, © Donna Miles\US Army; **p. 209**, © (Photographer)\CORBIS. All Rights Reserved; **p. 210**, Professor Joseph Campos, University of California, Berkeley; **p. 212**, © J. Pat Carter\AP Wide World; **p. 213**, © Baby Blues Partnership. Reprinted with special permission of King Features Syndicate.; **p. 215**, Andre Kole; **p. 216**, www.CartoonStock.com

Chapter 7: p. 222, ADAM HUNGER\Reuters \Landov; **p. 223**, Andres R. Alonso; **p. 223**, JORGEN SCHYTTE\Photolibrary; **p. 223**, Michael Goldman Photography; **p. 224**, © Peter Kramer\AP Wide World; **p. 224**, AP Wide World Photos; **p. 224**, Lefterus Pitarakis\AP Wide World Photos; **p. 226**, Spencer Grant\PhotoEdit Inc.; **p. 227**, Jennifer K. Berman; **p. 229**, Jennifer K. Berman; **p. 230**, © Hunter Freeman; **p. 232**, Greg Huglin\Photolibrary; **p. 236**, © Mick Stevens\The New Yorker Collection\www.cartoonbank.com. All Rights Reserved; **p. 237**, Andres R. Alonso; **p. 238**, Laura Dwight\PhotoEdit Inc.; **p. 241**, Gary Conner\PhotoEdit Inc.; **p. 243**, © Donald Reilly\The New Yorker Collection\www.cartoonbank.com. All Rights Reserved; **p. 244**, JORGEN SCHYTTE\Photolibrary; **p. 246**, Shelly Katz

Photographer; **p. 246,** © David Young-Wolff\Alamy; **p. 247,** Marc Asnin\Queen Esther Production; **p. 250,** Thomas & Pat Leeson\Photo Researchers, Inc; **p. 250,** SuperStock, Inc.; **p. 250,** SuperStock, Inc.; **p. 250,** SuperStock, Inc.; **p. 251,** Janet Mann; **p. 251,** © The New Yorker Collection, 1990. Peter Steiner from cartoonbank.com. All Rights Reserved; **p. 252,** Georgia State University\LRC; **p. 253,** Michael Goldman Photography; **p. 254,** The Granger Collection, New York; **p. 255,** www.CartoonStock.com; **p. 261,** Michael Goldman Photography

Chapter 8: p. 262, HO\Burlington Police Department\AP Wide World Photos; **p. 264,** Corbis RF; **p. 265,** © Landov; **p. 265,** ScienceCartoonsPlus.com; **p. 266,** Wilson and Neff, Inc. Reprinted by permission of Harper Collins Publishers; **p. 267,** © (Photographer)\CORBIS. All Rights Reserved; **p. 268,** Dr. Elizabeth Loftus; **p. 268,** Dr. Elizabeth Loftus; **p. 271,** From "Rudolph the Red-Nosed Reindeer" by Robert L. May. © 1939, 1967 by Robert L. May Company. Published Modern Curriculum Press, an imprint of Pearson Learning Group. Used by permission of Pearson Education, Inc.; **p. 274,** Travis Gering; **p. 274,** Hank deLespinasse\Hank deLespinasse Studios, Inc.; **p. 276,** Jacka Photography; **p. 278,** Jennifer K. Berman; **p. 279,** Fig. 3, from Reber, PJ, Stark, CEL & Squire, LR (1998). Contrasting cortical activity associated with category memory and recognition memory. Learning & Memory, 5, p. 420-428.; **p. 281,** Wasyl Szrodzinski\Photo Researchers, Inc.; **p. 281,** Tom Stewart\CORBIS-NY; **p. 283,** ScienceCartoonsPlus.com; **p. 284,** © Warren Miller\The New Yorker Collection\ www.cartoonbank.com. All Rights Reserved; **p. 285,** Karen Preuss\The Image Works; **p. 286,** Loftus EF, Miller DG, Burns HJ, (1978). Semantic integration of verbal information into a visual memory. J. Expt. Psychology; Human Learning and Memory, 4, 19–31.; **p. 286,** Loftus EF, Miller DG, Burns HJ, (1978). Semantic integration of verbal information into a visual memory. "Journal of Experimental Psychology"; Human Learning and Memory, 4, 19–31; **p. 287,** ScienceCartoonsPlus.com; **p. 290,** Courtesy of Carolyn Rovee-Collier; **p. 290,** ©The New Yorker Collection from cartoonbank.com. All Rights Reserved; **p. 292,** Chuck Burton\AP Wide World Photos

Chapter 9: p. 298, Redux Pictures; **p. 299,** Dennis MacDonald\PhotoEdit Inc.; **p. 299,** bildagentur-online\Alamy Images; **p. 299,** Adam Woolfitt; **p. 300,** The Granger Collection; **p. 304,** ©Martin Harvey\Photographers Choice\Getty Images, Inc.; **p. 306,** Cameramann\The Image Works; **p. 307,** Michael Newman\PhotoEdit Inc.; **p. 308,** NEIGHBORHOOD © KING FEATURES SYNDICATE.; **p. 312,** Joe McNally Photography; **p. 313,** © Charles Barsotti\The New Yorker Collection\ www.cartoonbank.com. All Rights Reserved; **p. 314,** Stephen Ferry; **p. 314,** Erik S. Lesser; **p. 314,** ©The New Yorker Collection 1988 Bernard Schoenbaum from cartoonbank.com. All Rights Reserved; **p. 317,** Dennis MacDonald\PhotoEdit Inc.; **p. 318,** bildagentur-online\Alamy Images; **p. 320,** © Lee Lorenz\The New Yorker Collection\www.cartoonbank.com. All Rights Reserved; **p. 322,** Adam Woolfitt; **p. 322,** © Jack Ziegler\The New Yorker Collection\www.cartoonbank.com. All Rights Reserved; **p. 325,** © Capcom\Newscom; **p. 329,** Adam Woolfitt

Chapter 10: p. 330, AP Wide World Photos; **p. 331,** The Yomiuri Shimbun; **p. 331,** AP Wide World Photos; **p. 331,** Syndicated Features Limited\The Image Works; **p. 332,** © Giuliano Colliva\News\Getty Images, Inc.; **p. 333,** Archives of the History of American Psychology - The University of Akron; **p. 333,** Copyright 1968 by Stanley Milgram. Copyright Renewed 1993, Alexander Milgram. From the film OBEDIENCE, distributed by Penn State Media Sales; **p. 333,** Robert Azzi\Woodfin Camp & Associates, Inc.; **p. 334,** Copyright 1965 by Stanley Milgram. From the film OBEDIENCE, distributed by Penn State Media Sales; **p. 335,** © Bettman\CORBIS; **p. 336,** AP Wide World Photos; **p. 339,** © Barbara Smaller\Conde Nast Publications\www.cartoonbank.com; **p. 340,** © Rob Carr\AP Wide World; **p. 341,** AP Wide World Photos; **p. 343,** The Yomiuri Shimbun; **p. 346,** Alex Webb\Magnum Photos, Inc.; **p. 346,** AP Wide World Photos; **p. 346,** ScienceCartoonsPlus.com; **p. 348,** Syndicated Features Limited\The Image Works; **p. 349,** © Tommy Trenchard\Alamy; **p. 349,** Scott J. Ferrell\Congressional Quarterly\Newscom; **p. 351,** David Young-Wolff\PhotoEdit Inc.; **p. 351,** Al-xVadinska\Shutterstock; **p. 351,** Monica Almeida\The New York Times; **p. 353,** © Bryan Denton\The New York Times\Redux; **p. 355,** AP Wide World Photos; **p. 355,** Creators News Service (CNS); **p. 356,** © Tim Boyle\News\Getty Images, Inc.; **p. 356,** National Archives and Records Administration; **p. 356,** Photo by Matthew Trana, courtesy of Houston Community Newspapers; **p. 356,** © Scott B. Rosen\Alamy; **p. 356,** AP Photo\ Community Security Trust, HO; **p. 357,** CORBIS-NY; **p. 357,** National Archives and Records Administration; **p. 357,** Courtesy of the Library of Congress; **p. 357,** Bill Pugliano\Getty Images; **p. 357,** © Jeff Topping\Reuters\Corbis; **p. 360,** Tom Watson\Merrill Education; **p. 361,** AP Wide World Photos; **p. 361,** Yves Herman\CORBIS-NY

Chapter 11: p. 368, Ray Tamarra\Getty Images; **p. 369,** © David Grossman\Alamy; **p. 369,** © Everett Collection; **p. 369,** Paintings by Bryan Charnley\ © Terence Charnley & SANE; **p. 370,** Bojan Brecelj\CORBIS-NY; **p. 370,** Al Campanie\The Image Works; **p. 370,** Elena Dorfman\Redux Pictures;

p. 372, © Bettmann\CORBIS; **p. 374,** Marilyn Volan\Shutterstock; **p. 375,** CORBIS-NY; **p. 377,** David Turnley\CORBIS-NY; **p. 379,** Chet Gordon\The Image Works; **p. 381,** Mick Hutson\Retna Ltd.; **p. 382,** © David Grossman\Alamy; **p. 384,** AP Wide World Photos; **p. 384,** © Evan Agostini\AP Wide World; **p. 386,** © Palm Springs Police Dept.\AP Wide World; **p. 387,** Brookhaven National Laboratory; **p. 388,** © Leland Bobbe\Stone\Getty Images, Inc.; **p. 388,** 1999 Daniel Laine\CORBIS- NY; **p. 389,** Universal Uclick; **p. 390,** © Jordan Strauss\ WireImage\Getty Images, Inc.; **p. 392,** © Everett Collection; **p. 394,** © Painting by Bryan Charnley\© Terence Charnley & SANE; **p. 394,** Paintings by Bryan Charnley\© Terence Charnley & SANE; **p. 394,** Paintings by Bryan Charnley\© Terence Charnley & SANE; **p. 394,** Paintings by Bryan Charnley\© Terence Charnley & SANE; **p. 396,** "Courtesy, Dr. Arthur W. Toga, Laboratory of Neuro Imaging"; **p. 403,** Paintings by Bryan Charnley\© Terence Charnley & SANE; **p. 403,** © Painting by Bryan Charnley\© Terence Charnley & SANE

Chapter 12: p. 404, ©St Petersburg Times\Melissa Lyttle\The Image Works; **p. 405,** University of Washington HIT Lab\Mary Levin; **p. 405,** © Fotosearch.com Royalty Free; **p. 407,** Alvin H. Perlmutter Inc.; **p. 407,** Alvin H. Perlmutter Inc.; **p. 407,** © Lee Lorenz\The New Yorker Collection\www.cartoonbank.com. All Rights Reserved; **p. 409,** © Barbara Smaller\The New Yorker Collection\www.cartoonbank.com. All Rights Reserved; **p. 410,** Top two images: Sanjaya Saxena, MD and J.M. Schwartz, M.D.- UCLA Neuropsychiatric Institute (unpublished data, 1996). Bottom two images: Copyright ©1996, American Medical Association, from Schwartz, J.M. et. al, "Archives of General Psychiatry", February 1996, Volume 53, pages 109–113.; **p. 411,** W McIntyre\Photo Researchers, Inc.; **p. 411,** George Ruhe\ The New York Times; **p. 412,** © Fotosearch.com Royalty Free; **p. 413,** IN THE BLEACHERS © Steve Moore. Reprinted with permission of UNIVERSAL PRESS SYNDICATE. All rights Reserved; **p. 414,** University of Washington HIT Lab\Mary Levin; **p. 415,** Shutterstock; **p. 416,** Michael Newman\PhotoEdit Inc.; **p. 417,** Courtesy of Alan Entin, Ph. D., family psychologist; **p. 417,** © Jack Ziegler\The New Yorker Collection\www.cartoonbank.com. All Rights Reserved; **p. 420,** Giuseppe Costantino, Ph.D., Director; **p. 420,** Government of Puerto Rico Economic Development Administration; **p. 422,** AP Photo/Pier Paolo Cito; **p. 423,** © Mike Twohy\The New Yorker Collection\www.cartoonbank.com. All Rights Reserved; **p. 430,** George Ruhe\ The New York Times; **p. 431,** Michael Newman\ PhotoEdit Inc.

Chapter 13: p. 432, © BOB PEARSON\epa\Corbis; **p. 433,** Fred Prouser\ CORBIS- NY; **p. 433,** Michael Greenlar\The Image Works; **p. 433,** Juergen Berger, Max-Planck Institute\Science Photo Library\Photo Researchers, Inc.; **p. 435,** Michael Newman\PhotoEdit Inc.; **p. 435,** Erika Stone; **p. 435,** Laura Dwight Photography; **p. 435,** Eric Gay\AP Wide World Photos; **p. 435,** Fred Prouser\CORBIS-NY; **p. 435,** Michael Philip Manheim\ImageState Media Partners Limited; **p. 435,** Itar-Tass\Sovfoto; **p. 435,** Jessica Tracy, University of British Columbia, Tracy, J.L., & Robins, R.W. (2004). Show your pride: Evidence for a discrete emotion expression. Psychological Science, 15, 194–197.; **p. 436,** Heidi S. Mario; **p. 438,** Janice Rubin Photography; **p. 449,** Juergen Berger, Max-Planck Institute\Science Photo Library\Photo Researchers, Inc.; **p. 449,** CartoonStock Ltd.; **p. 450,** Michael Greenlar\The Image Works; **p. 450,** Stephen Agricola Photography\The Image Works; **p. 453,** Bill Varie\CORBIS-NY; **p. 454,** Barry Lewis; **p. 454,** © Barbara Singer\Photonica\Getty Images, Inc.; **p. 456,** Los Angeles Times Photo By Gina Ferazzi; **p. 458,** Chris Haston\Picture Desk, Inc.\Kobal Collection; **p. 459,** Chris Haston/NBCU Photo Bank/AP Images; **p. 460,** Mary Hancock; **p. 461,** BIZARRO (NEW) © DAN PIRARO. KING FEATURES SYNDICATE

Chapter 14: p. 466, ALEXIS C. GLENN\UPI\Newscom; **p. 467,** Nicole Bengiveno\The New York Times; **p. 467,** Victor Englebert\Photo Researchers, Inc.; **p. 467,** Picture Press Bild- und Textagentur GmbH, Munich, Germany; **p. 468,** Dennis Stock\Magnum Photos, Inc.; **p. 468,** Victor Englebert\Photo Researchers, Inc.; **p. 469,** Remi Banali\ZUMA Press - Gamma; **p. 470,** Guang Niu\CORBIS- NY; **p. 472,** CinemaPhoto\CORBIS-NY; **p. 472,** © Chris Pizzello\AP Wide World; **p. 472,** Time Life Pictures\Getty Images; **p. 472,** Carlos Costa\ PacificPhotos\Newscom; **p. 473,** Remy de la Mauviniere\AP Wide World Photos; **p. 473,** Jennifer Graylock\AP Wide World Photos; **p. 474,** Picture Press Bild- und Textagentur GmbH, Munich, Germany; **p. 474,** Picture Press Bild- und Textagentur GmbH, Munich, Germany; **p. 475,** David Young-Wolff\PhotoEdit Inc.; **p. 476,** © Robert Weber\The New Yorker Collection\www.cartoonbank.com. All Rights Reserved; **p. 477,** JUMP START reprinted by permission of United Feature Syndicate, Inc.; **p. 478,** Magnum Photos, Inc.; **p. 479,** © Bruce Ayres\Stone\Getty Images, Inc.; **p. 480,** Reprinted by permission of The Kinsey Institute for Research in Sex, Gender, and Reproduction, Inc.; **p. 481,** Magnum Photos, Inc.; **p. 481,** © The New Yorker Collection 1995 Donald Reilly from cartoonbank.com. All Rights Reserved; **p. 482,** Joseph Van Os\Getty Images, Inc Bridgeman; **p. 482,** C&M Denis Huot\Photolibrary\Peter Arnold, Inc.; **p. 484,** © John

Ferguson\Newscom; **p. 484,** Carol Ford\Getty Images Inc. RF; **p. 485,** Monkey Business Images\Shutterstock; **p. 486,** Jupiter Images PictureArts Corporation\Brand X Royalty Free; **p. 486,** Cassy Cohen\PhotoEdit Inc.; **p. 487,** Nicole Bengiveno\The New York Times; **p. 488,** CORBIS-NY; **p. 488,** Stephanie Diani\The New York Times; **p. 489,** © W.B. Park\The New Yorker Collection\www.cartoonbank.com. All Rights Reserved; **p. 490,** Courtesy of the Library of Congress; **p. 490,** CORBIS-NY; **p. 490,** Flip Schulke\Stock Photo\Black Star; **p. 490,** CORBIS- NY; **p. 491,** © SuperStock\SuperStock; **p. 491,** Marvin Koner\Stock Photo\Black Star; **p. 491,** CORBIS-NY; **p. 491,** Carol Halebian\Carol Halebian Photography; **p. 492,** © Daniel Bosler\Stone\Getty Images, Inc.; **p. 495,** Spencer Grant\Photolibrary.com; **p. 496,** The Far Side® by Gary Larson © 1985 FarWorks, Inc. All Rights Reserved. Used with Permission

图表

Chapter 1: p. 2, Tracey Wilkinson, "Mexico City Legalizes Gay Marriage" Copyright © 2010 *Los Angeles Times*. Reprinted with permission; **p. 22,** Figure 1.2a, b, & c, David S. Moore and George P. McCabe. *Introduction to the Practice of Statistics*, Copyright © 2008. Reprinted by permission of W.H. Freeman and Company/Worth Publishers.

Chapter 2: p. 48, Figure 2.1, from *Temperament and personality development across the life span* by Costa et al. Copyright 1999 by Taylor & Francis Group LLC BOOKS. Reproduced with permission of Taylor & Francis Group LLC. Books in the formats Text and Other book via Copyright Clearance Center.; **p. 61,** Figure 2.2, from "Insult Aggression and the Southern Culture of Honor" by Cohen et. al. *Journal of Personality and Social Psychology*, 70. Copyright © 1996 Reprinted by permission in accordance with the American Psychological Association Guidelines.

Chapter 3: p. 86, Figure 3.3, from Renee Ballargeon, "How do infants learn about the physical world?" *Current Directions in Psychology*, 5 Copyright © 1994 Reprinted by permission of SAGE Publications.; **p. 100,** Figure 3.4, from Jeffrey Arnett, "Conceptions of the transition from adulthood from adolescence through mid life" *Journal of Adult Development* 8(2) April, 2001. Copyright © 2001 Reprinted by permission of Kluwer Academic/Plenum.

Chapter 5: p. 158, Figure 5.3, Figure 3 a&b, p. 786 from "Sleep Preferentially Enhances Memory for Emotional Components of Scenes" by J.D. Payne, R. Stickgold, K. Swanberg, and E.A. Kensinger, (2008) *Psychological Science*, 19(8) 781–788. Copyright © 2008 by Association for Psychological Science. Reprinted by permission of Wiley Blackwell.

Chapter 6: p. 208, Figure 6.12, From Figure 2 in "The Subjective Experience of Pain: Where Expectations Become Reality" by T. Koyama et al. *Proceedings of the National Academy of Sciences*, 102(36) September 6, 2005 Copyright © 2005 by the National Academies of Sciences, USA. Reprinted by permission.

Chapter 7: p. 237, Figure 7.2, From "The Effect of Severity of Initiation on Liking for a Group" by E. Aronson and J. Mills (1959) *Journal of Abnormal and Social Psychology*, 59, 177–181 Copyright ©1959 American Psychological Association; **p. 248,** Figure 7.8, Adapted from page 14 in "Get Smart: Take a Test: A Long Term Rise in IQ Scores Baffles Intelligence Experts" by J. Horgan, *Scientific American*, November 1995. Copyright © 1995 Reprinted by permission of Dimitry Schildlovsky.; **p. 248,** Figure 7.9, Duckworth & Seligman, "Self discipline Outdoes IQ in Predicting Academic Performance of Adolescents" *Psychological Science* , 16(12), 6. Copyright © 2005 Reprinted by permission of SAGE Publications.

Chapter 8: p. 269, Figure 8.2, From "More Than Suggestion: The Effect of Interviewing Techniques from the McMartin Preschool Class" by S. Garven, J.M. Wood, R.S. Malpass, and J.S. Shaw (1998) *Journal of Applied Psychology*, 83, 347–359. Copyright © 1998 by American Psychological Association.

Chapter 9: p. 319, Figure 9.7, From "Undermining Children's Intrinsic Interest with Extrinsic Rewards" by M.R. Lepper, D. Greene, and R.E. Nisbett (1973), *Journal of Personality and Social Psychology*, 28, 129–137. Copyright © 1973 by American Psychological Association.

Chapter 10: p. 342, Figure 10.2, John R. Alford, Carolyn L. Funk, and John R. Hibbing, "Are Political Orientations Genetically Transmitted?" *American Political Science Review*, 99(2) May, 2005. Copyright © 2005 American Political Science Association. Reprinted with the permission of Cambridge University Press.; **p. 359,** Figure 10.4, From "Can Cross Group Friendships Influence Minority Students' Well being at Historically White Universities?" by R. Mendoza Denton and E. Page Gould (2008) *Psychological Science*, 19, 933–939. Copyright © 2008 by SAGE Publications.

Chapter 11: p. 371, Figure 11.1, DSM IV Copyright © 2000 Reprinted with permission of The American Psychiatric Association.

Chapter 12: p. 422, Figure 12.2, From "Psychological Debriefing for Road Traffic Accident Victims" by R.A. Mayou, A. Ehlers, and M. Hobbs (2000) *British Journal of Psychiatry*, 176, 589–593. Copyright © 2000 by the Royal College of Psychiatrists. Reprinted by permission; **p. 424,** Table 12.3, From "Psychological Treatments That Cause Harm" by Scott O. Lillenfeld, (2007), *Perspectives on Psychological Science*, 2, 53–70. Copyright © 2007 by Wiley Blackwell. Reprinted by permission of the publisher.

Chapter 13: p. 448, Figure 13.3a, Jane Brody, "A Cold Fact: High Stress Can Make You Sick" *New York Times*, November 19, 2007 Copyright © 1997 New York Times Co., Inc. Reprinted by permission. All rights reserved; **p. 454,** Figure 13.4b, "The Health Consequences of Hostility" by Williams, Barefoot, and Shekelle in Margaret A. Chesney and Ray H. Rosenman, *Anger and Hostility in Cardiovascular and Behavior Disorder*, pp. 173–85. Copyright © 1985 Reprinted with permission; **p. 455,** Figure 13.5, From Witvilet, et al. "Granting Forgiveness" *Psychological Science*, 12(2) 7 Copyright © 2001 Reprinted by permission of SAGE Publications.; **p. 458,** Figure 13.6, From James A. Coan, Hillary S. Schaefer, Richard J. Davidson. Lending a Hand: Social Regulation of the Neural Response to Threat, *Psychological Science*, 17(12) 8 Copyright © 2006 Reprinted by permission of SAGE Publications.

Chapter 14: p. 492, Figure 14.2, Adapted from pp. 42–43 in "Praise for Intelligence Can Undermine Children's Motivation and Performance" by C.M. Mueller and C.W. Dweck, *Journal of Personality and Social Psychology*, 75(1998) Copyright © 1998 by the American Psychological Association. Adapted with permission.; **p. 496,** From "Location, Location, Location: The Misprediction of Satisfaction in Housing Lotteries" by E.W. Dunn, D.T. Gilbert, and T.D. Wilson (2003) *Personality and Social Psychology Bulletin*, 29, 1421–1432. Copyright © 2003 by The American Psychological Association.

名称索引

(页码为原英文版图书页码,可见本书边码。)

A

Aarts, Henk, 205
Abdollahi, Abdolhossein, 64, 354
Abels, Monika, 76
Abercrombie, H., 128
Abrahamson, Amy C., 48
Abramowitz, Jonathan S., 379
Abrams, David B., 173
Abramson, Lyn Y., 339, 382
Acebo, Christine, 158
Acredolo, Linda, 80
Acree, Michael, 457
Adam, Hajo, 461
Adams, Marilyn Jager, 292
Adams, Reginald B., 445
Addison, Oliver W., 423
Ader, Robert, 307
Adler, Nancy E., 448
Affleck, Glenn, 451
Agargun, Mehmet Y., 160
Agars, Mark D., 493
Ageyev, Vladimir, 354
Agrawal, Yuri, 201
Agronick, Gail, 256
Aguiar, Patricia, 339
Aguirre, O., 480
Ahadi, Stephan A., 51
Ahmed, Saeduddin, 149
Ahmed, Z., 406
Ainsworth, Mary D. S., 77
Aksan, Nazan, 88
Alford, C. Fred, 342, 343, 349
Alger, S., 159
Aliev, Fazil, 387
Alink, Lenneke R. A., 89, 90
Allen, Karen Mata, 451
Allgeier, Elizabeth R., 484
Allison, David. B., 469
Alloy, Lauren B., 382
Allport, Gordon W., 46, 354, 356
Alm, Richard, 494
Alpert, Nancy, 491
Al-Sowielem, Latifa S., 153
Altschuler, Eric. L., 207
Alvarado, German F., 377
Amabile, Teresa M., 256
Amaral, David G., 264
Amarasingham, Asohan, 278
Ambady, Nalini, 436, 443
Amedi, Amir, 121
Amico, Janet, 458
Amso, Dima, 75
Anastasi, Anne, 241
Andalman, Aaron, 211
Andersen, Susan M., 412
Anderson, Amanda, 12, 192, 480
Anderson, Brenda J., 120
Anderson, Cameron, 325, 434
Anderson, Craig A., 325
Anderson, John R., 275, 279
Anderson, Norman B., 448
Anderson, Roland C., 50
Anderson, S. W., 385
Anderson-Barnes, Victoria C., 207
Andreano, Joseph M., 280
Andreasen, Nancy C., 395
Añez, Luis. M., 420
Angell, Marcia, 406, 409
Angleitner, Alois, 53, 482
Antley, Angus, 335
Antoun, N., 436
Antrobus, John, 161
Archer, John, 444
Archer, Simon N., 150
Arendt, Hannah, 362
Arkes, Hal R., 234, 341
Arkowitz, Hal, 423
Armeli, Stephen, 390
Armitage, Roseanne, 148
Arndt, Jamie, 354
Arndt, Stephan, 395
Arner, E., 469
Arnett, Jeffrey J., 100
Arnold, K., 304
Arnold, Richard D., 56
Aron, Arthur, 474, 477
Aronow, Wilbert S., 101
Aronson, Elliot, 14, 236, 237, 336, 337, 340, 354, 360
Aronson, Jessica K., 233
Aronson, Joshua, 241, 247
Arredondo, Patricia, 420
Arroyo, Carmen G., 57
Asbury, Kathryn, 55, 56
Asch, Solomon E., 345
Aserinsky, Eugene, 154
Ashton, Michael C., 48
Ashwin, Emma, 92
Askenasy, Jean J. M., 158
Atkinson, Richard C., 272
Atran, Scott, 344
AuBuchon, Peter G., 152
Austin-Oden, Deena, 476
Auyeung, Bonnie, 92
Aviezer, Hillel, 436
Axel, Richard, 204
Ayduk, Ozlem, 88
Azuma, Hiroshi, 451

B

Baare, W. F., 245
Baas, Matthijs, 434
Babiak, Paul, 383
Baddeley, Alan D., 275
Baek, Jong-Min, 78, 476
Bagby, R. Michael, 375
Bagemihl, Bruce, 487
Bahrick, Harry P., 270, 285
Bahrick, Phyllis O., 270
Bailey, J. Michael, 92, 482, 487
Bailey, S., 470
Baillargeon, Renée, 86, 87
Baird, Eryn, 496
Bakalar, James B., 171
Baker, Laura A., 48
Baker, Mark C., 81
Baker, Timothy B., 11, 421
Bakermans-Kranenburg, Marian J., 78, 88
Balcetis, Emily, 338, 339
Baldwin, Mark, 445
Ball, D., 450
Balthazard, Claude, 226
Bamberger, Therese, 83
Banaji, Mahzarin, 304, 340, 358
Bancroft, John, 44, 479, 480
Bandura, Albert, 55, 322, 323, 339, 493
Banko, Katherine M., 320
Banks, Curtis, 335, 336
Banks, Martin S., 210
Bänninger-Huber, Eva, 445
Baranoski, Madelon, 280
Barash, David P., 482
Barbaranelli, Claudio, 493
Barbee, Ann H., 248
Barbuto, J. E., 46
Barefoot, John C., 453
Bargary, Gary, 183
Bargh, John A., 45, 214
Barglow, Peter, 411
Barker, William B., 247
Barlow, David H., 376, 378, 382, 423
Barnes, Collin D., 61
Barnier, Amanda J., 165
Barocas, Ralph, 247
Baron-Cohen, Simon, 92
Barres, B. A., 117
Barrett, H. Clark, 80
Barrett, Lisa F., 436, 441, 443
Barsky, S. H., 171
Bartels, Andreas, 475
Bartlett, Frederic C., 264
Bartol, Kathryn M., 496
Bartoshuk, Linda M., 203, 204
Bassetti, Claudio L., 155, 156
Bates, Timothy C., 53
Bauder, H., 121
Bauer, Patricia, 289
Bauer, Vance K., 151
Baumeister, Roy F., 45, 318, 345, 442, 481, 485
Baumrind, Diana, 324
Bauserman, Robert, 104, 487
Baxter, Lewis R., 379, 410
Beach, S. R., 453
Bear, Mark F., 278
Bearman, Sarah Kate, 472
Bears, Michael, 161
Beauchamp, Gary K., 204
Bechara, Antoine, 226, 385, 439
Becht, Marleen C., 153
Beck, Aaron T., 382, 415, 422
Beck, Gwen, 101
Becker, D. Vaughn, 445
Becker, Jill B., 137
Becker, Selwyn W., 349
Beckwith, Bill E., 171
Bedard, Claire, 56
Bedregal, Luis E., 420
Beech, H. R., 152
Beekman, A. T., 453
Beeman, Mark, 226
Beer, Jeremy M., 56
Begg, M. D., 396
Behrmann, Marlene, 191
Bellugi, Ursula, 82
Belsky, Jay, 78, 88, 448
Bem, Daryl J., 216
Bem, Sandra L., 93
Benedetti, Fabrizio, 307, 409
Benedetti, Francesco, 151
Benjamin, Ludy T., Jr., 6, 9
Ben-Porath, Yossef F., 375
Ben-Zeev, Talia, 241
Bera, Stephan, 476
Beran, Mary M., 251
Beran, Michael J., 251
Berenbaum, Sheri A., 92
Berg, Stig, 245
Berger, F., 118
Berger, Mathias, 151
Berglund, Hans, 488
Bergman, Kenneth S., 410
Berk, Michele S., 412
Berkley, Karen J., 137
Berkowitz, Shari R., 140
Berlin, Fred S., 480
Bermpohl, Felix, 121
Berndt, Rita S., 275
Bernieri, Frank J., 438
Bernstein, Daniel M., 288
Berntsen, Dorthe, 265
Berry, John W., 212, 350
Berscheid, Ellen, 475
Bertelsen, A., 395
Best, Suzanne R., 377
Betz, William, 139
Beutler, Larry E., 373
Beydoun, M. A., 139
Beyerstein, Barry L., 66
Bhasin, Gautam, 64
Bhatarah, Parveen, 277
Bhatt, Ramesh, 193
Bhattacharya, J., 226
Bickel, A., 206
Bihrle, Susan, 384, 385
Bilker, Wareen B., 136
Billig, M. G., 351
Binder, Jens, 360
Birdwhistell, Ray L., 444
Birkhead, Tim, 482
Bischof, Matthias, 156
Bittigau, Petra, 75
Biyanova, Tatyana, 418
Bjork, Robert A., 195, 271

Bjorkland, D. F., 93
Black, James E., 120
Blackburn, E. H., 449
Blackmore, Colin, 216
Blagrove, Mark, 163
Blair, R. D. J., 385
Blake, Randolph, 192
Blakemore, Colin, 211
Blakeslee, Sandra, 207
Blanco, Carlos, 372
Blank, Arthur, 227
Blanton, Hart, 358
Blass, Thomas, 335
Blazer, Dan G., 151
Bleuler, Eugen, 394
Bliss, T. V., 278
Bloom, Mia, 343
Blow, Charles M., 356
Blum, Deborah, 76
Bobo, Lawrence, 354
Bobrow, David, 487
Bodenhausen, Galen V., 352, 397
Boehm, Lawrence E., 341
Boer, Douglas P., 42
Boesch, Cristophe, 251
Bogaert, Anthony F., 487
Bogle, Kathleen, 97
Bohannon, John N., 83
Bohon, C., 469
Boisseau, C. L., 441
Bolshakov, Vadim Y., 278
Bonacci, Angelica M., 461, 485
Bonanno, George A., 377, 449
Bond, Meg A., 494
Bond, Michael H., 58, 334, 353
Bond, Rod, 346
Bonnet, Michael H., 175
Bontempi, Bruno, 279
Booth, Frank W., 102
Booth, Roger J., 454
Bootzin, Richard R., 11, 421
Borch-Jacobsen, Mikkel, 392
Bordo, Susan, 471
Borduin, Charles M., 423
Born, Jan, 158, 159
Bornstein, Robert F., 213
Boroditsky, Lera, 225
Bosworth, Hayden B., 102
Both, Iaan, 480
Bouchard, Claude, 469
Bouchard, Thomas J., Jr., 49, 53, 245, 265, 342
Boudry, Maarten, 139
Bourassa, M. G., 452
Bouret, Sebastien G., 469
Bousbfield, W.A., 275
Bovbjerg, Dana H., 307
Bowdie, Brian F., 61
Bowen, Murray, 417
Bower, Gordon H., 287
Bower, Julienne E., 450
Bowers, Kenneth S., 165, 226
Bowlby, John, 76
Bowleg, Lisa, 486
Bowles, Samuel, 233, 320
Boyd, Robert, 233
Bradbury, Thomas N., 340
Bradley, Margaret M., 439
Brambilla, Donald, 101

Brand-Miller, Jennie C., 169
Brandt, Allan M., 174
Braun, Kathryn A., 268
Braungart-Reiker, Ashley L., 51
Braungert, J. M., 53
Breddels-van Baardewijk, Philomeen, 78
Breland, Keller, 314
Breland, Marian, 314
Brennan, Patricia A., 316
Brescoll, Victoria L., 445
Breslau, Naomi, 377
Bresnahan, Micheaine, 74
Brewer, A. A., 211
Brewer, Lauren E., 345
Brewer, Marilynn B., 350
Brief, Diana E., 336
Brigham, John C., 267
Brissette, Ian, 450
Brockner, Joel, 336
Brodsky, Archie, 388
Brody, A. L., 379
Broks, Paul, 133
Bromet, E., 377, 380
Brooks-Gunn, J., 152
Brosnan, Sarah F., 233
Broughton, Daniel, 44
Brown, Alan S., 287, 396
Brown, D., 288
Brown, G. W., 381
Brown, Gillian R., 482
Brown, Gregory K., 422
Brown, Leslie H., 275
Brown, Matt, 287
Brown, Roger, 82, 265, 276, 331
Brown, Rupert, 360
Brown, Ryan P., 61, 241
Brown, Stephanie L., 459
Brownell, Kelly D., 472
Browning, James R., 484
Bruck, Maggie, 268, 269, 375
Bruder, Carl E. G. E., 52
Bruner, Jerome S., 63
Bryant, Gregory A., 80
Bryant, Richard A., 377, 422
Bucciarelli, Angela, 377
Buchanan, Tony W., 278, 287
Büchel, Christian, 158
Buck, Linda, 204
Bueller, Joshua A., 208
Bukowski, William M., 97
Bulik, Cynthia M., 472
Bullmore, Edward, 469
Bundy, R. P., 351
Burger, Jerry M., 334
Burgess, Cheryl A., 166
Burke, Brian L., 423
Burke, Deborah M., 102, 276
Burnham, Denis, 80
Burns, Helen J., 285, 286
Burns, Tracey C., 80
Buscemi, N., 150
Bushman, Brad J., 97, 325, 461, 485
Buss, David M., 481, 482, 483, 484
Bussolari, Cori, 457
Buster, J. E., 480
Buswell, Brenda N., 97
Butcher, James N., 374, 375

Butler, S., 423
Button, T. M. M., 75
Buunk, Bram, 482
Buxton, Orfeu, 157
Buzsáki, György, 278
Byers-Heinlein, Krista, 80

C
Cabiya, Jose J., 375
Cacioppo, John T., 358, 438
Cadinu, Mara, 241, 358
Cadoret, Remi, 384
Cafri, Guy, 472
Cahill, Larry, 137, 280, 284
Cai, Denise J., 159
Cain, Thomas r., 352
Calder, A. J., 436
Cale, Ellison M., 383
Calhoun, Karen S., 152
Call, Josep, 253
Callaghan, Glenn M., 152
Camerer, Colin F., 233
Cameron, Judy, 320
Campbell, Benjamin C., 473
Campbell, Claudia, 208
Campbell, Donald T., 212
Campbell, Frances A., 247
Campbell, Jennifer D., 318
Campbell, Joseph, 43
Campbell, Susan B., 78
Campbell, Susan M., 241
Campbell, W. Keith, 97
Campos, Joseph, 436
Canetto, Silvia S., 380
Can Hulle, Carol A., 51
Canino, Glorisa, 389
Cannon, Tyrone D., 395, 396
Cannon, Walter, 446
Cantero, Jose L., 159
Cao, Xiaohua, 140
Capaldi, Deborah M., 89
Capitanio, John P., 50, 359
Capodilupo, Christina M., 419, 420, 425
Caprara, Gian Vittorio, 493
Caramazza, Alfonso, 275
Carey, Catherine L., 171
Carlson, Mike, 45
Carnegey, Nicholas L., 325
Carone, James E., 166
Carrillo-de-la-Peña, M. T., 385
Carskadon, Mary A., 158, 175
Carstensen, Laura L., 103
Carter, Cameron S., 139
Cartwright, Rosalind, 160, 161
Carver, Charles S., 437, 450, 496
Case, Trevor I., 434
Caspi, Avshalom, 48, 56, 96, 100, 175, 381, 385
Cassidy, Jude, 291, 476, 478
Cassin, Stephanie E., 423
Catalino, Lahnna L., 434, 454
Catanese, Kathleen R., 481
Catena, Andres, 183
Cattell, Raymond B., 47
Cazden, Courtney, 82
Ceci, Stephen J., 268, 269, 375
Cejka, Mary Ann, 493
Cermak, Laird S., 281
Cervone, Daniel, 55

Chabat, Daniel-Robert, 183
Chabris, Christopher F., 187
Chacon, Cynthia, 152
Chalder, T., 423
Chamberlain, Samuel R., 379
Chambless, Dianne L., 382, 421, 422, 423
Chan, Brenda L., 207
Chance, June, 23
Chang, Edward C., 450
Chang, Janer, 419
Chang, Li C., 152
Chang, Linda, 172
Chanowitz, Benzion, 227
Charles, S. T., 103
Charrow, Alexandra P., 207
Chaves, J. F., 164
Chavira, Denise A., 375
Chen, Chuansheng, 249, 318
Chen, Edith, 448, 451
Chen, Serena, 412
Chen, Xiaoyan, 344
Chen, Zhansheng, 345
Chen, Zhijian, 274
Cheney, Dorothy L., 252
Chida, Yoichi, 453
Chien, C. P., 409
Chipuer, Heather M., 245
Chirkov, Valery I., 496
Chiu, C.-Y. Peter, 271
Choi, Incheol, 338
Choi, Sooja, 83
Chomsky, Noam, 81
Chorpita, Bruce F., 382
Chrisler, Joan C., 152
Christakis, Dimitri A., 23, 81
Christakis, Nicholas A., 358, 438
Christensen, Andrew, 417
Christopher, Andrew N., 355
Christopherson, K. S., 117
Chun, David, S., 78, 476
Chung, Cecilia P., 406
Church, A. Timothy, 47, 62
Cialdini, Robert B., 332
Cilveti, Robert, 148
Cinque, Guglielmo, 81
Cioffi, Frank, 44
Cirelli, Chiara, 159
Ciszewski, Aleksandra, 377
Clancy, Susan A., 156, 166
Clark, F., 385
Clark, Lee Anna, 50, 51, 373
Clark, Rodney, 448
Clark, Vernessa R., 448
Clarke, H. F., 379
Clarke, Peter, 457
Cleary, Anne M., 287
Cleckley, Hervey, 383
Cloninger, C. Robert, 172
Coan, James A., 458
Coates-Shrider, Lisa, 354
Coats, Erik J., 491
Coe, Christopher L., 74
Coghill, Robert C., 208
Cohen, David B., 56
Cohen, Dov, 61, 452
Cohen, Florette, 64, 354
Cohen, Sheldon, 448, 451, 454, 457

Cohen Kadosh, Roi, 183
Cohn, Jeffrey F., 78
Cokley, Kevin O., 62
Colcombe, Stanley, 102
Colder, Michelle, 455
Colditz, G. A., 172
Cole, Michael, 276
Cole, Steve, 232
Coleman, Martin R., 139
Coles, Cameron, 152
Collaer, Marcia L., 241, 487
Colletti, Patrick, 384
Colligan, R. C., 450
Collingridge, G. L., 278
Collins, Allan M., 275
Collins, Barry E., 336
Collins, Lois, 445
Collins, Rebecca L., 457
Collins, T. F. T., 136
Comas-Díaz, Lillian, 419, 420
Comuzzie, Anthony G., 469
Conger, Rand D., 476
Conigrove, Katherine M., 169
Conley, Terri D., 487
Conroy, John, 337
Conway, Martin A., 158
Cook, Joan M., 418
Cook, Stuart, 359
Cook, Susan W., 80
Cooke, David J., 383, 384
Cooper, Grahame F., 211
Cooper, Harris, 23
Cooper, M. Lynne, 390, 484
Cooper, Peter, 78
Cooper, Robert, 360
Copello, Alex, 174
Copinschi, Georges, 157
Corkin, Suzanne, 264
Corneille, Olivier, 338
Correia, Isabel, 339
Corriveau, Kathleen H., 346
Costa, Paul T., Jr., 47, 48
Costantino, Giuseppe, 420
Cota-Robles, S., 96
Council, J. R., 164
Courage, Mary L., 86, 290
Courtney, Kelly E., 389
Couzin, Jennifer, 119
Cowan, Nelson, 274
Cowan, Philip, 324
Cowen, Emory L., 104
Cox, Martha J., 417
Cox, W. Michael, 494
Coyne, James C., 418, 458
Cozolino, Louis, 474
Craik, Fergus I. M., 281, 282
Crair, Michael C., 211
Cramer, Phebe, 45
Craske, Michelle G., 287
Crawford, Jarret T., 352
Crews, Frederick, 44
Critchlow, Barbara, 173, 388
Crits-Christoph, Paul, 420, 423
Critzer, Greg, 470
Crofts, H. S., 379
Crombag, Hans S., 387, 389
Croog, Sydney, 451
Crosby, Faye, 494
Cross, D., 86
Cross, Susan E., 58

Crouch, Dennis J., 30
Cruz, Vitor Tedim, 207
Csikszentmihaly, Mihaly, 64
Cullen, Michael J., 241
Cumming, Geoff, 31
Cummings, Brian J., 118
Cummings, Nicholas A., 371, 409
Cummins, Lillian H., 419
Cunningham, Paige A., 339
Cupchik, Gerald C., 205
Currie, Janet, 470
Curtis, O. F., 204
Curtiss, Susan, 18
Cutmore, Tim R. H., 307
Cypess, A. M., 469
Czaja, Sally J., 317, 381
Czeisler, Charles A., 148

D

Dabbs, James M., Jr., 488
Dadds, Mark R., 307
D'Agostino, R. B., 468
Dalal, Reeshad, 338
Dale, Karen, 45
Daley, Tamara C., 248
Dalgleish, Tim, 423, 455
Dallenbach, Karl M., 158
Dalley, J. W., 379
Dalton, K. S., 216
Dalton, Kim M., 437
Daly, Martin, 482
Damasio, Antonio R., 131, 226, 244, 385, 439
Damasio, Hanna, 130, 385
Damon, William, 105, 318
Daniels, Michael, 245
Danker, Jared F., 279
Danner, Deborah D., 454
D'Antonio, Michael, 233
Darley, John M., 335, 347
Darwin, Charles, 79
Das, Enny, 325
Dasen, Pierre R., 212
Daum, Irene, 279
Davelaar, Eddy J., 277
Davidoff, Jules, 225
Davidson, Joan, 415
Davidson, Richard J., 128, 456, 458
Davies, Ian, 225
Davis, Christopher G., 457
Davis, Darlene H., 389
Davis, Deborah, 234
Davis, King E., 419
Davis, Michael, 306
Davison, Adam, 335
Davison, Gerald C., 425
Dawes, Robyn M., 375
Dawson, Neal V., 234
Deacon, B. J., 409
Deak, Terrence, 382
Dean, Geoffrey, 66
de Araujo, Ivan E., 469
de Beurs, Edwin, 421
Dechesne, Mark, 344
Deci, Edward L., 319, 496
De Dreu, Carsten K. W., 434
Deffenbacher, David M., 423, 444, 461

Deffenbacher, Jerry L., 423, 444, 461
DeFries, John C., 52, 53
de Gues, E. J., 245
De Houwer, Jan, 358
de Jong, Peter J., 434, 453
Delanoy, D. I., 216
DellaVigna, Stefano, 470
DeLoache, Judy S., 304
Dement, William C., 154, 157, 175
Demeter, Gyula, 158
Dennett, Daniel C., 135
Denning, Patt, 390
Denny, Dallas, 91
Denson, Thomas F., 457
DePaulo, Bella M., 445
Derbyshire, Alison, 93
Dermas, Hanna, 226
de Ruiter, Jan Peter, 197
Desbonnet, L., 396
Despres, J. P., 469
DeSteno, David, 434
Detke, M., 408
Deutsch, Georg, 133
DeValois, Karen K., 192
DeValois, Russell L., 192
Devaney, Barbara, 470
Devlin, B., 245
de Waal, Frans B. M., 233, 251, 254, 392
Diamond, Lisa M., 75, 92, 122, 475, 481, 483, 488
Diamond, Marian C., 120
Diaz-Erosa, M., 153
Dick, Danielle M., 385, 387
Dickerson, Sally S., 451
DiClemente, Carlo C., 389, 427
Diekelmann, Susanne, 159
Dien, Dora S., 62
Dienstbier, Richard A., 152
Dietrich, Kim N., 247
DiFranza, Joseph R., 387
DiGiuseppe, David L., 23
Digman, John M., 47
Dijk, Corine, 434
Dimberg, Ulf, 438
Dimidjian, Sona, 424
Dindo, Lilian, 385
Dinero, Rachel E., 476
Dinges, David F., 165
Dingus, Thomas A., 226
Dinn, W. M., 385
Dion, Karen K., 478
Dion, Kenneth L., 478
DiVirgilio, Letitia, 104
Doering, Stephan, 457
Dolan-Pascoe, Brenda, 97
Dolnick, Edward, 160
Dolski, Isa, 437
Domhoff, G. William, 160, 161, 163
Dominguez, Maria de Gracia, 394
Donati, F., 155
Donlea, Jeffrey M., 159
Donnellan, M. Brent, 97
Dornbusch, Sanford M., 96
Doron, Guy, 476
Doroszewicz, Krystyna, 58

Doty, Richard L., 205
Dovidio, John F., 352, 356, 357, 359
Doyle, William J., 448, 457
Drambarean, Nicholas C., 211
Draper, Shin J., 469
Drevets, W. C., 128
Drews, Frank L., 30, 226
Drummey, Anna B., 290
Duckworth, Angela L., 248
Duffy, Jeanne F., 148
Duffy, V. B., 203, 204
Duke, Marshall, 392
Dumit, Joseph, 126
DuMont, Kimberly, 317, 381
Dumont, Mariel, 338
Dunbar, R. I. M., 79
Dunbar, Stephen B., 88
Duncan, Paula D., 96
Duncan, Wallace C., 151
Dunkel, Curtis S., 99
Dunlosky, John, 242, 293
Dunn, Elizabeth W., 495, 496
Dunn, Judith F., 55, 56
Dunne, Michael P., 482, 487
Dunning, David, 20, 243, 338, 339
Duranceaux, Nicole C., 387
Durik, Amanda M., 491
Durkin, Thomas P., 279
Dweck, Carol S., 53, 94, 490, 492, 493

E

Eagly, Alice H., 349, 481, 493
Earl-Novell, Sarah L., 153
Eastman, Charmane I., 150
Eaton, Danice, 97
Eaves, Lindon, 55
Ebbinghaus, Hermann M., 271, 284
Eberhardt, Norman L., 469
Ebert, Jeffrey, 304
Ebert, Rhonda, 443
Eccles, Jacquelynne S., 94
Eden, John F., 383
Edmonds, Grant, 97
Edwards, Carolyn P., 59
Edwards, Kari, 234
Edwards, Robert R., 208
Ehlers, Anke, 422
Ehrenreich, Barbara, 46, 479
Ehrensaft, Miriam K., 381
Ehrlinger, Joyce, 243, 339
Ehrsson, H. Henrik, 198
Eich, E., 214
Eigsti, Inge-Marie, 89
Ein-Dor, Tsachi, 476
Einstein, Gilles O., 282
Eisenberg, Robert, 494
Ekman, Paul, 434, 435, 436, 444
Ekstrom, R. David, 151
Elfenbein, Hillary A., 436, 443
Ellard, K. K., 441
Elliot, Andrew J., 492, 497
Ellis, Albert, 415
Ellis, Rhiannon, 268
Ellsworth, Phoebe C., 434
Elman, Jeffrey L., 83

Elmehed, Kurt, 438
Elmquist, Joel K., 469
Else-Quest, Nicole M., 31, 51, 137
Emde, Robert N., 436
Emens, Jonathan S., 151
Emery, Robert E., 103, 375
Emmelkamp, Paul M. G., 422
Emmons, Robert A., 450, 497
Emmorey, Karen, 276
Englander-Golden, Paula, 152
Engle, Randall W., 275
Epel, Elissa S., 449
Erceg-Hurn, David M., 31
Erdelyi, Matthew H., 165
Erikson, Erik H., 98
Erskine, A., 423
Ervin-Tripp, Susan, 82
Escera, Carles, 148
Eskenazi, B., 101
Eskenazi, Jay, 214
Evans, Christopher, 154
Evans, David E., 51
Evans, Gary W., 448, 451
Evans, Susan H., 457
Ewart, Craig K., 451, 453
Eyde, Lorraine D., 375
Eyferth, Klaus, 246

F

Fagan, Joseph F., III, 247
Fagot, Beverly I., 93
Fahrenkopf, A. M., 158
Fairburn, Christopher G., 423
Fairchild, Graeme, 385
Fairholme, C. P., 441
Fallon, James H., 172
Fallone, Gahan, 158
Farley, Frank, 96
Farnè, Allesandro, 183
Farooqi, I. Sadaf, 469
Farruggia, Susan P., 318
Fatima, Kaniz, 169
Fausto-Sterling, Anne, 482
Fava, J. L., 470
Feather, N. T., 493
Feeney, Brooke C., 291, 476, 478
Fehr, Beverley, 445
Fehr, Ernest, 233
Fein, Steven, 358
Feinberg, Andrew P., 50
Feng, Q., 118
Ferguson, Christopher, 325
Fernald, Anne, 80
Fernea, Elizabeth, 59
Fernea, Robert, 59
Ferrari, Pier Francesco, 437, 438
Feshbach, Seymour, 325
Festinger, Leon, 235, 236, 347
Fidler, Fiona, 31
Fiedler, K., 287
Field, Tiffany, 75
Fields, R. Douglas, 117
Filiault, Shaun, 473
Fine, Ione, 211
Finn, Stephen E., 375
Finne, Laurel, 157
Finucane, Melissa L., 231
First, Michael B., 380, 382

Fischbacher, Urs, 233
Fischer, Agneta H., 445
Fischer, G. W., 232
Fischer, Kurt W., 230
Fischer, Pamela C., 444
Fischhoff, Baruch, 232, 233
Fishbein, W., 159
Fisher, Cynthia, 81
Fisher, Helen E., 474, 477
Fisher, Jennifer, 44
Fisher, Julia, 253
Fiske, Susan T., 355, 358
Fitness, Julie, 345
Fivush, Robyn, 289, 290
Flacks, Richard, 390
Flament, C., 351
Flaton, Robin, 234
Flavell, John H., 86
Fleeson, William, 55
Flier, Jeffrey S., 469
Flynn, Cynthia, 382
Flynn, James R., 247
Fogassi, Leonardo, 437, 438
Folkman, Susan, 456, 457
Follette, Victoria M., 416, 422
Forbes, Gordon, 58
Forgas, Joseph P., 287, 338, 353
Forman, David, R., 88
Forsythe, George B., 243
Foster, Joshua D., 97
Foulkes, David, 155, 161
Fouts, Roger S., 252, 254
Fowler, James H., 358, 438
Fowles, Don C., 385
Fox, Mary Kay, 470
Fox, Nathan A., 50, 51, 88, 104, 247, 290
Francis, Darlene D., 458
Francis, Jennifer L., 453
Francoeur, E., 375
Frank, Ellen, 448
Frank, Randall, 130
Frankl, Victor E., 416
Frans, Emma M., 74
Frasure-Smith, Nancy, 452, 453
Frayling, Timothy M., 469
Frazier, Patricia A., 451
Fredrickson, Barbara L., 453, 454
Freeman, Sara M., 475
Fregni, Felipe, 121
Frensch, Peter A., 227
Freud, Anna, 41
Freud, Sigmund, 40, 42, 160
Fridlund, Alan J., 436
Friedman, Eugenia L., 140
Friedman, Julie Kahat, 160
Friedman, Robert M., 206
Friedrich, William, 44
Fries, J. F., 456
Friesen, Wallace V., 434, 435, 436, 444, 454
Frijda, Nico H., 445
Frome, Pamela M., 94
Frone, Michael R., 390
Frye, Richard E., 205
Fu, Paul, 409
Fuchs, C. S., 172
Fulker, D. W., 53
Funk, Carolyn L., 342, 343

Fuqua-Whitley, Dawna, 317
Fusaro, Maria, 346
Futterman, A. D., 307

G

Gable, Shelly L., 64, 477, 484, 491
Gabora, Natalie J., 166
Gadian, David G., 126
Gaertner, Samuel L., 352, 356, 359
Gage, Fred H., 118
Gagnon, J. F., 157
Gagnon, John H., 485, 486
Gais, Steffen, 158, 159
Galang, J. A., 453
Galea, Sandro, 377
Galenter, Eugene, 184
Galinsky, Adam D., 206
Gallant, Sheryle J., 152
Galley, Donna J., 213
Gallo, Linda C., 448
Galotti, Kathleen, 228
Garb, Howard N., 374, 489
Garbarino, James, 56
Garber, Judy, 382
Garcia, John, 306, 307
Gardner, Beatrice T., 252
Gardner, Howard, 239
Gardner, R. Allen, 252
Gardner, Wendi, 350
Garmezy, Norman, 104
Garry, Maryanne, 266
Garven, Sena, 269
Gatz, Margaret, 103
Gauthier, Irene, 192
Gawande, Atul, 345
Gaynes, Bradley N., 151
Gazzaniga, Michael S., 118, 133, 135, 139, 255
Geary, Nori, 137
Gebhard, Paul H., 479
Geers, Andrew L., 450
Gelernter, David, 255
Gelman, Rochel, 86
Gelperin, Alan, 306
Gentile, Brittany, 97
Gentner, Dedre, 225
Gerken, Louann A., 83
Gerry, Norman P., 469
Gershoff, Elizabeth T., 89, 317
Gershon, Jonathan, 392
Ghaneian, Atousa, 287
Giacobbe, P., 411
Gibson, Eleanor, 210
Giedd, Jay N., 245
Giesbrecht, Timo, 288
Gigerenzer, Gerd, 234
Gijsbers, Antoinet A., 52
Gilbert, Daniel T., 231, 495, 496
Gilbertson, Mark W., 377
Gilestro, Giorgio F., 159
Gillath, Omri, 78, 476
Gillespie, Deda C., 211
Gilmore, David D., 61
Gilovich, Thomas, 237, 339, 441, 496
Giodano, Caterina, 457
Girdler, Susan S., 458
Gjedde, Albert, 183

Gladwell, Malcolm, 46
Glaser, Jack, 341
Glaser, Ronald, 453, 455
Glasgow, Russell E., 427
Glazer, I. I., 136
Gleaves, David H., 391
Glick, Peter, 355
Glickman, Adina, 390
Gold, Daniel B., 454
Goldberg, Lewis R., 47
Golden, Robert M., 151
Goldin-Meadow, Susan, 80, 82, 225
Goldman-Rakic, Patricia S., 191, 278
Goldsmith, Denise, 76
Goldsmith, H. Hill, 51
Goldstein, Alan J., 421
Goldstein, Jill M., 136
Goldstein, Michael, 423
Goldstein, Noah H., 332
Goldston, David B., 398
Goldstone, Robert L., 347
Golinkoff, Roberta M., 81
Gollan, Tamar H., 276
Golub, Sharon, 153
Gómez, Rebecca L., 83
Gonzaga, Gian C., 475
Gonzalez, R. Gilberto, 264
Gonzalez, Raul, 171
Good, Maron, 175
Goode, Erica, 393
Goodman, Gail S., 375
Goodwin, Donald W., 389
Goodwyn, Susan, 80
Gopnik, Alison, 83, 84, 290, 323
Gordis, Elana B., 103
Gordon, Albert H., 444, 445
Gore, J. C., 192
Gosling, Samuel D., 50, 342, 354
Gotlib, Ian H., 287, 381, 382
Gottesman, Irving I., 49, 53, 245, 265, 395
Gottfredson, Linda S., 238
Gougoux, Frederic, 121
Gouin, Jean-Philippe, 453
Gould, Stephen Jay, 239, 240, A7
Grabe, Shelly, 97, 472
Grabowski, Thomas J., 130, 439
Graham, Cynthia A., 480
Graham, Jesse, 342, 343
Graham, Jill W., 350
Grahe, Jon E., 438
Grant, Heidi, 490, 492, 493
Grant, Igor, 171
Grasselli, Annalisa, 358
Grau, Carles, 148
Gravenstein, S., 396
Gray, Kurt, 212
Gray, Peter, 473
Greely, Henry, 140, 440
Green, Carla A., 426
Greenberg, Jeff, 354
Greenberger, Ellen, 318
Greene, David, 318
Greene, Edith, 268
Greenfield, Susan A., 136
Greenough, William T., 120, 278

Greenwald, Anthony G., 214, 358
Gregg, L., 413
Gregory, Richard L., 197
Grewal, Daisy, 243
Grewen, Karen M., 458
Griffin, Donald R., 250
Griffiths, R. R., 169
Grijalva, Emily, 97
Grinspoon, Lester, 171
Griskevicius, Vladas, 332
Gross, James J., 444, 457
Gross, Raz, 74
Grossman, Igor, 59
Grossman, Michele, 445
Gruenewald, Tara L., 450
Guanzon-Lapeña, Ma. Angeles, 47
Guarnieri, Gaia, 358
Guilford, J. P., 239
Gunning-Dixon, Faith, 136
Gur, R. C., 136
Gur, Raquel E., 136, 395
Gureckis, Todd M., 347
Gustavson, Carl R., 307
Gutchess, Angela, 102
Guthrie, Paul C., 375
Guthrie, Rachel M., 377
Guzman-Marin, Ruben, 157

H
Haas, Kelly, 58
Haber, Ralph N., 270
Habib, Reza, 279
Hacking, Ian, 392
Hagen, Lisa, 268
Hager, Joanne L., 306
Hahn, Kirstin, 338
Hahn, Robert, 317
Haider, Hilde, 159
Haidt, Jonathan, 64, 342, 343
Haier, Richard, J., 137
Haimov, I., 149
Hale, Jerold L., 477
Hall, Calvin, 160
Hall, Edward T., 60, 333, 362, 444
Hall, G. S., 308
Hall, Mildred R., 60, 362, 444
Hall, Nathan C., 451
Hall, Peter A., 472
Hallmayer, Joachim, 381
Halpern, Diane F., 12, 101, 102, 413
Hamby, Sherry L., 484, 485
Hamer, Dean H., 88
Hamer, Mark, 453
Hamilton, Jean A., 152
Hamilton, V. Lee, 337
Hammen, Constance, 382
Hamond, Nina R., 290
Hampshire, Adam, 379
Han, Jin-Hee, 140
Han, Susan S., 423
Haney, Craig, 335, 336
Hankin, Benjamin L., 339
Hankins, Walter G., 307
Hannum, James W., 456
Hara, Junko, 157
Harackiewicz, Judith M, 491
Harber, Kent D., 64
Hardie, Elizabeth A., 152, 153

Harding, Courtenay M., 395
Hardison, Chaitra M., 241
Hare, Robert, 383, 384, 385
Haritos-Fatouros, Mika, 337
Harlow, Harry F., 76
Harlow, Margaret K., 76
Harmon-Jones, Eddie, 437
Harold, Gordon T., 385
Harris, C. L., 385
Harris, Christine R., 126, 437
Harris, Gardiner, 409, 444
Harris, John, 140
Harris, Judith R., 55, 56, 57, 97
Harris, Julie Aitken, 342
Harris, Lasana T., 358
Harris, Paul L., 346
Harris, Ruth C., 247
Harris, T. O., 381
Harrison, Elizabeth M., 159
Harrison, Glynn, 395
Harrow, Martin, 395
Harsch, Nicole, 265
Hart, A. J., 358
Hart, John, Jr., 275
Harvey, John, 476
Harvey, O. J., 352
Hashtroudi, Shahin, 265
Haslam, Catherine, 457
Haslam, S. Alexander, 335, 354, 457
Hassett, Janice M., 92
Hassin, Ran R., 436
Hastie, Reid, 233, 234
Hatfield, Elaine, 474, 476, 477, 478, 484, 487
Hauer, Beatrijs, 455
Hauser, Marc, 254
Haut, Jennifer S., 171
Hawkins, Elizabeth H., 419
Hawkins, S., 234
Hawkins, Scott A., 233
Hayes, Steven C., 416, 417, 422, 423
Hayne, Harlene, 289, 290
Hazan, Cindy, 476, 483
Hazlett, Gary, 280
Headey, Bruce, 496
Healy, David, 408, 411
Heath, Chip, 20, 232, 438
Heatherton, Todd F., 442
Heavey, Christopher L., 485
Hecht, Marvin A., 445
Heckhausen, Jutta, 450
Hedlund, Jennifer, 243
Heidkamp, David, 396
Heilig, Markus, 388
Heinrichs, Markus, 475
Heinrichs, R. Walter, 394, 395
Heithaus, Michael R., 251
Helson, Ravenna, 256
Helzer, John E., 373
Hen, Rene, 119
Henderlong, Jennifer, 320
Henderson, Heather A., 50, 51
Hendriks, Merel, 205
Heng, Kenneth, 423
Henggeler, Scott W., 423
Henik, Avishaj, 183
Hennah, W., 396
Hennessy, Michael B., 382

Henningsson, Susanne, 475
Henrich, Joseph, 233
Henriques, Gregg R., 422
Herbert, Alan, 469
Herdt, Gilbert, 488
Herek, Gregory M., 359
Hergarden, A. C., 206
Herman, B. H., 475
Herman, John H., 288
Herman, Louis M., 252
Heron, Woodburn, 186
Herrell, R., 381
Herskovits, Melville J., 212
Hertwig, Ralph, 234
Hertzog, Christopher, 102, 103
Herz, Rachel S., 205
Hess, Ursula, 102, 434, 445
Hewlitt, Sylvia Ann, 494
Hewstone, Miles, 354
Heynen, Arnold J., 278
Hezlett, Sarah A., 239
Hibbing, John R., 342, 343
Hicks, Brian M., 56
Hilgard, E., 165
Hill-Barlow, Deborah, 442
Hill-Soderlund, Ashley L., 51
Hilts, Philip J., 264
Hines, Melissa, 487
Hines, Terence M., 148
Hirsch, Helmut V. B., 211
Hirsh-Pasek, Kathy, 81
Ho, M., 247
Hobbs, M., 422
Hobson, J. A., 162
Hoffrage, Ulrich, 234
Hofstede, Geert, 58
Holden, Constance, 380
Holden, George W., 56
Holder, Mark D., 252
Holland, Rob W., 205
Hollar, Daniel, 398
Hollon, Steven D., 407, 408, 409, 411, 420, 422, 423, 424
Holloway, Renee A., 349
Holmes, John G., 291
Homer, Bruce D., 171
Honorton, Charles, 216
Honzik, C. H., 321
Hood, William, 352
Hopper, Kim, 395
Horesh, Nita, 104, 476
Horgan, John, 248
Horn, J. M., 52
Horney, Karen, 43
Hornsey, Matthew J., 354
Hornung, Richard W., 247
Hort, Barbara E., 93
Horton, Nicholas J., 136
Horvath, Joseph A., 244
Horwitz, Allan V., 380, 382
Hosokawa, Toru, 452
Hotz, Robert Lee, 137
House, James S., 458
Houser-Marko, Linda, 497
Houston, Derek M., 80
Houts, Arthur C., 372
Howard, Daniel C., 282
Howard, George S., 418
Howe, Mark L., 86, 290

Hrdy, Sarah B., 76, 77, 482
Hu, Peter, 158
Hu, Wei, 387
Huang, Mingqian, 201
Hubel, David H., 190–191
Hubert, H. B., 456
Huedo-Medina, T. B., 409
Huggins, Martha K., 337
Hulsbosch, Alexander M., 422
Hult, Jen R., 457
Hungs, M., 157
Hunsley, John, 374, 375
Hunter, John, 239
Hupka, Ralph B., 442, 443
Hutchison, Keith A., 443
Huttunen, Matti O., 396
Hviid, Anders, 23
Hwang, Wei-Chin, 419
Hyde, Janet S., 31, 51, 95, 97, 137, 339, 472, 481, 482
Hyman, Ira E., 266, 268
Hyman, R., 214

I
Iacoboni, Marco, 438
Iacono, William G., 245, 439
Ickes, William, 349
Ihori, Nobuko, 325
Ikonomidou, Chrysanthy, 75
Illes, Judy, 440
Impett, Emily A., 484, 491
Ingersoll, Karen S., 423
Inzlicht, Michael, 241
Ishimaru, Masahiko J., 75
Islam, Mir Rabiul, 354
Israel, Allen C., 97
Ito, Tiffany A., 352
Itskov, Vladimir, 278
Ives, D. G., 453
Ivey, Paula K., 78
Izard, Carroll E., 434, 435, 436, 442
Izard, Véronique, 86, 314
Izumikawa, Masahiko, 201

J
Jaccard, James, 358
Jackson, Daren C., 437
Jackson, Jeanne L., 149
Jackson, Lisa R., 208
Jacobs, Gregg D., 175
Jacobsen, Paul B., 307
Jacobson, Neil S., 417
Jagnow, C. P., 204
James, William, 6, 168
Jamison, Kay, 380, 398
Jamison, Robert N., 208
Janca, Aleksandar, 395
Jancke, Lutz, 126
Jang, Kerry L., 53, 342, 377
Janis, I., 346
Jankowsi, Linda, 470
Janoff-Bulman, Ronnie, 491
Janssen, Erick, 480
Jenkins, Jennifer M., 437
Jenkins, John G., 158
Jensen, Arthur R., 238, 245
Jensen, Mark P., 165
Jensen, Michael D., 469
Jessop, Donna C., 153

名称索引 629

Jetten, Jolanda, 457
Jiang, Yuhong, 226
Jobe, Thomas H., 395
Johanek, Lisa M., 206
Johanson, Boo, 245
John, Oliver P., 50, 325, 457
Johns, Michael, 241
Johnson, Andrew J., 277
Johnson, Joseph C., 164
Johnson, Kerri, 243, 339
Johnson, M. W., 169
Johnson, Marcia K., 265, 266, 278, 291
Johnson, Mark H., 120
Johnson, Ruth, 183
Johnson, V., 480
Johnson, Wendy, 49, 53, 245, 265
Johnsrude, Ingrid S., 126
Johnston, J. Dennis, 166
Johnston, lien, 226
Joiner, Thomas, 398
Jones, Edward E., 338
Jones, L., 385
Jones, Mary Cover, 305
Jones, Scott, 455, 456
Joormann, Jutta, 287, 381, 382
Josephs, Robert A., 241
Jost, John T., 341, 342, 354
Joustie, Marja, 161
Judd, Charles M., 352
Judge, Timothy A., 493
Juffer, Femmie, 78, 245
Julius, D., 206
Juneau, M., 452
Jung, Carl, 43
Jung, Rex E., 137
Jusczyk, Peter W., 80
Jussim, Lee, 64, 352

K
Kabat-Zinn, J., 456
Kadlec, Kelly M., 485
Kagan, Jerome, 51, 88
Kahn, Arnold S., 485
Kahneman, Daniel, 231, 232, 233
Kalmijn, S., 139
Kaminski, Juliane, 253
Kamphuis, Jan H., 422
Kanagawa, Chie, 58
Kanaya, Tamoe, 269
Kandel, Eric R., 278
Kane, Michael J., 275
Kann, Laura, 97
Kanter, Rosabeth M., 493
Kanwisher, Nancy, 191, 226
Karasek, Robert, 450, 451
Karimi, Kambiz, 201
Karlsgodt, Katherine H., 395
Karney, Benjamin, 340
Karni, Avi, 158
Karpicke, Jeffrey D., 282
Karraker, Katherine H., 94
Karremans, Johan C., 455
Kasser, Tim, 496, 497
Katigbak, Marcia S., 47
Katz, Solomon H., 247
Katzlberger, Florian, 457
Kaufman, J. S., 104, 139

Kawamoto, Karen A., 201
Kazdin, Alan E., 316, 420
Keane, J., 436
Keating, Caroline F., 333
Keator, David B., 172
Keel, Pamela K., 374, 472
Keen, Sam, 355
Keizer, Kees, 332
Keller, Heidi, 76
Kelman, Herbert C., 337
Keltner, Dacher, 325, 434, 475
Kemeny, Margaret E., 447, 450, 451
Kemperman, Gerd, 118
Kendall (no first name), 488
Kendrick, Douglas T., 445
Kennedy-Moore, Eileen, 455
Kenney, Jana, 140
Kenrick, Douglas T., 483
Kensinger, Elizabeth, 158
Kensinger, Elizabeth A., 436
Kenyon, Brenda, 93
Keogh, Julia, 469
Kessler, Debra, 484
Kessler, Ronald C., 151, 377, 380
Keysar, Boaz, 58
Khair, Mukti, 256
Khan, A., 408
Khan, S. R., 408
Kida, Thomas, 237
Kiecolt-Glaser, Janice K., 452, 453, 455, 459
Kiesner, Jeff, 241
Kigar, D. L., 136
Kihlstrom, John F., 27, 165
Kilburn, John, 325
Kim, Heejung, 458
Kim, Pilyoung, 448
Kim, Youngmee, 497
Kim-Prieto, Chu, 338
Kimura, Doreen, 153
Kinchen, Steve, 97
King, Aimee E., 476
King, Laura A., 497
King, Michael, 485
King, P., 229
King, Ryan S., 317
King, Suzanne, 396
Kingsberg, S. A., 480
Kinoshita, Sachiko, 359
Kinsey, Alfred C., 479
Kinzler, Katherine D., 86
Kirk, Stuart A., 372
Kirkby, Jennifer, 160
Kirsch, Irving, 164, 166, 268, 307, 409, 425
Kirschbaum, Clemens, 458
Kita, Sotaro, 82
Kitamaya, Shinobu, 237
Kitamura, Christine, 80
Kitayama, Shinobu, 58, 59, 443
Kitchener, Karen S., 229, 230
Klauer, Sheila G., 226
Kleck, Robert, 445
Kleerup, E. C., 171
Klein, Daniel N., 419
Klein, Laura C., 458
Klein, Raymond, 148
Kleinke, Chris L., 435

Kleinman, Arthur, 374
Klein Poelhuis, Caroline W., 245
Kleitman, Nathaniel, 154
Klerman, Gerald L., 382
Klick, Jonathan, 358
Klima, Edward S., 82
Klimanskaya, I., 118
Kling, Kristen C., 97
Klinnert, Mary D., 436
Klohnen, Eva C., 476
Kluft, R., 392
Klump, Kelly L., 374, 472
Kluwer, Esther S., 455
Knaack, Amy, 89
Knowler, William, 469
Koch, Christof, 136
Kochanska, Grazyna, 88, 89
Koelling, R., 306
Koestner, Richard, 319
Kohlberg, Lawrence, 87
Köhler, Wolfgang, 193, 250
Kohsaka, Akira, 150
Kojetin, Brian A., 53
Kok, Bethany E., 434, 454
Kolodner, Kenneth B., 453
Komarraju, Meera, 62
Konrath, Sara, 97
Koocher, Gerald P., 375
Kornell, Nate, 251
Kosfeld, Michael, 475
Koski, Lisa, 438
Koss, Mary P., 484, 485
Kosslyn, Stephen M., 225, 279
Kounios, John, 226
Kowalski, Patricia, 5
Koyama, Tetsua, 208
Kraemer, Helena C., 373
Kramer, Arthur F., 102, 103
Krantz, David S., 453
Krebs, Dennis L., 88
Kreps, Bonnie, 474
Krieger, Nancy, 451
Krimsky, Sheldon, 408
Kring, Ann M., 444, 445
Kripke, Daniel F., 148
Kritchevsky, S. B., 453
Kromhout, D., 139
Krueger, Alan B., 56, 343
Krueger, Joachim I., 318
Krueger, Robert F., 373
Kruger, Justin, 243, 339
Kruglanski, Arie W., 341, 344
Krützen, Michael, 251
Ku, H., 21
Kuczaj, Stan A., 252
Kuhl, Patricia K., 80, 84
Kuhn, Deanna, 234
Kulik, J., 265
Kuncel, Nathan R., 239
Kupers, Ron, 183
Kushner, Steven A., 140
Kutchins, Herb, 372
Kuyken, Willem, 455
Kwan, Virginia S. Y., 50

L
Laan, Ellen, 480
LaBerge, Stephen, 159
Lacasse, Jeffrey R., 381

LaCasse, Lori, 384
Lacerda, Francisco, 80
Lachman, Margie E., 212, 451
LaFrance, Marianne, 445
LaGasse, Linda L., 75
Lahey, B. B., 371
Lai, Hui-Ling, 175
Laje, Gonzalo, 372
Lake, Margaret A., 94
Laland, Keven N., 482
Lamb, Michael E., 269
Lameiras, Maria, 355
Lamm, Bettina, 76
Landis, Karl R., 458
Landrigan, C. P., 158
Landrine, Hope, 372
Lang, Ariel J., 287
Lang, Frieder R., 450
Lang, Peter J., 439
Langer, Ellen J., 227
Lanphear, B. P., 247
Lany, Jill, 83
Laposky, Aaron D., 150
Larkin, Gregory R., 453
Larson, Judith, 457
Larzelere, Robert E., 324
Lassiter, G. Daniel, 450
Lassonde, Maryse, 121
Latané, Bibb, 347
Latham, Gary, 490
Lau, H., 159
Laumann, Edward O., 485, 486
Laumann-Billings, Lisa, 103
Laurienti, Paul J., 208
Laursen, T. M., 395
Lavie, Peretz, 148, 149
Lazarus, Richard S., 456
LeDoux, Joseph E., 437
Lee, Catherine M., 374, 375
Lee, Shin-ying, 249
Lee, Spike W. S., 58, 62
Lee, Susan J., 123
Lefler, Bryan J., 151
Lehman, S., 469
Lehner, T., 381
Leib, Rebecca, 375
Leibenluft, E., 372
Leichsenring, Falk, 423
Leinbach, Mary D., 93
Leiter, Michael P., 494
Lemieux, Robert, 477
Lencz, Todd, 384
Lenton, Alison P., 443
Leo, Jonathan, 381
Leo, Richard A., 439, 440
Leonard, Elizabeth, 444
Leonard, Karen M., 60
Leonard, Martine, 31
Leone, Dean R., 213
Lepore, Stephen J., 451, 455, 456
Lepowsky, Maria, 61
Lepper, Mark R., 318, 320
Leproult, Rachel, 157
Lerner, Melvin J., 339, 358
Lespérance, Francois, 452, 453
Lessard, Jared, 318
Lester, Barry M., 75

Levenson, Robert W., 131, 136, 436, 437, 439
Levi-Montalcini, Rita, 307
Levin, Daniel T., 267
Levin, Shana, 359
Levine, James A., 469
LeVine, Robert A., 78
Levine, Robert V., 349, 479
Levine, Sol, 451
Levine, Tim, 484
Levitan, Lynne, 159
Levitt, Pat, 75
Levy, Becca, 241
Levy, David A., 12
Levy, Jerre, 132
Levy, Robert I., 61, 443
Lewin, D., 158
Lewin, Kurt, 496
Lewin, Roger, 252
Lewis, Brian P., 458
Lewis, L. Brian, 169
Lewis, William, 83
Lewontin, Richard C., 246
Lewy, Alfred J., 149, 151
Li, J., 152
Li, Shu-Chen, 102
Lichtman, Rosemary R., 451
Lickona, T., 88
Lieberman, J. A., 406
Lieberman, Matthew, 227
Lien, Mei-Ching, 226
Liepert, J., 121
Light, Kathleen C., 458
Lilienfeld, Scott O., 11, 288, 374, 383, 392, 421, 424, 489
Liljenquist, Katie, 206
Lillioja, Stephen, 469
Lim, Jeeyoung, 374
Lin, J., 449
Lin, Keh-Ming, 409
Lin, L., 157
Linardotos, E., 408
Linden, Eugene, 252
Lindenberger, Ulman, 102, 103
Linderberg, Siegwart, 332
Lindquist, Kristen A., 441
Lindsay, D. Stephan, 265, 268, 288
Lindström, Per, 488
Linehan, Marsha M., 416, 422
Linn, Marcia C., 31, 137
Linton, Marigold, 285
Linton, Simi, 427, 457
Linville, P. W., 232
Linz, Daniel, 485
Lipko, Amanda R., 242
Lipsey, Tami L., 317, 377
Lipton, Judith Eve, 482
Lissner, L., 468
Little, Jeannie, 390
Little, Todd D., 496
Livesley, W. J., 377
Lloyd-Richardson, E. E., 470
Lobel, Marci, 457
LoBue, Vanessa, 304
Locke, Edwin A., 490, 496
Lockhart, Robert, 282
Loehlin, John C., 52, 56
Loennqvist, Jouko, 396

Loftus, Elizabeth F., 266, 267, 268, 275, 285, 286, 288, 425
Lohr, Jeffrey M., 11, 392, 421, 476
Loney, J., 371
Lonner, Walter J., 62, 332
Lonsdorf, Tina B., 306, 376
López, Steven R., 241
Lorber, Michael F., 385
Losada, Marcial F., 454
Loving, T. J., 459
Löw, Andreas, 439
Lowe, M. J., 136, 137
Lowery, Laura, 443
Lozano, A. M., 411
Lu, Kwok-Tung, 306
Lu, Luo, 62
Lu, S. J., 118
Lubach, Gabriele R., 74
Lubinski, David, 238
Lucas, Kenya J., 486
Lucchina, L. A., 203, 204
Luce, Carolyn B., 494
Lucia, Victoria C., 377
Luciano, Michelle, 53
Lucio, Emilia, 375
Luczak, Susan E., 387
Luders, Eileen, 136
Ludwig, Thomas E., 455
Luengo, M. A., 385
Luhrmann, T. M., 10
Lundgren, Sharon, 350
Luria, Alexander R., 131, 283
Lurito, J. T., 136, 137
Luthans, Fred, 493
Marucha, Phillip T., 452
Lutz, Catherine, 443
Lykken, David T., 53, 245, 384, 439
Lynam, Meredith E., 398
Lynch, Cindy L., 230
Lynch, Rebekah S., 423, 444, 461
Lyndon, Amy E., 485
Lynn, Steven Jay, 11, 164, 166, 288, 421
Lyon, Maureen, 479
Lytton, Hugh, 92
Lyubomirsky, Sonja, 382

M
Maany, V., 395
Maass, Anne, 241, 358
Maccoby, Eleanor F., 92
MacDonald, Maryellen C., 83
MacGregor, Donald G., 231
Machón, Ricardo, 396
Mack, Arien, 187
MacKay, Donald G., 276
MacLean, Paul, 128
Macleod, John, 174
Macrae, C. Neil, 352
Maddux, James E., 493
Maddux, William M., 461
Madey, Scott F., 441
Madsen, Kreesten M., 23
Magnusson, David, 96
Maguire, Eleanor A., 126
Mahowald, Mark W., 157
Maidment, K. M., 379

Maier, Steven F., 206
Maki, Pauline M., 123
Malamuth, Neil M., 485
Malarkey, William B., 453
Malaspina, Dolores, 74
Malgady, Robert G., 420
Malik, Mary L., 373
Malinchoc, M., 450
Mallinckrodt, C., 408
Malpass, Roy S., 269
Mandler, Jean M., 289
Mandrusiak, Michael, 398
Manes, F., 436
Mann, Janet, 251
Mann, Jeffrey A., 352
Manning, Charles G., 266
Manstead, Antony S. R., 445
Marcus, Gary F., 82
Marcus-Newhall, Amy, 45
Margolin, Gayla, 103
Marino, Lori, 392
Markowitz, John C., 382, 407, 408, 409, 411, 422
Markus, Hazel R., 58, 237, 443
Marlatt, G. Alan, 173, 391, 419, 423
Marsh, Elizabeth J., 291
Marshall, Peter J., 50
Martens, Andy, 241
Martin, Carol L., 93, 153
Martin, Clyde E., 479
Martin, Garry, 316, 413
Martin, Nicholas G., 482, 487
Martin, René, 457
Martin, Thomas A., 47, 48
Marucha, Phillip T., 452
Maruta, T., 450
Marvan, M. L., 153
Masand, P. S., 406
Mashek, Debra J., 474
Maslach, Christina, 494
Maslow, Abraham H., 63, 497
Masten, Ann S., 104
Masters, William H., 480
Masuda, Takahiko, 213
Mather, Jennifer A., 50
Mather, Mara, 291
Matsumoto, David, 445
Matthews, A. M., 408
Matthews, Gerald, 244
Matthews, J. S., 89
Matthews, Karen A., 448
Maurer, Marc, 317
Maviel, Thibault, 279
Maxfield, Louise, 421
Mayberg, Helen S., 409, 411
Mayer, Jane, 337, 347
Mayer, John D., 243
Mayou, R. A., 422
Mazza, James J., 381
Mazzie, Claudia, 80
Mazziotta, John C., 438
Mazzoni, Giuliana A., 268, 425
Mbogori, James, 172
McAdams, Dan P., 63, 99
McAuliffe, Caitlin, 207
McCanne, T. R., 385
McCarty, Carolyn A., 23
McClay, Joseph, 385
McClearn, Gerald E., 53, 245

McClelland, David C., 489
McClelland, James L., 272
McClelland, Megan M., 89
McCord, Joan, 389
McCrae, Robert R., 47, 48, 53, 256
McCullough, Michael E., 450
McDaniel, Mark A., 282
McDermott, Kathleen B., 266
McDonough, Laraine, 289
McEvoy, J. P., 405
McEwen, Bruce S., 123, 447, 448
McFadden, Dennis, 487
McFall, Richard M., 11, 421
McFarlane, Jessica, 153
McGaugh, James L., 280, 284
McGhee, Debbie E., 358
McGoldrick, Monica, 419
McGonigal, Kelly M., 454
McGregor, Holly A., 492
McGregor, Ian, 291
McGue, Matthew, 56, 245
McGuffin, Peter, 53, 75
McHaffie, John G., 208
McHugh, Paul R., 288, 392, 425
McIntosh, Anthony R., 279
McKay, Dean, 379
McKee, Richard D., 274, 290
McKemy, D. D., 206
McKinlay, John B., 101
McKinlay, Sonja M., 101
McMullin, Darcy, 485
McNally, Richard J., 42, 44, 156, 287, 288, 341, 377, 392, 422, 425
McNeill, David, 82, 276
McQueen, Matthew B., 469
McVay, Jennifer C., 275
Mealey, Linda, 482
Mednick, Sara C., 159
Mednick, Sarnoff A., 159, 256, 316, 396
Medvec, Victoria H., 441
Meeus, Wim H. J., 334
Mehl, Matthias R., 27, 137
Mei, Bing, 140
Meindl, James R., 358
Meissner, Christian A., 267
Mellers, Barbara, 358
Meloy, J. R., 385
Meltzoff, Andrew N., 81, 84, 323
Melzack, R., 206, 207
Menary, Evelyn, 166
Menchola, Marisa, 423
Mendoza-Denton, Rodolfo, 359
Mennella, Julie A., 204
Menzaghi, Frédérique, 279
Menzie, Lara, 379
Merabet, Lofte B., 121
Merabet, Lotfi, 121
Mercer, Jean, 78, 424
Mercer, Patricia, 161
Merckelbach, Harald, 288
Merikle, Philip M., 214
Merskey, Harold, 392
Merton, Robert K., 493
Mesman, Judi, 89, 90
Mesour, Jan, 280

Mesquita, Batja, 445
Meston, Cindy M., 481, 483, 484
Metalsky, Gerald I., 382
Metcalfe, Janet, 243
Methippara, Melvi, 157
Metzler, Jacqueline, 225
Meyer, Gregory J., 375
Meyer, Knarig Katchadurian, 247
Meyer, Richard A., 206
Mezulis, Amy H., 339
Michael, Robert T., 485
Michaels, Stuart, 485
Michela, John L., 457
Middlemiss, Christopher, 169
Mieda, Michihiro, 157
Miettunen, J., 396
Miezin, Francis M., 279
Mignot, E., 157
Mikach, Sarah, 487
Miklowitz, David J., 423
Mikulincer, Mario, 104, 476
Miles, Christopher, 277
Milgram, Stanley, 333, 334, 337, 339
Miller, Bruce L., 131, 136, 437
Miller, David G., 285, 286
Miller, Gregory E., 274, 410, 448, 449, 451
Miller, Inglis J., 202, 204
Miller, Norman, 45, 457
Miller, Pamela C., 56
Miller, Richard L., 338, 339
Miller, William R., 423
Miller-Jones, Dalton, 241
Mills, Judson, 236, 237
Milner, Brenda, 264
Milner, J. S., 385
Miltner, W. H., 121
Milton, Julie, 216
Mineka, Susan, 304, 322, 376
Minoda, Ryosei, 201
Minor, Kelly L., 381
Minuchin, Salvador, 417
Minzenberg, Michael J., 139
Mirosevich, Vikki M., 31
Mischel, Walter, 55, 88, 89, 322
Mistry, Jayanthi, 276
Mitani, John, 251
Mitchell, David B., 271
Mitchell, Gregory, 358
Mitchell, Karen J., 265, 266, 278
Mitchell, Kevin J., 183
Mitchell, Zachary M., 80
Mitler, Merrill M., 175
Mitte, Kristin, 376, 423
Mitterer, Holger, 197
Mittleman, Murray A., 169
Mladinic, Antonio, 355
Mobley, Brenda D., 375
Modigliani, Andre, 337
Moeller, Robert W., 171
Moesgaard, Solvej M., 183
Moffitt, Terrie E., 96, 100, 381, 384, 385
Moghaddam, Fathali M., 343
Mohr, Cynthia, 390
Molnar-Szakacs, Istvan, 438
Molock, Sherry D., 398
Monahan, Jennifer L., 442

Moncrieff, Joanna, 408
Monroe, Scott M., 380, 382
Montesinos, A., 153
Montgomery, Robert W., 421
Monti, Martin M., 139
Moore, Ginger, 78
Moore, Robert Y., 148
Moore, Timothy E., 89, 214, 427
Moors, Agnes, 358
Moqrich, A., 206
Morell, Virginia, 253
Morelli, Gilda A., 76, 78
Moreno, Carmen, 372
Moretti, Enrico, 470
Morewedge, Carey K., 163
Morey, Candice C., 274
Morgan, Charles A., 280
Morgan, John P., 171
Morin, Charles M., 175
Morley, Stephen, 208
Morrel-Samuels, Palmer, 252
Morris, D. L., 216
Morrison, Frederick, 89
Morsella, Ezequiel, 45
Mortensen, P. B., 395
Morton, Thomas A., 354
Moscovitch, Morris, 191
Moskowitz, Judith T., 457
Moyer, Christopher A., 456
Mozell, Maxwell M., 204
Mozley, P. D., 395
Mroczek, Daniel, 47, 100
Mudar, Pamela, 390
Muehlfriedel, T., 287
Mueller, Claudia M., 492
Mueller, Corrina J., 437
Mukamal, Kenneth J., 169
Mulder, Monique Borgerhoff, 482
Müller, Fabiola, 74
Murphy, Sheila T., 442
Murray, Charles, 245
Murray, Katherine T., 406
Murray, Lynne, 78
Murray, Robin, 55
Myers, Karyn M., 306
Myers, R. E., 131
Myrtek, Michael, 452

N

Nader, K., 269
Nadon, Robert, 164
Nagin, Daniel S., 175
Nakaya, Naoki, 452
Nakayama, Ken, 159
Narr, Katherine L., 136
Nash, Michael R., 164, 165
Nass, Clifford, 226
Navarrete, Carlos David, 304
Navracruz, L. C., 325
Neale, Vicki L., 226
Needleman, Herbert L., 247
Neher, Andrew, 43
Neiss, M., 96
Neisser, Ulric, 265, 289
Nelson, Charles A., III, 104, 247
Nelson, Kally J., 140
Nelson, Katherine, 289
Nelson, Thomas O., 293
Ness, Jose, 101

Nesse, Randolph M., 434, 459
Nesselroade, K. Paul, Jr., 339
Neuberg, Steven L., 445
Neufer, P. Darrell, 102
Neuhausser, W. M., 206
Newcomb, Theodore, 347
Newcombe, Nora S., 290
Newland, M. Christopher, 75
Newman, Eryn J., 140
Newton, Tamara L., 459
Newton, Nicola, 100, 345
Nezami, Elahe, 374
Nezworski, M. Teresa, 374
Nicastle, Lionel D., 483
Nichols, Kate E., 51
Nickel, S., 287
Nickerson, Raymond A., 292
Nickerson, Raymond S., 234
Nijstad, Bernard A., 434
Nikamo, Pernilla, 306
Niparko, John K., 201
Nisbett, Richard E., 53, 59, 60, 61, 213, 246, 318, 338
Nitschke, Jack B., 128, 437
Nolan, Susan A., 382
Nolen, John David L., 169
Nolen-Hoeksema, Susan, 380, 382, 457
Norcross, John C., 389, 427
Nordmarken, M. A., 371
Norenzayan, Ara, 349
Norman, Donald A., 195
Norman, Karin, 78
Norton, Michael I., 163
Nosek, Brian A., 342, 343, 354, 358
Novotny, Catherine M., 420
Nunes, Belina, 207
Nyberg, Lars, 279

O

Oakes, Rachel, 174
Oaten, Megan, 434
Oatley, Keith, 437
O'Connor, Thomas G., 78
Odell, P. M., 468
Oden, Melita H., 248
Odgers, Candice L., 175
O'Donohue, William T., 371, 375
Offit, Paul A., 23
Offord, K. P., 450
Ofshe, Richard J., 344, 425
Ogden, Jenni A., 264
Öhman, Arne, 304
Ohnuki, Mari, 118
Ojemann, Jeffrey G., 279
Oliveira-Maia, A. J., 469
Oliver, Mary Beth, 481
Oliver-Africano, P. C., 406
Ollendick, T. H., 422
Olson, Elisabeth A., 267
Olson, James M., 342
Olson, Marian B., 453
Olsson, Andreas, 304, 322
Olujic, M. B., 485
Ones, Deniz S., 239
Ophir, Eyal, 226
Oppenheim, David, 76
O'Rahilly, Ronan, 74
O'Rahilly, Stephen, 469

Orbach, Susie, 44
Orne, Emily C., 165
Orne, Martin T., 165
O'Rourke, Lindsey, 343
Ó Scalaidhe, Séamus P., 191
Oschsner, Kevin N., 271
Osterman, Lindsey L., 61
Ostermeier, Austin, 118
Ostrovsky, Yuri, 211
O'Sullivan, L. F., 484
O'Sullivan, Maureen, 434, 435, 444
Otero, J. M., 385
Ott, Mary A., 479
Ottenbreit, Alison, 339
Otto, Michael W., 175
Otto, Randy K., 375
O'Tuathaigh, C. M., 396
Oubaid, Viktor, 482
Ouellette, Judith A., 350
Ouwerkerk, Jaap W., 455
Owen, Lee D., 89
Oyserman, Daphna, 58, 62
Ozer, Emily J., 377
Özyürek, Aslı, 82

P

Pac, Susan, 470
Pace-Schott, Edward F., 162, 175
Packer, Dominic J., 334, 347
Page, Gayle G., 452
Page-Gould, Elizabeth, 359
Pagel, James F., 159
Pakstis, Andrew J., 247
Paley, Blair, 417
Palmer, Craig T., 485
Palmer, John C., 267
Palmer, Steven C., 458
Pals, Jennifer L., 63
Paluck, Elizabeth L., 445
Pandya, R., 150
Pang, Zhiping P., 118
Panksepp, Jaak, 371, 475
Paris, Manuel, Jr., 420
Park, Bernadette, 352
Park, Denise, 102
Park, Hyekyung, 338
Parker, Elizabeth S., 284
Parker, Gayle R., 104
Parker, Kevin, 226
Parker, Michael P., 392
Parlee, Mary B., 151, 152
Pascual-Leone, Alvaro, 121
Pashler, Harold, 126, 347
Pastalkova, Eva, 278
Pastorelli, Concetta, 493
Pate, James L., 251
Pathania, Vikram, 470
Paton, Catherine C., 453
Patterson, Charlotte J., 487
Patterson, David R., 165
Patterson, Francine, 252
Patterson, Gerald R., 89
Paul, Annie M., 46
Paul, Pamela, 105
Paul, R., 229
Paunonen, Sampo V., 47, 48
Pavlov, Ivan P., 300
Payne, Jessica D., 158
Peabody, Dean, 353

Pear, Joseph, 316, 413
Pearce, S. A., 423
Pears, Katherine C., 89
Pedersen, William C., 45, 461
Peek-O'Leary, Marie, 359
Peele, Stanton, 388
Peier, A. M., 206
Pelham, W. E., 371
Pennebaker, James W., 27, 137, 454, 455
Penrod, Steven, 291
Pentland, Joel, 266, 268
Pepitone, Albert, 347
Peplar, Debra J., 89
Peplau, Letitia Anne, 481, 484, 487
Peppard, Paul E., 157
Pepperberg, I., 253
Pereira, Cicero, 339
Pereira, Jorge Resende, 207
Perez, Patricia, 420
Perez-Edgar, Koraly, 88
Perkins, D. O., 406
Perlis, Michael, 423
Perry, Julia N., 375
Perry, Raymond P., 451
Persons, Jacqueline, 415
Pesetsky, David, 81
Peters, Ellen, 231
Peters, Madelon J., 434
Petersen, Jennifer L., 481, 482
Peterson, Carly K., 437
Peterson, Carole, 290
Peterson, Christopher, 450
Peterson, Lloyd R., 281
Peterson, Margaret J., 281
Peterson, Thomas R., 435
Petkova, Valeria I., 198
Petrie, Keith J., 454
Petros, Thomas V., 171
Pettigrew, Thomas T., 359
Pfungst, Oskar, 253
Phelps, Elizabeth, 304, 322, 340, 358
Philbrick, Karen, 349
Phillips, Michael D., 136, 137
Phillips, Webb, 225
Phinney, Jean S., 350
Piaget, Jean, 84, 289
Pickles, Andrew, 55
Pickrell, Jacqueline E., 268
Pierce, W. David, 320
Pierson, Juliann, 387
Pika, Simone, 251
Pillemer, Jane, 477
Pincus, Tamar, 208
Pineros, V., 453
Pinker, Steven, 18, 79, 82
Piotrowski, Arkadjusz, 52
Piper, August, 392
Pittenger, David J., 46
Platz, Elizabeth A., 201
Pliner, Patricia, 471
Plomin, Robert, 52, 53, 54, 55, 56, 245
Plotnik, Joshua M., 251
Pluess, Michael, 88, 448
Podd, John, 307
Poehlman, T. Andrew, 358
Pogue-Geile, Michael F., 394

Poland, Russell E., 409
Polaschek, Devon L. L., 266
Poliakoff, Michael B., 392
Polich, John, 389
Polivy, Janet, 471
Pomeroy, Wardell B., 479
Pommer, Julian, 159
Ponitz, Claire C., 89
Poole, Debra A., 269
Poore, Joshua, 477
Poortinga, Ype H., 212
Pope, Harrison G., Jr., 392, 473
Popiel, Debra A., 152
Popkin, Barry M., 470
Portenoy, Russell K., 390
Posthuma, D., 245
Postmes, Tom, 348, 354, 457
Postuma, R. B., 157
Pott, Martha, 77
Potter, W. James, 23
Poulin-Dubois, Diane, 93
Powell, John W., 165
Powell, Russell A., 42
Powers, Anne M., 484
Poythress, Norman, 383
Pratkanis, Anthony R., 214, 347
Pratto, Felicia, 354
Premack, Ann James, 252
Premack, David, 252
Prentice-Dunn, Steven, 358
Presnell, Katherine, 472
Pressman, Sarah D., 454
Principe, Gabrielle, 269
Prins, Bruce, 280
Prinz, Ronald J., 104
Prochaska, James O., 389, 427
Proffitt, Dennis R., 196
Pronin, Emily, 237, 339
Ptito, Maurice, 183
Pugh, Kenneth R., 136
Punamaeki, Raija-Leena, 161
Punnett, Laura, 494
Putnam, K., 128
Putnam, P., 204
Pyle, Jean L., 494
Pynoos, R. S., 269
Pyszczynski, Tom, 64, 354
Pyter, L. M., 453

Q
Quinn, Diane M., 241
Quinn, Paul, 193

R
Raaijmakers, Quinten A. W., 334
Rabung, Sven, 423
Racsmány, Mihály, 158
Radford, Benjamin, 4
Ragan, Jennifer D., 455, 456
Rahman, Qazi, 487
Raine, Adrian, 384, 385
Rainville, Constant, 183
Ramachandran, V. S., 207
Ramanan, Narendrakumar, 159
Ramey, Craig T., 247
Ramirez-Esparza, Nairán, 27, 137
Ramsey, Kathryn Moynihan, 150
Ranganath, Vijay, 409
Rankin, Lindsay E., 349

Rao, S. Bandi, 82
Rapkin, Andrea J., 152
Rapson, Richard L., 474, 478, 487
Rasch, Björn, 158, 159
Rasheed, Parveen, 153
Rasmussen, Erin B., 75
Rathbun, Constance, 104
Rauschecker, Josef P., 211
Ravussin, Eric, 469
Ray, Wayne A., 406
Rayner, R., 304
Raynes, Anthony E., 173
Read, J. D., 268, 288
Reading, Anthony E., 152
Reber, Paul J., 279
Redd, William H., 307
Redelmeier, Donald A., 235
Reed, Geoffrey M., 450
Reedy, Frank E., 202, 204
Regalia, Camillo, 493
Regehr, Glenn, 226
Reichborn-Kjennerud, Ted, 448
Reichenberg, Abraham, 74
Reicher, Stephen, 335
Reichle, Erik, 171
Reid, Mark W., 380
Reid, R. L., 152
Reis, Ana Mafalda, 207
Reis, Harry T., 475
Reiss, Diana, 251
Remick, Abigail K., 471
Renick, A., 375
Rensink, Ronald, 213
Repetti, Rena L., 103, 449
Rescorla, R., 303
Resnick, Susan M., 123
Ressler, Kerry J., 306
Restak, R., 135
Revell, Victoria L., 150
Reyna, Valerie, 96
Reynolds, Brent A., 118
Reynolds, Chandra A., 103
Reynolds, Kristi, 169
Reynolds, William M., 381
Rhoades, Linda, 494
Rhue, Judith W., 164
Ricci-Bitti, Pio, 445
Rice, Mabel L., 81
Rice, Tiffany, 420
Rich, B. A., 372
Richards, Tracy L., 423, 444, 461
Richards, W. A., 169
Richardson, John T. E., 153
Richardson-Klavehn, Alan, 271
Ridge, Robert D., 325
Ridley-Johnson, Robyn, 23
Rieber, Robert W., 392
Riess, Julia A., 247
Rigby, Randall L., 252
Rilling, James K., 208, 233
Rimpau, James B., 252
Rind, Bruce, 104, 487
Risch, N., 381
Ritter, Philip L., 96
Ro, Tony, 183
Roberson, Debi, 225
Roberts, Brent W., 47, 97, 100, 256

Roberts, Michael E., 347
Roberts, Richard D., 244
Robilliard, Donna L., 150
Robins, Lee N., 389
Robins, Richard W., 97, 435
Robinson, Susan P., 100
Robinson, Terry E., 387, 389
Robinson, Thomas, 325
Rochat, François, 337
Rodriguez, Paul, 83
Roeder, Kathryn, 245
Roediger, Henry L., 266, 271, 282
Rofé, Yacov, 44, 288
Rogers, Carl, 63, 416
Rogers, Ronald W., 358
Rogers, S. M., 21
Rogoff, Barbara, 76, 276
Rohsenow, Damaris J., 173
Rollnick, Stephen, 423
Romero, E., 385
Romney, David M., 92
Ron, M., 423
Roncon, Vera, 166
Ropper, Alan H., 139
Rosa, Linda, 424
Rosabianca, Alessandra, 241
Rosch, Eleanor H., 224
Rosen, Daniel C., 420
Rosen, Gerald M., 427
Rosenberg, Harold, 390
Rosenthal, Jack, 18, 151
Rosenthal, Robert, 26
Rosenzweig, Mark R., 120
Roser, Matt E., 135
Ross, Dorothea, 323
Ross, Heather E., 475
Ross, Lee, 237, 338, 339
Ross, Michael, 58
Ross, Sheila A., 323
Roth, M. D., 171
Rothbart, Mary K., 51
Rothbaum, Barbara O., 306
Rothbaum, Fred, 77, 451
Rothermund, Klaus, 358
Rothschild, Zachary, 64, 354
Rotter, Julian B., 450
Roughgarden, Joan, 91, 482
Rounds, James, 456
Rouw, Romke, 183
Rovee-Collier, Carolyn, 290
Rovine, Michael J., 245
Rowatt, Wade C., 339
Rowe, D. C., 96
Rowe, Meredith L., 80
Roy, Mark P., 458
Roysamb, Espen, 448
Rozin, Paul, 443
Rozzi, Stefano, 437
Rubenstein, Barton S., 158
Rubin, David C., 265
Rubin, Jeffrey Z., 336
Ruble, Diane N., 93
Rudd, M. David, 398
Rudy, Jerry W., 306
Ruggiero, Vincent R., 12
Rumbaugh, Duane M., 251, 252
Rumelhart, David E., 272
Rumpold, Gerhard, 457
Rünger, Dennis, 227

Rupp, Heather A., 488
Rushton, J. Phillippe, 245
Rusiniak, Kenneth W., 307
Russell, Marcia, 390
Russell, Sue, 171
Ruthig, Joelle C., 451
Ruthruff, Eric, 226
Rutledge, Thomas R., 435
Rutter, Michael, 55, 78, 104
Ruys, Kirsten I., 441
Ryan, Carey S., 352
Ryan, Jennifer, 436
Ryan, Richard M., 319, 496
Rymer, Russ, 18

S
Sabattini, Laura, 494
Sack, Robert L., 149
Sackett, Paul R., 241
Sacks, Oliver, 209
Saedi, Goal A., 426
Saey, Tina H., 74
Saffran, Jenny R., 83
Sagan, Eli, 44
Sage, Cyrille, 201
Sageman, Marc, 343
Sagi, Dov, 158
Sahakian, Barbara, 140
Sahley, Christie L., 306
Salapatek, Philip, 210
Salovey, Peter, 243
Salthouse, Timothy A., 102
Sameroff, Arnold J., 247
Sampson, Robert J., 247
Samuels, Tara, 347
Sanders, Stephanie A., 480
Sandin, Sven, 74
Sandkühler, S., 226
Sanfey, Alan G., 233
Sann, Coralie, 86
Santelli, John, 479
Santiago, Neil J., 419
Saraceno, Benedetto, 422
Sarbin, Theodore R., 166
Sarner, Larry, 424
Sartorius, Norman, 395
Satia, J. A., 139
Saucier, Deborah M., 153
Saucier, Gerard, 342
Savage-Rumbaugh E. Sue, 251, 252
Savic, Ivanka, 488
Savin-Williams, Ritch C., 488
Saxe, Leonard, 439
Saxe, Rebecca, 226
Saxena, Shekhar, 379, 422
Sayette, Michael, 171
Scarr, Sandra, 245, 247
Schacter, Daniel L., 271, 288
Schaefer, Hillary, 458
Schaeffer, Cindy M., 423
Schafer, Roy, 412, 418
Schafto, Meredith A., 102
Schaie, K. Warner, 101, 102
Schamberg, Michelle A., 448
Schank, Roger, 256
Scharfman, Helen E., 119
Schaufeli, Wilmar B., 494
Scheflin, A. W., 288

Scheier, M. F., 450
Scheier, Michael F., 450
Schenck, Carlos H., 157
Scherer, Klaus R., 434
Schiml-Webb, Patricia A., 382
Schlaug, Gottfried, 126
Schlossberg, Nancy K., 100
Schmader, Toni, 241
Schmelz, M., 206
Schmidt, Frank L., 239
Schmidt, Lauren, 225
Schmidt, Louis A., 88
Schmidt, R., 206
Schmitt, David P., 482
Schmitz, Mark F., 380, 382
Schnell, Lisa, 118
Schoenwald, Sonya K., 423
Schofield, P., 450
Scholte, Steven S., 183
Schooler, Jonathan, 171
Schuckit, Marc A., 387, 388
Schugens, Markus M., 279
Schulz, Richard, 453
Schumacher, J., 456
Schwab, Martin E., 118
Schwartz, Barry, 99, 205
Schwartz, Jeffrey, 379, 410
Schwartz, Jordan L. K., 358
Schwartz, Joseph E., 419
Schwartz, Judith C., 443
Schwartz, Marc D., 307
Schwartz, Pepper, 476
Schwarz, Norbert, 61
Schwekendiek, D., 52
Scott, Elizabeth S., 96
Scribner, Sylvia, 276
Seabrook, John, 383
Sears, Pauline, 248
Seeman, Teresa E., 103, 449
Sefcek, Jon A., 99
Segal, J., 459
Segall, Marshall H., 212
Segerstrom, Suzanne C., 449, 450
Seidenberg, Mark S., 83
Seidman, Larry J., 136
Seifer, Ronald, 75, 78, 158, 247
Sekuler, Robert, 192
Seligman, Martin E. P., 64, 248, 306, 450
Sellbom, Martin, 375
Selye, H., 446
Senghas, Ann, 82
Senko, Corwin, 491
Sephton, Sandra E., 450
Serbin, Lisa A., 93
Serpell, Robert, 241
Serrano, Peter, 140
Servon, Lisa J., 494
Seyfarth, Robert M., 252
Shaffer, Ryan, 4
Shafir, Eldar, 291
Shanahan, Theresa L., 148
Shanker, Stuart, 252
Shapiro, Cheryl M., 484
Shapiro, F., 421
Sharma, S., 171
Sharman, Stephanie J., 266

Sharp, Lisa K., 455
Shatz, Marilyn, 86
Shaver, Phillip R., 78, 104, 443, 476
Shaw, John S., III, 269
Shaw, Paul J., 159
Shaywitz, Bennett A., 136
Shaywitz, Sally E., 136
Shedler, Jonathan, 48, 412, 423
Shekelle, Richard B., 453
Sheldon, Kennon M., 497
Shenkel, Randee J., 66
Shenton, Martha E., 377
Shepard, Roger N., 225
Sher, Leo, 151
Sherif, Carolyn, 352
Sherif, Muzafer, 352
Sherman, David K., 458
Sherry, John L., 325
Sherry, Simon B., 472
Sherwin, Barbara B., 123
Sheth, B. R., 226
Shibuya, Akiko, 325
Shields, Stephanie A., 444, 445, 478
Shiffrin, Richard M., 272
Shin, L. M., 358
Shirako, Aiwa, 461
Shmelyov, Alexander G., 47
Shoda, Yuichi, 55, 89, 322
Shoham, Varda, 11, 421
Shorter, Edward, 411
Shors, Tracey J., 118
Showers, Carolin J., 97
Shuler, Marshall G., 278
Siciliano, C., 234
Sidanius, Jim, 354, 359
Sidney, S., 451
Siebert, Erin R., 92
Siegel, Jerome M., 156, 157, 159
Siegel, Ronald K., 168
Siegel, Shepard, 389
Siegelbaum, Steven A., 278
Siegler, Ilene C., 453
Siegler, Robert S., 86
Siemer, Matthias, 382
Sigman, Marian D., 248
Sigmundson, H. K., 92
Silke, Andrew, 343
Silva, Christopher E., 166
Silva, Michelle A., 420
Silverstein, Steven M., 394
Simcock, Gabrielle, 290
Simerly, Richard B., 469
Simmons, M., 171
Simon, B., 166
Simon, H., 233
Simon, William, 486
Simons, Claudia J. P., 394
Simons, Daniel J., 187
Simonton, Dean Keith, 239
Sims, Ethan A., 468
Sinaceur, Marwan, 232
Sinclair, Stacey, 359
Singer, Margaret T., 344
Singh, Devendra, 488
Sinha, Pawan, 211

Skanes, Heather E., 214
Skeem, Jennifer L., 383, 384
Skene, Debra J., 150
Skinner, B. F., 311, 312, 313, 314, 316
Skinner, E., 451
Skinner, J. B., 423
Skudlarski, P., 192
Slade, Pauline, 152
Slater, Mel, 335
Slavich, George M., 382
Slavin, Robert E., 360
Slovic, Paul, 231
Small, D. M., 469
Small, Mark, 291
Smith, Andrew P., 451
Smith, Bruce P., 204
Smith, Dylan M., 459
Smith, Edward E., 208, 234
Smith, J. Carson, 439
Smith, J. G., 450
Smith, M., 385
Smith, Paul E., 204
Smith, Peter B., 334, 346
Smith, Randy J., 444
Smith, Tom L., 387, 388
Smither, Robert D., 497
Smuga-Otto, Kim, 118
Smythe, P. M., 247
Snibbe, Alana C., 237, 448
Snodgrass, Sara E., 445
Snoek, Heddeke, 385
Snowdon, Charles T., 482
Snowdon, David A., 454
Snyder, C. R., 66
Snyder, Samuel S., 451
So, Sylvia, 320
Solms, Mark, 159
Solomon, R., 477
Solomon, Sheldon, 354
Solomon, Todd M., 171
Somer, Oya, 47
Sommer, Kristin L., 45
Sommer, Robert, 333
Song, Anna, 239
Sonnega, A., 377, 380
Sorce, James F., 436
Sorich, Lisa A., 492
Sotnikova, T. D., 469
Spalding, K. L., 469
Spalding, Leah R., 487
Spangenberg, Eric R., 214
Spanos, Nicholas P., 164, 166, 392
Spanovic, Marija, 457
Spear, Linda P., 96
Spearman, Charles, 238
Spears, Russell, 348
Spelke, Elizabeth S., 86
Spencer, Steven J., 214, 241, 358
Sperling, George, 273
Sperry, R. W., 131, 132, 133, 134
Spiegel, Lauren L., 475
Spinelli, D. N., 211
Spitz, Herman H., 253
Spoor, S., 469
Sprecher, Susan, 476, 477
Springer, Sally P., 133
Sprio, A., III, 100

Spruyt, Adriaan, 358
Squier, Leslie H., 163
Squire, Larry R., 274, 278, 279, 290
Srivastava, Abhishek, 496
Srivastava, Sanjay, 454
St. Clair, D., 396
St.-Hilaire, Annie, 396
Staats, Arthur W., 302
Staats, Carolyn K., 302
Stajkovic, Alexander D., 493
Stampfer, M. J., 172
Stanley, Damian, 340, 358
Stanovich, Keith, 12
Stanwood, Gregg D., 75
Stapel, Diederik A., 441
Stark, Craig E. L., 279
Stattin, Haken, 96
Staub, Ervin, 355
Stearns, Peter N., 471
Steele, Claude M., 241
Stefanek, Michael, 458
Steg, Linda, 332
Stein, M. B., 377
Steinberg, Laurence, 96, 97
Steinmetz, Helmuth, 126
Stenberg, Craig R., 436
Stenstrom, Robert J., 164
Stepanski, Edward, 423
Stephan, Walter G., 354
Steptoe, Andrew, 458
Sternberg, Robert J., 241, 242, 243, 244
Stevenson, Harold W., 249
Stevenson, Richard J., 434
Stewart, Abigail J., 100
Stewart-Williams, Steve, 307
Stice, Eric, 469, 472
Stickgold, Robert, 158, 162, 175
Stiffman, Arlene R., 388
Stillwell, Arlene M., 442
Stix, Gary, 440
Stoch, M. B., 247
Stoessel, Paula W., 379
Stolina, M., 171
Stone, Gregory D., 483
Stowell, J. R., 459
Strahan, Erin J., 214
Strayer, David L., 30, 226
Streissguth, Ann P., 75
Streri, Arlette, 86
Streyffeler, Lisa L., 341
Strickland, Bonnie R., 450
Strickland, Tony L., 409
Striegel-Moore, Ruth H., 472
Strong, Greg, 477
Stroup, T. S., 405, 406
Stryker, Michael P., 211
Stunkard, Albert J., 468
Stylos-Allan, Melinda, 158
Suddendorf, Thomas, 251
Sue, Derald W., 419, 420, 425
Sue, Stanley, 419
Suedfeld, Peter, 186
Sugden, Karen, 381
Suinn, Richard M., 453
Sullivan, Richard L., 204
Sulloway, Frank, 341
Suls, Jerry M., 20, 457

Sun, Daqiang, 395
Sundie, Jill M., 483
Suntsova, Natalia, 157
Surowiecki, James, 347
Suzuki, Tomoko, 237
Swanberg, Kelley, 158, 207
Swartz, Marvin S., 151, 406
Swayze, Victor, II, 395
Swender, Philip, 204
Swenson, Cynthia C., 423
Symons, Victoria, 83
Szkrybalo, Joel, 93

T
Tajfel, Henri, 350, 351
Takahashi, Kazutoshi, 118
Talajic, M., 452
Talarico, Jennifer M., 265
Talbot, Margaret, 140, 253
Tamaki, Stanley J., 118
Tambs, Kristian, 448
Tamir, Maya, 454
Tamis-LeMonda, Catherine S., 93
Tan, Lydia, 277
Tanabe, Koji, 118
Tangney, June P., 325, 442
Tanne, David, 158
Tarbox, Sarah I., 394
Tarr, M. J., 192
Tarrier, N., 413
Tashkin, D. P., 171
Taubes, Gary, 470
Tavris, Carol, 14, 236, 237, 336, 337, 461
Taylor, Annette Kujawski, 5
Taylor, Ida S., 423
Taylor, K., 307
Taylor, Shelley E., 103, 449, 450, 451, 457, 458, 475, 491
Taylor, Steven, 377, 379, 421
Taylor, Talbot, 252
Teige-Mocigemba, Sarah, 358
Tellegen, Auke, 53
Ten Have, Thomas, 422
Tennen, Howard, 390, 451
Terman, Lewis M., 248
Termote, Roeland, 139
Terracciano, Antonio, 47
Terry, R. B., 456
Tessner, Kevin, 396
Tetlock, Philip E., 358
Thapar, A., 75
Thase, Michael E., 407, 408, 409, 411, 422
Theorell, Tores, 450, 451
Thibault, Pascal, 434
Thomas, Jennifer J., 472
Thomas, Michael S. C., 120
Thomas, Scott L., 390
Thombs, Brett D., 458
Thompson, C., 43
Thompson, J. Kevin, 472
Thompson, Paul M., 136, 245, 396
Thompson, Richard, 279
Thompson, Robin, 276
Thompson-Brenner, Heather, 420
Thomsen, Dorthe K., 265

Thordarson, Dana S., 421
Thorndike, Edward L., 49, 309
Thornhill, Randy, 485
Thunberg, Monika, 438
Tice, Dianne M., 345
Tiefer, Leonore, 372, 479, 480, 481, 485
Tijhuis, M., 139
Timmers, Monique, 445
Timpson, Nicholas J., 469
Tobin, Michael J., 247
Tolin, David F., 421
Tolman, Deborah L., 484, 491
Tolman, Edward C., 321
Tomasello, Michael, 79, 87
Tomlinson, Mark, 78
Tompkins, Michael A., 415
Tomppo, L., 396
Tononi, Giulio, 159
Toomela, Aaro, 47
Torino, Gina C., 419, 420, 425
Torres, Leandro D., 382
Tourangeau, Roger, 21
Tovar-Gamero, Zoila G., 420
Tracy, Jessica L., 435
Tranel, Daniel, 226, 385
Tremblay, A., 469
Trevarthen, Colwyn, 132
Triandis, Harry C., 58, 59
Trim, Ryan, 388
Trivers, Robert, 233
Tromovitch, Philip, 104, 487
Tronick, Edward Z., 78
Tropp, Linda R., 359
Trzesniewski, Kali H., 97
Tsao, Jack W., 207
Tschann, Jeanne M., 486
Tsuhono, Yoshitaka, 452
Tugade, Michele M., 453
Tulving, Endel, 276, 279, 281
Turati, Chiara, 191
Turiel, Elliot, 88
Turkheimer, Eric, 49, 53, 245, 265
Turner, C. F., 21
Turner, E. H., 408
Turner, John C., 350
Turner, Marlene E., 347
Turner, Rebecca A., 475
Turner, Ronald, 457
Turvey, Brent E., 485
Tustin, Karen, 289
Tversky, Amos, 232, 233, 235
Tversky, Barbara, 291
Twenge, Jean, 97, 335, 345, 483
Tyrer, P., 406
Tyrrell, David A., 451

U
Uchida, Nobuko, 118
Uhlhaas, Peter J., 394
Uhlmann, Eric L., 358, 445
Ullian, E. M., 117
Ullman, Michael, 82
Umberson, Debra, 458
Unkelbach, C., 287
Unsworth, Nash, 275

Updegraff, John A., 491
Urbina, Susan, 241
Urland, Geoffrey R., 352
Urry, Heather L., 437
Usher, JoNell A., 289
Uttal, William R., 126

V
Vaillant, George E., 41, 388
Vala, Jorge, 339
Valenstein, Elliot, 410
Valentine, Tim, 280
Validzic, Ana, 359
Van Boven, Leaf, 496
Van Cantfort, Thomas E., 252
Van Cauter, Eve, 157
Vandello, Joseph A., 61, 62
van den Dries, Linda, 78
Vander Laan, Kelly L., 455
Vandermeer, B., 150
van Dijk, Mirjam, 485
van Emmerik, Arnold A., 422
van Gelder, B. M., 139
van Goozen, Stephanie H. M., 385
Vanhaudenhuyse, Audrey, 139
van Ijzendoorn, Marinus H., 78, 88, 245
Van Laar, Colette, 359
Van Lange, Paul A. M., 455
van Ommeren, Mark, 422
van Orden, Kimberly A., 398
van Schaik, Carel, 251
van Tilburg, Miranda A., 153
van Zeijl, Jantien, 89, 90
Varnum, Michael E. W., 59
Vartanian, Lenny R., 472
Vazire, Simine, 27, 137
Vecera, Shaun P., 193
Vella, S., 155
Vendette, M., 157
Veniegas, Rosemary, 487
Vernon, Philip A., 342, 377
Vertes, Robert P., 159
Vestergaard, Mogens, 23
Vidal, Christine N., 245
Vidaurri, Melody, 488
Viechtbauer, Wolfgang, 47, 394
Vierbuchen, Thomas, 118
Vijayan, S., 82
Vijayaraghavan, S., 118
Vila, J., 152
Vilberg, T., 475
Vingerhoets, Ad J. J. M., 153
Vinokur, Amiram D., 459
Vishton, P. M., 82
Vita, A. J., 456
Vittinghoff, Eric, 453
Vlahov, David, 377
Vodyanik, Maxim A., 118
Vogel, Dena A., 94
Vogel, Edward K., 193
Vogelzangs, N., 453
Vohs, Kathleen D., 318, 481
Volkow, Nora D., 172, 387
Vollmer-Conna, Uté, 80
von Ranson, Kristin M., 423
Vroon, Piet, 205
Vul, Edward, 126, 347

W

Waddington, J. L., 396
Wade, A. R., 211
Wade, Carole, 125
Wade, Elizabeth, 276
Wagenaar, W., 287
Wager, Tor D., 208, 409
Wagner, Anthony D., 226
Wagner, Christopher C., 423
Wagner, Patricia E., 442
Wagner, Richard K., 244
Wagner, Ullrich, 159
Wakefield, Jerome C., 370, 372, 380, 382
Waldfogel, Samuel, 104
Waldrip, Amy M., 349
Walk, Richard, 210
Walker, Anne, 152
Walker, David L., 306
Walker, Elaine, 396
Walker, Matthew, 158
Walker-Andrews, Arlene S., 436
Walkley, Rosabelle, 359
Wall, P., 206
Wallace-Wells, Ben, 406
Wallbott, Harald G., 445
Wallen, Kim, 92, 480, 488
Waller, Niels G., 53
Walton, Kate E., 47
Walum, Hasse, 475
Wampold, Bruce, 420
Wang, Gene-Jack, 172
Wang, Huimin, 140
Wang, Jen C., 387
Wang, P., 396
Wang, Qi, 291
Ward, Geoff, 277
Ward, L. Monique, 472
Warren, Gayle H., 173
Watanabe, Shigeru, 312
Watkins, Linda R., 206
Watson, David, 50, 51
Watson, J., 49, 86, 304
Watson, Jeanne C., 455
Watters, Ethan, 344, 425
Waugh, Christian E., 453
Weaver, Charles N., 356, 358
Weaver, Suzanne L., 451
Weber, Michael, 280
Webster, Richard, 42
Wechsler, David, 238
Weedon, Michael N., 469
Weekes, John R., 164
Wegner, Daniel M., 212, 454
Wehr, Thomas A., 151
Weike, Almut I., 306
Weil, A., 216
Weinberg, Robert A., 245
Weiner, Bernard, 441

Weinstein, Tamara A., 50
Weinstock, Michael, 234
Weiser, Mark, 74
Weiss, Alexander, 53
Weiss, Bahr, 423
Weiss, Daniel S., 377
Weiss, Samuel, 118
Weissman, Myrna M., 382
Weisz, John, 77, 423, 451
Wellman, H. M., 86
Wellman, Justin A., 450
Wells, Brooke E., 483
Wells, Gary L., 267, 291
Wentura, Dirk, 358
Wenzel, Amy, 287
Werker, Janet F., 80
Werner, Emmy E., 104
Wertheimer, Michael, 193
West, Melissa O., 104
Westberg, Lars, 475
Westen, Drew, 42, 48, 412, 420
Westermark, P. O., 469
Westermeyer, Joseph, 389
Wethington, Elaine, 101
Wethington, Holly, 317
Whalen, P. J., 358
Whaley, Arthur L., 419
Whaley, Shannon E., 248
Wheeler, David L., 126
Wheeler, Ladd, 457
Wheeler, Mary E., 358
Whitbeck, Leslie B., 398
White, B. J., 352
White, C. Sue, 375
White, Jacqueline W., 485
Whitehouse, Wayne G., 165
Whiten, Andrew, 251
Whitfield, C. L., 288
Whiting, Beatrice, 59
Whiting, John, 59
Whitlock, Jonathan R., 278
Whitmore, Mary R., 152
Whooley, Mary A., 453
Whorf, B. L., 225
Wicks-Nelson, Rita, 97
Widiger, Thomas, 373, 384
Widom, Cathy Spatz, 317, 381
Wiech, Katja, 208
Wiederhold, Brenda K., 414
Wiederhold, Mark D., 414
Wiesel, T., 190–191
Wiggins, Jack G., 409
Wilde, M. L., 325
Wiles, Janet, 83
Willerman, L., 52
Williams, David R., 448
Williams, G., 469
Williams, Janice E., 453

Williams, Karen A., 80
Williams, Kipling D., 345
Williams, Lisa A., 434
Williams, Redford B., Jr., 453
Williams, Tannis M., 153
Williams, Wendy M., 244
Willie, Jon T., 157
Willis, Sherry L., 101, 103
Wilner, Daniel, 359
Wilson, Anne E., 58
Wilson, Fraser A. W., 191
Wilson, G. Terence, 173, 420, 423
Wilson, Glenn D., 487
Wilson, Kimberly A., 421, 423
Wilson, Margo, 482
Wilson, Rachel, 83
Wilson, Robert S., 102, 103
Wilson, Sandra Jo, 317
Wilson, Timothy D., 495, 496
Wiltermuth, Scott S., 438
Wing, R., 470
Winick, Myron, 247
Winkielman, Piotr, 126
Winnicott, D. W., 44
Winocur, Gordon, 191
Wirth, James H., 397
Wirz-Justice, Anna, 151
Wisco, Blair E., 382
Wisdom, Jennifer P., 426
Wiseman, Richard, 216
Wispé, Lauren G., 211
Witelson, Sandra F., 136
Witkiewitz, Katie, 391, 423
Witt, Richard, 207
Wittchen, Hans-Ulrich, 373
Wittlinger, Roy P., 270
Witvliet, Charlotte vanOyen, 455
Wojda, Mark R., 355
Wolfe, Marilyn, 487
Wolpe, Joseph, 413
Wood, James M., 269, 374, 375, 489
Wood, Joanne V., 451, 457
Wood, Phillip K., 230
Wood, Wendy, 350, 445, 481
Woodman, Geoffrey F., 193
Woodward, Amanda L., 87
Woody, Erik Z., 165
Woollett, Earnest, 485
Work, William C., 104
Worthley, Joanna S., 276
Wu, Shali, 58
Wu, Shelley, 443
Wyman, Peter A., 104
Wynne, Clive D. L., 250, 253
Wyrobek, A. J., 101

X

Xu, Gang, 341

Xu, M., 396
Xun, W. Q. Elaine, 58

Y

Yalom, I., 416
Yamane, Shigeru, 191
Yan, Ting, 21
Yanagisawa, K., 204
Yang, Chi-Fu Jeffrey, 473
Yapko, Michael, 165
Yeo, Ronald A., 137
Yiu, Adelaide P., 140
Young, A. W., 436
Young, Larry J., 458
Young, Malcolm C., 317
Young, Malcolm P., 191
Young, Michael A., 161
Young, S., 101
Young, Terry, 157
Yu, Junying, 118
Yu, ManSoo, 152, 388
Yuan, Sylvia, 81
Yurko, Karen H., 450
Yzerbyt, Vincent Y., 338

Z

Zagefka, Hanna, 360
Zajonc, R. B., 340, 442
Zak, Paul J., 475
Zalta, Alyson K., 382
Zambarano, Robert J., 488
Zanna, Mark P., 214
Zanni, Giudo, 267
Zatorre, Robert J., 121
Zayas, Vivian, 89
Zeanah, Charles H., 104, 247
Zeidner, Moshe, 244
Zeki, Semir, 475
Zhang, Xiaoying, 58
Zhong, Chen-Bo, 206
Zhou, Eric S., 451
Zhu, L. X., 171
Zhu, X., 152
Zigler, Edward, 57, 104
Zimbardo, Philip G., 335, 336, 337
Zimmer, Lynn, 171
Zimmerman, Frederick J., 23, 80
Zinbarg, Richard, 322, 376
Zola-Morgan, Stuart, 279
Zone, Nolon, 419
Zosuls, Kristina M., 93
Zubieta, Jon-Kar, 208
Zucker, Kenneth J., 487
Zuo, Yan-Ling, 102
Zur, Ofer, 371
Zurbriggen, Eileen L., 485